KB181754

단단한 강화학습

REINFORCEMENT LEARNING: An Introduction, Second Edition
by Richard S. Sutton and Andrew G. Barto

단단한 강화학습

1쇄 발행 2020년 3월 31일
4쇄 발행 2024년 11월 4일

지은이 리처드 서튼, 앤드류 바르토
옮긴이 김성우
펴낸이 장성두
펴낸곳 주식회사 제이펍

출판신고 2009년 11월 10일 제406-2009-000087호
주소 경기도 파주시 회동길 159 3층 3-B호 / **전화** 070-8201-9010 / **팩스** 02-6280-0405
홈페이지 www.jpub.kr / **원고투고** submit@jpub.kr / **독자문의** help@jpub.kr / **교재문의** textbook@jpub.kr

소통기획부 김정준, 이상복, 안수정, 박재인, 송영화, 김은미, 배인혜, 권유라, 나준섭
소통지원부 민지환, 이승환, 김정미, 서세원 / **디자인부** 이민숙, 최병찬

진행 장성두 / **교정·교열** 김경희 / **내지·표지디자인** 이민숙
용지 타라유통 / **인쇄** 해외정판사 / **제본** 일진제책사

ISBN 979-11-90665-17-9 (93000)
책값은 뒤표지에 있습니다.

※ 이 책은 저작권법에 따라 보호를 받는 저작물이므로 무단 전재와 무단 복제를 금지하며,
   이 책 내용의 전부 또는 일부를 이용하려면 반드시 저작권자와 제이펍의 서면 동의를 받아야 합니다.
※ 잘못된 책은 구입하신 서점에서 바꾸어드립니다.

제이펍은 여러분의 아이디어와 원고를 기다리고 있습니다. 책으로 펴내고자 하는 아이디어나 원고가 있는 분께서는
책의 간단한 개요와 차례, 구성과 지은이/옮긴이 약력 등을 메일(submit@jpub.kr)로 보내주세요.

단단한 강화학습

Reinforcement Learning An Introduction, 2nd edition

강화학습 기본 개념을 제대로 정리한
인공지능 교과서

러처드 서튼, 앤드류 바르토 지음 / 김성우 옮김

Jpub
제이펍

차 례

CHAPTER 01 소개 1

PART I 표 형태의 해법

CHAPTER 02 다중 선택 31

옮긴이 머리말

강화학습은 지도학습 및 비지도학습과 더불어 기계학습의 세 가지 기본적인 방법론 중 하나이다. 사실, 이 세 가지 학습 방법을 명확히 구분하는 것은 어려운 문제일 수 있다. 여전히 강화학습을 비지도학습의 한 부분으로 생각하는 사람들이 있으며, 지도학습과 강화학습을 혼동하는 사람들이 있다. 어쩌면 그러한 구분이 무의미할 수도 있다. 이미 Deep Q-Network DQN와 같이 강화학습과 심층학습을 융합한 심층 강화학습 Deep Reinforcement Learning이 많은 사람의 관심을 받았고, 앞으로도 이러한 융합의 추세는 이어질 것이다.

서튼 Richard S. Sutton 교수의 《단단한 강화학습 Reinforcement Learning: An Introduction(2nd edition)》은 1판이 출간된 지 20년 만에 나왔다. 그동안 있었을 기술 발전의 양은 가히 짐작할 수 있을 것이다. 오랜 시간이 흐른 만큼 개정판에는 1판에 없던 많은 내용이 추가되었다. 기술은 나날이 빠른 속도로 발전하고 있고, 그에 따라 새로운 기술이 쏟아져 나올 것이다. 그중에는 이 책에서 다루는 내용의 범위를 벗어나는 것도 있겠지만, 이 책에 담겨 있는 방대한 내용은 앞으로 나올 새로운 강화학습 기술의 든든한 이정표가 되어줄 것이다. 한편으로는, 지금까지 강화학습이 발전해 온 역사도 이 책에서 확인할 수 있다. 특히, '참고문헌 및 역사적 사실'이라는 제목의 절이 거의 모든 장의 마지막에 기술되어 있다. 이를 통해 독자는 강화학습의 역사 속에서 중요한 기여를 했던 연구 결과들을 각 장의 주제와 관련하여 정리해 볼 수 있을 것이다. 이 책은 과거와 미래를 아우르며 강화학습의 이야기를 풀어낸다. 이 책이 '강화학습의 바이블'이라고 불리는 이유가 여기에 있다.

번역 과정은 쉽지 않았다. 여러 어려움이 있었지만, 그중에서도 가장 어려웠던 것은 문장의 다층 구조를 적절히 변환하는 것과 적합한 용어를 찾는 일이었다. 이 책의 원문은 대체로 긴 문장으로 구성되어 있다. 긴 문장을 하나의 문장으로 옮기려다 보면 도저히 쉽게 읽히지 않는, 심지어는 원래의 뜻을 왜곡할 수밖에 없는 경우가 발생하기도 한다. 그럴 때에는 문장을 두세 문장으로 쪼개어 최대한 원문의 의미를 손상하지 않도록 했다. 한 문장을 반복해서 읽으며 두세 시간을 보내기도 했다. 긴 시간이 걸렸지만 원문의 의미를 최대한 자연스럽게, 그리고 정확하게 옮기려고 노력했다. 혹여 부족한 부분이 보이더라도 독자 여러분의 많은 이해를 구한다.

긴 시간의 번역 과정을 기다려 주신 제이펍 장성두 대표님께 감사드린다. 대표님의 응원과 독려, 그리고 기다림이 없었다면 이 번역본은 탄생하지 못했을 것이다. 번역서를 꼼꼼히 읽고 소중한 조언을 해주신 베타리더들께도 감사의 마음을 전한다. 번역하는 내내 항상 옆에서 응원해 준 나의 사랑 봉봉이에게 번역에 들인 모든 시간을 바친다. 마지막으로, 나의 마음의 고향인 부모님께 이 책을 바친다.

옮긴이 **김성우**

머리말

이 책이 처음 출간된 1998년 이후로 20년 동안 인공지능 기술은 엄청나게 발전했다. 강화학습을 비롯한 기계학습 기술의 발전은 인공지능의 발전에 큰 동력을 제공해 주었다. 기계학습 기술의 발전에는 컴퓨터의 계산 능력이 눈부시게 향상된 것이 한몫을 했지만, 새로운 이론과 알고리즘의 개발 또한 중요한 역할을 했다. 이러한 변화가 있었음에도 이 책의 2판 작업이 오랜 시간 지체되어 2012년이 되어서야 작업을 시작할 수 있었다. 2판의 목적은 이 책을 처음 출간했을 때와 다르지 않다. 즉, 관련된 모든 분야의 독자들이 강화학습의 핵심 개념과 알고리즘을 쉽고 명료하게 이해할 수 있도록 하는 것이다. 1판의 내용과 비교하자면, 책에 대한 소개 부분은 그대로 유지했고, 핵심 알고리즘 및 온라인 학습 알고리즘도 계속해서 중요하게 다루었다. 1판 이후로 등장한 중요한 주제를 새롭게 포함했고, 더 잘 이해하게 된 주제에 관해서는 내용을 보충했다. 하지만 강화학습에서 파생된 다양한 기술 중 몇 가지만을 다루었을 뿐 대부분의 내용은 이 책에 담아내지 못했다. 이 점에 대해서는 미안한 마음이다.

1판에서와 마찬가지로 강화학습의 내용을 기술하는 데 있어서 엄격한 수학적 표현을 사용하거나 너무 일반적인 수식으로 표현하는 것은 지양했다. 하지만 1판이 나온 이후 좀 더 깊이 이해하게 된 주제를 설명하기 위해 약간의 수학을 사용할 수밖에 없었다. 이때 수학적 표현들은 글상자 안에 별도로 표기했으니 수학에 관심이 없는 독자들은 이 부분을 건너뛰어도 좋다. 1판과는 조금 다른 표기법을 사용하기도 했는데, 강의를 하면서 새로운 표기법이 의미의 혼동을 줄이는 데 도움이 된다는 사실을 발견했기 때문이다. 그 새로운 표기법이란, 확률 변수와 그 변수가 실현된 값을 구분하기 위해 확률 변수는 대문자로, 변수의 값은 소문자로 표기하는 것이다. 예를 들면, 시각 t에서의 상태, 행동, 보상이라는 변수는 S_t, A_t, R_t로 표기하고, 각 변수의 값은 s, a, r로 표기하는 식이다. 이러한 방식을 따른다면 가치 함수(예 v_π)는 소문자로 표기하고, 가치 함수를 표 형태로 추정한 값(예 $Q_t(s, a)$)은 대문자로 표기한다. 근사적 가치 함수는 확률 파라미터에 따라 결정되는 함수이므로 이 역시 소문자로 표기했다(**예** $\hat{v}(s, \mathbf{w}_t) \approx v_\pi(s)$). 가중치 벡터 $\mathbf{w}_t$(1판에서는 $\boldsymbol{\theta}_t$)와 특징 벡터 $\mathbf{x}_t$(1판에서는 $\boldsymbol{\phi}_t$) 같은 벡터들은 확률 변수이지만 볼드체 소문자로 표기했으며, 행렬은 볼드체 대문자로 표기했다. 1판에서는 전이 확률과 기대 보상을 표현하기 위해 특별한 표기법인 $\mathcal{P}^a_{ss'}$, $\mathcal{R}^a_{ss'}$을 사용했는데, 이들의 단점은 보상 역학의 특징을 완전히 드러내지 못한 채 오로지 기댓값만을 제공한다는 것이다. 문제는 동적 프로그래밍을 위해서라면 기댓값으로 충분하지만, 강화학습에서는 그렇지 않다는 것이다. 이러한 표기법의 또 다른 단점은 위 첨자와 아래 첨자가 과도하게 사용된다는 것이다. 이 때문에 2판에서는 좀 더 명확한 표기법을 사용했다. 예를 들면, 현재 상태와 행동을 전제로 하는 다음 상태와 보상의 동시 확률 분포를 $p(s', r \mid s, a)$와 같이 표기했다. 모든 표기법의 변화는 xxii쪽의 표에 정리되어 있다.

2판에는 1판에 없었던 많은 내용이 추가되었고, 책의 전반적인 구조에도 많은 변화가 있었다. 책을 소개하는 첫 장 이후로 이어지는 장들을 세 개의 새로운 부로 구분했다. 1부(2~8장)는 정확한 해가 존재하는 표 형태로 된 경우를 벗어나지 않는 범위에서 강화학습에 관한 많은 내용을 다루었다. 표 형태로 된 경우에 대해 학습learning과 계획planning의 방법을 모두 다루었고, n단계 방법과 다이나Dyna에서 그 두 방법이 어떻게 합쳐지는가에 대한 내용도 포함했다. 여기에 나오는 많은 알고리즘은 2판에서 새롭게 등장하는 것들로서 신뢰 상한Upper Confidence Bound, UCB, 기댓값 살사Expected Sarsa, 이중 학습Double Learning, 트리 보강tree-backup, $Q(\sigma)$, 실시간 동적 프로그래밍Real Time Dynamic Programing, RTDP, 몬테카를로 트리 탐색Monte Carlo Tree Search, MCTS 등이 있다. 표 형태로 된 경우를 우선적으로 완전하게 제시함으로써 핵심적인 개념이 가능한 한 간단한 내용을 통해 전달될 수 있도록 했다. 2부(9~13장)는 1부에서 다룬 핵심 개념을 확장하여 함수의 근사를 다룬다. 인공 신경망Artificial Neural Networks, 푸리에 기저Fourier Basis, 낮고 짧은 변환 감지Low-Short Transfer Detection, LSTD, 커널에 기반한 방법kernel-based methods, 경사도 시간차Gradient-TD 방법, 강한 시간차Emphatic-TD 방법, 평균 보상average-reward 방법, 진정한 온라인 시간차true online TD(λ), 정책 경사도policy-gradient 방법 등에 관한 내용이 여기에 포함된다. 2판에서는 비활성 정책off-policy 학습에 대한 내용이 상당히 많이 포함되었는데, 5~7장에서는 표 형태로 된 경우를 다루고, 11~12장에서는 함수 근사와 함께 다룬다. 2판의 또 다른 변화는 (2판에서는 7장에서 보다 충실히 다루어지는) n단계 부트스트랩의 전방 관점 개념과 (2판에서는 12장에서 독립적으로 다루어지는) 적격 흔적의 후방 관점 개념을 분리한 것이다. 3부에서는 강화학습과 심리학의 관계를 다룬 14장과 강화학습과 신경과학의 관계를 다룬 15장이 새롭게 추가되었다. 또한, 사례 연구를 다룬 16장에 아타리Atari 게임, 왓슨Watson의 도박 전략, 알파고AlphaGo와 알파고 제로AlphaGo Zero 같은 바둑Go 프로그램에 대한 내용을 새롭게 추가했다. 하지만 2판에서 추가한 내용은 그동안 강화학습 분야에서 행해진 모든 것의 일부만을 필자의 필요에 따라 선택하여 추가한 것이다. 이렇게 선택된 내용은 모델 없는model-free 방법들에 대한 필자의 관심을 반영하는데, 이러한 방법들은 많은 데이터와 계산 능력을 요구하는 큰 규모의 작업에도 적용될 수 있다. 마지막 장에서는 강화학습이 미래 사회에 끼칠 영향에 대해 논의한다. 더 좋아졌을 수도 있고 그 반대일 수도 있지만, 여하튼 2판은 1판의 두 배 분량으로 작성되었다.

이 책은 강화학습에 대한 한 학기 또는 두 학기 과정의 주교재로 사용될 수 있도록 만들어졌다. 한 학기 과정이라면 핵심 개념을 다지기 위해 처음 열 개의 장을 순서대로 학습해야 한다. 그런 후에 원하는 바에 따라 다른 장들이나 베르트세카스와 치치클리스(Bertsekás and Tsitsiklis, 1996), 위어링과 반 오텔로(Wiering and van Otterlo, 2012), 세페스바리(Szepesvari, 2010) 같은 문헌으로부터 내용을 보충할 수 있다. 학생의 배경지식이 어느 정도인지에 따라 온라인 지도학습 내용을 추가로 학습하는 것도 도움이 될 수 있다. 옵션이나 옵션 모델의 개념을 추가로 학습한다 해도 이상할 것은 없다(서튼, 프리컵, 싱(Sutton, Precup and Singh, 1999)). 두 학기 과정이라면 이 책의 모든 장을 보충 자료와 함께 학습할 수 있다. 이 책은 또한 기계학습, 인공지능, 신경망 같은 좀 더 넓은 주제를 다루는 강의의 한 부분을 설명하기 위해 활용될 수도 있다. 이 경우에는 이 책 내용의 일부만을 다루는 것이 바람직하다. 간략한 개관을 위해서는 1장을 다루고, 2장의 2.4절까지와 3장을 다룬 후, 시간과 관심도를 고려하여 나머지 장에서 몇 개의 절을 선택하여 다루는 것을 권한다. 이 책의 가장 중요한 주제는 6장에서 다루며, 6장의 내용은 다른 장의 내용을 이해하는 데도 중요하다. 기계학습이나 신경망에 초점을 두는 강의에서는 9장과 10장을 다루어야 하고, 인공지능이나 계획에 초점을 맞춘다면 8장을 다루어야 한다. 비교적 내용이 어려운 장이나 절의 경우 다른 내용을 이해하는 데 꼭 필요하지 않다면 ＊ 표시를 해 두었으니 처음에는 건너뛰어도 좋다. 각 장의 연습문제 중에서도 어렵지만 못 풀어도 기본 내용을 이해하는 데 문제가 없는 경우에는 ＊ 표시를 했다.

대부분의 장은 '참고문헌 및 역사적 사실'이라는 제목의 절로 끝난다. 이 절에서는 해당 장에 제시된 개념의 원천을 명시하고, 현재 진행 중인 연구나 문헌 및 관련된 역사적 배경을 설명한다. 이 절의 내용이 완전하고 권위를 갖추도록 노력했음에도 중요한 선행 연구들이 일부 누락되었을 것이다. 이 점에 대해서는 다시 한번 미안한 마음을 전한다. 감사하게도 오류나 추가해야 할 내용을 알려준다면 이 책의 전자책 버전에 반영하겠다.

1판과 마찬가지로 2판 또한 해리 클로프A. Harry Klopf에게 헌사한다. 그는 필자들을 서로 알게 해 주었으며, 강화학습을 향한 필자의 긴 여정은 뇌의 지능과 인공지능에 대한 그의 생각에서 시작되었다. 신경생리학 전문가이면서 기계지능에 오랫동안 관심을 두고 있던 그는 오하이오 라이트 패터슨 공군기지의 공군과학연구소 항공전자공학 부서 소속의 선임과학자였다. 평형 탐색

equilibrium-seeking 과정이 중요시되고 있는 현상에 불만을 품고 있었는데, 평형 탐색이란 자연지능을 설명하고 기계지능의 이론적 기반을 제공하는 방법으로서 항상성 및 오류 수정 기반의 패턴 분류법이 여기에 속한다. 그는 무언가(그것이 무엇이든)를 최대화하려는 시스템은 평형 탐색 시스템과는 성질이 다르며, 자연지능의 중요한 측면을 이해하고 나아가 인공지능을 만들기 위한 열쇠는 최대화 시스템에 있다고 주장했다. 이러한 주장을 검증하기 위한 프로젝트를 수행하기 위해 공군과학연구소로부터 연구자금을 지원받는 데 있어 해리의 역할이 중요했다. 이 프로젝트는 매사추세츠 대학교 애머스트에서 1970년대 후반에 수행되었는데, 이 프로젝트의 초기에는 컴퓨터정보과학과 교수이자 일찍이 신경과학과 인공지능의 연결 고리에 초점을 두고 연구를 수행했던 마이클 아르비브Michael Arbib, 윌리엄 킬머William Kilmer, 니코 스피넬리Nico Spinelli가 프로젝트를 이끌었다. 이들은 대학 내 시스템 신경과학을 위한 인공두뇌센터Cybernetics Center for Systems Neuroscience의 설립 멤버이기도 하다. 그 후 미시간 대학교에서 막 박사학위를 딴 바르토Barto가 연구원으로 프로젝트에 참여했다. 한편, 스탠퍼드에서 컴퓨터과학과 심리학을 공부하던 학부생 서튼Sutton은 고전적 조건형성에 있어서 자극 타이밍이 갖는 역할에 관심이 있었다. 해리 역시 같은 주제에 관심이 있었던 터라 서튼은 이 공통의 관심사에 대해 그때부터 해리와 의견을 교환하고 있었다. 해리는 서튼이 프로젝트에 참여하면 큰 도움이 될 것이라며 서튼의 참여를 제안했다. 그래서 서튼은 매사추세츠 주립대학 대학원에 진학했고, 그의 박사학위 지도교수는 그 당시 부교수였던 바르토가 맡게 되었다. 이 책에 담긴 강화학습 연구 내용은 해리와 그의 생각으로부터 시작한 이 프로젝트의 결과물이라고 해도 과언이 아니다. 나아가 해리 덕분에 필자들은 오랜 시간 서로 즐겁게 교류할 수 있었다. 이 책을 해리에게 헌사함으로써 필자는 강화학습이라는 학문 분야뿐만 아니라 필자들의 협력관계에서도 그가 크게 기여했음을 기리고자 한다. 필자는 또한 이러한 연구를 시작할 수 있는 기회를 제공한 세 명의 교수 아르비브, 킬머, 스피넬리에게도 감사를 표한다. 마지막으로, 연구 초기에 아낌없는 지원을 해준 공군과학연구소와 그 이후에도 오랫동안 지원을 아끼지 않은 국립과학재단National Science Foundation, NSF에게도 감사한다.

우리에게 영감과 도움을 준 많은 분께 2판의 출간을 빌어 감사한다. 먼저, 1판에 도움을 주신 분들에게 2판의 출간을 맞이하여 다시 한번 감사를 표한다. 그들의 도움이 없었다면 2판은 가능하지 않았을 것이다. 물론, 2판에 직접적으로 도움을 주신 분들에게도 감사한다. 우선, 우리가 여러 해 동안 이 책의 내용으로 수업받은 학생들이 셀 수 없이 많은 방법으로 도움을 주었다. 오류를 찾고, 정정 제안을 하고, 설명이 부족한 부분을 지적하는 등의 도움을 주었다. 이 책을 읽고 전체 내용에 대한 섬세한 의견을 준 마사 스틴스트럽Martha Steenstrup에게도 특별히 감사를 전한다. 심리학과 신경과학에 관한 장들을 저술하는 과정에서 해당 분야의 많은 전문가가 도와주지 않았다면 내용을 완성하지 못했을 것이다. 동물 학습에 관한 실험과 이론 및 신경과학에 대해 다년간 끈기 있게 지도해 주고, 14장과 15장의 여러 원고를 꼼꼼하게 읽어 준 존 무어John Moore에게 감사한다. 또한, 맷 봇비닉Matt Botvinick, 너대니얼 도Nathaniel Daw, 피터 다얀Peter Dayan, 야엘 니브Yael Niv에게도 감사한다. 그들은 이 장들의 원고를 읽고 날카로운 지적을 해주었고, 많은 문헌 중에서 옥석을 가려내는 데 중요한 도움을 주었으며, 원고의 초안에 있었던 오류를 잡아 주었다. 물론, 아직도 남아 있는 오류는(분명히 여전히 오류가 남아 있을 것이다) 순전히 필자의 잘못이다. 이 장들을 심리학자나 신경과학자가 아닌 사람들도 쉽게 읽을 수 있도록 만드는 과정에서 도움을 준 필 토마스Phil Thomas에게 감사한다. 또한, 관련 내용을 좀 더 잘 설명할 수 있게 도와준 피터 스털링Peter Sterling에게도 감사한다. 필자에게 기저핵basal ganglia에서의 정보 처리라는 주제를 소개해 주고 관련된 신경과학적 측면을 놓치지 않게 해준 짐 호크Jim Houk에게 감사한다. 호세 마르티네스José Martínez, 테리 세즈노스키Terry Sejnowski, 데이비드 실버David Silver, 게리 테사우로Gerry Tesauro, 게오르기오스 테오카로우스Georgios Theocharous, 필 토마스는 사례 연구를 다룬 장에 들어갈 강화학습 적용 사례의 자세한 내용을 필자가 이해할 수 있도록 아낌없이 도와주었고, 관련 내용의 원고에 도움이 되는 지적을 해주었다. 몬테카를로 트리 탐색Monte Carlo Tree Search과 딥마인드DeepMind 바둑 프로그램을 더 잘 이해할 수 있게 도와준 데이비드 실버에게 특별히 감사한다. 푸리에 기저에 관한 절을 작성하는 데 도움을 준 조지 코니다리스George Konidaris에게 감사한다. 많은 면에서 큰 도움을 준 에밀리오 카르토니Emilio Cartoni, 토마스 세더보그Thomas Cederborg, 스테판 데른바흐Stefan Dernbach, 클레멘스 로젠바움Clemens Rosenbaum, 페트릭 테일러Patrick Taylor, 토마스 콜린Thomas Colin, 피에르-뤽 베이컨Pierre-Luc Bacon에게 특히 감사를 전한다.

또한, 앨버타 대학교에 있는 강화학습 및 인공지능 연구실의 연구원들이 2판의 완성에 기여한 점에 대해 감사의 마음을 전하고 싶다. 몇몇 연구원에게 특히 신세를 졌다. 루팜 마흐무드Rupam Mahmood는 5장에서 비활성 정책 몬테카를로 방법을 다루는 데 있어 중요한 기여를 했고, 하미드 매이Hamid Maei는 11장에서 다루는 비활성 정책 학습에 대한 관점을 개발하는 데 도움을 주었고, 에릭 그레이브스Eric Graves는 13장에 나오는 실험들을 수행했고, 샹통 장Shangtong Zhang은 거의 모든 실험 결과를 재현함으로써 결과를 검증했고, 크리스 데 아시스Kris De Asis는 7장과 12장의 새로운 기술적 내용을 좀 더 향상했고, 함 반 세이젠Harm van Seijen은 적격 흔적으로부터 n단계 방법을 분리하게끔 만든 통찰력을 제시했고, 또한 (하도 반 하셀트Hado van Hasselt와 함께) 12장에 제시된 적격 흔적에 대한 전방 관점과 후방 관점 사이의 정확한 동일성을 포함하는 개념을 제시했다. 그리고 앨버타주 정부와 캐나다 국립과학공학 연구위원회National Science and Engineering Research Council, NSERC의 지원 덕분에 자유롭게 2판의 집필에 전념할 수 있었던 것을 고맙게 생각하고 있다. 특히, 앨버타에 장기적 관점으로 연구를 지원하는 환경을 만들어 준 랜디 괴벨Randy Goebel에게 감사의 마음을 전하고 싶다. 또한, 집필 기간 중 마지막 6개월 동안 지원해 준 딥마인드에게도 감사의 마음을 전하고 싶다.

마지막으로, 인터넷에 게시한 2판 원고를 주의 깊게 읽어 준 많은 독자에게 감사한다. 그들은 필자가 놓쳤던 많은 오류를 찾아주었고 혼동이 있을 수 있는 지점을 알려주었다.

1판 머리말

지금은 강화학습이라고 알려진 것에 대해 필자들이 처음으로 관심을 갖게 된 것은 1979년 말부터였다. 필자들은 모두 매사추세츠 대학에 적을 두고 있었으며, 뉴런 같은 적응자adaptive elements로 구성된 네트워크가 인공 적응 지능artificial adaptive intelligence을 위한 유망한 방법으로 판명될 수도 있다는 생각에 다시금 활력을 불어넣는 초기의 프로젝트 중 하나를 수행하고 있었다. 그 프로젝트에서는 해리 클로프A. Harry Klopf가 개발한 '적응 시스템의 정체이형적 이론heterostatic theory of adaptive systems'을 연구했다. 해리의 업적은 연구를 위한 풍부한 개념을 제공했고, 필자들은 그 개념을 비판적으로 탐구하고 적응 시스템의 이전 연구 결과와 비교해 볼 수 있는 기회를 얻게 되었다. 필자들이 수행한 작업은 개념들을 여러 갈래로 분리하고 그들 사이의 관계와 상대적 중요성을 이해하는 것이었다. 이러한 일들은 오늘날에도 행해지지만, 1979년 당시에 필자들은 오랫동안 당연시되었던, 어쩌면 가장 간단한 개념이 수치 계산적 측면에서는 놀라울 정도로 거의 관심을 받지 못했다는 사실을 깨달았다. 이것은 무언가를 원하고, 환경으로부터의 특정 신호를 최대화하기 위해 스스로의 행동을 조정하는 학습 시스템에 대한 간단한 개념이었다. 이것은 '쾌락주의hedonistic' 학습 시스템, 또는 요즘의 표현으로 말하자면 강화학습이라는 개념이었다.

다른 사람들과 마찬가지로, 필자는 강화학습이 인공 두뇌학cybernetics과 인공지능이 연구되던 초기에 완전히 연구되었다는 느낌을 갖고 있었다. 하지만 좀 더 자세히 들여다보고 나서는 강화학습이 아주 조금밖에 연구되지 않았다는 사실을 발견했다. 강화학습이 학습에 대한 최초의 수치 계산적 연구에 대한 분명한 동기를 유발했지만, 대부분의 연구자들은 패턴 분류pattern classification, 지도학습supervised learning, 적응 제어adaptive control 같은 분야로 빠져나가거나, 학습에 대한 모든 연구를 포기했다. 그 결과, 환경으로부터 무언가를 얻는 방법을 학습하는 과정에서 발생하는 특별한 이슈들은 상대적으로 거의 주목을 받지 못했다. 돌이켜 생각해 보면, 이러한 개념에 관심을 두게 된 것이 이 분야의 연구가 활기를 띠도록 만든 중요한 첫걸음이었다. 강화학습이라는 핵심적인 개념이 완전히 연구되지 않았다는 사실을 인식하고 나서야 강화학습에 대한 수치 계산적 연구가 발전할 수 있었다.

이 분야의 연구는 그때부터 오랜 과정을 거쳐 오면서 여러 방향으로 진화하고 성장했다. 강화학습은 점차 기계학습, 인공지능, 신경망에 대한 연구 분야에서 가장 활발히 연구되는 주제가 되었다. 강화학습에 대한 연구는 강력한 수학적 기반과 인상 깊은 적용 사례들을 개발해 왔다. 강화학습에 대한 수치 계산적 연구는 이제 큰 연구 분야가 되었다. 심리학, 제어 이론, 인공지능, 신경과학 같은 다양한 분야에서 활동하고 있는 전 세계 수백 명의 연구자들이 이 분야를 연구하고 있다. 최적 제어 이론 및 동적 프로그래밍과의 연관성을 수립하고 개발하는 데 기여했던 연구들이 특히 중요하다. 목표를 이루기 위해 상호작용으로부터 학습하는 전반적인 문제를 해결하기에는 아직 갈 길이 멀지만, 이 문제에 대한 연구자들의 이해의 정도는 상당히 높아졌다. 이제 시간차 학습, 동적 프로그래밍, 함수 근사 같은 요소 개념들을 전반적인 문제에 대한 일관된 관점하에서 다룰 수 있다.

이 책을 쓰면서 필자가 가졌던 목표는 강화학습의 핵심 개념과 알고리즘을 분명하고 쉽게 설명하는 것이었다. 이 책에서 다룬 내용이 관련된 모든 분야의 독자들에게 다가갈 수 있기를 원했지만, 모든 관점을 자세히 다룰 수는 없었다. 필자가 다룬 내용은 보통 인공지능과 공학의 관점에서 작성되었다. 다른 분야와의 연관성을 다루는 내용은 다른 책을 참고하거나 필자의 다음번 책을 참고하기 바란다. 또한, 강화학습을 형식적으로 엄밀하게 다루지 않기로 했다. 가능한 최고 수준의 수학적 추상화를 사용하지 않았고, 수학적 정리를 증명하는 형식을 따르지 않았다. 강조하고자 하는 개념의 간결함과 내재된 일반성을 해치지 않으면서, 수학에 관심이 있는 독자들에게 올바른 방향을 제시할 수 있을 정도로만 수학적 내용의 수준을 선택하려고 노력했다.

어떤 면에서 필자는 이 책을 집필하기 위해 30년이라는 세월을 보냈고, 그 과정에서 많은 이에게 도움을 받았다. 먼저, 이 책에 제시된 전반적인 관점을 개발하는 과정에서 개인적인 도움을 준 사람들에게 감사한다. 해리 클로프는 필자가 강화학습을 다시 연구할 필요성을 깨닫도록 도와주었다. 크리스 왓킨스Chris Watkins, 디미트리 베르트세카스Dimitri Bertsekas, 존 치치클리스John Tsitsiklis, 폴 웨어보스Paul Werbos는 동적 프로그래밍과의 관계가 갖는 가치를 알 수 있도록 도와주었다. 존 무어John Moore와 짐 케호Jim Kehoe는 동물 학습 이론으로부터 통찰과 영감을 얻게 해주었다. 올리버 셀프리지Oliver Selfridge는 적응의 폭과 중요성을 강조했다. 그리고 좀 더 일반적으로는, 수많은 방법으로 도움을 준 필자의 동료들과 학생들에게 감사한다. 론 윌리엄스Ron Williams, 찰스 앤더슨Charles Anderson, 새틴더 싱Satinder Singh, 스리다 마하데반Sridhar Mahadevan, 스티브 브래드케Steve Bradtke, 밥 크리테스Bob Crites, 피터 다얀Peter Dayan, 리몬 베어드Leemon Baird가 그들이다. 폴 코헨Paul Cohen, 폴 우트고프Paul Utgoff, 마사 스틴스트럽Martha Steenstrup, 게리 테사우로Gerry Tesauro, 마이크 조던Mike Jordan, 레슬리 카엘블링Leslie Kaelbling, 앤드루 무어Andrew Moore, 크리스 앳케슨Chris Atkeson, 톰 미첼Tom Mitchell, 닐스 닐슨Nils Nilsson, 스튜어트 러셀Stuart Russell, 톰 디에터리치 Tom Dietterich, 톰 딘Tom Dean, 밥 나렌드라Bob Narendra, 이들과의 논의를 통해 강화학습에 대한 필자의 관점은 상당히 풍부해졌다. 마이클 리트만Michael Littman, 게리 테사우로, 밥 크리테스, 새틴더 싱, 웨이 장Wei Zhang은 각각 4.7절, 15.1절, 15.4절, 15.5절, 15.6절의 세부 내용과 관련하여 도움을 주었다. 그들에게 감사한다. 공군과학연구소, 국립과학재단, GTE 연구소가 긴 안목으로 오랫동안 보내준 지원에 대해서도 감사한다.

이 책의 원고를 읽고 소중한 지적을 해준 많은 사람에게도 감사의 마음을 전하고 싶다. 그들의 이름은 다음과 같다. 톰 칼트Tom Kalt, 존 치치클리스, 파웰 시초즈Pawel Cichosz, 올레 갈모Olle Gällmo, 척 앤더슨Chuck Anderson, 스튜어트 러셀Stuart Russell, 벤 반 로이Ben Van Roy, 폴 스틴스트럽 Paul Steenstrup, 폴 코헨, 스리다 마하데반, 제테 랜드로브Jette Randlov, 브라이언 셰퍼드Brian Sheppard, 토마스 오코넬Thomas O'Connell, 리처드 코긴스Richard Coggins, 크리스티나 버지노Cristina Versino, 존 하이트John H. Hiett, 안드레아스 바델트Andreas Badelt, 제이 폰테Jay Ponte, 조 벡Joe Beck, 저스터스 피아터Justus Piater, 마사 스틴스트럽, 새틴더 싱, 토미 자콜라Tommi Jaakkola, 디미트리 베르트세카스, 토르비욘 에크만Torbjörn Ekman, 크리스티나 비요크만Christina Björkman, 제이콥 칼스트롬Jakob Carlström, 올레 팜그렌Olle Palmgren. 마지막으로, 다방면으로 도움을 준 그윈 미첼Gwyn Mitchell과 MIT 프레스 MIT Press에서 필자를 지지해 주는 해리 스탠턴Harry Stanton과 밥 프라이어Bob Prior에게 감사한다.

확률 변수는 대문자로 표기했고, 확률 변수의 값과 스칼라 함수는 소문자로 표기했다. 실수 벡터는 (확률 변수라 하더라도) 볼드체 소문자로 표기했다. 행렬은 볼드체 대문자로 표기했다.

$\doteq$	정의definition상 성립하는 등호
$\approx$	근사적으로 같음을 나타내는 등호
$\propto$	비례 관계를 나타내는 기호
$\Pr\{X = x\}$	확률 변수 X가 x라는 값을 갖게 될 확률
$X \sim p$	확률 분포 $p(x) \doteq \Pr\{X = x\}$로부터 추출된 확률 변수 X
$\mathbb{E}[X]$	확률 변수 X의 기댓값, 즉 $\mathbb{E}[X] \doteq \sum_x p(x)x$
$\mathrm{argmax}_a\, f(a)$	$f(a)$가 최대가 되도록 하는 a의 값
$\ln x$	x에 대한 자연 로그
e^x	자연 로그의 밑 $e \approx 2.71828$의 x 거듭제곱; $e^{\ln x} = x$
$\mathbb{R}$	실수 집합
$f : \mathcal{X} \to \mathcal{Y}$	집합 $\mathcal{X}$의 원소에서 집합 $\mathcal{Y}$의 원소로 대응되는 함수 f
$\leftarrow$	할당 기호
$(a, b]$	a보다 크고 b보다 작거나 같은 실수 범위
ε	입실론 탐욕적 정책하에서 무작위 행동을 선택할 확률
α, β	시간 간격 파라미터
γ	할인율 파라미터
λ	적격 흔적을 위한 감퇴율decay-rate 파라미터
$\mathbb{1}_{\text{조건 서술어}}$	지표 함수indicator function(조건 서술어가 참이면 $\mathbb{1}_{\text{조건 서술어}} \doteq 1$, 참이 아니면 0)

다중 선택_{multi-arm bandit} 문제에서:

k	행동(선택)의 개수
t	이산적 시간 단계 또는 게임 횟수
$q_*(a)$	행동 a의 실제 가치(보상의 기댓값)
$Q_t(a)$	시각 t에서 $q_*(a)$의 추정값
$N_t(a)$	시각 t 전까지 행동 a가 선택된 횟수
$H_t(a)$	시각 t에서 행동 a를 선택하는 것에 대한 학습된 선호도
$\pi_t(a)$	시각 t에서 행동 a를 선택할 확률
$\bar{R}_t$	정책 π_t에 따른 보상의 기댓값에 대한 시각 t에서의 추정값

마르코프 결정 과정에서:

s, s'	상태들
a	하나의 행동
r	하나의 보상
$\mathcal{S}$	모든 비종단 상태의 집합
$\mathcal{S}^+$	종단 상태를 포함하는 모든 상태의 집합
$\mathcal{A}(s)$	상태 s에서 선택 가능한 모든 행동의 집합
$\mathcal{R}$	가능한 보상의 집합, 실수 집합의 유한 부분집합
$\subset$	~의 부분집합(**예**: $\mathcal{R} \subset \mathbb{R}$)
$\in$	~의 원소(**예**: $s \in \mathcal{S}, r \in \mathcal{R}$)
$\|\mathcal{S}\|$	집합 $\mathcal{S}$의 원소의 개수
t	이산적 시간 간격
$T, T(t)$	임의의 에피소드 또는 시간 단계 t를 포함하는 에피소드의 마지막 시간 단계
A_t	시각 t에서의 행동
S_t	보통, 확률론적으로 S_{t-1}과 A_{t-1}에 기인하는 시각 t에서의 상태
R_t	보통, 확률론적으로 S_{t-1}과 A_{t-1}에 기인하는 시각 t에서의 보상
π	정책(의사결정 규칙)
$\pi(s)$	결정론적 정책 π를 따라 상태 s에서 취해진 행동
$\pi(a \mid s)$	확률론적 정책 π를 따라 상태 s에서 행동 a를 취할 확률

G_t	시각 t 이후의 이득
h	수평선horizon, 전방 관점forward view에서 내다보는 마지막 시간 단계
$G_{t:t+n}, G_{t:h}$	시각 $t+1$부터 $t+n$까지, 또는 h까지의 n단계 이득(할인을 적용하여 수정된 것)
$\bar{G}_{t:h}$	시각 $t+1$부터 h까지의 (할인을 적용하지 않은) 밋밋한 이득(5.8절)
G_t^λ	λ 이득(12.1절)
$G_{t:h}^\lambda$	중단되고 수정된 λ 이득(12.3절)
$G_t^{\lambda s}, G_t^{\lambda a}$	상태 가치 또는 행동 가치의 추정값에 의해 수정된 λ 이득(12.8절)
$p(s', r \mid s, a)$	상태 s에서 행동 a를 취함으로써 보상 r을 받고 상태 s'으로 전이할 확률
$p(s' \mid s, a)$	상태 s에서 행동 a를 취함으로써 상태 s'으로 전이할 확률
$r(s, a)$	상태 s에서 행동 a를 취한 후 받게 되는 즉각적인 보상의 기댓값
$r(s, a, s')$	행동 a를 통해 상태 s에서 s'으로 전이할 때 받게 되는 즉각적인 보상의 기댓값
$v_\pi(s)$	정책 π하에서 상태 s의 가치(이득의 기댓값)
$v_*(s)$	최적 정책하에서 상태 s의 가치
$q_\pi(s, a)$	상태 s에서 정책 π를 따라 행동 a를 선택하는 것의 가치
$q_*(s, a)$	상태 s에서 최적 정책을 따라 행동 a를 선택하는 것의 가치
V, V_t	상태 가치 함수 v_π 또는 v_*의 배열 추정값
Q, Q_t	행동 가치 함수 q_π 또는 q_*의 배열 추정값
$\bar{V}_t(s)$	근사적 행동 가치의 기댓값(**예**: $\bar{V}_t(s) \doteq \sum_a \pi(a \mid s) Q_t(s, a)$)
U_t	시각 t에서의 목표 추정값
δ_t	시각 t에서의 시간차Temporal-Difference, TD 오차(확률 변수, 6.1절)
δ_t^s, δ_t^a	상태 및 행동에 특화된 형태의 TD 오차(12.9절)
n	n단계 방법에서, n은 부트스트랩의 단계 개수를 의미함
$\|v\|_\mu^2$	μ 가중치를 적용하여 계산한 가치 함수 v의 놈norm의 제곱, 즉 $\|v\|_\mu^2 \doteq \sum_{s \in \mathcal{S}} \mu(s) v(s)^2$
d	차원(**w**의 성분 개수)
d'	대체alternate 차원(**θ**의 성분 개수)
$\mathbf{w}, \mathbf{w}_t$	근사적 가치 함수를 형성하는 d차원의 가중치 벡터
$w_i, w_{t,i}$	학습 가능한 가중치 벡터의 i번째 성분
$\hat{v}(s, \mathbf{w})$	가중치 벡터 $\mathbf{w}$를 적용하여 계산한 상태 s의 근사적 가치
$v_\mathbf{w}(s)$	$\hat{v}(s, \mathbf{w})$에 대한 대체 표기법

$\hat{q}(s, a, \mathbf{w})$	가중치 벡터 $\mathbf{w}$를 적용하여 계산한 상태-행동 쌍 s, a의 근사적 가치
$\nabla\hat{v}(s, \mathbf{w})$	$\hat{v}(s, \mathbf{w})$를 $\mathbf{w}$에 대해 편미분한 열 벡터
$\nabla\hat{q}(s, a, \mathbf{w})$	$\hat{q}(s, a, \mathbf{w})$를 $\mathbf{w}$에 대해 편미분한 열 벡터
$\mathbf{x}(s)$	상태 s에 있을 때 드러나는 특징 벡터
$\mathbf{x}(s, a)$	상태 s에서 행동 a를 취할 때 드러나는 특징 벡터
$x_i(s), x_i(s, a)$	벡터 $\mathbf{x}(s)$ 또는 $\mathbf{x}(s, a)$의 i번째 성분
$\mathbf{x}_t$	$\mathbf{x}(S_t)$ 또는 $\mathbf{x}(S_t, A_t)$의 약칭
$\mathbf{w}^\top\mathbf{x}$	벡터 사이의 내적, $\mathbf{w}^\top\mathbf{x} \doteq \sum_i w_i x_i$ (예: $\hat{v}(s, \mathbf{w}) \doteq \mathbf{w}^\top\mathbf{x}(s)$)
$\mathbf{v}, \mathbf{v}_t$	d차원의 2차 가중치 벡터, $\mathbf{w}$의 학습을 위해 사용됨(11장)
$\mathbf{z}_t$	시각 t에서의 d차원 적격 흔적 벡터(12장)
$\boldsymbol{\theta}, \boldsymbol{\theta}_t$	목표 정책의 파라미터 벡터(13장)
$\pi(a\,|\,s, \boldsymbol{\theta})$	파라미터 벡터 $\boldsymbol{\theta}$가 주어졌을 때 상태 s에서 행동 a를 선택할 확률
$\pi_{\boldsymbol{\theta}}$	파라미터 $\boldsymbol{\theta}$에 해당하는 정책
$\nabla\pi(a\,|\,s, \boldsymbol{\theta})$	$\pi(a\,|\,s, \boldsymbol{\theta})$를 $\boldsymbol{\theta}$에 대해 편미분한 열 벡터
$J(\boldsymbol{\theta})$	정책 $\pi_{\boldsymbol{\theta}}$의 성능 지표
$\nabla J(\boldsymbol{\theta})$	$J(\boldsymbol{\theta})$를 $\boldsymbol{\theta}$에 대해 편미분한 열 벡터
$h(s, a, \boldsymbol{\theta})$	$\boldsymbol{\theta}$에 기반하여 상태 s에서 행동 a를 선택하는 것의 선호도
$b(a\,|\,s)$	목표 정책 π를 학습하는 동안 행동을 선택하기 위해 사용되는 행동 정책
$b(s)$	정책 경사도 방법을 위한 기준baseline 함수 $b : \mathcal{S} \mapsto \mathbb{R}$
b	MDP 또는 탐색 트리를 위한 분기 계수branching factor
$\rho_{t:h}$	시각 t부터 h까지의 중요도추출비율(5.5절)
ρ_t	시각 t에서의 중요도추출비율, $\rho_t \doteq \rho_{t:t}$
$r(\pi)$	정책 π에 대한 평균 보상(보상 비율, 10.3절)
$\bar{R}_t$	시각 t에서 $r(\pi)$의 추정값
$\mu(s)$	상태에 대한 활성 정책 분포(9.2절)
$\boldsymbol{\mu}$	모든 상태 $s \in \mathcal{S}$에 대한 $|\mathcal{S}|$차원의 $\mu(s)$ 벡터
$\|v\|_\mu^2$	μ 가중치를 적용하여 계산한 가치 함수 v의 놈norm의 제곱, 즉 $\|v\|_\mu^2 \doteq \sum_{s\in\mathcal{S}} \mu(s)v(s)^2$ (11.4절)
$\eta(s)$	에피소드당 상태 s를 마주치는 횟수의 기댓값(240쪽)

Π	가치 함수에 대한 투영 작용자projection operator(324쪽)
B_π	가치 함수에 대한 벨만 작용자(11.4절)
$\mathbf{A}$	$d \times d$ 행렬 $\mathbf{A} \doteq \mathbb{E}\big[\mathbf{x}_t(\mathbf{x}_t - \gamma\mathbf{x}_{t+1})^\top\big]$
$\mathbf{b}$	d차원 벡터 $\mathbf{b} \doteq \mathbb{E}[R_{t+1}\mathbf{x}_t]$
$\mathbf{w}_{\mathrm{TD}}$	TD 고정점 $\mathbf{w}_{\mathrm{TD}} \doteq \mathbf{A}^{-1}\mathbf{b}$ (d차원 벡터, 9.4절)
$\mathbf{I}$	단위 행렬
$\mathbf{P}$	정책 π하에서 상태 전이 확률을 나타내는 $\lvert \mathcal{S}\rvert \times \lvert \mathcal{S}\rvert$ 행렬
$\mathbf{D}$	$\boldsymbol{\mu}$를 대각선 성분으로 하는 $\lvert \mathcal{S}\rvert \times \lvert \mathcal{S}\rvert$ 대각선 행렬
$\mathbf{X}$	$\mathbf{x}(s)$를 행으로 하는 $\lvert \mathcal{S}\rvert \times d$ 행렬
$\overline{\mathrm{VE}}(\mathbf{w})$	평균 제곱 가치 오차 $\overline{\mathrm{VE}}(\mathbf{w}) \doteq \lVert v_\mathbf{w} - v_\pi\rVert_\mu^2$ (9.2절)
$\bar{\delta}_\mathbf{w}(s)$	상태 s에서 $v_\mathbf{w}$에 대한 벨만 오차(TD 오차의 기댓값, 11.4절)
$\bar{\delta}_\mathbf{w}, \mathrm{BE}$	$\bar{\delta}_\mathbf{w}(s)$를 성분으로 하는 벨만 오차 벡터
$\overline{\mathrm{BE}}(\mathbf{w})$	평균 제곱 벨만 오차 $\overline{\mathrm{BE}}(\mathbf{w}) \doteq \lVert\bar{\delta}_\mathbf{w}\rVert_\mu^2$
$\overline{\mathrm{PBE}}(\mathbf{w})$	투영된 평균 제곱 벨만 오차 $\overline{\mathrm{PBE}}(\mathbf{w}) \doteq \lVert\Pi\bar{\delta}_\mathbf{w}\rVert_\mu^2$
$\overline{\mathrm{TDE}}(\mathbf{w})$	평균 제곱 시간차 오차 $\overline{\mathrm{TDE}}(\mathbf{w}) \doteq \mathbb{E}_b[\rho_t\delta_t^2]$ (11.5절)
$\overline{\mathrm{RE}}(\mathbf{w})$	평균 제곱 이득 오차(11.6절)

베타리더 후기

김진영(야놀자)

책의 내용이 제게는 다소 어려웠습니다. 인공지능 분야에 종사하지 않는다면, 더욱이 수학과 친하지 않았던 분이라면 마치 대학교 수학 시간에 나오는 공식들과 유사한 모양으로 중간중간 나오는 공식들에 아찔함을 느낄지도 모르겠습니다. 만약 인공지능이나 강화학습에 대해 이제 막 흥미를 느끼는 분이라면 쉬운 책을 먼저 보시고 그에 대한 원리를 심층 탐구하실 때 이 책을 선택하시는 게 좋을 것 같습니다.

나희연(LG전자)

강화학습 분야의 바이블이라 할 수 있는 서튼 교수님의 책을 한글로 만나볼 수 있어서 좋았습니다. 이론을 깊게 다루는, 한글로 된 강화학습 책이 거의 없는 상황에서 이 번역서가 강화학습으로의 접근성을 한층 더 쉽게 만들어 줄 수 있으리라 생각합니다.

사지원

강화학습의 바이블! 우리 모두가 알고 있는 그 책이 한글판으로 출간되었습니다. 이 책은 압도적인 분량을 자랑하는 원서의 장점을 그대로 담았습니다. 이 책이 요구하는 사전 지식의 문턱이 다소 높은 것은 사실이나, 강화학습을 보다 체계적이고 이론적으로 학습하고 싶은 사람들에게 강력하게 추천합니다. 수학으로 풀어낸 강화학습을 공부하고 싶다면 이 책을 선택하세요! 상당히 많은 검수와 개선이 진행된 상태에서 베타리딩을 시작한 느낌이 듭니다. 실제로 책을 읽고 나서도 원서가 지닌 장점과 깔끔한 번역이 잘 어우러졌다는 생각이 듭니다. 대학교나 대학원 교재로 사용해도 될 만큼 훌륭한 책인 것 같습니다.

🐦 성대현(민앤지)

강화학습에 대한 전반적인 내용이 담긴 책이라 흥미롭게 읽었습니다. 책을 첫 장부터 쭉 읽다 보니 지루할 사이도 없이 끝까지 보게 되었습니다. 책의 마지막 부분에 강화학습과 심리학, 신경과학과의 관계, 그리고 딥마인드의 알파고와 알파고 제로에 대한 사례연구까지 나오니 강화학습이 어디까지 진행되는지 알 수 있었습니다. 가끔 거슬리는 문장이 있긴 하지만, 문체가 전반적으로 쉽게 설명되기 때문에 거슬리는 문장 몇 가지만 변경하면 독자들이 읽는 데 전반적으로 거부감이 없어 보입니다.

🐦 양민혁(현대모비스)

강화학습에 적용되는 기초 이론부터 예제와 의사코드로 이어지는 구조가 체계화되어 있어서 개념 이해에 큰 도움이 될 것 같습니다. 다만, 이론서에 더 가까운 책이기에 알고리즘 구현이 목적일 경우는 적합하지 않을 수 있습니다. 이론 및 개념에 대해 글과 그림, 그리고 의사코드로 잘 설명되어 있는 멋진 책을 먼저 만날 수 있어서 즐거운 베타리딩이었습니다.

🐦 양성모(현대오토에버)

언제나 그렇듯이 'an introduction'이라는 제목에 속아 가볍게 읽기 시작했지만, '교과서'라는 말을 듣는 책인 만큼 쉽게 넘어갈 수 없을 정도로 넓고 깊은 내용을 담고 있습니다. 강화학습의 이론적인 기반을 단단히 다지는 데 좋을 것 같습니다. 번역은 읽는 데 불편함이 없었습니다만, 몇몇의 용어가 현업에서 잘 사용하지 않는 단어로 번역되어 있습니다. 이 부분은 출간 전에 상의하여 반영을 했으면 좋겠습니다.

🐦 이창화(경북대학교)

인공지능을 넘어 이제는 강화학습에 많은 관심이 쏟아지고 있습니다. 주어진 상황에서 적절한 행동을 보상과 여러 시행착오를 거치는 과정은 사람이 성장하는 모습과 많이 닮았습니다. 이 책에는 강화학습과 심리학/신경과학의 관계 및 알파고와 같은 다양한 사례도 있습니다. 수식이나 내용은 다소 어렵지만, 강화학습의 바이블인 만큼 꼭 참고할 도서입니다.

🐦 이태환(KB국민은행)

강화학습에 대해 기초에서 심화 과정까지의 내용을 담고 있어서 한 권으로 강화학습을 끝낼 수 있고 번역의 품질까지 너무 좋아서 정말 추천합니다. 역자님의 노고가 엿보인 책이었습니다.

🦋 조원양(하이트론씨스템즈)

강화학습 공부를 처음 시작할 때 이 책의 원서로 시작을 했었습니다. 읽으면서 이해가 안 되는 부분도 많아 고생을 많이 했던 기억이 납니다. 그때는 이 책이 왜 바이블인지 이해가 안 되었습니다. 그런데 강화학습에 대해 공부를 할수록 이 책의 진가를 알게 되었고, '번역서가 나왔으면 좋겠다'라는 생각을 계속했는데 드디어 출간되네요. 이제 다들 이 책을 통해 강화학습의 좀 더 깊은 인사이트를 얻을 수 있을 것 같습니다.

🦋 황도영(NHN)

강화학습과 관련된 방대한 지식을 설명하는 바이블입니다. 특히, 강화학습의 방법과 알고리즘이 심리학, 신경과학과 어떤 관계가 있는지, IBM의 왓슨과 딥마인드의 알파고 등의 사례에서는 어떤 역할을 했는지 등과 같은 흥미로운 주제도 함께 담겨 있습니다. 파블로프의 개, 알파고와 알파고 제로의 엘로 평점 시스템, 뉴런 네트워크 등의 내용은 강화학습 지식이 부족한 제게도 재미있었습니다.

🦋 황시연(데이터저널리스트)

인공지능에 관심이 높아진 사건은 이세돌 9단과 알파고의 바둑 대국일 것입니다. 이때 가장 주목받은 분야가 '강화학습'인데요. 대부분의 머신러닝 기법과 달리 미리 준비된 데이터를 학습시키지 않고 주변 환경 사이의 상호작용을 바탕으로 얻어진 데이터로 학습되기 때문입니다. 강화학습은 탐색과 의사결정의 일반 원리를 찾는 데 시간이 오래 걸립니다. 이 과정을 다양한 예제가 있는 이 책을 통해 이론과 함께 채우면 큰 도움이 될 것입니다. 개인적으로는 서튼 교수님의 책을 미리 볼 수 있어서 영광이었습니다. 자연어 처리에 대한 연구를 중점적으로 하다가 머리도 식힐 겸 베타리딩을 하게 되었는데 굉장히 신선했습니다. 책의 내용은 깊이가 있으면서도 충실해서 궁금한 알고리즘이 있다면 바이블처럼 찾아보면 좋을 것으로 보입니다.

제이펍은 책에 대한 애정과 기술에 대한 열정이 뜨거운 베타리더의 도움으로
출간되는 모든 IT 전문서에 사전 검증을 시행하고 있습니다

주변 환경과 상호작용하면서 배운다는 생각은 아마도 학습의 특성에 대해 생각할 때면 가장 먼저 떠오르는 생각일 것이다. 아기가 놀거나 팔을 휘두르거나 주위를 둘러볼 때, 아기에게 무언가를 가르쳐 주는 사람은 없지만 아기의 감각과 운동은 직접적으로 주변 환경과 연결되어 있다. 이러한 연결을 반복해서 경험하다 보면 인과관계, 행동의 결과, 목적을 이루기 위해 해야 할 것들에 대한 정보가 쌓이게 된다. 살아가는 동안 그러한 상호작용을 통해 자신과 주변의 환경에 대해 배운다는 사실에는 의심의 여지가 없다. 자동차 운전을 배울 때나 다른 사람과 대화를 계속 이어갈 때도 행동의 주체는 주변 환경이 행동에 어떻게 반응하는지를 예민하게 인지하고 있으며, 자신의 행동을 통해 주변에서 일어나는 일에 영향을 미치려고 한다. 상호작용으로부터 배운다는 것은 학습과 지능에 관한 거의 모든 이론의 기저에 깔린 개념이다.

이 책에서는 상호작용으로부터 배우는 과정에서 **컴퓨터를 활용하는**computational 방법을 탐구한다. 현실 세계에서 사람이나 동물이 어떻게 학습하는지 설명하는 이론을 단번에 도출하기보다는 이상적인 학습 환경을 가정하고 그 안에서 다양한 학습 방법이 갖는 효과를 분석한다.[1] 다시 말해, 인공지능 연구자나 엔지니어의 시각에서 문제를 다룬다는 것이다. 과학이나 경제 분야에서 다루어지는 학습의 문제를 효과적으로 해결하는 기계를 어떻게 설계할 것인지에 관해 탐구하고, 그러한 기계의 성능을 수학적 분석과 컴퓨터 실험을 통해 분석한다. 이 책에서 다루게 될

---

1   심리학 및 신경과학과의 관계는 14장과 15장에 요약되어 있다.

강화학습reinforcement learning이라고 불리는 방법은 기계학습에 속하는 다른 어떤 방법보다 상호작용으로부터 배우는 목표 지향적인 학습에 더욱 초점을 맞춘 방법이다.

1.1 강화학습

강화학습이란, 주어진 상황에서 어떠한 행동을 취할지를 학습하는 것을 의미한다. 이때 그 행동의 결과는 최대한의 보상(또는 이득)을 가져다주어야 하며, 그 보상 함수는 수치적으로 표현될 수 있어야 한다. 학습자agent는 어떤 행동을 취할지에 대한 어떠한 지침도 받지 않고 오로지 시행착오를 통해 최대의 보상을 가져다주는 행동을 찾아내야만 한다. 가장 흥미로우면서도 어려운 상황은 특정 행동이 그 행동에 직접적으로 영향을 받는 보상뿐만이 아니라, 그다음에 이어지는 상황에도 영향을 미침으로써 연속적으로 보상에 영향을 미치는 (지연된 보상) 상황이다. 시행착오와 지연된 보상이라는 특성은 강화학습을 다른 방법과 구분하는 가장 중요한 두 가지 특성이다.

기계학습machine learning이나 등산mountaineering과 같이 그 이름이 '~하기ing'로 끝나는 많은 주제와 마찬가지로 강화학습reinforcement learning은 하나의 문제이기도 하고, 그 문제를 잘 해결할 수 있는 방법이기도 하며, 그 문제와 해결 방법을 연구하는 분야이기도 하다. 이 세 가지 모두에 대해 하나의 이름을 사용하는 것이 편리한 점도 있지만, 동시에 이들의 개념을 구분할 필요도 있다. 특히, 문제와 그 해결 방법을 구별하는 것은 강화학습에서 매우 중요하다. 이 구분을 제대로 하지 못하면 많은 혼란스러운 상황과 마주치게 된다.

강화학습 문제를 동적 시스템 이론의 개념, 특히 불확실한 마르코프 결정 과정Markov Decision Process, MDP에 대한 최적 제어 이론을 활용하여 체계화했다. 이러한 체계화 과정의 자세한 내용은 3장에서 다룬다. 하지만 기본 아이디어는 목적을 위해 주변 환경과 상호작용하는 학습자가 직면하는 현실적인 문제의 가장 중요한 측면을 포착하는 것이다. 학습자는 주변 환경의 상태를 어느 정도까지는 감지하고 그 상태에 영향을 주는 행동을 취할 수 있어야만 한다. 학습자는 또한 주변 환경의 상태와 관련된 하나 이상의 목표를 가져야만 한다. 가장 간단한 형태의 마르코프 결정 과정은 감지, 행동, 목표라는 세 가지 측면만을 포함한다. 하지만 셋 중 어떤 것도 사소하게 다루지는 않는다. 이러한 문제를 푸는 데 적합한 모든 방법이 바로 강화학습 방법이다.

강화학습은 대부분의 기계학습 분야에서 연구되고 있는 **지도학습**supervised learning과는 다르다. 지도학습은 외부 전문가의 지침이 포함된 훈련 예제로부터 학습하는 것이다. 각각의 훈련 예제에는 어떤 상황과 그 상황에서 학습자가 취해야 할 올바른 행동에 대한 지침label이 포함된다. 이것은 종종 어떤 상황이 속한 범주를 식별하기 위한 지침이 되기도 한다. 이러한 종류의 학습은 시스템의 행동 방식을 예측하거나 일반화함으로써 훈련 예제에 포함되지 않은 상황에서도 시스템이 올바른 행동을 하도록 하는 것을 목표로 한다. 이것은 중요한 학습 방법이지만 상호작용으로부터 학습하는 것에는 적합하지 않다. 상호작용으로부터 학습하는 문제에서는 경험에 의존하여 바람직한 행동의 예제를 찾는다. 이때 바람직한 행동은 어떤 상황에 대해 적합한 대표성을 갖는 행동이다. 학습자는 미지의 영역에서 자신의 경험으로부터 배울 수 있어야 한다. 그렇게 할 때 학습은 최대의 보상을 가져다준다.

강화학습은 기계학습 연구자들 사이에서 소위 **비지도학습**unsupervised learning이라고 불리는 학습 방법과도 구별된다. 비지도학습에서는 보통 지침이 없는 데이터의 집합 안에서 숨겨진 구조를 찾는다. 지도학습과 비지도학습이라는 용어의 어감 때문에 이 두 학습 방법이 기계학습이라는 분야를 완전히 둘로 나누는 것처럼 보이지만, 실제로는 그렇지 않다. 바람직한 행동에 대한 지침을 필요로 하지 않는다는 특성을 공유한다는 이유로 강화학습을 비지도학습의 한 종류라고 생각하고 싶은 유혹을 느낄 수도 있지만, 강화학습은 보상을 최대로 만들기 위해 노력할 뿐 숨겨진 구조를 찾으려고 하지는 않는다. 학습자의 경험을 통해 숨겨진 구조를 찾는 것은 확실히 강화학습에도 도움이 된다. 하지만 그것만으로는 보상을 최대로 만드는 것을 목표로 하는 강화학습 문제를 풀지 못한다. 그래서 강화학습을 지도학습과 비지도학습에 이은 제3의 또는 그들과는 전혀 다른 기계학습 패러다임이라고 생각한다.

다른 학습에서는 찾아볼 수 없는 강화학습만이 갖는 어려운 점은 탐험과 활용 사이를 절충하는 일이다. 많은 보상을 얻기 위해 강화학습 학습자는 과거에 보상을 획득하는 데 효과적이었던 행동들을 선호해야만 한다. 하지만 바로 그러한 효과적인 행동을 발견하려면 과거에 하지 않았던 행동들을 시도해 봐야 한다. 학습자는 보상을 얻기 위해 이미 경험한 행동들을 **활용**exploitation해야 하지만, 한편으로는 미래에 더 좋은 행동을 선택하기 위한 **탐험**exploration을 해야 한다. 탐험과 활용 둘 중 하나만 추구한다면 목적을 이루지 못한다는 것이 문제다. 학습자는 다양한 행동을 시도하고 그중 최상의 보상을 가져올 만한 행동을 계속해서 선호해야 한다. 확률이 지배하는 문제에서는 어떤 행동이 가져올 보상의 기댓값을 높은 신뢰도로 추정하려면 각각의 행동을 여러 번 시도해야 한다. 탐험과 활용의 딜레마는 수십 년 동안 수학자들의 집중적인 연구 대상이었지만 여전히 미해결의 문제로 남아 있다. 현재로서는 탐험과 활용 사이에 균형을 잡는 문제는 최소한 가장 순수한 형태의 지도학습과 비지도학습에서는 발생하지 않는다고 말할 수 있을 뿐이다.

강화학습의 또 다른 핵심은 불확실한 주변 환경과 상호작용하는 목표 지향적인 학습자에 대한 모든 문제를 분명하게 고려한다는 점이다. 이것은 여러 하위 문제를 커다란 하나의 문제로 병합하는 방법을 제시하지 않은 채 하위 문제들만을 고려하는 다른 많은 방법과 구별되는 특성이다. 예를 들면, 많은 기계학습 연구가 지도학습의 유용성을 분명하게 밝히지도 않고 지도학습을 다룬다고 말한다. 또 다른 예는, 실시간 의사결정을 위한 계획planning의 역할을 고려하지 않거나 계획을 위해 필요한 예측 모델이 어디에서 나오는지에 대한 고민 없이 일반적인 목적을 갖는 계획 이론을 개발하는 경우다. 이러한 방법들이 많은 유용한 결과를 도출했지만, 오직 흩어져 있는 하위 문제들에만 초점을 맞춘 것은 심각한 한계다.

강화학습은 상호작용을 하는 완전하고 목표 지향적인 학습자를 처음부터 고려한 상태로 시작한다는 점에서 정반대의 접근법을 취한다. 모든 강화학습 학습자는 분명한 목표가 있고, 주변 환경의 여러 측면을 감지할 수 있으며, 그 환경에 영향을 주기 위한 행동을 선택할 수 있다. 더욱이, 학습자는 자신이 마주한 환경이 불확실하다 하더라도 학습을 수행해야 한다는 사실을 인지한 상태로 학습을 시작한다. 강화학습에 계획을 활용할 때는 환경에 대한 모델을 도출하고 개선하는 방법을 알아야 할 뿐만 아니라, 계획과 행동이 실시간으로 상호작용하도록 해야 한다. 강화학습에 지도학습을 활용할 때는 지도학습의 특정 능력을 활용해야 할 분명한 이유가 있기 때문에 그렇게 하는 것이다. 학습에 관한 연구가 발전하기 위해서는 중요한 하위 문제들을 구별하며 연구해야 한다. 이때 비록 학습자에 대한 세부 사항들이 완전히 밝혀지지 않았을지라도 하위 문제들은 주변 환경과 상호작용하는 완전한 목표 지향적 학습자 내부에서 분명한 역할을 해야만 한다.

상호작용하는 완전한 목표 지향적 학습자라는 개념이 항상 완전한 유기체나 로봇을 의미하는 것은 아니다. 물론, 완전한 유기체나 로봇은 상호작용하는 완전한 목표 지향적 학습자의 좋은 예가 될 수 있지만, 더 큰 행동 체계를 구성하는 각 부분도 이러한 학습자에 포함된다. 이 경우에 학습자는 시스템의 나머지 부분들과는 직접적으로 상호작용하고 시스템 외부의 환경과는 간접적으로 상호작용한다. 간단한 예를 들어, 로봇 배터리의 충전 수준을 확인하고 로봇 제어 아키텍처에 명령을 보내는 학습자를 생각해 보자. 학습자의 외부 환경은 학습자를 제외한 로봇 내부와 로봇 외부의 환경을 모두 포함한다. 이처럼 강화학습의 기본구조가 갖는 보편성을 이해하기 위해서는 가장 분명하게 존재하는 학습자와 그 주변 환경을 머릿속에 그려 봐야 한다.

강화학습의 가장 흥미로운 현대적 특징 중 하나는 그것이 공학 및 과학 분야와 실질적이고 생산적인 상호작용을 한다는 것이다. 인공지능과 기계학습은 통계학이나 최적화 같은 수학 분야와의 통합을 지향하는 큰 흐름이고, 강화학습은 그 흐름의 일부다. 이러한 흐름은 지난 수십 년 동안 이어져 왔다. 예를 들면, 파라미터를 통해 시스템을 모사할 수 있는 강화학습의 능력은 시스템 운영에 대한 연구 결과와 제어 이론에 내재해 있던 '차원의 저주curse of dimensionality' 문제를 해결한다. 좀 더 독특한 점은 강화학습이 심리학 및 신경과학이라는 상이한 분야와 상호작용하며 큰 영향을 주고받은 것이 두 분야 모두에 도움이 되었다는 사실이다. 기계학습의 모든 형태 중에서 사람이나 동물의 학습과 가장 유사한 것이 강화학습이다. 사실, 강화학습의 많은 핵심 알고리즘은 생태계의 학습 체계에서 영감을 얻어 만들어진 것들이다. 그리고 그러한 강화학습의 연구 결과는 실험 결과와 잘 들어맞는 동물학습의 심리학적 모델이나 뇌의 보상 시스템에 대한 믿을 만한 모델을 제공해 주었고, 반대로 그 모델 덕분에 우리는 생태계의 학습 체계를 더 잘 알게 되었다. 이 책에서는 공학 및 인공지능과 관련된 강화학습의 개념들을 14장과 15장에서 설명하는 신경과학 및 심리학의 내용과 연관 지어 설명할 것이다.

마지막으로, 강화학습은 간단하면서도 일반적인 원리를 탐구하고자 하는 인공지능 연구의 큰 경향성과도 부합한다. 1960년대 후반 이후 많은 인공지능 연구자들은 인공지능에 있어서 일반적인 원리는 발견할 수 없다고 단정 지었다. 지능은 특별한 목적을 달성하기 위한 방법과 경험을 다수 확보함으로써 구현되는 것이라고 생각했던 것이다. 기계에 수백만 또는 수십억 개의 관련 지식을 주입하기만 하면 기계가 지능을 갖게 된다고 말하는 사람도 있었다. 사람들은 탐색이나 학습 같은 일반적인 원리에 기반한 방법을 '약한 방법'이라고 인식한 반면, 특정한 지식에 기반한 방법을 '강한 방법'이라고 생각했다. 이러한 인식은 오늘날에도 흔하게 찾아볼 수 있는 생각이지만, 지배적인 생각은 아니다. 필자의 입장에서 보자면, 이러한 생각은 간단히 말해서 좀 성급한 생각이었다. 일반적인 원리를 발견하기 위해 충분히 노력해 보기도 전에 일반적인 방법은 존재하지 않을 것이라고 단정 지어 버렸으니 말이다. 현대 인공지능 연구의 상당수는 학습과 탐색, 의사결정의 일반 원리를 찾으려고 노력한다. 이러한 원리를 찾기 위해 얼마나 더 먼 길을 가야 할지는 모르지만, 좀 더 단순하고 포괄적인 일반 원리를 찾기 위한 여정에서 강화학습은 분명 거쳐 가야 할 지점이다.

1.2 예제

강화학습을 이해하는 좋은 방법은 강화학습의 발전 과정에 중요한 역할을 했던 예제와 적용 사례를 생각해 보는 것이다. 예를 들면, 다음과 같다.

- 숙련된 체스 선수가 말을 옮길 때 어느 위치로 말을 옮기는 것이 좋을지는 상대의 대응과 그에 대한 재대응을 예상하는 계획, 그리고 즉각적이고 직관적인 판단을 통해 결정된다.

- 석유 정제공장의 효율적 운영을 위해 적응 제어기adaptive controller를 이용하여 엔지니어가 설정한 초기 파라미터를 조정한다. 이때 한계 비용을 고려하여 산출물/비용/품질 사이의 균형을 최적화한다.

- 새끼 가젤은 태어난 지 몇 분 지나지 않아 어렵게 혼자 힘으로 일어서고, 30분 후에는 시속 30km의 속도로 달릴 수 있다.

- 로봇 청소기는 더 많은 쓰레기를 모으기 위해 새 방을 탐색할지, 아니면 충전 스테이션으로 돌아가야 할지를 결정한다. 이러한 결정은 현재 남아 있는 배터리의 양과 얼마나 쉽고 빠르게 충전 스테이션을 찾을 수 있는지에 대한 과거 경험에 의존한다.

- 필Phil은 아침 식사를 준비한다. 이러한 일상적인 일에도 복잡한 조건부 행동 및 목표와 하위 목표 사이의 서로 맞물려 있는 관계들이 작용한다. 찬장으로 가서 찬장을 열고 시리얼 상자 하나를 고른다. 그런 다음, 상자에 손을 뻗고 손으로 잡은 후에 상자를 꺼낸다. 그릇, 숟가락, 우유 팩을 가져오기 위해서는 또 다른 복잡하고 잘 조절된, 상호작용하는 연속적인 행동이 필요하다. 모든 행동의 단계에는 정보를 얻고 목표물에 손을 뻗고 적합한 운동을 하기 위한 연속적인 눈의 움직임이 포함된다. 어떻게 물건을 옮길지 또는 다른 물건을 가져오기 전에 몇몇 물건을 미리 탁자에 가져다 놓는 것이 좋을지에 대한 판단이 계속해서 빠르게 이루어진다. 각 단계는 숟가락 잡기 또는 냉장고에 넣기처럼 그 자체로 목표인 행동으로 구성되며, 동시에 그러한 행동은 시리얼이 준비되었을 때 먹기 위해서는 숟가락이 있어야 한다는, 그래서 궁극적으로는 영양분을 섭취해야 한다는 또 다른 목표를 이루기 위한 과정이 된다. 부지불식간에 필은 자신의 몸 상태에 대한 정보를 통해 자신에게 영양분이 필요한지, 얼마나 배가 고픈지, 어떤 음식이 좋을지를 결정하고 있다.

이러한 예제들은 매우 기본적인 특징을 공유하기 때문에 쉽게 이해할 수 있다. 모든 예제는 학습자와 그를 둘러싼 주변 환경 사이의 **상호작용**interaction을 다루고 있다. 주변 환경에는 **불확실한**uncertainty 요소들이 있지만, 학습자는 **목표**goal를 이루기 위한 방법을 모색한다. 학습자는 자신의 행동으로 주변 환경의 미래 모습(예를 들면 체스 말의 다음 위치, 정제 공장의 석유 비축 수준, 로봇 청소기의 다음 위치와 미래의 배터리 충전 양)에 영향을 미치고, 결국 미래에 자신이 취할 수 있는 행동과 기회에 영향을 줄 수 있는 권리를 갖는다. 올바른 선택을 하기 위해서는 행동의 간접적인 영향과 지금의 행동이 일정 시간이 지난 후에 미칠 효과를 고려해야 하고, 이를 위해 예지력이나 계획이 필요할 수도 있다.

하지만 앞선 모든 예제에서 행동의 결과를 완전히 정확히 예측할 수는 없기 때문에 학습자는 주변 환경을 자주 모니터링하고 적절한 대응을 해야 한다. 예를 들면, 필은 시리얼이 담긴 그릇에 우유를 붓는 동안 우유가 넘치지 않도록 주의를 기울여야 한다. 모든 예제에서 학습자는 자신이 직접 관찰한 사실을 통해 현 상황이 목표에 얼마나 가까이 다가가 있는지를 판단할 수 있다. 그 때문에 각 예제의 학습자는 자신의 목표를 분명하게 인식할 수 있다. 체스 선수는 자신이 이기고 있는지 지고 있는지를 알고 있으며, 정제 공장의 제어 시스템은 얼마나 많은 석유가 만들어지고 있는지를 알고 있고, 새끼 가젤은 언제 자신이 넘어질지를 알고 있고, 로봇 청소기는 언제 배터리가 바닥날지 알고 있고, 필은 자신이 아침 식사를 즐기고 있는 것인지 그렇지 않은지를 알고 있다.

이 모든 예제에서 학습자는 자신의 경험을 활용하여 시간이 지남에 따라 행동의 능력을 키우게 된다. 체스 선수는 자신이 선택한 말의 위치가 얼마나 적절한지를 판단하는 데 사용하는 직관력을 키워 더 좋은 위치를 선택하게 되고, 새끼 가젤은 더 효율적으로 달릴 수 있는 방법을 터득하게 되며, 필은 더 쉽고 간편하게 아침 식사를 준비하는 방법을 배우게 된다. 이전의 경험을 활용하거나 또는 설계나 진화를 통해 주입된 지식을 활용하여 학습자가 어떤 일을 시작하려 할 때, 그 지식은 무엇이 유용하고 배우기 쉬운 것인가를 결정하는 데 영향을 미친다. 하지만 학습자가 하려는 일의 분명한 특성을 이용하여 학습자가 행동을 조정하려고 할 때 주변 환경과의 상호작용 과정은 필수적이다.

1.3 강화학습의 구성 요소

학습자와 주변 환경을 제외하고도 강화학습에는 네 가지 주요한 구성 요소가 있다. 바로 **정책**policy, **보상 신호**reward signal, **가치 함수**value function, 그리고 (필수 항목은 아니지만) 주변 환경에 대한 **모델**model이다.

정책은 특정 시점에 학습자가 취하는 행동을 정의한다. 간단히 말해서, 정책이란 학습자가 인지한 주변 환경의 상태에 대해 학습자가 취해야 할 행동을 알려준다. 그것은 심리학에서 말하는 자극-반응의 규칙이나 그와 관련된 것들과 대응된다. 어떤 경우에 정책은 간단한 함수나 열람표look up table일 수도 있고, 더욱 복잡한 경우에는 탐색 과정에 필요한 방대한 양의 계산을 포함할 수도 있다. 정책 그 자체만으로도 행동을 결정할 수 있다는 점에서 정책은 강화학습 학습자에게 있어 핵심이 되는 부분이다. 일반적으로, 정책은 확률론적으로 행동을 선택할 수도 있다. 이 경우, 정책은 각 행동에 선택될 확률을 부여하고 그 확률에 따라 행동을 선택한다.

보상 신호는 강화학습이 성취해야 할 목표를 정의한다. 매 시간마다 주변 환경은 강화학습을 이용하는 학습자에게 **보상**reward이라고 불리는 하나의 숫자(보상 신호)를 전달한다. 학습자의 유일한 목표는 장기간에 걸쳐 학습자가 획득하게 되는 보상의 총합을 최대로 만드는 것이다. 따라서 학습자는 보상 신호의 크기로부터 자신의 행동이 좋은 것인지 나쁜 것인지를 판단할 수 있다. 생태계에서는 보상이라는 것이 기쁨이나 고통의 경험과 연결되어 있다고 생각할 수 있다. 보상은 학습자가 직면한 문제를 정의하는 즉각적인 신호다. 보상 신호는 정책을 바꾸는 주된 원인이 된다. 만약 정책이 선택한 행동이 적은 보상을 가져온다면 다음에 유사한 상황이 되었을 때는 다른 선택을 하도록 정책이 바뀔 수 있다. 일반적으로, 보상 신호는 환경의 상태와 취해진 행동에 대해 확률적으로 그 값이 결정되는 확률론적stochastic 함수가 될 수도 있다.

보상 신호가 무엇이 좋은 것인가를 즉각적으로 알려주는 반면, **가치 함수**는 장기적인 관점에서 무엇이 좋은 것인가를 알려준다. 간단히 말해, 특정 상태의 **가치**value는 그 상태의 시작점에서부터 일정 시간 동안 학습자가 기대할 수 있는 보상의 총량이다. 보상이 어떤 순간에 주변 환경의 상태에 내재된 고유의 장점을 나타낸다면, 가치는 특정 시점 이후의 상태와 그 상태에 포함된 장점을 고려하여 **장기적 관점**long-term으로 평가한 상태의 장점이라고 할 수 있다. 예를 들어, 어떤 상태의 매 순간의 보상은 적지만 큰 보상을 갖는 상태들이 정기적으로 뒤따라온다면 그 상태는 여전히 높은 가치를 갖게 된다. 그 반대의 경우도 마찬가지다. 인간에 빗대어 표현하자면, 큰 보상은 기쁨과 같은 것이고 적은 보상은 고통과 같은 것이다. 반면, 가치란 주변 환경이 특정 상태에 놓여 있는 것이 우리를 얼마나 기쁘게 또는 기분 나쁘게 하는가를 좀 더 정확하면서도 장기적인 관점에서 판단한 지표다.

어떤 면에서 보상은 주된 것이고, 가치는 보상에 대한 예측이므로 부수적이다. 보상 없이는 가치가 있을 수 없고, 가치를 평가하는 것도 오로지 더 많은 보상을 얻기 위해서다. 그런데도 어떤 결정을 내리고 그 결정을 평가할 때 가장 많이 고려하는 것은 가치다. 행동의 선택은 가치에 대한 판단을 기준으로 이루어진다. 보상이 최대인 행동보다는 가치가 최대인 행동을 선택해야 한다. 이렇게 해야 장기적으로 최대한 많은 보상을 얻을 수 있기 때문이다. 하지만 불행하게도 보상이 얼마인지를 결정하는 것보다 가치의 크기를 결정하는 것이 훨씬 더 어렵다. 보상은 주변 환경으로부터 기본적으로 주어지지만, 가치는 학습자의 전 생애주기 동안 학습자가 관찰하는 것들로부터 반복적으로 추정되어야만 한다. 사실, 이 책이 다루는 거의 모든 강화학습 알고리즘에서 가장 중요한 것은 효과적으로 가치를 추정하는 방법이다. 가치 추정이 강화학습에서 핵심적 역할을 한다는 사실은 지난 60년 동안 강화학습에 대해 알게 된 것 중 가장 중요한 것임이 틀림없다.

강화학습의 구성 요소 중 네 번째이자 마지막은 환경 **모델**이다. 환경 모델은 환경의 변화를 모사mimic한다. 좀 더 일반적으로는 환경이 어떻게 변화해 갈지를 추정할 수 있게 해 준다. 예를 들면, 환경 모델은 현재 상태와 그에 따라 취해지는 행동으로부터 다음 상태와 보상을 예측한다. 모델은 **계획**planning을 위해 사용되는데, 여기서 계획이란 미래의 상황을 실제로 경험하기 전에 가능성만을 고려하여 일련의 행동을 결정하는 방법을 의미한다. 모델과 계획을 사용하여 강화학습의 문제를 해결하는 방법을 **모델 기반**model-based 방법이라고 한다. 이에 반대되는 개념으로 **모델 없는**model-free 방법이 있는데, 이것은 전적으로 시행착오 학습자가 취하는 방법으로 계획과는 거의 정반대의 방법으로 인식된다. 시행착오로부터 환경 모델을 학습하고 동시에 그 모델을 사용하여 계획하는 과정을 수행하는 강화학습 시스템을 8장에서 설명할 것이다. 현대의 강화학습은 시행착오로부터 학습하는 낮은 수준에서부터 심도 깊은 계획을 하는 높은 수준까지의 모든 것을 아우른다.

1.4 한계와 범위

강화학습은 상태state라는 개념에 크게 의존하는데, 상태라는 것은 정책과 가치 함수의 입력이 되기도 하고 모델의 입력과 출력이 되기도 한다. 공식적인 정의는 아니지만, 상태란 특정 시각에 환경이 어떤 모습을 하고 있는지에 대한 정보를 학습자에게 전달하는 신호라고 정의할 수 있다. 이 책에서는 마르코프 결정 과정이라는 틀 안에서 상태에 대한 공식적인 정의가 내려지는데, 이에 대해서는 3장에서 설명한다. 하지만 일반적으로 통용되는 비공식적 의미로, 학습자가 사용할 수 있는 환경에 대한 모든 정보를 상태로 생각하는 것이 좋다. 사실, 환경의 기본적 구성 요소인 전처리preprocessing 시스템이 상태를 제공한다고 생각할 수 있다. 이 책에서는 상태를 구성하고 변화시키는 것, 또는 상태를 학습하는 것을 (17.3절에서 간략히 다루는 것을 제외하면) 다루지 않는다. 상태의 표현이 중요하지 않다고 생각해서가 아니라, 이렇게 하는 것이 의사결정 문제에 완전히 초점을 맞추는 데 도움이 되기 때문이다. 다시 말해 이 책의 관심사는 상태를 설계하는 것이 아니라, 어떠한 상태가 주어지든 상관없이 그 상태 정보로부터 학습자가 취해야 할 행동을 결정하는 것이다.

이 책에서 다루는 대부분의 강화학습 방법은 가치 함수를 추정하기 위한 것이다. 하지만 강화학습 문제를 풀기 위해 반드시 가치 함수를 추정해야 하는 것은 아니다. 예를 들면 유전자 알고리즘genetic algorithm, 유전자 프로그래밍genetic programming, 모의 담금질simulated annealing 같은 최적화 방법은 결코 가치 함수를 추정하지 않는다. 이러한 방법은 환경과 오랜 시간 동안 불연속적 시간 간격으로 상호작용하는 다수의 정적 정책static policy을 적용한다. 가장 큰 보상을 얻는 정책과 그것의 무작위 변형이 다음 세대의 정책으로 전달되는 일련의 과정을 반복한다. 이 방법의 동작 방식이 생물학적 진화와 비슷하기 때문에 이러한 방법을 **진화적**evolutionary 방법이라고 부르는데, 생물학적 진화를 통해 생산된 유기체는 생애주기 동안 학습한 적이 없음에도 노련한 행동을 할 수 있다. 정책의 개수가 충분히 적거나, 또는 좋은 정책을 쉽게 찾을 수 있도록 구조화되어 있는 상황이거나, 그것도 아니면 좋은 정책을 탐색할 시간이 충분한 경우에는 진화적 방법이 효과적이다. 더욱이, 학습자가 환경의 완전한 상태를 감지할 수 없다는 문제를 해결하는 데 진화적 방법이 도움이 된다.

이 책은 환경과 상호작용하며 학습하는 강화학습 방법에 초점을 두고 있다. 이러한 학습은 진화적 방법으로는 해낼 수 없다. 개별 행동의 상호작용이 갖는 세부 사항을 잘 활용할 수 있는 방법들은 많은 경우에 진화적 방법보다 훨씬 더 효율적이다. 진화적 방법은 강화학습 문제의 많은 유용한 구조를 사용하지 않는다. 진화적 방법은 그것이 찾는 정책이 상태로부터 행동을 도출하는 함수라는 사실을 활용하지 않는다. 진화적 방법은 개별 학습자가 생애주기 동안 어떠한 상태를 통과하는지, 또는 어떠한 행동을 취해야 하는지를 알려주지 않는다. 물론, 어떤 경우에는 이러한 정보를 알려주는 것이 잘못된 행동을 야기할 수도 있지만(떼 상태를 잘못 판단했을 때), 대부분의 경우에 이러한 정보는 효율적인 탐색을 가능하게 한다. 진화와 학습은 많은 특징을 공유하고 있으며, 따라서 서로 자연스럽게 협력할 수 있다. 하지만 필자는 진화적 방법이 그 자체로는 강화학습 문제와 특별히 잘 어울린다고 보지 않기 때문에 이 책에서는 진화적 방법을 다루지 않는다.

1.5 확장된 예제: 틱택토

강화학습의 일반적인 개념을 설명하고 다른 접근법과의 차이를 드러내기 위해 예제 하나를 좀 더 자세히 들여다보자.

아이들이 하는 익숙한 게임 틱택토tic-tac-toe를 생각해 보자. 세 개의 행과 세 개의 열로 이루어진 격자판을 가지고 두 명이 번갈아 가며 게임을 한다. 한 사람은 X를 표시하고 다른 사람은 O를 표시하여 한 사람이 가로, 세로, 대각선 중 하나의 방향으로 연달아 세 개의 동일한 표시를 하여 이길 때까지 게임을 진행한다. 오른쪽 그림에서는 X를 표시한 사람이 이겼다. 만약

X	O	O
O	X	X
		X

어느 누구도 연달아 세 개를 표시하지 못한 채로 칸이 다 채워졌다면 무승부가 된다. 이 게임에 숙달된 사람이라면 무조건 이기도록 게임을 할 수 있기 때문에, 여기서는 간혹 잘못된 선택을 하여 상대방이 이길 수 있게 해 주는 덜 숙달된 사람과 게임을 하고 있다고 가정해 보자. 사실은 무승부나 지는 것이나 똑같이 안 좋은 결과라고 잠깐 동안만 가정해 보자. 어떻게 하면 상대방의 잘못된 선택을 찾아내고 승리할 확률을 최대로 하는 법을 배우는 학습자를 만들 수 있을까?

이 문제는 간단하지만, 전통적인 방법으로는 만족스러울 정도로 쉽게 풀리지는 않는다. 예를 들어, 게임 이론의 전통적인 '미니맥스minimax' 방법은 상대방이 특정한 방법으로 게임을 한다는 가정을 하기 때문에 올바른 해결책이 아니다. 예를 들어, 미니맥스 방법으로 게임을 하는 사람은 비록 상대방의 잘못된 선택 덕분에 특정 상태에 도달하여 그 이후에는 항상 이기는 것이 보장될지라도 결코 절대 질 수 없는 상태에는 도달하지 못한다. 동적 프로그래밍dynamic programming 같은 순차적 결정 문제에 대한 전통적 최적화 방법은 어떤 상대방과 게임을 하더라도 최적의 해결책을 계산할 수는 있지만, 이때 상대방에 대한 완벽한 정보가 필요하다. 예를 들면, 상대방이 게임 판의 상황에 따라 특정 선택을 할 확률이 필요하다. 대부분의 실제적인 문제와 마찬가지로 이 예제 문제에서도 상대방에 대한 사전 정보가 제공되지 않는다고 가정하자. 하지만 이러한 경우에도 상대방과 게임을 많이 해 봄으로써 상대방에 대한 사전 정보를 경험으로 추론할 수 있다. 이 문제에 적용할 수 있는 그나마 최선의 방법은 먼저 상대방의 행동에 대한 모델을 어느 정도 자신감을 얻을 때까지 학습하고, 이 근사적 모델과 동적 프로그래밍을 적용하여 최적의 해결책을 계산하는 것이다. 결국, 이것은 이 책에서 다룰 강화학습의 몇몇 방법과 크게 다르지 않다.

이 문제에 진화적 방법을 적용한다면 게임 참여자는 가능한 정책들을 직접 탐색하여 상대방을 이길 확률이 가장 높은 것을 찾으려고 할 것이다. 여기서 정책이란, 게임 참여자에게 게임의 모든 상황, 즉 게임 판 위의 모든 X와 O의 조합에서 어떠한 선택을 해야 할지 알려주는 규칙이다. 모든 정책마다 그 정책이 승리로 귀결될 확률은 상대방과 몇 차례 게임을 함으로써 얻을 수 있다. 이러한 확률 계산을 통해 다음번에는 어떤 정책을 선택해야 할지 알 수 있다. 전형적인 진화적 방법은 정책들이 펼쳐진 언덕을 오르며 연속적으로 정책을 평가하고 더 향상된(이길 확률이 더 높은 옮긴이) 정책을 찾아간다. 또는 어쩌면 유전자 기반 알고리즘을 사용하여 정책을 평가함으로써 좋은 정책들의 집합을 유지할 수도 있다. 문자 그대로 수백 가지의 최적화 방법을 적용해 볼 수 있다.

이제 가치 함수를 사용하여 어떻게 틱택토 문제에 접근하는지를 말하겠다. 먼저, 게임에서 나타날 수 있는 모든 상태에 숫자 하나씩을 부여하여 숫자 표를 만든다. 각 숫자는 해당 상태에서 게임 참여자가 승리할 확률에 대한 가장 최신의 추정값이다. 이 추정값을 상태의 **가치**value로 생각하면 이제 전체 표는 학습된 가치 함수가 된다. 상태 A로부터 승리할 확률이 상태 B로부터 승리할 확률보다 크면, 상태 A가 상태 B보다 높은 가치를 갖는다. 또는 더 낫다고 평가받는다. X를 표시하는 게임 참여자라면 세 개의 X가 연달아 있을 때는 이미 승리한 것이므로 게임 참여자의 승리 확률은 1이다. 마찬가지로, 세 개의 O가 연달아 있거나 이미 게임 판이 모두 채워졌다면 이 상태로부터 승리할 수는 없기 때문에 승리 확률은 0이 된다. 모든 상태의 초기 가치는 0.5로 설정한다. 즉, 승리 확률을 50%로 설정한다.

이제 상대방과 여러 번 게임을 진행한다. X를 표시할 위치를 선택하기 위해 게임 참여자는 (게임 판의 모든 빈칸에 대해) 자신의 선택이 불러올 상태를 면밀히 따져보고 현재 숫자 표의 가치를 확인한다. 게임을 하는 대부분의 시간 동안 게임 참여자는 가치, 즉 승리 확률 추정값을 최대로 하는 상태로 가기 위해 X를 표시할 위치를 탐욕적으로 선택한다. 하지만 간혹 X를 표시할 위치를 무작위로 선택하기도 한다. 무작위 선택을 하지 않았다면 경험하지 못했을 상태를 경험하게 해 준다는 의미에서 이러한 선택을 **탐험적**exploratory 선택이라고 한다. 게임을 하는 동안 선택했거나 선택을 고려해 본 위치의 연속적인 고리를 그림 1.1의 다이어그램에서 확인할 수 있다.

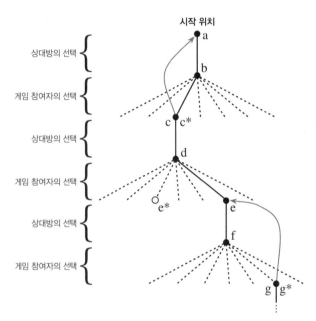

그림 1.1 틱택토 선택의 연결 고리. 검은 실선은 게임 도중에 취해진 이동을 나타낸다. 점선은 강화학습을 이용하는 게임 참여자가 고려했지만 선택하지 않은 이동을 나타낸다. 게임 참여자의 두 번째 이동에서, e*로 이동하는 것이 더 높은 순위임에도 불구하고 e로 이동했다는 점에서 이 이동은 탐험적 이동이다. 탐험적 이동은 어떤 학습도 유발하지 않지만, 그 밖의 이동은 붉은 화살표가 나타내는 것처럼 가치를 갱신하며 학습을 유발한다. 본문에 설명한 것처럼 가치 추정값이 나중 노드로부터 붉은 화살표를 따라 이전 노드로 올라간다.

게임을 하는 동안 게임 참여자는 자신이 처한 상태의 가치를 변화시킨다. 게임 참여자는 그 가치가 승리 확률에 대한 좀 더 정확한 추정이 되도록 노력한다. 이를 위해 그림 1.1의 화살표가 나타내듯이 각각의 탐욕스러운 선택 이후 결정될 상태의 가치를 선택 이전의 상태에 보강backup한다. 더 정확하게 말하면, 이전 상태의 현재 가치가 나중 상태의 가치에 가까워지도록 갱신된다. 이것은 이전 상태의 가치를 나중 상태의 가치와 가까워지는 방향으로 일정 부분 변경함으로써 가능하다. 탐욕스러운 선택 이전의 상태를 S_t라 하고 선택 이후의 상태를 S_{t+1}이라고 하면, $V(S_t)$로 표현되는 S_t 추정값의 갱신은 다음과 같이 나타낼 수 있다.

$$V(S_t) \leftarrow V(S_t) + \alpha \Big[V(S_{t+1}) - V(S_t) \Big]$$

여기서 α는 **시간 간격 파라미터**step-size parameter라고 불리는 작은 양의 값으로서, 학습의 속도에 영향을 준다. 이 갱신 규칙은 **시간차 학습**temporal-difference learning 방법의 일종이다. 갱신 과정의 변화량이 두 연속적인 시각의 추정값 차이 $V(S_{t+1}) - V(S_t)$에 기반하여 계산되기 때문에 시간차 학습으로 불린다.

위에 설명한 방법은 이 문제에 꽤 적합하다. 예를 들어, 시간 간격 파라미터가 시간이 지남에 따라 적절히 줄어든다는 것은 이 방법을 통해 숫자 표의 확률값이 각각의 상태로부터 승리할 확률의 참값으로 수렴한다는 것을 의미한다. 이러한 해석에는 게임 참여자가 최적의 선택을 한다는 가정이 필요하며, 게임의 상대방은 누가 되든 상관없다. 더욱이, 이러한 상황에서 취해지는 (탐험적 이동을 제외한) 이동은 (불완전한) 특정 상대방에 대한 최적화된 이동이다. 다른 말로 하면, 이 방법은 특정 상대방과 게임을 하는 최적의 정책으로 수렴한다. 시간 간격 파라미터가 시간이 지나도 0으로 수렴하지 않을 수도 있는데, 그렇다 하더라도 그것은 게임을 수행하는 방법을 느리게 변화시키는 상대방에 대해 게임 참여자가 게임을 잘 수행하고 있음을 의미한다.

이 예제는 진화적 방법과 가치 함수를 학습하는 방법 사이의 차이점을 설명해 준다. 정책을 평가하기 위해 진화적 방법은 정책을 고정한 채로 상대방과 많은 게임을 시도하거나 상대방의 모델을 이용하여 많은 게임을 시뮬레이션해 본다. 승리의 빈도수는 그 정책으로 승리할 확률에 대한 편차 없는unbiased 추정값을 의미하며, 다음 정책 선택의 지침이 된다. 하지만 모든 정책의 수정은 많은 게임을 수행한 후에야 이루어지고 오로지 게임의 최종 결과만을 사용하게 된다. 즉, 게임 도중에 무슨 일이 일어나는지는 무시된다. 예를 들어, 게임 참여자가 승리하면 어떤 특정 움직임이 승리에 중요한 기여를 했는지는 상관없이 게임 참여자가 게임 도중 취했던 모든 행동이 신뢰를 받는다. 심지어 발생하지 않았던 움직임에도 신뢰를 부여하게 된다. 반면, 가치 함수를 이용하는 방법은 개별적인 상태들을 평가하는 것을 허용한다. 결국 진화적 방법이나 가치 함수 방법이나 모두 정책을 탐색하지만, 가치 함수를 학습하면 게임 도중에 발생한 정보를 활용할 수 있다는 이점이 있다.

이 간단한 예제는 강화학습 방법의 몇 가지 핵심 특성을 설명한다. 첫째, 강화학습은 주변 환경과 상호작용하며 학습하는 것을 강조한다. 이 예제의 경우에 주변 환경은 게임 상대방이다.

둘째, 강화학습에는 확실한 목표가 있고, 올바른 행동을 위해 학습자가 선택한 행동의 지연된 효과를 고려하는 계획 또는 예지가 필요하다. 예를 들어, 간단한 강화학습을 이용하는 게임 참여자는 근시안적인 상대방에 대해 여러 경로의 함정을 설정하는 것을 학습한다. 상대방에 대한 모델이나 미래 상태 및 행동과의 가능한 연결 고리에 대한 분명한 탐색 없이도 계획과 예지의 효과를 낼 수 있다는 것은 강화학습의 놀라운 특징이다.

이 예제가 강화학습의 핵심적인 특징을 설명하고는 있지만, 예제가 너무 간단해서 강화학습이 좀 더 복잡한 문제에 적용될 때는 많은 한계를 드러낼 것 같은 인상을 주는데, 실제로 강화학습이 갖는 한계는 그보다 적다. 틱택토 게임은 두 사람이 하는 게임이지만, 강화학습은 외부로부터의 작용이 없는 경우, 즉 '자연을 상대로 한 게임'의 경우에도 적용할 수 있다. 또한, 틱택토 게임과 같이 학습자의 행동이 여러 개의 에피소드로 분리되어 있고 마지막 에피소드에서만 보상이 주어지는 문제에만 강화학습을 적용할 수 있는 것은 아니다. 강화학습은 행동이 무한히 계속되고 다양한 크기의 보상이 언제든지 주어지는 경우에도 적용할 수 있다. 강화학습은 또한 틱택토 게임처럼 이산적인discrete 시간 간격으로 분해되지 않는 문제에도 적용할 수 있다. 이론이 더 복잡해서 지금 소개하는 단계에서는 생략했지만, 강화학습의 일반적인 원리는 연속적인 시간에 기반을 둔 문제에도 적용할 수 있다.

틱택토 게임에서 상태의 집합은 유한하고 그 크기가 비교적 작지만, 강화학습은 상태들의 집합이 매우 큰, 심지어 무한한 경우에도 적용될 수 있다. 예를 들어, 게리 테사우로(Gerry Tesauro, 1992, 1995)는 위에 설명한 알고리즘을 인공 신경망과 결합하여 대략 10^{20}개의 상태를 갖는 백게먼을 학습하게 했다. 이 경우에는 상태가 너무 많아서 그중 작은 일부분만을 경험할 수 있다. 테사우로의 프로그램은 이전의 어떤 프로그램보다 게임을 훨씬 더 잘하도록 학습했고, 결국에는 인간 세계 챔피언보다 더 잘했다(16.1절 참고). 인공 신경망 덕분에 프로그램은 자신의 경험을 일반화하는 능력을 갖추게 되었고, 그 결과 새로운 상태를 접했을 때 프로그램은 이전에 경험했던 유사한 상태로부터 저장한 정보를 기반으로 인공 신경망을 통해 행동을 결정했다. 이처럼 거대한 상태 집합을 갖는 문제를 강화학습 시스템이 어떻게 해결하는지는 강화학습 시스템이 과거의 경험을 얼마나 적절히 일반화하는지와 밀접한 관련이 있다. 강화학습을 사용하는 지도학습에서 가장 필요한 것이 바로 이러한 역할이다. 인공 신경망과 심층학습(9.7절)이 이러한 역할에 있어서 유일하거나 가장 좋은 방법은 아니다.

틱택토 예제에서 게임의 규칙 이외의 사전 정보 없이 학습이 시작되지만, 강화학습이 지능과 학습에 대해 아무 생각이 없는 것은 결코 아니다. 반대로, 효율적인 학습을 위해 필수적일 수 있는 다양한 방법을 통해 사전 정보는 강화학습에 녹아들 수 있다(여 9.5절, 17.4절, 13.1절 참고). 틱택토 예제에서는 상태의 실제 값을 알 수 있었지만, 상태의 일부 정보가 감추어져 있거나 서로 다른 상태가 같은 상태인 것처럼 보이는 경우에 대해서도 강화학습을 적용할 수 있다.

마지막으로, 틱택토 게임 참여자는 앞을 내다보고 자신의 선택에 따른 상태의 결과를 알 수 있었다. 이렇게 하려면 실제로 취하지 않을 선택에 대해 환경이 어떻게 변할지를 예측할 수 있게 해 주는 게임의 모델이 있어야 한다. 많은 문제들이 이와 같은 모델을 갖고 있지만, 어떤 문제에는 행동의 결과를 짧은 기간 동안 예측하는 모델도 결여되어 있다. 강화학습에는 예측 모델이 필요 없기 때문에 어떠한 문제에도 강화학습을 적용할 수 있다. 모델이 주어진다면 강화학습은 그 모델을 쉽게 사용할 수 있고, 모델이 없더라도 모델을 학습할 수 있다(8장 참고).

반면에 어떠한 종류의 모델도 사용하지 않는 강화학습 방법이 있다. 모델 없는model-free 시스템은 심지어 하나의 행동이 환경을 어떻게 변화시킬지를 생각할 능력도 없다. 이러한 점에서 틱택토 게임 참여자는 상대방에 대한 어떠한 종류의 모델도 갖고 있지 않다. 모델이 도움이 되려면 충분히 정확한 모델이어야 하기 때문에, 충분히 정확한 환경 모델을 만드는 어려움이 문제 해결의 걸림돌이 되는 상황에서는 복잡한 방법보다는 모델 없는 방법이 더 도움이 될 수 있다. 모델 없는 방법은 또한 모델 기반 방법을 구성하는 중요한 요소이기도 하다. 이 책에서는 모델 없는 방법에 대해 여러 장에 걸쳐 설명한 이후에 그것이 더 복잡한 모델 기반 방법을 구성하는 데 어떻게 사용되는지 논의할 것이다.

강화학습은 한 시스템의 높은 수준과 낮은 수준 모두에서 사용될 수 있다. 틱택토 게임 참여자는 게임의 기본적인 움직임을 학습했다. 하지만 정교한 문제 해결 방법을 활용하여 행동을 결정하는 경우도 있는데, 이러한 높은 수준에서도 강화학습은 아무런 문제 없이 적용될 수 있다. 계층적 학습 시스템에서 강화학습은 여러 수준에서 동시에 적용될 수 있다.

연습 1.1 **자가 게임** 무작위의 상대방과 게임을 하는 대신 위에 설명한 강화학습 알고리즘이 양쪽 모두를 학습하며 혼자서 게임을 한다고 가정해 보자. 이 경우에 어떤 일이 벌어질 것 같은가? 강화학습이 이동을 선택하기 위해 서로 다른 정책을 학습할까? □

연습 1.2 **대칭성** 틱택토 게임의 많은 위치는 서로 달라 보이지만 대칭성 때문에 실제로는 같다. 이러한 성질로부터 도움을 얻기 위해 위에 설명한 학습 과정을 어떻게 수정해야 할까? 이러한 수정이 어떠한 방식으로 학습 과정을 개선할까? 그럼, 이제 다시 생각해 보자. 상대방은 대칭성의 도움을 받지 않는다고 가정해 보자. 이 경우에 우리는 도움을 받을까? 대칭적으로 동일한 위치는 반드시 같은 가치를 갖는다는 것이 사실일까? □

연습 1.3 **탐욕적 게임** 강화학습으로 무장한 게임 참여자가 탐욕적이어서 항상 자신이 가장 좋다고 생각하는 위치로 움직인다고 가정해 보자. 그는 탐욕적이지 않은 게임 참여자보다 더 잘하도록 학습할까, 아니면 더 못하도록 학습할까? 어떤 문제가 발생할까?   □

연습 1.4 **탐험으로부터의 학습** 탐험적 이동을 포함하여 모든 이동이 끝난 후에 학습에 의한 갱신이 이루어진다고 가정해 보자. 시간 간격 파라미터가 시간에 따라 적절히 감소하면(그렇다고 탐험의 경향이 줄어드는 것은 아니다) 상태의 가치는 서로 다른 확률 세트로 수렴할 것이다. 탐험적 이동을 할 경우와 하지 않을 경우에 계산되는 두 가지 확률 세트는 (개념적으로) 무엇인가? 계속해서 탐험적 이동을 한다고 가정하면 어떤 확률 세트가 학습하기 더 좋을까? 어떤 확률 세트가 더 많은 승리를 가져올까?   □

연습 1.5 **그 밖의 개선점** 강화학습을 사용하는 게임 참여자를 향상시킬 다른 방법이 있을까? 제시된 틱택토 문제를 더 잘 푸는 방법이 있을까?   □

1.6 요약

강화학습은 목표 지향적인 학습과 결정을 이해하고 자동화하기 위한 계산적 접근법이다. 예제에 의한 지도supervision나 환경에 대한 완벽한 모델을 필요로 하지 않고, 환경과 직접 상호작용하며 학습하는 것을 강조한다는 점에서 강화학습은 다른 계산적 접근법과 구별된다. 필자의 견해로는, 장기적인 목표를 달성하기 위해 환경과 상호작용하며 학습하는 과정에서 발생하는 계산적 이슈를 진지하게 고민하는 최초의 분야가 강화학습이다.

상태, 행동, 보상의 측면에서 학습자와 환경 사이의 상호작용을 정의하기 위해, 강화학습은 마르코프 결정 과정의 형식적 틀을 사용한다. 이 틀의 목적은 인공지능 문제의 본질적인 특징을 표현하는 간단한 방법을 제공하는 것이다. 이러한 특징에는 원인과 결과의 느낌, 불확실성과 비결정주의의 느낌, 분명한 목적의 존재와 같은 것들이 있다.

가치와 가치 함수의 개념은 이 책에서 다루는 대부분의 강화학습 방법의 핵심이다. 이 책은 정책의 공간에서 효율적인 탐색이 이루어지기 위해서는 가치 함수가 중요하다는 입장을 견지한다. 진화적 방법은 가치 함수를 사용하지 않고 전체 정책을 평가함으로써 정책을 직접적으로 탐색한다. 가치 함수를 사용한다는 점에서 강화학습 방법은 진화적 방법과 구별된다.

1.7 강화학습의 초기 역사

강화학습의 초기 역사에는 두 가지 주요한 갈래가 있다. 이 두 갈래는 모두 오래되고 풍부한 역사를 갖고 있으며, 현대 강화학습에서 합쳐지기 전까지는 각자 독립적으로 발전했다. 한 갈래는 동물 심리학에서 유래되었으며, 시행착오 학습에 관한 것이다. 이 갈래는 인공지능의 가장 초기 연구에 만연한 흐름으로, 1980년대 초 강화학습의 부흥을 이끌었다. 두 번째 갈래는 가치 함수와 동적 프로그래밍을 이용하는 최적 제어의 문제와 그 해결책에 관한 것이다. 대개 이 갈래는 학습을 포함하지 않는다. 두 갈래는 대체로 독립적이지만, 보다 덜 분명한 세 번째 갈래에서는 이 두 갈래가 서로 연관된다. 세 번째 갈래는 바로 이 장의 틱택토 예제에서 사용했던 시간차 방법에 관한 것이다. 1980년대 후반에 세 갈래가 모두 모여 이 책에서 설명하는 현대 강화학습 분야를 만들어 냈다.

시행착오 학습에 초점을 두는 갈래는 우리에게 가장 익숙하고 역사적으로 얘기할 내용도 가장 많다. 하지만 그 얘기를 하기 전에 최적 제어에 관한 갈래를 간략히 살펴보자.

'최적 제어'라는 용어는 어떤 동역학 시스템의 시간에 따른 결과를 측정하고 그 측정값을 최대 또는 최소화하는 제어기를 설계하는 문제를 설명하기 위해 1950년대 후반에 등장했다. 이 문제에 대한 접근 방법의 하나는 1950년대 중반에 리처드 벨만Richard Bellman을 비롯한 학자들에 의해 개발되었는데, 그들은 해밀턴Hamilton과 자코비Jacobi의 19세기 초 이론을 확장하는 방법을 사용했다. 지금은 벨만 방정식으로 알려진 함수 방정식을 정의하기 위해 이 방법은 동역학 시스템의 상태와 가치 함수, 즉 '최적 이득 함수optimal return function'를 사용한다. 이 함수 방정식을 풀어서 최적 제어 문제를 해결하는 방법들은 동적 프로그래밍(벨만, 1957a)이라고 알려지게 되었다. 벨만(1957b)은 또한 마르코프 결정 과정MDP이라고 알려진 최적 제어 문제를 이산 확률론적discrete stochastic으로 다룬 새로운 시각도 제시했다. 로널드 하워드(Ronald Howard, 1960)는 MDP에 대한 정책 반복policy iteration 방법을 고안했다. 이 모든 것들은 현대 강화학습의 이론과 알고리즘을 구성하는 필수 요소다.

동적 프로그래밍은 일반적인 확률론적 최적 제어 문제를 푸는 데 있어서 실현 가능한 유일한 방법으로 알려져 있다. 이 방법은 벨만이 '차원의 저주curse of dimensionality'라고 지칭한 문제, 즉 상태 변수의 개수에 따라 기하급수적으로 계산량이 증가하는 문제가 있긴 하지만, 여전히 다른 어떤 일반적인 방법보다 훨씬 효율적이고 폭넓게 적용할 수 있는 방법이다. 동적 프로그래밍은 1950년대 후반부터 광범위하게 개발되었고, 부분적으로 관측 가능한 MDP(1991, 로베조이Lovejoy의 연구), 많은 응용 사례들(1985, 1988, 1993, 화이트White의 연구), 근사적 방법(1996, 러스트Rust의 연구),

비동기asynchronous 방법(1982, 1983, 베르트세카스Bertsekas의 연구)으로 확장되었다. 뛰어난 현대적인 동적 프로그래밍 기법도 많이 있다(**CI** 베르트세카스, 2005, 2012; 푸터만Puterman, 1994; 로스Ross, 1983; 위틀Whittle, 1982, 1983). 브라이슨(Bryson, 1996)은 최적 제어에 대한 권위 있는 역사를 기술했다.

최적 제어는 한편으로는 동적 프로그래밍과 연결 고리가 있고 다른 한편으로는 학습과 연결 고리가 있지만, 이 두 연결 고리는 좀처럼 잘 구별되지 않는다. 이러한 구분을 무엇으로 설명할지 확신할 수 없지만, 주로 각 연결 고리에 내재된 방법과 목표의 차이로부터 둘을 구분할 수 있다. 정확한 시스템 모델과 벨만 방정식에 대한 해석적 해법에 본질적으로 의존하는 오프라인 계산으로서 동적 프로그래밍을 바라보는 지배적인 관점도 이 둘을 구분하는 데 도움을 준다. 더욱이, 가장 간단한 형태의 동적 프로그래밍은 계산을 시간의 역순으로 진행하기 때문에 시간 순으로 진행해야만 하는 학습 과정에 동적 프로그래밍을 포함시킬 방법을 찾기란 어려운 일이다. 벨만과 드레퓌스(Bellman and Dreyfus, 1959)의 연구와 같은 동적 프로그래밍의 몇몇 초기 연구들은 학습에 기반한 접근법을 지향하는 것으로 분류될 수도 있다. (아래 설명된) 위튼(Witten, 1977)의 연구는 학습과 동적 프로그래밍의 개념을 결합한 것으로 분명히 인정받는다. 웨어보스(Werbos, 1987)는 동적 프로그래밍과 학습 방법이 더 많이 연관되어야 한다고 분명히 주장하면서, 신경과 인식의 메커니즘을 이해하는 데 있어 동적 프로그래밍의 역할을 강조했다. 동적 프로그래밍 방법과 온라인 학습의 완전한 결합은 크리스 왓킨스Chris Watkins의 1989년 연구 이후에야 등장했다. 이 연구에서 그는 MDP를 이용하여 강화학습을 다루었고, 이것은 많은 사람에게 받아들여졌다. 이때부터 많은 연구자가 이러한 동적 프로그래밍과 온라인 학습 사이의 관계를 광범위하게 개발했고, 이 중에서 가장 특별한 경우는 디미트리 베르트세카스Dimitri Bertsekas와 존 치치클리스John Tsitsiklis가 동적 프로그래밍과 인공 신경망의 결합을 가리키는 용어로 '신경 동역학 프로그래밍neurodynamic programing'을 고안한 것이다. 현재는 또 다른 용어인 '근사적 동적 프로그래밍approximate dynamic programing'도 사용된다. 이런 다양한 접근법은 개별 주제의 서로 다른 측면을 강조하지만, 이들 모두는 공통적으로 강화학습을 이용하여 동적 프로그래밍의 오래된 단점들을 극복하는 데 관심을 둔다.

강화학습이 하는 일은 어찌 보면 최적 제어가 하는 일이기도 하다. 강화학습 방법이란, 강화학습의 문제를 효과적으로 해결하는 모든 방법이라고 정의할 수 있다. 그리고 강화학습의 문제는 최적 제어의 문제, 특히 MDP 형식을 갖는 확률론적 최적 제어의 문제와 밀접한 관계가 있다는 사실을 이제 분명히 알 수 있다. 따라서 동적 프로그래밍 같은 최적 제어의 해법을 강화학습의 방법이라고 생각해야 한다. 모든 전통적인 최적 제어의 방법은 제어할 시스템에 대한 완전한 정보를 필요로 하기 때문에 최적 제어의 방법이 강화학습의 방법이라고 말하는 것이 조금은 부자연스럽게 느껴질 수 있다. 다른 한편으로, 많은 동적 프로그래밍 알고리즘은 점증적이고 반복적이다. 학습 방법과 마찬가지로 동적 프로그래밍은 연속적인 근사 과정을 통해 점진적으로 해답에 다가간다. 이 책의 나머지 부분에서 살펴보겠지만, 이러한 유사성은 피상적인 수준을 뛰어넘는다. 정보가 완전한 경우와 불완전한 경우의 이론과 해법이 서로 밀접하게 연관되어서 이 두 경우를 같은 주제를 갖는 한 부분으로서 함께 고려해야 한다고 느끼게 된다.

이제 현대 강화학습 분야에 기여한 또 다른 주된 갈래인 시행착오로부터 학습하는 개념에 중점을 둔 갈래로 돌아가자. 여기서는 주요한 연결 고리만을 다루고 자세한 내용은 14.3절에서 다루게 된다. 미국 심리학자 우드워스(R. S. Woodworth, 1938)에 따르면, 시행착오로부터 학습하는 개념은 알렉산더 베인Alexander Bain이 '더듬기와 실험groping and experiment'에 의한 학습을 논한 1850년대로 거슬러 올라간다. 더 분명하게는 영국의 생태학자이자 심리학자인 콘웨이 로이드 모건Conway Lloyd Morgan이 그가 관찰한 동물의 행동을 묘사하기 위해 '더듬기와 실험'이라는 용어를 사용한 1894년으로 거슬러 올라간다. 어쩌면 학습의 원리로서 시행착오 학습의 본질을 최초로 간결하게 표현한 사람은 에드워드 손다이크Edward Thorndike일 것이다.

> 다른 조건이 동일하다면, 동일한 상황에 대한 여러 반응 중 만족을 동반하거나 곧바로 동물에게 만족을 유발하는 반응이 그 상황과 더욱 확고하게 연결되어 있을 것이다. 그래서 그 상황이 다시 발생하면 그러한 반응들이 다시 발현될 가능성이 높다. 반대로, 불편함을 동반하거나 곧바로 동물에게 불편함을 느끼게 하는 반응들은, 다른 조건이 동일하다면 주어진 상황과 더 약하게 연결되기 때문에 그 상황이 다시 발생했을 때 그러한 반응들이 발현될 확률이 낮아진다. 만족이 클수록 상황과 반응의 연결 고리는 강화되고, 불편함이 클수록 그 연결 고리는 약화된다. (손다이크, 1911, p. 244)

손다이크는 이것을 '효과의 법칙Law of Effect'이라고 불렀다. 그것이 행동 선택의 경향을 강화하는 사건의 효과를 나타내기 때문이다. 손다이크는 (보상 효과와 처벌 효과의 차이와 같이) 동물학습에 있어서 연속적인 데이터의 역할을 더 잘 설명하기 위해 나중에 이 법칙을 수정했다. 다양한 형태로 나타난 이 법칙은 학습 이론가들 사이에 상당한 논란을 야기했다(**예** 갈리스텔Gallistel, 2005; 헌스타인Herrnstein, 1970; 킴블Kimble, 1961, 1967; 마주르Mazur, 1994 참고). 이러한 논란에도 불구하고 효과의 법칙은 어떠한 형태로든 많은 행동의 기저에 있는 기본 원리로 폭넓게 받아들여진다(**예** 힐가드와 바우어Hilgard and Bawer, 1975; 데닛Dennett, 1978; 캠벨Campbell, 1960; 치코Cziko, 1995). 효과의 법칙은 클락 헐(Clark Hull, 1943, 1952)의 영향력 있는 학습 이론과 스키너(B. F. Skinner, 1938)의 영향력 있는 실험 방법을 뒷받침한다.

동물학습의 맥락에서 '강화'라는 용어는 손다이크가 효과의 법칙이라는 표현을 사용하고 나서부터 활발히 사용되었는데, 최초로 사용된 곳은 (필자가 알기로는) 1927년에 영어로 번역된 파블로프Pavlov의 조건 반사에 대한 논문에서였다. 파블로프는 자극(강화 인자)을 받은 동물이 또 다른 자극이나 반응과 매 순간 적절한 관계를 맺으면서 어떤 행동의 패턴을 강화하는 것으로서 강화라는 개념을 설명했다. 몇몇 심리학자는 이 개념을 확장하여 행동의 강화와 더불어 약화의 개념도 포함시켰으며, 있을 법한 자극의 누락과 중단을 포함하도록 강화 인자의 개념을 확장했다. 어떤 것이 강화 인자로 인정받기 위해서는 강화 인자가 사라진 후에도 강화 또는 약화가 지속되어야만 한다. 지속적인 변화를 만들지 못하고 단지 동물의 주의를 끌거나 행동을 북돋우는 자극은 강화 인자로 생각되지 않는다.

컴퓨터에 시행착오 학습을 적용하려는 발상은 인공지능의 가능성에 대한 초기의 생각들로부터 나타났다. 1948년 보고서에서 앨런 튜링Alan Turing은 효과의 법칙을 따라 작동하는 '기쁨-고통 시스템pleasure-pain system'의 설계에 관해 설명했다.

> 행동을 결정할 수 없는 구성이 되었을 때는 누락된 데이터를 무작위로 선택하여 행동 지침description에 잠정적으로 적절히 입력한 후 적용한다. 고통의 자극이 발생하면 모든 잠정적 입력들은 취소되고, 기쁨의 자극이 발생하면 그 입력들은 영구적인 것이 된다(튜링, 1948).

시행착오 학습을 보여주는 많은 기발한 전기 기계식 장치들이 만들어졌다. 최초의 것은 아마도 토마스 로스(Thomas Ross, 1933)가 만든 기계일 것이다. 그 기계는 간단한 미로에서 길을 찾고 스위치를 통과하는 경로를 기억할 수 있다. 1951년에는 그레이 월터W. Grey Walter가 간단한 형태의 학습을 할 수 있는 '기계식 거북이'를 만들었다. 1952년에는 클로드 섀넌Claude Shannon이 테세우스라는 이름의 미로 찾기 쥐를 선보였다. 이 쥐는 시행착오를 통해 미로에서 길을 찾는데, 이때 미로 아래에 자석과 계전기가 있어 미로 스스로가 성공적인 경로를 기억한다(섀넌, 1951 참고). 도이체(J. A. Deutsch, 1954)는 모델 기반 강화학습(8장)의 특성을 갖는 자신의 행동 이론(도이체, 1953)을 바탕으로 미로 찾기 기계에 관해 설명했다. 마빈 민스키(Marvin Minsky, 1954)는 그의 박사학위 논문에서 강화학습의 수치적 모델에 대해 논하고 그가 SNARCStochastic Neural-Analog Reinforcement Calculator라고 불렀던 구성 요소로 이루어진 아날로그 기계의 제작에 관해 설명했다. SNARC는 뇌의 가변적인 시냅스 연결을 모사한 것이다(15장). cyberneticzoo.com이라는 웹사이트에 가면 위에 설명한 것들을 포함한 많은 전기 기계식 학습 장치에 대한 풍부한 정보를 찾을 수 있다.

전기 기계식 학습 장치를 만드는 것은 시행착오 학습을 포함하여 다양한 형태의 학습을 수행하는 디지털 컴퓨터 프로그램을 만드는 것으로 대체되었다. 팔리와 클락(Farley and Clark, 1954)은 시행착오로부터 학습하는 신경망 학습 장치를 디지털 컴퓨터로 시뮬레이션하는 것에 관해 기술했다. 하지만 그들의 관심은 곧바로 시행착오 학습으로부터 일반화와 패턴 인식으로 이동했다. 즉, 강화학습에서 지도학습으로 이동한 것이다(클락과 팔리, 1955). 이때부터 이 두 가지 학습 유형 사이의 관계에 대한 혼란이 시작되었다. 많은 연구자는 실제로 지도학습을 연구하면서도 자신이 강화학습을 연구한다고 믿는 것처럼 보였다. 예를 들어 로젠블랫(Rosenblatt, 1962), 위드로와 호프(Widrow and Hoff, 1960) 같은 인공 신경망 개척자들은 확실히 강화학습에 영향을 받았지만(그들은 보상과 처벌이라는 언어를 사용했다), 그들이 연구한 시스템은 패턴 인식과 지각학습 perceptual learning에 적합한 지도학습 시스템이었다. 오늘날에도 몇몇 연구자와 교재는 강화학습과 지도학습의 구별을 최소화하거나 구분을 모호하게 만든다. 예를 들어, 어떤 인공 신경망 교재는 훈련 예제로부터 학습하는 신경망을 설명하기 위해 '시행착오'라는 용어를 사용한다. 인공 신경망이 연결점의 가중치를 갱신하기 위해 오차 정보를 사용한다는 점에서 이러한 혼란은 이해가 되기도 한다. 하지만 이러한 혼란은 올바른 행동이 무엇인지에 대한 정보에 의존하지 않고 평가적 피드백에 기반하여 행동을 결정하는 시행착오 학습의 본질적 특성을 간과하고 있다.

부분적으로는 이러한 혼란 때문에 1960년대와 1970년대에는 주목할 만한 몇몇 경우를 제외하면 진정한 시행착오 학습이 거의 없었다. 1960년대에 처음으로 '강화'와 '강화학습'이라는 용어가 시행착오 학습의 공학적 사용을 설명하기 위해 공학 논문에 사용되었다(예 왈츠와 푸Waltz and Fu, 1965; 멘델Mendel, 1966; 푸Fu, 1970; 멘델과 맥클라렌Mendel and McClaren, 1970). 민스키(Minsky, 1961)의 논문 〈인공지능을 향한 단계들Steps Toward Artificial Intelligence〉이 특별히 영향력이 있었다. 이 논문은 예측 및 기댓값을 비롯하여 민스키가 '복잡한 강화학습 시스템을 위한 기본적 신뢰 할당 문제'라고 불렀던 것과 같은, 시행착오 학습과 관련된 여러 이슈를 다루었다. 성공에 기여한 많은 결정이 있을 텐데 이러한 결정 하나하나에 성공에 기여한 정도에 따라 어떻게 신뢰를 할당할 것인가? 이 책에서 다루는 모든 방법은 어찌 보면 이러한 문제를 해결하기 위한 것이다. 민스키의 논문은 오늘날에도 읽을 만한 가치가 있다.

1960년대와 1970년대는 진정한 강화학습에 대한 계산적이고 이론적인 연구가 상대적으로 등한시되던 시기였다. 다음 몇 개의 단락에서는 이러한 흐름에서 예외적인 경우에 대해 알아볼 것이다.

뉴질랜드 출신인 존 안드라아John Andreae의 연구가 하나의 예외적 경우다. 그는 환경과 상호작용하며 시행착오 학습을 수행하는 STeLLA라고 불리는 시스템을 개발했다. 이 시스템은 세계에 대한 내부 모델을 갖고 있었는데, 나중에는 숨겨진 상태에 관한 문제를 다루기 위해 '내적 독백 internal monologue'을 도입했다(안드라아, 1963, 1969a, b). 안드라아는 그의 후기 연구(1977)에서 교사의 지도로부터 학습하는 것을 더 강조했지만, 여전히 새로운 사건을 만들어 내는 것이 시스템의 목표 중 하나라고 생각하며 시행착오 학습에 관한 내용도 포함시켰다. 이 연구의 특징은 '누출 과정leakback process'에 있는데, 이 개념은 이 책에서 설명하는 보강 갱신backing-up update과 유사한 신뢰 할당 메커니즘을 적용하는 안드라아의 1998년 논문에 자세히 설명되어 있다. 불행히도 그의 선구적인 연구는 잘 알려지지 않았고, 이어진 강화학습 연구에 크게 영향을 주지 못했다. 최근에 안드라아는 자신이 수행했던 연구 내용을 종합하여 정리했다(안드라아, 2017a, b).

도널드 미치Donald Michie는 더욱 영향력 있는 연구를 수행했다. 그는 1961년과 1963년에 틱택토 게임(또는 노트앤크로스naughts and crosses)을 배우는 간단한 시행착오 학습 시스템을 설명하면서 이 시스템을 MENACEMatchbox Educable Naughts and Crosses Engine라고 불렀다. 이 시스템은 게임 판의 모든 위치에 성냥갑을 할당하는데, 각각의 성냥갑에는 해당 위치에서 선택 가능한 이동의 가짓수에 따라 서로 다른 색깔의 구슬들이 들어 있었다. 성냥갑에서 무작위로 선택한 구슬의 색깔이 어디로 이동할지를 결정했다. 게임이 끝났을 때 게임에 사용된 성냥갑에 구슬을 더 채우거나 빼내는 방법으로 MENACE의 결정에 대해 보상하거나 벌점을 주었다. 미치와 체임버스(Michie and Chambers, 1968)는 GLEEGame Learning Expectimaxing Engine라는 이름의 또 다른 틱택토 강화학습 학습자와 BOXES라는 이름의 강화학습 제어기를 설명했다. 그들은 움직이는 카트 위에 경첩으로 연결된 막대가 쓰러지지 않고 균형을 유지하도록 학습하는 일에 BOXES를 적용했다. 카트가 트랙의 끝에 도달하거나 막대가 쓰러질 때만 발생하는 실패 신호를 기반으로 막대의 균형을 유지하는 학습을 수행한 것이다. 이 연구는 위드로와 스미스(Widrow and Smith, 1964)가 지도학습을 이용하여 수행한 연구를 다른 방법으로 수행한 것이다. 지도학습에서는 막대의 균형을 잘 잡을 수 있는 코치의 지도가 필요하다. 미치와 체임버스의 막대 균형 잡기 연구는 정보가 불완전한 상황에서 강화학습을 수행하는 연구의 가장 좋은 초창기 사례들 중 하나다. 이들의 연구에 영향을 받은 강화학습 분야의 연구들은 오랜 시간이 지난 뒤에야 등장하기 시작했는데, 거기에는 필자의 연구도 포함된다(바르토, 서튼, 앤더슨Barto, Sutton, and Anderson, 1983; 서튼, 1984). 미치는 인공지능의 본질적인 측면으로 시행착오와 학습의 역할을 지속적으로 강조했다(미치, 1974).

위드로, 굽타, 마이트라(Widrow, Gupta, and Maitra, 1973)는 위드로와 호프(Widrow and Hoff, 1960)의 최소 평균 제곱Least-Mean-Square, LMS 알고리즘을 수정하여 훈련 예제 대신 성공과 실패의 신호로부터 배우는 강화학습의 규칙을 만들었다. 그들은 이러한 형태의 학습을 '선택적 부트스트랩 적응selective bootstrap adaptation'이라 부르고, '교사로부터 배우는learning with a teacher' 대신 '비평자로부터 배우는learning with a critic' 것으로 설명했다. 그들은 이러한 학습 규칙을 분석하여 어떻게 블랙잭 게임을 학습할 수 있는지 보여주었다. 이것은 지도학습에 훨씬 더 영향력 있는 기여를 한 위드로가 수행한 유일한 강화학습 연구였다. 이 책에서 사용하는 '비평자'란 용어는 위드로,

굽타, 마이트라의 논문에서 나온 것이다. 뷰캐넌, 미첼, 스미스, 존슨(Buchanan, Mitchell, Smith, and Johnson, 1978)은 기계학습의 맥락에서 독립적으로 비평자란 용어를 사용했지만(디에터리치와 뷰캐넌Dietterich and Buchanan, 1984 참고), 여기서 비평자는 성능을 평가하는 것 말고도 더 많은 것을 할 수 있는 전문가 시스템을 의미한다.

학습 로봇learning automata에 대한 연구가 시행착오 학습 분야에 좀 더 직접적인 영향을 주었고, 이는 현대 강화학습 연구로 이어졌다. 이것은 비연합적nonassociative이고 순수하게 선택적인 학습selectional learning 문제를 풀기 위한 방법에 대한 연구다(2장 참고). 이러한 선택적 학습의 문제는 레버가 여러 개(k개)인 것 말고는 '단일 선택one-armed bandit'의 문제라고도 말할 수 있는 슬롯 머신과 유사하기 때문에 **다중 선택**k-armed bandit으로 알려졌다. 학습 로봇은 이러한 문제에 있어서 보상의 확률을 증가시키기 위해 간단하면서도 적은 메모리를 갖는 기계다. 학습 로봇은 러시아의 수학자이자 물리학자인 체틀린M. L. Tsetlin과 그의 동료들이 1960년대에 수행한 연구(체틀린, 1973, 체틀린의 사망 후에 발표됨)에서 비롯되었고, 등장한 이후로 공학 분야에서 폭넓게 발전했다(나렌드라와 타타카르Narendra and Thathachar, 1974, 1989 참고). 이러한 발전 중에는 보상 신호에 기반해서 행동의 확률을 갱신하는 **확률론적 학습 로봇**stochastic learning automata도 포함된다. 전통적인 확률론적 학습 로봇의 일환으로 개발된 것은 아니지만, 하스와 차나코우(Harth and Tzanakou, 1974)의 Alopex 알고리즘(패턴 추출 알고리즘Algorithm of pattern extraction)은 행동과 강화 사이의 상관관계를 감지하는 확률론적 방법으로서 필자의 초기 연구에 영향을 주었다(바르토, 서튼, 브라우어Barto, Sutton, and Brouwer, 1981). 확률론적 학습 로봇은 통계적 학습 이론에 대한 윌리엄 에스테스(William Estes, 1950)의 연구로 시작된 심리학 분야의 초기 연구에 의해 촉발되었고, 이후에 다른 연구를 통해 한층 발전했다(**데** 부시와 모스텔러Bush and Mosteller, 1955; 스턴버그Sternberg, 1963).

심리학에서 발전한 통계적 학습 이론은 경제학 분야의 연구에 활용되어서 경제학 분야의 강화학습 연구라는 한 갈래를 형성했다. 이러한 연구는 1973년에 부시와 모스텔러가 학습 이론을 일군의 전통적 경제학 모델에 적용하면서 시작되었다(크로스Cross, 1973). 이러한 연구의 한 가지 목표는 전통적인 이상적 경제학 모델보다 사람의 행동을 더 잘 모사하는 인공학습 모델을 연구하는 것이었다(아서Arthur, 1991). 이러한 접근법이 확장되어 게임 이론 분야에서도 강화학습을 연구하게 되었다. 게임 이론이 경제학 분야와 인공지능 분야 모두의 관심 주제로 남아 있지만, 경제학 분야의 강화학습은 인공지능 분야의 초기 강화학습 연구와는 독립적으로 발전했다(이 내용은 이 책의 범위를 벗어난다). 캐머러(Camerer, 2011)는 경제학 분야에서 강화학습의 전통에 대해 이야기했고, 노웨, 브랑스, 드 하우워(Nowé, Vrancx, and De Hauwere, 2012)는 이 책에서 소개할 접근법을 다중 학습자로 확장하는 관점에서 이 주제를 전반적으로 다루었다. 게임 이론 분야의 강화학습은 틱택토, 체커checkers 등 취미로 하는 게임에 적용하는 강화학습과는 많은 차이점이 있다. 이러한 측면에서 강화학습과 게임에 대해 전반적으로 다룬 내용을 보려면 스지타(Szita, 2012)의 연구를 참고하면 된다.

존 홀랜드(John Holland, 1975)는 선택 원리selectional principle에 기반한 적응 시스템의 일반 이론을 요약했다. 그의 초기 연구는 진화적 방법과 더불어 다중 선택에서처럼 주로 비연합적 형태의 시행착오를 다룬다. 부분적으로는 1976년에, 좀 더 완전하게는 1986년이 되어서야 그는 연합과 가치 함수를 포함하는 진정한 강화학습 시스템인 **분류 시스템**classifier system을 제시했다. 홀랜드 분류 시스템의 핵심 요소는 신뢰 할당을 위한 '양동이 집합bucket-brigade 알고리즘'인데, 이것은 틱택토 문제에 사용되었고, 이 책의 6장에서도 논의되는 시간차 알고리즘과 밀접하게 연관되어 있다. 또 다른 핵심 요소는 유용한 속성을 선택적으로 진화시키는 방법인 **유전자 알고리즘**genetic algorithm이다. 분류 시스템은 너무 많이 연구되어서 강화학습 연구의 주요한 흐름으로 자리 잡았다(어바노비츠와 무어(Urbanowicz and Moore, 2009)가 이에 대해 정리했다). 유전자 알고리즘은 그 자체로는 강화학습이라고 생각되지 않지만, 진화적 계산을 위한 다른 방법들과 마찬가지로 강화학습보다 훨씬 더 많은 관심을 받았다(CI 포겔, 오언스, 월시Fogel, Owens, and Walsh, 1966; 코자Koza, 1992).

인공지능 분야에서 시행착오에 기반한 강화학습 방법을 부활시키는 데 가장 큰 기여를 한 사람은 헤리 클로프(Harry Klopf, 1972, 1975, 1982)다. 클로프는 학습에 대한 연구가 거의 배타적으로 지도학습에 초점을 맞추면 적응하는 행동의 본질적 측면을 잃어버리게 된다는 사실을 깨달았다. 클로프에 따르면 이때 잃어버리게 되는 것들은 행동의 쾌락 지향적 측면, 환경으로부터 어떤 결과를 이끌어 내려고 하는 욕망, 환경이 원하는 목표에 다가가거나 원치 않는 상태로부터 벗어나게끔 환경을 제어하려고 하는 욕망이다(15.9절). 이것이 시행착오 학습의 본질적 개념이다. 클로프의 견해는 필자에게 특별한 영향을 끼쳤는데, 필자가 클로프의 견해를 평가하면서 지도학습과 강화학습의 구별에 공감하고 결국에는 강화학습에 초점을 둘 수 있었기 때문이다. 필자와 동료들의 초기 연구는 지도학습과 강화학습이 진정으로 다르다는 것을 보여주는 데 초점을 두었다(바르토, 서튼, 브라우어Barto, Sutton, and Brouwer, 1981; 바르토와 서튼Barto and Sutton, 1981b; 바르토와 아난단Barto and Anandan, 1985). 다른 연구들은 어떻게 강화학습이 인공 신경망 학습의 중요한 문제들을 다룰 수 있는지 보여주었다. 특히, 다층multilayer 신경망에 대한 강화학습 알고리즘을 만드는 방법을 보여주었다(바르토, 앤더슨, 서튼Barto, Anderson, and Sutton, 1982; 바르토와 앤더슨Barto and Anderson, 1985; 바르토Barto, 1986; 바르토와 조던Barto and Jordan, 1987).

이제 강화학습의 역사에 있어서 세 번째 갈래인 시간차 학습에 대해 알아보자. 시간차 학습은 특정 값(예를 들면, 틱택토 게임에서 승리할 확률)을 시간에 따라 연속적으로 추정하고 연속한 두 추정값 사이의 차이로부터 학습 방법을 도출한다는 점에서 다른 학습 방법과 구별된다. 시간차 학습은 다른 두 학습 방법에 비해 더 적게 연구되었고 명확성도 떨어지지만, 강화학습 분야에서 특별히 중요한 역할을 했다. 이럴 수 있었던 이유는 부분적으로는 시간차 학습이 새롭고 독특한 강화학습 방법처럼 보였기 때문이다.

시간차 학습의 유래는 부분적으로 동물학습 심리학에서 찾을 수 있다. 특히, **2차 강화자**secondary reinforcer라는 개념에서 시간차 학습이 시작되었다. 2차 강화자는 음식이나 고통 같은 주요 강화자 primary reinforcer와 짝을 이루는 자극이다. 따라서 2차 강화자는 주요 강화자와 같은 강화 특성을 갖는다. 이러한 심리학적 원리가 인공학습 시스템에 중요할 수 있다고 생각한 최초의 연구자는 아마도 민스키(Minsky, 1954)일 것이다. 아서 사무엘(Arthur Samuel, 1959)은 그의 유명한 체커 게임 프로그램에서 시간차 개념을 적용한 학습 방법을 최초로 제안하고 적용했다(16.2절).

사무엘은 민스키의 연구를 인용하지 않았고 그의 연구가 동물학습과 연관될 가능성도 언급하지 않았다. 그는 분명히 클로드 섀넌(1950)에게 영감을 받았다. 섀넌은 컴퓨터가 체스 게임을 할 때 가치 함수를 사용하도록 프로그래밍할 수 있고, 컴퓨터는 실시간으로 가치 함수를 수정하면서 자신의 체스 실력을 향상시킬 수 있다고 주장했다(섀넌의 이 생각은 벨만에게도 영향을 주었을 수 있지만 이에 대한 증거는 없다). 민스키(1961)는 그의 〈단계들Steps〉 논문에서 사무엘의 연구를 폭넓게 다루었고, 사무엘의 연구와 2차 강화 이론의 연관성을 자연적인 관점과 인공적인 관점에서 제시했다.

지금까지 논의한 민스키와 사무엘의 연구로부터 10년이 지나서야 시행착오 학습에 대한 수치적 연구가 조금 진행되었고, 시간차 학습에 대해서는 그때까지 어떠한 계산적 연구도 행해지지 않았다. 1972년에 클로프는 시간차 학습의 중요한 요소와 함께 시행착오 학습을 도입했다. 클로프는 큰 시스템에 대한 학습으로 확장할 수 있는 원리에 관심이 있었기 때문에 전체 학습 시스템의 하위 요소들이 서로를 강화하는 지역 강화local reinforcement 개념에 흥미를 느꼈다. 그는 모든 구성 요소(보통은 모든 뉴런)가 모든 입력을 강화의 측면에서 인식하는 '일반화된 강화학습 generalized reinforcement'의 개념을 개발했다. 흥분을 유발하는 입력은 보상으로, 억제 입력은 처벌로 인식하는 것처럼 말이다. 이것은 지금까지 알려진 시간차 학습과 같은 개념은 아니다. 그리고 돌이켜 보면 이것은 사무엘의 연구보다 시간차 학습과 더 거리를 두고 있는 개념이다. 반면에 클로프는 이 개념을 시행착오 학습과 연결하고 동물학습 심리학의 방대한 경험적 데이터와 관련지어 설명했다.

서튼(1978a, b, c)은 클로프의 생각, 특히 동물학습 이론과의 연결성에 대한 개념을 한층 더 발전시켰고, 그 과정에서 시간에 따라 연속적인 예측의 변화로부터 도출되는 학습 규칙을 설명했다.

그와 바르토는 이러한 개념을 정교하게 다듬고 시간차 학습에 기반한 고전적 조건화conditioning의 심리학적 모델을 개발했다(서튼과 바르토, 1981a; 바르토와 서튼, 1982). 뒤이어서 시간차 학습에 기반한 고전적 조건화classical conditioning(어떤 자극으로부터 생물학적으로 강한 자극이 유발되는 과정을 학습하는 것을 가리킴 (옮긴이))의 여러 영향력 있는 심리학적 모델이 개발되었다(CH 클로프, 1988; 무어 외, 1986; 서튼과 바르토, 1987, 1990). 이 시기에 개발된 몇몇 신경과학 모델은 시간차 학습의 측면에서 충분히 해석되었다(호킨스와 캔들Hawkins and Kandel, 1984; 바이르네, 깅리치, 백스터Byrne, Gingrich, and Baxter, 1990; 갈페린, 홉필드, 탱크Gelperin, Hopfield, and Tank, 1985; 테사우로Tesauro, 1986; 프리스턴 외Friston et al., 1994). 하지만 대부분의 경우에 이들 신경과학 모델과 시간차 학습 사이에는 역사적인 연결고리가 없다.

시간차 학습에 대한 필자의 초기 연구는 클로프의 동물학습 이론으로부터 큰 영향을 받았다. 민스키의 〈단계들〉 논문과 사무엘의 체커 게임과의 관계는 그 이후에야 드러났다. 하지만 1981년 시점에 필자는 시간차 학습 및 시행착오 학습과 관련하여 위에 언급한 모든 사전 연구를 충분히 이해하고 있었다. 이 시점에 필자는 시간차 학습과 시행착오 학습을 결합한, **행동자-비평자 구조**actor-critic architecture라고 알려진 방법을 개발했고, 이 방법을 미치와 체임버스의 막대 균형 잡기 문제에 적용했다(바르토, 서튼, 앤더슨, 1983). 이 방법은 서튼(1984)의 박사학위 논문에서 광범위하게 연구되었고, 더 나아가 앤더슨(1986)의 박사학위 논문에서 역전파backpropagation 신경망에 활용되었다. 이 즈음에 홀랜드(1986)는 시간차 학습의 개념을 그의 분류 시스템에 분명히 결합하여 양동이 집합 알고리즘을 만들었다. 서튼(1988)은 시간차 학습을 제어와 분리하여 일반적인 예측 방법으로 다룸으로써 중요한 진전을 이루었다. 이 연구에서 그는 또한 TD(λ) 알고리즘을 도입했고 그것의 수렴성을 증명했다.

1981년에 행동자-비평자 구조에 대한 연구를 마무리하면서 필자는 시간차 학습 규칙을 다룬 최초의 논문으로 보이는 이안 위튼(Ian Witten, 1977, 1976a)의 논문을 발견했다. 그는 현재 표 형태로 된 TD(0)라고 불리는 방법을 제안하고, 그것을 MDP를 풀기 위한 적응 제어기의 일부분으로 활용했다. 이 연구는 1974년에 처음으로 학술지에 제출되었고, 또한 위튼의 1976년 박사학위 논문에도 등장한다. 위튼의 연구는 안드라아가 STeLLA를 이용하여 수행한 초기의 실험과 그 밖의 시행착오 학습 시스템을 계승한다. 따라서 위튼의 1977년 논문은 강화학습의 주요 갈래인 시행착오 학습과 최적 제어를 모두 아우른다. 이와 동시에 이 논문은 시간차 학습의 초기 발전에도 분명히 기여했다.

시간차와 최적 제어의 두 갈래를 완전히 함께 도입한 것은 1989년에 크리스 왓킨스가 개발한 Q 학습에서였다. 이 연구는 이전에 세 개의 갈래로 나누어진 강화학습 연구를 확장하고 결합했다.

폴 웨어보스(Paul Werbos, 1987)는 1977년부터 시행착오 학습과 동적 프로그래밍의 통합을 주장함으로써 이러한 결합에 기여했다. 왓킨스의 연구가 있을 시점에 강화학습 연구가 엄청나게 성장했다. 주로 인공지능의 한 분야인 기계학습에서 많은 연구가 수행되었지만, 인공 신경망과 인공지능 분야에서 좀 더 폭넓게 연구가 이루어졌다. 1992년에는 게리 테사우로의 백게먼 프로그램과 TD-가몬TD-Gammon이 눈에 띄게 성공하면서 강화학습 분야에 더 관심이 집중되었다.

이 책의 1판이 출판된 이래로 발전을 거듭하는 신경과학 분야에서는 신경 시스템에서의 강화학습과 강화학습 알고리즘 사이의 관계에 초점을 둔다. 이 점을 가장 잘 드러내는 것은 시간차 알고리즘의 행동과 뇌 속에서 도파민을 발생시키는 뉴런의 활동 사이의 묘한 유사성이다. 이러한 유사성에 대해서는 많은 연구자들이 지적한 바 있다(프리스턴 외, 1994; 바르토, 1995a; 호크, 애덤스, 바르토Houk, Adams, and Barto, 1995; 몬타그, 다얀, 세즈노스키Montague, Dayan, and Sejnowski, 1996; 슐츠, 다얀, 몬타그Schultz, Dayan, and Montague, 1997). 15장에서는 강화학습의 이러한 흥미로운 측면을 소개한다. 강화학습의 최근 역사에서 이루어진 다른 중요한 연구 성과는 너무 많아서 간략히 소개하기 어렵다. 이러한 많은 연구 논문들은 각 논문과 관련이 있는 장의 마지막에 참고문헌으로 인용했다.

참고문헌

강화학습의 일반적인 내용을 다룬 문헌을 추가로 소개하자면, 세페스바리(Szepesvári, 2010), 베르트세카스와 치치클리스(1996), 카엘블링(Kaelbling, 1993a), 스기야마, 하치야, 모리무라(Sugiyama, Hachiya, and Morimura, 2013)의 책을 추천한다. 제어나 운영의 관점으로 설명한 책으로는 시, 바르토, 파월, 분쉬(Si, Barto, Powell, and Wunsch, 2004), 파월(2011), 루이스와 리우(Lewis and Liu, 2012), 베르트세카스(2012)의 책을 추천한다. 카오(Cao, 2009)는 확률론적 동역학 시스템의 학습과 최적화의 측면에서 강화학습을 정리했다. 《기계학습Machine Learning》 학술지의 세 가지 특별 이슈는 강화학습에 초점을 두고 있다(서튼, 1992a; 카엘블링, 1996; 싱Singh, 2002). 바르토(1995b), 카엘블링, 리트만, 무어(Kaelbling, Littman, and Moore, 1996), 키르시와 래빈드란(Keerthi and Ravindran, 1997)은 유용한 사례연구를 수행했다. 위어링과 반 오텔로(Weiring and van Otterlo, 2012)가 편집한 책은 최근의 전반적인 발전 내용을 매우 잘 정리했다.

1.2 이 장에 나온 필의 아침 식사 예제는 아그리(Agre, 1988)의 연구로부터 영감을 받았다.

1.5 틱택토 예제에서 사용된 시간차 방법은 이 책의 6장에서 다룬다.

I

표 형태의 해법

이 책의 1부에서는 강화학습 알고리즘의 거의 모든 핵심 개념을 가장 간단한 형태로 설명한다. '간단한 형태'라는 것은 근사적 가치 함수를 배열이나 표로 표현할 수 있을 정도로 상태와 행동의 범위가 충분히 작음을 의미한다. 이처럼 범위가 제한된 경우에는 문제에 따라 적합한 방법을 적용하여 종종 정확한 해를 찾을 수 있다. 다시 말해, 정확한 최적 가치 함수와 최적 정책을 찾을 수 있다. 이 책의 2부와 3부에서 다루게 되는 근사적 방법은 오직 근사적 해만 찾을 수 있게 해 준다는 한계가 있지만, 그 대신 훨씬 더 넓은 범위의 문제에 효과적으로 적용할 수 있다는 점에서 1부에서 제시하는 방법과는 차이점을 보인다.

선택 문제bandit problem라고 불리는 문제가 있는데, 이는 오직 하나의 상태만 다루는 강화학습 문제. 1부의 첫 번째 장에서는 이 문제의 특별한 경우에 대해 해를 구하는 방법을 설명한다. 두 번째 장에서는 이 책의 나머지 부분에서 다루게 되는 문제를 형식화하는 일반적인 방법인 유한 마르코프 결정 과정finite Markov decision process을 설명하고, 벨만 방정식과 가치 함수 같은 주요 개념을 설명한다.

다음 세 개의 장에서는 유한 마르코프 결정 문제를 푸는 근본적인 방법 세 가지를 설명한다. 이 세 가지 방법이란 동적 프로그래밍dynamic programming, 몬테카를로 방법Monte Carlo method, 시간차 학습temporal-difference learning이다. 각 방법은 그 나름의 강점과 약점이 있다. 동적 프로그래밍 방법은 수학적으로 잘 정립되어 있지만, 완벽하고 정확한 환경 모델을 필요로 한다는 점에서 사용에 제한이 있다. 반면에 몬테카를로 방법은 모델을 필요로 하지 않고 개념적으로도 간단하지만 단계적 계산을 수행하는 데는 적합하지 않다. 마지막으로, 시간차 방법은 모델을 필요로 하지도 않고 단계적 계산에도 적합하지만 분석하기에 너무 복잡하다. 이러한 차이점 말고도, 이 방법들은 효율성과 수렴 속도 측면에서 여러 가지 차이가 있다.

나머지 두 개의 장에서는 이 세 가지 방법 각각이 지닌 최고의 장점을 끌어내기 위해 이 세 가지 방법을 결합하는 방법을 논의한다. 다단계 부트스트랩multi-step bootstrapping 방법을 활용하여 몬테카를로 방법의 능력을 시간차 방법의 능력과 결합하는 방법을 설명하는 데 하나의 장을 할애할 것이다. 1부의 마지막 장에서는 표 형태의 강화학습 문제에 대한 완전한 통합 해법을 구하기 위해 시간차 학습 방법을 (동적 프로그래밍 같은) 모델학습 및 계획 방법과 결합하는 방법을 제시할 것이다.

02

다중 선택

강화학습을 다른 종류의 학습 방법과 구별 짓는 가장 중요한 특징은 올바른 행동을 알려주는 **지침**instruct이 아닌 행동의 좋고 나쁨을 **평가**evaluate하는 훈련 정보를 사용한다는 점이다. 이러한 점 때문에 강화학습에서는 능동적인 탐험, 즉 좋은 행동을 찾기 위한 직접적인 탐색이 필요하다. 전적으로 평가적인 피드백은 취해진 행동이 얼마나 좋은지를 나타낼 뿐, 그것이 발생할 수 있는 최상 또는 최악의 행동인지를 알려주지는 않는다. 반면에 순수하게 지침적인 피드백은 실제로 취해진 행동과는 상관없이 취해야 할 올바른 행동을 알려준다. 이러한 종류의 피드백은 지도학습의 근간을 이루는데, 여기에는 패턴 분류의 많은 부분과 인공 신경망, 시스템 식별 등이 포함된다. 이러한 두 가지 피드백은 각각의 순수한 형태에 있어서 분명한 차이를 드러낸다. 평가적인 피드백은 취해진 행동에 전적으로 의존하는 반면, 지침적인 피드백은 취해진 행동과는 무관하게 이루어진다.

이 장에서는 강화학습의 평가적인 측면을 단순한 환경 속에서 살펴본다. 단순화된 구조에서는 하나의 상황에 대해서만 행동을 학습하게 된다. 이러한 **비연합**nonassociative 구조는 평가적인 피드백을 포함하는 과거 대부분의 연구들이 가정한 구조이고, 이러한 구조에서는 강화학습 문제를 전체적으로 다룰 때 발생하는 문제의 복잡성을 상당 부분 피할 수 있다. 또한, 이러한 구조를 택함으로써 평가적 피드백이 지침적 피드백과 얼마나 다른지, 그럼에도 그 둘을 어떻게 결합할 수 있는지를 가장 분명하게 확인할 수 있다.

비연합적 구조를 갖는 평가적 피드백 문제의 특별한 경우로서 다중 선택 문제의 간단한 버전을 다룰 것이다. 이 문제를 통해 소개할 많은 기본적인 학습 방법들을 확장하여 이후의 장들에서 강화학습 문제를 전체적으로 다룰 때 적용할 수 있을 것이다. 이 장의 마지막에서는 선택 문제가 연합적으로 바뀔 경우, 즉 둘 이상의 상황에서 행동이 취해질 경우 어떤 일이 일어나는지를 논의함으로써 강화학습의 문제를 한층 더 전체적으로 다룰 것이다.

2.1 다중 선택 문제

다음과 같은 학습 문제를 생각해 보자. k개의 서로 다른 옵션이나 행동 중 하나를 반복적으로 선택해야 한다. 매 선택 후에는 숫자로 된 보상이 주어진다. 이때 보상을 나타내는 값은 선택된 행동에 따라 결정되는 정상 확률 분포stationary probability distribution(시간에 따라 변하지 않는 확률 분포 옮긴이)로부터 얻어진다. 선택의 목적은 일정 기간, 예를 들면 행동을 1000번 선택하는 기간 또는 1000개의 **시간 간격**time step 동안 주어지는 보상의 총량에 대한 기댓값을 최대화하는 것이다.

이것은 **다중 선택 문제**k-armed bandit problem의 원형이다. 다중 선택이라는 이름은 k개의 레버(선택)를 갖는다는 점만 제외하면 슬롯 머신 또는 '단일 선택one-armed bandit'과 유사하기 때문에 붙여졌다. 매번 행동을 선택하는 것은 여러 개의 슬롯 머신 중 하나의 레버를 당기는 것과 같고, 선택한 행동이 가져오는 보상은 잭팟을 터뜨렸을 때 받는 상금이다. 반복적으로 행동을 선택하면서 최고의 보상을 주는 레버에만 집중하게 됨으로써 보상을 최대로 만드는 것이 선택의 목적이다. 다중 선택에 대한 또 다른 비유는 의사가 심각한 질병을 앓고 있는 환자들에게 적용할 수 있는 여러 가지 실험적 처방 중 하나를 선택하는 것이다. 이 경우 의사가 처방 하나를 선택하는 것이 행동이고, 환자의 생존 또는 건강이 보상이다. 오늘날에는 '선택 문제'라는 용어를 위에 설명한 문제를 일반화하기 위해 사용하기도 한다. 하지만 이 책에서는 좀 더 단순한 경우에 대해서만 이 용어를 사용하겠다.

이 책에서 다루는 다중 선택 문제에서 k개의 행동 각각에는 그 행동이 선택되었을 때 기대할 수 있는 평균 보상값이 할당된다. 이러한 평균 보상값을 그 행동의 **가치**value라고 부르자. 시간 단계 t에서 선택되는 행동은 A_t로 표현하고, 그에 따른 보상은 R_t로 표현한다. 이제 임의의 행동 a의 가치 $q_*(a)$는 행동 a가 선택되었을 때 얻는 보상의 기댓값으로 다음과 같이 표현된다.

$$q_*(a) \doteq \mathbb{E}[R_t \mid A_t = a]$$

만약 모든 행동의 가치를 이미 알고 있다면 다중 선택 문제를 푸는 것은 식은 죽 먹기다. 언제나 가장 큰 가치를 주는 행동을 선택하면 그만이기 때문이다. 하지만 행동의 가치를 추정할 수는 있더라도 확실히 알지 못한다는 것이 기본 전제다. 시간 단계 t에서 추정한 행동 a의 가치는 $Q_t(a)$로 표현하는데, 추정값 $Q_t(a)$가 기댓값 $q_*(a)$와 가까워질수록 정확한 추정이 된다.

행동의 가치를 추정할 수 있다면 각 시간 단계마다 추정 가치가 최대인 행동을 하나 이상 결정할 수 있다. 최대의 가치를 갖는 이러한 행동을 **탐욕적**greedy 행동이라고 부를 수 있다. 탐욕적 행동을 선택하는 것은 행동의 가치에 대해 현재까지 갖고 있는 지식을 **활용**exploiting하는 것이다. 탐욕적 행동이 아닌 다른 행동을 선택하는 것은 비탐욕적 행동의 추정 가치를 상승시킬 수 있으므로 이것은 **탐험**exploring이다. 단 한 번의 행동에 대해 최대의 보상을 원한다면 활용이 바람직하지만, 장기적으로 보상의 총합을 키우기 위해서는 탐험이 더 좋은 선택일 수 있다. 예를 들면, 탐욕적 행동의 가치는 확실히 알고 있고 비탐욕적 행동 또한 그만한 가치가 있을 것 같지만 이러한 판단이 상당히 불확실한 경우를 생각해 보자. 불확실하다는 건, 비탐욕적 행동 가운데 적어도 하나는 탐욕적 행동보다 더 좋을 것 같지만 정확히 어떤 행동이 그러한지를 모르는 경우와 같은 것을 말한다. 미래에 남아 있는 많은 단계에 대해 행동을 선택해야 한다면, 비탐욕적 행동을 탐험하여 어떤 것이 탐욕적 행동보다 좋은 것인지를 찾아내는 것이 더 좋다. 탐험하는 동안 단기적으로는 보상이 적을지라도 탐험을 통해 더 좋은 행동을 찾아내고 그것을 많이 활용함으로써 장기적으로는 더 큰 보상을 누릴 수 있다. 하나의 행동을 선택할 때 활용과 탐험을 동시에 할 수 없기 때문에 이것은 종종 활용과 탐험의 '갈등conflict'으로 인식된다.

어떤 특정한 경우에 활용을 하는 것이 좋을지 탐험을 하는 것이 좋을지는 정밀한 가치 추정값과 불확실성, 앞으로 남아 있는 단계의 개수에 따라 복잡한 방법으로 결정된다. 다중 선택 및 그와 관련된 문제를 풀기 위한 특별한 수학적 과정에 있어서 활용과 탐험 사이의 균형을 잡을 수 있게 해 주는 정교한 방법들이 많이 있다. 이런 방법들 대부분은 정적인 사전 지식에 대한 가정을 기반으로 하는데, 문제는 이러한 가정이 나중에 다루게 될 강화학습 문제 전반에 있어서, 그리고 강화학습 방법을 적용하는 데 있어서 성립하지 않는다는 점이다. 혹여 성립한다 하더라도 정말 그런지 검증할 방법도 없다. 이러한 방법을 적용했을 때 최적의 결과를 얻을 수 있고 손실이 어느 정도 이상으로 커지지 않는다고 보장해 준다 하더라도 방법이 가정하는 조건이 성립하지 않는다면 그림의 떡이나 마찬가지다.

활용과 탐험 사이의 균형을 맞추는 정교한 방법을 고안하는 문제는 이 책에서 다루지 않는다. 어떻게든 균형을 맞추는 것이 문제다. 이 장에서는 다중 선택 문제에서 활용과 탐험을 적절히 분배하는 여러 가지 간단한 방법을 소개한다. 그리고 이 방법이 항상 활용만 하는 방법보다 훨씬 더 좋다는 것을 보여줄 것이다. 활용과 탐험을 적절히 분배해야 한다는 필요성은 강화학습에서만 나타나는 독특한 어려움이다. 앞으로 다룰 다중 선택 문제는 단순화된 형태이기 때문에 강화학습의 이러한 특징을 분명히 보여줄 수 있다.

2.2 행동 가치 방법

행동의 가치를 추정하고 추정값으로부터 행동을 선택하도록 결정하는 방법에 대해 좀 더 자세히 알아보자. 이러한 방법을 총칭하여 **행동 가치 방법**action-value method이라고 한다. 어떤 행동이 갖는 가치의 참값은 행동이 선택될 때의 평균 보상이라는 사실을 다시 상기해 보자. 이 참값을 추정하는 자연스러운 방법은 실제로 받은 보상의 산술평균을 계산하는 것이다.

$$Q_t(a) \doteq \frac{\text{시각 } t \text{ 이전에 취해지는 행동 } a\text{에 대한 보상의 합}}{\text{시각 } t \text{ 이전에 행동 } a\text{를 취하는 횟수}} = \frac{\sum_{i=1}^{t-1} R_i \cdot \mathbb{1}_{A_i=a}}{\sum_{i=1}^{t-1} \mathbb{1}_{A_i=a}} \quad \text{(식 2.1)}$$

여기서 $\mathbb{1}_{\text{조건 서술어}}$는 '조건 서술어'가 참이면 1, 거짓이면 0의 값을 갖는 확률 변수를 나타낸다. 식의 분모가 0이어서 식으로부터 계산할 수 없을 때는 $Q_t(a)$의 값을 0과 같은 어떤 기본값으로 정의한다. 분모가 무한으로 커진다면 큰 수의 법칙에 따라 $Q_t(a)$는 $q_*(a)$로 접근한다. 이런 식의 행동 가치 추정 방법은 관련 보상값에 대한 표본평균을 추정값으로 하기 때문에 **표본평균**sample-average 방법이라고 부른다. 물론, 이것은 행동 가치를 추정하는 하나의 방법일 뿐이며 이 방법이 반드시 최선의 방법인 것도 아니다. 그렇지만 지금은 일단 이 간단한 추정 방법을 사용하기로 하고, 행동을 선택하기 위해 추정값을 어떻게 사용하는가 하는 질문으로 다시 돌아오자.

가장 간단한 행동 선택 규칙은 추정 가치가 최대인 행동 중 하나를 선택하는 것이다. 다시 말해, 이전 절에서 정의한 탐욕적 행동 중 하나를 선택하는 것이다. 탐욕적 행동이 여러 개 있다면 어떤 임의의 방법으로, 아니면 그냥 무작위로 그중 하나를 선택할 수 있다. 이러한 **탐욕적**greedy 행동 선택 방법을 다음과 같이 표현한다.

$$A_t \doteq \arg\max_a Q_t(a) \tag{식 2.2}$$

여기서 $\arg\max_a$는 바로 이어지는 수식의 값이 최대가 되도록 하는 행동 a를 나타낸다(다시 말하지만, 여러 개의 탐욕적 행동들 중의 선택은 임의로 이루어진다). 탐욕적 행동을 선택하는 과정에는 즉각적인 보상을 최대화하기 위해 현재의 지식을 사용하는 것이 항상 포함된다. 실제로는 더 좋은 결과를 낼 수 있을지도 모른다는 일말의 가능성을 확인하기 위해 누가 봐도 열등한 행동으로 표본을 구성하는 일은 탐욕적 행동 선택에서 결코 일어나지 않는다. 탐욕적 행동 선택을 대체할 만한 한 가지 단순한 대안은 대부분의 시간 동안에는 탐욕적 선택을 수행하고 가끔 콩 나듯 한 번씩, 말하자면 상대적 빈도수 ε을 작은 값으로 유지하면서 탐욕적 선택 대신 모든 행동을 대상으로 무작위 선택을 하는 것이다. 이때 모든 행동이 선택될 확률은 균등하며, 행동 선택은 행동 가치 추정과는 무관하게 이루어진다. 이 근사 탐욕적 행동 선택 규칙을 이용한 방법을 **입실론 탐욕적**ε-greedy 방법이라고 한다. 이 방법의 장점은 이후 단계의 개수가 무한으로 커지면 모든 행동이 선택되는 횟수가 무한이 되어 모든 $Q_t(a)$가 $q_*(a)$로 수렴한다는 것이다. 당연하게도 이것은 최적의 행동을 선택할 확률이 $1 - \varepsilon$보다 큰 값으로, 즉 거의 100%의 확률로 수렴한다는 뜻이다. 하지만 이것은 단지 점근적 수렴성을 보장하는 것일 뿐, 실제 이 방법의 효용성은 미지수다.

연습 2.1 입실론 탐욕적 행동 선택에서 두 개의 행동이 있고 $\varepsilon = 0.5$라면 탐욕적 행동을 선택할 확률은 얼마인가? □

2.3 10중 선택 테스트

탐욕적 행동 가치 방법과 입실론 탐욕적 행동 가치 방법이 상대적으로 얼마나 효과적인지를 대략적으로 평가하기 위해 일련의 테스트용 문제로 두 방법을 수치적으로 비교하겠다. 열 번의 선택을 하는 다중 선택 문제 2000개를 무작위로 생성한다. 그림 2.1에 나타나 있는 것과 같은 각각의 다중 선택 문제에 대해 행동 가치 $q_*(a)$(여기서 $a = 1, ..., 10$)가 평균이 0이고 분산이 1인 정규normal(가우시안Gaussian) 분포에 따라 선택된다. 이제 다중 선택 문제에 적용된 학습 방법에 따라 시간 단계 t에서 행동 A_t를 선택할 때, 실제 보상값 R_t가 평균이 $q_*(A_t)$이고 분산이 1인 정규 분포로부터 선택된다. 이 분포는 그림 2.1에 회색 음영으로 표시되었다. 이러한 일련의 테스트를 **10중 선택 테스트**10-armed testbed라고 부르겠다. 어떤 학습 방법이 하나의 10중 선택 문제에 적용되었을 때, 1000번의 시간 단계를 거치는 경험을 통해 스스로 발전하는 과정에서 그 방법의 성능과 결과를 측정할 수 있다. 그리고 이것은 모든 학습 방법에 대해 측정할 수 있다. 이렇게 해서한 번의 **실행**run이 끝난다. 이러한 실행을 서로 다른 10중 선택 문제에 대해 2000번 독립적으로 수행하면 학습 알고리즘의 평균 결과를 측정할 수 있다.

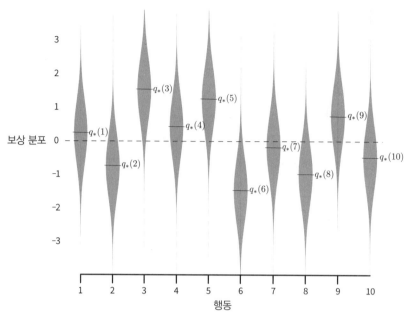

그림 2.1 10중 선택 테스트에서의 다중 선택 문제의 예. 10개의 가능한 선택 각각에 대한 $q_*(a)$의 참값은 평균이 0이고 분산이 1인 정규 분포로부터 선택된다. 그리고 실제 보상은 평균이 $q_*(a)$이고 분산이 1인 정규 분포로부터 선택된다. 이 분포가 그림에 음영으로 표시되었다.

그림 2.2는 하나의 탐욕적 방법과 두 개의 입실론 탐욕적 방법($\varepsilon = 0.01$과 $\varepsilon = 0.1$)을 앞서 설명한 대로 10중 선택 테스트에서 비교하고 있다. 모든 방법은 표본평균 기법을 이용하여 각자 자신만의 행동 가치 추정값을 만들어 낸다. 그림 2.2의 위쪽 그래프는 경험에 따른 보상 기댓값의 증가를 보여준다. 탐욕적 방법은 시작 직후에는 다른 방법에 비해 좀 더 빠르게 향상되지만, 결국 낮은 수준으로 떨어진다. 이 테스트에서 가장 좋을 것으로 기대되는 단위 단계당 보상값reward-per-step이 약 1.55인 것에 비해 탐욕적 방법의 단위 단계당 보상은 1 정도밖에 되지 않는다. 탐욕적 방법은 대체로 준최적suboptimal 행동을 수행하는 상황에 걸리기 때문에 장기적으로는 다른 방법보다 상당히 낮은 성능을 보여준다. 아래쪽 그래프는 탐욕적 방법이 대략 3분의 1 정도의 문제에서만 최적의 행동을 찾았음을 보여준다. 나머지 3분의 2에 해당하는 문제에 대해서는 처음 선택한 최적 행동의 표본이 만족스럽지 않아서 다시는 그 행동을 선택하지 않았다. 입실론 탐욕적 방법은 계속된 탐험을 통해 최적 행동을 식별할 확률을 증가시켰기 때문에 결국에는 더 좋은 성능을 보여주었다. $\varepsilon = 0.1$을 적용한 방법은 더 많이 탐험했고 보통 더 빨리 최적 행동을 찾았지만 정작 그 최적 행동을 선택한 시간 단계의 비율은 91%에 미치지 못한다. $\varepsilon = 0.01$을 적용한 방법은 최적 행동을 찾는 일에서는 더 느리지만 결국에는 그림에 보이는 두 가지 성능 지표 모두에 대해 $\varepsilon = 0.1$을 적용한 방법보다 더 좋은 결과를 보여줄 것이다. ε 값을 시간에 따라 감소시켜 가면서 크고 작은 값들 중 최상의 결과를 보여주는 ε 값을 찾아보는 것도 가능하다.

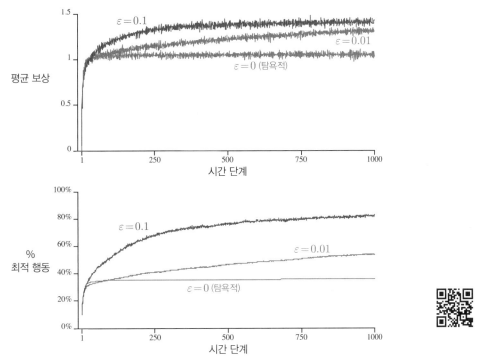

그림 2.2 10회 선택 테스트에서 입실론 탐욕적 행동 가치 방법의 평균 성능. 이 결과는 서로 다른 2000번의 다중 선택 문제를 실행하고 얻은 결과의 평균이다. 모든 방법은 행동 가치의 추정값으로 표본평균을 사용했다.

탐욕적 방법 대신 입실론 탐욕적 방법을 사용할 때의 더 좋은 점은 문제에 따라 다르다. 예를 들어 보상의 분산이 더 큰 경우, 말하자면 1 대신 10인 경우를 가정해 보자. 보상에 잡음noise이 더 많이 포함되었기 때문에 최적 행동을 찾기 위해서는 더 많은 탐험이 필요할 것이고, 입실론 탐욕적 방법이 탐욕적 방법보다 훨씬 더 좋은 결과를 낼 것이다. 반면에 보상의 분산이 0이라면 탐욕적 방법은 행동을 시도해 봄으로써 단번에 각 행동의 진짜 가치를 알게 될 것이다. 이 경우 탐욕적 방법은 곧바로 최적 행동을 찾아내고 다시는 탐험을 하지 않을 것이기 때문에 실제로 최상의 성능을 보여줄 것이다. 하지만 문제를 단순화하는 몇 가지 다른 가정을 약화시킨다면 결정론적deterministic 상황에서도 탐험으로 큰 이득을 볼 수 있다. 예를 들면 다중 선택 문제가 비정상적nonstationary이라고, 즉 행동 가치의 참값이 시간에 따라 변한다고 가정해 보자. 이 경우에는 결정론적 상황에서도 탐험이 필요한데, 그 이유는 어떤 비탐욕적 행동이 탐욕적 행동보다 더 큰 가치를 갖도록 변하지는 않았는지 확인해야 하기 때문이다. 다음 몇 개의 장에서 보게 되겠지만, 비정상성nonstationarity은 대부분의 강화학습 문제에서 마주치게 되는 상황이다. 기저에 깔린 상황이 정상적stationary이고 결정론적이라 하더라도 학습자는 다중 선택과 같은 결정을 해야 하는 상황을 여러 번 마주치게 된다. 학습자의 결정은 시간이 지남에 따라 학습이 진행되는 과정에서 자연스럽게 변하기도 하고, 결정을 내릴 때 사용하는 정책에 따라 달라지기도 한다. 강화학습에는 탐험과 활용 사이의 균형이 필요하다.

연습 2.2 **다중 선택 예제** 네 개의 행동 중 하나를 선택하는 다중 선택 문제를 생각해 보자. 각 행동은 번호 1, 2, 3, 4로 구분한다. 이 문제에 입실론 탐욕적 행동 선택을 이용한 다중 선택 알고리즘을 적용한다고 생각해 보자. 이때 이 알고리즘은 표본평균 행동 가치 추정값을 이용하고 초기 추정값 $Q_1(a) = 0$을 적용한다. 시간 단계에 따른 행동 및 가치의 몇몇 초깃값들이 $A_1 = 1$, $R_1 = -1$, $A_2 = 2$, $R_2 = 1$, $A_3 = 2$, $R_3 = -2$, $A_4 = 2$, $R_4 = 2$, $A_5 = 3$, $R_5 = 0$이라고 가정해 보자. 이 시간 단계 중 일부에서 행동이 무작위로 선택되는 입실론 상황이 발생했을 수 있다. 어떤 시간 단계에서 이 상황이 확실하게 발생했을까? 어떤 시간 단계에서 이 상황이 발생하는 것이 가능했을까? □

연습 2.3 그림 2.2의 비교 그래프에서 '누적 보상'과 '최고의 행동을 선택할 확률'을 고려할 때 어떤 방법이 장기적으로 가장 좋은 성능을 보여줄 것인가? 얼마나 더 좋을 것인가? 이 문제에 대해 정량적으로 답변해 보라. □

2.4 점증적 구현

지금까지 논의한 행동 가치 방법은 모두 관측된 보상의 표본평균으로 행동의 가치를 추정한다. 이제 이러한 평균을 계산하는 방법을 알아볼 텐데, 특히 컴퓨터의 메모리와 시간 단계별 계산량이 제한된 경우에 수치 계산 측면에서 효율적으로 계산하는 방법에 대해 살펴보겠다.

수식 표현을 간단히 하기 위해 특정한 하나의 행동에만 집중해서 살펴보겠다. 이 행동이 i번째 선택된 후에 받은 보상을 R_i로 표기하고, 이 행동이 $n - 1$번 선택된 이후에 이 행동의 가치 추정값을 Q_n으로 표기하면 Q_n은 다음과 같이 간단히 쓸 수 있다.

$$Q_n \doteq \frac{R_1 + R_2 + \cdots + R_{n-1}}{n - 1}$$

이 식의 활용법은 분명하다. 모든 보상을 기록해 두고 추정값이 필요할 때마다 이 식을 이용하여 계산하는 것이다. 하지만 이렇게 되면 보상이 더 많이 관측될수록 컴퓨터의 메모리와 계산 능력에 대한 수요가 증가할 것이다. 보상이 하나 더 관측될 때마다 그 값을 저장할 메모리가 추가로 필요하고, 식의 분자에 있는 합계를 계산하기 위한 계산 능력이 추가로 필요하다.

눈치챘을 수도 있겠지만 이 과정이 정말로 필요한 것은 아니다. 새롭게 추가된 보상의 관측값을 처리하기 위해 얼마 되지 않는 일정한 계산 능력만을 이용하여 평균값을 갱신하는 점증적 공식을 쉽게 만들어 낼 수 있다. Q_n과 n번째 보상인 R_n이 주어졌을 때 모든 n개의 보상값에 대한 새로운 평균은 다음과 같이 계산된다.

$$
\begin{aligned}
Q_{n+1} &= \frac{1}{n}\sum_{i=1}^{n} R_i \\
&= \frac{1}{n}\left(R_n + \sum_{i=1}^{n-1} R_i\right) \\
&= \frac{1}{n}\left(R_n + (n-1)\frac{1}{n-1}\sum_{i=1}^{n-1} R_i\right) \\
&= \frac{1}{n}\left(R_n + (n-1)Q_n\right) \\
&= \frac{1}{n}\left(R_n + nQ_n - Q_n\right) \\
&= Q_n + \frac{1}{n}\left[R_n - Q_n\right]
\end{aligned}
\tag{식 2.3}
$$

이 식은 $n = 1$인 경우에도 성립하는데, 이 경우 Q_1에 상관없이 $Q_2 = R_1$이 된다. 이 점증적 방법을 적용하기 위해서는 오로지 Q_n과 n만을 위한 메모리가 필요할 뿐이다. 또한, 새로운 보상이 관측될 때마다 식 2.3의 얼마 되지 않는 계산만 수행하면 된다.

이 갱신 규칙(식 2.3)은 이 책에서 자주 나타나는 형태의 규칙이다. 이 형태를 일반적으로 표현하면 다음과 같다.

$$\text{새로운 추정값} \leftarrow \text{이전 추정값} + \text{시간 간격의 크기} \, [\text{목푯값} - \text{이전 추정값}] \tag{식 2.4}$$

[목푯값 − 이전 추정값]으로 표현한 것은 추정 **오차**error를 나타낸다. 이 오차는 '목푯값'으로 한 단계 접근해 갈 때마다 감소한다. 목푯값에는 잡음이 섞여 있을 수 있지만, 이 목푯값은 앞으로 어떤 방향으로 나아가야 할지를 알려주는 지침으로 생각될 수 있다. 예를 들면, 위의 경우에서 목푯값은 n번째 보상이다.

점증적 계산 방법(식 2.3)에 사용된 '시간 간격의 크기'가 시간 단계마다 다르다는 점에 주목하자. 행동 a에 대해 n번째 보상을 이용하여 Q_{n+1}을 계산할 때의 시간 간격의 크기는 $\frac{1}{n}$이다. 이 책에서는 시간 간격의 크기를 α로 나타내거나, 더 일반적으로는 $\alpha_t(a)$로 나타낸다.

점증적으로 계산한 표본평균과 입실론 탐욕적 행동 선택을 이용한 완전한 다중 선택 알고리즘의 의사코드pseudocode를 다음 글상자에 나타내었다. 함수 $bandit(a)$는 어떤 행동에 대한 이득을 계산하는 함수다.

$a = 1, ..., k$에 대해 초기화
$Q(a) \leftarrow 0$
$N(a) \leftarrow 0$

무한 루프:

$A \leftarrow \begin{cases} 1 - \varepsilon\text{의 확률로 } \operatorname{argmax}_a Q(a) & (\text{최대로 만드는 행동이 여러 개일 경우 무작위로 하나를 선택}) \\ \varepsilon\text{의 확률로 무작위 행동} \end{cases}$

$R \leftarrow bandit(A)$
$N(A) \leftarrow N(A) + 1$
$Q(A) \leftarrow Q(A) + \frac{1}{N(A)} [R - Q(A)]$

2.5 비정상 문제의 흔적

지금까지 알아본 평균값 방법은 정상stationary 다중 선택 문제에 적합하다. 정상 다중 선택 문제에서는 보상값의 확률 분포가 시간이 지나도 변하지 않는다. 앞서 언급했던 문제에서처럼, 실질적으로 비정상적인nonstationary 강화학습 문제는 자주 등장한다. 그런 문제에서는 최근의 보상일수록 더 큰 가중치를 주고 오래된 보상일수록 낮은 가중치를 주는 것이 타당하다. 이렇게 하기 위해 가장 많이 사용되는 방법 중 하나가 고정된 시간 간격을 이용하는 것이다. 예를 들어, $n - 1$개의 과거 보상값에 대한 평균인 Q_n을 갱신하기 위한 점증적 갱신 규칙(식 2.3)은 다음과 같이 수정된다.

$$Q_{n+1} \doteq Q_n + \alpha \Big[R_n - Q_n \Big] \tag{식 2.5}$$

여기서 시간 간격의 크기 $\alpha \in (0, 1]$는 고정된 값이다. 이렇게 계산하면 Q_{n+1}은 초기 추정값 Q_1과 과거 보상값들에 대한 가중치가 적용된 평균이 된다.

$$\begin{aligned} Q_{n+1} &= Q_n + \alpha \Big[R_n - Q_n \Big] \\ &= \alpha R_n + (1 - \alpha) Q_n \\ &= \alpha R_n + (1 - \alpha) \left[\alpha R_{n-1} + (1 - \alpha) Q_{n-1} \right] \\ &= \alpha R_n + (1 - \alpha) \alpha R_{n-1} + (1 - \alpha)^2 Q_{n-1} \\ &= \alpha R_n + (1 - \alpha) \alpha R_{n-1} + (1 - \alpha)^2 \alpha R_{n-2} + \\ &\qquad \cdots + (1 - \alpha)^{n-1} \alpha R_1 + (1 - \alpha)^n Q_1 \\ &= (1 - \alpha)^n Q_1 + \sum_{i=1}^{n} \alpha (1 - \alpha)^{n-i} R_i \end{aligned} \tag{식 2.6}$$

계산해 보면 알겠지만 가중치의 합 $(1 - \alpha)^n + \sum_{i=1}^{n} \alpha(1 - \alpha)^{n-i} = 1$이기 때문에 이것을 가중치가 적용된 평균이라고 부른다. 보상 R_i에 주어진 가중치 $\alpha(1 - \alpha)^{n-i}$는 이 보상이 관측되고 나서 앞으로 남아 있는 보상의 개수인 $n - i$에 따라 결정된다. $1 - \alpha$라는 값은 1보다 작아서 R_i에 주어진 가중치는 앞으로 등장할 보상의 개수가 증가함에 따라 감소한다. 사실, 가중치는 $1 - \alpha$의 지수에 따라 기하급수적으로 감소한다(만약 $1 - \alpha = 0$이면 $0^0 = 1$이기 때문에 모든 가중치는 마지막 보상 R_n에게 주어진다). 따라서 때로는 이것을 **기하급수적 최신 가중 평균**exponential recency-weighted average이라고 부르기도 한다.

시간 간격의 크기를 시간 단계에 따라 변화시키는 것이 편리할 때도 있다. 행동 a를 n번째 선택한 이후에 받은 보상을 처리하는 데 이용할 시간 간격의 크기를 $\alpha_n(a)$라고 표현하자. 앞서 확인했듯이 $\alpha_n(a) = \frac{1}{n}$로 선택하면 그것은 표본평균 방법이 된다. 이 방법은 큰 수의 법칙에 따라 행동 가치의 참값으로 수렴함을 보장한다. 하지만, 물론 선택 가능한 시간 간격의 크기 $\{\alpha_n(a)\}$ 모두에 대해 수렴성이 보장되는 것은 아니다. 잘 알려진 확률론적 근사 이론에 따르면 100%의 확률로 수렴성을 보장하기 위한 조건은 다음과 같이 주어진다.

$$\sum_{n=1}^{\infty} \alpha_n(a) = \infty \qquad \text{그리고} \qquad \sum_{n=1}^{\infty} \alpha_n^2(a) < \infty \qquad \text{(식 2.7)}$$

첫 번째 조건은 결국 어떠한 초기 조건이나 확률적 변동성random fluctuation도 극복할 만큼 충분히 큰 시간 간격을 보장하기 위한 조건이다. 두 번째 조건은 시간 간격이 감소하여 결국에는 수렴성을 확신할 만큼 충분히 작아진다는 것을 보장한다.

표본평균 방법의 경우, 즉 $\alpha_n(a) = \frac{1}{n}$인 경우 두 가지 조건을 모두 만족하지만 고정된 시간 간격의 크기 $\alpha_n(a) = \alpha$를 적용하면 조건을 만족하지 못한다는 점에 주목하자. 후자의 경우 식 2.7의 두 번째 조건을 만족하지 못하는데, 이것은 추정값이 결코 완전히 수렴하지 않고 가장 최근에 받은 보상에 반응하여 연속적으로 변한다는 것을 말한다. 위에서 언급했듯이 사실 이것은 비정상적nonstationary 환경에서는 바람직한 것이며, 강화학습에서 가장 흔하게 마주치는 문제들은 사실상 비정상적nonstationary이다. 게다가 식 2.7의 조건을 만족하는 시간 간격의 크기는 매우 느리게 수렴한다. 비록 만족할 만한 수렴 속도를 얻을 수 있다 해도 상당한 튜닝 작업이 필요하다. 수렴 조건을 만족하는 시간 간격의 크기가 이론적인 연구에서는 사용될 수 있다 하더라도, 실제 문제에 적용하거나 경험에 기반한 실증적 연구를 수행할 때는 거의 사용되지 않는다.

연습 2.4 시간 간격의 크기 α_n이 고정된 값이 아니라면 추정값 Q_n은 이전까지 받은 보상들의 가중 평균이고, 이때 가중치는 식 2.6에서 주어지는 것과는 다르다. 식 2.6과 유사한 일반적인 경우에 있어서 바로 이전 보상에 적용할 가중치는 얼마인가? 시간 간격의 크기와 관련하여 답변해 보라. □

(프로그래밍) 표본평균 방법을 비정상적nonstationary 문제에 적용하기 어렵다는 점을 보여주는 실험을 설계하고 수행하라. 모든 $q_*(a)$가 동일한 초깃값으로부터 시작하며 독립적으로 무작위 값을 갖도록 변형한 10중 선택 문제를 활용하라(말하자면, 평균이 0이고 표준 편차가 0.01인 정규 분포를 따르는 확률 변수를 각 시간 단계에서 $q_*(a)$에 더하도록 함으로써). 점증적으로 계산한 표본평균을 활용하는 행동 가치 방법과 고정된 시간 간격($\alpha = 0.1$)을 사용하는 또 다른 행동 가치 방법에 대해 각각 그림 2.2와 같은 그래프를 그려 보라. $\varepsilon = 0.1$을 적용하고 더 많은 단계, 말하자면 10,000번의 단계를 적용해 보라. □

2.6 긍정적 초깃값

지금까지 살펴본 모든 방법은 행동 가치의 초기 추정값 $Q_1(a)$에 어느 정도 영향을 받았다. 통계학 용어로 표현하면 이러한 방법은 각 방법이 취하는 초깃값만큼 **편중되어**biased 있다. 표본평균 방법에서는 일단 모든 행동이 최소한 한 번이라도 선택되고 나면 이 편차bias는 사라진다. 하지만 고정된 α 값을 이용하는 방법에서는 편차가 식 2.6에서처럼 줄어들긴 하겠지만 끊임없이 지속된다. 실제 문제에서는 이러한 종류의 편차가 존재하는 것이 대개는 문제가 되지 않는다. 오히려 때로는 매우 도움이 될 수 있다. 한 가지 부정적 측면은 초기 추정값이 모두 0으로 설정되는 상황이 벌어지더라도 이 값이 실질적으로는 사용자에 의해 선택되어야만 한다는 점이다. 하지만 기대할 수 있는 보상 수준에 대한 사전 지식을 활용하여 초기 추정값을 정할 수 있다는 점은 긍정적 측면이다.

행동 가치의 초깃값을 설정하는 것 자체가 탐험을 촉발하기 위한 간단한 방법으로 활용될 수도 있다. 앞서 10중 선택 테스트에서 한 것처럼 행동 가치의 초깃값을 0으로 설정하는 대신 모두 5로 설정한다고 가정해 보자. 그리고 이 문제에서 $q_*(a)$는 평균이 0이고 분산이 1인 표준 정규 분포에서 선택된다는 점을 기억한다면 5라는 초기 추정값은 매우 긍정적으로 평가한 값이다. 하지만 이러한 긍정적 선택은 행동 가치 방법이 탐험하도록 이끌어 준다. 어떤 행동이 초기에 선택된다 하더라도 그 보상은 초기 추정값보다는 작을 것이다. 그러면 학습자는 그 보상값에 '실망해서' 다른 행동을 선택할 것이다. 결과적으로 가치 추정값이 수렴하기 전에 모든 행동을 여러 번 시도해 볼 것이다. 이 시스템은 항상 탐욕적 행동이 선택되더라도 꽤 많은 양의 탐험을 수행할 것이다.

그림 2.3은 모든 행동 a에 대해 $Q_1(a) = 5$를 사용한 탐욕적 방법이 10중 선택 테스트에서 보여 준 성능을 나타낸다. 비교를 위해 $Q_1(a) = 0$을 사용한 입실론 탐욕적 방법의 결과도 함께 보여 준다. 초기에는 긍정적 방법이 더 많이 탐험하기 때문에 더 나쁜 결과를 보이지만, 시간에 따라

탐험이 줄어들기 때문에 궁극적으로는 더 좋은 성능을 보여준다. 이처럼 탐험을 촉진하는 기법을 **긍정적 초깃값**optimistic initial value이라고 부른다. 이 기법은 정상적stationary 문제에는 꽤 효과적일 수 있는 간단한 방법이기는 하지만, 탐험을 촉발하는 데 유용한 일반적인 방법과는 거리가 멀다. 예를 들어, 이 기법은 비정상적nonstationary 문제에는 적합하지 않다. 탐험에 대한 원동력이 본질적으로 일시적이기 때문이다. 만약 수행 과제가 변경되어서 탐험에 대한 새로운 필요가 생긴다면 이 방법은 도움이 되지 않는다. 그 어떤 방법이라도 초기 조건에 초점을 맞춘다면 일반적인 비정상적nonstationary 문제에는 도움이 될 것 같지 않다. 시간의 시작은 오직 한 번만 발생한다. 그렇기 때문에 초기 조건에 너무 많이 초점을 두면 안 된다. 이러한 비판은 시간의 시작을 특별한 사건으로 보고 시작 이후의 모든 보상에 동일한 가중치를 적용하여 평균을 계산하는 표본평균 방법에도 똑같이 적용된다. 그럼에도 불구하고 이 모든 방법은 매우 간단하고, 실제 상황에서는 이 방법들 중 하나 또는 여러 개를 단순 조합하여 적용하는 것이 적합한 경우가 종종 있다. 이 책의 나머지 부분에서 이와 같은 간단한 탐험 기법 여러 개를 자주 사용하게 될 것이다.

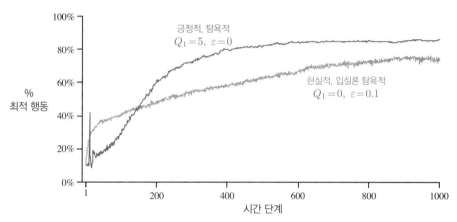

그림 2.3 10중 선택 테스트에서 긍정적 초깃값 행동 가치 추정의 효과. 두 방법 모두 $\alpha = 0.1$의 고정된 시간 간격을 사용했다.

연습 2.6) **신비한 스파이크**   그림 2.3에 보이는 결과는 무작위로 선택한 2000번의 10중 선택 결과에 대한 평균이기 때문에 매우 믿을 만하다. 그렇다면 왜 긍정적 방법의 경우 곡선의 처음 부분에서 요동oscillation과 스파이크spike가 나타나는가? 다시 말하면 무엇이 이 방법의 성능을 평균적으로, 특히 처음 부분에서 특별히 더 좋거나 더 나쁘게 만드는가?   □

연습 2.7) **편차 없는 고정 시간 간격 기법**   이 장의 대부분에서 행동 가치를 추정하기 위해 표본평균을 이용했다. 그 이유는 표본평균을 사용하면 고정 시간 간격의 경우 발생하는 초기 편차를 없앨 수 있기 때문이다(식 2.6의 분석을 참고하라). 하지만 표본평균은 완전히 만족스러운 해결책은 아니다. 비정상적nonstationary 문제에서는 형편없는 성능을 보일 수 있기 때문이다. 비정상적 nonstationary 문제에 대해 고정 시간 간격의 장점을 유지하면서도 편차를 없애는 것이 가능할까? 한 가지 방법은 특별한 행동에 대해 n번째 보상을 처리하기 위해 다음과 같은 시간 간격을 이용 하는 것이다.

$$\beta_n \doteq \alpha/\bar{o}_n \qquad \text{(식 2.8)}$$

여기서 $\alpha > 0$는 계속 사용하던 고정 시간 간격이고, $\bar{o}_n$는 0에서 시작하는 값의 일반항이다.

$$\bar{o}_n \doteq \bar{o}_{n-1} + \alpha(1 - \bar{o}_{n-1}), \quad \bar{o}_0 \doteq 0, \, n \geq 0인 \ 경우 \qquad \text{(식 2.9)}$$

식 2.6과 같은 분석을 수행하여 Q_n이 **초기 편차가 없는** 기하급수적 최신 가중 평균임을 보여라.

$\square$

2.7 신뢰 상한 행동 선택

행동 가치 추정의 정밀도에 대해 항상 불확실성이 있기 때문에 탐험은 필요하다. 탐욕적 행동은 현재로서는 최선인 것처럼 보일지라도 실제로는 다른 행동이 더 좋을 수도 있다. 입실론 탐욕적 행동 선택은 비탐욕적 행동을 시도하도록 강제하지만, 탐욕적 행동에 가까운 행동 또는 특별히 불확실한 행동 중 어느 쪽도 선호하지 않고 차별 없이 행동을 선택한다. 하지만 더 좋은 것은 행동 가치의 추정값이 최대치에 얼마나 가까운지, 그리고 추정의 불확실성이 얼마인지를 고려하여 실제로 최적 행동이 될 잠재력에 따라 비탐욕적 행동 중에서 선택하는 것이다. 이렇게 하기 위한 한 가지 효과적인 방법은 다음 식에 따라 행동을 선택하는 것이다.

$$A_t \doteq \underset{a}{\arg\max} \left[Q_t(a) + c\sqrt{\frac{\ln t}{N_t(a)}} \right] \qquad \text{(식 2.10)}$$

여기서 $\ln t$는 t에 대한 자연로그를 나타내고($e \approx 2.71828$의 t 거듭제곱에 대한 자연로그값은 t이다. 즉, $\ln e^t = t$), $N_t(a)$는 t 시각 이전에 행동 a가 선택된 횟수(식 2.1의 분모)를 나타내며, $c > 0$는 탐험의 정도를 조정한다. $N_t(a) = 0$이면 a는 식 2.10의 값을 최대화하는 행동으로 여겨진다.

이러한 **신뢰 상한**Upper Confidence Bound, UCB 행동 선택의 개념은 제곱근 항을 통해 행동 a의 가치에 대한 추정값의 불확실성 또는 편차를 고려한다는 것이다. 이때 식 2.10의 최댓값은 행동 a의 진짜 가치로서 가능한 값들에 대한 일종의 상한이 되며, c는 이 상한의 신뢰 수준을 결정한다. 행동 a가 선택될 때마다 불확실성은 아마도 감소할 것이다. 즉, $N_t(a)$가 분모에 있기 때문에 $N_t(a)$가 증가하면 불확실성은 감소한다. 반면에, a가 아닌 다른 행동이 선택될 때마다 분자에 있는 시간 t는 증가하지만 $N_t(a)$는 증가하지 않기 때문에 불확실성은 증가한다. 자연로그를 사용한다는 것은 증가량이 시간에 따라 점점 감소하지만 상한 없이 계속 증가한다는 것을 의미한다. 결국, 모든 행동이 선택되지만 더 작은 가치 추정값을 갖는 행동이나 이미 자주 선택된 행동은 시간에 따라 선택되는 빈도수가 작아질 것이다.

10중 선택 테스트에서 UCB를 적용한 결과는 그림 2.4에 나타내었다. 그림에서 보이듯이 UCB는 종종 좋은 성능을 내지만 다중 선택 문제를 초월하여 이 책의 나머지 부분에서 다루게 될 더욱 일반적인 강화학습 문제로 확장하여 적용하는 데 있어서는 입실론 탐욕적 방법보다 더 어렵다. 한 가지 어려움은 비정상적nonstationary 문제를 다루는 데 있다. 이 경우 2.5절에 제시된 방법보다 더 복잡한 방법이 필요하기 때문이다. 또 다른 어려움은 큰 상태 공간state space을 다루는 데 있다. 특히, 이 책의 2부에서 제시하는 함수 근사를 사용할 때 큰 상태 공간을 다루는 것이 어렵다. 대부분의 경우 이러한 더 난이도 높은 문제에서는 UCB 행동 선택의 개념을 적용하기가 어렵다.

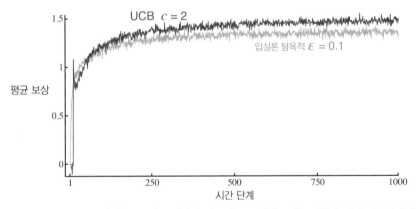

그림 2.4 10중 선택 테스트에서 UCB 행동 선택의 평균 성능. 그림에 보이는 것처럼, 아직 시도되지 않은 행동 중에서 무작위로 선택하는 처음 k 단계를 제외하면 UCB는 일반적으로 입실론 탐욕적 행동 선택보다 성능이 더 좋다.

[연습 2.8] **UCB 스파이크** 그림 2.4에서 UCB 알고리즘은 11번째 단계의 성능에서 뚜렷한 스파이크를 보여준다. 왜 이런 현상이 생길까? 완전히 만족스러운 답변을 하려면 11번째 단계에서 왜 보상이 증가하는지, 그리고 왜 이어지는 단계에서는 감소하는지를 설명해야 한다. 힌트: $c = 1$이면 스파이크가 덜 두드러진다. □

2.8 경사도 다중 선택 알고리즘

이 장에서는 지금까지 행동의 가치를 추정하고 그 추정값을 이용하여 행동을 선택하는 방법을 알아봤다. 이것은 자주 사용하는 좋은 접근법이지만 이 방법만 가능한 것은 아니다. 이번 절에서는 $H_t(a)$로 표현되는, 각 행동 a에 대한 수치적 **선호도**preference를 학습하는 것에 대해 생각해 보자. 선호도가 클수록 그 행동이 더 자주 선택되지만, 선호도를 보상과 같은 것으로 보지는 않는다. 한 행동이 다른 행동에 대해 갖는 상대적 선호도만이 중요하다. 모든 행동 선호도에 1000을 더한다 해도 행동이 선택될 확률에는 영향을 미치지 않는다. 행동이 선택될 확률은 **소프트맥스 분포**soft-max distribution(즉, 기브스Gibbs 또는 볼츠만Boltzmann 분포)에 따라 다음과 같이 결정된다.

$$\Pr\{A_t = a\} \doteq \frac{e^{H_t(a)}}{\sum_{b=1}^{k} e^{H_t(b)}} \doteq \pi_t(a) \tag{식 2.11}$$

여기서 새로운 유용한 표기법도 등장했다. 바로 시각 t에 행동 a를 선택할 확률을 나타내는 $\pi_t(a)$이다. 처음에는 모든 행동의 선호도가 같다(**예** 모든 행동 a에 대해 $H_1(a) = 0$). 따라서 모든 행동은 선택될 확률이 동일하다.

[연습 2.9] 행동이 두 개일 경우, 통계학과 인공지능 신경망에서 자주 사용되는 로지스틱logistic 또는 시그모이드sigmoid 함수로 주어지는 분포가 소프트맥스 분포와 같음을 보여라. □

이러한 상황에 적용할 만한 것 중에 확률론적 경사도 증가stochastic gradient ascent의 개념을 활용한 신경 학습 알고리즘이 있다. 행동 A_t를 선택한 후에 보상 R_t를 받는 모든 단계에서 행동에 대한 선호도는 다음과 같이 갱신된다.

$$\begin{aligned} H_{t+1}(A_t) &\doteq H_t(A_t) + \alpha \big(R_t - \bar{R}_t\big)\big(1 - \pi_t(A_t)\big) \quad &\text{그리고} \\ H_{t+1}(a) &\doteq H_t(a) - \alpha \big(R_t - \bar{R}_t\big)\pi_t(a) \quad &\text{모든 } a \neq A_t \text{에 대해} \end{aligned} \tag{식 2.12}$$

여기서 $\alpha > 0$는 시간 간격의 크기를 나타내는 파라미터이고, $\bar{R}_t \in \mathbb{R}$는 시각 t까지의 모든 보상에 대한 평균이다. 이 평균값은 2.4절(비정상적nonstationary 문제의 경우 2.5절)에서 설명했듯이 점증적으로 계산될 수 있다. $\bar{R}_t$ 항목은 보상을 비교할 비교대상이 된다. 보상이 이 값보다 크면 미래에 A_t를 선택할 확률은 증가하고, 보상이 이 값보다 작으면 그 확률은 감소한다. 선택되지 않은 행동에 대한 확률은 반대로 움직인다.

그림 2.5는 변형된 10중 선택 테스트에 대한 경사도 다중 선택 알고리즘gradient bandit algorithm의 결과를 보여준다. 변형된 10중 선택 테스트에서는 0 대신 4를 평균으로 하는(분산은 원래대로 1인) 정규 분포로부터 보상의 참값이 선택된다. 이처럼 모든 보상을 일괄적으로 증가시키는 것은

경사도 다중 선택 알고리즘에는 하등의 영향을 주지 않는다. 보상의 비교대상이 되는 값이 증가된 새로운 값의 수준에 즉각적으로 적응하여 변하기 때문이다. 하지만 보상의 비교대상이 누락되면(즉, $\bar{R}_t$가 식 2.12에서 0으로 고정된다면) 그림에서 보듯이 성능이 상당히 저하될 것이다.

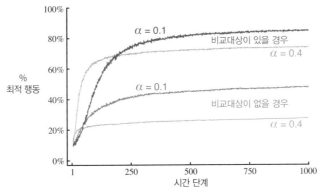

그림 2.5 $q_*(a)$를 0이 아닌 4에 가까운 값으로 정한 10중 선택 테스트에서 보상의 비교대상이 있을 경우와 없을 경우에 대한 경사도 다중 선택 알고리즘의 평균 성능

확률론적 경사도 증가로서의 경사도 다중 선택 알고리즘

경사도 다중 선택 알고리즘을 경사도 증가에 대한 확률론적 근사로 이해한다면 더 깊은 통찰을 얻을 수 있다. 정확한 **경사도 증가**gradient ascent 규칙을 따르면, 각 행동의 선호도 $H_t(a)$의 증가량은 선호도의 증가가 성능에 미치는 효과에 비례한다.

$$H_{t+1}(a) \doteq H_t(a) + \alpha \frac{\partial \mathbb{E}[R_t]}{\partial H_t(a)} \tag{식 2.13}$$

여기서 성능의 측정값이 곧 보상의 기댓값이 된다.

$$\mathbb{E}[R_t] = \sum_x \pi_t(x) q_*(x)$$

그리고 증가가 가져오는 효과의 측정은 이 성능 지표를 행동의 선호도로 **편미분**partial derivative한 것을 통해 이루어진다. 물론, $q_*(x)$를 모른다고 가정했기 때문에 경사도 증가를 정확히 이 상황에 적용하는 것은 불가능하다. 하지만 사실 식 2.12의 알고리즘은 기댓값에 있어서 식 2.13과 같고, 따라서 이 알고리즘은 **확률론적 경사도 증가**stochastic gradient ascent의 한 종류다. 비록 몇 단계를 거쳐야 하겠지만 단지 초급 수준의 미적분만 할 줄 알면 이러한 사실을 보일 수 있다. 먼저, 정확한 성능의 경사돗값gradient에 대해 더욱 자세히 살펴보자.

$$\frac{\partial \mathbb{E}[R_t]}{\partial H_t(a)} = \frac{\partial}{\partial H_t(a)} \left[\sum_x \pi_t(x) q_*(x) \right]$$

$$= \sum_x q_*(x) \frac{\partial \pi_t(x)}{\partial H_t(a)}$$

$$= \sum_x \left(q_*(x) - B_t \right) \frac{\partial \pi_t(x)}{\partial H_t(a)}$$

여기서 보상의 **비교대상**baseline이라고 불리는 B_t는 x에 의존하지 않는 모든 상숫값이 될 수 있다. 여기서 보상의 비교대상을 포함한다 하더라도 등식에는 변화가 없는데, 그것은 모든 행동에 대한 경사돗값의 총합이 0이 되기 때문이다. 즉, $\sum_x \frac{\partial \pi_t(x)}{\partial H_t(a)} = 0$이다. $H_t(a)$가 변함에 따라 어떤 행동의 확률은 증가하고 어떤 행동의 확률은 감소하겠지만, 확률의 합은 1이기 때문에 증가와 감소의 총합은 항상 0이 된다.

다음으로 더해지는 모든 항에 $\pi_t(x)$를 곱하고 나눈다.

$$\frac{\partial \mathbb{E}[R_t]}{\partial H_t(a)} = \sum_x \pi_t(x) \left(q_*(x) - B_t \right) \frac{\partial \pi_t(x)}{\partial H_t(a)} / \pi_t(x)$$

이제 확률 변수 A_t의 값 x에 이 값을 선택할 확률을 곱한 후 모두 더함으로써 방정식은 기댓값을 나타내는 형태가 된다. 따라서

$$= \mathbb{E} \left[\left(q_*(A_t) - B_t \right) \frac{\partial \pi_t(A_t)}{\partial H_t(a)} / \pi_t(A_t) \right]$$

$$= \mathbb{E} \left[\left(R_t - \bar{R}_t \right) \frac{\partial \pi_t(A_t)}{\partial H_t(a)} / \pi_t(A_t) \right]$$

여기서 보상의 비교대상은 $B_t = \bar{R}_t$이고 $\mathbb{E}[R_t | A_t] = q_*(A_t)$이기 때문에 $q_*(A_t)$ 자리에 R_t를 대입했다. 이제 바로 $\frac{\partial \pi_t(x)}{\partial H_t(a)} = \pi_t(x)\left(\mathbb{1}_{a=x} - \pi_t(a) \right)$를 얻을 수 있다. 여기서 $\mathbb{1}_{a=x}$는 $a = x$일 경우 1이 되고, 그 밖의 경우에는 0이 된다. 이렇게 적용하면 다음과 같은 식을 얻는다.

$$= \mathbb{E} \left[\left(R_t - \bar{R}_t \right) \pi_t(A_t) \left(\mathbb{1}_{a=A_t} - \pi_t(a) \right) / \pi_t(A_t) \right]$$

$$= \mathbb{E} \left[\left(R_t - \bar{R}_t \right) \left(\mathbb{1}_{a=A_t} - \pi_t(a) \right) \right]$$

다시 한번 상기하지만, 애초의 계획은 방금까지 한 것처럼 성능의 경사돗값을 각 단계에서 추출한 어떤 표본의 기댓값(표본평균 옮긴이)으로 표현하는 것이었다. 그리고 나서 각 단계에서 그 기댓값에 비례하게 갱신하는 것이다. 식 2.13에서 성능의 경사돗값을 위의 표본평균으로 대체하면 다음과 같은 수식이 된다.

모든 a에 대해 $H_{t+1}(a) = H_t(a) + \alpha\big(R_t - \bar{R}_t\big)\big(\mathbb{1}_{a=A_t} - \pi_t(a)\big)$

이 식이 원래의 알고리즘(식 2.12)과 같음을 알 수 있다.

따라서 이제 $\frac{\partial \pi_t(x)}{\partial H_t(a)} = \pi_t(x)\big(\mathbb{1}_{a=x} - \pi_t(a)\big)$의 가정이 성립하는 것만 보이면 된다. 편미분을 위해 잘 알려진 몫의 미분법을 상기해 보자.

$$\frac{\partial}{\partial x}\left[\frac{f(x)}{g(x)}\right] = \frac{\frac{\partial f(x)}{\partial x}g(x) - f(x)\frac{\partial g(x)}{\partial x}}{g(x)^2}$$

이 몫의 미분법을 사용하면 다음과 같이 표현할 수 있다.

$$\begin{aligned}
\frac{\partial \pi_t(x)}{\partial H_t(a)} &= \frac{\partial}{\partial H_t(a)}\pi_t(x) \\
&= \frac{\partial}{\partial H_t(a)}\left[\frac{e^{H_t(x)}}{\sum_{y=1}^{k}e^{H_t(y)}}\right] \\
&= \frac{\frac{\partial e^{H_t(x)}}{\partial H_t(a)}\sum_{y=1}^{k}e^{H_t(y)} - e^{H_t(x)}\frac{\partial \sum_{y=1}^{k}e^{H_t(y)}}{\partial H_t(a)}}{\left(\sum_{y=1}^{k}e^{H_t(y)}\right)^2} \quad \text{(몫의 미분법을 적용)} \\
&= \frac{\mathbb{1}_{a=x}e^{H_t(x)}\sum_{y=1}^{k}e^{H_t(y)} - e^{H_t(x)}e^{H_t(a)}}{\left(\sum_{y=1}^{k}e^{H_t(y)}\right)^2} \quad \left(\frac{\partial e^x}{\partial x} = e^x\right) \\
&= \frac{\mathbb{1}_{a=x}e^{H_t(x)}}{\sum_{y=1}^{k}e^{H_t(y)}} - \frac{e^{H_t(x)}e^{H_t(a)}}{\left(\sum_{y=1}^{k}e^{H_t(y)}\right)^2} \\
&= \mathbb{1}_{a=x}\pi_t(x) - \pi_t(x)\pi_t(a) \\
&= \pi_t(x)\big(\mathbb{1}_{a=x} - \pi_t(a)\big) \quad \text{Q.E.D.}
\end{aligned}$$

지금 막 경사도 다중 선택 알고리즘에서 갱신의 기댓값이 보상의 기댓값에 대한 경사돗값과 같음을 보였다. 이로써 이 알고리즘이 확률론적 경사도 증가의 한 종류라는 것 또한 보였다. 이러한 사실로부터 이 알고리즘이 강건한robust 수렴성을 갖는다는 것을 확신할 수 있다.

보상의 비교대상값이 선택된 행동에 의존하지 않는다는 것 말고는 이 비교대상값의 특성에 대해서 어떠한 전제 조건도 없다는 점에 주목하자. 예를 들어 이 값을 0이나 1000으로 설정할 수도 있었겠지만, 그렇다 해도 이 알고리즘은 여전히 확률론적 경사도 증가의 한 종류가 된다. 비교대상값을 무엇으로 선택하느냐는 알고리즘을 통해 갱신되는 값의 기댓값에 영향을 주지 않지만, 갱신되는 값의 분산에는 영향을 주어 수렴 속도에 영향을 미친다(예를 들면, 그림 2.5에 보이는 것과 같이). 비교대상값을 보상의 평균값으로 정하는 것이 말 그대로 최선의 선택은 아닐지라도 그것은 계산이 간단하고 실제 상황에도 잘 들어맞는다.

2.9 연관 탐색(맥락적 다중 선택)

이 장에 들어와서 지금까지는 비연관적 선택만을 다루었다. 즉, 서로 다른 행동을 서로 다른 상황에 연관시킬 필요가 없었다. 이러한 선택 문제에서 학습자는 하나의 가장 좋은 행동을 찾으려고 한다. 게다가 비정상적nonstationary 선택 문제일 경우에는 시간에 따라 변하는 최고의 행동을 추적하려고 한다. 하지만 일반적인 강화학습 문제에서는 하나의 상황만 있는 것이 아니며, 학습의 목적은 정책을 학습하는 것이다. 정책이란 어떤 상황으로부터 그 상황에 맞는 최고의 행동을 도출하는 대응 관계를 말한다. 전체 문제를 다루기 위한 기초를 닦기 위해, 비연합적 문제를 연합적 행동 선택의 상황으로 확장하는 가장 단순한 방법을 간략히 알아보자.

예를 들어 여러 개의 서로 다른 다중 선택 문제가 있고, 매 단계에서 이들 중 하나가 무작위로 선택된다고 해 보자. 그러면 다중 선택 문제는 단계마다 무작위로 변하게 된다. 이것은 마치 하나의 비정상적nonstationary 다중 선택 문제가 있고 행동 가치의 참값이 단계마다 변하는 상황처럼 보일 것이다. 이제 이 장에서 다룬 방법 중 하나를 사용하여 비정상적nonstationary 문제를 다룰 수 있겠지만, 행동 가치의 참값이 천천히 변하지 않는다면 이 방법은 잘 작동하지 않을 것이다. 하지만 하나의 다중 선택 문제가 선택되었을 때 (행동의 가치가 아니라) 그 문제의 정체성에 대한 독특한 단서를 갖게 된다고 가정해 보자. 이것은 어쩌면 행동의 가치가 변할 때마다 화면의 색깔이 바뀌는 진짜 슬롯 머신일 수도 있다. 이제 화면에 나타나는 색깔로부터 각각의 문제가 선택되었을 때 해당 문제와 최선의 행동을 연관시키는 정책을 학습할 수 있다. 예를 들어 빨강이면 1번 레버를, 녹색이면 2번 레버를 선택하는 식이다. 다중 선택 문제를 특징짓는 어떠한 정보도 없이 하는 것보다 올바른 정책이 있으면 훨씬 더 잘할 수 있다.

이것은 **연관 탐색**associative search 문제의 한 예다. 연관 탐색이라고 불리는 이유는 시행착오 학습으로 최고의 행동을 **탐색**하는 동시에 이 행동이 최고가 되는 상황을 이 행동과 **연관시키기** 때문이다. 요즘 나오는 문헌에서는 연관 탐색 문제를 종종 **맥락적 다중 선택**contextual bandits이라고도 부른다. 연관 탐색 문제는 다중 선택 문제와 완전한 강화학습 문제의 중간쯤에 있다. 정책에 대한 학습을 포함한다는 점에서는 완전한 강화학습 문제와 같지만, 각 행동이 바로 그 순간의 보상에만 영향을 준다는 점에서는 이 책에서 다루는 다중 선택 문제와 유사하다. 행동이 바로 그 순간의 보상뿐만 아니라 **다음 상황**next situation에도 영향을 줄 수 있다면 그것은 완전한 강화학습 문제가 된다. 이 문제는 다음 장에서 다루고, 그 후에 이어지는 나머지 장에서는 이 문제가 미치는 영향에 대해 생각해 볼 것이다.

연습 2.10 행동 가치의 참값이 단계마다 무작위로 변하는 이중 선택 문제가 있다고 해 보자. 매 단계에서 행동 1과 2에 대한 가치의 참값이 0.5의 확률로 각각 0.1과 0.2인 경우(경우 A)와 0.5의 확률로 각각 0.9와 0.8인 경우(경우 B)를 가정해 보자. 어떤 단계가 어떤 경우에 해당하는지를 모른다고 할 때, 얻을 수 있는 최고의 기댓값은 얼마이며 그 기댓값을 얻기 위해서는 어떻게 행동해야 하는가? 이제 매 단계가 어떤 경우인지를 안다고 하면(행동 가치의 참값은 여전히 모르지만), 이것은 연관 탐색 문제가 된다. 이 문제에서 얻을 수 있는 최고의 기댓값은 얼마이며, 그것을 얻기 위해 어떻게 행동해야 하는가? □

2.10 요약

이 장에서는 탐험과 활용 사이의 균형을 맞추기 위한 여러 가지 간단한 방법을 제시했다. 입실론 탐욕적 방법은 하나의 좁은 시간 구역을 무작위로 선택한다. 반면에 UCB 방법은 행동을 선택할 때 결정론적 방법을 취하지만, 각 단계에서 그때까지 얻은 표본의 수가 더 적은 행동을 미묘하게 선호함으로써 탐험이 작동하게 한다. 경사도 다중 선택 알고리즘은 행동의 가치가 아닌 행동의 선호도를 추정하고 소프트맥스 분포를 활용하여 등급에 따라 확률적 방식으로 더 선호되는 행동을 선택한다. 초기 추정값을 긍정적으로 설정하는 간단한 방법을 통해 탐욕적 방법으로 하여금 꽤 많이 탐험하도록 할 수 있다.

이러한 방법 중 어떤 것이 가장 좋은지를 묻는 것은 자연스러운 일이다. 이 질문에 일반적으로 답하기는 어렵지만, 모든 방법을 이 장에서 사용했던 10중 선택 문제에 적용하고 각 방법의 성능을 비교해 볼 수는 있다. 문제는 모든 방법이 하나의 파라미터를 갖고 있다는 것이다. 의미 있는 비교 결과를 얻기 위해서는 각 방법의 성능을 그 파라미터의 함수로 생각해야 한다. 지금까지의 결과 그래프는 어떤 방법에 어떤 파라미터를 적용했을 때 나타나는 시간에 따른 학습 과정을 보여준다. 이것은 특정 방법 및 파라미터에 대한 **학습 곡선**learning curve이 된다. 모든 방법과 모든 파라미터에 대해 학습 곡선을 그렸다면 그래프가 너무 복잡하고 많아져서 비교가 힘들었을 것이다. 그래서 하나의 완전한 학습 곡선을 1000개의 각 시간 단계에서의 값에 대한 평균값으로 나타내었다. 이 평균값은 학습 곡선 아래쪽의 면적에 비례한다. 그림 2.6은 이 장에서 다룬 다양한 다중 선택 알고리즘에 대해 이 값을 보여준다. 각 알고리즘의 평균 보상은 특정 파라미터의 함수로 표현되는데, 이 파라미터들을 x축에 한 번에 표기했다. 이러한 그래프를 분석하는 것을 **파라미터 연구**parameter study라고 한다. 파라미터 값은 2배씩 달라지고 로그 척도log scale로 표현되었다는 점을 주목하자. 또한, 알고리즘의 성능이 U자를 뒤집어 놓은 모양의 그래프로 나타난다는 점에도 주목하자. 모든 알고리즘의 성능은 너무 크지도 너무 작지도 않은 중간 정도의 파라미터 값에서 최고의 성능을 보여준다. 방법을 평가함에 있어서, 그 방법이 최선의 파라미터 설정값을 사용하여 얼마나 좋은 성능을 도출했는가에만 초점을 맞추면 안 된다. 파라미터 값에 따라 얼마나 민감하게 성능이 달라지는지도 평가해야 한다. 이 장에서 소개한 모든 방법은 파라미터 값의 자릿수가 하나 변하는 정도에는 영향을 받지 않고 좋은 성능을 보여주기 때문에 성능의 민감도가 상당히 낮다. 전반적으로 볼 때 다중 선택 문제에서는 UCB가 가장 성능이 좋은 것처럼 보인다.

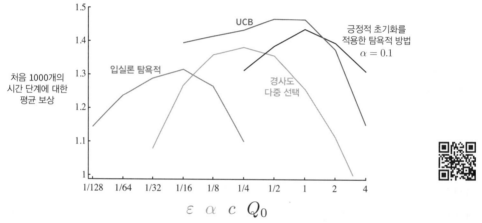

그림 2.6 이 장에 소개된 다양한 다중 선택 알고리즘에 대한 파라미터 연구. 각 점은 1000개의 시간 단계에 걸친 보상의 평균값을 특정 알고리즘 및 특정 파라미터 설정에 대해 나타낸 것이다.

필자의 견해로는, 이 장에서 소개한 방법들이 단순함에도 불구하고 최첨단이라고 생각되기에 충분하다. 더 복잡한 방법들이 있지만, 그 복잡성과 전제 조건들 때문에 진정한 관심사인 완전한 강화학습 문제에 적용하기는 힘들다. 완전한 강화학습 문제를 풀기 위한 방법을 5장부터 제시할 텐데, 그 방법들은 이 장에서 다룬 간단한 방법을 부분적으로 사용한다.

이 장에서 다룬 간단한 방법이 현재로서는 최선일지라도, 그것이 탐험과 활용 사이의 균형을 잡는 문제에 대해 완전히 만족스러운 해결책을 주는 것은 아니다.

다중 선택 문제에서 탐험과 활용 사이의 균형을 잡는 방법으로서 많은 연구가 이루어진 접근법은 **기틴스 인덱스**Gittins index라고 불리는 특별한 종류의 행동 가치를 계산하는 것이다. 어떤 중요하고도 특별한 경우에 대해, 기틴스 인덱스는 쉽게 계산되고 이러한 계산을 통해 곧바로 최적의 솔루션이 도출된다. 하지만 이를 위해서는 나타날 수 있는 문제의 사전 분포를 완전히 알아야 하는데 이것은 일반적으로 가능하지 않다. 또한, 이 접근법의 이론이나 계산이 용이하다는 특성은 이 책의 나머지 부분에서 다루는 완전한 강화학습 문제에는 일반적으로 적용할 수 없는 것으로 보인다.

기틴스 인덱스 접근법은 (행동 가치의 참값이 정상적stationary이라고 가정하면서) 행동 가치의 초기 분포에 대한 지식에 기반해서 각 단계 이후에 분포를 정확히 갱신하는 베이지안Bayesian 방법의 일종이다. 일반적으로 갱신을 위한 계산이 매우 복잡할 수 있지만, (켤레 사전분포conjugate prior distribution 라고 불리는) 어떤 특별한 분포에 대해서는 쉽게 계산이 된다. 그렇다면 이제 가능한 하나의 방법은 각 단계에서 어떤 행동이 최선의 행동이 될 것인지에 대한 사후 확률posterior probability에 따라 행동을 선택하는 것이다. 때로는 **사후 표본추출**posterior sampling 또는 **톰슨 표본추출**Thompson sampling 이라고 불리는 이 방법은 이 장에서 소개한 '분포에 관계없는distribution-free' 방법이 보여주는 가장 좋은 성능과 대체로 유사한 성능을 보여준다.

베이지안 환경에서는 탐험과 활용 사이의 최적 균형을 계산하는 것도 가능하다. 모든 가능한 행동에 대해 즉각적으로 주어질 수 있는 보상의 확률과 그에 따른 행동 가치에 대한 사후 분포를 계산할 수 있다. 이 진화하는 분포는 해당 문제의 **정보 상태**information state가 된다. 시간 구간, 말하자면 1000개의 시간 단계가 주어졌을 때 모든 가능한 행동과 모든 가능한 보상과 모든 가능한 다음 행동 및 다음 보상을 1000개의 모든 단계에 대해 고려할 수 있다. 베이지안 환경에서는 모든 가능한 일련의 사건에 대해 보상과 확률을 결정할 수 있다. 따라서 그중 가장 좋은 것을 선택하기만 하면 된다. 하지만 가능성의 나무tree of possibility는 극도로 빠르게 성장한다. 두 개의 행동과 두 개의 보상만이 있다 하더라도 나무는 2^{2000}개의 잎을 갖게 될 것이다. 일반적으로 이러한 방대한 양의 계산을 정확히 수행하는 것은 일반적으로 실현 불가능하다. 하지만 근삿값을 효율적으로 계산하는 것은 가능할 수도 있다. 이러한 접근법은 다중 선택 문제가 완전한 강화학습 문제의 한 종류가 되게끔 효과적으로 변화시킨다. 결국, 이 최적의 해를 찾기 위해 이 책의 2부에서 제시할 근사적 강화학습 방법을 사용할 수 있을지도 모른다. 하지만 그것은 연구의 주제로는 적합하나 이 책과 같은 입문서의 범위를 넘어서는 내용이다.

연습 2.11 **(프로그래밍)** 연습문제 2.5에 소개된 비정상적nonstationary 경우에 대해 그림 2.6과 유사한 그림을 만들어 보라. $\alpha = 0.1$로 하는 고정 시간 간격 입실론 탐욕적 알고리즘을 포함시켜야 한다. 200,000개의 시간 단계에 대해 알고리즘을 실행하고, 마지막 100,000개의 단계에 대한 평균 보상값을 각 알고리즘 및 파라미터 설정에 대한 성능 지표로서 활용하라. □

참고문헌 및 역사적 사실

2.1 다중 선택 문제는 통계학, 공학, 심리학에서 연구되어 왔다. 통계학에서 다중 선택 문제는 톰슨(Thompson, 1933, 1934)과 로빈스(Robbins, 1952)가 소개하고 벨만(Bellman, 1956)이 연구한 '실험의 순차적 설계'라는 주제에 영향을 받는다. 베리와 프리스테트(Berry and Fristedt, 1985)는 통계학의 관점에서 다중 선택 문제를 방대하게 다루었다. 나렌드라와 타타카르(Narendra and Thathachar, 1989)는 다중 선택 문제를 공학적 관점에서 다루었고, 다중 선택 문제에 초점을 두었던 다양한 전통적 이론에 대한 좋은 의견을 제공했다. 심리학 분야에서는 다중 선택 문제가 통계적 학습 이론에서 여러 가지 역할을 했다(**예** 부시와 모스텔러Bush and Mosteller, 1955; 에스테스Estes, 1950).

탐욕적greedy이라는 용어는 경험적 탐색을 다룬 문헌에서 종종 사용된다(**예** 펄Pearl, 1984). 탐험과 활용 사이의 충돌은 공학 분야에서는 식별(또는 추정)과 제어 사이의 충돌로 알려져 있다(**예** 위튼Witten, 1976b). 펠드바움(Feldbaum, 1965)은 그것을 **이중 제어**dual control 문제라고 불렀다. 그는 불확실한 시스템을 제어하려고 할 때 식별과 제어를 동시에 수행해야 할 필요성에 대해 언급했다. 유전자 알고리즘의 특성에 대한 논의에서, 홀랜드(Holland, 1975)는 이것을 활용에 대한 필요와 새로운 정보에 대한 필요 사이의 충돌이라고 하면서 이러한 충돌의 중요성을 강조했다.

2.2 이 책에서 다룬 다중 선택 문제를 풀기 위해 행동 가치 방법을 적용하는 것은 타타카르와 사스트리(Thathachar and Sastry, 1985)가 처음 제안했다. 학습 로봇에 관한 문헌에서는 이 방법을 **추정자 알고리즘**estimator algorithm이라고도 부른다. **행동 가치**action value라는 용어는 왓킨스(1989)가 고안했다. 입실론 탐욕적 방법을 처음으로 사용한 사람 또한 왓킨스(1989, p. 187)일 것이다. 하지만 입실론 탐욕적 방법의 개념이 너무 간단해서 더 이전에 이미 사용했을 가능성도 있다.

2.4-5 이 내용은 확률론적 반복 알고리즘stochastic iterative algorithm이라는 주제에 영향을 받는다. 베르트세카스와 치치클리스(Bertsekas and Tsitsiklis, 1996)의 연구가 이 주제를 잘 다루었다.

2.6 긍정적 초기화는 서튼(Sutton, 1996)에 의해 강화학습에서 사용되었다.

2.7 행동을 선택하기 위해 신뢰 상한UCB에 대한 추정값을 사용하는 초기의 연구는 라이와 로빈스(Lai and Robbins, 1985), 카엘블링(Kaelbling, 1993b), 아그라왈(Agrawal, 1995)에 의해 행해졌다. 이 책에서 제시한 신뢰 상한 알고리즘은 관련 문헌에서 UCB1이라고

불리며, 이 알고리즘은 아우어, 세사-비안치, 피셔(Auer, Cesa-Bianchi and Fischer, 2002)에 의해 처음으로 개발되었다.

2.8 경사도 다중 선택 알고리즘은 윌리엄스(Williams, 1992)가 제안한 경사도 기반 강화학습 알고리즘의 특별한 경우에 해당한다. 이 책에서 나중에 다룰 행동자-비평자actor-critic 알고리즘과 정책 경사도policy-gradient 알고리즘은 경사도 기반 강화학습 알고리즘으로부터 발전한 것이다. 이 책에서 개발한 내용은 발라라만 라빈드란Balaraman Ravindran이 개발한 내용으로부터 (개인적 교류를 통해) 영향을 받았다. 보상의 비교대상 선택에 관한 더 많은 논의 내용을 보려면 그린스미스, 바틀릿, 백스터(Greensmith, Bartlett, and Baxter, 2002, 2004)와 딕(Dick, 2015)을 참고하면 좋다. 서튼(1984)은 경사도 다중 선택 알고리즘에 대한 초기의 체계적인 연구를 수행했다.

행동 선택의 규칙(식 2.11)을 나타내는 **소프트맥스**soft-max라는 용어는 브라이들(Bridle, 1990)이 처음 사용했다. 이 규칙 자체는 루스(Luce, 1959)가 처음 제안한 것으로 보인다.

2.9 **연관 탐색**associative search이라는 용어 및 그와 관련된 문제는 바르토, 서튼, 브라우어(Barto, Sutton, and Brouwer, 1981)가 처음 소개했다. **연관 강화학습**associative reinforcement learning이라는 용어가 연관 탐색을 가리키는 용어로 사용되기도 했지만(바르토와 아난단(Barto and Anandan, 1985), 필자는 (서튼(1984)이 그랬듯이) 그 용어를 완전한 강화학습 문제를 지칭하는 동의어로 남겨두고자 한다(그리고 앞서 언급했듯이, 현대의 문헌들은 이 문제를 나타내는 용어로 '맥락적 다중 선택'이라는 용어를 사용하기도 한다). 손다이크의 효과의 법칙Law of Effect(1장에 인용됨)은 상황(상태)과 행동 사이의 연관된 연결 고리를 형성하는 것으로 연관 탐색을 설명했다. 자발적인 또는 중요한 조건부여(**CD**) 스키너Skinner, 1938)라는 용어의 의미에 따르면, 어떤 차별적인 자극이란 긴급히 필요한 특별한 강화가 존재함을 알려주는 자극이다. 필자가 사용하는 용어를 따른다면 서로 다른 차별적 자극은 서로 다른 상태에 해당하는 자극이다.

2.10 베이지안 형식의 문제에서 탐험과 활용 사이의 최적 균형을 맞추기 위해 동적 프로그래밍이 어떻게 활용될 수 있는지를 벨만(Bellman, 1956)이 처음으로 보여주었다. 기틴스 인덱스를 활용한 접근법은 기틴스와 존스(Gittins and Jones, 1974)가 처음으로 제시했다. 듀프(Duff, 1995)는 강화학습을 이용하여 다중 선택 문제에 대한 기틴스 인덱스 학습이 어떻게 가능한지를 보여주었다. 쿠마르(Kumar, 1985)는 조사 연구를 통해 이 문제에 대한 베이지안 접근법과 그 밖의 접근법을 잘 정리했다. **정보 상태**information state라는 용어는 부분적으로 관측 가능한 MDP를 다룬 문헌에 등장한다. 예를 들면, 러브조이(Lovejoy, 1991)의 문헌이 해당된다.

그 밖의 이론적 연구는 탐험의 효율성에 초점을 두는데, 탐험의 효율성은 알고리즘이 얼마나 빨리 최적의 의사결정 정책에 도달하는가로 표현할 수 있다. 탐험의 효율성을 형식화하는 한 가지 방법은 지도학습 알고리즘에 등장하는 **표본 복잡도**sample complexity 라는 개념을 강화학습에 맞게 적용하는 것이다. 여기서 표본 복잡도란 목표 함수를 학습하는 데 있어서 요구되는 정밀도를 얻기 위해 필요한 훈련 예제의 개수를 의미한다. 강화학습 알고리즘에서 탐험의 표본 복잡도는 알고리즘이 준최적near-optimal 행동을 선택하지 않는 시간 단계의 개수로 정의된다(카카데Kakade, 2003). 리(Li, 2012)는 강화학습이 수행하는 탐험의 효율성을 위한 이론적 접근법을 조사함으로써 이러한 방법 및 여러 다른 접근법에 대해 논의했다. 루소 외(Russo et al., 2018)는 톰슨 표본추출Thompson sampling을 완전히 현대적으로 다루었다.

03

유한 마르코프 결정 과정

이 장에서는 이 책의 나머지 부분에서 해를 찾고자 하는 유한 마르코프 결정 과정finite Markov decision process, 즉 유한 MDP의 정규적인 문제를 소개한다. 다중 선택 문제와 마찬가지로 이 문제는 평가적 피드백을 포함하지만 그것 말고도 서로 다른 상황에 대해 서로 다른 행동을 선택하는 연관적 측면도 포함한다. 연속적 의사결정의 고전적 형식인 MDP에서는 행동이 즉각적인 보상에만 영향을 미치는 것이 아니고 이어지는 상황이나 상태에 영향을 미쳐 결국에는 미래의 보상에 영향을 준다. 따라서 MDP는 지연된 보상을 포함하며, 이 지연된 보상과 즉각적인 보상 사이에서 균형을 잡을 필요가 있다. 다중 선택 문제에서 각 행동 a에 대해 $q_*(a)$의 값을 추정했지만 MDP에서는 각 상태 s에 있는 각 행동 a에 대한 $q_*(s, a)$를 추정하거나 최적의 행동 선택을 가정한 채로 각 상태의 가치 $v_*(s)$를 추정한다. 이러한 상태 의존적인 값은 개개의 행동 선택이 가져오는 장기적 결과에 정확하게 신뢰를 부여하는 데 있어 필수적이다.

MDP는 강화학습 문제를 이론적으로 정교하게 설명할 수 있도록 해주는 이상적인 수학적 형태다. 이 장에서는 이득return, 가치 함수, 벨만 방정식과 같은 이 문제의 수학적 구조를 이루는 핵심 요소들을 설명할 것이다. 또한, 유한 MDP의 형식으로 표현할 수 있는 문제들을 폭넓게 전달하고자 노력할 것이다. 모든 인공지능 문제와 마찬가지로 MDP에도 적용 가능성과 수학적 간결함 사이의 상충 관계가 존재한다. 이러한 상충 관계를 소개하고 상충 관계 속에서 균형을 잡는 것과 그것이 내포하는 어려움에 대해 논의할 것이다. MDP 말고도 강화학습을 적용할 수 있는 방법에 대해서는 17장에서 다룬다.

MDP는 목표를 이루기 위해 상호작용으로부터 학습하는 문제의 간단한 틀frame로 고안되었다. 학습자와 의사결정자를 **에이전트**agent라고 부르며, 에이전트와 상호작용하는 에이전트 이외의 모든 것을 **환경**environment이라고 부른다. 이들은 지속적으로 상호작용한다. 에이전트는 행동을 선택하고 환경은 그 행동에 반응하여 에이전트에게 새로운 상황을 제시한다.[1] 또한, 환경은 에이전트가 그의 행동을 통해 일정 기간 동안 최대화하려고 하는 특별한 숫잣값인 보상을 발생시킨다.

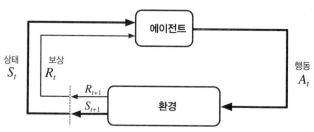

그림 3.1 마르코프 결정 과정에서 에이전트-환경 상호작용

좀 더 분명히 말하면, 에이전트와 환경은 연속되는 이산적 시간 단계의 매 지점($t = 0, 1, 2, 3, \ldots$)마다 상호작용한다.[2] 모든 시간 단계 t에서 에이전트는 환경의 **상태**state $S_t \in \mathcal{S}$를 나타내는 어떤 것을 받고, 그것을 기반으로 **행동**action $A_t \in \mathcal{A}(s)$[3]를 선택한다. 다음 시간 단계에서, 부분적으로는 이전 행동의 결과로서 에이전트는 숫자로 된 **보상**reward $R_{t+1} \in \mathcal{R} \subset \mathbb{R}$을 받고 스스로가 새로운 상태 S_{t+1}[4]에 있다고 인식한다. 이렇게 함으로써 MDP와 에이전트는 함께 다음과 같이 시작하는 상태, 행동, 보상의 나열, 즉 **궤적**trajectory을 만들어 낸다.

$$S_0, A_0, R_1, S_1, A_1, R_2, S_2, A_2, R_3, \ldots \tag{식 3.1}$$

유한finite MDP에서는 상태(S), 행동(A), 보상(R)의 집합은 항상 유한한 값의 숫자 원소를 갖고 있다. 이 경우 확률 변수 R_t와 S_t는 오로지 이전 상태와 행동에만 의존하는 잘 정의된 이산 확률 분포를 갖는다. 즉, 이 확률 변수 중 특별한 값 $s' \in \mathcal{S}$와 $r \in \mathcal{R}$에 대해 시각 t에서 이 값들이 발생하는 확률이 이전 상태와 행동에 따라 모든 $s', s \in \mathcal{S}, r \in \mathcal{R}, a \in \mathcal{A}(s)$에 대해 주어진다.

---

1 공학에서 사용하는 제어기, 제어되는 시스템(또는 시설), 제어 신호라는 용어를 대신하여 에이전트, 환경, 행동이라는 용어를 사용했다. 이것이 좀 더 많은 독자에게 의미를 잘 전달하기 때문이다.

2 모든 것을 가능하면 간단하게 하기 위해 이산 시간에만 관심을 갖기로 한다. 하지만 많은 개념을 연속 시간의 경우로 확장할 수 있다 (예 베르트세카스와 치치클리스, 1996; 도야(Doya), 1996 참고).

3 표기법을 단순화하기 위해 때로는 모든 상태에 대한 행동이 동일한 경우를 가정하고 단순히 $\mathcal{A}$로 표기한다.

4 A_t에 기인한 보상을 표기하기 위해 R_t 대신에 R_{t+1}을 사용한다. 이렇게 하는 편이 다음 보상과 다음 상태인 R_{t+1}과 S_{t+1}이 한 번에 결정된다는 것을 강조하기 때문이다. 불행히도, 문헌에서는 R_t와 R_{t+1} 모두 폭넓게 사용되고 있다.

$$p(s', r \,|\, s, a) \;\doteq\; \Pr\{S_t = s', R_t = r \mid S_{t-1} = s, A_{t-1} = a\} \qquad \text{(식 3.2)}$$

여기서 함수 p는 MDP의 **동역학**dynamics을 정의한다. 방정식에서 등호 위의 점 표시는 등식이 이전의 관계로부터 연결되는 것이 아니라 무엇을 정의한다는 의미를 나타낸다(이 경우 함수 p를 정의함). 동역학 함수 $p \colon \mathcal{S} \times \mathcal{R} \times \mathcal{S} \times \mathcal{A} \to [0, 1]$는 4개의 변수를 갖는 보통의 결정론적 함수다. 중간의 '|' 표시는 조건부 확률을 나타낼 때 사용되는 표기법이다. 하지만 여기서는 p가 s, a 각각에 대한 확률 분포를 나타냄을 의미한다. 즉, 다음과 같이 표현할 수 있다.

$$\text{모든 } s \in \mathcal{S}, a \in \mathcal{A}(s) \text{에 대해} \sum_{s' \in \mathcal{S}} \sum_{r \in \mathcal{R}} p(s', r \,|\, s, a) = 1 \qquad \text{(식 3.3)}$$

마르코프 결정 과정에서 p에 의해 주어지는 확률은 환경의 동역학을 완전히 특징짓는다. 즉, S_t와 R_t 각각이 어떤 값을 가질 확률은 바로 직전의 상태와 행동인 S_{t-1}과 A_{t-1}에만 의존하며, 바로 직전의 상태와 행동이 주어지면 그 이전의 상태와 행동에는 전혀 영향을 받지 않는다. 이것을 결정 과정에 대한 제약이 아닌 **상태**에 대한 제약으로 바라보는 것이 가장 적합하다. 과거의 모든 에이전트-환경 상호작용은 미래에 변화를 가져온다. 상태는 과거의 모든 에이전트-환경 상호작용에 대한 정보를 포함해야 한다. 이와 같은 조건을 만족하는 상태는 **마르코프 특성**Markov property을 가졌다고 일컬어진다. 이 책에서는 마르코프 특성을 가정한다. 하지만 이 책의 2부에서는 이 가정에 구애받지 않고 근사적인 방법을 생각해 볼 것이고, 17장에서는 마르코프 상태가 비 마르코프non-Markov 관찰로부터 어떻게 학습되고 구축되는지를 생각해 볼 것이다.

네 개의 변수를 갖는 함수 p로부터 환경에 관한 모든 정보를 계산할 수 있다. 그 정보 중에는 **상태 전이 확률**state-transition probability도 있다(여기서는 약간 표기법에 어긋나지만 세 개의 변수를 갖는 함수 $p \colon \mathcal{S} \times \mathcal{S} \times \mathcal{A} \to [0, 1]$로 표현함).

$$p(s' \,|\, s, a) \;\doteq\; \Pr\{S_t = s' \mid S_{t-1} = s, A_{t-1} = a\} \;=\; \sum_{r \in \mathcal{R}} p(s', r \,|\, s, a) \qquad \text{(식 3.4)}$$

또한 상태-행동 쌍에 대해 두 개의 변수를 갖는 함수 $r \colon \mathcal{S} \times \mathcal{A} \to \mathbb{R}$로서 보상의 기댓값을 계산할 수 있다.

$$r(s, a) \;\doteq\; \mathbb{E}[R_t \mid S_{t-1} = s, A_{t-1} = a] \;=\; \sum_{r \in \mathcal{R}} r \sum_{s' \in \mathcal{S}} p(s', r \,|\, s, a) \qquad \text{(식 3.5)}$$

그리고 '상태-행동-다음 상태'에 대한 보상의 기댓값을 세 개의 변수를 갖는 함수 $r \colon \mathcal{S} \times \mathcal{A} \times \mathcal{S} \to \mathbb{R}$로 계산할 수 있다.

$$r(s, a, s') \doteq \mathbb{E}[R_t \mid S_{t-1}=s, A_{t-1}=a, S_t = s'] = \sum_{r \in \mathcal{R}} r \frac{p(s', r \mid s, a)}{p(s' \mid s, a)} \qquad \text{(식 3.6)}$$

이 책에서는 보통 네 개의 변수를 갖는 함수 p(식 3.2)를 사용할 것이다. 하지만 위와 같은 다양한 표기법 중 하나를 사용하는 것이 편리할 때가 있다.

MDP 구조는 추상적이고 유동적이어서 많은 문제에 다양한 방식으로 적용할 수 있다. 예를 들면, 시간 단계가 반드시 실시간의 고정된 간격을 나타낼 필요는 없다. 임의의 연속적인 의사결정과 행동의 단계를 나타낼 수도 있다. 행동은 로봇의 모터에 전원이 공급되는 것과 같은 저수준의 제어일 수도 있고, 점심을 먹을지 말지나 대학원에 갈지 말지를 정하는 것과 같은 높은 수준의 제어일 수도 있다. 마찬가지로, 상태도 다양한 형태로 나타날 수 있다. 직접 센서 값을 읽는 것과 같은 낮은 수준의 감각으로 완벽히 결정 가능한 것일 수도 있고, 방 안의 물건에 대한 상징적 묘사와 같이 수준이 높고 추상적인 것일 수도 있다. 상태를 구성하는 무언가는 과거의 감각에 기반한 것일 수도 있고, 전적으로 정신적이고 주관적인 것일 수도 있다. 예를 들면 에이전트는 물건이 어디 있는지 확실하지 않은 상태에 있을 수도 있고, 분명히 정의된 감각을 통해 물건의 위치를 확인한 후 지금 막 놀란 상태에 있을 수도 있다. 유사하게, 어떤 행동은 전적으로 정신적이거나 계산적일 수 있다. 예를 들면 어떤 행동은 에이전트가 생각하고자 하는 것이 무엇인지를 제어할 수도 있고, 에이전트가 어디에 초점을 두는지를 제어할 수도 있다. 일반적으로 행동은 결정하는 방법을 알고자 하는 모든 결정이 될 수 있다. 그리고 상태는 그 결정을 내리는 데 있어 유용하다고 알려진 모든 것이 될 수 있다.

특히, 에이전트와 환경 사이의 경계는 보통 로봇이나 동물 몸체의 물리적 경계와는 의미가 다르다. 대개는 그 경계가 몸체의 물리적 경계보다는 에이전트 쪽에 더 가깝게 그어진다. 예를 들면 로봇의 모터와 기계적 접합부, 측정 하드웨어는 에이전트의 일부라기보다는 환경의 일부로 간주된다. 마찬가지로, MDP의 구조를 사람이나 동물에게 비유하면 근육, 뼈대, 감각 기관은 환경의 일부로 간주되어야 한다. 아마도 보상 역시 자연적, 인공적 학습 시스템의 물리적 몸체 안쪽에서 계산되겠지만, 에이전트의 외부에 있는 것으로 간주된다.

일반적인 규칙은 에이전트에 의해 임의로 변경될 수 없는 모든 것은 에이전트 밖에 있다고 간주하고 따라서 환경의 일부로 생각하는 것이다. 에이전트가 환경에 대해 아무것도 모른다고 가정하지는 않는다. 예를 들면, 에이전트는 에이전트가 속한 상태와 행동의 함수로서 보상이 어떻게 계산되는지에 대해 상당히 많이 알고 있다. 하지만 보상을 계산하는 일은 항상 에이전트 밖에서 이루어진다고 생각할 것이다. 보상을 계산하는 일은 에이전트에 대해 행해지는 것이어서 에이전트가 임의로 변경할 수 있으면 안 되기 때문이다. 사실 어떤 경우에는 에이전트가 환경이 어떻게 작동하는지에 대한 '모든 것'을 알고 있지만, 이 경우에도 여전히 어려운 강화학습의 문제를 피할 수는 없다. 마치 루빅Rubik 큐브 같은 퍼즐이 어떻게 작동하는지 정확히 알고 있지만 여전히 퍼즐을 풀 수 없는 것과 마찬가지다. 에이전트-환경 경계는 에이전트의 지식을 제한하기보다는 에이전트의 **절대적 제어**absolute control의 한계를 나타낸다.

에이전트-환경 경계는 목적에 따라 다른 위치에 놓일 수 있다. 복잡한 로봇의 경우 많은 다양한 에이전트가 자신만의 경계를 갖고 동시에 작동할 수도 있다. 예를 들어 한 에이전트가 높은 수준의 결정을 하여 상태의 일부를 형성하고, 그 상태에 놓이게 된 낮은 수준의 결정을 하는 에이전트가 이미 행해진 높은 수준의 결정을 적용하게 될 수도 있다. 실제 적용 과정에서는 특정한 상태, 행동, 보상을 선택하여 관심의 대상에 대해 분명한 의사결정을 하기만 하면 에이전트-환경 경계는 결정된다.

MDP 구조는 목표 지향적인 상호작용으로부터의 학습 문제를 상당히 추상화한 것이다. MDP 구조에서는 감각, 기억, 제어의 세부 장치가 무엇이든, 그리고 이루고자 하는 목적이 무엇이든 상관없이 목표 지향적인 행동을 학습하는 문제는 에이전트와 환경 사이에서 종횡무진 움직이는 세 개의 신호로 축약할 수 있다는 뜻이다. 하나의 신호는 에이전트의 선택(행동)을 나타내고, 또 다른 신호는 선택이 이루어지는 기반(상태)을 나타내고, 나머지 하나의 신호는 에이전트의 목적(보상)을 나타낸다. 이 구조가 모든 의사결정 학습 문제를 유용하게 표현하기에는 충분하지 않을 수도 있지만 폭넓은 문제에 유용하게 적용 가능하다는 사실이 입증되었다.

물론, 특별한 상태와 행동은 의사결정 작업에 따라 많이 다르다. 그리고 상태와 행동이 어떻게 표현되는가는 성능에 큰 영향을 미칠 수 있다. 다른 종류의 학습에서와 마찬가지로 강화학습에서도 그러한 표현에 있어서의 선택은 현재로선 과학이라기보다는 예술에 가깝다. 이 책에서는 상태와 행동을 표현하는 좋은 방법에 대한 몇 가지 조언과 예제를 제공할 것이다. 하지만 일단 상태와 행동을 표현하는 방법은 어떻게든 정해진다고 보고, 그보다는 어떻게 행동할지를 학습하는 일반적인 원리에 주된 초점을 두고자 한다.

예제 3.1 **생물반응장치** 생물반응장치(유용한 화학물질을 만드는 데 사용되는 영양소와 박테리아가 들어 있는 큰 통)의 매 순간의 온도와 회전 속도를 결정하는 데 강화학습을 적용한다고 해 보자. 이 경우 낮은 수준의 제어 시스템에 대한 입력으로 온도 및 회전 속도의 목푯값이 들어가고, 제어 시스템은 그 목푯값을 얻기 위해 직접 난방용 발열체와 모터를 활성화한다. 이 경우에는 목표 온도 및 목표 회전 속도가 행동이 될 수 있다. 이 목푯값이 낮은 수준의 제어 시스템에 입력으로 들어가면 제어 시스템은 목푯값을 맞추기 위해 난방용 발열체와 모터를 활성화한다. 열전쌍 thermocouple과 그 밖의 센서 측정값이 상태가 될 만한데, 이 상태는 필터로 걸러지고 지연된 것일 수 있다. 또한, 생물반응장치에 들어 있는 물질을 나타내는 상징적 입력값과 목표로 하는 화학 물질이 상태가 될 수도 있다. 보상은 생물반응장치가 유용한 화학물질을 생산하는 속도에 대한 매 순간의 측정값이 될 것이다. 여기서 모든 상태는 센서 측정값과 상징적 입력값의 배열 또는 벡터라는 점과, 각각의 행동 역시 목표 온도와 회전 속도로 구성되는 벡터라는 점을 알아야 한다. 상태와 행동이 이렇게 구조적으로 표현되는 것은 강화학습 문제의 전형적인 특성이다. 반면에 보상은 항상 하나의 숫자로 표현된다. ■

예제 3.2 **물건 옮기는 로봇** 반복적으로 물건을 집어 옮기는 로봇 팔의 움직임을 제어하기 위해 강화학습을 활용한다고 생각해 보자. 로봇 팔의 움직임을 빠르고 부드럽게 제어하기 위해서 학습자는 기계적 접합부의 현재 위치와 속도에 대해 즉각적인 정보를 이용하여 직접 모터를 제어해야 할 것이다. 이 경우 행동은 모든 기계적 접합부의 모든 모터에 가해지는 전압이 될 것이고, 상태는 접합부 각도와 속도의 최신 측정값이 될 것이다. 성공적으로 옮겨진 모든 물건에 대해서는 +1의 보상이 주어진다. 부드러운 움직임을 장려하기 위해, 모든 시간 단계에서 '덜컥거림 jerkiness'이 발생할 때마다 작은 음의 보상값을 부여할 수도 있다. ■

연습 3.1 상태, 행동, 보상을 확인하기 위한 자신만의 예제 3개를 MDP 구조에 맞추어 고안하라. 가능하면 3개의 예제를 서로 '다르게' 만들어라. MDP 구조는 추상적이고 유동적이며, 많은 다양한 방식으로 적용될 수 있다. 최소한 한 개의 예제에서 MDP의 구조적 한계를 어떤 방식으로든 확장하라. □

연습 3.2 모든 목표 지향적 학습 문제를 유용하게 나타내는 데 있어 MDP 구조가 적합한가? MDP 구조가 적합하지 않은 명확한 문제를 생각해 볼 수 있는가? □

연습 3.3 차를 운전하는 문제를 생각해 보자. 우리 몸이 차와 접촉하는 부분인 가속기, 운전대, 브레이크를 기준으로 행동을 정의할 수 있다. 더 바깥쪽으로 나아가서 타이어의 토크를 행동으로 생각해서, 타이어의 고무가 도로 면과 만나는 지점을 행동으로 정의할 수도 있다. 또는 더 안쪽으로 들어와서 우리 뇌가 우리 몸과 만나는 지점에서, 즉 갈비뼈를 제어하기 위한 근육의 미세한 움직임을 행동으로 정의할 수도 있다. 아니면 아주 높은 수준에서 보면 차를 '어디로where' 몰아야 할지 선택하는 것이 행동이 될 수도 있다. 무엇이 적정한 수준이며, 어디에 에이전트와 환경 사이의 경계선을 긋는 것이 바람직할까? 한 경계선이 다른 경계선보다 더 바람직하다고 할 수 있는 기준은 무엇일까? 한 경계선을 다른 것보다 더 선호하는 근본적인 이유가 있을까? 아니면 아무런 선호 없이 그냥 선택하는 것일까? □

한 로봇이 사무실에서 빈 소다 캔을 모으는 일을 하고 있다. 로봇은 캔을 감지하는 센서와 캔을 집어서 자신의 몸통에 달린 쓰레기통에 버리기 위한 팔과 집게를 갖고 있다. 로봇은 재충전이 가능한 배터리로 작동한다. 로봇의 제어 시스템은 센서 측정값을 해석하고, 자신의 위치를 알아내고, 팔과 집게를 제어하기 위한 요소를 갖고 있다. 어떻게 캔을 탐색할 것인지에 대한 높은 수준의 결정은 현재 배터리 충전 수준에 따라 강화학습으로 결정한다. 예제를 단순화하기 위해 오직 두 개의 충전 수준(상태) S = {high, low}만 존재한다고 가정한다. 각 상태에서 에이전트는 (1) 일정 기간 동안 적극적으로 캔을 **탐색**search할지, 아니면 (2) 정지 상태로 있으면서 누군가가 캔을 가져다주기를 **기다릴지**wait, 그것도 아니면 (3) 배터리를 **충전하기**recharge 위해 충전기로 돌아갈지를 결정할 수 있다. 배터리 충전 수준이 **높으면**high, 충전하기를 선택하는 것은 항상 어리석은 결정이기 때문에 이 high 상태에 대해서는 recharge를 행동의 집합에 포함하지 않는다. 그러면 상태에 따른 행동의 집합은 A(high) = {search, wait}와 A(low) = {search, wait, recharge}가 된다.

대부분의 시간 동안 보상은 0이지만, 로봇이 빈 캔 하나를 확보하면 보상은 양의 값을 갖기도 하고 배터리가 다 되면 절댓값이 큰 음의 값을 갖기도 한다. 캔을 찾는 최고의 방법은 적극적으로 캔을 탐색하는 것이지만 그러면 로봇의 배터리가 소진된다. 반면에 기다리면 최소한 배터리가 소진되지는 않는다. 로봇이 탐색할 때마다 배터리가 바닥날 가능성은 존재한다. 이 경우 로봇은 전원을 끄고 (낮은 보상을 얻으면서) 구조되기를 기다려야 한다. 에너지 수준이 high 상태이면 적극적인 탐색의 기간 동안 배터리가 방전될 위험은 없다. 에너지 수준이 high인 상태로 시작한 탐색이 끝난 후에 에너지 수준이 high로 남아 있을 확률은 α이고, low로 낮아질 확률은 $1 - \alpha$이다. 반면에 에너지 수준이 low인 상태로 시작한 탐색이 끝난 후에 에너지 수준이 low로 남아 있을 확률은 β이고, 배터리가 완전히 방전될 확률은 $1 - \beta$이다. 후자의 경우 로봇은 구조되어야 하고 구조 후에는 배터리가 다시 high 상태로 충전된다. 로봇이 수집하는 캔 하나당 1의 보상을 얻는 반면, 로봇이 구조되어야 할 때마다 보상은 -3이 된다. $r_{search} > r_{wait}$인 대소 관계를 갖는 r_{search}와 r_{wait}을 각각 로봇이 탐색할 때와 기다릴 때 수집하게 될 캔의 개수에 대한 기댓값(따라서 보상의 기댓값)으로 표기하자. 마지막으로, 충전을 위해 충전기로 가는 동안에는 캔을 수집할 수 없고 배터리가 방전되었을 때도 캔을 수집할 수 없다고 가정하자. 이러한 시스템은 이제 유한 MDP이며, 왼쪽의 표에 표시된 것처럼 동역학과 함께 전이 확률과 보상의 기댓값을 기록할 수 있다.

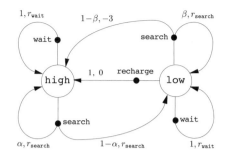

s	a	s'	$p(s'\mid s,a)$	$r(s,a,s')$
high	search	high	α	r_{search}
high	search	low	$1-\alpha$	r_{search}
low	search	high	$1-\beta$	-3
low	search	low	β	r_{search}
high	wait	high	1	r_{wait}
high	wait	low	0	r_{wait}
low	wait	high	0	r_{wait}
low	wait	low	1	r_{wait}
low	recharge	high	1	0
low	recharge	low	0	0

현재 상태 s, 현재 행동 $a \in \mathcal{A}(s)$, 다음 상태 s'의 가능한 조합마다 하나의 행으로 표에 표시했다. 유한 MDP의 동역학을 요약해서 보여주는 또 다른 유용한 방법은 오른쪽 그림에서처럼 **전이 그래프**transition graph로 나타내는 것이다. 여기에는 **상태 노드**state node와 **행동 노드**action node라는 두 가지 노드가 있다. 가능한 모든 상태에 대해 상태 노드(상태의 이름이 붙여진 큰 원)가 존재하며, 모든 상태-행동 쌍에 대해 행동 노드(행동의 이름이 붙여지고 상태 노드와 선으로 연결된 작은 점)가 존재한다. 상태 s에서 시작해서 행동 a를 취하면 상태 노드 s로부터 행동 노드 (s, a)로 움직인다. 그러면 환경이 반응하여 행동 노드 (s, a)에서 시작하는 화살표 중 하나를 따라 다음 상태 노드로 전이한다. 각각의 화살표는 순서쌍 (s, s', a)에 대응하며, 이때 s'은 다음 상태를 나타낸다. 화살표에 붙여지는 이름은 전이 확률 $p(s' \mid s, a)$와 그 전이에 해당하는 보상의 기댓값 $r(s, a, s')$이다. 하나의 행동 노드에서 시작하는 모든 화살표에 해당하는 전이 확률의 합은 1이다.

연습 3.4 전이 확률 $p(s', r \mid s, a)$에 대해 예제 3.3에 나온 표와 유사한 표를 만들어라. 그 표에는 $s, a, s', r, p(s', r \mid s, a)$를 위한 열이 있어야 하고, $p(s', r \mid s, a) > 0$을 만족하는 모든 순서쌍 (s, a, s', r) 각각에 대해 하나의 행이 있어야 한다. □

3.2 목표와 보상

강화학습에서 에이전트의 목적 또는 목표는 **보상**이라고 불리는 특별한 신호로서 형식화된다. 이 신호는 환경에서 출발하여 에이전트에게 도달한다. 모든 시간 단계에서 보상은 간단한 숫자 $R_t \in \mathbb{R}$이다. 일상적인 글로 표현하자면, 에이전트의 목표는 자신이 받는 보상의 총합을 최대화하는 것이다. 이것은 그 순간의 즉각적인 보상이 아니라 장기적으로 누적된 보상을 최대화하는 것을 의미한다. 이를 전문 용어로는 **보상 가설**reward hypothesis이라 한다.

> 목표와 목적의 의미는 오로지 (보상이라고 불리는) 주어진 스칼라$_{scalar}$ 신호의 누적 합에 대한 기 댓값을 최대화하는 것으로 생각할 수 있다.

보상 신호를 활용하여 목표의 개념을 형식화하는 것은 강화학습의 가장 독특한 특징 중 하나다.

처음에는 목표를 보상 신호로 형식화하는 데 한계가 있어 보일 수도 있지만, 실제로 이러한 형식화를 유연하고 폭넓게 적용할 수 있다는 사실이 입증되었다. 이것을 확인하는 최고의 방법은 그러한 형식화가 어떻게 사용되었는지 또는 사용될 수 있었는지에 대한 예제를 생각해 보는 것이다. 예를 들면, 로봇이 걸음을 학습하도록 하기 위해 연구자들은 매 시간 단계에서 로봇이 앞으로 가는 움직임에 비례하게 보상을 제공했다. 로봇이 미로를 탈출하는 방법을 학습하도록 할 경우에는 로봇이 출구를 앞에 두고 지나칠 때마다 종종 −1의 보상을 부여한다. 이렇게 함으로써 에이전트가 가능한 한 빨리 미로를 탈출할 수 있도록 동기를 부여한다. 재활용을 위해 로봇이 빈 소다 캔을 찾아서 수집하도록 학습시키려면, 대부분의 시간에는 0이라는 보상을 주고 캔이 하나 수집될 때마다 +1의 보상을 줄 수도 있다. 로봇이 어떤 물건에 부딪히거나 로봇을 보고 누군가가 소리를 지를 때 로봇에게 음의 보상을 주고 싶어 할 수도 있다. 체스나 체커를 배우는 에이전트에게는 이길 경우 +1의 보상을 주고, 질 경우 −1의 보상을 주고, 비길 경우에는 0의 보상을 주는 것이 자연스럽다.

이 모든 예제에서 일어나는 일이 무엇인지 분명히 알 수 있다. 에이전트는 항상 보상을 최대화하도록 학습된다. 에이전트가 우리를 위해 무언가를 하기 원한다면 에이전트의 보상이 최대가 되는 것이 곧 우리의 목표를 이루는 것이 되도록 보상을 제공해야 한다. 보상이 곧 이루고자 하는 목표를 나타낸다는 점이 중요하다. 특히, 보상 신호를 통해 에이전트에게 이루기를 원하는 목표에 '어떻게' 도달할 것인지에 대한 사전 지식을 전달하는 것은 아니다.[5] 예를 들면 체스를 하는 에이전트는 실제로 이기는 경우에 대해서만 보상을 받아야지, 상대방의 말을 취한다거나 체스 판의 중앙을 장악하는 것과 같은 부차적인 목표를 이루는 것에 대해 보상을 받으면 안 된다. 이러한 부차적 목표를 이룰 때 보상을 하면 에이전트는 진짜 목표가 아닌 부차적 목표를 이루는 방법을 찾을 것이다. 예를 들면, 에이전트는 상대방의 말을 취하기 위해 게임 전체를 상대에게 내주는 선택을 할 수도 있다. 보상 신호는 로봇에게 '무엇을' 이루어야 하는지를 알려주는 방법이지, 그것을 '어떻게' 이루어야 하는지를 알려주는 것은 아니다.[6]

---

5   이러한 사전 지식은 초기 정책이나 초기 가치 함수, 또는 이것들에 미치는 영향을 통해서 더 적절하게 전달할 수 있다.

6   17.4절에서 효과적인 보상 신호를 설계하는 문제를 좀 더 심도 있게 다룰 것이다.

3.3 보상과 에피소드

지금까지 학습의 목적에 대해 얼굴을 맞대고 이야기하듯이 비형식적으로 논의했다. 에이전트의 목표는 자신이 받는 누적 보상을 장기적 관점에서 최대화하는 것이다. 이것을 어떻게 형식적으로 정의할 수 있을까? 시간 단계 t 이후에 받는 연속된 보상을 R_{t+1}, R_{t+2}, R_{t+3}, ...으로 표현한다면 이러한 나열에서 정확히 어떤 측면을 최대화해야 하는 것일까? 일반적으로는 **기대되는 이득** expected return을 최대화하고자 한다. 여기서 G_t로 표기되는 이득은 보상의 나열에 따른 어떤 특정 함수로 정의된다. 가장 간단한 경우에 이득은 보상의 총합이다.

$$G_t \doteq R_{t+1} + R_{t+2} + R_{t+3} + \cdots + R_T$$

(식 3.7)

여기서 T는 최종 시간 단계다. 이러한 접근법은 최종 시간 단계라는 자연스런 개념이 존재하는 경우에 적용할 때는 의미가 있다. 즉, 에이전트-환경 상호작용이 자연스럽게 게임, 미로 탈출, 또는 어떤 반복된 상호작용과 같은, **에피소드** episode[7]라고 불리는 여러 개의 부분으로 나누어질 때 이러한 접근법은 의미가 있다. 각각의 에피소드는 **종단 상태** terminal state라고 불리는 특별한 상태로 끝난다. 그리고 이어서 표준적인 시작 상태 또는 시작 상태의 표준적 분포로부터 추출한 표본으로 초기화된다. 에피소드가 게임에서 이기고 지는 것과 같은 서로 다른 방식으로 끝나지만 다음 에피소드는 이전 에피소드가 종료된 방식과는 상관없이 독립적으로 시작한다. 따라서 에피소드는 결과에 따라 서로 다른 보상을 발생시키며 모두 동일한 종단 상태에서 끝난다고 생각할 수 있다. 이러한 종류의 에피소드를 다루는 작업을 **에피소딕 작업** episodic task이라고 부른다. 에피소딕 작업에서는 때로 모든 비종단 nonterminal 상태 S를 모든 상태와 종단 상태의 합 S^+와 구분할 필요가 있다. 종단 시각 T는 보통 에피소드마다 다른 값을 갖는 확률 변수다.

반면에, 많은 경우에 있어서 에이전트-환경 상호작용은 식별 가능한 에피소드로 자연스럽게 나누어지지 않고 한계 없이 계속 이어진다. 예를 들면, 이것은 연속적인 프로세스 제어 작업이나 수명이 긴 로봇에 적용하는 것을 형식화하는 자연스러운 방법이 될 것이다. 이것을 **연속적인 작업** continuing task이라고 부른다. 이득 공식 3.7은 연속적인 작업에 적용하기에는 문제가 있다. 최종 시간 단계가 $T = \infty$가 되어서 최대화하려고 하는 이득 자체가 쉽게 무한이 될 수 있기 때문이다(예를 들면, 에이전트가 각 시간 단계에서 +1의 보상을 받는다고 가정해 보라). 따라서 이 책에서는 개념적으로는 좀 더 복잡하지만 수학적으로는 훨씬 더 간단한 이득의 정의를 사용할 것이다.

---

7 에피소드는 문헌에서 '시행(trial)'이라 불리기도 한다.

추가적으로 필요한 개념이 **할인**discounting이라는 개념이다. 이 개념에 따르면 에이전트는 미래의 특정 기간 동안 자신이 받는 할인된 보상이 최대가 되도록 행동을 선택하려고 한다. 특히, 에이전트는 다음과 같은 **할인된 이득**discounted return의 기댓값을 최대화하기 위해 A_t를 선택한다.

$$G_t \doteq R_{t+1} + \gamma R_{t+2} + \gamma^2 R_{t+3} + \cdots = \sum_{k=0}^{\infty} \gamma^k R_{t+k+1} \qquad \text{(식 3.8)}$$

여기서 γ는 **할인율**discount rate이라고 불리며, $0 \leq \gamma \leq 1$의 범위를 갖는다.

할인율은 미래 보상의 현재 가치를 결정한다. k 시간 단계만큼 앞선 미래에 받을 보상을 지금 당장 받는다면 미래 보상의 γ^{k-1}배만큼의 보상만을 받게 된다. 연속되는 보상 $\{R_k\}$가 유한한 값을 갖는 경우에 한해 $\gamma < 1$이면 식 3.8의 무한급수는 유한한 값으로 수렴한다. $\gamma = 0$이면 에이전트는 '근시안적myopic'이 되어서 당장의 보상을 최대화하는 데만 관심을 갖는다. 이 경우 에이전트의 목적은 R_{t+1}만을 최대화하기 위해 A_t를 어떻게 선택할지를 학습하는 것이다. 각 에이전트의 행동이 미래 보상이 아닌 오직 즉각적인 보상에만 영향을 미치게 된다면 근시안적인 에이전트는 각각의 즉각적인 보상을 따로 따로 최대화함으로써 식 3.8을 최대화할 수 있다. 하지만 일반적으로 즉각적인 보상을 최대화하기 위한 행동은 미래 보상을 감소시켜서 이득이 줄어들게 된다. γ가 1에 가까이 갈 때 이득의 목푯값은 미래의 보상을 더욱 많이 고려한다. 즉, 에이전트가 좀 더 멀리 내다보게 된다.

연속된 시간 단계에서 각 시간 단계의 보상들은 강화학습의 이론과 알고리즘에 있어서 중요한 방식으로 서로 연관되어 있다.

$$\begin{aligned}
G_t &\doteq R_{t+1} + \gamma R_{t+2} + \gamma^2 R_{t+3} + \gamma^3 R_{t+4} + \cdots \\
&= R_{t+1} + \gamma \left(R_{t+2} + \gamma R_{t+3} + \gamma^2 R_{t+4} + \cdots \right) \\
&= R_{t+1} + \gamma G_{t+1}
\end{aligned} \qquad \text{(식 3.9)}$$

$G_T = 0$으로 정의한다면 $t+1$에서 종단이 발생하겠지만 이 식은 $t < T$인 모든 시간 단계에 대해 성립한다는 것을 일러둔다. 이 식은 종종 연속된 보상으로부터 이득을 쉽게 계산할 수 있도록 해 준다.

식 3.8의 이득이 무한개의 항에 대한 합이지만, 보상이 0이 아닌 상수이고 $\gamma < 1$이면 여전히 유한한 값을 갖는다. 예를 들어, 보상이 +1의 고정 값이면 이득은 다음 식과 같이 표현된다.

$$G_t = \sum_{k=0}^{\infty} \gamma^k = \frac{1}{1-\gamma} \qquad \text{(식 3.10)}$$

연습 3.5 3.1절의 방정식들은 연속된 경우에 대한 것이라서 에피소딕 작업에 적용하려면 (아주 조금) 수정할 필요가 있다. 식 3.3의 수정된 버전을 제시함으로써 필요한 수정이 무엇인지 알고 있음을 보여라. □

예제 3.4 **막대 균형 잡기** 이 작업의 목적은 트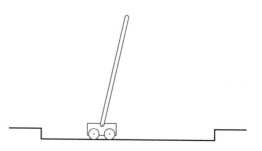랙을 따라 움직이는 수레에 힘을 가해서 수레에 연결된 막대가 쓰러지지 않도록 하는 것이다. 막대가 수직 방향으로부터 정해진 각도 이상으로 쓰러지거나 수레가 트랙을 벗어나면 실패다. 실패 이후에 막대는 다시 수직 상태로 초

기화된다. 이 작업은 에피소딕 작업으로 다룰 수 있다. 이때 에피소드는 자연스럽게도 막대의 균형을 잡기 위한 반복된 시도일 것이다. 이 경우 실패가 발생하지 않는 모든 시간 단계에 대해 보상을 +1로 하면 매 순간의 이득은 실패 전까지의 시간 단계의 개수가 된다. 이 경우, 영원히 성공적으로 균형을 잡는 것은 무한의 이득을 의미할 것이다. 아니면, 할인을 이용하여 막대 균형 잡기 작업을 연속되는 작업으로서 다룰 수도 있다. 이 경우 모든 실패마다 보상은 -1이 되고, 그 밖의 시간에는 0이 될 것이다. 매 순간의 이득은 $-\gamma^K$와 연관된다. 이때 K는 실패 전의 시간 단계의 개수다. 어떠한 경우든지 가능한 한 오랫동안 막대의 균형을 유지함으로써 이득은 최대화된다. ■

연습 3.6 막대 균형 잡기 작업을 에피소딕 작업으로 다루지만 할인도 이용한다고 가정해 보자. 실패에 대한 보상은 -1이고 그 밖의 보상은 0이다. 이때 매 순간의 이득은 무엇인가? 이 이득은 할인을 이용한 연속적인 작업 형식에서의 이득과 어떻게 다른가? □

연습 3.7 미로를 달리는 로봇을 설계한다고 가정해 보자. 미로를 탈출하면 로봇에게 +1의 보상을 주고 그 밖의 보상은 0을 주기로 결정했다고 해 보자. 이 작업은 자연스럽게 여러 개의 에피소드, 즉 미로를 달리는 연속적인 시도로 나누어지는 것처럼 보인다. 그래서 이 작업을 보상의 총합에 대한 기댓값(식 3.7)을 최대화하는 것을 목표로 하는 에피소딕 작업으로 다루기로 결정했다고 해 보자. 잠깐 동안 로봇을 학습시킨 후에도 로봇이 미로를 탈출하는 데 있어 개선되는 모습을 보이지 못한다고 해 보자. 무엇이 잘못되었는가? 로봇에게 이루고자 하는 것이 무엇인지 효과적으로 전달했는가? □

연습 3.8 $\gamma = 0.5$이고 다음과 같이 보상이 주어진다고 가정해 보자.
$$R_1 = -1, R_2 = 2, R_3 = 6, R_4 = 3, R_5 = 2$$
이때 $T = 5$이다. $G_0, G_1, ..., G_5$는 얼마인가? 힌트: 거꾸로 접근하라. □

연습 3.9 $\gamma = 0.9$이고, 보상의 나열은 첫 항만 $R_1 = 2$이고 이후로는 모두 7이라고 가정해 보자. G_1과 G_0는 얼마인가? □

연습 3.10 식 3.10의 두 번째 부등식을 증명하라. □

3.4 에피소딕 작업과 연속적인 작업을 위한 통합 표기법

이전 절에서 두 종류의 강화학습 작업을 설명했다. 하나는 에이전트-환경 상호작용이 자연스럽게 분리된 에피소드의 나열로 나누어지는 유형(에피소딕 작업)이고, 다른 하나는 그렇지 않은 유형(연속적인 작업)이다. 전자의 경우가 수학적으로 더 용이한데, 그 이유는 각 행동이 에피소드의 기간 동안 연속적으로 받는 유한개의 보상에만 영향을 미치기 때문이다. 이 책에서는 한 유형의 문제를 다루다가도 어떤 때는 다른 유형의 문제를 다루지만 보통은 둘 다 다룬다. 따라서 두 가지 유형 모두를 동시에 정확히 설명할 수 있는 하나의 통일된 표기법을 만드는 것이 유용하다.

에피소딕 작업을 정확히 설명하기 위해서는 표기법이 추가로 필요하다. 하나의 긴 시간 단계의 나열보다는 각각 유한개의 시간 단계로 구성된 에피소드의 나열을 고려할 필요가 있다. 각 에피소드의 시간 단계 번호를 새롭게 0부터 시작하도록 할 것이다. 따라서 시각 t에서의 상태를 단순히 S_t로 나타내는 것이 아니라 에피소드 i의 시각 t에서의 상태인 $S_{t,i}$로 나타내야 한다(마찬가지로 $A_{t,i}$, $R_{t,i}$, $\pi_{t,i}$, T_i 등으로 표기한다). 하지만 에피소딕 작업에 대해 논할 때는 서로 다른 에피소드를 구별할 필요가 거의 없다. 거의 항상 특별한 하나의 에피소드를 고려하거나 모든 에피소드에 적용되는 무언가를 언급하기 때문이다. 따라서 실제로 이러한 경우에는 거의 항상 에피소드 번호를 나타내는 표기를 누락함으로써 표기법을 조금은 거스를 것이다. 즉, $S_{t,i}$를 나타내기 위해 단순히 S_t로 표기하는 식이다.

에피소딕 작업과 연속적인 작업 모두에 대한 단일 표기법을 만들기 위해서는 또 다른 규칙 하나가 필요하다. 에피소딕 작업 유형에 대해서는 식 3.7에서 이득을 유한개의 항들의 합으로 정의했고, 연속적인 작업 유형에 대해서는 식 3.8에서 이득을 무한개의 항들의 합으로 정의했다. 에피소드가 종료되는 상황을 특별한 흡수 상태_{absorbing state}가 들어와서 자기 자신으로 전이하면서 0의 보상값을 발생시키는 것으로 생각하면 이 두 가지 정의는 통합될 수 있다. 예를 들어, 다음과 같은 상태 전이 다이어그램을 생각해 보자.

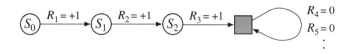

여기서 색칠된 사각형이 에피소드의 종료에 해당하는 특별한 흡수 상태를 나타낸다. S_0에서 시작하여 보상의 나열은 +1, +1, +1, 0, 0, 0, ...이 된다. 이 값들을 모두 더하면, 처음 T개(여기서는 $T = 3$)의 보상을 더하든 전체 무한개의 보상을 더하든 같은 이득을 얻게 된다. 이것은 할인을 이용할 때도 적용된다. 따라서 일반적으로 이득을 식 3.8을 따라 정의할 수 있다. 이때 필요하지 않을 경우 에피소드를 나타내는 숫자를 생략할 수 있다는 규칙을 적용하고 합이 유한개의 합으로 정의될 경우(예 모든 에피소드가 끝이 있기 때문에) $\gamma = 1$이 될 가능성도 고려하여 다음과 같이 이득을 정의할 수 있다.

$$G_t \doteq \sum_{k=t+1}^{T} \gamma^{k-t-1} R_k \qquad \text{(식 3.11)}$$

여기서 $T = \infty$ 또는 $\gamma = 1$이 될(둘 다는 아니고) 가능성을 고려하고 있다. 표기법을 단순화하고 에피소드 작업과 연속적인 작업의 유사성을 표현하기 위해 이러한 규칙을 이 책의 나머지 부분에서도 계속 적용할 것이다(나중에 10장에서 연속적이며 할인되지 않은 작업의 형식화를 소개할 것이다).

3.5 정책과 가치 함수

거의 모든 강화학습 알고리즘에는 **가치 함수**value function 추정이 포함되어 있다. 가치 함수는 에이전트가 주어진 상태에 있는 것이 '얼마나 좋은가how good'를 추정하는(또는 주어진 상태에서 주어진 행동을 수행하는 것이 얼마나 좋은가를 추정하는) 상태의 함수(또는 상태-행동 순서쌍의 함수)다. 여기서 '얼마나 좋은가'라는 개념은 기대되는 미래의 보상을 기준으로 정의된다. 또는 좀 더 정확하게 말하면 이득의 기댓값을 기준으로 정의된다. 물론, 에이전트가 미래에 받을 것으로 기대할 수 있는 보상은 어떤 행동을 취할 것인가에 달려 있다. 따라서 가치 함수는 정책이라고 불리는 특별한 행동 방식에 따라 정의된다.

공식적으로 **정책**policy이란 상태로부터 각각의 가능한 행동을 선택하는 확률로 대응되는 관계다. 에이전트가 시각 t에 정책 π를 따른다면 $\pi(a \mid s)$는 $S_t = s$일 경우 $A_t = a$일 확률이다. p와 마찬가지로 π도 보통의 함수다. $\pi(a \mid s)$의 중간에 있는 '|'는 단지 이것이 $s \in \mathcal{S}$에 대한 $a \in \mathcal{A}(s)$의 확률 분포를 정의한다는 사실을 알려줄 뿐이다. 강화학습 방법은 에이전트의 정책이 경험의 결과로 얼마나 변했는지를 특정한다.

연습 3.11 현재 상태가 S_t이고 행동이 확률론적 정책 π에 따라 선택된다면 π와 네 개의 변수를 갖는 함수 p(식 3.2)의 측면에서 R_{t+1}의 기댓값은 얼마인가? □

정책 π하에 있는 상태 s의 **가치 함수** $v_\pi(s)$는 상태 s에서 시작한 이후로 정책 π를 따랐을 경우 얻게 되는 이득의 기댓값이다. MDP에 대해 v_π를 다음과 같이 형식적으로 정의할 수 있다.

$$모든 \; s \in \mathcal{S}에 \; 대해 \quad v_\pi(s) \;\doteq\; \mathbb{E}_\pi[G_t \mid S_t = s] \;=\; \mathbb{E}_\pi\left[\sum_{k=0}^{\infty} \gamma^k R_{t+k+1} \,\middle|\, S_t = s\right] \quad (식 \; 3.12)$$

여기서 $\mathbb{E}_\pi[\cdot]$는 에이전트가 정책 π를 따르는 상황에서 어떤 확률 변수의 기댓값을 나타내고, t는 시간 단계를 나타낸다. 최종 상태가 존재한다 하더라도 그 가치는 항상 0이라는 점에 주목하라. 함수 v_π를 **정책 π에 대한 상태 가치 함수**state-value function for policy π라고 부른다.

마찬가지로, 정책 π를 따를 때 상태 s에서 행동 a를 취하는 것의 가치 $q_\pi(s, a)$를 상태 s에서 행동 a를 취하고 그 이후에는 정책 π를 따를 경우 얻게 되는 이득의 기댓값으로 다음과 같이 정의한다.

$$q_\pi(s, a) \;\doteq\; \mathbb{E}_\pi[G_t \mid S_t = s, A_t = a] \;=\; \mathbb{E}_\pi\left[\sum_{k=0}^{\infty} \gamma^k R_{t+k+1} \,\middle|\, S_t = s, A_t = a\right] \quad (식 \; 3.13)$$

q_π를 **정책 π에 대한 행동 가치 함수**action-value function for policy π라고 부른다.

연습 3.12 q_π와 π를 이용하여 v_π의 방정식을 표현하라. □

연습 3.13 v_π와 네 개의 변수를 갖는 함수 p를 이용하여 q_π의 방정식을 표현하라. □

가치 함수 v_π와 q_π는 경험으로부터 추정할 수 있다. 예를 들어 에이전트가 정책 π를 따르고 마주치는 모든 상태에 대해 그 상태로부터 얻게 될 실제 이득의 평균값을 기록한다면, 그 평균값의 나열은 마주치는 상태의 개수가 무한으로 갈 때 상태의 가치 $v_\pi(s)$로 수렴할 것이다. 각 상태에서 취해지는 행동 각각에 대해 별도로 평균값을 기록한다면 이 평균값의 나열도 유사하게 행동 가치 $q_\pi(s, a)$로 수렴할 것이다. 이러한 종류의 추정 방법을 **몬테카를로 방법**Monte Carlo method이라고 부른다. 이 방법이 실제 이득에 대한 많은 수의 무작위 표본으로부터 평균을 계산하기 때문이다. 이러한 종류의 방법에 대해 5장에서 설명할 것이다. 물론, 매우 많은 개수의 상태가 있다면 모든 상태 각각에 대해 따로 평균을 계산하는 것이 실효성이 없을 수도 있다. 이때는 대신 에이전트가 함수 v_π와 q_π를 파라미터로 표현하고 (파라미터의 개수가 상태의 개수보다 더 작도록) 파라미터를 조정하여 관측된 이득과 더 잘 맞도록 해야 할 것이다. 비록 많은 부분이 파라미터를 이용한 함수 근사의 특성에 따라 좌우되겠지만 이렇게 해도 정확한 추정값을 얻을 수 있다. 이러한 가능성에 대해서는 이 책의 2부에서 논할 것이다.

강화학습과 동적 프로그래밍 전반에서 이용되는 가치 함수의 근본적인 특성은 가치 함수가 식 3.9에서 이득을 계산할 때와 유사한 재귀적인recursive 관계식을 만족한다는 것이다. 어떤 정책 π와 상태 s에 대해, 상태 s의 가치와 그 뒤에 이어서 나올 수 있는 상태의 가치 사이에 다음과 같은 일관성을 유지하는 조건이 성립한다.

$$\text{모든 } s \in \mathcal{S}\text{에 대해 } \quad v_\pi(s) \doteq \mathbb{E}_\pi[G_t \mid S_t = s]$$
$$= \mathbb{E}_\pi[R_{t+1} + \gamma G_{t+1} \mid S_t = s] \qquad \text{(식 3.9로부터)}$$
$$= \sum_a \pi(a|s) \sum_{s'} \sum_r p(s', r | s, a) \Big[r + \gamma \mathbb{E}_\pi[G_{t+1} | S_{t+1} = s'] \Big]$$
$$= \sum_a \pi(a|s) \sum_{s', r} p(s', r | s, a) \Big[r + \gamma v_\pi(s') \Big] \qquad \text{(식 3.14)}$$

여기에는 행동 a가 행동의 집합 $\mathcal{A}(s)$에서 선택되고, 다음 상태 s'이 상태의 집합 $\mathcal{S}$(또는 에피소딕 문제의 경우에는 $\mathcal{S}^+$)에서 나오고, 보상 r은 보상의 집합 $\mathcal{R}$에서 나온다는 의미가 내포되어 있다. 또한, 마지막 등식에서 어떻게 s'의 값에 따른 총합과 r의 값에 따른 총합이 두 값 모두에 따른 하나의 총합으로 통합되었는지 눈여겨보라. 공식을 단순화하기 위해 종종 이런 식의 통합을 사용할 것이다. 이것은 진정으로 a, s', r의 모든 값에 대한 총합이다. 이 세 변수의 순서쌍 각각에 대해 확률 $\pi(a \mid s)p(s', r \mid s, a)$를 계산하고 이 확률값으로 괄호 안의 값에 대한 가중치를 부여하면 모든 가능한 경우에 대한 총합으로 기댓값이 계산된다.

식 3.14는 v_π에 대한 **벨만 방정식**Bellman equation이다. 이 방정식은 어떤 상태의 값과 그 후에 이어지는 상태의 값들 사이의 관계를 표현한다. 오른쪽 그림에 제시되었듯이 하나의 상태로부터 그 이후의 상태를 예측하는 상황을 생각해 보자. 각각의 빈 원은 상태를 나타내고 검게 칠해진 원은 상태-행동 쌍을 나타낸다. 최상위에 있는 루트 노드root

v_π에 대한 보강 다이어그램

node인 상태 s로부터 시작하여 에이전트는 정책 π에 따라 주어진 행동 중 어떤 것이라도 취할 수 있다. 오른쪽 그림에서는 셋 중 하나를 취할 수 있다. 이 세 가지 각각에 대해 환경이 반응하여 다음 상태 s'(그림에는 두 개가 보인다)이 보상 r과 함께 도출될 수 있다. 이 과정에서 동역학은 함수 p로부터 주어진다. 벨만 방정식(식 3.14)은 모든 가능성에 대해 그것이 발생할 확률을 가중치로 하여 평균값을 계산한다. 이 식은 시작 상태의 가치가 다음 상태의 (할인된) 가치와 보상의 기댓값을 합한 것과 같아야 함을 의미한다.

가치 함수 v_π는 벨만 방정식의 유일한 해다. 이어지는 장에서 v_π를 계산하고 학습하는, 그리고 v_π의 근삿값을 구하는 수많은 방법이 어떻게 벨만 방정식으로부터 만들어지는지를 보여줄 것이다. 72쪽의 그림에 나오는 다이어그램을 **보강 다이어그램**backup diagram이라고 부른다. 이 다이어그램이 강화학습 방법의 핵심인 갱신과 보강 작용의 기본이 되는 관계를 보여주기 때문이다. 이 갱신과 보강의 작용을 통해 가치 정보는 다음 상태(또는 상태-행동 쌍)로부터 이전 상태(또는 상태-행동 쌍)로 되돌아간다. 알고리즘을 그래프로 요약하기 위해 이 책 전반에 걸쳐 보강 다이어그램을 사용할 것이다(전이 그래프와는 달리, 보강 다이어그램의 상태 노드는 반드시 별개의 상태를 나타내진 않는다. 예를 들면, 하나의 상태는 자기 자신의 다음 상태가 될 수도 있다).

예제 3.5 **격자 공간**　그림 3.2의 왼쪽 그림은 간단한 유한 MDP를 사각형 격자 공간으로 표현한 것이다. 격자의 단위 각각은 환경의 상태에 해당한다. 각 단위에서는 동, 서, 남, 북의 네 가지 행동이 가능하기 때문에 에이전트는 이 네 가지 방향으로만 움직일 수 있다. 에이전트가 격자 공간을 벗어나게 하는 행동을 해도 에이전트의 위치는 변하지 않지만 보상은 -1을 받는다. 특별한 상태인 A와 B에서 취해지는 행동을 제외하면 그 밖의 모든 행동의 보상은 0이다. 상태 A에서는 네 가지 행동 중 어떤 행동을 취하더라도 모두 $+10$의 보상을 받으며, 에이전트는 이 행동을 통해 상태 A'으로 이동한다. 상태 B에서는 네 가지 행동 모두에 대해 보상 $+5$가 주어지며, 에이전트는 B'으로 이동한다.

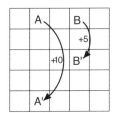

3.3	8.8	4.4	5.3	1.5
1.5	3.0	2.3	1.9	0.5
0.1	0.7	0.7	0.4	-0.4
-1.0	-0.4	-0.4	-0.6	-1.2
-1.9	-1.3	-1.2	-1.4	-2.0

그림 3.2 격자 공간 예제: 예외적인 보상 역학(왼쪽)과 발생 확률이 동일한 무작위 정책에 대한 상태 가치 함수(오른쪽)

에이전트가 모든 상태에서 동일한 확률로 네 가지 행동 중 하나를 선택한다고 가정해 보자. 그림 3.2의 오른쪽 그림은 $\gamma = 0.9$인 할인된 보상을 이용할 경우 이러한 정책을 따랐을 때의 가치 함수 v_π를 보여준다. 이 가치 함수는 선형 방정식(식 3.14)을 풀어서 계산된 것이다. 아래쪽 모서리 근처의 가치가 음의 값이라는 점에 주목하자. 이것은 무작위 정책을 따랐을 경우 모서리 근처에서는 모서리 밖으로 나가는 행동을 선택할 확률이 높기 때문에 나타난 결과다. 상태 A는 이러한 정책하에서 최고의 상태이지만 이득의 기댓값은 즉각적인 보상인 10보다 작다. 이것은 에이전트가 상태 A로부터 모서리 밖으로 나가는 선택을 할 가능성이 높은 상태인 A'으로 이동하기 때문이다. 반면에 상태 B의 가치는 즉각적인 보상인 5보다 크다. 이것은 에이전트가 상태 B로부터 양의 가치를 갖는 상태 B'으로 이동하기 때문이다. 상태 B'에서는 모서리로 가는 행동을 선택할 경우 얻게 되는 벌점(음의 보상)의 기댓값이 A 또는 B 상태로 가게 되어 얻을 수 있는 보상의 기댓값으로 상쇄되지 않을 만큼 크다. ■

연습 3.14 예제 3.5의 그림 3.2에서 오른쪽 그림에 보이는 가치 함수 v_π를 구하기 위한 벨만 방정식(식 3.14)은 모든 상태에 대해 만족해야 한다. +2.3, +0.4, −0.4, +0.7의 가치(이 숫자들은 오직 소수점 첫째 자리까지 정확하다)를 갖는 이웃한 네 개의 상태와 관련하여 +0.7의 가치를 갖는 중앙 상태가 이 방정식을 만족시킨다는 것을 수치적으로 보여라. □

연습 3.15 격자 공간 예제에서 목표를 이루는 데 도움이 될 경우 보상은 양의 값이고, 격자 공간의 모서리 밖으로 나가려고 할 경우에는 음의 값이며, 그 밖의 경우에는 0이다. 보상의 부호가 중요한가? 아니면 보상 간의 차이가 중요한가? 식 3.8을 이용하여 상수 c를 모든 보상에 더하면 상수 v_c가 모든 상태의 가치에 더해지고, 따라서 임의의 정책을 따르는 모든 상태의 상대적인 가치는 영향을 받지 않는다는 것을 증명하라. v_c는 c와 γ를 이용하여 어떻게 구해지는가? □

연습 3.16 이제 미로 찾기 같은 에피소딕 작업에서 상수 c를 모든 보상에 더하는 것을 생각해 보라. 이것이 어떤 효과를 미치는가, 아니면 위의 연속적인 작업에서처럼 아무런 변화를 만들지 못하는가? 그 이유는 무엇인가? 예를 들어 설명하라. □

예제 3.6 **골프** 골프를 한 홀만 하는 경우를 강화학습 문제로 형식화하기 위해, 공을 홀에 넣을 때까지 스윙마다 발생하는 −1의 벌점(음의 보상) 개수를 센다. 상태는 공의 위치다. 상태의 가치는 공의 위치로부터 공을 홀에 넣을 때까지 공을 친 타수에 음의 부호를 붙여 나타낸 값이다. 물론, 어떤 클럽을 선택하여 어떻게 조준하고 스윙을 해서 공을 맞추는가 하는 것이 행동일 것이다. 하지만 여기서는 홀을 조준하고 스윙을 해서 공을 맞추는 것은 기본적으로 충족된다고 보고, 클럽을 선택하는 것만을 행동으로 생각하자. 그것도 퍼터 또는 드라이버 둘 중 하나를 선택한다고 하자. 그림 3.3의 위쪽 그림은 항상 퍼터만을 사용하는 정책을 따른다고 할 때 나타날 수 있는 상태 가치 함수 $v_{putt}(s)$를 보여준다. 홀 안에 있게 되는 마지막 상태의 가치는 0이다. 그린 위의 어느 지점에서든 퍼팅을 할 수 있다고 가정한다. 그리고 그린 위에 있는 상태는 −1의 가치를 갖는다. 그린 밖에서는 퍼팅으로는 공을 홀에 넣지 못하고 따라서 가치의 절댓값은 더 커진다. 퍼팅을 통해 한 상태로부터 그린에 도달할 수 있다면 그 상태는 그린의 가치보다 1만큼 작은 가치를 가져야만 한다. 즉, −2의 가치를 가져야 한다. 문제를 단순화하기 위해, 특정한 거리 이내로 매우 정확하게 결정론적으로 퍼팅을 할 수 있다고 가정하자. 이렇게 하면 −2라고 이름 붙여진 선명한 등고선이 그어진다. 이 선과 그린 사이의 어떤 위치에서도 정확히 두 번의 스윙으로 홀에 공을 넣을 수 있다. 마찬가지로, 퍼팅으로 −2의 등고선 범위 안에 도달할 수 있는 지점은 모두 −3의 가치를 갖는다. 이와 같이 반복하여 등고선을 그리면 그림에 보이는 것과 같은 등고선이 그려진다. 퍼팅으로는 벙커를 빠져나올 수 없다. 따라서 벙커에 속하는 위치의 가치는 음의 무한대다. 전체적으로 보면 티샷을 하는 곳으로부터 여섯 번의 퍼팅으로 홀컵에 도달할 수 있다.

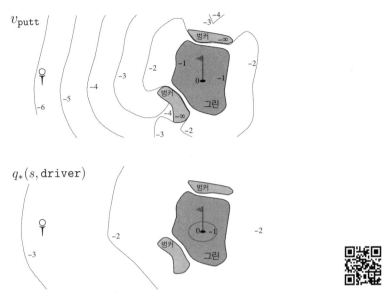

그림 3.3 골프 예제: 행동을 퍼팅으로만 선택했을 경우의 상태 가치 함수(위쪽)와 드라이버를 이용할 경우의 최적 행동 가치 함수(아래쪽)

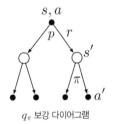

연습 3.17 행동 가치, 다시 말해 q_π에 대한 벨만 방정식은 무엇인가? 그 방정식은 상태-행동 쌍 (s, a)로부터 파생된 상태-행동 쌍의 행동 가치 $q_\pi(s', a')$으로부터 행동 가치 $q_\pi(s, a)$를 도출해야만 한다. 힌트: 오른쪽의 보강 다이어그램이 이 방정식에 해당한다. 행동 가치에 대해 식 3.14와 유사한 일련의 방정식을 보여라. □

q_π 보강 다이어그램

연습 3.18 상태의 가치는 그 상태에서 선택할 수 있는 행동의 가치와 각 행동이 현재의 정책하에서 선택될 확률이 얼마인가에 따라 결정된다. 상태로부터 시작해서 각각의 가능한 행동으로 나아가는 작은 보강 다이어그램의 측면에서 이 문제를 생각해 볼 수 있다.

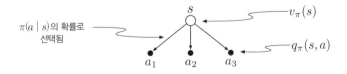

시작 노드의 가치 $v_\pi(s)$를 구하기 위해, 이러한 직관에 적합한 방정식과 다이어그램을 도출하라. 이때 주어진 상태 $S_t = s$에 대해 각 행동 노드가 갖는 가치 $q_\pi(s, a)$를 이용하라. 이 방정식은

정책 π를 따른다는 조건하에 계산되는 기댓값을 포함해야 한다. 다음으로 기댓값이 $\pi(a \mid s)$로 분명히 표현되는 두 번째 방정식을 도출하라. 이 방정식에는 기댓값을 나타내는 표기법이 사용되지 않아야 한다. □

연습 3.19 행동의 가치 $q_\pi(s, a)$는 바로 다음 행동에 대한 보상의 기댓값과 그 후에 이어지는 모든 보상의 기댓값을 합한 것에 따라 결정된다. 여기서도 이것을 작은 보강 다이어그램으로 생각해 볼 수 있다. 이번에는 다이어그램이 행동(상태-행동 쌍)에서 시작해서 다음 상태로 연결된다.

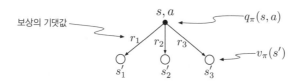

행동 가치 $q_\pi(s, a)$를 구하기 위해, 이러한 직관에 부합하는 방정식과 다이어그램을 도출하라. 이때 주어진 $S_t = s$와 $A_t = a$에 대해 다음 보상의 기댓값 R_{t+1}과 다음 상태 가치의 기댓값 $v_\pi(S_{t+1})$을 이용하라. 이 방정식은 기댓값을 포함해야 하는데, 이번에는 어떤 정책을 따른다는 조건 없이 계산된 기댓값이다. 다음으로 식 3.2에 정의된 $p(s', r \mid s, a)$를 이용하여 기댓값을 분명히 표현하는 두 번째 방정식을 도출하라. 이 방정식에는 기댓값을 나타내는 표기법을 사용하지 않는다. □

3.6 최적 정책과 최적 가치 함수

강화학습 문제를 푼다는 것은 쉽게 말하면 장기적으로 많은 보상을 얻는 정책을 찾는다는 것을 의미한다. 유한 MDP에 대해서는 다음과 같은 방법으로 최적 정책을 정확히 정의할 수 있다. 가치 함수는 부분적으로 정책들의 순위를 정한다. 모든 상태에 대한 이득의 기댓값이 정책 π'에서보다 정책 π에서 더 크거나 같다면 정책 π가 정책 π'보다 좋은 것으로 정의된다. 다시 말하면, 모든 $s \in \mathcal{S}$에 대해 $v_\pi(s) \geq v_{\pi'}(s)$일 때만 $\pi \geq \pi'$이다. 다른 모든 정책보다 좋거나 아니면 같은 수준인 정책은 항상 하나 이상 존재하는데, 이것이 바로 **최적 정책**optimal policy이다. 두 개 이상의 최적 정책이 있을 수 있지만 모든 최적 정책을 π_*로 통일해서 표현하겠다. 모든 최적 정책은 동일한 상태 가치 함수를 갖는다. 최적 정책이 갖는 상태 가치 함수를 **최적 상태 가치 함수**optimal state-value function라 부르고, v_*로 표기한다. 이 함수는 모든 $s \in \mathcal{S}$에 대해 다음과 같이 정의한다.

$$v_*(s) \doteq \max_\pi v_\pi(s) \tag{식 3.15}$$

또한 모든 최적 정책은 동일한 **최적 행동 가치 함수**optimal action-value function를 갖는데, 이 함수는 q_*로 표기하고 모든 $s \in S$와 $a \in A(s)$에 대해 다음과 같이 정의한다.

$$q_*(s, a) \doteq \max_\pi q_\pi(s, a) \tag{식 3.16}$$

이 함수는 상태-행동 쌍 (s, a)에 대해 상태 s에서 행동 a를 선택한 후 최적 정책을 따를 때 얻게 될 이득의 기댓값을 도출한다. 따라서 q_*를 v_*로 다음과 같이 표현할 수 있다.

$$q_*(s, a) = \mathbb{E}[R_{t+1} + \gamma v_*(S_{t+1}) \mid S_t = s, A_t = a] \tag{식 3.17}$$

예제 3.7 **골프의 최적 가치 함수** 그림 3.3의 아래쪽 그림은 행동 가치 함수 $q_*(s, \text{driver})$의 등고선을 보여준다. 이것은 각 상태의 가치를 나타내는데, 이때의 가정은 처음에는 드라이버로 스윙을 하고 이후부터는 드라이버와 퍼터 중 더 좋은 것을 선택하여 스윙을 한다는 것이다. 드라이버로 스윙을 하면 공을 더 멀리 보낼 수 있지만 정확도는 떨어진다. 따라서 드라이버로 한 번에 홀컵에 공을 집어넣으려면 홀컵까지의 거리가 매우 가까워야 한다. 즉, 행동 가치 함수 $q_*(s, \text{driver})$에 대한 −1 등고선은 그린 위의 작은 부분만을 차지한다. 하지만 두 번의 스윙이 남아 있다면 −2 등고선이 보여주는 것처럼 훨씬 더 먼 곳에서부터 홀에 도달할 수 있다. 이 경우에는 두 번째 스윙에서 퍼터를 사용하면 되기 때문에 첫 번째 스윙에서 −1 등고선 안으로 공을 보내려고 애쓸 필요가 없고 그린 위의 어느 곳으로든 공을 올리기만 하면 된다. 최적 행동 가치 함수는 '첫 번째' 행동 선택이 있은 후에 가치를 도출한다. 이 경우에는 첫 번째 행동은 드라이버이고 이후의 행동은 어떤 것이든 가장 좋은 것을 취한다. 더 멀리 있는 등고선은 −3 등고선이고 이 등고선은 티샷 위치를 포함하고 있다. 티샷 이후에 취해질 연속된 행동의 조합 중 가장 좋은 것은 두 번의 드라이버와 한 번의 퍼터로 공을 세 번 만에 홀컵에 넣는 것이다. ■

v_*가 어떤 정책에 대한 가치 함수이기 때문에, 이 함수는 상태 가치를 구하기 위한 벨만 방정식 (식 3.14)으로부터 주어지는 자기 일관성self-consistency 조건을 만족해야 한다. 하지만 가치 함수가 최적 가치 함수이기 때문에 v_*의 일관성 조건은 어떤 특정 정책과는 상관없는 특별한 형태로 표현될 수 있다. 이것이 v_*를 구하기 위한 벨만 방정식, 즉 **최적 벨만 방정식**Bellman optimality equation이다. 직관적으로 볼 때, 최적 벨만 방정식이 나타내는 것은 다음과 같다. 즉, 최적 정책을 따르는 상태의 가치는 그 상태에서 선택할 수 있는 가장 좋은 행동으로부터 나오는 이득의 기댓값과 같아야 한다는 것이다.

$$v_*(s) = \max_{a \in \mathcal{A}(s)} q_{\pi_*}(s, a)$$

$$= \max_a \mathbb{E}_{\pi_*}[G_t \mid S_t = s, A_t = a]$$

$$= \max_a \mathbb{E}_{\pi_*}[R_{t+1} + \gamma G_{t+1} \mid S_t = s, A_t = a] \qquad \text{(식 3.9로부터)}$$

$$= \max_a \mathbb{E}[R_{t+1} + \gamma v_*(S_{t+1}) \mid S_t = s, A_t = a] \qquad \text{(식 3.18)}$$

$$= \max_a \sum_{s', r} p(s', r \mid s, a)\big[r + \gamma v_*(s')\big] \qquad \text{(식 3.19)}$$

마지막의 두 방정식은 v_*를 구하기 위한 두 가지 형태의 최적 벨만 방정식이다. q_*를 구하기 위한 최적 벨만 방정식은 다음과 같다.

$$
\begin{aligned}
q_*(s, a) &= \mathbb{E}\Big[R_{t+1} + \gamma \max_{a'} q_*(S_{t+1}, a') \,\Big|\, S_t = s, A_t = a\Big] \\
&= \sum_{s', r} p(s', r \mid s, a)\Big[r + \gamma \max_{a'} q_*(s', a')\Big]
\end{aligned}
\qquad \text{(식 3.20)}
$$

그림 3.4에 있는 보강 다이어그램은 v_*와 q_*를 위한 최적 벨만 방정식에서 고려되는 미래 상태와 행동의 범위를 시각적으로 보여준다. 이것은 앞서 제시한 v_π와 q_π를 위한 보강 다이어그램과 같은 그림인데, 한 가지 다른 점은 주어진 정책에 대해 가치의 기댓값이 아닌 최댓값이 적용되었음을 나타내기 위해 에이전트의 선택 지점에 호arc 표시가 추가된 것이다. 왼쪽의 보강 다이어그램은 식 3.19를 나타내고, 오른쪽 보강 다이어그램은 식 3.20을 나타낸다.

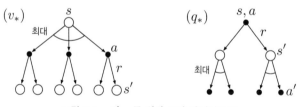

그림 3.4 v_*와 q_*를 위한 보강 다이어그램

유한 MDP에 대해, v_*를 위한 최적 벨만 방정식(식 3.19)은 정책과 상관없이 유일한 해를 갖는다. 최적 벨만 방정식은 실제로는 각 상태마다 하나씩의 방정식으로 구성되어 있다. 즉, n개의 상태가 있으면 n개의 미지수에 대한 n개의 방정식이 존재한다. 원칙적으로는 환경이 어떻게 변하는지에 대한 동역학 p를 알면, 비선형 방정식을 푸는 다양한 방법 중 하나를 이용해서 v_*를 구하기 위한 방정식을 풀 수 있다.

일단 v_*를 구하면 최적 정책을 결정하는 것은 상대적으로 쉽다. 각 상태 s에 대해 최적 벨만 방정식의 가치 함수가 최댓값이 되도록 하는 행동이 하나 이상 존재할 것이다. 이러한 행동에 대해서만 0이 아닌 확률을 부여하는 정책은 그 무엇이든 최적 정책이 된다. 이것을 단일 단계 탐색onestep search이라고 생각할 수 있다. 최적 가치 함수 v_*를 얻고 나면 단일 단계 탐색 이후에 가장 좋은 것처럼 보이는 행동이 최적 행동일 것이다. 이것을 다른 말로 하면, 최적 가치 함수 v_*에 대해 '탐욕적인' 정책은 그 무엇이든 최적 정책이라는 것이다. 컴퓨터 과학 분야에서 '탐욕적'이라는 용어는, 장기적으로는 더 좋은 대안을 선택할 수 있는 기회를 고려하지 않고 지엽적이거나 즉각적인 것만을 고려하여 대안을 선택하는 탐색 또는 결정 과정을 설명하는 데 사용된다. 결과적으로, 그것은 오직 단기적인 결과만을 고려하여 행동을 선택하는 정책을 말한다. 행동의 단기적인 결과(정확히 말하면, 단일 단계 결과)를 평가하기 위해 가치 함수 v_*를 사용하면, 탐욕적 정책이 실제로는 장기적인 측면에서 최적의 결과를 가져온다. 이것은 v_*에 미래에 일어날 수 있는 모든 행동의 보상 결과가 이미 반영되어 있기 때문이다. 중요한 것은 장기적인 결과이며, 이 점에서 v_*가 중요한 의미를 갖는다. v_* 덕분에 장기적 이득의 최적 기댓값은 각 상태에 대해 지엽적이고 즉각적으로 계산할 수 있는 값으로 변한다. 따라서 단일 단계 탐색이 장기적인 최적 행동을 만들어 낸다.

q_*가 최적의 행동을 선택하도록 만드는 것은 훨씬 더 쉽다. q_*만 있으면 에이전트는 단일 단계 탐색조차도 할 필요가 없다. 에이전트는 모든 상태에서 $q_*(s, a)$를 최대로 만드는 행동을 간단하게 찾을 수 있다. 행동 가치 함수는 모든 단일 단계 탐색의 결과를 효과적으로 도출해 낼 수 있다. 행동 가치 함수는 모든 상태-행동 쌍에 대해 장기 이득의 최적 기댓값을 지엽적이고 즉각적인 값으로 제공한다. 따라서 단순히 상태가 아니라 상태-행동 쌍의 함수로 표현하는 수고를 통해 최적 행동 가치 함수는 어떤 상태로부터 파생되는 상태와 그 상태의 가치, 즉 환경의 동역학에 대한 어떠한 정보도 알 필요 없이 최적 행동을 선택할 수 있게 해 준다.

예제 3.8 **격자 공간 문제 풀기** 예제 3.5에 소개되고 그림 3.5의 왼쪽 그림에 묘사된 간단한 격자 문제를 위한 v_*를 구하기 위해 벨만 방정식을 푼다고 가정해 보자. 상태 A가 보상 +10을 받고 상태 A'으로 전환되고, 상태 B는 보상 +5를 받고 상태 B'으로 전환된다는 것을 다시 상기해 보라. 그림 3.5의 가운데 그림은 최적의 가치 함수를 보여주고, 그림 3.5의 오른쪽 그림은 그에 해당하는 최적 정책을 보여준다. 격자 한 칸에 여러 개의 화살표가 있는 곳에서는 해당하는 모든 행동이 최적이다.

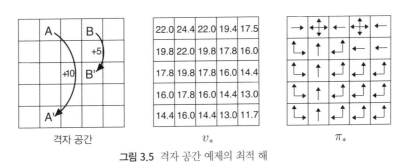

격자 공간 v_* π_*

그림 3.5 격자 공간 예제의 최적 해

예제 3.9 **재활용 로봇을 위한 최적 벨만 방정식** 식 3.19를 사용하면 재활용 로봇 예제에 대한 최적 벨만 방정식을 세울 수 있다. 문제를 더 간단히 하기 위해 상태를 높음과 낮음의 두 가지 상태만 있고 행동은 탐색, 기다림, 충전의 세 가지가 있다고 하자. 높음은 h, 낮음은 l, 탐색은 s, 기다림은 w, 충전은 re로 나타내자. 상태가 두 개밖에 없기 때문에 최적 벨만 방정식은 두 개의 방정식으로 이루어진다. $v_*(\mathbf{h})$를 구하기 위한 방정식은 다음과 같이 표현할 수 있다.

$$
\begin{aligned}
v_*(\mathbf{h}) &= \max \left\{ \begin{array}{l} p(\mathbf{h}|\mathbf{h},\mathbf{s})[r(\mathbf{h},\mathbf{s},\mathbf{h}) + \gamma v_*(\mathbf{h})] + p(\mathbf{l}|\mathbf{h},\mathbf{s})[r(\mathbf{h},\mathbf{s},\mathbf{l}) + \gamma v_*(\mathbf{l})], \\ p(\mathbf{h}|\mathbf{h},\mathbf{w})[r(\mathbf{h},\mathbf{w},\mathbf{h}) + \gamma v_*(\mathbf{h})] + p(\mathbf{l}|\mathbf{h},\mathbf{w})[r(\mathbf{h},\mathbf{w},\mathbf{l}) + \gamma v_*(\mathbf{l})] \end{array} \right\} \\
&= \max \left\{ \begin{array}{l} \alpha[r_\mathbf{s} + \gamma v_*(\mathbf{h})] + (1-\alpha)[r_\mathbf{s} + \gamma v_*(\mathbf{l})], \\ 1[r_\mathbf{w} + \gamma v_*(\mathbf{h})] + 0[r_\mathbf{w} + \gamma v_*(\mathbf{l})] \end{array} \right\} \\
&= \max \left\{ \begin{array}{l} r_\mathbf{s} + \gamma[\alpha v_*(\mathbf{h}) + (1-\alpha)v_*(\mathbf{l})], \\ r_\mathbf{w} + \gamma v_*(\mathbf{h}) \end{array} \right\}
\end{aligned}
$$

$v_*(\mathbf{l})$을 구하는 과정과 같은 과정을 따라가면 다음과 같은 방정식을 얻는다.

$$
v_*(\mathbf{l}) = \max \left\{ \begin{array}{l} \beta r_\mathbf{s} - 3(1-\beta) + \gamma[(1-\beta)v_*(\mathbf{h}) + \beta v_*(\mathbf{l})], \\ r_\mathbf{w} + \gamma v_*(\mathbf{l}), \\ \gamma v_*(\mathbf{h}) \end{array} \right\}
$$

$r_\mathbf{s}$, $r_\mathbf{w}$, α, β, $\gamma(0 \le \gamma < 1, 0 \le \alpha, \beta \le 1)$의 값을 어떻게 선택하더라도 이 두 개의 비선형 방정식을 동시에 만족시키는 숫자 쌍 $v_*(\mathbf{h})$와 $v_*(\mathbf{l})$이 정확히 하나 존재한다. ∎

최적 벨만 방정식을 해석적으로 푸는 것은 최적 정책을 찾는 하나의 방법이고, 따라서 결국 강화학습 문제를 푸는 방법이다. 하지만 이때 얻게 되는 해는 직접적으로는 거의 쓸모가 없다. 이것은 모든 가능성을 내다보고 그 가능성의 발생 확률을 계산하며, 보상의 기댓값 측면에서 그것이 얼마나 좋은지를 계산하는 빈틈없는exhaustive 탐색과 유사하다. 이 해는 실제로는 거의 일어나지 않는 최소한 세 가지의 가정을 하고 있다. (1) 환경의 동역학을 정확히 알고 있다. (2) 해의 계산을 완료하기 위한 충분한 계산 능력을 확보하고 있다. (3) 마르코프 성질을 가정한다. 이 책에서 관심 있게 다루는 종류의 문제는 이러한 가정들을 모두 만족하지는 않기 때문에 이 해를 정확히 적용할 수 없다. 예를 들면, 백게먼backgammon 게임은 첫 번째와 세 번째 가정을 만족하지만 두 번째 가정은 만족하지 않는다. 이 게임은 약 10^{20}개의 상태를 갖기 때문에 오늘날 가장 빠른 컴퓨터에서도 v_*와 q_*를 계산하기 위한 벨만 방정식을 푸는 데는 수천 년이 걸릴 것이다. 강화학습에서는 근사적인 해를 찾는 것으로 만족해야만 한다.

많은 종류의 의사결정 방법은 근사적으로 최적 벨만 방정식을 푸는 방법이라고 생각할 수 있다. 예를 들면, 경험적 탐색 방법은 식 3.19의 우변을 어느 정도까지 여러 번 확장해서 가능성의

'트리tree'를 형성한 후 경험적 평가 함수를 이용해서 '리프leaf' 노드에서 v_*를 근사적으로 계산하는 것으로 생각할 수 있다(A* 같은 경험적 탐색 방법은 거의 항상 에피소딕 작업에 기반을 두고 있다). 동적 프로그래밍을 위한 방법은 최적 벨만 방정식과 훨씬 더 밀접하게 연관될 수 있다. 예상되는 상태 전환에 대한 지식이 아닌 실제로 경험한 상태 전환을 이용하여 최적 벨만 방정식을 근사적으로 푸는 것이 강화학습의 방법이라고 생각하면 많은 강화학습 방법을 분명하게 이해할 수 있다. 이러한 방법들을 앞으로 이어지는 장에서 다양하게 다룰 것이다.

[연습 3.20] 골프 예제의 최적 상태 가치 함수를 그리거나 설명하라. □

[연습 3.21] 골프 예제에서 퍼팅을 할 때의 최적 행동 가치 함수 $q_*(s, \text{putter})$의 등고선을 그리거나 설명하라. □

[연습 3.22] 오른쪽 그림의 연속되는 MDP를 생각해 보자. '왼쪽'과 '오른쪽'의 두 가지 행동 선택만 가능한 맨 위에 있는 상태에서 내리는 결정이 유일한 결정이다. 숫자는 각 행동 이후에 이미 정해진 대로 받게 되는 보상을 나타낸다. 정확히 두 개의 결정론적 정책 $\pi_\text{왼쪽}$과 $\pi_\text{오른쪽}$이 존재한다. $\gamma = 0, 0.9, 0.5$인 각 경우에 대해 어떤 정책이 가장 최적인가? □

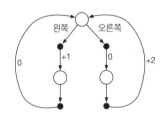

[연습 3.23] 재활용 로봇의 경우 q_*를 구하기 위한 벨만 방정식을 도출하라. □

[연습 3.24] 그림 3.5에 따르면 격자 공간에서 가장 좋은 상태의 최적 가치는 소수 첫째 자리까지 어림했을 때 24.4이다. 최적 정책에 대한 지식과 식 3.8을 이용하여 이 가치를 상징적으로 표현하고 소수 셋째 자리까지 계산하라. □

[연습 3.25] v_*를 구하기 위한 방정식을 q_*를 이용하여 도출하라. □

[연습 3.26] q_*를 구하기 위한 방정식을 v_* 및 네 개의 변수를 갖는 함수 p를 이용하여 나타내어라. □

[연습 3.27] π_*를 구하기 위한 방정식을 q_*를 이용하여 도출하라. □

[연습 3.28] π_*를 구하기 위한 방정식을 v_* 및 네 개의 변수를 갖는 함수 p를 이용하여 나타내어라. □

[연습 3.29] 네 개의 가치 함수(v_π, v_*, q_π, q_*)를 위한 네 개의 벨만 방정식을 세 개의 변수를 갖는 함수 p(식 3.4)와 두 개의 변수를 갖는 함수 r(식 3.5)을 이용하여 나타내어라. □

3.7 최적성과 근사

지금까지 최적 가치 함수와 최적 정책을 정의했다. 분명히 말하면, 최적 정책을 학습하는 에이전트는 이론적 측면에서는 상당히 잘했을 수 있지만 실제에서는 이런 일이 거의 일어나지 않는다. 이 책에서 관심을 두는 유형의 문제에 대해 최적 정책을 도출하려면 극도로 많은 계산 비용이 발생한다. 잘 정의된 최적성optimality의 개념은 이 책에서 설명하는 학습 방법이 취하는 접근법을 결정하며, 다양한 학습 알고리즘의 이론적 특성을 이해할 수 있는 방법을 제공한다. 하지만 이것은 이상적인 경우에 대한 것이라서 실제에 적용하려면 에이전트는 다양한 수준에서 근삿값을 구할 수 있을 뿐이다. 앞에서 논의했듯이, 환경의 동역학에 대한 정확하고 완전한 모델이 있다 하더라도 최적 벨만 방정식을 풀어서 간단하게 최적 정책을 결정하는 것은 보통은 불가능하다. 예를 들면, 체스 같은 보드 게임은 인간이 경험하는 것들 중 극히 일부다. 하지만 그럼에도 불구하고 계산에 적합하게 설계된 대용량 컴퓨터가 아직 체스 말의 최적 움직임을 계산하지는 못한다. 에이전트가 마주치는 문제의 중요한 측면은 항상 그 문제를 감당할 수 있는 컴퓨터의 계산 능력, 특히 단일 시간 단계 동안 수행할 수 있는 계산의 양에 있다.

가용 메모리 용량 또한 중요한 제약조건이다. 가치 함수, 정책, 모델의 근삿값을 구하기 위해서는 종종 많은 양의 메모리가 필요하다. 얼마 되지 않는 제한된 크기의 상태 집합에서는 각 상태(또는 상태-행동 쌍)를 하나의 원소로 하는 배열이나 표를 이용하여 이러한 근삿값을 구성할 수 있다. 이러한 경우를 **표 형태로 된**tabular 경우라고 부르고, 이에 해당하는 방법을 표 형태로 된 방법이라고 부른다. 하지만 실제로 적용할 때는 하나의 표 안에 원소로 채울 수 있는 것보다 훨씬 많은 상태가 존재하는 경우가 대부분이다. 이러한 경우에는 더욱 단순하게 표현할 수 있는 함수를 이용하여 원래의 복잡한 함수를 반드시 근사적으로 표현해야 한다.

이 책에서 다루는 강화학습의 구조 안에서는 근사적 표현에 만족할 수밖에 없다. 하지만 그것은 또한 유용한 근사적 표현을 얻을 수 있는 독특한 기회를 제공하기도 한다. 예를 들면, 최적 행동을 근사할 경우 에이전트는 많은 상태들을 아주 낮은 확률로 마주치게 되기 때문에 그 상태에 대해 에이전트가 준최적 행동을 선택하더라도 에이전트가 받게 되는 보상의 양에는 거의 영향을 주지 않을 수도 있다. 예를 들어, 테사우로의 백게먼 학습자는 전문가와의 게임에서는 결코 나타나지 않는 아주 좋지 않은 게임판 구성을 선택했을지라도 뛰어난 기술로 상대방을 압도한다. 사실, TD-가몬이 게임의 상태 집합 중 많은 부분에 대해 좋지 않은 결정을 내리게 될 수도 있다. 강화학습의 온라인적 특성은 자주 마주치는 상태에 대해서는 좋은 결정을 내리도록 학습에 많은 노력을 기울이고 대신 자주 나타나지 않는 상태에 대해서는 적은 노력을 기울이는 방법으로 최적 정책을 근사할 수 있게 한다. 이것이 강화학습을 MDP 문제를 근사적으로 해결하는 그 밖의 접근법과 구별 짓는 하나의 핵심 특성이다.

3.8 요약

이 장에서 설명한 강화학습 문제의 구성 요소를 요약해 보자. 강화학습은 목표를 달성하기 위해 상호작용으로부터 어떻게 학습할 것인가의 문제다. 강화학습 **에이전트**와 그를 둘러싼 **환경**은 이산적인 시간 단계의 흐름 속에서 서로 상호작용한다. 그들 사이의 접점을 어떻게 규정하는지에 따라 문제의 특징이 정의된다. **행동**은 에이전트가 선택한 것이고, **상태**는 그 선택을 하기 위한 근간이 되며, **보상**은 선택을 평가하는 기준이 된다. 에이전트 내부의 모든 것은 완전히 알려져 있고 에이전트가 통제할 수 있다. 에이전트 밖에 있는 모든 것은 불완전하게 통제되지만, 완전히 알려질 수도 있고 아닐 수도 있다. 정책이란 에이전트가 상태의 함수로서 행동을 선택할 때 따르는 확률론적 규칙이다. 에이전트의 목적은 시간에 따라 자신이 받게 되는 보상의 양을 최대로 만드는 것이다.

위에 설명한 강화학습의 구성이 잘 정의된 전이 확률로 표현될 때 강화학습은 **마르코프 결정 과정**$_{MDP}$이 된다. **유한 MDP**는 유한한 상태, 행동, (이 장에서 표현한 것과 같은) 보상의 집합을 갖는 MDP이다. 현존하는 강화학습의 많은 이론은 유한 MDP에 한정되어 있지만, 방법과 개념은 더욱 일반적으로 적용할 수 있다.

이득은 에이전트가 그 기대 가치를 최대화하고자 하는 미래 보상의 함수다. 이득은 문제의 특성과 지연된 보상의 **할인** 여부에 따라 여러 가지로 정의된다. 에이전트-환경 상호작용이 자연스럽게 여러 개의 **에피소드**로 분할되는 **에피소딕** 문제에서는 보상을 할인되지 않은 상태로 표현하는 것이 적합하다. 보상을 할인된 것으로 표현하는 것은 상호작용이 자연스럽게 여러 개의 에피소드로 분할되지 않고 끝없이 지속하는 **연속되는 문제**에 적합하다. 필자는 이 두 유형의 문제에 대한 이득을 정의함으로써 동일한 방정식을 에피소딕 문제와 연속되는 문제에 모두 적용할 수 있도록 노력했다.

에이전트가 어떤 정책을 사용한다면, 그 정책의 **가치 함수**는 상태 또는 상태-행동 쌍에 각각으로부터 기대되는 이득을 할당한다. **최적 가치 함수**는 사용하고 있는 정책에 상관없이 상태 또는 상태-행동 쌍에 얻을 수 있는 이득의 기댓값 중 가장 큰 값을 할당한다. 가치 함수가 최적인 정책이 **최적 정책**이다. 상태 및 상태-행동 쌍의 최적 가치 함수는 주어진 MDP에 대해 유일하게 존재하지만, 최적 정책은 여러 개가 있을 수 있다. 최적 가치 함수에 대해 **탐욕적인** 정책은 그 무엇이든 최적 정책임에 틀림없다. 최적 벨만 방정식은 최적 가치 함수가 만족시켜야만 하는 특별한 일관성에 대한 조건이다. 또한, 원칙적으로는 최적 벨만 방정식을 풀어서 최적 가치 함수를 구할 수 있으며, 최적 가치 함수로부터 최적 정책을 상대적으로 쉽게 결정할 수 있다.

에이전트가 초기에 갖고 있는 지식의 수준을 어떻게 가정하느냐에 따라 강화학습 문제는 다양한 방식으로 나타날 수 있다. 에이전트가 **완전한 지식**을 갖고 있다는 것은 에이전트가 환경의 동역학에 대해 완전하고 정확한 모델을 갖고 있음을 의미한다. 환경을 MDP로 모델링한다면 이 모델은 네 개의 변수를 갖는 동역학 함수 p(식 3.2)로 구성된다. 에이전트가 **불완전한 지식**을 갖는 경우에는 완전하고 완벽한 환경 모델을 이용할 수 없다.

에이전트가 완전하고 정확한 환경 모델을 갖고 있다 할지라도 일반적으로 시간 단계마다 충분한 계산을 하지 못하기 때문에 환경 모델을 완전히 활용할 수 없다. 이용 가능한 메모리가 얼마나 되는가도 중요한 제약조건이다. 가치 함수, 정책, 모델의 정확한 근삿값을 구하기 위해 메모리가 필요할 수도 있다. 대부분의 실제 경우에는 표 하나를 채울 수 있는 정도보다 훨씬 더 많은 상태가 존재하기 때문에 반드시 근사가 필요하다.

잘 정의된 최적성의 개념은 이 책에서 설명하는 학습 방법이 취하는 접근법을 결정하며 다양한 학습 알고리즘의 이론적 특성을 이해할 수 있는 방법을 제공한다. 하지만 이것은 이상적인 경우에 대한 것이라서 에이전트는 다양한 수준에서 근삿값을 구할 수 있을 뿐이다. 강화학습에 있어서 필자는 최적 해를 찾을 수는 없지만 어떤 식으로든 최적 해를 근사해야만 하는 경우에 대해 매우 많은 관심을 갖고 있다.

참고문헌 및 역사적 사실

강화학습 문제는 최적 제어 분야에서 만들어진 마르코프 결정 과정MDP의 개념에 많은 부분을 의존하고 있다. 이러한 역사적인 영향과 심리학으로부터 받은 주된 영향은 1장에 제시한 간략한 역사에서 설명했다. MDP와는 별도로, 강화학습은 현실과 같다고 할 정도로 거대한 문제에 대해서는 근사approximation와 불완전한 정보에 초점을 둔다. MDP와 강화학습 문제는 인공지능 분야의 전통적인 문제인 학습과 의사결정 문제와는 아주 조금 연결되어 있을 뿐이다. 하지만 인공지능 분야는 이제 계획과 의사결정을 위한 MDP의 형식을 다양한 관점에서 활발하게 탐험하고 있다. MDP는 좀 더 일반적인 유형의 목표와 불확실성을 허용한다는 점에서 인공지능에서 사용되던 이전의 형식보다 더 일반적이다.

예를 들면, MDP 이론은 베르트세카스(2005), 화이트(1969), 위틀(1982, 1983), 푸터만(1994)에 의해 다루어졌다. 로스(1983)는 유한 MDP의 경우를 특별히 밀도 있게 다루었다. MDP는 또한 확률론적 최적 제어 분야에서도 연구되었는데, 이 분야에서는 **적응** 최적 제어 방법이 강화 학습과 가장 밀접하게 연관되어 있다(**예** 쿠마르, 1985; 쿠마르와 바라이야Kumar and Varaiya, 1986).

모든 결정은 그 이전의 결정과 그에 따른 결과에 의존한다는 점에서 불확실하다. 이러한 불확실성 속에서 연달아 결정을 내리는 문제를 이해하기 위한 노력으로부터 MDP의 이론이 진화했다. MDP는 때로는 다단계 결정 과정 또는 연속적인 결정 과정이라고 불리고, 이 책의 2장에서 (다중 상황multiple situation 문제의 형식에서는 MDP의 원형이 되는) 다중 선택 문제와 관련해서 인용한 톰슨(1933, 1934)과 로빈슨(1952)의 연구로 촉발된 연속적 표본추출에 대한 통계학적 문헌에 그 기원을 두고 있다.

필자가 알기로는 강화학습이 MDP 형식으로 논의된 최초의 순간은 안드라아(1969b)가 학습 기계에 대한 통일된 관점을 설명했을 때다. 위튼과 코빈(Witten and Corbin, 1973)은 강화학습 시스템에 대해 실험을 수행했고, 이것을 나중에 위튼(1977, 1976a)이 MDP 형식을 이용하여 분석했다. MDP를 분명하게 언급하지는 않았지만 웨어보스(1977)는 현대의 강화학습 방법(웨어보스, 1982, 1987, 1988, 1989, 1992 참고)과 관련 있는 확률론적 최적 제어 문제를 푸는 근사적 해법을 제시했다. 당시에는 웨어보스의 생각이 폭넓게 받아들여지지 않았지만 인공지능을 포함한 다양한 분야에서 최적 제어 문제를 근사적으로 푸는 것의 중요성을 강조했다는 점에서 그의 생각은 선견지명이 있는 것이었다. 강화학습과 MDP를 결합한 것 중 가장 영향력 있는 연구는 왓킨스(1989)의 연구다.

3.1 MDP 동역학을 $p(s', r \mid s, a)$로 특징짓는 것은 약간은 특이한 경우다. MDP를 다룬 문헌에서는 동역학을 상태 전이 확률 $p(s' \mid s, a)$와 다음 보상 $r(s, a)$의 기댓값으로 나타내는 경우가 더 일반적이다. 하지만 강화학습에서는 (그들의 가치에 대한 기댓값보다는) 개별적인 실제 보상 또는 표본 보상을 더 자주 언급해야 한다. 이 책에서 활용하는 표기법을 이용하면 일반적으로 S_t와 R_t는 공통으로 결정되고, 따라서 시각 표기가 같아야만 한다는 점을 쉽게 알 수 있다. 필자는 강화학습을 가르치는 데 있어 이러한 표기법이 개념적으로 더욱 직접적이고 이해하기 쉽다는 사실을 알게 되었다.

상태에 대한 시스템 이론적system-theoretic 개념을 직관적으로 논의한 좋은 문헌을 찾고 있다면 민스키(1967)를 참고하라.

생물 반응 장치의 예제는 웅가르(Ungar, 1990) 및 밀러와 윌리엄스(Miller and Williams, 1992)의 연구에서 참고한 것이다. 재활용 로봇 예제는 조너선 코넬(Jonathan Connell, 1989)이 만든 캔 수집 로봇에 영감을 받았다. 코버와 피터스(Kober and Peters, 2012)는 강화학습을 로보틱스에 적용한 사례들을 모아서 소개한다.

3.2 보상 가설reward hypothesis은 마이클 리트만Michael Littman이 제시했다(이것은 개인적 교류를 통해 이루어졌다).

3.3-4 여기서 사용된 '에피소딕' 문제와 '연속되는' 문제라는 용어는 MDP 관련 문제에서 일반적으로 사용되는 것과는 다르다. MDP 문헌에서는 보통 세 가지로 문제를 구분하는데, (1) 특별히 '정해진' 개수의 시간 단계가 지나면 상호작용이 종료되는 유한 기간finite horizon 문제, (2) 상호작용이 임의의 기간 동안 오래 지속될 수 있지만 언젠가는 종료되어야만 하는 미정 기간indefinite-horizon 문제, (3) 상호작용이 끝없이 지속되는 무한 기간 infinite-horizon 문제다. 에피소딕 문제는 미정 기간 문제와 유사하고, 연속되는 문제는 무한 기간 문제와 유사하다. 하지만 상호작용의 특성에 있어서 차이점이 있음을 강조하고자 한다. 이것은 일반적으로 강조되는 목적 함수의 차이보다 더 근본적인 차이인 것처럼 보인다. 많은 경우에 에피소딕 문제는 미정 기간 목적 함수를 사용하고 연속되는 문제는 무한 기간 목적 함수를 사용한다. 하지만 이것은 둘 사이에 근본적인 차이가 있어서라기보다는 흔하게 발생하는 우연의 일치로 봐야 한다.

막대 균형 잡기 예제는 미치와 체임버스(1968), 바르토, 서튼, 앤더슨(1983)을 참고했다.

3.5-6 장기적 측면에서 무엇이 좋고 무엇이 나쁜가를 기준으로 평가하는 것은 고대로부터 이어져온 것이다. 제어 이론에서 상태를 제어 입력의 장기적 결과를 나타내는 숫자와 대응시키는 것은 19세기 고전 역학의 상태 함수 이론을 확장하여 1950년대에 개발된 최적 제어 이론의 핵심이다(예를 들어, 슐츠와 멜사(Schultz and Melsa, 1967)를 참고하라). 어떻게 컴퓨터가 체스를 하도록 프로그래밍될 수 있는지를 설명하는 과정에서 섀넌(Shannon, 1950)은 체스 말의 위치에 대해 장기적 이익과 불이익을 고려하는 평가 함수를 이용할 것을 제안했다.

q_*(6장)를 추정하기 위한 왓킨스(1989)의 Q 학습 알고리즘은 행동 가치 함수를 강화학습의 중요한 부분으로 만들었고, 그 결과 이 함수는 종종 '큐 함수'라고 불린다. 하지만 행동 가치 함수에 대한 생각은 이보다 훨씬 전에 등장했다. 섀넌(1950)은 체스를 두는 프로그램이 위치 P에서 이동 M을 수행하는 것이 해 볼 만한 가치가 있는 것인지를 결정하기 위해 함수 $h(P, M)$을 사용할 수 있다고 제안했다. 미치(1961, 1963)의

MENACE 시스템과 미치와 체임버스(1968)의 BOXES 시스템은 모두 행동 가치 함수를 추정하는 것으로 이해될 수 있다. 고전 물리에서는 해밀턴의 주요 함수Hamilton's principal function가 행동 가치 함수다. 뉴턴 역학은 이 함수의 측면에서 보면 탐욕적이다 (예 골드스타인Goldstein, 1957). 행동 가치 함수는 또한 데나르도(Denardo, 1967)가 축약 사상contraction mapping의 측면에서 동적 프로그래밍을 이론적으로 다루는 과정에서 중요한 역할을 했다.

(v_*를 위한) 최적 벨만 방정식은 리처드 벨만(1957a)에 의해 인기를 얻게 되었다. 그는 이 방정식을 '기본 기능 방정식basic functional equation'이라고 불렀다. 시간과 상태가 연속적인 문제에서도 최적 벨만 방정식의 역할을 하는 함수가 있는데, 이 함수는 해밀턴-자코비-벨만Hamilton-Jacobi-Bellman 방정식(또는 단순히 해밀턴-자코비 방정식)으로 불린다. 이 이름은 이 함수가 고전 역학에 기원을 두고 있음을 나타낸다(예 슐츠와 멜사, 1967).

골프 예제는 크리스 왓킨스가 제안했다.

CHAPTER

04

동적 프로그래밍

동적 프로그래밍Dynamic Programming, DP이라는 용어는 마르코프 결정 과정MDP 같은 환경 모델이 완벽하게 주어졌을 때 최적 정책을 계산하기 위해 사용될 수 있는 일군의 알고리즘을 가리킨다. 고전적인 DP 알고리즘은 완벽한 모델과 엄청난 양의 계산이 필요하다는 점 때문에 강화학습에서 그 활용도가 제한되었지만, 이론적으로는 현재까지도 여전히 중요하다. DP는 이 책의 나머지에서 소개되는 방법을 이해하기 위한 필수적인 근간을 제공한다. 사실, 이 모든 방법은 환경 모델이 완벽해야 한다는 가정에 의존하지 않은 채로 더 적은 계산량을 활용하여 DP와 같은 효과를 얻기 위한 시도로 인식될 수 있다.

이 장을 시작하면서 환경이 유한 MDP로 모델링된다고 가정하겠다. 즉, 환경의 상태 $\mathcal{S}$, 행동 $\mathcal{A}$, 보상 $\mathcal{R}$의 집합이 유한 집합이고 환경의 동역학이 모든 $s \in \mathcal{S}$, $a \in \mathcal{A}(s)$, $r \in \mathcal{R}$, $s' \in \mathcal{S}^+$(에피소딕 문제의 경우 $\mathcal{S}^+$는 $\mathcal{S}$와 종단 상태의 합이다)에 대한 확률 $p(s', r \mid s, a)$로 주어진다고 가정한다. DP의 개념을 상태와 행동의 연속적 공간을 다루는 문제에 적용할 수는 있지만, 정확한 해는 특별한 경우에 대해서만 구할 수 있다. 상태와 행동의 연속적 공간을 다루는 문제의 근사적인 해를 구하는 보통의 방법은 상태와 행동의 공간을 양자화하여 유한 DP 방법을 적용하는 것이다. 9장에서 만나게 될 방법들은 연속적 공간을 다루는 문제에 적용할 수 있으며, 이들은 이러한 접근법을 확장한 중요한 방법들이다.

DP의 핵심 개념, 좀 더 일반적으로는 강화학습의 핵심 개념은 좋은 정책을 찾는 과정을 체계적으로 구조화하기 위해 가치 함수를 사용한다는 것이다. 이 장에서는 DP가 어떻게 3장에서 정의된 가치 함수를 계산할 수 있는지를 보여줄 것이다. 3장에서 논의했듯이, 일단 최적 가치 함수 v_* 또는 q_*를 구하고 나면 최적 정책은 쉽게 구할 수 있다. 이때 최적 가치 함수 v_*와 q_*는 최적 벨만 방정식을 만족한다.

$$
\begin{aligned}
v_*(s) &= \max_a \mathbb{E}[R_{t+1} + \gamma v_*(S_{t+1}) \mid S_t = s, A_t = a] \\
&= \max_a \sum_{s',r} p(s',r \mid s,a)\Big[r + \gamma v_*(s')\Big]
\end{aligned}
$$ (식 4.1)

또는

$$
\begin{aligned}
q_*(s,a) &= \mathbb{E}\Big[R_{t+1} + \gamma \max_{a'} q_*(S_{t+1}, a') \,\Big|\, S_t = s, A_t = a\Big] \\
&= \sum_{s',r} p(s',r \mid s,a)\Big[r + \gamma \max_{a'} q_*(s', a')\Big]
\end{aligned}
$$ (식 4.2)

식 4.1과 식 4.2는 모든 $s \in \mathcal{S}$, $a \in \mathcal{A}(s)$, $s' \in \mathcal{S}^+$에 대해 만족한다. 앞으로 살펴보겠지만 이와 같은 벨만 방정식을 목표 가치 함수에 대한 근사를 향상시키기 위한 할당assignment의 형식, 즉 갱신 규칙으로 변환함으로써 DP 알고리즘을 얻을 수 있다.

4.1 정책 평가(예측)

먼저 임의의 정책 π에 대해 상태 가치 함수 v_π를 계산하는 방법을 생각해 볼 것이다. 이렇게 하는 것을 DP 문헌에서는 **정책 평가**policy evaluation라고 부른다. 또는 **예측 문제**prediction problem라고도 한다. 3장의 내용을 상기해 보면, 모든 $s \in \mathcal{S}$에 대해 다음이 성립한다.

$$
\begin{aligned}
v_\pi(s) &\doteq \mathbb{E}_\pi[G_t \mid S_t = s] \\
&= \mathbb{E}_\pi[R_{t+1} + \gamma G_{t+1} \mid S_t = s] \qquad \text{(식 3.9로부터)} \\
&= \mathbb{E}_\pi[R_{t+1} + \gamma v_\pi(S_{t+1}) \mid S_t = s] \qquad \text{(식 4.3)} \\
&= \sum_a \pi(a \mid s) \sum_{s',r} p(s',r \mid s,a)\Big[r + \gamma v_\pi(s')\Big] \qquad \text{(식 4.4)}
\end{aligned}
$$

여기서 $\pi(a \mid s)$는 정책 π하에서 상태 s에 있을 때 행동 a를 선택할 확률이다. 그리고 기댓값을 나타내는 기호에 아래첨자 π가 있는데, 이것은 정책 π를 따른다는 전제가 깔린 조건부 기댓값이라는 뜻이다. $\gamma < 1$를 만족하거나 정책 π를 따르는 모든 상태가 종국적으로 더 이상 변하지 않는 상태에 도달한다는 것이 담보된다면 v_π의 존재와 유일성uniqueness은 보장된다.

환경의 동역학을 완전히 알고 있다면 식 4.4는 집합 $|\mathcal{S}|$의 원소 개수만큼의 미지수($v_\pi(s)$, $s \in \mathcal{S}$)를 갖는 선형 연립 방정식이 되며, 이때 방정식의 개수도 역시 집합 $|\mathcal{S}|$의 원소 개수와 같다. 원칙

적으로 이 연립 방정식의 해는 조금 따분하긴 하겠지만 간단한 계산을 수행함으로써 구할 수 있다. 이 책이 추구하는 목적에는 반복 해법iterative solution method이 적합하다. $\mathbb{S}^+$를 $\mathbb{R}$(실수 집합)에 대응시키는 근사적 가치 함수 $v_0, v_1, v_2, \ldots$의 나열을 생각해 보자. 가치 함수의 초기 근삿값 v_0을 임의로(종단 상태에서 가치가 0이 되어야 하는 경우를 제외하고) 선택하면 이어지는 근삿값은 v_π(식 4.4)를 위한 벨만 방정식을 갱신 규칙으로 하여 모든 $s \in \mathbb{S}$에 대해 다음과 같이 구해진다.

$$
\begin{aligned}
v_{k+1}(s) &\doteq \mathbb{E}_\pi[R_{t+1} + \gamma v_k(S_{t+1}) \mid S_t = s] \\
&= \sum_a \pi(a|s) \sum_{s',r} p(s',r|s,a)\Big[r + \gamma v_k(s')\Big]
\end{aligned}
\qquad (\text{식 } 4.5)
$$

$v_k = v_\pi$일 경우 벨만 방정식의 등호가 성립하기 때문에 이 갱신 규칙을 따른다면 분명히 $v_k = v_\pi$의 일정한 값을 갖는다. 사실, v_π의 존재를 보증하는 조건하에서는 $k \to \infty$일 때 일반적으로 수열 $\{v_k\}$는 v_π로 수렴함을 보일 수 있다. 이 알고리즘을 **반복 정책 평가**iterative policy evaluation라고 부른다.

매번 근삿값 v_k로부터 v_{k+1}을 연속적으로 구하기 위해 반복 정책 평가는 모든 상태 s에게 동일한 작동 방식을 적용한다. 그 작동 방식이란 평가받고 있는 정책하에서 일어날 수 있는 모든 단일 단계 전이one-step transition에 대해 s의 이전 가치를 새로운 가치로 대체하는 것이다. 이때 새로운 가치는 s 이후에 나타나는 상태들의 이전 가치와 즉각적인 보상의 기댓값을 이용하여 구한다. 이러한 종류의 작동 방식을 **기댓값 갱신**expected update이라고 부른다. 새로운 근사적 가치 함수 v_{k+1}을 얻기 위해 반복 정책 평가의 모든 반복 단계에서 모든 상태의 가치가 단 한 번만 갱신된다. (지금 처해 있는) 상태 또는 상태-행동 쌍의 갱신 여부나 이후상태들의 기대 가치가 결합되는 정확한 방법이 무엇이냐에 따라 여러 가지 다양한 종류의 기댓값 갱신이 존재한다. DP 알고리즘에서 수행되는 모든 갱신은 **기댓값** 갱신으로 불린다. 이 갱신이 이후상태들의 표본이 아닌 가능한 전체 상태에 대한 기댓값에 기반하여 이루어지기 때문이다. 갱신의 특성은 위에서처럼 하나의 방정식으로 표현될 수도 있고, 3장에서 소개한 보강 다이어그램으로 표현될 수도 있다. 예를 들면, 반복 정책 평가에 사용된 기댓값 갱신에 해당하는 보강 다이어그램은 72쪽에 나와 있다.

식 4.5의 반복 정책 평가를 구현하기 위한 연속적인 컴퓨터 프로그램을 작성하려면 두 개의 배열을 사용해야 할 수도 있다. 하나는 이전 가치 $v_k(s)$를 위한 것이고, 다른 하나는 새로운 가치 $v_{k+1}(s)$를 위한 것이다. 이 두 배열을 이용하여 이전 가치를 그대로 보존한 채로 새로운 가치가 이전 가치로부터 하나씩 계산될 수 있다. 물론, 하나의 배열을 사용하여 새로운 가치가 이전 가치를 덮어씌우는 방식으로 '바로 그 배열에서' 가치를 갱신하는 편이 더 쉽다. 그러면 상태가 갱신되는 정도에 따라 식 4.5의 우변에서 때로는 이전 가치 대신에 새로운 가치가 사용된다. 이렇게 하나의 배열을 사용하는 알고리즘도 v_π로 수렴한다. 예상했겠지만 사실 하나의 배열을 사용하면 두 개의 배열을 사용할 때보다 더 빨리 수렴한다. 새로운 데이터가 생기자마자 바로 이용할 수 있기 때문이다. 갱신은 상태 공간에 대해 **일괄처리**sweep하는 방식으로 이루어진다. 하나의 배열을 이용하는 알고리즘의 경우 한 번 휩쓰는 과정에서 각 상태의 가치가 갱신되는 순서가 수렴 속도에 상당한 영향을 미친다. 이 책에서 DP 알고리즘에 대해 말할 때는 대부분 배열을 하나 사용하는 알고리즘을 일컫는다.

배열을 하나만 사용하는 반복 정책 평가가 다음 글상자에 있는 의사코드에 완전한 형태로 나와 있다. 이 의사코드가 어떻게 종단 상태를 다루는지 눈여겨보라. 형식적으로는 반복 정책 평가가 극한을 통해 수렴하지만, 실제로는 극한으로 가는 중에 멈추어야 한다. 이 의사코드는 매번의 휩쓰는 과정 이후에 $\max_{s \in \mathcal{S}} |v_{k+1}(s) - v_k(s)|$의 값을 확인하고, 이 값이 충분히 작으면 진행을 멈춘다.

$V \approx v_\pi$의 추정을 위한 반복 정책 평가

평가받을 정책 π가 입력으로 들어간다.
알고리즘의 파라미터는 추정의 정확도를 결정하는 작은 기준값 $\theta > 0$이다. $V(s)$를 모든 $s \in \mathcal{S}^+$에 대해 임의의 값으로 초기화한다. 다만 $V(종단) = 0$으로 한다.

루프:
    $\Delta \leftarrow 0$
    모든 $s \in \mathcal{S}$에 대한 루프:
        $v \leftarrow V(s)$
        $V(s) \leftarrow \sum_a \pi(a \mid s) \sum_{s',r} p(s', r \mid s, a)[r + \gamma V(s')]$
        $\Delta \leftarrow \max(\Delta, |v - V(s)|)$
$\Delta < \theta$를 만족할 때까지

예제 4.1 다음과 같은 4행 4열 격자 공간을 생각해 보자.

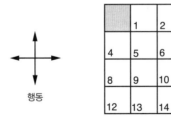

$$R_t = -1$$
모든 전이에 대해

비종단 상태 집합이 $\mathcal{S} = \{1, 2, \ldots, 14\}$로 주어진다. 각 상태마다 네 개의 선택 가능한 행동 $\mathcal{A} = \{\text{up, down, right, left}\}$가 존재하는데, 각 행동은 결정론적으로deterministically 해당하는 상태 전이를 일으킨다. 이때 격자 공간을 벗어나게끔 하는 행동은 상태를 변화시키지 못한다. 따라서 예를 들면 모든 보상 $r \in \mathcal{R}$에 대해 $p(6, -1 \mid 5, \text{right}) = 1$, $p(7, -1 \mid 7, \text{right}) = 1$,

$p(10, r \mid 5, \texttt{right}) = 0$과 같이 주어진다. 이것은 할인되지 않은 에피소딕 작업이다. 종단 상태에 도달하기 전까지 모든 전이에 대해 보상은 −1이다. 이 그림에서 종단 상태는 음영으로 나타내었다(이 음영이 두 군데 존재하지만 공식적으로는 하나의 상태를 나타낸다). 따라서 보상 함수의 기댓값은 모든 상태 s, s'과 모든 행동 a에 대해 $r(s, a, s') = -1$이 된다. 에이전트가 (모든 행동의 발생 확률이 같은) 균일한 확률을 갖는 무작위 정책을 따른다고 가정해 보자. 그림 4.1의 왼쪽은 반복 정책 평가에 의해 계산된 가치 함수의 나열 $\{v_k\}$를 보여준다. 사실 최종 추정값은 v_π인데, 이 경우에 이것은 각 상태에 그 상태로부터 종단 상태까지 남아 있을 것으로 예상되는 단계의 개수를 부호만 바꾸어 부여한다. ■

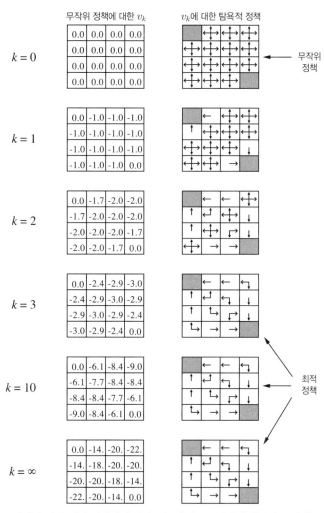

그림 4.1 작은 격자 공간에서 반복 정책 평가의 수렴성. 왼쪽은 (모든 행동의 확률이 균일한) 무작위 정책하에서 상태 가치 함수에 대한 근사 함수의 나열을 나타낸다. 오른쪽은 가치 함수 추정(화살표는 최대의 보상을 갖는 모든 행동을 나타내고 숫자는 유효 숫자 2개까지 표현했다)에 따른 탐욕적 정책의 나열을 나타낸다. 무작위 정책하에서는 마지막 정책에 대해서만 정책 향상이 보장되지만, 이 경우에는 마지막 정책을 포함하여 세 번째 반복 이후의 모든 정책이 최적의 정책이다.

연습 4.1 예제 4.1에서 π가 균일한 확률을 갖는 무작위 정책이라면 $q_\pi(11, \text{down})$의 값은 얼마인가? $q_\pi(7, \text{down})$은 얼마인가? $\square$

연습 4.2 예제 4.1에서, 새로운 상태 15가 격자 공간에서 상태 13 바로 아래에 추가되고 left, up, right, down의 행동이 에이전트를 12, 13, 14, 15의 상태로 각각 이동시킨다고 가정해 보자. 원래 주어졌던 상태에서 '시작하는' 전이는 변하지 않는다고 가정하자. 그러면 균일한 확률을 갖는 무작위 정책에 대해 $v_\pi(15)$의 값은 얼마인가? 이제 상태 13의 동역학도 변해서 상태 13으로부터 행동 down을 하면 에이전트가 새로운 상태 15로 이동한다고 해 보자. 이 경우 균일한 확률을 갖는 무작위 정책에 대해 $v_\pi(15)$의 값은 얼마인가? $\square$

연습 4.3 행동 가치 함수 q_π와 그것에 연이은 근사 함수 $q_0, q_1, q_2, \ldots$에 대해 식 4.3, 식 4.4, 식 4.5와 유사한 방정식은 무엇인가? $\square$

4.2 정책 향상

어떤 정책에 대해 가치 함수를 계산하는 이유는 더 좋은 정책을 찾기 위해서다. 임의의 결정론적 정책 π에 대해 가치 함수 v_π를 결정했다고 가정해 보자. 어떤 상태 s에 대해 $a \neq \pi(s)$를 만족하는 행동을 결정론적으로 선택하기 위해 정책을 변화시켜야 할지 그대로 두어야 할지를 알 필요가 있다. 상태 s에서 현재 정책을 따르는 것이 얼마나 좋은지는 $v_\pi(s)$를 통해 알고 있지만, 정책 자체를 새로운 정책으로 바꾸는 것은 어떠한가? 더 좋은가, 더 나쁜가? 이 질문에 답하는 하나의 방법은 상태 s에서 행동 a를 선택하고 그 후에는 현재의 정책 π를 따르는 것을 생각해 보는 것이다. 이런 식으로 행동하는 것의 가치는 다음과 같다.

$$
\begin{aligned}
q_\pi(s, a) &\doteq \mathbb{E}[R_{t+1} + \gamma v_\pi(S_{t+1}) \mid S_t = s, A_t = a] \\
&= \sum_{s', r} p(s', r | s, a)\left[r + \gamma v_\pi(s')\right]
\end{aligned}
\qquad \text{(식 4.6)}
$$

이 값이 $v_\pi(s)$보다 큰지 작은지를 판단하는 것이 핵심이다. 만약 더 크다면, 즉 상태 s에서 행동 a를 한 번 선택하고 이후부터는 정책 π를 따르는 것이 항상 정책 π를 따르는 것보다 더 좋다면, 상태 s에 놓일 때마다 행동 a를 선택하는 것이 여전히 더 좋은 선택이며 이 새로운 정책이 사실은 전반적으로 더 좋은 결과를 가져올 것이라고 기대된다.

이러한 기대가 실제로 이뤄지는 상황은 **정책 향상 정리**policy improvement theorem라고 불리는 일반적인 이론이 적용되는 특수한 경우에 해당한다. 임의의 결정론적 정책 π와 π'이 모든 $s \in \mathcal{S}$에 대해 다음의 부등식을 만족한다고 하자.

$$q_\pi(s, \pi'(s)) \geq v_\pi(s)$$

(식 4.7)

그러면 정책 π'은 정책 π만큼 좋거나, 그 이상으로 더 좋은 것임에 틀림없다. 즉, 정책 π'이 모든 상태 $s \in \mathcal{S}$로부터 도출하는 이득의 기댓값은 정책 π가 도출하는 것보다 크거나 같아야 한다.

$$v_{\pi'}(s) \geq v_\pi(s)$$

(식 4.8)

더욱이, 임의의 상태가 식 4.7의 부등식을 만족하면 최소한 하나의 상태는 식 4.8을 만족해야만 한다. 이러한 결과는 바로 전 문단에서 논의되었던 두 정책 π와 π'에 적용된다. 이때 변경된 정책 π'은 $\pi'(s) = a \neq \pi(s)$라는 차이점을 제외하면 원래의 정책 π와 동일하다. 분명히, 식 4.7은 상태 s뿐만 아니라 모든 상태에 대해 성립한다. 따라서 $q_\pi(s, a) > v_\pi(s)$를 만족하면 변경된 정책은 정책 π보다 진정 더 좋은 결과를 가져온다.

정책 향상 정리의 증명 과정에 사용된 개념은 이해하기 쉽다. 식 4.6을 이용하여 식 4.7의 q_π를 전개하고 이것이 $v_{\pi'}(s)$가 될 때까지 계속해서 식 4.7을 적용하면 다음과 같이 된다.

$$
\begin{aligned}
v_\pi(s) &\leq q_\pi(s, \pi'(s)) \\
&= \mathbb{E}[R_{t+1} + \gamma v_\pi(S_{t+1}) \mid S_t = s, A_t = \pi'(s)] \qquad \text{(식 4.6으로부터)} \\
&= \mathbb{E}_{\pi'}[R_{t+1} + \gamma v_\pi(S_{t+1}) \mid S_t = s] \\
&\leq \mathbb{E}_{\pi'}[R_{t+1} + \gamma q_\pi(S_{t+1}, \pi'(S_{t+1})) \mid S_t = s] \qquad \text{(식 4.7로부터)} \\
&= \mathbb{E}_{\pi'}[R_{t+1} + \gamma \mathbb{E}_{\pi'}[R_{t+2} + \gamma v_\pi(S_{t+2}) \mid S_{t+1}, A_{t+1} = \pi'(S_{t+1})] \mid S_t = s] \\
&= \mathbb{E}_{\pi'}[R_{t+1} + \gamma R_{t+2} + \gamma^2 v_\pi(S_{t+2}) \mid S_t = s] \\
&\leq \mathbb{E}_{\pi'}[R_{t+1} + \gamma R_{t+2} + \gamma^2 R_{t+3} + \gamma^3 v_\pi(S_{t+3}) \mid S_t = s] \\
&\vdots \\
&\leq \mathbb{E}_{\pi'}[R_{t+1} + \gamma R_{t+2} + \gamma^2 R_{t+3} + \gamma^3 R_{t+4} + \cdots \mid S_t = s] \\
&= v_{\pi'}(s)
\end{aligned}
$$

지금까지 정책과 그것의 가치 함수가 주어졌을 때 하나의 상태에서 어떤 특별한 행동을 선택하게 하는 정책의 변화를 어떻게 평가할 것인지에 대해 알아봤다. 이제 이것을 자연스럽게 확장하여 '모든' 상태에 대해, 그리고 선택 가능한 '모든' 행동에 대해, $q_\pi(s, a)$의 측면에서 가장 좋아 보이는 행동을 선택하게 하는 정책의 변화를 생각해 보자. 다시 말해, 다음과 같은 새로운 '탐욕적' 정책 π'을 생각해 보자.

$$
\begin{aligned}
\pi'(s) & \doteq \underset{a}{\arg\max}\, q_\pi(s, a) \\
& = \underset{a}{\arg\max}\, \mathbb{E}[R_{t+1} + \gamma v_\pi(S_{t+1}) \mid S_t = s, A_t = a] \\
& = \underset{a}{\arg\max} \sum_{s', r} p(s', r \mid s, a) \Big[r + \gamma v_\pi(s') \Big]
\end{aligned}
\tag{식 4.9}
$$

여기서 $\arg\max_a$는 이어지는 식의 값을 최대로 만드는 a의 값을 나타낸다(이때 최대로 만드는 a의 값이 두 개 이상이면 그중 하나를 임의로 선택한다). 탐욕적 정책은 한 단계 앞을 내다보고 v_π의 측면에서 단기적으로 가장 좋아 보이는 행동을 선택한다. 탐욕적 정책은 스스로의 형성 과정을 통해 정책 향상 정리(식 4.7)의 조건을 만족하기 때문에 원래의 정책 이상으로 좋은 결과를 가져온다. 기존 정책의 가치 함수에 대해 탐욕적이 되게 함으로써 기존 정책을 능가하는 새로운 정책을 만드는 과정을 **정책 향상**policy improvement이라고 부른다.

새로운 탐욕적 정책 π'이 기존 정책 π를 능가하지 못한 채 기존 정책과 같은 수준을 유지한다고 가정해 보자. 그러면 $v_\pi = v_{\pi'}$이 되고, 식 4.9로부터 모든 $s \in \mathcal{S}$에 대해 다음의 관계가 성립한다.

$$
\begin{aligned}
v_{\pi'}(s) & = \max_a \mathbb{E}[R_{t+1} + \gamma v_{\pi'}(S_{t+1}) \mid S_t = s, A_t = a] \\
& = \max_a \sum_{s', r} p(s', r \mid s, a) \Big[r + \gamma v_{\pi'}(s') \Big]
\end{aligned}
$$

하지만 이것은 최적 벨만 방정식(식 4.1)과 같은 것이다. 따라서 $v_{\pi'}$은 v_*가 되고 π와 π' 둘 다 최적 정책이 되는 것이 자명하다. 그러므로 기존 정책이 이미 최적 정책이 아닌 이상 정책 향상은 절대적으로 더 향상된 정책을 도출해야만 한다.

지금까지 이 절에서는 결정론적 정책의 특별한 경우에 대해 생각해 봤다. 일반적인 경우에, 확률론적 정책 π는 $\pi(a \mid s)$의 확률로 상태 s에서 행동 a를 선택한다. 이와 관련된 자세한 사항을 여기서 다루지는 않을 것이다. 하지만 사실 이 절의 모든 개념을 확장해서 확률론적 정책에 적용할 수 있다. 게다가, 식 4.9와 같은 정책 향상 단계에서 행동이 유일하지 않다면, 즉 최대로 만드는 행동이 여러 개라면, 확률론적 정책의 경우에는 여러 개의 행동 중 하나의 행동만을 선택할 필요는 없다. 대신, 새로운 탐욕적 정책에서 각각의 최대화 행동이 선택될 확률이 주어질 수 있다. 최대화 행동을 제외한 나머지 행동에 대해 0의 확률을 부여하기만 한다면, 확률을 배분하는 방법은 어떤 것이든 상관없다.

그림 4.1의 마지막 행은 확률론적 정책에 대한 정책 향상의 예를 보여준다. 여기서 기존 정책 π는 균일한 확률 분포를 갖는 무작위 정책이고, 새로운 정책 π'은 v_π의 측면에서 탐욕적이다. 가치 함수 v_π는 왼쪽 아래의 도표에 나타내었고, 가능한 π'의 집합은 오른쪽 아래의 도표에 나타

내었다. π' 도표에서 여러 개의 화살표를 갖는 상태가 있는데, 이 상태에서는 여러 개의 행동이 식 4.9의 최댓값 조건을 만족시킨다. 이들 여러 행동에 어떠한 방식으로 확률을 배분해도 다 허용된다. 자세히 살펴보면 새로운 정책의 가치 함수 $v_{\pi'}(s)$는 모든 상태 $s \in \mathcal{S}$에서 $-1, -2, -3$ 중 하나의 값을 갖는다는 사실을 알 수 있다. 반면에, $v_\pi(s)$의 최댓값은 -14이다. 따라서 모든 상태 $s \in \mathcal{S}$에 대해 $v_{\pi'}(s) \geq v_\pi(s)$를 만족하기 때문에 정책 향상이 이루어진 것이다. 이 경우에는 어쩌다 보니 새로운 정책 π'이 최적 정책이 되었지만, 일반적으로는 정책 향상만 보장된다.

4.3 정책 반복

가치 함수 v_π를 이용하여 정책 π가 더 좋은 정책 π'으로 향상되고 나면 $v_{\pi'}$을 계산해서 π'을 한 층 더 좋은 정책 π''으로 향상시킬 수 있다. 이런 식으로 계속해서 향상하는 정책과 가치 함수의 연결 고리를 얻을 수 있다.

$$\pi_0 \xrightarrow{\text{E}} v_{\pi_0} \xrightarrow{\text{I}} \pi_1 \xrightarrow{\text{E}} v_{\pi_1} \xrightarrow{\text{I}} \pi_2 \xrightarrow{\text{E}} \cdots \xrightarrow{\text{I}} \pi_* \xrightarrow{\text{E}} v_*$$

여기서 $\xrightarrow{\text{E}}$는 정책 **평가**evaluation를 나타내고, $\xrightarrow{\text{I}}$는 정책 **향상**improvement을 나타낸다. 모든 정책은 바로 이전의 정책보다(이전 정책이 이미 최적 정책이지만 않다면) 분명히 향상됨이 보장된다. 유한 MDP가 갖는 정책의 개수는 오직 유한하기 때문에, 이러한 과정은 유한 횟수의 반복을 통해 최적 정책 및 최적 가치 함수로 수렴할 것이다.

이러한 방법으로 최적 정책을 찾는 것을 **정책 반복**policy iteration이라고 부른다. 정책 반복의 전체 알고리즘을 다음 글상자에 나타내었다. 정책 평가 자체가 반복적 계산의 과정이며, 정책 평가의 매 단계는 이전 정책의 가치 함수로부터 시작한다는 점에 주목하라. 이렇게 하면 일반적으로 정책 평가의 수렴 속도는 아주 많이 증가한다(이것은 아마도 한 정책에서 다음 정책으로 건너갈 때 가치 함수가 거의 변하지 않기 때문일 것이다).

$\pi \approx \pi_*$를 추정하기 위한 정책 반복(반복 정책 평가 이용)

1. **초기화**
   모든 $s \in \mathcal{S}$에 대해 임의로 $V(s) \in \mathbb{R}$와 $\pi(s) \in \mathcal{A}(s)$를 설정

2. **정책 평가**
   루프:
   $\quad \Delta \leftarrow 0$
   $\quad$ 모든 $s \in \mathcal{S}$에 대한 루프:
   $\qquad v \leftarrow V(s)$
   $\qquad V(s) \leftarrow \sum_{s',r} p(s', r \mid s, \pi(s))[r + \gamma V(s')]$
   $\qquad \Delta \leftarrow \max(\Delta, |v - V(s)|)$
   $\quad \Delta < \theta$를 만족할 때까지(추정의 정밀도를 결정하는 작은 양수)

3. **정책 향상**
   안정적 정책 $\leftarrow true$
   모든 $s \in \mathcal{S}$에 대해:
   $\quad$ 이전 행동 $\leftarrow \pi(s)$
   $\quad \pi(s) \leftarrow \mathrm{argmax}_a \sum_{s',r} p(s', r \mid s, a)[r + \gamma V(s')]$
   $\quad$ 이전 행동 $\neq \pi(s)$이면, 안정적 정책 $\leftarrow false$
   안정적 정책이 $true$이면 멈추고, $V \approx v_*$와 $\pi \approx \pi_*$를 반환하라. 그렇지 않으면, 2번 과정으로 돌아가라.

예제 4.2 **자동차 렌탈** 잭Jack은 전국적인 자동차 렌탈 회사에서 일하며 두 지점을 관리하고 있다. 매일 몇 명의 고객이 자동차를 렌트하기 위해 각 지점을 방문한다. 조건에 맞는 차가 있으면 잭은 차를 빌려주고 본사로부터 10달러의 보상을 받는다. 해당 지점에 빌려줄 차가 없으면 거래는 무산된다. 차는 회수된 다음 날부터 다시 대여가 가능하다. 각 지점에 렌탈 요청을 받은 차량이 항상 구비되어 있도록 하기 위해 잭은 밤사이 두 곳의 지점에 있는 차량을 한 대당 2달러의 비용을 들여 교환할 수 있다. 한 지점에서 대여되고 회수되는 자동차의 개수가 푸아송Poisson 분포를 따르는 확률 변수라고 가정한다. 푸아송 분포를 따른다는 것은 자동차의 개수가 n이 될 확률이 $\frac{\lambda^n}{n!} e^{-\lambda}$임을 의미한다. 이때 λ는 개수의 평균값을 나타낸다. 대여되는 자동차 개수에 대한 λ 값이 첫 번째와 두 번째 지점에서 각각 3과 4이고, 회수되는 자동차 개수에 대한 λ 값은 각각 3과 2라고 하자. 문제를 조금 단순화하기 위해, 각 지점은 최대 20대까지만 자동차를 보유할 수 있다고 가정한다(20대를 초과하는 분량은 모두 본사로 회수되기 때문에 이 문제에서 고려할 필요가 없다). 그리고 하루 밤사이 두 지점 사이에서 교환할 수 있는 자동차의 최대 개수는 5대로 제한된다. 할인률을 $\gamma = 0.9$로 하고 이 문제를 연속적인 유한 MDP 문제로 형식화하겠다. 이때 시간 단계는 하루 단위이고, 상태는 하루가 끝나는 시점에 각 지점이 보유한 자동차의 개수이며, 행동은 밤사이

두 지점 사이에서 교환되는 자동차의 총 개수다. 그림 4.2는 차량을 교환하지 않는 정책을 시작으로 하여 정책 반복을 수행한 결과를 보여준다.

잭의 자동차 렌탈 예제가 보여주듯이, 정책 반복이 수렴할 때까지 행해진 반복의 횟수는 종종 놀라울 정도로 작다. 이것은 그림 4.1의 예제에서도 확인할 수 있다. 그림 4.1의 왼쪽 제일 아래에 있는 다이어그램은 동일한 확률을 갖는 무작위 정책에 대한 가치 함수를 보여주고, 오른쪽 제일 아래에 있는 다이어그램은 이 가치 함수에 대한 탐욕적 정책을 보여준다. 정책 향상 정리는 이 최종 정책들이 원래의 무작위 정책보다 더 좋다는 것을 보장한다. 하지만 이 경우에는 이 최종 정책들이 단순히 더 좋은 정책이 아니라 가장 적은 수의 단계를 통해 종단 상태에 도달한 최적 정책이다. 이 예제에서는 단 한 번의 정책 반복만으로 최적 정책에 도달한다.

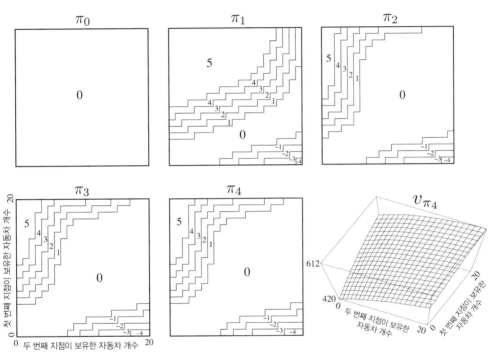

그림 4.2 잭의 자동차 렌탈 문제에서 정책 반복의 결과로 나타난 정책의 변화 과정과 최종 상태 가치 함수. 처음 다섯 개의 다이어그램은 각 지점이 하루의 마지막 시점에 보유한 자동차의 개수가 주어졌을 때, 첫 번째 지점에서 두 번째 지점으로 옮겨져야 할 자동차의 개수가 얼마인지를 보여준다(음의 값은 두 번째 지점에서 첫 번째 지점으로 옮겨지는 것을 나타낸다). 각 정책에 이웃한 다음 정책은 바로 이전 정책보다 분명히 향상되며, 마지막 정책이 최적 정책이다. ∎

연습 4.4 98쪽에 있는 정책 반복 알고리즘에는 미묘한 오류가 있다. 바로 두 개 이상의 최적 정책 사이에 계속해서 정책 반복이 수행된다면 정책 반복이 끝없이 진행된다는 것이다. 교육적 목적에서는 이 오류가 문제가 되지 않지만, 실제 활용에서는 문제가 된다. 수렴성이 보장되도록 의사코드를 수정하라. □

연습 4.5 행동 가치에 대해서는 정책 반복이 어떻게 정의되는가? 98쪽에서 v_*를 계산하는 것과 유사하게 q_*를 계산하기 위한 완전한 알고리즘을 제시하라. 이 연습문제에 특별한 주의를 기울여야 한다. 이 문제에 포함된 개념을 이 책의 나머지 부분에서 계속 사용할 것이기 때문이다. □

연습 4.6 오직 **입실론 소프트**$_{\varepsilon\text{-soft}}$인 정책만을 고려할 수 있다고 가정하자. 즉, 각 상태 s에서 각 행동을 선택할 확률이 최소한 $\varepsilon/|(A(s)|$는 된다고 가정하자. 이 경우, 98쪽에 있는 v_*를 위한 정책 반복 알고리즘의 각 단계에 어떤 변화가 필요한지를 3, 2, 1단계의 순서로 정성적으로 설명하라. □

연습 4.7 (프로그래밍) 정책 반복을 위한 프로그램을 작성하여 잭의 자동차 렌탈 문제를 다시 풀어라. 이때 문제를 다음과 같이 변경하겠다. 잭이 첫 번째 지점에 고용한 직원 중 한 명이 매일 밤 버스를 타고 집으로 가는데 이 직원의 집은 두 번째 지점과 가까운 거리에 있다. 그래서 그녀는 아무 대가 없이 기꺼이 자동차 하나를 두 번째 지점으로 옮길 수 있다고 한다. 다른 곳으로 옮겨지는 모든 자동차와 마찬가지로 여전히 자동차 하나를 옮기는 데는 2달러의 비용이 든다. 게다가, 각 지점에는 주차 공간이 제한되어 있다. 밤사이 (자동차를 옮긴 후에) 어떤 지점에 10대보다 많은 자동차가 주차되어 있을 경우 그 지점의 두 번째 주차장을 이용하기 위해 (자동차 수에 관계없이) 추가로 4달러의 비용을 지불해야 한다. 이러한 종류의 비선형성과 임의적인 동적 상황은 실제 문제에서 종종 발생하는데, 동적 프로그래밍 이외의 최적화 방법으로는 이러한 문제를 쉽게 해결할 수 없다. 여러분이 만든 프로그램이 잘 만들어졌는지 확인하기 위해 먼저 그림 4.2에 주어진 원래 문제의 결과를 재현해 보라. □

4.4 가치 반복

정책 반복의 단점은 정책 반복의 주기마다 정책 평가를 수행한다는 것이다. 정책 평가는 그 자체로 시간이 오래 걸리는 반복적 계산으로서, 상태 집합에 대한 일괄 계산을 여러 번 수행해야 한다. 정책 평가가 반복적 계산의 결과라면, v_π로 정확하게 수렴한다는 것은 오직 극한의 측면에서만 가능하다. 그렇다면 정확한 값으로 수렴할 때까지 기다려야만 하는가? 아니면 중간에 멈추고 짧게 끝낼 수도 있는 것인가? 그림 4.1의 예제는 정책 평가의 수렴 과정을 중간에서 멈추는 것이 가능할 수도 있음을 분명하게 시사한다. 이 예제에서 처음 세 번을 넘어서 반복되는 정책 평가는 평가의 대상이 되는 탐욕적 정책에 아무런 영향을 주지 않는다.

사실, 정책 반복 과정에서 정책 평가 단계의 반복적 계산 과정을 중간에 멈출 수 있는 방법에는 여러 가지가 있으며, 계산 과정이 중간에 중단된다 하더라도 정책 반복의 수렴성은 보장된다. 이때 중요하게 다뤄야 할 한 가지 특수한 경우는 정책 평가의 계산 과정이 오직 한 번의 일괄 계산

이후에(각 상태를 한 번 갱신한 이후에) 중단되는 것이다. 이 알고리즘을 **가치 반복**value iteration이라고 부른다. 정책 향상과 중단된truncated 정책 평가 단계를 결합하는 매우 간단한 갱신 과정으로 가치 반복 알고리즘을 다음과 같이 표현할 수 있다.

$$
\begin{aligned}
v_{k+1}(s) &\doteq \max_a \mathbb{E}[R_{t+1} + \gamma v_k(S_{t+1}) \mid S_t = s, A_t = a] \\
&= \max_a \sum_{s', r} p(s', r \mid s, a)\Big[r + \gamma v_k(s')\Big]
\end{aligned}
\tag{식 4.10}
$$

식 4.10은 모든 $s \in \mathbb{S}$에 대해 성립한다. 임의의 v_0에 대해, v_*의 존재를 보장하는 조건과 동일한 조건하에서 수열 $\{v_k\}$가 v_*로 수렴한다는 것을 보일 수 있다.

가치 반복을 이해하는 또 다른 방법은 최적 벨만 방정식(식 4.1)을 참고하는 것이다. 최적 벨만 방정식을 단지 갱신 규칙으로 바꾸기만 하면 가치 반복을 위한 식이 된다는 점을 기억하라. 또한, 가치 반복에서는 모든 행동에 대해 최댓값을 취해야 하는데, 이 점만 제외하면 가치 반복 갱신이 정책 반복 갱신(식 4.5)과 놀랍도록 동일하다는 사실을 기억하라. 이러한 밀접한 관계를 확인하는 또 다른 방법은 72쪽(정책 반복)과 그림 3.4의 왼쪽 그림(가치 반복)에 있는 각 알고리즘의 보강 다이어그램을 비교하는 것이다. 이 두 알고리즘은 각각 v_π와 v_*를 계산하기 위한 자연적인 보강 작용backup operation이다.

마지막으로, 가치 반복이 어떻게 끝나는지 알아보자. 정책 평가와 마찬가지로, 가치 반복이 정확히 v_*로 수렴하기 위해서 형식적으로는 무한 번의 반복이 필요하다. 실제로는 일괄 계산 과정에서 가치 함수의 변화가 아주 작은 값 이내로 들어오면 반복을 멈춘다. 다음 글상자는 이러한 종류의 중단 조건을 갖는 완전한 알고리즘을 보여준다.

$\pi \approx \pi_*$를 추정하기 위한 가치 반복

알고리즘 파라미터: 추정의 정밀도를 결정하는 작은 기준값 $\theta > 0$
모든 $s \in \mathbb{S}^+$에 대해 $V(s)$를 임의로 초기화한다. 단, $V(\text{종단}) = 0$은 예외로 한다.

루프:
$\quad \Delta \leftarrow 0$
$\quad$ 모든 $s \in \mathbb{S}$에 대한 루프:
$\quad\quad v \leftarrow V(s)$
$\quad\quad V(s) \leftarrow \max_a \sum_{s',r} p(s', r \mid s, a)[r + \gamma V(s')]$
$\quad\quad \Delta \leftarrow \max(\Delta, |v - V(s)|)$
$\Delta < \theta$를 만족할 때까지

다음과 같은 결정론적 정책 $\pi \approx \pi_*$를 출력한다.
$\quad \pi(s) \, \text{argmax}_a \sum_{s',r} p(s', r \mid s, a)[r + \gamma V(s')]$

가치 반복은 매번의 일괄 계산 과정에서 정책 평가의 일괄 계산과 정책 향상의 일괄 계산을 효과적으로 결합한다. 정책 향상의 일괄 계산 사이사이에 정책 평가의 일괄 계산을 여러 번 삽입함으로써 좀 더 빨리 수렴하게 할 수 있다. 일반적으로, 모든 종류의 중단된 정책 반복 알고리즘은 일괄 계산을 여러 번 반복하는 것으로 생각할 수 있다. 여러 번의 일괄 계산 중 일부는 정책 평가에서의 갱신을 이용하고 나머지 일부는 가치 반복 갱신을 이용한다. 이것은 단지 정책 반복의 일괄 계산 중 일부에만 최댓값을 구하는 부분을 추가하는 것을 의미한다. 이 두 가지 갱신 사이에 존재하는 유일한 차이점이 식 4.10의 최댓값을 구하는 부분이기 때문이다. 두 알고리즘 모두 할인된discounted 유한 MDP를 위한 최적 정책으로 수렴한다.

예제 4.3 **도박사의 문제** 한 도박사가 연속된 동전 던지기의 결과를 맞추는 내기를 할 기회를 얻게 된다. 동전의 앞면이 나오면 도박사는 자신이 내건 액수만큼의 돈을 따게 되고, 뒷면이 나오면 그 액수만큼의 돈을 잃는다. 도박사가 자신의 목표 금액인 100달러를 따거나 수중에 있는 돈을 모두 잃으면 게임은 끝난다. 매번의 동전 던지기에서, 도박사는 자신이 보유한 자금 중에서 얼마를 내걸지 결정해야 한다. 이때 금액의 단위는 1달러다. 이 문제를 할인되지 않은 에피소딕 유한 MDP로 형식화할 수 있다. 상태는 도박사가 보유한 자금의 액수 $s \in \{1, 2, ..., 99\}$이고,

행동은 내기에 거는 돈의 액수 $a \in \{0, 1, ..., \min(s, 100 - s)\}$이다. 도박사가 자신의 목표에 도달하게끔 하는 행동에 대한 보상은 +1이고, 이를 제외한 나머지 행동의 보상은 0이다. 이제 상태 가치 함수로부터 각 상태에서 도박사가 돈을 딸 확률을 계산할 수 있다. 이 예제에서 어떤 정책이란 바로 도박사가 보유한 자금의 액수와 도박사가 내거는 돈의 액수 사이의 관계를 규정하는 것이다. 최적 정책은 도박사가 목표에 도달할 확률을 최대로 만든다. 동전의 앞면이 나올 확률을 p_h라고 하자. p_h를 알고 있다면, 문제 전체를 알고 있

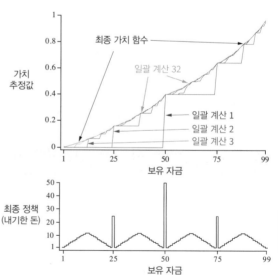

그림 4.3 $p_h = 0.4$인 경우에 대해 도박사의 문제를 푼 결과. 위 그래프는 가치 반복의 연속적인 일괄 계산을 통해 구해진 가치 함수를 보여준다. 아래 그래프는 최종 정책을 보여준다.

는 것이며, 예를 들면 가치 반복을 통해 이 문제를 풀 수 있다. 그림 4.3은 가치 반복의 연속된 일괄 계산 과정에서 가치 함수가 변화하는 것과 $p_h = 0.4$인 경우에 대해 가치 반복이 도달한 최종 정책을 보여준다. 이 정책은 최적 정책이지만 유일한 최적 정책은 아니다. 사실, 최적 가치 함

수의 측면에서 argmax의 최대화 조건을 만족하는 여러 행동이 있고, 각 행동에 상응하는 최적 정책을 모아놓은 집합이 있다. 이 집합이 어떤 모습일지 짐작이 되는가? ∎

연습 4.8 도박사 문제의 최적 정책은 왜 그렇게 특이한 형태를 하고 있는가? 특히, 도박사가 보유한 자금이 50일 경우에, 최적 정책을 따르면 보유한 자금을 모두 한 번의 동전 던지기에 걸게 된다. 하지만 도박사가 보유한 자금이 51이면 그렇게 하지 않는다. 이러한 정책이 왜 좋은 정책인가? □

연습 4.9 (프로그래밍)   도박사 문제의 가치 반복 알고리즘을 구현하고, $p_h = 0.25$인 경우와 $p_h = 0.55$인 경우에 대해 문제를 풀어라. 프로그램을 작성할 때, 도박사가 보유한 자금이 0이나 100이 되어 게임이 끝나는 두 가지 상황 각각에 해당하는 가짜dummy 상태를 정의하고 각각 0과 1의 가치를 부여하는 것이 편리하다는 사실을 알게 될 수도 있다. 여러분의 결과를 그림 4.3과 같이 그래프를 활용하여 나타내어라. $\theta \to 0$일 때, 여러분의 결과는 안정적으로 유지되는가? □

연습 4.10 행동 가치 $q_{k+1}(s, a)$에 대해서도 가치 반복 갱신(식 4.10)과 유사한 것이 있다면 무엇이겠는가? □

4.5 비동기 동적 프로그래밍

지금까지 논의한 DP 방법의 주요 단점은 DP가 MDP의 전체 상태에 대한 계산 과정을 포함한다는 것이다. 다시 말해, 상태 집합에 대한 일괄 계산이 필요하다는 점이다. 상태 집합의 크기가 매우 크다면 한 번의 일괄 계산도 할 수 없을 정도로 계산량이 많을 수 있다. 예를 들어, 백게먼 게임에는 10^{20}개가 넘는 상태가 있다. 이 경우, 1초에 백만 개의 상태에 대해 가치 반복 갱신을 수행할 수 있다고 하더라도 한 번의 일괄 계산을 수행하는 데 천 년 넘게 걸릴 것이다.

비동기asynchronous DP 알고리즘은 상태 집합에 대해 체계적인 일괄 계산을 수행하지 않는 제자리in-place 반복 DP 알고리즘이다. 이 알고리즘은 상태의 가치를 갱신하는 순서가 무엇이든 개의 치 않고, 다른 상태의 가치를 이용할 수 있는 상황이라면 그 값이 무엇이든 상관없이 다른 상태의 가치를 이용하여 해당 상태의 가치를 갱신한다. 어떤 상태의 가치가 한 번 갱신될 동안 다른 상태의 가치는 여러 번 갱신될 수도 있다. 하지만 정확하게 수렴하도록 하기 위해 비동기 알고리즘은 모든 상태의 가치가 갱신될 때까지 갱신을 계속 수행해야 한다. 따라서 갱신 과정이 어느 정도 진행된 이후에는 모든 상태에 대해 갱신을 수행해야 한다. 비동기 DP 알고리즘은 갱신할 상태를 선택하는 데 있어 대단히 유연한 알고리즘이다.

예를 들면, 여러 종류의 비동기 가치 반복 중 어떤 것은 식 4.10의 가치 반복 갱신을 이용하여 k 번째 단계에서 오직 하나의 상태, s_k에 대해서만 개별적으로 가치를 갱신한다. γ가 $0 \leq \gamma < 1$을 만족할 경우, 상태의 수열 $\{s_k\}$ 안에서 모든 상태가 무한 번 발생하기만 하면 v_*를 향한 점근적 asymptotic 수렴성이 보장된다(심지어 수열을 구성하는 상태가 확률론적으로 정해진다고 해도 상관없다. 할인되지 않은 에피소딕 문제의 경우, 갱신 순서를 어떻게 하느냐에 따라 수렴하지 않는 경우가 있지만, 이러한 상황은 상대적으로 쉽게 피할 수 있다). 이와 유사하게, 정책 평가와 가치 반복 갱신을 섞어서 중단된 정책 반복을 비동기로 수행하는 것이 가능하다. 이러한 알고리즘과 이보다 더 생소한 다른 DP 알고리즘은 이 책이 다루는 내용의 범위를 벗어나지만, 몇 가지 다른 방식의 갱신 방법이 일괄 계산을 하지 않는 다양한 DP 알고리즘에 폭넓고 유연하게 사용될 수 있는 기본적인 요소가 되는 것만은 분명하다.

물론, 일괄 계산을 하지 않는다고 해서 적은 양의 계산으로도 반드시 좋은 결과를 낼 수 있다는 뜻은 아니다. 단지 어떤 알고리즘이 정책 향상을 이루기 위해 가망도 없는 일괄 계산에만 집착할 필요는 없다는 의미일 뿐이다. 알고리즘의 수렴 속도 향상을 목표로 갱신을 적용할 대상 상태를 선택함으로써 유연성의 혜택을 얻고자 할 수도 있다. 또는 하나의 상태에서 다른 상태로 가치 정보가 효율적으로 전파되도록 하기 위해 갱신의 순서를 조정하려고 할 수도 있다. 심지어는, 어떤 상태가 최적 행동과 관련이 없을 경우 그 상태를 갱신하는 것을 완전히 건너뛰려고 할 수도 있다. 이를 위한 방법은 8장에서 논할 것이다.

비동기 알고리즘을 사용하면 실시간으로 상호작용하며 계산 과정을 섞어서 수행하는 것도 더 쉽게 할 수 있다. MDP 문제를 풀기 위해, **에이전트가 실제로 MDP를 경험하면서 동시에** 반복적 DP 알고리즘을 실행할 수 있다. DP 알고리즘에서 갱신을 적용할 상태를 결정하기 위해 에이전트의 경험을 활용할 수도 있다. 이와 동시에, DP 알고리즘으로부터 얻는 최신 가치와 정책에 대한 정보는 에이전트의 의사결정에 지침이 될 수 있다. 예를 들어, 에이전트가 어떤 상태를 마주치는 시점에 그 상태에 갱신을 적용할 수도 있다. 이렇게 하면 상태 집합의 원소들 중 에이전트와 가장 관련이 있는 상태에만 **초점을 맞추어** DP 알고리즘의 갱신을 적용하도록 하는 것이 가능하다. 이러한 종류의 초점 맞추기는 강화학습에서 반복적으로 다루는 주제다.

4.6 일반화된 정책 반복

정책 반복은 동시에 서로 상호작용하는 두 개의 과정으로 구성된다. 하나는 가치 함수가 현재 정책을 잘 따르도록 하는 것이고(정책 평가), 다른 하나는 정책을 현재 가치 함수에 대한 탐욕적 정책으로 만드는 것이다(정책 향상). 정책 반복에서는 이 두 과정이 번갈아 나타난다. 이때 실제로 반드시 필요한 것은 아니지만, 하나의 과정이 끝난 후에 다른 과정이 시작된다. 예를 들면, 가치 반복에서는 매 단계의 정책 향상 과정 사이에 오직 한 번의 정책 평가 과정이 수행된다. 비동기 DP 방법에서는 평가와 향상 과정이 좀 더 촘촘하게 교차하며 번갈아 수행된다. 어떤 경우에는 한 과정에서 오직 하나의 상태만 갱신되고 바로 다른 과정으로 전환되기도 한다. 두 과정이 어떻게든 계속 진행되어 모든 상태가 갱신되기만 한다면 그 최종 결과는 일반적으로 모든 경우에 대해 동일하다. 즉, 최종적으로 최적 가치 함수와 최적 정책으로 수렴한다.

정책 평가와 정책 향상의 반복 주기, 그리고 세부 사항에 관계없이 이 두 과정이 서로 상호작용하게 하는 일반적인 방법을 가리키기 위해 **일반화된 정책 반복**Generalized Policy Iteration, GPI이라는 용어를 사용하겠다. 거의 모든 강화학습 방법은 GPI로 잘 설명된다. 말하자면, 모든 강화학습 방법에는 식별 가능한 정책과 가치 함수가 포함된다는 것이다. 이때 오른쪽 다이어그램이 보여주듯이 정책은 항상 가치 함수의 측면에서 향상되고 있으며, 가치 함수는 항상 그 정책에 대한 가치 함수로 귀결된다. 평가 과정과 향상 과정이 모두 안정화되면, 다시 말해서 더 이상 변화를 만들지 않으면 가치 함수와 정책은 틀림없이 최적화된 것이다. 가치 함수는 현재 정책을 따를 때만 안정화될 수 있고, 정책은 현재 가치 함수에 대해 탐욕적일 때만 안정화될 수 있다. 그러므로 자기 자신의 가치 함수에 대해 탐욕적인 정책을 찾을 수 있을 때만 두 과정이 모두 안정화될 수 있다. 이것은 정책과 가치 함수가 최적 벨만 방정식(식 4.1)을 만족함으로써 최적화되었음을 의미한다.

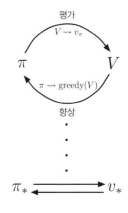

GPI에서 평가와 향상의 과정은 서로 경쟁하기도 하고 협력하기도 하는 것으로 비춰질 수 있다. 그들은 서로를 반대 방향으로 당긴다는 의미에서 경쟁한다. 정책이 가치 함수에 대해 탐욕적이 되도록 만들면 일반적으로 가치 함수는 변경된 정책에 대해 부정확해지고, 가치 함수가 정책을 따르도록 만들면 일반적으로 정책은 더 이상 탐욕적이지 않다. 하지만 장기적 측면에서는 이 두 과정이 서로 상호작용하여 하나의 공통 해를 찾게 된다. 그것이 바로 최적 가치 함수와 최적 정책이다.

GPI의 평가와 향상 과정 사이에서 일어나는 상호작용을 두 개의 제약조건 또는 두 개의 목표라는 측면에서 생각할 수도 있다. 예를 들어, 다음 페이지의 다이어그램이 보여주는 것처럼 두 과정을 2차원 평면상에 그어지는 두 개의 선으로 볼 수도 있다. 실제의 기하학적 구조는 이것보다 훨씬 더 복잡하겠지만, 이 다이어그램은 실제 상황에서 어떤 일이 일어나는지를 엿볼 수 있게

해 준다. 한 점에서 만나는 두 개의 선은 각
각 두 가지 목표 중 하나를 만족시키는 해집
합을 의미하고, 이 두 선 사이를 왕복하는
각 과정은 가치 함수 또는 정책이 둘 중 하
나의 선을 향해 나아가도록 한다. 두 선이 직
교하지 않기 때문에 두 가지 목표는 상호작
용하며 서로에게 영향을 미친다. 하나의 목

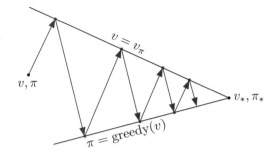

표를 향해 나아가면 다른 목표로부터는 멀어지게 된다. 하지만 연달아 반복하는 과정은 어쩔 수
없이 최적화라는 전체적인 목표에 더 가까이 다가가게 된다. 이 다이어그램의 화살표가 시종일
관 둘 중 하나의 목표를 완전히 이루도록 시스템을 이끈다는 점에서 화살표는 정책 반복의 과정
에 해당한다. GPI에서는 더 작고 불완전한 단계를 통해 목표에 다가갈 수도 있다. 비록 두 과정
모두 최적화라는 전체적인 목표를 곧바로 달성하려고 하지는 않지만, 어떤 경우에도 두 과정이
함께 그 목표를 달성한다.

4.7 동적 프로그래밍의 효율성

매우 규모가 큰 문제에서는 DP가 실효성이 없을 수도 있지만 MDP를 푸는 다른 방법과 비교했
을 때, DP 방법은 실제로 매우 효율적이다. 몇 가지 기술적인 세부 사항들을 제쳐두면, DP 방법
이 최적 정책을 찾는 데 걸리는 시간은 (가장 길게 추산해도) 상태와 행동의 개수에 대한 다항 함
수로 나타난다. 다시 말해, 상태의 개수가 n이고 행동의 개수가 k일 경우 DP 방법이 수행하는
계산 과정의 횟수가 n과 k에 대한 어떤 다항 함수의 값보다 작다는 것이다. (결정론적) 정책의 전
체 개수가 k^n이라고 하더라도 DP 방법은 예외 없이 다항 함수 시간polynomial time 내에 최적 정책
을 찾는다. 이런 의미에서 DP는 정책 공간을 직접 탐색하는 그 어떤 방법보다 기하급수적으로
더 빠르게 최적 정책을 찾는다. 직접 탐색 방법이 DP와 같이 확실하게 최적 정책을 찾기 위해서
는 모든 정책을 철저하게 테스트해 봐야 할 것이기 때문이다. MDP를 풀기 위해 선형 프로그래
밍linear programing 방법이 사용될 수도 있다. 경우에 따라서는 선형 프로그래밍 방법이 DP 방법
보다 최악의 조건worst-case에서 수렴성을 더 잘 보장한다. 하지만 선형 프로그래밍 방법은 DP 방
법이 다룰 수 있는 상태의 개수보다 훨씬 더 적은 상태에 대해서만 적용할 수 있다(DP가 약 100
배 더 많은 상태를 다룰 수 있다). 가장 규모가 큰 문제에는 오직 DP 방법만 적용해 볼 수 있다.

상태 변수state variable의 개수에 따라 상태의 개수가 기하급수적으로 증가한다는 **차원의 저주**curse of dimensionality 때문에 때로는 DP의 적용 가능성이 제한되어 있다고 생각되기도 한다. 상태 집합의 크기가 크면 당연히 어려움이 발생한다. 하지만 이 어려움은 문제 자체에 내재된 어려움이지, 문제에 대한 해결 방법으로서 DP가 갖고 있는 어려움은 아니다. 사실, 큰 상태 공간을 다루는 데 있어서는 직접 탐색direct search과 선형 프로그래밍 같은 경쟁 상대보다 DP가 비교적 더 적합하다.

실제로는, 요즘 나오는 컴퓨터의 능력을 활용하면 DP 방법을 적용하여 수백만 개의 상태를 갖는 MDP 문제를 풀 수 있다. 정책 반복과 가치 반복은 둘 다 폭넓게 사용되고 있다. 두 방법의 우열을 가릴 수 있다 하더라도 둘 중 어느 것이 일반적으로 더 좋은지는 확실하지 않다. 실제로는 이 두 방법 모두 이론상으로 가장 길게worst-case 추산되는 수렴 시간보다 보통은 훨씬 더 빨리 수렴한다. 특히, 초기 가치 함수와 정책이 좋을 때는 더욱 그렇다.

큰 규모의 상태 공간을 다루는 문제에서는 종종 **비동기** DP 방법이 선호된다. 동기화 방식을 따르면 일괄 계산을 한 번만 하더라도 모든 상태에 대한 계산과 그에 따른 메모리가 필요하다. 어떤 문제에서는 최적의 해를 찾아가는 과정에서 발생하는 상태의 수가 상대적으로 적은 덕분에 필요한 메모리와 계산량이 터무니없이 많더라도 여전히 해를 찾을 가능성이 있다. 이러한 경우에 비동기 방법과 GPI의 다른 변형들을 적용하면 좋은 정책 혹은 최적의 정책을 동기화 방식보다 훨씬 빨리 찾을 수도 있다.

4.8 요약

이 장을 통해 유한 MDP 문제를 푸는 데 있어서 동적 프로그래밍의 기본적인 개념과 알고리즘에 익숙해졌다. **정책 평가**는 (일반적으로) 어떤 정책하에서 수행되는 가치 함수의 반복적 계산을 의미한다. **정책 향상**은 어떤 정책에 대해 가치 함수가 주어졌을 때 좀 더 향상된 정책을 계산하는 것을 의미한다. 이 두 계산 과정을 함께 수행하면 DP 방법 중 가장 인기 있는 두 가지 방법인 **정책 반복**과 **가치 반복**이 된다. MDP에 대한 완전한 정보가 주어졌을 때, 정책 반복 또는 가치 반복을 통해 유한 MDP에 대한 최적 정책과 최적 가치 함수를 확실하게 계산할 수 있다.

고전적인 DP 방법은 상태 집합에 속한 모든 상태에 대해 **기댓값 갱신**expected update을 수행하는 일괄 계산을 통해 작동한다. 각각의 기댓값 갱신이 어떤 상태의 가치를 갱신할 때는 그 상태로부터 파생될 수 있는 모든 상태의 가치와 발생할 확률을 고려한다. 벨만 방정식과 밀접하게 연관되어 있는 기댓값 갱신은 벨만 방정식을 대입문assignment statement으로 바꾼 것에 지나지 않는다. 갱신을 해도 더 이상 가치가 변하지 않을 때는 해당 벨만 방정식을 만족하는 상태로 수렴한 것이다. 네 개의 주요 가치 함수(v_π, v_*, q_π, q_*) 각각에 대해 네 개의 벨만 방정식과 네 개의 기댓값 갱신이 존재한다. **보강 다이어그램**은 DP 갱신의 작동 과정을 직관적으로 보여준다.

DP 방법을 비롯하여 사실상 모든 강화학습 방법을 **일반화된 정책 반복**GPI으로 바라봄으로써 이 방법들에 대한 통찰을 얻을 수 있다. GPI는 근사적 정책과 근사적 가치 함수를 중심으로 상호 작용하는 두 과정에 대한 일반적인 개념이다. 한 과정은 정책을 주어진 것으로 보고, 정책의 실제 가치 함수와 가까워지도록 가치 함수를 변화시키며 어떤 형태로든 정책 평가를 수행한다. 또 다른 과정은 가치 함수를 주어진 것으로 보고, 이 가치 함수가 정책의 가치 함수라는 가정하에 더 좋은 정책이 되도록 정책을 변화시키며 어떤 형태로든 정책 향상을 수행한다. 한 과정이 기준으로 삼는 정책이나 가치 함수가 다른 과정에 의해 변경되지만 전체적으로는 두 과정이 협력하여 공통의 해를 찾아간다. 그 결과, 어떤 과정에 의해서도 변하지 않는 정책과 가치 함수에 도달하면 이는 결과적으로 최적의 정책과 최적의 가치 함수가 된다. 경우에 따라서는 GPI가 수렴한다는 것을 증명할 수 있는데, 이것은 이 장에서 제시한 고전적인 DP 방법에 대해 가장 뚜렷하게 확인할 수 있다. 수렴한다는 것을 증명할 수 없는 경우도 있지만, 여전히 GPI의 개념은 강화학습의 방법을 이해하는 데 도움이 된다.

반드시 상태 집합을 완전히 휩쓰는sweeping 일괄 계산으로 DP 방법을 수행할 필요는 없다. **비동기 DP** 방법은 임의의 순서로 상태를 갱신하는 개별적 반복 과정이다. 이때 상태의 갱신은 어쩌면 확률론적으로 결정될 수도 있고, 오래된out-of-date 정보를 사용하여 결정될 수도 있다. 이와 같은 많은 방법을 촘촘하게 짜인fine-grained 형태의 GPI로 볼 수 있다.

마지막으로, DP 방법의 특별한 성질 한 가지를 언급하고자 한다. 모든 DP 방법이 어떤 상태의 가치 추정값을 갱신할 때는, 그 상태로부터 파생되는 상태의 가치 추정값을 기반으로 한다. 다시 말해, 다른 추정값을 기반으로 해당 추정값을 갱신한다. 이러한 일반적인 방법을 **부트스트랩**bootstrap이라고 부르겠다. 많은 강화학습 방법은 DP에 요구되는 완전하고 정확한 환경 모델 없이도 부트스트랩을 수행한다. 다음 장에서는 모델을 필요로 하지도 않고 부트스트랩도 수행하지 않는 강화학습 방법에 대해 알아볼 것이다. 그 이후의 장에서는 모델을 필요로 하지는 않지만 부트스트랩은 수행하는 방법을 알아볼 것이다. 이 핵심적인 특징 및 성질은 분리될 수 있지만, 흥미로운 조합으로 섞일 수도 있다.

참고문헌 및 역사적 사실

'동적 프로그래밍'이란 용어는 벨만(1975a)이 처음 사용했다. 벨만은 동적 프로그래밍이 어떻게 폭넓은 분야의 문제에 적용될 수 있는지를 보여주었다. DP의 광범위한 사용은 많은 문헌에서 확인할 수 있다. 여기에는 베르트세카스(2005, 2012), 베르트세카스와 치치클리스(1996), 드레퓌스와 로(1997), 로스(1983), 화이트(1969), 위틀(1982, 1983)이 포함된다. 이 책에서는 MDP를 풀기 위해 활용하는 측면에서만 DP를 다루지만, DP는 다른 유형의 문제에도 적용할 수 있다. 쿠마르와 카날(Kumar and Kanal, 1988)은 DP를 좀 더 일반적인 관점에서 다루었다.

필자가 알고 있는 한 DP와 강화학습 사이의 최초의 연결 고리는 민스키(1961)가 사무엘의 체커 선수를 언급하면서 시작되었다. 각주에서, 민스키는 사무엘의 보강backing-up 과정이 완전히 해석적인 형태로 다룰 수 있는 문제에 DP를 적용할 수 있다고 말했다. 이 언급은 인공지능 연구자들로 하여금 DP가 해석적으로 계산 가능한 문제에 한정되며 따라서 인공지능과는 무관하다고 믿도록 호도했을 수도 있다. 안드라아(1969b)는 강화학습의 맥락에서, 분명하게는 정책 반복의 맥락에서 DP에 대해 언급했다. 하지만 그는 학습 알고리즘과 DP 사이의 연결 고리를 분명하게 드러내지는 않았다. 웨어보스(1977)는 '경험적 동적 프로그래밍heuristic dynamic programming'이라는 접근법을 제안하면서 연속 상태continuous-state 문제를 풀기 위한 방법으로 경사도 강하gradient-descent 방법을 강조했다(웨어보스, 1982, 1987, 1988, 1989, 1992). 이러한 방법들은 이 책에서 다루는 강화학습 알고리즘과 밀접하게 연관되어 있다. 왓킨스(1989)는 한 부류의 강화학습 방법을 '점증적 동적 프로그래밍incremental dynamic programming'으로 특징지으면서 강화학습과 DP의 연관성을 분명하게 드러내었다.

4.1-4 이 절들에서는 위에서 인용한 일반적인 DP 관련 참고문헌 어디에나 등장하는 잘 설계된 DP 알고리즘을 설명한다. 정책 향상 정리와 정책 반복 알고리즘은 벨만(1957a)과 하워드(1960)의 연구에서 비롯되었다. 이 책에서 제시한 내용은 정책 향상에 대한 왓킨스(1989)의 지엽적 관점에 영향을 받았다. 가치 반복을 중단된 정책 반복의 형태로 다룬 것은 푸터만과 신(Puterman and Shin, 1978)의 접근법을 기반으로 한 것이다. 이들은 **수정된 정책 반복**modified policy iteration이라고 불리는 일군의 알고리즘을 제시했는데, 여기에는 정책 반복과 가치 반복이 특별한 경우로서 포함되어 있다. 베르트세카스(1987)는 최적 정책을 유한 시간 안에 찾기 위해 가치 반복이 어떻게 활용될 수 있는지를 보여주는 분석을 수행했다.

반복 정책 평가는 선형 연립 방정식을 풀기 위한 고전적 방법인 연속 근사 알고리즘successive approximation algorithm의 한 예다. 하나의 배열에는 이전 가치를 저장하고 다른 배열에서는 가치를 갱신하는 식으로 두 개의 배열을 사용하는 형식의 알고리즘은 이 방법을 처음 사용한 자코비의 이름을 따라 종종 **자코비 스타일**Jacobi-style 알고리즘이라고 불린다. 이 방법의 효과가 마치 모든 가치를 한 번에 갱신하는 것과 같기 때문에 때로는 이 방법을 **동기화된**synchronous 알고리즘이라고 부르기도 한다. 이전 가치를 저장하는 보조 배열은 이러한 병렬 계산을 순차적으로 시뮬레이션하기 위해 필요하다. 갱신을 개별적으로 수행하는 방식의 알고리즘은 선형 연립 방정식을 풀기 위한 고전적 방법인 가우스-세이델 알고리즘의 이름을 따라 종종 **가우스-세이델 스타일**Gauss-Seidel-style 알고리즘이라고 불린다. 반복 정책 평가뿐만 아니라 그 밖의 DP 알고리즘도 이러한 다양한 방식으로 구현될 수 있다. 베르트세카스와 치치클리스(1989)의 연구는 이러한 다양한 방식의 알고리즘이 갖는 차이점과 그에 따른 성능의 차이를 훌륭하게 다루고 있다.

4.5 비동기 DP 알고리즘은 베르트세카스(1982, 1983)가 처음 제안했는데, 그는 이 방법을 분산 DPdistributed DP 알고리즘으로 부르기도 했다. 원래 비동기 DP는 프로세서processor 와 전역적으로 동기화되어 있지 않은 시계 사이에 발생하는 통신 지연을 내포하는 멀티프로세서multiprocessor 시스템에 적용하기 위해 고안되었다. 이 알고리즘은 베르트세카스와 치치클리스(1989)의 연구에서 방대하게 논의되었다. 자코비 스타일 DP 알고리즘과 가우스-세이델 스타일 DP 알고리즘은 비동기 DP 알고리즘의 특별한 경우에 해당한다. 윌리엄스와 베어드(Williams and Baird, 1990)는 이 책에서 다룬 것보다 더 세밀하게 나눠진 비동기 DP 알고리즘을 제시했다. 이 알고리즘에서는 갱신 과정 자체가 비동기로 수행될 수 있는 여러 개의 단계로 세분화된다.

4.7 마이클 리트만의 도움을 받아 작성된 4.7절은 리트만, 딘, 카엘블링(Littman, Dean, and Kaelbling, 1995)의 연구를 기반으로 한다. '차원의 저주'라는 표현은 벨만(1957a)이 처음 사용했다.

다니엘라 드 파리아스Daniela de Farias의 연구(드 파리아스, 2002; 드 파리아스와 밴 로이de Farias and Van Roy, 2003)는 강화학습에 선형 프로그래밍 기법을 적용하는 방법의 기반을 다졌다.

05

몬테카를로 방법

이 장에서는 가치 함수를 추정하고 최적 정책을 찾는 데 활용할 첫 번째 학습 방법을 다룬다. 4장과는 다르게, 5장에서는 환경을 완전히 알고 있다고 가정하지 않는다. 몬테카를로Monte Carlo, MC 방법은 오로지 **경험**experience만을 필요로 한다. 이 경험이란 환경과의 상호작용으로부터 발생한 상태, 행동, 보상의 표본을 나열한 것이다. 이때 환경과의 상호작용은 실제 상호작용일 수도 있고 실제를 모사한 것일 수도 있다. '실제' 경험으로부터 학습하는 것은 환경의 동역학에 대한 사전 지식 없이도 최적 행동을 할 수 있게 해 준다는 점에서 매력적이다. 실제를 '모사한' 경험으로부터 학습하는 것도 마찬가지로 강력하다. 비록 모델이 필요하다 하더라도 그 모델이라는 것은 단지 표본 전이sample transition를 생성하기만 하면 된다. 동적 프로그래밍DP에서처럼 가능한 모든 전이에 대해 완벽한 확률 분포를 알 필요는 없다. 원하는 확률 분포를 따르는 표본 경험을 생성하는 것은 쉽지만 확률 분포를 수식으로 표현하는 것은 불가능한 경우가 놀라울 정도로 많다.

몬테카를로 방법은 표본 이득의 평균값을 기반으로 강화학습 문제를 푸는 방법이다. 잘 정의된 이득이 활용될 수 있도록 하기 위해 여기서는 오직 에피소드 문제에 대해서만 몬테카를로 방법을 정의하겠다. 다시 말해 경험이 여러 개의 에피소드로 분할되고, 선택되는 행동에 상관없이 모든 에피소드가 결국에는 종료된다고 가정하겠다. 오직 하나의 에피소드가 완료된 후에만 가치 추정값과 정책이 변화한다. 따라서 몬테카를로 방법은 단계에서 단계로 넘어가는 실시간online 관점에서가 아니라 에피소드에서 에피소드로 진행되는 관점에서 점증적일 수 있다. '몬테카를로'

라는 용어는 종종 보다 폭넓은 의미로 사용되어서 상당한 무작위성을 포함하는 추정 과정을 나타내기도 한다. 이 책에서는 이 용어의 의미를 좀 더 분명하게 한정하여 온전한 이득에 대한 평균값을 기반으로 하는 방법을 나타낼 경우에만 사용하겠다(다음 장에서 다룰 부분적 이득으로부터 학습하는 방법에는 사용하지 않는다).

2장에서 다룬 다중 선택 방법이 각 행동에 대해 **보상**reward의 표본을 추출하고 평균을 계산하는 것과 매우 흡사하게, 몬테카를로 방법은 각각의 상태-행동 쌍에 대해 **이득**return의 표본을 취하고 평균을 계산한다. 이들의 주된 차이점은 몬테카를로 방법에서는 여러 개의 상태가 존재한다는 것이다. 이 상태들 각각은 (연관 탐색 또는 맥락적 다중 선택 같은) 서로 다른 다중 선택 문제처럼 작동하고 다중 선택 문제들도 서로 연관되어 있다. 다시 말해, 한 상태에서 어떤 행동을 취한 후에 얻게 되는 이득은 동일한 에피소드에 속하는 나중 상태에서 취해진 행동에 의존한다. 모든 행동 선택이 학습 과정을 거쳐서 이루어지기 때문에, 앞선 상태의 관점에서 문제를 바라보면 비정상적nonstationary 문제가 된다.

비정상적nonstationary 문제를 다루기 위해, 4장에서 DP를 위해 개발한 일반화된 정책 반복GPI의 개념을 변형했다. 4장에서는 MDP에 대한 정보로부터 가치 함수를 **계산**compute했지만, 5장에서는 MDP를 적용한 표본 이득으로부터 가치 함수를 **학습**learn한다. 가치 함수와 해당 정책은 최적의 결과를 얻기 위해 여전히 (GPI와) 같은 방식으로 서로 상호작용한다. DP를 다룬 장에서와 마찬가지로, 이 장에서도 (고정된 임의의 정책 π에 대해 v_π와 q_π를 계산하는) 예측 문제에 대해 먼저 생각하고 그 후에 정책 향상, 그리고 마지막으로 제어 문제와 GPI를 이용한 제어 문제의 해법을 생각해 볼 것이다. DP로부터 얻은 이러한 방법들 각각을 오직 표본 경험만 활용할 수 있는 몬테카를로 방법으로 확장할 것이다.

5.1 몬테카를로 예측

주어진 정책에 대해 상태 가치 함수를 학습하기 위한 몬테카를로 방법을 생각해 보는 것으로부터 시작해 보자. 어떤 상태의 가치는 그 상태를 시작점으로 하여 계산된 이득의 기댓값(할인된 미래 보상의 누적 기댓값)이라는 점을 상기하자. 그렇다면 경험으로부터 상태의 가치를 추정하는 분명한 방법은 단순히 그 상태 이후에 관측되는 모든 이득에 대해 평균을 계산하는 것이다. 더 많은 이득이 관측됨에 따라 그 평균값은 기댓값으로 수렴해야 한다. 이것이 몬테카를로 방법의 기저에 깔린 개념이다.

특히, 정책 π하에서 상태 s를 통과함으로써 얻어지는 에피소드의 집합이 주어졌을 때, 정책 π를 따르는 상태 s의 가치, $v_\pi(s)$를 추정하길 원한다고 가정해 보자. 한 에피소드에서 상태 s가 발생할 때마다 그것은 s와의 **접촉**visit으로 불린다. 물론, 동일한 에피소드 안에서 s를 여러 번 마주칠 수 있다. 한 에피소드에서 s를 처음 마주치는 것을 s와의 **최초 접촉**first visit이라고 부르자. **최초 접촉 MC 방법**first-visit MC method은 s와의 최초 접촉 이후에 발생하는 이득의 평균을 구함으로써 $v_\pi(s)$를 추정한다. 반면에, **모든 접촉 MC 방법**every-visit MC method은 s와의 모든 접촉 이후에 발생하는 이득의 평균을 계산한다. 이 두 가지 몬테카를로 방법은 서로 매우 유사하지만, 이론적으로 특성이 약간 다르다. 최초 접촉 MC 방법에 대한 연구는 1940년대부터 시작되었으며 지금까지 가장 폭넓게 연구되었고, 이 장에서도 이 방법에 초점을 맞출 것이다. 모든 접촉 MC 방법은 함수 근사, 그리고 9장과 12장에서 다룰 적격 흔적eligibility trace 방법으로 좀 더 자연스럽게 확장될 수 있다. 최초 접촉 MC 방법은 다음 글상자에 절차적 형태로 기술되어 있다. 모든 접촉 MC 방법은 에피소드 안에서 S_t에 대한 확인이 좀 더 일찍 발생한다는 점만 제외하면 나머지는 동일하다.

$V \approx v_\pi$를 추정하기 위한 최초 접촉 MC 예측

입력: 평가 대상인 정책 π
초기화:
　　모든 $s \in \mathcal{S}$에 대해 임의의 값으로 $V(s) \in \mathbb{R}$를 초기화
　　모든 $s \in \mathcal{S}$에 대해 값이 채워지지 않은 리스트list를 $Returns(s)$ 변수에 대입

(각 에피소드에 대해) 무한 루프:
　　정책 π를 따르는 하나의 에피소드를 생성: $S_0, A_0, R_1, S_1, A_1, R_2, ..., S_{T-1}, A_{T-1}, R_T$
　　변수 G에 0을 대입
　　에피소드의 각 단계에 대해 반복 수행, $t = T-1, T-2, ..., 0$:
　　　　변수 G에 $\gamma G + R_{t+1}$을 대입
　　　　S_t가 $S_0, S_1, ..., S_{t-1}$ 안에 나타나지 않는다면:
　　　　　　리스트 $Returns(S_t)$에 변수 G를 새 항목으로 추가
　　　　　　리스트 $Returns(S_t)$에 대한 평균을 $V(S_t)$에 대입

최초 접촉 MC와 모든 접촉 MC는 s와의 접촉 또는 최초 접촉의 개수가 무한으로 갈수록 $v_\pi(s)$로 수렴한다. 이것은 최초 접촉 MC의 경우에 대해 쉽게 확인할 수 있다. 이 경우 각각의 이득은 독립 동일 분포independently identically distribution를 따르는 $v_\pi(s)$의 추정값이고, 이때 추정값의 분산은 유한하다. 큰 수의 법칙에 따라 이 추정값의 평균을 나열한 수열은 추정값의 기댓값으로 수렴한다. 각각의 평균은 그 자체로 편차 없는unbiased 추정값이고, 추정 오차의 표준 편

차는 $1/\sqrt{n}$만큼 감소한다. 여기서 n은 평균값 계산의 대상이 되는 이득의 개수(즉, 표본 크기 ⌐옮긴이⌐)를 나타낸다. 모든 접촉 MC의 경우에는 좀 더 불명확하지만, 가치의 추정값(즉, 이득 ⌐옮긴이⌐)은 역시 2차 곡선의 변화율과 유사한 속도로quadratically $v_\pi(s)$를 향해 수렴한다(싱과 서튼Singh and Sutton, 1996).

몬테카를로 방법을 어떤 식으로 사용하는지는 예제를 통해 가장 잘 설명할 수 있다.

⌐예제 5.1⌐ **블랙잭** 유명한 카지노 카드 게임인 **블랙잭**blackjack 게임의 목적은 보유한 카드에 적힌 숫자의 합이 21을 넘지 않는 가장 큰 값이 되도록 하는 것이다. 숫자가 없는 모든 카드는 10으로 계산하고, 에이스 카드는 1 또는 11로 계산할 수 있다. 여기서는 모든 게임 참여자가 딜러를 상대로 각자 독립적으로 경쟁하는 상황을 생각해 보자. 딜러가 보유한 카드 중 하나만 앞면을 보여주고 나머지 카드는 뒷면을 보여준다. 어떤 사람이 단번에 21을 갖게 되면(에이스 하나와 10으로 계산되는 카드 하나) 그것을 **내추럴**natural이라고 부른다. 이 경우 딜러도 내추럴을 갖게 되어 무승부가 되는 경우만 아니면 이 사람이 이긴 것이다. 이 사람이 (선택한 카드를 확인하여) 내추럴을 갖고 있지 않다면, 자신의 차례를 **건너뛰거나**stick 보유한 숫자의 합이 21을 **넘을**goes bust 때까지 카드를 하나씩 **추가**hit할 수 있다. 보유한 숫자의 합이 21을 넘을 경우 이 사람이 지는 것이고, 자신의 차례를 넘기면 다음은 딜러의 차례가 된다. 딜러는 스스로 선택하지 않고 정해진 전략에 따라 카드 하나를 추가하거나 차례를 넘긴다. 이 전략이란 보유한 숫자의 합이 17 이상이면 차례를 넘기고 그렇지 않으면 카드 하나를 추가하는 것이다. 딜러가 보유한 숫자의 합이 21을 넘으면 이 사람이 이기고, 그렇지 않을 경우 결과(승, 패, 또는 무)는 보유한 숫자의 합이 21에 더 가까운 사람이 누구냐에 따라 결정된다.

블랙잭 게임을 하는 것은 자연스럽게 에피소딕 유한 MDP 문제로 형식화된다. 각각의 블랙잭 게임은 모두 하나의 에피소드다. 승, 무, 패에 대해 각각 +1, 0, −1의 보상이 주어진다. 한 번의 게임에서 발생한 모든 보상의 합은 0이고, 할인을 적용하지 않기 때문에($\gamma = 1$) 최종 보상은 곧 이득이 된다. 게임 참여자의 행동은 카드를 추가하거나 차례를 건너뛰는 것이다. 상태는 게임 참여자의 카드와 딜러가 보여주는 카드에 따라 결정된다. 카드의 개수는 무한개라고 가정한다(즉, 카드 뭉치에 다시 채워 넣는다). 따라서 이미 사용한 카드를 추적해 봤자 도움이 되지 않는다. 게임 참여자가 에이스 카드를 갖게 되었을 때, 21을 넘지 않으면서 에이스 카드를 11로 계산할 수 있으면 이 에이스 카드를 **사용 가능**usable이라고 부른다. 이 경우, 에이스 카드는 항상 11로 계산된다. 왜냐하면(이 경우 에이스 카드가 나오기 전에 갖고 있는 숫자의 합이 10 이하이므로 ⌐옮긴이⌐) 에이스 카드를 1로 계산하면 보유한 숫자의 합이 11 이하가 되기 때문이다. 이러한 상황에서는 게임 참여자가 이 에이스 카드를 추가하는 것 말고는 선택의 여지가 없기 때문에 어떤 결정도 내릴 필요가 없다. 이와 같이, 게임 참여자는 다음의 세 가지 변수에 근거해서 결정을 내린다. 게임 참여자가 현재 보유한 숫자의 합(12 ~ 21), 딜러가 보여주는 하나의 카드(에이스 ~ 10), 게임 참여자가 사용 가능 에이스를 갖고 있는지 여부. 이 경우, 전체 상태의 개수는 200개가 된다.

게임 참여자의 보유 숫자 합이 20 또는 21일 때는 차례를 건너뛰고 그 밖의 경우에는 카드를 추가하는 정책을 생각해 보자. 이 정책에 대해 몬테카를로 방법으로 상태 가치 함수를 찾기 위해서, 이 정책을 활용하여 다수의 블랙잭 게임을 시뮬레이션해 보고 각 상태 이후에 발생하는 이득의 평균을 계산해 보자. 이러한 방법으로 그림 5.1과 같은 상태 가치 함수의 추정값을 얻었다. 사용 가능 에이스를 갖는 상태가 그렇게 흔하지 않기 때문에 이러한 상태에 대한 상태 가치 함수의 추정값은 보다 덜 확실하고 덜 규칙적이다. 아무튼 500,000번의 게임 후에 가치 함수는 매우 잘 근사된다.

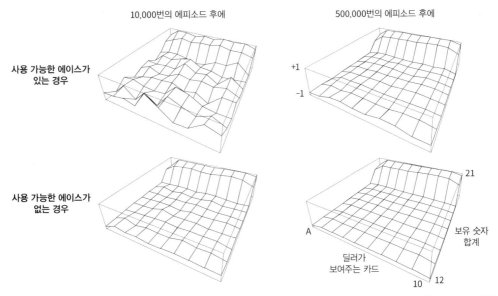

그림 5.1 보유한 숫자의 합이 20 또는 21일 때만 차례를 건너뛰는 블랙잭 게임의 정책에 대한 근사적 상태 가치 함수를 몬테카를로 정책 평가로 계산한 것　　　　　■

[연습 5.1] 그림 5.1의 오른쪽 다이어그램을 생각해 보자. 왜 뒤쪽에 있는 마지막 두 개의 행에 대해서는 가치 함수의 추정값이 갑자기 증가하는가? 왜 왼쪽 다이어그램에서 마지막 행의 값이 줄어드는가? 왜 첫 번째 행의 값은 아래쪽 다이어그램보다 위쪽 다이어그램에서 더 큰가?　　□

[연습 5.2] 블랙잭 게임 문제에서 최초 접촉 MC 대신에 모든 접촉 MC가 사용된다고 가정해 보자. 결과가 매우 다를 것으로 기대하는가? 그 이유는 무엇인가?　　□

블랙잭 게임 문제에서 환경에 대한 완벽한 지식을 갖고 있더라도 DP 방법을 적용하여 가치 함수를 계산하는 것은 쉽지 않을 것이다. DP 방법을 적용하려면 다음에 일어날 사건의 분포가 필요하다. 특히, 네 개의 변수를 갖는 함수 p에 의해 주어지는 환경의 동역학이 필요하다. 하지만 블랙잭 게임 문제에서 이것을 결정하기는 쉽지 않다. 예를 들면, 게임 참여자가 보유한 숫자의 합이 14이고 차례를 건너뛰기로 했다고 가정해 보자. 딜러가 보여주는 카드에 따라 결정되는 함수로서, 그가 +1의 보상을 받고 끝나게 될 확률은 얼마인가? DP를 적용할 수 있으려면 모든 확률이 '그 전에' 계산되어야만 한다. 그리고 그러한 계산은 종종 복잡할 뿐만 아니라 계산에 오류가 있을 확률이 높다. 반면에, 몬테카를로 방법에 필요한 샘플 게임을 생성하는 것은 쉽다. 이것은 놀라울 만큼 자주 벌어지는 상황이다. 샘플 에피소드만을 이용하여 가치 함수를 계산하는 몬테카를로 방법의 능력은 심지어 환경의 동역학에 대해 완벽한 지식을 갖고 있을 때에도 상당한 도움이 될 수 있다.

보강 다이어그램의 개념을 일반화하여 몬테카를로 알고리즘에도 적용할 수 있을까? 보강 다이어그램의 일반적인 개념은 제일 위쪽에 갱신할 루트 노드를 보여주고 그 아래에 모든 전이와 행동 노드를 보여주는 것이다. 이때 루트 노드 이후에 나타나는 모든 행동 노드의 보상과 기대 가치가 루트 노드를 갱신하는 데 기여한다. 몬테카를로 방법으로 가치 함수 v_π를 추정할 경우, 오른쪽 그림에서처럼 루트 노드는 상태 노드이고 그 아래로 특정한 단일 에피소드를 따라 종단 상태까지 전체 전이 궤적이 이어진다. DP 다이어그램이 모든 가능한 전이를 보여주는 반면(72쪽), 몬테카를로 다이어그램은 하나의 에피소드에 대해 추출된 표본 전이만을 보여준다. DP 다이어그램이 오직 단일 단계 전이만을 포함하는 반면, 몬테카를로 다이어그램은 에피소드가 끝날 때까지의 전 과정을 포함한다. 다이어그램에 있어서 이러한 차이는 두 알고리즘 사이의 근본적인 차이를 정확히 나타낸다.

몬테카를로 방법에 관한 중요한 사실 중 하나는 각 상태에 대한 추정이 서로 독립적이라는 것이다. DP의 경우가 그렇했듯이, 하나의 상태에 대한 추정은 다른 어떤 상태에 대한 추정으로부터도 영향을 받지 않는다. 다시 말해, 몬테카를로 방법은 이전 장에서 정의한 **부트스트랩**을 하지 않는다.

특히, 하나의 상태에 대한 가치를 추정하는 데 필요한 계산 비용은 상태의 개수와는 상관이 없다. 이러한 사실 때문에 오직 하나 또는 일부 상태에 대해서만 가치를 추정하려고 할 때 몬테카를로 방법을 적용하는 것은 특히 매력적으로 보일 수 있다. 관심 있는 상태들에 대해 우선적으로 많은 표본 에피소드를 만들고, 다른 상태는 제외한 채 이 상태들에 대해서만 이득의 평균을 계산할 수 있는 것이다. 이것이 몬테카를로 방법이 DP에 대해 비교 우위를 갖는 (실제 경험으로부터 학습하는 능력과 실제를 모사한 경험으로부터 학습하는 능력에 이은) 세 번째 이점이다.

예제 5.2 **비누 거품** 닫힌 곡선을 형성하는 철사 구조물이 비누 거품이 있는 물에 잠겨서 철사 구조물의 모서리에 상응하는 모서리를 갖는 비누 표면이나 거품을 형성한다고 가정해 보자. 철사 구조물의 기하학적 구조가 불규칙적이지만 그 구조를 알고 있다면 그로부터 발생하는 비누 표면의 모양은 어떻게 계산할 수 있을까? 비누 표면의 모양을 결정하는 특성은 표면을 형성하는 모든 점이 이웃하는 점들로부터 받는 함의 합은 0이라는 것이다(그렇지 않으면 표면의 모양이 변

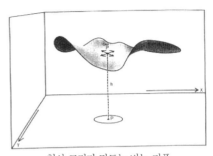

철사 고리가 만드는 비누 거품

할 것이다). 이것은 표면 위의 어떤 점의 높이가 이 점을 포함하는 작은 원 안에 있는 표면 위의 점들의 높이에 대한 평균값임을 의미한다. 게다가, 표면의 경계선은 철사 구조물의 경계선에 대응되어야만 한다. 이러한 종류의 문제에 대한 보통의 접근법은 표면이 차지하는 영역에 격자를 표시하고, 반복적 계산을 통해 격자점에서의 표면 높이를 구하는 것이다. 경계에 위치한 격자점의 높이는 그 자체로 두고, 다른 모든 격자점에서의 높이는 각 격자점으로부터 가장 가까운 네 개의 격자점에서의 높이를 평균 낸 값으로 수정한다. 이제 DP에서의 반복 정책 평가와 매우 유사하게, 이 과정을 반복하면 궁극적으로 실제 발생할 비누 표면과 매우 가까운 표면으로 수렴한다.

이 예제는 몬테카를로 방법이 원래 해결하고자 했던 유형의 문제와 유사하다. 위에 설명한 반복적 계산 대신, 비누 표면 위에 서서 한 격자점에서 이웃 격자점으로 동일한 확률로 발걸음을 옮기며 경계에 도달할 때까지 무작위 행보를 한다고 상상해 보자. 그리고 경계에서 높이의 기댓값은 시작 점에서의 실제 표면의 높이를 매우 정밀하게 근사한 것이라는 사실이 드러났다고 해보자(사실, 높이의 기댓값은 위에 설명한 반복적 방법으로 계산한 값과 정확히 일치한다). 이 경우 표면 위의 한 점에서의 높이를 정밀하게 근사하려면, 단지 그 점에서 시작한 많은 무작위 행보를 통해 경계 높이의 평균을 구하면 된다. 하나의 점에만 관심이 있다거나 또는 고정된 일부 점들에만 관심이 있을 경우에는 지엽적 일관성local consistency에 기반한 반복적 방법보다는 이 몬테카를로 방법이 훨씬 더 효율적일 수 있다. ■

5.2 몬테카를로 행동 가치 추정

모델을 활용할 수 없다면 **상태** 가치 대신에 **행동** 가치(상태-행동 쌍의 가치)를 추정하는 것이 특히 유용하다. 모델이 있다면 상태 가치만으로도 정책을 결정하는 데 있어 충분하다. DP 관련 장에서 다루었듯이, 단순히 한 단계 앞을 내다보고 어떤 행동이 보상과 다음 상태의 가장 좋은 조합을 이끌어 낼지를 선택하면 되기 때문이다. 하지만 모델이 없다면 상태 가치만으로는 충분하지 않다. 정책을 제안하는 데 유용한 가치를 얻기 위해서는 각 행동의 가치를 분명하게 추정해야 한다. 따라서 몬테카를로 방법을 사용하는 주된 목적은 q_*를 추정하는 것이다. 이러한 목적을 달성하기 위해, 먼저 행동 가치에 대한 정책 평가 문제를 생각해 보자.

행동 가치에 대한 정책 평가 문제는 초기 상태 s에서 행동 a를 선택하고 이후에는 정책 π를 따를 때 얻게 되는 이득의 기댓값 $q_\pi(s, a)$를 추정하는 것이다. 이 문제를 풀기 위한 몬테카를로 방법은 한 가지를 제외하면 상태 가치에 대해 제시되었던 방법과 본질적으로는 동일하다. 그 한 가지는 바로 몬테카를로 방법에서는 상태를 마주치는 것이 아닌 상태-행동 쌍을 마주치는 것에 대해 이야기한다는 점이다. 하나의 에피소드에서 상태 s를 마주치고 그 상태에서 행동 a가 선택되는 것을 상태-행동 쌍 s, a를 마주친다고 부른다. 모든 접촉 MC 방법은 상태-행동 쌍에 대한 모든 접촉 이후에 따라왔을 이득의 평균값으로서 그 상태-행동 쌍의 가치를 추정한다. 최초 접촉 MC 방법은 각 에피소드에서 상태를 마주치고 행동을 선택했던 최초의 접촉 이후에 발생하는 이득의 평균값을 계산한다. 이 방법들은 이전과 마찬가지로 상태-행동 쌍에 대한 접촉의 횟수가 무한으로 갈 때 2차 곡선의 변화율과 유사한 속도로 가치의 참값으로 수렴한다.

유일한 문제는 많은 상태-행동 쌍에 대해 접촉이 발생하지 않을 수도 있다는 점이다. 정책 π가 결정론적인 정책이라면, 정책 π를 따를 때 각 상태로부터 선택할 수 있는 행동들 중 하나의 행동에 대해서만 이득을 확인할 것이다. 이 경우 평균을 낼 이득이 없기 때문에, 다른 행동에 대한 몬테카를로 추정을 향상시키기 위한 경험을 얻지 못할 것이다. 각 상태에서 선택할 수 있는 행동들 중 좋은 행동을 선택하도록 돕는 것이 행동 가치를 학습하는 것의 목표이기 때문에 이것은 심각한 문제다. 서로 다른 행동들을 비교하기 위해서는 현재 선호하는 행동만이 아니라, 각상태로부터 선택할 수 있는 모든 행동의 가치를 추정할 필요가 있다.

이것은 2장에서 다중 선택 문제의 맥락에서 논의했던 **탐험 유지**maintaining exploration의 일반적인 문제다. 행동 가치에 대해 정책 평가가 작동하게 하려면 연속적인 탐험이 보장되어야만 한다. 이를 위한 하나의 방법은 에피소드가 **하나의 상태-행동 쌍에서 시작**하고, 모든 상태-행동 쌍이 에피소드가 시작하는 쌍으로서 선택될 0이 아닌 확률을 갖는다는 것을 명시하는 것이다. 이렇게 함으로써 에피소드의 개수가 무한으로 갈 때 모든 상태-행동 쌍을 무한 번 마주치는 것을 보장할 수 있다. 이것을 **시작 탐험**exploring starts의 가정이라고 한다.

시작 탐험을 가정하는 것은 때로는 유용하지만, 물론 일반적으로 이 가정을 적용할 수는 없다. 특히, 실제 환경과의 상호작용으로부터 직접 학습하는 경우에는 더욱 그렇다. 이런 경우에는 위에 설명한 시작 조건이 그렇게 도움이 되지는 않는 것 같다. 모든 상태-행동 쌍에 대한 접촉을 보장하기 위한 가장 흔한 대안적 접근법은 각 상태에서 모든 행동이 0이 아닌 확률로 선택되게 하는 확률론적 정책만을 고려하는 것이다. 이 장의 뒷부분에 나오는 절에서 이러한 접근법의 두 가지 중요한 변형에 대해 논의할 것이다. 지금은 시작 탐험의 가정을 유지한 채로 완전한 몬테카를로 제어 방법에 대한 설명을 마무리하겠다.

연습 5.3 행동 가치 q_π에 대한 몬테카를로 추정의 보강 다이어그램은 무엇인가? □

5.3 몬테카를로 제어

이제 몬테카를로 추정이 어떻게 제어에 사용될 수 있는지, 즉 어떻게 최적 정책을 근사하는 데 사용될 수 있는지에 대해 생각할 준비가 되었다. 전반적인 개념은 DP를 다룬 장에서와 같은 패턴을 따라 나아가는 것이다. 다시 말해, 일반화된 정책 반복GPI의 개념을 따라 나아가는 것이다. GPI에서는 근사 정책과 근사 가치 함수를 모두 유지한다. 가치 함수는 현재 정책에 대한 가치 함수의 참값을 좀 더 정밀하게 근사하기 위해 반복적으로 값을 변경하고, 정책은 현재 가치 함수에 대해서 반복적으로 향상된다. 이러한 과정은 오른쪽 다이어그램이 보여준다. 이 두 종류의 변화는 매번 서로의 목표를 이동시키기 때문에 어느 정도까지는 서로의 목표 달성을 방해하지만, 결국에는 함께 최적 정책과 최적 가치 함수에 도달하게 한다.

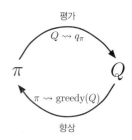

먼저, 전통적인 정책 반복을 몬테카를로 방식으로 변경한 것에 대해 생각해 보자. 이 방법에서는 정책 평가와 정책 향상의 완전한 단계를 서로 교차 수행한다. 이것은 임의의 정책 π_0에서 시작하여 최적 정책 및 최적 행동 가치 함수로 끝난다.

$$\pi_0 \xrightarrow{\text{E}} q_{\pi_0} \xrightarrow{\text{I}} \pi_1 \xrightarrow{\text{E}} q_{\pi_1} \xrightarrow{\text{I}} \pi_2 \xrightarrow{\text{E}} \cdots \xrightarrow{\text{I}} \pi_* \xrightarrow{\text{E}} q_*$$

여기서 $\xrightarrow{\text{E}}$는 완전한 정책 평가를 나타내고, $\xrightarrow{\text{I}}$는 완전한 정책 향상을 나타낸다. 정책 평가는 정확하게 이전 절에서 설명한 대로 수행된다. 근사적 행동 가치 함수가 함수의 참값을 향해 점근적으로 수렴하면서 많은 에피소드를 경험한다. 실제로 무한개의 에피소드를 확인했고, 게다가 에피소드가 시작 탐험으로 생성된다고 잠깐 동안만 가정해 보자. 이러한 가정하에서, 몬테카를로 방법은 임의의 π_k에 대해 각각의 q_{π_k}를 정확히 계산할 것이다.

정책이 현재 가치 함수에 대해 탐욕적이 되도록 만듦으로써 정책 향상을 수행할 수 있다. 이 경우 **행동** 가치 함수가 있기 때문에 탐욕적 정책을 만드는 데 있어 모델이 필요하지 않다. 모든 행동 가치 함수 q에 대해, 각 함수에 해당하는 탐욕적 정책이란 각각의 상태 $s \in S$에 대해 결정론적으로 최대의 행동 가치를 갖는 행동 하나를 선택하는 정책이다.

$$\pi(s) \doteq \arg\max_a q(s, a) \qquad \text{(식 5.1)}$$

각각의 q_{π_k}에 대해 탐욕적 정책 π_{k+1}을 만들어 냄으로써 정책 향상이 완성될 수 있다. 이제 모든 $s \in S$에 대해 다음과 같은 관계를 만족하기 때문에 정책 향상 정리(4.2절)가 π_k와 π_{k+1}에 적용된다.

$$
\begin{aligned}
q_{\pi_k}(s, \pi_{k+1}(s)) &= q_{\pi_k}(s, \arg\max_a q_{\pi_k}(s, a)) \\
&= \max_a q_{\pi_k}(s, a) \\
&\geq q_{\pi_k}(s, \pi_k(s)) \\
&\geq v_{\pi_k}(s)
\end{aligned}
$$

이전 장에서 논의한 바와 같이, 이 이론은 각각의 정책 π_{k+1}이 한결같이 π_k보다 더 좋거나, 둘 다 최적 정책일 경우에는 π_k만큼 좋다는 것을 보장한다. 이에 따라 전체 과정이 최적 정책과 최적 가치 함수로 수렴한다는 것도 보장된다. 이러한 방식으로 오직 표본 에피소드만 주어지고 환경의 동역학에 대한 다른 어떤 정보도 주어지지 않은 상황에서 몬테카를로 방법을 활용하여 최적 정책을 찾을 수 있다.

몬테카를로 방법의 수렴성을 쉽게 보장받기 위해 위에서 두 가지 있을 법하지 않은 가정을 했다. 하나는 에피소드가 시작 탐험을 갖는다는 것이고, 다른 하나는 정책 평가가 무한개의 에피소드에 대해 행해질 수 있다는 것이다. 실제 문제에 적용할 수 있는 알고리즘을 얻기 위해서는 이 두 가정을 모두 없애야 할 것이다. 첫 번째 가정에 대해서는 이 장의 후반부에서 다루도록 하겠다.

당분간은 정책 평가가 무한개의 에피소드에 대해 작동한다는 가정에 초점을 맞추겠다. 이 가정은 상대적으로 없애기 쉽다. 사실, 반복 정책 평가 같은 전통적인 DP 방법에서조차 동일한 문제가 발생한다. 반복 정책 평가도 오직 점근적으로만 가치 함수의 참값에 수렴한다. DP와 몬테카를로 모두에 대해 이 문제를 해결할 두 가지 방법이 존재한다. 하나는 각각의 정책 평가에서 q_{π_k}를 근사하는 개념을 고수하는 것이다. 측정과 가정을 통해 추정 오차의 크기와 확률에 대한 경곗값을 얻고, 이러한 경곗값이 충분히 작음을 보장하기 위해 각각의 정책 평가 과정에서 충분한 단계를 거치는 것이다. 이러한 접근법은 어느 정도 수준의 근사 정밀도에 이르기까지 제대로 수렴한다는 것을 보장하는 측면에서는 아마도 완벽하게 만족스러울 수 있다. 하지만 최소 규모의 문제가 아니라면 실제 문제에 유용하게 적용하기 위해 너무 많은 에피소드를 필요로 할 수도 있다.

정책 평가에 기본적으로 요구되는 무한개의 에피소드를 피하기 위한 두 번째 방법이 있는데, 바로 정책 향상으로 가기 전에 정책 평가를 완료하려는 노력을 포기하는 것이다. 매번의 평가 단계에서 가치 함수는 q_{π_k}를 '향해' 움직이지만, 많은 단계를 거치기 전에는 실제로 q_{π_k}에 가까워질 것으로 기대하지는 않는다. 이러한 개념은 4.6절에서 GPI의 개념을 소개했을 때 사용한 개념이다. 이 개념의 극단적 형태 중 하나가 가치 반복이다. 가치 반복에서는 정책 향상의 매 단계 사이에서 반복 정책 평가가 한 번만 수행된다. 가치 반복의 개별적인in-place 형태는 훨씬 더 극단적이다. 이 경우에는 하나의 상태에 대해 향상 단계와 평가 단계를 번갈아 가며 수행한다.

몬테카를로 정책 반복의 경우 에피소드마다 평가와 향상을 번갈아 수행하는 것이 자연스럽다. 각각의 에피소드 이후에, 관측된 이득이 정책 평가에 활용되고 나면 에피소드에서 마주치는 모든 상태에서 정책은 향상된다. 이러한 과정을 따르는 완벽하고 간단한 알고리즘인 시작 탐험을 적용한 몬테카를로Monte Carlo with Exploring Starts 방법을 줄여서 **몬테카를로 ES**Monte Carlo ES라고 부른다. 이 알고리즘의 의사코드를 다음 글상자에 나타내었다.

$\pi \approx \pi_*$를 추정하기 위한 몬테카를로 ES

초기화:
    모든 $s \in \mathcal{S}$에 대해 $\pi(s) \in \mathcal{A}(s)$를 (임의로) 설정
    모든 $s \in \mathcal{S}, a \in \mathcal{A}(s)$에 대해 $Q(s, a) \in \mathbb{R}$를 (임의로) 설정
    모든 $s \in \mathcal{S}, a \in \mathcal{A}(s)$에 대해 빈 리스트를 $Returns(s, a)$에 대입

(각 에피소드에 대해) 무한 루프:
    $S_0 \in \mathcal{S}, A_0 \in \mathcal{A}(S_0)$의 모든 쌍에 대한 확률이 0보다 크도록 쌍을 무작위로 선택
    정책 π를 따라 S_0, A_0로부터 에피소드를 생성: $S_0, A_0, R_1, ..., S_{T-1}, A_{T-1}, R_T$
    G에 0을 대입
    에피소드의 각 단계에 대한 루프, $t = T-1, T-2, ..., 0$:
        G에 $\gamma G + R_{t+1}$을 대입
        S_t, A_t 쌍이 $S_0, A_0, S_1, A_1, ..., S_{t-1}, A_{t-1}$에 없으면:
            G를 $Returns(S_t, A_t)$에 추가
            average($Returns(S_t, A_t)$)를 $Q(S_t, A_t)$에 대입
            $\text{argmax}_a\, Q(S_t, a)$를 $\pi(S_t)$에 대입

연습 5.4 몬테카를로 ES에 대한 의사코드는 비효율적이다. 각각의 상태-행동 쌍에 대해 모든 이득의 리스트를 유지하고 반복적으로 그들의 평균을 계산하기 때문이다. 2.4절에서 설명한 것과 유사한 기술을 사용하는 편이 더 효율적일 것이다. 즉, 평균과 (각 상태-행동 쌍의) 개수를 유지하고 이 값들을 점진적으로 갱신하는 것이다. 이렇게 하려면 의사코드를 어떻게 수정해야 하는지 설명하라.   □

몬테카를로 ES에서 각각의 상태-행동 쌍에 대한 모든 이득은 상태-행동 쌍이 관측될 당시에 어떤 정책을 따르고 있었는지와는 상관없이 축적되고 평균 내어진다. 몬테카를로 ES가 최적이 아닌 정책으로 수렴할 수 없음을 이해하는 것은 쉽다. 최적이 아닌 정책으로 수렴한다면 가치 함수는 궁극적으로 그 정책에 대한 가치 함수로 수렴할 것이고, 그러면 그것은 다시 정책을 변화시킬 것이기 때문이다. 정책과 가치 함수가 모두 최적일 때만 안정성stability을 이룰 수 있다. 이러한 최적의 지점으로 수렴하는 것은 행동 가치 함수의 변화가 시간에 따라 감소함에 따라 일어나는 불가피한 현상으로 보인다. 하지만 이것을 아직 공식적으로 증명하진 않았다. 필자의 생각으로는, 이 문제는 강화학습에서 가장 근본적인 미해결 문제 중 하나다(부분적인 해법을 보려면 치치 클리스(2002)를 참고하라).

예제 5.3 **블랙잭 문제 풀기** 몬테카를로 ES를 블랙잭에 적용하는 것은 간단하다. 에피소드가 모두 시뮬레이션된 게임이기 때문에 모든 가능성을 포함하는 시작 탐험의 계획을 짜는 것은 쉽다. 이 경우에는 단순히 딜러의 카드, 게임 참여자의 보유 숫자 총합, 게임 참여자가 사용 가능한 에이스를 보유하고 있는지 여부를 모두 동일한 확률로 무작위로 선택한다. 초기 정책으로는 이전 블랙잭 게임에서 평가된 정책을 활용하는데, 그것은 보유 숫자 총합이 20이나 21일 경우에만 차례를 건너뛰는 정책이다. 초기 행동 가치 함수는 모든 상태-행동 쌍에 대해 0이 될 수 있다. 그림 5.2는 몬테카를로 ES 방법으로 찾은 블랙잭 게임의 최적 정책을 보여준다. 이 정책은 한 가지 차이점만 제외하면 소프(Thorp, 1966)의 '기본' 전략과 동일하다. 그 차이점은 사용 가능한 에이스를 보유한 경우의 정책에서 가장 왼쪽의 상승하는 부분이 소프의 전략에는 없다는 것이다. 이러한 불일치의 원인이 무엇인지는 확실하지 않지만, 그림에서 보여주는 것은 분명 앞서 설명한 형태의 블랙잭 게임에 대한 최적 정책이라는 사실만은 확실하게 말할 수 있다.

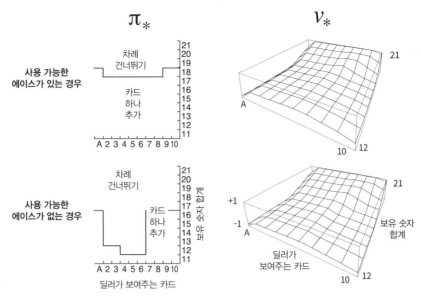

그림 5.2 몬테카를로 ES 방법으로 찾은 블랙잭 게임에 대한 최적 정책과 상태 가치 함수. 그림에 보이는 상태 가치 함수는 몬테카를로 ES로 찾은 행동 가치 함수로부터 계산되었다. ■

5.4 시작 탐험 없는 몬테카를로 제어

어떻게 하면 실제 상황과 맞지 않는 시작 탐험의 가정을 피할 수 있을까? 모든 행동이 무한히 선택되도록 보장하는 유일한 일반적인 방법은 에이전트로 하여금 계속해서 행동을 선택하게 하는 것이다. 이것을 보장하기 위한 두 가지 접근법이 있는데, 바로 **활성 정책**on-policy 방법과 **비활성 정책**off-policy 방법이다. 활성 정책 방법은 결정을 내리는 데 사용되는 정책을 평가하고 향상시키려 하는 반면, 비활성 정책 방법은 자료를 생성하는 데 사용되지 않는 정책을 평가하고 향상시킨다. 위에서 개발한 몬테카를로 ES 방법은 활성 정책 방법의 한 예제다. 이 절에서는 활성 정책 몬테카를로 제어 방법이 어떻게 시작 탐험의 비현실적인 가정을 사용하지 않는 방법이 될 수 있는지를 보여줄 것이다. 비활성 정책 방법은 다음 절에서 다루겠다.

활성 정책 제어 방법에서는 일반적으로 정책이 **부드러운**soft 성질을 갖는다. 부드럽다는(관대하다는 옮긴이) 건, 모든 $s \in \mathcal{S}$와 모든 $a \in \mathcal{A}(s)$에 대해 $\pi(a \mid s) > 0$을 만족하지만 결정론적인 최적 정책에 가깝게 이동한다는 뜻이다. 2장에서 설명한 많은 방법은 이를 위한 메커니즘을 제공한다. 이 절에서 제시하는 활성 정책 방법은 **입실론 탐욕적** 정책을 사용한다. 이것은 대부분의 시간 동안에는 최대의 행동 가치 추정값을 갖는 행동을 선택하지만 입실론(ε)의 확률로 이따금씩 무작위로 행동을 선택하는 것을 의미한다. 즉, 모든 비탐욕적 행동은 최소한의 선택될 확률 $\frac{\varepsilon}{|\mathcal{A}(s)|}$을

부여받고, 나머지 대부분의 확률 $1 - \varepsilon + \frac{\varepsilon}{|\mathcal{A}(s)|}$이 탐욕적 행동에 부여된다. 입실론 탐욕적 정책은 입실론 소프트$_{\varepsilon\text{-soft}}$ 정책의 예제로서 모든 상태와 행동에 대해 $\pi(a \mid s) \geq \frac{\varepsilon}{|\mathcal{A}(s)|}$를 만족하는 정책으로 정의된다. 이때 $\varepsilon > 0$을 만족한다. 입실론 소프트 정책 중 입실론 탐욕적 정책은 어떤 면에서 탐욕적 정책에 가장 가까운 정책이다.

활성 정책 몬테카를로 제어의 전반적인 개념은 여전히 GPI의 개념과 같다. 몬테카를로 ES에서 처럼, 현재 정책에 대해 행동 가치 함수를 추정하기 위해 최초 접촉 MC 방법을 사용한다. 하지 만 시작 탐험의 가정 없이는 단순히 현재 가치 함수에 대해 정책을 탐욕적으로 만드는 것만으로 정책을 향상시킬 수 없다. 그것은 비탐욕적 행동에 대한 탐험을 더 할 수 없게 하기 때문이다. 다행스럽게도, GPI에서는 정책이 시종일관 탐욕적 정책이 될 필요는 없고 탐욕적 정책을 '향해' 이동하기만 하면 된다. 활성 정책 방법에서는 정책을 오직 입실론 탐욕적 정책으로 이동시킬 것이다. 어떤 입실론 소프트 정책 π에 대해서도 q_π에 대한 입실론 탐욕적 정책이 정책 π만큼 좋거나 그보다 더 좋을 것임이 보장된다. 완전한 알고리즘이 다음 글상자에 제시되어 있다.

(입실론 소프트 정책에 대한) 활성 정책 최초 접촉 MC 제어, $\pi \approx \pi_*$를 추정

알고리즘 파라미터: 작은 양의 값 $\varepsilon > 0$

초기화:
  $\pi \leftarrow$ 임의의 입실론 소프트 정책
  모든 $s \in \mathcal{S}$, $a \in \mathcal{A}(s)$에 대한 (임의의) $Q(s, a) \in \mathbb{R}$
  $Returns(s, a) \leftarrow$ 모든 $s \in \mathcal{S}$, $a \in \mathcal{A}(s)$에 대해 빈 리스트

(각 에피소드에 대해) 무한히 반복:
  π를 따르는 에피소드를 생성: $S_0, A_0, R_1, ..., S_{T-1}, A_{T-1}, R_T$
  $G \leftarrow 0$
  에피소드의 각 단계에 대한 루프, $t = T-1, T-2, ..., 0$:
    $G \leftarrow \gamma G + R_{t+1}$
    S_t, A_t 쌍이 $S_0, A_0, S_1, A_1, ..., S_{t-1}, A_{t-1}$ 중에 나타나지 않는다면:
      G를 $Returns(S_t, A_t)$ 리스트에 추가
      $Q(S_t, A_t) \leftarrow \text{average}(Returns(S_t, A_t))$
      $A^* \leftarrow \text{argmax}_a\, Q(S_t, a)$ (최대로 만드는 a의 값이 두 개 이상이면 그중 하나를 임의로
                            선택한다.)
      모든 $a \in \mathcal{A}(S_t)$에 대해:
$$\pi(a \mid S_t) \leftarrow \begin{cases} 1 - \varepsilon + \varepsilon/|\mathcal{A}(S_t)| & a = A^*\text{인 경우} \\ \varepsilon/|\mathcal{A}(S_t)| & a \neq A^*\text{인 경우} \end{cases}$$

---

q_π에 대한 모든 입실론 탐욕적 정책이 모든 입실론 소프트 정책 π보다 향상된 것임은 정책 향상 정리로 보장된다. π'이 입실론 탐욕적 정책이라고 해 보자. 모든 $s \in \mathcal{S}$에 대해 다음 식을 만족하

기 때문에 정책 향상 정리의 조건을 만족한다.

$$
\begin{aligned}
q_\pi(s, \pi'(s)) &= \sum_a \pi'(a|s) q_\pi(s, a) \\
&= \frac{\varepsilon}{|\mathcal{A}(s)|} \sum_a q_\pi(s, a) + (1 - \varepsilon) \max_a q_\pi(s, a) \\
&\geq \frac{\varepsilon}{|\mathcal{A}(s)|} \sum_a q_\pi(s, a) + (1 - \varepsilon) \sum_a \frac{\pi(a|s) - \frac{\varepsilon}{|\mathcal{A}(s)|}}{1 - \varepsilon} q_\pi(s, a) \qquad \text{(식 5.2)}
\end{aligned}
$$

(마지막 합의 기호는 총합이 1이 되는 음이 아닌 가중치를 적용한 평균이다. 그렇기 때문에 이 값은 분명히 최댓값에 대한 평균보다 작거나 같아야 한다.)

$$
\begin{aligned}
&= \frac{\varepsilon}{|\mathcal{A}(s)|} \sum_a q_\pi(s, a) - \frac{\varepsilon}{|\mathcal{A}(s)|} \sum_a q_\pi(s, a) + \sum_a \pi(a|s) q_\pi(s, a) \\
&= v_\pi(s)
\end{aligned}
$$

따라서 정책 향상 정리에 따라 $\pi' \geq \pi$(즉, 모든 $s \in \mathcal{S}$에 대해 $v_{\pi'}(s) \geq v_\pi(s)$)이다. 이제 π'과 π가 입실론 소프트 정책 중 최적일 때만, 즉 다른 모든 입실론 소프트 정책보다 좋거나 동등할 경우에만 등호가 성립함을 증명할 것이다.

정책이 입실론 소프트여야 한다는 요구조건이 환경 안으로 이동한 것 말고는 원래의 환경과 다를 게 없는 새로운 환경을 생각해 보자. 이 새로운 환경은 원래의 환경과 동일한 행동 및 상태 집합을 갖고 다음과 같이 변화한다. 상태 s에 있으면서 행동 a를 선택한다면 새로운 환경은 $1 - \varepsilon$의 확률로 원래의 환경과 정확히 동일하게 변화한다. ε의 확률로 그 환경은 행동을 다시 선택하는데, 이때는 모든 행동에 대해 동일한 확률로 무작위 선택을 한다. 새로운 환경은 무작위로 선택된 새로운 행동으로 이전 환경과 동일한 방식으로 변화한다. 일반적인 정책으로 이 새로운 환경에서 할 수 있는 최선의 것은 입실론 소프트 정책으로 원래의 환경에서 할 수 있는 최선의 것과 동일하다. $\tilde{v}_*$와 $\tilde{q}_*$가 새로운 환경에 대한 최적 가치 함수를 나타낸다고 하자. 그러면 정책 π는 $v_\pi = \tilde{v}_*$일 경우에만 입실론 소프트 정책 중 최적 정책이 된다. $\tilde{v}_*$의 정의로부터 그것이 다음 방정식의 유일한 해임을 알 수 있다.

$$
\begin{aligned}
\tilde{v}_*(s) &= (1 - \varepsilon) \max_a \tilde{q}_*(s, a) + \frac{\varepsilon}{|\mathcal{A}(s)|} \sum_a \tilde{q}_*(s, a) \\
&= (1 - \varepsilon) \max_a \sum_{s', r} p(s', r|s, a) \Big[r + \gamma \tilde{v}_*(s') \Big] \\
&\quad + \frac{\varepsilon}{|\mathcal{A}(s)|} \sum_a \sum_{s', r} p(s', r|s, a) \Big[r + \gamma \tilde{v}_*(s') \Big]
\end{aligned}
$$

등식이 성립하고 입실론 소프트 정책 π가 더 이상 향상되지 않을 때, 식 5.2로부터 다음의 관계식이 성립하는 것도 알 수 있다.

$$
\begin{aligned}
v_\pi(s) &= (1-\varepsilon)\max_a q_\pi(s,a) + \frac{\varepsilon}{|\mathcal{A}(s)|}\sum_a q_\pi(s,a) \\
&= (1-\varepsilon)\max_a \sum_{s',r} p(s',r|s,a)\big[r+\gamma v_\pi(s')\big] \\
&\quad + \frac{\varepsilon}{|\mathcal{A}(s)|}\sum_a \sum_{s',r} p(s',r|s,a)\big[r+\gamma v_\pi(s')\big]
\end{aligned}
$$

하지만 이 방정식은 $\tilde{v}_*$ 대신 v_π를 대입한 것을 제외하면 이전의 것과 같다. $\tilde{v}_*$가 유일한 해이기 때문에 $v_\pi = \tilde{v}_*$가 성립해야 한다.

본질적으로, 마지막 몇 페이지에 걸쳐 입실론 소프트 정책에 대해 정책 반복이 효과가 있음을 보여주었다. 입실론 소프트 정책에 대한 탐욕적 정책의 자연스러운 개념을 사용하면, 입실론 소프트 정책 중에서 최선의 정책이 발견되는 경우를 제외하고는 매 단계에서 정책이 향상되고 있음을 확신할 수 있다. 이러한 분석은 매 단계에서 행동 가치 함수가 결정되는 방법과는 무관하지만, 행동 가치 함수가 정확히 계산된다는 가정이 분석의 바탕에 깔려 있다. 이것은 대략적으로 이전 절에서 도달했던 지점과 같은 지점에 도달하게 해 준다. 이제 입실론 소프트 정책 중 최선의 정책을 획득한 것밖에는 없지만, 다른 한편으로는 시작 탐험의 가정을 제거했다.

5.5 중요도추출법을 통한 비활성 정책 예측

모든 학습 제어 방법은 한 가지 갈등에 부딪힌다. 그 방법들은 어떤 행동에 이어지는 '최적' 행동에 따라 행동 가치를 학습하려고 하지만, (최적 행동을 '찾기' 위해) 모든 행동을 탐험하기 위해서는 최적 행동에 대한 학습을 포기해야 한다. 어떻게 하면 탐험적 정책에 따라 행동하면서 최적 정책을 학습할 수 있을까? 앞선 절의 활성 정책 방법이 사실은 이 문제의 절충안이다. 활성 정책 방법은 최적 정책이 아니라 여전히 탐험을 지속하는 근최적near-optimal 정책을 위해 행동 가치를 학습한다. 좀 더 분명한 접근법은 두 가지 정책을 사용하는 것이다. 하나는 학습 대상이자 최적 정책이 되는 것이고, 다른 하나는 좀 더 탐험적이고 행동을 생성하기 위해 사용되는 정책이다. 학습 대상이 되는 정책을 **목표 정책**target policy이라 하고, 행동을 생성하기 위해 사용되는 정책을 **행동 정책**behavior policy이라 한다. 이 경우 목표 정책과는 '동떨어진off' 데이터로부터 학습한다고 말할 수 있고, 전체 과정은 **비활성 정책 학습**off-policy learning으로 불린다.

이 책의 나머지 부분에서는 활성 정책과 비활성 정책을 모두 고려할 텐데, 일반적으로 더 간단한 활성 정책 방법을 먼저 다룰 것이다. 비활성 정책 방법은 추가적인 개념과 표기법을 필요로 한다. 그리고 데이터가 서로 다른 정책으로부터 비롯되기 때문에 비활성 정책 방법을 사용했을 때는 분산이 더 크고 수렴 속도가 더 느리다. 반면에, 비활성 정책 방법은 좀 더 강력하며 더 일반적이다. 목표 정책과 행동 정책이 동일한 특별한 경우로서 비활성 정책 방법은 활성 정책 방법을 포함한다. 비활성 정책 방법은 또한 실제 적용하는 데 있어 활용도가 높다. 예를 들면, 비활성 정책 방법은 종종 전통적인 비학습 제어기 또는 전문가로부터 생성된 데이터를 이용하여 학습하는 데 적용되기도 한다. 실제 세계의 동역학에 대한 다단계multi-step 예측 모델을 학습하는 데 있어 핵심이 되는 것이 비활성 정책 학습이라고 생각하는 사람들도 있다(17.2절, 서튼(2009), 서튼 외(2011)를 참고하라).

이 절에서는 **예측**prediction 문제를 고려하여 목표 정책과 행동 정책이 고정된 상태에서 비활성 정책 방법에 대해 공부해 볼 것이다. 다시 말해, v_π 또는 q_π를 추정하지만 $b \neq \pi$인 또 다른 정책 b를 따르는 에피소드가 있다고 가정할 것이다. 이 경우 정책 π는 목표 정책이고, 정책 b는 행동 정책이며, 두 정책 모두 고정된 정책으로 주어진다고 간주된다.

정책 b로부터의 에피소드를 활용하여 정책 π의 가치를 추정하기 위해서는, 정책 π하에서 취해지는 모든 행동이 최소한 이따금씩이라도 정책 b하에서 취해질 필요가 있다. 즉, $\pi(a \mid s) > 0$이 $b(a \mid s) > 0$을 암시할 필요가 있다. 이것을 **보증**coverage의 가정이라고 부른다. 보증의 가정에 따르면 정책 b가 정책 π와 동일하지 않은 상태에서 정책 b는 틀림없이 확률론적이다. 반면에, 목표 정책 π는 결정론적일 수 있다. 그리고 사실 제어 문제에서는 이 부분이 특별한 관심을 받는다. 제어에서 목표 정책은 전형적으로 행동 가치 함수의 현재 추정값에 대해 결정론적인 탐욕적 정책이다. 예를 들어 입실론 탐욕적 정책 같은 행동 정책이 확률론적 정책으로 남아 있고 좀 더 탐험적인 반면에, 목표 정책은 결정론적인 최적 정책이 된다. 하지만 이 절에서는 정책 π가 변하지 않고 고정된 상태에서 예측 문제를 다룬다.

거의 모든 비활성 정책 방법은 어떤 분포로부터 얻어진 표본이 주어질 때 그 표본을 이용하여 또 다른 분포에서 기댓값을 추정하는 일반적인 방법인 **중요도추출법**importance sampling을 사용한다. 목표 정책과 행동 정책하에서 발생하는 상태-행동의 궤적에 대한 상대적 확률을 **중요도추출비율**importance-sampling ratio이라고 부르는데, 이 확률에 따라 이득에 가중치를 부여하는 방식으로 비활성 정책에 중요도추출법을 적용하겠다. 시작 상태 S_t가 주어지면, 어떤 정책 π하에서 S_t 이후에 발생하는 상태-행동 궤적 $A_t, S_{t+1}, A_{t+1}, ..., S_T$는 다음과 같다.

$$\Pr\{A_t, S_{t+1}, A_{t+1}, \ldots, S_T \mid S_t, A_{t:T-1} \sim \pi\}$$
$$= \pi(A_t|S_t)p(S_{t+1}|S_t, A_t)\pi(A_{t+1}|S_{t+1})\cdots p(S_T|S_{T-1}, A_{T-1})$$
$$= \prod_{k=t}^{T-1} \pi(A_k|S_k)p(S_{k+1}|S_k, A_k)$$

여기서 p는 식 3.4에서 정의한 상태 전이 확률 함수다. 따라서 목표 정책과 행동 정책하에서 상태-행동 궤적의 상대적인 확률(중요도추출비율)은 다음과 같다.

$$\rho_{t:T-1} \doteq \frac{\prod_{k=t}^{T-1} \pi(A_k|S_k)p(S_{k+1}|S_k, A_k)}{\prod_{k=t}^{T-1} b(A_k|S_k)p(S_{k+1}|S_k, A_k)} = \prod_{k=t}^{T-1} \frac{\pi(A_k|S_k)}{b(A_k|S_k)} \qquad \text{(식 5.3)}$$

비록 상태-행동 궤적의 확률이 일반적으로 그 값을 알지 못하는 MDP의 전이 확률에 따라 결정되지만, 그 확률이 분모와 분자에 동일하게 나타나기 때문에 약분되어 사라진다. 중요도추출비율은 결과적으로 두 정책과 그들의 나열에만 영향을 받고 MDP에는 영향을 받지 않는다.

행동 정책으로부터 만들어진 이득 G_t만을 이용하여 목표 정책하에서 이득(가치)의 기댓값을 추정하기를 원한다는 것을 다시 상기해 보자. 이 이득은 잘못된 기댓값 $\mathbb{E}[G_t \mid S_t = s] = v_b(s)$를 갖기 때문에 이 기댓값을 평균 낸다고 해도 v_π를 얻을 수 없다. 바로 이 지점에서 중요도추출법이 도움이 된다. 비율 $\rho_{t:T-1}$은 이득이 올바른 기댓값을 갖도록 다음과 같이 변환된다.

$$\mathbb{E}[\rho_{t:T-1}G_t \mid S_t=s] = v_\pi(s) \qquad \text{(식 5.4)}$$

이제 $v_\pi(s)$를 추정하기 위해 정책 b를 따르는 관측된 에피소드의 집합으로부터 이득의 평균을 계산하는 몬테카를로 알고리즘을 도출할 준비가 되었다. 여기서는 에피소드의 경계를 넘을 때마다 시간 단계의 번호를 하나씩 증가시키는 방식이 편리하다. 즉, 에피소드 집합의 첫 번째 에피소드가 시간 단계 100일 때 종단 상태에서 끝나면, 다음 에피소드는 시간 단계 $t = 101$에서 시작한다. 이렇게 하면 시간 단계 번호를 이용하여 특정 에피소드의 특정 시간 단계를 가리킬 수 있다. 특히, 상태 s와 마주치는 모든 시간 단계의 집합을 $\mathcal{T}(s)$와 같이 정의할 수 있다. 이것은 모든 접촉 방법을 위한 것이고, 최초 접촉 방법일 경우에는 $\mathcal{T}(s)$가 오직 에피소드 내에서 상태 s를 최초로 마주치는 시간 단계만을 포함할 것이다. 또한, $T(t)$가 시각 t 이후에 나타나는 최초의 종단termination 시각을 가리키고, G_t는 시각 t부터 $T(t)$까지의 이득을 가리킨다고 하자. 그러면 $\{G_t\}_{t \in \mathcal{T}(s)}$는 상태 s와 관련된 이득이고, $\{\rho_{t:T(t)-1}\}_{t \in \mathcal{T}(s)}$는 그에 해당하는 중요도추출비율이다. $v_\pi(s)$를 추정하기 위해, 이 비율을 이용하여 단순히 이득의 크기를 재조정하고 그 결과를 다음과 같이 평균 낸다.

$$V(s) \doteq \frac{\sum_{t \in \mathcal{T}(s)} \rho_{t:T(t)-1} G_t}{|\mathcal{T}(s)|} \qquad\qquad \text{(식 5.5)}$$

중요도추출법이 이처럼 단순히 평균을 내는 과정으로 행해질 때 이것을 **기본 중요도추출법**ordinary importance sampling이라고 부른다.

이에 대응하는 중요한 또 다른 방법을 **가중치 중요도추출법**weighted importance sampling이라고 부르는데, 이것은 다음과 같이 가중치가 적용된 평균을 사용한다.

$$V(s) \doteq \frac{\sum_{t \in \mathcal{T}(s)} \rho_{t:T(t)-1} G_t}{\sum_{t \in \mathcal{T}(s)} \rho_{t:T(t)-1}} \qquad\qquad \text{(식 5.6)}$$

식 5.6에서 분모가 0이면 분자도 0이 된다. 이 두 가지 종류의 중요도추출법을 이해하기 위해, 상태 s로부터 단일 이득을 관측한 후에 이들 각각에 대한 최초 접촉 방법을 이용하여 구한 추정값을 생각해 보자. 가중 평균된 추정값의 경우, 단일 이득에 대한 비율 $\rho_{t:T(t)-1}$은 분자와 분모에서 약분되어서 추정값은 (비율이 0이 아니라고 할 때) 이 비율과 상관없이 관측된 이득과 같아진다. 이 이득이 관측된 유일한 이득이라고 하면 이것은 합리적인 추정값이 되지만, 이 추정값은 $v_\pi(s)$라기보다는 $v_b(s)$이고, 이러한 확률론적 관점에서 보면 이 추정값은 편차를 갖는다. 반대로, 기본 중요도추출법에 대해 최초 접촉 방법을 적용하여 구한 추정값(식 5.5)은 항상 그 기댓값이 $v_\pi(s)$이지만(이 경우 편차가 없다), 극단적인 값이 될 수도 있다. 이 비율이 10이라고 가정해 보자. 이것은 목표 정책하에서 상태-행동의 궤적이 관측될 확률이 행동 정책하에서보다 10배 더 크다는 뜻이다. 이 경우, 기본 중요도추출법을 이용한 추정값은 관측된 이득의 **10배**일 것이다. 즉, 에피소드의 상태-행동 궤적이 목표 정책을 매우 잘 대표하는 것으로 생각될지라도 이득의 추정값과 관측된 이득 사이에는 매우 큰 차이가 있을 것이다.

형식적으로는, 두 종류의 중요도추출법 각각에 대한 최초 접촉 방법 사이의 차이는 그들의 편차와 분산에 잘 드러난다. (편차가 결국에는 점근적으로 0으로 수렴하겠지만) 가중치 중요도추출법이 편차를 갖는 반면에 기본 중요도추출법은 편차가 없다. 다른 한편으로는, 중요도추출비율의 분산이 무제한의 값이 될 수도 있기 때문에 기본 중요도추출법의 분산은 일반적으로 값의 제한이 없다. 반면에, 가중치를 적용한 추정에서는 어떠한 단일 이득에 부여되는 최대 가중치는 1이다. 사실, 값이 제한된 이득을 가정하면 가중치 중요도추출법을 이용한 추정값의 분산은 비율 자체의 분산이 무제한이라고 하더라도 0으로 수렴한다(프리컵, 서튼, 다스굽타Precup, Sutton, and Dasgupta, 2001). 실제로 가중치를 적용한 추정 방법이 매우 인기가 있는데, 그것은 이 추정값의 분산이 보통은 놀라울 정도로 작은 값을 갖기 때문이다. 그럼에도 불구하고, 이 책의 2부에서 다룰 함수 근사를 이용한 근사 방법으로 확장하는 데 있어서는 기본 중요도추출법이 더 쉽기 때문에 이 책에서는 기본 중요도추출법을 전적으로 배제하지는 않을 것이다.

기본 및 가중치 중요도추출법에 대한 모든 접촉 방법은 편차를 갖고 있다. 하지만 이 경우에도 편차는 표본의 크기(표본 원소의 개수 ⑨긴이)가 증가할수록 점근적으로 0에 수렴한다. 실제로는, 마주친 상태가 어떤 상태인지를 추적할 필요가 없고 근사 방법으로의 확장이 용이하다는 점 때문에 모든 접촉 방법이 종종 더 선호되기도 한다. 가중치 중요도추출법으로 비활성 정책을 평가하기 위한 완전한 모든 접촉 MC 알고리즘은 다음 절의 135쪽에서 확인할 수 있다.

연습 5.5 단일 비종단 상태 및 단일 행동을 갖는 MDP를 생각해 보자. 이때 단일 행동은 p의 확률로 비종단 상태로 전이하고, $1 - p$의 확률로 종단 상태로 전이한다. 모든 전이에 대한 보상은 +1이고, $\gamma = 1$이라고 하자. 10단계 동안 지속되는 에피소드 하나를 관측하고 10의 보상을 받는다고 가정하자. 비종단 상태의 가치에 대한 최초 접촉과 모든 접촉 추정값은 얼마인가? □

예제 5.4 **블랙잭 상태 가치에 대한 비활성 정책 추정** 비활성 정책 데이터로부터 단일 상태(예제 5.1)의 가치를 추정하기 위해 기본 및 가중치 중요도추출법을 적용했었다. 몬테카를로 방법의 유리한 점 중 하나가 다른 상태에 대한 추정 없이도 어떤 단일 상태를 평가하는 데 활용할 수 있다는 점이다. 이 예제에서는 딜러가 보여주는 카드의 번호가 2이고, 게임 참여자의 카드 숫자 총합이 13이며, 게임 참여자가 사용 가능한 에이스를 갖고 있는 상태(즉, 게임 참여자가 에이스와 2가 적힌 카드를 갖고 있거나, 또는 세 개의 에이스를 갖고 있는 상태)를 평가했다. 이 상태로부터 시작하여 동일한 확률을 갖는 무작위 선택으로(행동 정책) 카드 하나를 추가하거나 차례를 건너뜀으로써 데이터가 생성되었다. 목표 정책은 예제 5.1에서처럼 숫자의 총합이 20 또는 21일 경우에만 차례를 건너뛰는 것이다. 목표 정책하에서 이 상태의 가치는 대략 −0.27726이다(이것은 목표 정책을 이용하여 1억 개의 에피소드를 개별적으로 생성하고 그들의 이득을 평균 냄으로써 결정되었다). 두 비활성 정책 모두 무작위 정책을 사용하여 1000번의 비활성 정책 에피소드 이후에 이 가치를 정밀하게 근사했다. 이러한 근사가 믿을 만한 과정으로 이루어졌음을 보장하기 위해, 매번 추정값 0에서 시작하여 10,000개의 에피소드에 대해 학습하는 100번의 독립적인 테스트를 수행했다. 그림 5.3은 그 결과인 학습 곡선을 보여준다. 이것은 각 방법의 추정 오차의 제곱을 100번의 테스트에 대해 평균을 낸 것을 에피소드의 개수에 따라 나타낸 것이다. 오차는 두 알고리즘 모두에서 0으로 수렴하지만, 시작할 때는 가중치 중요도추출법이 훨씬 오차가 작다. 이것은 실제 상황에서 전형적인 현상이다.

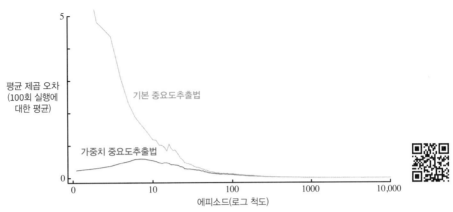

그림 5.3 가중치 중요도추출법은 비활성 에피소드로부터 단일 블랙잭 상태의 가치에 대해 오차가 더 작은 추정값을 만들어낸다. ∎

예제 5.5 **무한 분산** 기본 중요도추출법의 추정값은 일반적으로 무한 분산을 갖게 될 것이고, 따라서 재조정된scaled 이득이 무한 분산을 갖게 될 때마다 만족스럽지 못한 수렴 특성을 보여줄 것이다. 그리고 이것은 상태-행동 궤적이 루프를 포함할 때 비활성 정책 학습에서 쉽게 일어날 수 있는 현상이다. 그림 5.4 안에 삽입된 작은 그림에서 간단한 예제를 볼 수 있다.

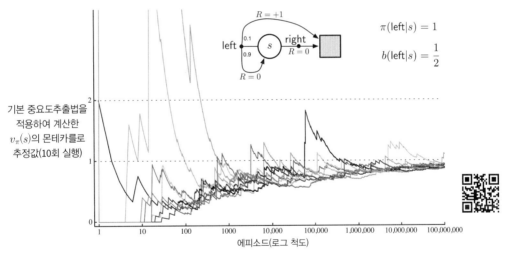

그림 5.4 기본 중요도추출법은 삽입된 작은 그림에 보이는 단일 상태 MDP에 대해 놀라울 정도로 불안정한 추정값을 만들어 낸다(예제 5.5). 여기서 정확한 추정값은 1이고($\gamma = 1$), 이것이 (중요도추출법을 적용한 이후의) 표본 이득에 대한 기댓값이라 하더라도 표본의 분산은 무한이며, 추정값은 이 값으로 수렴하지 않는다. 이 결과는 비활성 정책 최초 접촉 MC에 대한 결과다.

오직 하나의 비종단 상태 s와 두 개의 행동, right와 left가 존재한다. 행동 right는 종단termination 으로의 결정론적인 전이를 유발한다. 반면에, 행동 left는 0.9의 확률로 상태 s로 다시 전이하거나 0.1의 확률로 종단으로 전이한다. 후자의 경우 보상은 +1이고, 그 밖의 경우에는 보상이 0이다. 항상 left를 선택하는 목표 정책을 생각해 보자. 이 정책하의 모든 에피소드는 +1의 보상과 이득을 갖는 종단 이전의 상태 s로 회귀하는 몇 개의(0개일 수도 있음) 전이로 구성된다. 따라서 목표 정책하에서 상태 s의 가치는 1($\gamma = 1$)이다. 비활성 정책 데이터로부터 이 가치를 추정할 때, right 또는 left를 동일한 확률로 선택하는 행동 정책을 이용한다고 가정해 보자.

그림 5.4의 아래쪽은 최초 접촉 MC 알고리즘을 기본 중요도추출법을 이용하여 독립적으로 10회 수행한 것을 보여준다. 수백만 개의 에피소드 이후에도 추정값은 정확히 1로 수렴하지 않는다. 반면에, 가중치 중요도추출법 알고리즘은 행동 left로 끝난 최초의 에피소드 이후에는 영원히 정확히 1의 추정값을 도출할 것이다. 1이 아닌 모든 이득은(즉, 행동 right로 끝나는 경우) 목표 정책과 부합하지 않을 것이고, 따라서 $\rho_{t:T(t)-1}$의 값이 0이 되어 식 5.6의 분모와 분자 어디에도 기여하지 못한다. 가중치 중요도추출법 알고리즘은 오직 목표 정책과 부합하는 이득에 대해서만 계산된 가중 평균을 도출하며, 이 값은 모두 정확히 1이 될 것이다.

이 예제에서 중요도추출법으로 재조정된 이득이 무한하다는 것을 간단한 계산으로 증명할 수 있다. 어떤 확률 변수 X의 분산은 확률 변수의 평균 $\bar{X}$로부터의 편차에 대한 기댓값으로 다음과 같이 표현될 수 있다.

$$\mathrm{Var}[X] \doteq \mathbb{E}\left[\left(X - \bar{X}\right)^2\right] = \mathbb{E}\left[X^2 - 2X\bar{X} + \bar{X}^2\right] = \mathbb{E}[X^2] - \bar{X}^2$$

그러므로 이 예제에서처럼 평균이 유한이면, 확률 변수의 제곱에 대한 기댓값이 무한일 경우에만 분산이 무한이다. 따라서 오직 중요도추출법으로 재조정된 이득의 제곱에 대한 기댓값이 무한이라는 것만 보이면 된다.

$$\mathbb{E}_b\left[\left(\prod_{t=0}^{T-1} \frac{\pi(A_t|S_t)}{b(A_t|S_t)} G_0\right)^2\right]$$

이 기댓값을 계산하기 위해, 에피소드의 길이와 종단을 기반으로 기댓값을 몇 가지 경우로 나누어 계산할 것이다. 우선 주목해야 할 것은 행동 right로 끝나는 모든 에피소드에 대해 중요도추출비율은 0이라는 점이다. 목표 정책이 이 행동을 결코 취하지 않을 것이기 때문이다. 따라서 이 에피소드들은 기댓값에 아무런 기여도 하지 못하고(괄호 안의 값이 0이 될 것이다) 무시될 수 있다. 종단으로 전이하는 행동 left 이전에 비종단 상태로 회귀하는 행동 left를 몇 개(0개도 가능) 포함하는 에피소드만 고려하면 된다. 이 모든 에피소드는 1의 이득을 갖기 때문에 G_0 요소는 무시될 수 있다. 제곱에 대한 기댓값을 얻기 위해 각 에피소드의 길이만 고려하면 된다. 즉, 에피소드의 발생 확률과 중요도추출비율의 제곱을 곱한 값을 다음과 같이 계속 더해 나가는 것이다.

$$
= \frac{1}{2} \cdot 0.1 \left(\frac{1}{0.5} \right)^2 \qquad \text{(첫 번째 길이의 에피소드)}
$$

$$
+ \frac{1}{2} \cdot 0.9 \cdot \frac{1}{2} \cdot 0.1 \left(\frac{1}{0.5} \frac{1}{0.5} \right)^2 \qquad \text{(두 번째 길이의 에피소드)}
$$

$$
+ \frac{1}{2} \cdot 0.9 \cdot \frac{1}{2} \cdot 0.9 \cdot \frac{1}{2} \cdot 0.1 \left(\frac{1}{0.5} \frac{1}{0.5} \frac{1}{0.5} \right)^2 \qquad \text{(세 번째 길이의 에피소드)}
$$

$$
+ \cdots
$$

$$
= 0.1 \sum_{k=0}^{\infty} 0.9^k \cdot 2^k \cdot 2 = 0.2 \sum_{k=0}^{\infty} 1.8^k = \infty \qquad \blacksquare
$$

연습 5.6 상태 가치 $V(s)$ 대신에 **행동** 가치 $Q(s, a)$에 대해 식 5.6과 유사한 방정식은 무엇인가? 이번에도 정책 b를 이용하여 생성된 이득이 주어진다. □

연습 5.7 그림 5.3과 같은 학습 곡선에서 오차는 일반적으로 훈련이 진행될수록 감소하는데, 이것은 기본 중요도추출법을 적용했을 때 실제로 일어났던 일이다. 하지만 가중치 중요도추출법의 경우에는 오차가 처음에는 증가하다가 나중에는 감소한다. 왜 이러한 현상이 일어난다고 생각하는가? □

연습 5.8 그림 5.4에 보이는 예제 5.5의 결과는 최초 접촉 MC 방법을 사용했다. 같은 문제에 모든 접촉 MC 방법이 대신 사용되었다고 가정해 보자. 추정값의 분산은 여전히 무한인가? 그 이유는 무엇인가? □

5.6 점증적 구현

몬테카를로 예측 방법은 에피소드가 단계적으로 진행됨에 따라 2장(2.4절)에서 설명한 기법을 확장 적용하여 점증적으로 구현될 수 있다. 2장에서는 **보상**을 평균 냈지만, 몬테카를로 방법에서는 **이득**을 평균 낸다. 다른 모든 측면에서 2장에서 사용되었던 방법과 정확히 같은 방법이 **활성 정책**on-policy 몬테카를로 방법에 사용될 수 있다. **비활성 정책**off-policy 몬테카를로 방법의 경우, **기본** 중요도추출법을 사용하는 것과 **가중치** 중요도추출법을 사용하는 것을 분리하여 생각할 필요가 있다.

기본 중요도추출법에서는 이득이 중요도추출비율 $\rho_{t:T(t)-1}$(식 5.3)에 따라 재조정된 이후에 식 5.5에서처럼 간단하게 평균 내어진다. 이 방법들에 대해 다시 2장의 점증적 방법을 사용할 수 있다. 다만 2장에서 사용했던 보상이 아닌 재조정된 이득을 대신 사용한다. 그러면 비활성 정책 방법에서 가중치 중요도추출법을 사용할 수 있게 된다. 이 경우 이득의 가중 평균을 형성해야만 하며, 조금 다른 점증적 알고리즘이 요구된다.

모두가 같은 상태에서 시작하고 각각이 자신에게 해당하는 무작위 가중치 W_i(예 $W_i = \rho_{t_i:T(t_i)-1}$)를 갖는 이득의 배열 $G_1, G_2, ..., G_{n-1}$이 주어졌다고 가정하자. 이때 다음과 같은 추정값을 형성하기를 원한다.

$$V_n \doteq \frac{\sum_{k=1}^{n-1} W_k G_k}{\sum_{k=1}^{n-1} W_k}, \qquad n \geq 2 \tag{식 5.7}$$

그리고 이 값을 추가적인 단일 이득 G_n을 얻을 때마다 최신으로 유지하기를 원한다. V_n의 변화를 추적하는 것 말고도 각 상태에 대해 처음 n개의 이득에 주어지는 가중치의 누적 합계 C_n을 유지해야만 한다. V_n에 대한 갱신 규칙은 다음과 같다.

$$V_{n+1} \doteq V_n + \frac{W_n}{C_n} \Big[G_n - V_n \Big], \qquad n \geq 1 \tag{식 5.8}$$

그리고

$$C_{n+1} \doteq C_n + W_{n+1}$$

여기서 $C_0 \doteq 0$(그리고 V_1은 임의의 값이므로 따로 지정될 필요가 없다)이다. 다음 페이지의 글상자에는 몬테카를로 정책 평가를 위한 에피소드의 단계적 진행에 따른 점증적 알고리즘이 완전한 형태로 기술되어 있다. 알고리즘은 정상적으로는 가중치 중요도추출법을 이용한 비활성 정책의 경우에 대한 것이지만, 단지 목표 정책과 행동 정책이 같아지도록(이 경우 $(\pi = b)$, W는 항상 1이다) 선택함으로써 활성 정책의 경우에도 적용할 수 있다. 모든 행동이 잠재적으로 π와는 다른 정책 b에 따라 선택되는 동안 근사적 Q는 (모든 마주치는 상태-행동 쌍에 대해) q_π로 수렴한다.

연습 5.9 2.4절에서 설명한 표본평균에 대해 점증적 구현을 사용할 수 있도록 최초 접촉 MC 정책 평가(5.1절)를 위한 알고리즘을 수정하라.   □

연습 5.10 식 5.7로부터 가중 평균 갱신 규칙(식 5.8)을 유도하라. 가중치가 없는 규칙(식 2.3)을 유도하는 방식을 따르라.   □

5.7 비활성 몬테카를로 제어

이제 이 책에서 다루는 학습 제어 방법의 두 번째 부류에 대한 예제를 제시할 준비가 되었다. 바로 비활성 정책 방법이다. 활성 정책 방법의 뚜렷한 특징이 정책의 가치를 추정하면서 동시에 그것을 제어에 활용하는 것이라는 점을 다시 한번 상기하자. 비활성 정책 방법에서는 이 두 가지 기능이 분리되어 있다. 행동을 생성하기 위해 사용되는 **행동**behavior 정책은 사실상 평가되고 향상되는 **목표**target 정책과는 아무런 관계가 없을 수도 있다. 이러한 분리의 좋은 점은 행동 정책이 모든 가능한 행동에 대해 표본을 추출하는 반면, 목표 정책은 결정론적(예 탐욕적)일 수 있다는 것이다.

비활성 정책 몬테카를로 제어 방법은 이전 두 절에서 제시한 기법들 중 하나를 사용한다. 이 방법은 목표 정책에 대해 학습하고 목표 정책을 향상시키는 동안 행동 정책을 따른다. 이러한 기법들을 적용하려면 목표 정책에 의해 선택될 수 있는 모든 행동이 행동 정책에 의해서도 0이 아닌 확률로 선택될 수 있어야 한다. 모든 가능성을 탐험하기 위해, 행동 정책은 부드러워야 한다(즉, 모든 상태에서 모든 행동을 0이 아닌 확률로 선택할 수 있어야 한다).

다음 글상자는 π_*와 q_*를 추정하기 위한, GPI와 가중치 중요도추출법에 기반한 비활성 몬테카를로 제어 방법을 보여준다. 목표 정책 $\pi \approx \pi_*$는 q_π에 대한 추정값 Q에 대한 탐욕적 정책이다.

행동 정책 b는 어떠한 정책이든 될 수 있지만, 정책 π가 최적 정책으로 수렴함을 보장하기 위해서는 상태와 행동의 각 쌍에 대해 무한대의 이득이 얻어져야 한다. 이것은 정책 b를 입실론 소프트가 되도록 선택함으로써 보장된다. 에피소드 사이에서 또는 심지어는 에피소드 내부에서 변화할 수도 있는 서로 다른 소프트 정책 b에 따라 행동이 선택되더라도 정책 π는 모든 마주치는 상태에서 최적 정책으로 수렴한다.

$\pi \approx \pi_*$를 추정하기 위한 비활성 정책 MC 제어

모든 $s \in \mathcal{S}$, $a \in \mathcal{A}(s)$에 대해 초기화:
  $Q(s, a) \in \mathbb{R}$ (임의의 값으로 설정)
  $C(s, a) \leftarrow 0$
  $\pi(s) \leftarrow \mathrm{argmax}_a\, Q(s, a)$ (최대가 되는 a가 여러 개일 경우 한 가지 행동만 선택)

(각 에피소드에 대해) 무한 루프:
  $b \leftarrow$ 임의의 소프트 정책
  정책 b를 활용하여 에피소드를 생성: $S_0, A_0, R_1, ..., S_{T-1}, A_{T-1}, R_T$
  $G \leftarrow 0$
  $W \leftarrow 1$
  에피소드의 각 단계에 대한 루프, $t = T - 1, T - 2, ..., 0$:
    $G \leftarrow \gamma G + R_{t+1}$
    $C(S_t, A_t) \leftarrow C(S_t, A_t) + W$
    $Q(S_t, A_t) \leftarrow Q(S_t, A_t) + \frac{W}{C(S_t, A_t)}[G - Q(S_t, A_t)]$
    $\pi(S_t) \leftarrow \mathrm{argmax}_a\, Q(s, a)$ (최대가 되는 a가 여러 개일 경우 한 가지 행동만 선택)
    $A_t \neq \pi(S_t)$이면 루프를 종료
    $W \leftarrow W \frac{1}{b(A_t | S_t)}$

이 방법의 잠재적인 문제는 이 방법이 오직 에피소드의 잔여물로부터 학습한다는 것이다. 그리고 그때가 바로 에피소드의 남아 있는 모든 행동이 탐욕적일 때다. 탐욕적이지 않은 행동이 흔하다면 학습 속도는 느릴 것이다. 특히, 오래 이어지는 에피소드의 초기 부분에 나타나는 상태에 대해서는 더욱 그렇다. 잠재적으로, 이것은 학습을 크게 지연시킬 수 있다. 이 문제가 얼마나 심각한지를 판단하기에는 비활성 정책 몬테카를로 방법과 관련된 경험이 충분하지 않다. 만약 이 문제가 심각한 것이라면, 이 문제를 해결하기 위한 가장 중요한 방법은 아마도 다음 장에서 개발할 알고리즘인 시간차 학습을 도입하는 것일 수 있다. 대안이 되는 방법으로는, 만약 γ가 1 보다 작으면 다음 절에서 설명할 개념이 상당히 도움이 될 수도 있다.

연습 5.11 비활성 MC 제어를 위한 글상자 안의 알고리즘에서, W 갱신이 중요도추출비율 $\frac{\pi(A_t | S_t)}{b(A_t | S_t)}$를 포함하기를 기대했을 수도 있다. 하지만 그 대신 W 갱신은 $\frac{1}{b(A_t | S_t)}$을 포함한다. 그럼에도 불구하고 이것이 합당한 이유는 무엇인가?   □

연습 5.12 **경주 트랙(프로그래밍)** 그림 5.5에 보이는 것과 같은 회전 구간에서 경주용 자동차를 운전하는 것을 생각해 보자. 가능한 한 빨리 가기를 원하지만 트랙을 벗어날 정도로 빠르게 가는 것은 원하지 않는다. 이 단순화된 경주 트랙에서 자동차는 그림에 표시된 칸들에 해당하는 이산적인 격자점 중 하나에 위치해 있다. 속도 역시 이산적이고, 수많은 격자 칸이 매 시간 단계마다 수평과 수직 방향으로 이동한다. 행동은 속도 성분에 대한 증가량이다. 속도 성분은 전체 9개(3 × 3)의 행동에 대해 각 단계에서 +1, −1, 또는 0만큼 변화할 수 있다. 속도 성분은 모두 0 이상이고 5보다 작은 것으로 제한되고, 시작 시각을 제외하고는 0이 될 수 없다. 각 에피소드는 무작위로 선택된 시작 상태들 중 하나에서 모든 속도 성분이 0인 채로 시작하여 자동차가 결승선을 지나가면 종료된다. 자동차가 결승선을 지나가기 전까지는 모든 단계에 대해 −1의 보상이 주어진다. 자동차가 트랙의 경계와 부딪히면 무작위로 선택된 출발선상의 임의의 위치로 돌아가게 되며, 모든 속도 성분은 0으로 초기화된 이후에 에피소드가 계속된다. 매 시간 단계마다 자동차의 위치를 갱신하기 전에, 투영된 경로가 트랙의 경계를 지나치는지 확인해야 한다. 자동차가 결승선을 지나치면 에피소드는 종료되지만, 그 밖의 다른 곳을 지나치면 자동차가 트랙의 경계를 지나친 것으로 보고 다시 출발점으로 보내진다. 문제를 좀 더 어렵게 만들기 위해, 매 시간 단계에서 애초 의도된 속도 증가량이 얼마이든 상관없이 0.1의 확률로 모든 속도 성분의 증가량을 0으로 만들겠다. 이 문제에 몬테카를로 방법을 적용하여 각각의 시작 상태로부터 최적 정책을 계산하라. 최적 정책을 따르는 여러 가지 상태-행동 궤적을 나타내어라(단, 이 궤적에 대해서는 잡음을 적용하지 마라).

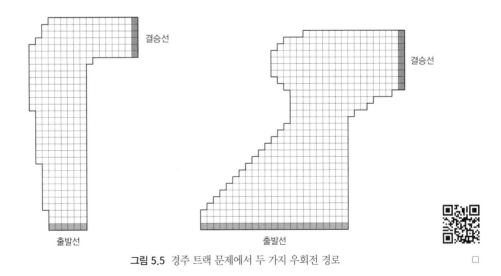

그림 5.5 경주 트랙 문제에서 두 가지 우회전 경로　　　　　□

5.8 *할인을 고려한 중요도추출법

지금까지 고려했던 비활성 정책은 할인된 보상의 총합으로서 이득의 내부 구조를 고려하지 않고, 통합된 전체로서 간주되는 이득을 위한 중요도추출법 가중치를 형성하는 것에 기반을 두고 있다. 이제 이득의 내부 구조를 사용하여 비활성 정책 추정기estimator의 분산을 감소시키는 최첨단 연구 기법을 잠깐 생각해 보자.

예를 들어, 에피소드가 길고 γ가 1보다 상당히 작은 경우를 생각해 보자. 명확하게 하기 위해, 에피소드가 100단계 동안 지속되고 $\gamma = 0$이라고 하자. 그러면 시각 0으로부터의 이득은 단지 $G_0 = R_1$이지만, 중요도추출비율은 100개의 요소들을 곱한 $\frac{\pi(A_0|S_0)}{b(A_0|S_0)} \frac{\pi(A_1|S_1)}{b(A_1|S_1)} \cdots \frac{\pi(A_{99}|S_{99})}{b(A_{99}|S_{99})}$로 나타난다. 기본 중요도추출법에서는 이득이 전체 곱에 의해 재조정될 테지만, 정말로 필요한 것은 오직 첫 번째 요소 $\frac{\pi(A_0|S_0)}{b(A_0|S_0)}$에 의한 재조정이다. 첫 번째 보상 이후에 이득이 이미 결정되었기 때문에 다른 99개의 요소들 $\frac{\pi(A_1|S_1)}{b(A_1|S_1)} \cdots \frac{\pi(A_{99}|S_{99})}{b(A_{99}|S_{99})}$는 아무 관련이 없다. 이 99개의 요소들은 모두 이득과는 상관이 없고, 그 기댓값이 1이다. 따라서 이들은 갱신의 기댓값을 변화시키지 않지만, 분산을 굉장히 크게 증가시킨다. 경우에 따라서는 분산이 무한이 되기도 한다. 이제 실제와는 동떨어진 큰 분산값을 피하는 방법을 생각해 보자.

방법의 핵심은 할인을 종단의 확률, 또는 같은 의미로 부분적 종단의 **정도**degree를 결정하는 것으로 생각하는 것이다. 모든 $\gamma \in [0, 1)$에 대해, 한 단계 이후에 $1 - \gamma$ 정도로 부분적으로 종단되면서 첫 번째 보상 R_1의 이득만을 만들어 내고, 두 단계 이후에는 $(1 - \gamma)\gamma$ 정도로 종단되면서 $R_1 + R_2$의 이득을 만들어 내고, 이후에도 이 같은 과정을 계속 이어가는 것으로서 G_0라는 이득을 생각할 수 있다. 두 번째 정도는 첫 번째 단계에서 종단되지 않는 정도 γ와 두 번째 단계에서 종단되는 정도 $1 - \gamma$를 곱한 것이다. 따라서 세 번째 단계에서 종단의 정도는 $(1 - \gamma)\gamma^2$이 되며, 이때 γ^2은 이전 두 단계에서 모두 종단되지 않았음을 나타낸다. 이러한 부분적 이득을 **밋밋한 부분적 이득**flat partial return이라고 부른다.

$$\bar{G}_{t:h} \doteq R_{t+1} + R_{t+2} + \cdots + R_h, \qquad 0 \le t < h \le T$$

여기서 '밋밋한'이라는 표현은 할인이 적용되지 않았음을 나타내고, '부분적'이라는 표현은 이득이 궁극적인 종단을 향해 계속되지 않고 **수평선**horizon이라고 불리는 h단계에서 멈추었음을 나타낸다(그리고 T는 에피소드의 종단 시각이다). 위에서 제안한 것처럼 전통적인 전체 이득 G_t는 밋밋한 부분적 이득의 총합으로서 다음과 같이 생각될 수 있다.

$$G_t \doteq R_{t+1} + \gamma R_{t+2} + \gamma^2 R_{t+3} + \cdots + \gamma^{T-t-1} R_T$$
$$= (1-\gamma) R_{t+1}$$
$$+ (1-\gamma)\gamma \left(R_{t+1} + R_{t+2} \right)$$
$$+ (1-\gamma)\gamma^2 \left(R_{t+1} + R_{t+2} + R_{t+3} \right)$$
$$\vdots$$
$$+ (1-\gamma)\gamma^{T-t-2} \left(R_{t+1} + R_{t+2} + \cdots + R_{T-1} \right)$$
$$+ \gamma^{T-t-1} \left(R_{t+1} + R_{t+2} + \cdots + R_T \right)$$
$$= (1-\gamma) \sum_{h=t+1}^{T-1} \gamma^{h-t-1} \bar{G}_{t:h} \quad + \quad \gamma^{T-t-1} \bar{G}_{t:T}$$

이제 밋밋한 부분적 이득에서와 같이 도중에 중단된truncated 중요도추출비율로 밋밋한 부분적 이득을 재조정할 필요가 있다. $\bar{G}_{t:h}$가 수평선 h까지의 보상을 포함하기 때문에 확률의 비율도 h까지만 있으면 된다. 기본 중요도추출법 추정값을 식 5.5와 유사하게 다음과 같이 정의한다.

$$V(s) \doteq \frac{\sum_{t \in \mathcal{T}(s)} \left((1-\gamma) \sum_{h=t+1}^{T(t)-1} \gamma^{h-t-1} \rho_{t:h-1} \bar{G}_{t:h} \;+\; \gamma^{T(t)-t-1} \rho_{t:T(t)-1} \bar{G}_{t:T(t)} \right)}{|\mathcal{T}(s)|} \tag{식 5.9}$$

그리고 가중치 중요도추출법 추정값은 식 5.6과 유사하게 다음과 같이 정의한다.

$$V(s) \doteq \frac{\sum_{t \in \mathcal{T}(s)} \left((1-\gamma) \sum_{h=t+1}^{T(t)-1} \gamma^{h-t-1} \rho_{t:h-1} \bar{G}_{t:h} \;+\; \gamma^{T(t)-t-1} \rho_{t:T(t)-1} \bar{G}_{t:T(t)} \right)}{\sum_{t \in \mathcal{T}(s)} \left((1-\gamma) \sum_{h=t+1}^{T(t)-1} \gamma^{h-t-1} \rho_{t:h-1} \;+\; \gamma^{T(t)-t-1} \rho_{t:T(t)-1} \right)} \tag{식 5.10}$$

이 두 추정값을 **할인을 고려한**discounting-aware 중요도추출법 추정값이라고 부른다. 이 추정값은 할인율을 고려하지만(5.5절의 비활성 정책 추정기와 같다), $\gamma = 1$이면 아무런 효과가 없다.

5.9 *결정 단계별 중요도추출법

비활성 정책 중요도추출법에서 보상의 합으로서의 이득 구조가 고려될 수 있는 방법이 하나 더 있다. 이 방법은 할인 없이도(즉, $\gamma = 1$이어도) 분산을 줄일 수 있는 방법이다. 비활성 정책 추정값 식 5.5와 식 5.6에서, 분자의 합 기호 안에 있는 각 항은 그 자체로 다음과 같은 합계다.

$$\rho_{t:T-1} G_t = \rho_{t:T-1} \left(R_{t+1} + \gamma R_{t+2} + \cdots + \gamma^{T-t-1} R_T \right)$$
$$= \rho_{t:T-1} R_{t+1} + \gamma \rho_{t:T-1} R_{t+2} + \cdots + \gamma^{T-t-1} \rho_{t:T-1} R_T \tag{식 5.11}$$

비활성 정책 추정값은 이 항들의 기댓값에 따라 달라진다. 이러한 사실은 간단한 방법으로 기술될 수 있다. 식 5.11의 모든 항은 무작위 보상과 무작위 중요도추출비율의 곱이라는 점에 주목하라. 예를 들어, 첫 번째 항은 식 5.3을 이용하여 다음과 같이 표현될 수 있다.

$$\rho_{t:T-1}R_{t+1} = \frac{\pi(A_t|S_t)}{b(A_t|S_t)}\frac{\pi(A_{t+1}|S_{t+1})}{b(A_{t+1}|S_{t+1})}\frac{\pi(A_{t+2}|S_{t+2})}{b(A_{t+2}|S_{t+2})}\cdots\frac{\pi(A_{T-1}|S_{T-1})}{b(A_{T-1}|S_{T-1})}R_{t+1} \quad \text{(식 5.12)}$$

이 모든 요소 중에서 다른 모든 요소는 보상 이후에 발생하는 사건들에 대한 것이고 오직 첫 번째 요소와 마지막 요소(보상)만이 관련이 있지 않을까 하는 의구심을 갖게 될지도 모른다. 더욱이, 처음과 마지막을 제외한 다른 모든 요소의 기댓값은 1이다.

$$\mathbb{E}\left[\frac{\pi(A_k|S_k)}{b(A_k|S_k)}\right] \doteq \sum_a b(a|S_k)\frac{\pi(a|S_k)}{b(a|S_k)} = \sum_a \pi(a|S_k) = 1 \quad \text{(식 5.13)}$$

몇 단계를 더 거치면, 의구심을 품었던 대로 처음과 마지막을 제외한 다른 모든 요소는 기댓값에 아무런 영향을 주지 않는다는 사실을, 다르게 표현하면 다음과 같다는 것을 보일 수 있다.

$$\mathbb{E}[\rho_{t:T-1}R_{t+1}] = \mathbb{E}[\rho_{t:t}R_{t+1}] \quad \text{(식 5.14)}$$

이 과정을 식 5.11의 k번째 항들에 대해 반복하면, 다음과 같은 관계를 얻는다.

$$\mathbb{E}[\rho_{t:T-1}R_{t+k}] = \mathbb{E}[\rho_{t:t+k-1}R_{t+k}]$$

그러면 식 5.11의 원래 항에 대한 기댓값은 다음과 같이 표현될 수 있다.

$$\mathbb{E}[\rho_{t:T-1}G_t] = \mathbb{E}\left[\tilde{G}_t\right]$$

이때, 다음의 관계가 성립한다.

$$\tilde{G}_t = \rho_{t:t}R_{t+1} + \gamma\rho_{t:t+1}R_{t+2} + \gamma^2\rho_{t:t+2}R_{t+3} + \cdots + \gamma^{T-t-1}\rho_{t:T-1}R_T$$

이 방법을 **결정 단계별**per-decision 중요도추출법이라고 부른다. 기본 중요도추출법 추정값(식 5.5)과 같이 (최초 접촉의 경우에) 편차 없는 기댓값을 갖는, $\tilde{G}_t$를 이용하는 대안적인 중요도추출법 추정값이 다음과 같이 존재한다는 것은 자명하다.

$$V(s) \doteq \frac{\sum_{t\in\mathcal{T}(s)}\tilde{G}_t}{|\mathcal{T}(s)|} \quad \text{(식 5.15)}$$

이 값에 대해 때로는 분산이 더 작은 값을 갖기를 기대할 수도 있다. 가중치 중요도추출법에도 행동 선택별로 중요도추출비율을 적용할 수 있을까? 이 점은 보다 불명확하다. 지금까지 이러한 경우에 대해 제안된, 우리가 알고 있는 모든 추정값은 다른 결과를 보여준다(즉, 무한의 데이터를 이용해도 참값으로 수렴하지 않는다).

연습 5.13 식 5.12로부터 식 5.14를 유도하라. □

연습 5.14 중단된truncated 가중 평균 추정값의 개념(식 5.10)을 활용하기 위해 비활성 몬테카를로 제어(136쪽) 알고리즘을 수정하라. 먼저, 이 알고리즘 방정식을 행동 가치로 변환할 필요가 있다는 점에 주목하라. □

5.10 요약

이 장에서 설명한 몬테카를로 방법은 경험으로부터 **표본 에피소드**sample episode의 형태로 가치 함수와 최적 정책을 학습한다. 이로 인해 몬테카를로 방법은 DP 방법에 비해 최소한 다음과 같은 세 가지 장점을 갖게 된다. 첫째, 환경에 대한 동역학 모델 없이 환경과 직접적으로 상호작용하여 최적 행동을 학습하는 데 사용될 수 있다. 둘째, 시뮬레이션 또는 **표본 모델**sample model과 함께 사용될 수 있다. 놀라울 정도로 많은 적용 사례에서, DP 방법에서 요구되는 전이 확률에 대한 분명한 모델과 같은 것을 구성하기는 어렵지만 표본 에피소드를 시뮬레이션하는 것은 쉽다. 셋째, 상태 집합의 작은 부분집합에 대한 몬테카를로 방법에 초점을 두는 것은 쉬우면서도 효율적이다. 관심 영역 밖의 상태 집합을 정확히 평가하는 데 필요한 비용을 지불하지 않고 특별히 관심이 있는 영역에 대해서만 정확한 평가를 수행할 수 있기 때문이다(이 내용은 8장에서 계속 다룰 것이다).

이 책에서 나중에 논의할, 몬테카를로 방법의 네 번째 장점은 마르코프Markov 특성에 위배되는 상황에서는 몬테카를로 방법이 다른 방법에 비해 더 강인하다는 것이다. 이것은 몬테카를로 방법이 가치 추정값을 갱신할 때 이후상태들에 대한 가치 추정값을 이용하지 않기 때문이다. 다시 말해, 몬테카를로 방법이 부트스트랩 방법이 아니기 때문이다.

몬테카를로 제어 방법을 설계하는 과정에서는 4장에서 소개한 **일반화된 정책 반복**GPI의 전반적인 개념을 따랐다. GPI는 정책 평가와 정책 향상 사이에 상호작용하는 과정을 포함하는데, 몬테카를로 방법은 대안적인 정책 평가 과정을 제공한다. 몬테카를로 방법은 각 상태의 가치를 계산하기 위해 모델을 사용하기보다는, 각 상태에서 시작하는 이득의 나열을 단순히 평균 낸다. 상태의 가치가 이득의 기댓값이기 때문에, 이 평균값은 가치에 대한 좋은 근사가 될 수 있다. 환경의 전이 동역학 모델 없이 정책을 향상시킬 수 있다는 점 때문에, 제어 방법에서 행동 가치 함수를 근사하는 것에 특별한 관심을 두었다. 몬테카를로 방법은 에피소드를 기준으로 정책 평가와 정책 향상 단계를 혼합하기 때문에, 에피소드를 기준으로 점증적으로 구현될 수 있다.

충분한 탐험sufficient exploration을 유지하는 것이 몬테카를로 방법에서는 하나의 이슈다. 현재 가장 좋은 것으로 추정되는 행동을 선택하는 것만으로는 충분하지 않다. 그렇게 하면 대안적인 행동에 대해서는 아무런 이득을 얻을 수 없고, 그 대안적인 행동이 실제로는 더 좋은 행동이었다는 것을 결코 학습하지 못할 것이기 때문이다. 이 문제에 대한 한 가지 접근법은, 모든 가능성을 고려하기 위해 에피소드가 무작위로 선택된 상태-행동 쌍과 함께 시작한다고 가정함으로써 이 문제를 무시해 버리는 것이다. 이러한 **시작 탐험**은 시뮬레이션된 에피소드가 있는 적용 사례에서는 가끔 사용될 수도 있지만, 실제 경험으로부터 학습하는 경우에는 사용될 것 같지 않다. **활성 정책** 방법에서는 학습자가 항상 학습에 전념하면서도 탐험을 지속적으로 수행하는 최고의 정책을 찾으려고 노력한다. **비활성 정책** 방법에서도 학습자가 탐험을 수행하지만, 뒤이어 나타나는 정책과는 관계가 없을 수도 있는 결정론적인 최적 정책을 학습한다.

비활성 정책 예측off-policy prediction이란 목표 정책과는 다른 **행동 정책**에 의해 생성된 데이터를 이용하여 **목표 정책**의 가치 함수를 학습하는 것을 가리킨다. 이러한 학습 방법은 몇 가지 형태의 **중요도추출법**에 기반을 둔다. 다시 말해, 관측된 행동을 선택할 확률을 각 정책하에서 구하고 그 두 확률의 비율로 이득에 가중치를 줌으로써, 이득의 기댓값을 행동 정책으로부터 목표 정책으로 변환시키는 것에 기반한다. **기본 중요도추출법**은 가중치가 부여된 이득에 대한 간단한 평균을 사용하는 반면, **가중치 중요도추출법**은 가중 평균을 사용한다. 기본 중요도추출법은 편차 없는 추정값을 만들어 내지만 더 큰, 어쩌면 무한일 수도 있는 분산을 갖는다. 반면에, 가중치 중요도추출법은 항상 유한한 분산을 갖기 때문에 실제 상황에서는 이 방법이 더욱 선호된다. 개념적인 단순함에도 불구하고, 예측과 제어 모두를 위한 비활성 정책 몬테카를로 방법은 아직 불안정한 채로 남아 있고 현재 진행형 연구 주제다.

이 장에서 테스트한 몬테카를로 방법은 이전 장에서 다룬 DP 방법과는 크게 두 가지 부분에서 다르다. 첫째, 몬테카를로 방법은 표본 경험을 기반으로 작동하기 때문에 모델 없이 직접 학습하는 데 사용될 수 있다. 둘째, 몬테카를로 방법은 부트스트랩을 하지 않는다. 다시 말해, 가치 추정값을 다른 가치 추정값에 기반하여 갱신하지 않는다. 이러한 두 가지 차이점이 항상 같이 존재하는 것은 아니고 따로 분리될 수 있다. 다음 장에서는 몬테카를로 방법과 같이 경험으로부터 학습하지만 DP와 같이 부트스트랩도 수행하는 방법에 관해 설명할 것이다.

참고문헌 및 역사적 사실

'몬테카를로'라는 용어는 로스앨러모스Los Alamos에 있던 물리학자들이 핵폭탄과 관련된 복잡한 물리학적 현상을 이해하는 데 도움을 얻고자 연구용으로 확률 게임을 고안했을 때인 1940년대 부터 등장한다. 이런 의미에서 몬테카를로 방법의 적용 범위는 여러 문헌에서 찾아볼 수 있다 (예 칼로스와 휘틀록Kalos and Whitlock, 1986; 루빈스타인Rubinstein, 1981).

5.1-2 싱과 서튼(Singh and Sutton, 1996)은 모든 접촉 MC와 최초 접촉 MC 방법을 구별하고 이 방법들이 강화학습 알고리즘과 연관되어 있다는 결과를 증명했다. 블랙잭 예제는 위드로, 굽타, 마이트라(Widrow, Gupta, and Maitra, 1973)가 사용한 예제를 기반으로 한다. 비누 거품 예제는 전통적인 디리클레Dirichlet(독일의 수학자 옮긴이) 문제인데, 이 문제 의 해법은 카쿠타니(Kakutani, 1945)가 처음 제안했다(허쉬와 그리에고(Hersh and Griego, 1969), 도일과 스넬(Doyle and Snell, 1984)을 참고하라).

바르토와 듀프(Barto and Duff, 1994)는 선형 연립 방정식을 풀기 위한 전통적인 몬테카 를로 알고리즘의 맥락에서 정책 평가를 논의했다. 그들은 규모가 큰 문제에서 몬테카 를로 정책 평가의 수치 계산상의 이점을 지적하기 위해 커티스(Curtiss, 1954)의 분석을 사용했다.

5.3-4 몬테카를로 ES는 이 책의 1998년 판에서 소개되었다. 아마도 이때 정책 반복에 기반 한 몬테카를로 추정과 제어 방법 사이의 연결 고리를 최초로 분명하게 드러낸 것으로 보인다. 강화학습의 맥락에서 행동 가치를 추정하기 위해 몬테카를로 방법을 사용한 초기 연구는 미치와 체임버스(Michie and Chambers, 1968)가 수행했다. 막대 균형 잡기 문제(68쪽)에서, 그들은 각각의 상태에서 가능한 행동 하나하나의 가치worth(균형 유지 '수명life')를 평가하기 위해 에피소드의 기간에 대한 평균을 사용했다. 그들의 방법은 모 든 접촉 MC 추정을 탑재한 몬테카를로 ES와 본질적으로 유사하다. 나렌드라와 윌러 (Narendra and Wheeler, 1986)는 동일한 상태를 연속적으로 마주치는 동안에 축적된 이 득을 로봇automaton의 행동 확률에 대한 학습을 조정하기 위한 보상으로 사용하는 에 르고딕ergodic(에르고딕이란, 충분한 시간이 지난 후에 주어진 공간 안의 모든 점을 포함하거 나 모든 점에 영향을 주는 시스템이나 과정을 뜻한다. 결과적으로 시스템이 포함하는 많은 점들 을 선택하는 것으로부터 그 시스템을 통계적으로 표현할 수 있다. 옮긴이) 유한 마르코프 연쇄 Markov chain를 연구했다.

5.5   효율적인 비활성 정책 학습은 여러 분야에서 일어나는 중요한 도전으로 인식되고 있다. 예를 들면, 그것은 확률적 그래프(베이지안Bayesian) 모델의 '간섭intervention'과 '사후 가정counterfactuals'이다(예 펄Pearl, 1995; 발케와 펄Balke and Pearl, 1994). 중요도추출법을 활용한 비활성 정책 방법은 오랜 역사에도 불구하고 여전히 충분히 이해되고 있지는 않은 방법이다. 때로는 정규화된normalized 중요도추출법이라고도 불리는(예 콜러와 프리드만Koller and Friedman, 2009) 가중치 중요도추출법은 다른 연구자들 중에서도 루빈스타인(1981), 헤스터버그(Hesterberg, 1988), 셸턴(Shelton, 2001), 리우(Liu, 2001)에 의해 논의되었다.

비활성 정책 학습에서 목표 정책은 가끔 문헌에서 '추정' 정책이라 불리기도 한다. 이 책의 1판에서도 그렇게 표현했다.

5.7   경주 트랙 연습문제는 바르토, 브래드케, 싱(Barto, Bradtke, and Singh, 1995)과 가드너(Gardner, 1973)가 제시한 것을 각색한 것이다.

5.8   할인을 고려한 중요도추출법의 개념을 다룬 것은 서튼, 마흐무드, 프리컵, 반 하셀트(Sutton, Mahmood, Precup, and van Hasselt, 2014)의 연구를 기반으로 한다. 그 개념은 최근까지 마흐무드(2017; 마흐무드, 반 하셀트, 서튼, 2014)에 의해 가장 완전하게 연구되고 있다.

5.9   결정 단계별 중요도추출법은 프리컵, 서튼, 싱(2000)이 처음 소개했다. 그들은 또한 비활성 정책 학습을 시간차 학습, 적격 흔적, 근사 방법과 결합하면서 다음 장에서 생각해 볼 미묘한 이슈를 만들어 냈다.

06

시간차 학습

강화학습에 있어서 중심이 되는 새로운 개념 하나를 뽑아야 한다면 그것은 의심의 여지 없이 **시간차**Temporal-Difference, TD 학습일 것이다. TD 학습은 몬테카를로 방법과 동적 프로그래밍DP 방법을 결합한 것이다. TD 학습은 몬테카를로 방법처럼 환경의 동역학에 대한 모델 없이도 가공하지 않은 경험으로부터 직접 학습할 수 있다. DP와 마찬가지로, TD 방법은 (부트스트랩을 수행하여) 최종 결과를 얻을 때까지 기다리지 않고, 부분적으로는 다른 학습된 추정값을 기반으로 추정값을 갱신한다. TD, DP, 몬테카를로 방법 사이의 관계는 강화학습 이론에서 계속 등장하는 주제다. 이 장이 그 관계에 대한 탐험의 시작이다. 탐험을 마치기 전에 이 개념들과 방법들이 다양한 방법으로 서로 섞이고 결합될 수 있음을 알게 될 것이다. 특히, 7장에서는 TD 방법을 몬테카를로 방법에 연결해 주는 n단계 알고리즘을 소개할 것이고, 12장에서는 그 둘을 매끄럽게 통합하는 TD(λ) 알고리즘을 소개할 것이다.

언제나 그렇듯이, 정책 평가 또는 **예측**prediction 문제, 즉 주어진 정책 π에 대해 가치 함수 v_π를 추정하는 문제에 초점을 맞추며 논의를 시작할 것이다. (최적 정책을 찾는) **제어**control 문제의 경우에는 DP, TD, 몬테카를로 방법이 모두 일반화된 정책 반복GPI을 일부 변형된 형태로 사용한다. 방법들 간의 차이는 주로 예측 문제에 대한 접근법의 차이다.

6.1 TD 예측

TD와 몬테카를로 방법은 모두 예측 문제를 풀기 위해 경험을 활용한다. 정책 π를 따르는 어떤 경험이 주어졌을 때, 두 방법은 모두 그 경험에서 발생하는 비종단 상태 S_t에 대해 v_π의 추정값 V를 갱신한다. 대략적으로 말하자면, 몬테카를로 방법은 상태를 마주친 이후에 발생하는 이득을 알 수 있을 때까지 기다렸다가 이득이 알려지면 그 이득을 $V(S_t)$의 목표로 사용한다. 비정상 nonstationary 환경에 적합한 간단한 모든 접촉 몬테카를로 방법은 다음과 같다.

$$V(S_t) \leftarrow V(S_t) + \alpha \Big[G_t - V(S_t) \Big] \tag{식 6.1}$$

여기서 G_t는 시각 t 이후의 실제 이득이고, α는 고정 시간 간격 파라미터(식 2.4 참고)다. 이 방법을 **고정 α MC**라고 부르자. $V(S_t)$의 증가량을 결정하기 위해 몬테카를로 방법이 에피소드가 끝날 때까지(오직 그때만 G_t를 알 수 있다) 기다려야 하는 반면에, TD 방법은 다음 시간 단계까지만 기다리면 된다. TD 방법은 시각 $t+1$에서 즉각적으로 목표를 형성하고 관측된 보상 R_{t+1}과 추정값 $V(S_{t+1})$을 이용하여 유용한 갱신을 수행한다. 가장 간단한 TD 방법은 다음과 같은 갱신을 수행한다.

$$V(S_t) \leftarrow V(S_t) + \alpha \Big[R_{t+1} + \gamma V(S_{t+1}) - V(S_t) \Big] \tag{식 6.2}$$

이 갱신은 S_{t+1}로 전이되고 R_{t+1}을 받는 즉시 이루어진다. 사실상, TD 갱신의 목표는 $R_{t+1} + \gamma V(S_{t+1})$인 반면에, 몬테카를로 갱신의 목표는 G_t이다. 이 TD 방법은 **TD(0)** 또는 **단일 단계 TD**one-step TD라고 불린다. 이 방법이 12장과 7장에서 개발할 TD(λ)와 n단계 TD 방법의 특별한 경우이기 때문이다. 다음 글상자는 절차적 형태로 TD(0)를 완전하게 명시하고 있다.

---

v_π를 추정하기 위한 표 형태로 된 TD(0)

입력: 평가 대상이 될 정책 π
알고리즘 파라미터: 시간 간격 $\alpha \in (0, 1]$
모든 $s \in \mathcal{S}^+$에 대해 $V(s)$를 임의의 값으로 초기화. 단, $V(\text{종단}) = 0$

각 에피소드에 대한 루프:
    S를 초기화
    에피소드의 각 단계에 대한 루프:
        $A \leftarrow S$에 대해 π에 따라 도출된 행동
        행동 A를 취하고 R, S'을 관측
        $V(S) \leftarrow V(S) + \alpha[R + \gamma V(S') - V(S)]$
        $S \leftarrow S'$
    S가 종단이면 종료

TD(0)가 부분적으로는 이미 존재하는 추정값을 기반으로 갱신되기 때문에, 이 방법을 DP와 같은 **부트스트랩** 방법이라고 말할 수 있다. 3장을 통해 다음과 같은 관계식을 알고 있다.

$$v_\pi(s) \doteq \mathbb{E}_\pi[G_t \mid S_t = s] \tag{식 6.3}$$
$$= \mathbb{E}_\pi[R_{t+1} + \gamma G_{t+1} \mid S_t = s] \tag{식 3.9로부터}$$
$$= \mathbb{E}_\pi[R_{t+1} + \gamma v_\pi(S_{t+1}) \mid S_t = s] \tag{식 6.4}$$

대략적으로 말하면, DP 방법은 식 6.4의 추정값을 목표로 사용하는 반면, 몬테카를로 방법은 식 6.3의 추정값을 목표로 사용한다. 식 6.3에서는 실제 이득의 기댓값 대신에 표본 이득이 사용되어서 기댓값을 모르기 때문에 몬테카를로 방법의 목표는 추정값이 된다. DP 방법의 목표 역시 추정값인데, 이 경우 기댓값은 환경의 모델로부터 완전하게 제공된다고 가정하므로 기댓값을 모르기 때문은 아니고 $v_\pi(S_{t+1})$이 알려져 있지 않기 때문에 대신 현재 추정값 $V(S_{t+1})$이 사용된다. TD 방법의 목표가 추정값인 이유에는 두 가지 원인이 모두 해당된다. TD 방법은 식 6.4의 기댓값에 대한 표본을 추출한다. 그리고 실제 v_π 대신에 현재 추정값 V를 사용한다. 따라서 TD 방법은 몬테카를로의 표본추출과 DP의 부트스트랩을 결합한다. 앞으로 알게 되겠지만, 세심함과 상상력을 동원하면 이 사실은 몬테카를로 방법과 DP 방법 모두의 장점을 얻기 위한 먼 길을 갈 수 있게 해 준다.

오른쪽 그림은 표 형태로 된 TD(0)에 대한 보강 다이어그램이다. 보강 다이어그램의 최상단 상태 노드에 대한 가치 추정값은 이 상태로부터 이 상태에 즉각적으로 이어지는 다음 상태로의 표본 전이를 기준으로 하여 갱신된다. TD 갱신과 몬테카를로 갱신 모두 보강 가치_{backed-up value}를 계산하기 위해 이후상태(또는 상태-행동 쌍)의 가치와 그때까지의 이득을 이용하여 이후상태(또는 상태-행동 쌍)에 대한 표본을 예측하는 것과, 그 이후에 원래 상태(또는 상태-행동 쌍)의 가치를 그에 따라 갱신하는

TD(0)

것을 포함하기 때문에 TD 갱신과 몬테카를로 갱신을 **표본 갱신**_{sample update}이라고 부르겠다. 모든 가능한 이후상태의 완전한 분포보다는 이후상태에 대한 단일 표본을 기반으로 한다는 점에서 '표본' 갱신은 DP 방법의 갱신의 '기댓값'과는 다르다.

마지막으로, TD(0) 갱신의 괄호 안의 값이 S_t의 추정값과 더 좋은 추정값 $R_{t+1} + \gamma V(S_{t+1})$ 사이의 차이를 측정하는 일종의 오차라는 점에 주목하자. **TD 오차**_{TD error}라고 불리는 이 값은 강화학습 전반에 걸쳐 다양한 형태로 나타난다.

$$\delta_t \doteq R_{t+1} + \gamma V(S_{t+1}) - V(S_t) \tag{식 6.5}$$

매 시각에서의 TD 오차는 **그 시각에 만들어진** 추정값의 오차다. TD 오차가 다음 상태와 다음 보상에 의존하기 때문에 사실상 한 시간 단계가 지나기 전까지는 TD 오차를 알 수 없다. 다시 말해, δ_t는 시각 $t+1$에 알 수 있는 $V(S_t)$의 오차다. 또한 몬테카를로 방법에서처럼 배열 V가 에피소드 동안에 변하지 않는다면, 몬테카를로 오차는 TD 오차의 합으로 다음과 같이 표현된다.

$$
\begin{aligned}
G_t - V(S_t) &= R_{t+1} + \gamma G_{t+1} - V(S_t) + \gamma V(S_{t+1}) - \gamma V(S_{t+1}) \quad \text{(식 3.9로부터)} \\
&= \delta_t + \gamma\big(G_{t+1} - V(S_{t+1})\big) \\
&= \delta_t + \gamma\delta_{t+1} + \gamma^2\big(G_{t+2} - V(S_{t+2})\big) \\
&= \delta_t + \gamma\delta_{t+1} + \gamma^2\delta_{t+2} + \cdots + \gamma^{T-t-1}\delta_{T-1} + \gamma^{T-t}\big(G_T - V(S_T)\big) \\
&= \delta_t + \gamma\delta_{t+1} + \gamma^2\delta_{t+2} + \cdots + \gamma^{T-t-1}\delta_{T-1} + \gamma^{T-t}(0 - 0) \\
&= \sum_{k=t}^{T-1} \gamma^{k-t}\delta_k \quad\quad\quad\quad\quad\quad\quad\quad\quad\quad\quad\quad\quad\quad\quad\text{(식 6.6)}
\end{aligned}
$$

V가 (TD(0)에서처럼) 에피소드 동안 갱신된다면 이 등식은 정확하지 않다. 하지만 시간 간격이 작으면 근사적으로는 여전히 유효할 수도 있다. 이 등식을 일반화하는 것은 시간차 학습의 이론 및 알고리즘에 있어서 중요한 역할을 한다.

연습 6.1 만약 V가 에피소드 동안 변한다면, 식 6.6은 오직 근사적으로만 성립한다. 그렇다면 등식의 양변 사이의 차이는 얼마인가? TD 오차(식 6.5)와 TD 갱신(식 6.2)에서 시각 t에 사용되는 상태 가치의 배열을 V_t라고 하자. TD 오차의 합과 몬테카를로 오차가 같아지게 하려면 TD 오차의 합에 추가로 얼마가 더해져야 하는지를 결정하기 위해 위의 유도 과정을 다시 수행하라. □

예제 6.1 **운전해서 집에 가기** 매일 집으로 퇴근할 때, 보통은 집까지 얼마나 걸릴지 예측하려고 한다. 사무실을 떠날 때 시간과 요일, 날씨 등 관련된 것들을 인지한다. 말하자면 이번 금요일에 정확히 6시에 퇴근을 할 것이고, 그때 집까지 30분이 걸릴 거라고 예상한다. 사무실을 나서고 자동차에 도착했을 때가 6:05이고, 비가 오기 시작했다. 비가 오면 종종 교통 흐름이 더 느려지기 때문에 그때부터 집까지 35분, 즉 전체 시간으로 따지면 40분이 걸릴 거라고 다시 예측한다. 15분 후에 집까지 가는 길 중에 고속도로 부분을 좋은 시간 기록으로 빠져나왔다. 좁은 도로로 빠져나왔을 때 전체 퇴근 시간에 대한 추정을 35분으로 줄였다. 불행히도, 바로 이 시점에 천천히 가는 트럭이 길을 막아섰고 트럭을 피하기에는 길이 너무 좁다. 집이 있는 골목으로 빠져나오기까지 트럭 뒤에서 가야만 했고 골목으로 나왔을 때는 6:40이었다. 3분 뒤에 집에 도착했다. 퇴근길의 상태, 시각, 예측을 나열하면 다음과 같다.

상태	경과 시간(분)	주행 시간 예측값	전체 소요 시간 예측값
퇴근, 금요일 6시	0	30	30
차에 도착, 비가 옴	5	35	40
고속도로를 벗어남	20	15	35
좁은 도로, 트럭 뒤	30	10	40
집 앞 골목 진입	40	3	43
집에 도착	43	0	43

이 예제에서 보상은 퇴근길의 각 구간에서 소요된 시간이다.[1] 할인은 하지 않는다($\gamma = 1$). 따라서 각 상태의 보상은 그 상태로부터 앞으로 더 가야 하는 실제 시간이다. 각 상태의 가치는 가야 할 시간의 **기댓값**이다. 두 번째 열의 숫자는 마주치는 각 상태에 대한 현재 추정 가치다.

몬테카를로 방법이 작동하는 것을 보는 간단한 방법은 그림 6.1(왼쪽)과 같이 상태의 나열에 따라 예측된 전체 시간(마지막 열)에 대한 그래프를 그리는 것이다. 붉은 화살표는 $\alpha = 1$인 경우에 대해 고정 α MC 방법(식 6.1)이 제안한 예측의 변화량을 보여준다. 이것은 정확히 각 상태에서의 추정 가치(가야 할 시간의 예측값)와 실제 이득(실제로 가야 할 시간) 사이의 오차다. 예를 들어, 고속도로를 빠져나왔을 때는 15분만 더 가면 집에 도착할 것이라고 생각했지만, 사실 23분이 더 걸렸다. 식 6.1이 바로 이 지점에서 적용되어 고속도로를 빠져나온 후에 더 가야 할 시간의 추정값 증가량을 결정한다. 이 시각에서 오차 $G_t - V(S_t)$는 8분이다. 시간 간격 파라미터 α가 1/2이라고 가정해 보자. 그러면 고속도로를 나온 이후에 더 가야 할 시간은 이 경험의 결과로 4분 더 증가할 것이다. 이 경우에 4분은 매우 큰 증가일 것이다. 어쩌면 트럭은 단지 운 나쁜 장애물이었을 테니 말이다. 어찌 되었든 추정 시간의 변화는 오프라인으로, 즉 집에 도착한 이후에 만들어질 수 있다. 오직 이때만 실제 이득을 알 수 있다.

학습을 시작하기 전에 최종 결과가 나올 때까지 기다릴 필요가 있을까? 또 다른 날에 퇴근할 때 다시 집까지 30분 걸릴 것이라고 추정했지만 엄청난 교통 체증에 걸렸다고 가정해 보자. 사무실을 떠나고 25분 후에도 여전히 고속도로에서 앞차 및 뒤차와 닿을 듯이 가고 있다. 이제 집까지 지금부터 25분이 더 걸릴 거라고 추정해서 총 50분이 걸릴 것이라고 예상한다. 교통 체증 속에서 기다리면서 초기의 추정값 30분은 너무 긍정적인 값이었음을 알게 된다. 초기 상태에 대해 추정값을 증가시키려면 집에 도착할 때까지 기다려야만 할까? 몬테카를로 방법에 따르면 아직 실제 이득을 모르기 때문에 그렇게 해야만 한다.

---

1   이 문제가 퇴근길에 걸리는 시간을 최소화하는 목적을 갖는 제어 문제였다면, 당연하게도 소요된 시간에 음의 부호를 붙인 것을 보상으로 했을 것이다. 하지만 여기서는 오직 예측(정책 평가)만을 신경 쓰기 때문에 양수를 사용함으로써 문제를 간단하게 할 수 있다.

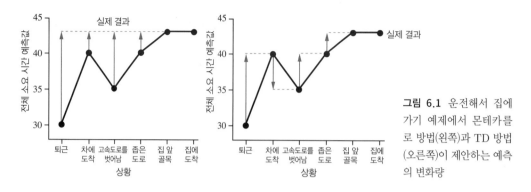

그림 6.1 운전해서 집에 가기 예제에서 몬테카를로 방법(왼쪽)과 TD 방법(오른쪽)이 제안하는 예측의 변화량

반면에, TD 방법에 따르면 즉각적으로 학습을 수행하여 초기 상태에 대한 추정값을 30분에서 50분으로 바꾼다. 사실, 각 추정값은 바로 이어서 나오는 추정값과 가까워지는 방향으로 이동할 것이다. 다시 첫날 퇴근길 상황으로 돌아가면, 그림 6.1(오른쪽)은 TD 방법(식 6.2)이 제안한 예측값의 변화를 보여준다(이것은 $\alpha = 1$일 경우에 TD 방법이 도출한 변화다). 각 오차는 시간에 따른 예측값의 변화량, 즉 예측값의 **시간차**temporal difference에 비례한다.

교통 체증 속에서 기다리면서 무언가 할 일을 만드는 대신, 실제 이득을 알고 있을 때는 종단까지 기다리기보다는 현재 예측값을 기반으로 학습하는 것이 더 좋다. 이를 뒷받침하는 수치 계산적 이유가 있는데, 그중 몇 가지를 다음 절에서 간단하게 논의할 것이다. ∎

연습 6.2) 이 연습문제를 통해 왜 TD 방법이 몬테카를로 방법보다 많은 경우에 있어서 더 효율적인지에 대한 통찰력을 얻을 수 있을 것이다. TD 방법과 몬테카를로 방법이 퇴근길 운전 예제를 어떻게 다루었는지 생각해 보자. 평균적으로 TD 갱신이 몬테카를로 갱신보다 더 좋은 시나리오를 상상할 수 있는가? TD 갱신이 더 좋은 결과를 도출할 것 같은 예제 시나리오(과거의 경험과 현재의 상태)를 제시하라. 여기 힌트가 있다. 퇴근길에 운전한 경험이 많다고 가정해 보자. 그래서 새 건물과 새 주차장으로 이동한다(하지만 여전히 같은 장소에서 고속도로로 들어선다). 이제 새 건물에 대해 예측을 학습하기 시작한다. 이 경우에 왜 TD 갱신이 (최소한 초기에는) 훨씬 더 좋을 것 같은지 알 수 있는가? 이런 종류의 일이 원래의 시나리오에서도 일어날 수 있는가? □

6.2 TD 예측 방법의 좋은점

TD 방법은 부분적으로는 다른 추정값에 기반하여 자신의 추정값을 갱신한다. TD 방법은 추측으로부터 추측을 학습한다. 즉, **부트스트랩**한다. 이렇게 하는 것이 좋은 것인가? 몬테카를로 방법 및 DP 방법과 비교했을 때 TD 방법의 장점은 무엇인가? 이러한 질문을 만들어 내고 질문에 답하는 일은 이 책의 나머지 부분 내내 계속되고, 책이 끝나더라도 계속될 것이다. 이 절에서는 간단하게 몇 가지 답변을 예측해 보겠다.

환경에 대한 모델과 보상, 그리고 다음 상태의 확률 분포를 필요로 하지 않는다는 면에서 TD 방법은 분명히 DP 방법에 비해 장점이 있다.

그다음으로 가장 명백한 TD 방법의 장점은 몬테카를로 방법에 비해 완전히 점증적인 방식으로 온라인에서 자연스럽게 구현된다는 것이다. 몬테카를로 방법을 사용하면 하나의 에피소드가 끝날 때까지 기다려야 한다. 오직 그때만 이득을 알 수 있기 때문이다. 반면에, TD 방법을 사용하면 한 시간 단계만 기다리면 된다. 놀랍게도 많은 경우에 이것은 중요하게 고려해야 하는 요소임이 드러난다. 어떤 적용 사례는 에피소드가 매우 길기 때문에 에피소드가 끝날 때까지 모든 학습을 지연시키면 너무 느려지게 된다. 또 어떤 적용 사례는 연속적인 작업이어서 에피소드가 전혀 없다. 마지막으로, 이전 장에서 언급했듯이 어떤 몬테카를로 방법은 실험적인 행동이 취해지는 에피소드를 무시하거나 할인해야 한다. 그리고 이것은 학습을 매우 더디게 만든다. TD 방법은 어떤 후속 행동이 취해지는가에 관계없이 각각의 전이로부터 학습하기 때문에 이러한 문제에 훨씬 덜 민감하다.

하지만 TD 방법으로 충분한가? 확실히 실제 결과를 기다리지 않고 다음 추측으로부터 지금의 추측을 학습하는 것은 편리하다. 하지만 이 경우에도 올바른 결과로 수렴함을 보장할 수 있을까? 행복하게도 답은 '그렇다'이다. 모든 고정된 정책 π에 대해, 고정 시간 간격 파라미터를 적용하고 그 값이 충분히 작다면 TD(0)는 평균적으로 v_π로 수렴하고 시간 간격 파라미터가 보통의 확률론적 근사 조건(식 2.7)에 따라 감소한다면 100%의 확률로 v_π로 수렴한다는 사실이 증명되었다. 대부분의 수렴성 증명은 오직 위에 제시한 알고리즘(식 6.2)이 표 기반으로 된 경우에 적용되지만, 어떤 것은 일반적인 선형 함수 근사의 경우에도 적용된다. 이러한 결과는 9장에서 좀 더 일반화된 설정을 갖고 논의할 것이다.

TD와 몬테카를로 방법이 모두 올바른 예측값을 향해 점근적으로 수렴한다면, 자연스럽게 이어지는 질문은 "어떤 것이 올바른 예측값에 먼저 도달할까?"이다. 다시 말해, 어떤 방법이 더 빨리 학습할까? 어떤 방법이 제한된 데이터를 더 효율적으로 활용할까? 어떤 방법이 다른 것보다 더 빨리 수렴한다고 수학적으로 증명한 사람이 아무도 없다는 의미에서, 지금으로서는 이것은 아직 해결되지 않은 질문이다. 사실, 이 질문을 표현할 가장 적합한 형식적 방법이 무엇인지도 명확하지 않다! 하지만 실제로는, 예제 6.2에서 설명했듯이 확률론적 문제에서는 TD 방법이 고정 α MC 방법보다 보통은 더 빨리 수렴하는 현상이 있었다.

무작위 행보

이 예제에서는 다음과 같은 마르코프 보상 과정에 적용되었을 때 TD(0)와 고정 α MC 의 예측 능력을 경험적으로 비교한다.

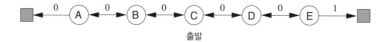

마르코프 보상 과정 Markov reward process, 즉 MRP는 행동이 없는 마르코프 결정 과정이다. 환경에 기인한 동역학과 학습자에 기인한 동역학을 구분할 필요가 없는 예측 문제에 초점을 맞출 때 종종 MRP를 사용할 것이다. 이 MRP에서는 모든 에피소드가 중심 상태 C에서 시작하고 동일한 확률로 왼쪽 또는 오른쪽으로 한 단계에 한 상태씩 진행한다. 에피소드는 오른쪽 끝이나 왼쪽 끝에서 종료된다. 에피소드가 오른쪽 끝에서 종료되면 +1 의 보상이 발생한다. 다른 모든 보상은 0이다. 예를 들면, 전형적인 에피소드는 C, 0, B, 0, C, 0, D, 0, E, 1과 같은 상태와 보상의 나열로 구성될 수 있다. 이 문제는 할인되지 않은 것이기 때문에, 각 상태의 실제 가치는 그 상태에서 출발했을 경우 오른쪽 끝에서 종료할 확률이 된다. 따라서 중심 상태의 실제 가치는 $v_\pi(C) = 0.5$이다. A부터 E까지의 모든 상태의 실제 가치는 $\frac{1}{6}, \frac{2}{6}, \frac{3}{6}, \frac{4}{6}, \frac{5}{6}$이다.

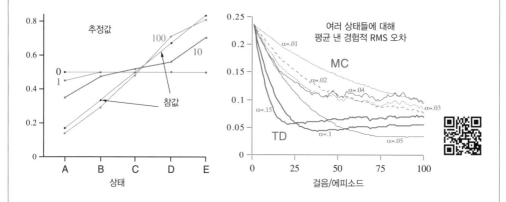

위 그림의 왼쪽 그래프는 TD(0)를 한 번 수행할 때, 다양한 개수의 에피소드 이후에 학습된 가치를 보여준다. 100개의 에피소드 이후의 추정값이 실제 가치와 거의 같을 정도로 실제 가치에 가장 근접했다. 고정 시간 간격 파라미터(이 예제에서는 $\alpha = 0.1$)를 적용하면 가장 최신 에피소드의 결과에 반응하여 가치가 무한히 요동친다. 오른쪽 그래프는 다양한 α 값을 적용한 두 방법의 학습 곡선을 보여준다. 그림에 보이는 성능 지표는 학습된 가치 함수와 실제 가치 함수 사이의 근평균제곱Root-Mean-Squared, RMS 오차를 5개 상태에 대해 1차적으로 평균 내고, 다시 100회의 실행에 대해 평균 낸 것이다. 모든 경우에서 가치 함수의 근삿값이 모든 s에 대해 중간 가치 $V(s) = 0.5$로 초기화되었다. 이 문제에서 TD 방법은 일관되게 MC 방법보다 좋은 결과를 보여주었다.

연습 6.3 무작위 행보 예제의 왼쪽 그래프에서는 최초 에피소드가 오직 $V(\text{A})$의 변화만 유발하는 것처럼 보인다. 이것이 첫 번째 에피소드에 어떤 일이 일어날 것인가에 대해 무엇을 말해 주는가? 왜 오직 이 한 상태에 대한 추정값만 바뀌었는가? 정확히 얼마나 바뀌었는가? □

연습 6.4 무작위 행보 예제의 오른쪽 그래프에서는 시간 간격 파라미터 α에 따라 달라지는 결과가 분명히 보인다. 더 넓은 범위의 α 값을 사용했다면 어떤 알고리즘이 더 좋은가에 대한 결론이 달라졌을 것이라고 생각하는가? 어떤 알고리즘이든 그래프에 보이는 결과보다 상당히 더 좋은 성능을 내게 하는 또 다른 고정된 값 α가 존재하는가? 그 이유는 무엇인가? □

*연습 6.5 무작위 행보 예제의 오른쪽 그래프에서는 TD 방법의 RMS 오차가 (특히 α 값이 클 때) 감소하다가 다시 증가하는 것처럼 보인다. 무엇 때문에 이러한 현상이 나타나는가? 이러한 현상이 항상 나타날 거라고 생각하는가, 아니면 가치 함수의 근삿값을 어떻게 초기화하는지에 따라 달라진다고 생각하는가? □

연습 6.6 예제 6.2에서 무작위 행보 예제의 실제 가치가 상태 A부터 E까지 $\frac{1}{6}, \frac{2}{6}, \frac{3}{6}, \frac{4}{6}, \frac{5}{6}$라고 했었다. 이 값들을 계산하기 위한 최소 두 가지의 서로 다른 방법을 설명하라. 어떤 방법을 이 책에서 실제로 사용했을 것 같은가? 왜 그렇게 생각하는가? □

6.3 TD(0)의 최적성

이용 가능한 경험이 유한하다고 가정해 보자. 말하자면, 10개의 에피소드 또는 100개의 시간 단계라고 가정해 보자. 이 경우, 점증적 학습 방법을 이용하는 흔한 접근법은 학습 방법이 정답으로 수렴할 때까지 반복적으로 경험을 제시하는 것이다. 가치 함수의 근삿값 V가 주어지면, 식 6.1 또는 식 6.2로 표현되는 증가량은 비종단 상태를 마주치는 모든 시간 단계 t에서 계산되지만, 가치 함수는 모든 증가량의 총합만큼 단 한 번 변화한다. 그런 다음 모든 이용 가능한 경험이 새로운 가치 함수와 함께 다시 처리되어 새로운 전체 증가량을 만들어 내고, 이 과정은 가치 함수가 수렴할 때까지 계속된다. 훈련 데이터에 대한 각각의 완전한 **일괄**batch 처리 이후에만 갱신이 수행되기 때문에 이것을 **일괄 갱신**batch updating이라고 부른다.

일괄 갱신하에서, α가 충분히 작은 값으로 선택되는 한 TD(0)는 시간 간격 파라미터 α에 따라 달라지는 하나의 정답에 결정론적으로 수렴한다. 고정 α MC 방법 또한 같은 조건하에서 결정론적으로 수렴하지만, 다른 정답으로 수렴한다. 이 두 가지 정답을 이해하는 것이 두 방법의 차이를 이해하는 데 도움이 될 것이다. 정상적인 갱신하에서는 두 방법 모두 일괄 갱신하에서 도달했던 각자의 정답으로 이동하지 않지만, 어떤 의미에서는 그 정답을 향한 단계를 거쳐간다. 모든 가능한 문제에 대한 두 가지 정답을 일반적으로 이해하려고 하기 전에, 몇 가지 예제를 먼저 살펴보겠다.

예제 6.3 **일괄 갱신하에서의 무작위 행보** 일괄 갱신 형태의 TD(0)와 고정 α MC는 무작위 행보 예제(예제 6.2)에 다음과 같이 적용되었다. 새로운 에피소드가 끝날 때마다, 지금까지 관측되었던 모든 에피소드가 일괄적으로 다루어진다. 그들은 반복적으로 TD(0) 또는 고정 α MC 알고리즘에 제시되었고, α가 충분히 작아서 가치 함수는 수렴했다. 그런 다음 수렴한 가치 함수를 v_π와 비교하고 근평균제곱 오차를 5개의 상태에 대해(그리고 전체 실험에 대한 100번의 독립적 반복 시행에 대해) 평균 낸 값을 그래프로 나타내어 그림 6.2의 학습 곡선을 얻었다. 일괄 TD 방법은 시종 일관 몬테카를로 방법보다 더 좋았다는 점에 주목하라.

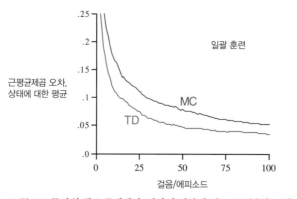

그림 6.2 무작위 행보 문제에서, 일괄 훈련하에 있는 TD(0)와 고정 α MC의 성능

일괄 훈련하에서, 고정 α MC는 $V(s)$로 수렴하는데, $V(s)$는 각 상태 s를 마주친 후에 경험한 실제 이득의 표본평균이다. 훈련 데이터 집합에 있는 실제 이득과의 평균 제곱 오차를 최소화한다는 의미에서 이 표본평균은 최적의 추정값이다. 이런 의미에서, 그림 6.2에 보이는 근평균제곱 오차의 지표로 봤을 때 일괄 TD 방법의 성능이 더 좋았다는 것은 놀라운 사실이다. 어떻게 일괄 TD가 이 최적 방법보다 더 좋은 성능을 보여주는가? 이에 대한 답은 몬테카를로 방법은 오직 제한된 방식으로만 최적이고, TD는 이득을 예측하는 데 있어서 더욱 최적화된 방식이기 때문이라는 것이다. ■

예제 6.4 **당신이 예측자다**   이제 여러분 스스로가 알려지지 않은 마르코프 보상 과정에 대한 이 득을 예측하는 역할을 한다고 가정해 보자. 여러분이 다음과 같은 8개의 에피소드를 관측한다 고 가정하자.

A, 0, B, 0   B, 1

B, 1   B, 1

B, 1   B, 1

B, 1   B, 0

이것은 첫 번째 에피소드가 상태 A에서 시작하여 보상 0과 함께 상태 B로 전이되고 상태 B에 서 보상 0을 받고 종료되었음을 의미한다. 다른 7개의 에피소드는 더 짧아서 상태 B에서 시작하 여 곧바로 종료된다. 이러한 데이터 묶음batch이 주어지면, 무엇이 최적 예측, 즉 추정값 $V(A)$와 $V(B)$를 가장 잘 추정한 값이라고 말할 것인가? 아마도 모두가 $V(B)$의 최적값은 $\frac{3}{4}$이라는 데 동 의할 것이다. 상태 B에서 이득 1을 도출하고 과정이 곧바로 종료된 것이 8번 중 6번이고, 0의 이 득을 도출하고 곧바로 종료된 과정이 2번이기 때문이다.

하지만 이 데이터로부터 얻을 수 있는 $V(A)$의 최적 추정값은 얼마인가? 여기 이 질문에 대한 합 리적인 답변 두 가지가 있다. 하나는 상태 A에 머물렀던 과정은 100% 상태 B로(이득 0과 함께) 즉 시 이동했다. 이때 이미 B가 $\frac{3}{4}$의 값을 갖는다고 결정했기 때문에 A도 $\frac{3}{4}$의 값을 가져야만 한다. 이 답변을 바라보는 하나의 방식은 이 답변이 마르코프 과정에 대한 모델링을 먼저 수행한 다음 이 모델을 이용하여 올바른 추 정값을 계산하는 것을 기반으로 한다는 것이다. 이 예제의 경우, 마르코프 과정의 모델은 오른쪽 그림에 주어져 있고 이득의 올바 른 추정값은 실제로 $V(A) = \frac{3}{4}$이다. 이 값은 일괄 TD(0)가 도출 하는 결과이기도 하다.

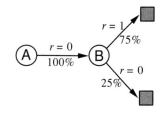

또 다른 합리적인 답변은 상태 A를 한 번 마주쳤고 그에 따른 이득이 0이어서 $V(A)$의 값을 0으 로 추정했다는 사실을 단순히 관찰하는 것이다. 이 답변은 일괄 몬테카를로 방법이 주는 답변 이다. 이것이 훈련 데이터에 대한 최소 제곱 오차를 도출하는 답변이라는 점에 주목하라. 사실, 이 답변은 훈련 데이터에 대해 0의 오차를 도출한다. 하지만 그럼에도 여전히 첫 번째 답변이 더 좋을 것으로 기대한다. 과정이 마르코프 과정이라면, 몬테카를로 방법이 주는 답변이 기존 데이 터에 대해서는 더 좋은 결과를 도출하겠지만, 첫 번째 답변이 '미래의' 데이터에 대해서는 더 작 은 오차를 만들어 낼 것으로 기대한다.   ■

예제 6.4는 일괄 TD(0)와 일괄 몬테카를로 방법이 도출하는 추정값 사이의 일반적인 차이를 설명한다. 일괄 몬테카를로 방법은 항상 훈련 데이터에 대해 평균 제곱 오차를 최소화하는 추정값을 찾는다. 반면에, 일괄 TD(0)는 항상 마르코프 과정의 최대 공산maximum-likelihood 모델에 대해 올바른 추정값을 정확히 찾을 것이다. 일반적으로, 한 파라미터의 **최대 공산 추정값**maximum-likelihood estimate은 데이터를 생성할 확률이 가장 큰 파라미터 값이다. 이 경우, 최대 공산 추정값은 관측된 에피소드로부터 분명한 방식으로 형성된 마르코프 과정의 모델이다. 이때 i로부터 j로의 전이 확률 추정값은 i로부터의 관측된 전이 중 j로 이동하는 전이의 비율이고, 관련된 보상의 기댓값은 이 전이에서 관측된 보상의 평균이다. 이러한 모델이 주어지면, 모델이 정확히 올바른 모델일 경우 올바른 가치 함수의 추정값을 정확하게 구할 수 있다. 이것이 진행되는 과정의 추정값이 근사적인 값이 아니고 확실하게 알려져 있다고 가정하는 것과 동등하기 때문에 이를 **확실성 동등 추정**certainty-equivalence estimate이라고 부른다. 일반적으로, 일괄 TD(0)는 확실성 동등 추정값으로 수렴한다.

이것은 TD 방법이 몬테카를로 방법보다 더 빨리 수렴하는 이유를 설명하는 데 도움이 된다. 일괄적 형식에서는 TD(0)가 실제 확실성 동등 추정값을 계산하기 때문에 TD(0)가 몬테카를로 방법보다 빠르다. 이것은 무작위 행보 문제의 일괄 실행 결과(그림 6.2)에서 보이는 TD(0)의 장점을 설명해 준다. 확실성 동등 추정과의 관계는 비일괄nonbatch TD(0)의 속도 면에서의 장점을 부분적으로 설명해 준다(**예** 152쪽, 예제 6.2의 오른쪽 그래프). 비일괄 방법이 확실성 동등이나 최소 평균 제곱 추정값을 만들지는 못하지만, 대략적으로는 그러한 추정값을 향해 이동하는 것으로 이해될 수는 있다. 비록 결과적으로 최적의 추정값에는 도달하지 못하겠지만, 비일괄 TD(0)는 더 좋은 추정값을 향해 이동하기 때문에 고정 α MC보다 더 빠를 수 있다. 현재 시점에서는 온라인 TD와 몬테카를로 방법의 상대적인 효율성에 대해 어떤 것도 더 명확하게 표현될 수 없다.

마지막으로, 확실성 동등 추정값이 어떤 의미에서는 최적의 추정값이라 해도 그것을 직접 계산하는 것이 거의 불가능하다는 사실은 주목할 만한 가치가 있다. $n = |\mathcal{S}|$가 상태의 개수라면 과정에 대한 최대 공산 추정값을 만드는 데만 n^2 수준의 메모리가 필요할 것이고, 따라서 해당 가치 함수를 계산하기 위해서는 전통적인 방법을 사용했을 때 n^3 수준의 계산 단계가 필요하다. 이러한 측면에서 TD 방법이 n 수준 이하의 메모리와 훈련 데이터에 대한 반복적인 계산을 사용하여 동일한 추정값을 근사할 수 있다는 것은 정말로 놀라운 사실이다. 규모가 큰 상태 공간을 다루는 문제에서는 TD 방법이 확실성 동등 추정값을 근사할 수 있는 실현 가능한 유일한 방법일지도 모른다.

연습 6.7 임의의 목표 정책 π 및 보증하는$_\text{covering}$ 행동 정책 b와 함께 사용될 수 있는 TD(0) 갱신의 비활성 정책 버전을 설계하라. 이때 매 시간 단계 t에서 중요도추출비율 $\rho_{t:t}$(식 5.3)를 이용하라. □

6.4 살사: 활성 정책 TD 제어

이제 TD 예측 방법을 제어 문제에 활용하는 문제에 대해 알아보겠다. 늘 하던 대로, 일반화된 정책 반복$_\text{GPI}$의 패턴을 따라갈 것이다. 다만 이번에는 TD 방법을 평가나 예측 부분에 활용하게 된다. 몬테카를로 방법에서처럼, 탐험과 활용 사이의 균형을 맞춰야 할 필요에 직면하게 된다. 그리고 또다시 접근법을 크게 두 가지 부분으로 나눌 수 있는데, 바로 활성 정책과 비활성 정책이다. 이 절에서는 활성 정책 TD 제어 방법을 제시하겠다.

첫 번째 단계는 상태 가치 함수보다는 행동 가치 함수를 학습하는 것이다. 특히, 활성 정책 방법을 적용할 경우에는 현재의 행동 정책 π와 모든 상태 s 및 행동 a에 대해 $q_\pi(s, a)$를 추정해야 한다. 이것은 본질적으로 다를 게 없는, v_π를 학습하기 위해 위에서 설명한 TD 방법을 이용하여 수행될 수 있다. 에피소드는 서로 교차하는 상태와 상태-행동 쌍의 나열로 구성된다는 것을 상기하자.

$$\cdots \; - \; \overset{}{\left(S_t\right)} \underset{A_t}{\bullet} \overset{R_{t+1}}{\rule{1cm}{0.4pt}} \left(S_{t+1}\right) \underset{A_{t+1}}{\bullet} \overset{R_{t+2}}{\rule{1cm}{0.4pt}} \left(S_{t+2}\right) \underset{A_{t+2}}{\bullet} \overset{R_{t+3}}{\rule{1cm}{0.4pt}} \left(S_{t+3}\right) \underset{A_{t+3}}{\bullet} \; \cdots$$

이전 절에서는 상태에서 상태로의 전이를 고려했고, 상태의 가치를 학습했다. 이제는 상태-행동 쌍에서 상태-행동 쌍으로의 전이를 고려하고, 상태-행동 쌍의 가치를 학습하게 된다. 이 두 경우는 형식적으로는 동일하다. 둘 다 보상 과정을 갖는 마르코프 연쇄다. TD(0) 방법하에서 상태 가치의 수렴성을 담보하는 이론이 행동 가치에 해당하는 알고리즘에도 적용된다.

$$Q(S_t, A_t) \leftarrow Q(S_t, A_t) + \alpha \Big[R_{t+1} + \gamma Q(S_{t+1}, A_{t+1}) - Q(S_t, A_t) \Big] \tag{식 6.7}$$

이러한 갱신은 비종단 상태 S_t로부터 전이가 일어날 때마다 그 전이 이후에 행해진다. S_{t+1}이 종단 상태라면, $Q(S_{t+1}, A_{t+1})$은 0으로 정의된다. 이러한 갱신 규칙은 한 상태-행동 쌍으로부터 다음 쌍으로의 전이를 구성하는 5개의 사건$(S_t, A_t, R_{t+1}, S_{t+1}, A_{t+1})$ 모두를 사용한다. 이 5개의 사건을 나타내는 알파벳 기호 때문에 알고리즘의 이름이 **살사**$_\text{Sarsa}$가 되었다. 살사 알고리즘의 보강 다이어그램을 오른쪽에 나타내었다.

살사

살사 예측 방법을 기반으로 활성 정책 제어 알고리즘을 설계하는 것은 간단하다. 모든 활성 정책 방법에서와 마찬가지로, 행동 정책 π에 대해 계속해서 q_π를 추정하고, 그와 동시에 π가 q_π에 대해 탐욕적이 되도록 π를 변화시킬 것이다. 살사 제어 알고리즘의 일반적인 형태는 다음 글상자에 기술했다.

$Q \approx q_*$를 추정하기 위한 살사(활성 정책 TD 제어)

알고리즘 파라미터: 시간 간격 $\alpha \in (0, 1]$, 작은 양수 $\varepsilon > 0$
모든 $s \in \mathcal{S}^+$와 $a \in \mathcal{A}(s)$에 대해 임의의 값으로 $Q(s, a)$를 초기화. 단, $Q(종단, \cdot) = 0$

각 에피소드에 대한 루프:
    S를 초기화
    Q(예 입실론 탐욕적)로부터 유도된 정책을 사용하여 S로부터 A를 선택
    에피소드의 각 단계에 대한 루프:
        행동 A를 취하고, R, S'을 관측
        Q(예 입실론 탐욕적)로부터 유도된 정책을 사용하여 S'으로부터 A'을 선택
        $Q(S, A) \leftarrow Q(S, A) + \alpha[R + \gamma Q(S', A') - Q(S, A)]$
        $S \leftarrow S'; A \leftarrow A';$
    S가 종단이면 종료

살사 알고리즘의 수렴 특성은 정책이 Q에 의존하는 성질에 따라 달라진다. 예를 들면, 입실론 탐욕적 또는 입실론 소프트 정책을 활용할 수도 있다. 모든 상태-행동 쌍을 무한 번 마주치고 정책의 극한이 탐욕적 정책으로 수렴한다는(예를 들면, 이것은 입실론 탐욕적 정책에서 $\varepsilon = 1/t$로 설정하면 가능하다) 조건만 있으면, 살사는 100%의 확률로 최적 정책과 최적 행동 가치 함수로 수렴한다.

연습 6.8 식 6.6의 행동 가치 버전이 TD 오차의 행동 가치 형태인 $\delta_t = R_{t+1} + \gamma Q(S_{t+1}, A_{t+1}) - Q(S_t, A_t)$에 대해 성립함을 보여라. 여기서도 가치가 단계마다 변하지 않는다고 가정하라. □

예제 6.5 **바람 부는 격자 공간** 다음 그림 안에 보이는 것은 시작과 목표 상태를 갖는 표준 격자 공간이다. 하지만 격자 공간 중간에 격자 공간을 위로 가로지르며 부는 바람이 있다는 점이 다르다. 행동은 up, down, right, left라는 표준적인 행동 네 개다. 하지만 중간 영역에서 도출된 상태는 열마다 다른 세기로 부는 '바람'에 의해 위쪽으로 이동된다. 바람의 세기는 각 열 아래에 주어져 있고, 단위는 위쪽으로 이동하는 셀의 개수다. 예를 들면, 목표 칸 기준으로 한 칸 오른쪽에 있다면 행동 left는 목표 칸이 아니라 (바람 때문에) 목표 칸 바로 위에 있는 칸으로 이동한다. 이것은 할인되지 않은 에피소딕 문제이고, 목표 상태에 도달할 때까지 계속해서 −1의 보상을 얻게 된다.

이 그래프는 입실론 탐욕적 살사
를 이 문제에 적용한 결과를 보여
준다. 이때 모든 s, a에 대해 $\varepsilon =$
0.1, $\alpha = 0.5$, 초기 가치 $Q(s, a) =$
0으로 설정했다. 그래프의 기울기
가 증가하는 모습은 시간이 지남
에 따라 목표가 더 빨리 달성되었
음을 보여준다. 시간 단계가 8000
일 즈음에 탐욕적 정책은 이미 최

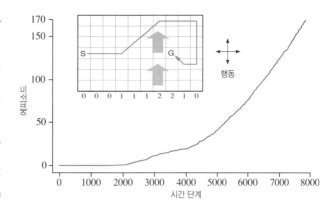

적 정책에 도달한 지 오래다(최적 정책으로부터의 상태-행동 궤적이 그림 안쪽에 보인다). 계속된 입실
론 탐욕적 탐험은 에피소드 길이의 평균값을 최소인 15단계보다 두 단계 많은 약 17단계로 유지
했다. 몬테카를로 방법에서는 모든 정책에 대해 종단을 보장할 수 없기 때문에 몬테카를로 방법
을 이 문제에 쉽게 적용할 수 없다는 점에 주목하라. 학습자를 같은 상태에 계속 머물게 하는 정
책이 발견되었다면 다음 에피소드는 결코 끝나지 않았을 것이다. 살사 같은 단계별 학습 방법은
그러한 정책이 환영받지 못하는 '에피소드 동안에' 빠르게 학습하고 다른 에피소드로 전환하기
때문에 이러한 문제가 없다. ∎

연습 6.9 **왕이 이동하는 바람 부는 격자**(체스 게임에서 왕은 상하좌우 및 대각선 방향으로 이동할 수 있다.
이 문제에서는 대각선 방향의 이동을 포함하기 때문에 '왕의 이동'이라는 표현을 사용했다. 옮긴이) 공간 네
가지 이동 외에 대각선 방향의 이동을 포함하여 가능한 행동이 8개라고 가정하고, 바람 부는 격
자 공간 문제를 다시 풀어 보라. 이 추가적인 행동이 가능할 때 얼마나 더 잘할 수 있는가? 스스로
움직이지 않고 바람에 의해서만 이동하는 9번째 행동을 포함하면 더 잘할 수 있는가? □

연습 6.10 **확률론적 바람** 바람의 효과가 있는 경우 그 효과가 확률론적이어서 때로는 각 열에
주어진 평균값으로부터 1만큼 변화한다고 가정하고 왕이 이동하는 바람 부는 격자 공간 문제를
다시 풀어보라. 즉, 1/3의 시간 동안은 이전 연습문제에서처럼 정확이 이 값에 따라 이동하지만,
역시 1/3의 시간 동안은 그보다 한 칸 더 위로 이동하고 또 다른 1/3의 시간 동안은 그보다 한
칸 더 아래로 이동한다. 예를 들면, 목표 칸보다 한 칸 오른쪽에 있어서 left 이동을 취하는 것
을 여러 번 수행한다면 그 여러 번 중의 1/3에 해당하는 횟수만큼 목표 칸보다 한 칸 위로 이동
하고, 1/3에 해당하는 횟수만큼 목표 칸보다 두 칸 위로 이동하고, 1/3에 해당하는 횟수만큼 목
표 칸으로 이동한다. □

6.5 Q 학습: 비활성 정책 TD 제어

강화학습 초창기에 있었던 큰 도약 중 하나는 **Q 학습**Q-learning이라고 알려진 비활성 정책 TD 제어 알고리즘의 개발이었다(왓킨스, 1989). 이 알고리즘은 다음과 같이 정의된다.

$$Q(S_t, A_t) \leftarrow Q(S_t, A_t) + \alpha \Big[R_{t+1} + \gamma \max_a Q(S_{t+1}, a) - Q(S_t, A_t) \Big] \qquad \text{(식 6.8)}$$

이 경우, 학습된 행동 가치 함수 Q는 자신이 따르는 정책에 상관없이 최적 행동 가치 함수 q_*를 직접적으로 근사한다. 이것은 알고리즘의 분석을 대단히 단순화하여 초창기의 수렴성 증명을 가능하게 했다. 정책이 어떤 상태-행동 쌍을 마주치고 갱신할 것인가를 결정한다는 점에서 정책은 여전히 효과를 갖고 있다. 하지만 올바른 수렴을 위해 필요한 것은 모든 쌍이 계속해서 갱신되어야 한다는 것이 전부다. 5장에서 확인했듯이, 일반적인 경우에 최적의 행동을 보장할 수 있는 모든 방법이 이를 필요로 한다는 의미에서 이것은 최소한의 요구조건이다. 이 가정하에서, 그리고 시간 간격 파라미터의 나열에 대한 보통의 확률론적 근사 조건을 변형한 것에 따라, Q가 100%의 확률로 q_*로 수렴한다는 사실이 입증되었다. Q 학습 알고리즘은 절차적 형태로 다음 글상자에 기술되어 있다.

$\pi \approx \pi_*$를 추정하기 위한 Q 학습(비활성 정책 TD 제어)

알고리즘 파라미터: 시간 간격 $\alpha \in (0, 1]$, 작은 양수 $\varepsilon > 0$
모든 $s \in \mathcal{S}^+$와 $a \in \mathcal{A}(s)$에 대해 $Q(s, a)$를 초기화. 단, Q(종단, $\cdot$) $= 0$

각 에피소드에 대한 루프:
    S를 초기화
    에피소드의 각 단계에 대한 루프:
        Q(예 입실론 탐욕적)로부터 유도되는 정책을 사용하여 S로부터 A를 선택
        행동 A를 취하고, R, S'을 관측
        $Q(S, A) \leftarrow Q(S, A) + \alpha[R + \gamma \max_a Q(S', a) - Q(S, A)]$
        $S \leftarrow S'$
    S가 종단이면 종료

Q 학습을 위한 보강 다이어그램은 무엇인가? 식 6.8의 규칙은 상태-행동 쌍을 갱신하기 때문에 갱신의 근원인 최상단의 노드는 작고 색이 칠해진 행동 노드여야만 한다. 갱신 역시 행동 노드로부터 시작되어 다음 상태에서 가능한 모든 행동에 대해 가치를 최대화하며 진행된다. 따라서 보강 다이어그램의 바닥에 있는 노드는 모두 이 행동 노드여야만 한다. 마지막으로, 위에 호arc 표시를 함으로써(그림 3.4의 오른쪽) 이 '다음 행동' 노드의 최대를 취하는 것을 나타낸다는 점을

기억하라. 이제 보강 다이어그램이 어떻게 그려질지 추측할 수 있겠는가? 그렇다면 163쪽의 그림 6.4에 있는 정답을 보기 전에 추측해 보기를 간절히 부탁하겠다.

예제 6.6 **절벽 걷기** 이 격자 공간 예제는 활성 정책 방법(살사)과 비활성 정책 방법(Q 학습)의 차이점에 초점을 두고 살사와 Q 학습을 비교한다. 아래에 보이는 격자 공간을 생각해 보자. 이것은 시작 및 목표 상태, 그리고 up, down, right, left 방향으로의 이동이라는 보통의 행동을 갖는 할인되지 않은 표준적인 에피소딕 문제다. '절벽'이라고 표시된 영역으로 이동하는 것을 제외한 모든 전이에 대해 보상은 −1이다. 이 영역으로 들어가면 보상이 −100이고 학습자는 그 즉시 시작 위치로 돌아가야 한다.

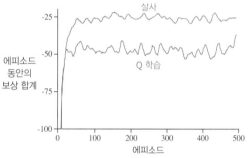

오른쪽 그래프는 $\varepsilon = 0.1$인 입실론 탐욕적 행동 선택을 하는 살사와 Q 학습 방법의 성능을 보여준다. 초기 전이 이후에 Q 학습은 최적 정책에 대한 가치를 학습한다. 이것은 절벽의 모서리를 따라 오른쪽으로 이동하는 것으로 나타난다. 불행히도, 입실론 탐욕적 행동 선택 때문에 Q 학습은 가끔 절벽에서

떨어지는 결과를 낳는다. 반면에 살사는 행동 선택을 고려하여 격자 공간의 윗부분을 통과하는, 더 길지만 더 안전한 경로를 학습한다. Q 학습이 실제로 최적 정책의 가치를 학습하지만, Q 학습의 온라인 성능은 우회적인roundabout 정책을 학습하는 살사보다 못하다. 물론, 만약 ε이 점진적으로 감소한다면 두 방법 모두 최적 정책에 점근적으로 수렴할 것이다. ∎

연습 6.11 Q 학습이 **비활성** 정책 제어 방법으로 고려되는 이유는 무엇인가? ☐

연습 6.12 행동 선택이 탐욕적이라고 가정하자. 그렇다면 Q 학습은 살사와 정확히 같은 알고리즘이 되는가? Q 학습과 살사가 정확히 동일하게 행동 선택과 가중치 갱신을 수행할까? ☐

6.6 기댓값 살사

상태-행동 쌍에 대한 최댓값 대신, 각 행동이 현재의 정책하에 있을 것 같은 정도를 고려한 기댓값을 사용한다는 점만 제외하면 Q 학습과 동일한 학습 알고리즘을 생각해 보자. 다시 말해, 다음과 같은 갱신 규칙을 갖는 알고리즘을 생각해 보자.

$$Q(S_t, A_t) \leftarrow Q(S_t, A_t) + \alpha \Big[R_{t+1} + \gamma \mathbb{E}_\pi [Q(S_{t+1}, A_{t+1}) \mid S_{t+1}] - Q(S_t, A_t) \Big]$$
$$\leftarrow Q(S_t, A_t) + \alpha \Big[R_{t+1} + \gamma \sum_a \pi(a|S_{t+1}) Q(S_{t+1}, a) - Q(S_t, A_t) \Big] \quad \text{(식 6.9)}$$

이 알고리즘은 이 규칙을 따르거나, 그렇지 않을 경우 Q 학습의 원리를 따른다. 다음 상태 S_{t+1}이 주어지면, 이 알고리즘은 살사가 **기댓값을 기준으로** 이동하는 방향과 같은 방향으로 **결정론적으로** 이동한다. 따라서 이 알고리즘을 **기댓값 살사**Expected Sarsa라고 부른다. 이 알고리즘의 보강 다이어그램은 그림 6.4의 오른쪽에서 볼 수 있다.

기댓값 살사는 살사보다 계산이 더욱 복잡하지만, 그 대신 기댓값 살사는 A_{t+1}에 대한 무작위 선택 때문에 발생하는 분산을 없애준다. 같은 양의 경험이 주어졌을 때, 기댓값 살사가 살사보다 좀 더 성능이 좋을 것으로 기대할 수 있는데, 일반적으로는 정말로 그렇다. 그림 6.3은 절벽 걷기 문제에 기댓값 살사를 적용한 결과를 살사와 Q 학습의 결과와 비교한 요약 결과를 보여준다. 기댓값 살사도 이 문제에서 살사가 Q 학습에 비해 갖는 중요한 장점을 취한다. 게다가, 넓은 범위를 갖는 시간 간격 파라미터 α 값에 대해 기댓값 살사는 살사보다 상당히 향상된 점을 보여준다. 절벽 걷기 예제에서 상태 전이는 완전히 결정론적이고 모든 무작위성은 정책으로부터 나온다. 이러한 경우, 기댓값 살사에서는 $\alpha = 1$로 설정해도 점근적 성능이 저하되지 않지만, 살사에서는 α가 작은 값일 때만 장기적으로 좋은 성능을 낼 수 있다. 하지만 α가 작으면 단기 성능은 저하된다. 이 예제뿐만 아니라 다른 예제들에서도 기댓값 살사가 살사에 비해 장점을 갖는다는 것이 일관되게 확인되고 있다.

이 절벽 걷기 문제의 결과에서는 기댓값 살사가 활성 정책 알고리즘으로 사용되었지만, 일반적으로 기댓값 살사는 행동을 만들어 내기 위해 목표 정책 π와는 다른 정책을 사용할 것이고, 이 경우 기댓값 살사는 비활성 정책 알고리즘이 된다. 예를 들어 정책 π가 탐욕적 정책이고 행동 정책은 좀 더 탐험적이라고 가정하면, 기댓값 살사는 정확히 Q 학습이 된다. 이런 의미에서 기댓값 살사는 Q 학습의 바탕을 이루며 Q 학습을 일반화한 것으로서 확실하게 살사보다 향상된 성능을 보여준다. 계산 능력을 좀 더 필요로 한다는 점을 제외하면, 기댓값 살사는 더 잘 알려진 또 다른 두 가지 TD 제어 알고리즘을 완전히 능가할지도 모른다.

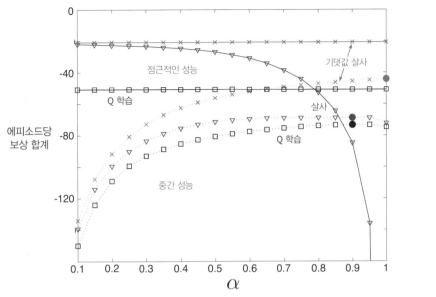

그림 6.3 절벽 걷기 문제에서 α에 따라 달라지는 TD 제어 방법의 중간 성능과 점근적인 성능. 모든 알고리즘은 $\varepsilon = 0.1$인 입실론 탐욕적 정책을 사용한다. 점근적인 성능은 100,000개의 에피소드를 평균 낸 결과인 반면, 중간 성능은 최초 100개의 에피소드를 평균 내어 얻은 결과다. 중간 성능과 점근적 성능의 결과는 각각 50,000번과 10번의 실행 결과를 평균 내어 얻은 것이다. 색이 칠해진 원은 각 방법에서 도출된 최고의 중간 성능을 나타낸다. 이 그래프는 반 세이젠 외(van Seijen et al., 2009)의 논문에서 발췌하여 편집했다.

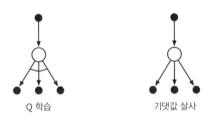

그림 6.4 Q 학습과 기댓값 살사의 보강 다이어그램

6.7 최대화 편차 및 이중 학습

지금까지 논의한 모든 제어 알고리즘은 그들의 목표 정책을 만드는 데 있어 최대화를 포함했다. 예를 들면, Q 학습에서 목표 정책은 현재 행동 가치가 주어졌을 때의 탐욕적 정책이며 이것은 최댓값을 이용하여 정의된다. 살사에서는 정책이 종종 입실론 탐욕적 정책이 되는데, 이 역시 최대화 과정을 포함한다. 이 알고리즘에서는 가치 추정값의 최댓값이 암암리에 최대 가치의 추정 값으로서 사용되는데, 이것이 상당한 양의 편차를 만들어 낼 수 있다. 왜 그런지 알기 위해, 행동 a가 많이 있는 단일 상태 s를 생각해 보자. 이때 행동 a의 실제 가치 $q(s, a)$는 모두 0이지만

그 가치의 추정값 $Q(s, a)$는 불확실해서 일부는 양수이고 일부는 음수인 분포를 갖는다. 가치의 최댓값은 0이지만 추정값의 최댓값은 양수, 즉 양의 편차다. 이것을 **최대화 편차**maximization bias라고 부른다.

예제 6.7 **최대화 편차 예제** 그림 6.5의 내부에 표현된 작은 MDP는 최대화 편차가 어떻게 TD 제어 알고리즘의 성능에 악영향을 줄 수 있는지를 간단한 예제로 보여준다. MDP는 두 개의 비종단 상태 A와 B를 갖는다. 상태 A에서 시작하여 항상 두 가지 행동 left와 right 중 하나를 선택한다. 행동 right는 0의 보상과 0의 이득을 갖고 곧바로 종단 상태로 전이한다. 행동 left 역시 0의 보상을 갖고 상태 B로 전이하는데, 전이 이후에는 평균 −0.1과 분산 1.0의 정규 분포를 따르는 보상과 함께 즉각적인 전이를 유발하는 선택 가능한 행동이 많이 존재한다. 따라서 left에서 시작한 모든 상태-행동 궤적에 대한 이득의 기댓값은 −0.1이고, 그렇기 때문에 상태 A에서 행동 left를 취하는 것은 언제나 실수를 범하는 것이 된다. 그럼에도 불구하고, 상태 B가 양의 가치를 갖는 것처럼 보이게 만드는 최대화 편차 때문에 TD 제어 알고리즘은 행동 left를 더 선호할 수도 있다. 그림 6.5는 입실론 탐욕적 행동 선택을 하는 Q 학습이 이 예제에 나오는 행동 left를 강하게 선호하도록 초기에 학습한다는 것을 보여준다. 점근선에 가까워졌을 때조차 Q 학습은 $\varepsilon = 0.1$, $\alpha = 0.1$, $\gamma = 1$이라는 파라미터 설정에서 최적인 횟수보다(전체 횟수 기준으로 옮긴이) 약 5% 더 자주 행동 left를 선택한다.

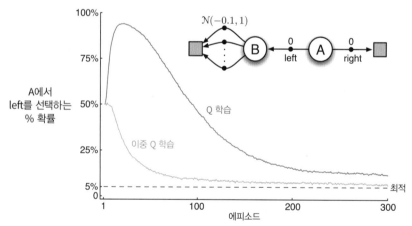

그림 6.5 (내부에 표현된) 간단한 에피소딕 MDP에 대한 Q 학습과 이중 Q 학습의 비교. Q 학습은 초기에 행동 left를 행동 right보다 훨씬 더 자주 선택하도록 학습하고, $\varepsilon = 0.1$인 입실론 탐욕적 행동 선택에 따라 확보되는 5%의 최소 확률보다 상당히 더 많은 비율로 항상 행동 left를 선택한다. 반대로, 이중 Q 학습은 본질적으로 최대화 편차에 영향을 받지 않는다. 그림에 보이는 데이터는 10,000번의 실행 결과에 대한 평균이다. 행동 가치 추정값의 초깃값은 0이다. 입실론 탐욕적 행동 선택에서 이득을 최대로 만드는 행동이 여러 개 존재할 경우 그중 무작위로 하나의 행동을 선택한다. ∎

최대화 편차를 피할 수 있는 알고리즘이 있을까? 먼저, 다중 선택 문제에서 많은 행동들 각각의 가치에 대해 부정확한 추정값을 갖고 있다고 생각해 보자. 이때 추정값은 각 행동을 선택할 때 받는 보상의 표본평균으로 구해진다. 앞에서 논의했듯이, 실제 가치의 추정값 중 최댓값을 최댓값에 대한 추정값으로 사용한다면 양의 최대화 편차가 존재할 것이다. 이 문제를 바라보는 하나의 관점은 동일한 표본이 행동의 가치를 추정하는 데도 사용되고 가치를 최대화하는 행동을 찾는 데도 사용되기 때문에 이 문제가 발생한다고 보는 것이다. 다중 선택 문제를 두 개의 세트로 나누고 각 세트를 사용하여 모든 $a \in \mathcal{A}$에 대한 실제 가치 $q(a)$의 두 가지 독립적인 추정값 $Q_1(a)$와 $Q_2(a)$를 학습한다고 가정해 보자. 그러면 하나의 추정값, 예를 들면 Q_1을 이용하여 최대화 행동 $A^* = \text{argmax}_a\, Q_1(a)$를 결정하고 다른 추정값 Q_2를 이용하여 최대화 행동의 가치에 대한 추정값 $Q_2(A^*) = Q_2(\text{argmax}_a\, Q_1(a))$를 제공할 수 있다. 그러면 이 추정값은 $\mathbb{E}[Q_2(A^*)] = q(A^*)$라는 의미에서 편차 없는 추정값이 될 것이다. 또한, 두 추정값의 역할을 바꾸어 같은 과정을 반복함으로써 두 번째 편차 없는 추정값 $Q_1(\text{argmax}_a\, Q_2(a))$를 만들 수도 있다. 이것이 **이중 학습** double learning의 개념이다. 여기서 주목할 것은 두 개의 추정값을 학습하지만 오직 하나의 추정값만 매번의 다중 선택에서 갱신된다는 점이다. 다시 말해, 이중 학습은 두 배의 메모리를 필요로 하지만 단계별로 필요한 계산량이 증가하지는 않는다.

이중 학습의 개념은 자연스럽게 완전한 MDP를 위한 알고리즘으로 확장된다. 예를 들어, 이중 Q 학습이라고 불리는 Q 학습과 유사한 이중 학습 알고리즘은 어쩌면 단계마다 동전 던지기를 통해 시간 단계를 둘로 나눈다. 동전의 앞면이 나오면 갱신은 다음과 같이 된다.

$$Q_1(S_t, A_t) \leftarrow Q_1(S_t, A_t) + \alpha \Big[R_{t+1} + \gamma Q_2\big(S_{t+1}, \arg\max_a Q_1(S_{t+1}, a)\big) - Q_1(S_t, A_t) \Big] \text{ (식 6.10)}$$

동전의 뒷면이 나오면 동일한 갱신이 Q_1과 Q_2가 바뀐 채로 이루어져서 Q_2가 갱신된다. 두 개의 근사적 가치 함수는 완전히 대칭적으로 다루어진다. 행동 정책은 두 가지 행동 가치 추정값을 모두 사용할 수 있다. 예를 들어, 이중 Q 학습을 위한 입실론 탐욕적 정책은 두 가지 행동 가치 추정값의 평균(또는 합)을 기반으로 할 수 있다. 이중 Q 학습에 대한 완전한 알고리즘은 다음 글상자에 기술했다. 이것은 그림 6.5의 결과를 도출하는 데 사용된 알고리즘이다. 예제 6.7에서 이중 학습은 최대화 편차로부터 야기되는 성능 저하 요인을 제거하는 것처럼 보인다. 물론, 살사와 기댓값 살사에도 이중 버전이 존재한다.

> **$Q_1 \approx Q_2 \approx q_*$를 추정하기 위한 이중 Q 학습**
>
> 알고리즘 파라미터: 시간 간격 $\alpha \in (0, 1]$, 작은 양수 $\varepsilon > 0$
> 모든 $s \in \mathcal{S}^+$와 모든 $a \in \mathcal{A}(s)$에 대해 $Q_1(s, a)$와 $Q_2(s, a)$를 초기화. 단, $Q(\text{종단}, \cdot) = 0$
>
> 각 에피소드에 대한 루프:
> S를 초기화
> 에피소드의 각 단계에 대한 루프:
> $Q_1 + Q_2$에 있어서 입실론 탐욕적인 정책을 이용하여 S로부터 A를 선택
>   행동 A를 취하고 R, S'을 관측
>   0.5의 확률로:
> $Q_1(S, A) \leftarrow Q_1(S, A) + \alpha\big(R + \gamma Q_2(S', \operatorname{argmax}_a Q_1(S', a)) - Q_1(S, A)\big)$
>   그 밖의 경우:
> $Q_2(S, A) \leftarrow Q_2(S, A) + \alpha\big(R + \gamma Q_1(S', \operatorname{argmax}_a Q_2(S', a)) - Q_2(S, A)\big)$
> $S \leftarrow S'$
> S가 종단이면 종료

연습 6.13 입실론 탐욕적 목표 정책을 갖는 이중 기댓값 살사의 갱신 방정식은 무엇인가? □

6.8 게임, 이후상태, 그 밖의 특별한 경우들

이 책에서는 넓은 범위의 과제에 통일된 접근법을 제시하려고 노력하지만, 당연하게도 특별한 방식으로 더 잘 해결할 수 있는 예외적인 문제는 언제나 존재한다. 예를 들어 일반적인 접근법은 행동 가치 함수를 학습하는 것을 포함하지만, 1장에서는 틱택토 게임의 학습을 위해 **상태** 가치 함수에 훨씬 더 가까운 무언가를 학습하는 TD 방법을 제시했다. 그 예제를 자세히 들여다보면, 예제에서 학습했던 함수가 일반적인 의미에서는 행동 가치 함수도 아니고 상태 가치 함수도 아니라는 사실이 분명해진다. 전통적인 상태 가치 함수는 학습자에게 행동에 대한 선택권이 주어지는 상태를 평가하지만, 틱택토 예제에 사용되었던 상태 가치 함수는 학습자가 말을 움직이고 난 '이후에' 게임판의 위치를 평가한다. 이것을 **이후상태**afterstate라고 부르자. 그리고 이 이후상태에 대한 가치 함수를 **이후상태 가치 함수**afterstate value function라고 부르자. 이후상태는 환경 동역학의 초기 부분에 대한 정보를 갖고 있을 때는 유용하지만, 전체 동역학을 알고 있을 때는 반드시 유용한 것만은 아니다. 이후상태 가치 함수는 이러한 종류의 정보로부터 도움을 받는 자연스러운 방식이고, 따라서 좀 더 효율적인 학습 방법을 만들어 낸다.

이후상태를 기반으로 알고리즘을 설계하는 것이 더 효율적인 이유는 틱택토 예제로부터 명확해진다. 전통적인 행동 가치 함수는 말의 위치와 이동으로부터 가치 추정값을 도출한다. 하지만 다음 그림에서처럼 많은 위치-이동 쌍이 결과적으로 동일한 위치를 만들어 낸다. 이 경우 위치-이동 쌍은 다르지만 동일한 '이후상태'를 만들어 내고, 따라서 동일한 가치를 가질 수밖에 없다. 전통적인 행동 가치 함수는 두 가지 위치-이동 쌍을 분리해서 평가했어야만 했다면, 이후상태의 가치 함수는 즉각적으로 그 둘을 동일하게 평가한다. 왼쪽의 위치-이동 쌍에 대한 학습은 즉각적으로 오른쪽의 위치-이동 쌍에 대한 학습으로 전환된다.

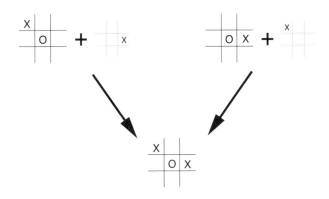

이후상태는 단지 게임만이 아니라 많은 문제에서 발생한다. 예를 들어, 서버-클라이언트 사이의 접속 대기_queuing 문제에서는 서버에 클라이언트를 할당하고, 클라이언트를 거부하고, 정보를 폐기하는 것과 같은 행동이 존재한다. 이 경우의 행동은 사실 완전히 알려진 행동의 즉각적인 효과라는 측면에서 정의된다.

모든 종류의 특별한 문제와 그에 해당하는 특별한 학습 알고리즘을 묘사하는 것은 불가능하다. 하지만 이 책에서 개발된 원리는 넓은 범위에 적용된다. 예를 들면, 이후상태 방법은 일반화된 정책 반복의 측면에서도 적절히 설명될 수 있다. 이 경우 정책과 (이후상태) 가치 함수가 상호작용하는 방식은 본질적으로 달라지지 않는다. 많은 경우에 있어서 지속적인 탐험에 대한 필요성을 관리하기 위해 활성 정책과 비활성 정책 방법 사이에서 선택을 해야 하는 상황에 놓이게 될 것이다.

연습 6.14 잭의 자동차 렌탈(예제 4.1) 문제가 이후상태의 측면에서 어떻게 다시 형식화될 수 있는지 설명하라. 이 특정 문제에 대해 왜 이러한 재형식화가 수렴 속도를 더 빠르게 만들 것 같은가? □

6.9 요약

이 장에서는 새로운 종류의 학습 방법인 시간차TD 학습을 소개했다. 그리고 시간차 학습이 강화 학습 문제에 어떻게 적용될 수 있는지 보여주었다. 이번에도 전체 문제를 예측 문제와 제어 문제로 구분했다. TD 방법은 예측 문제를 풀기 위한 몬테카를로 방법을 대체할 수 있다. 두 방법 모두 동적 프로그래밍으로부터 끌어냈던 일반화된 정책 반복GPI의 개념을 통해 제어 문제로 확장하여 적용할 수 있다. 이것은 근사적 정책과 가치 함수가 서로 상호작용하여 둘 다 각자의 최적 값을 향해 이동한다는 개념이다.

GPI를 구성하는 두 가지 과정 중 하나는 현재 정책에 대한 이득을 정확히 예측하도록 가치 함수를 이동시키는데, 이것이 예측 문제다. 나머지 다른 과정은 현재 가치 함수에 대해 정책이 지엽적으로 향상되도록(🔠 입실론 탐욕적이 되도록) 이끈다. 첫 번째 과정이 경험에 기반한 것이 될 때, 충분한 탐험을 유지하는 것과 관련된 문제가 발생한다. 이 문제를 활성 정책 또는 비활성 정책 방법 중 어떤 것으로 다루는가에 따라 TD 제어 방법을 구분할 수 있다. 살사는 활성 정책 방법이고, Q 학습은 비활성 정책 방법이다. 이 장에서 제시한 것처럼 기댓값 살사도 비활성 정책 방법이다. 이 장에는 포함시키지 않았지만, TD 방법이 제어 문제에 확장 적용될 수 있는 세 번째 방법이 있다. 행동가-비평가 방법이라고 불리는 이 방법은 13장에서 자세히 다룰 것이다.

이 장에서 제시한 방법들은 오늘날 가장 많이 사용되고 있는 강화학습 방법이다. 그 이유는 이 방법들이 매우 간단하기 때문인데, 이 방법들은 환경과의 상호작용으로부터 생성된 경험에 온라인으로 적용될 수 있고 계산량도 최소화된다. 또한, 이 방법들은 얼마 되지 않는 프로그램으로 구현될 수 있는 단일 방정식으로 거의 완벽하게 설명될 수 있다. 다음 몇 개의 장에서 이 알고리즘들을 확장하여 좀 더 복잡하지만 훨씬 더 강력한 알고리즘으로 만들 것이다. 모든 새로운 알고리즘은 이 장에서 소개한 알고리즘의 핵심을 포함할 것이다. 새로운 알고리즘은 상대적으로 적은 계산으로 경험을 온라인으로 처리할 수 있을 것이고, TD 오차로부터 유도될 것이다. 이 장에서 소개한 TD 방법의 특별한 경우는 정확히 표현하면 **단일 단계의**, **표 형태로 된**, **모델 없는** TD 방법이다. 다음 두 개의 장에서 단일 단계 TD 방법을 n단계를 갖는 형태(몬테카를로 방법과의 연관성)와 환경의 모델을 포함하는 형태(계획 및 동적 프로그래밍과의 연관성)로 확장할 것이다. 그런 다음, 이 책의 2부에서 표 형태보다는 함수 근사의 다양한 형태로 TD 방법을 확장하여 적용할 것이다.

마지막으로, 이 장에서는 TD 방법을 온전히 강화학습의 맥락에서 논의했지만, TD 방법은 실제로는 이보다 더 일반적인 방법이다. TD 방법은 동역학 시스템을 장기간 예측하기 위한 일반적인 학습 방법이다. 예를 들어, TD 방법은 재무 데이터나 수명, 선거 결과, 날씨 패턴, 동물 행동,

전력 수요, 고객 구매를 예측하는 것과 관련될 수도 있다. 강화학습에 TD 방법을 사용한 것과는 별개로 순수하게 예측의 방법으로서 TD 방법을 분석할 때 비로소 TD 방법의 이론적 특성을 잘 이해할 수 있게 된다. 그렇다 하더라도, 위에 언급한 TD 학습 방법의 잠재적 적용 사례는 아직 많이 탐구되지는 않았다.

참고문헌 및 역사적 사실

1장에서 요약했듯이 TD 알고리즘의 개념은 동물학습 심리학과 인공지능에 그 뿌리를 두고 있으며, 이 분야의 가장 저명한 연구는 사무엘(Samuel, 1959)과 클로프(Klopf, 1972)의 연구다. 사무엘의 연구는 16.2절에서 사례 연구로 다룰 것이다. TD 학습과 관련된 또 다른 것으로는 가치 예측의 일관성에 관한 홀랜드(Holland, 1975, 1976)의 초기 연구가 있다. 이러한 연구들은 1970년부터 1975년까지 미시간 대학교의 대학원생이었던 필자 중 한 명(바르토)에게 영향을 미쳤다. 당시 홀랜드가 미시간 대학교에서 교수로 활동했는데, 홀랜드의 생각은 부커(Booker, 1982)의 연구와 아래 설명할 살사와 관련된 홀랜드(1986)의 양동이 집합을 포함하여 수많은 TD 관련 시스템을 낳았다.

6.1-2 TD(0) 알고리즘 및 무작위 행보 예제, 그리고 '시간차 학습'이라는 용어를 포함하여 이 절에서 나오는 분명히 언급된 자료 중 대부분은 서튼(1988)에서 나온 것이다. 동적 프로그래밍 및 몬테카를로 방법과의 관계를 설명한 부분은 왓킨스(1989), 웨어보스(1987)를 비롯한 연구들의 영향을 받았다. 보강 다이어그램의 사용은 1판에는 없었던 새로운 내용이다.

표 형태로 된 TD(0)가 평균적으로 수렴한다는 사실이 서튼(1988)에 의해 증명되었고, 100%의 확률로 수렴한다는 사실은 다얀(Dayan, 1992)이 증명했다. 두 가지 증명 모두 왓킨스와 다얀(1992)의 연구를 기반으로 한다. 이 두 증명 결과는 자콜라, 조던, 싱(Jaakkola, Jordan, Singh 1994)과 치치클리스(1994)에 의해 확장되고 강화되었다. 이들은 이를 위해 기존의 강력한 확률론적 근사 이론을 확장하여 사용했다. 그 밖의 확장 및 일반화는 다음 장들에서 다룬다.

6.3 TD 일괄 훈련하에서 TD 알고리즘의 최적성은 서튼(1988)에 의해 확인되었다. 이 연구 결과를 빛나게 만든 건, 바너드(Barnard, 1993)가 TD 알고리즘을 두 가지 단계의 조합으로서 유도한 것이다. 한 단계는 마르코프 연쇄 모델을 학습하기 위한 점증적 방법이고, 다른 한 단계는 모델로부터 예측을 계산하기 위한 방법이다. **확실성 동등**이라는 용어는 적응 제어 관련 문헌(**예** 굿윈과 신Goodwin and Sin(1984))에서 나왔다.

6.4 살사 알고리즘은 루머리와 니란잔(Rummery and Niranjan, 1994)이 소개했다. 그들은 살사 알고리즘을 인공 신경망과 함께 탐구하여 그 결과물을 '수정된 연결주의 Q 학습 Modified Connectionist Q-learning'이라고 불렀다. '살사Sarsa'라는 이름은 서튼(1996)이 고안했다. 단일 단계의 표 형태로 된 살사(이 장에서 다루었던 형태)의 수렴성은 싱, 자콜라, 리트만, 세페스바리(Singh, Jaakkola, Littman, Szepesvári, 2000)가 증명했다. '바람 부는 격자 공간' 예제는 톰 칼트Tom Kalt가 제안했다.

홀랜드(1986)의 양동이 집합 개념은 살사와 매우 밀접하게 연관된 알고리즘으로 진화했다. 양동이 집합의 원래 개념은 서로를 촉발하는 규칙의 연쇄를 포함했다. 그것은 현재 규칙으로부터 그 규칙을 촉발했던 규칙들로 점수credit를 전달하는 데 초점을 맞추었다. 시간이 지남에 따라 양동이 집합은 현재의 규칙을 촉발한 규칙들 말고도 앞선 시간의 모든 규칙으로 점수를 전달하게 되었는데, 이로써 양동이 집합이 TD 학습과 더욱 비슷해졌다. 윌슨(Wilson, 1994)이 상세히 설명했듯이 다양한 자연스러운 방법으로 단순화된 양동이 집합의 현대적 형태는 단일 단계 살사와 거의 동일하다.

6.5 Q 학습은 왓킨스(1989)가 소개했다. 왓킨스의 논문에 있던 Q 학습의 수렴성에 대한 대략적인 증명은 왓킨스와 다얀(1992)이 엄격한 증명이 되도록 수정했다. 좀 더 일반적인 수렴성에 대한 결과는 자콜라, 조던, 싱(1994) 및 치치클리스(1994)의 연구에서 증명되었다.

6.6 기댓값 살사 알고리즘은 조지 존(George John, 1994)이 소개했다. 그는 기댓값 살사 알고리즘을 'Q 학습'이라 부르고, 비활성 정책 알고리즘으로서 Q 학습보다 더 좋은 점을 강조했다. 이 책의 1판에서 연습문제로 기댓값 살사를 제시했을 때, 또는 반 세이젠, 반 하셀트, 화이트손, 위어링(van Seijen, van Hasselt, Whiteson, Weiring, 2009)이 기댓값 살사의 수렴 특성을 밝혀내고 기댓값 살사가 보통의 살사 및 Q 학습보다 좋은 성능을 낼 조건을 제시했을 때는 필자들이 존의 연구를 알지 못했다. 이 책의 그림 6.3은 반 세이젠, 반 하셀트, 화이트손, 위어링의 논문에서 발췌해 수정한 것이다. 그들은 '기댓값 살사'가 배타적으로 활성 정책 방법이 되는 것으로 정의했지만(이 책의 1판에서 그랬듯), 이제는 목표 및 행동 정책이 서로 다른 일반적인 알고리즘을 표현하고자 이 이름을 사용한다. 기댓값 살사에 대한 일반적인 비활성 정책의 관점은 반 하셀트(2011)가 제시했으며, 그는 그것을 '일반적인 Q 학습'이라고 불렀다.

6.7 최대화 편차와 이중 학습은 반 하셀트(2010, 2011)가 소개하고 광범위하게 연구했다. 그림 6.5에 있는 예제 MDP는 그의 논문에 있는 그림 4.1(반 하셀트, 2011)을 수정한 것이다.

6.8 이후상태의 개념은 '후 결정 상태post-decision state'의 개념과 동일하다(밴 로이, 베르트세카스, 리, 치치클리스Van Roy, Bertsekas, Lee, and Tsitsiklis, 1997; 파월Powell, 2011).

CHAPTER

07

n단계 부트스트랩

이 장에서는 몬테카를로MC 방법과 이전 두 장에서 제시했던 단일 단계 시간차TD 방법을 통합하겠다. MC 방법이나 단일 단계 TD 방법이나 항상 최선의 방법인 것은 아니다. 이 장에서는 두 방법을 일반화하여 특별한 문제의 요구에 맞출 필요가 있을 때 한 방법에서 다른 방법으로 부드럽게 전환할 수 있게 하는 **n단계 TD 방법**을 제시할 것이다. n단계 방법은 한쪽 끝에 MC 방법이 있고 다른 쪽 끝에는 단일 단계 TD 방법이 있는 스펙트럼을 포괄한다. 최선의 방법은 대체로 두 극단에 있는 방법들 사이의 중간쯤 되는 방법이다.

n단계 방법의 이점을 바라보는 또 다른 방식은 n단계 방법이 시간 단계의 억압tyranny으로부터 자유롭게 해 준다는 것이다. 단일 단계 TD 방법에서는 동일한 시간 단계가 행동이 변경되는 주기와 부트스트랩이 수행되는 시간 구간을 결정한다. 많은 적용 사례에서 무언가 변한 것을 고려하기 위해 행동을 매우 빠르게 갱신할 수 있기를 원하지만, 부트스트랩은 중요하고 식별 가능한 상태 변화가 발생한 시간 구간에서 가장 잘 작동한다. 단일 단계 TD 방법에서는 이 시간 구간의 간격이 동일하기 때문에 타협이 이루어져야 한다. n단계 방법은 다수의 단계에 걸쳐 부트스트랩이 일어날 수 있게 하기 때문에 단일 시간 단계의 억압으로부터 자유롭게 해 준다.

n단계 방법의 개념은 보통 **적격 흔적**eligibility traces(12장)의 알고리즘적 개념을 소개하는 데 사용된다. 적격 흔적은 다수의 시간 구간에 걸친 부트스트랩이 동시에 수행될 수 있게 해 준다. 여기서는 적격 흔적 대신 n단계 부트스트랩의 개념만을 따로 고려하고, 적격 흔적의 구조에 대해서는

나중에 다룰 것이다. 이렇게 함으로써 이 이슈를 더 잘 분리할 수 있고, 따라서 n단계 부트스트랩에 대해 가능한 한 많은 것을 좀 더 간단한 n단계 설정하에서 다룰 수 있게 된다.

언제나처럼 예측 문제를 먼저 생각해 본 다음 제어 문제로 넘어가겠다. 다시 말해, 고정된 정책에 대해 n단계 방법이 이득을 상태의 함수로서 예측하는 데 어떤 도움을 줄 수 있는지를 먼저 생각해 보겠다. 그런 다음 행동 가치와 제어 방법으로 개념을 확장해 나갈 것이다.

7.1 n단계 TD 예측

몬테카를로와 TD 방법 사이에 놓인 간극은 무엇일까? 정책 π를 사용하여 생성한 표본 에피소드로부터 v_π를 추정하는 것을 생각해 보자. 몬테카를로 방법은 어떤 상태로부터 에피소드가 끝날 때까지 관측된 보상 전체를 나열한 것에 기반하여 각각의 상태를 갱신한다. 반면에, 단일 단계 TD 방법의 갱신은 바로 다음 보상 하나만을 기반으로 하여 한 단계 다음 상태의 가치로부터 부트스트랩한다. 이때 한 단계 다음 상태의 가치가 남아 있는 보상을 대변하는 것으로 인식된다. 상황이 이렇다면 이 두 방법을 절충하는 한 방법은 많지도 적지도 않은 수의 보상을 기반으로 하여 상태를 갱신하는 것이다. 이때 종단 상태에 이르기까지 보상의 개수는 하나보다는 많고 전체 개수보다는 적은 개수가 된다. 예를 들어, 두 단계 갱신은 처음 두 개의 보상과 두 단계 이후의 상태 가치 추정값을 기반으로 하여 수행된다. 유사하게, 세 단계 갱신, 네 단계 갱신으로 이어진다. 그림 7.1은 v_π에 대한 **n단계 갱신** 스펙트럼의 보강 다이어그램을 보여준다. 제일 왼쪽이 단일 단계 TD 갱신을 나타내고, 오른쪽으로 갈수록 단계가 증가하여 제일 오른쪽에서는 몬테카를로 갱신이 된다.

n단계 갱신에서도 여전히 초기의 추정값과 나중의 추정값이 얼마나 다를 것인가에 기반하여 초기 추정값을 갱신하기 때문에 n단계 갱신을 사용하는 방법은 여전히 TD 방법이다. 여기서 나중의 추정값은 한 단계 이후의 추정값이 아니라 n단계 이후의 추정값을 말한다. 시간 차이가 n단계에 걸쳐 확장하는 방법을 **n단계 TD 방법**이라고 부른다. 이전 장에서 소개된 TD 방법은 모두 단일 단계 갱신을 사용했기 때문에 그 방법을 단일 단계 TD 방법이라고 불렀다.

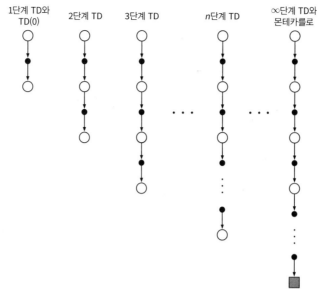

그림 7.1 n단계 방법의 보강 다이어그램. 이 방법들은 단일 단계 TD에서 몬테카를로 방법에 이르기까지의 스펙트럼을 형성한다.

좀 더 형식적으로, 상태 S_t의 가치 추정값을 상태-보상 나열 $S_t, R_{t+1}, S_{t+1}, R_{t+2}, ..., R_T, S_T$ (행동은 생략됨)의 결과로 갱신하는 것을 생각해 보자. 몬테카를로 갱신에서는 $v_\pi(S_t)$의 추정값이 다음과 같은 완전한 이득의 방향으로 갱신된다는 사실을 알고 있다.

$$G_t \doteq R_{t+1} + \gamma R_{t+2} + \gamma^2 R_{t+3} + \cdots + \gamma^{T-t-1} R_T$$

여기서 T는 에피소드의 최종 시간 단계다. 이 값을 갱신의 **목표**target라고 부르자. 몬테카를로 갱신에서는 목표가 이득인 반면, 단일 단계 갱신에서는 최초의 이득과 다음 상태의 할인된 가치 추정값의 합이 목표다. 이 합을 **단일 단계 이득**one-step return이라고 부른다.

$$G_{t:t+1} \doteq R_{t+1} + \gamma V_t(S_{t+1})$$

여기서 $V_t : \mathcal{S} \to \mathbb{R}$는 v_π에 대한 시각 t에서의 추정값이다. $G_{t:t+1}$에 표시된 아래첨자는 이것이 시각 $t + 1$까지의 보상을 사용하여 계산한 시각 t에서의 잘린truncated 이득임을 나타낸다. 그래서 이전 장에서 논의했을 때 사용한 전체 이득 $\gamma R_{t+2} + \gamma^2 R_{t+3} + \cdots + \gamma^{T-t-1} R_T$ 대신에 할인된 가치 추정값 $\gamma V_t(S_{t+1})$을 사용했다. 여기서 말하고 싶은 것은 이 개념이 한 단계 후에 대해 성립했듯이 두 단계 후에도 성립한다는 점이다. 두 단계 갱신을 위한 목표는 다음과 같은 **두 단계 이득**two-step return이다.

$$G_{t:t+2} \doteq R_{t+1} + \gamma R_{t+2} + \gamma^2 V_{t+1}(S_{t+2})$$

여기서 $\gamma^2 V_{t+1}(S_{t+2})$는 $\gamma^2 R_{t+3} + \gamma^3 R_{t+4} + \cdots + \gamma^{T-t-1} R_T$의 자리를 대신한다. 비슷하게, 임의의 n단계 갱신의 목표는 다음과 같은 **n단계 이득**이다.

$$G_{t:t+n} \doteq R_{t+1} + \gamma R_{t+2} + \cdots + \gamma^{n-1} R_{t+n} + \gamma^n V_{t+n-1}(S_{t+n}) \qquad \text{(식 7.1)}$$

식 7.1은 $n \geq 1, 0 \leq t < T - n$을 만족하는 모든 n, t에 대해 성립한다. 모든 n단계 이득은 n단계 이후가 잘리고, 잘린 부분은 $V_{t+n-1}(S_{t+n})$으로 대체하여 계산한 전체 이득에 대한 근삿값으로 생각될 수 있다. 만약 $t + n \geq T$를 만족하면(즉, n단계 이득이 종단까지 또는 종단을 넘어서까지 이어진다면), 잘린 항들은 모두 0으로 간주되고 n단계 이득은 보통의 전체 이득과 같게 정의된다(즉, $t + n \geq T$이면, $G_{t:t+n} \doteq G_t$).

$n > 1$일 경우의 n단계 이득은 t에서 $t + 1$로 전이하는 시점에는 알 수 없는 미래의 보상과 상태를 포함한다. 어떠한 실제 알고리즘도 R_{t+n}을 알고 V_{t+n-1}을 계산하기 전까지는 n단계 이득을 사용할 수 없다. n단계 이득을 사용할 수 있게 되는 시점은 $t + n$이다. 따라서 n단계 이득을 사용하기 위한 자연스러운 상태 가치 학습 알고리즘은 다음과 같다.

$$V_{t+n}(S_t) \doteq V_{t+n-1}(S_t) + \alpha\big[G_{t:t+n} - V_{t+n-1}(S_t)\big], \qquad 0 \leq t < T \qquad \text{(식 7.2)}$$

이때, 다른 모든 상태의 가치는 변하지 않은 채로 남아 있다. 즉, 모든 $s \neq S_t$에 대해 $V_{t+n}(s) = V_{t+n-1}(s)$이다. 이 알고리즘을 **$n$단계 TD**라고 부른다. 각 에피소드의 처음 $n - 1$단계 동안에는 어떠한 변화도 일어나지 않는다는 사실을 기억하라. 일어나지 않았던 변화를 한 번에 만들기 위해 동일한 개수의 추가적인 갱신이 에피소드의 마지막에, 즉 종단이 지나고 다음 에피소드가 시작하기 전에 이루어진다. 이에 대한 완전한 의사코드가 다음 페이지의 글상자에 있다.

연습 7.1 6장에서 가치의 추정값이 단계가 바뀔 때에 변하지 않는다면 몬테카를로 오차가 TD 오차(식 6.6)의 합으로 표현될 수 있음을 알았다. 식 7.2에 사용된 n단계 오차 역시 (여기서도 가치 추정값이 변하지 않는다면) 초기 결과를 일반화하는 TD 오차의 합으로 표현될 수 있음을 보여라.   □

연습 7.2 **(프로그래밍)** n단계 방법을 이용하면, 가치 추정값은 단계가 바뀔 때마다 변화한다. 따라서 TD 오차의 합(이전 연습문제 참고)을 식 7.2의 오차 대신에 사용하면 알고리즘이 조금 달라질 것이다. 이것이 더 좋은 알고리즘일까, 아니면 그 반대일까? 작은 실험을 고안하여 프로그래밍을 직접 해 본 후에 이 질문에 답하라.   □

n단계 이득은 가치 함수 V_{t+n-1}을 이용하여 R_{t+n} 이후에 잘린 보상을 보정한다. n단계 이득의 중요한 특성은 이득의 기댓값이 최악의 경우에도 V_{t+n-1}보다 v_π에 대한 더 좋은 추정값이 됨을 보장한다는 것이다. 즉, n단계 이득에 대한 기댓값의 최대 오차는 V_{t+n-1}의 최대 오차에 γ^n을 곱한 것보다 작거나 그와 같음이 보장된다. 이것을 모든 $n \geq 1$에 대해 다음과 같이 표현할 수 있다.

$$\max_s \left| \mathbb{E}_\pi[G_{t:t+n} | S_t = s] - v_\pi(s) \right| \leq \gamma^n \max_s \left| V_{t+n-1}(s) - v_\pi(s) \right| \tag{식 7.3}$$

이것을 n단계 이득의 **오차 감소 특성**error reduction property이라 한다. 오차 감소 특성 때문에 모든 n단계 TD 방법이 적절한 기술적 조건하에서 수렴하여 예측을 보정한다는 것을 형식적으로 보일 수 있다. 따라서 n단계 TD 방법은 양 극단에 있는 단일 단계 TD 방법 및 몬테카를로 방법과 함께 적합한 방법의 집합을 구성한다.

예제 7.1 **무작위 행보에 대한 n단계 TD 방법**   예제 6.2(152쪽)에서 설명한 5 상태 무작위 행보 문제에 n단계 TD 방법을 사용한다고 생각해 보자. 첫 번째 에피소드가 중심 상태 C에서 시작하여 오른쪽으로 D와 E까지 진행한 후, 오른쪽에서 1의 이득을 받고 종단된다고 가정해 보자. 모든 상태의 가치에 대한 추정값이 중간 값 $V(s) = 0.5$에서 시작한다는 것을 상기하라. 이 경험의 결과로, 단일 단계 방법은 오직 마지막 상태의 추정값 $V(E)$만 변경할 것이고, 이 변경은 측정된 이득인 1을 향해 증가하는 방향으로 이루어질 것이다. 세 단계 방법 또는 $n > 2$인 임의의 n단계 방법은 마주치는 세 개의 상태 모두의 가치를 1을 향하는 방향으로 같은 양만큼 증가시킨다.

n은 어떤 값으로 하는 게 좋을까? 그림 7.2는 규모가 더 큰 무작위 행보 과정에 대한 간단한 테스트 결과를 보여준다. 이때 상태는 5개 대신 19개이고(왼쪽에서의 결과는 −1이고, 모든 가치는 0으로 초기화된다), 이것이 이 장에서 계속 사용되는 예제다. 그림 7.2에 보이는 결과는 특정 범위의 n과 α를 이용한 n단계 TD 방법의 결과다. 수직축에 표시되는 각 파라미터 설정의 성능 지표는 19개 상태에 대한 에피소드 마지막에서의 예측값과 실제 가치 사이의 근평균제곱 오차를 처음 10개의 에피소드에 대해, 그리고 전체 과정에 대해 100번 반복 실험한 평균이다(모든 파라미터 설정에 대해 동일한 집합의 걸음이 사용된다). n의 중간 값을 사용한 방법이 가장 결과가 좋다는 점에 주목하자. 이것은 TD 방법과 몬테카를로 방법을 n단계 방법으로 일반화하면 양 극단에 있는 방법보다 잠재적으로 더 좋은 성능을 낼 수 있음을 말해 준다. ■

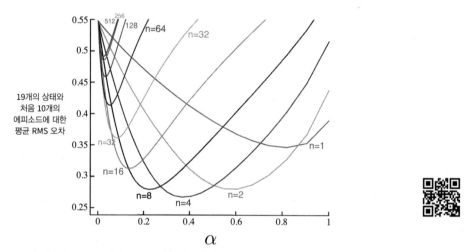

그림 7.2 19개의 상태를 갖는 무작위 행보 문제(예제 7.1)에 대한 n단계 TD 방법의 성능을 다양한 n 값에 대해 α의 함수로 나타낸 것

연습 7.3 왜 규모가 더 큰 무작위 행보 문제(5개 대신 19개의 상태)가 이 장의 예제에서 사용되었다고 생각하는가? 규모가 더 작은 걸음의 경우에는 다른 n 값을 사용하는 편이 더 유리한가? 규모가 더 큰 문제에서 왼쪽에서의 결과가 0 대신 −1로 변경된 것에 대해서는 어떻게 생각하는가? 이것이 최적의 n 값에 차이를 만들었다고 생각하는가? □

7.2 n단계 살사

n단계 방법이 예측 문제만이 아니라 제어 문제에 어떻게 사용될 수 있을까? 이번 절에서는 활성 정책 TD 제어 방법을 만들기 위해 n단계 방법이 어떻게 살사와 간단한 방식으로 결합될 수 있는지에 대해 다룰 것이다. 이 책에서는 n단계 형식의 살사를 n단계 살사라고 부르고, 이전 장에서 제시한 원래의 살사는 이와 구분하기 위해 **단일 단계 살사**one-step Sarsa, 또는 **살사(0)**라고 부르겠다. 주요 개념은 행동에 대한 상태(상태-행동 쌍)를 단순히 전환하고 입실론 탐욕적 정책을 사용하는 것이다. (그림 7.3에 표현된) n단계 살사의 보강 다이어그램은 n단계 TD의 보강 다이어그램(그림 7.1)과 마찬가지로 서로 교차하는 상태와 행동의 나열이다. 단, 살사의 보강 다이어그램은 모두 상태가 아니라 행동으로 시작해서 행동으로 끝난다는 점만 다르다. n단계 이득(갱신 목표)을 행동 가치의 추정값을 사용하여 다음과 같이 다시 정의한다.

$$G_{t:t+n} \doteq R_{t+1}+\gamma R_{t+2}+\cdots+\gamma^{n-1}R_{t+n}+\gamma^n Q_{t+n-1}(S_{t+n}, A_{t+n}), \ \ n \geq 1, 0 \leq t < T-n$$

(식 7.4)

이때 $t + n \geq T$이면 $G_{t:t+n} \doteq G_t$이다. 이제 자연스러운 알고리즘은 다음과 같다.

$$Q_{t+n}(S_t, A_t) \doteq Q_{t+n-1}(S_t, A_t) + \alpha\left[G_{t:t+n} - Q_{t+n-1}(S_t, A_t)\right], \qquad 0 \leq t < T \qquad \text{(식 7.5)}$$

이때, 다른 모든 상태의 가치는 변하지 않은 채로 남아 있다. 즉, $s \neq S_t$ 또는 $a \neq A_t$를 만족하는 모든 s, a에 대해 $Q_{t+n}(s, a) = Q_{t+n-1}(s, a)$이다. 이것이 이 책에서 **$n$단계 살사**n-step Sarsa라고 부르는 알고리즘이다. 의사코드는 다음 페이지의 글상자에 있으며, 이것이 단일 단계 방법에 비해 학습 속도를 증가시키는 이유를 보여주는 예제가 그림 7.4에 있다.

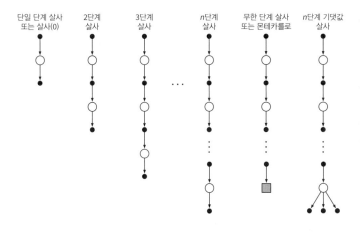

단일 단계 살사 또는 살사(0)　2단계 살사　3단계 살사　n단계 살사　무한 단계 살사 또는 몬테카를로　n단계 기댓값 살사

그림 7.3 상태-행동 쌍에 대한 n단계 방법의 스펙트럼을 나타내는 보강 다이어그램. 단일 단계 갱신을 하는 살사(0)에서부터, 갱신이 종단 상태까지 이어지는 몬테카를로 방법에 이르기까지 표현되어 있다. 이 둘의 중간에 n번째 이후의 상태-행동 쌍에 대한 가치 추정값과 n단계의 실제 보상을 기반으로 하는 n단계 갱신이 있다. 이들 모두는 적절하게 할인된다. 제일 오른쪽에 있는 것이 n단계 기댓값 살사의 보강 다이어그램이다.

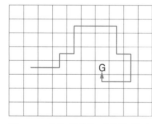

취해진 경로

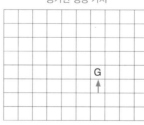

단일 단계 살사에 의해
증가한 행동 가치

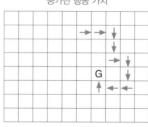

10단계 살사에 의해
증가한 행동 가치

그림 7.4 n단계 방법을 사용함에 따라 정책 학습 속도가 증가하는 격자 공간 예제. 첫 번째 패널은 단일 에피소드에 있는 학습자가 취하는 경로를 보여준다. 이 경로는 G라고 표시된 높은 보상의 위치에서 종료된다. 이 예제에서 가치의 초깃값은 모두 0이고, G에서의 양의 보상을 제외한 모든 보상은 0이다. 다른 두 패널의 화살표는 단일 단계와 n단계 살사 방법에 의한 이 경로의 결과로서, 어떤 행동 가치가 강화되었는지를 보여준다. 단일 단계 방법은 높은 보상을 향하는 행동의 나열에서 오직 마지막 행동만을 강화하지만, n단계 방법은 그 나열에서 마지막 n개의 행동을 강화함으로써 하나의 에피소드로부터 훨씬 더 많은 것을 학습한다.

연습 7.4 살사(식 7.4)의 n단계 이득이 새로운 TD 오차를 이용하여 다음과 같이 정확하게 표현될 수 있음을 증명하라.

$$G_{t:t+n} = Q_{t-1}(S_t, A_t) + \sum_{k=t}^{\min(t+n,T)-1} \gamma^{k-t}\left[R_{k+1} + \gamma Q_k(S_{k+1}, A_{k+1}) - Q_{k-1}(S_k, A_k)\right]$$

(식 7.6)

□

기댓값 살사의 경우는 어떠한가? 기댓값 살사의 n단계 형식에 대한 보강 다이어그램이 그림 7.3의 제일 오른쪽에 묘사되어 있다. 이것은 n단계 살사의 경우처럼 표본 행동과 상태의 선형 나열로 구성된다. 다만, 언제나 그렇듯이 마지막 항목이 정책 π하에서 각각이 갖는 확률에 따라 가중치가 부여된 모든 행동에 대한 분기branch라는 점만 다르다. 이 알고리즘은 (위의) n단계 살사와 동일한 방정식으로 표현될 수 있다. 다만, n단계 이득이 다음과 같이 다시 정의된다.

$$G_{t:t+n} \doteq R_{t+1} + \cdots + \gamma^{n-1}R_{t+n} + \gamma^n \bar{V}_{t+n-1}(S_{t+n}), \qquad t + n < T \qquad (식 7.7)$$

(여기서 $t + n \geq T$에 대해 $G_{t:t+n} \doteq G_t$이다.) 식 7.7에서 $\bar{V}_t(s)$는 목표 정책을 따라 시각 t에서 행동 가치의 추정값을 이용하여 다음과 같이 계산한 상태 s의 **근사 가치 기댓값**expected approximate value 이다.

$$모든\ s \in \mathcal{S}에\ 대해\ \ \bar{V}_t(s) \doteq \sum_a \pi(a|s)Q_t(s,a) \qquad (식 7.8)$$

근사 가치 기댓값은 이 책의 나머지 부분에서 많은 행동 가치 방법을 개발하는 데 사용된다. s가 종단 상태이면, 그 상태의 근사 가치 기댓값은 0으로 정의된다.

7.3 *n*단계 비활성 정책 학습

비활성 정책 학습이 정책 b를 따르면서 또 다른 하나의 정책 π에 대한 가치 함수를 학습하는 것임을 상기하자. 종종 π는 현재 행동 가치 함수 추정값에 대한 탐욕적 정책이고, b는 더욱 탐험적인 정책으로 어쩌면 입실론 탐욕적 정책일 수 있다. 정책 b로부터 나온 데이터를 사용하려면, 선택된 행동을 취할 각 정책에서의 상대적 확률을 이용하여(5.5절 참고) 두 정책 사이의 차이점을 고려해야 한다. n단계 방법에서 이득은 n단계에 걸쳐 만들어지기 때문에 단지 해당하는 n개의 행동에 대한 상대적 확률에 관심을 가질 것이다. 예를 들면, n단계 TD의 간단한 비활성 정책 버전을 만들기 위해, (실제로는 시각 $t + n$에 행해지는) 시각 t에서의 갱신에 다음과 같이 간단하게 $\rho_{t:t+n-1}$의 가중치를 적용할 수 있다.

$$V_{t+n}(S_t) \doteq V_{t+n-1}(S_t) + \alpha \rho_{t:t+n-1}\left[G_{t:t+n} - V_{t+n-1}(S_t)\right], \quad 0 \le t < T \qquad \text{(식 7.9)}$$

여기서 **중요도추출비율**importance sampling ratio이라고 불리는 $\rho_{t:t+n-1}$은 두 정책하에서 A_t로부터 A_{t+n-1}까지의 n개의 행동을 취할 상대적 확률로서, 다음과 같이 계산된다(식 5.3 참고).

$$\rho_{t:h} \doteq \prod_{k=t}^{\min(h,T-1)} \frac{\pi(A_k|S_k)}{b(A_k|S_k)} \qquad \text{(식 7.10)}$$

예를 들어, 정책 π하에서 어떤 행동도 선택되지 않는다면(즉, $\pi(A_k \mid S_k) = 0$) n단계 이득은 0의 가중치를 부여받고 완전히 무시된다. 반면에, 정책 b에서보다 정책 π하에서 선택될 확률이 훨씬 높은 어떤 행동이 우연히 선택되었다면 정책 b하에서 행동이 선택되었을 때 이득에 부여되는 가중치가 증가한다. 선택된 그 행동이 (학습하고자 하는) 정책 π의 특징이긴 하지만 정책 b하에서는 거의 선택되지 않아서 데이터상에도 거의 나타나지 않기 때문에 이렇게 하는 것은 일리가 있다. 이러한 불균형을 완화하기 위해 정책 b하에서의 행동이 발생했을 때 과하게 가중치를 부여하는 것이다. 두 정책이 실제로는 같은 정책이라면 (활성 정책의 경우) 중요도추출비율은 항상 1이라는 점을 기억하라. 따라서 새로운 갱신 방정식(식 7.9)은 일반화될 수 있고 이전에 논의한 n단계 TD를 완벽히 대체할 수 있다. 이와 비슷하게, 이전의 n단계 살사 갱신은 다음과 같은 간단한 비활성 정책 형태로 완전히 대체될 수 있다.

$$Q_{t+n}(S_t, A_t) \doteq Q_{t+n-1}(S_t, A_t) + \alpha \rho_{t+1:t+n}\left[G_{t:t+n} - Q_{t+n-1}(S_t, A_t)\right] \qquad \text{(식 7.11)}$$

식 7.11은 $0 \le t < T$에 대해 성립한다. 여기서 식 7.11을 보면 중요도추출비율은 n단계 TD의 경우보다 한 단계 늦게 시작하고 한 단계 늦게 끝난다는 점에 주목하라. 이렇게 되는 이유는 상태-행동 쌍을 갱신하고 있기 때문이다. 그 행동을 선택할 확률이 얼마나 될지를 신경 쓸 필요가 없고, 그 행동이 이미 선택되었으므로 앞으로 이어지는 행동에 대해서만 중요도추출법을 적용하여 이미 일어난 결과로부터 완전히 학습하고자 하는 것이다. 완전한 알고리즘의 의사코드를 다음 페이지의 글상자에 제시했다.

n단계 기댓값 살사의 비활성 정책 형태는 위의 n단계 살사와 동일한 갱신 규칙을 사용할 것이다. 다만, 중요도추출비율이 하나 더 적은 요소를 갖는다는 점이 다르다. 즉, 위의 방정식은 $\rho_{t+1:t+n}$ 대신에 $\rho_{t+1:t+n-1}$을 사용한다. 그리고 당연하게도 n단계 이득(식 7.7)의 기댓값 살사 버전을 사용한다. 이것은 기댓값 살사에서는 마지막 상태에서 모든 가능한 행동이 고려되므로 실제로 취해진 행동은 아무런 영향을 주지 않으며 따라서 보정될 필요도 없기 때문이다.

입력: 모든 $s \in \mathcal{S}$, $a \in \mathcal{A}$에 대해 $b(a \mid s) > 0$을 만족하는 행동 정책 b를 임의의 값으로 설정

모든 $s \in \mathcal{S}$, $a \in \mathcal{A}$에 대해 $Q(s, a)$를 임의의 값으로 초기화

정책 π를 Q에 대해 탐욕적인 정책이 되도록 초기화, 또는 주어진 고정된 정책으로 초기화

알고리즘 파라미터: 시간 간격 $\alpha \in (0, 1]$, 양의 정수 n

(S_t, A_t, R_t에 대한) 모든 저장 및 접근은 $n + 1$로 인덱스를 설정하여 행해질 수 있음

각 에피소드에 대한 루프:

 S_0를 초기화하고 저장(단, $S_0 \neq$ 종단)

 행동 $A_0 \sim b(\cdot \mid S_0)$를 선택하고 저장

 $T \leftarrow \infty$

 $t = 0, 1, 2, \ldots$에 대한 루프:

  | $t < T$이면:

  | 행동 A_t를 취함

  | 다음 보상을 R_{t+1}로, 다음 상태를 S_{t+1}로 측정하고 저장

  | S_{t+1}이 종단이면:

  | $T \leftarrow t + 1$

  | 그렇지 않으면:

  | 행동 $A_{t+1} \sim b(\cdot \mid S_{t+1})$을 선택하고 저장

  | $\tau \leftarrow t - n + 1$($\tau$는 추정값이 갱신되는 시각)

  | $\tau \geq 0$이면:

  | $\rho \leftarrow \prod_{i=\tau+1}^{\min(\tau+n, T-1)} \frac{\pi(A_i | S_i)}{b(A_i | S_i)}$ $(\rho_{\tau+1:\tau+n})$

  | $G \leftarrow \sum_{i=\tau+1}^{\min(\tau+n, T)} \gamma^{i-\tau-1} R_i$

  | $\tau + n < T$이면: $G \leftarrow G + \gamma^n Q(S_{\tau+n}, A_{\tau+n})$ $(G_{\tau:\tau+n})$

  | $Q(S_\tau, A_\tau) \leftarrow Q(S_\tau, A_\tau) + \alpha\rho[G - Q(S_\tau, A_\tau)]$

  | 정책 π를 학습한다면, $\pi(\cdot \mid S_\tau)$가 반드시 Q에 대해 탐욕적 정책이 되도록 해야 함

 | $\tau = T - 1$이면 종료

7.4 *제어 변수가 있는 결정 단계별 방법

이전 절에서 설명한 다단계 비활성 정책 방법은 간단하고 개념적으로 명확하지만, 아마도 가장 효율적인 방법은 아닐 것이다. 더욱 복잡한 접근법은 5.9절에서 소개했던 것과 같은 결정 단계별per-decision 중요도추출 개념을 사용한다. 이 접근법을 이해하기 위해, 먼저 보통의 n단계 이득 (식 7.1)은 모든 이득과 마찬가지로 재귀적으로 표현될 수 있다는 점을 생각하자. h단계에서 종료하는 n단계의 경우, n단계 이득은 다음과 같이 표현될 수 있다.

$$G_{t:h} = R_{t+1} + \gamma G_{t+1:h}, \qquad t < h < T \tag{식 7.12}$$

여기서 $G_{h:h} \doteq V_{h-1}(S_h)$이다(이 이득이 이전에 $t+n$으로 표시했던 시각 h에서 사용된다는 것을 상기하라). 이제 목표 정책 π와 동일하지 않은 행동 정책 b를 따르는 효과에 대해 생각해 보자. 최초의 보상 R_{t+1}과 다음 상태 S_{t+1}을 포함하여 결과로 도출되는 모든 경험은 시각 t에 대한 중요도추출비율 $\rho_t = \frac{\pi(A_t|S_t)}{b(A_t|S_t)}$ 를 가중치로 부여받아야 한다. 이때 단순히 위 방정식의 우변에 가중치를 부여하고 싶은 충동을 느끼겠지만 더 좋은 방법이 있다. 시각 t에서 행동이 정책 π하에서는 결코 선택되지 않기 때문에 ρ_t가 0이 된다고 가정해 보자. 그러면 단순한 가중치 부여는 n단계 이득이 0이 되도록 할 것이고, 이러한 n단계 이득을 목표로 사용하면 분산이 커질 수 있다. 대신, 좀 더 복잡한 방법에서는 다음과 같이 h단계에서 종료하는 n단계 이득을 **비활성** 정책 형태로 정의한 것을 대안으로 사용한다.

$$G_{t:h} \doteq \rho_t\left(R_{t+1} + \gamma G_{t+1:h}\right) + (1 - \rho_t)V_{h-1}(S_t), \qquad t < h < T \qquad \text{(식 7.13)}$$

여기서도 $G_{h:h} \doteq V_{h-1}(S_h)$이다. 이 접근법에서 ρ_t가 0이 되면, 목표를 0으로 하여 추정값이 매우 작은 값으로 떨어지도록 하는 대신 목표를 추정값과 같게 하여 추정값에 변화가 없도록 한다. 중요도추출비율이 0이라는 것은 표본을 무시해야 한다는 뜻이기 때문에, 이 경우 추정값이 변하지 않도록 하는 것은 적절해 보인다. 다음으로, 식 7.13에 추가된 항은 (왜 이렇게 부르는지는 모르지만) **제어 변수**control variate라고 불린다. 제어 변수는 갱신의 기댓값을 변화시키지 못한다. 중요도추출비율의 기댓값이 1이고(5.9절) 이는 추정값과 상관관계가 없기 때문에 제어 변수의 기댓값은 0이다. 또한, 비활성 정책 형태의 정의(식 7.13)는 이전의 n단계 이득에 대한 활성 정책 형태의 정의(식 7.1)를 정확하게 일반화한 것이다. 이것은 ρ_t가 항상 1이 되는 활성 정책의 경우에 두 식이 동일하다는 것으로부터 알 수 있다.

전통적인 n단계 방법의 경우 식 7.13과 함께 사용할 갱신 규칙은 n단계 TD 갱신(식 7.2)인데, 여기에는 이득에 내재된 것 말고는 겉으로 드러나는 중요도추출비율이 없다.

(연습 7.5) 위에 설명한 비활성 정책 상태 가치 예측 알고리즘의 의사코드를 작성하라. □

행동 가치에 대해서는, 중요도추출 과정에서 첫 번째 행동이 아무런 역할을 하지 않기 때문에 n단계 이득에 대한 비활성 정책 형태의 정의가 조금 다르다. 그 첫 번째 행동이 바로 학습되는 행동이다. 그 행동이 목표 정책하에서 일어날 것 같지 않거나 심지어 불가능한 행동일지라도 그것은 문제가 되지 않는다. 그 행동이 이미 취해졌기 때문에 이제 완전한 1의 가중치가 이득 및 뒤이어 나오는 상태에 부여되어야 한다. 중요도추출법은 오직 그 행동에 뒤이어 나오는 행동들에만 적용될 것이다.

먼저 h단계에서 종료하는 n단계 **활성 정책** 이득을 나타내는 기댓값 형태(식 7.7)가 행동 가치에 대해 식 7.12에서와 같이 재귀적으로 표현될 수 있다. 다만, 행동 가치에 대해서는 이 재귀 과정 recursion이 식 7.8에서처럼 $G_{h:h} \doteq \bar{V}_{h-1}(S_h)$로 끝난다는 점이 다르다. 제어 변수가 있는 비활성 정책 형태는 다음과 같다.

$$G_{t:h} \doteq R_{t+1} + \gamma\Big(\rho_{t+1}G_{t+1:h} + \bar{V}_{h-1}(S_{t+1}) - \rho_{t+1}Q_{h-1}(S_{t+1}, A_{t+1})\Big),$$
$$= R_{t+1} + \gamma\rho_{t+1}\Big(G_{t+1:h} - Q_{h-1}(S_{t+1}, A_{t+1})\Big) + \gamma\bar{V}_{h-1}(S_{t+1}), \quad t < h \leq T \qquad \text{(식 7.14)}$$

$h < T$이면 재귀 과정은 $G_{h:h} \doteq Q_{h-1}(S_h, A_h)$로 끝난다. 반면, $h \geq T$이면 재귀 과정은 $G_{T-1:h} \doteq R_T$로 끝난다. (식 7.5와 결합한 후에) 결과적으로 만들어지는 예측 알고리즘은 기댓값 살사와 유사하다.

연습 7.6) 위 방정식에서 제어 변수가 이득의 기댓값을 변화시키지 않는다는 것을 증명하라. □

*연습 7.7) 바로 위에 설명한 비활성 정책 행동 가치 예측 알고리즘의 의사코드를 작성하라. 특히, h단계에 도달하거나 에피소드가 종료되었을 때 재귀 과정을 종료하는 조건에 주의를 기울여라. □

연습 7.8) 근사적 상태 가치 함수가 변하지 않는 경우, 일반적인 (비활성 정책) 형태의 n단계 이득 (식 7.13)이 상태 기반 TD 오차(식 6.5)의 합으로 여전히 정확하고 간결하게 표현될 수 있음을 보여라. □

연습 7.9) 행동이 적용된 비활성 정책 n단계 이득(식 7.14)과 기댓값 살사 TD 오차(식 6.9의 괄호 안의 값)에 대해 위의 연습문제를 다시 풀어라. □

연습 7.10) (프로그래밍) 간단한 비활성 정책 예측 문제를 만들고 그 문제를 이용하여 식 7.13과 식 7.2를 이용한 비활성 정책 학습 알고리즘이 식 7.1과 식 7.9를 이용한 간단한 알고리즘보다 데이터를 좀 더 효율적으로 사용한다는 것을 보여라. □

이 절과 이전 절, 그리고 5장에서 사용한 중요도추출법은 성능이 좋은 비활성 정책 학습을 가능하게 해 주지만, 그와 함께 갱신되는 분산이 큰 값을 갖기 때문에 시간 간격 파라미터를 작은 값으로 해야 하고 이 때문에 학습 속도가 저하된다. 비활성 정책 훈련이 활성 정책 훈련보다 더 느린 것은 아마도 어쩔 수 없는 것 같다. 결국, 훈련 데이터가 학습하려는 것과 그다지 관련이 없기 때문이다. 하지만 비활성 정책 방법이 개선될 여지가 있다는 것도 사실이다. 제어 변수가 분산의 크기를 줄일 수 있는 한 가지 방법이다. 또 다른 방법은 자동간격Autostep 방법(마흐무드, 서튼, 데그리스, 필라스키Mahmood, Sutton, Degris, and Pilarski, 2012)과 같이 측정된 분산에 맞추어 시간 간격을 빠르게 조정하는 것이다. 하지만 도움이 될 만한 또 다른 방법은 카람파치아키스와 랭포드

(Karampatziakis and Langford, 2010)가 제시한 변하지 않는 갱신invariant update을 티안Tian(이 논문은 출판을 준비 중이다)이 TD로 확장한 것이다. 마흐무드(2017; 마흐무드와 서튼, 2015)가 제시한 사용usage 기술이 부분적인 해결책이 될 수도 있다. 다음 절에서는 중요도추출법을 사용하지 않는 비활성 정책 학습 방법에 대해 다룬다.

7.5 중요도추출법을 사용하지 않는 비활성 정책 학습: *n*단계 트리 보강 알고리즘

중요도추출법을 사용하지 않고도 비활성 정책 학습이 가능할까? 단일 단계의 경우에는 6장에서 다룬 Q 학습과 기댓값 살사를 이용하면 가능하지만, 다단계의 경우에 적용할 수 있는 알고리즘이 있을까? 이 절에서는 바로 그러한 *n*단계 방법을 제시한다. 이 방법을 **트리 보강 알고리즘**tree-backup algorithm이라고 부른다.

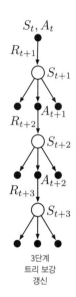

3단계
트리 보강
갱신

이 알고리즘의 개념은 오른쪽 그림에 보이는 3단계 트리 보강 구조를 갖는 보강 다이어그램으로 표현된다. 중앙 축을 따라서 세 개의 표본 상태와 보상, 그리고 두 개의 표본 행동에 이름이 표시되어 있다. 이들은 초기의 상태-행동 쌍 S_t, A_t 이후에 발생하는 사건을 나타내는 확률 변수다. 각 상태에서 옆쪽으로 뻗어 있는 행동은 선택되지 않은 행동이다(마지막 상태의 경우, 모든 행동을 (아직) 선택되지 않은 것으로 간주한다). 선택되지 않은 행동에 대해서는 아무런 표본이 없기 때문에 부트스트랩을 수행하여 얻은 행동의 가치에 대한 추정값을 이용하여 갱신의 목표를 만든다. 이것은 보강 다이어그램의 개념을 좀 더 확장한 것이다. 지금까지는 항상 다이어그램의 제일 상단에 있는 노드의 가치 추정값에서 시작하여 목표를 향해 나아가면서 발생하는 (적절히 할인된) 보상을 결합하고 결국에는 제일 아래에 있는 노드의 가치 추정값을 갱신했다. 트리 보강 갱신에서는 이 모든 것들뿐만 아니라 모든 단계에서 옆으로 뻗어나와 매달려 있는 행동의 가치 추정값도 '추가로' 목표에 포함된다. 이렇기 때문에 이것을 **트리 보강** 갱신이라고 부른다. 이것은 행동 가치 추정값으로 구성된 전체 트리로부터 갱신을 수행한다.

더 정확하게는, 트리의 **리프 노드**leaf node에 대한 행동 가치 추정값으로부터 갱신이 이루어진다. 실제로 취해진 행동에 해당하는 행동 노드는 갱신에 참여하지 않는다. 각각의 리프 노드는 목표 정책 π하에서 발생할 확률에 비례하는 가중치를 이용하여 목표 달성에 기여한다. 따라서 첫 단계의 각 행동 a는 $\pi(a \mid S_{t+1})$의 가중치를 이용하여 목표 달성에 기여한다. 이때 실제로 취해진 행동 A_{t+1}은 전혀 기여하지 않는다. 이 행동의 확률 $\pi(A_{t+1} \mid S_{t+1})$은 두 번째 단계의 모든 행동 가치에 가중치를 부여하기 위해 사용된다. 따라서 두 번째 단계에서 선택되지 않은 행동 a'은 $\pi(A_{t+1} \mid S_{t+1})\pi(a' \mid S_{t+2})$의 가중치를 갖고 기여한다. 세 번째 단계의 각 행동은 $\pi(A_{t+1} \mid S_{t+1})\pi(A_{t+2} \mid S_{t+2})\pi(a'' \mid S_{t+3})$의 가중치로 기여하고, 이러한 과정이 반복된다. 이것은 마치 다이어그램에서 행동 노드를 향하는 각 화살표가 목표 정책하에서 행동이 선택될 확률에 따라 가중치를 부여받는 것과 같다. 그리고 행동 아래에 트리가 있으면 그 가중치는 트리에 속하는 모든 리프 노드에 적용된다.

3단계의 트리 보강 갱신을 각 단계가 둘로 분할된 총 6개의 분할 단계half-step로 구성된다고 생각할 수 있다. 이때 한 행동으로부터 그에 뒤이어 나오는 상태에 도달하는 표본 분할 단계와 그 상태에서부터 모든 가능한 행동을 그 행동이 목표 정책하에서 발생할 확률과 함께 고려하는 기댓값 분할 단계expected half-step가 서로 교차하며 나타난다.

이제 n단계 트리 보강 알고리즘에 대한 좀 더 자세한 방정식을 만들어 보자. 단일 단계 이득(목표)은 $t < T - 1$일 때의 기댓값 살사의 경우와 같으며, 다음과 같이 표현된다.

$$G_{t:t+1} \doteq R_{t+1} + \gamma \sum_a \pi(a|S_{t+1})Q_t(S_{t+1}, a) \tag{식 7.15}$$

그리고 2단계 트리 보강 이득은 $t < T - 2$에 대해 다음과 같다.

$$
\begin{aligned}
G_{t:t+2} &\doteq R_{t+1} + \gamma \sum_{a \neq A_{t+1}} \pi(a|S_{t+1})Q_{t+1}(S_{t+1}, a) \\
&\quad + \gamma\pi(A_{t+1}|S_{t+1})\Big(R_{t+2} + \gamma \sum_a \pi(a|S_{t+2})Q_{t+1}(S_{t+2}, a)\Big) \\
&= R_{t+1} + \gamma \sum_{a \neq A_{t+1}} \pi(a|S_{t+1})Q_{t+1}(S_{t+1}, a) + \gamma\pi(A_{t+1}|S_{t+1})G_{t+1:t+2}
\end{aligned}
$$

위 식의 두 번째 등식을 일반화하면 다음과 같은 트리 보강 n단계 이득의 재귀적 정의가 된다.

$$G_{t:t+n} \doteq R_{t+1} + \gamma \sum_{a \neq A_{t+1}} \pi(a|S_{t+1})Q_{t+n-1}(S_{t+1}, a) + \gamma\pi(A_{t+1}|S_{t+1})G_{t+1:t+n}, \quad t < T-1 \tag{식 7.16}$$

식 7.16은 $t < T - 1$, $n \geq 2$에 대해 성립하며, $n = 1$인 경우에 대해서는 $G_{T-1:t+n} \doteq R_T$를 제외하고는 식 7.15로 표현이 가능하다. 이제 이 목표가 n단계 살사에서 나오는 보통의 행동 가치 갱신 규칙과 함께 사용된다.

$$Q_{t+n}(S_t, A_t) \doteq Q_{t+n-1}(S_t, A_t) + \alpha\left[G_{t:t+n} - Q_{t+n-1}(S_t, A_t)\right] \tag{식 7.5}$$

이때 $0 \leq t < T$이며, 다른 모든 상태-행동 쌍의 가치는 변하지 않은 채로 남아 있다($s \neq S_t$ 또는 $a \neq A_t$인 모든 s, a에 대해 $Q_{t+n}(s, a) = Q_{t+n-1}(s, a)$). 이 알고리즘의 의사코드가 다음 글상자에 기술되어 있다.

$Q \approx q_*$ 또는 q_π를 추정하기 위한 n단계 트리 보강

모든 $s \in \mathcal{S}, a \in \mathcal{A}$에 대해 $Q(s, a)$를 임의의 값으로 초기화
정책 π를 Q에 대해 탐욕적이 되도록 초기화하거나 주어진 고정된 정책으로 초기화
알고리즘 파라미터: 시간 간격 $\alpha \in (0, 1]$, 양의 정수 n
모든 저장 및 접근은 $n + 1$로 인덱스를 설정하여 행해질 수 있음

각 에피소드에 대한 루프:
    S_0를 초기화하고 저장(단, $S_0 \neq$ 종단)
    행동 A_0를 S_0의 함수로서 임의로 선택하고 저장
    $T \leftarrow \infty$
    $t = 0, 1, 2, \ldots$에 대한 루프:
    │ $t < T$이면:
    │   행동 A_t를 취하고, 다음 보상과 상태를 R_{t+1}, S_{t+1}로 측정하고 저장
    │ S_{t+1}이 종단이면:
    │ $T \leftarrow t + 1$
    │   그렇지 않으면:
    │   행동 A_{t+1}을 S_{t+1}의 함수로서 임의로 선택하고 저장
    │ $\tau \leftarrow t + 1 - n$($\tau$는 추정값이 갱신되는 시각)
    │ $\tau \geq 0$이면:
    │ $t + 1 \geq T$이면:
    │ $G \leftarrow R_T$
    │   그렇지 않으면:
    │ $G \leftarrow R_{t+1} + \gamma \sum_a \pi(a \mid S_{t+1}) Q(S_{t+1}, a)$
    │ $k = \min(t, T - 1)$부터 $\tau + 1$까지의 루프:
    │ $G \leftarrow R_k + \gamma \sum_{a \neq A_k} \pi(a \mid S_k) Q(S_k, a) + \gamma \pi(A_k \mid S_k) G$
    │ $Q(S_\tau, A_\tau) \leftarrow Q(S_\tau, A_\tau) + \alpha[G - Q(S_\tau, A_\tau)]$
    │ π가 학습되고 있다면, $\pi(\cdot \mid S_\tau)$가 Q에 대해 탐욕적이 되도록 해야 함
    $\tau = T - 1$이면 종료

연습 7.11 근사적 행동 가치가 변하지 않는다면, 트리 보강 이득(식 7.16)이 다음과 같이 기댓값에 기반한 TD 오차의 합으로 표현될 수 있음을 보여라.

$$G_{t:t+n} = Q(S_t, A_t) + \sum_{k=t}^{\min(t+n-1, T-1)} \delta_k \prod_{i=t+1}^{k} \gamma \pi(A_i | S_i)$$

여기서 $\delta_t \doteq R_{t+1} + \gamma \bar{V}_t(S_{t+1}) - Q(S_t, A_t)$이고, $\bar{V}_t$는 식 7.8로부터 주어진다.   □

7.6 *통합 알고리즘: *n*단계 *Q*(σ)

지금까지 이 장에서는 그림 7.5의 처음 세 개의 보강 다이어그램에 해당하는 세 가지 종류의 행동 가치 알고리즘을 다루었다. *n*단계 살사는 모든 표본 전이로 이루어져 있고, 트리 보강 알고리즘은 표본 전이 없이 전체에 대한 모든 상태-행동 전이로 구성되며, *n*단계 기댓값 살사는 마지막 상태-행동 전이를 제외한 모든 표본 전이를 갖는데, 이것은 기댓값에 대한 전체 전이를 의미한다. 어느 범위까지 이 알고리즘들이 통합될 수 있을까?

통합을 위한 한 가지 방법이 그림 7.5의 네 번째 보강 다이어그램으로 표현되어 있다. 이것은 살사에서처럼 행동을 표본으로서 취하기를 원하는지, 아니면 그 대신 트리 보강 갱신에서처럼 모든 행동에 대한 기댓값을 고려할 것인지를 단계별로 결정할 수 있다는 개념이다. 항상 표본을 취하기를 원한다면 살사가 된다. 반면에 결코 표본을 취하지 않기로 한다면 트리 보강 알고리즘이 된다. 기댓값 살사는 마지막 단계를 제외한 모든 단계에서 표본을 취하는 경우다.

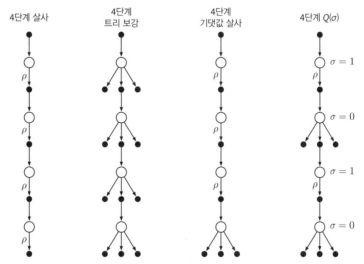

그림 7.5 이 장에서 지금까지 고려한 세 가지 *n*단계 행동 가치 갱신(이 그림에서 *n* = 4)과 이 모두를 통합하는 네 번째 갱신의 보강 다이어그램을 보여준다. 'ρ'는 비활성 정책의 경우에 중요도추출법이 요구되는 반(half) 전이를 나타낸다. 네 번째 종류의 갱신은 상태별로 표본을 취할지(σ_t = 1) 말지(σ_t = 0)를 선택함으로써 다른 알고리즘들을 통합한다.

그리고 물론 그림의 마지막 다이어그램이 보여주듯이 다른 많은 가능성도 있다. 가능성을 좀 더 높이기 위해, 표본을 취하는 것과 기댓값을 이용하는 것 사이에서 두 방법에 대한 의존도를 연속적인 값으로 선택하는 것을 고려할 수도 있다. $\sigma_t \in [0, 1]$이 단계 *t*에서 표본을 취하는 정도 degree of sampling라고 하자. 이때 $\sigma = 1$이면 전체 표본을 취하는 것이고, $\sigma = 0$이면 표본 없이 순수하게 기댓값을 이용하는 것이다. 확률 변수 σ_t는 시각 *t*에서 상태, 행동, 또는 상태-행동 쌍의 함수로 설정할 수도 있다. 이 새롭게 제시된 알고리즘을 *n*단계 *Q*(σ)라고 부르겠다.

입력: 모든 $s \in \mathcal{S}, a \in \mathcal{A}$에 대해 $b(a \,|\, s) > 0$를 만족하는 임의의 행동 정책 b
모든 $s \in \mathcal{S}, a \in \mathcal{A}$에 대해 $Q(s, a)$를 임의의 값으로 초기화
정책 π를 Q에 대해 탐욕적이 되도록 초기화하거나 주어진 고정된 정책으로 초기화
알고리즘 파라미터: 시간 간격 $\alpha \in (0, 1]$, 작은 $\varepsilon > 0$, 양의 정수 n
모든 저장 및 접근은 $n + 1$로 인덱스를 설정하여 행해질 수 있음

각 에피소드에 대한 루프:
    S_0를 초기화하고 저장(단, $S_0 \neq$ 종단)
    행동 $A_0 \sim b(\cdot \,|\, S_0)$를 선택하고 저장
    $T \leftarrow \infty$
    $t = 0, 1, 2, \ldots$에 대한 루프:
    | $t < T$이면:
    | 행동 A_t를 취하고, 다음 보상과 상태를 R_{t+1}, S_{t+1}로 측정하고 저장
    | S_{t+1}이 종단이면:
    | $T \leftarrow t + 1$
    | 그렇지 않으면:
    | 행동 $A_{t+1} \sim b(\cdot \,|\, S_{t+1})$을 선택하고 저장
    | σ_{t+1}을 선택하고 저장
    | $\frac{\pi(A_{t+1}|S_{t+1})}{b(A_{t+1}|S_{t+1})}$을 ρ_{t+1}로 저장
    | $\tau \leftarrow t - n + 1 (\tau$는 추정값이 갱신되는 시각)
    | $\tau \geq 0$이면:
    | $t + 1 < T$이면:
    | $G \leftarrow Q(S_{t+1}, A_{t+1})$
    | $k = \min(t + 1, T)$부터 $\tau + 1$까지의 루프:
    | $k = T$이면:
    | $G \leftarrow R_T$
    | 그렇지 않으면:
    | $\bar{V} \leftarrow \sum_a \pi(a \,|\, S_k) Q(S_k, a)$
    | $G \leftarrow R_k + \gamma(\sigma_k \rho_k + (1 - \sigma_k)\pi(A_k \,|\, S_k))(G - Q(S_k, A_k)) + \gamma\bar{V}$
    | $Q(S_\tau, A_\tau) \leftarrow Q(S_\tau, A_\tau) + \alpha[G - Q(S_\tau, A_\tau)]$
    | π가 학습되고 있다면, $\pi(\cdot \,|\, S_\tau)$가 Q에 대해 탐욕적이 되도록 해야 함
    $\tau = T - 1$이면 종료

이제 n단계 $Q(\sigma)$의 방정식을 만들어 보자. 먼저, 트리 보강 n단계 이득(식 7.16)을 구간의 마지막 단계인 $h = t + n$으로 표현한 후에, 근사적 가치의 기댓값 $\bar{V}$(식 7.8)를 다음과 같이 표현한다.

$$G_{t:h} = R_{t+1} + \gamma \sum_{a \neq A_{t+1}} \pi(a|S_{t+1})Q_{h-1}(S_{t+1}, a) \;+\; \gamma\pi(A_{t+1}|S_{t+1})G_{t+1:h}$$

$$= R_{t+1} + \gamma\bar{V}_{h-1}(S_{t+1}) - \gamma\pi(A_{t+1}|S_{t+1})Q_{h-1}(S_{t+1}, A_{t+1}) + \gamma\pi(A_{t+1}|S_{t+1})G_{t+1:h}$$

$$= R_{t+1} + \gamma\pi(A_{t+1}|S_{t+1})\Big(G_{t+1:h} - Q_{h-1}(S_{t+1}, A_{t+1})\Big) + \gamma\bar{V}_{h-1}(S_{t+1})$$

이 식은 중요도추출비율 ρ_{t+1}이 $\pi(A_{t+1} \mid S_{t+1})$로 변경된 것을 제외하면 제어 변수(식 7.14)가 있는 살사에 대한 n단계 이득과 정확히 같다. $Q(\sigma)$를 위해, 이 두 가지 경우에 대한 의존도를 연속적인 값으로 선택한다.

$$G_{t:h} \doteq R_{t+1} + \gamma\Big(\sigma_{t+1}\rho_{t+1} + (1-\sigma_{t+1})\pi(A_{t+1}|S_{t+1})\Big)\Big(G_{t+1:h} - Q_{h-1}(S_{t+1}, A_{t+1})\Big)$$
$$+ \gamma \bar{V}_{h-1}(S_{t+1}) \tag{식 7.17}$$

이때 $t < h \le T$이다. 재귀 과정은 $h < T$일 경우 $G_{h:h} \doteq Q_{h-1}(S_h, A_h)$에서 끝나거나, $h = T$일 경우에는 $G_{T-1:T} \doteq R_T$에서 끝난다. 이제 n단계 살사(식 7.5)에 대한 일반적인 (비활성 정책) 갱신을 사용한다. 완전한 알고리즘은 188쪽의 글상자에 기술했다.

7.7 요약

이 장에서는 6장의 단일 단계 TD 방법과 5장의 몬테카를로 방법 사이에 위치하는 다양한 시간차 학습 방법을 개발했다. 부트스트랩을 적당한 분량으로 포함하는 방법이 중요한데, 이는 이러한 방법이 일반적으로 양 극단의 방법보다 성능이 더 좋기 때문이다.

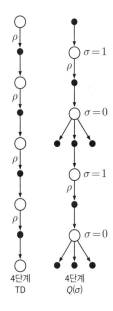

이 장에서 주의를 기울인 부분은 다음 n개의 보상, 상태, 행동을 미리 내다보는 n단계 방법이다. 오른쪽의 두 가지 4단계 보강 다이어그램은 소개한 방법 대부분을 요약하여 보여준다. 그림에 보이는 상태 가치 갱신은 중요도추출법을 이용한 n단계 TD에 대한 것이고, 행동 가치 갱신은 기댓값 살사와 Q 학습을 일반화한 n단계 $Q(\sigma)$에 대한 것이다. 모든 n단계 방법은 갱신 전에 n시간 단계의 지연을 포함한다. 갱신을 하지 않고는 필요한 미래 사건의 정보를 알 수 없기 때문이다. 이보다 더한 단점은 이 방법이 이전 방법에 비해 단계별 계산량이 많다는 것이다. 또한, 단일 단계 방법과 비교하면 n단계 방법은 지난 n단계 동안의 상태, 행동, 보상, 그리고 때로는 다른 변수들을 저장하기 위해 더 많은 메모리를 필요로 한다. 결국, 12장에서 다단계 TD 방법이 적격 흔적을 이용하여 어떻게 최소의 메모리 소비와 계산 복잡도를 갖도록 구현될 수 있는지 알게 되겠지만, 그렇다 해도 단일 단계 방법보다는 항상 더 많은 계산을 필요로 한다. 단일 단계의 단점을 극복하는 대가로 그러한 비용은 감수할 만한 가치가 있을 수 있다.

n단계 방법이 적격 흔적을 사용하는 방법보다 더욱 복잡하긴 하지만, 개념적으로 명확하다는 큰 장점이 있다. n단계 경우의 비활성 정책 학습을 위한 두 가지 방법을 개발함으로써 이러한 장점의 이득을 누리고자 했다. 하나는 중요도추출법에 기반한 것으로, 개념적으로 간단하지만 분산이 커질 수 있다. 그리고 목표 정책과 행동 정책이 매우 다르다면 실제 상황에 효과적으로 사용하기 위해 새로운 알고리즘이 필요할지도 모른다. 다른 하나는 트리 보강 갱신에 기반한 것으로서, Q 학습을 확률론적 목표 정책을 갖는 다단계 경우로 자연스럽게 확장한 것이다. 이 방법은 중요도추출법은 사용하지 않지만, 여기서도 목표 정책과 행동 정책이 상당히 다르다면 비록 n이 크다 할지라도 부트스트랩은 단지 몇 단계만 진행될 수도 있다.

참고문헌 및 역사적 사실

n단계 이득이라는 개념은 왓킨스(1989)가 제시했다. 그는 또한 처음으로 n단계 이득의 오차 감소 특성을 논했다. n단계 알고리즘은 이 책의 1판에서 개념적인 관심사로서 다루었지만 실제로 적용 가능하지는 않았다. 시초즈(Cichosz, 1995)와 특히 반 세이젠(van Seijen, 2016)은 이 알고리즘이 사실은 완전히 실용적인 알고리즘임을 보였다. 이를 바탕으로, 그리고 이 방법의 개념적 명확성과 단순함을 고려하여 2판에서는 이 방법에 초점을 맞추기로 했다. 특히, 역방향 관점 backward view과 적격 흔적에 대한 모든 논의는 12장에서 하겠다.

7.1-2   무작위 행보 예제의 결과는 서튼(1988)의 연구와 싱과 서튼(1996)의 연구에 기반하여 만들어졌다. 이 장에서는 이 알고리즘과 그 밖의 알고리즘을 설명하기 위해 새롭게 보강 다이어그램을 사용했다.

7.3-5   이 절들에서 개발한 내용은 프리컵, 서튼, 싱(2000), 프리컵, 서튼, 다스굽타(2001), 서튼, 마흐무드, 프리컵, 반 하셀트(2014)의 연구를 기반으로 한다.

          트리 보강 알고리즘은 프리컵, 서튼, 싱(2000)이 제시했지만, 이 책에서의 표현법은 새로운 것이다.

7.6 $Q(\sigma)$ 알고리즘은 이 책에서는 처음이지만, 매우 밀접하게 연관된 알고리즘은 디 아시스, 헤르난데즈-가르시아, 홀랜드, 서튼(De Asis, Hernandez-Garcia, Holland, and Sutton, 2017)이 충분히 연구했다.

08

표에 기반한 방법을 이용한 계획 및 학습

이 장에서는 동적 프로그래밍과 경험적 탐색heuristic search처럼 환경 모델을 필요로 하는 강화학습 방법과, 몬테카를로 및 시간차 방법처럼 환경 모델을 필요로 하지 않는 강화학습 방법에 대한 종합적인 시각을 개발할 것이다. 이 방법들 각각은 **모델에 기반한**model-based 강화학습 방법과 **모델 없는**model-free 강화학습 방법이라고 불린다. 모델에 기반한 방법에서는 **계획**planning이 중요한 역할을 하는 반면, 모델 없는 방법에서는 **학습**learning이 중요한 역할을 한다. 이 두 종류의 방법 사이에는 진정한 차이가 존재하지만, 상당히 유사한 부분도 존재한다. 특히, 이 두 방법에서 핵심은 가치 함수를 계산하는 것이다. 더욱이, 모든 방법은 미래 사건을 내다보고, 보강된backed-up 가치를 계산하고, 그것을 근사적 가치 함수를 위한 갱신 목표로 사용하는 것을 기반으로 한다. 이 책의 초반에 몬테카를로와 시간차 방법을 서로 구별되는 대안으로서 제시했고, 그 둘이 어떻게 n단계 방법으로 통합될 수 있는지 보였다. 이 장의 목표는 이와 유사한 통합을 모델에 기반한 방법과 모델 없는 방법에 대해 수행하는 것이다. 이 두 방법을 이전 장에서 서로 구별되는 것으로 다루었으므로, 이제는 이 두 방법이 어느 정도까지 융합될 수 있는지 알아볼 것이다.

8.1 모델과 계획

환경의 **모델**model이란 환경이 행동에 어떻게 반응할 것인지를 예측하기 위해 학습자가 사용할 수 있는 모든 것을 의미한다. 상태와 행동이 주어지면, 환경 모델은 다음 상태와 다음 보상을 예측한다. 모델이 확률론적이라면, 다음 상태와 다음 보상은 여러 가지가 가능하고 각각은 나름의 발생 확률을 갖는다. 어떤 모델은 모든 가능성을 제공하고 각 가능성에 해당하는 확률을 제공하는데, 이러한 모델을 **분포 모델**distribution model이라고 한다. 또 다른 모델은 모든 가능성 중에서 확률에 따라 추출된 하나의 가능성만을 제공하는데, 이러한 모델을 **표본 모델**sample model이라고 한다. 예를 들어, 주사위 12개를 던져서 나온 수의 합계를 모델링하는 것을 생각해 보자. 분포 모델은 모든 가능한 합계와 각 합계의 발생 확률을 제공하는 반면, 표본 모델은 확률 분포에 따라 추출된 하나의 합계를 제공한다. 동적 프로그래밍에서 가정하는 모델은(MDP의 동역학 모델에 대한 추정값은 $p(s', r \mid s, a)$이다) 분포 모델이다. 5장의 블랙잭 예제에 사용된 모델은 표본 모델이다. 분포 모델을 사용하여 항상 표본을 추출할 수 있다는 점에서 분포 모델은 표본 모델보다 강력하다. 하지만 많은 실제 적용 사례에서 분포 모델보다는 표본 모델을 얻기가 훨씬 용이하다. 12개의 주사위는 이에 대한 간단한 예제다. 주사위를 굴리고 나온 숫자를 더하는 프로그램을 작성하는 것은 쉽지만, 모든 가능한 합계와 각각의 확률을 계산하는 것은 더 어렵고 오류의 가능성이 더 많다.

모델은 경험을 모사하거나 시뮬레이션하기 위해 사용될 수 있다. 시작 상태와 행동이 주어지면, 표본 모델은 하나의 가능한 전이를 도출하고 분포 모델은 발생 확률에 따라 가중치가 부여된 모든 가능한 전이를 만들어 낸다. 시작 상태와 정책이 주어지면, 표본 모델은 하나의 완전한 에피소드를 도출할 수 있고 분포 모델은 모든 가능한 에피소드와 그들의 확률을 생성할 수 있다. 표본 모델의 경우에는 환경을 **시뮬레이션**하기 위해 모델을 사용한다고 말하고, 분포 모델의 경우에는 **시뮬레이션된 경험**simulated experience을 만들기 위해 모델을 사용한다고 말한다.

계획planning이라는 단어는 다양한 분야에서 각기 다른 의미로 사용된다. 이 책에서는 모델링된 환경과의 상호작용을 위해 모델을 입력으로 하여 정책을 만들어 내거나 향상시키는 모든 계산 과정을 지칭하는 데 이 단어를 사용한다.

$$\text{모델} \xrightarrow{\text{계획}} \text{가치}$$

필자의 정의에 따르면, 인공지능에서는 계획에 대한 두 가지 구별되는 접근법이 존재한다. 이 책에서 다루는 접근법인 **상태 공간 계획**state-space planning은 주로 최적 정책이나 목표를 향한 최적 경로를 찾기 위해 상태 공간을 탐색하는 것으로 생각된다. 행동을 통해 상태에서 상태로 전이하고 가치 함수가 각 상태에 대해 계산된다. 필자가 **계획 공간 계획**plan-space planning으로 명명한 접근법에서는 계획 공간plan-space에 대한 탐색을 통해 계획이 수행된다. 학습자는 한 계획에서 다른 계획으로 전이하고, 가치 함수가 존재한다면 그것은 계획 공간에서 정의된다. 계획 공간 계획은 진화론적 방법과 인공지능에서 모두 사용하는 종류의 계획인 '부분 순차 계획partial-order planning'을 포함한다. 부분 순차 계획에서는 단계의 순서가 계획의 모든 단계에서 완전히 결정되지 않는다. 계획 공간 방법은 강화학습에서 초점을 두고 있는 확률론적 순차 결정stochastic sequential decision 문제에 효과적으로 적용하기가 어렵다. 이 책에서도 계획 공간 방법은 더 이상 다루지 않을 것이다(하지만 관심이 있다면 러셀과 노르빅(Russell and Norvig, 2010)을 참고하라).

이 장에서 제시하는 통합된 관점은 모든 상태 공간 계획 방법은 하나의 공통된 구조를 갖는다는 것이며, 해당 구조는 이 책에서 제시한 학습 방법에도 존재한다. 이러한 시각을 개발하는 데이 장의 나머지 부분이 할애될 텐데, 다음과 같은 두 가지 기본적인 개념이 있다. (1) 모든 상태 공간 계획 방법은 가치 함수 계산을 정책을 향상시키기 위한 핵심적인 중간 단계로 포함하고, (2) 이 방법은 시뮬레이션된 경험에 적용된 갱신 또는 보강 과정에 의해 가치 함수를 계산한다. 이러한 공통 구조는 다음과 같은 다이어그램으로 표현할 수 있다.

$$\text{모델} \longrightarrow \text{시뮬레이션된 경험} \xrightarrow{\text{보강}} \text{가치} \longrightarrow \text{정책}$$

동적 프로그래밍 방법은 확실히 이 구조와 일치한다. 동적 프로그래밍은 상태 공간의 모든 상태에 대해, 각 상태마다 발생 가능한 전이의 분포를 일괄처리 방식으로 생성한다. 그런 다음 각 분포는 보강 가치를 계산하기 위해(목표를 갱신하기 위해) 사용되고, 상태의 가치 추정값을 갱신한다. 이 장에서는 그 밖의 다양한 상태 공간 계획 방법도 이러한 구조와 일치하며, 다만 갱신의 종류와 갱신 순서, 그리고 얼마나 오랫동안 보강 정보가 유지되는지에 있어서만 각 방법이 차이가 있다고 주장한다.

계획 방법을 이러한 방식으로 바라보는 것은 계획 방법이 이 책에서 설명하는 학습 방법과 갖는 관계를 강조한다. 학습과 계획 방법의 핵심은 보강 갱신 과정에 의한 가치 함수의 추정이다. 둘의 차이점은 계획이 모델로부터 생성된 시뮬레이션된 경험을 사용하는 반면, 학습 방법은 환경으로부터 생성된 진짜 경험을 이용한다는 것이다. 물론 이러한 차이는 성능이 어떻게 평가되며, 얼마나 유연하게 경험이 생성될 수 있는지와 같은 수많은 차이를 낳는다. 하지만 공통의 구조를 갖는다는 것은 많은 개념과 알고리즘이 계획과 학습 사이에서 전환될 수 있음을 의미한다. 특히, 많은 경우에 학습 알고리즘은 계획 방법의 핵심 갱신 단계를 대체할 수 있다. 학습 방법은 오직 경험만을 입력으로 요구한다. 그리고 많은 경우에 있어서 학습 방법은 진짜 경험뿐만 아니라 시뮬레이션된 경험에도 적용될 수 있다. 다음 글상자는 표 형태로 된 단일 단계 Q 학습과 표본 모델로부터 나온 무작위 표본을 기반으로 하는 계획 방법의 간단한 예제를 보여준다. 필자가 **무작위 표본 단일 단계 표 기반 Q 계획**random-sample one-step tabular Q-planning이라고 부르는 이 방법은, 표 형태로 된 단일 단계 Q 학습이 진짜 환경에 대해 최적 정책으로 수렴하는 조건과 동일한 조건에서 모델에 대한 최적 정책으로 수렴한다(각 상태-행동 쌍이 1단계에서 무한 번 선택되어야만 하고, α는 시간에 따라 적절히 감소해야 한다).

무작위 표본 단일 단계 표 기반 Q 계획

무한 루프:
1. 상태 $S \in \mathcal{S}$와 행동 $A \in \mathcal{A}(S)$를 무작위로 선택
2. S, A를 표본 모델로 전달하고 다음 보상의 표본 R과 다음 상태의 표본 S'을 획득
3. 표 형태로 된 단일 단계 Q 학습을 S, A, R, S'에 적용
$$Q(S, A) \leftarrow Q(S, A) + \alpha[R + \gamma \max_a Q(S', a) - Q(S, A)]$$

계획과 학습 방법에 대한 통합된 시각과는 별도로, 이 장의 두 번째 주제는 작은 점증적 단계로 계획을 수행할 때의 이점이다. 이렇게 하면 낭비되는 계산량이 거의 없이 언제든 계획을 수행하는 중간에 끼어들거나 진행 방향을 바꿀 수 있다. 이것은 계획을 행동 및 모델에 대한 학습과 효과적으로 혼합하기 위한 핵심 요구조건인 것처럼 보인다. 문제의 규모가 너무 커서 정확한 해를 찾기 어려울 경우에는, 순전히 계획만을 수행하는 문제에 대해서도 작은 단계를 갖는 계획이 가장 효율적인 접근법일 수 있다.

8.2 다이나: 계획, 행동, 학습의 통합

계획이 환경과 상호작용하며 온라인으로 수행될 때는 수많은 흥미로운 이슈가 발생한다. 상호작용으로부터 얻은 새로운 정보는 모델을 변경할 수도 있고, 따라서 계획과 상호작용하게 된다. 계획 과정을 어떤 방식으로든 현재 고려되고 있거나 미래에 기대되는 상태 또는 결정에 맞추는 편이 바람직할 수도 있다. 결정을 내리는 것과 모델을 학습하는 것이 모두 계산이 많이 필요한 과정이라면, 이용 가능한 계산 능력을 그 두 작업으로 나누어야 할지도 모른다. 이러한 이슈를 논의하기 위해 이번 절에서는 온라인 계획 수행자에게 필요한 주요 함수를 통합하는 간단한 구조인 다이나 Q Dyna-Q를 제시한다. 각각의 함수는 다이나 Q에서 매우 간단하고 거의 별거 아닌 형태로 나타난다. 이어지는 절에서는 각 함수를 획득하는 대안적인 방법들을 설명하고 함수들의 장단점을 비교해 볼 텐데, 지금은 개념만 설명하고 독자 여러분의 직관력을 자극해 보겠다.

계획 수행자 내부에는 실제 경험이 수행하는 최소한 두 가지의 역할이 있다. 실제 경험은 모델을 향상시키기 위해(모델이 실제 환경을 더 정확하게 모사하도록 하기 위해) 사용될 수도 있고, 이전 장에서 논의했던 강화학습 방법을 이용하여 가치 함수와 정책을 직접 향상시키기 위해 사용될 수도 있다. 전자를 **모델학습**model-learning이라 하고, 후자를 **직접적 강화학습**direct reinforcement learning이라 한다. 경험, 모델, 가치, 정책 사이의 관계로서 가능한 것들이 오른쪽 다이어그램에 요약되어 있다. 각 화살표는 영향을 주는 관계를 보여주고, 화살표의 방향을 따라 향상되는 것으로 간주된다. 모델을 통해서 어떻게 경험이 가치 함수와 정책을 직접 또는 간접적으로 향상시키는지 눈여겨보라. 간접적으로 향상시키는 과정은 때때로 **간접적 강화학습**indirect reinforcement learning이라고 불리며, 이 과정은 계획에 포함된다.

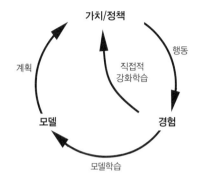

직접적 방법과 간접적 방법 모두 장단점이 있다. 간접적 방법은 종종 제한된 경험을 좀 더 충실히 이용해서 환경과 더 적게 상호작용하고도 더 좋은 정책을 획득한다. 반면에, 직접적 방법은 훨씬 더 간단하고 모델의 설계에 포함된 편차에 영향을 받지 않는다. 어떤 사람들은 간접적인 방법이 항상 직접적인 방법보다 좋다고 주장하는 반면, 직접적인 방법이 대부분의 인간과 동물 학습을 담당하고 있다고 주장하는 사람들도 있다. 심리학과 인공지능 분야에서 이와 관련된 논쟁은 시행착오 학습에 대비한 인지cognition의 상대적 중요성에, 그리고 반응적reactive 의사결정에 대비한 숙고 계획deliberative planning의 상대적 중요성에 관심을 갖는다(심리학적 관점에서 이러한 이슈를 논의한 내용이 궁금하다면 14장을 참고하라). 이 책에서 견지하는 관점은 이 모든 논쟁에 등장하는 대안들 사이의 차이점이 과장되었다는 것이다. 이 두 가지 측면의 서로 반대되는 점보다는 유사성을 인식함으로써 더 많은 통찰을 얻을 수 있다. 예를 들면, 이 책에서는 동적 프로그래밍과 시간차 방법 사이의 깊은 유사성을 강조했다. 비록 동적 프로그래밍은 계획을 위해 설계되었고 시간차 방법은 모델 없는 학습을 위해 설계되었지만 말이다.

다이나 Q는 위의 다이어그램에 보이는 모든 과정을 포함한다. 즉, 계속해서 발생하는 계획, 행동, 모델 학습, 직접적 강화학습을 포함한다. 계획의 방법은 194쪽의 무작위 표본 단일 단계 표 기반 Q 계획 방법이다. 직접적 강화학습 방법은 표 형태로 된 단일 단계 Q 학습이다. 모델 학습 방법 또한 표 기반의 방법이고 환경이 결정론적이라고 가정한다. 각각의 전이 $S_t, A_t \rightarrow R_{t+1}, S_{t+1}$ 이후에 모델은 자신의 표에 S_t, A_t가 있었던 자리에 R_{t+1}, S_{t+1}이 결정론적으로 따라올 것이라는 예측을 기록한다. 따라서 전에 경험했던 상태-행동 쌍으로 모델에 쿼리를 던지면 모델은 단순히 가장 마지막으로 관측된 다음 상태와 다음 보상을 예측으로 제공한다. 계획을 수행하는 중에 Q 계획 알고리즘은 오직 전에(1단계에서) 경험했던 상태-행동 쌍으로부터 무작위로 표본을 추출한다. 따라서 모델은 결코 모델이 정보를 갖고 있지 않은 상태-행동 쌍으로 쿼리를 받지 않는다.

다이나 Q 알고리즘의 한 예제인 다이나 학습자의 전체적인 구조가 그림 8.1에 묘사되어 있다. 가운데 열은 학습자와 환경 사이의 기본적인 상호작용을 나타내며, 실제 경험의 궤적을 야기한다. 그림의 왼쪽에 있는 화살표는 가치 함수와 정책을 향상시키기 위해 실제 경험에 대해 작동하는 직접적 강화학습을 나타낸다. 오른쪽에 있는 것은 모델 기반 과정이다. 모델은 실제 경험으로부터 학습되고 시뮬레이션된 경험을 도출한다. 모델로부터 시뮬레이션된 경험을 생성하기 위해 시작 상태와 행동을 선택하는 과정을 가리키는 용어로 이 책에서는 **탐색 제어**search control를 사용한다. 마지막으로, 강화학습 방법을 마치 실제 경험인 것처럼 시뮬레이션된 경험에 적용함으로써 계획이 완성된다. 일반적으로, 다이나 Q에서처럼 실제 경험으로부터의 학습과 시뮬레이션된 경험으로부터의 계획 모두를 위해 동일한 강화학습 방법이 사용된다. 따라서 강화학습 방법은 학습과 계획 둘 다를 위한 '마지막 공통 경로'다. 학습과 계획은 각자가 사용하는 경험만 다를 뿐 거의 동일한 구조를 공유한다는 점에서 깊게 결합되어 있다.

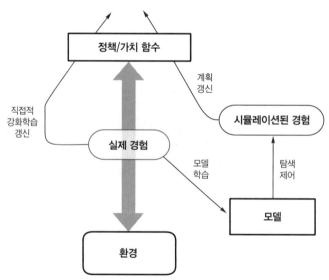

그림 8.1 일반적인 다이나 구조. 실제 경험이 환경과 정책 사이에서 위아래로 왔다 갔다 하며 정책과 가치 함수에 영향을 준다. 이것은 환경 모델이 생성한 시뮬레이션된 경험이 하는 것과 완전히 같은 방식이다.

결과적으로 계획, 행동, 모델 학습, 직접적 강화학습은 다이나 학습자 내부에서 동시다발적으로 발생한다. 하지만 구체성을 확보하고 순차적 컴퓨터에 구현하기 위해 이 책에서는 이러한 것들이 하나의 시간 단계에서 일어나는 순서를 완전히 정한다. 다이나 Q에서 행동, 모델학습, 직접적인 강화학습 과정은 거의 계산을 필요로 하지 않기 때문에 이들이 아주 작은 시간만을 소비한다고 가정한다. 각 단계에서 남는 시간은 본질적으로 많은 계산을 필요로 하는 계획에 사용될 수 있다. 각 단계에서 행동, 모델학습, 직접적인 강화학습 이후에 Q 계획 알고리즘을 n번 반복하여 (1~3단계) 계산할 시간이 있다고 가정하자. 다음 글상자에 있는 다이나 Q의 의사코드 알고리즘에서 $Model(s, a)$는 상태-행동 쌍 (s, a)에 대해 예측된 다음 상태와 보상의 내용을 나타낸다. 직접적인 강화학습, 모델학습, 계획은 각각 단계 (d), (e), (f)에 의해 구현된다. 만약 (e)와 (f)가 생략되면, 남아 있는 알고리즘은 표 형태로 된 단일 단계 Q 학습이 될 것이다.

표 형태로 된 다이나 Q

모든 $s \in \mathcal{S}$와 $a \in \mathcal{A}(s)$에 대해 $Q(s, a)$와 $Model(s, a)$를 초기화
무한 루프:
  (a) $S \leftarrow$ 현재 (비종단) 상태
  (b) $A \leftarrow$ 입실론 탐욕적(S, Q)
  (c) 행동 A를 취하고, 그 결과 나타나는 보상 R과 상태 S'을 관측
  (d) $Q(S, A) \leftarrow Q(S, A) + \alpha[R + \gamma \max_a Q(S', a) - Q(S, A)]$
  (e) $Model(S, A) \leftarrow R, S'$(결정론적 환경을 가정)
  (f) 루프가 n번 반복:
         $S \leftarrow$ 이전에 관측된 임의의 상태
         $A \leftarrow S$에서 이전에 취해진 임의의 행동
         $R, S' \leftarrow Model(S, A)$
         $Q(S, A) \leftarrow Q(S, A) + \alpha[R + \gamma \max_a Q(S', a) - Q(S, A)]$

예제 8.1 **다이나 미로** 그림 8.2 안에 보이는 간단한 미로를 생각해 보자. 47개의 각 상태에는 up, down, right, left라는 네 개의 행동이 있다. 이 행동은 학습자를 결정론적으로 해당하는 이웃 상태로 이동시킨다. 다만 장애물이나 미로의 모서리에 의해 진로가 막히는 경우에는 이동하지 않고 원래의 자리에 위치한다. 목표 상태로의 전이에 대한 보상이 +1인 것을 제외하면 모든 전이에 대해 보상은 0이다. 목표 상태(G)에 도달한 이후에, 학습자는 새로운 에피소드를 시작하기 위해 시작 상태(S)로 돌아온다. 이것은 $\gamma = 0.95$인 할인된 에피소딕 문제다.

그림 8.2의 주된 부분은 다이나 Q 학습자를 미로 문제에 적용한 실험으로부터 얻어진 평균 학습 곡선을 보여준다. 초기 행동 가치는 0이고, 시간 간격 파라미터는 $\alpha = 0.1$이며, 탐험 파라미터는 $\varepsilon = 0.1$이다. 행동을 탐욕적으로 선택할 때 이득을 최대로 만드는 행동이 여러 개일 경우 무작위로 하나를 선택한다. 학습자는 실제 단계마다 수행하는 계획 단계의 개수 n에 따라 다양하다. 각각의 n에 대해 곡선은 각 에피소드에서 학습자가 목표에 도달하기 위해 취하는 단계의

개수를 30번의 반복 실험을 통해 평균 낸 것이다. 매번의 반복 실험에서, 무작위 수 발생을 위한 초기 시드seed는 알고리즘 전체에 걸쳐 상수로 유지된다. 이러한 이유로, 최초의 에피소드는 모든 n 값에 대해 정확히 동일하고(약 1700단계), 관련 데이터는 그림에 나타내지 않았다. 최초의 에피소드 이후에 모든 n 값에 대해 성능이 향상되었지만, n 값이 클수록 훨씬 더 빨리 향상되었다. $n = 0$인 학습자는 오직 직접적인 강화학습(표 형태로 된 단일 단계 Q 학습)만을 이용하는, 계획하지 않는nonplanning 학습자임을 상기하라. 파라미터 값(α와 ε)이 학습자에게 최적화되었음에도 불구하고 이 학습자는 지금까지 이 문제에서 가장 느린 학습자다. 계획하지 않는 학습자는 (ε) 최적 성능에 도달하기 위해 25개의 에피소드가 필요했다. 반면에 $n = 5$인 학습자에게는 5개의 에피소드가 필요했고, $n = 50$인 학습자에게는 오직 3개의 에피소드가 필요했다.

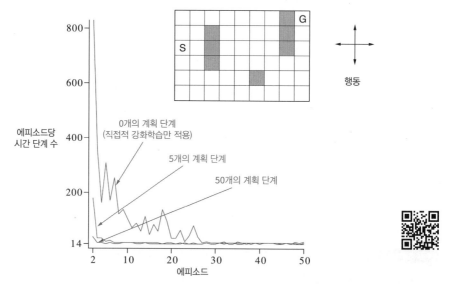

그림 8.2 간단한 미로(안쪽 그림)와 실제 단계마다의 계획 단계 개수(n)가 다양한 다이나 Q 학습자의 평균 학습 곡선. 문제는 S로부터 G까지 가능한 한 빨리 가는 것이다.

그림 8.3은 계획 수행자가 계획하지 않는 학습자보다 훨씬 더 빠르게 해결책을 찾는 이유를 보여준다. 그림은 $n = 0$인 학습자와 $n = 50$인 학습자가 두 번째 에피소드의 중간에 발견한 정책을 보여준다. 계획을 하지 않으면($n = 0$) 각 에피소드는 오직 한 단계만을 정책에 추가하고, 따라서 지금까지 오직 한 단계(마지막 단계)만 학습되었다. 계획을 하는 경우에는 첫 번째 에피소드 동안 오직 한 단계가 학습되지만, 두 번째 에피소드 동안 방대한 정책이 개발되어서 에피소드가 종료될 때는 거의 시작 상태 뒤에 도달할 것이다. 학습자가 여전히 시작 상태 주변을 맴도는 동안 계획 과정에 의해 이 정책이 만들어진다. 세 번째 에피소드가 끝날 때는 하나의 완전한 최적 정책을 찾을 것이고, 완벽한 성능을 얻게 된다.

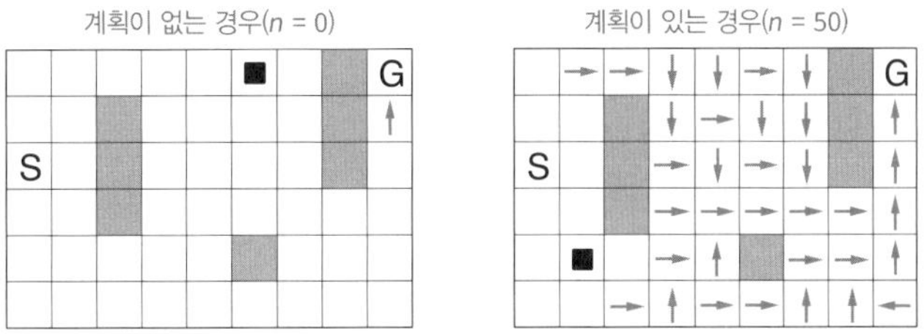

그림 8.3 계획 및 비계획 다이나 Q 학습자가 두 번째 에피소드의 중간에 발견하는 정책. 화살표는 각 에피소드에서의 탐욕적 행동을 나타낸다(어떤 상태에 대해 화살표가 없으면, 해당 상태의 모든 행동 가치가 동일하다). 검은색 네모는 학습자의 위치를 나타낸다.

다이나 Q에서 학습과 계획은 정확히 동일한 알고리즘에 의해 이루어진다. 그 알고리즘이 학습을 위해서는 실제 경험에 대해 작동하고, 계획을 위해서는 시뮬레이션된 경험에 대해 작동한다. 계획이 점증적으로 진행되기 때문에, 계획과 행동을 혼합하는 것은 식은 죽 먹기다. 둘 다 가능한 빨리 진행한다. 학습자는 가장 최근에 감지된 정보에 즉각적으로 대응하고 백그라운드에서 항상 계획하며 항상 반응을 잘하고 항상 숙고한다. 또한, 모델학습 과정도 백그라운드에서 진행된다. 새로운 정보를 획득하면, 모델은 실제를 더 잘 모사하도록 갱신된다. 모델이 바뀌면 진행 중인 계획 과정은 새로운 모델에 맞추어 다르게 행동하는 방식을 점진적으로 계산한다.

연습 8.1 비계획 방법은 단일 단계 방법이기 때문에 그림 8.3에서 비계획 방법은 특히 뭔가 빈약해 보인다. 다단계 부트스트랩을 이용하는 방법이 더 좋다. 7장에 등장했던 다단계 부트스트랩 방법 중 하나가 다이나 방법만큼 성능을 낼 수 있다고 생각하는가? 그 이유를 설명하라. □

8.3 모델이 틀렸을 때

이전 절에서 제시한 미로 예제에서 모델의 변화는 상대적으로 크지 않았다. 모델은 아무것도 없이 시작했고, 이후에는 정확한 정보로만 채워졌다. 일반적으로는 이처럼 운이 좋기를 기대할 수는 없다. 환경이 확률론적이고 오직 제한된 개수의 표본만이 측정되었기 때문에, 또는 모델이 불완전하게 일반화된 함수 근사를 사용하여 학습되었기 때문에, 또는 그저 환경이 변했고 새로운 환경의 행동이 아직 감지되지 않았기 때문에 모델은 부정확할 수 있다. 모델이 부정확할 때 계획 과정은 아마도 준최적suboptimal 정책을 계산할 가능성이 높다.

어떤 경우에, 계획에 의해 계산된 준최적 정책은 재빨리 모델 오차를 발견하고 보정하게 해준다. 실제로 가능한 것보다 더 큰 보상 또는 더 좋은 상태 전이를 예측한다는 측면에서 모델이 긍정적일 경우 이러한 상황이 발생하는 경향이 있다. 계획된 정책은 이러한 기회를 활용하려고 하며, 그렇게 하는 과정에서 그러한 기회는 존재하지 않는다는 사실을 발견한다.

예제 8.2 **미로 막기** 이처럼 비교적 사소한 종류의 모델링 오차와 그 오차를 보정하는 것을 설명하는 미로 예제가 그림 8.4에 묘사되어 있다. 처음에는 그림의 좌상단에 보이는 것처럼 시작에서 목표로 가는 짧은 경로가 벽의 오른쪽에 있다. 1000번의 단계 이후에 이 짧은 경로는 '막힌다blocked', 그리고 그림의 우상단에서 보는 것처럼 더 긴 경로가 벽의 왼쪽을 따라 열린다. 그래프는 다이나 Q 학습자와, 곧 설명할 향상된 다이나 Q+ 학습자에 대한 평균 누적 보상을 보여준다. 그래프의 첫 번째 부분은 두 다이나 학습자가 그 짧은 경로를 1000단계 이내에 찾았음을 보여준다. 환경이 변하면 그래프가 평평

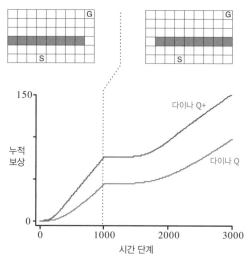

그림 8.4 미로 막기 문제에서 다이나 학습자의 평균 성능. 왼쪽 환경이 처음 1000개의 단계에 사용되었고, 오른쪽 환경이 나머지에 사용되었다. 다이나 Q+는 탐험을 권장하는 탐험 보너스를 갖는 다이나 Q이다.

해지는데, 이것은 학습자가 벽 뒤에서 주변을 서성거렸기 때문에 학습자가 어떠한 보상도 얻지 못한 기간을 나타낸다.

환경이 이전의 환경보다 더 좋아지긴 했지만 형식적으로는 올바른 정책이 아직 향상되지 않았을 때 더 큰 어려움이 생긴다. 이 경우에는 모델링 오차가 있다면 이 오차가 오랫동안 감지되지 않을 수도 있다. ■

예제 8.3 **지름길 미로** 이러한 종류의 환경 변화로부터 야기되는 문제는 그림 8.5에 있는 미로 예제로 묘사된다. 처음에는 최적 경로가 벽의 왼쪽(좌상단)으로 돌아가는 것이다. 하지만 3000 단계 이후에는 더 긴 경로(우상단)를 방해하지 않은 채로 더 짧은 경로가 오른쪽을 따라 열린다. 그래프는 보통의 다이나 Q 학습자가 결코 지름길로 전환하지 않는다는 것을 보여준다. 사실, 이 학습자는 지름길이 존재한다는 사실을 결코 깨닫지 못한다. 이 학습자의 모델에는 지름길이 없으며, 따라서 더 많이 계획할수록 학습자가 오른쪽으로 이동하여 지름길을 발견할 가능성은 더 작아진다고 모델은 말한다. 입실론 탐욕적 정책으로도 학습자가 지름길을 찾기 위해 그렇게 많은 탐험적 행동을 할 가능성은 매우 낮다.

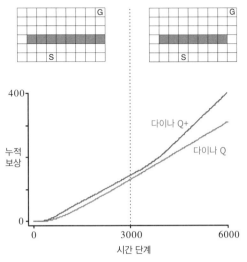

그림 8.5 지름길 문제에 대한 다이나 학습자의 평균 성능. 왼쪽 환경은 처음 3000단계에 사용되었고, 오른쪽 환경은 나머지에 사용되었다. ■

여기서 발생하는 일반적인 문제는 탐험과 활용 사이의 갈등에 대한 또 다른 버전이다. 계획의 맥락에서 탐험은 모델을 향상시킬 행동을 시도하는 것을 의미하는 반면, 활용은 현재 모델을 기반으로 최적의 방식으로 행동하는 것을 의미한다. 학습자가 환경의 변화를 찾기 위해 탐험하는 것을 원하지만 그로 인해 성능이 크게 저하되는 것을 원하지는 않는다. 이전의 탐험/활용 갈등에서처럼, 완벽하면서 동시에 실제 적용 가능한 해법은 아마 없을 것이다. 하지만 간단한 경험적 방법이 종종 효과적일 때가 있다.

지름길 미로를 풀었던 다이나 Q+ 학습자는 그러한 경험적 방법을 사용한다. 이 학습자는 각 상태-행동 쌍을 추적하여 환경과의 실제 상호작용 속에서 상태-행동 쌍이 마지막으로 시도된 때로부터 얼마나 많은 시간 단계가 경과했는지를 확인한다. 경과한 시간이 많을수록 이 상태-행동 쌍의 동역학 특성이 변해서 이 쌍의 모델이 부정확할 가능성이 (필자가 가정하기를) 더 커진다. 오랫동안 시도되지 않은 행동을 테스트하는 행위를 장려하기 위해, 이러한 행동을 포함하는 시뮬레이션된 경험에 특별한 '보너스 보상'이 주어진다. 특히, 어떤 전이에 대해 모델링된 보상이 r이고, 전이가 τ 시간 단계 동안 시도되지 않았다면 마치 그 전이가 어떤 작은 κ에 대해 $r + \kappa\sqrt{\tau}$의 보상을 만들어 낸 것처럼 계획 갱신이 수행된다. 이것은 학습자로 하여금 접근 가능한 모든 상태 전이에 대해 계속 테스트하고, 심지어는 그러한 테스트를 수행하기 위해 행동의 긴 나열을 찾도록 장려한다.[1] 물론, 이 모든 테스트는 그에 따르는 비용이 있다. 하지만 많은 경우에

---

1   다이나 Q+ 학습자는 다른 두 가지 방식으로도 변했다. 첫째, 한 상태로부터 전에 한 번도 시도되지 않은 행동을 고려하는 것이 197쪽 글상자에 있는 표 형태로 된 다이나 Q 알고리즘의 계획 단계 (f)에서 허용된다. 둘째, 그러한 행동의 초기 모델은 원래와 동일한 상태로 0의 보상을 갖고 돌아오게 하는 것이다.

있어서, 지름길 미로에서처럼 이러한 종류의 계산적인 호기심computational curiosity에는 추가로 탐험을 수행할 만큼의 가치가 있다.

연습 8.2 탐험 보너스를 갖는 다이나 학습자인 다이나 Q+가 미로 막기와 지름길 미로의 두 번째 단계에서뿐만 아니라 첫 번째 단계에서도 더 성능이 좋은 이유는 무엇인가?   □

연습 8.3 그림 8.5를 자세히 보면, 실험의 첫 번째 부분 동안 다이나 Q+와 다이나 Q의 차이가 조금 좁혀졌음을 알 수 있다. 이렇게 된 이유는 무엇인가?   □

연습 8.4 (프로그래밍) 앞에서 설명한 탐험 보너스는 실제로 상태와 행동의 가치 추정값을 변화시킨다. 이것이 꼭 필요한가? 보너스 $\kappa\sqrt{\tau}$가 갱신이 아니라 오직 행동 선택에만 사용되었다고 가정해 보자. 즉, 선택된 행동은 항상 $Q(S_t, a) + \kappa\sqrt{\tau(S_t, a)}$를 최대로 만드는 행동이라고 가정해 보자. 이 대안적 접근법의 강점과 약점을 테스트하고 설명할 격자 공간 실험을 수행하라.   □

연습 8.5 197쪽에 나온 표 형태로 된 다이나 Q 알고리즘이 확률론적 환경을 다루도록 어떻게 수정되었는가? 이 절에서 고려했던 것과 같은 변화하는 환경에 대해 이러한 수정이 초래할 성능의 저하는 어느 정도인가? 확률론적 환경과 변화하는 환경을 다루기 위해 알고리즘이 어떻게 수정될 수 있을까?   □

8.4 우선순위가 있는 일괄처리

이전 절에서 제시한 다이나 학습자에서, 시뮬레이션된 전이는 사전에 경험한 모든 상태-행동 쌍으로부터 균일한 분포로 무작위로 선택된 하나의 상태-행동 쌍에서 시작한다. 하지만 균일한 선택은 보통 최선이 아니다. 시뮬레이션된 전이와 갱신이 특정한 상태-행동 쌍에 초점을 둔다면 계획이 훨씬 더 효율적일 수 있다. 예를 들어, 첫 번째 미로 문제(그림 8.3)의 두 번째 에피소드 기간 동안 어떤 일이 발생했는지 생각해 보자. 두 번째 에피소드가 시작할 때, 오직 목표에 직접적으로 연결되는 상태-행동 쌍만이 양의 가치를 갖는다. 다른 쌍들의 가치는 여전히 0이다. 이것은 거의 모든 전이를 따라 갱신을 수행하는 것이 무의미함을 나타낸다. 왜냐하면 갱신을 통해 학습자는 0의 가치를 갖는 하나의 상태에서 0의 가치를 갖는 또 다른 상태로 이동하므로 갱신이 아무런 효과가 없기 때문이다. 오직 목표 바로 이전의 상태로 가는, 또는 그 상태로부터 나오는 전이를 따라 갱신하는 것만이 어떤 가치라도 변화시킬 것이다. 시뮬레이션된 전이가 균일하게 생성된다면 이러한 유용한 갱신을 우연히 만나기 전까지 많은 쓸모없는 갱신이 이루어질 것이다. 계획이 진행됨에 따라 유용한 갱신의 영역은 커지지만, 계획 자체는 계획이 가장 잘 수행되는 곳에 초점을 맞추었을 때보다 여전히 훨씬 더 비효율적이다. 이 책의 진정한 목표인 훨씬 더 규모가 큰 문제에서는 상태의 개수가 상당히 많아서 초점 없는 탐색이 극도로 비효율적일 것이다.

이 예제는 목표 상태로부터 **역방향으로**backward 진행함으로써 탐험이 유용한 방향으로 초점을 맞추게 할 수 있음을 암시한다. 물론, '목표 상태'라는 개념에 특화된 어떤 방법을 정말로 사용하고 싶은 것은 아니다. 그 대신 일반적인 보상 함수에 대해 작동하는 방법을 원한다. 목표 상태는 단지 직관을 자극하기에 편리한 하나의 특별한 경우에 불과하다. 일반적으로, 단지 목표 상태로부터뿐만 아니라 가치 함수에 변화가 생긴 어떤 상태로부터든 역방향으로 진행하기를 원한다. 미로 예제에서 목표를 발견하기 전까지의 상황에서처럼, 모델이 주어진 상황에서 가치가 초기에는 정확한 값을 갖는다고 가정해 보자. 이제 학습자가 환경의 변화를 발견하고 한 상태의 가치 추정값을 증가 또는 감소한 것으로 변경했다고 가정해 보자. 일반적으로 이것은 다른 많은 상태의 가치도 변경되어야 함을 암시하겠지만, 단 하나의 유용한 단일 단계 갱신이 있다면 그것은 가치가 변경된 바로 그 상태에 도달하도록 하는 행동의 가치를 갱신하는 것이다. 이러한 행동의 가치가 갱신되면, 그에 따라 이전 상태들의 가치가 변할 수도 있다. 그렇게 된다면, 가치가 갱신되기 이전의 상태들로 인도하는 행동들이 갱신될 필요가 있다. 그러면 그 행동들 이전의 상태들이 변할 수 있다. 이러한 방식으로 가치가 변한 임의의 상태로부터 역방향으로 진행할 수 있다. 이 과정에서 유용한 갱신을 할 수도 있고 진행을 멈출 수도 있다. 이러한 일반적인 개념을 이름하여 계획 계산planning computation의 **역행 초점**backward focusing이라고 부를 수도 있다.

유용한 갱신의 경계가 역방향으로 확장되는 과정에서, 유용하게 갱신될 수 있는 많은 상태-행동 쌍이 만들어지면서 종종 확장의 속도가 빨라진다. 하지만 이 모든 것이 동등하게 유용하지는 않을 것이다. 어떤 상태의 가치는 많이 변했을지 모르지만, 반면에 다른 상태의 가치는 거의 변하지 않았을 수도 있다. 어떤 상태-행동 쌍의 가치가 많이 변하면 그 이전 쌍들도 많이 변할 공산이 크다. 확률론적 환경에서는, 전이 확률 추정값의 다양성이 변화의 크기 및 상태-행동 쌍이 갱신되어야 하는 시급성에 있어서 다양성을 야기한다. 시급성에 따라 갱신의 우선순위를 정하고 그 우선순위에 따라 갱신을 수행하는 건 자연스러운 것이다. 이것이 **우선순위가 있는 일괄처리**prioritized sweeping를 뒷받침하는 개념이다. 모든 상태-행동 쌍의 가치 추정값이 갱신될 때는 그 값이 꽤 많이 변화하는데, 이 변화의 크기에 따라 상태-행동 쌍의 나열 순서가 정해진다. 그 나열의 가장 선두에 있는 쌍이 갱신될 때, 그 쌍 이전에 존재했던 쌍들 각각에 미치는 효과가 계산된다. 그 효과가 어떤 작은 기준값보다 크면, 그 쌍이 새로운 우선순위를 갖고 나열에 삽입된다(새로운 우선순위를 갖는 쌍이 나열에 삽입되면, 나열에 속한 쌍들 중 새로운 우선순위보다 상위의 우선순위를 갖는 쌍들만 남게 된다). 이러한 방식으로 가치 추정값의 변화가 주는 효과는 역방향으로 효율적으로 전파되다가 멈추게 된다. 결정론적 환경인 경우의 전체 알고리즘이 다음 글상자에 기술되어 있다.

> **결정론적 환경에 대한 우선순위가 있는 일괄처리**
>
> 모든 s, a에 대해 $Q(s, a)$, $Model(s, a)$를 초기화하고, $PQueue$를 빈 행렬로 초기화
> 무한 루프:
>
> (a) $S \leftarrow$ 현재 (비종단) 상태
>
> (b) $A \leftarrow policy(S, Q)$
>
> (c) 행동 A를 취하고, 그 결과 나타나는 보상 R과 상태 S'을 관측
>
> (d) $Model(S, A) \leftarrow R, S'$
>
> (e) $P \leftarrow |R + \gamma \max_a Q(S', a) - Q(S, A)|$
>
> (f) $P > \theta$이면 S, A를 우선순위 P로 $PQueue$에 삽입
>
> (g) $PQueue$가 빈 행렬이 아닌 동안 루프를 n번 반복:
>
> $\qquad S, A \leftarrow first(PQueue)$
>
> $\qquad R, S' \leftarrow Model(S, A)$
>
> $\qquad Q(S, A) \leftarrow Q(S, A) + \alpha[R + \gamma \max_a Q(S', a) - Q(S, A)]$
>
> $\qquad S$에 도달할 것으로 예측되는 모든 $\bar{S}$, $\bar{A}$에 대한 루프:
>
> $\qquad\qquad \bar{R} \leftarrow \bar{S}, \bar{A}, S$에 대해 예측되는 보상
>
> $\qquad\qquad P \leftarrow |(\bar{R} + \gamma \max_a Q(S, a) - Q(\bar{S}, \bar{A})|$
>
> $\qquad\qquad P > \theta$이면 $\bar{S}$, $\bar{A}$를 우선순위 P로 $PQueue$에 삽입

예제 8.4 **미로에서의 우선순위가 있는 일괄처리**

우선순위가 있는 일괄처리가 미로 문제에서 최적의 해법을 찾는 속도를 5~10배까지 극적으로 증가시킨다는 사실이 밝혀졌다. 일반적인 예제가 오른쪽 그림에 주어져 있다. 이 결과 데이터는 그림 8.2에 묘사된 것과 같은 구조를 갖는 일련의 미로 문제에 대한 것이다. 단, 미로 문제마다 격자의 해상도는 다르다. 우선순위가 있는 일괄처리는 우선순위가 없는 다이나 Q에 비해 결정적인 장점이

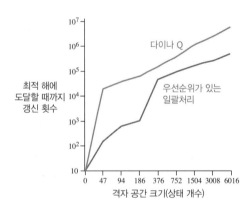

있다. 두 시스템 모두 환경과의 상호작용마다 많아야 $n = 5$의 갱신을 수행했다. 이 예제는 펭과 윌리엄스(Peng and Williams, 1993)에서 차용했다. ∎

우선순위가 있는 일괄처리를 확률론적인 환경으로 확장하는 것은 어렵지 않다. 각 상태-행동 쌍이 경험되는 횟수와 다음 상태 이전에 존재했던 상태들의 개수를 계산함으로써 모델은 유지된다. 그러면 이제 지금까지 사용했던 표본 갱신이 아니라 모든 가능한 다음 상태와 그들의 발생 확률을 고려하여 기댓값 갱신으로 각 상태-행동 쌍을 갱신하는 것이 자연스럽다.

우선순위가 있는 일괄처리는 계획의 효율성을 향상시키기 위해 계산량을 분산시키는 하나의 방법일 뿐이며, 아마도 최선의 방법은 아닐 것이다. 우선순위가 있는 일괄처리의 한계 중 하나는 그것이 **기댓값** 갱신을 사용한다는 점이다. 이렇게 하면 확률론적인 환경에서는 발생 확률이 낮은 전이에 많은 계산량을 낭비할 수도 있다. 이어지는 절에서 설명하겠지만, 표본 갱신은 표본추출에 따라 유발되는 분산에도 불구하고 많은 경우에 있어서 더 적은 계산량으로 실제 가치 함수에 더 가깝게 다가갈 수 있다. 표본 갱신이 전체 보강 계산을 개별 전이 각각에 해당하는 더 작은 조각으로 나눔으로써 가장 큰 영향력이 있는 조각들에 더 좁게 초점을 맞출 수 있도록 하기 때문에 표본 갱신의 성능이 더 좋을 수 있다. 이 개념은 반 세이젠과 서튼(2013)이 소개한 '작은 보강'에서 그 개념의 논리적 한계일 수도 있는 것에 적용되었다. 이것은 표본 갱신처럼 단일 전이를 따라 발생하는 갱신이지만, 기댓값 갱신에서처럼 표본 없이 진행되는 전이의 확률을 기반으로 한다. 작은 갱신이 일어나는 순서를 정함으로써 계획의 효율성을 우선순위가 있는 일괄처리에서 가능한 수준 이상으로 크게 향상시킬 수가 있다.

예제 8.5 **막대 곡예를 위한 우선순위가 있는 일괄처리**

이 문제의 목적은 제한된 사각형 공간 안에서 아무렇게나 위치한 장애물을 피해 막대를 목표 위치까지 최소한의 단계를 거쳐 도달하게 하는 것이다. 막대는 길이 방향으로 이동할 수도 있고, 길이 방향에 수직인 방향으로 이동할 수도 있고, 중심을 기준으로 양 방향으로 회전할 수도 있다. 한 번의 이동으로 작업 공간의 약 1/20에 해당하는 거리를 움직이고, 회전의 경우 10도씩 회전한다. 이동은 결정론적이며 막대가 이동할 수 있는 위치는 20 × 20개의 위치 중 하나의 위치다. 시작점에서 목표 위치로 가는 최소 단계의

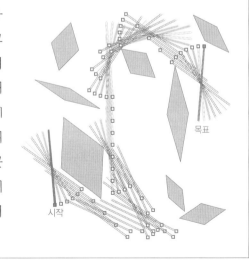

해법을 우선순위가 있는 일괄처리를 적용하여 찾은 결과가 장애물과 함께 오른쪽 그림에 주어져 있다. 이 문제는 결정론적이지만, 네 개의 행동과 14,400개의 잠재적 상태를 갖는다(이 상태들 중 일부는 장애물 때문에 도달할 수 없다). 이 문제는 아마도 우선순위가 없는 방법으로 풀기에는 너무 규모가 큰 문제일 것이다. 오른쪽 그림은 무어와 앳케슨(Moore and Atkeson, 1993)의 그림을 다시 그린 것이다.

이 장에서는 모든 종류의 상태 공간 계획이 갱신의 유형만 다를 뿐 모두 가치 갱신의 나열로 인식될 수 있다고 제안했다. 이때 갱신의 유형은 기댓값 갱신 또는 표본 갱신, 갱신의 크기가 큰 것 또는 작은 것, 갱신이 수행되는 순서 등에 따라 달라진다. 이 절에서는 역행 초점을 강조했지만, 이것은 단지 하나의 전략일 뿐이다. 예를 들어, 또 다른 전략은 현재 정책하에서 자주 마주치는 상태로부터 얼마나 쉽게 그 상태에 도달할 수 있는지에 따라 상태에 초점을 두는 것이다. 이러한 전략을 **순행 초점**forward focusing이라고 부를 수도 있다. 펭과 윌리엄스(Peng and Williams, 1993), 바르토, 브래드케, 싱(Barto, Bradtke and Singh, 1995)은 여러 가지 버전의 순행 초점을 탐구했고, 다음 몇 개의 절에서 소개되는 방법들은 극단적인 형태의 순행 초점을 이용한다.

8.5 기댓값 갱신 대 표본 갱신

이전 절들에 등장했던 예제는 어느 범위까지 학습과 계획의 방법들을 결합할 수 있는지에 대한 몇 가지 개념을 제공한다. 이 장의 나머지 부분에서는 이러한 개념들에 포함된 요소 개념component idea을 분석할 것이다. 그 시작으로 기댓값 갱신과 표본 갱신의 상대적 장점을 알아보자.

이 책의 대부분은 어려운 종류의 가치 함수 갱신에 관한 내용이었고, 지금까지 아주 많은 종류를 다루었다. 여기서 우선 단일 단계 갱신에 초점을 맞춘다면, 갱신은 세 개의 2차원적 구분자에 따라 구분된다. 처음 두 개의 2차원적 구분자는 상태 가치와 행동 가치 중 어떤 것을 갱신하는지를 구분하는 것과, 최적 정책에 대해 가치를 추정하는 것과 임의의 정책에 대해 가치를 추정하는 것 중 어떤 방법을 취할 것인지를 구분하는 것으로 이루어진다. 이 두 개의 2차원적 구분자는 네 개의 가치 함수 q_*, v_*, q_π, v_π를 근사하기 위한 네 가지 종류의 갱신을 만들어 낸다. 나머지 2차원적 구분자는 일어났을 수 있는 모든 가능한 사건을 고려하는 **기댓값** 갱신과, 일어났을 수 있는 사건들 중 하나의 표본을 고려하는 **표본** 갱신을 구분한다. 이 세 개의 2차원적 구분자는 8개의 경우를 만들어 낸다. 이 중 7개는 그림 8.6에 보이는 것과 같은 특정 알고리즘에 해당한다(8번째 경우는 어떠한 유용한 갱신에도 해당되지 않는 것 같다). 이 단일 단계 갱신들 중 어떤 것이든 계획의 방법에 이용될 수 있다. 전에 논의했던 다이나 Q 학습자는 q_* 표본 갱신을 사용하지만, q_* 기댓값 갱신이나 q_π 기댓값 갱신 또는 q_π 표본 갱신을 이용할 수도 있다. 다이나 AC 시스템은 (13장에 나오는 것과 같은) 학습 정책 구조와 함께 v_π 표본 갱신을 사용한다. 확률론적인 문제에 대해서는 우선순위가 있는 일괄처리가 항상 기댓값 갱신을 이용하여 이루어진다.

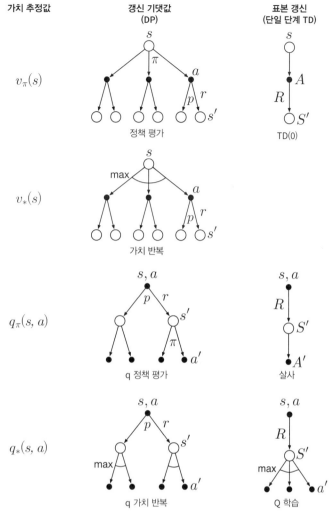

그림 8.6 이 책에서 고려한 모든 단일 단계 갱신의 보강 다이어그램

6장에서 단일 단계 표본 갱신을 소개했을 때, 그것을 기댓값 갱신을 대체하는 것으로 제시했었다. 분포 모델이 없는 상황에서 기댓값 갱신은 불가능하지만, 표본 갱신은 환경이나 표본 모델로부터 나오는 표본 전이를 이용하여 수행될 수 있다. 이러한 관점에 내재된 생각은, 가능하기만 하다면 기댓값 갱신이 표본 갱신보다 더 선호할 만하다는 것이다. 하지만 정말 그럴까? 기댓값 갱신은 표본 오차로부터 오염되지 않기 때문에 확실히 더 좋은 추정값을 도출하지만, 이를 위해서는 또한 많은 계산량이 필요하고 더욱이 계획을 수행할 때는 종종 계산량이 제한된다. 계획을 위해 기댓값 갱신과 표본 갱신 중 어떤 것이 상대적인 장점을 갖는지를 적절히 평가하려면, 각 갱신에서 필요한 계산량이 다르다는 점을 감안하여 평가를 조정해야 한다.

명확하게 하기 위해, q_*를 근사하기 위한 기댓값 갱신과 표본 갱신, 이산적인 상태와 행동의 특별한 경우, 근사적 가치 함수 Q에 대한 표 형태의 표현, 추정된 동역학 형태의 모델 $\hat{p}(s', r \mid s, a)$를 생각해 보자. 상태-행동 쌍, s, a에 대한 기댓값 갱신은 다음과 같다.

$$Q(s, a) \leftarrow \sum_{s', r} \hat{p}(s', r \mid s, a)\left[r + \gamma \max_{a'} Q(s', a')\right] \tag{식 8.1}$$

(모델로부터 얻은) 다음 상태와 보상의 표본 S'과 R이 주어졌을 때, 이에 해당하는 s, a에 대한 표본 갱신은 Q 학습과 같은Q-learning-like 갱신으로서 다음과 같이 표현된다.

$$Q(s, a) \leftarrow Q(s, a) + \alpha\left[R + \gamma \max_{a'} Q(S', a') - Q(s, a)\right] \tag{식 8.2}$$

여기서 α는 보통의 시간 간격 파라미터로서 양의 값을 갖는다.

환경이 확률론적인 경우에 한해, 좀 더 분명히 말하면 상태와 행동이 주어졌을 때 가능성 있는 많은 다음 상태들이 다양한 확률로 발생할 수 있는 경우에 한해, 이러한 기댓값 갱신과 표본 갱신의 차이점은 중요한 의미를 갖는다. 만약 오직 하나의 다음 상태만 가능하다면 위에 설명한 기댓값 갱신과 표본 갱신은 동일하다(이때 $\alpha = 1$이다). 만약 가능성 있는 다음 상태가 많다면 두 가지 갱신은 큰 차이를 갖게 될 수 있다. 기댓값 갱신의 장점은 계산이 정확해서 그 결과로 도출되는 새로운 $Q(s, a)$의 정확성이 오직 다음 상태에서 $Q(s', a')$의 정확성에 의해서만 제한받는다는 것이다. 표본 갱신은 추가로 표본 오차에 의한 영향을 받는다. 반면에, 표본 오차는 가능한 모든 다음 상태가 아니라 오직 하나의 다음 상태만을 고려하기 때문에 많은 계산을 필요로 하지 않는다. 실제로는, 갱신 과정에서 필요로 하는 계산량은 보통 Q를 평가하는 상태-행동 쌍의 개수에 지배적으로 영향을 받는다. 하나의 특별한 시작 상태-행동 쌍 s, a에 대해 b를 **분기 계수**branching factor(즉 $\hat{p}(s' \mid s, a) > 0$을 만족하는 가능한 다음 상태 s'의 개수)라고 하자. 그러면 이 상태-행동 쌍의 기댓값 갱신에는 표본 갱신에 필요한 계산량의 대략 b배에 해당하는 계산량이 필요하다.

기댓값 갱신을 계산할 시간이 충분하다면, 표본 오차가 없기 때문에 그 결과로 도출되는 추정값이 b번 표본 갱신한 결과보다 더 좋다. 하지만 기댓값 갱신을 계산할 시간이 충분치 않다면, 항상 표본 갱신을 더 선호할 만하다. 왜냐하면 표본 갱신은 b번의 갱신을 수행하기도 전에 가치 추정값을 최소한 조금이라도 향상시키기 때문이다. 많은 상태-행동 쌍을 포함하는 규모가 큰 문제에서는 항상 후자의 상황에 놓이게 된다. 상태-행동 쌍이 너무 많으면 그 모든 쌍에 대해 기댓값 갱신을 하는 데 아주 오랜 시간이 걸릴 것이다. 몇 개의 쌍에 대해 기댓값 갱신을 하기보다는 그 시간에 많은 상태-행동 쌍에 대해 몇 개의 표본 갱신을 하는 편이 훨씬 더 좋을 수 있다. 한 단위의 계산량이 몇 개의 기댓값 갱신에 사용되는 것이 좋은가, 아니면 개수가 b배인 표본 갱신에 사용되는 것이 좋은가?

그림 8.7은 이 질문에 대한 답변을 제시하는 분석 결과를 보여준다. 이 그림은 다양한 값의 분기 계수 b에 대해 기댓값 갱신과 표본 갱신의 추정 오차를 계산량의 함수로 보여준다. 여기서는 b개의 모든 이후상태의 발생 확률이 동일하고 초기 추정값의 오차가 1인 경우를 고려한다. 다음 상태의 가치는 정확하다고 가정한다. 따라서 기댓값 갱신이 완료되면 추정 오차를 0으로 감소시킨다. 이 경우, t를 수행된 표본 갱신의 개수라고 하면 표본 갱신은 추정 오차를 $\sqrt{\frac{b-1}{bt}}$에 따라 감소시킨다(이때 표본평균을 가정한다. 즉, $\alpha = 1/t$이다). 여기서 눈여겨봐야 할 핵심은 적당히 큰 b에 대해 전체 b번의 갱신 중 초기의 아주 적은 수의 갱신만으로 오차가 극적으로 감소한다는 것이다. 이 경우에 많은 수의 상태-행동 쌍들은 기댓값 갱신이 가치를 향상시키는 효과의 몇 퍼센트 이내로 그들의 가치를 극적으로 향상시킬 수 있었을 것이다. 하지만 이때 소요되는 시간은 고작 하나의 상태-행동 쌍이 기댓값 갱신을 수행하는 시간과 같은 시간이다.

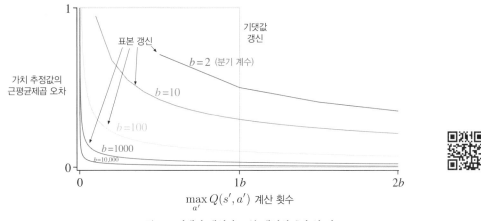

그림 8.7 기댓값 갱신과 표본 갱신의 효율성 비교

그림 8.7에 표현된 표본 갱신의 장점은 아마도 실제 효과를 과소평가한 것으로 보인다. 실제 문제에서 이후상태들의 가치는 그 스스로 갱신되는 추정값이다. 빠른 시간 안에 추정이 더 정확해지게 함으로써, 표본 갱신은 이후상태로부터 보강된 가치가 더 정확할 것이라는 점에서 두 번째 장점을 갖게 된다. 이러한 결과가 암시하는 바에 따르면, 큰 확률론적 분기 계수를 갖는 문제와 정확한 해를 도출해야 하는 상태가 너무 많은 문제에서는 표본 갱신이 기댓값 갱신보다 더 좋은 결과를 도출할 것이다.

위에 제시한 분석에서는 가능성이 있는 모든 b개의 다음 상태가 동일한 발생 확률을 갖는다고 가정했다. 이렇게 가정하는 대신 확률 분포가 상당히 편향되어 있어서 b개의 상태 중 몇 개가 다른 상태보다 발생 확률이 훨씬 더 크다고 가정해 보자. 이렇게 하면 표본 갱신이 기댓 값 갱신보다 우세한 상황이 강화될까, 아니면 약화될까? 근거를 들어 답해 보라.   □

8.6 궤적 표본추출

이 절에서는 갱신을 분산시키는 두 가지 방법을 비교할 것이다. 동적 프로그래밍으로부터 나온 전통적인 접근법은 전체 상태(또는 상태-행동) 공간에 대해 일괄처리를 수행하는 것이다. 이때 한 번의 일괄처리에서 각 상태(또는 상태-행동 쌍)는 한 번만 갱신된다. 이러한 방법은 규모가 큰 문 제에서는 문제가 된다. 왜냐하면 한 번의 일괄처리조차 완성할 시간이 없을 수도 있기 때문이다. 많은 문제에서 대부분의 상태는 매우 안 좋은 정책하에서만 마주치거나 매우 낮은 확률로 마주 치기 때문에 대다수의 상태가 별로 중요하지 않다. 철저한exhaustive 일괄처리는 상태 공간의 필 요한 부분에 초점을 맞추기보다는 암암리에 상태 공간의 모든 부분에 동일한 시간을 할애한다. 4장에서 논의했듯이, 철저한 일괄처리 및 그에 따라 모든 상태를 동일하게 대우하는 것은 동적 프로그래밍의 불필요한 특성이다. 원칙적으로 갱신을 분산시키는 것은 각자의 취향이지만(이 경 우 수렴성을 담보하기 위해 모든 상태 또는 상태-행동 쌍을 극한 속에서 무한 번 마주쳐야 한다. 비록 이에 대한 예외를 8.7절에서 다루겠지만 말이다), 실제로는 철저한 일괄처리가 종종 사용된다.

두 번째 접근법은 어떤 분포에 따라 상태 또는 상태-행동 공간으로부터 표본을 추출하는 것이 다. 다이나 Q 학습자의 경우처럼 균일하게 표본을 추출할 수도 있지만, 이렇게 하면 철저한 일괄 처리가 겪는 것과 동일한 문제를 겪을 것이다. 좀 더 매력적인 방법은 활성 정책 분포에 따라, 다 시 말해 현재 정책을 따르는 동안 관측된 분포에 따라 갱신을 분산시키는 것이다. 이러한 분포 의 한 가지 장점은 분포를 생성하기가 쉽다는 것이다. 현재 정책을 따라 단지 모델과 상호작용하 기만 하면 된다. 에피소딕 문제의 경우에는 시작 상태(또는 시작-상태 분포에 따라 결정된 상태)에서 시작하고 종단 상태에 이르기까지 시뮬레이션을 한다. 연속적인 문제의 경우에는 어디서든 시 작해서 단지 시뮬레이션을 계속 수행한다. 어떤 경우든지, 표본 상태 전이와 보상은 모델에 의해 주어지고 표본 행동은 현재 정책에 의해 주어진다. 다시 말해, 분명한 개별적인 궤적을 시뮬레이 션하고 그 과정에서 마주치는 상태 또는 상태-행동 쌍에서 갱신을 수행한다. 이러한 경험 생성 과 갱신 방식을 **궤적 표본추출**trajectory sampling이라고 부른다.

궤적 표본추출 말고는 활성 정책 분포에 따라 갱신을 분산시키는 어떤 효율적인 방법도 상상하기 어렵다. 활성 정책 분포를 분명히 알고 있다면, 활성 정책 분포에 따라 각 상태의 갱신에 가중치를 부여하며 모든 상태에 대해 일괄처리를 수행할 수 있다. 하지만 이것은 다시 철저한 일괄처리에 소요되는 계산량 문제를 야기한다. 또는 활성 정책 분포에서 나오는 개별적인 상태-행동 쌍의 표본을 추출하고 갱신을 수행할 수도 있다. 하지만 이것이 효율적으로 이루어진다고 해도 이것이 궤적을 시뮬레이션하는 것보다 더 좋을 게 무엇인가? 정책이 바뀔 때마다 분포도 변한다. 그리고 분포를 계산하는 데는 완전한 정책 평가에 상응하는 계산량이 필요하다. 이렇듯 다른 가능성을 고려해 본다면 궤적 표본추출은 효율적인 동시에 명쾌한 방법인 것처럼 보인다.

갱신에 대한 활성 정책 분포는 좋은 것인가? 직관적으로는 좋은 선택인 것처럼 보인다. 최소한 균일한 분포보다는 좋아 보인다. 예를 들어 체스 게임을 학습하고 있다면 실제 게임에서 발생할 체스 말의 위치를 학습하지, 무작위로 선택된 체스 말의 위치를 학습하지는 않는다. 무작위로 선택된 체스 말의 위치가 유효한 상태가 될 수도 있다. 하지만 그러한 상태의 가치를 정확하게 추정할 수 있는 것은 실제 게임에서 체스 말의 위치를 평가하는 것과는 다른 종류의 기술이다. 이 책의 2부에서는 함수 근사가 사용될 때 활성 정책 분포가 상당한 장점을 갖는다는 사실도 알게 될 것이다. 함수 근사의 사용 여부와 상관없이, 계획의 속도를 상당히 증가시키기 위해 활성 정책 초점on-policy focusing을 기대할 수도 있다.

활성 정책 분포에 초점을 맞추면, 공간 안에 존재하는 방대하고 흥미롭지 못한 영역을 무시하게 해 주므로 이득이 될 수도 있고, 공간상의 오래된 부분이 계속해서 갱신되게 하므로 해가 될 수도 있다. 이 두 가지 상반되는 효과를 경험적으로 평가하기 위해 작은 실험을 수행했다. 갱신 분포의 효과를 없애기 위해 전체적으로 식 8.1에 정의된 것과 같은 표 형태로 된 단일 단계 기댓값 갱신을 사용했다. **균일한** 분포의 경우에는 모든 상태-행동 쌍을 순환하며 해당하는 쌍을 갱신했고, **활성 정책** 분포의 경우에는 현재의 입실론 탐욕적 정책($\varepsilon = 0.1$)하에서 발생한 각각의 상태-행동 쌍을 갱신하는 에피소드를 시뮬레이션했다. 이때 모든 에피소드는 동일한 상태에서 시작한다. 이 문제는 다음과 같이 무작위로 생성된 할인되지 않은 에피소딕 문제다. 각각의 $|\mathcal{S}|$ 상태로부터 두 가지 행동이 가능하다. 각 행동은 b개의 다음 상태 중 하나를 발생시키는데, 각각의 상태-행동 쌍을 b개의 상태로부터 무작위로 선택하여 모두 같은 확률로 발생시킨다. 분기 계수 b는 모든 상태-행동 쌍에 동일하게 적용했다. 추가로, 모든 전이에 대해 각 전이가 종단 상태로 전이하여 에피소드를 끝낼 확률은 0.1이다. 각 전이에 대해 기대되는 보상은 평균이 0이고 분산이 1인 정규 분포로부터 선택되었다. 계획 과정의 어떤 지점에서든 진행을 중단하고 $v_{\tilde{\pi}}(s_0)$를 철저하게 계산할 수 있다(이 모든 과정에서 모델이 정확하다고 가정한다). 이때 $v_{\tilde{\pi}}(s_0)$는 학습자가 탐욕적

으로 행동할 새로운 에피소드에서 학습자가 얼마나 잘하는지를 나타내는 현재의 행동 가치 함수 Q가 주어졌을 때, 탐욕적 정책 π̄하에서 시작 상태가 갖는 실제 가치를 나타낸다.

그림 8.8의 왼쪽은 1000개의 상태와 분기 계수 1, 3, 10이 적용된 200개의 표본 문제에 대한 결과의 평균을 보여준다. 발견된 정책의 품질이 완성된 기댓값 갱신의 개수에 대한 함수로 그려져 있다. 모든 경우에, 활성 정책 분포에 따라 표본추출을 함으로써 처음에는 계획이 더 빨리 진행되었고 장기적으로는 계획이 지연되었다. 분기 계수가 작을수록 효과가 더욱 강력해서 초기에 계획이 빠르게 진행되었던 구간이 더 길어졌다. 다른 실험에서는, 상태의 개수가 증가할 경우에도 이러한 효과가 더 강력해진다는 사실을 발견했다. 예를 들어, 그림 8.8의 오른쪽은 10,000개의 상태를 갖는 문제에 분기 계수 1을 적용한 결과를 보여준다. 이 경우 활성 정책 초점의 장점은 크고, 오래 지속된다.

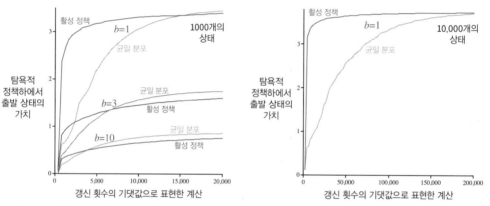

그림 8.8 상태 공간에 균일하게 분포한 갱신과, 시뮬레이션된 활성 정책 궤적에 초점을 맞춘 갱신의 상대적 효율성. 이때 각 갱신은 동일한 상태에서 시작한다. 결과는 두 가지 상태 크기(상태의 개수 옮긴이)와 다양한 분기 계수 b를 갖는 무작위로 생성된 문제에 대한 결과다.

이 모든 결과는 일리가 있다. 단기적으로, 활성 정책 분포에 따른 표본추출은 시작 상태와 가까운 위치에 있는 이후상태에 초점을 맞추도록 도와준다. 상태의 개수가 많고 분기 계수가 작다면 이러한 효과는 크고 오래갈 것이다. 장기적으로는, 활성 정책 분포에 초점을 맞추는 것이 해가 될 수도 있다. 흔하게 발생하는 상태들은 모두 이미 자신들의 정확한 가치를 갖고 있기 때문이다. 그러한 상태들을 표본으로 추출하는 것은 소용없는 일이다. 반면에 그 밖의 상태들을 표본으로 추출하면 실제로 어떤 유용한 일을 할 수도 있다. 짐작컨대, 이것이 아마도 철저하고 초점을 두지 않는 접근법이 적어도 작은 문제에서는 장기적으로 더 좋은 성능을 보여주는 이유일 것이다. 이 결과로는 결론을 내릴 수 없다. 결과 도출에 사용된 문제들이 특별한 무작위 방식으로 생성되었기 때문이다. 하지만 이러한 결과는 활성 정책 분포에 따라 표본을 추출하는 것이 규모가 큰 문제에서는 대단히 큰 장점이 될 수 있음을 암시한다. 특히, 활성 정책 분포하에서 상태-행동 공간의 작은 부분을 마주치게 되는 문제에서는 더욱 그렇다.

연습 8.7 그림 8.8의 몇몇 그래프는 초기 부분에서 손으로 꾸며내어 그린 것처럼 보이는데, 왼쪽 그래프에서 $b = 1$인 경우와 균일한 분포의 경우가 특히 그렇다. 왜 이렇게 보인다고 생각하는가? 보이는 데이터의 어떤 측면이 그렇게 생각하도록 만드는가? □

연습 8.8 (프로그래밍) 그림 8.8의 오른쪽에 보이는 결과를 도출한 실험을 재현하라. 그런 다음 동일한 실험을 $b = 3$을 적용하여 수행하라. 도출된 결과의 의미를 논하라. □

8.7 실시간 동적 프로그래밍

실시간 동적 프로그래밍 Real-Time Dynamic Programming, RTDP은 동적 프로그래밍DP 가치 반복 알고리즘의 활성 정책 궤적 표본추출 버전이다. RTDP가 전통적인 일괄처리 기반의 정책 반복과 밀접하게 관련되어 있기 때문에, RTDP는 활성 정책 궤적 표본추출이 제공할 수 있는 몇 가지 장점을 특별히 명료한 방식으로 설명한다. RTDP는 식 4.10에 정의된 표 형태의 가치 반복 갱신에 대한 기댓값을 이용하여 실제 또는 시뮬레이션된 궤적에서 마주치는 상태의 가치를 갱신한다. 그것은 기본적으로 그림 8.8에 보이는 활성 정책 결과를 만들어 낸 알고리즘이다.

RTDP와 전통적인 DP가 서로 밀접하게 연결되어 있는 덕분에 기존 이론들을 적용하여 몇 가지 이론적인 결과물을 만들 수 있다. RTDP는 4.5절에서 설명한 것처럼 **비동기**asynchronous DP 알고리즘의 일종이다. 비동기 DP 알고리즘은 상태 집합에 대한 체계적인 일괄처리 방식으로 작동하지 않는다. 비동기 DP에서는 상태 가치를 갱신할 때 갱신 순서가 어떻게 되든 상관없고, 다른 상태 중에 이용 가능한 상태가 있다면 무엇이든 가리지 않고 그 상태의 가치를 이용한다. RTDP에서는 갱신 순서가 실제 또는 시뮬레이션된 궤적에서 상태를 마주치는 순서와 동일해야 한다.

만약 궤적이 일련의 지정된 시작 상태로부터만 시작할 수 있다면, 그리고 정책이 주어진 상황에서 예측 문제에 관심이 있다면, 활성 정책 궤적 표본추출은 알고리즘으로 하여금 주어진 정책으로는 어떤 시작 상태로부터도 도달할 수 없는 상태를 완전히 건너뛰게 해 준다. 이러한 상태들은 예측 문제와는 **무관하다**irrelevant. 주어진 정책을 평가하기보다는 최적 정책을 찾는 것을 목표로 하는 제어 문제의 경우에는, 최적 정책에 의해 어떤 시작 상태로부터도 도달할 수 없는 상태가 있을 것이고, 이러한 무관한 상태에 대해서는 최적 행동을 지정할 필요가 없다. 여기서 필요한 것은 관련이 있는 상태들에 대해 최적이지만 임의로 행동을 지정할 수 있는, 또는 무관한 정책에 대해서는 정의조차 되지 않는 **최적 부분 정책**optimal partial policy이다.

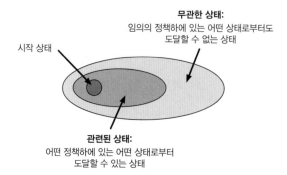

하지만 살사(6.4절) 같은 활성 정책 궤적 표본추출 제어 방법으로 이러한 최적 부분 정책을 찾으려면, 일반적으로 모든 상태-행동 쌍(심지어 무관한 것으로 판명될 쌍)을 무한 번 마주쳐야 한다. 이것은 예를 들면 시작 탐험(5.3절)을 사용함으로써 이루어진다. 이것은 RTDP에도 적용되는데, 시작 탐험을 하는 에피소딕 문제의 경우 RTDP는 할인된(그리고 특정 조건하에서는 할인되지 않은) 유한 MDP에 대한 최적 정책으로 수렴하는 비동기 가치 반복 알고리즘이다. 예측 문제의 상황과는 다르게, 최적 정책으로의 수렴이 중요하다면 어떠한 상태나 상태-행동 쌍에 대해서도 갱신을 멈추는 것이 일반적으로 불가능하다.

RTDP의 가장 흥미로운 결과는, 합리적인 조건을 만족하는 특정 유형의 문제에 RTDP를 이용하면 모든 상태를 무한 번 마주치지 않거나 심지어는 어떤 상태를 한 번도 마주치지 않고도 관련 있는 상태에 최적인 정책을 찾는 것이 보장된다는 점이다. 정말로 어떤 문제에서는 적은 수의 상태만 마주치면 된다. 이것은 한 번의 일괄처리조차도 불가능할 수 있는 아주 큰 규모의 상태 집합을 갖는 문제에서는 대단한 장점이다.

3.4절에서 설명했듯이, 이러한 결과가 적용되는 문제는 0의 보상을 생성하는 목표 흡수 상태를 갖는 MDP에 대한 할인되지 않은 에피소딕 문제다. 실제 또는 시뮬레이션된 궤적의 모든 단계에서, RTDP는 탐욕적 행동을 선택하고(최대화하는 행동이 여러 개일 경우 무작위로 하나를 선택) 기댓값 가치 반복 갱신 과정을 현재 상태에 적용한다. RTDP는 또한 각 단계에서 임의로 선택한 다른 상태들의 가치를 갱신한다. 예를 들면, 현재 상태로부터 제한된 수의 단계 동안 수행되는 예측 탐색look-ahead search에서 마주치는 상태의 가치를 갱신할 수 있다.

이러한 문제의 경우, 시작 상태 집합에서 무작위로 선택된 하나의 상태에서 시작하고 목표 상태에서 종료하는 각 에피소드에 대해 RTDP는 관련 있는 모든 상태에 최적인 정책으로 100% 수렴한다. 다만 이때 다음 조건을 만족해야 한다. ① 모든 목표 상태의 초기 가치는 0이다. ② 어떠한 시작 상태로부터 시작해도 목표 상태에 100% 도달함을 보장하는 최소한 하나의 정책이 존재한다. ③ 목표 상태가 아닌 상태로부터의 전이에 대한 보상은 철저하게 음의 값이다. ④ 모든 초기 가치는 최적 가치보다 크거나 최적 가치와 같다(이 조건은 단순히 모든 상태의 초기 가치를 0으로 설정하면 만족된다). 이러한 결과는 바르토, 브래드케, 싱(1995)이 비동기 DP의 결과를 코르프(Korf, 1990)에 의해 **실시간 A* 학습**learning real-time A*으로 알려진 경험적 탐색 알고리즘의 결과와 결합함으로써 증명했다.

이러한 특성을 갖는 문제가 일종의 **확률론적 최적 경로 문제**stochastic optimal path problem다. 이 문제는 이 책에서 사용하는 보상 최대화 대신 비용 최소화의 측면에서 서술된다. 이 책의 서술 방식에 따라, 음의 보상을 최대화하는 것은 시작 상태로부터 목표 상태로 가는 경로의 비용을 최소화하는 것과 같다. 이러한 종류의 예제가 최소 시간 제어 문제다. 이 문제에서는 목표 상태에 도달하기 위해 요구되는 모든 단계에서 −1의 보상을 만들어 낸다. 또는 최소 타수로 홀에 공을 넣는 것이 목표인 3.5절의 골프 예제 같은 문제도 비용 최소화 문제다.

예제 8.6 **경주 트랙에서의 RTDP** 연습문제 5.12(137쪽)는 확률론적인 최적 경로 문제다. 경주 트랙 예제에 대해 RTDP와 전통적인 DP 가치 반복 알고리즘을 비교하면 활성 정책 궤적 표본추출의 몇 가지 장점을 설명할 수 있다.

그림 5.5에 보이는 회전 구간에서 자동차를 운전하여 트랙 안에 머물면서 가능한 한 빨리 결승선을 통과하도록 학습시키는 연습문제를 다시 생각해 보자. 시작 상태는 출발선에서 속도가 0인 모든 상태이고, 목표 상태는 트랙 안에서 한 번의 시간 단계를 거쳐 결승선을 통과함으로써 도달할 수 있는 모든 상태다. 연습문제 5.12와는 다르게, 여기서는 자동차의 속도에 제한을 두지 않는다. 따라서 상태 집합은 잠재적으로 무한개의 원소를 갖는다. 하지만 시작 상태들로부터 어떤 정책을 통해 도달할 수 있는 상태들의 개수는 유한하고, 이 상태들이 문제에서 다루어지는 상태 집합이다. 각 에피소드는 무작위로 선택된 시작 상태로부터 시작하여 자동차가 결승선을 넘어가면 종료된다. 자동차가 결승선을 통과하기 전까지는 각 단계에서의 보상은 −1이다. 자동차가 트랙의 경계에 부딪히면 자동차를 임의의 시작 상태로 돌려놓은 다음 에피소드가 진행된다.

그림 5.5의 왼쪽에 있는 작은 경주 트랙과 유사한 경주 트랙은 시작 상태로부터 어떤 정책에 의해서든 도달할 수 있는 9,115개의 상태를 갖는다. 이 중 599개의 상태는 관련 있는 상태, 즉 일부 시작 상태로부터 몇 가지 최적 정책을 통해 도달 가능한 상태다(10^7개의 에피소드에 대해 최적 행동을 실행하면서 마주치는 상태의 개수를 세어 보면 관련 있는 상태의 개수를 추정할 수 있다).

다음 표는 이 문제를 전통적인 DP를 이용하여 푼 결과와 RTDP를 이용하여 푼 결과를 비교한 것이다. 이 표의 결과는 25번의 실행 결과를 평균 낸 것으로, 각 실행은 서로 다른 무작위 시드 번호를 이용하여 시작한다. 이 경우, 전통적인 DP는 상태 집합에 대한 철저한 일괄처리를 이용하는 가치 반복이다. 이때 준비가 된 상태에 대해 한 번에 한 상태의 가치를 갱신하는데, 이것은 각 상태의 갱신이 다른 상태의 가장 최신 가치를 이용한다는 뜻이다(이것은 가우스-세이델 Gauss-Seidel 형태의 가치 반복으로서, 자코비 형태의 가치 반복보다 이 문제에 대해서는 대략 두 배 정도 빠르다는 사실이 밝혀졌다. 4.8절 참고). 갱신의 순서에는 특별한 관심을 두지 않았다. 다른 순서로 갱신을 한다면 더 빨리 수렴할 수도 있었을 것이다. 두 방법을 매번 실행할 때 초기 가치는 모두 0으로 했다. DP는 일괄처리된 상태 가치의 최대 변화가 10^{-4}보다 작을 경우 수렴한 것으로 판단했고, RTDP는 결승선을 통과하는 데 걸린 시간을 20개의 에피소드에 대해 평균 낸 값이 몇 단계에 걸쳐 점근적으로 안정화된 것처럼 보일 때 수렴했다고 판단했다. 이러한 형태의 RTDP는 매 단계에서 오직 현재의 가치만을 갱신한다.

	DP	RTDP
수렴할 때까지 평균 계산 횟수	28번의 일괄 계산	4,000개의 에피소드
수렴할 때까지 평균 갱신 횟수	252,784	127,600
에피소드당 평균 갱신 횟수	-	31.9
100 시간 단계 이내에 갱신된 상태의 % 비율	-	98.45
10 시간 단계 이내에 갱신된 상태의 % 비율	-	80.51
한 번도 갱신되지 않은 상태의 % 비율	-	3.18

두 방법 모두 평균적으로 14단계에서 15단계 사이에 결승선을 통과하는 정책을 도출했지만, RTDP에 소요된 갱신 횟수는 DP에 소요된 갱신 횟수의 약 반 정도밖에 되지 않는다. 이것이 RTDP의 활성 정책 궤적 표본추출의 결과다. DP의 각 일괄처리에서는 모든 상태의 가치가 갱신된 반면, RTDP는 더 적은 상태에 대해 갱신을 집중했다. 평균적으로, RTDP가 100번 이하의 갱신을 수행한 상태의 수는 전체의 98.45%에 달했고, 10번 이하의 갱신을 수행한 상태의 수는 전체의 80.51%에 달했다. 290개의 상태에 대해서는 평균적으로 가치 갱신이 전혀 이루어지지 않았다. ■

RTDP의 또 다른 장점은 가치 함수가 최적 가치 함수 v_*에 가까워질 때, 학습자가 궤적을 생성하기 위해 사용하는 정책도 최적 정책에 가까워진다는 것이다. 이것은 RTDP가 항상 현재 가치 함수에 대해 탐욕적이기 때문이다. 이것은 전통적인 가치 반복에서의 상황과는 반대되는 것이다. 실제로는, 일괄처리에서 가치 함수의 변화량이 작을 경우에만 가치 반복이 종료된다. 이것이 바로 앞의 표에 제시된 결과를 얻기 위해 사용된 종료 조건이다. 이 시점에서 가치 함수는 v_*를 정밀하게 근사하고, 탐욕적 정책은 최적 정책에 가까워진다. 하지만 가장 최신의 가치 함수에 대해 탐욕적인 정책이 가치 반복이 종료되기 한참 전에 최적 정책이거나 거의 최적 정책일 가능성이 있다(4장에서 최적 정책은 단지 v_*뿐만 아니라 다른 많은 가치 함수에 대해 탐욕적일 수 있다고 언급한 내용을 상기해 보라). 가치 반복이 수렴하기 전에 최적 정책의 탄생을 확인하는 일은 전통적인 DP 알고리즘에서는 하지 않는 것이고, 이를 위해 필요한 추가적인 계산량도 상당하다.

경주 트랙 예제에서는 매번의 DP 일괄처리 이후에 많은 테스트 에피소드를 실행하고 일괄처리의 결과에 따라 탐욕적으로 행동을 선택함으로써 DP 계산 과정에서 근사적 최적 평가 함수가 충분히 좋아진 덕분에 해당 탐욕적 정책이 거의 최적이 되는 최초의 시점을 추정할 수가 있었다. 이 경주 트랙에 대해 최적에 가까운 정책은 15번의 가치 반복 일괄처리 이후에, 즉 136,725번의 가치 반복 갱신 이후에 나타났다. 이것은 DP가 v_*로 수렴하는 데 필요한 252,784번의 갱신에 비해 상당히 적은 횟수이지만, RTDP가 필요로 하는 127,600번보다는 여전히 많다.

이러한 시뮬레이션이 분명 전통적인 일괄처리 기반의 가치 반복과 RTDP 사이의 완전한 비교는 아니지만, 활성 정책 궤적 표본추출의 몇 가지 장점을 설명해 주기는 한다. 전통적인 가치 반복이 모든 상태의 가치를 계속해서 갱신한 반면에, RTDP는 문제의 목적과 관련이 있는 상태의 집합에 집중적으로 초점을 맞추었다. 이러한 초점은 학습이 진행될수록 점점 더 좁은 영역에 집중되었다. RTDP의 수렴 이론이 시뮬레이션에 적용되기 때문에, RTDP는 결국 관련 있는 상태, 즉 최적 경로를 구성하는 상태에만 초점을 맞추었을 것이다. RTDP는 일괄처리 기반의 가치 반복에 필요한 계산량의 약 50%만을 사용하여 거의 최적 제어를 달성했다.

8.8 결정 시점에서의 계획

계획은 최소한 두 가지 방식으로 사용될 수 있다. 이 장에서 지금까지 고려했던 건 동적 프로그래밍과 다이나로 대표되는 것으로서, 모델(표본 모델 또는 분포 모델)로부터 얻은 시뮬레이션된 경험을 기반으로 하여 점진적으로 정책이나 가치 함수를 향상시키기 위해 계획을 사용하는 것이다. 이 경우에 행동을 선택하는 것은 현재 상태들의 행동 가치를 비교하는 문제가 된다. 이때 현재 상태의 행동 가치는 지금까지 고려했던 표 형태로 된 경우에 대해서는 표로부터 얻거나, 나중에 이 책의 2부에서 다루는 근사적 방법의 수학식을 계산함으로써 얻는다. 임의의 현재 상태 S_t에 대해 행동이 선택되기 한참 전에 계획은 표의 값들을 향상시키거나 또는 S_t를 포함한 많은 상태에 대해 행동을 선택하는 데 필요한 수학식을 향상시키는 데 일정 부분 역할을 수행했다.

이런 방식으로 계획을 사용한다면, 계획은 현재 상태에 초점을 두지 않는다. 이 책에서는 이러한 방식으로 사용되는 계획을 **백그라운드 계획**background planning이라고 부른다.

계획을 사용하는 또 다른 방법은 새로운 상태 S_t를 마주치고 난 '이후에' 계획을 시작하고 완료하는 것이다. 이때 계획은 하나의 행동 A_t를 선택하기 위한 계산을 수행하는 것이다. 다음 단계의 계획은 S_{t+1}에서 A_{t+1}을 도출하기 위해 새롭게 시작되며, 이러한 과정이 반복된다. 이러한 방식으로 계획을 사용하는 가장 간단하지만 거의 퇴보한 예제는 오직 상태 가치만 이용할 수 있는 상황에서 각 행동에 대해 모델이 예측한 다음 상태의 가치들을 비교함으로써(또는 1장의 틱택토 예제에서처럼 이후상태의 가치를 비교함으로써) 행동을 선택하는 경우다. 좀 더 일반적으로는, 이러한 방식으로 사용된 계획은 한 단계 앞보다 더 멀리 내다볼 수 있고, 이를 통해 상태와 보상의 다양한 예측 궤적을 초래하는 행동 선택을 평가할 수 있다. 계획을 처음 사용할 때와는 다르게, 이 경우에는 계획이 특정 상태에 초점을 맞춘다. 이 책에서는 이것을 **결정 시각 계획**decision-time planning이라고 부른다.

계획에 대해 생각하는 이 두 가지 방식(정책 또는 가치 함수를 점진적으로 향상시키기 위해 시뮬레이션된 경험을 사용하거나, 현재 상태에 대한 행동을 선택하기 위해 시뮬레이션된 경험을 사용하는)은 자연스럽고도 흥미로운 방식으로 혼합될 수 있다. 하지만 이들을 각각 따로 연구하는 경향이 있는데, 그것은 이 방식들을 처음 접하고 이해하는 데는 좋은 방법이다. 이제 결정 시각 계획에 대해 더 자세히 알아보자.

계획이 오직 결정 시각에서만 행해질 때조차, (8.1절에서 그랬던 것처럼) 여전히 계획을 시뮬레이션된 경험으로부터 갱신과 가치, 그리고 궁극적으로는 정책으로 진행하는 것으로 볼 수 있다. 단지 이제는 가치와 정책이 현재 상태와 그 상태로부터 가능한 행동 선택에 아주 많이 특화되어 있어서 일반적으로 계획에 의해 만들어진 가치와 정책은 현재 행동을 선택하기 위해 사용된 후에는 폐기된다. 많은 적용 사례에서 아주 많은 상태가 존재하고 한 번 마주친 상태를 오랫동안 다시 마주치지 않을 것 같기 때문에 이것은 그렇게 큰 손실이 아니다. 일반적으로, 둘을 함께 하는 것을 선호할 수도 있다. 즉, 현재 상태에 대해 계획을 집중하여 수행하는 것, 그리고 전에 마주친 상태와 동일한 상태로 나중에 다시 돌아갈 경우 훨씬 더 먼 경로를 갈 수 있도록 계획의 결과를 저장하는 것을 함께 하는 것이다. 결정 시각 계획은 빠른 반응이 필요하지 않은 상황에 적용할 때 가장 유용하다. 예를 들어 체스 게임에서 체스 말을 움직일 때 매번 수 초 또는 수 분의 계산 시간이 허용될 수 있는데, 이때 강력한 프로그램은 주어진 시간 동안 수십 개의 이동을 미리 계획할 수도 있다. 반면에 지체 없는 행동 선택이 우선순위라면, 새롭게 마주친 상태에 재빠르게 적용할 수 있는 정책을 계산하기 위해 백그라운드에서 계획을 수행하는 편이 일반적으로 더 좋다.

8.9 경험적 탐색

인공지능 분야에서 고전적인 상태 공간 계획 방법은 **경험적 탐색**heuristic search이라고 포괄적으로 알려진 결정 시각 계획 방법이다. 경험적 탐색에서는 마주치는 각 상태에 대해 그 상태로부터 진행 가능한 많은 경로를 고려한다. 근사적 가치 함수가 리프 노드에 적용되고 이후상태들의 근원 상태가 되는 현재 상태로 보강된다. 탐색 경로 내부에서의 보강은 이 책에서 전반적으로 논의되는 최댓값(v_*와 q_*의 최댓값)을 이용한 기댓값 갱신에서의 보강과 같다. 보강은 현재 상태에 대한 상태-행동 노드에서 멈춘다. 이러한 노드에 대한 보강 가치가 계산되고 나면, 행동 노드 중 가장 좋은 것이 현재 행동으로 선택되고 모든 보강 가치는 폐기된다.

전통적인 경험적 탐색에서는 근사적 가치 함수를 변화시킴으로써 보강된 가치를 저장하려는 노력을 하지 않는다. 사실, 가치 함수는 일반적으로 사람들이 설계하는 것이고 결코 탐색의 결과로 가치 함수가 변하지는 않는다. 하지만 경험적 탐색의 과정에서 계산되는 보강된 가치를 이용하거나 이 책에서 다루는 다른 방법 중 어떤 것이라도 이용하여 가치 함수가 시간에 따라 향상되도록 허용하는 것을 고려하는 것은 자연스럽다. 어떤 의미에서 이 책에서는 줄곧 이러한 접근법을 취했다. 탐욕적 행동 선택, 입실론 탐욕적 행동 선택, 그리고 UCB(2.7절) 행동 선택 방법은 더 작은 규모에 대한 것일지라도 경험적 탐색과는 다르다. 예를 들어, 모델과 상태 가치 함수가 주어진 상황에서 탐욕적 행동을 계산하기 위해서는 각각의 가능한 행동으로부터 발생할 수 있는 다음 상태를 내다봐야 하고, 보상과 가치 추정값을 고려하여 최선의 행동을 선택해야 한다. 전통적인 경험적 탐색에서처럼 이 과정은 가능한 행동에 대한 보강된 가치를 계산하지만, 그 것을 저장하려고 하지는 않는다. 따라서 탐욕적 정책의 개념이 단일 단계를 넘어 확장된 것으로서 경험적 탐색을 바라볼 수 있다.

한 단계보다 더 깊게 탐색하는 것의 장점은 더 좋은 행동을 선택할 수 있다는 것이다. 완벽한 모델과 불완전한 행동 가치 함수가 주어져 있다면, 사실 더 깊게 탐색할수록 보통 더 좋은 정책이 나올 것이다.[2] 에피소드가 끝날 때까지 줄곧 탐색을 한다면 불완전한 가치 함수의 효과는 확실히 사라지고, 이런 방식으로 결정된 행동은 틀림없이 최적 행동이다. 탐색의 깊이가 k단계로 충분해서 γ^k가 매우 작다면, 행동은 그에 따라 최적 행동에 근접할 것이다. 반면에, 탐색의 깊이가 깊어질수록 더 많은 계산이 필요하기 때문에 반응 시간이 느려진다. 테사우로의 최고 수준 백게 먼 선수인 TD-가몬(16.1절)이 좋은 예제다. 이 시스템은 혼자 많은 게임을 함으로써 이후상태의 가치 함수를 학습하기 위해 TD 학습을 사용한다. 이때 게임을 진행하기 위해 일종의 경험적 탐

---

2 이에 대한 흥미로운 예외가 있다. 예를 들어, 펄(Pearl, 1984)의 연구를 참고하라.

색을 사용한다. 하나의 모델로서, TD-가몬은 주사위 던지기의 확률에 대한 사전 지식과 상대편이 항상 TD-가몬이 최고로 평가하는 행동을 선택한다는 가정을 이용한다. 테사우로는 경험적 탐색의 깊이가 깊을수록 TD-가몬이 더 좋은 행동을 선택하지만 행동을 실행하는 데 걸리는 시간은 더 길다는 사실을 발견했다. 백게먼은 큰 값의 분기 계수를 갖지만, 행동은 틀림없이 몇 초 이내로 행해진다. 탐색을 몇 단계에 대해 선택적으로 할 수밖에 없었지만, 그렇다 하더라도 탐색은 상당히 더 좋은 행동을 선택하는 결과를 가져왔다.

경험적 탐색이 갱신에 초점을 맞추는 가장 명백한 방법을 간과해서는 안 된다. 바로 현재 상태에 초점을 맞추는 것이다. 경험적 탐색의 효과는 대부분 경험적 탐색의 탐색 트리search tree가 현재 상태에 바로 이어서 나올 상태와 행동에 집중해서 초점을 맞춘다는 사실로부터 나온다. 여러분은 체커보다는 체스를 더 많이 하며 시간을 보낼 수도 있지만, 체커를 할 때는 체커에 대해 생각한다. 특별한 체커의 위치와 가능한 다음 위치 및 이어지는 위치들을 생각한다. 여러분이 어떻게 행동을 선택하든 상관없이, 갱신의 우선순위가 가장 높고 가장 시급하게 정확한 가치 함수의 근삿값을 알기 원하는 것은 이러한 상태와 행동들에 대해서다. 가용한 계산 능력뿐만 아니라 유한한 메모리 용량을 당면한 사건에 우선적으로 투입할 것이다. 예를 들면 체스에서는 가치 추정값을 저장해야 하는 선택 가능한 위치들이 굉장히 많지만, 경험적 탐색에 기반한 체스 프로그램은 하나의 위치로부터 예측하며 마주치는 수백만 개의 위치에 대해 각각 구별되는 가치 추정값을 쉽게 저장할 수 있다. 이처럼 엄청난 양의 메모리와 계산 능력을 현재의 결정에 집중하는 것이 아마도 경험적 탐색이 그렇게 효과적일 수 있는 이유일 것이다.

갱신의 분포도 비슷한 방식으로 현재 상태와 그 이후의 가능한 상태들에 집중하도록 변경될 수 있다. 극단적인 경우로서, 탐색 트리를 구성하기 위해 정확하게 경험적 탐색의 방법을 사용하고 개별적인 단일 단계 갱신을 아래에서부터 위 방향으로 그림 8.9에 묘사된 것처럼 수행할 수도 있다. 갱신이 이러한 순서로 구성되고 표 기반의 표현이 사용되면, 정확히 동일한 전체 갱신이 깊이 우선depth-first 경험적 탐색으로서 완성될 수 있다. 어떠한 상태 공간 탐색도 이러한 방식으로 많은 수의 단일 단계 갱신을 잘라 맞추는 것으로 생각될 수 있다. 따라서 더 깊은 탐색과 함께 확인되는 성능 향상은 일반적으로 생각하는 다단계 갱신에 기인하는 것이 아니다. 대신, 현재 상태로부터 즉각적으로 이어지는 상태와 행동들에 초점을 맞추고 집중했기 때문인 것이다. 많은 양의 계산 능력을 후보 행동과 분명하게 관련된 것에 집중함으로써, 결정 시각decision-time 계획은 초점 없는 갱신에 의지하여 내리는 결정보다 더 좋은 결정을 내릴 수 있다.

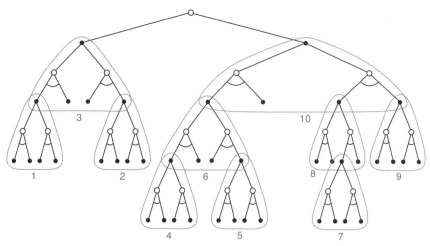

그림 8.9 경험적 탐색은 리프 노드에서 루트 노드 방향으로 가치를 보강하는 (여기서 파란색으로 표시된) 단일 단계 갱신의 나열로서 구현될 수 있다. 여기에 표현된 순서는 선택적 깊이 우선 탐색을 위한 것이다.

8.10 주사위 던지기 알고리즘

주사위 던지기rollout 알고리즘은 현재 환경 상태에서 시작하는 시뮬레이션된 궤적들에 적용된 몬테카를로 제어에 기반한 결정 시각 계획 알고리즘이다. 이 알고리즘은 주어진 정책하에서 가능한 행동을 시작함으로써 많은 시뮬레이션 궤적을 생성하고, 궤적의 보상에 대한 평균을 계산하여 주어진 정책하에서의 행동 가치를 추정한다. 행동 가치 추정값이 충분히 정확하다고 생각될 때, 가장 큰 가치 기댓값을 갖는 행동(또는 행동들 중 하나)이 실행된다. 그런 다음, 그 결과로 생긴 다음 상태로부터 과정이 새롭게 진행된다. 백게먼 게임을 실험하기 위해 주사위 던지기 알고리즘을 사용했던 테사우로와 갈페린(Tesauro and Galperin, 1997)이 설명했듯이, '주사위 던지기'라는 용어는 게임이 끝날 때까지 위치를 여러 번 이동시킴으로써, 즉 주사위를 던짐으로써 백게먼 위치의 가치를 추정한 데서 유래한다. 이때 주사위를 던져서 나온 눈의 수는 무작위로 발생된 숫자의 나열을 이루며, 백게먼 게임의 두 참가자는 모두 어떤 고정된 정책을 따라 위치를 이동한다.

5장에서 논의한 몬테카를로 제어 알고리즘과는 다르게, 주사위 던지기 알고리즘의 목적은 주어진 정책 π에 대해 완전한 최적 행동 가치 함수 q_*, 또는 완전한 행동 가치 함수 q_π를 추정하는 것이 아니다. 대신, 주사위 던지기 알고리즘은 각각의 현재 상태에 대해서만, 그리고 보통 **주사위 던지기 정책**rollout policy이라고 불리는 주어진 정책에 대해서만 행동 가치의 몬테카를로 추정값을 계산한다. 결정 시각 계획 알고리즘으로서, 주사위 던지기 알고리즘은 이러한 행동 가치 추정값을 즉각적으로 사용하고 폐기해 버린다. 이것은 주사위 던지기 알고리즘의 구현을 상대적으로 쉽게 만든다. 모든 상태-행동 쌍의 결과에 대해 표본을 추출할 필요가 없고, 상태 공간 또는 상태-행동 공간에 대해 함수를 근사할 필요가 없기 때문이다.

그러면 무엇이 주사위 던지기 알고리즘을 완성하는가? 4.2절에서 설명한 정책 향상 정리는 어떤 상태 s에 대해 $\pi'(s) = a \neq \pi(s)$인 것을 제외하면 나머지는 동일한 어떤 정책 π와 π'이 주어졌을 때, $q_\pi(s, a) \geq v_\pi(s)$를 만족하면 정책 π'은 π만큼 좋거나 아니면 π보다 더 좋다는 사실을 말해준다. 더욱이, 부등호가 성립하면 π'은 사실 π보다 더 좋다. 이것은 s가 현재 상태이고 π가 주사위 던지기 정책인 주사위 던지기 알고리즘에도 적용된다. 시뮬레이션된 궤적의 보상을 평균 내면 각 행동 $a' \in A(s)$에 대한 $q_\pi(s, a')$의 추정값이 된다. 그러면 상태 s에서 이 추정값을 최대로 만드는 행동을 선택하고 그 이후에는 정책 π를 따르도록 하는 정책은 π보다 향상된 정책의 좋은 후보다. 결과는 4.3절에서 논의한 동적 프로그래밍의 정책 반복 알고리즘을 한 단계 적용한 결과와 유사하다(주사위 던지기 알고리즘이 단지 현재 상태에 대해서만 행동을 변화시키기 때문에 4.5절에서 논의한 **비동기** 가치 반복을 한 단계 적용하는 것과 더 유사하지만 말이다).

다시 말해, 주사위 던지기 알고리즘의 목적은 최적 정책을 찾는 것이 아니라 주사위 던지기 정책을 향상시키는 것이다. 그간의 경험은 주사위 던지기 알고리즘이 놀랍도록 효과적일 수 있음을 보여준다. 예를 들면, 테사우로와 갈페린(1997)은 주사위 던지기 방법에 의해 백게먼 게임 수행 능력이 극적으로 향상된 것에 놀랐다. 하지만 향상된 정책의 성능은 주사위 던지기 정책의 특성과 몬테카를로 가치 추정에 의해 만들어진 행동의 순위에 따라 달라진다. 직관에 따르면 주사위 던지기 정책이 더 좋을수록 주사위 던지기 알고리즘이 더 정확한 가치 추정과 더 좋은 정책을 만들어 내는 것 같다(하지만 겔리와 실버(Gelly and Silver, 2007)를 참고하라).

이것은 중요한 균형 맞추기tradeoff를 포함한다. 일반적으로, 더 좋은 주사위 던지기 정책일수록 좋은 가치 추정값을 얻기 위해 충분한 궤적을 시뮬레이션하는 데 더 많은 시간이 필요하기 때문이다. 결정 시각 계획 방법으로서 주사위 던지기 알고리즘은 보통 엄격한 시간 제한조건을 맞추어야 한다. 각 결정에 대해 평가되어야만 하는 행동의 개수와 유용한 표본 보상을 얻는 데 필요한 시뮬레이션된 궤적에 포함된 시간 단계의 개수, 주사위 던지기 정책이 결정을 내리는 데 필요한 시간, 좋은 몬테카를로 행동 가치 추정값을 얻는 데 필요한 시뮬레이션된 궤적의 개수에 따라 주사위 던지기 알고리즘이 필요로 하는 계산 시간은 달라진다.

어려움을 해소하는 방법은 다양하겠지만, 이러한 요소들의 균형을 맞추는 일은 주사위 던지기 방법을 적용하는 모든 경우에 있어서 중요하다. 몬테카를로를 구성하는 모든 시행은 서로 독립적이기 때문에, 많은 시행을 분리된 프로세서에서 병렬로 처리할 수가 있다. 또 다른 접근법은 시뮬레이션된 궤적을 에피소드가 완료되기 전에 중단하고 저장된 평가 함수를 이용하여 중단된 보상을 보정하는 것이다(이렇게 하려면 이전 장들에서 중단된 보상과 갱신에 대해 논의했던 모든 것을 활용해야 한다). 테사우로와 갈페린(1997)이 제안했듯이, 몬테카를로 시뮬레이션 결과를 지켜보면서 행동들을 배제하는 것 또한 가능하다. 이때 배제되는 행동들은 최고가 될 가능성이 없어 보이는 행동이나 현재의 최고 가치와 별 차이 없는 가치를 갖고 있어서 실질적인 가치 상승을 만들어 내지 못하는 행동들이다(테사우로와 갈페린은 이것이 병렬 구현을 복잡하게 만들 것이라고 지적하긴 했지만).

보통은 주사위 던지기 알고리즘을 **학습** 알고리즘으로 생각하지 않는다. 주사위 던지기 알고리즘은 가치 또는 정책에 대한 장기적인 메모리를 유지하지 않기 때문이다. 하지만 이 알고리즘은 이 책에서 강조하는 강화학습의 몇 가지 특징이 갖는 이점을 취한다. 몬테카를로 제어의 일종으로서, 주사위 던지기 알고리즘은 표본 궤적의 집합에 대한 보상을 평균 냄으로써 행동 가치를 추정한다. 이 경우 표본 궤적이란 환경에 대한 표본 모델과의 시뮬레이션된 상호작용으로부터 만들어지는 궤적을 말한다. 이러한 방식으로, 궤적 표본추출을 통해 동적 프로그래밍의 철저한 일괄처리를 회피하고 기댓값 갱신이 아닌 표본 갱신에 의존함으로써 분포 모델에 대한 필요성을 없앤다는 측면에서 주사위 던지기 알고리즘은 강화학습 알고리즘과 유사하다.

8.11 몬테카를로 트리 탐색

몬테카를로 트리 탐색 Monte Carlo Tree Search, MCTS은 최근에 나온 눈에 띄게 성공적인 결정 시각 계획의 사례다. 앞에서 말했듯이 근본적으로 MCTS는 주사위 던지기 알고리즘이지만, 시뮬레이션이 더욱 큰 보상을 주는 궤적을 향하게 하는 연속적인 방향 설정을 위해 몬테카를로 시뮬레이션으로부터 얻은 가치 추정값을 축적하는 수단을 추가하면서 주사위 던지기 알고리즘보다 향상되었다. MCTS는 바둑Go 컴퓨터가 2005년의 약한 아마추어 수준에서 2015년의 그랜드 마스터 수준(6단 이상)으로 향상시키는 데 큰 역할을 했다. 기본 알고리즘의 많은 변형이 개발되었고 그중에는 16.6절에서 논의할 변형도 포함되는데, 이것이 2016년에 알파고AlphaGo 프로그램이 세계 챔피언에 18번이나 등극한 바둑 선수를 상대로 거둔 놀라운 승리에서 중요한 역할을 했다. MCTS는 일반적인 게임을 비롯해 폭넓게 다양한 분야에서 경쟁력을 갖추는 데 효과적이라는 사실이 입증되었다(예를 들어, 핀슨과 비에른손(Finnsson and Björnsson, 2008), 게네세레스와 티엘슈어 (Genesereth and Thielscher, 2014)를 참고하라). 하지만 MCTS는 게임에서만 효과적인 것이 아니라 빠른 다단계 시뮬레이션이 가능할 정도로 충분히 간단한 환경 모델이 있다면 단일 학습자 순차 결정single-agent sequential decision 문제에도 효과적일 수 있다.

MCTS는 각각의 새로운 상태를 마주친 이후에 그 상태에 대한 학습자의 행동을 선택하기 위해 실행된다. 다음 상태에 대해서도 다시 행동을 선택하기 위해 실행되고 이러한 과정이 반복된다. 주사위 던지기 알고리즘에서처럼, 매번의 실행은 그 자체로 현재 상태에서 시작하여 종단 상태까지(또는 할인이 더 이상의 어떤 보상도 이득에 기여하지 못하도록 보상을 만들 때까지) 진행되는 많은 궤적을 시뮬레이션하는 반복 과정이다. MCTS의 핵심 개념은 이전의 시뮬레이션으로부터 높은 평가를 받은 궤적의 초기 부분을 확장함으로써 현재 상태에서 시작하는 여러 시뮬레이션에 연속적으로 초점을 맞추는 것이다. MCTS는 많은 경우에 있어서 선택된 행동의 가치 중 다음 실행에 유용할 것 같은 가치를 유지하도록 구현되지만, 행동 선택을 이어나갈 때 가치 함수의 근삿값이나 정책을 유지할 필요가 없다.

대부분의 경우, 시뮬레이션된 궤적 안에 있는 행동은 보통 주사위 던지기 정책이라고 불리는 간단한 정책을 이용하여 생성되는데, 이 정책은 비교적 간단한 주사위 던지기 알고리즘을 위한 것이다. 주사위 던지기 정책과 모델이 많은 양의 계산을 필요로 하지 않을 때, 많은 시뮬레이션된 궤적이 짧은 기간 안에 생성될 수 있다. 임의의 표 기반 몬테카를로 방법에서처럼, 상태-행동 쌍의 가치 추정값은 그 쌍으로부터 나오는 (시뮬레이션된) 이득의 평균값이 된다. 몬테카를로 가치 추정값은 몇 단계 안에 가장 도달할 가능성이 높은 상태-행동 쌍의 일부분에 대해서만 유지된다. 이렇게 함으로써 그림 8.10에 묘사된 것처럼 현재 상태를 루트 노드로 하는 트리 구조가 형성된다. MCTS는 시뮬레이션된 궤적의 결과를 기반으로 가장 좋을 것 같은 상태를 나타내는 노드를 추가하면서 점증적으로 확장된다. 모든 시뮬레이션된 궤적은 트리 구조를 통과한 다음 동일한 리프 노드에서 트리 구조를 빠져나올 것이다. 트리 구조 밖에서, 그리고 리프 노드에서 행동 선택을 위해 주사위 던지기 정책이 사용되지만, 트리 구조 안의 상태에서는 좀 더 좋은 무언가가 가능하다. 이러한 상태의 경우 최소한 몇 가지 행동에 대해서는 가치 추정값을 계산할 수 있다. 따라서 **트리 정책**tree policy이라고 불리는, 많은 정보를 갖고 있으며 탐험과 활용의 균형을 맞추는 정책을 이용하여 그 행동들 중에서 선택할 수 있다. 예를 들어, 트리 정책은 입실론 탐욕적 선택 규칙 또는 UCB 선택 규칙을 이용하여 행동을 선택할 수 있다(2장).

좀 더 자세하게 설명하면, 기본적인 형태의 MCTS에서 각 반복 실행은 그림 8.10에 묘사된 다음 네 가지 단계로 구성된다.

1. **선택**selection: 루트 노드에서 시작하여, 트리 구조의 모서리에 할당된 행동 가치를 기반으로 하는 **트리 정책**이 트리 구조를 따라 이동하여 리프 노드를 선택한다.

2. **확장**expansion: (적용 사례의 세부사항에 따라 정해지는) 몇 번의 반복 실행에서, 선택된 노드로부터 탐험되지 않은 행동을 통해 도달한 하나 또는 그 이상의 자식 노드를 추가함으로써 트리 구조는 선택된 리프 노드로부터 확장된다.

3. **시뮬레이션**simulation: 선택된 노드로부터 또는 (만약 존재한다면) 새롭게 추가된 자식 노드들 중 하나로부터, 완전한 에피소드에 대한 시뮬레이션이 실행되고 주사위 던지기 정책에 따라 행동이 선택된다. 그 결과는 처음에는 트리 정책에 의해 행동이 선택되고 트리 구조를 벗어나서는 주사위 던지기 정책에 따라 행동이 선택되는 몬테카를로 시행이 된다.

4. **보강**backup: 시뮬레이션된 에피소드에 의해 생성된 이득은 이 MCTS의 반복 과정에서 트리 정책에 따라 형성되는 트리 구조의 모서리에 할당된 행동 가치를 갱신하거나 초기화한다. 트리 구조를 벗어나서 주사위 던지기 정책에 의해 만나게 되는 상태와 행동에 대해서는 아무런 가치도 저장되지 않는다. 그림 8.10은 시뮬레이션된 궤적의 종단 상태로부터 주사위 던지기 정책이 시작되는 트리 구조 내부의 상태-행동 노드까지의 보강 과정을 보여줌으로써 이것을 설명한다(하지만 일반적으로는, 시뮬레이션된 궤적을 아우르는 전체 이득이 이 상태-행동 노드까지 보강된다).

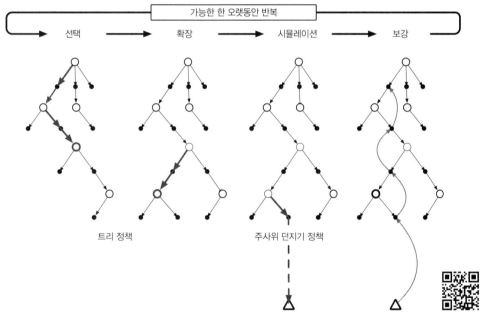

그림 8.10 몬테카를로 트리 탐색. 환경이 새로운 상태로 변할 때, MCTS는 행동을 선택하기 전에 가능한 한 많은 반복 실행을 수행한다. 이 과정에서 현재 상태를 루트 노드로 갖는 트리 구조가 점증적으로 완성된다. 트리 구조에서 문자로 설명하고 굵은 화살표로 묘사했듯이, 각각의 반복 실행은 선택, 확장(어떤 반복 실행에서는 생략 가능), 시뮬레이션, 보강이라는 네 가지 과정으로 구성된다. 이것은 차슬롯, 바케스, 스지타, 스프롱크(Chaslot, Bakkes, Szita, and Spronck, 2008)의 논문 내용을 변형한 것이다.

MCTS는 매번 트리 구조의 루트 노드에서 시작하여 더 이상 시간이 남아 있지 않을 때까지, 또는 어떤 다른 계산 능력이 다 소진될 때까지 계속해서 이 네 단계를 실행한다. 그런 다음, 마침내 트리 구조에 축적된 통계치에 영향을 받는 어떤 메커니즘에 따라 (여전히 환경의 현재 상태를 나타내는) 루트 노드로부터 발생한 하나의 행동이 선택된다. 예를 들어 루트 노드로부터 발생 가능한 모든 행동 중 행동 가치가 가장 큰 행동을 선택할 수도 있고, 어쩌면 주류에서 벗어난 예외적인 행동을 선택하는 것을 피하기 위해 가장 많이 마주치는 행동을 선택할 수도 있다. 이것이 MCTS가 실제로 선택하는 행동이다. 환경이 새로운 상태로 전이되고 난 후에, MCTS는 다시 실행된다. 이때 MCTS는 때때로 새로운 상태를 나타내는 하나의 루트 노드를 갖는 트리 구조에서 시작할 수도 있지만, 이전 MCTS의 실행에 따라 형성된 트리 구조에 있던 루트 노드의 자식 노드들 중 남겨진 자식 노드를 하나라도 포함하는 트리 구조에서 시작하는 경우가 더 많다. 이후 남겨진 모든 노드는 그들의 행동 가치와 함께 폐기된다.

MCTS는 바둑처럼 두 사람이 경쟁하는 게임을 수행하는 프로그램에서 위치의 이동을 선택하기 위해 처음으로 제안되었다. MCTS를 게임에 적용할 경우, 각각의 시뮬레이션된 에피소드는 두 명의 게임 참가자가 트리 정책과 주사위 던지기 정책에 따라 행동을 선택하는 하나의 완전한 게임 수행에 해당한다. 16.6절에서는 스스로 작동하는 강화학습을 활용한 심층 인공지능 신경망 deep artificial neural network에 의해 학습된 행동 가치와 MCTS에 대한 몬테카를로 평가를 결합하여 탄생한 알파고에 사용된 확장된 MCTS를 다룬다.

MCTS를 이 책에서 설명한 강화학습의 원리와 연관 지어보면, MCTS가 어떻게 그런 인상적인 결과를 달성할 수 있는지에 대한 몇 가지 통찰을 제공해 준다. 근본적으로, MCTS는 근원 상태에서 시작하는 시뮬레이션에 적용된 몬테카를로 제어를 기반으로 하는 결정 시각 계획 알고리즘이다. 다시 말해, MCTS는 이전 절에서 설명한 것과 같은 일종의 주사위 던지기 알고리즘이다. 따라서 MCTS는 온라인이면서 점증적이고 표본에 기반한 가치 추정과 정책 향상의 이점을 누린다. 이것 말고도, MCTS는 트리 구조의 모서리에 할당된 행동 가치 추정값을 저장하고 그 값들을 강화학습의 표본 갱신을 이용하여 갱신한다. 이것은 이전에 시뮬레이션된 높은 이득을 주는 궤적과 초기 부분을 공유하는 궤적에 몬테카를로 시행을 집중하는 효과를 갖는다. 더욱이, 점증적으로 트리 구조를 확장함으로써 MCTS는 부분적인 행동 가치 함수를 저장하기 위한 열람표lookup table의 규모를 증가시킨다. 이때 높은 이득을 주는 표본 궤적의 초기 부분에서 마주치는 상태-행동 쌍의 가치 추정값에 메모리가 할당된다. 따라서 MCTS는 탐험의 지침을 얻기 위해 과거의 경험을 사용하는 이점을 누리면서 행동 가치 함수를 전반적으로 근사해야 하는 문제는 피하게 된다.

MCTS에 의한 결정 시각 계획의 놀라운 성공은 인공지능에 깊은 영향을 주었고, 많은 연구자들이 게임과 단일 학습자 문제에 적용하기 위해 기본적인 과정을 수정하고 확장하는 방법을 연구하고 있다.

8.12 요약

계획은 환경의 모델을 필요로 한다. **분포 모델**은 다음 상태의 발생 확률과 가능한 행동에 대한 보상으로 이루어진다. 표본 모델은 이러한 확률에 따라 발생하는 단일 전이와 보상을 만들어 낸다. 동적 프로그래밍은 가능성 있는 모든 다음 상태와 보상에 대해 기댓값을 계산하는 과정을 포함하는 **기댓값 갱신**을 사용하기 때문에 분포 모델을 필요로 한다. 반면에, **표본 모델**은 많은 강화학습 알고리즘에서 사용되는 것과 같은 **표본 갱신**이 사용될 수 있는 환경과의 상호작용을 시뮬레이션하기 위해 필요한 것이다. 일반적으로, 표본 모델은 분포 모델보다 획득하기가 훨씬 용이하다.

지금까지 최적 행동을 계획하는 것과 최적 행동을 학습하는 것 사이의 놀랍도록 밀접한 관계를 강조하는 관점을 제시해 왔다. 이 둘은 동일한 가치 함수를 추정하고, 둘 다 작은 보강 과정의 긴 나열 속에서 점증적으로 자연스럽게 추정값을 갱신한다. 이것은 단지 학습과 계획이 동일한 가치 함수를 갱신하게 함으로써 이 두 과정을 결합할 수 있다는 개념을 단순하게 만든다. 또한 모든 학습 방법은 계획 방법으로 변환될 수 있는데, 그렇게 하기 위해서는 학습 방법을 실제 경험보다는 시뮬레이션된(모델에 의해 생성된) 경험에 적용하기만 하면 된다. 이 경우 학습과 계획은 훨씬 더 비슷해진다. 그 두 방법은 아마도 서로 다른 두 가지 경험의 원천에서 작동하는 동일한 알고리즘일 것이다.

점증적 계획 방법을 행동 및 모델학습과 결합하는 것은 어렵지 않다. 계획, 행동, 모델학습은 (195쪽에 있는 다이어그램에서처럼) 서로가 향상하는 데 필요한 것을 만들어 내며 원형 고리 안에서 서로 상호작용한다. 그들 사이에 다른 어떤 상호작용도 요구되거나 금지되지 않는다. 가장 자연스러운 접근법은 모든 과정이 비동기적이고 병렬적으로 진행되게 하는 것이다. 과정들이 서로 계산 능력을 공유해야만 한다면, 계산 능력의 배분은 당면한 문제에 대해 가장 편리하고 효율적인 그 어떤 방법에 의해서든 거의 임의로 이루어질 수 있다.

이 장에서는 상태 공간 계획 방법이 다차원적으로 변형될 수 있음을 간단하게 언급했다. 한 차원은 갱신 크기의 변형이다. 갱신의 크기가 작을수록 계획의 방법은 더욱 점증적이다. 가장 규모가 작은 갱신 중에는 다이나 같은 단일 단계 표본 갱신이 있다. 또 다른 중요한 차원은 갱신의 분포, 즉 탐색 초점의 분포다. 우선순위가 있는 일괄처리는 최근에 가치가 변경된 이전 상태들에 대해 역방향으로 초점을 맞춘다. 활성 정책 궤적 표본추출은 학습자가 환경을 제어하면서 마주칠 가능성이 높은 상태 또는 상태-행동 쌍에 초점을 맞춘다. 이것은 예측 또는 제어 문제와 관련이 없는 상태 공간의 일부분을 건너뛰고 계산할 수 있게 해 준다. 활성 정책 궤적 표본추출 형태의 가치 반복인 실시간 동적 프로그래밍은 이 전략이 전통적인 일괄처리 기반의 정책 반복에 비해 갖는 장점을 설명해 준다.

계획은 또한 학습자-환경 상호작용 동안 실제로 마주치는 상태와 같은 적절한 상태로부터 순방향으로 초점을 맞출 수도 있다. 이것의 가장 중요한 형태는 결정 시각에 계획을 수행할 때 나타난다. 다시 말해, 행동 선택 과정의 부분으로서 나타난다. 인공지능 분야에서 연구되는 전통적인 경험적 탐색은 이것의 한 예다. 그 밖의 예로는 온라인으로 작동하고, 점증적이며, 표본을 기반으로 하는 가치 추정 및 정책 향상의 이점을 누리는 주사위 던지기 알고리즘과 몬테카를로 트리 탐색이 있다.

8.13 1부 요약: 차원

이 장에서 이 책의 1부가 끝난다. 1부에서는 개별적인 방법을 단순히 모아 놓은 것이 아닌, 방법들 전반에 걸쳐 존재하는 개념들의 일관성 있는 집합으로서 강화학습을 제시하고자 노력했다. 각 개념은 방법들이 변화하는 길을 제시하는 하나의 차원으로 생각할 수 있다. 그러한 차원들의 집합은 가능한 방법들이 존재하는 큰 공간을 아우른다. 각 차원의 수준에서 이 공간을 탐험함으로써 가장 폭넓고 가장 오래 지속되는 이해에 도달하고자 하는 희망을 갖게 된다. 이번 절에서는 이 책에서 지금까지 개발한 강화학습의 관점을 요약하기 위해 방법들이 존재하는 공간에서의 차원이라는 개념을 사용할 것이다.

이 책에서 지금까지 탐구한 모든 방법은 세 가지 핵심 개념을 공유한다. 첫째, 이 방법들은 모두 가치 함수의 추정값을 찾고자 한다. 둘째, 실제 또는 가능한 상태 궤적을 따라 가치를 보강함으로써 작동한다. 셋째, 일반화된 정책 반복GPI의 일반적인 전략을 따른다. 이것은 그들이 근사적 가치 함수와 근사적 정책을 유지하고 계속해서 이 둘 중 하나를 다른 하나에 기반하여 향상시키고자 노력한다는 뜻이다. 이 세 가지 개념은 이 책에서 다루는 주제의 핵심을 이룬다. 이 책에서는 그것이 인공적인 것이든 자연적인 것이든 상관없이 지능에 대한 모든 모델과 잠재적으로 관련 있는 강력한 구성 원리로서 가치 함수, 가치 갱신의 보강, GPI를 제안한다.

방법들이 변화하는 경로가 되는 가장 중요한 두 가지 차원이 그림 8.11에 묘사되어 있다. 이러한 차원들은 가치 함수를 향상시키기 위해 사용되는 갱신의 종류와 관계가 있다. 수평 방향의 차원은 그 방법들이 (표본 궤적을 기반으로 하는) 표본 갱신인지 (가능한 궤적의 분포를 기반으로 하는) 기댓값 갱신인지를 나타낸다. 기댓값 갱신은 분포 모델을 필요로 하는 반면에, 표본 갱신은 오직 표본 모델만을 필요로 하거나 (또 다른 차원의 변형으로서) 아무런 모델 없이 실제 경험으로부터 수행될 수 있다. 그림 8.11의 수직 방향 차원은 갱신의 깊이, 즉 부트스트랩의 정도$_{degree}$에 해당한다. 공간의 네 모퉁이 중 세 모퉁이에는 가치를 추정하는 세 가지 주요 방법이 있다. 바로 동적 프로그래밍, TD, 그리고 몬테카를로다. 공간의 왼쪽 모서리를 따라서는 단일 단계 TD 갱신에서부터 전체 이득 몬테카를로 갱신에 이르기까지의 표본 갱신 방법이 있다. 이 둘 사이에는 n단계 갱신(12장에서는 이것을 적격 흔적에 의해 구현되는 λ 갱신 같은 n단계 갱신의 혼합으로 확장할 것이다)을 기반으로 하는 방법을 포함하는 스펙트럼이 존재한다.

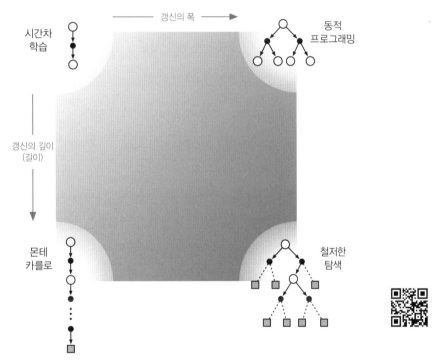

그림 8.11 강화학습 방법이 존재하는 공간을 자른 단면으로, 이 책의 1부에서 탐구한 가장 중요한 차원 두 가지를 강조하고 있다. 바로 갱신의 깊이와 폭이다.

동적 프로그래밍 방법은 단일 단계 기댓값 갱신을 포함하기 때문에 공간의 가장 우상단 모퉁이에 보인다. 우하단 모퉁이는 기댓값 갱신이 너무 깊어서 종단 상태까지(또는 연속적인 문제에서는 할인으로 인해 더 이상의 보상이 거의 기여를 못 할 때까지) 계속 수행되는 극단적인 경우를 나타낸다.

이것은 철저한 탐색의 경우에 해당한다. 이 차원을 따라 존재하는 중간 단계의 방법에는 경험적 탐색 및 그와 관련된 방법으로서 한계 깊이까지, 어쩌면 선택적으로 탐색과 갱신을 수행하는 방법이 포함된다. 수평 방향의 차원을 따라 존재하는 중간 단계의 방법들도 있다. 이러한 방법에는 기댓값 갱신과 표본 갱신을 혼합하는 방법과 더불어, 단일 갱신 내에서 표본과 분포를 혼합하는 방법들이 포함될 수 있다. 이러한 모든 중간 단계의 방법을 나타내기 위해 사각형의 내부에 색을 칠했다.

이 책에서 강조한 세 번째 차원은 활성 정책과 비활성 정책 사이의 이분법적 구분이다. 전자의 경우, 학습자는 현재 학습자가 따르고 있는 정책에 대한 가치 함수를 학습한다. 반면에, 후자의 경우에는 종종 학습자가 현재로서 최선이라고 생각하는, 현재 정책과는 다른 정책에 대한 가치 함수를 학습한다. 탐험에 대한 필요성 때문에 행동을 만들어 내는 정책은 현재 최선이라고 생각되는 정책과는 일반적으로 다르다. 이 세 번째 차원은 그림 8.11이 있는 종이 면에 수직인 것으로 시각화될 수도 있다.

방금 논의한 세 가지 차원 외에도 이 책에서는 많은 차원을 확인했다.

이득의 정의 문제가 에피소딕인가, 연속적인가? 할인되었는가, 할인되지 않는가?

행동 가치 대 상태 가치 대 이후상태의 가치 어떤 종류의 가치가 추정되어야 하는가? 오직 상태 가치만 추정된다면, 모델 또는 (행동자-비평자 방법에서와 같은) 분리된 정책이 행동 선택을 위해 필요하다.

행동 선택/탐험 탐험과 활용 사이에서 적합한 균형을 잡는 것을 보장하기 위한 행동은 어떻게 선택되는가? 이러한 선택을 위한 가장 간단한 방법만을 다루었다. 입실론 탐욕적, 가치의 긍정적 초기화, 소프트맥스, 신뢰 상한이 바로 그러한 방법들이다.

동기 대 비동기 모든 상태에 대한 갱신이 동시에 수행되는가, 아니면 한 번에 하나씩 수행되는가?

실제 대 시뮬레이션 실제 경험을 기반으로 갱신해야 하는가, 아니면 시뮬레이션된 경험을 기반으로 갱신해야 하는가? 만약 둘 다라면, 각각의 비중을 얼마로 배분해야 하는가?

갱신 위치 어떤 상태 또는 상태-행동 쌍이 갱신되어야 하는가? 모델을 이용하지 않는 방법은 실제로 마주친 상태와 상태-행동 쌍 중에서만 선택할 수 있다. 하지만 모델 기반 방법은 임의의 상태와 상태-행동 쌍을 선택할 수 있다. 여기에는 많은 가능성이 내포되어 있다.

갱신 시각 갱신은 행동 선택의 일환으로 수행되어야 하는가, 아니면 오직 행동 선택이 완료된 이후에 수행되어야 하는가?

갱신을 위한 메모리 얼마나 오랫동안 갱신된 가치를 저장해야 하는가? 영구적으로 저장되어야 하는가, 아니면 경험적 탐색에서와 같이 오직 행동 선택을 계산하는 동안에만 저장하면 되는가?

물론, 이러한 차원들은 철저하지도 않고 서로 배타적이지도 않다. 개개의 알고리즘은 그 밖의 많은 면에서도 서로 다르고, 많은 알고리즘은 여러 가지 차원을 따라 여러 가지로 구분된다. 예를 들면, 다이나 방법은 동일한 가치 함수에 영향을 주기 위해 실제 경험과 시뮬레이션된 경험을 모두 사용한다. 다양한 방식으로 계산된, 또는 다양한 상태와 행동에 대해 계산된 다양한 가치 함수를 유지하는 것 또한 완벽하게 합리적이다. 하지만 이러한 차원들은 가능한 방법들을 포함하는 넓은 범위를 설명하고 탐구하기 위한 개념들의 일관성 있는 집합을 구성한다.

여기 언급되지 않았고 이 책의 1부에서도 다루지 않은 가장 중요한 차원은 함수 근사에 대한 차원이다. 함수 근사는 한쪽 끝에 있는 표 기반의 방법에서부터 상태 결집, 선형 방법의 다양성, 비선형 방법의 다양한 집합에 이르기까지의 가능성에 대한 직교 스펙트럼orthogonal spectrum으로 볼 수 있다. 이 차원은 이 책의 2부에서 다룰 것이다.

참고문헌 및 역사적 사실

8.1 여기 제시된 계획과 학습에 대한 전반적인 생각은 수년 동안 점진적으로 개발되었다. 이 과정에 필자도 부분적으로 기여했다(서튼, 1990, 1991a, 1991b; 바르토, 브래드케, 싱, 1991, 1995; 서튼과 피넷Sutton and Pinette, 1985; 서튼과 바르토, 1981b). 이러한 생각들은 아그리와 채프먼(Agre and Chapman, 1990; 아그리 1988), 베르트세카스와 치치클리스(1989), 싱(1993), 그리고 그 밖의 연구에 의해 많은 영향을 받은 것이다. 필자들은 또한 잠재적 학습에 대한 심리학적 연구(톨만Tolman, 1932)와 생각의 본성에 대한 심리학적 관점(**예** 갈란터와 게르스텐하버Galanter and Gerstenhaber, 1956; 크레이크Craik, 1943; 캠벨Campbell, 1960; 데넷Dennett, 1978)으로부터 강한 영향을 받았다. 이 책의 3부에서는 14.6절에서 모델 기반 및 모델 없는 방법을 학습과 행동의 심리학적 이론들과 연관 짓는다. 그리고 15.11절에서는 어떻게 뇌가 이러한 유형의 방법을 구현할 수 있을지에 대해 논의한다.

8.2 다양한 종류의 강화학습을 설명하기 위해 사용하는 '직접적'이라는 용어와 '간접적'이라는 용어는 적응 제어 관련 문헌에서 차용한 것이다(**예** 굿윈과 신Goodwin and Sin, 1984). 강화학습에서 이 용어를 사용하여 구분하려는 것과 같은 종류의 구분을 하기 위해 적응 제어 분야에서도 이 용어를 사용한다. **시스템 식별**system identification이라는 용어는 이 책에서 **모델학습**이라고 부르는 것을 나타내기 위해 적응 제어 분야에서 사용하는 용어

다(예 굿윈과 신, 1984; 융과 쉐더스트롬Ljung and Söderstrom, 1983; 영Young, 1984). 다이나의 구조는 서튼(1990)이 처음 제안했고, 이 절과 다음 절에 등장하는 결과는 서튼(1990)의 연구 결과를 기반으로 하고 있다. 바르토와 싱(1990)의 연구는 직접적 강화학습과 간접적 강화학습의 방법을 비교하는 몇 가지 문제를 고려한다. 다이나를 선형 함수 근사로 확장하는 초기의 연구(9장)는 서튼, 세페스바리, 게라미파드, 볼링(Sutton, Szepesvári, Geramifard, and Bowling, 2008)과 파르, 리, 테일러, 페인터-웨이크필드, 리트만(Parr, Li, Taylor, Painter-Wakefield, and Littman, 2008)이 수행했다.

8.3 탐험 보너스exploration bonus와 긍정적 초기화의 개념을 논리적 허용 한계까지 취하는 모델 기반 강화학습을 이용한 연구가 많이 수행되어 왔다. 이러한 연구에서는 불완전하게 탐험된 모든 선택이 최대의 보상을 준다고 가정하고 이를 테스트하기 위한 최적 경로를 계산한다. 컨스와 싱(Kearns and Singh, 2002)의 E^3 알고리즘과 브라프만과 테넨홀츠(Brafman and Tennenholtz, 2003)의 R-맥스R-max 알고리즘은 상태와 행동의 개수에 대한 다항 함수 시간 동안 근최적near-optimal 해법을 찾는 것을 보장한다. 실제로 적용하기에는 너무 느리지만, 아마도 최악의 경우에 수행될 수 있는 가장 빠른 알고리즘일 것이다.

8.4 우선순위가 있는 일괄처리는 무어와 앳케슨(Moore and Atkeson, 1993), 펭과 윌리엄스(Peng and Williams, 1993)가 동시에 독립적으로 개발했다. 204쪽의 글상자에 있는 결과는 펭과 윌리엄스(1993)의 결과이고, 205쪽의 글상자에 있는 결과는 무어와 앳케슨의 결과다. 이 분야의 후속 연구로서 핵심이 되는 것에는 맥마한과 고든(McMahan and Gordon, 2005) 및 반 세이젠과 서튼(2013)의 연구가 포함된다.

8.5 이 절은 싱(1993)의 실험에 의해 큰 영향을 받았다.

8.6-7 궤적 표본추출은 강화학습이 시작될 때부터 암묵적으로 강화학습의 한 부분이었지만, 바르토, 브래드케, 싱(1995)이 RTDP를 소개하면서 가장 분명하게 강조되었다. 그들은 코르프(1990)의 **실시간 A* 학습**Learning Real-Time A*, LRTA* 알고리즘이 코르프가 집중하고 있었던 결정론적인 문제뿐만 아니라 확률론적인 문제에도 적용되는 비동기 DP 알고리즘이라는 사실을 알아차렸다. LRTA*를 넘어, RTDP는 행동의 실행 사이의 시간 간격에 존재하는 많은 상태의 가치를 갱신하는 기능을 포함한다. 바르토 외(1995)는 할인이 없는 확률론적 최단 거리 문제에 대해 비동기 DP의 수렴성을 보장하는 베르트세카스 (1982, 또는 베르트세카스와 치치클리스(1989))의 결과를 코르프(1990)의 LRTA*에 대한 수렴성 증명과 결합하여 이 책에 제시된 수렴 결과를 증명했다. 모델학습과 RTDP를

결합한 것은 **적응**adaptive RTDP라고 불리는데, 이것 또한 바르토 외(1995)가 제시했으며, 이후에 바르토(2011)가 다시 논의했다.

8.9 경험적 탐색에 대한 자세한 내용은 러셀과 노르빅(Russell and Norvig, 2009)이나 코르프(1988) 같은 교재 및 조사 논문을 보기를 권유한다. 펭과 윌리엄스(1993)는 이 절에서 제안한 것처럼 갱신의 전방 초점을 다룬 많은 연구를 수행했다.

8.10 에이브럼슨(Abramson, 1990)의 기대 결과expected-outcome 모델은 두 명의 시뮬레이션된 게임 참가자가 무작위로 게임을 수행하는 게임에 적용된 주사위 던지기 알고리즘이다. 에이브럼슨은 게임이 무작위 선택으로 진행되지만 알고리즘은 '강한 경험적powerful heuristic' 특성을 갖는다고 주장했다. 여기서 말하는 강한 경험적 특성은 '정밀하고, 정확하고, 쉽게 추정 가능하고, 효율적으로 계산 가능하고, 도메인domain에 무관한' 특성을 의미한다. 테사우로와 갈페린(1997)은 백게먼 프로그램의 게임 능력을 향상시키기 위한 주사위 던지기 알고리즘의 효과성을 증명해 보였다. 여기서 '주사위 던지기rollout'라는 용어는 주사위를 던져서 무작위로 발생하는 숫자의 서로 다른 나열을 이용하여 백게먼의 위치를 선택하는 것을 평가하는 데서 사용되었던 용어를 차용한 것이다. 베르트세카스, 치치클리스, 우(Bertsekas, Tsitsiklis, and Wu, 1997)는 조합적combinatorial 최적 문제에 적용하기 위해 주사위 던지기 알고리즘을 분석했고, 베르트세카스(2013)는 이산적 결정론적 최적 문제에 주사위 던지기 알고리즘을 사용한 사례를 조사하면서 이 알고리즘에 대해 '종종 놀라울 정도로 효율적'이라고 평가했다.

8.11 MCTS의 핵심 개념은 쿨롬(Coulom, 2006) 및 코시스와 세페스바리(Kocsis and Szepesvári, 2006)가 처음 소개했다. 그들은 필자가 심사했던, 몬테카를로 계획 알고리즘을 적용한 이전의 연구를 더욱 발전시켰다. 브라운, 파울리, 화이트하우스, 루카스, 카울링, 롤프쉐겐, 태버너, 페레스, 사모스라키스, 콜턴(Browne, Powley, Whitehouse, Lucas, Cowling, Rohlfshagen, Tavener, Perez, Samothrakis, and Colton, 2012)의 연구 논문은 MCTS 방법 및 적용 사례에 대한 훌륭한 조사 논문이다. 데이비드 실버David Silver는 이 절에 등장하는 개념과 이 절에서 제시한 것들에 도움을 주었다.

II

근사적 해법

이 책의 2부에서는 1부에서 제시했던 표 기반의 방법을 확장하여 임의의 큰 규모를 갖는 상태 공간을 다루는 문제에 적용한다. 강화학습을 적용하고자 하는 많은 문제에서 상태 공간은 조합적이고 방대하다. 예를 들면, 가능한 카메라 이미지의 수가 우주 안의 원자 수보다 많다. 이런 경우에는 시간과 데이터의 양을 무한으로 보내는 극한을 취한다고 해도 최적 정책이나 최적 가치 함수를 찾는 것은 기대할 수 없다. 따라서 최적의 것을 찾는 대신 제한된 계산 능력을 이용하여 좋은 근사적 해를 찾는 것이 목표다. 이 책의 2부에서는 그러한 근사적 해를 구하는 방법을 탐구할 것이다.

큰 상태 공간을 다룰 때는 비단 큰 표를 채우는 데 필요한 메모리만이 문제가 되는 것은 아니다. 큰 표를 정확하게 채우기 위한 시간과 데이터도 문제다. 해결해야 할 많은 문제에서 마주치는 거의 모든 상태는 전에는 한 번도 본 적이 없는 것들일 것이다. 그러한 상태에서 합리적인 결정을 내리려면, 현재 마주친 상태와 어떤 의미에서는 유사성을 갖는다고 할 수 있는 이전에 마주쳤던 다른 상태들로부터 일반화를 하는 것이 필요하다. 다시 말해, 핵심적인 문제는 바로 **일반화**generalization의 문제인 것이다. 상태 공간의 제한된 부분집합에 속하는 상태들에 대한 경험이 어떻게 유용하게 일반화되어서 훨씬 더 큰 상태 집합에 대해 좋은 근사를 할 수 있을까?

다행히도, 예제로부터 일반화하는 것은 이미 방대하게 연구되어 왔기 때문에 강화학습에 일반화를 적용하기 위해 완전히 새로운 방법을 발명할 필요는 없다. 어느 정도까지는 기존의 일반화 방법을 강화학습 방법과 결합하기만 하면 된다. 이때 필요한 일반화의 종류는 일반적으로 **함수 근사**function approximation라고 불린다. 그것이 목표desired 함수(예를 들면, 가치 함수)로부터 예제를 취하고 전체 함수를 근사하기 위해 그 예제로부터 일반화를 시도하기 때문이다. 함수 근사는 기계학습, 인공 신경망, 패턴 인식, 통계적 곡선 맞춤curve fitting 분야에서 주된 주제인 **지도학습**supervised learning의 한 종류다. 이론적으로는, 이러한 분야에서 연구되는 어떤 방법도 강화학습 알고리즘 내에서 함수 근사의 역할을 수행하는 데 활용될 수 있다. 비록 실제로는 다른 방법보다 이 역할을 더 잘 수행하는 방법이 있겠지만 말이다.

함수 근사를 적용한 강화학습은 전통적인 지도학습에서 보통은 발생하지 않는 많은 새로운 이슈를 갖는다. 비정상성nonstationarity, 부트스트랩, 지연된 목표가 바로 그러한 것들이다. 앞으로 나올 5개의 장에서 이러저러한 이슈들을 계속해서 소개할 것이다. 처음에는 활성 정책 훈련에만 집중할 것이다. 이를 위해 정책이 주어지고 오직 가치 함수만을 근사하는 예측 문제를 9장에서 다룰 것이고, 그다음에는 10장에서 최적 정책에 대한 근사를 찾는 제어 문제를 다룰 것이다. 함수 근사를 적용한 비활성 정책 학습 같은 어려운 문제는 11장에서 다룰 것이다. 이 세 장 각각을 다루면서 함수 근사를 고려하기 위해 처음의 원리를 다시 생각하고 학습의 목적을 다시 검토해야 할 것이다. 12장에서는 많은 경우에 있어서 다단계 강화학습 방법의 계산 특성을 극적으로 향상시키는 **적격 흔적**eligibility trace의 알고리즘적 메커니즘을 소개하고 분석할 것이다. 이 2부의 마지막 장에서는 제어를 수행하는 또 다른 접근법인 **정책 경사도 방법**policy-gradient method을 다룰 것이다. 이 방법은 최적 정책을 직접적으로 근사하면서도 근사적 가치 함수의 형성을 필요로 하지 않는다(비록 정책과 함께 가치 함수도 근사한다면 훨씬 더 효율적일 수도 있지만).

CHAPTER

09

근사를 이용한 활성 정책 예측

이 장에서는 활성 정책 데이터로부터 상태 가치 함수를 추정하는 과정, 즉 알고 있는 정책 π를 이용하여 생성된 경험으로부터 v_π를 근사하는 과정에 함수 근사를 사용하는 것을 고려함으로써 강화학습에서의 함수 근사에 대한 논의를 시작하겠다. 이 장에서 새로운 부분은 근사적 가치 함수가 표 형태로 표현되지 않고 가중치 벡터 $\mathbf{w} \in \mathbb{R}^d$를 갖는 파라미터화된 함수 형태로 표현된다는 것이다. 가중치 벡터가 $\mathbf{w}$일 때, 상태 s의 근사적 가치를 $\hat{v}(s, \mathbf{w}) \approx v_\pi(s)$와 같이 표현할 것이다. 예를 들어 $\hat{v}$는 상태의 특징들에 대한 선형 함수이고, $\mathbf{w}$는 특징들의 가중치 벡터일 수도 있다. 좀 더 일반적으로, $\hat{v}$는 다층multi-layer 인공 신경망에 의해 계산된 함수이고, $\mathbf{w}$는 모든 층에서의 연결 가중치 벡터일 수도 있다. 가중치를 조정함으로써, 넓은 범위에 속하는 다양한 함수들이 신경망에 의해 구현될 수 있다. 아니면 $\hat{v}$는 결정 트리decision tree에 의해 계산되는 함수일 수도 있다. 여기서 $\mathbf{w}$는 트리의 분기점split point과 리프의 가치를 정의하는 모든 숫자다. 일반적으로, 가중치의 개수($\mathbf{w}$의 차원)는 상태의 개수보다 훨씬 적고($d \ll |\mathcal{S}|$), 하나의 가중치를 바꾸면 많은 상태의 가치 추정값이 바뀐다. 결과적으로, 하나의 상태가 갱신될 때 그에 따른 변화는 그 상태로부터 일반화되어 다른 많은 상태의 가치에 영향을 준다. 이러한 **일반화**generalization가 학습을 잠재적으로 더 강력하게 만들지만, 한편으로는 관리하고 이해하기가 잠재적으로 더 어려워진다.

어찌 보면 놀랍게도, 강화학습을 함수 근사로 확장하는 것이 다른 한편으로는 학습자가 전체 상태에 접근할 수 없는, 부분적으로 관측 가능한 문제에 강화학습을 적용할 수 있게 만든다. $\hat{v}$에 대해 파라미터화된 함수의 형태가 가치 추정값으로 하여금 상태의 특정 측면에 의존하지 못하게 한다면, 그것은 마치 그러한 측면들을 관측할 수 없는 것과 같다. 사실, 이 책의 2부에 제시된 함수 근사를 사용하는 방법을 가정한 모든 이론적 결과는 부분적으로만 관측 가능한 경우에도 동일하게 적용된다. 하지만 함수 근사는 상태에 대한 표현을 이전 관측에 대한 기억과 결합하지는 못한다. 이러한 것이 가능한 몇몇 확장된 방법은 17.3절에서 간단하게 논의할 것이다.

9.1 가치 함수 근사

이 책에서 다루는 모든 예측 방법은 특정 상태에서의 가치를 그 상태에 대한 '보강된 가치' 또는 **갱신 목표**update target를 향해 이동시키기 위한 가치 함수 추정값의 갱신으로 설명된다. 개별적인 갱신을 $s \mapsto u$로 나타내기로 하자. 여기서 s는 갱신의 대상인 상태이고, u는 s의 가치 추정값이 도달해야 하는 갱신의 목표다. 예를 들어 가치 예측을 위한 몬테카를로 갱신은 $S_t \mapsto G_t$이고, TD(0) 갱신은 $S_t \mapsto R_{t+1} + \gamma \hat{v}(S_{t+1}, \mathbf{w}_t)$이며, n단계 TD 갱신은 $S_t \mapsto G_{t:t+n}$이다. 동적 프로그래밍의 정책 평가 갱신 $s \mapsto \mathbb{E}_\pi[R_{t+1} + \gamma \hat{v}(S_{t+1}, \mathbf{w}_t) \mid S_t = s]$에서는 임의의 상태 s가 갱신되는 반면, 다른 경우의 갱신에서는 실제 경험에서 마주치는 상태 S_t가 갱신된다.

각각의 갱신을 가치 함수의 입출력 관계에 대한 바람직한 예제를 지정하는 것으로 해석하는 것이 자연스럽다. 어떤 의미에서 갱신 $s \mapsto u$는 상태 s에 대한 가치 추정값이 갱신 목표인 u에 더 가까워야 한다는 것을 의미한다. 지금까지, 실제 갱신은 아주 사소한 것이었다. 다시 말해, 표에 들어 있는 s의 가치 추정값이 단순히 u를 향하는 경로를 따라 조금씩 이동하고, 다른 모든 상태의 가치 추정값은 변하지 않고 남아 있는 것이었다. 이제 임의의 복잡하고 세련된 방법을 이용하여 갱신을 구현할 것이고, 그러면 s에서의 갱신이 일반화되어 다른 모든 상태의 가치 추정값도 변화할 것이다. 입출력 예제를 모사하기 위해 이러한 방식으로 학습하는 기계학습 방법을 **지도학습**supervised learning 방법이라 하고, 출력이 u와 같은 숫자일 경우 이 과정은 종종 **함수 근사** function approximation라고도 한다. 함수 근사 방법은 근사하려고 하는 함수의 바람직한 입출력 관계를 나타내는 예제가 주어진다는 것을 전제로 한다. 이 책에서는 각 갱신에 대한 $s \mapsto u$의 관계를 단순히 훈련 예제로 활용함으로써 함수 근사를 이용하여 가치 예측을 수행할 것이다. 그래서 그 결과로 도출되는 근사 함수를 가치 함수의 추정값으로 간주할 것이다.

이러한 방식으로 각각의 갱신을 전통적인 훈련 예제로 바라봄으로써 폭넓게 존재하는 함수 근사 방법을 활용하여 가치 예측을 수행할 수 있다. 원칙적으로는, 예제로부터 학습하는 지도학습을 위해 인공 신경망, 결정 트리, 다양한 종류의 다변수 회귀multivariate regression를 비롯한 어떤 방법이라도 사용할 수 있다. 하지만 함수 근사 방법이 모두 강화학습에 적합하게 적용될 수 있는 것은 아니다. 가장 세련된 인공 신경망과 통계적 방법은 모두 여러 번의 훈련 과정에 활용되는 정적 훈련 데이터의 집합을 가정한다. 하지만 강화학습에서는 학습자가 환경이나 환경의 모델과 상호작용하며 온라인으로 학습할 수 있는 능력이 중요하다. 이렇게 하려면 점증적으로 획득되는 데이터로부터 효율적으로 학습할 수 있는 방법이 필요하다. 또한, 강화학습은 일반적으로 비정상nonstationary 목표 함수(시간에 따라 변하는 목표 함수)를 다룰 수 있는 함수 근사 방법을 필요로 한다. 예를 들면, GPI를 기반으로 하는 제어 방법에서는 종종 π가 변화하는 동안 q_π를 학습하고자 한다. 정책이 변하지 않고 그대로 남아 있다 해도, 훈련 예제의 목표 가치가 부트스트랩 방법(DP 학습과 TD 학습)으로 생성되었다고 하면 그것은 비정상적nonstationary이다. 이러한 비정상성을 쉽게 다루지 못하는 방법을 강화학습에 적용하는 것은 그다지 적합하지 않다.

9.2 예측 목적($\overline{\text{VE}}$)

지금까지 예측의 분명한 목적을 명시하지 않았다. 표를 기반으로 하는 경우에는 예측의 품질을 연속적으로 측정할 필요가 없었다. 학습된 가치 함수가 실제 가치 함수와 정확하게 같아질 수 있었기 때문이다. 더욱이, 각 상태에서 학습된 가치는 분리되어 있었다. 즉, 한 상태에서의 갱신이 다른 상태에 영향을 주지 않았다. 하지만 진정한 근사를 하면서 한 상태에서의 갱신은 다른 많은 상태에 영향을 주게 되었고, 모든 상태에 대해 가치를 정확하게 추정하는 것이 불가능해졌다. 가중치보다 훨씬 많은 수의 상태를 갖는다고 가정함으로써, 한 상태의 가치 추정값을 더 정확하게 만드는 것은 언제나 다른 상태를 덜 정확하게 만드는 것을 의미하게 된다. 그래서 어떤 상태를 가장 우선시할 것인지를 말해야 하는 상황이 되었다. 따라서 각 상태 s에 대해 가치 추정의 오차를 줄이는 노력을 얼마나 기울일 것인가를 나타내는 상태 분포 $\mu(s) \geq 0, \sum_a \mu(s) = 1$을 명시해야 한다. 여기서 상태 s에서의 가치 추정 오차라는 것은 근사 가치 $\hat{v}(s, \mathbf{w})$와 실제 가치 $v_\pi(s)$의 차이를 제곱한 것을 의미한다. 상태 공간에 걸쳐 이 오차에 가중치 μ를 할당함으로써 자연스러운 목적 함수, 즉 $\overline{\text{VE}}$로 표현되는 **평균 제곱 가치 오차**Mean Squared Value Error를 얻는다.

$$\overline{\text{VE}}(\mathbf{w}) \doteq \sum_{s \in \mathcal{S}} \mu(s) \Big[v_\pi(s) - \hat{v}(s, \mathbf{w}) \Big]^2 \qquad \text{(식 9.1)}$$

이 오차의 제곱근, 즉 제곱근 $\overline{\text{VE}}$는 근사 가치가 실제 가치와 얼마나 차이를 갖는지에 대한 대략적인 지표가 되며 그래프에서 종종 쓰인다. 대체로 $\mu(s)$는 상태 s에서 소비된 시간의 비율이 되도록 선택된다. 활성 정책 훈련의 경우 이것은 **활성 정책 분포**on-policy distribution라고 불린다. 이 장에서는 전적으로 이러한 경우에 대해서만 다룰 것이다. 연속적인 문제에서 활성 정책 분포는 정책 π를 따르는 정상stationary 분포다.

에피소딕 문제의 활성 정책 분포

에피소딕 문제에서는 에피소드의 초기 상태가 어떻게 선택되는지에 따라 활성 정책 분포가 영향을 받는다는 점에서 다른 문제에 비해 활성 정책 분포가 조금 다르다. 에피소드가 각 상태 s에서 시작할 확률을 $h(s)$로 나타내고, 단일 에피소드의 상태 s에서 평균적으로 소비된 시간 단계의 수를 $\eta(s)$로 나타내기로 하자. 에피소드가 s에서 시작하거나, 시간을 소비한 이전 상태 $\bar{s}$로부터 s로의 상태 전이가 발생한다면, 상태 s에서 시간을 소비하게 된다.

$$\text{모든 } s \in \mathcal{S}\text{에 대해} \quad \eta(s) = h(s) + \sum_{\bar{s}} \eta(\bar{s}) \sum_a \pi(a|\bar{s}) p(s|\bar{s}, a) \tag{식 9.2}$$

이 연립 방정식을 풀어서 상태를 마주친 횟수에 대한 기댓값 $\eta(s)$를 구할 수 있다. 그러면 활성 정책 분포는 각 상태에서 소비된 시간의 비율을 정규화한 것이 되고, 이를 다 더하면 1이 된다.

$$\text{모든 } s \in \mathcal{S}\text{에 대해} \quad \mu(s) = \frac{\eta(s)}{\sum_{s'} \eta(s')} \tag{식 9.3}$$

이것은 할인이 없는 경우에 행해지는 자연스러운 선택이다. 만약 할인이 있다면($\gamma < 1$) 이 문제는 종단termination의 형태로 다루어야 하는데, 이렇게 하기 위해서는 단순히 식 9.2의 두 번째 항에 γ의 요소만 포함시키면 된다.

두 가지 경우의 문제, 즉 연속적인 문제와 에피소딕 문제는 서로 유사하게 작동한다. 하지만 근사를 활용하면, (이 책의 2부에서 반복적으로 확인하겠지만) 이 둘에 대한 형식적인 분석은 따로 분리되어야 한다. 이것이 학습의 목적을 분명하게 만든다.

하지만 강화학습에서 $\overline{VE}$가 올바른 성능 목적이라는 사실은 완전하게 명확하지는 않다. 궁극적인 목적, 즉 가치 함수를 학습하는 이유가 더 좋은 정책을 찾기 위해서임을 기억하라. 이러한 목적에 부합하는 가장 좋은 가치 함수가 $\overline{VE}$를 최소화하는 가치 함수일 필요는 없다. 그럼에도 불구하고, 가치 예측을 위한 유용한 목표로서 더 나은 대안이 무엇인지는 아직 명확하지 않다. 지금으로서는 $\overline{VE}$에 초점을 맞출 것이다.

$\overline{VE}$의 측면에서 이상적인 목표는 모든 가능한 $\mathbf{w}$에 대해 $\overline{VE}(\mathbf{w}^*) \leq \overline{VE}(\mathbf{w})$를 만족하는 가중치 벡터 전체를 대상으로 **전역 최적값**global optimum인 $\mathbf{w}^*$을 찾는 것이다. 이러한 목표는 선형 함수

같은 간단한 함수의 근사에서는 때때로 달성 가능하지만, 인공 신경망과 결정 트리 같은 복잡한 함수의 근사에서는 좀처럼 가능하지 않다. 따라서 이렇게 하는 대신, 복잡한 함수를 근사할 경우에는 $\mathbf{w}^*$ 근처의 모든 $\mathbf{w}$ 중에서 $\overline{VE}(\mathbf{w}^*) \leq \overline{VE}(\mathbf{w})$를 만족하는 가중치 벡터를 대상으로 **지역적 최적값**local optimum인 $\mathbf{w}^*$로 수렴하는 것을 찾으려고 할 수도 있다. 비록 지역적 최적값을 찾았다고 해서 그것이 전역 최적값임을 보장하지는 못하지만, 비선형 함수 근사에서는 일반적으로 이것이 찾을 수 있는 최선이고 이것으로도 충분한 경우가 꽤 있다. 하지만 강화학습 분야에서 관심을 끌고 있는 많은 문제에 있어서, 최적의 값 또는 최적값 근처의 제한된 영역으로라도 값이 수렴한다는 것을 보장하지는 못한다. 사실, 어떤 방법에서는 극한의 상황에서 $\overline{VE}$가 무한으로 가며 발산할 수도 있다.

바로 전의 두 절에서 가치 예측을 위한 강화학습의 다양한 방법을 다양한 함수 근사 방법과 결합하기 위한 구조를 요약하면서 함수 근사를 위해 강화학습의 갱신을 이용하여 훈련 예제를 생성하는 것을 이용했다. 또한, 이러한 방법들이 최소화하려고 애쓰는 $\overline{VE}$ 성능 지표에 관해 설명했다. 가능한 함수 근사 방법의 범위를 모두 다루기에는 그 범위가 너무 넓다. 그리고 어찌 되었든 신뢰할 만한 평가와 추천을 하기에는 대부분의 방법에 대한 정보가 거의 없다. 어쩔 수 없이 이 책에서는 오직 몇 가지 가능성만을 고려하겠다. 이 장의 나머지 부분에서는 경사도 원리gradient principle를 기반으로 하는, 그리고 특히 선형 경사도 강하linear gradient-descent 방법을 기반으로 하는 함수 근사 방법에 초점을 맞출 것이다. 이러한 방법에 초점을 맞추는 이유는 한편으로는 이 방법들이 특별히 유망하다고 생각하기 때문이고, 다른 한편으로는 이 방법들이 핵심적인 이론적 이슈를 드러내기 때문이다. 하지만 이 방법들이 간단하고 이 책의 지면이 부족하다는 또 다른 이유도 있다.

9.3 확률론적 경사도와 준경사도 방법

이제, 가치 예측 과정에서 함수 근사를 하기 위한 한 종류의 학습 방법을 자세하게 설명할 것이다. 이 학습 방법은 확률론적 경사도 강하Stochastic-Gradient Descent, SGD를 기반으로 하는 방법이다. SGD 방법은 모든 함수 근사 방법 중 가장 폭넓게 사용되는 방법이고, 특히 온라인 강화학습에 잘 들어맞는다.

경사도 강하 방법에서는 가중치 벡터가 고정된 개수의 실숫값을 원소로 갖는 열 벡터 $\mathbf{w} \doteq (w_1, w_2, \ldots, w_d)^\top$ [1]이고, 근사적 가치 함수 $\hat{v}(s, \mathbf{w})$는 모든 $s \in \mathcal{S}$에 대해 미분 가능한 $\mathbf{w}$의 함수다.

---

1 여기서 첨자 $\top$는 본문에 표현된 수평 방향의 행 벡터를 수직 방향의 열 벡터로 바꾸는 데 필요한 행/열 변경(transpose)을 의미한다. 이 책에서는 벡터를 분명하게 수평 방향으로 표시하거나 행/열 변경 표시를 하지 않는 한, 일반적으로 열 벡터로 간주한다.

이산적 시간 간격의 나열 $t = 0, 1, 2, 3, ...$을 이루고 있는 각각의 시간 단계에서 갱신을 수행할 것이므로, 각 단계에서의 가중치 벡터를 $\mathbf{w}_t$로 표현할 필요가 있다. 당분간은 (아마도 무작위로 선택된) 상태 S_t 및 해당 정책하에서 그 상태의 실제 가치로 구성되는 새로운 예제 $S_t \mapsto v_\pi(S_t)$를 각 단계에서 관측한다고 가정하자. 이 상태들은 아마도 환경과의 상호작용을 통해 발생하는 연속적인 상태일 테지만, 지금은 일단 그렇게 가정하지는 않겠다. 각 상태 S_t에 대한 정확하고 올바른 가치 $v_\pi(S_t)$가 주어졌더라도, 이 책에서 설명하는 함수 근사가 제한된 자원으로부터 비롯된 제한된 해상도로 수행되기 때문에 여전히 어려운 문제가 존재한다. 특히, 모든 상태 또는 심지어 모든 예제에 정확하게 맞는 가중치를 가진 가중치 벡터 $\mathbf{w}$는 일반적으로 존재하지 않는다. 게다가, 예제에 포함되지 않은 다른 모든 상태에 대해서도 일반화를 해야 한다.

예제에 포함된 상태는 동일한 분포 μ를 갖는다고 가정한다. 그리고 그 분포에 대해 식 9.1의 $\overline{VE}$를 최소화하려고 할 것이다. 이 경우에는 관측된 예제에 대해 오차를 최소화하는 것이 좋은 전략이다. **확률론적 경사도 강하**SGD 방법은 각 예제에 대해 오차를 가장 많이 감소시키는 방향으로 가중치 벡터를 조금씩 조정함으로써 관측된 예제의 오차를 최소화한다.

$$\mathbf{w}_{t+1} \doteq \mathbf{w}_t - \frac{1}{2}\alpha\nabla\Big[v_\pi(S_t) - \hat{v}(S_t, \mathbf{w}_t)\Big]^2 \tag{식 9.4}$$

$$= \mathbf{w}_t + \alpha\Big[v_\pi(S_t) - \hat{v}(S_t, \mathbf{w}_t)\Big]\nabla\hat{v}(S_t, \mathbf{w}_t) \tag{식 9.5}$$

여기서 α는 양의 시간 간격 파라미터를 나타내고, (여기서는 $\mathbf{w}$인) 벡터를 변수로 하는 임의의 스칼라 함수인 $f(\mathbf{w})$에 대해 $\nabla f(\mathbf{w})$는 함수 $f(\mathbf{w})$를 벡터의 성분에 대해 편미분한 열 벡터를 나타낸다.

$$\nabla f(\mathbf{w}) \doteq \left(\frac{\partial f(\mathbf{w})}{\partial w_1}, \frac{\partial f(\mathbf{w})}{\partial w_2}, \ldots, \frac{\partial f(\mathbf{w})}{\partial w_d}\right)^\top \tag{식 9.6}$$

이 편미분 벡터는 $\mathbf{w}$에 대한 함수 f의 **경사도**gradient를 나타낸다. $\mathbf{w}_t$의 전체 단계가 예제의 오차를 제곱한 것(식 9.4)에 대한 음의 경사도에 비례하기 때문에 SGD 방법은 '경사도 강하' 방법이다. 경사도 강하의 방향은 오차가 가장 빠르게 감소하는 방향이다. 경사도 강하 방법은 여기에서처럼 갱신이 오직 확률론적으로 선택될 단일 예제에 대해서만 수행될 때 '확률론적'이라고 불린다. 많은 예제의 경우, 시간 간격을 작게 하는 것의 전반적인 효과는 $\overline{VE}$ 같은 평균적 성능 지표를 최소화하는 것이다.

SGD가 경사도 방향으로의 작은 간격만을 취하는 이유가 즉각적으로 분명하게 받아들여지지 않을 수도 있다. 이러한 방향으로 가지 않고도 완벽하게 예제와의 오차를 제거할 수 있을까? 많은 경우에 이것이 가능하지만, 보통 바람직하지는 않다. 모든 상태에 대해 오차가 0이 되는 가치 함수를 찾는 것이 아니라, 서로 다른 상태들 사이의 오차에 대해 균형을 맞추는 근사만을 추구하거나 기대한다는 점을 기억하라. 한 단계 만에 각 예제의 오차를 완벽하게 보정한다면, 그러한 균형을 찾을 수 없을 것이다. 사실, SGD의 수렴 결과는 α가 시간에 따라 감소한다는 것을 가정한다. α가 표준적인 확률론적 근사 조건(식 2.7)을 만족하는 그러한 방식으로 감소한다면, SGD 방법(식 9.5)이 지엽적 최적값으로 수렴함이 보장된다.

이제 이 책에서는 $U_t \in \mathbb{R}$로 표현되는, t번째 훈련 예제 $S_t \mapsto U_t$의 목표 출력값이 실제 가치 $v_\pi(S_t)$가 아니라 아마도 실제 가치의 근삿값이 되는 경우로 초점을 옮겨 보겠다. 예를 들어 U_t는 $v_\pi(S_t)$에 오차가 섞인noise-corrupted 형태일 수도 있고, 또는 이전 절에서 언급한 $\hat{v}$를 사용하는 부트스트랩의 목표 중 하나일 수도 있다. 이러한 경우에는 $v_\pi(S_t)$를 모르기 때문에 정확한 갱신(식 9.5)을 수행할 수 없지만, $v_\pi(S_t)$를 U_t로 대체함으로써 $v_\pi(S_t)$를 근사할 수 있다. 이렇게 하면 다음과 같은 상태 가치 예측을 위한 일반적인 SGD 방법이 된다.

$$\mathbf{w}_{t+1} \doteq \mathbf{w}_t + \alpha\Big[U_t - \hat{v}(S_t,\mathbf{w}_t)\Big]\nabla\hat{v}(S_t,\mathbf{w}_t) \tag{식 9.7}$$

U_t가 각각의 t에 대해 **편차 없는** 추정값이라면, 즉 $\mathbb{E}[U_t \mid S_t = s] = v_\pi(S_t)$라면, α를 감소시키기 위한 보통의 확률론적 근사 조건(식 2.7)하에서 $\mathbf{w}_t$가 지엽적 최적값으로 수렴한다는 것이 보장된다.

예를 들어, 예제에 포함된 상태가 정책 π를 사용하여 환경과 상호작용(또는 시뮬레이션된 상호작용)하는 것으로부터 생성되는 상태라고 가정하자. 어떤 상태의 실제 가치가 그 상태에 따라 발생하는 이득의 기댓값이기 때문에, 몬테카를로 목표인 $U_t \doteq G_t$는 그 정의상 $v_\pi(S_t)$의 편차 없는 추정값이 된다. 이렇게 선택함으로써, 일반적인 SGD 방법(식 9.7)은 $v_\pi(S_t)$에 대한 지엽적 최적 근삿값으로 수렴한다. 따라서 경사도 강하를 활용한 몬테카를로 상태 가치 예측으로부터 지엽적 최적해를 찾는 것이 보장된다. 완전한 알고리즘의 의사코드가 다음 글상자에 제시되어 있다.

$\hat{v} \sim v_\pi$를 추정하기 위한 경사도 몬테카를로 알고리즘

입력: 평가되어야 할 정책 π
입력: 미분 가능한 함수 $\hat{v} : \mathcal{S} \times \mathbb{R}^d \to \mathbb{R}$
알고리즘 파라미터: 시간 간격 $\alpha > 0$
가치 함수의 가중치 $\mathbf{w} \in \mathbb{R}^d$를 임의의 벡터로 초기화(예 $\mathbf{w} = \mathbf{0}$)

(각 에피소드에 대한) 무한 루프:
    정책 π를 이용하여 에피소드 $S_0, A_0, R_1, S_1, A_1, ..., R_T, S_T$를 생성
    에피소드의 각 단계 $t = 0, 1, ..., T-1$에 대한 루프:
        $\mathbf{w} \leftarrow \mathbf{w} + \alpha[G_t - \hat{v}(S_t, \mathbf{w})]\nabla\hat{v}(S_t, \mathbf{w})$

$v_\pi(S_t)$에 대한 부트스트랩 추정값이 식 9.7에 있는 목표 U_t로서 사용된다면 이와 동일한 보장을 받지 못한다. n단계 이득 $G_{t:t+n}$이나 DP 목표 $\sum_{a,s',r} \pi(a|S_t)p(s',r|S_t,a)[r + \gamma\hat{v}(s',\mathbf{w}_t)]$ 같은 부트스트랩 목표는 모두 가중치 벡터 $\mathbf{w}_t$의 현재 가치에 영향을 받는데, 이것은 부트스트랩 목표가 편차를 갖게 되어 진정한 경사도 강하 방법을 형성하지 못할 것임을 암시한다. 이것을 바라보는 한 가지 관점은 식 9.4에서 식 9.5까지의 핵심 단계가 $\mathbf{w}_t$와는 독립적으로 존재하는 목표에 영향을 받는다고 보는 것이다. 부트스트랩 추정값이 $v_\pi(S_t)$ 대신 사용된다면 이 핵심 단계는 유효하지 않을 것이다. 사실, 부트스트랩 방법은 진정한 경사도 강하에 속하지는 않는다(바너드 Barnard, 1993). 부트스트랩 방법은 가중치 벡터 $\mathbf{w}_t$를 변경하는 것이 추정값에 미치는 효과를 고려하지만 목표에 미치는 효과는 무시한다. 이 방법은 오직 경사도의 일부만을 포함하고, 따라서 이 방법을 **준경사도 방법**semi-gradient method이라고 부른다.

비록 준경사도 (부트스트랩) 방법이 경사도 방법처럼 안정적으로 수렴하지는 않지만, 다음 절에서 논의할 선형 근사 함수의 경우와 같은 중요한 경우에 있어서는 안정적으로 수렴한다. 더욱이, 이 방법에는 일반적으로 이 방법을 확실히 선호하게 만드는 중요한 장점이 있다. 이렇게 말할 수 있는 한 가지 이유는 6장과 7장에서 봤듯이 이 방법이 일반적으로 상당히 빠른 학습을 가능하게 한다는 것이다. 또 다른 이유는 이 방법을 이용하면 연속적인 학습과 온라인 학습이 가능하기 때문에 에피소드가 끝날 때까지 기다릴 필요가 없다는 것이다. 이러한 장점 덕분에 이 방법은 연속적인 문제에 활용될 수 있고 계산상의 이점을 제공할 수 있다. 준경사도 방법의 원형은 $U_t \doteq R_{t+1} + \gamma\hat{v}(S_{t+1}, \mathbf{w})$를 목표로 사용하는 준경사도 TD(0)이다.

$\hat{v} \sim v_\pi$를 추정하기 위한 준경사도 TD(0)

입력: 평가되어야 할 정책 π
입력: $\hat{v}(종단, \cdot) = 0$을 만족하는 미분 가능한 함수 $\hat{v} : \mathcal{S}^+ \times \mathbb{R}^d \to \mathbb{R}$
알고리즘 파라미터: 시간 간격 $\alpha > 0$
가치 함수 가중치 $\mathbf{w} \in \mathbb{R}^d$를 임의의 값으로 초기화(예 $\mathbf{w} = \mathbf{0}$)

각 에피소드에 대한 루프:
    S를 초기화
    에피소드의 각 단계에 대한 루프:
        $A \sim \pi(\cdot|S)$를 선택
        행동 A를 취하고, R, S'을 관측
        $\mathbf{w} \leftarrow \mathbf{w} + \alpha[R + \gamma\hat{v}(S', \mathbf{w}) - \hat{v}(S, \mathbf{w})] \nabla\hat{v}(S, \mathbf{w})$
        $S \leftarrow S'$
    S가 종단이면 종료

상태 결집state aggregation은 함수 근사를 일반화하는 간단한 형태다. 상태 결집 과정에서 상태는 함께 묶이고, 한 묶음당 하나의 가치 추정값(가중치 벡터 **w**를 구성하는 하나의 성분)을 갖는다. 상태의 가치는 상태가 속한 묶음의 성분으로서 추정되고, 상태가 갱신되면 그 성분 하나만 갱신된다. 상태 결집은 경사도 $\nabla \hat{v}(S_t, \mathbf{w}_t)$가 S_t가 속한 묶음의 성분에 대해서는 1이고 다른 묶음의 성분에 대해서는 0이 되는 SGD(식 9.7)의 특별한 경우다.

예제 9.1 **1000개의 상태를 갖는 무작위 행보 문제에서의 상태 결집** 무작위 행보 문제(152쪽의 예제 6.2와 175쪽의 예제 7.1)에서 상태가 1000개인 경우를 생각해 보자. 상태는 왼쪽에서 오른쪽 방향으로 1부터 1000까지의 번호로 표시되고, 모든 에피소드가 중간 근처인 상태 500에서 시작한다. 현재 상태로부터 현재 상태 왼쪽으로 100개와 오른쪽으로 100개의 이웃하는 상태들 중 하나로 상태 전이가 이루어지는데, 이때 전이 확률은 동일하다. 물론, 현재 상태가 모서리 근처에 있다면 그 모서리 방향으로는 이웃하는 상태가 100개보다 적을 수도 있다. 이러한 경우에는, 잘린 상태에 할당되었어야 할 확률이 모두 모서리에 있는 종단 상태의 확률로 할당된다(따라서 상태 1이 왼쪽에서 종단될 확률은 0.5이고, 상태 950이 오른쪽에서 종단될 확률은 0.25이다). 보통의 경우와 마찬가지로 왼쪽에서의 종단은 −1의 보상을 만들고, 오른쪽에서의 종단은 +1의 보상을 만든다. 그 밖의 모든 상태 전이는 0의 보상을 만든다. 이 예제를 이 절 전반에 걸쳐 사용할 것이다.

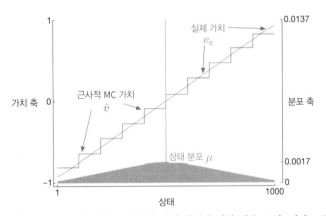

그림 9.1 1000개의 상태를 갖는 무작위 행보 문제에서 상태 결집에 의한 함수 근사. 경사도 몬테카를로 알고리즘 (243쪽)을 이용함

그림 9.1은 이 문제의 실제 가치 함수 v_π를 보여준다. 그래프가 마지막 100개의 상태에 대해 수평 방향으로 조금 휘어지는 부분을 제외하면 그래프는 거의 직선이다. 또한, 경사도 몬테카를로 알고리즘에 의해 최종적으로 학습된 근사적 가치 함수도 그림에 보인다. 이때 경사도 몬테카를로 알고리즘에서는 시간 간격이 $\alpha = 2 \times 10^{-5}$인 100,000개의 에피소드가 끝난 이후에 상태 결

집이 진행된다. 상태 결집에 대해 말하면, 1000개의 상태가 100개의 상태를 갖는 10개의 묶음으로 나누어졌다(즉, 상태 1~100이 한 묶음이고, 상태 101~200이 또 다른 묶음이고, 나머지 묶음도 같은 방식으로). 그림에 보이는 계단 효과는 상태 결집의 일반적인 현상이다. 각 묶음 내에서는 근사적 가치가 상수로 고정되고, 다음 묶음으로 가면서 갑자기 변화한다. 이러한 근사적 가치는 $\overline{\text{VE}}$(식 9.1)의 전역 최솟값과 가까운 값이다.

그림의 아랫부분에 보이는 이 문제의 상태 분포 μ를 참조함으로써 근사적 가치에 대한 자세한 사항들을 확인할 수 있다. 이때 상태 분포의 값은 오른쪽 축의 눈금을 따라 정해진다. 가운데에 있는 상태 500은 모든 에피소드의 첫 번째 상태이지만, 그 후에는 좀처럼 다시 마주치지 않는 상태다. 평균적으로 약 1.37%의 시간 단계가 시작 상태에서 소비된다. 시작 상태로부터 한 단계 만에 도달할 수 있는 상태가 두 번째로 자주 마주치는 상태다. 이 상태에서는 시간 단계의 약 0.17%가 소비된다. 여기서부터는 μ가 거의 선형적으로 감소하여 상태 1과 1000의 양 극단에서는 0.0147%에 도달한다. 이 분포의 가장 뚜렷한 효과는 가장 왼쪽의 상태 묶음과 가장 오른쪽의 상태 묶음에서 나타난다. 가장 왼쪽의 상태 묶음에서는 묶음에 속하는 상태의 실제 가치에 대한 가중치 없는 평균보다 확실히 큰 값으로 가치가 이동하고, 가장 오른쪽의 상태 묶음에서는 가치가 확실히 더 작은 값으로 이동한다. 이것은 가장 왼쪽과 가장 오른쪽의 영역에서 μ에 의해 결정되는 가중치의 비대칭성이 가장 크기 때문이다. 예를 들어, 가장 왼쪽의 묶음에서 상태 100의 가중치는 상태 1의 가중치보다 3배 이상 큰 값을 갖는다. 따라서 이 묶음에 대한 추정값은 상태 1의 가치보다 큰 값을 갖는 상태 100의 실제 가치 쪽으로 편향되어 있다. ■

9.4 선형 방법

함수 근사의 가장 중요하고 특별한 경우 중의 하나는 근사 함수 $\hat{v}(\cdot, \mathbf{w})$가 가중치 벡터 $\mathbf{w}$에 대한 선형 함수인 경우다. 모든 상태 s에 대해 각 상태마다 실숫값을 갖는 벡터 $\mathbf{x}(s) \doteq (x_1(s), x_2(s), \ldots, x_d(s))^\top$가 존재한다. 이때 이 벡터의 성분 개수는 $\mathbf{w}$의 성분 개수와 같다. 선형 방법은 다음과 같이 $\mathbf{w}$와 $\mathbf{x}(s)$를 내적함으로써 상태 가치 함수를 근사한다.

$$\hat{v}(s,\mathbf{w}) \doteq \mathbf{w}^\top \mathbf{x}(s) \doteq \sum_{i=1}^{d} w_i x_i(s) \qquad \text{(식 9.8)}$$

이 경우, 근사적 가치 함수는 **가중치에 대해 선형**linear in the weights이라고 하거나 단순히 **선형**이라고 한다.

벡터 $\mathbf{x}(s)$는 상태 s를 나타내는 **특징 벡터**feature vector라고 불린다. $\mathbf{x}(s)$의 각 성분 $x_i(s)$는 함수 $x_i : \mathcal{S} \to \mathbb{R}$의 가치다. 이러한 함수들 중 한 함수의 **특징**feature은 그 함수의 전부를 나타내는 것으로 간주할 것이고, 어떤 상태에 대한 함수의 가치를 s**의 특징**feature of s이라고 부를 것이다. 선형 방법의 경우, 특징은 근사 함수의 집합에 대한 선형 기저linear basis를 형성하기 때문에 특징은 **기저 함수**basis function가 된다. 상태를 나타내기 위해 d차원의 특징 벡터를 만드는 것은 d개의 기저 함수로 이루어진 집합을 선택하는 것과 같다. 특징은 다양한 방식으로 정의될 수 있다. 다음 절에서 특징을 정의하는 몇 가지 방식의 가능성에 대해 다룰 것이다.

SGD 갱신을 선형 함수 근사와 함께 사용하는 것은 자연스러운 것이다. 이 경우 $\mathbf{w}$에 대한 근사 가치 함수의 경사도는 다음과 같다.

$$\nabla \hat{v}(s,\mathbf{w}) = \mathbf{x}(s)$$

따라서 선형 함수의 경우에는 일반적인 SGD 갱신(식 9.7)이 다음과 같은 특별히 간단한 형태로 간소화된다.

$$\mathbf{w}_{t+1} \doteq \mathbf{w}_t + \alpha \Big[U_t - \hat{v}(S_t,\mathbf{w}_t) \Big] \mathbf{x}(S_t)$$

이것이 아주 간단하기 때문에, 선형 SGD는 수학적 분석의 용이성 측면에서는 가장 선호할 만하다. 모든 종류의 학습 시스템에 대한 거의 모든 유용한 수렴성 결과는 선형(또는 선형보다 더욱 간단한) 함수 근사 방법을 적용한 결과다.

특히, 선형 함수의 경우에는 오직 하나의 최적값만 존재한다(또는 더욱 간단한 함수가 존재하는 경우degenerate case에는 동등하게 좋은 최적값의 집합이 존재한다). 따라서 지엽적 최적값 또는 그 근처로 수렴하는 것이 보장된 모든 방법은 전역 최적값 또는 그 근처로 수렴하는 것을 자동으로 보장한다. 예를 들어, 이전 절에 제시되었던 경사도 몬테카를로 알고리즘은 시간이 지나면서 α가 보통의 조건에 따라 감소한다면 선형 함수 근사하에서 $\overline{\text{VE}}$의 전역 최적값으로 수렴한다.

이전 절에서 제시되었던 준경사도 TD(0) 알고리즘 역시 선형 함수 근사하에서 수렴하지만, 이것이 SGD에 대한 일반적인 결과로부터 귀결되는 것은 아니고 별도의 이론이 필요하다. 가중치 벡터가 수렴했어도 그 값은 전역 최적값이 아니고 지엽적 최적값 근처에 있는 어떤 값이다. 이 중요한 경우를, 특히 연속적인 경우를 좀 더 자세하게 들여다보면 도움이 된다. 각 시각 t에서의 갱신은 다음과 같이 수행된다.

$$\mathbf{w}_{t+1} \doteq \mathbf{w}_t + \alpha \Big(R_{t+1} + \gamma \mathbf{w}_t^\top \mathbf{x}_{t+1} - \mathbf{w}_t^\top \mathbf{x}_t \Big) \mathbf{x}_t$$
$$= \mathbf{w}_t + \alpha \Big(R_{t+1} \mathbf{x}_t - \mathbf{x}_t \big(\mathbf{x}_t - \gamma \mathbf{x}_{t+1} \big)^\top \mathbf{w}_t \Big) \tag{식 9.9}$$

여기서 $\mathbf{x}(S_t)$를 간단하게 줄여서 $\mathbf{x}_t$로 표현했다. 일단 시스템이 안정 상태steady state에 도달하기만 하면, 주어진 임의의 $\mathbf{w}_t$에 대해 다음 가중치 벡터의 기댓값은 아래와 같이 표현할 수 있다.

$$\mathbb{E}[\mathbf{w}_{t+1}|\mathbf{w}_t] = \mathbf{w}_t + \alpha(\mathbf{b} - \mathbf{A}\mathbf{w}_t) \tag{식 9.10}$$

여기서

$$\mathbf{b} \doteq \mathbb{E}[R_{t+1}\mathbf{x}_t] \in \mathbb{R}^d \text{ 그리고 } \mathbf{A} \doteq \mathbb{E}\Big[\mathbf{x}_t \big(\mathbf{x}_t - \gamma \mathbf{x}_{t+1} \big)^\top \Big] \in \mathbb{R}^d \times \mathbb{R}^d \tag{식 9.11}$$

식 9.10을 보면, 시스템이 수렴할 경우 다음을 만족하는 가중치 벡터 $\mathbf{w}_{\text{TD}}$로 수렴한다는 사실이 분명히 드러난다.

$$\mathbf{b} - \mathbf{A}\mathbf{w}_{\text{TD}} = \mathbf{0}$$
$$\Rightarrow \qquad\qquad \mathbf{b} = \mathbf{A}\mathbf{w}_{\text{TD}}$$
$$\Rightarrow \qquad\qquad \mathbf{w}_{\text{TD}} \doteq \mathbf{A}^{-1}\mathbf{b}. \tag{식 9.12}$$

이 값을 **TD 고정점**TD fixed point이라고 한다. 사실, 선형 준경사도 TD(0)는 바로 이 점으로 수렴한다. 이러한 수렴성과 식 9.12에 나타나는 역행렬의 존재를 증명하는 몇 가지 이론이 다음 글상자에 제시되어 있다.

선형 TD(0)의 수렴성 증명

어떤 특성이 선형 TD(0) 알고리즘(식 9.9)의 수렴성을 담보하는가? 식 9.10을 다음과 같이 표현함으로써 이 질문에 답하기 위한 통찰력을 조금 얻을 수 있다.

$$\mathbb{E}[\mathbf{w}_{t+1}|\mathbf{w}_t] = (\mathbf{I} - \alpha\mathbf{A})\mathbf{w}_t + \alpha\mathbf{b} \tag{식 9.13}$$

행렬 $\mathbf{A}$에 $\mathbf{b}$가 아니라 가중치 벡터 $\mathbf{w}_t$가 곱해진다는 점을 주목하라. 수렴성에는 오직 $\mathbf{A}$만이 중요하다. 직관을 얻기 위해, $\mathbf{A}$가 대각선 행렬인 특별한 경우를 생각해 보자. 대각선 성분 중 음의 값이 있으면 그에 해당하는 $\mathbf{I} - \alpha\mathbf{A}$의 대각선 성분은 1보다 큰 값을 가질 것이다. 그러면 $\mathbf{w}_t$의 해당 성분의 값이 커지는데, 이러한 현상이 계속되면 알고리즘은 발산할 것이다. 반대로, $\mathbf{A}$의 대각선 성분이 모두 양수이면 α를 대각선 성분 중 가장 큰 값의 역수로 선택하여 $\mathbf{I} - \alpha\mathbf{A}$가 0과 1 사이의 대각선 성분을 갖는 대각선 행렬이 되도록 할 수 있다. 이 경우 갱신(식 9.13)의 첫 번째 항은 $\mathbf{w}_t$를 작은 값으로 축소하는 경향이 있고, 안정성이 담보된다. 일반적으로, $\mathbf{w}_t$는 $\mathbf{A}$가 **양의 값**_{positive definite}이기만 하면 언제든지 0으로 감소한다. 여기서 행렬이 양의 값을 갖는다는 건, $y \neq 0$인 임의의 실수 벡터에 대해 $y^\top \mathbf{A} y > 0$를 만족한다는 뜻이다. 또한, 행렬 $\mathbf{A}$가 양의 값을 갖는다는 건 $\mathbf{A}$의 역행렬이 존재한다는 것을 보장한다.

$\gamma < 1$인 연속적인 문제에서 선형 TD(0)에 대한 행렬 $\mathbf{A}$(식 9.11)는 다음과 같이 표현될 수 있다.

$$
\begin{aligned}
\mathbf{A} &= \sum_s \mu(s) \sum_a \pi(a|s) \sum_{r,s'} p(r, s'|s, a) \mathbf{x}(s) \big(\mathbf{x}(s) - \gamma \mathbf{x}(s') \big)^\top \\
&= \sum_s \mu(s) \sum_{s'} p(s'|s) \mathbf{x}(s) \big(\mathbf{x}(s) - \gamma \mathbf{x}(s') \big)^\top \\
&= \sum_s \mu(s) \mathbf{x}(s) \Big(\mathbf{x}(s) - \gamma \sum_{s'} p(s'|s) \mathbf{x}(s') \Big)^\top \\
&= \mathbf{X}^\top \mathbf{D} (\mathbf{I} - \gamma \mathbf{P}) \mathbf{X}
\end{aligned}
$$

여기서 $\mu(s)$는 정책 π를 따르는 정상_{stationary} 분포이고, $p(s' \mid s)$는 정책 π하에서 s에서 s'으로 가는 전이가 발생할 확률이며, $\mathbf{P}$는 이 확률을 나타내는 $|\mathcal{S}| \times |\mathcal{S}|$ 행렬이고, $\mathbf{D}$는 대각선 성분으로 $\mu(s)$를 갖는 $|\mathcal{S}| \times |\mathcal{S}|$ 대각선 행렬이며, $\mathbf{X}$는 $\mathbf{x}(s)$를 행으로 갖는 $|\mathcal{S}| \times d$ 행렬이다.

이러한 형태의 핵심 행렬의 경우 행렬을 구성하는 모든 열의 합이 0 이상이면 행렬이 양의 값을 갖는다는 것_{positive definiteness}이 보장된다. 서튼(1988, p. 27)이 이미 완성된 두 가지 이론에 근거하여 이것을 증명했다. 한 가지 이론은 대칭 행렬 $\mathbf{S} = \mathbf{M} + \mathbf{M}^\top$이 양의 값을 가질 때만 행렬 $\mathbf{M}$이 양의 값을 갖는다는 것이다(서튼, 1988, 부록). 두 번째 이론은 실숫값을 갖는 임의의 대칭 행렬 $\mathbf{S}$의 대각선 성분이 모두 양수이고 대각선 성분의 합이 비대각선 성분의 절댓값을 더한 값보다 크면 행렬 $\mathbf{S}$가 양의 값을 갖는다는 것이다(바르가 _{Varga}, 1962, p. 23). 지금 다루고 있는 핵심 행렬인 $\mathbf{D}(\mathbf{I} - \gamma \mathbf{P})$는 대각선 성분이 양수이고 비대각선 성분이 음수이기 때문에 이 핵심 행렬이 양의 값을 갖는다는 것을 증명하기 위해서는 각 행의 합과 그에 대응되는 각 열의 합을 더한 값이 양수임을 보이기만 하면 된다. $\mathbf{P}$가 확률론적 행렬이고 $\gamma < 1$이기 때문에 각 행의 합은 모두 양수다. 따라서 이제 남은 것은 각 열의 합이 모두 0 이상임을 보이는 것이다. 모든 성분이 1인 열 벡터를 $\mathbf{1}$이라고 할 때, 임의의 행렬 $\mathbf{M}$을 구성하는 열 벡터의 합으로 이루어진 행 벡터는 $\mathbf{1}^\top \mathbf{M}$으로 표현할 수 있다. μ가 정상 분포인 덕분에 $\boldsymbol{\mu} = \mathbf{P}^\top \boldsymbol{\mu}$를 만족하는 $\mu(s)$의 $|\mathcal{S}|$ 벡터를 $\boldsymbol{\mu}$로 나타내자. 그러면 핵심 행렬을 구성하는 열 벡터의 합은 다음과 같이 표현된다.

$$\mathbf{1}^\top \mathbf{D}(\mathbf{I} - \gamma \mathbf{P}) = \boldsymbol{\mu}^\top (\mathbf{I} - \gamma \mathbf{P})$$
$$= \boldsymbol{\mu}^\top - \gamma \boldsymbol{\mu}^\top \mathbf{P}$$
$$= \boldsymbol{\mu}^\top - \gamma \boldsymbol{\mu}^\top \qquad (\mu\text{가 정상 분포이기 때문에})$$
$$= (1 - \gamma) \boldsymbol{\mu}^\top$$

위 식의 결과인 열 벡터의 모든 성분은 양수다. 따라서 핵심 행렬과 핵심 행렬을 구성하는 행렬 $\mathbf{A}$는 양의 값을 갖고, 활성 정책 TD(0)는 안정적이다(100%의 확률로 수렴함을 증명하기 위해서는 추가적인 조건 및 시간에 따라 α를 어떻게 감소시킬지에 대한 계획이 필요하다).

TD 고정점에서, (연속적인 문제의 경우) 발생 가능한 가장 작은 오차를 유한하게 확장한 값에 의해 $\overline{\text{VE}}$가 제한된다는 사실이 입증되었다.

$$\overline{\text{VE}}(\mathbf{w}_{\text{TD}}) \leq \frac{1}{1 - \gamma} \min_{\mathbf{w}} \overline{\text{VE}}(\mathbf{w}) \qquad \text{(식 9.14)}$$

즉, TD 방법을 적용한 결과가 점근적으로 수렴했을 때의 오차는 발생 가능한 가장 작은 오차에 $\frac{1}{1-\gamma}$을 곱한 값보다 크지 않다. 이때 발생 가능한 가장 작은 오차는 극한을 취함으로써 몬테카를로 방법으로 구해진다. γ가 종종 1에 가깝기 때문에, 이 확장 비율($\frac{1}{1-\gamma}$)은 매우 큰 값일 수도 있다. 따라서 TD 방법을 적용한 결과에서 점근적 수렴 시점의 성능이 저하될 잠재적 가능성이 상당히 있다. 반면에, 6장과 7장에서 확인했듯이 TD 방법을 적용하면 몬테카를로 방법을 적용했을 때보다 분산이 크게 감소해서 몬테카를로 방법보다 더 빠르다는 사실을 기억하라. 둘 중 어떤 방법이 최선인가는 근사 및 문제의 특성에 따라, 그리고 얼마나 오랫동안 학습이 지속되는지에 따라 다르다.

식 9.14와 유사한 경곗값은 다른 활성 정책 부트스트랩 방법에도 적용된다. 예를 들어, 활성 정책 분포에 따라 갱신을 수행하는 선형 준경사도 $\text{DP}(U_t \doteq \sum_a \pi(a \mid S_t) \sum_{s', r} p(s', r \mid S_t, a)[r + \gamma \hat{v}(s', \mathbf{w}_t)])$를 만족하는 식 9.7)도 TD의 고정점으로 수렴할 것이다. 다음 장에서 다룰 준경사도 살사(0) 같은 단일 단계 준경사도 행동 가치 방법은 유사한 고정점 및 유사한 경곗값으로 수렴한다. 에피소딕 문제의 경우, 조금 다르지만 연관된 경곗값이 존재한다(베르트세카스와 치치클리스(1996)를 참고하라). 여기서는 생략했지만 보상과 특징, 그리고 시간 간격 파라미터의 감소에 관한 몇 가지 기술적 조건 또한 존재한다. 이와 같은 자세한 사항은 관련 내용을 다루었던 원래의 논문에서 찾아볼 수 있다(치치클리스와 밴 로이, 1997).

이러한 수렴성 결과에서 중요한 것은 상태가 활성 정책 분포에 따라 갱신된다는 점이다. 다른 갱신 분포의 경우에는 함수 근사를 활용한 부트스트랩 방법이 사실상 무한으로 발산할 수도 있다. 이에 대한 예제와 가능한 해법의 논의는 11장에서 다룰 것이다.

예제 9.2 **1000개의 상태를 갖는 무작위 행보에 대한 부트스트랩** 상태 결집은 선형 함수 근사의 특별한 경우이므로, 이 장에서 확인한 몇 가지 사실을 설명하기 위해 1000개의 상태를 갖는 무작위 행보 문제로 다시 돌아가 보자. 그림 9.2의 왼쪽 그래프는 예제 9.1에 나오는 것과 동일한 상태 결집을 활용한 준경사도 TD(0) 알고리즘(244쪽)에 의해 학습된 최종 가치 함수를 보여준다. 거의 점근적으로 수렴한 TD 근사가 그림 9.1에 보이는 몬테카를로 근사보다 실제 가치로부터 정말로 더 멀리 떨어져 있음을 확인할 수 있다.

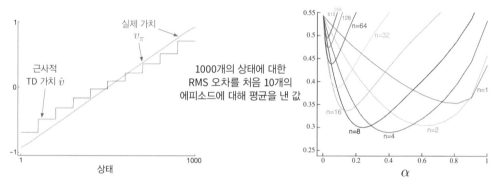

그림 9.2 1000개의 상태를 갖는 무작위 행보 문제에서 상태 결집을 활용한 부트스트랩. 왼쪽: 준경사도 TD를 적용하여 점근적으로 수렴한 가치는 그림 9.1에 제시된 몬테카를로 방법을 적용하여 점근적으로 수렴한 가치보다 실제 가치에서 더 멀어졌다. 오른쪽: 상태 결집을 활용한 n단계 방법의 성능은 표 형태의 표현을 활용했을 때의 성능과 놀라울 정도로 유사하다(그림 7.2 참고). 이 그림에 제시된 결과는 100번의 실행 결과를 평균 낸 것이다.

그럼에도 불구하고 TD 방법은 학습 속도 면에서 잠재적인 장점이 많으며, 7장에서 n단계 TD 방법에 대해 완전하게 알아본 바에 따르면 몬테카를로 방법을 일반화한다. 그림 9.2의 오른쪽 그래프는 1000개의 상태를 갖는 무작위 행보의 상태 결집을 활용한 n단계 준경사도 TD 방법의 결과를 보여준다. 이 결과는 이전에 표 기반의 방법을 19개의 상태를 갖는 무작위 행보(그림 7.2) 문제에 적용하여 얻었던 결과와 놀라울 정도로 유사하다. 이처럼 정량적으로 유사한 결과를 얻기 위해 한 묶음당 50개의 상태를 갖는 20개의 묶음으로 상태 결집을 변경했다. 이렇게 함으로써, 20개의 묶음은 표 기반 문제의 19개의 상태와 정량적으로 가까워졌다. 특히, 상태 전이는 왼쪽 또는 오른쪽 방향으로 100개의 상태까지만 가능하다는 점을 기억하라. 그렇다면 일반적인 상태 전이는 왼쪽 또는 오른쪽으로 50개의 상태를 거치는 전이일 것이다. 그리고 이것은 19개의 상태를 갖는 표 기반 시스템에서의 단일 상태 상태 전이와 정량적으로 유사하다. 완전한 비교를 위해, 함수 근사를 사용하는 경우에 좀 더 적합한 목푯값인 $\overline{VE}$보다는 표 기반 시스템에서 사용하는 것과 동일한 성능 지표(모든 상태에 대한, 그리고 처음 10개의 에피소드에 대한 RMS 오차의 가중치 없는 평균)를 사용했다. ■

위 예제에서 사용된 준경사도 n단계 TD 알고리즘은 7장에 제시된 표 기반 n단계 TD 알고리즘을 준경사도 함수 근사로 확장한 것이다. 다음 글상자에 의사코드가 제시되어 있다.

$\hat{v} \approx v_\pi$를 추정하기 위한 n단계 준경사도 TD

입력: 평가되어야 할 정책 π
입력: $\hat{v}(\text{종단}, \cdot) = 0$을 만족하는 미분 가능한 함수 $\hat{v} : \mathcal{S}^+ \times \mathbb{R}^d \to \mathbb{R}$
알고리즘 파라미터: 시간 간격 $\alpha > 0$, 양의 정수 n
가치 함수 가중치 $\mathbf{w}$를 임의의 값으로 초기화(예 $\mathbf{w} = \mathbf{0}$)
(S_t와 R_t에 대한) 모든 저장과 접근은 $n + 1$로 인덱스를 설정하여 행해질 수 있음

각 에피소드에 대한 루프:
    S_0를 초기화하고 저장(단, $S_0 \neq$ 종단)
    $T \leftarrow \infty$
    $t = 0, 1, 2, \ldots$에 대한 루프:
    | $t < T$이면:
    | $\pi(\cdot \mid S_t)$에 따라 행동을 취함
    | 다음 보상과 다음 상태를 확인하고 각각을 R_{t+1}과 S_{t+1}로 저장
    | S_{t+1}이 종단이면 $T \leftarrow t + 1$
    | $\tau \leftarrow t - n + 1$ (τ는 상태의 추정값이 갱신되는 시각)
    | $\tau \geq 0$이면
    | $G \leftarrow \sum_{i=\tau+1}^{\min(\tau+n, T)} \gamma^{i-\tau-1} R_i$
    | $\tau + n < T$이면: $G \leftarrow G + \gamma^n \hat{v}(S_{\tau+n}, \mathbf{w})$ $(G_{\tau:\tau+n})$
    | $\mathbf{w} \leftarrow \mathbf{w} + \alpha[G - \hat{v}(S_\tau, \mathbf{w})]\nabla\hat{v}(S_\tau, \mathbf{w})$
    $\tau = T - 1$이면 종료

이 알고리즘의 핵심 방정식은 식 7.2와 유사한 것으로 다음과 같이 표현된다.

$$\mathbf{w}_{t+n} \doteq \mathbf{w}_{t+n-1} + \alpha\left[G_{t:t+n} - \hat{v}(S_t, \mathbf{w}_{t+n-1})\right]\nabla\hat{v}(S_t, \mathbf{w}_{t+n-1}), \qquad 0 \leq t < T \tag{식 9.15}$$

여기서 n단계 이득은 식 7.1로부터 다음과 같이 일반화된다.

$$G_{t:t+n} \doteq R_{t+1} + \gamma R_{t+2} + \cdots + \gamma^{n-1} R_{t+n} + \gamma^n \hat{v}(S_{t+n}, \mathbf{w}_{t+n-1}), \; 0 \leq t \leq T - n \tag{식 9.16}$$

연습 9.1 이 책의 1부에서 제시했던 표 기반의 방법이 선형 함수 근사의 특별한 경우임을 보여라. 무엇이 특징 벡터가 될 것인가? □

9.5 선형 방법을 위한 특징 만들기

선형 방법은 그것이 수렴성을 보장한다는 사실 때문에 흥미롭지만, 또 한편으로는 실제 상황에 적용했을 때 선형 방법이 데이터와 계산이라는 측면에서 매우 효율적일 수 있기 때문이기도 하다. 선형 방법이 실제 상황에서 효율성을 갖출 수 있는지의 여부는 상태가 특징의 측면에서 어떻게 표현되는지에 크게 의존하며, 상대적으로 많은 내용을 다루는 이번 절에서 바로 이 문제를 다룰 것이다. 문제에 적합한 특징을 선택하는 것은 강화학습 시스템에 사전 배경지식을 추가하는 중요한 방법이다. 직관적으로 보면, 특징은 일반화가 적합하게 이루어질 수 있는 상태 공간의 측면들과 일치해야 한다. 예를 들어 기하학적 대상에 가치를 부여하고자 한다면 모든 가능한 모양, 색, 크기, 또는 기능에 대한 특징을 알아야 할 수도 있다. 만약 움직이는 로봇의 상태에 가치를 부여하고자 한다면 위치, 배터리 잔량, 최근의 초음파 측정값 등에 대한 특징이 필요할 수도 있다.

선형 형태의 한계는 특징들 사이의 상호작용을 전혀 고려할 수 없다는 점이다. 이를테면, 특징 j 가 없을 때만 특징 i의 존재가 좋은 효과를 내는 것과 같은 상호작용을 고려할 수가 없다. 예를 들어, 막대 균형 잡기 문제(예제 3.4)에서 큰 각속돗값은 각도에 따라 바람직한 것일 수도 있고 그렇지 않을 수도 있다. 각도가 큰 상황에서 큰 각속도는 막대가 곧 넘어지는 위험한 상태(바람직하지 않은 상태)를 의미하는 반면, 각도가 작은 상황에서 큰 각속도는 막대가 원래의 균형 위치로 복원하는 상태(바람직한 상태)를 의미한다. 선형 가치 함수의 특징이 각도와 각속도에 대해 별도로 코딩되어 있다면 선형 가치 함수는 이러한 상태를 표현할 수 없다. 별도로 코딩된 특징 대신에, 또는 추가로, 기저에 있는 이 두 가지 상태의 차원을 결합한 것에 대한 특징이 필요하다. 이어지는 절들에서 이를 위한 다양한 일반적인 방법을 생각해 볼 것이다.

9.5.1 다항식

많은 문제의 상태가 처음에는 막대 균형 잡기 문제(예제 3.4)에서의 위치 및 속도, 잭의 자동차 렌탈 문제(예제 4.1)에서의 자동차 개수, 또는 도박꾼 문제(예제 4.3)에서의 도박 자금과 같이 숫자로 표현된다. 이러한 유형의 문제에서 강화학습을 위한 함수 근사는 내삽interpolation 및 회귀regression가 수행하는 유사한 기능과 공통점이 많다. 내삽 및 회귀에 공통으로 사용되는 다양한 종류의 특징은 강화학습에도 사용될 수 있다. 다항식은 내삽 및 회귀에 사용되는 여러 종류의 특징 중 가장 간단한 종류에 속한다. 여기서 논의되는 기본적인 다항식 특징이 강화학습에 속한 다른 종류의 특징들만큼 잘 작동하지는 않지만, 다항식 특징은 간단하고 익숙하기 때문에 관련 내용을 소개하는 데 있어 좋은 출발점이 된다.

예를 들어, 강화학습 문제가 두 개의 수치적 차원으로 표현되는 상태를 갖는다고 가정해 보자. 하나의 대표적인 상태 s에 대해, 그 상태를 나타내는 두 개의 숫자를 $s_1 \in \mathbb{R}$, $s_2 \in \mathbb{R}$이라고 하자. 이때 s를 단순히 두 개의 차원으로 표현하기로 하여 $\mathbf{x}(s) = (s_1, s_2)^{\top}$가 될 수도 있지만, 그러면 이 두 차원 사이의 어떠한 상호작용도 고려할 수 없게 된다. 게다가, s_1과 s_2가 모두 0이라면 근사적 가치도 0이 될 수밖에 없다. 이 두 가지 한계는 s를 4차원의 특징 벡터 $\mathbf{x}(s) = (1, s_1, s_2, s_1s_2)^{\top}$로 표현함으로써 한 번에 극복될 수 있다. 첫 번째 성분인 1이라는 특징은 상태를 나타내는 숫자에 대한 어파인 함수affine function로 표현할 수 있게 해 주고, 마지막 성분인 s_1s_2라는 특징은 상호작용을 고려할 수 있게 해 준다. 또는, 더 많은 복잡한 상호작용을 고려하기 위해 $\mathbf{x}(s) = (1, s_1, s_2, s_1s_2, s_1^2, s_2^2, s_1s_2^2, s_1^2s_2, s_1^2s_2^2)^{\top}$와 같이 더 높은 차원의 특징 벡터를 선택할 수도 있다. 이러한 특징 벡터들은 비록 학습되어야 할 가중치에 대해서는 선형 근사라 하더라도 상태를 나타내는 숫자에 대해서는 임의의 2차 함수로 근사할 수 있게 해 준다. 상태를 나타내는 숫자가 2개인 경우에서 k개인 경우로 일반화함으로써, 문제의 상태가 갖는 차원들 사이의 매우 복잡한 상호작용을 표현할 수 있다.

각각의 상태 s가 k개의 숫자 s_1, s_2, ..., s_k에 대응된다고 가정하자. 이때 $s_i \in \mathbb{R}$이다. 이러한 k차원 상태 공간에 대해 n차 다항식을 기저로 하는 각각의 특징 x_i는 다음과 같이 표현된다.

$$x_i(s) = \Pi_{j=1}^{k} s_j^{c_{i,j}} \tag{식 9.17}$$

여기서 각각의 정수 $c_{i,j}$는 0 이상의 정수 n에 대해 집합 $\{0, 1, ..., n\}$의 원소다. 이러한 특징들은 k차원에 대한 n차 다항식의 기저를 형성하고, 이 기저로 $(n + 1)^k$개의 각기 다른 특징을 나타낼 수 있다.

높은 차수의 다항식 기저는 좀 더 복잡한 함수에 대한 정확한 근사를 가능하게 한다. 하지만 n차 다항식 기저로 나타낼 수 있는 특징의 개수는 ($n > 0$이라면) 정상적인 상태 공간의 차원 수 k에 따라 기하급수적으로 증가하기 때문에, 그 많은 특징들 중에서 함수 근사를 위한 특징들을 선택하는 일반적인 과정이 필요하다. 이러한 과정은 근사될 함수의 특성에 대한 확실한 사전 정보를 이용하여 이루어질 수 있고, 다항 회귀polynomial regression를 위해 개발된 몇 가지 자동 선택 방법을 상황에 맞게 변형하여 사용함으로써 강화학습의 점증적이고 비정상적nonstationary 특징을 다룰 수 있다.

연습 9.2 k개의 차원에 대해 식 9.17이 $(n + 1)^k$개의 서로 구별되는 특징을 정의하는 이유는 무엇인가? □

연습 9.3 특징 벡터 $\mathbf{x}(s) = (1, s_1, s_2, s_1 s_2, s_1^2, s_2^2, s_1 s_2^2, s_1^2 s_2, s_1^2 s_2^2)^\top$를 만드는 n과 $c_{i,j}$는 각각 얼마인가? □

9.5.2 푸리에 기저

또 다른 선형 함수 근사 방법은 서로 다른 진동수를 갖는 사인과 코사인 기저 함수(특징)의 가중 합계weighted sum로서 주기 함수를 표현하는 유서 깊은 푸리에 급수Fourier series를 기반으로 한다(모든 x와 특정 주기 τ에 대해 $f(x) = f(x + \tau)$를 만족하면 함수 f는 주기 함수다). 푸리에 급수 및 좀 더 일반적인 푸리에 변환Fourier transform은 응용 과학에서 폭넓게 적용되는데, 그 이유 중 하나는 근사해야 할 함수를 알면 기저 함수의 가중치가 간단한 공식으로 계산되고, 더욱이 충분한 기저 함수가 있으면 본질적으로 어떤 함수든 원하는 만큼 정확하게 근사될 수 있기 때문이다. 강화학습에서는 근사해야 할 함수를 알지 못하지만, 사용하기 쉽고 다양한 강화학습 문제에서 좋은 결과를 낼 수 있다는 이유로 강화학습에서 푸리에 기저 함수는 관심의 대상이다.

먼저 1차원의 경우를 생각해 보자. 주기가 τ인 1차원 함수에 대한 보통의 푸리에 급수 표현법은 주기 τ를 나누어 떨어뜨리는 주기를 갖는(다시 말해, 기본 진동수 $1/\tau$의 정수배인 진동수를 갖는) 사인 및 코사인 함수의 선형 조합linear combination으로 대상 함수를 표현한다. 하지만 제한된 구간에서 정의된 주기성이 없는 함수를 근사하는 데 관심이 있다면, τ를 그 제한된 구간의 길이로 하는 푸리에 기저 특징을 사용할 수 있다. 그러면 주기성을 갖는 사인 및 코사인 특징의 선형 조합에서 한 주기에 해당하는 함수가 바로 관심의 대상이 된다.

더욱이 τ를 관심 구간 길이의 두 배로 하고 늘어난 길이의 반에 해당하는 구간 $[0, \tau/2]$에서의 근사에만 관심을 갖는다면, 단지 코사인 특징만 사용하는 것도 가능하다. 이것은 임의의 **우함수**even function, 즉 원점에 대칭인 임의의 함수를(선대칭 함수를 의미함 옮긴이) 단지 코사인 기저로만 표현할 수 있기 때문이다. 따라서 반주기 $[0, \tau/2]$에서 정의된 임의의 함수는 충분한 코사인 특징을 이용하여 원하는 대로 정밀하게 근사될 수 있다(함수가 수학적으로 깔끔해야well-behaved 하기 때문에 '임의의 함수'라고 말하는 것은 정확하게는 틀린 말이다. 하지만 여기서는 자세한 내용은 건너뛰겠다). 대안으로는, 사인 특징만 사용하는 것도 가능하다. 사인 함수의 선형 조합은 항상 **기함수**odd function다. 즉, 원점에 대해 반대칭인anti-symmetric 함수다(원점 대칭 함수를 의미함 옮긴이). 하지만 반만 반대칭인half-odd 함수가 종종 원점에서 불연속이 된다는 이유로 반만 대칭인half-even 함수가 근사하기 더 쉬운 경향이 있기 때문에 코사인 특징만을 사용하는 것이 일반적으로는 더 좋다. 물론, 그렇다고 해서 구간 $[0, \tau/2]$에서 함수를 근사하기 위해 사인과 코사인 특징을 함께 사용하는 방법을 배제하는 것은 아니다. 상황에 따라서는 둘 다를 사용하는 편이 도움이 될 수도 있기 때문이다.

이러한 로직을 따르고 $\tau = 2$로 설정해서 반 τ 구간인 $[0, 1]$에서 특징이 정의되도록 함으로써, 1차원의 n차 푸리에 코사인 기저는 다음과 같이 $i = 0, ..., n$에 대한 $n + 1$개의 특징으로 구성된다.

$$x_i(s) = \cos(i\pi s), \quad s \in [0, 1]$$

그림 9.3은 $i = 1, 2, 3, 4$에 대한 1차원 푸리에 코사인 특징 x_i를 보여준다. 이때 x_0는 상수 함수다.

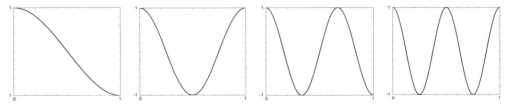

그림 9.3 구간 $[0, 1]$에서의 함수 근사를 위한 1차원 푸리에 코사인 기저 특징 x_i, $i = 1, 2, 3, 4$. 코니다리스 외 (Konidaris et al., 2011)에서 차용했다.

이러한 추론이 다음 글상자에서 설명한 다차원인 경우의 푸리에 코사인 급수 근사에도 동일하게 적용된다.

각각의 상태 s가 k개의 숫자로 구성된 벡터 $\mathbf{s} = (s_1, s_2, ..., s_k)^\top$를 구성하고, $s_i \in [0, 1]$이라고 가정하자. 그러면 n차 푸리에 코사인 기저의 i번째 특징은 다음과 같이 표현할 수 있다.

$$x_i(s) = \cos\left(\pi \mathbf{s}^\top \mathbf{c}^i\right) \tag{식 9.18}$$

여기서 $\mathbf{c}^i = (c_1^i, ..., c_k^i)^\top$이고, 이때 $j = 1, ..., k$와 $i = 1, ..., (n + 1)^k$에 대해 $c_j^i \in \{0, ..., n\}$이다. 이것은 $(n + 1)^k$개의 가능한 정수 벡터 $\mathbf{c}^i$ 각각에 대한 특징을 정의한다. 내적 $\mathbf{s}^\top \mathbf{c}^i$는 $\{0, ..., n\}$에 속하는 정수 하나를 $\mathbf{s}$의 각 차원에 할당하는 효과가 있다. 1차원의 경우에서처럼, 이 정수는 그 차원에 대한 특징의 진동수를 결정한다. 물론, 특징은 특정 문제에서 가정하는 제한된 상태 공간에 적합하도록 이동하고 축소/확대될 수 있다.

예를 들어, $\mathbf{s} = (s_1, s_2)^\top$인 $k = 2$인 경우를 생각해 보자. 이때 $\mathbf{c}^i = (c_1^i, c_2^i)^\top$이다. 그림 9.4는 6개의 푸리에 코사인 특징을 선택한 것을 보여준다. 각 특징을 정의하는 벡터 $\mathbf{c}^i$로 각 특징의 이름을 정했다(s_1은 수평축이고, $\mathbf{c}^i$는 첨자 i가 생략된 행 벡터로 표현된다). 벡터 $\mathbf{c}$의 성분 중에 0이 있다는 것은 상태의 해당 차원에 대해 특징이 상수임을 의미한다. 따라서 $\mathbf{c} = (0, 0)^\top$이면 특징은 두 차원에 대해 모두 상수이고, $\mathbf{c} = (c_1, 0)^\top$이면 두 번째 차원에 대해서는 특징이 상수이고 첫 번째 차원에 대해서는 c_1에 따라 정해지는 진동수로 특징이 변화한다. $\mathbf{c} = (0, c_2)^\top$인 경우에 대해서도 이와 유사한 얘기를 할 수 있다. $\mathbf{c} = (c_1, c_2)^\top$에서 c_i가 모두 0이 아니면, 특징은 두 차원 모두에 대해 변화하고 두 상태 변수 사이의 상호작용을 나타낸다. c_1과 c_2의 값은 각 차원의 진동수를 결정하고, 이 두 값의 비율은 상호작용의 방향을 알려준다.

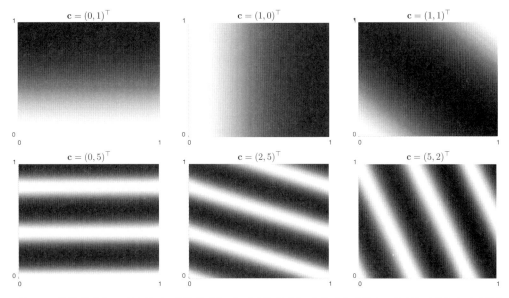

그림 9.4 2차원 푸리에 코사인 특징 6개를 선택한 것. 각각의 특징은 벡터 $\mathbf{c}^i$로 정의되고 벡터의 이름으로 표시된다 (s_1은 수평축이고, $\mathbf{c}^i$는 첨자 i를 생략하고 표시했다). 코니다리스 외(2011)에서 차용했다.

푸리에 코사인 특징을 식 9.7, 준경사도 TD(0), 또는 준경사도 살사 같은 학습 알고리즘에 사용할 때는, 시간 간격 파라미터를 각 특징에 대해 서로 다른 값으로 적용하면 도움이 될 수도 있다. α가 기본적인 시간 간격 파라미터이면, 코니다리스, 오센토스키, 토마스(Konidaris, Osentoski, and Thomas, 2011)는 특징 x_i에 대한 시간 간격 파라미터를 ($\alpha_i = \alpha$가 되는 $c_j^i = 0$인 경우를 제외하고) $\alpha_i = \alpha / \sqrt{(c_1^i)^2 + \cdots + (c_k^i)^2}$로 설정할 것을 제안한다.

살사에 사용되는 푸리에 코사인 특징은 다항식 기저 함수와 방사형 기저 함수radial basis function를 포함하는 다른 여러 가지 기저 함수와 비교했을 때 좋은 성능을 낼 수 있다. 하지만 진동수가 매우 높은 기저 함수가 포함되지 않고서는 불연속점 주변을 '맴도는' 것을 피할 수 없기 때문에 푸리에 특징이 불연속점과 관련된 문제를 갖는다는 것은 그리 놀랄 만한 사실이 아니다.

n차 푸리에 기저에서 특징의 개수는 상태 공간의 차원 수에 따라 기하급수적으로 증가하지만, 차원의 수가 충분히 적으면(예를 들어, $k \leq 5$이면) 모든 n차 푸리에 특징이 사용될 수 있도록 n을 선택할 수 있다. 이것은 특징을 선택하는 것을 거의 자동적인 과정으로 만든다. 하지만 상태 공간의 차원이 높을 경우에는 이러한 특징의 일부만 선택할 필요가 있다. 이러한 과정은 근사될 함수의 특성에 대한 확실한 사전 정보를 이용하여 이루어질 수 있고, 강화학습의 점증적이고 비정상적nonstationary 특성을 다루기 위해 몇몇 자동 선택 방법을 변형하여 적용할 수 있다. 이러한 면에서 푸리에 기저 특징의 장점은 상태 변수들 사이에 있을 것으로 생각되는 상호작용을 고려하기 위해 벡터 $\mathbf{c}^i$를 설정하고 근사 과정에서 잡음으로 생각되는 고주파 성분을 걸러 낼 수 있도록 $\mathbf{c}^j$의 값을 제한함으로써 특징 벡터의 선택이 쉬워진다는 것이다. 반면에 푸리에 특징이 (극소수의 0을 제외하면) 상태 공간 전체에 대해 0이 아니기 때문에, 푸리에 특징은 상태의 전역적global 특성을 나타낸다. 바로 이러한 이유로 푸리에 특징은 상태의 지엽적local 특성을 나타내기 위한 좋은 방법을 찾기 어렵게 만들 수 있다.

그림 9.5는 1000개의 상태를 갖는 무작위 행보 예제에서 푸리에 및 다항식 기저의 학습 곡선을 비교한 것이다. 일반적으로, 온라인 학습에 다항식을 사용하는 것을 권유하지는 않는다.[2]

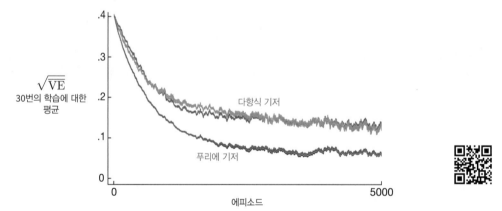

그림 9.5 1000개의 상태를 갖는 무작위 행보 문제에 대한 푸리에 기저 대 다항식 기저의 비교. 이 그림은 푸리에 및 다항식 기저를 5차, 10차 20차로 적용한 경사도 몬테카를로 방법의 학습 곡선이다. 각 경우에 대해 시간 간격 파라미터는 적당히 최적화되었다. 다항식 기저의 경우 $\alpha = 0.0001$이고, 푸리에 기저의 경우 $\alpha = 0.00005$이다. 성능 지표(y축)는 오차의 근평균제곱(식 9.1)을 나타낸다.

---

2 예를 들면, 다양한 종류의 직교 다항식과 같이 여기서 논의되는 다항식보다 더 복잡한 종류의 다항식이 있다. 그리고 이러한 다항식이 더 좋은 성능을 낼 수도 있다. 하지만 현재로서는 강화학습 분야에서 이러한 다항식에 대한 경험이 거의 없다.

9.5.3 엉성한 부호화

상태 집합에 대한 자연스러운 표현이 연속적인 2차원 공간으로 나타나는 문제를 생각해 보자. 이 경우 상태 집합의 한 가지 표현은 그림 9.6에 보이는 것과 같이 상태 공간에 속하는 각각의 원에 해당하는 특징으로 구성된다. 상태가 원의 안쪽에 있으면 해당 특징은 1의 값을 갖고 **존재하는**present 상태라고 불린다. 그 밖의 경우에는 특징이 0이고 **부재중인**absent 상태라고 불린다. 이러한 종류의 0과 1로 값이 매겨진 특징을 **이진 특징**binary feature이라고 부른다. 상태가 주어지면, 어떤 이진 특징이 존재하는가로부터 어떤 원 안에 상태가 놓여 있는지를 알 수 있고, 따라서 상태의 위치를 적당히 암호화할 수 있다. (반드시 원이나 이진수가 될 필요는 없지만) 이런 식으로 겹쳐진 특징을 이용하여 상태를 표현하는 것은 **엉성한 부호화**coarse coding로 알려져 있다.

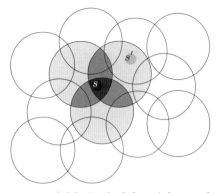

그림 9.6 엉성한 부호화. 상태 s로부터 s'으로의 일반화는 수용 영역(이 경우에는 원)이 겹쳐져 있는 특징의 개수에 의존한다. 이 두 상태는 하나의 특징을 공통으로 갖기 때문에 둘 사이의 일반화 정도는 미미할 것이다.

선형 경사도 강하 함수 근사를 가정하고, 원의 개수와 크기의 효과에 대해 생각해 보자. 각 원에 대해 학습에 의해 변할 수 있는 하나의 가중치(벡터 w의 한 성분)가 존재한다. 상태 공간의 한 지점에 해당하는 하나의 상태에서 훈련을 한다면, 그 상태를 공유하는 모든 원의 가중치는 학습에 의해 영향을 받을 것이다. 따라서 식 9.8에 의해, 근사적 가치 함수는 특정 상태를 공유하는 모든 원의 합집합에 속하는 모든 상태에서 영향을 받을 것이고, 그림 9.6에 표현된 것처럼 특정 상태를 포함하는 원을 더 많이 공유하는 지점일수록 더 큰 영향을 받을 것이다. 그림 9.7(왼쪽)에 표현된 것처럼, 원의 크기가 작다면 일반화는 짧은 거리에 걸쳐 이루어질 것이다. 반면에 그림 9.7(중간)에 표현된 것처럼, 원의 크기가 크면 일반화는 긴 거리에 걸쳐 이루어질 것이다. 더욱이, 특징의 모양은 일반화의 특성을 결정할 것이다. 예를 들어, 특징을 수용하는 영역이 완벽한 원이 아니라 한 방향으로 불룩한 모양이라면 그림 9.7(오른쪽)에 표현된 것처럼 일반화가 영향을 받는 정도는 비슷할 것이다.

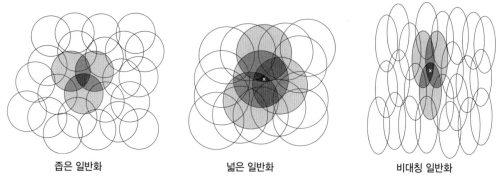

| 좁은 일반화 | 넓은 일반화 | 비대칭 일반화 |

그림 9.7 선형 함수 근사 방법에서의 일반화는 특징을 수용하는 영역의 모양과 크기에 따라 결정된다. 그림에 표현된 세 가지 경우 모두 대략 같은 수의 특징을 갖고 밀도도 대략 비슷하다.

수용 영역의 크기가 큰 특징들은 넓은 범위의 일반화를 제공하지만, 이로 인해 학습된 함수가 조금은 부정확한 근사 함수가 되기 때문에 수용 영역의 너비보다 훨씬 세밀하게 구분하지 못하는 것처럼 보일 수도 있다. 다행히도 이것은 사실이 아니다. 한 지점에서 다른 지점으로의 초기 일반화는 정말로 수용 영역의 크기와 모양에 의해 결정되지만, 궁극적으로 달성 가능한 가장 세밀한 구분, 즉 예리함은 특징의 전체 개수에 더 많이 영향을 받는다.

예제 9.3 **엉성한 부호화의 조악함** 이 예제는 엉성한 부호화에서 수용 영역의 크기가 학습에 미치는 영향을 설명한다. 엉성한 부호화 및 식 9.7에 기반한 선형 함수 근사를 사용하여 1차원의 사각파square-wave 함수를 학습했다(그림 9.8의 위쪽에 보이는 것). 이 함수의 가치가 목표 U_t로 사용되었다. 단지 1차원이기 때문에 수용 영역은 원이 아닌 구간으로 표현된다. 학습이 세 가지 구간의 길이에 대해 반복 수행되었는데, 그림의 아래에 표현된 것처럼 구간의 길이는 좁은 구간, 중간 구간, 넓은 구간의 세 가지다. 세 가지 경우 모두 특징의 밀도는 같은데, 학습되는 함수의 범위 안에 약 50개의 특징이 있다. 학습 예제는 이 범위에서 균일하게 무작위로 생성되었다. 시간 간격 파라미터는 $\alpha = \frac{0.2}{n}$이고, 이때 n은 한 시간 단계에 존재하는 특징의 개수를 나타낸다. 그림 9.8은 세 가지 경우 모두에 대해 학습된 함수를 학습이 진행되는 과정에 따라 보여준다. 학습 초기 단계에서는 특징의 너비가 큰 효과를 갖는다는 점을 주목하라. 넓은 구간의 특징일 경우 일반화도 넓어지는 경향이 있고, 특징의 구간이 좁을 경우에는 오직 훈련된 지점과 가까운 영역만 변화했는데, 이로써 학습된 함수가 더욱 울퉁불퉁한 모양이 되었다. 하지만 최종적으로 학습된 함수는 특징의 너비에 아주 조금밖에 영향을 받지 않았다. 수용 영역의 모양이 일반화에 큰 영향을 미치지만, 점근적으로 수렴한 해의 좋고 나쁨에는 거의 영향을 미치지 않는다.

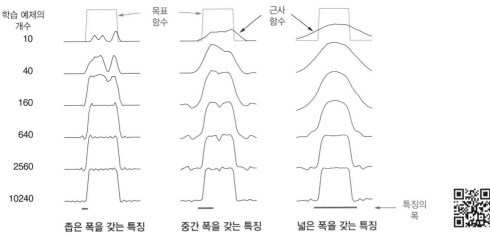

그림 9.8 특징의 너비가 초기 일반화에 큰 영향을 미치고(첫 번째 줄) 점근적 해의 정밀도에는 거의 영향을 주지 않는다는(마지막 줄) 것을 보여주는 예제 ∎

9.5.4 타일 부호화

타일 부호화tile coding는 유연하고 계산 효율이 좋은 다차원 연속 공간에 대한 엉성한 부호화의 한 종류다. 이것이 현대의 순차 처리 디지털 컴퓨터sequential digital computer를 위한 가장 실용적인 특징 표현법일 수도 있다.

타일 부호화에서는 특징의 수용 영역이 여러 개의 부분으로 나누어진 상태 공간의 각 부분으로 묶인다. 이렇게 묶인 특징의 수용 영역을 **타일 영역**tiling이라고 부르며, 묶음을 구성하는 각 요소를 **타일**tile이라고 부른다. 예를 들어, 2차원 상태 공간에서의 가장 간단한 타일 영역은 그림 9.9의 왼쪽에 표현된 것과 같은 균일한 격자 구조다. 여기서 타일 또는 수용 영역은 그림 9.6에서의 원이 아니라 사각형이다. 만약 이러한 한 가지의 타일 영역만 사용된다면, 하얀 점으로 표시된 상태는 점이 속한 타일에 해당하는 단일 특징으로 표현될 것이다. 동일한 타일에 속하는 모든 상태에 대해 일반화가 완료될 것이고, 타일 밖에 있는 상태에 대해서는 일반화가 없을 것이다. 단 하나의 타일 영역만으로는 엉성한 부호화를 수행하지는 못하고 단지 한 번의 상태 결집만을 수행할 뿐이다.

엉성한 부호화의 능력을 활용하려면 수용 영역들이 겹쳐져야 한다. 그리고 정의상 타일 영역에 속하는 타일들은 서로 겹쳐지지 않는다. 타일 부호화를 이용하여 온전한 형태의 엉성한 부호화를 얻기 위해 타일 너비의 일정 비율만큼 서로 떨어져 있는 다수의 타일 영역이 활용된다. 그림 9.9의 오른쪽에 4개의 타일 영역을 활용하는 간단한 경우를 묘사했다. 하얀 점으로 표시된 것과 같은 모든 상태는 4개의 각 타일 영역에서 정확히 하나의 타일에 속하게 된다. 이 네 개의 타일은 상태가 발생했을 때 활성화될 네 개의 특징에 해당한다. 분명하게 말해서, 특징 벡터 $\mathbf{x}(s)$의 한 성분은 각 타일 영역에 속하는 하나의 타일에 해당한다. 이 예제에서는 $4 \times 4 \times 4 = 64$개의 성분이 있고, 이 모든 성분은 상태 s가 속하는 타일에 해당하는 네 개의 성분을 제외하면 모두 0의 값을 갖는다. 그림 9.10은 1000개의 상태를 갖는 무작위 행보 예제에서 단일 타일 영역을 활용하는 경우에 비해 서로 떨어져 있는 다수의 타일 영역을 활용하는 경우(엉성한 부호화)가 갖는 장점을 보여준다.

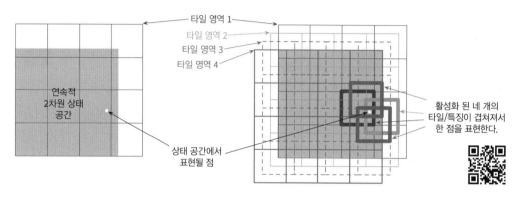

그림 9.9 제한된 2차원 상태 공간에 대해 서로 겹치는 다수의 격자 타일 영역. 이 타일 영역들은 각 차원의 방향으로 균등한 거리만큼 서로 떨어져 있다.

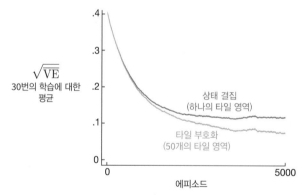

그림 9.10 엉성한 부호화를 이용하는 이유. 보이는 것은 1000개의 상태를 갖는 무작위 행보 예제에 경사도 몬테카를로 알고리즘을 단일 타일 영역 및 다수 타일 영역을 활용하는 두 가지 경우로 나누어 적용한 것이다. 1000개의 상태가 속하는 공간은 여러 개의 타일이 존재하는 연속적인 단일 차원으로서 다루어지는데, 이때 한 타일이 200개의 상태를 포함할 정도의 폭을 갖는다. 다수의 타일 영역은 서로 4개의 상태만큼 떨어져 있다. 시간 간격 파라미터는 두 가지 경우의 초기 학습 속도가 동일하도록 설정되었다. 단일 타일 영역의 경우에는 $\alpha = 0.0001$로 설정되었고, 50개의 타일 영역을 갖는 경우에는 $\alpha = 0.0001/50$으로 설정되었다.

타일 부호화의 즉각적이고 실용적인 장점은 타일 부호화가 타일 영역을 이용하기 때문에 어떤 순간에 활성화된 특징의 전체 개수가 모든 상태에서 동일하다는 것이다. 각 타일 영역에 대해 정확히 하나의 특징이 존재하기 때문에, 존재하는 특징의 전체 개수는 언제나 타일 영역의 개수와 동일하다. 이것은 시간 간격 파라미터 α를 쉽고 직관적인 방식으로 설정할 수 있게 한다. 예를 들어, 타일 영역의 개수를 n이라고 할 때, $\alpha = \frac{1}{n}$로 선택하면 정확히 단일 시도one-trial 학습이 된다. 예제 $s \mapsto v$에 대해 훈련이 수행되면 사전 추정 가치prior estimate $\hat{v}(s, \mathbf{w}_t)$가 무엇이든 상관없이 새로운 추정 가치는 $\hat{v}(s, \mathbf{w}_{t+1}) = v$가 될 것이다. 목표 출력값에 대한 일반화 및 확률론적 변화를 허용하기 위해 보통은 이보다 더 천천히 변하기를 바랄 것이다. 예를 들어 $\alpha = \frac{1}{10n}$로 선택할 수도 있는데, 이렇게 선택하면 훈련된 상태의 추정 가치가 한 번의 갱신을 통해 목표로 가는 전체 경로의 $\frac{1}{10}$만큼 움직이고 이웃하는 상태들은 그들이 공통으로 갖는 타일의 개수에 반비례하여 $\frac{1}{10}$보다 더 적게 움직이게 된다.

타일 부호화는 계산 능력 면에서도 장점이 있는데, 이것은 이진 특징 벡터를 활용한 덕분이다. 각 성분이 0 또는 1이므로, 근사적 가치 함수(식 9.8)를 만들어 내는 가중 합계를 계산하는 것이 매우 간단하다. d번의 곱셈과 덧셈을 하기보다는, $n \ll d$개의 활성 특징에 대한 인덱스를 계산하고 그에 해당하는 가중치 벡터의 성분 n개를 합산하면 된다.

훈련된 상태가 속하는 임의의 타일을 공유하는 다른 상태들이 있다면 훈련된 상태를 제외한 나머지 상태들에 대해 일반화가 진행되고, 이때 일반화의 진행 속도는 상태들이 공유하는 타일의 개수에 비례한다. 타일 영역들 사이의 간격을 얼마로 할 것인지조차도 일반화에 영향을 준다. 그림 9.9에서처럼 각 차원에 대해 타일 영역이 균일한 간격으로 떨어져 있으면 서로 다른 상태들은 그림 9.11의 상반부에 보이는 것처럼 정성적으로 서로 다른 방식으로 일반화할 수 있다. 8개의 하위 그림들 각각은 훈련된 상태로부터 이웃하는 점으로 일반화하는 패턴을 보여준다. 이 예제에서는 8개의 타일 영역이 있기 때문에 하나의 타일 안에는 일반화가 명백하게 진행되는 64개의 하위 영역이 있지만, 모든 일반화는 그림에 보이는 8개의 패턴 중 하나의 패턴을 따라 진행된다. 타일 영역 사이의 균일한 간격이 많은 패턴의 대각선 영역을 따라 얼마나 강력한 효과를 만들어 내는지 눈여겨보라. 그림의 하반부에 보이는 것처럼 타일 사이의 간격을 비대칭적으로 함으로써 이러한 인위적인 구조는 사라질 수 있다. 하반부에 보이는 일반화 패턴이 더 바람직한데, 그 이유는 모든 패턴이 뚜렷한 비대칭성 없이 훈련된 상태를 중심으로 형성되어 있기 때문이다.

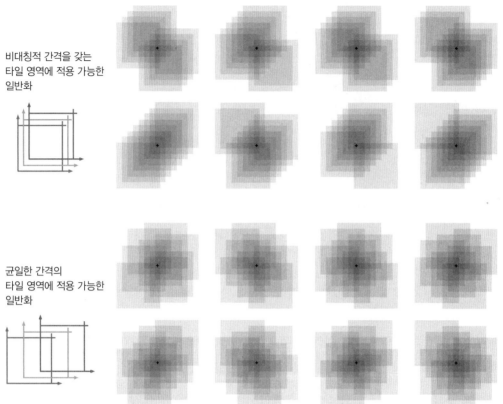

비대칭적 간격을 갖는
타일 영역에 적용 가능한
일반화

균일한 간격의
타일 영역에 적용 가능한
일반화

그림 9.11 부호화에서 타일 사이의 비대칭적인 간격이 더 선호되는 이유. 이 그림은 8개의 타일 영역에 대해, 작은 검은색 플러스 기호로 표시된 훈련된 상태로부터 이웃하는 상태로 일반화하는 것의 효과를 보여준다. 타일 영역이 균일한 간격으로 떨어져 있으면(상반부), 대각선 방향으로 인공적인 구조가 존재하고 상당히 다양한 일반화가 가능하다. 반면에 타일 영역 사이의 간격이 비대칭적이면, 일반화는 좀 더 구 모양을 띠게 되며 일반화의 패턴이 좀 더 균일해진다.

모든 경우에 있어 각 차원의 타일 영역은 타일 너비의 일부에 해당하는 간격만큼 떨어져 있다. 타일의 너비를 w라 하고 타일 영역의 개수를 n이라고 하면, $\frac{w}{n}$가 기본 단위fundamental unit가 된다. $\frac{w}{n}$를 한 변의 길이로 하는 작은 정사각형 내부에서 모든 상태는 동일한 타일을 활성화하고 동일한 특징 표현 및 동일한 근사 가치를 갖는다. 상태가 축을 따라 임의의 방향으로 $\frac{w}{n}$만큼 움직이면, 특징 표현은 타일당 하나의 성분만큼 변화한다. 균일한 간격을 갖는 타일 영역들은 서로 간에 정확히 바로 이 단위 거리만큼 떨어져 있다. 2차원 평면 공간의 경우, 각 타일 영역이 변위displacement 벡터 (1, 1)만큼 떨어져 있다고 말하면 이것은 타일 영역이 이전 타일 영역으로부터 이 변위 벡터에 $\frac{w}{n}$를 곱한 벡터만큼 떨어져 있음을 의미한다. 이러한 측면에서, 그림 9.11의 아랫부분에 보이는 비대칭적인 간격을 갖는 타일 영역은 변위 벡터 (1, 3)만큼의 간격을 갖는다.

서로 다른 변위 벡터가 타일 부호화의 일반화 과정에 미치는 효과에 대해 방대한 연구가 이루어져 왔다(파크스와 밀리처Parks and Militzer, 1991; 안An, 1991; 안, 밀러, 파크스An, Miller, and Parks, 1991; 밀러, 안,

글렌츠, 카터Miller, An, Glanz, and Carter, 1990). 이 연구들은 변위 벡터 (1, 1)을 적용했을 때 보이는 것과 같은 대각선 방향의 인공적인 구조를 갖게 되는 경향성 및 패턴의 균일성을 평가했다. 이 연구들을 기반으로 하여, 밀러와 글렌츠(1996)는 처음 몇 개의 홀수로 구성되는 변위 벡터를 사용하도록 권유한다. 특히 k차원의 연속적 공간인 경우, 처음 k개의 홀수(1, 3, 5, 7, …, $2k - 1$)를 사용하여 변위 벡터를 구성하고 $4k$보다 크거나 같은 2의 거듭제곱으로 n(타일 영역의 개수)을 설정하는 것이 좋다. 바로 이것이 그림 9.11의 하반부에 표현된 타일 영역을 도출하기 위해 사용했던 설정인데, 이때는 $k = 2$, $n = 2^3 \geq 4k$로 설정하고 변위 벡터는 (1, 3)으로 설정했다. 3차원의 경우에는, 처음 네 개의 타일 영역이 기본 위치로부터 (0, 0, 0), (1, 3, 5), (2, 6, 10), (3, 9, 15)만큼씩 떨어져 있을 것이다. 임의의 k에 대해 이와 같은 타일 영역을 효과적으로 만드는 오픈 소스 소프트웨어가 이미 존재한다.

타일 영역 전략을 선택하려면 먼저 타일 영역의 개수와 타일의 모양을 선택해야 한다. 타일의 크기와 더불어 타일 영역의 개수는 일반적인 엉성한 부호화에서처럼, 그림 9.8에 묘사된 것 같이 점근적으로 수렴한 근사의 해상도 또는 세밀함을 결정한다. 타일의 모양은 그림 9.7에서와 같이 일반화의 특성을 결정할 것이다. 그림 9.11(아래쪽)에 나타내었듯이 사각형 모양의 타일은 각 차원에 대해 대략적으로 동등한 일반화가 되도록 할 것이다. 그림 9.12(중간)의 줄무늬 타일 영역처럼 한 차원 방향으로 길게 늘어난 모양을 갖는 타일은 그 차원에 대한 일반화를 더욱 촉진할 것이다. 그림 9.12(중간)의 타일 영역은 왼쪽으로 갈수록 더 밀도가 높아지고 얇아지는데, 이것은 수평 방향의 차원에 대해 더 작은 값을 가질수록 수평 방향 차원이 더 세밀하게 구분되도록 촉진하는 것이다. 그림 9.12(오른쪽)에서 대각선 방향의 줄무늬를 갖는 타일 영역은 하나의 대각선 방향으로의 일반화를 촉진할 것이다. 더 높은 차원일 경우, 하나의 축 방향과 나란한 줄무늬는 일부 타일 영역, 즉 초평면 슬라이스hyperplanar slice의 일부 차원을 무시하는 것을 의미한다. 비록 실제 상황에서는 거의 드물고 표준적인 소프트웨어에서는 고려하지 않긴 하지만, 그림 9.12(왼쪽)와 같은 불규칙적인 타일 영역도 가능하다.

불규칙적 구조   로그 줄무늬   대각선 줄무늬

그림 9.12 타일 영역이 꼭 격자 무늬일 필요는 없다. 어떤 모양이든 될 수 있고 규칙적이지 않아도 된다. 그렇다 해도 많은 경우에 있어 효율적인 계산이 가능하다.

실제로는, 서로 다른 타일 영역에서 서로 다른 모양의 타일을 사용하는 것이 종종 바람직하다. 예를 들어, 일부는 수직 줄무늬 타일 영역을 사용하고 일부는 수평 줄무늬 타일 영역을 사용할 수도 있다. 이렇게 하면 각 방향의 차원에 대한 일반화를 장려하게 된다. 하지만 줄무늬 타일 영역만으로는 수평 줄무늬와 수직 줄무늬의 교차 영역이 뚜렷한 가치를 갖는다는 것을 학습하기가 불가능하다(교차 영역에 대해 무엇이 학습되든 그것은 동일한 수평 좌표 및 수직 좌표를 갖는 상태에 대한 학습이 될 것이다). 이러한 이유로 애당초 그림 9.9에 표시된 것과 같은 교차하는 사각형 타일이 필요하다. 몇 개는 수평 줄무늬이고 몇 개는 수직 줄무늬이고 또 몇 개는 교차하는 사각형 모양인 다수의 타일 영역을 이용하여 모든 것을 얻을 수 있다. 어떤 차원을 따라 일반화하는 것이 더 좋은지 알 수 있고, 교차 영역에 대한 특정 가치를 학습하는 능력을 사전에 알 수 있다(예를 들어, 서튼(1996)을 참고하라). 타일 영역에 대한 선택이 일반화를 결정한다. 그리고 이 선택이 효과적으로 자동화될 수 있기 전까지는, 타일 부호화가 그 선택을 융통성 있는 선택이 되게 해 주고 사람들에게 납득될 수 있는 방식으로 선택이 이루어지게 해 준다는 사실이 중요하다.

요구되는 메모리 용량을 줄이는 또 다른 유용한 기법은 **해싱**hashing이다. 해싱은 지속적인 의사무작위pseudo-random 추출을 통해 큰 타일 영역이 훨씬 더 작은 여러 개의 타일 집합으로 나누어지는 것을 의미한다. 해싱은 상태 공간에 걸쳐 서로 접하지 않고 분리된 채로 퍼져 있는 영역으로 구성된 타일을 형성한다. 하지만 해싱은 여전히 철저하게 분할된 구역을 형성한다. 예를 들어, 하나의 타일은 오른쪽에 보이는 것처럼 4개의 하위 타일로 구성될 수도 있다. 해싱을 통해서, 요구되는 메모리 용량은 크게 감소하지만 성능의 손실은 거의 없다. 이것은 상태 공간의 작은 부분에서만 고해상도가 필요하기 때문에 가능하다. 해싱은 차원의 저주로부터 자유롭게 해 준다. 요구되는 메모리 용량은 차원의 수에 따라 기하급수적으로 증가할 필요가 없고 단지 문제에서 실제로 요구하는 만큼만 필요하기 때문이다. 타일 부호화를 구현한 오픈 소스들은 공통적으로 효율적인 해싱을 포함한다.

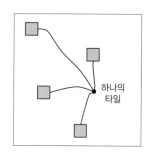

하나의 타일

연습 9.4 두 개의 차원 중 하나가 다른 하나보다 가치 함수에 영향을 미칠 가능성이 더 크다는 사실이 알려져 있어서, 일반화가 이 차원을 따라서 이루어지기보다는 주로 이 차원을 가로질러 이루어져야 한다고 가정해보자. 이러한 사전 정보의 이점을 활용하기 위해 어떤 종류의 타일 영역이 사용될 수 있겠는가? □

9.5.5 방사형 기저 함수

방사형 기저 함수Radial Basis Function, RBF는 엉성한 부호화를 연속적인 값을 갖는 특징으로 자연스럽게 일반화한 것이다. 각 특징이 0 또는 1이 되는 것이 아니라 [0, 1] 구간의 어떤 값이든 될 수 있다. 이렇게 하면 특징이 존재하는 다양한 **정도**degree를 반영할 수 있다. 일반적인 RBF 특징 x_i는 특징의 원형 상태 또는 중심 상태 c_i와 상태 s 사이의 거리에 따라서만 값이 결정되고 특징의 너비 σ_i와 관련되어 있는 가우시안 (벨 모양의) 반응 $x_i(s)$를 갖는다.

$$x_i(s) \doteq \exp\left(-\frac{||s - c_i||^2}{2\sigma_i^2}\right)$$

물론 주어진 문제와 상태에 가장 적합해 보이는 것이면 무엇이든지 s와 c_i 사이의 거리를 나타내는 지표로 사용될 수 있다. 그림 9.13은 유클리드 거리Euclidean distance 지표를 갖는 1차원 예제를 보여준다.

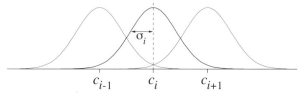

그림 9.13 1차원 방사형 기저 함수

이진 특징에 비해 RBF의 주된 장점은 부드럽게 변하고 미분 가능한 근사 함수를 도출한다는 것이다. 이러한 점이 매력적이긴 하지만, 대부분의 경우 이러한 장점은 실제로는 중요한 의미를 갖지 못한다. 그럼에도 RBF와 같은 등급이 있는 반응 함수graded response function에 대한 방대한 연구가 타일 부호화의 맥락에서 수행되고 있다(안, 1991; 밀러 외, 1991; 안 외, 1991; 레인, 헨델만, 겔판트Lane, Handelman and Gelfand, 1992). 이 모든 방법은 (타일 부호화 말고도) 상당한 양의 추가적인 계산 복잡도를 요구하고, 상태의 차원이 2차원을 넘을 경우 종종 성능이 저하되기도 한다. 높은 차원에서는 타일의 모서리가 훨씬 더 중요하고, 모서리 근처에서는 등급이 있는 타일 활성화graded tile activation를 잘 제어하기가 어렵다는 사실이 증명되었다.

RBF 네트워크RBF network는 RBF를 특징으로 사용하는 선형 함수 근사 기법이다. 다른 선형 함수 근사에서와 정확히 같은 방식으로 학습은 식 9.7과 식 9.8에 의해 정의된다. 게다가, RBF 네트워크에 대한 몇몇 학습 방법은 특징의 중심과 너비도 변화시키는데, 이로써 RBF 네트워크는 비선형 함수 근사의 영역으로 들어가게 된다. 비선형 방법이 목표 함수를 훨씬 더 정밀하게 근사할 수도 있다. RBF 네트워크, 특히 비선형 RBF 네트워크의 단점은 계산의 복잡도가 크다는 것과, 학습이 안정적이고 효율적으로 될 때까지 더 많은 수동 조율tuning 과정이 필요하다는 것이다.

9.6 시간 간격 파라미터를 수동으로 선택하기

대부분의 SGD 방법은 설계자가 적절한 시간 간격 파라미터 α를 선택하도록 요구한다. 이상적인 경우라면 이 선택 과정은 자동화될 것이고 실제로 자동화된 경우도 있지만, 대부분의 경우에는 여전히 수동으로 설정하는 경우가 흔하다. 수동으로 시간 간격 파라미터를 설정하기 위해, 그리고 알고리즘을 더 잘 이해하기 위해 시간 간격 파라미터의 역할에 대한 직관적인 감각을 개발하는 것이 도움이 된다. 시간 간격 파라미터가 어떻게 설정되어야 하는지에 대한 일반적인 방법을 제시할 수 있을까?

이론적 고려사항들은 불행히도 거의 도움이 안 된다. 확률론적 근사 이론은 수렴을 보장하기에 충분할 정도로 천천히 시간 간격이 감소하도록 하는 식 2.7의 조건을 제공하지만, 이것은 학습을 매우 느리게 만드는 경향이 있다. 전통적으로 $\alpha_t = 1/t$로 선택하는 것은 표 기반 MC 방법에서 표본평균을 계산할 때 적용한 것으로서, 비정상적nonstationary 문제를 위한 TD 방법이나 함수 근사를 하는 모든 방법에 적합하지 않다. 선형 학습 방법으로는 최적의 시간 간격 행렬을 설정하기 위한 재귀적 최소 제곱법recursive least-squares method이 있고, 이 방법은 9.8절에서 설명한 LSTD 방법에서와 같이 시간차 학습에 확장하여 적용될 수 있다. 하지만 이렇게 하기 위해서는 $O(d^2)$개의 시간 간격 파라미터 또는 학습하는 파라미터 개수의 d배에 해당하는 개수의 파라미터가 필요하다. 이러한 이유로 함수 근사가 가장 필요한 규모가 큰 문제에서는 재귀적 최소 제곱법을 시간차 학습에 확장하여 적용하지 않을 것이다.

시간 간격 파라미터를 어떻게 수동으로 설정하는지에 대한 직관적 느낌을 갖기 위해서는 잠깐 동안 표 기반의 경우로 돌아가는 것이 가장 좋다. 그렇게 하면 시간 간격을 $\alpha = 1$로 함으로써 하나의 목표 이후에(시간 간격에 1을 적용한 식 2.4를 참고하라) 표본 오차가 완전히 제거되는 결과를 낳는다. 242쪽에서 논의했듯이, 보통은 이보다 더 천천히 학습하기를 원한다. 표 기반의 경우에는 시간 간격을 $\alpha = \frac{1}{10}$로 하면 평균적 목표에 도달하기 위해 10번의 경험을 필요로 할 것이고, 100번의 경험 이후에 학습이 완료되기를 원한다면 $\alpha = \frac{1}{100}$로 설정하면 된다. 일반적으로 $\alpha = \frac{1}{\tau}$이면, 상태에 대한 표 기반의 추정값은 해당 상태에 대해 대략 τ번의 경험이 진행된 이후에 목표의 평균값으로 수렴할 것이고, 이때 가장 최근의 목표가 가장 큰 효과를 보일 것이다.

일반적인 함수 근사에 있어서 한 상태에 대한 경험의 **횟수**라는 개념은 그렇게 명확하지 않다. 각 상태가 서로에 대해 유사한 정도와 유사하지 않은 정도가 다 다를 것이기 때문이다. 하지만 선형 함수 근사에서는 어떤 행동과 유사한 행동을 도출하는 유사한 규칙이 존재한다. 대체로 동일한 특징 벡터를 이용하여 τ번의 경험 이후에 학습이 완료되기를 원한다고 가정해 보자. 이 경우 선형 SGD 방법의 시간 간격 파라미터를 설정하는 좋은 경험적 방법은 다음과 같다.

$$\alpha \doteq \left(\tau \mathbb{E}\left[\mathbf{x}^\top \mathbf{x} \right] \right)^{-1}$$

(식 9.19)

여기서 $\mathbf{x}$는 SGD에서 입력 벡터가 갖게 될 분포와 같은 분포로부터 무작위로 선택된 특징 벡터다. 특징 벡터의 길이가 크게 변하지 않는다면 이 방법이 가장 성능이 좋을 것이다. 이상적인 경우는 $\mathbf{x}^\top \mathbf{x}$가 고정된 값이 되는 경우다.

연습 9.5) 상태 가치 함수 $\hat{v}(s, \mathbf{w}) \approx v_\pi(s)$를 추정하기 위해 7차원의 연속 상태 공간을 이진 특징 벡터로 변환하는 타일 부호화를 사용한다고 가정해 보자. 차원들 사이에 상호작용은 강하지 않다고 확신하기 때문에 차원마다 별도로 8개의 타일 영역(줄무늬 타일 영역)을 사용하기로 결정한다. 이때 총 타일 영역의 수는 $7 \times 8 = 56$개다. 게다가, 차원들 사이에 쌍으로 이루어지는 상호작용이 있는 경우 $\binom{7}{2} = 21$가지의 차원 쌍 모두에 대해 각 쌍을 사각형 타일과 결합한다. 각 쌍마다 두 개의 타일 영역을 만들어서 총 $21 \times 2 + 56 = 98$개의 타일 영역을 만든다. 이러한 특징 벡터에 대해, 일부 잡음을 평균 내어 없애 버려야 한다고 여전히 의심하기 때문에 학습이 점근적 수렴 상태에 도달하기 전에 동일한 특징 벡터를 10번 경험하도록 하여 학습이 점진적으로 이루어지게 하려고 마음먹는다. 이 경우, 시간 간격 파라미터 α를 얼마로 해야 하는가? 그 이유는 무엇인가?   □

9.7 비선형 함수 근사: 인공 신경망

인공 신경망Artificial Neural Network, ANN은 비선형 함수 근사에 폭넓게 활용된다. ANN은 신경 시스템의 주요 구성 요소인 뉴런의 몇 가지 특성을 갖는 단위들이 결합된 네트워크로, 오랜 역사를 갖는다. 강화학습을 비롯한 기계학습 시스템의 가장 인상적인 능력의 일부는 깊은 층위를 갖는 deeply-layered ANN을 훈련시키는 방법(심층학습deep learning)에 대한 최근의 발전 덕분이다. 16장에서 ANN 함수 근사를 사용하는 강화학습 시스템의 여러 가지 인상적인 사례를 다룰 것이다.

그림 9.14는 일반적인 순방향feedforward ANN을 보여주는데, 이것은 네트워크 안에 어떠한 순환 고리loop도 없음을 의미한다. 즉, 네트워크 내부에서 한 단위의 출력이 입력에 영향을 미칠 수 있는 경로가 없다는 뜻이다. 그림에 보이는 네트워크는 두 개의 출력 단위를 갖는 출력 층위와 네 개의 입력 단위를 갖는 입력 층위를 갖고, 더불어 두 개의 '숨겨진 층위hidden layer'를 갖는다. 숨겨진 층위는 입력 층위도 아니고 출력 층위도 아닌 층위를 뜻한다. 각각의 연결 고리link는 실숫값을 갖는 가중치와 관련되어 있다. 대략적으로 봤을 때, 가중치는 실제 신경망에서 신경 접합

부의 연결 효과성에 해당한다고 볼 수 있다(15.1절 참고). ANN의 연결 고리가 적어도 하나의 순환 고리를 갖는다면, 해당 ANN은 순방향 ANN이 아니라 회귀적recurrent ANN이 된다. 순방향 ANN과 회귀적 ANN이 모두 강화학습에 사용되어 왔지만, 여기서는 더 간단한 순방향 ANN의 경우만 살펴보겠다.

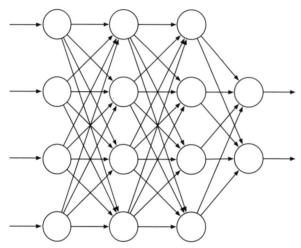

그림 9.14 네 개의 입력 단위와 두 개의 출력 단위를 갖고, 두 개의 숨겨진 층위를 갖는 일반적인 순방향 ANN

단위(그림 9.14에서 원으로 된 것)는 일반적으로 준선형semi-linear 단위다. 이것은 단위로 입력되는 신호에 대한 가중 합계를 계산하고, 그것을 **활성화 함수**activation function라고 불리는 비선형 함수에 적용하여 단위의 출력값을 계산하거나 활성화한다는 뜻이다. 다양한 활성화 함수가 사용되지만, 일반적으로는 로지스틱 함수logistic function $f(x) = 1/(1 + e^{-x})$와 같은 S 모양의 함수나 시그모이드sigmoid 함수가 사용된다. 때로는 비선형 정류 함수rectifier nonlinearity $f(x) = \max(0, x)$가 사용되기도 한다. $x \geq \theta$인 경우 $f(x) = 1$이고 그 밖의 경우에는 $f(x) = 0$이 되는 계단 함수step function를 사용하면, 기준값이 θ인 이진 단위가 만들어진다. 네트워크가 근사하려고 하는 함수에 입력으로 들어가는 외부에서 공급된 값들에 대해 활성화 집합activation set을 갖는다는 점에서 네트워크의 입력 층위에 속하는 단위는 다른 단위와 차이가 있다.

순방향 ANN을 구성하는 출력 단위의 활성화는 네트워크의 입력 단위에 대한 활성화 패턴의 비선형 함수다. 이 함수의 파라미터는 네트워크의 연결 가중치다. 숨겨진 층위를 갖지 않는 ANN은 입력-출력을 연결하는 함수의 극히 일부분만을 표현할 수 있다. 하지만 충분히 많은 유한개의 시그모이드 단위를 포함하는 숨겨진 층위를 하나 갖고 있는 ANN은 네트워크의 입력 공간의 좁은 영역에 대해 모든 연속 함수를 모든 수준의 정밀도로 근사할 수 있다(사이벤코Cybenko, 1989). 이것은 몇 가지 간단한 조건을 만족하는 다른 비선형 활성화 함수에도 적용되지만, 비선형성은 필수조건이다. 다수 층위multi-layer 순방향 ANN에 속한 모든 단위가 선형 활성화 함수를 갖는다면, (선형 함수에 대한 선형 함수는 그 자체로 선형이기 때문에) 전체 네트워크는 숨겨진 층위가 없는 네트워크와 같아진다.

한 개의 숨겨진 층위를 갖는 ANN의 이러한 '보편적 근사universal approximation' 특성에도 불구하고, 그간의 경험과 이론은 많은 인공지능 문제에서 필요로 하는 복잡한 함수에 대한 근사는 더 쉬워졌지만, 사실은 낮은 수준의 추상화에 포함된 많은 층위를 구성하는 계층적 요소로서의 추상화, 즉 다수의 숨겨진 층위를 갖는 ANN처럼 깊은 구조를 갖는 시스템에 의해 만들어지는 추상화를 필요로 할 수도 있음을 보여준다(완전한 이해를 위해 벤지오(Bengio, 2009)를 참고하라). 심층 ANN의 연속적인 층위는 점증적으로 네트워크의 '가공하지 않은raw' 입력에 대한 추상적 표현을 계산한다. 그리고 이 와중에 각각의 단위는 네트워크의 전체적인 입력-출력 함수를 계층적으로 표현하는 데 기여하는 특징을 제공한다.

따라서 ANN의 숨겨진 층위를 훈련시키는 것은 주어진 문제에 적합한 특징을 자동으로 생성해서 수동으로 만들어진 특징에 전적으로 의존하지 않고도 계층적 표현이 만들어질 수 있게 하는 방법이다. 이것은 인공지능이 마주해 온 오랜 도전이었고, 왜 숨겨진 층위를 갖는 ANN에 대한 학습 알고리즘이 수년 동안 그렇게 많은 관심을 받았는지를 설명해 준다. ANN은 일반적으로 확률론적 경사도 방법(9.3절)으로 학습한다. 최소화되거나 최대화되는 목적 함수에 의해 측정되는 네트워크의 전체적인 성능을 향상시키고자 하는 목표에 부합하도록 각각의 가중치가 조정된다. 가장 흔한 지도학습의 경우에는, 목푯값이 정해진labeled 훈련 예제의 집합에 대해 기댓값이 갖는 오차 또는 손실로 목적 함수가 정의된다. 강화학습에서는 ANN이 가치 함수를 학습하기 위해 TD 오차를 이용할 수도 있고, 또는 경사도 다중 선택(2.8절)이나 정책 경사도 알고리즘(13장)에서와 같이 보상의 기댓값을 최대화하는 것을 목적으로 삼을 수도 있다. 이 모든 경우에서 각각의 연결 가중치의 변화가 네트워크의 전체 성능에 얼마나 영향을 미치는지 추정할 필요가 있다. 다시 말해, 네트워크에 속한 모든 가중치의 현재 값이 주어졌을 때 각 가중치에 대한 목적 함수의 편미분을 추정해야 한다. 경사돗값은 바로 이 편미분 벡터다.

(네트워크의 단위들이 미분 가능한 활성화 함수를 갖는다는 조건하에서) 숨겨진 층위를 갖는 ANN을 위해 이러한 편미분을 계산하는 가장 성공적인 방법은 역전파backpropagation 알고리즘이다. 역전파 방법은 네트워크 전체에 걸쳐 전방 경로와 후방 경로를 번갈아 수행하는 것을 포함한다. 각각의 전방 경로에서는 네트워크 입력 단위의 현재 활성홧값이 주어졌을 때 각 단위의 활성홧값을 계산한다. 전방 경로가 끝나면, 후방 경로를 따라 각 가중치에 대해 편미분을 효율적으로 계산한다(다른 확률론적 경사도 학습 알고리즘에서와 같이, 이 편미분 벡터는 실제 경사돗값에 대한 추정값

이다). 15.10절에서 숨겨진 층위를 갖는 ANN을 훈련시키는 방법을 논의할 텐데, 이때는 역전파 방법 대신 강화학습의 원리를 이용할 것이다. 강화학습의 원리를 이용한 방법은 역전파 방법보다 효율성은 떨어지지만, 실제 신경망이 학습하는 방법과 더 유사할 수도 있다.

역전파 알고리즘은 하나 또는 두 개의 숨겨진 층위를 갖는 얕은 네트워크에서는 좋은 결과를 도출할 수 있지만, 심층 ANN에서는 잘 작동하지 않을 수도 있다. 사실, $k + 1$개의 숨겨진 층위를 갖는 네트워크를 훈련시키는 것은 k개의 숨겨진 층위를 갖는 네트워크를 훈련시키는 것보다 실제로 더 안 좋은 성능을 낼 수 있다. 더 깊은 네트워크가 더 얕은 네트워크가 표현할 수 있는 모든 함수를 전부 표현할 수 있음에도 불구하고 말이다(벤지오, 2009). 이러한 결과를 설명하기란 쉽지 않지만, 중요하게 봐야 할 여러 가지 요소는 있다. 먼저, 일반적인 심층 ANN에 존재하는 많은 수의 가중치는 과다 적합overfitting 문제를 피하기 어렵게 만든다. 다시 말해, 네트워크가 훈련된 적이 없는 경우에 대해서는 정확한 일반화를 하지 못하는 문제를 피해 가기가 쉽지 않다. 두 번째는, 역전파의 경우 후방 경로에서 계산되는 편미분값이 입력 쪽으로 가면서 급격하게 작아져서 깊은 층위에 의한 학습을 굉장히 느리게 만들거나 아니면 급격하게 커져서 학습을 불안정하게 만들기 때문에 역전파는 심층 ANN에 대해서는 제대로 작동하지 않는다. 최근에 심층 ANN을 활용하는 시스템에 의해 많은 인상적인 결과가 도출될 수 있었던 것은 이러한 문제를 다루기 위해 개발된 방법들에 힘입은 바가 크다.

과다 적합은 제한된 훈련 데이터에 기반하여 많은 자유도를 갖고 함수를 조정하는 모든 함수 근사 방법에서 문제가 된다. 제한된 훈련 데이터에 구속받지 않는 온라인 강화학습에서는 이러한 문제가 덜하지만, 효과적으로 일반화하는 것은 여전히 중요한 이슈다. 과다 적합은 일반적으로 ANN이 갖는 문제이지만, 아주 많은 수의 가중치를 갖는 경향성 때문에 심층 ANN의 경우에는 더 심각한 문제가 된다. 과다 적합을 줄이기 위해 많은 방법이 개발되었다. 그중에는 훈련 데이터와는 별개의 검증 데이터에 대해 네트워크의 성능이 감소하기 시작할 때 훈련을 멈추는 방법(이중 검증cross validation), 근사의 복잡도를 감소시키는 방향으로 목적 함수를 수정하는 방법(조직화 regularization), 자유도를 줄이기 위해 가중치들 사이에 의존성dependency을 도입하는 방법(예 가중치 공유) 등이 있다.

심층 ANN의 과다 적합을 줄이는 데 있어 특히 효과적인 방법은 스리바스타바, 힌튼, 크리체프스키, 수츠케버, 살라쿠디노프(Srivastava, Hinton, Krizhevsky, Sutskever, and Salakhutdinov, 2014)에 의해 소개된 탈락dropout 방법이다. 훈련 도중에, 단위들은 그들의 연결 고리를 따라 네트워크에서 무작위로 제거된다(탈락된다). 이것은 많은 수의 '축소된thinned' 네트워크를 훈련시키는 것으로 생각할 수 있다. 이러한 축소된 네트워크의 결과를 테스트 시점에 결합하는 것은 일반화의 성능을 높이는 한 방법이다. 탈락 방법은 각 단위의 탈락하는 가중치를 그 단위가 훈련 도중에 다시 획득될 확률과 곱함으로써 이러한 축소된 네트워크의 조합을 효율적으로 근사한다. 스리바스타바 등은 이 방법을 통해 일반화 성능이 상당히 향상된다는 사실을 발견했다. 이 방법은 개별적인 숨겨진 단위로 하여금 무작위로 모아 놓은 다른 특징들과 함께 좋은 결과를 도출할 수 있는 특징을 학습하도록 장려한다. 이것은 숨겨진 단위에 의해 형성된 특징의 다양성을 증가시킴으로써 네트워크가 거의 일어나지 않는 경우에 과도하게 특화되지 않도록 해 준다.

힌튼, 오신데로, 테흐(Hinton, Osindero, and Teh, 2006)는 여기서 논의하는 심층 ANN과 밀접하게 연관된 또 하나의 층위 구조 네트워크인 심층 신뢰망deep belief network을 활용한 그들의 연구에서 심층 ANN의 깊은 층위들을 훈련시키는 문제를 해결하는 데 있어 주요한 진전을 이루었다. 그들의 방법에서는 비지도학습 알고리즘을 이용하여 가장 깊은 층위를 한 번에 하나씩만 훈련했다. 비지도학습은 전체적인 목적 함수에 의존하지 않고도 입력 흐름의 통계적 규칙을 포착하는 특징을 추출할 수 있다. 가장 깊은 층위가 먼저 훈련되고, 그런 다음 이 훈련된 층위로부터 제공되는 입력을 이용하여 다음으로 깊은 층위가 훈련되는 과정이 반복되는데, 이 과정은 모든 또는 많은 네트워크의 층위에 속하는 가중치가 지도학습을 위한 초깃값으로 바로 활용될 수 있는 값으로 설정될 때까지 반복된다. 그러면 이제 네트워크는 전체적인 목적 함수를 만족시키기 위해 역전파에 의해 미세 조정된다. 연구에 따르면, 이러한 접근법은 무작위 값으로 초기화된 가중치를 이용한 역전파보다 일반적으로 훨씬 더 좋은 성능을 보여준다. 이러한 방식으로 초기화된 가중치를 이용하여 훈련된 네트워크가 더 좋은 성능을 보이는 원인은 여러 가지 요인에서 찾을 수 있지만, 그중 한 가지는 이 방법을 통해 경사도 기반 알고리즘이 좋은 성능을 낼 수 있는 가중치 공간상의 어떤 영역에 네트워크가 위치할 수 있다는 것이다.

일괄 정규화batch normalization(요페와 세게디Ioffe and Szegedy, 2015)는 심층 ANN의 훈련을 더 쉽게 만드는 또 다른 기법이다. 네트워크 입력이, 예를 들면 입력 변수의 평균이 0이고 분산이 1이 되도록 정규화될 경우 ANN 학습이 더 쉬워진다는 건 오랫동안 알려진 사실이다. 심층 ANN을 훈련시키기 위한 일괄 정규화는 깊은 층위의 출력이 다음 층위의 입력으로 들어가기 전에 그 출력을 정규화한다. 요페와 세게디(2015)는 심층 ANN의 학습 속도를 향상시키기 위해 훈련 예제의 작은 부분 또는 '소형 묶음mini-batches'으로부터 계산된 통계치를 활용하여 층위 사이의 신호를 정규화했다.

심층 ANN을 훈련시키기 위한 또 다른 유용한 기법은 **심층 잔차학습**deep residual learning이다 (헤, 장, 렌, 선He, Zhang, Ren, and Sun, 2016). 때로는 함수 자체를 학습하는 것보다 함수가 항등 함수와 얼마나 차이를 갖는지를 학습하는 편이 더 쉽다. 이렇게 학습된 차이 또는 잔차 함수를 입력에 더함으로써 목표로 하는 함수가 만들어진다. 심층 ANN에서는 층위들로 이루어진 한 구역을 만들어서 단순히 지름길을 추가하거나 그 구역 주변의 연결 고리를 건너뜀으로써 잔차 함수를 학습할 수 있다. 이러한 연결 고리는 해당 구역의 입력을 그 구역의 출력에 더하고, 추가적인 가중치는 필요로 하지 않는다. 헤 외(He et al., 2016)는 인접한 층위로 구성된 쌍 주변의 연결 고리를 건너뛰는 심층 중첩convolutional 네트워크를 이용하여 이 방법을 평가했고, 그 결과 건너뛰는 연결 고리가 없는 네트워크에 비해 표준적인 영상 분류 문제에서 상당히 결과가 향상됐음을 확인했다. 일괄 정규화와 심층 잔차학습은 모두 16장에서 설명할 바둑Go 게임에 적용한 강화학습에 사용되었다.

인상적인 강화학습 적용 사례(16장)를 포함하여 실제 경우에 아주 성공적이라고 판명된 한 유형의 심층 ANN은 **심층 중첩 네트워크**deep convolutional network다. 이 유형의 네트워크는 영상처럼 공간상의 배열에 정렬된 고차원 데이터를 처리하는 데 특화되었다. 이것은 뇌에서 초기의 시각 처리가 어떻게 이루어지는지에 영감을 받아 개발되었다(르쿤, 보토우, 벤지오, 하프너LeCun, Bottou, Bengio, and Haffner, 1998). 심층 중첩 네트워크는 그것이 갖는 특별한 시스템 구성 때문에 위에서 설명한 것과 같은 깊은 층위를 훈련시키기 위한 방법에 의지하지 않고도 역전파를 이용하여 훈련될 수 있다.

그림 9.15는 심층 중첩 네트워크의 시스템 구성을 나타낸다. 르쿤 외(LeCun et al., 1998)의 논문에서 가져온 이 예제 그림은 손글씨를 식별하기 위해 설계되었다. 이것은 서로 교차하는 중첩 층위 및 이단 추출subsampling 층위와 더불어 교차가 끝난 이후에 완전히 연결된 최종 층위들로 구성된다. 각각의 중첩 층위는 다수의 특징 지도feature map를 만들어 낸다. 특징 지도란 하나의 배열을 이루는 단위들에 대한 활동 패턴으로서, 이 지도에서는 각 단위가 자신의 수용 영역에서 데이터에 대해 동일한 작용을 한다. 이때 수용 영역은 이전 층위에서 '보는'(또는 최초의 중첩 층위일 경우 외부의 입력에서 보는) 데이터의 일부분을 의미한다. 크기와 모양이 모두 같은 각 단위의 수용 영역이 입력 데이터의 배열에서 서로 다른 방향으로 이동한다는 점을 제외하면 특징 지도의 단위는 서로 동일하다. 같은 특징 지도에 있는 단위들은 동일한 가중치를 공유한다. 이것은 입력 배열에서 특징이 어디에 위치하든 특징 지도가 동일한 특징을 감지한다는 것을 의미한다. 예를 들면 그림 9.15의 네트워크에서 최초의 중첩 층위는 6개의 특징 지도를 만들고, 각 지도는 28×28개의 단위로 구성된다. 각각의 특징 지도에 있는 각 단위는 5×5개의 수용 영역을 갖고, 이 수용 영역들은 서로 겹친다(이 경우 4개의 행과 4개의 열이 겹친다). 결과적으로, 6개의 특징 지도 각각은 단지 25개의 조정 가능한 가중치로 표현된다.

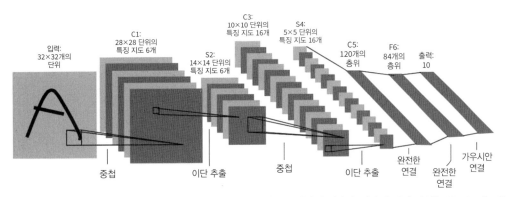

입력:
32×32개의
단위

C1:
28×28 단위의
특징 지도 6개

S2:
14×14 단위의
특징 지도 6개

C3:
10×10 단위의
특징 지도 16개

S4:
5×5 단위의
특징 지도 16개

C5:
120개의
층위

F6:
84개의
층위

출력:
10

중첩 이단 추출 중첩 이단 추출 완전한 연결 완전한 연결 가우시안 연결

그림 9.15 심층 중첩 네트워크(Proceedings of the IEEE, 경사도 기반의 학습을 적용한 문서 인식(르쿤, 보토우, 벤지오, 하프너(LeCun, Bottou, Bengio, and Haffner), 86권, 1998); Copyright Clearance Center, Inc.)

심층 중첩 네트워크의 이단 추출 층위는 특징 지도의 공간 해상도를 떨어뜨린다. 이단 추출 층위에 속하는 각각의 특징 지도는 이전 중첩 층위의 특징 지도에 속하는 단위를 수용 영역에 대해 평균 낸 것으로 구성된다. 예를 들면, 그림 9.15에 표현된 네트워크의 최초 이단 층위에 있는 6개의 특징 지도 각각에 속하는 각 단위는 최초 중첩 층위에 의해 만들어진 특징 지도 중 하나에 속하는 2 × 2개의 겹치지 않는 수용 영역에 대한 평균값이다. 이렇게 하면 6개의 14 × 14 특징 지도가 만들어진다. 이단 추출 층위는 감지된 특징의 공간상 위치에 대한 네트워크의 민감도를 감소시킨다. 다시 말해, 네트워크의 반응이 공간상에서 변하지 않도록 돕는다. 영상의 한 지점에서 감지된 특징이 다른 지점에서도 유용할 가능성이 높기 때문에 이렇게 하는 것은 도움이 된다.

지금까지 단지 몇 가지 사실에 대해서만 언급한 ANN의 설계와 훈련에서의 발전은 모두 강화학습에 도움이 된다. 현재의 강화학습 이론이 대부분 표 기반 방법이나 선형 함수 근사 방법을 사용한 방법에 국한되지만, 주목할 만한 강화학습 적용 사례에서 보여준 강화학습의 인상적인 성능은 다수 층위 ANN에 의한 비선형 함수 근사에 기인한 바가 크다. 이러한 여러 가지 적용 사례를 16장에서 논의할 것이다.

9.8 최소 제곱 TD

이 장에서 지금까지 논의한 모든 방법은 각 시간 단계마다 파라미터의 개수에 비례하는 계산량을 필요로 했다. 하지만 더 많은 계산 능력을 투입하면 더 좋은 결과를 얻을 수 있다. 이번 절에서는 선형 함수 근사를 위한 방법을 제시할 것이다. 이 방법은 선형 함수 근사를 위한 방법으로는 분명 최고의 방법일 것이다.

9.4절에서 확립했듯이 선형 함수 근사를 이용한 TD(0)는 시간 간격이 적절하게 감소할 경우 TD 고정점을 향해 점근적으로 수렴한다.

$$\mathbf{w}_{\mathrm{TD}} = \mathbf{A}^{-1}\mathbf{b}$$

여기서

$$\mathbf{A} \doteq \mathbb{E}\big[\mathbf{x}_t(\mathbf{x}_t - \gamma\mathbf{x}_{t+1})^\top\big] \quad \text{그리고} \quad \mathbf{b} \doteq \mathbb{E}[R_{t+1}\mathbf{x}_t]$$

왜 이 해를 반복적으로 계산해야 하는지 의문이 들 수도 있다. 이것은 데이터의 낭비다. $\mathbf{A}$와 $\mathbf{b}$의 추정값을 계산하여 직접 TD 고정점을 계산함으로써 더 좋은 결과를 얻을 수 있지 않을까? 보통 **LSTD**로 알려진 **최소 제곱 TD**Least-Squares TD 알고리즘이 정확히 이러한 일을 한다. LSTD는 다음과 같은 자연스러운 추정값을 형성한다.

$$\widehat{\mathbf{A}}_t \doteq \sum_{k=0}^{t-1} \mathbf{x}_k(\mathbf{x}_k - \gamma\mathbf{x}_{k+1})^\top + \varepsilon\mathbf{I} \quad \text{그리고} \quad \widehat{\mathbf{b}}_t \doteq \sum_{k=0}^{t-1} R_{t+1}\mathbf{x}_k \qquad \text{(식 9.20)}$$

여기서 $\mathbf{I}$는 단위 행렬이고, 작은 양수 $\varepsilon > 0$에 대해 $\varepsilon\mathbf{I}$는 $\widehat{\mathbf{A}}_t$가 항상 역행렬을 갖도록 보장한다. 이 두 추정값이 모두 t로 나누어져야 할 것처럼 보일 수도 있다. 실제로도 그렇게 나누어져야 한다. 여기서 정의한 것처럼, 이들은 정말로 t 곱하기 $\mathbf{A}$와 t 곱하기 $\mathbf{b}$이다. 하지만 TD 고정점을 추정하기 위해 LSTD가 이들 추정값을 활용하면 이 t는 다음과 같이 상쇄된다.

$$\mathbf{w}_t \doteq \widehat{\mathbf{A}}_t^{-1}\widehat{\mathbf{b}}_t \qquad \text{(식 9.21)}$$

이 알고리즘은 선형 TD(0) 중 가장 데이터를 효율적으로 활용하는 형태이지만, 또한 더 많은 계산량을 필요로 하기도 한다. 준경사도 TD(0)가 오직 $O(d)$ 수준의 메모리와 단계별 계산량을 필요로 한다는 점을 기억하라.

LSTD는 얼마나 복잡한가? 위에 언급한 것처럼 복잡도는 t에 따라 증가하는 것처럼 보이지만, 식 9.20의 두 가지 근사는 이전에 다루었던(**CH** 2장) 기법을 이용하여 점증적으로 구현될 수 있기 때문에 단계별 근사는 고정된 시간 동안 수행될 수 있다. 그렇다 하더라도 $\widehat{\mathbf{A}}_t$에 대한 갱신은 외적을 포함할 것이고(열 벡터 곱하기 행 벡터), 따라서 행렬을 갱신하는 결과가 될 것이다. 그리고 이때의 계산 복잡도는 $O(d^2)$ 수준이며, 물론 $\widehat{\mathbf{A}}_t$ 행렬을 유지하는 데 필요한 메모리도 $O(d^2)$ 수준일 것이다.

잠재적으로 더 문제가 되는 부분은 최종 계산(식 9.21) 과정에 $\widehat{\mathbf{A}}_t$의 역행렬이 사용된다는 점이고, 이때 일반적인 역행렬 계산의 복잡도는 $O(d^3)$ 수준이다. 다행히도 여기서 사용하는 특별한 형태의 행렬(외적의 합)에 대한 역행렬 또한 다음과 같이 점증적으로 갱신될 수 있다.

$$\widehat{\mathbf{A}}_t^{-1} = \left(\widehat{\mathbf{A}}_{t-1} + \mathbf{x}_{t-1}(\mathbf{x}_{t-1} - \gamma \mathbf{x}_t)^\top \right)^{-1} \qquad \text{(식 9.20으로부터)}$$

$$= \widehat{\mathbf{A}}_{t-1}^{-1} - \frac{\widehat{\mathbf{A}}_{t-1}^{-1} \mathbf{x}_{t-1}(\mathbf{x}_{t-1} - \gamma \mathbf{x}_t)^\top \widehat{\mathbf{A}}_{t-1}^{-1}}{1 + (\mathbf{x}_{t-1} - \gamma \mathbf{x}_t)^\top \widehat{\mathbf{A}}_{t-1}^{-1} \mathbf{x}_{t-1}} \qquad \text{(식 9.22)}$$

이때 $t > 0$이고 $\widehat{\mathbf{A}}_0 \doteq \varepsilon \mathbf{I}$이다. **셔먼-모리슨 공식**Sherman-Morrison formula으로 알려진 등식(식 9.22)이 표면적으로는 복잡하지만, 오직 벡터-행렬 곱과 벡터-벡터 곱만을 포함하기 때문에 $O(d^2)$ 수준의 계산만 하면 된다. 따라서 역행렬 $\widehat{\mathbf{A}}_t^{-1}$을 저장하고 식 9.22와 함께 보관했다가 식 9.21에서 사용할 수 있다. 이 경우 $O(d^2)$ 수준의 메모리와 단계별 계산량이 필요하다. 완전한 알고리즘이 다음 글상자에 제시되어 있다.

$\hat{v} = \mathbf{w}^\top \mathbf{x}(\cdot) \approx v_\pi$를 추정하기 위한 LSTD($O(d^2)$의 형태)

입력: $\mathbf{x}$(종단) $= \mathbf{0}$을 만족하는 특징 표현 $\mathbf{x} : \mathcal{S}^+ \to \mathbb{R}^d$
알고리즘 파라미터: 작은 양수 $\varepsilon > 0$

$\widehat{\mathbf{A}^{-1}} \leftarrow \varepsilon^{-1} \mathbf{I}$ $d \times d$ 행렬
$\widehat{\mathbf{b}} \leftarrow \mathbf{0}$ d차원 벡터
각 에피소드에 대한 루프:
    S를 초기화; $\mathbf{x} \leftarrow \mathbf{x}(S)$
    에피소드의 각 시간 간격에 대한 루프:
        행동 $A \sim \pi(\cdot \mid S)$를 선택하고 행함, R과 S'을 관측; $\mathbf{x}' \leftarrow \mathbf{x}(S')$
        $\mathbf{v} \leftarrow \widehat{\mathbf{A}^{-1}}^\top (\mathbf{x} - \gamma \mathbf{x}')$
        $\widehat{\mathbf{A}^{-1}} \leftarrow \widehat{\mathbf{A}^{-1}} - (\widehat{\mathbf{A}^{-1}}\mathbf{x})\mathbf{v}^\top / (1 + \mathbf{v}^\top \mathbf{x})$
        $\widehat{\mathbf{b}} \leftarrow \widehat{\mathbf{b}} + R\mathbf{x}$
        $\mathbf{w} \leftarrow \widehat{\mathbf{A}^{-1}}\widehat{\mathbf{b}}$
        $S \leftarrow S'; \mathbf{x} \leftarrow \mathbf{x}'$
    S'이 종단이면 종료

물론 $O(d^2)$ 수준의 계산량도 준경사도 TD의 $O(d)$ 수준보다는 여전히 많다. LSTD의 더 좋은 데이터 효율을 위해 이 정도의 계산량을 추가로 투입할 가치가 있는지는 d가 얼마나 큰 값인지에 따라, 빠른 학습이 얼마나 중요한지에 따라, 그리고 시스템의 다른 부분에서 소비하는 계산량이 얼마인지에 따라 결정된다. LSTD가 시간 간격 파라미터의 설정을 필요로 하지 않는다는 것도 때로는 장점으로 내세울 수 있지만, 대신 ε을 설정해야 한다. ε이 너무 작게 선택되면 역행렬의 순차적 변화가 걷잡을 수 없이 커질 수 있고, ε이 너무 크게 선택된다면 학습이 지연된다. 게다가, LSTD에 시간 간격 파라미터가 없다는 것은 LSTD가 결코 값을 잊어버리지 않는다는 것을 의미한다. 이것은 때로는 바람직하지만, 목표 정책 π가 강화학습과 GPI에서처럼 변화한다면 오히려 문제가 될 것이다. 제어 문제에서는, LSTD가 값을 잊어버리도록 유도하기 위해 일반

적으로 LSTD와 다른 메커니즘이 결합되어야 한다. 이로 인해 시간 간격 파라미터를 고려하지 않아도 되었던 처음의 장점은 사라지게 된다.

9.9 메모리 기반 함수 근사

지금까지 가치 함수를 근사하는 방법으로 **파라미터를 다루는**parametric 접근법에 대해 논의했다. 이 접근법에서는 문제에서 정의하는 전체 상태 공간에 대해 가치 함수를 근사할 목적으로 학습 알고리즘이 함수 형태를 구성하는 파라미터를 조정했다. 각각의 갱신 $s \mapsto g$는 근사 오차를 줄이기 위한 목적으로 학습 알고리즘이 파라미터를 변화시킬 때 사용하는 훈련 예제로 사용되었다. 갱신 후에 훈련 예제는 제거될 수 있다(다시 사용하기 위해 저장할 수도 있지만). (**쿼리 상태**query state라고 부르게 될) 상태의 근사적 가치가 필요할 때, 근사적 가치 함수는 학습 알고리즘에 의해 만들어진 최신 파라미터를 이용하여 단지 그 상태에서 평가되기만 하면 된다.

메모리 기반 함수 근사 방법은 이와는 매우 다르다. 이 방법은 훈련 예제가 들어올 때마다 어떠한 파라미터도 갱신하지 않고 단순히 훈련 예제를 메모리에 저장한다(또는 최소한 예제의 일부를 저장한다). 이러한 방법을 때로는 **게으른 학습**lazy learning이라고 부른다. 시스템이 출력을 도출하도록 요청받을 때까지 훈련 예제를 처리하는 것이 지연되기 때문이다.

메모리 기반 함수 근사 방법은 **파라미터를 다루지 않는**nonparametric 방법의 대표적인 예다. 파라미터를 다루는 방법과는 다르게, 근사 함수의 형태가 선형 함수나 다항 함수 같은 파라미터를 포함하는 고정된 부류의 함수 형태로 제한되지 않는다. 하지만 그 대신 훈련 예제 그 자체 및 쿼리 상태에 대한 가치 추정값을 도출하기 위해 훈련 예제를 결합하는 몇 가지 수단에 의해 함수의 형태가 결정된다. 메모리에 더 많은 훈련 예제가 축적될수록, 파라미터를 다루지 않는 방법이 모든 목표 함수에 대해 점점 더 정확한 근사를 만들어 낼 것이라고 기대된다.

저장된 훈련 예제를 어떻게 선택하고, 요청에 응답하기 위해 그것들을 어떻게 사용하는지에 따라 다양한 메모리 기반 방법이 존재한다. 여기서는 현재 쿼리 상태 근처에서 오로지 지역적으로 가치 함수를 근사하는 **지역 학습**local-learning 방법에 초점을 맞추어 설명할 것이다. 이러한 방법들은 쿼리 상태와 가장 관련성이 있다고 판단되는 상태를 갖는 메모리로부터 훈련 예제들을 받는다. 이때 관련성이란 보통 상태들 사이의 거리에 의존한다. 훈련 예제의 상태가 쿼리 상태에 더 가까울수록 그 상태는 쿼리 상태와 더 많은 관련성을 갖는다고 생각된다. 여기서 상태 사이의 거리는 다양한 방법으로 정의될 수 있다. 일단 쿼리 상태의 가치가 계산되고 나면 지역 근사는 제거된다.

메모리 기반 접근법의 가장 간단한 예제는 단순히 쿼리 상태와 가장 가까운 상태를 갖는 메모리에서 예제를 찾아서 그 예제의 가치를 쿼리 상태에 대한 근삿값으로 도출하는 **최근접 이웃**nearest neighbor 방법이다. 다시 말해, 쿼리 상태를 s라고 하고 s'을 쿼리 상태와 가장 가까운 상태라고 하면 $s' \mapsto g$가 메모리의 예제가 되고, 그러면 g가 상태 s의 근사적 가치로서 도출된다. 이보다 좀 더 복잡한 것이 최근접 이웃 예제를 받아서 그 예제의 목표 가치에 대한 가중 평균을 도출하는 **가중 평균**weighted average 방법이다. 여기서 해당 상태와 쿼리 상태의 거리가 증가함에 따라 가중치는 일반적으로 감소한다. **지역 가중 회귀**locally weighted regressioin도 유사한 방법이지만, 이 방법은 식 9.1과 같은 가중 오차 지표를 최소화하는 파라미터 근사parametric approximation 방법을 통해 근사적 가치 함수를 가장 가까운 상태들의 가치에 맞춘다. 여기서 가중치는 쿼리 상태로부터의 거리에 따라 달라진다. 도출되는 가치는 쿼리 상태에서 지엽적으로 맞춰진locally-fitted 근사 함수이고, 일단 가치가 도출된 이후에는 지역 근사 함수가 제거된다.

파라미터를 다루지 않는 메모리 기반 방법은 파라미터를 다루는 방법에 비해 장점이 있는데, 그것은 함수 근사를 미리 지정된 함수 형태에 맞추도록 제한하지 않는다는 점이다. 이렇게 함으로써 데이터가 많이 축적될수록 정밀도가 향상될 수 있다. 메모리 기반 **지역** 근사 방법은 강화학습에 잘 어울리는 그 밖의 특징도 갖는다. 8.6절에서 논의한 바와 같이 강화학습에서는 궤적 표본 추출이 상당히 중요하기 때문에, 메모리 기반 지역적 방법은 실제 또는 시뮬레이션된 궤적에서 마주치는 상태(또는 상태-행동 쌍)의 근처 지역으로 함수 근사의 초점을 맞출 수 있다. 상태 공간의 많은 영역에는 전혀(또는 거의 전혀) 도달하지 않을 것이기 때문에 전역적 근사는 필요하지 않을 수도 있다. 게다가, 메모리 기반 방법은 학습자의 경험이 현재 상태 주변에 대한 가치 추정값에 비교적 즉각적인 영향을 미칠 수 있게 해 준다. 반면에, 파라미터를 기반으로 하는 방법에서는 전역적 근사 함수의 파라미터를 점증적으로 조정할 필요가 있다.

전역 근사를 하지 않는 것이 차원의 저주 문제를 다루는 방법이 되기도 한다. 예를 들어, k차원의 상태 공간에 대해 전역 근사를 저장하는 표 기반의 방법은 k에 따라 기하급수적으로 증가하는 메모리를 필요로 한다. 반면에, 메모리 기반 방법에서 예제를 저장할 경우에는 각 예제마다 k에 비례하는 메모리가 요구된다. 말하자면 n개의 예제를 저장하는 데 필요한 메모리는 n에 대해 선형적으로 증가한다. 어떤 것도 k나 n에 대해 기하급수적으로 증가하지 않는다. 물론, 여전히 남아 있는 중요한 이슈는 메모리 기반 방법이 학습자가 유용하게 사용할 수 있을 정도로 충분히 신속하게 쿼리에 응답할 수 있는가 하는 것이다. 이와 관련된 고민은 메모리의 크기가 증가함에 따라 속도가 얼마나 저하되는가에 대한 고민이다. 대용량 데이터베이스에서 최근접 이웃을 찾는 데 시간이 너무 오래 걸려서 많은 적용 사례에 실제로 적용하기 어려울 수도 있다.

메모리 기반 방법을 지지하는 연구자들은 최근접 이웃 탐색을 가속화하는 방법을 개발했다. 병렬 컴퓨터 또는 특수 목적의 하드웨어를 이용하는 것이 한 방법이다. 또 다른 방법은 특별한 다차원 데이터 구조를 사용하여 훈련 데이터를 저장하는 것이다. 이 방법을 적용하기 위해 연구된 하나의 데이터 구조가 k-d 트리(k-dimensional 트리의 줄임말) 구조다. 이 구조는 k차원의 공간을 이진 트리binary tree의 노드와 정렬된 영역으로 나누는 과정을 반복한다. 데이터의 양에 따라 그리고 데이터가 상태 공간에 어떻게 분포하고 있는지에 따라 k-d 트리 구조를 이용한 최근접 이웃 탐색은 주변을 탐색하는 과정에서 공간의 많은 영역을 신속하게 제거함으로써 보통의 탐색일 경우 너무 오랜 시간이 걸리는 문제에서도 탐색을 가능하게 만든다.

지역 가중 회귀locally weighted regression는 각 쿼리에 응답하기 위해 반복적으로 수행되어야 하는 지역 회귀 계산을 위한 빠른 방법을 추가로 요구한다. 연구자들은 이 문제를 다루기 위해 많은 방법을 개발해 왔다. 여기에는 데이터베이스의 크기를 제한하기 위해 데이터가 손실되도록 하는 방법도 포함된다. 이 장의 마지막에 나오는 '참고문헌 및 역사적 사실' 절에서 이와 관련된 문헌을 언급할 것이다. 또한, 메모리 기반 학습을 강화학습에 적용하는 방법을 설명하는 논문을 선택하여 소개할 것이다.

9.10 커널 기반 함수 근사

앞에서 설명한 가중 평균 및 지역 가중 회귀 같은 메모리 기반 방법은 s'과 쿼리 상태 s 사이의 거리에 따라 데이터베이스에 있는 예제 $s' \mapsto g$에 가중치를 할당하는 것에 의존한다. 이러한 가중치를 할당하는 함수를 **커널 함수**kernel function 또는 단순히 **커널**이라고 부른다. 예를 들면, 가중 평균 방법 및 지역 가중 회귀 방법에서 커널 함수 $k : \mathbb{R} \to \mathbb{R}$은 상태들 사이의 거리에 가중치를 할당한다. 좀 더 일반적으로 말하자면, 가중치는 거리에 의존할 필요가 없다. 대신 가중치는 상태들 사이의 유사성을 나타내는 지표들에 의존할 수 있다. 이 경우, $k : \mathcal{S} \times \mathcal{S} \to \mathbb{R}$이 되고, 따라서 $k(s, s')$은 s에 관한 요청에 응답하는 데 영향을 미치는 과정 속에서 s' 주변의 데이터에 할당되는 가중치다.

조금 다르게 보면, $k(s, s')$은 s'으로부터 s로 진행되는 일반화가 얼마나 강한지 나타내는 지표다. 커널 함수는 어떤 상태에 관한 지식이 다른 상태에 얼마나 '연관되는지'를 수치적으로 나타낸다. 예를 들어, 그림 9.11에 보이는 타일 부호화에 대한 일반화의 강도strength는 균일하고 비대칭적인 타일 간격으로부터 도출되는 서로 다른 커널 함수에 해당한다. 타일 부호화가 진행되는 과정에서 비록 커널 함수를 명시적으로 사용하지는 않지만, 커널 함수에 따라 일반화가 진행된다.

사실 (아래에서 더 논의하겠지만) 파라미터 기반의 선형 함수 근사로부터 도출되는 일반화의 강도는 항상 커널 함수로 표현할 수 있다.

커널 회귀kernel regression는 메모리에 저장된 '모든' 예제의 목표에 대한 커널 가중 평균kernel weighted average을 계산하는 메모리 기반 방법으로, 그 결과를 쿼리 상태에 할당한다. 저장된 예제의 집합을 $\mathcal{D}$라고 하고, 저장된 예제에 속하는 상태 s'에 대한 목표를 $g(s')$이라고 하면 커널 회귀는 목표 함수를 근사하게 되는데, 이 경우 $\mathcal{D}$에 의존하는 가치 함수는 다음과 같이 표현된다.

$$\hat{v}(s, \mathcal{D}) = \sum_{s' \in \mathcal{D}} k(s, s') g(s') \qquad \text{(식 9.23)}$$

위에서 설명한 가중 평균 방법은 s와 s'이 서로 가까워서 $\mathcal{D}$에 속한 모든 예제에 대해 합계를 계산할 필요가 없을 때만 $k(s, s')$이 0이 아닌 값을 갖는 특별한 경우다.

보통의 커널은 9.5.5절에서 설명한 RBF 함수 근사에 활용되는 가우시안 방사형 기저 함수Radial Basis Function, RBF다. 9.5.5절에서 설명한 방법에서 RBF는 특징이 되는데, 이때 특징의 중심과 폭은 처음부터 고정되어 있을 수도 있고 학습이 진행되는 동안 모종의 방식으로 중심과 폭이 조정될 수도 있다. 또한, 특징이 고정된 경우에 특징은 아마도 많은 예제가 위치할 것으로 기대되는 영역에 집중되어 있을 것이다. 중심과 폭을 조정하는 방법을 제외하면, 이것은 파라미터 기반의 선형 방법이다. 이때 파라미터는 각 RBF의 가중치인데 이 가중치는 확률론적 경사도 방법이나, 준경사도 방법 또는 강하 방법으로 학습되는 것이 일반적이다. 근사의 형태는 미리 결정된 RBF에 대한 선형 조합의 형태다. RBF 커널을 갖는 커널 회귀는 이러한 파라미터 기반의 선형 방법과 두 가지 방식에서 차이가 있다. 첫 번째로, 커널 회귀는 메모리 기반이다. 즉, 저장된 예제에 속하는 상태에서 RBF가 중심에 위치한다. 두 번째로, 커널 회귀는 파라미터를 포함하지 않는다. 즉, 학습할 파라미터가 없고 쿼리에 대한 응답은 식 9.23으로 주어진다.

물론, 커널 회귀를 실제 경우에 적용하려면 많은 이슈가 다루어져야 한다. 이러한 이슈들은 이 책에서 간단히 논의하는 내용의 범위를 벗어난다. 하지만 9.4절에서 논의했던 것과 같은 파라미터 기반의 선형 회귀 방법은 무엇이든 커널 회귀로서 재구성될 수 있다. 이때 상태는 특징 벡터 $\mathbf{x}(s) = (x_1(s), x_2(s), \ldots, x_d(s))^\top$로 표현되며, 커널 회귀에서 $k(s, s')$은 다음과 같이 s와 s'의 특징 벡터를 내적한 것으로 주어진다.

$$k(s, s') = \mathbf{x}(s)^\top \mathbf{x}(s') \qquad \text{(식 9.24)}$$

이러한 커널 함수가 적용된 커널 회귀가 커널 함수에 적용된 특징 벡터를 사용하고 동일한 훈련 데이터에 대해 학습한다면, 커널 회귀는 파라미터 기반의 선형 방법과 동일한 근사 결과를 만들어 낸다.

이에 대한 수학적 증명은 비숍(Bishop, 2006) 같은 기계학습 교재 어디에서든 찾을 수 있다. 여기서는 이러한 수학적 증명은 생략하고, 간단하게 중요한 시사점만 짚고 넘어가겠다. 파라미터 기반의 선형 함수 근사를 위해 특징을 만드는 대신, 특징 벡터를 전혀 언급하지 않고도 커널 함수를 직접 만들 수 있다. 모든 커널 함수가 식 9.24에서처럼 특징 벡터의 내적으로 표현될 수 있는 것은 아니지만, 이처럼 표현될 수 있는 커널 함수는 동일한 파라미터 기반의 방법에 비해 중요한 장점을 제공할 수 있다. 많은 특징 벡터의 집합에 대해, 식 9.24는 d차원의 특징 공간에 대한 어떠한 계산도 없이 평가될 수 있는 간단한 함수 형태를 갖는다. 이 경우, 이러한 특징 벡터로 표현되는 상태와 함께 파라미터 기반의 선형 방법을 직접 사용하는 것보다 커널 회귀가 훨씬 덜 복잡하다. 이것이 바로 실제로는 저장된 훈련 예제에 대해서만 작동하면서 높은 차원을 갖는 방대한 특징 공간에 대해서도 효과적으로 작동할 수 있게 해 주는 기법으로서, 소위 말하는 '커널 속임수kernel trick'다. 커널 속임수는 많은 기계학습 방법의 기반이 되는 것이고, 연구 결과들은 이 커널 속임수가 어떤 방식으로 강화학습에 도움이 될 수 있는지를 보여주었다.

9.11 활성 정책 학습에 대한 보다 깊은 관찰: 관심과 강조

이 장에서 지금까지 고려한 알고리즘들은 마치 마주치는 모든 상태가 동일하게 중요한 것처럼 이들을 동등하게 취급했다. 하지만 어떤 경우에는 다른 상태보다 특정 상태에 더 많은 관심을 갖게 된다. 예를 들면, 할인된 에피소딕 문제에서 에피소드의 나중 상태보다는 초기 상태의 가치를 정확하게 알아내는 데 더 많은 관심을 가질 수도 있다. 할인으로 인해 나중 상태의 보상이 시작 상태의 가치보다 훨씬 덜 중요해질 수도 있기 때문이다. 또는 행동 가치 함수가 학습되고 있다면, 탐욕적 행동보다 가치가 훨씬 더 작은 하찮은 행동의 가치를 정확하게 아는 것은 그다지 중요하지 않을 수도 있다. 함수 근사에 활용할 수 있는 재원은 항상 제한되어 있기 때문에 이 재원을 좀 더 목표 지향적으로 활용한다면 성능을 향상시킬 수 있을 것이다.

지금까지 마주치는 모든 상태를 동등하게 취급했던 한 가지 이유는, 그렇게 함으로써 준경사도 방법에 대한 튼튼한 이론적 결과를 제공하는 활성 정책 분포에 따라 갱신을 수행할 수 있기 때문이다. 활성 정책 분포가 목표 정책을 따르는 동안 MDP에서 마주치는 상태의 분포로 정의된다는 사실을 기억하라. 이제는 이 개념을 상당히 일반화할 것이다. MDP를 위해 활성 정책 분포를 하나만이 갖지 않고 많이 가질 것이다. 그 모든 것은 목표 정책을 따르는 동안 상태-행동 쌍의 궤적에서 마주치는 상태의 분포라는 점에서 공통점을 갖지만, 궤적이 어떻게 초기화되는가에 따라 어느 정도까지는 다른 점도 있을 것이다.

이제 몇 가지 새로운 개념을 소개하겠다. 먼저, 음이 아닌 스칼라 지표로서 **관심지표**interest라고 불리는 확률 변수 I_t를 소개한다. 이 변수는 시각 t에서 상태(또는 상태-행동 쌍)의 가치를 정확히 알아내는 것에 대한 관심의 정도를 나타낸다. 상태에 전혀 관심을 갖지 않는다면, 관심지표는 0이 되어야 한다. 만약 전적으로 관심을 갖는다면, 이 값은 1이 될 것이다. 하지만 형식상으로 이 변수는 음이 아닌 모든 값을 가질 수 있다. 관심지표는 임의의 간편한 방법으로 설정될 수도 있다. 예를 들면 관심지표는 시각 t까지의 궤적에 따라 정해질 수도 있고, 또는 시각 t에서 학습된 파라미터에 따라 정해질 수도 있다. 그러면 식 9.1의 $\overline{\text{VE}}$에 포함된 분포 μ는 목표 정책을 따르는 과정에서 마주친 상태들의 분포에 관심지표를 가중치로 부여한 분포로서 정의된다. 두 번째로, 또 다른 음이 아닌 스칼라 확률 변수인 **강조지표**emphasis M_t를 소개하겠다. 이 스칼라 변수는 학습을 통한 갱신값에 곱해짐으로써 시각 t에 수행된 학습을 중요시하거나 경시한다. 식 9.15를 대체하는 일반적인 n단계 학습 규칙은 다음과 같이 표현된다.

$$\mathbf{w}_{t+n} \doteq \mathbf{w}_{t+n-1} + \alpha M_t \left[G_{t:t+n} - \hat{v}(S_t, \mathbf{w}_{t+n-1}) \right] \nabla \hat{v}(S_t, \mathbf{w}_{t+n-1}), \qquad 0 \le t < T \qquad \text{(식 9.25)}$$

여기서 n단계 이득은 식 9.16으로 주어지고, 강조지표는 재귀 과정을 통해 관심지표로부터 다음과 같이 계산된다.

$$M_t = I_t + \gamma^n M_{t-n}, \qquad 0 \le t < T \qquad \text{(식 9.26)}$$

여기서 모든 $t < 0$에 대해 $M_t \doteq 0$이다. 이 방정식들은 $G_{t:t+n} = G_t$를 만족하고, 모든 갱신이 에피소드의 끝에서 수행되며, $n = T - t$ 및 $M_t = I_t$를 만족하는 몬테카를로의 경우에도 사용될 수 있다.

예제 9.4는 관심지표와 강조지표가 어떻게 좀 더 정확한 가치 추정값을 도출할 수 있는지를 설명한다.

예제 9.4 **관심지표와 강조지표**

관심지표와 강조지표를 사용함으로써 얻을 수 있는 잠재적 장점을 알아보기 위해 아래 제시된 것처럼 4개의 상태를 갖는 마르코프 보상 과정을 생각해 보자.

에피소드는 가장 왼쪽의 상태에서 시작해서 한 상태씩 오른쪽으로 전이한다. 이때 종단 상태에 도달할 때까지 각 단계마다 +1의 보상을 얻는다. 따라서 첫 번째 상태의 실제 가치는 4이고, 두 번째 상태의 실제 가치는 3이고, 이와 같이 나머지도 각 상태 아래에 표시한 것과 같이 실제 가치가 정해진다. 이 가치들은 실제 가치다. 가치 추정값은 파라미터를 이용한 가치 표현에 의해 제한되기 때문에 오직 실제 가치를 근사할 수 있을 뿐이다. 파라미터 벡터 $\mathbf{w} = (w_1, w_2)^\top$에는 두 개의 성분이 존재하고, 파라미터를 이용한 표현은 각 상태 내부에 기록된다. 처음 두 상태의 가치 추정값은 w_1에 의해서만 주어지기 때문에 실제 가치가 다르더라도 동일한 값으로 추정되어야 한다. 유사하게, 세 번째와 네 번째 상태의 가치 추정값은 w_2에 의해서만 주어지기 때문에 역시 실제 가치가 다르더라도 가치 추정값은 동일해야 한다. 가장 왼쪽에 있는 상태의 가치를 정확히 추정하는 것에만 관심이 있다고 가정해 보자. 그러면 상태 위에 표시한 것처럼 가장 왼쪽에 있는 상태에 관심지표 1을 할당하고, 나머지 모든 상태에 대해서는 관심지표 0을 할당할 것이다.

먼저 경사도 몬테카를로 알고리즘을 이 문제에 적용하는 것을 생각해 보자. 관심지표와 강조지표를 고려하지 않은 상태에서 이 장의 초반부에 제시했던 알고리즘(식 9.7 및 243쪽 글상자)은 (시간 간격이 감소할 경우) 파라미터 벡터 $\mathbf{w}_\infty = (3.5, 1.5)$로 수렴할 것이다. 이것은 (유일한 관심의 대상인) 첫 번째 상태에 3.5의 가치(즉, 첫 번째 상태의 실제 가치와 두 번째 상태의 실제 가치 사이의 중간값)를 부여한다. 반면에 관심지표와 강조지표를 사용하는 이 절에 제시된 방법은 첫 번째 상태의 가치를 정확하게 올바른 값으로 학습할 것이다. w_1은 4로 수렴하고, w_2는 결코 갱신되지 않을 것이다. 왜냐하면 가장 왼쪽의 상태를 제외한 모든 상태의 강조지표가 0이기 때문이다.

이제 두 단계의 준경사도 TD 방법을 생각해 보자. 이 장의 초반에 설명했던, 관심지표와 강조지표가 없는 방법(식 9.15와 식 9.16, 그리고 252쪽의 글상자)은 또다시 $\mathbf{w}_\infty = (3.5, 1.5)$로 수렴할 것이다. 반면에 관심지표와 강조지표를 활용한 방법은 $\mathbf{w}_\infty = (4, 2)$로 수렴한다. 후자는 첫 번째 상태 및 (첫 번째 상태가 부트스트랩되어 나오는) 세 번째 상태에 대해 정확히 올바른 가치를 도출하면서, 두 번째와 네 번째 상태에 대해서는 어떠한 갱신도 수행하지 않는다.

강화학습 시스템이 인공지능이나 규모가 큰 공학 문제에 적용될 수 있으려면 강화학습은 **일반화**generalization의 능력을 갖추어야만 한다. 이러한 능력을 갖추기 위해, 단순히 매번의 갱신을 훈련 예제로 취급함으로써 **지도학습 함수 근사**supervised-learning function approximation를 위한 다양한 방법을 사용할 수 있다.

아마도 가장 적합한 지도학습 방법은 **파라미터 기반의 함수 근사**parameterized function approximation를 활용하는 방법일 것이다. 파라미터 기반의 함수 근사에서는 정책이 가중치 벡터 $\mathbf{w}$라는 파라미터로 표현된다. 가중치 벡터가 많은 성분을 가질지라도, 여전히 상태 공간의 크기가 그보다는 훨씬 더 크기 때문에 근사적 해법을 찾는 데 만족할 수밖에 없다. 여기서 평균 제곱 가치 오차 $\overline{\mathrm{VE}}(\mathbf{w})$를 활성 정책 분포 μ하에서 가중치 벡터 $\mathbf{w}$에 대해 발생하는 가치 $v_{\pi_{\mathbf{w}}}(s)$의 오차를 나타내는 지표로 정의하겠다. $\overline{\mathrm{VE}}$는 활성 정책의 경우에 속하는 서로 다른 가치 함수 근사의 순위를 매기는 분명한 방법을 제시해 준다.

좋은 가중치 벡터를 찾기 위한 방법으로 가장 인기 있는 것은 **확률론적 경사도 강하**SGD를 기반으로 하는 방법들이다. 이 장에서는 정책 평가 또는 정책 예측이라고도 알려진 **고정된 정책**을 갖는 **활성 정책**의 경우에 초점을 맞춰왔다. 이 경우에 대한 자연스러운 학습 알고리즘은 *n*단계 준경사도 TD인데, 여기에는 경사도 몬테카를로와 준경사도 TD(0) 알고리즘이 각각 $n = \infty$와 $n = 1$을 만족하는 특별한 경우로 포함된다. 준경사도 TD 방법은 진정한 경사도 방법이 아니다. (DP를 포함하여) 이러한 부트스트랩 방법에서는 가중치 벡터가 갱신 목표에 등장한다. 하지만 이것을 고려하여 경사도를 계산하는 것은 아니기 때문에 이것은 준경사도 방법이 된다. 상황이 이러하므로, 준경사도 TD 방법은 전통적인 SGD 결과에 의존할 수 없다.

그럼에도 불구하고, 특징에 가중치를 곱하여 합산하는 방식으로 가치를 추정하는 **선형** 함수 근사라는 특별한 경우에 대해서는 준경사도 방법이 좋은 결과를 도출할 수 있다. 선형의 경우가 이론적으로도 가장 잘 파악되어 있고, 적합한 특징을 적용한다면 실제 상황에서도 잘 작동한다. 특징을 선택하는 것은 강화학습 시스템에 사전 배경지식을 더하기 위한 가장 중요한 방법 중 하나다. 특징은 다항 함수의 형태로 선택될 수도 있지만, 다항 함수 특징은 강화학습에서 일반적으로 고려되는 온라인 학습 환경에서는 일반화를 제대로 수행하지 못한다. 좀 더 좋은 방법은 푸리에 기저에 따라, 또는 겹치는 수용 영역이 드문드문 있는 몇 가지 형태의 엉성한 부호화에 따라 특징을 선택하는 것이다. 타일 부호화는 엉성한 부호화의 한 유형으로서, 특히 계산의 효율성이 높고 융통성을 갖추고 있다. 방사형 기저 함수는 부드럽게 변화하는 반응이 중요한 의미를 갖는 1차원 또는 2차원 문제에 유용하다. LSTD는 가장 데이터 효율성이 높은 선형 TD 예측 방법이지만, 가중치 개수의 제곱에 비례하는 계산량을 필요로 한다. 반면에 다른 모든 방법은 가중치 개수에 따라 선형으로 증가하는 복잡도를 갖는다. 비선형 방법에는 역전파 방법으로 훈련되는 인공 신경망과 SGD를 기반으로 하는 방법이 포함된다. 이 방법들은 최근에 **심층 강화학습**deep reinforcement learning이라는 이름으로 불리며 매우 많은 인기를 얻고 있다.

선형 준경사도 n단계 TD는 표준적인 조건하에서, 모든 n에 대해 (몬테카를로 방법에 의해 점근적으로 수렴한 오차인) 최적 오차의 범위 내에 있는 $\overline{VE}$로 수렴한다. 이 범위는 n이 클수록 항상 더 좁아지고 $n \to \infty$이면 0으로 수렴한다. 하지만 실제 상황에서는 n 값이 아주 크면 학습이 매우 느려지는데, 7장에서 표 기반 n단계 방법을 비교하고 6장에서 표 기반 TD 방법과 몬테카를로 방법을 비교하면서 확인했듯이, 이러한 경우에는 보통 어느 정도의 부트스트랩($n < \infty$)을 하는 것이 더 좋다.

참고문헌 및 역사적 사실

일반화 및 함수 근사는 강화학습에서 언제나 필수적인 부분이었다. 베르트세카스와 치치클리스(1996), 베르트세카스(2012), 스기야마 외(Sugiyama et al., 2013)는 강화학습에서 사용되는 함수 근사의 최첨단 기법을 제시한다. 강화학습을 위한 함수 근사 분야의 몇 가지 초기 연구가 이 절의 마지막에서 논의될 것이다.

9.3 지도학습에서 평균 제곱 오차를 최소화하기 위해 사용되는 경사도 강하 방법은 잘 알려져 있다. 위드로와 호프(Widrow and Hoff, 1960)는 최소 평균 제곱LMS 알고리즘을 제시했는데, 이 알고리즘은 점증적 경사도 강하 알고리즘의 원형이다. 이 알고리즘에 대한 자세한 내용 및 관련 알고리즘은 많은 교재에서 다루고 있다(**예** 위드로와 스턴스Widrow and Stearns, 1985; 비숍Bishop, 1995; 두다와 하트Duda and Hart, 1973).

준경사도 TD(0)는 12장에서 다룰 선형 TD(λ) 알고리즘의 일환으로 서튼(1984, 1988)에 의해 처음으로 연구되었다. 이 부트스트랩 방법을 설명하기 위해 사용한 '준경사도'라는 용어는 이 책의 2판에서 처음으로 사용했다.

강화학습에 상태 결집을 가장 처음 사용한 것은 아마도 미치와 체임버스의 BOXES 시스템(1968)일 것이다. 강화학습에서의 상태 결집 이론은 싱, 자콜라, 조던(Singh, Jaakkola, and Jordan, 1995) 및 치치클리스와 밴 로이(Tsitsiklis and Van Roy, 1996)에 의해 개발되어 왔다. 상태 결집이 세상에 처음 나왔을 때부터 그것은 동적 프로그래밍에 사용되어 왔다(**예** 벨만, 1957a).

9.4 서튼(1988)은 선형 TD(0)가 특징 벡터 $\{\mathbf{x}(s) : s \in \mathcal{S}\}$가 선형 독립 조건을 만족하는 경우에 대한 $\overline{VE}$의 최소 해를 향해 평균적으로 수렴한다는 사실을 증명했다. 100%의 확률로 수렴한다는 사실은 여러 연구자들에 의해 거의 동시에 입증되었다(펭Peng, 1993; 다얀과 세즈노스키Dayan and Sejnowski, 1994; 치치클리스, 1994; 거비츠, 린, 핸슨Gurvits, Lin, and Hanson, 1994). 게다가 자콜라, 조던, 싱(1994)은 온라인 갱신을 수행하는 경우에도 수렴한다는 사실을 증명했다. 이 모든 결과는 선형 독립인 특징 벡터를 가정하는데, 이것은 $\mathbf{w}_t$의 성분의 개수가 최소한 상태의 개수만큼은 된다는 것을 암시한다. 일반적인 (독립이 아닌) 특징 벡터를 갖는 좀 더 중요한 경우에 대한 수렴성은 다얀(1992)이 처음으로 증명했다. 다얀의 결과를 상당히 일반화하고 보강하는 결과를 치치클리스와 밴 로이(1997)가 입증했다. 그들은 이 절에서 제시하는 주요 결과인 선형 부트스트랩 방법에서의 점근적 오차 한계를 입증했다.

9.5 이 책에서 제시한 선형 함수 근사의 가능 범위는 바르토(1990)의 연구 결과를 기반으로 한다.

9.5.2 코니다리스, 오센토스키, 토마스(2011)는 다차원의 연속 상태 공간 및 주기성을 가질 필요가 없는 함수를 기반으로 하는 강화학습 문제에 적합한 간단한 형태의 푸리에 기저를 소개했다.

9.5.3 '엉성한 부호화'라는 용어는 힌튼(1984)이 처음 사용했고, 이 책의 그림 9.6은 그의 논문에 있는 그림 중 하나를 기반으로 한다. 왈츠와 푸(Waltz and Fu, 1965)는 강화학습에서 사용되는 이러한 유형의 함수 근사에 대한 초기 예제를 제공한다.

9.5.4 해싱을 포함하는 타일 부호화는 앨버스(Albus, 1971, 1981)가 처음 소개했다. 그는 타일 부호화가 문헌을 통해 이따금씩 알려질 때, 자신의 '소뇌 모델 조음기관 제어기cerebellar model articulator controller', 즉 CMAC의 측면에서 타일 부호화를 설명했다. 비록 타일 부호화의 측면에서 CMAC를 설명하는 개념을 왓킨스(1989)가 사용하긴 했지만 '타일 부호화'라는 용어는 이 책의 1판에서 처음 사용했다. 타일 부호화는 많은 강화학습 시스템에서 사용되어 왔고(**예** 슈처크과 딘Shewchuk and Dean, 1990; 린과 킴Lin and Kim, 1991; 밀러, 스칼레라, 킴Miller, Scalera, and Kim, 1994; 소프제와 화이트Sofge and White, 1992; 탐Tham, 1994; 서튼, 1996; 왓킨스, 1989), 이와 더불어 다른 유형의 학습 제어 시스템에서도 사용되어 왔다(**예** 크래프트와 캄파냐Kraft and Campagna, 1990; 크래프트, 밀러, 디에츠Kraft, Miller, and Dietz, 1992).

이 절에서는 많은 내용이 밀러와 글렌츠(Miller and Glanz, 1996)의 연구 결과를 기반으로 한다. 타일 부호화를 위한 일반적인 소프트웨어를 여러 가지 언어로 이용할 수 있다 (**예** http://incompleteideas.net/tiles/tiles3.html 참고).

9.5.5 방사형 기저 함수를 이용한 함수 근사는 브룸헤드와 로우(Broomhead and Lowe, 1988)가 그것을 ANN에 연관시킨 이후로 폭넓은 관심을 받아왔다. 파월(Powell, 1987)은 RBF가 사용되던 초기 시절에 대한 조사를 했고, 포지오와 기로시(Poggio and Girosi, 1989, 1990)는 이 방법을 광범위하게 개발하고 적용했다.

9.6 시간 간격 파라미터를 자동으로 조정하는 방법에는 RMSprop(틸레만과 힌튼Tieleman and Hinton, 2012), 아담Adam(킹마와 바Kingma and Ba, 2015), 델타-바-델타Delta-Bar-Delta(제이콥스 Jacobs, 1988) 같은 확률론적 메타 강하meta-descent, 이것을 점증적으로 일반화한 방법(서 튼, 1992b, c; 마흐무드 외, 2012), 비선형 일반화(슈라우돌프Schraudolph, 1999, 2002) 등의 방법이 포함된다. 분명하게 강화학습용으로 설계된 방법에는 알파바운드AlphaBound(데브니와 바르토Debney and Barto, 2012), 시드SID와 노시드NOSID(데브니, 2014), TIDBD(키어니 외 (Kearney et al.), 출판 준비 중), 정책 경사도 학습에 확률론적 메타 강하를 적용한 방법(슈 라우돌프, 유, 애버딘Schraudolph, Yu, and Aberdeen, 2006) 등의 방법이 포함된다.

9.7 매컬로크와 피츠(McCulloch and Pitts, 1943)가 추상적 모델 뉴런으로서 소개한 기준 논리 단위threshold logic unit가 ANN의 시작이었다. 분류 및 회귀를 위한 학습 방법으로서의 ANN의 역사는 여러 단계를 지나왔다. 대략적으로 보면, 단일 층위 ANN에 의한 퍼셉트론Perceptron(로젠블렛, 1962)과 ADALINEADAptive LINear Element(위드로와 호프, 1960) 학습 단계, 다수 층위 ANN에 의한 오차 역전파 학습 단계(르쿤, 1985; 루멜하르, 힌튼, 윌리엄스Rumelhart, Hinton, and Williams, 1986), 표현 학습을 강조하는 현재의 심층학습 단계(**예** 벤지오, 쿠르빌, 빈센트Bengio, Courville, and Vincent, 2012; 굿펠로, 벤지오, 쿠르빌Goodfellow, Bengio, and Courville, 2016)가 있다. ANN에 관한 많은 책 중 예로 들 만한 것에는 헤이킨(Haykin, 1994), 비숍(1995), 리플리(Ripley, 2007)가 있다.

강화학습을 위한 함수 근사 방법으로서의 ANN의 역사는 팔리와 클라크(Farley and Clark, 1954)의 연구로 거슬러 올라간다. 이들의 연구에서는 정책을 나타내는 선형 기준 함수의 가중치를 수정하기 위해 강화학습과 유사한 학습reinforcement-like learning을 사용했다. 위드로, 굽타, 마이트라(Widrow, Gupta, and Maitra, 1973)는 그들 스스로 **비평자와 함께하는 학습**learning with a critic 또는 **선택적 부트스트랩 적응**selective bootstrap adaptation이라고 부르는 학습 과정을 구현하면서 뉴런과 유사한neuron-like 선형 기준 단위를 제시했다. 여기서 이들이 구현한 학습 과정은 ADALINE 알고리즘을 강화학습에 맞게 변형한 것이다. 웨어보스(1987, 1994)는 TD와 유사한TD-like 알고리즘을 이용하여 정책 및 가치 함수를 학습하기 위해 오차 역전파에 의해 훈련된 ANN을 사용하는 예측 및 제어 방법을 개발했다. 바르토, 서튼, 브라우어(1981)와 바르토와 서튼(1981b)은 연관 메모리 네크워크associative memory network의 개념(**예** 코호넨Kohonen, 1977; 앤더슨, 실버스타인, 리츠, 존스Anderson, Silverstein, Ritz, and Jones, 1977)을 강화학습으로 확장했다. 바르토, 앤더슨, 서튼(1982)은 이중 층위 ANN을 사용하여 비선형 제어 정책을 학습했고, 적절한 표현을 학습하는 첫 번째 층위의 역할을 강조했다. 햄프슨(Hampson, 1983, 1989)은 가치 함수 학습을 위한 다수 층위 ANN을 애초에 지지한 사람이었다. 바르토, 서튼, 앤더슨(1983)은 행동자-비평자 알고리즘을 시뮬레이션된 막대의 균형을 맞추는 ANN 학습의 형태로 제시했다(15.7절 및 15.8절 참고). 바르토와 아난단(1985)은 위드로 외(1973)의 선택적 부트스트랩 알고리즘의 확률론적 버전을 제시했는데, 이 알고리즘은 **연관 보상 처벌**associative reward-penalty(A_{R-P}) **알고리즘**이라고 불린다. 바르토(1985, 1986) 및 바르토와 조던(1987)은 강화 신호를 통해 훈련된 A_{R-P} 단위를 구성하는 다수 층위 ANN을 설명했다. 이때 강화 신호는 선형적으로 분리되지 않는 분류 규칙을 학습하기 위해 전역적으로 알려진다. 바르토(1985)는 ANN 학습을 위한 이 접근법에 대해, 그리고 이러한 유형의 학습 규칙이 그 당시 문헌에서 다루어지는 다른 학습 규칙과 어떤 관계가 있는지를 논의했다(다수 층위 ANN을 훈련하기 위한 이 접근법을 추가적으로 논의한 내용은 15.10절에서 확인할 수 있다). 앤더슨(1986, 1987, 1989)은 다수 층위 ANN을 훈련시키는 수많은 방법을 평가했고 역전파로 훈련된 이중 층위 ANN에 의해 행동자와 비평자가 모두 구현되는 행동자-비평자 알고리즘이 막대 균형 잡기 문제와 하노이 타워 문제에 적용된 단일 층위 ANN에 비해 성능이 더 좋다는 사실을 보여주었다. 윌리엄스(1988)는 ANN을 훈련시키기 위해 역전파와 강화학습을 결합할 수 있는 여러 가지 방법을 설명했다. 굴라팔리(Gullapalli, 1990)와 윌리엄스(1992)는 이진 출력이 아닌 연속적인 출력을 갖는, 뉴런과 유사한 단위에 대한 강화학습 알고리즘을 고안했다. 바르토, 서튼, 왓킨스(1990)는 순차적 결정 문제를 푸는 데 필요한 함수 근사를 위해 ANN이 중요한 역할을 할 수 있다고 주장했다. 윌리엄스(1992)는 REINFORCE 학습 규칙(13.3절)을 다수 층위 ANN의 훈련을 위한 역전파 방법과 연관 지었다. 테사우로의 TD-가몬(테사우로, 1992, 1994; 16.1절)은 백게먼 게임을 하기 위한 학습에서 다수 층위 ANN에 의한 함수 근사에 적용된 TD(λ) 알고리즘의 학습 능력을 영향력 있게 증명했다. 실버 외(2016, 2017a, b; 16.6절)의 **알파고**AlphaGo, **알파고 제로**AlphaGo Zero, **알파 제로**AlphaZero 프로그램은 강화학습과 함께 심층 중첩 ANN을 이용하여 바둑 게임에서 인상적인 결과를 얻었다. 슈미드후버(Schmidhuber, 2015)는 회귀 ANN을 포함한 ANN이 강화학습에 적용된 사례를 조사했다.

9.8 LSTD는 브래드케와 바르토(브래드케, 1993, 1994; 브래드케와 바르토, 1996; 브래드케, 이스티, 바르토Bradtke, Ydstie, and Barto, 1994 참고)가 처음 제안했고, 보얀(Boyan, 1999, 2002), 네딕과 베르트세카스(Nedić and Bertsekas, 2003), 유(Yu, 2010)에 의해 더욱 발전되었다. 역행렬 계산을 위한 점증적 갱신은 최소한 1949년부터 알려져 온 방법이다(셔먼과 모리슨Sherman and Morrison, 1949). 최소 제곱법을 제어 문제로 확장한 것은 라고우다키스와 파르(Lagoudakis and Parr, 2003; 부소니우, 라자릭, 가밤자데, 무노스, 바부스카, 드 슈터Buşoniu, Lazaric, Ghavamzadeh, Munos, Babuška, and De Schutter, 2012)가 처음 소개했다.

9.9 메모리 기반 함수 근사에 대한 논의는 대부분 앳케슨, 무어, 샬(Atkeson, Moore, and Schaal, 1997)이 수행한 지역 가중 학습locally weighted learning에 대한 조사 내용을 기반으로 한다. 앳케슨(1992)은 메모리 기반 로봇 학습에 지역 가중 회귀를 사용하는 것에 대해 논의했고, 이 개념을 다루는 방대한 양의 참고문헌을 제공했다. 스탠필과 왈츠(Stanfill and Waltz, 1986)는 인공지능에서 메모리 기반 방법의 중요성을 영향력 있게 주장했다. 특히, 그 당시에 활용할 수 있게 된 커넥션 머신Connection Machine 같은 병렬적 시스템 구성을 고려하여 메모리 기반 방법의 중요성을 주장했다. 베어드와 클로프(Baird and Klopf, 1993)는 새로운 메모리 기반 방법을 소개했고, 이를 막대 균형 잡기 문제에 적용된 Q 학습을 위한 함수 근사 방법으로 사용했다. 샬과 앳케슨(1994)은 로봇 저글링 제어 문제에 지역 가중 회귀를 적용했다. 이때 지역 가중 회귀는 시스템 모델을 학습하기 위해 활용되었다. 펭(1995)은 막대 균형 잡기 문제를 활용하여 가치 함수, 정책, 환경 모델을 근사하기 위한 여러 가지 최근접 이웃 방법을 실험했다. 타데팔리와 옥(Tadepalli and Ok, 1996)은 시뮬레이션된 자동 유도 차량 문제에서 가치 함수를 학습하기 위해 지역 가중 선형 회귀를 적용하여 앞으로의 연구가 기대될 정도로 좋은 결과를 얻었다. 보토우와 바프니크(Bottou and Vapnik, 1992)는 몇 가지 패턴 인식 문제에서 여러 개의 지역 학습 알고리즘이 비지역non-local 알고리즘에 비해 놀랄 만한 효율성을 갖는다는 사실을 증명하고, 지역 학습이 일반화에 미치는 영향을 논의했다.

벤틀리(Bentley, 1975)는 k-d 트리를 소개했으며, 기록된 데이터 n개에 대한 최근접 이웃 탐색의 경우 $O(\log n)$ 수준의 평균적 실행 시간이 걸린다는 사실을 확인하고 그 내용을 발표했다. 프리드만, 벤틀리, 핀켈(Friedman, Bentley, and Finkel, 1977)은 k-d 트리로 최근접 이웃 탐색을 수행하는 알고리즘을 좀 더 명확하게 설명했다. 오모훈드로(Omohundro, 1987)는 k-d 트리 같은 계층적 데이터 구조를 사용할 때 얻을 수 있는 효율성 측면에서의 이득에 대해 논의했다. 무어, 슈나이더, 뎅(Moore, Schneider, and Deng, 1997)은 효율적인 지역 가중 회귀를 위해 k-d 트리를 사용하는 방법을 소개했다.

9.10 커널 회귀의 기원은 아이제르만, 브라베르만, 로조노어(Aizerman, Braverman, and Rozonoer, 1964)의 **포텐셜 함수 방법**method of potential function이다. 그들은 공간에 걸쳐 분포하는 다양한 부호와 크기의 점전하와 데이터를 연결했다. 그 결과로 나타난 공간상의 전기적 포텐셜은 보간interpolated 표면에 해당하는 점전하의 포텐셜을 더함으로써 만들어진다. 이와 유사한 개념으로, 커널 함수가 점전하의 포텐셜이 된다. 이때 점전하의 포텐셜은 점전하로부터의 거리에 반비례하여 줄어든다. 코넬과 우트고프(Connell and Utgoff, 1987)는 행동자-비평자 방법을 막대 균형 잡기 문제에 적용했는데, 이때 비평자는 거리에 반비례하는 가중치를 적용한 커널 회귀를 이용하여 가치 함수를 근사한다. 기계학습 분야에서 커널 회귀가 폭넓은 관심을 받기 전에 이러한 연구를 수행했기 때문에, 코넬과 우트고프는 커널이라는 용어를 사용하지 않고 '셰퍼드의 방법Shepard's method'(셰퍼드, 1968)이라는 용어를 사용했다. 강화학습에 적용할 만한 그 밖의 커널 기반 방법에는 오르모네이트와 센(Ormoneit and Sen, 2002), 디에터리치와 왕(Dietterich and Wang, 2002), 수, 시, 후, 루(Xu, Xie, Hu, and Lu, 2005), 테일러와 파르(Taylor and Parr, 2009), 바레토, 프리컵, 피노(Barreto, Precup, and Pineau, 2011), 바트, 파리아스, 모알레미(Bhat, Farias, and Moallemi, 2012) 등이 있다.

9.11 강한 TD 방법emphatic-TD method에 대해서는 11.8절에 기술한 참고문헌을 참고하면 된다. 가치 함수를 학습하기 위해 함수 근사 방법이 활용된 최초의 예제는 필자가 알기로는 사무엘(Samuel, 1959, 1967)의 체커 선수 예제다. 사무엘은 섀넌(Shannon, 1950)의 제안을 따랐는데, 섀넌의 제안은 체커 게임에서 말의 이동을 선택하는 것을 돕기 위해 가치 함수가 정확할 필요가 없다는 것과 가치 함수가 특징의 선형 조합으로 근사될 수도 있다는 것이다. 선형 함수 근사 말고도, 사무엘은 특징표signature table라고 불리는 열람표lookup table 및 계층적 열람표를 이용하여 실험했다(그리피스Griffith, 1966, 1974; 페이지Page, 1977; 비어만, 페어필드, 베레스Biermann, Fairfield, and Beres, 1982).

사무엘의 연구와 거의 동시에, 벨만과 드레퓌스(Bellman and Dreyfus, 1959)는 함수 근사 방법을 DP와 함께 사용하는 것을 제안했다(벨만과 사무엘이 서로에게 영향을 주었다고 생각하기 쉽지만, 필자가 알기로 그들은 각자의 연구 논문에서 서로를 인용하지 않았다). 지금은 함수 근사 방법과 DP에 대한 꽤 많은 연구 결과가 나와 있다. 그러한 연구 결과에는 다수격자multigrid 방법 및 연결축spline과 직교 다항식을 이용하는 방법이 있다(**C제** 벨만과 드레퓌스, 1959; 벨만, 칼라바, 코트킨Bellman, Kalaba, and Kotkin, 1973; 대니얼Daniel, 1976; 휘트Whitt, 1978; 리츠Reetz, 1977; 슈바이처와 세이드만Schweitzer and Seidmann, 1985; 차우와 치치클리스Chow and Tsitsiklis, 1991; 쿠쉬너와 듀푸이스Kushner and Dupuis, 1992; 러스트Rust, 1996).

홀랜드(Holland, 1986)의 분류 시스템은 선택적 특징 매칭 기술을 사용하여 상태-행동 쌍에 대한 평가 정보를 일반화한다. 각각의 분류 시스템은 특징의 하위 집합에 대해 지정된 가치를 갖는 상태의 하위 집합을 임의의 가치(와일드 카드wild cards)를 갖는 나머지 특징과 매칭한다. 그러고 나서 함수 근사를 위한 전통적인 상태 결집을 위해 이러한 하위 집합들을 활용한다. 홀랜드의 개념은 유용한 행동 가치 함수를 집합적으로 구현하는 한 부류의 분류 시스템을 진화시키기 위해 유전자 알고리즘genetic algorithm을 사용하는 것이었다. 홀랜드의 개념은 필자들이 수행한 강화학습의 초기 연구에 영향을 주었지만, 필자들은 함수 근사에 대한 다른 접근법에 관심을 두고 있었다. 함수 근사 시스템으로서, 분류 시스템은 여러 가지 방면에서 제한되어 있다. 첫째로, 분류 시스템은 상태 결집 방법으로서 부드러운 함수를 효율적으로 조정scaling하고 표현하는 데 있어 한계를 갖는다. 게다가, 분류 시스템의 매칭 규칙은 특징 축과 나란한 결집의 경계밖에 구현하지 못한다. 전통적인 분류 시스템의 가장 중요한 한계는 아마도 분류 시스템이 진화적 방법인 유전자 알고리즘을 통해 학습된다는 사실일 것이다. 1장에서 논의했듯이, 어떻게 학습할 것인지에 대한 정보 면에서 진화적 방법이 사용할 수 있는 것보다 훨씬 더 많은 자세한 정보를 학습 과정에서 사용할 수 있다. 이러한 시각을 견지했기 때문에 진화적 방법 대신 지도학습 방법을 차용하여 강화학습에 활용하게 되었다. 예를 들면, 경사도 강하 및 ANN 방법이 그러한 방법들이다. ANN이 유용하게 쓰이기에는 계산 능력이 너무 약하다고 일반적으로 인식되던 때에 홀랜드의 방법이 개발되었고, 그에 반해 이 책에서 제시한 방법은 그러한 전통적인 방법에 대한 궁금증이 널리 퍼지기 시작할 때 개발되었기 때문에, 이 책에서 다루는 접근법과 홀랜드의 접근법 간의 차이는 그리 놀라운 것이 아니다. 이러한 다양한 방법들이 갖는 측면을 결합할 수 있는 많은 기회가 남아 있다.

크리스텐센과 코르프(Christensen and Korf, 1986)는 체스 게임에서 선형 가치 함수 근사의 계수를 수정하기 위한 방법으로서 회기 방법을 실험했다. 채프먼과 카엘블링(Chapman and Kaelbling, 1991) 및 탄(Tan, 1991)은 가치 함수를 학습하기 위해 결정 트리 방법을 사용했다. 설명 기반 학습 방법도 가치 함수를 근사하는 데 사용되어 왔는데, 이것은 간단한 표현 방법을 제공했다(이, 삭세나, 우트고프, 바르토Yee, Saxena, Utgoff, and Barto, 1990; 디에터리치와 플란Dietterich and Flann, 1995).

10

근사를 적용한 활성 정책 제어

이 장에서는 다시 제어 문제로 돌아왔다. 이번에는 파라미터 기반의 행동 가치 함수 근사 $\hat{q}(s, a, \mathbf{w}) \approx q_*(s, a)$와 함께 이 문제를 다룰 것이다. 여기서 $\mathbf{w} \in \mathbb{R}^d$는 유한한 차원을 갖는 가중 치 벡터다. 비활성 정책에 대해서는 11장에서 다루기로 하고, 여기서는 계속해서 활성 정책만을 다루겠다. (이전 장의) 준경사도 TD(0)를 행동 가치 및 활성 정책 제어로 자연스럽게 확장한 준경사도 살사 알고리즘을 이 장에서 특별하게 다룰 것이다. 에피소딕 문제의 경우 이러한 확장은 어렵지 않지만, 연속적인 문제의 경우에는 뒤로 몇 단계를 돌아가서 최적 정책을 정의하기 위해 할인을 어떻게 활용했는지 다시 살펴봐야 한다. 놀랍게도, 일단 진정한 함수 근사를 완성하고 나면 할인을 포기하고 새로운 '미분' 가치 함수 및 제어 문제의 새로운 '평균 보상average-reward' 공식으로 전환해야 한다.

먼저 에피소딕 문제부터 시작한다면, 이전 장에 제시된 함수 근사의 개념을 상태 가치로부터 행동 가치로 확장할 것이다. 그런 다음 행동 선택에 대한 입실론 탐욕적 정책을 이용하여 활성 정책 GPI의 일반적인 패턴을 따르는 제어 문제로 한층 더 확장할 것이다. 산악 자동차Mauntain Car 문제에 n단계 선형 살사를 적용한 결과를 보여줄 것이다. 그런 다음, 연속적인 문제로 돌아와서 미분 가치 함수 및 평균 보상의 경우에 대한 방법을 다시 개발할 것이다.

10.1 에피소딕 준경사도 제어

9장의 준경사도 예측 방법을 행동 가치로 확장하는 방법은 어렵지 않다. 이 경우 가중치 벡터 $\mathbf{w}$를 포함하는 파라미터 기반의 함수 형태로 표현되는 것은 근사적 행동 가치 함수 $\hat{q} \approx q_\pi$이다. 반면에 이번에는 $S_t \mapsto U_t$ 형태의 무작위 훈련 예제를 생각하기 전에 $S_t, A_t \mapsto U_t$의 형태를 갖는 예제를 생각할 것이다. 갱신 목표 U_t는 몬테카를로의 전체 이득(G_t)이나 n단계 살사의 이득(식 7.4) 같은 보통의 보강 가치를 포함하는 $q_\pi(S_t, A_t)$를 어떤 식으로든 근사한 것일 수 있다. 행동 가치 예측을 위한 일반적인 경사도 강하 갱신은 다음과 같다.

$$\mathbf{w}_{t+1} \doteq \mathbf{w}_t + \alpha \Big[U_t - \hat{q}(S_t, A_t, \mathbf{w}_t) \Big] \nabla \hat{q}(S_t, A_t, \mathbf{w}_t) \qquad \text{(식 10.1)}$$

예를 들어, 단일 단계 살사 방법을 위한 갱신은 다음과 같다.

$$\mathbf{w}_{t+1} \doteq \mathbf{w}_t + \alpha \Big[R_{t+1} + \gamma \hat{q}(S_{t+1}, A_{t+1}, \mathbf{w}_t) - \hat{q}(S_t, A_t, \mathbf{w}_t) \Big] \nabla \hat{q}(S_t, A_t, \mathbf{w}_t) \quad \text{(식 10.2)}$$

이러한 방법을 **에피소딕 준경사도 단일 단계 살사**episodic semi-gradient one-step Sarsa라고 부른다. 고정된 정책의 경우 이 방법은 TD(0)가 수렴하는 방식과 동일하게 수렴하며, 오차 경계(식 9.14)의 종류도 동일하다.

제어 방법을 만들기 위해, 이러한 행동 가치 예측 방법을 정책 향상 및 행동 선택 기법과 결합할 필요가 있다. 연속적인 행동 또는 큰 규모의 이산 집합에 속하는 행동에 적용할 수 있는 적절한 기법을 찾는 것은 지금도 진행되고 있는 연구 주제이며, 아직 명확한 해결책이 없다. 반면에, 행동 집합이 이산적이고 그다지 큰 집합이 아니라면 이전 장에서 이미 개발한 기법을 사용할 수 있다. 다시 말해, 현재 상태 S_t에서 선택할 수 있는 행동 a 각각에 대해 $\hat{q}(S_t, a, \mathbf{w}_t)$를 계산할 수 있고, 그러면 탐욕적 행동 $A_t^* = \text{argmax}_a \, \hat{q}(S_t, a, \mathbf{w}_{t-1})$를 찾을 수 있다. 그런 다음에는 (이 장에서 다루는 활성 정책의 경우에) 입실론 탐욕적 정책 같은 탐욕적 정책의 부드러운 근사로 추정 정책을 변경함으로써 정책 향상이 수행된다. 이렇게 향상된 정책을 따라 행동이 선택된다. 완전한 알고리즘의 의사코드가 다음 글상자에 주어져 있다.

입력: 미분 가능한 행동 가치 함수의 파라미터화 $\hat{q} : \mathcal{S} \times \mathcal{A} \times \mathbb{R}^d \to \mathbb{R}$
알고리즘 파라미터: 시간 간격 $\alpha > 0$, 작은 양수 $\varepsilon > 0$
가치 함수 가중치 $\mathbf{w} \in \mathbb{R}^d$를 임의의 값으로 초기화(예 $\mathbf{w} = \mathbf{0}$)

각 에피소드에 대한 루프:
    $S, A \leftarrow$ 에피소드의 초기 상태 및 행동(예 입실론 탐욕적)
    에피소드의 각 단계에 대한 루프:
        행동 A를 취하고 R, S'을 관측
        S'이 종단이면:
            $\mathbf{w} \leftarrow \mathbf{w} + \alpha[R - \hat{q}(S, A, \mathbf{w})]\nabla \hat{q}(S, A, \mathbf{w})$
            다음 에피소드로 이동
        A'을 $\hat{q}(S', \cdot, \mathbf{w})$의 함수로서 선택(예 입실론 탐욕적)
        $\mathbf{w} \leftarrow \mathbf{w} + \alpha[R + \gamma\hat{q}(S', A', \mathbf{w}) - \hat{q}(S, A, \mathbf{w})]\nabla \hat{q}(S, A, \mathbf{w})$
        $S \leftarrow S'$
        $A \leftarrow A'$

예제 10.1 **산악 자동차 트랙** 그림 10.1의 좌상단 다이어그램에 표현된 것처럼 가파른 산악 도로를 따라 힘이 부족한 차를 타고 가는 문제를 생각해 보자. 문제는 중력이 자동차 엔진보다 힘이 세서, 자동차가 전속력을 내더라도 가파른 경사면을 올라가기 위한 가속을 얻을 수 없다는 점이다. 유일한 해법은 먼저 목표 지점으로부터 떨어져서 왼쪽에 있는 반대편 경사로를 따라 올라간 다음 전속력을 가하는 것이다. 그러면 비록 도중에 속력은 떨어지겠지만 가파른 경사를 올라가기에 충분한 관성을 얻는다. 이것은 시스템이 좋은 성능을 내기 전에 어느 정도는 성능이 악화되는(목표로부터 멀어지는) 연속적 제어 문제의 간단한 예제다. 많은 제어 방법론은 인간 설계자의 분명한 도움 없이는 이러한 종류의 문제를 해결하는 데 큰 어려움을 겪는다.

이 문제에서 보상은 자동차가 산 정상에 있는 목표 지점을 지나가기 전까지의 모든 단계에 대해서는 -1로 주어진다. 그리고 자동차가 목표 지점을 지나가면 에피소드는 종료된다. 세 가지 행동이 있을 수 있는데, 그것은 전속력으로 전진($+1$), 전속력으로 후진(-1), 속력을 내지 않음(0)이다. 자동차는 단순화된 물리 법칙을 따라 움직인다. 자동차의 위치 x_t와 속도 $\dot{x}_t$는 다음과 같이 갱신된다.

$$x_{t+1} \doteq bound\big[x_t + \dot{x}_{t+1}\big]$$

$$\dot{x}_{t+1} \doteq bound\big[\dot{x}_t + 0.001A_t - 0.0025\cos(3x_t)\big]$$

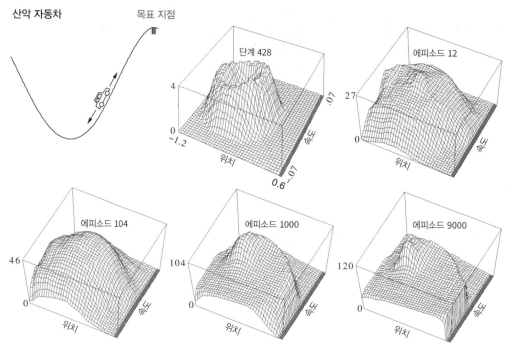

그림 10.1 산악 자동차 문제(좌상단 패널)와 한 번의 실행을 통해 학습된 비용-(cost-to-go) 함수($-\max_a \hat{q}(s, a, \mathbf{w})$)

여기서 *bound* 작용자operator는 $-1.2 \leq x_{t+1} \leq 0.5$, $-0.07 \leq \dot{x}_{t+1} \leq 0.07$의 제한 조건을 강제한다. 게다가, x_{t+1}이 왼쪽 경계에 도달하면 $\dot{x}_{t+1}$은 0으로 초기화된다. x_{t+1}이 오른쪽 경계에 도달하면, 목표가 달성된 것이고 에피소드는 종료된다. 모든 에피소드는 무작위 위치 $x_t \in [-0.6, -0.4)$와 속도 0에서 시작한다. 이 두 가지 연속적 상태 변수를 이진 특징으로 변환하기 위해, 그림 9.9에서와 같은 격자 타일 영역을 사용했다. 8개의 타일 영역을 사용했고, 하나의 타일은 각 축 방향으로 주어진 범위의 1/8을 차지한다. 그리고 9.5.4절에서 설명한 것과 같은 비대칭 간격을 적용했다.[1] 타일 부호화에 의해 만들어진 특징 벡터 $\mathbf{x}(s, a)$는 이제 상태 s와 행동 a로 이루어진 각각의 쌍에 대해 행동 가치 함수를 근사하기 위해 다음과 같이 파라미터 벡터와 선형적으로 결합된다.

$$\hat{q}(s, a, \mathbf{w}) \doteq \mathbf{w}^\top \mathbf{x}(s, a) = \sum_{i=1}^{d} w_i \cdot x_i(s, a) \tag{식 10.3}$$

---

1 특히, 여기서는 http://incompleteideas.net/tiles/tiles3.html에서 가져온 타일 부호화 소프트웨어를 사용했다. 또한, 상태 (x, xdot)과 행동 A에 대한 특징 벡터의 성분 중 1인 것의 인덱스를 얻기 위해 iht=IHT(4096) 및 tiles(iht,8,[8*x/(0.5+1.2),8*xdot/(0.07+0.07)],A)를 사용했다.

그림 10.1은 이 문제를 풀기 위해 이러한 형태의 함수 근사를 이용하여 학습하는 동안 일반적으로 어떤 일이 일어나는지를 보여준다.[2] 그림에 보이는 것은 한 번의 실행을 통해 학습된 가치 함수의 부호를 음으로 바꾼 것(**비용 함수**cost-to-go function)이다. 초기 행동 가치는 모두 0이었고, 이것은 (이 문제에서 모든 실제 가치는 음수이므로) 긍정적인 값이었는데, 이로 인해 탐험 파라미터 ε이 0이었음에도 불구하고 방대한 탐험이 일어났다. 이것은 '단계 428'이라고 이름 붙여진 그림 상단의 가운데 패널에서 확인할 수 있다. 이 시점에는 하나의 에피소드도 완료되지 않았지만, 자동차는 계곡을 따라 앞뒤로 왕복 운동을 했고, 이것은 상태 공간에서 원형 궤적으로 나타난다. 실제 보상이 (비현실적으로) 기대되는 값보다 더 작았기 때문에 자주 마주치게 되는 상태들은 탐험되지 않은 상태보다 더 작은 가치를 부여받았다. 이것은 에이전트가 해를 찾을 때까지 새로운 상태를 탐험하도록 하기 위해, 에이전트가 자신이 원래 있었던 곳으로부터 계속해서 멀어지게 만든다.

그림 10.2는 이 문제에 준경사도 살사를 적용했을 때 얻을 수 있는 여러 가지 학습 곡선을 다양한 시간 간격에 대해 보여준다.

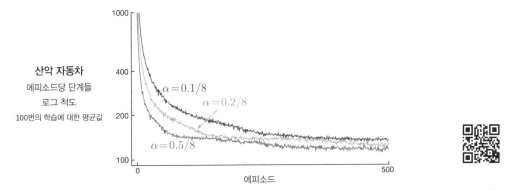

그림 10.2 타일 부호화 함수 근사 및 입실론 탐욕적 행동 선택이 적용된 준경사도 살사 방법을 산악 자동차 문제에 적용하여 얻은 학습 곡선

10.2 준경사도 n단계 살사

준경사도 살사 갱신 방정식(식 10.1)에서 n단계 이득을 갱신 목표로 사용함으로써 에피소딕 준경사도 살사의 n단계 버전을 얻을 수 있다. n단계 이득은 식 7.4의 표 기반 형태로부터 함수 근사 형태로 다음과 같이 곧바로 일반화될 수 있다.

---

2 이 결과 데이터는 사실 12장에서 다룰 '준경사도 살사(λ)' 알고리즘으로부터 나온 결과이지만, 준경사도 살사도 비슷한 결과를 도출할 것이다.

$$G_{t:t+n} \doteq R_{t+1} + \gamma R_{t+2} + \cdots + \gamma^{n-1} R_{t+n} + \gamma^n \hat{q}(S_{t+n}, A_{t+n}, \mathbf{w}_{t+n-1}), \quad t+n < T \qquad \text{(식 10.4)}$$

여기서, 항상 그랬듯이 $t + n \geq T$이면 $G_{t:t+n} \doteq G_t$를 만족한다. n단계 갱신 방정식은 다음과 같다.

$$\mathbf{w}_{t+n} \doteq \mathbf{w}_{t+n-1} + \alpha \left[G_{t:t+n} - \hat{q}(S_t, A_t, \mathbf{w}_{t+n-1})\right] \nabla \hat{q}(S_t, A_t, \mathbf{w}_{t+n-1}), \quad 0 \leq t < T \text{ (식 10.5)}$$

완전한 의사코드가 다음 글상자에 주어져 있다.

$\hat{q} \approx q_*$ 또는 q_π를 추정하기 위한 에피소딕 준경사도 n단계 살사

입력: 미분 가능한 행동 가치 함수의 파라미터화 $\hat{q} : \mathcal{S} \times \mathcal{A} \times \mathbb{R}^d \to \mathbb{R}$
입력: 정책 $\pi(q_\pi$를 추정하는 경우)
알고리즘 파라미터: 시간 간격 $\alpha > 0$, 작은 양수 $\varepsilon > 0$, 양의 정수 n
가치 함수 가중치 $\mathbf{w} \in \mathbb{R}^d$를 임의의 값으로 초기화(**예** $\mathbf{w} = \mathbf{0}$)
(S_t, A_t, R_t에 대한) 모든 저장 및 접근은 $n + 1$로 인덱스를 설정하여 행해질 수 있음

각 에피소드에 대한 루프:
    S_0를 초기화하고 저장(단, $S_0 \neq$ 종단)
    정책 $\pi(\cdot \mid S_0)$ 또는 $\hat{q}(S_0, \cdot, \mathbf{w})$에 대해 입실론 탐욕적인 정책을 따르는 행동 A_0를 선택하고 저장
    $T \leftarrow \infty$
    $t = 0, 1, 2, \ldots$에 대한 루프:
        $t < T$이면:
            행동 A_t를 취한다.
            다음 보상 및 다음 상태를 관찰하고 각각 R_{t+1}과 S_{t+1}로 저장한다.
            S_{t+1}이 종단이면:
                $T \leftarrow t + 1$
            그렇지 않으면:
                정책 $\pi(\cdot \mid S_{t+1})$ 또는 $\hat{q}(S_{t+1}, \cdot, \mathbf{w})$에 대해 입실론 탐욕적인 정책을 따르는 행동
                A_{t+1}을 선택하고 저장
        $\tau \leftarrow t - n + 1$($\tau$는 추정값이 갱신되는 시각)
        $\tau \geq 0$이면
            $G \leftarrow \sum_{i=\tau+1}^{\min(\tau+n, T)} \gamma^{i-\tau-1} R_i$
            $\tau + n < T$이면, $G \leftarrow G + \gamma^n \hat{q}(S_{\tau+n}, A_{\tau+n}, \mathbf{w})$ $(G_{\tau:\tau+n})$
            $\mathbf{w} \leftarrow \mathbf{w} + \alpha[G - \hat{q}(S_\tau, A_\tau, \mathbf{w})]\nabla \hat{q}(S_\tau, A_\tau, \mathbf{w})$
        $\tau = T - 1$이면 종료

전에도 확인했지만, 1보다 큰 n에 해당하는 중간 수준의 부트스트랩이 사용되면 성능은 가장 좋아진다. 그림 10.3은 산악 자동차 문제에서 $n = 8$이 되면 $n = 1$일 때에 비해 이 알고리즘이 어떻게 더 빨리 학습하고 더 좋은 점근적 수렴 결과를 도출하는지를 보여준다. 그림 10.4는 이 문제에서 파라미터 α와 n이 학습 속도에 미치는 효과를 좀 더 자세하게 연구한 결과를 보여준다.

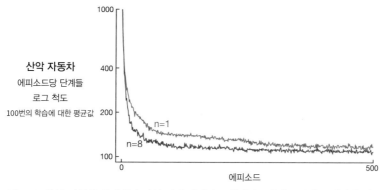

그림 10.3 산악 자동차 문제에서 단일 단계 준경사도 살사와 8단계 준경사도 살사의 성능 비교. 적합한 시간 간격이 사용되었다. $n = 1$일 경우 $\alpha = 0.5/8$, $n = 8$일 경우 $\alpha = 0.3/8$

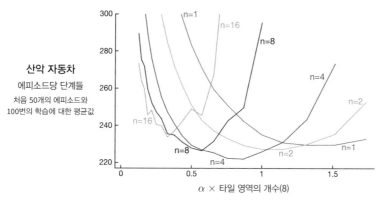

그림 10.4 산악 자동차 문제에서 n단계 준경사도 살사 및 타일 부호화 함수 근사의 초기 성능에 영향을 주는 α와 n의 효과. 항상 그렇듯이, 중간 수준의($n = 4$) 부트스트랩이 가장 좋은 성능을 보여준다. 이 결과는 선택된 α 값에 대한 결과를 로그 척도(log scale)로 표시하고 직선으로 연결한 것이다. 표준적인 오차는 $n = 1$ 경우의 (선 두께보다 작은) 0.5로부터 $n = 16$일 경우에는 약 4까지 증가한다. 따라서 주요 효과는 모두 통계적으로 중요하다.

연습 10.1 이 장에서 지금까지 어떠한 몬테카를로 방법에 대해서도 명쾌하게 따져 보거나 관련된 의사코드를 제시하지 않았다. 몬테카를로 방법의 의사코드는 어떤 모습일까? 몬테카를로 방법에 대해서는 의사코드를 제시하지 않는 것이 왜 합당한가? 몬테카를로 방법은 산악 자동차 문제에서 어떤 성능을 보여줄까? □

연습 10.2 준경사도 단일 단계 기댓값 살사를 제어 문제에 적용하기 위한 의사코드를 제시하라. □

연습 10.3 그림 10.4에 표현된 결과에서 n 값이 증가함에 따라 표준 오차가 증가하는 이유는 무엇인가? □

10.3 평균 보상: 연속적 작업을 위한 새로운 문제 설정

이제 (에피소딕 설정 및 할인된 설정에 이어) 마르코프 결정 문제MDP에서 목표를 형성하기 위한 세 번째 고전적인 설정을 소개하겠다. 할인된 설정과 같이, **평균 보상**average reward 설정은 시작 상태나 종단 상태 없이 학습자와 환경 사이의 상호작용이 영원히 지속되는 문제인 연속적인 문제에 적용할 수 있다. 하지만 할인된 설정이 아니기에 할인이 존재하지 않는다. 즉, 학습자는 즉각적인 보상에 신경 쓰는 만큼만 지연된 보상에 대해 신경을 쓴다. 평균 보상 설정은 동적 프로그래밍의 고전적 이론에서, 그리고 그보다는 덜하지만 강화학습에서 흔하게 고려되는 주요 설정 중의 하나다. 다음 절에서 논의하겠지만, 할인된 설정은 함수 근사에 적용했을 때는 문제가 된다. 따라서 할인된 설정을 대체하기 위해 평균 보상 설정이 필요하다.

평균 보상 설정에서는, 정책 π의 성능이 그 정책을 따르는 동안 발생하는 보상의 평균 비율, 또는 간단하게 **평균 보상**으로 정의된다. 이 책에서는 이것을 다음과 같이 $r(\pi)$로 표현한다.

$$r(\pi) \doteq \lim_{h \to \infty} \frac{1}{h} \sum_{t=1}^{h} \mathbb{E}[R_t \mid S_0, A_{0:t-1} \sim \pi] \tag{식 10.6}$$

$$= \lim_{t \to \infty} \mathbb{E}[R_t \mid S_0, A_{0:t-1} \sim \pi] \tag{식 10.7}$$

$$= \sum_s \mu_\pi(s) \sum_a \pi(a|s) \sum_{s',r} p(s',r|s,a) r$$

여기서 기댓값은 초기 상태 S_0 및 정책 π에 따라 선택되는 이어지는 행동 $A_0, A_1, \ldots, A_{t-1}$에 대한 조건부 기댓값이다. μ_π는 안정 상태 분포steady-state distribution $\mu_\pi(s) \doteq \lim_{t \to \infty} \Pr\{S_t = s \mid A_{0:t-1} \sim \pi\}$이다. 이 분포는 모든 π에 대해 존재하고 S_0에 대해 독립적인 분포라고 가정한다. MDP에 대한 이러한 가정은 **에르고드성**ergodicity(어떤 시스템의 특성에 대한 평균을 계산할 때 시간에 대한 평균과 상태 공간에 대한 평균이 같을 경우 그 시스템은 에르고드성을 갖는다고 말한다. ⟨옮긴이⟩)으로 알려져 있다. 이것은 MDP가 어디에서 시작하는지 또는 학습자가 초기에 어떠한 결정을 내리는지가 오직 일시적인 효과만을 갖는다는 것을 의미한다. 장기적으로 봤을 때, 어떤 상태에 있을 것이라는 기대는 오직 정책과 MDP 전이 확률에 따라 결정된다. 에르고드성만으로 위 방정식에 등장하는 극한값이 존재함을 충분히 보장할 수 있다.

할인되지 않은 연속적 문제에서는 서로 다른 종류의 최적성 사이에 미묘한 차이가 존재한다. 그럼에도 불구하고, 실용적 목적을 위한 대부분의 경우에 대해서는 단순히 정책이 갖는 시간 단계당 평균 보상에 따라, 다시 말해 정책의 $r(\pi)$ 값에 따라 정책의 순서를 정하는 것이 적합할지도 모른다. 이 값은 본질적으로 정책 π하에서의 평균 보상이며, 이는 식 10.7로 표현된다. 특히,

이 책에서는 $r(\pi)$의 최댓값이 최적의 값이 되는 모든 정책을 고려할 것이다.

안정 상태 분포는 π에 따라 행동을 선택하는 한 계속해서 따르게 되는 특별한 분포다. 즉, 다음을 만족하는 분포다.

$$\sum_s \mu_\pi(s) \sum_a \pi(a|s)p(s'|s,a) = \mu_\pi(s') \tag{식 10.8}$$

평균 보상 설정에서는 이득이 보상과 평균 보상 사이의 차이로부터 다음과 같이 정의된다.

$$G_t \doteq R_{t+1} - r(\pi) + R_{t+2} - r(\pi) + R_{t+3} - r(\pi) + \cdots \tag{식 10.9}$$

이것은 **미분 이득**differential return으로 알려져 있고, 이에 해당하는 가치 함수는 **미분 가치 함수**differential value function로 알려져 있다. 이 둘은 같은 방식으로 정의되며, 계속 그렇게 해 왔듯이 둘에 대해 같은 표기법을 사용할 것이다. $v_\pi(s) \doteq \mathbb{E}_\pi[G_t \mid S_t = s]$ 그리고 $q_\pi(s,a) \doteq \mathbb{E}_\pi[G_t \mid S_t = s, A_t = a]$ (v_*와 q_*에 대해서도 유사하다). 미분 가치 함수는 또한 벨만 방정식을 갖는다. 다만 전에 이 책에 등장했던 벨만 방정식과는 조금 다르다. 단순히 모든 γ를 제거하고 모든 보상을 보상과 평균 보상의 실제 값 사이의 차이로 대체하면 다음과 같은 방정식을 얻는다.

$$v_\pi(s) = \sum_a \pi(a|s) \sum_{r,s'} p(s',r|s,a)\Big[r - r(\pi) + v_\pi(s')\Big]$$

$$q_\pi(s,a) = \sum_{r,s'} p(s',r|s,a)\Big[r - r(\pi) + \sum_{a'} \pi(a'|s')q_\pi(s',a')\Big]$$

$$v_*(s) = \max_a \sum_{r,s'} p(s',r|s,a)\Big[r - \max_\pi r(\pi) + v_*(s')\Big]$$

$$q_*(s,a) = \sum_{r,s'} p(s',r|s,a)\Big[r - \max_\pi r(\pi) + \max_{a'} q_*(s',a')\Big]$$

(참고: 식 3.14, 연습문제 3.17, 식 3.19, 식 3.20)

또한 두 가지 TD 오차의 미분 형태도 있다.

$$\delta_t \doteq R_{t+1} - \bar{R}_{t+1} + \hat{v}(S_{t+1},\mathbf{w}_t) - \hat{v}(S_t,\mathbf{w}_t) \tag{식 10.10}$$

그리고

$$\delta_t \doteq R_{t+1} - \bar{R}_{t+1} + \hat{q}(S_{t+1}, A_{t+1}, \mathbf{w}_t) - \hat{q}(S_t, A_t, \mathbf{w}_t) \tag{식 10.11}$$

여기서 $\bar{R}_t$는 시각 t에서 평균 보상 $r(\pi)$를 추정한 값이다. 서로 대체 가능한 이 두 가지 정의를 이용하면 아무런 변화를 주지 않고도 이 책에서 다룬 대부분의 알고리즘과 많은 이론적 결과는 평균 보상 설정을 달성하게 된다.

예를 들어 준경사도 살사의 평균 보상 버전은 식 10.2와 같이 정의되는데, 단지 TD 오차의 미분 버전을 사용한다는 점만 다르다. 즉, 다음과 같이 표현된다.

$$\mathbf{w}_{t+1} \doteq \mathbf{w}_t + \alpha \delta_t \nabla \hat{q}(S_t, A_t, \mathbf{w}_t) \qquad \text{(식 10.12)}$$

여기서 δ_t는 식 10.11로부터 주어진다. 완전한 알고리즘에 대한 의사코드가 다음 글상자에 주어져 있다.

$\hat{q} \approx q_*$를 추정하기 위한 미분 준경사도 살사

입력: 미분 가능한 행동 가치 함수의 파라미터화 $\hat{q} : \mathcal{S} \times \mathcal{A} \times \mathbb{R}^d \to \mathbb{R}$
알고리즘 파라미터: 시간 간격 $\alpha, \beta > 0$
가치 함수 가중치 $\mathbf{w} \in \mathbb{R}^d$를 임의의 값으로 초기화(예 $\mathbf{w} = \mathbf{0}$)
평균 보상 추정값 $\bar{R} \in \mathbb{R}$를 임의의 값으로 초기화(예 $\bar{R} = 0$)

상태 S와 행동 A를 초기화
각 단계에 대한 루프:
    행동 A를 취하고, R, S'를 관측
    A'을 $\hat{q}(S', \cdot, \mathbf{w})$의 함수로서 선택(예 입실론 탐욕적)
    $\delta \leftarrow R - \bar{R} + \hat{q}(S', A', \mathbf{w}) - \hat{q}(S, A, \mathbf{w})$
    $\bar{R} \leftarrow \bar{R} + \beta\delta$
    $\mathbf{w} \leftarrow \mathbf{w} + \alpha\delta\nabla\hat{q}(S, A, \mathbf{w})$
    $S \leftarrow S'$
    $A \leftarrow A'$

[연습 10.4] 준경사도 Q 학습의 미분 버전 의사코드를 제시하라.   □

[연습 10.5] TD(0)의 미분 버전을 분명하게 표현하려면 식 10.10 이외에 어떤 방정식이 더 필요한가? □

[연습 10.6] 세 가지 상태 A, B, C의 고리로 구성된 마르코프 보상 과정을 생각해보자. 여기서 상태 전이는 고리를 따라 결정론적으로 이루어진다. A 상태에 도달하면 +1의 보상을 받고, 그밖의 경우에는 보상이 0이다. 이 경우, 이 세 가지 상태의 미분 가치는 얼마인가?   □

예제 10.2 **접근 제어 줄서기 문제**   이것은 서버 10개에 대한 접근 제어를 포함하는 결정 문제다. 네 가지 다른 특성을 갖는 고객이 하나의 대기 행렬에 들어온다. 서버에 대한 접근 권한을 얻으려면 고객은 자신의 우선순위에 따라 1, 2, 4, 또는 8의 보상을 서버에 지불해야 한다. 우선순위가 높은 고객이 더 많이 지불한다. 각 시간 단계에서, 대기 행렬의 제일 앞에 있는 고객은 (서버 중 하나에 할당되어) 받아들여질 수도 있고 (0의 보상을 받고 대기 행렬에서 빠지면서) 거절될 수도 있다. 어떤 경우가 발생하더라도, 대기 행렬의 다음 고객이 다음 시간 간격에서 다루어진다. 대기 행렬은 결코 사라지지 않고, 대기 행렬에 있는 고객의 특성은 무작위로 균일하게 분포되어 있다. 물론, 남아 있는 서버가 없으면 고객은 서비스를 받을 수 없다. 이 경우 고객은 항상 거절된다. 사용되고 있는 서버는 각 단계마다 $p = 0.06$의 확률로 사용되지 않는(그래서 다른 고객이 사용할 수 있는) 상태로 전환된다. 지금은 개념을 명백하게 하기 위해 이렇게 설명했지만, 대기 행렬에 들어오거나 대기 행렬을 떠나는 것에 대한 통계치를 모른다고 가정하자. 문제는 매 단계에서 다음 고객을 받아들일지 말지를 결정하는 것이다. 이러한 결정은 고객의 우선순위와 사용 가능한 서버의 수에 기반하여 이루어지고, 목표는 할인 없이 장기적인 보상을 최대화하는 것이다.

이 예제에서는 이 문제를 풀기 위해 표 기반의 해법을 고려한다. 상태들 사이에 일반화는 수행하지 않지만, 일반적인 함수 근사 설정 속에서 일반화를 고려할 수는 있다. 이것은 함수 근사 설정이 표 기반의 설정을 일반화하기 때문이다. 따라서 상태(사용 가능한 서버의 수와 대기 행렬의 선두에 있는 고객의 우선순위)와 행동(받아들이거나 거절하는 결정)의 각 쌍에 대해 행동 가치의 미분 추정값을 갖게 된다. 그림 10.5는 $\alpha = 0.01$, $\beta = 0.01$, $\varepsilon = 0.1$을 적용한 미분 준경사도 살사를 이용하여 도출한 해를 보여준다. 초기 행동 가치와 초기 $\bar{R}$ 값은 0으로 했다.

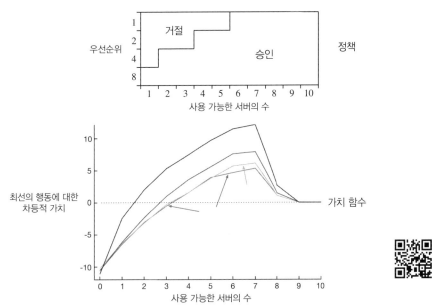

그림 10.5 접근 제어 대기 행렬 문제에 미분 준경사도 단일 단계 살사를 적용하여 2백만 번의 단계를 거친 후에 도출한 정책 및 가치 함수. 그래프의 오른쪽에 보이는 급격한 감소 현상은 아마도 데이터가 부족하기 때문일 것이다. 이 상태들 중 대부분은 전에 경험해 본 적이 없는 것이다. $\bar{R}$에 대해 학습된 가치는 약 2.31이다. ■

연습 10.7) 어떤 정책하에서도 결정론적인 보상의 나열 +1, 0, +1, 0, +1, 0, …을 무한히 만들어 내는 MDP가 있다고 가정해 보자. 에르고드성에 위배되기 때문에 이것은 기술적으로 불가능하다. 정상적인 한계 분포stationary limiting distribution μ_π와 식 10.7의 극한이 존재하지 않기 때문이다. 그럼에도 불구하고, 식 10.6의 평균 보상은 잘 정의되어 있다. 이게 어떻게 된 것인가? 이제 이 MDP에 속하는 두 개의 상태를 생각해 보자. 상태 A로부터는 +1로 시작하는 보상의 나열이 정확히 위에서 언급한 것과 같이 존재하지만, 반면에 상태 B로부터는 보상의 나열이 0부터 시작하고 그 후에 +1, 0, +1, 0, …의 나열이 이어진다. 식 10.9의 미분 이득이 이 경우에는 잘 정의되지 않는데, 이것은 극한이 존재하지 않기 때문이다. 이 문제를 수정하기 위한 대안으로서, 다음과 같이 상태의 가치를 정의할 수 있다.

$$v_\pi(s) \doteq \lim_{\gamma \to 1} \lim_{h \to \infty} \sum_{t=0}^{h} \gamma^t \Big(\mathbb{E}_\pi[R_{t+1}|S_0 = s] - r(\pi) \Big)$$ (식 10.13)

상태의 가치를 이렇게 정의했을 때, 상태 A와 B의 가치는 얼마인가? □

연습 10.8) 302쪽의 글상자에 있는 의사코드는 간단하게 계산된 오차 $R_{t+1} - \bar{R}_{t+1}$보다는 δ_t를 오차로 사용하여 $\bar{R}_{t+1}$을 갱신한다. 두 종류의 오차 모두 작동하지만, δ_t를 사용하는 것이 더 좋다. 왜 그런지 알기 위해, 연습문제 10.6에 나왔던 세 개의 상태로 구성된 고리 MRP를 생각해 보자. 평균 보상의 추정값은 실제 보상인 1/3에 가까워지는 경향을 가져야만 한다. 평균 보상이 이미 실제 보상과 같고 그 값에 고정되어 있다고 가정해 보자. 오차 $R_t - \bar{R}_t$의 나열은 어떤 모습인가? (식 10.10으로 계산되는) 오차 δ_t의 나열은 어떤 모습인가? 평균 보상의 추정값이 오차에 반응하여 변화할 수 있다고 한다면 어떤 오차의 나열이 더 안정적인 평균 보상의 추정값을 만들어 내는가? 그 이유는 무엇인가? □

10.4 할인된 설정에 대한 반대

연속적이면서 할인된 문제의 형태는 표 기반의 경우에 매우 유용하다. 이러한 문제에서는 각 상태로부터 나오는 이득을 개별적으로 식별하고 평균 낼 수 있다. 하지만 함수 근사의 경우에도 이러한 문제 형태를 사용해야 하는가에 대해서는 의문의 여지가 있다.

그 이유를 알아보기 위해, 시작도 끝도 없는 그리고 분명하게 식별되는 상태가 없는 이득의 무한 나열을 생각해 보자. 상태는 오직 특징 벡터로만 표현될 수도 있다. 이 경우에는 어떤 상태를 다른 상태와 거의 구별하려고 하지 않을 수도 있다. 특별한 경우에는 모든 특징 벡터가 모두 같을 수도 있다. 따라서 정말로 오직 보상의 나열(그리고 행동)만이 주어지기 때문에, 순전히 이것만으로 성능을 평가해야만 한다. 어떻게 해야 할까? 한 가지 방법은 오랜 구간에 걸친 보상을 평균 내는 것으로, 이것은 평균 보상 설정의 방법이다. 할인은 어떻게 활용될 수 있을까? 생각해보면, 매 단계 할인된 이득을 측정할 수 있다. 어떤 이득은 크고 어떤 이득은 작을 것이다. 따라서 다시 한번 충분히 긴 시간 구간에 대해 이득을 평균 내야만 할 것이다. 연속적인 문제 설정의 경우에는 시작도 끝도 없고, 또한 어떤 특별한 시간 단계도 없어서 다른 무언가를 할 수 있는 것도 아니다. 하지만 이렇게 하면, 할인된 이득의 평균이 평균 보상에 비례한다는 것이 판명된다. 사실 정책 π에 대해, 할인된 이득의 평균은 항상 $r(\pi)/(1 - \gamma)$가 된다. 다시 말해, 할인된 이득은 본질적으로 평균 보상 $r(\pi)$가 된다. 특히, 평균적인 할인된 이득의 설정에서는 모든 가능한 정책의 배열ordering이 평균 보상 설정의 경우와 정확히 같을 것이다. 따라서 할인율 γ는 문제 형태에 아무런 영향을 미치지 않는다. γ는 사실 0이 될 수도 있고, 정책의 순위는 변하지 않은 채로 유지될 것이다.

이 놀라운 사실은 다음 페이지의 글상자에서 증명했지만, 기본적인 개념은 대칭 논거symmetry argument를 통해 확인할 수 있다. 각 시간 단계는 다른 모든 시간 단계와 정확하게 동일하다. 할인을 하는 경우, 어떤 이득을 형성하는 데 있어서 모든 보상은 각 위치에서 정확히 한 번만 나타날 것이다. t번째 보상은 할인되지 않은 값으로 $t - 1$번째 이득에 나타나고, 한 번 할인된 값으로 $t - 2$번째 이득에 나타나고, 999번 할인된 값으로 $t - 1000$번째 이득에 나타날 것이다. 따라서 t번째 보상에 부여되는 가중치는 $1 + \gamma + \gamma^2 + \gamma^3 + \cdots = 1/(1 - \gamma)$가 된다.

이 예제 및 글상자에 제시된 좀 더 일반적인 논거는 활성 정책 분포에 대해 할인된 가치를 최적화했을 경우 그 효과가 할인되지 않은 평균 보상을 최적화하는 것의 효과와 동일함을 보여준다. 즉, γ의 실제 값이 영향을 미치지 않는다는 것이다. 이것은 함수 근사를 적용한 제어 문제를 정의하는 데 있어서 할인이 아무런 역할도 하지 않는다는 사실을 강하게 암시한다. 그럼에도 불구하고, 해를 찾는 방법에서 계속 할인을 사용할 수 있다. 할인율 파라미터 γ는 문제를 구성하는 파라미터에서 해법을 구성하는 파라미터로 변화할 수 있다! 하지만 이 경우에는 불행히도 평균 보상(또는 이와 동등한 의미로 활성 정책 분포에 대해 할인된 가치)에 대한 최적화를 보장하지는 못한다.

할인된 제어 설정이 갖는 어려움의 근본 원인은 함수 근사를 사용하면 정책 향상 정리(4.2절)가 적용되지 않는다는 데 있다. 한 상태의 할인된 가치를 향상시키기 위해 정책을 변경하면 어떤 유용한 측면에서 전반적인 정책 향상이 보장된다는 건 더 이상 사실이 아니다. 그러한 보장은 이 책에서 다루는 강화학습 제어 방법 이론에 있어서 핵심이었다. 하지만 함수 근사를 사용하면서 그러한 보장이 사라졌다!

> ### 연속적 문제에서 할인의 무용성
>
> 어쩌면 어떤 정책하에서 상태가 따르는 분포에 대해 할인된 가치를 합산한 것을 목적 함수로 선택함으로써 할인은 유지될 수 있다.
>
> $$J(\pi) = \sum_s \mu_\pi(s) v_\pi^\gamma(s) \qquad \text{(여기서 } v_\pi^\gamma \text{는 할인된 가치 함수다.)}$$
>
> $$= \sum_s \mu_\pi(s) \sum_a \pi(a|s) \sum_{s'} \sum_r p(s',r|s,a) \left[r + \gamma v_\pi^\gamma(s') \right] \qquad \text{(벨만 방정식)}$$
>
> $$= r(\pi) + \sum_s \mu_\pi(s) \sum_a \pi(a|s) \sum_{s'} \sum_r p(s',r|s,a) \gamma v_\pi^\gamma(s') \qquad \text{(식 10.7로부터)}$$
>
> $$= r(\pi) + \gamma \sum_{s'} v_\pi^\gamma(s') \sum_s \mu_\pi(s) \sum_a \pi(a|s) p(s'|s,a) \qquad \text{(식 3.4로부터)}$$
>
> $$= r(\pi) + \gamma \sum_{s'} v_\pi^\gamma(s') \mu_\pi(s') \qquad \text{(식 10.8로부터)}$$
>
> $$= r(\pi) + \gamma J(\pi)$$
> $$= r(\pi) + \gamma r(\pi) + \gamma^2 J(\pi)$$
> $$= r(\pi) + \gamma r(\pi) + \gamma^2 r(\pi) + \gamma^3 r(\pi) + \cdots$$
> $$= \frac{1}{1-\gamma} r(\pi)$$
>
> 여기 제안한 것과 같은 할인된 목적 함수는 할인되지 않은 (평균 보상) 목적 함수와 동일하게 정책을 배열한다. 할인율 γ는 정책을 배열하는 데 영향을 주지 않는다.

사실, 정책 향상 정리가 적용되지 않는다는 것은 전반적 에피소딕 설정 및 평균 보상 설정의 이론적 결점이기도 하다. 함수 근사를 도입하고 나면 어떠한 설정에 대해서도 정책 향상을 더 이상 보상할 수 없다. 13장에서는 파라미터화된 정책을 기반으로 하는 또 다른 대안적 종류의 강화 학습 알고리즘을 소개할 텐데, 그 알고리즘을 사용하면 정책 향상을 이론적으로 보장할 수 있다. 이 이론은 '정책 경사도 정리policy-gradient theorem'라고 불리는 이론으로, 정책 향상 정리와 유사한 역할을 한다. 하지만 행동 가치를 학습하는 방법에 대해서는 현재로선 지역적 정책 향상을 보장하는 이론이 없는 것 같다(어쩌면 퍼킨스와 프리컵(Perkins and Precup, 2003)이 고안한 방법이 정책 향상을 보장하는 이론의 일부를 제공할지도 모른다). 정책을 입실론 탐욕적이 되도록 만드는 것이 때로는 정책을 더 악화시킬 수도 있다는 사실은 이미 알고 있다. 이렇게 되는 이유는 정책이 수렴하지 못하고 좋은 정책들 사이에서 갈팡질팡하기 때문일 수도 있다(고든, 1996a). 이 문제에 대해서는 아직 답을 찾지 못한 많은 이론적 의문들이 있다.

10.5 미분 준경사도 n단계 살사

n단계 부트스트랩 문제로 일반화하기 위해서는 TD 오차의 n단계 버전이 필요하다. 식 7.4의 n단계 이득을 함수 근사가 적용된 미분 형태로 일반화함으로써 시작하겠다.

$$G_{t:t+n} \doteq R_{t+1} - \bar{R}_{t+1} + R_{t+2} - \bar{R}_{t+2} + \cdots + R_{t+n} - \bar{R}_{t+n} + \hat{q}(S_{t+n}, A_{t+n}, \mathbf{w}_{t+n-1})$$

(식 10.14)

여기서 $\bar{R}$는 $r(\pi)$의 추정값이고, $n \geq 1$이고, $t + n < T$이다. 언제나처럼 $t + n \geq T$이면, $G_{t:t+n} \doteq G_t$로 정의한다. 그러면 n단계 TD 오차는 다음과 같이 정의된다.

$$\delta_t \doteq G_{t:t+n} - \hat{q}(S_t, A_t, \mathbf{w})$$

(식 10.15)

다음 단계로, 이제 이 책에서 다룬 보통의 준경사도 살사 갱신(식 10.12)을 적용할 수 있다. 완전한 알고리즘의 의사코드가 다음 글상자에 제시되어 있다.

$\hat{q} \approx q_\pi$ 또는 q_*를 추정하기 위한 미분 준경사도 n단계 살사

입력: 미분 가능한 함수 $\hat{q} : \mathcal{S} \times \mathcal{A} \times \mathbb{R}^d \to \mathbb{R}$, 정책 π
가치 함수 가중치 $\mathbf{w} \in \mathbb{R}^d$를 임의의 값으로 초기화(예 $\mathbf{w} = \mathbf{0}$)
평균 보상 추정값 $\bar{R} \in \mathbb{R}$를 임의의 값으로 초기화(예 $\bar{R} = 0$)
알고리즘 파라미터: 시간 간격 $\alpha, \beta > 0$, 양의 정수 n
(S_t, A_t, R_t에 대한) 모든 저장 및 접근은 $n + 1$로 인덱스를 설정하여 행해질 수 있음

S_0 및 A_0를 초기화하고 저장
각 단계 $t = 0, 1, 2, \ldots$에 대한 루프:
    행동 A_t를 취한다.
    다음 보상 및 다음 행동을 관측하고 각각을 R_{t+1}과 S_{t+1}로 저장
    정책 $\pi(\cdot \mid S_{t+1})$ 또는 $\hat{q}(S_{t+1}, \cdot, \mathbf{w})$에 대해 입실론 탐욕적인 정책을 따르는 행동 A_{t+1}을 선택하고 저장
    $\tau \leftarrow t - n + 1$($\tau$는 추정값이 갱신되는 시각)
    $\tau \geq 0$이면
        $\delta \leftarrow \sum_{i=\tau+1}^{\tau+n} (R_i - \bar{R}) + \hat{q}(S_{\tau+n}, A_{\tau+n}, \mathbf{w}) - \hat{q}(S_\tau, A_\tau, \mathbf{w})$
        $\bar{R} \leftarrow \bar{R} + \beta\delta$
        $\mathbf{w} \leftarrow \mathbf{w} + \alpha\delta\nabla\hat{q}(S_\tau, A_\tau, \mathbf{w})$

연습 10.9 미분 준경사도 n단계 살사 알고리즘에서, 평균 보상에 대한 시간 간격 파라미터 β는 매우 작을 필요가 있다. 그래야 $\bar{R}$가 장기간에 걸친 평균 보상에 대한 좋은 추정값이 될 수 있기 때문이다. 하지만 안타깝게도, 그렇게 되면 많은 단계에 대한 $\bar{R}$의 초깃값이 $\bar{R}$의 편차를 유발할 것이고, 그에 따라 학습이 비효율적으로 될 수도 있다. 이에 대한 대안으로, 관측된 보상에 대

한 표본평균을 이용하여 $\bar{R}$를 계산할 수도 있다. 그렇게 하면 초기에는 변화가 빠르지만 장기적으로는 변화가 늦춰질 것이다. 정책이 천천히 변하면서 $\bar{R}$도 변할 것이다. 이러한 장기적 비정상성nonstationarity의 가능성으로 인해 표본평균 방법은 적합하지 않게 된다. 사실, 평균 보상에 대한 시간 간격 파라미터는 연습문제 2.7에 나왔던 편차 없는 고정 시간 간격 기법을 적용하기에 완벽한 경우다. 미분 준경사도 n단계 살사가 이러한 기법을 사용하기 위해서는 글상자에 제시된 알고리즘에 어떠한 변화가 필요한지 분명하게 설명하라. □

10.6 요약

이 장에서는 이전 장에서 소개한 파라미터 기반의 함수 근사 방법과 준경사도 강하 방법을 제어 문제로 확장했다. 에피소딕 문제의 경우에는 이러한 확장이 즉각적으로 가능하지만, 연속적인 문제의 경우에는 시간 단계별 **평균 보상 설정**을 최대화하는 것을 기반으로 하여 문제 전체를 새롭게 형식화해야 한다. 놀랍게도, 할인을 포함하여 문제를 형식화하면 근사가 존재하는 경우에는 제어 문제에 적용할 수 없다. 근사가 포함된 경우에 대부분의 정책은 가치 함수로 표현될 수 없다. 나머지 임의의 정책에 대해서는 순위를 정할 필요가 있고, 스칼라 평균 보상 $r(\pi)$가 이를 위한 효과적인 방법을 제공한다.

평균 보상을 활용하여 문제를 형식화하는 과정에는 가치 함수의 새로운 **미분** 버전인 벨만 방정식과 TD 오차가 포함된다. 하지만 이 모든 것은 이전의 형식과 유사해서 개념적인 차이점은 별로 없다. 평균 보상을 활용하는 경우에 대한 새로운 미분 기반 알고리즘도 이전의 알고리즘과 유사하다.

참고문헌 및 역사적 사실

10.1 함수 근사를 적용한 준경사도 살사는 루머리와 니란잔(Rummery and Niranjan, 1994)의 연구에서 처음으로 다루어졌다. 입실론 탐욕적 행동 선택을 하는 선형 준경사도 살사는 보통의 의미로 말하자면 수렴하지는 않지만, 최적의 해 근처 영역으로 들어가기는 한다(고든, 1996a, 2001). 프리컵과 퍼킨스(2003)는 미분 가능한 행동 선택 설정에서의 수렴성을 보여주었다. 이와 관련하여 퍼킨스와 펜드리스(Perkins and Pendrith, 2002), 멜로, 메인, 리베이로(Melo, Meyn, and Ribeiro, 2008)의 연구도 참고하라. 산악 자동차 예제는 무어(1990)가 연구한 유사한 문제를 기반으로 하지만, 이 책에서 사용한 문제의 정확한 형태는 서튼(1996)의 논문을 참고했다.

10.2　에피소딕 n단계 준경사도 살사는 반 세이젠(2016)의 전방$_{forward}$ 살사(λ) 알고리즘을 기반으로 한다. 이 책에서 보여준 경험적 결과는 이 책의 2판에서 처음 소개된 것이다.

10.3　평균 보상 기반의 형식화가 동적 프로그래밍에 적용하기 위한 것으로서 제시되었고 (**예** 푸터만, 1994) 강화학습의 관점에서도 설명되었다(마하데반$_{Mahadevan}$, 1996; 타데팔리와 옥, 1994; 베르트세카스와 치치클리스, 1996; 치치클리스와 밴 로이, 1999). 이 책에서 설명한 알고리즘은 슈워츠(Schwartz, 1993)가 소개한 'R 학습$_{R-learning}$' 알고리즘의 활성 정책 버전이다. R 학습이라는 용어는 아마도 알파벳 순서상 Q 학습 다음에 나온 것을 의미했겠지만, 이 책에서는 그것을 미분 가치 학습 또는 상대적 가치 학습의 기준으로 생각하고자 한다. 접근 제어 대기 행렬 예제는 칼스트롬과 노드스트롬(Carlström and Nordström, 1997)이 제안한 것이다.

10.4　함수 근사를 활용하는 강화학습 문제의 형식으로서 할인이 지닌 한계를 필자들이 분명하게 인식하게 된 것은 이 책의 1판이 출판되고 난 직후였다. 싱, 자콜라, 조던(1994)이 아마도 그러한 한계를 인식하고 처음으로 그 내용을 문서화했을 것이다.

11

*근사를 활용한 비활성 정책 방법

이 책에서는 5장 이후로, 일반화된 정책 반복의 학습 형태에 내재된 활용과 탐험 사이의 충돌을 다루는 두 가지의 대안적 방법을 제시해 왔는데, 그것이 바로 활성 정책 학습 방법과 비활성 정책 학습 방법이다. 이번 장 이전에 나오는 두 장에서는 함수 근사를 활용하는 **활성** 정책의 경우를 다루었고, 이 장에서는 함수 근사를 활용하는 **비활성** 정책의 경우를 다룰 것이다. 비활성 정책 학습 방법을 함수 근사로 확장하는 것은 활성 정책 학습 방법을 함수 근사로 확장하는 것에 비해 다른 점이 많고 더 어려운 과정이라는 사실이 이 장에서 드러난다. 6장과 7장에서 개발한 표 기반의 비활성 정책 방법은 쉽게 준경사도 알고리즘으로 확장할 수 있지만, 이 알고리즘은 활성 정책 방법을 확장한 것만큼 안정적으로 수렴하지는 않는다. 이 장에서는 수렴성 문제를 알아보고, 선형 함수 근사 이론을 더 자세히 살펴본 다음, 학습 용이성learnability의 개념을 소개하고, 비활성 정책의 경우에 더 강력하게 수렴성을 보장하는 새로운 알고리즘에 대해 논의할 것이다. 결국에는 방법을 향상시키겠지만 이론적 결과는 활성 정책 학습만큼 강력하지 않을 것이며, 경험적 결과는 활성 정책 학습만큼 만족스럽지는 않을 것이다. 이러한 과정을 통해, 강화학습에서 이루어지는 근사에 대해 비활성 정책 학습의 측면에서뿐만 아니라 활성 정책 학습의 측면에서도 더 깊은 이해를 얻게 될 것이다.

비활성 정책 학습에서는 **목표 정책**target policy π에 대한 가치 함수를 목표 정책과는 다른 **행동 정책** behavior policy b에 따라 주어지는 데이터를 이용하여 학습하고자 한다는 사실을 상기해 보자. 예측 문제의 경우에는, 두 정책이 모두 정적으로 주어진다면 상태 가치 $\hat{v} \approx v_\pi$ 또는 행동 가치

$\hat{q} \approx q_\pi$를 학습하고자 할 것이다. 제어 문제의 경우에는, 행동 가치가 학습되고 학습 과정에서 두 정책 모두 일반적으로는 변화를 겪을 것이다(π는 $\hat{q}$에 대해 탐욕적인 정책이 되고, b는 $\hat{q}$에 대한 입실론 탐욕적 정책과 같은 좀 더 탐험적인 정책이 될 것이다).

비활성 정책 학습의 어려움은 두 가지 부분으로 구분될 수 있다. 한 가지 어려움은 표 기반의 경우에 발생하고, 다른 하나는 오직 함수 근사에서만 발생한다. 첫 번째 어려움은 갱신의 목표(목표 정책과 혼동해서는 안 된다)와 관련이 있고, 두 번째 어려움은 갱신의 분포와 관련이 있다. 5장과 7장에서 개발한 중요도추출법과 관련된 기법으로 첫 번째 문제를 다룰 수 있다. 이 과정에서 분산이 증가할 수도 있지만, 이 과정은 표 기반 및 근사 기반의 모든 성공적인 알고리즘에서 필요한 과정이다. 이 기법을 함수 근사로 확장하는 방법은 이 장의 첫 번째 절에서 빠르게 살펴볼 것이다.

비활성 정책의 경우에 사용되는 갱신의 분포가 활성 정책 분포와 부합하지 않기 때문에 함수 근사가 적용된 비활성 정책 학습의 두 번째 어려움을 해결하기 위해서는 추가로 무언가가 더 필요하다. 활성 정책 분포는 준경사도 방법의 안정성을 위해 중요하다. 이 문제를 다루기 위해 두 가지 일반적인 접근법이 시도되었다. 하나는 중요도추출법을 다시 사용하는 것인데, 이번에는 비활성 정책 분포를 포장하여 활성 정책 분포로 되돌림으로써 (선형의 경우에) 준경사도 방법의 수렴성을 보장하기 위해서다. 다른 하나는 안정성을 위해 어떤 특별한 분포에도 의존하지 않는 진정한 경사도 방법을 개발하는 것이다. 이 두 접근법을 기반으로 하는 방법을 제시하겠다. 이것은 가장 선도적인 연구 분야이고, 이러한 접근법 중 어떤 것이 실제로 가장 효과적일지는 분명하지 않다.

11.1 준경사도 방법

이전 장에서 비활성 정책의 경우에 대해 개발된 방법들을 준경사도 방법 같은 함수 근사로 확장하는 쉬운 방법을 설명함으로써 논의를 시작하겠다. 이 방법들은 비활성 정책 방법이 갖는 두 가지 어려움 중 첫 번째 어려움(갱신 목표를 변경하는 것)을 다루지만 두 번째 어려움(갱신 분포를 변경하는 것)은 다루지 않는다. 따라서 이 방법들은 어떤 경우에는 발산할 수도 있고 그런 의미에서 이 방법들은 충분하지 않지만, 여전히 종종 성공적으로 사용되고 있는 방법들이다. 함수 근사의 특별한 경우인 표 기반의 경우에는 이 방법들이 안정적이며 점근적으로 편차 없이 수렴함이 보장된다는 사실을 기억하자. 따라서 이 방법들을 특징 선택 방법과 결합하여, 결합된 시스템이 여전히 안정성을 보장받게 할 수도 있다. 여하튼 이 방법들은 간단하기 때문에 논의를 시작하기에 좋은 출발점이 된다.

7장에서는 다양한 표 기반의 비활성 정책 알고리즘을 설명했다. 이 알고리즘을 준경사도 형태로 변환하기 위해, 근사적 가치 함수($\hat{v}$ 또는 $\hat{q}$)와 그 함수의 경사도를 이용하여 단순히 배열(V 또는 Q)에 대한 갱신을 가중치 벡터($\mathbf{w}$)에 대한 갱신으로 대체할 것이다. 이러한 알고리즘 중 상당수는 다음과 같은 단계별 중요도추출비율을 사용한다.

$$\rho_t \doteq \rho_{t:t} = \frac{\pi(A_t|S_t)}{b(A_t|S_t)} \tag{식 11.1}$$

예를 들면 단일 단계 상태 가치 알고리즘은 준경사도 비활성 정책 TD(0)인데, 이것은 ρ_t가 추가된 것을 제외하면 이에 해당하는 활성 정책 알고리즘(244쪽)과 정확히 같은 형태다.

$$\mathbf{w}_{t+1} \doteq \mathbf{w}_t + \alpha \rho_t \delta_t \nabla \hat{v}(S_t, \mathbf{w}_t) \tag{식 11.2}$$

여기서 δ_t는 문제가 에피소드이면서 할인된 문제인지 아니면 연속적이면서 할인되지 않은 문제인지에 따라 평균 보상을 이용하여 다음과 같이 적절하게 정의된다.

$$\delta_t \doteq R_{t+1} + \gamma \hat{v}(S_{t+1}, \mathbf{w}_t) - \hat{v}(S_t, \mathbf{w}_t) \tag{식 11.3}$$

또는

$$\delta_t \doteq R_{t+1} - \bar{R}_t + \hat{v}(S_{t+1}, \mathbf{w}_t) - \hat{v}(S_t, \mathbf{w}_t) \tag{식 11.4}$$

행동 가치에 대해서는 단일 단계 알고리즘이 준경사도 기댓값 살사다.

$$\mathbf{w}_{t+1} \doteq \mathbf{w}_t + \alpha \delta_t \nabla \hat{q}(S_t, A_t, \mathbf{w}_t) \tag{식 11.5}$$

여기서

$$\delta_t \doteq R_{t+1} + \gamma \sum_a \pi(a|S_{t+1}) \hat{q}(S_{t+1}, a, \mathbf{w}_t) - \hat{q}(S_t, A_t, \mathbf{w}_t) \qquad \text{(에피소드)}$$

또는

$$\delta_t \doteq R_{t+1} - \bar{R}_t + \sum_a \pi(a|S_{t+1}) \hat{q}(S_{t+1}, a, \mathbf{w}_t) - \hat{q}(S_t, A_t, \mathbf{w}_t) \qquad \text{(연속적인)}$$

이 알고리즘이 중요도추출법을 사용하지 않는다는 점에 주목하자. 표 기반의 경우에는 유일한 표본 행동이 A_t이고 이 행동의 가치를 학습하는 과정에서 다른 행동을 고려할 필요가 없기 때문에 이 알고리즘이 적합하다는 것이 명백하다. 하지만 함수 근사의 경우에는 동일한 전반적 근사에 기여하는 서로 다른 상태-행동 쌍에 서로 다른 가중치를 부여하고자 할 수도 있기 때문에 이 알고리즘의 적합성에 대한 판단이 다소 불명확하다. 이 이슈의 적절한 해결책을 도출하기 위해서는 강화학습에서의 함수 근사 이론에 대한 좀 더 철저한 이해가 필요하다.

이 알고리즘에 대한 다단계 일반화 과정에서, 상태 가치 알고리즘과 행동 가치 알고리즘은 모두 중요도추출법을 포함한다. 예를 들면, 준경사도 살사의 n단계 버전은 다음과 같다.

$$\mathbf{w}_{t+n} \doteq \mathbf{w}_{t+n-1} + \alpha \rho_{t+1} \cdots \rho_{t+n-1} \left[G_{t:t+n} - \hat{q}(S_t, A_t, \mathbf{w}_{t+n-1}) \right] \nabla \hat{q}(S_t, A_t, \mathbf{w}_{t+n-1})$$

(식 11.6)

여기서 다음이 성립한다.

$$G_{t:t+n} \doteq R_{t+1} + \cdots + \gamma^{n-1} R_{t+n} + \gamma^n \hat{q}(S_{t+n}, A_{t+n}, \mathbf{w}_{t+n-1}) \qquad \text{(에피소딕)}$$

또는

$$G_{t:t+n} \doteq R_{t+1} - \bar{R}_t + \cdots + R_{t+n} - \bar{R}_{t+n-1} + \hat{q}(S_{t+n}, A_{t+n}, \mathbf{w}_{t+n-1}) \qquad \text{(연속적인)}$$

여기서 에피소드의 종료를 다루는 부분이 조금은 형식적이지 않다. 첫 번째 방정식에서 $k \geq T$ (여기서 T는 에피소드의 최종 시간 단계다)인 경우 ρ_k는 1의 값을 가져야 하고, $t + n \geq T$인 경우 $G_{t:n}$은 G_t의 값을 가져야 한다.

7장에서도 중요도추출법을 전혀 포함하지 않는 비활성 정책 알고리즘이 있었음을 기억하라. 바로 n단계 트리 보강 알고리즘이다. 이 알고리즘의 준경사도 버전이 다음과 같이 표현된다.

$$\mathbf{w}_{t+n} \doteq \mathbf{w}_{t+n-1} + \alpha \left[G_{t:t+n} - \hat{q}(S_t, A_t, \mathbf{w}_{t+n-1}) \right] \nabla \hat{q}(S_t, A_t, \mathbf{w}_{t+n-1}) \qquad \text{(식 11.7)}$$

$$G_{t:t+n} \doteq \hat{q}(S_t, A_t, \mathbf{w}_{t-1}) + \sum_{k=t}^{t+n-1} \delta_k \prod_{i=t+1}^{k} \gamma \pi(A_i | S_i) \qquad \text{(식 11.8)}$$

이때 δ_t는 식 11.5의 아랫부분에서 기댓값 살사에 대해 정의된 것과 같다. 또한, 7장에서 모든 행동 가치 알고리즘을 통합하는 하나의 알고리즘을 정의했었다. 바로 n단계 $Q(\sigma)$이다. 이 알고리즘과 n단계 상태 가치 알고리즘의 준경사도 형태를 구하는 것은 연습문제로 독자들에게 맡기겠다.

[연습 11.1] n단계 비활성 정책 TD의 방정식(식 7.9)을 준경사도 형태로 변환하라. 에피소딕 및 연속적인 경우 둘 다에 대해 수반되는 이득의 정의를 제시하라. □

[*연습 11.2] n단계 $Q(\sigma)$의 방정식(식 7.11, 식 7.17)을 준경사도 형태로 변환하라. 에피소딕 및 연속적인 경우를 모두 포괄하는 정의를 제시하라. □

11.2 비활성 정책 발산의 예제

이 절에서는 함수 근사를 적용하는 비활성 정책 학습의 두 번째 어려움에 대한 논의를 시작하겠다. 두 번째 어려움이란 갱신의 분포가 활성 정책 분포와 일치하지 않는 문제를 의미한다. 먼저, 비활성 정책이 갖는 이 두 번째 어려움을 드러내는 유익한 반례를 설명하겠다. 이 반례에 포함된 준경사도 및 다른 간단한 알고리즘은 불안정하고 발산한다.

직관을 얻으려면 아주 간단한 예제를 생각해 보는 것이 가장 좋다. 아마도 규모가 큰 MDP의 부분으로서, 두 개의 상태가 있고, 이 두 상태의 가치 추정값이 각각 w 및 $2w$의 함수 형태를 갖는다고 가정해 보자. 이때 파라미터 벡터 $\mathbf{w}$는 오직 하나의 성분 w를 갖는다. 두 상태에 대한 특징 벡터가 각각 간단한 숫자(성분이 하나인 벡터), 이 경우에는 1과 2라면, 이러한 상황은 선형 함수 근사 과정에서 발생한다. 첫 번째 상태에서는 오직 하나의 행동이 가능하고, 그 결과는 결정론적으로 두 번째 상태로의 전이를 초래하며, 이때 수반되는 보상은 0이다.

여기서 두 원 안쪽에 표시된 것은 두 상태의 가치를 나타낸다.

처음에 $w = 10$이었다고 가정하자. 그러면 전이는 가치 추정값이 10인 상태로부터 가치 추정값이 20인 상태로의 전이가 된다. 이것은 좋은 전이처럼 보일 것이고, 첫 번째 상태의 가치 추정값을 높이기 위해 w 값은 증가할 것이다. γ가 1에 가깝다면, TD 오차는 거의 10이 될 것이다. 그리고 $\alpha = 0.1$이라면, TD 오차를 줄이려는 노력을 통해 w는 거의 11까지 증가할 것이다. 하지만 두 번째 상태의 가치 추정값 또한 거의 22까지 증가할 것이다. 전이가 다시 일어난다면, 그 전이는 가치 추정값이 거의 11인 상태로부터 가치 추정값이 거의 22인 상태로의 전이가 될 것이다. 그리고 TD 오차는 거의 11이 될 것이다. 이것은 전보다 작기는커녕 더 큰 값이다. 이렇게 되면 첫 번째 상태의 가치가 과소평가된 것이라고 더욱 확신을 갖고 판단할 것이고, 이번에는 거의 12.1까지 첫 번째 상태의 가치를 다시 증가시킬 것이다. 이러한 상황은 그리 좋아 보이지 않는다. 사실, 갱신을 더 진행하면 w는 무한으로 발산할 것이다.

이러한 사실을 명백히 확인하기 위해 갱신 과정을 좀 더 자세히 들여다봐야 한다. 두 상태 사이의 전이 과정에서 TD 오차는 다음과 같다.

$$\delta_t = R_{t+1} + \gamma\hat{v}(S_{t+1},\mathbf{w}_t) - \hat{v}(S_t,\mathbf{w}_t) = 0 + \gamma 2w_t - w_t = (2\gamma - 1)w_t$$

그리고 비활성 정책 준경사도 TD(0) 갱신은 (식 11.2로부터) 다음과 같이 표현된다.

$$w_{t+1} = w_t + \alpha \rho_t \delta_t \nabla \hat{v}(S_t, w_t) = w_t + \alpha \cdot 1 \cdot (2\gamma - 1)w_t \cdot 1 = \big(1 + \alpha(2\gamma - 1)\big)w_t$$

이 전이에서는 중요도추출비율 ρ_t가 1이라는 사실에 주목하자. 이것은 첫 번째 상태에서 선택 가능한 행동이 오직 하나여서 목표 정책 및 행동 정책하에서 그 행동이 선택될 확률이 모두 1이어야 하기 때문이다. 위에 기술한 최종 갱신에서, 새로운 파라미터는 이전 파라미터에 스칼라 상수 $1 + \alpha(2\gamma - 1)$을 곱한 것이다. 이 상수가 1보다 크다면, 시스템은 불안정해지고 w는 초깃값이 무엇인지에 따라 양의 무한대 또는 음의 무한대로 발산할 것이다. 여기서는 $\gamma > 0.5$이기만 하면 이 상수는 언제나 1보다 크다. $\alpha > 0$을 만족하는 한 시스템의 안정성이 특정한 시간 간격에 영향을 받지 않는다는 사실에 주목하자. 더 작거나 더 큰 시간 간격은 w가 무한으로 발산하는 속도에는 영향을 주지만, 발산할 것인지 그렇지 않을 것인지에는 영향을 주지 않는다.

이 예제의 핵심은 다른 전이에서 w가 갱신되지 않은 채로 하나의 전이가 반복해서 발생한다는 것이다. 비활성 정책에서는 목표 정책이 행동을 선택하지 않는 전이에 대해 행동 정책이 행동을 선택할 것이기 때문에, 이러한 상황은 비활성 정책 훈련을 수행할 경우에 발생할 수 있다. 이러한 전이에 대해 ρ_t는 0이 될 것이고, 갱신이 이루어지지 않을 것이다. 하지만 활성 정책 훈련을 하는 경우에는 ρ_t가 언제나 1이다. w 상태로부터 $2w$ 상태로의 전이가 있어서 w가 증가할 때마다, $2w$ 상태로부터의 전이도 있어야 할 것이다. 그 전이가 ($\gamma < 1$이기 때문에) $2w$보다 더 높은 상태로 전이하는 것이 아니라면 그 전이는 w를 감소시킬 것이고, 그러면 그 상태 다음에는 한층 더 높은 가치를 갖는 상태가 와야만 할 것이다. 그렇지 않으면 w는 다시 한번 감소될 것이기 때문이다. 각 상태는 오로지 더 높은 기댓값을 만들어 냄으로써 이전 상태를 지원할 수 있다. 결국에는 비용을 부담해야 한다. 활성 정책의 경우에는 미래 보상에 대한 약속이 유지되어야만 하고 따라서 시스템에 대한 감시도 유지된다. 하지만 비활성 정책의 경우에는 미래 보상에 대한 약속이 주어지고 나면, 목표 정책이 결코 선택하지 않을 행동을 취한 이후에, 이 약속은 잊히고 약속이 이루어지지 않아도 별문제가 되지 않는 상황이 된다.

이 간단한 예제는 왜 비활성 정책 훈련이 발산할 수 있는지에 대해 많은 것을 알려주지만, 비활성 정책 훈련이 불완전하기 때문에 완전히 확신을 주지는 못한다. 사실, 비활성 정책 훈련은 완전한 MDP의 한 부분이다. 불안정성을 갖는 완전한 시스템이 정말 존재할 수 있을까? 발산하는 경우에 대한 간단하고도 완벽한 예제가 바로 **베어드의 반례**Baird's counterexample다. 그림 11.1에 표현된 7개의 상태와 2개의 행동을 갖는 에피소딕 MDP를 생각해 보자. dashed 행동은 위쪽에 있는 6개의 상태 중 하나로 시스템을 전이시킨다. 이때 6개의 상태 각각으로 전이할 확률은 동일하다. 반면에 solid 행동은 7번째 상태로 시스템을 전이시킨다. 행동 정책 b는 dashed 행동과 solid 행동을 각각 $\frac{6}{7}, \frac{1}{7}$의 확률로 선택해서 다음 상태의 분포가 균일하게 되도록 한다(이것은 모든 비종단 상태에 동일하게 적용된다). 이 다음 상태의 분포도 각 에피소드를 위한 시작 분포가 된다. 목표 정책 π는 항상 solid 행동을 취하고, 그렇기 때문에 (π에 대한) 활성 정책 분포가 7번째 상태에 집중된다. 모든 전이에서 보상은 0이다. 할인율은 $\gamma = 0.99$이다.

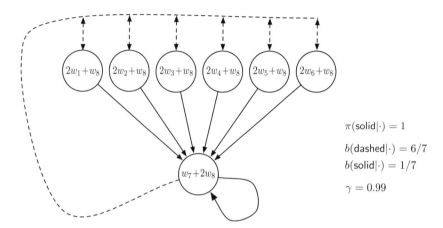

그림 11.1 베어드의 반례. 이 마르코프 과정에 대한 근사적 상태 가치 함수는 각 상태 내부에 표현된 선형 식의 형태다. solid 행동은 보통 7번째 상태를 초래하고, dashed 행동은 보통 다른 6개의 상태 중 하나를 동일한 확률로 초래한다. 보상은 항상 0이다.

상태를 나타내는 원 안에 표현된 선형 식의 형태로 상태 가치를 추정한다고 생각해 보자. 예를 들어, 가장 왼쪽의 상태에 대한 가치 추정값은 $2w_1 + w_8$이다. 이때 아래 첨자는 전체에 대한 가중치 벡터 $\mathbf{w} \in \mathbb{R}^8$의 성분을 나타낸다. 따라서 첫 번째 상태에 대한 특징 벡터는 $\mathbf{x}(1) = (2, 0, 0, 0, 0, 0, 0, 1)^\top$이 된다. 모든 전이에 대해 보상은 0이기 때문에 모든 s에 대해 실제 가치 함수는 $v_\pi(s) = 0$이 된다. 이 실제 가치 함수는 $\mathbf{w} = \mathbf{0}$으로 하면 정확히 근사된다. 사실, 비종단 상태의 개수(7)보다 가중치 벡터의 성분 개수(8)가 더 많기 때문에 많은 해가 존재한다. 더욱이, 특징 벡터의 집합 $\{\mathbf{x}(s) : s \in \mathcal{S}\}$는 선형적으로 독립인linearly independent 집합이다. 이 모든 점에서 봤을 때, 이 문제는 선형 함수 근사를 하기 좋은 경우인 것처럼 보인다.

이 문제에 준경사도 TD(0)를 적용하면, 그림 11.2(왼쪽)에 보이는 것처럼 가중치는 무한으로 발산한다. 이 불안정성은 모든 양의 시간 간격에 대해 그 값이 아무리 작은 값이더라도 발생한다. 사실, 그림 11.2(오른쪽)에 보이는 것처럼, 기댓값 갱신이 동적 프로그래밍DP에서와 같은 방식으로 수행될 때조차도 이러한 불안정성이 발생한다. 즉, 가중치 벡터 $\mathbf{w}_k$가 (기댓값 기반의) DP 목표를 이용하여 준경사도 방식으로 모든 상태에 대해 동시에 갱신되면 다음과 같은 갱신이 된다.

$$\mathbf{w}_{k+1} \doteq \mathbf{w}_k + \frac{\alpha}{|\mathcal{S}|} \sum_s \Big(\mathbb{E}_\pi[R_{t+1} + \gamma \hat{v}(S_{t+1}, \mathbf{w}_k) \mid S_t = s] - \hat{v}(s, \mathbf{w}_k) \Big) \nabla \hat{v}(s, \mathbf{w}_k) \qquad \text{(식 11.9)}$$

이 경우에는 전통적인 DP 갱신에서와 같이 무작위성도 없고 비동시성도 없다. 준경사도 함수 근사를 사용하는 것을 제외하면 이 방법은 전통적인 방법과 같다. 그러나 여전히 시스템은 불안 정하다.

베어드 반례에서 단지 DP 갱신의 분포를 균일한 분포에서 활성 정책 분포로 변경하기만 하면(이 것은 일반적으로 비동시적 갱신을 필요로 한다), 식 9.14에 의해 주어지는 오차 범위 내에서 해에 수 렴한다는 것이 보장된다. 이 예제에 사용된 TD 방법과 DP 방법이 거의 틀림없이 가장 간단하 고 가장 잘 이해되는 부트스트랩 방법이기 때문에, 그리고 역시 이 예제에서 사용된 선형 준경 사도 방법이 거의 틀림없이 가장 간단하고 가장 잘 이해되는 함수 근사이기 때문에, 이 예제는 굉장히 매력적이다. 이 예제는 갱신이 활성 정책 분포에 따라 이루어지지 않으면 부트스트랩과 함수 근사의 가장 간단한 조합도 불안정할 수 있음을 보여준다.

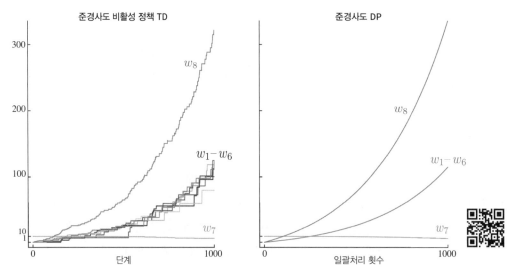

그림 11.2 이 그림은 베어드 반례의 불안정성을 보여준다. 두 개의 준경사도 알고리즘에서 파라미터 벡터 $\mathbf{w}$의 성분 이 어떻게 변화하는지를 보여준다. 시간 간격은 $\alpha = 0.01$이고, 초기 가중치 벡터는 $\mathbf{w} = (1, 1, 1, 1, 1, 1, 10, 1)^\top$이다.

Q 학습에 대해서도 발산을 보여주는 베어드 반례와 유사한 반례가 있다. 이 반례만 아니면 Q 학습은 모든 제어 방법 중 수렴성을 가장 잘 보장하는 방법이기 때문에 이 반례는 걱정거리다. 이 문제를 완전히 해결하거나 아니면 다소 약하더라도 수렴성을 보장하는 방법을 찾기 위해 상 당한 노력이 기울여졌다. 예를 들면 목표 정책이 입실론 탐욕적 정책이라고 할 때, 행동 정책이 목표 정책과 충분히 가까울 경우에 한에서 Q 학습의 수렴성을 보장하는 것이 가능할 수도 있다. 필자들이 알기로는, Q 학습이 이 경우에 발산하는 사례는 발견된 적이 없다. 하지만 이에 대한 이론적 분석이 없었다. 이 절의 나머지 부분에서는 그동안 연구된 몇 가지 방법을 제시할 것이다.

각 반복 과정에서 단일 단계 이득의 기댓값을 향해 단지 한 단계를 전진하는 대신, 베어드의 반례에서처럼 실제로 줄곧 가치 함수를 변화시켜서 최고의 최소 제곱 근사가 되도록 한다고 가정해 보자. 이 방법을 사용하면 불안정성 문제가 해결될까? 특징 벡터 $\{\mathbf{x}(s) : s \in \mathcal{S}\}$가 베어드의 반례에서처럼 선형 독립인 집합을 형성한다고 한다면 이 방법이 당연히 문제를 해결할 수 있을 것이다. 매번의 반복 과정에서 정확한 근사가 가능해짐으로써 이 방법이 표준적인 표 기반의 DP 방법으로 바뀔 것이기 때문이다. 하지만 물론 여기서 다루는 경우는 정확한 해가 가능하지 않은 경우다. 이 경우에는 각 반복 과정에서 최고의 근사를 만들어 낸다 하더라도 예제에서 볼 수 있듯이 안정성은 보장되지 않는다.

예제 11.1 **치치클리스와 밴 로이의 반례** 이 예제는 최소 제곱 해가 각 단계에서 도출된다 하더라도 선형 함수 근사가 DP와 함께 작동하지 않는다는 것을 보여준다. 이 반례는 오른쪽 그림에 보이는 것처럼 이 절의 초반부에 나왔던 w에서 $2w$로 가는 예제를 종단 상태를 포함하여 확장함으로써 만들어진다. 이전처럼 첫 번째 상태의 가치 추정값은 w이고, 두 번째 상태의 가치 추정값은 $2w$이다. 모든 전이에서 보상은 0이고, 따라서 두 상태 모두에서 실제 가치는 0이다. 이것은 $w = 0$으로 함으로써 정확히 표현할 수 있다. 각 단계에서 가치 추정값과 단일 단계 이득의 추정값 사이의 $\overline{\text{VE}}$를 최소화하도록 w_{k+1}을 설정한다면, 다음과 같은 갱신 규칙을 얻는다.

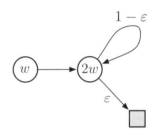

$$
\begin{aligned}
w_{k+1} &= \underset{w \in \mathbb{R}}{\arg\min} \sum_{s \in \mathcal{S}} \Big(\hat{v}(s,w) - \mathbb{E}_\pi \big[R_{t+1} + \gamma \hat{v}(S_{t+1}, w_k) \mid S_t = s \big] \Big)^2 \\
&= \underset{w \in \mathbb{R}}{\arg\min} \ \big(w - \gamma 2 w_k \big)^2 + \big(2w - (1-\varepsilon)\gamma 2 w_k \big)^2 \\
&= \frac{6 - 4\varepsilon}{5} \gamma w_k
\end{aligned}
$$

(식 11.10)

$\gamma > \frac{5}{6-4\varepsilon}$과 $w_0 \neq 0$을 만족하면 $\{w_k\}$의 나열은 발산한다. ■

불안정성을 예방하는 또 다른 방법은 함수 근사를 위해 특별한 방법을 사용하는 것이다. 특히, 관측된 목표로부터 외삽extrapolate을 하지 않는 함수 근사 방법에 대해서는 안정성이 보장된다. **평균기**averager라고 불리는 이 방법은 최근접 이웃 방법 및 지역 가중 회귀를 포함하지만, 타일 부호화 및 인공 신경망만큼 인기 있는 방법은 아니다.

연습 11.3 **(프로그래밍)** 단일 단계 준경사도 Q 학습을 베어드 반례에 적용하여 가중치가 발산한다는 것을 경험적으로 증명하라. □

11.3 치명적인 삼위일체

지금까지의 논의를 요약하면, 다음의 세 가지 요소를 모두 결합하여 필자들이 **치명적인 삼위일체** deadly triad라고 부르는 것을 만들 때마다 불안정성 및 발산의 위험이 발생한다고 말할 수 있다.

함수 근사   메모리와 컴퓨터의 계산 능력을 훨씬 능가하는 상태 공간으로부터 일반화를 수행하는 강력하고 측정 가능한 방법(**예** 선형 함수 근사 또는 ANN)

부트스트랩   (MC 방법에서처럼) 실제 보상 및 완전한 이득에 전적으로 의존하기보다는 (동적 프로그래밍이나 TD 방법에서처럼) 이미 존재하는 추정값을 포함하고 있는 목표를 갱신하는 것

비활성 정책 훈련   목표 정책에 의해 만들어진 분포보다는 전이의 분포에 대해 훈련하는 것. 동적 프로그래밍에서처럼 상태 공간에 있는 모든 상태를 균일하게 일괄적으로 갱신하는 것은 목표 정책을 따르지 않는다. 이것이 비활성 정책 훈련의 예제다.

특히, 위험은 제어 또는 일반화된 정책 반복으로부터 나오는 것이 아니라는 점을 기억하라. 불안정성 및 발산의 위험을 포함하는 경우는 더 복잡해서 분석이 쉽지 않지만, 치명적인 삼위일체의 세 가지 요소가 모두 포함될 때는 더 간단한 예측 문제에서도 언제든지 불안정성이 발생한다. 이러한 위험은 또한 학습이나 환경에 대한 불확실성으로부터 나오는 것도 아니다. 환경에 대한 정보가 완벽하게 주어지는 동적 프로그래밍 같은 계획 방법에서도 이와 같은 위험이 똑같이 강하게 발생하기 때문이다.

치명적인 삼위일체를 구성하는 임의의 두 요소를 포함하지만 세 요소를 모두 포함하지는 않는다면, 불안정성은 피할 수 있다. 따라서 세 가지 요소를 살펴보고 어느 하나라도 해당되지 않는 것이 있는지 확인하는 과정은 자연스러운 수순이다.

세 가지 요소 중에서 **함수 근사**가 가장 확실하게 피해 갈 수 없는 것이다. 규모가 큰 문제로의 확장성 및 굉장히 많은 것을 표현할 수 있는 능력을 갖춘 방법이 필요하기 때문이다. 최소한 많은 특징과 파라미터를 갖는 선형 함수 근사는 있어야 한다. 데이터의 양에 따라 복잡도가 증가하는 상태 결집이나 파라미터에 기반하지 않는 방법은 너무 약하거나 너무 비용이 많이 든다. LSTD 같은 최소 제곱법은 2차식을 따라 증가하는 복잡도를 갖기 때문에 규모가 큰 문제에서는 너무 복잡하다.

부트스트랩 없이 하는 것은 가능하다. 다만 계산의 효율성과 데이터 사용의 효율성은 포기해야 한다. 어쩌면 가장 중요한 것은 계산의 효율성을 잃어버린다는 것이다. (부트스트랩이 아닌) 몬테카를로 방법은 예측을 하고 최종 이득을 얻는 사이에 일어나는 모든 것을 저장하기 위한 메모

리를 필요로 한다. 그리고 몬테카를로 방법에서의 계산은 최종 이득을 얻고 나서 한 번만 수행 된다. 이러한 계산 비용의 이슈가 시리얼 폰 노이만$_{\text{serial von Neumann}}$ 컴퓨터에서는 분명하지 않지 만, 특별한 하드웨어에서는 분명하게 드러날 것이다. 부트스트랩과 적격 흔적(12장)을 이용하면, 데이터는 그것이 생성되는 시점에 생성되는 곳에서 다루어질 수 있고, 그 이후에는 다시 사용될 필요가 없다. 부트스트랩을 통해 계산량과 메모리를 대단히 많이 절약할 수 있다.

부트스트랩을 포기함으로써 잃게 되는 데이터 사용의 효율성도 중요하다. 무작위 행보 예측 문 제에 대해 어느 정도의 부트스트랩이 몬테카를로 방법보다 훨씬 더 좋은 성능을 보여준 7장(그 림 7.2) 및 9장(그림 9.2)에서 봤듯이, 그리고 동일한 결과를 산악 자동차 제어 문제에 대해 확인 했던 10장(그림 10.4)에서 봤듯이, 부트스트랩을 포기함으로써 데이터 효율성이 떨어지는 문제는 반복적으로 봐온 것이다. 다른 많은 문제에서는 부트스트랩을 이용하여 훨씬 빠른 학습이 가능 하다(예 그림 12.14 참고). 부트스트랩에서는 상태의 특성이나 상태로 돌아왔을 때 상태를 식별할 수 있는 능력을 활용하여 학습이 수행되기 때문에 부트스트랩을 하면 종종 더 빠른 학습이 가 능하다. 반면에, 부트스트랩은 상태가 잘 표현되지 않은 문제에 대해서는 학습을 악화시킬 수 있 고 일반화를 잘 수행하지 못할 수도 있다(예 이것은 테트리스$_{\text{Tetris}}$에 대한 경우인 것처럼 보인다. 심섹, 알고르타, 코시얄(Şimşek, Algórta, and Kothiyal, 2016)의 연구를 참고하라). 상태가 잘 표현되지 않으 면 또한 편차를 유발할 수 있다. 이것이 바로 부트스트랩 방법을 적용했을 때 점근적 근사 오차 의 범위가 더 크게 형성되었던 이유다(식 9.14). 이 모든 것을 고려하더라도, 부트스트랩의 능력은 매우 귀중하게 생각되어야 한다. 때로는 긴 구간의 n단계 갱신(또는 큰 값의 부트스트랩 파라미터 $\lambda \approx 1$, 12장 참고)을 선택함으로써 부트스트랩을 사용하지 않기로 할 수도 있지만, 부트스트랩은 대체로 효율성을 상당히 증대시킨다. 이러한 능력은 매우 매력적인 능력이다.

마지막으로, **비활성 정책 학습**이 남았다. 이것을 포기할 수 있을까? 보통은 활성 정책 방법으로 도 충분하다. 모델 없는 강화학습에 대해서는 Q 학습보다는 단순히 살사를 사용할 수 있다. 비 활성 정책 방법은 목표 정책으로부터 행동 정책을 분리시킨다. 이것은 매력적인 편리함으로 생 각될 수 있지만 꼭 필요한 것은 아니다. 하지만 비활성 정책 학습은 예상되는 다른 적용 사례에 서는 필수적이다. 이러한 적용 사례들을 아직 이 책에서 언급하지 않았지만 강력한 지능을 갖춘 학습자를 만드는 더 큰 목표에 있어서는 비활성 정책 학습이 중요할지도 모른다.

이러한 적용 사례에서는 학습자가 단지 하나의 가치 함수 및 하나의 정책을 학습하는 것이 아니 라, 다수의 가치 함수 및 정책을 동시에 학습한다. 사람과 동물은 단지 보상을 예측하기 위해서 가 아니라 다양한 감각 사건들을 예측하기 위해 학습한다는 사실을 뒷받침하는 방대한 심리학 적 증거들이 있다. 사람이 흔하지 않은 사건에 놀라면, 그 사건이 중성적 매력(좋지도 않고 나쁘지도 않은)을 가졌다 하더라도 그 사건에 대한 예측을 수정할 수 있다. 이러한 종류의 예측이 아마도 세상에 대한 예측 모델의 기초를 이룰 것이다. 이러한 예측 모델이 바로 계획에 사용되는 예측 모델이다. 사람은 눈의 움직임에 따라 무엇을 보게 될 것인지를 예측하고, 집까지 걸어가는 데 얼마나 걸릴지를 예측하고, 농구에서 점프슛이 성공할 확률을 예측하고, 새로운 프로젝트를 수행함으로써 얻게 될 만족감을 예측한다. 이 모든 경우에 있어서, 사람이 예측하고자 하는 사건은 사람이 취하는 행동에 따라 특정한 방식으로 결정된다. 이 모든 것을 동시에 학습하려면 경험의 한 흐름으로부터 학습할 필요가 있다. 많은 목표 정책이 있기 때문에, 하나의 행동 정책이 그 모든 목표 정책에 적용될 수는 없다. 그러나 행동 정책이 많은 목표 정책과 부분적으로 공유하는 부분이 있을 수도 있기 때문에 동시 학습은 개념적으로는 가능하다. 이러한 장점을 최대한 활용하려면 비활성 정책이 필요하다.

11.4 선형 가치 함수 기하 구조

비활성 정책 학습이 갖는 불안정성이라는 어려움을 더 잘 이해하고자 한다면, 가치 함수 근사에 대해 좀 더 추상적으로, 그리고 학습 방법과는 별개로 생각해 보는 것이 도움이 된다. 모든 가능한 상태 가치 함수, 즉 상태로부터 실숫값으로 연결되는 관계 $v : \mathcal{S} \to \mathbb{R}$의 공간을 상상해 볼 수 있다. 이러한 가치 함수 중 대부분은 어떤 정책도 따르지 않는다고 하자. 불안정성에 대한 이해라는 목적에 있어서 더 중요한 것은 대부분이 함수 근사로 표현될 수 없다는 점이다. 즉, 상태의 개수보다 훨씬 더 적은 수의 파라미터를 갖도록 설계되었다.

상태 공간이 나열된 집합 $\mathcal{S} = \{s_1, s_2, ..., s_{|\mathcal{S}|}\}$가 주어지면, 임의의 가치 함수 v는 각 상태의 가치를 순서에 맞게 나열한 벡터 $[v(s_1), v(s_2), ..., v(s_{|\mathcal{S}|})]^\top$의 성분이 된다. 가치 함수에 대한 이러한 벡터의 성분의 개수는 상태의 개수와 같다. 함수 근사를 사용하고자 하는 대부분의 경우에, 벡터의 성분의 개수가 너무 많아서 벡터를 명시적으로 표현하기가 어렵다. 그럼에도 불구하고, 이 벡터를 활용하는 것은 개념적으로 유용하다. 지금부터는 가치 함수와 가치 함수의 벡터 표현을 동등하게 사용할 것이다.

직관을 얻기 위해, 세 개의 상태 $\mathcal{S} = \{s_1, s_2, s_3\}$와 두 개의 파라미터 $\mathbf{w} = (w_1, w_2)^\top$를 갖는 경우를 생각해 보자. 그러면 모든 가치 함수 및 벡터를 3차원 공간상의 한 점으로 생각할 수 있다. 파라미터는 대체 가능한 2차원 좌표계를 제공한다. 모든 가중치 벡터 $\mathbf{w} = (w_1, w_2)^\top$는 2차원 하위 공간의 한 점이기 때문에 세 개의 상태 모두에 가치를 부여하는 완전한 가치 함수 $v_{\mathbf{w}}$도 2차원 공간상의 한 점이 된다. 일반적인 함수 근사에 있어서 전체 공간과 하위 공간에서 표현 가능한 함수 사이의 관계는 복잡하지만, **선형** 가치 함수 근사의 경우에 하위 공간은 그림 11.3에 표현된 것과 같은 간단한 평면이다.

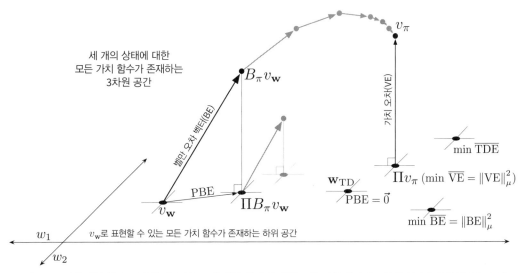

그림 11.3 선형 가치 함수 근사의 기하 구조. 세 개의 상태에 대한 모든 가치 함수를 3차원 공간상에서 보여준다. 평면으로 보이는 것은 파라미터 $\mathbf{w} = (w_1, w_2)^\top$를 이용하여 선형 함수 근사로 표현할 수 있는 모든 가치 함수의 하위 공간을 나타낸다. 실제 가치 함수 v_π는 더 큰 공간상에 있으며 가치 오차(Value Error, VE)가 최소인 더 낮은 차원의 근사로 (투영 과정 Π를 이용하여 하위 공간으로) 투영될 수 있다. 벨만 오차(Bellman Error, BE), 투영된 벨만 오차(Projected Bellman Error, PBE), 시간차 오차(Temporal Difference Error, TDE)의 측면에서 오차가 최소인 근사는 모두 잠재적 차이를 갖고 있으며, 이것은 그림의 오른쪽 아래에 표현되어 있다(이 그림에서 VE, BE, PBE는 모두 해당 벡터로 표현된다). 벨만 투영은 평면상에 있는 가치 함수를 평면 밖으로 투영시킨다. 그 후 이것은 다시 평면상으로 투영될 수 있다. 공간 밖에서 벨만 투영을 반복적으로 적용하면(위쪽의 회색 부분), 전통적인 동적 프로그래밍에서처럼 실제 가치 함수에 도달할 것이다. 그러지 않고 아래쪽에 회색으로 표시한 것처럼 단계마다 하위 공간으로 다시 투영하는 것을 계속하면, 고정된 점은 PBE 벡터가 0이 되는 지점이 될 것이다.

이제 하나의 고정된 정책 π를 생각해 보자. 정책 π의 실제 가치 함수 v_π가 너무 복잡해서 정확하게 근사 함수로 표현할 수 없다고 가정하겠다. 따라서 v_π는 하위 공간에 있지 않다. 그림에서 보면 그것은 표현 가능한 함수들의 평면 위쪽에 표시되어 있다.

v_π가 정확히 표현될 수 없다면, 표현 가능한 함수 중 v_π에 가장 가까운 것은 무엇일까? 이것은 다양한 답이 나올 수 있는 미묘한 질문이다. 먼저, 두 가치 함수 사이의 거리를 측정할 필요가 있다. 두 개의 가치 함수 v_1과 v_2가 주어지면, 이 둘 사이의 벡터 차 $v = v_1 - v_2$에 대해 얘기할 수 있다. v가 작은 값이면, 두 가치 함수는 서로 가까운 것이다. 하지만 이 차이 벡터의 크기는 어떻게 측정할까? 전통적인 유클리드 놈_{norm}은 적합하지 않다. 왜냐하면 9.2절에서 논의했듯이 어떤 상태는 다른 상태보다 더 자주 발생하거나 더 많은 관심을 받는다는 이유로 다른 상태보다

더 중요하기 때문이다(9.11절). 9.2절에서처럼, 정확히 가치가 매겨져야 할 서로 다른 상태에 관심을 갖는 정도를 정하기 위해 분포 $\mu : \mathcal{S} \to [0, 1]$을 사용하자(보통은 활성 정책 분포가 사용된다). 그러면 다음과 같이 가치 함수 사이의 거리를 정의할 수 있다.

$$\|v\|_\mu^2 \doteq \sum_{s \in \mathcal{S}} \mu(s)v(s)^2 \qquad \text{(식 11.11)}$$

식 11.11을 이용하여 9.2절의 $\overline{\text{VE}}$를 간단하게 $\overline{\text{VE}}(\mathbf{w}) = \|v_\mathbf{w} - v_\pi\|_\mu^2$으로 표현할 수 있다는 사실을 기억하라. 임의의 가치 함수 v에 대해, 그 가치 함수와 가장 가까운 가치 함수를 표현 가능한 가치 함수의 하위 공간에서 찾는 과정은 투영projection의 과정이다. 임의의 가치 함수를 식 11.11의 측면에서 가장 근접하게 표현하는 투영 과정 Π를 다음과 같이 정의한다.

$$\Pi v \doteq v_\mathbf{w} \quad \text{여기서} \quad \mathbf{w} = \underset{\mathbf{w} \in \mathbb{R}^d}{\arg\min} \|v - v_\mathbf{w}\|_\mu^2 \qquad \text{(식 11.12)}$$

따라서 그림 11.3에 표현되었듯이, 표현 가능한 가치 함수 중에서 실제 가치 함수 v_π에 가장 가까운 것은 실제 함수에 대한 투영인 Πv_π이다. 이것은 몬테카를로 방법의 점근적 수렴을 통해 구해진 해다. 비록 수렴 속도는 매우 느리겠지만 말이다. 투영 과정은 다음 글상자에서 좀 더 충실하게 논의될 것이다.

투영 행렬

선형 함수 근사의 경우, 투영 과정은 선형이다. 이것은 투영 과정이 다음과 같이 $|\mathcal{S}| \times |\mathcal{S}|$ 행렬로 표현될 수 있음을 암시한다.

$$\Pi \doteq \mathbf{X} \left(\mathbf{X}^\top \mathbf{D} \mathbf{X} \right)^{-1} \mathbf{X}^\top \mathbf{D} \qquad \text{(식 11.13)}$$

여기서 (9.4절에서처럼) $\mathbf{D}$는 $\mu(s)$를 대각선 성분으로 갖는 $|\mathcal{S}| \times |\mathcal{S}|$ 대각선 행렬을 나타내고, $\mathbf{X}$는 $|\mathcal{S}| \times d$ 행렬을 나타낸다. $\mathbf{X}$의 각 행은 각 상태 s에 대해 주어지는 특징 벡터 $\mathbf{x}(s)^\top$이다. 식 11.13의 역행렬이 존재하지 않으면, 의사 역행렬pseudoinverse로 대체한다. 이 행렬들을 이용하여 벡터 놈norm은 다음과 같이 표현된다.

$$\|v\|_\mu^2 = v^\top \mathbf{D} v \qquad \text{(식 11.14)}$$

그리고 근사적 선형 가치 함수는 다음과 같이 표현된다.

$$v_\mathbf{w} = \mathbf{X}\mathbf{w} \qquad \text{(식 11.15)}$$

TD 방법은 다른 해를 찾는다. TD 방법이 해를 찾는 논거를 이해하기 위해, 가치 함수 v_π에 대한 벨만 방정식이 다음과 같이 표현된다는 것을 상기하자.

$$\text{모든 } s \in \mathcal{S} \text{에 대해} \quad v_\pi(s) = \sum_a \pi(a|s) \sum_{s',r} p(s',r|s,a) \left[r + \gamma v_\pi(s') \right] \tag{식 11.16}$$

실제 가치 함수 v_π는 식 11.16을 정확하게 푸는 유일한 가치 함수다. v_π를 근사적 가치 함수 $v_\mathbf{w}$로 대체하여 식 11.16을 수정하면 수정된 식에서 좌변과 우변의 차이를 이용하여 $v_\mathbf{w}$가 v_π로부터 얼마나 멀리 떨어져 있는지 측정할 수 있다. 이 차이를 상태 s에서의 **벨만 오차**Bellman error라고 부르겠다. 벨만 오차는 다음과 같이 표현된다.

$$\bar{\delta}_\mathbf{w}(s) \doteq \left(\sum_a \pi(a|s) \sum_{s',r} p(s',r|s,a) \left[r + \gamma v_\mathbf{w}(s') \right] \right) - v_\mathbf{w}(s) \tag{식 11.17}$$

$$= \mathbb{E}_\pi \left[R_{t+1} + \gamma v_\mathbf{w}(S_{t+1}) - v_\mathbf{w}(S_t) \mid S_t = s, A_t \sim \pi \right] \tag{식 11.18}$$

위 식은 벨만 오차와 TD 오차(식 11.3)의 관계를 확실하게 보여준다. 벨만 오차는 TD 오차의 기댓값이다.

모든 상태에서의 벨만 오차를 성분으로 하는 벡터 $\bar{\delta}_\mathbf{w} \in \mathbb{R}^{|\mathcal{S}|}$는 **벨만 오차 벡터**Bellman error vector라고 불린다(그림 11.3에서 BE로 표시된 것). 이 벡터의 놈norm 크기는 가치 함수가 갖는 오차에 대한 전반적인 지표가 되는 것으로서 **평균 제곱 벨만 오차**Mean Squared Bellman Error라고 불리며, 다음과 같이 표현된다.

$$\overline{\text{BE}}(\mathbf{w}) = \left\| \bar{\delta}_\mathbf{w} \right\|_\mu^2 \tag{식 11.19}$$

$\overline{\text{BE}}$를 0으로 만드는 것은(즉, $v_\mathbf{w} = v_\pi$로 만드는 것은) 일반적으로 불가능하지만, 선형 함수 근사에 대해서는 $\overline{\text{BE}}$를 최소화하는 고유의 $\mathbf{w}$ 값이 존재한다. 표현 가능한 함수의 하위 공간에 속하는 이 점(그림 11.3에서 min $\overline{\text{BE}}$로 표시된 것)은 일반적으로 $\overline{\text{VE}}$를 최소화하는 것(Πv_π로 표시된 것)과는 다르다. $\overline{\text{BE}}$를 최소화하는 방법은 다음 두 절에서 논의할 것이다.

벨만 작용자 Bellman operator $B_\pi : \mathbb{R}^{|\mathcal{S}|} \to \mathbb{R}^{|\mathcal{S}|}$를 근사적 가치 함수에 적용하여 얻은 결과인 벨만 오차 벡터가 그림 11.3에 표현되어 있다. 벨만 작용자는 모든 $s \in \mathcal{S}$와 $v : \mathcal{S} \to \mathbb{R}$에 대해 다음과 같이 정의된다.

$$(B_\pi v)(s) \doteq \sum_a \pi(a|s) \sum_{s',r} p(s',r|s,a) \left[r + \gamma v(s') \right] \tag{식 11.20}$$

v에 대한 벨만 오차 벡터는 $\bar{\delta}_{\mathbf{w}} = B_\pi v_{\mathbf{w}} - v_{\mathbf{w}}$로 표현될 수 있다.

벨만 작용자가 표현 가능한 하위 공간에서 가치 함수에 적용되면, 일반적으로 그림에 표현된 것처럼 하위 공간 밖에 존재하는 새로운 가치 함수가 만들어질 것이다. (함수 근사를 하지 않는) 동적 프로그래밍에서는, 이 작용자가 표현 가능한 공간 밖에 존재하는 점들에 지속적으로 적용된다. 이것은 그림 11.3의 제일 윗부분에 회색 화살표로 표현되었다. 결국, 그 과정은 벨만 작용자에 대한 유일한 고정점인 실제 가치 함수 v_π로 수렴한다. 다시 말해, 다음을 만족하는 유일한 가치 함수로 수렴한다.

$$v_\pi = B_\pi v_\pi \qquad \text{(식 11.21)}$$

이 식은 π에 대한 벨만 방정식(식 11.16)을 또 다른 방식으로 표현한 것이다.

하지만 함수 근사만으로는 하위 공간 밖에 있는 중간 단계의 가치 함수를 표현할 수 없다. 첫 번째 갱신(그림 11.3에서 검은색 선) 이후에 가치 함수가 표현 가능한 무언가로 다시 투영되어야 하기 때문에 그림 11.3의 윗부분에 있는 회색 화살표 방향을 따라 진행할 수는 없다. 그러면 다음 반복 과정은 하위 공간 내부에서 시작하고, 가치 함수는 벨만 작용자에 의해 다시 하위 공간 밖에서 취해진 후, 그림의 아랫쪽에 회색 화살표 및 선으로 표현된 것처럼 투영 작용자에 의해 하위 공간으로 투영된다. 이 화살표를 따라가는 것은 함수 근사를 사용하는 DP와 유사한 과정이다.

이 경우 관심의 대상은 벨만 오차 벡터가 표현 가능한 공간으로 투영되는 것이다. 이것은 그림 11.3에 PBE로 표현된, 투영된 벨만 오차 벡터projected Bellman error vector $\Pi\bar{\delta}_{v_{\mathbf{w}}}$이다. 이 벡터의 놈norm은 근사적 가치 함수의 오차를 측정하는 또 다른 지표다. 임의의 근사적 가치 함수 v에 대해 **평균 제곱 투영 벨만 오차**Mean Square Projected Bellman Error $\overline{\text{PBE}}$를 다음과 같이 정의한다.

$$\overline{\text{PBE}}(\mathbf{w}) = \left\| \Pi\bar{\delta}_{\mathbf{w}} \right\|_\mu^2 \qquad \text{(식 11.22)}$$

선형 함수 근사를 이용하면 (하위 공간 내부에) $\overline{\text{PBE}}$를 0으로 만드는 근사적 가치 함수가 항상 존재한다. 이 근사적 가치 함수는 9.4절에 소개된 TD 고정점 $\mathbf{w}_{\text{TD}}$이다. 전에도 확인했듯이, 준경사도 TD 방법과 비활성 정책 훈련을 적용했을 때 이 고정점이 항상 안정적인 것은 아니다. 그림에 보이는 것처럼, 이 가치 함수는 일반적으로 $\overline{\text{VE}}$ 또는 $\overline{\text{BE}}$를 최소화하는 가치 함수와는 다르다. $\overline{\text{VE}}$ 또는 $\overline{\text{BE}}$를 최소화하는 가치 함수로의 수렴성을 보장하는 방법에 대해서는 11.7절과 11.8절에서 논의할 것이다.

11.5 벨만 오차에서의 경사도 강하

가치 함수 근사 및 그것의 다양한 목적에 대해 더 잘 이해하게 되었다. 이러한 이해에 힘입어 이제 비활성 정책 학습에서의 안정성이라는 어려운 문제를 다루어 보자. 확률론적 경사도 강하(SGD, 9.3절)의 접근법을 적용하고자 한다. 이 경우에는 갱신의 기댓값이 목적 함수에 대한 음의 경사돗값과 같도록 갱신이 이루어진다. 이 방법을 적용하면 항상 목적 함수가 감소하는 방향으로 기댓값 갱신이 이루어지고, 이러한 이유로 이 방법은 일반적으로 탁월한 수렴 특성을 가지며 안정적으로 수렴한다. 지금까지 이 책에서 다룬 알고리즘 중, 오직 몬테카를로 방법만이 진정한 SGD 방법이다. 이 방법은 보통 SGD 방법에 해당되지 않는 부트스트랩을 적용한 준경사도 방법보다는 느리지만, 일반적인 (미분 가능한) 비선형 함수 근사에 대해서뿐만 아니라 활성 정책 훈련 및 비활성 정책 훈련을 적용한 경우에 대해서도 안정적으로 수렴한다. 이 장의 초반부에서 봤듯이 준경사도 방법은 비활성 정책 훈련하에서는 발산할 수도 있다. 또한, 어떻게든 해서 억지로라도 비선형 함수 근사가 가능하도록 만든 경우에 대해서도 발산할 수 있다(치치클리스와 밴 로이, 1997). 진정한 SGD 방법을 적용한다면 그러한 발산은 불가능하다.

SGD의 매력은 너무 강렬해서 실질적인 문제에서 SGD를 강화학습에 적용하기 위한 방법을 찾는 데 엄청난 노력이 기울여져 왔다. 그러한 모든 노력의 시작점은 최적화할 오차 함수 또는 목적 함수를 선택하는 것이다. 이 절과 다음 절에서는 이전 절에서 소개한 **벨만 오차**에 기반하여 제안된 목적 함수 중 가장 인기 있는 것들의 유래와 한계를 다룰 것이다. 이러한 방법들은 인기 있고 영향력 있는 방법으로 알려졌지만, 이 절에서 내린 결론은 그러한 판단은 잘못된 것이며 이 방법들이 좋은 학습 알고리즘을 만드는 건 아니라는 것이다. 그와는 반대로, 이 방법들이 실패하는 경우를 통해서 흥미로운 방식으로 좋은 방법을 구성하기 위한 통찰력을 얻게 된다.

먼저, 벨만 오차가 아니라 무언가 좀 더 즉각적이고 꾸밈없는 것을 생각해 보자. 시간차 학습은 TD 오차에 의해 영향을 받는다. 그렇다면 TD 오차의 제곱에 대한 기댓값을 최소화하는 것을 목적으로 하는 것이 어떠한가? 일반적인 함수 근사의 경우에, 할인이 적용된 단일 단계 TD 오차는 다음과 같다.

$$\delta_t = R_{t+1} + \gamma \hat{v}(S_{t+1}, \mathbf{w}_t) - \hat{v}(S_t, \mathbf{w}_t)$$

이제 가능한 목적 함수는 **평균 제곱 TD 오차**Mean Squared TD Error라고 불릴 수 있고, 다음과 같이 표현된다.

$$\overline{\text{TDE}}(\mathbf{w}) = \sum_{s \in \mathcal{S}} \mu(s) \mathbb{E}\left[\delta_t^2 \mid S_t = s, A_t \sim \pi\right]$$

$$= \sum_{s \in \mathcal{S}} \mu(s) \mathbb{E}\left[\rho_t \delta_t^2 \mid S_t = s, A_t \sim b\right]$$

$$= \mathbb{E}_b\left[\rho_t \delta_t^2\right] \qquad \text{(}\mu\text{가 정책 }b\text{하에서 마주치는 분포라면)}$$

마지막 방정식이 SGD에서 필요로 하는 형태의 식이다. 이것이 경험으로부터 표본추출될 수 있는 기댓값으로서 목적 함수를 제시하기 때문이다(경험은 행동 정책 b에 기인한다는 것을 기억하자). 따라서 표준적인 SGD 방법을 따르면, 이러한 가치 기댓값의 표본을 기반으로 하는 단계마다의 갱신을 다음과 같이 유도할 수 있다.

$$\mathbf{w}_{t+1} = \mathbf{w}_t - \frac{1}{2}\alpha \nabla(\rho_t \delta_t^2)$$

$$= \mathbf{w}_t - \alpha \rho_t \delta_t \nabla \delta_t$$

$$= \mathbf{w}_t + \alpha \rho_t \delta_t \left(\nabla \hat{v}(S_t, \mathbf{w}_t) - \gamma \nabla \hat{v}(S_{t+1}, \mathbf{w}_t)\right) \qquad \text{(식 11.23)}$$

이 식을 잘 보면, 마지막에 추가된 항을 제외하면 준경사도 TD 알고리즘(식 11.2)과 동일하다는 사실을 알아차릴 수 있을 것이다. 마지막에 추가된 항은 경사도 계산을 완성함으로써 이 식을 탁월한 수렴성이 보장되는 진정한 SGD 알고리즘으로 만든다. 이 알고리즘을 (베어드(1995)를 따라) **꾸밈없는 잔차 경사도**naive residual-gradient 알고리즘이라고 부르자. 꾸밈없는 잔차 경사도 알고리즘이 안정적으로 수렴한다 해도, 반드시 원하는 곳으로 수렴하는 것은 아니다.

예제 11.2 **꾸밈없는 잔차 경사도 알고리즘의 꾸밈없음을 보여주는 A 분할 예제**

오른쪽 그림에 표현된 세 개의 상태를 갖는 에피소딕 MRP를 생각해 보자. 에피소드는 상태 A에서 시작한 후 확률론적으로 '분할'된다. 50%의 확률로 상태 B로 전이하고(그런 다음 변함없이 보상 1을 받고 종료된다), 나머지 50%의 확률로는 상태 C로 전이한

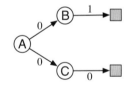

다(그런 다음 변함없이 0의 보상을 받고 종료된다). A로부터 시작하는 첫 번째 전이에 대한 보상은 에피소드가 진행하는 방향과 상관없이 항상 0이다. 이 문제가 에피소딕 문제이기 때문에, γ의 값이 1이 되도록 할 수 있다. 또한 ρ_t가 항상 1이 되도록 활성 정책 훈련을 가정하고, 학습 알고리즘이 자유롭게 임의의 독립적인 가치를 세 가지 상태 모두에 줄 수 있도록 표 기반의 함수 근사를 가정하겠다. 따라서 이 문제는 쉬운 문제가 된다.

가치는 얼마가 되어야 할까? 상태 A로부터 발생하는 이득은 50%의 확률로 1 또는 0이 된다. 따라서 A는 $\frac{1}{2}$의 가치를 갖는다. 상태 B로부터 발생하는 이득이 항상 1이기 때문에

상태 B의 가치는 1이 되고, 이와 비슷하게 상태 C로부터 발생하는 이득이 항상 0이기 때문에 상태 C의 가치는 0이 된다. 이 가치들은 실제 가치이고 이 문제가 표 기반의 문제이기 때문에, 이전에 제시된 모든 방법은 이들 가치로 정확하게 수렴한다.

하지만 꾸밈없는 잔차 경사도 알고리즘은 B와 C에 대해 다른 가치를 도출한다. 이 알고리즘이 수렴할 때 상태 B의 가치는 $\frac{3}{4}$이고 상태 C의 가치는 $\frac{1}{4}$이다(A는 $\frac{1}{2}$의 가치로 정확하게 수렴한다). 이 가치들은 사실 $\overline{\text{TDE}}$를 최소화하는 가치다.

이 가치들에 대한 $\overline{\text{TDE}}$를 계산해 보자. 각 에피소드의 첫 번째 전이는 상태 A의 가치 $\frac{1}{2}$에서 상태 B의 가치 $\frac{3}{4}$으로 $\frac{1}{4}$만큼 가치가 상승하는 것이거나, 상태 A의 가치 $\frac{1}{2}$에서 상태 C의 가치 $\frac{1}{4}$로 가치가 $\frac{1}{4}$만큼 감소하는 것이다. 이 전이에 대한 보상이 0이고 $\gamma = 1$이기 때문에 이러한 가치의 변화가 TD 오차가 되고, 따라서 첫 번째 전이에서 TD 오차의 제곱은 항상 $\frac{1}{16}$이 된다. 두 번째 전이도 유사하다. 상태 B의 가치 $\frac{3}{4}$에서 1의 보상으로 (그리고 가치가 0인 종단 상태로) 상승하거나, 상태 C의 가치 $\frac{1}{4}$에서 0의 보상으로(이번에도 가치가 0인 종단 상태로) 감소한다. 따라서 두 번째 단계에서 TD 오차는 항상 $\pm\frac{1}{4}$이고, TD 오차의 제곱은 $\frac{1}{16}$이 된다. 따라서 이러한 가치 집합에 대해 두 단계 모두에서 $\overline{\text{TDE}}$는 $\frac{1}{16}$이 된다.

이제 실제 가치(B의 가치 1, C의 가치 0, A의 가치 $\frac{1}{2}$)에 대한 $\overline{\text{TDE}}$를 계산하자. 이 경우 최초의 전이는 $\frac{1}{2}$의 가치에서 상태 B의 가치 1로 상승하거나 상태 C의 가치 0으로 감소하는 전이가 된다. 어떤 경우든지 오차의 절댓값은 $\frac{1}{2}$이고 오차의 제곱은 $\frac{1}{4}$이다. 두 번째 전이에서는 시작하는 상태가 B인지 C인지에 따라 정해지는 시작 가치 1 또는 0이 중간 단계의 보상과 이득에 항상 정확하게 일치되기 때문에 두 번째 전이의 오차는 0이 된다. 따라서 TD 오차의 제곱은 첫 번째 전이에서는 $\frac{1}{4}$이 되고 두 번째 전이에서는 0이 되며, 두 전이에 대한 평균 보상은 $\frac{1}{8}$이 된다. $\frac{1}{8}$이 $\frac{1}{16}$보다 크기 때문에, 이 해는 $\overline{\text{TDE}}$에 따르면 더 안 좋은 해다. 이 간단한 문제에서, 실제 가치는 가장 작은 $\overline{\text{TDE}}$를 도출하지 못한다.

A 분할 예제에서는 표 기반의 표현법을 사용했기 때문에 상태의 실제 가치가 정확하게 표현될 수 있었지만, 꾸밈없는 잔차 경사도 알고리즘은 실제 가치와는 다른 가치로 수렴했고 이 가치는 실제 가치보다 $\overline{\text{TDE}}$를 더 작게 만든다. $\overline{\text{TDE}}$를 최소화하는 것은 꾸밈없는 것이다. 모든 TD 오차를 최소화함으로써 꾸밈없는 잔차 경사도 알고리즘은 정확한 예측보다는 시간에 따른 다듬기 temporal smoothing와 더 유사한 무언가를 도출한다.

벨만 오차를 최소화하는 것이 더 좋은 방법인 것처럼 보인다. 정확한 가치가 학습되면, 벨만 오차는 어디서든 0이 된다. 따라서 벨만 오차 최소화Bellman-error-minimizing 알고리즘은 A 분할 문제에 적용할 때는 별 어려움이 없을 것이다. 일반적으로는 벨만 오차가 0이 되기를 기대할 수는 없다. 표현 가능한 가치 함수의 공간 밖에 있다고 가정하는 실제 가치 함수를 찾는 과정이 포함되기 때문이다. 하지만 벨만 오차가 0에 근접하게 하는 것을 목표로 하는 것이 자연스러워 보인다. 지금까지 봐왔듯이, 벨만 오차는 또한 TD 오차와 밀접한 관계를 갖는다. 한 상태에 대한 벨만 오차는 그 상태에서 TD 오차의 기댓값이다. 그래서 이번에는 TD 오차의 기댓값에 대해 위의 유도 과정을 다음과 같이 다시 해 볼 수 있다(여기서 모든 기댓값은 암묵적으로 S_t에 대한 조건부 기댓값이다).

$$
\begin{aligned}
\mathbf{w}_{t+1} &= \mathbf{w}_t - \frac{1}{2}\alpha\nabla\left(\mathbb{E}_\pi[\delta_t]^2\right) \\
&= \mathbf{w}_t - \frac{1}{2}\alpha\nabla\left(\mathbb{E}_b[\rho_t\delta_t]^2\right) \\
&= \mathbf{w}_t - \alpha\mathbb{E}_b[\rho_t\delta_t]\,\nabla\mathbb{E}_b[\rho_t\delta_t] \\
&= \mathbf{w}_t - \alpha\mathbb{E}_b[\rho_t(R_{t+1} + \gamma\hat{v}(S_{t+1},\mathbf{w}) - \hat{v}(S_t,\mathbf{w}))]\,\mathbb{E}_b[\rho_t\nabla\delta_t] \\
&= \mathbf{w}_t + \alpha\left[\mathbb{E}_b[\rho_t(R_{t+1} + \gamma\hat{v}(S_{t+1},\mathbf{w}))] - \hat{v}(S_t,\mathbf{w})\right]\left[\nabla\hat{v}(S_t,\mathbf{w}) - \gamma\mathbb{E}_b[\rho_t\nabla\hat{v}(S_{t+1},\mathbf{w})]\right]
\end{aligned}
$$

이 갱신 규칙과 TD 오차를 표본추출하는 다양한 방법을 통틀어 **잔차 경사도 알고리즘**residual-gradient algorithm이라고 부른다. 모든 기댓값에서 단순히 표본 가치를 사용한다면, 위의 방정식은 거의 정확하게 식 11.23으로 표현되는 꾸밈없는 잔차 경사도 알고리즘과 같아진다.[1] 그러나 위 방정식이 서로 곱해진 두 개의 기댓값에 나오는 다음 상태 S_{t+1}을 포함하기 때문에 이것은 꾸밈없는 알고리즘이 된다. 두 기댓값의 곱에 대한 편차 없는 표본을 얻기 위해서는 다음 상태에 대한 두 개의 독립적인 표본이 필요하다. 하지만 외부 환경과의 정상적인 상호작용 동안에는 오직 하나의 표본만을 얻을 수 있다. 하나의 기댓값 또는 그와는 다른 기댓값을 표본으로 얻을 수는 있지만, 둘 다 얻을 수는 없다.

잔차 경사도 알고리즘이 작동하게 하는 두 가지 방법이 있다. 한 방법은 결정론적 환경을 갖는 경우의 방법이다. 다음 상태로의 전이가 결정론적이면, 두 표본은 반드시 같을 것이고 꾸밈없는 알고리즘이 유효할 것이다. 다른 방법은 S_t로부터 다음 상태 S_{t+1}에 대한 두 개의 독립적인 표본을 얻는 것이다. 하나는 첫 번째 기댓값에 대한 것이고, 다른 하나는 두 번째 기댓값에 대한 것이다. 환경과의 실제 상호작용에서는 이것이 가능해 보이지 않지만, 시뮬레이션된 환경과 상호작용할 때는 가능하다. 처음 얻었던 다음 상태로부터 앞으로 나아가기 전에 단순히 이전 상태로 돌아가

---

[1] 상태 가치의 경우에는 중요도추출비율을 다루는 방법에 있어서 작은 차이가 존재한다. 이와 유사한 행동 가치의 경우(이 경우가 제어 알고리즘에서는 가장 중요하다), 잔차 경사도 알고리즘은 정확히 꾸밈없는 잔차 경사도 알고리즘이 될 것이다.

서 또 다른 대안적인 다음 상태를 얻을 수 있다. 시간 간격 파라미터에 대한 보통의 조건하에서, $\overline{BE}$의 최솟값으로 잔차 경사도 알고리즘이 수렴하는 것이 두 가지 경우 모두에 대해 보장된다. 진정한 SGD 방법으로서, 이 수렴성은 안정적이며 선형 함수 근사 및 비선형 함수 근사에 모두 적용할 수 있다. 선형 함수 근사의 경우에는 항상 $\overline{BE}$를 최소화하는 **고유의 w** 값으로 수렴한다.

하지만 잔차 경사도 방법의 수렴성이 만족스럽지 않은 이유가 최소한 세 가지는 더 남아 있다. 첫 번째 이유는, 경험으로부터 판단했을 때 이 방법을 적용하면 수렴 속도가 느리다는 것이다. 준경사도 방법보다 훨씬 더 느리다. 사실, 이 방법을 찬성하는 쪽에서는 이 방법을 좀 더 **빠른** 준경사도 방법과 결합하여 초기 수렴 속도를 증가시킨 후, 나중에는 점차 잔차 경사도 방법으로 전환하여 수렴성을 보장하는 것을 제안했었다(베어드와 무어, 1999). 잔차 경사도 알고리즘이 만족스럽지 않은 두 번째 이유는 여전히 이 알고리즘이 잘못된 가치로 수렴하는 것 같다는 것이다. 이 알고리즘은 A 분할 예제 같은 모든 표 기반의 경우에서는 올바른 가치로 수렴한다. 표 기반의 경우에는 벨만 방정식의 정확한 해를 찾는 것이 가능하기 때문이다. 하지만 진정한 함수 근사를 사용하는 예제를 살펴봤을 때, 잔차 경사도 알고리즘 및 진정한 $\overline{BE}$ 목적 함수를 적용하면 잘못된 가치 함수를 도출하는 것처럼 보인다. 이러한 사실을 가장 잘 말해 주는 예제는 A 분할 예제를 변형한 것으로서 A 사전분할 예제로 알려져 있다. 이 예제는 다음 글상자에 설명되어 있는데, 여기서 잔차 경사도 알고리즘이 도출하는 해는 꾸밈없는 잔차 경사도 알고리즘이 도출하는 잘못된 해와 동일하다. 이 예제는 (잔차 경사도 알고리즘이 확실히 수행하는) $\overline{BE}$의 최소화가 바람직한 목표가 아닐 수도 있음을 직관적으로 보여준다.

예제 11.3 **A 사전분할 예제($\overline{BE}$에 대한 반례)**

오른쪽에 표현된 세 개의 상태를 갖는 에피소딕 MRP를 생각해 보자. 에피소드는 동일한 확률로 A1 또는 A2에서 시작한다. 이 두 상태는 함수 근사 입장에서는 정확히 같은 것처럼 보인다. 이것은 마치 하나의 상태 A가 다른 두 상태 B, C와는 상관없는 뚜렷한 특징 표현을 갖는 것과 유사하다. 이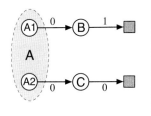
때 B와 C의 특징 표현도 서로 뚜렷하게 구별된다. 분명하게 말해서, 함수 근사의 파라미터는 세 개의 성분을 갖는다. 하나는 상태 B의 가치이고, 다른 하나는 상태 C의 가치이고, 마지막 하나는 상태 A1과 A2 모두의 가치다. 초기 상태를 선택하는 것 말고는 전체 시스템은 결정론적이다. 상태 A1에서 시작한다면 상태 B로 전이하여 보상 0을 받고 나서 종단 상태로 전이하여 보상 1을 받는다. 상태 A2에서 시작한다면 상태 C로 전이한 다음 종단 상태로 전이하는데, 이때 보상은 모두 0이다.

특징만을 고려한다면, 학습 알고리즘에게 이 시스템은 A 분할 예제와 같은 시스템처럼 보일 것이다. 시스템은 항상 A에서 출발하여 B 또는 C를 동일한 확률로 거친 후, 이전 상태에 따라 결정론적으로 정해지는 보상 1 또는 0을 받고 종단 상태로 전이하는 것처럼 보인다. A 분할 예제에서처럼 B와 C의 실제 가치는 각각 1과 0이고, A1과 A2에 공유되는 최고의 가치는 대칭성에 따라 $\frac{1}{2}$이 된다.

겉으로 보기에 이 문제는 A 분할 예제와 동일하기 때문에, 알고리즘이 어떤 가치를 찾을지 이미 알고 있다. 준경사도 TD는 방금 언급한 이상적인 가치로 수렴한다. 반면에, 꾸밈없는 잔차 경사도 알고리즘은 B와 C에 대해 각각 $\frac{3}{4}$과 $\frac{1}{4}$의 가치로 수렴한다. 모든 상태 전이가 결정론적으로 이루어지기 때문에, 꾸밈없지 않은 잔차 경사도 알고리즘도 이러한 가치들로 수렴할 것이다(이 경우에 이 알고리즘은 동일한 알고리즘이다). 이러한 사실로부터 알 수 있는 것은 이 '꾸밈없는' 해 또한 $\overline{BE}$를 최소화하는 해가 되어야 한다는 것이고, 실제로도 그렇다. 결정론적인 문제에서는 벨만 오차와 TD 오차가 모두 동일하다. 따라서 $\overline{BE}$는 항상 $\overline{TDE}$와 같다. 이 예제에서 $\overline{BE}$를 최적화하는 것은 A 분할 예제에서 꾸밈없는 잔차 경사도 알고리즘이 겪었던 실패와 동일한 실패를 불러온다.

잔차 경사도 알고리즘의 수렴성이 만족스럽지 않은 세 번째 이유는 다음 절에서 설명할 것이다. 두 번째 이유와 마찬가지로, 세 번째 이유도 $\overline{BE}$ 목적 함수를 최소화하는 어떤 특별한 알고리즘에 관한 문제라기보다는 $\overline{BE}$ 목적 함수 자체에 대한 문제다.

11.6 벨만 오차는 학습할 수 없다

이 절에서 소개할 학습 가능성에 대한 개념은 기계학습에서 흔하게 사용되는 개념과는 다르다. 기계학습에서는 하나의 가설이 효율적으로 학습될 수 있으면 그 가설을 '학습 가능한' 것으로 말한다. 이것은 훈련 예제의 개수가 지수 함수에 따라 계산될 정도로 많지 않고 다항 함수에 따라 계산되는 정도의 개수라 하더라도 학습이 가능함을 의미한다. 여기서는 '학습 가능'이라는 용어를 좀 더 기본적인 의미로 사용할 것이다. 즉, 경험의 양에 상관없이 어쨌든 학습이 가능하다는 뜻으로 사용할 것이다. 강화학습에서 분명하게 관심을 두고 있는 많은 값들은 무한한 양의 경험적 데이터를 사용하더라도 학습할 수 없다. 이러한 값들은 잘 정의되어 있고 환경의 내부 구조에 대한 정보가 주어지면 계산될 수 있지만, 특징 벡터, 행동, 그리고 보상의 나열을 관측하는 것으로는 계산되거나 추정될 수 없다.[2] 이러한 경우에 이 값들을 학습 가능하지 않다고 말한다. 이전 두 절에서 소개된 벨만 오차($\overline{BE}$) 목적 함수는 이러한 의미에서 학습 가능하지 않다는 사실이 드러날 것이다. 관측 가능한 데이터로부터 벨만 오차 목적 함수가 학습될 수 없다는 사실이 아마도 벨만 오차 목적 함수를 추구하지 않는 가장 큰 이유일 것이다.

학습 가능성이라는 개념을 좀 더 확실하게 하기 위해, 간단한 예제들로 시작해 보자. 다음 다이어그램과 같은 두 개의 마르코프 보상 과정Markov Reward Process, MRP[3]을 생각해 보자.

두 개의 모서리가 상태를 떠나는 곳에서, 두 전이가 동일한 확률로 발생한다고 가정하겠다. 그리고 표시된 숫자는 받게 되는 보상을 의미한다. 모든 상태는 동일한 것처럼 보인다. 다시 말해, 모든 상태가 하나의 성분으로 이루어진 동일한 특징 벡터 $x = 1$을 갖고 가치의 근삿값 w를 갖는다. 따라서 데이터 궤적에서 유일하게 변화하는 부분은 보상의 나열뿐이다. 왼쪽의 MRP는 동일한 상태에 머물면서 0과 2의 끊임없는 흐름을 각각 0.5의 확률로 무작위로 만들어 낸다. 오른쪽의 MRP는 매 단계에서 현재 상태에 머물거나 다른 상태로 전환된다. 이 역시 동일한 확률로 일어난다. 이 MRP에서 보상은 결정론적이다. 즉, 한 상태에서 나오는 보상은 항상 0이고 다른 상태에서는 항상 2의 보상이 나온다. 하지만 매 단계에서 각 상태가 발생할 확률이 같기 때문에 관측 가능한 데이터는 왼쪽의 MRP에서 만들어지는 것과 동일하게 여기서도 0과 2의 끊임없는 무작위 나열이다(오른쪽 MRP가 시작하는 상태는 동일한 확률로 무작위로 선택된다고 가정할 수 있다). 따라서 무한한 양의 데이터가 주어진다 하더라도 둘 중 어떤 MRP가 그 데이터를 만들어 내는지 알아내는 것은 불가능하다. 특히 MRP가 하나의 상태를 갖는지 아니면 두 개의 상태를 갖는지 알 수 없으며, MRP가 확률론적인지 결정론적인지도 알 수 없다. 이러한 것들은 학습할 수 없다.

이 한 쌍의 MRP는 또한 $\overline{VE}$ 목적 함수(식 9.1)를 학습할 수 없다는 사실을 말해 준다. $\gamma = 0$이면, (두 MRP 모두에 속하는) 세 개의 상태에 대한 실제 가치는 왼쪽에서부터 1, 0, 2이다. $w = 1$이라고 가정해 보자. 그러면 $\overline{VE}$는 왼쪽 MRP에 대해서는 0이 되고 오른쪽 MRP에 대해서는 1이 된다. 두 문제에서 $\overline{VE}$가 다르지만 생성되는 데이터는 동일한 분포를 갖기 때문에, $\overline{VE}$는 학습될 수 없다. $\overline{VE}$가 데이터 분포에 대해 고유한 함수가 아닌 것이다. 그리고 $\overline{VE}$가 학습될 수

---

2 물론 상태에 해당하는 특징 벡터만이 아니라 상태의 나열에 대한 관측이 이루어지면 이 값들은 추정될 수 있다.

3 모든 MRP는 모든 상태에서 단 하나의 행동만을 갖는 MDP로 생각할 수 있다. 따라서 여기서 MRP에 대해 내린 결론은 MDP에도 적용할 수 있다.

없다면, 어떻게 $\overline{\text{VE}}$가 학습을 위한 목적 함수로서 유용하게 쓰일 수 있을까?

목적 함수를 학습할 수 없다면, 이것은 정말로 목적 함수의 효용성에 대한 의문이 생기게 하는 것이다. 하지만 $\overline{\text{VE}}$의 경우에는 하나의 돌파구가 있다. 동일한 해 $w = 1$이 위에 언급한 두 MRP 모두에게 최적의 해라는 점에 주목하자(오른쪽 MRP에 있는 서로 구별되는 두 상태에 대해 μ가 동일하다고 가정한다). 이것은 우연의 일치인가, 아니면 동일한 데이터 분포를 갖는 모든 MRP가 역시 동일한 최적 파라미터 벡터를 갖게 되는 것이 일반적으로 실제 일어날 수 있는 일인가? 이것이 사실이라면(다음에 이것이 사실임을 증명할 것이다) 목적 함수로서 $\overline{\text{VE}}$의 유용성은 변하지 않는다. $\overline{\text{VE}}$를 학습할 수는 없지만 $\overline{\text{VE}}$를 최적화하는 파라미터는 학습할 수 있는 것이다!

또 다른 자연스러운 목적 함수를 도입하는 것이 이것을 이해하는 데 도움이 된다. 이번에는 확실히 학습 가능한 목적 함수다. 항상 관측 가능한 하나의 오차는 매 시간 단계에서의 가치 추정값과 그 시간 단계에서부터의 이득 사이의 차이다. μ하에서 계산되는 이 오차의 제곱에 대한 기댓값을 **평균 제곱 이득 오차**Mean Square Return Error라고 부르며, 이것은 $\overline{\text{RE}}$로 표현된다. 활성 정책의 경우 $\overline{\text{RE}}$는 다음과 같이 표현된다.

$$\overline{\text{RE}}(\mathbf{w}) = \mathbb{E}\left[\left(G_t - \hat{v}(S_t, \mathbf{w})\right)^2\right]$$
$$= \overline{\text{VE}}(\mathbf{w}) + \mathbb{E}\left[\left(G_t - v_\pi(S_t)\right)^2\right] \qquad \text{(식 11.24)}$$

따라서 파라미터 벡터에 의존하지 않는 분산 항을 제외하면 두 목적 함수는 동일하다. 그렇기 때문에 두 목적 함수는 동일한 최적 파라미터 값 $\mathbf{w}^*$를 갖는다. 이에 대한 전체적인 관계가 그림 11.4의 왼쪽에 요약되어 있다.

연습 11.4 식 11.24를 증명하라. 힌트: $S_t = s$로 주어질 때 계산되는 오차 제곱의 기댓값을 모든 상태 s에 대해 기댓값으로서 계산한 것을 $\overline{\text{RE}}$로 한다. 그런 다음 (제곱을 하기 전에) 상태 s의 실제 가치를 오차에 더하거나 오차에서 뺀 후, 실제 가치가 더해진 경우에는 실제 가치를 가치 추정값으로 함께 묶고, 실제 가치를 뺀 경우에는 실제 가치를 이득과 함께 묶는다. 그리고 나서, 제곱이 된 식을 전개하면 가장 복잡한 항이 0으로 바뀌어서 식 11.24와 같이 될 것이다. □

이제 $\overline{\text{BE}}$로 돌아오자. MDP에 대한 정보로부터 계산될 수는 있지만 데이터로부터 학습될 수 없다는 점에서 $\overline{\text{BE}}$는 $\overline{\text{VE}}$와 유사하다. 하지만 $\overline{\text{BE}}$를 최소화하는 해를 학습할 수 없다는 점에서는 $\overline{\text{VE}}$와 다르다. 다음 페이지의 글상자에 반례가 제시되어 있다. 두 MRP가 동일한 데이터 분포를 생성하지만 목적 함수를 최소화하는 파라미터 벡터가 서로 다른 예제로서, 최적 파라미터 벡터가 데이터의 함수가 아니고 따라서 데이터로부터 학습될 수 없음을 증명한다. 이미 다루었던 다른 부트스트랩 목적 함수 $\overline{\text{PBE}}$와 $\overline{\text{TDE}}$는 데이터로부터 결정(학습)될 수 있고, 일반적으로 서로 다른 최적 해를 결정한다. 이 해는 $\overline{\text{BE}}$를 최소화하는 해와도 다르다. 이에 대한 일반적인 경우가 그림 11.4의 오른쪽에 정리되어 있다.

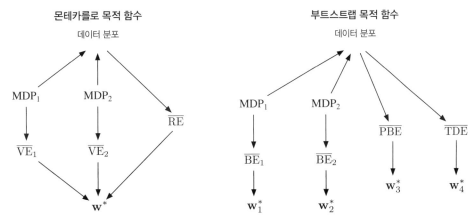

그림 11.4 데이터 분포, MDP, 다양한 목적 함수 사이의 대략적 관계. **왼쪽의 몬테카를로 목적 함수:** 두 개의 서로 다른 MDP는 동일한 데이터 분포를 만들 수 있지만 또한 서로 다른 $\overline{\text{VE}}$를 만들기도 한다. 이것은 목적 함수 $\overline{\text{VE}}$가 데이터로부터 학습될 수 없고, 따라서 학습 가능하지 않다는 것을 말해 준다. 하지만 그러한 모든 $\overline{\text{VE}}$는 동일한 최적 파라미터 벡터 $\mathbf{w}^*$를 가져야만 한다! 더욱이, 이 동일한 $\mathbf{w}^*$는 또 다른 목적 함수 $\overline{\text{RE}}$로부터 결정될 수 있으며, 데이터 분포로부터 유일하게 하나로 결정된다. 따라서 $\overline{\text{VE}}$는 학습 가능하지 않지만, $\mathbf{w}^*$와 $\overline{\text{RE}}$는 학습 가능하다. **오른쪽의 부트스트랩 목적 함수:** 두 개의 서로 다른 MDP가 동일한 데이터 분포를 만들 수 있지만 또한 서로 다른 $\overline{\text{BE}}$를 만든다. 그리고 목적 함수를 최소화하는 파라미터 벡터가 서로 다르다. 이들은 데이터 분포로부터 학습할 수 없다. 목적 함수 $\overline{\text{PBE}}$와 $\overline{\text{TDE}}$ 및 그들의 (서로 다른) 최소화 파라미터는 데이터로부터 직접적으로 결정될 수 있고, 따라서 이들은 학습 가능하다.

예제 11.4 **벨만 오차의 학습 가능성에 대한 반례**

모든 가능성에 대해 증명하기 위해 조금 전에 다루었던 것보다 조금은 더 복잡한 한 쌍의 마르코프 보상 과정$_{\text{MRP}}$이 필요하다. 다음과 같은 두 개의 마르코프 보상 과정을 생각해 보자.

두 개의 모서리가 상태를 떠나는 곳에서 두 전이가 동일한 확률로 발생한다고 가정하겠다. 그리고 표시된 숫자는 받게 되는 보상을 의미한다. 왼쪽에 있는 MRP는 분명하게 표현된 두 개의 상태를 갖는다. 오른쪽에 있는 MRP는 세 개의 상태를 갖는다. 이 중 두 개는 B와 B′으로, 동일한 상태인 것처럼 보이며, 따라서 동일한 가치 근삿값이 주어져야 한다.

정확히 말하면 $\mathbf{w}$는 두 개의 성분을 갖고, 상태 A의 가치는 첫 번째 성분으로 주어지며, 상태 B와 B′의 가치는 두 번째 성분으로 주어진다. 두 번째 MRP는 세 개의 상태가 동일한 확률로 발생하도록 설계되었다. 그래서 모든 상태 s에 대해 $\mu(s) = \frac{1}{3}$로 할 수 있다.

관측 가능한 데이터의 분포가 두 MRP에 대해 동일하다는 점에 주목하자. 두 경우 모두 학습자는 A가 한 번 발생한 다음에 0의 보상이 뒤따르는 것을 보게 될 것이다. 그런 다음 B가 발생한 후 −1의 보상이 뒤따르는 것을 몇 번 보게 될 것이고, 마지막 B가 발생한 후에는 1의 보상이 뒤따르는 것을 보게 될 것이다. 이후에는 이 모든 과정을 반복한다. 다시 A가 한 번 발생하고 0의 보상이 뒤따른다. 모든 통계적 세부 사항도 역시 그대로다. 두 MRP 모두 B가 k번 연속해서 발생할 확률은 2^{-k}이다.

이제 $\mathbf{w} = \mathbf{0}$이라고 가정하자. 첫 번째 MRP에서 이것은 정확한 해이고, 이때 $\overline{\text{BE}}$는 0이다. 두 번째 MRP에서 이 해는 B와 B′에 대해 1이라는 제곱 오차를 만들어 낸다. 즉, $\overline{\text{BE}} = \mu(\text{B})1 + \mu(\text{B}')1 = \frac{2}{3}$가 된다. 동일한 데이터 분포를 생성하는 이 두 MRP는 서로 다른 $\overline{\text{BE}}$를 갖는다. 따라서 $\overline{\text{BE}}$는 학습 가능하지 않다.

더욱이(그리고 $\overline{\text{VE}}$에 대한 이전의 예제와는 다르게) 목적 함수를 최소로 만드는 $\mathbf{w}$의 값은 두 MRP에 대해 다르다. 첫 번째 MRP에 대해서는 목적 함수를 최소화하는 $\mathbf{w}$가 γ에 대한 복잡한 함수이지만, $\gamma \to 1$로 가는 극한을 취하면 $\mathbf{w} = (-\frac{1}{2}, 0)^{\top}$가 된다. 따라서 $\overline{\text{BE}}$를 최소화하는 해는 데이터만 이용해서는 추정할 수 없다. 데이터에 드러나지 않는 MRP에 대한 정보가 필요하다. 이러한 의미에서, 원칙적으로는 $\overline{\text{BE}}$를 학습을 위한 목적 함수로 하는 것은 불가능하다.

두 번째 MRP에서 $\overline{\text{BE}}$를 최소화하는 A의 가치가 지금까지 0이었다는 사실이 놀라울 수도 있다. A가 자신에게 주어진 가중치를 갖는다는 것과 그로 인해 A의 가치가 함수 근사에 의해 제한되지 않는다는 것을 상기하자. A가 발생한 후에는 보상 0과 함께 가치가 거의 0인 상태로의 전이가 뒤따른다. 이것은 $v_{\mathbf{w}}(\text{A})$가 0이 되어야 한다는 뜻이다. 그렇다면 A의 최적 가치가 왜 0이 아닌 음의 값을 갖는 것인가? 그 이유는 $v_{\mathbf{w}}(\text{A})$를 음의 값으로 하면 B에서 A로 전이할 때의 오차가 감소하기 때문이다. 이 결정론적인 전이에 대한 보상은 1이고, 이것은 B가 A의 가치보다 큰 1의 가치를 가져야 한다는 것을 암시한다. 그런데 B의 가치가 근사적으로 0이기 때문에, A의 가치는 −1로 감소하게 된다. $\overline{\text{BE}}$를 최소화하는 대략 $-\frac{1}{2}$이라는 A의 가치는 A를 떠날 때 오차를 감소시키는 것과 A에 들어올 때 오차를 감소시키는 것 사이를 절충한 결과로 나온 값이다.

따라서 $\overline{\text{BE}}$는 학습 가능하지 않다. 이 목적 함수는 특징 벡터와 그 밖의 관측 가능한 데이터로부터 추정될 수 없다. 이것은 $\overline{\text{BE}}$를 모델 기반 설정으로 한정시킨다. 모델 기반 설정에서는 특징 벡터 이외에 기반을 형성하는 MDP 상태에 대한 정보 없이 $\overline{\text{BE}}$를 최소화하는 알고리즘은 있을 수 없다. 잔차 경사도 알고리즘이 동일한 상태(동일한 특징 벡터를 갖는 상태가 아니라 기반을 이루는 동일한 상태임이 보장되는)로부터 두 배 더 많은 표본을 추출하는 것이 허용되기 때문에 오직 잔차 경사도 알고리즘만이 $\overline{\text{BE}}$를 최소화할 수 있다. 이제 이것을 피해 갈 수는 없다는 사실을 알 수 있다. $\overline{\text{BE}}$를 최소화하려면 기반을 이루는 기본적인 MDP에 대한 몇 가지 정보가 필요하다. 이것은 331쪽의 A 분할 예제에서 확인된 한계 말고도 $\overline{\text{BE}}$가 갖고 있는 중요한 한계다. 이 모든 것이 $\overline{\text{PBE}}$에 더 관심을 갖게 만든다.

11.7 경사도 TD 방법

이제 $\overline{\text{PBE}}$를 최소화하는 SGD 방법에 대해 생각해 보자. 진정한 SGD 방법으로서 이 경사도 **TD 방법**Gradient-TD method은 비활성 정책 훈련 및 비선형 함수 근사하에서도 안정적인 수렴 특성을 갖는다. 선형의 경우에는 $\overline{\text{PBE}}$가 0이 되는 곳에 항상 정확한 해가 TD 고정점 $\mathbf{w}_{\text{TD}}$로 존재한다는 것을 기억하라. 이 해는 최소 제곱법(9.8절)으로 찾을 수 있지만, 오직 파라미터 개수에 대해 2차식의 복잡도 $O(d^2)$을 갖는 방법으로만 가능하다. 따라서 이러한 방법 대신 SGD 방법을 사용하고자 한다. 이 방법은 $O(d)$ 수준의 복잡도를 갖고 안정적인 수렴 특성을 갖는다. 경사도 TD 방법도 거의 이 같은 목표를 달성하지만, 계산 복잡도가 두 배 정도 된다는 단점이 있다.

(선형 함수 근사를 가정하고) $\overline{\text{PBE}}$를 최소화하기 위한 SGD 방법을 유도하기 위해 다음과 같이 식 11.22의 목적 함수를 전개하고 행렬을 이용하여 다시 표현하는 것으로부터 시작하자.

$$
\begin{aligned}
\overline{\text{PBE}}(\mathbf{w}) &= \left\| \Pi \bar{\delta}_{\mathbf{w}} \right\|_{\mu}^2 \\
&= (\Pi \bar{\delta}_{\mathbf{w}})^{\top} \mathbf{D} \Pi \bar{\delta}_{\mathbf{w}} && \text{(식 11.14로부터)} \\
&= \bar{\delta}_{\mathbf{w}}^{\top} \Pi^{\top} \mathbf{D} \Pi \bar{\delta}_{\mathbf{w}} \\
&= \bar{\delta}_{\mathbf{w}}^{\top} \mathbf{D} \mathbf{X} (\mathbf{X}^{\top} \mathbf{D} \mathbf{X})^{-1} \mathbf{X}^{\top} \mathbf{D} \bar{\delta}_{\mathbf{w}} && \text{(식 11.25)}
\end{aligned}
$$

(식 11.13과 등식 $\Pi^{\top} \mathbf{D} \Pi = \mathbf{D} \mathbf{X} (\mathbf{X}^{\top} \mathbf{D} \mathbf{X})^{-1} \mathbf{X}^{\top} \mathbf{D}$를 이용하면)

$$
= (\mathbf{X}^{\top} \mathbf{D} \bar{\delta}_{\mathbf{w}})^{\top} (\mathbf{X}^{\top} \mathbf{D} \mathbf{X})^{-1} (\mathbf{X}^{\top} \mathbf{D} \bar{\delta}_{\mathbf{w}}) \qquad \text{(식 11.26)}
$$

$\mathbf{w}$에 대한 경사도는 다음과 같다.

$$
\nabla \overline{\text{PBE}}(\mathbf{w}) = 2 \nabla \left[\mathbf{X}^{\top} \mathbf{D} \bar{\delta}_{\mathbf{w}} \right]^{\top} (\mathbf{X}^{\top} \mathbf{D} \mathbf{X})^{-1} (\mathbf{X}^{\top} \mathbf{D} \bar{\delta}_{\mathbf{w}})
$$

이것을 SGD 방법으로 바꾸기 위해, 시간 단계마다 이 값을 기댓값으로 갖는 무언가에 대한 표본을 추출해야 한다. 행동 정책하에서 마주치는 상태의 분포를 μ라고 하자. 위 식을 구성하는 세 부분 모두 이 분포하에서의 기댓값으로 표현할 수 있다. 예를 들어, 마지막 부분은 다음과 같이 표현할 수 있다.

$$\mathbf{X}^\top \mathbf{D}\bar{\delta}_\mathbf{w} = \sum_s \mu(s)\mathbf{x}(s)\bar{\delta}_\mathbf{w}(s) = \mathbb{E}[\rho_t \delta_t \mathbf{x}_t]$$

이 식은 단지 준경사도 TD(0) 갱신(식 11.2)의 기댓값이다. 첫 번째 부분은 이 갱신에 대한 경사도 행렬의 행과 열을 바꾼 것으로 다음과 같이 표현된다.

$$\begin{aligned}
\nabla \mathbb{E}[\rho_t \delta_t \mathbf{x}_t]^\top &= \mathbb{E}\left[\rho_t \nabla \delta_t^\top \mathbf{x}_t^\top\right] \\
&= \mathbb{E}\left[\rho_t \nabla (R_{t+1} + \gamma \mathbf{w}^\top \mathbf{x}_{t+1} - \mathbf{w}^\top \mathbf{x}_t)^\top \mathbf{x}_t^\top\right] \qquad \text{(에피소딕 } \delta_t \text{를 사용)} \\
&= \mathbb{E}\left[\rho_t (\gamma \mathbf{x}_{t+1} - \mathbf{x}_t) \mathbf{x}_t^\top\right]
\end{aligned}$$

마지막으로, 가운데 있는 부분은 특징 벡터의 기댓값에 대한 외적 행렬의 역행렬로서 다음과 같이 표현된다.

$$\mathbf{X}^\top \mathbf{D}\mathbf{X} = \sum_s \mu(s)\mathbf{x}_s \mathbf{x}_s^\top = \mathbb{E}\left[\mathbf{x}_t \mathbf{x}_t^\top\right]$$

세 부분에 대한 이 표현들을 $\overline{\text{PBE}}$의 경사도를 표현한 식에 대입하면 다음과 같은 식을 얻는다.

$$\nabla \overline{\text{PBE}}(\mathbf{w}) = 2\mathbb{E}\left[\rho_t(\gamma \mathbf{x}_{t+1} - \mathbf{x}_t)\mathbf{x}_t^\top\right] \mathbb{E}\left[\mathbf{x}_t \mathbf{x}_t^\top\right]^{-1} \mathbb{E}[\rho_t \delta_t \mathbf{x}_t] \qquad \text{(식 11.27)}$$

경사도를 이러한 형식으로 표현함으로써 얻게 되는 이점이 무엇인지 명확하지 않을 수도 있다. 이 표현은 세 가지 표현을 곱한 것이고, 첫 번째와 마지막은 서로 독립적이지 않다. 이 둘은 모두 다음 특징 벡터 $\mathbf{x}_{t+1}$에 의존한다. 따라서 단순히 이 두 가지 기댓값에 대한 표본을 추출해서 표본들끼리 곱할 수는 없다. 이것은 꾸밈없는 잔차 경사도 알고리즘에서와 같이 편차가 있는 경사도 추정값을 도출한다.

또 다른 방법은 세 가지 기댓값을 따로 추정하고 나서 그것들을 결합하여 하나의 편차 없는 경사도 추정값을 만드는 것이다. 이것은 효과가 있겠지만, 많은 양의 계산을 필요로 할 것이다. 특히, $d \times d$ 행렬인 처음 두 기댓값을 저장하고 두 번째 기댓값의 역행렬을 구하는 데 많은 계산량이 필요할 것이다. 이 방법은 향상될 수 있다. 세 개의 기댓값 중 두 개가 추정되고 저장되면, 나머지 하나의 기댓값에 대해서는 표본을 추출하고 그 표본을 저장된 두 기댓값과 함께 사용할 수 있다. 예를 들어, (9.8절의 점증적 역갱신 기법을 사용하여) 마지막 두 개의 기댓값에 대한 추정값을 저장하고 첫 번째 기댓값에 대한 표본을 추출할 수 있다. 안타깝게도 전체 알고리즘은 여전히 ($O(d^2)$ 수준의) 2차 복잡도를 갖는다.

몇 개의 기댓값을 따로 저장하고 그들을 나머지 하나에 대한 표본과 결합하는 방법은 좋은 방법이고, 경사도 TD 방법에서도 사용된다. 경사도 TD 방법은 식 11.27의 마지막 두 개의 기댓값을 곱한 것을 추정하고 저장한다. 이 두 기댓값은 각각 $d \times d$ 행렬과 d 벡터이고, 따라서 이 둘의 곱은 $\mathbf{w}$와 같은 d 벡터가 된다. 이 두 번째로 학습된 벡터를 다음과 같이 $\mathbf{v}$로 표현한다.

$$\mathbf{v} \approx \mathbb{E}\left[\mathbf{x}_t \mathbf{x}_t^\top\right]^{-1} \mathbb{E}[\rho_t \delta_t \mathbf{x}_t] \tag{식 11.28}$$

선형 지도학습을 공부한 사람에게는 익숙한 형태다. 이것은 특징으로부터 $\rho_t \delta_t$를 근사하고자 하는 선형 최소 제곱 문제에 대한 해다. 오차 제곱 $(\mathbf{v}^\top \mathbf{x}_t - \rho_t \delta_t)^2$의 기댓값을 최소화하는 벡터 $\mathbf{v}$를 점증적으로 구하는 표준적인 SGD 방법은 최소 평균 제곱Least Mean Square, LMS 규칙으로 알려져 있으며, 다음과 같이 표현된다(여기서는 중요도추출비율과 결합된 형태를 갖는다).

$$\mathbf{v}_{t+1} \doteq \mathbf{v}_t + \beta \rho_t \left(\delta_t - \mathbf{v}_t^\top \mathbf{x}_t\right) \mathbf{x}_t$$

여기서 $\beta > 0$는 또 다른 시간 간격 파라미터다. 이 방법을 사용하면 저장 및 단계별 계산을 위한 복잡도를 $O(d)$ 수준으로 유지한 채로 식 11.28을 효과적으로 구할 수 있다.

식 11.28을 근사하는 저장된 추정값 $\mathbf{v}_t$가 주어지면, 식 11.27에 기반한 SGD를 사용하여 주요 파라미터 벡터인 $\mathbf{w}_t$를 갱신할 수 있다. 이러한 갱신을 위한 가장 간단한 규칙은 다음과 같이 표현된다.

$$
\begin{aligned}
\mathbf{w}_{t+1} &= \mathbf{w}_t - \frac{1}{2}\alpha \nabla \overline{\mathrm{PBE}}(\mathbf{w}_t) && \text{(일반적인 SGD 규칙)} \\
&= \mathbf{w}_t - \frac{1}{2}\alpha 2\mathbb{E}\left[\rho_t(\gamma \mathbf{x}_{t+1} - \mathbf{x}_t)\mathbf{x}_t^\top\right] \mathbb{E}\left[\mathbf{x}_t \mathbf{x}_t^\top\right]^{-1} \mathbb{E}[\rho_t \delta_t \mathbf{x}_t] && \text{(식 11.27로부터)} \\
&= \mathbf{w}_t + \alpha \mathbb{E}\left[\rho_t(\mathbf{x}_t - \gamma \mathbf{x}_{t+1})\mathbf{x}_t^\top\right] \mathbb{E}\left[\mathbf{x}_t \mathbf{x}_t^\top\right]^{-1} \mathbb{E}[\rho_t \delta_t \mathbf{x}_t] && \text{(식 11.29)} \\
&\approx \mathbf{w}_t + \alpha \mathbb{E}\left[\rho_t(\mathbf{x}_t - \gamma \mathbf{x}_{t+1})\mathbf{x}_t^\top\right] \mathbf{v}_t && \text{(식 11.28을 기반으로 함)} \\
&\approx \mathbf{w}_t + \alpha \rho_t \left(\mathbf{x}_t - \gamma \mathbf{x}_{t+1}\right) \mathbf{x}_t^\top \mathbf{v}_t && \text{(표본추출)}
\end{aligned}
$$

이 알고리즘은 **GTD2**라고 불린다. 마지막 내적 $(\mathbf{x}_t^\top \mathbf{v}_t)$가 먼저 수행되면 전체 알고리즘의 복잡도는 $O(d)$ 수준이 된다는 점에 주목하자.

$\mathbf{v}_t$에 대입하기 전에 해석적인 단계를 조금 더 거치면 더 좋은 알고리즘이 유도될 수 있다. 이는 식 11.29에 이어 다음과 같이 표현된다.

$$\mathbf{w}_{t+1} = \mathbf{w}_t + \alpha \mathbb{E}\left[\rho_t(\mathbf{x}_t - \gamma\mathbf{x}_{t+1})\mathbf{x}_t^\top\right] \mathbb{E}\left[\mathbf{x}_t\mathbf{x}_t^\top\right]^{-1} \mathbb{E}[\rho_t\delta_t\mathbf{x}_t]$$

$$= \mathbf{w}_t + \alpha\left(\mathbb{E}\left[\rho_t\mathbf{x}_t\mathbf{x}_t^\top\right] - \gamma\mathbb{E}\left[\rho_t\mathbf{x}_{t+1}\mathbf{x}_t^\top\right]\right)\mathbb{E}\left[\mathbf{x}_t\mathbf{x}_t^\top\right]^{-1}\mathbb{E}[\rho_t\delta_t\mathbf{x}_t]$$

$$= \mathbf{w}_t + \alpha\left(\mathbb{E}\left[\mathbf{x}_t\mathbf{x}_t^\top\right] - \gamma\mathbb{E}\left[\rho_t\mathbf{x}_{t+1}\mathbf{x}_t^\top\right]\right)\mathbb{E}\left[\mathbf{x}_t\mathbf{x}_t^\top\right]^{-1}\mathbb{E}[\rho_t\delta_t\mathbf{x}_t]$$

$$\approx \mathbf{w}_t + \alpha\left(\mathbb{E}[\mathbf{x}_t\rho_t\delta_t] - \gamma\mathbb{E}\left[\rho_t\mathbf{x}_{t+1}\mathbf{x}_t^\top\right]\mathbf{v}_t\right) \qquad \text{(식 11.28을 기반으로 함)}$$

$$\approx \mathbf{w}_t + \alpha\rho_t\left(\delta_t\mathbf{x}_t - \gamma\mathbf{x}_{t+1}\mathbf{x}_t^\top\mathbf{v}_t\right) \qquad \text{(표본추출)}$$

여기서도 마지막 내적 $(\mathbf{x}_t^\top\mathbf{v}_t)$가 먼저 계산되면 $O(d)$ 수준의 복잡도를 갖는다. 이 알고리즘은 **경사도가 보정된 TD(0)**TD(0) with gradient Correction, TDC 또는 **GTD(0)**로 알려져 있다.

그림 11.5는 베어드 반례에 TDC를 적용한 표본 결과와 TDC가 도출하는 결과에 대한 기댓값을 보여준다. 의도한 대로 $\overline{\text{PBE}}$는 0으로 감소하지만 파라미터 벡터의 각 성분은 0에 가까이 가지 않는다는 점을 주목하라. 사실, 특징 벡터 $\mathbf{w}$가 $(1, 1, 1, 1, 1, 1, 4, -2)^\top$에 비례하는 모든 s에 대해 이 값들은 여전히 최적 해 $\hat{v}(s) = 0$으로부터 멀리 떨어져 있다. 거의 2로 유지되는 $\overline{\text{VE}}$를 보면 알 수 있듯이 1000번의 반복 실행 후에도 여전히 최적 해로부터 멀리 떨어져 있다. 시스템이 사실 최적의 해로 수렴하고 있지만, $\overline{\text{PBE}}$가 이미 0에 매우 가깝기 때문에 수렴 속도는 극심하게 느려진다.

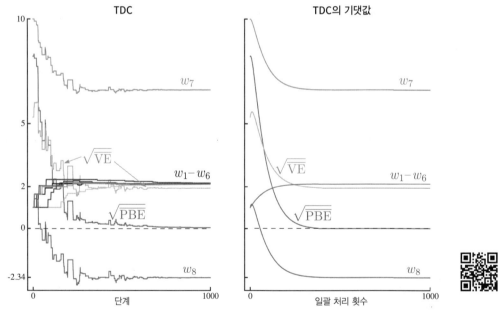

그림 11.5 베어드 반례에 적용된 TDC 알고리즘의 성능. 왼쪽에 보이는 것은 일반적인 한 번의 실행 결과이고, 오른쪽에 보이는 것은 (두 개의 TDC 파라미터 벡터를 제외하면 식 11.9와 유사하게) 갱신이 동시에 이루어진다고 할 때 이 알고리즘이 도출하는 결과에 대한 기댓값이다. 시간 간격은 $\alpha = 0.005$와 $\beta = 0.05$이다.

GTD2와 TDC는 모두 두 개의 학습 과정을 포함한다. 하나는 **w**를 학습하는 주된 과정이고, 다른 하나는 **v**를 학습하는 부수적인 과정이다. 주된 학습 과정의 논리는 먼저 종료된 부수적인 학습 과정을 필요로 한다. 최소한 근사적으로는 그렇다. 반면에, 부수적인 학습 과정은 첫 번째 과정에 영향을 받지 않고 진행된다. 이러한 종류의 비대칭 의존성을 **종속**cascade이라고 부른다. 종속 상황에서는 보통 부수적인 학습 과정이 더 빨리 진행되어, 언제나 먼저 점근적 수렴값에 정확하게 도달함으로써 주된 학습 과정을 지원할 준비가 되어 있다고 가정한다. 이 방법에 대한 수렴성 증명은 보통 이러한 가정을 분명하게 한 상태에서 이루어진다. 이것은 **두 시간 척도**two-time-scale 증명이라고 불린다. 빠른 시간 척도는 부수적인 학습 과정에 대한 것이고, 더 느린 시간 척도는 주된 학습 과정에 대한 것이다. α가 주된 학습 과정의 시간 간격이고, β가 부수적인 학습 과정의 시간 간격이라면, 일반적으로 $\beta \to 0$인 극한 속에서 $\frac{\alpha}{\beta} \to 0$이 되어야만 이러한 수렴성을 증명할 수 있다.

경사도 TD 방법은 현재로선 가장 잘 알려져 있고 폭넓게 사용되는 안정적인 비활성 정책 방법이다. 이 방법은 행동 가치와 제어(GQ, 마에이 외Maei et al., 2010), 적격 흔적(GTD(λ)와 GQ(λ), 마에이, 2011; 마에이와 서튼, 2010), 비선형 함수 근사(마에이 외, 2009)로 확장되기도 했다. 준경사도 TD 방법과 경사도 TD 방법의 중간쯤에 있는 혼합hybrid 알고리즘이 제안되기도 했다(헤크먼Hackman, 2012; 화이트와 화이트White and White, 2016). 혼합 TD 알고리즘은 목표 정책과 행동 정책이 매우 상이한 상태에서 경사도 TD 알고리즘처럼 작동하고, 목표 정책과 행동 정책이 동일한 상태에서는 준경사도 알고리즘처럼 작동한다. 마지막으로, 좀 더 효율적인 방법을 만들기 위해 경사도 TD 방법이 근위 방법proximal method 및 제어 변수와 결합되기도 했다.

11.8 강한 TD 방법

많은 양의 계산을 필요로 하지 않는 효율적인 함수 근사 기반의 비활성 정책 학습 방법을 얻기 위해, 이제 두 번째 주요 전략을 알아보자. 선형 준경사도 TD 방법이 활성 정책 분포하에서 훈련될 때는 효율적이고 안정적이라는 것을 기억하라. 그리고 행렬 **A**(식 9.11)[4]가 양의 값을 갖는 것과 목표 정책하에서 활성 정책 상태 분포 μ_π와 상태 전이 확률 $p(s \mid s, a)$가 일치하는 것이 이러한 사실과 관계가 있다는 사실을 9.4절에서 이미 보였음을 기억하라. 비활성 정책에서는 중요도추출법을 이용한 상태 전이를 다시 표현해서 그 전이가 목표 정책에 대한 학습에 적합해지도

---

[4] 비활성 정책의 경우에는 행렬 **A**가 일반적으로 $\mathbb{E}_{s \sim b}[\mathbf{x}(s)\mathbb{E}[\mathbf{x}(S_{t+1})^\top \mid S_t = s, A_t \sim \pi]]$로 정의된다.

록 할 것이다. 하지만 상태 전이는 여전히 행동 정책의 상태 전이다. 이것은 딜레마다. 갱신의 분포를 활성 정책 분포로 되돌리기 위해 어떤 것은 더 강조하고 어떤 것은 덜 강조하는 식으로 어떻게든 상태를 다시 표현하는 것이 자연스러운 방법이다. 그렇게 하면 이러한 딜레마가 해소될 것이고 이미 존재하는 결과로부터 안정성과 수렴성이 뒤따를 것이다. 이것이 바로 9.11절에서 활성 정책 훈련을 다룰 때 처음 소개했던 강한 TD 방법의 개념이다.

실제로, '활성 정책 분포'라는 개념이 아주 적합한 개념은 아니다. 많은 활성 정책 분포가 존재하고 그중 어떤 것도 안정성을 보장하기에는 충분하기 때문이다. 할인되지 않은 에피소딕 문제를 생각해 보자. 에피소드가 종료되는 방식은 전적으로 전이 확률에 따라 결정되지만, 에피소드의 시작은 여러 다양한 방식으로 이루어질 수 있다. 어떠한 방식으로 에피소드가 시작하든, 모든 상태 전이가 목표 정책으로부터 발생한다면 그 결과로 나오는 상태 분포는 활성 정책 분포다. 종단 상태에서 가까운 상태로부터 시작해서 에피소드가 끝나기 전에 오직 몇 개의 상태만을 높은 확률로 마주칠 수도 있다. 그렇지 않으면, 종단 상태로부터 멀리 떨어진 상태로부터 시작하여 에피소드가 끝날 때까지 많은 상태를 마주칠 수도 있다. 둘 다 활성 정책 분포다. 그리고 이 두 분포에 대해 선형 준경사도 방법으로 수행되는 훈련은 안정성을 보장받는다. 과정이 어떻게 시작하든, 마주치는 모든 상태가 에피소드가 끝날 때까지 갱신되기만 하면 활성 정책 분포가 도출된다.

할인이 존재한다면, 이러한 목적을 위해 할인을 부분적 종단 또는 확률론적 종단으로 취급할 수 있다. 만약 $\gamma = 0.9$라면, 매 시간 단계에서 0.1의 확률로 과정이 종료되고 그 즉시 전이한 상태에서 과정이 다시 시작된다고 생각할 수 있다. 할인이 있는 문제는 모든 단계에서 $1 - \gamma$의 확률로 계속해서 종료와 재시작을 반복하는 문제다. 할인에 대해 이러한 방식으로 생각하는 것은 상태 전이의 나열에는 영향을 주지 않지만 학습 과정과 학습되는 값에는 영향을 주는 **의사 종단** pseudo termination이라는 좀 더 일반적인 개념의 한 예다. 이러한 종류의 의사 종단은 비활성 학습에 있어서 중요하다. 재시작은 필수가 아닌 선택이며(원하는 어떠한 방식으로도 시작할 수 있음을 기억하라) 종단은 마주친 상태를 활성 정책 분포 안에 계속해서 포함시킬 필요성을 경감시키기 때문이다. 다시 말해, 재시작을 위한 상태로 새로운 상태를 고려하지 않는다면, 할인은 신속하게 제한된 활성 정책 분포를 도출한다.

에피소딕 상태 가치를 학습하기 위한 단일 단계 강한 TD 알고리즘은 다음과 같이 정의된다.

$$\delta_t = R_{t+1} + \gamma \hat{v}(S_{t+1}, \mathbf{w}_t) - \hat{v}(S_t, \mathbf{w}_t)$$

$$\mathbf{w}_{t+1} = \mathbf{w}_t + \alpha M_t \rho_t \delta_t \nabla \hat{v}(S_t, \mathbf{w}_t)$$

$$M_t = \gamma \rho_{t-1} M_{t-1} + I_t$$

여기서 **관심지표**interest I_t는 임의의 값이고, **강조지표**emphasis M_t는 $M_{t-1} = 0$으로 초기화된다. 이 알고리즘을 베어드 반례에 적용하면 어떤 성능을 보여줄까? 그림 11.6은 (모든 t에 대해 $I_t = 1$일 경우에) 파라미터 벡터의 성분에 대한 기댓값의 궤적을 보여준다. 조금의 요동은 있지만, 결국에는 모든 것이 수렴하고 $\overline{\text{VE}}$는 0으로 접근한다. 이 궤적은 파라미터 벡터 궤적에 대한 기댓값을 반복적으로 계산함으로써 얻어지는데, 이 과정에서 전이와 보상에 대한 표본추출에 기인하는 어떠한 분산도 발생하지 않는다. 강한 TD 알고리즘을 베어드의 반례에 적용하면 분산이 너무 커지기 때문에 컴퓨터를 이용한 실험에서 일관성 있는 결과를 얻기가 거의 불가능하다. 이러한 이유로 강한 TD 알고리즘을 직접적으로 적용한 결과는 제시하지 않았다. 이 문제에 대해 이론적으로는 알고리즘이 최적의 해로 수렴하지만, 실제로는 그렇지 않다. 다음 절에서는 이 모든 알고리즘의 분산을 감소시키는 것을 주제로 하여 논의를 이어가겠다.

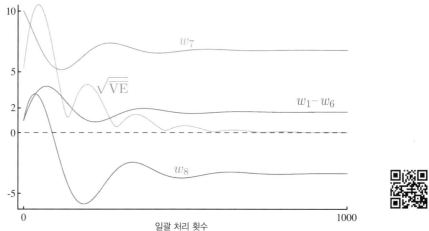

그림 11.6 단일 단계 강한 TD 알고리즘을 베어드의 반례에 적용했을 때의 결과에 대한 기댓값. 시간 간격은 $\alpha = 0.03$이다.

11.9 분산 줄이기

비활성 정책 학습은 본질적으로 활성 정책 학습보다 큰 분산을 발생시킨다. 이것은 놀라운 일이 아니다. 정책과의 관련성이 더 적은 데이터를 받으면 그 정책의 가치에 대해 덜 학습할 것이라는 기대를 갖게 될 것이다. 극단적인 경우에는, 아무것도 학습할 수 없을지도 모른다. 예를 들면, 저녁 식사 준비를 하면서 자동차 운전을 배우기를 기대할 수는 없다. 오직 목표 정책과 행동 정책이 서로 연관되어 있어야만, 두 정책이 유사한 상태를 마주치고 유사한 행동을 취해야만, 비활성 정책 훈련에서 의미 있는 발전을 이룰 수 있을 것이다.

반면에 모든 정책은 많은 이웃을 갖고 있으며, 마주치는 상태와 선택되는 행동을 상당 부분 공유하는 유사한 정책을 많이 갖고 있다. 하지만 이 모든 정책이 동일한 것은 아니다. 비활성 정책 학습이 존재하는 이유는 이처럼 서로 연관되어 있지만 동일하지는 않은 많은 수의 정책에 대한 일반화를 가능하게 하는 것이다. 어떻게 해야 경험을 가장 잘 이용할 수 있는지에 대한 문제는 남아 있다. 가치의 기댓값을 (시간 간격이 적절하게 설정된다면) 안정적으로 수렴시키는 몇 가지 방법을 갖고 있기 때문에, 이제 자연스럽게 추정값의 분산을 줄이는 방법에 관심을 갖게 된다. 적용 가능한 방법은 많지만, 입문자를 위한 이 책에서는 그중 몇 가지만을 다룰 수 있다.

중요도추출법을 기반으로 하는 비활성 정책 방법에서 분산을 조절하는 것이 특별히 중요한 이유는 무엇인가? 앞서 확인했듯이, 보통 중요도추출법은 정책의 비율을 곱한 값을 포함한다. 기댓값(식 5.13)에서는 이 비율이 항상 1이 되지만, 이 비율의 실제 값은 아주 크거나 0에 가까울 정도로 작을 수도 있다. 이웃하는 비율은 서로 연관되어 있지 않기 때문에, 그들의 곱 또한 기댓값으로는 항상 1이 된다. 하지만 그들의 분산은 매우 클 수 있다. SGD 방법에서는 이 비율이 시간 간격에 곱해지기 때문에, 분산이 크다는 것은 시간 간격의 길이가 굉장히 변화무쌍함을 의미한다. 이렇게 되면 가끔 시간 간격의 크기가 매우 큰 경우가 발생하기 때문에 SGD 방법을 적용하는 데 문제가 된다. 파라미터를 매우 다양한 경사도를 갖는 공간의 일부로 가져가기 위해서는 시간 간격이 너무 크면 안 된다. 적합한 경사도를 얻기 위해 SGD 방법은 다수의 시간 단계에 걸쳐 평균을 내는 방법을 이용한다. 그리고 SGD 방법이 단일 표본으로부터 큰 변화를 만들어 낸다면, 이 SGD 방법은 신뢰할 수 없다. 시간 간격 파라미터가 이러한 현상을 예방할 수 있을 정도로 작은 값으로 설정되면 시간 간격의 기댓값이 매우 작은 값이 되어서 학습 속도가 매우 느려지는 결과를 초래할 수도 있다. 운동량momentum이라는 개념(데르시크Derthick, 1984)과 폴리약-루퍼트Polyak-Ruppert의 평균 내기라는 개념(폴리약, 1990; 루퍼트, 1988; 폴리약과 주디츠키Polyak and Juditsky, 1992), 또는 이러한 개념을 더 확장한 개념들이 상당히 도움이 될 수 있다. 파라미터 벡터의 서로 다른 성분 각각에 대해 상황에 맞게 개별적인 시간 간격을 설정하는 방법 역시 카람파치아키스와 랭포드(Karampatziakis and Langford, 2010)가 제안한 '중요도 가중치를 인식한 importance weight aware' 갱신과 마찬가지로 적절하다(CED 제이콥스Jacobs, 1988; 서튼, 1992b, c).

5장에서는 가중치 중요도추출법이 기본 중요도추출법보다 분산을 더 작게 유지하면서 어떻게 훨씬 더 좋은 성능을 보여주는지 확인했다. 하지만 가중치 중요도추출법을 함수 근사에 맞추어 적용하는 것은 어려울 뿐만 아니라 어쩌면 $O(d)$ 수준의 복잡도를 갖는 계산을 통해 근사적으로 수행될 수밖에 없을 것이다(마흐무드와 서튼, 2015).

트리 보강 알고리즘(7.5절)은 중요도추출법을 사용하지 않고도 몇 가지 비활성 정책 학습을 수행할 수 있음을 보여준다. 이 알고리즘은 비활성 정책의 경우로 확장 적용되었고, 그 결과 무노스, 스테플턴, 하루티우냔, 벨레마레(Munos, Stepleton, Harutyunyan, and Bellemare, 2016)와 마흐무드, 유, 서튼(Mahmood, Yu, and Sutton, 2017)은 안정적이고 더욱 효율적인 방법을 만들었다.

또 다른 보충 전략은 목표 정책과 행동 정책이 너무 다르다는 이유로 중요도추출비율이 큰 값을 갖게 되는 것을 막기 위해 목표 정책이 부분적으로 행동 정책에 의해 결정될 수 있도록 허용하는 것이다. 예를 들면, 프리컵 외(2006)가 제안한 '식별자$_{recognizer}$'에서처럼 목표 정책은 행동 정책을 참고하여 정의될 수 있다.

11.10 요약

비활성 정책 학습은 안정적이고 효율적인 학습 알고리즘을 설계하는 데 있어 인간의 창의력을 테스트하는 매력적이면서 도전적인 문제다. 표 기반의 Q 학습은 비활성 정책 학습이 쉬워 보이도록 만들고, 기댓값 살사와 트리 보강 알고리즘으로 자연스럽게 일반화된다. 하지만 이 장에서 살펴봤듯이, 이 방법들을 중요한 함수 근사로 확장하는 과정은 선형 함수 근사의 경우라 할지라도 새로운 어려움을 야기하며, 그 과정에서 강화학습에 대한 더 깊은 이해가 필요하다.

왜 그렇게까지 해야 할까? 비활성 정책 알고리즘을 찾으려는 첫 번째 이유는 탐험과 활용 사이의 균형을 다루는 데 있어 유연함을 제공하기 위해서다. 또 다른 이유는 행동을 학습으로부터 자유롭게 하고 목표 정책이 군림하는 것을 피하기 위해서다. TD 학습은 다수의 무언가를 동시에 학습하는 것, 즉 한 줄기의 경험을 이용하여 많은 문제를 동시에 해결할 수 있는 가능성을 드러내는 것처럼 보인다. 특별한 경우에는 확실히 그렇게 할 수 있다. 다만 원하는 대로 또는 원하는 만큼 효율적으로 모든 경우에 대해 그렇게 할 수는 없다.

이 장에서는 비활성 정책 학습의 어려움을 두 부분으로 나누었다. 행동 정책을 위해 학습의 목표를 수정해야 한다는 첫 번째 어려움은, 비록 갱신의 분산이 증가하고 그에 따라 학습이 느려지는 부작용이 있지만, 표 기반의 경우에 대해 앞서 고안된 기법을 이용하여 쉽게 다룰 수 있다. 분산이 커지지 않게 하는 것은 아마도 비활성 정책 학습의 어려움으로 항상 남아 있을 것이다.

비활성 정책 학습의 두 번째 어려움은 부트스트랩을 포함하는 준경사도 TD 방법의 불안정성으로 나타난다. 강력한 함수 근사, 비활성 정책 학습, 부트스트랩 TD 방법의 효율성 및 유연성을 얻고자 하지만, 불안정성에 대한 잠재적 가능성을 없애면서, 한 알고리즘이 갖는 이러한 치명적인 삼위일체의 세 가지 측면을 모두 결합하기란 어려운 문제다. 여러 시도들이 있어 왔다. 가장 인기가 있었던 것은 (벨만 잔차라고도 알려진) 벨만 오차에 대해 진정한 확률론적 경사도 강하$_{SGD}$를 수행하고자 했던 것이다. 하지만 많은 경우에 이것은 그다지 매력적인 목표가 아니고, 어쨌든 이것을 학습 알고리즘을 통해 달성하는 것은 불가능하다는 것($\overline{BE}$의 경사도는 기초가 되는 상태는 드러내지 않고 특징 벡터만을 드러내는 경험으로부터는 학습될 수 없다)이 이 책에서 수행한 분석의 결론이다. 또 다른 접근법인 경사도 TD 방법은 '투영된' 벨만 오차에 대해 SGD를 수행한다. $\overline{PBE}$의 경사도는 $O(d)$ 수준의 복잡도를 갖는 계산을 통해 학습할 수 있지만, 두 번째 파라미터 벡터와 두 번째 시간 간격이 추가로 필요하다. 가장 새로운 종류의 방법인 강한 TD 방법은 어떤 방법은 더 강조하고 어떤 방법은 덜 강조하면서 갱신을 다시 표현하는 오래된 방법을 정제$_{refine}$한다. 이러한 방식으로 강한 TD 방법은 계산이 간단한 준경사도 방법과 함께 활성 정책 학습을 안정적으로 만드는 특별한 특성을 저장한다.

비활성 정책 학습의 전체 영역은 상대적으로 새롭고 아직 완성되지 않은 분야다. 어떤 방법이 가장 좋은지 또는 적합한지조차도 아직 명확하지 않다. 이 장의 마지막에 소개한 새로운 방법들은 정말로 그렇게 복잡할 필요가 있을까? 그 방법들 중 어떤 방법이 분산 줄이기 방법과 효과적으로 결합될 수 있을까? 비활성 정책 학습의 잠재력은 여전히 손에 잡힐 듯 안 잡힌다. 그 잠재력을 손에 넣는 가장 좋은 방법은 아직도 미지의 영역에 있다.

참고문헌 및 역사적 사실

11.1 최초의 준경사도 방법은 선형 TD(λ) 방법이었다(서튼, 1988). '준경사도'라는 이름은 보다 최근에 지어진 것이다(서튼, 2015a). 일반적인 중요도추출비율을 적용한 준경사도 비활성 정책 TD(0)는 서튼, 마흐무드, 화이트(2016)의 발표가 있기 전까지는 분명하게 언급된 적이 없다. 하지만 이 알고리즘에 대한 행동 가치의 형태는 프리컵, 서튼, 싱(2000)이 처음 소개했다. 이들은 이 알고리즘에 대한 적격 흔적 형태도 소개했다(12장 참고). 이 알고리즘에 대한 연속적인, 할인 없는 형태는 아직 중요하게 연구되지 않았다. 이 책에 제시된 n단계 형태는 이 책에서 처음 제시하는 것이다.

11.2 w에서 $2w$로 가는 전이는 치치클리스와 밴 로이(1996)가 처음으로 제시했다. 이들은 또한 319쪽의 예제 11.1에 있는 분명한 반례도 소개했다. 베어드의 반례는 베어드(1995)가 처음으로 제시했지만, 이 책에서는 이를 조금 변형하여 제시했다. 함수 근사를 위한 평균 구하기 방법은 고든(1995, 1996b)이 개발했다. 비활성 정책 DP가 불안정성을

갖는다는 것을 보여주는 예제 및 더 복잡한 함수 근사 방법은 보얀과 무어(1995)가 제시했다. 브래드케(1993)는 선형 함수 근사를 사용하는 Q 학습을 선형 2차 조정기linear quadratic regulator 문제에 적용하여 불안정 정책으로 수렴하는 예제를 제시했다.

11.3 치명적인 삼위일체는 서튼(1995b)이 처음 발견했고, 치치클리스와 밴 로이(1997)가 철저하게 분석했다. '치명적인 삼위일체'라는 이름은 서튼(2015a)이 처음 사용했다.

11.4 이러한 종류의 선형 분석은 치치클리스와 밴 로이(1996, 1997)가 개척한 것이다. 여기에는 동적 프로그래밍 작용자도 포함된다. 그림 11.3과 같은 다이어그램은 라고우다키스와 파르(2003)가 처음 소개한 것이다.

이 책에서 벨만 작용자라고 부르고 B_π라고 표시한 것은 좀 더 일반적으로는 T^π로 표기되고 '동적 프로그래밍 작용자'라고 불린다. 한편, 이것을 일반화한 형태는 $T^{(\lambda)}$로 표기되고 'TD(λ) 작용자'라고 불린다(치치클리스와 밴 로이, 1996, 1997).

11.5 $\overline{\text{BE}}$는 동적 프로그래밍을 위한 목적 함수로서 슈바이처와 세이드만(1985)이 처음 제안했다. 베어드(1995, 1999)는 확률론적 경사도 강하를 기반으로 하여 이것을 TD 학습으로 확장했다. 문헌에서는 $\overline{\text{BE}}$ 최소화가 종종 벨만 잔차 최소화로 표현되기도 한다.

최초의 A 분할 예제는 다얀(1992)이 제시했다. 이 책에 제시된 두 가지 형태는 서튼 외(2009a)가 처음 소개했다.

11.6 이 절의 내용은 이 책에서 처음 다루어지는 것이다.

11.7 경사도 TD 방법은 서튼, 세페스바리, 마에이(2009b)가 소개했다. 이 절에서 중요하게 다룬 방법들은 서튼 외(2009a)와 마흐무드 외(2014)가 소개했다. 근위proximal TD 방법으로의 주된 확장은 마하데반 외(2014)가 개발했다. 경사도 TD 방법 및 관련된 방법에 대한 지금까지의 경험적 연구 중 가장 세심하게 수행된 연구는 게이스트와 셰러(Geist and Scherrer, 2014), 단, 노이만, 피터스(Dann, Neumann, and Peters, 2014), 화이트(2015), 기아시안, 화이트, 화이트, 서튼(Ghiassian, White, White, and Sutton, 논문 준비 중)이 수행한 연구다. 경사도 TD 방법에 대한 최근의 이론적 발전은 유(Yu, 2017)가 제시했다.

11.8 강한 TD 방법은 서튼, 마흐무드, 화이트(2016)가 소개했다. 전체 수렴성에 대한 증명 및 그 밖의 이론은 나중에 유(2015, 2016; 유, 마흐무드, 서튼, 2017; 할락, 타마르, 마노르 Hallak, Tamar, and Mannor, 2015), 할락, 타마르, 무노스, 마노르(2016)가 완성했다.

CHAPTER

12

적격 흔적

적격 흔적은 강화학습의 기본적인 메커니즘 중 하나다. 예를 들어, 인기 있는 TD(λ) 알고리즘에서 λ는 적격 흔적을 사용한다는 것을 나타낸다. Q 학습이나 살사 같은 거의 모든 시간차TD 방법은 적격 흔적과 함께 결합하여 좀 더 효율적으로 학습할 수 있는, 좀 더 일반적인 방법을 얻을 수 있다.

적격 흔적은 TD와 몬테카를로를 통합하고 일반화한다. TD 방법이 적격 흔적과 결합되면, 하나의 스펙트럼을 형성하는 일군의 방법을 만들어 내는데, 이 스펙트럼의 한쪽 끝에는 몬테카를로 방법이 있고($\lambda = 1$) 다른 쪽 끝에는 단일 단계 TD 방법이 있다($\lambda = 0$). 이 둘 사이에는 보통은 이 둘보다 좋은 성능을 내는 중간 단계의 방법들이 있다. 적격 흔적은 또한 몬테카를로 방법을 온라인 문제 및 에피소드 없는 연속적인 문제에 적용하는 방법을 제공한다.

물론, 이미 TD와 몬테카를로를 결합하는 한 가지 방법을 확인했었다. 바로 7장에서 다룬 n단계 TD 방법이다. 적격 흔적이 이 방법을 초월하여 제공하는 장점은 계산 속도가 상당히 향상된다는 것과 알고리즘의 메커니즘이 명확해진다는 것이다. 이 메커니즘은 단기short-term 메모리 벡터인 **적격 흔적**eligibility trace $\mathbf{z}_t \in \mathbb{R}^d$로서, 장기long-term 가중치 벡터 $\mathbf{w}_t \in \mathbb{R}^d$와 유사하다. 대략적인 착안점은 $\mathbf{w}_t$의 성분이 가치 추정값을 만드는 데 관여하면 그에 해당하는 $\mathbf{z}_t$의 성분이 증가한 후 감소하기 시작한다는 것이다. 그런 다음, 흔적trace이 0으로 감소하기 전에 0 아닌 TD 오차가 발생하면 $\mathbf{w}_t$의 바로 그 성분에 대해 학습이 수행될 것이다. 흔적 감퇴trace-decay 파라미터 $\lambda \in [0, 1]$는 흔적이 감소하는 속도를 결정한다.

n단계 방법과 비교하여 적격 흔적이 갖는 계산 측면에서의 주된 장점은 마지막 n개의 특징 벡터가 아니라 오직 하나의 흔적 벡터만을 필요로 한다는 것이다. 학습의 양상 측면에서도 학습이 지연되어서 에피소드의 마지막에 한 번에 학습되는 것이 아니라 시간에 따라 연속적이고 균일하게 학습이 이루어진다. 또한, 학습이 n단계 지연되는 것이 아니라 상태를 마주치고 난 직후에 학습이 진행되어 곧바로 행동에 영향을 미칠 수가 있다.

적격 흔적은 계산 속도를 증가시키기 위해서 때로는 학습 알고리즘이 다른 방식으로 구현될 수 있음을 말해 준다. 많은 알고리즘은 어떤 상태 이후에 다수의 시간 단계에 걸쳐 발생할 사건들을 기반으로 그 상태의 가치를 갱신하는 것으로서 형식화되고 이해된다. 예를 들면, 몬테카를로 방법(5장)은 모든 미래 보상을 기반으로 상태를 갱신하고, n단계 TD 방법(7장)은 다음 n개의 보상과 n단계가 지난 미래 시점에서의 상태를 기반으로 상태를 갱신한다. 갱신된 상태 이후의 미래에 발생할 것들을 기반으로 하는 이러한 형식화를 **전방 관점**forward view이라고 부른다. 전방 관점에서는 현재는 알 수 없는 앞으로의 사건들에 의존하여 갱신이 수행되기 때문에 항상 구현이 다소 복잡하다. 그러나 이 장에서 설명하겠지만, 적격 흔적을 이용하여 최근에 마주친 상태들을 되돌아봄으로써, 현재의 TD 오차를 이용하는 알고리즘과 거의 같은 갱신을(때로는 정확하게 같은 갱신을) 수행하는 것이 보통은 가능하다. 이처럼 미래 시점에서부터 현재 시점을 되돌아보면서 알고리즘을 구현하는 대안적인 방법을 **후방 관점**backward view이라고 부른다. 후방 관점 및 전방 관점과 후방 관점 사이의 전환, 그리고 그 둘의 등가성equivalence이 등장한 시점은 시간차 학습이 소개된 시점으로 거슬러 올라가지만, 이들은 2014년 이후에 더욱 강력해지고 복잡해졌다. 이 장에서 이들에 대한 현대적 관점을 제시할 것이다.

언제나 그랬듯이, 먼저 상태 가치와 예측을 위한 방법을 완전히 개발하고 나서 이것을 행동 가치와 제어로 확장하겠다. 먼저, 활성 정책의 경우에 대해 개발하고 나서 비활성 정책의 경우로 확장하겠다. 이 책에서는 적격 흔적의 결과가 더 강하게 나타나는 선형 함수 근사의 경우에 특별한 관심을 기울일 것이다. 이 모든 결과는 표 기반의 경우 및 상태 결집의 경우에도 적용할 수 있다. 이들은 모두 선형 함수 근사의 특별한 경우이기 때문이다.

12.1 λ 이득

7장에서는 n단계 이득을 처음 n개의 보상과 n단계 이후 도달한 상태의 가치 추정값을 적절히 할인하여 합산한 것으로 정의했다(식 7.1). 모든 파라미터 기반의 함수 근사에 대해 식 7.1을 일반화하면 다음과 같이 표현된다.

$$G_{t:t+n} \doteq R_{t+1} + \gamma R_{t+2} + \cdots + \gamma^{n-1} R_{t+n} + \gamma^n \hat{v}(S_{t+n}, \mathbf{w}_{t+n-1}), \quad 0 \le t \le T - n \qquad \text{(식 12.1)}$$

여기서 에피소드의 종료 시각이 존재한다면, T가 에피소드의 종료 시각이다. 식 9.7과 같은 근사적 SGD 학습을 통한 갱신에서와 마찬가지로, $n \ge 1$일 경우 각각의 n단계 이득이 표 기반의 학습을 통한 갱신의 유효한 갱신 목표라고 7장에서 언급했다.

이제는 특정 n단계 이득을 향해서만 유효하게 갱신될 뿐만 아니라, 서로 다른 n에 대한 n단계 이득의 특정 평균값을 향해서도 갱신될 수 있음을 말하고자 한다. 예를 들어, 두 단계 이득의 1/2과 네 단계 이득의 1/2, 즉 $\frac{1}{2}G_{t:t+2} + \frac{1}{2}G_{t:t+4}$라는 목표를 향해 갱신될 수 있다. 각 이득에 대한 가중치가 양수이고 가중치의 합이 1이 되기만 하면, 어떤 n단계 이득의 집합도(심지어 이 집합이 무한 집합이라 하더라도) 이러한 식으로 평균 낼 수 있다. 이러한 합성 이득은 개별적인 n단계 이득(식 7.3)이 갖는 것과 유사한 오차 감소 특성을 갖기 때문에, 수렴 특성이 보장된 갱신을 구성하는 데 사용될 수 있다. 평균을 내면 상당히 새로운 범위의 알고리즘이 만들어진다. 예를 들면, 단일 단계 및 무한 단계 이득을 평균 내어 TD 방법과 몬테카를로 방법에 밀접하게 연관시키는 또 다른 방법을 얻을 수 있다. 원칙적으로는, 경험에 기반한 갱신을 DP 갱신과 평균 내어 경험 기반 방법과 모델 기반 방법의 간단한 조합을 얻는 것도 가능하다(8장 참고).

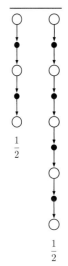

좀 더 간단한 갱신을 대상으로 평균을 내는 갱신을 **복합 갱신**compound update이라고 부른다. 복합 갱신에 대한 보강 다이어그램은 각각의 요소component 갱신에 대한 보강 다이어그램으로 구성된다. 이 다이어그램의 위에는 수평선이 있고 아래에는 가중치가 표시되어 있다. 예를 들어, 이 절을 시작할 때 언급했던 두 단계 이득의 1/2과 네 단계 이득의 1/2을 혼합하는 경우에 대한 복합 갱신은 오른쪽에 보이는 것과 같은 보강 다이어그램을 갖는다. 복합 갱신은 그것을 구성하는 요소 갱신 중 가장 긴 갱신이 완료될 때만 완료될 수 있다. 예를 들어, 추정값이 시각 t에 만들어진다고 할 때 오른쪽 다이어그램의 갱신은 시각 $t + 4$에 완료될 수 있다. 일반적으로 가장 긴 요소 갱신의 길이를 제한하는 것이 바람직할 것이다. 그 길이만큼 갱신이 지연될 것이기 때문이다.

TD(λ) 알고리즘은 n단계 갱신을 평균 내는 하나의 특별한 방법으로 이해될 수 있다. 이 평균은 모든 n단계 갱신을 포함하는데, 이때 각 단계의 갱신은 λ^{n-1}(여기서 $\lambda \in [0, 1]$)에 비례하는 가중치를 갖는다. 그리고 가중치의 합이 1이 되도록 하기 위해 $(1 - \lambda)$를 곱하여 정규화된다(그림 12.1). 이 갱신은 결과적으로 **λ 이득**λ-return이라고 불리는 이득을 향한 갱신으로서, 다음과 같은 상태 기반 형태로 정의된다.

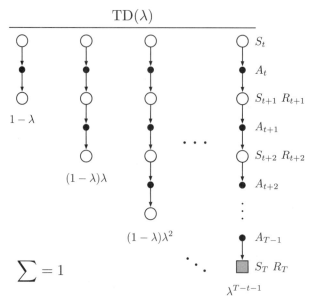

그림 12.1 TD(λ)에 대한 보강 다이어그램. $\lambda = 0$이면, 전체 갱신은 첫 번째 요소인 단일 단계 TD 갱신이 된다. 반면에 $\lambda = 1$이면, 전체 갱신은 마지막 요소인 몬테카를로 갱신이 된다.

$$G_t^\lambda \doteq (1 - \lambda) \sum_{n=1}^{\infty} \lambda^{n-1} G_{t:t+n} \tag{식 12.2}$$

그림 12.2는 λ 이득에서 n단계 갱신의 나열에 부여되는 가중치도 보여준다. 단일 단계 이득에는 가장 큰 가중치인 $1 - \lambda$가 할당되고, 두 단계 이득에는 그다음으로 큰 가중치인 $(1 - \lambda)\lambda$가 할당되며, 세 단계 이득에는 $(1 - \lambda)\lambda^2$의 가중치가 할당된다. 그리고 이런 식으로 반복된다. 가중치는 단계마다 λ의 비율로 감소한다. 종단 상태에 도달한 이후에는, 이어지는 모든 n단계 이득은 전통적인 이득 G_t와 같은 값을 갖는다. 원한다면, 이 종단 이후의post-termination 항들을 주된 합계에서 제외할 수도 있다. 그러면 그림에 표현된 것처럼 다음과 같은 규칙이 얻어진다.

$$G_t^\lambda \;=\; (1 - \lambda) \sum_{n=1}^{T-t-1} \lambda^{n-1} G_{t:t+n} \;+\; \lambda^{T-t-1} G_t \tag{식 12.3}$$

이 방정식은 $\lambda = 1$일 경우에 어떤 일이 벌어지는지를 좀 더 분명하게 알려준다. 이 경우 주된 합계는 0으로 접근하고 남아 있는 항들은 전통적인 이득이 된다. 따라서 $\lambda = 1$일 경우, λ 이득에 따른 갱신은 몬테카를로 알고리즘이 된다. 반면에 $\lambda = 0$이면, λ 이득은 단일 단계 이득인 $G_{t:t+1}$이 된다. 따라서 $\lambda = 0$일 경우, λ 이득에 따른 갱신은 단일 단계 TD 방법이 된다.

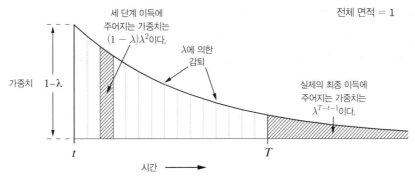

그림 12.2 λ 이득에서 각각의 n단계 이득에 주어지는 가중치

연습 12.1 첫 번째 보상과 한 단계 이후의 이득을 이용하여 현재의 이득을 재귀적으로 표현할 수 있는 것(식 3.9)과 마찬가지로 λ 이득도 그렇게 표현할 수 있다. 식 12.2와 식 12.1로부터 식 3.9 와 유사한 재귀적 관계식을 유도하라. ☐

연습 12.2 파라미터 λ는 그림 12.2에 표현된 지수 형태의 가중치가 얼마나 빨리 감소하는지를 알려줌으로써 λ 이득 알고리즘이 갱신을 결정하는 과정에서 얼마나 앞선 미래까지 예측하는지를 알려준다. 하지만 감퇴decay의 속도를 특징짓는 방법으로 λ 같은 비율 인자를 사용하는 것이 때로는 불편하다. 목적에 따라서는 시간 상수 또는 반감기half-life를 사용하는 편이 더 좋다. 가치가 초깃값의 반으로 감소하는 데 걸리는 시간인 반감기 τ_λ와 λ를 연관 짓는 방정식은 무엇인가? ☐

이제 λ 이득을 기반으로 하는 첫 번째 학습 알고리즘을 정의할 준비가 되었다. 바로 **오프라인 λ 이득 알고리즘**off-line λ-return algorithm이다. 오프라인 알고리즘으로서 이 알고리즘은 에피소드 동안에는 가중치 벡터에 변화를 주지 않는다. 대신 에피소드가 끝나는 시점에, λ 이득을 목표로 하는 오프라인 갱신 전체의 나열이 다음과 같은 보통의 준경사도 규칙에 따라 만들어진다.

$$\mathbf{w}_{t+1} \doteq \mathbf{w}_t + \alpha \left[G_t^\lambda - \hat{v}(S_t, \mathbf{w}_t) \right] \nabla \hat{v}(S_t, \mathbf{w}_t), \quad t = 0, \ldots, T-1 \qquad \text{(식 12.4)}$$

λ 이득은 몬테카를로 방법과 단일 단계 TD 방법 사이를 부드럽게 이동할 수 있는 대안적인 방법을 제시한다. 이것은 7장에서 개발된 n단계 부트스트랩 방법과 비교될 수 있다. 7장에서는 19개의 상태를 갖는 무작위 행보 문제에 대한 효과성을 평가했다(예제 7.1, 175쪽). 그림 12.3은 이 문제에 대한 오프라인 λ 이득 알고리즘의 성능을 n단계 방법의 성능(그림 7.2와 동일한 결과)과 함께 보여준다. 이 실험은 λ 이득 알고리즘이 n 대신 λ를 조정한다는 점을 제외하면 이전에 설명했던 실험과 동일하다. 여기에 사용된 성능 지표는 에피소드의 마지막 시점에 측정되는 각 상태의 실제 가치와 추정 가치 사이의 근평균제곱 오차에 대한 추정값이다. 이것은 처음 10개의 에피소

드 및 19개의 상태에 대한 평균값이다. 오프라인 λ 이득 알고리즘의 전반적인 성능이 n단계 알고리즘의 성능과 유사하다. 두 경우 모두 부트스트랩 파라미터가 중간 단계의 값을 가질 때 가장 좋은 성능을 보여주었다. 부트스트랩 파라미터는 n단계 방법의 경우에는 n이고, λ 이득 알고리즘의 경우에는 λ이다.

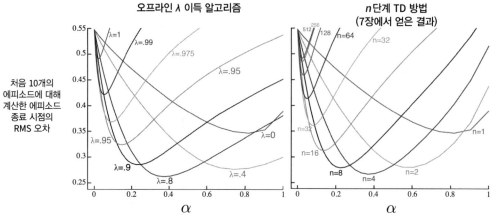

그림 12.3 19개의 상태를 갖는 무작위 행보 결과(예제 7.1). 오프라인 λ 이득 알고리즘의 성능을 n단계 TD 방법의 성능과 함께 보여준다. 두 경우 모두, 부트스트랩 파라미터(λ 또는 n)가 중간 단계의 값을 가질 때 가장 좋은 성능을 보여준다. 가장 좋은 결과를 도출하는 α 값과 λ 값을 적용하여 비교하거나 큰 α 값을 적용하여 비교하면, 오프라인 λ 이득 알고리즘을 적용한 결과가 좀 더 좋다.

지금까지의 접근법은 필자들이 이론적인 관점 또는 **미래**forward 관점이라고 부르는 것이었다. 마주치는 각 상태에 대해, 모든 미래의 보상을 내다보고 그 보상들을 가장 잘 결합하는 방법을 결정했다. 어쩌면 그림 12.4에 제시된 것처럼 각 상태로부터 미래를 내다보고 각 상태의 갱신을 결정하면서, 필자들 스스로가 상태라는 물줄기를 타고 있는 것으로 상상했을 수도 있다. 한 상태로부터 미래를 내다보고 그 상태를 갱신한 후에, 다음 상태로 넘어가고 나면 이전 상태에 대해서는 결코 다시 무언가를 할 필요가 없게 된다. 반면에, 일단 어떤 상태를 마주치고 나면 그 상태 이후의 미래 상태는 반복적으로 예측되고 처리된다.

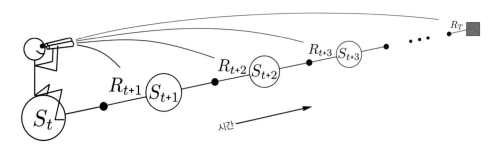

그림 12.4 전방 관점. 미래 보상과 미래 상태를 예측함으로써 각 상태를 어떻게 갱신할지 결정한다.

12.2 TD(λ)

TD(λ)는 강화학습 분야에서 가장 오래되고 가장 폭넓게 사용되는 알고리즘 중 하나다. 이것은 적격 흔적을 사용하여 좀 더 이론적인 전방 관점 및 계산에 더 적합한 후방 관점 사이의 형식적 관계를 보여주는 최초의 알고리즘이었다. 이 절에서는 TD(λ)가 이전 절에서 제시한 오프라인 λ 이득 알고리즘을 근사한다는 것을 경험적으로 보여줄 것이다.

TD(λ)는 오프라인 λ 이득 알고리즘에 비해 세 가지 측면에서 향상되었다. 첫 번째로, TD(λ)는 에피소드의 마지막에서만 갱신을 수행하지 않고 에피소드의 단계마다 가중치 벡터를 갱신하기 때문에 가치 추정값이 더 빨리 좋아질 수 있다. 두 번째로, TD(λ)의 계산은 에피소드의 마지막에 한꺼번에 수행되지 않고 시간에 따라 고르게 분포한다. 세 번째로, TD(λ)는 에피소딕 문제뿐만 아니라 연속적인 문제에도 적용될 수 있다. 이 절에서는 함수 근사가 적용된 TD(λ)의 준경사도 형태를 제시할 것이다.

함수 근사와 관련하여, 적격 흔적은 가중치 벡터 $\mathbf{w}_t$와 같은 수의 성분을 갖는 벡터 $\mathbf{z}_t \in \mathbb{R}^d$이다. 가중치 벡터가 시스템이 작동하는 동안에 계속해서 축적되는 장기 메모리인 반면, 적격 흔적은 일반적으로 에피소드의 길이보다 더 적은 시간 동안 지속되는 단기 메모리다. 적격 흔적은 학습 과정에서 도움이 된다. 적격 흔적의 유일한 중요도는 그것이 가중치 벡터에 영향을 미친다는 것과 가중치 벡터는 가치 추정값을 결정한다는 것이다.

TD(λ)에서 적격 흔적 벡터는 에피소드가 시작할 때 0으로 초기화되고, 시간 단계마다 가치 경사도value gradient만큼 증가하며, 그 후에는 $\gamma\lambda$에 의해 사라진다.

$$\mathbf{z}_{-1} \doteq \mathbf{0},$$
$$\mathbf{z}_t \doteq \gamma\lambda\mathbf{z}_{t-1} + \nabla\hat{v}(S_t, \mathbf{w}_t), \quad 0 \leq t \leq T \tag{식 12.5}$$

여기서 γ는 할인율이고, λ는 이전 절에서 소개한 파라미터다. 여기서부터는 이것을 흔적 감퇴trace-decay 파라미터라고 부른다. 적격 흔적은 가중치 벡터의 어떤 성분이 상태에 대한 최근의 가치 평가에 기여했는지, 기여했다면 가치가 증가하는 방향으로 기여했는지 감소하는 방향으로 기여했는지를 계속해서 추적한다. 이때 '최근의'라는 것은 $\gamma\lambda$ 값으로 정의된다(선형 함수 근사에서 $\nabla\hat{v}(S_t, \mathbf{w}_t)$는 단지 특징 벡터 $\mathbf{x}_t$이고, 이 경우 적격 흔적 벡터는 단지 과거의, 쇠퇴하는fading 입력 벡터에 대한 합계임을 상기하자). 흔적은 강화 사건reinforcing event이 발생할 경우 가중치 벡터의 각 성분이 그 변화를 학습하는 것이 적합한지를 암시하는 것으로 알려져 있다. 여기서 관심을 두는 강화 사건은 매 순간의 단일 단계 TD 오차다. 상태 가치 예측에 대한 TD 오차는 다음과 같이 표현된다.

$$\delta_t \doteq R_{t+1} + \gamma\hat{v}(S_{t+1}, \mathbf{w}_t) - \hat{v}(S_t, \mathbf{w}_t) \tag{식 12.6}$$

TD(λ)에서는 다음과 같이 단계마다 스칼라 TD 오차와 적격 흔적 벡터에 비례하여 가중치 벡터가 갱신된다.

$$\mathbf{w}_{t+1} \doteq \mathbf{w}_t + \alpha \delta_t \mathbf{z}_t \qquad \text{(식 12.7)}$$

$\hat{v} \approx v_\pi$를 추정하기 위한 준경사도 TD(λ)

입력: 평가 대상인 정책 π
입력: $\hat{v}$(종단, $\cdot$) $= 0$을 만족하는 미분 가능한 함수 $\hat{v} : \mathcal{S}^+ \times \mathbb{R}^d \to \mathbb{R}$
알고리즘 파라미터: 시간 간격 $\alpha > 0$, 흔적 감퇴 비율 $\lambda \in [0, 1]$
가치 함수의 가중치 $\mathbf{w}$를 임의의 값으로 초기화(예 $\mathbf{w} = \mathbf{0}$)

각 에피소드에 대한 루프:
    S를 초기화
    $\mathbf{z} \leftarrow \mathbf{0}$ (d차원 벡터)
    에피소드의 각 단계에 대한 루프:
        | $A \sim \pi(\cdot \,|\, S)$를 선택
        | 행동 A를 취하고, R, S'을 관측
        | $\mathbf{z} \leftarrow \gamma\lambda\mathbf{z} + \nabla\hat{v}(S, \mathbf{w})$
        | $\delta \leftarrow R + \gamma\hat{v}(S', \mathbf{w}) - \hat{v}(S, \mathbf{w})$
        | $\mathbf{w} \leftarrow \mathbf{w} + \alpha\delta\mathbf{z}$
        | $S \leftarrow S'$
    S'이 종단이면 종료

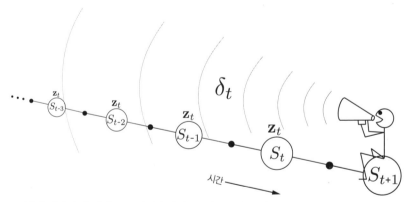

그림 12.5 TD(λ)에 대한 후방 관점 또는 기계적 관점. 각 갱신은 과거 사건에 대한 현재의 적격 흔적과 결합된 현재의 TD 오차에 의존한다.

TD(λ)는 시간의 흐름에 역행한다. 매 순간 현재의 TD 오차를 관측하고 그 값을 각각의 이전 상태에 역방향으로 할당한다. 이때 TD 오차의 할당은 해당 이전 상태가 현재의 적격 흔적에 얼마나 많은 기여를 했는지에 따라 이루어진다. 그림 12.5에 표현된 것처럼 TD 오차를 계산하고 그

값을 이전에 마주쳤던 상태에 역방향으로 할당하면서, 상태의 물줄기를 타고 있다는 상상을 할 수도 있다. TD 오차와 흔적이 함께 주어지면 식 12.7과 같은 갱신 규칙을 얻는다. 이 규칙을 이용하여 어떤 과거 상태가 앞으로 다시 발생할 때를 위해 그 과거 상태의 가치를 변경할 수 있다.

TD(λ)의 후방 관점을 더 잘 이해하기 위해, 다양한 λ 값에 따라 어떤 일이 일어나는지 생각해 보자. $\lambda = 0$이면, 식 12.5에 의해 t에서의 흔적은 정확히 S_t에 해당하는 가치 경사도가 된다. 따라서 이 경우에 TD(λ) 갱신(식 12.7)은 9장에서 다룬 단일 단계 준경사도 TD 갱신이 된다(그리고 표 기반의 경우에는 간단한 TD 규칙(식 6.2)이 된다). 이것이 바로 단일 단계 준경사도 TD 갱신을 TD(0)라고 불렀던 이유다. 그림 12.5의 관점에서, TD(0)는 현재 상태 이전의 오직 하나의 상태가 TD 오차에 의해 변경되는 경우다. $\lambda < 1$인 경우에는 λ가 클수록 더 많은 상태들이 변경된다. 하지만 시간적으로 더 멀리 떨어진 상태일수록 덜 변경되는데, 그림에서 볼 수 있듯이 이것은 해당하는 적격 흔적 값이 더 작기 때문이다. 더 먼저 발생한 상태일수록 TD 오차에 대한 기여도를 더 적게 **인정**credit받는다고 말할 수 있다.

$\lambda = 1$이면, 더 먼저 발생한 상태에 주어진 인정은 단계마다 오직 γ의 비율만큼만 감소한다. 이렇게 하면 정확하게 몬테카를로 행동을 얻을 수 있다. 예를 들어, TD 오차 δ_t가 할인되지 않은 항인 R_{t+1}을 포함한다는 것을 기억하라. 이 값을 k단계 이전으로 전달하는 과정에서, 이득에 포함된 모든 보상과 마찬가지로 이 값도 γ^k 값에 의해 할인될 필요가 있는데, 이것이 바로 감퇴하는 적격 흔적이 하는 일이다. $\lambda = 1$이고 $\gamma = 1$이면, 적격 흔적은 시간이 지나도 전혀 감퇴하지 않는다. 이 경우 TD(λ) 알고리즘은 할인되지 않은 에피소딕 문제에 몬테카를로 방법을 적용했을 때처럼 행동한다. $\lambda = 1$일 때에도 이 알고리즘은 TD(1)로 불린다.

TD(1)은 전에 제시했던 것보다 더욱 일반적이고 적용 범위도 상당히 확장된 몬테카를로 알고리즘을 구현하는 방법이다. 이전의 몬테카를로 방법은 에피소딕 문제에만 적용할 수 있었던 반면에, TD(1)은 할인된 연속적 문제에도 적용할 수 있다. 더욱이, TD(1)은 점증적으로 수행될 수 있고 온라인으로 수행될 수도 있다. 몬테카를로 방법의 한 가지 단점은 에피소드가 끝날 때까지 에피소드로부터 아무것도 학습할 수 없다는 것이다. 예를 들어 몬테카를로 제어 방법이 매우 작은 보상을 만들어 내면서 에피소드를 끝내지 않는 행동을 취한다면, 학습자가 그 행동을 반복하려고 하는 경향은 에피소드 기간 동안에 줄어들지 않을 것이다. 반면에 온라인 TD(1)은 n단계 TD에서의 방법을 이용하여 아직 끝나지 않고 지속되는 에피소드로부터 학습한다. 여기서 n단계는 현재 단계로 오기까지의 모든 단계를 나타낸다. 에피소드 기간 동안 이례적으로 좋거나 이례적으로 나쁜 무언가가 발생하면, TD(1)을 기반으로 하는 제어 방법은 즉각적으로 그것을 학습하고 동일한 에피소드 안에서 행동을 변경한다.

오프라인 λ 이득 알고리즘을 근사하는 데 있어 TD(λ)가 얼마나 좋은 성능을 보여주는지를 확인하기 위해 19개의 상태를 갖는 무작위 행보 예제(예제 7.1)를 다시 생각해 보면 흥미로운 무언가를 발견할 수 있을 것이다. 두 알고리즘 모두에 대한 결과가 그림 12.6에 제시되어 있다. 각각의 λ 값에 대해 α가 최적의 값(또는 더 작은 값)으로 선택되면, 이 두 알고리즘은 사실상 동일하게 작동한다. 하지만 α가 최적의 값보다 큰 값으로 선택되면 λ 이득 알고리즘은 성능이 조금 저하되는 반면, TD(λ)의 성능은 훨씬 더 많이 저하되고 심지어는 안정성을 잃어버릴 수도 있다. 이 문제에서는 어쨌든 이와 같이 큰 값의 파라미터를 사용하고자 했던 것이 아니기 때문에 TD(λ)의 성능이 심각하게 저하되지는 않지만, 다른 문제에서 이렇게 한다면 성능이 상당히 저하될 수 있다.

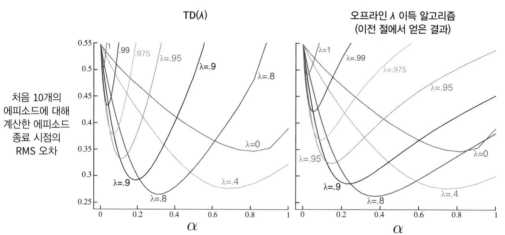

그림 12.6 19개의 상태를 갖는 무작위 행보 결과(예제 7.1): TD(λ)의 성능과 오프라인 λ 이득 알고리즘의 성능을 함께 제시했다. 이 두 알고리즘은 작은(최적의 값보다 작은) α 값에 대해서는 사실상 동일하지만, α 값이 클 경우 TD(λ)의 성능이 저하된다.

보통의 조건(식 2.7)을 따라 시간 간격 파라미터가 시간에 따라 감소한다면, 활성 정책의 경우에 선형 TD(λ) 알고리즘이 수렴한다는 사실은 이미 증명된 것이다. 9.4절에서 논의했듯이, TD(λ)는 최소 오차 가중치 벡터로 수렴하는 것이 아니라 λ에 의존하는 근처의 가중치 벡터로 수렴한다. 9.4절에서 제시했던 수렴값의 성능에 대한 상한은 이제 임의의 λ 값에 대해서도 적용되도록 일반화될 수 있다. 할인된 연속적인 경우에 대해 다음의 관계가 성립한다.

$$\overline{\text{VE}}(\mathbf{w}_\infty) \quad \leq \quad \frac{1 - \gamma\lambda}{1 - \gamma} \min_{\mathbf{w}} \overline{\text{VE}}(\mathbf{w}) \qquad\qquad \text{(식 12.8)}$$

다시 말해, 점근적 수렴 오차는 가능한 오차 중 가장 작은 값에 $\frac{1-\gamma\lambda}{1-\gamma}$를 곱한 값보다 크지 않다. λ가 1에 접근하면, 이 상한값은 최소 오차로 접근한다(그리고 λ = 0일 때, 최소에서 가장 멀어진다).

하지만 실제로는, $\lambda = 1$로 선택하는 것은 보통 가장 안 좋은 선택이다. 이에 대해서는 나중에 그림 12.14에서 확인할 수 있다.

연습 12.3 TD(λ)가 오프라인 λ 이득 알고리즘을 얼마나 가깝게 근사할 수 있는지에 대한 통찰은 후자의 오차 항(식 12.4의 괄호 안)이 하나의 고정된 **w**에 대해 TD 오차(식 12.6)의 합으로 표현될 수 있다는 것을 확인함으로써 얻을 수 있다. 식 6.6의 패턴을 따르고, 연습문제 12.1에서 얻었던 λ 이득에 대한 재귀적 관계를 이용하여 이러한 사실을 증명하라. □

연습 12.4 에피소드에 대한 가중치 갱신이 매 단계에서 계산은 되지만 실제로는 가중치를 변경하는 데 사용되지 않는다면(**w**가 고정된 채로 유지된다면), TD(λ)의 가중치 갱신을 합산한 것은 오프라인 λ 이득 알고리즘의 갱신을 합산한 것과 같음을 증명하라. 이전 연습문제에서 얻은 결과를 이용하라. □

12.3 중단된 n단계 λ 이득 방법

오프라인 λ 이득 알고리즘은 중요한 이상향이지만, 이 알고리즘이 에피소드가 종료될 때까지 그값을 알 수 없는 λ 이득(식 12.2)을 사용하기 때문에 이 알고리즘의 활용도는 제한된다. 연속적인 문제의 경우, λ 이득을 알아내는 것은 기술적으로 불가능하다. λ 이득은 n단계 이득에 의존하는데, n이 어느 정도 큰 값을 가질 경우 언제인지 모를 먼 미래에 존재할 보상에 의존하게 되기 때문이다. 하지만 이러한 의존성은 보상이 더 오래 지연될수록 더 약해지는데, 지연되는 각 단계마다 $\gamma\lambda$의 비율로 약해진다. 그렇다면, 몇 단계가 지난 이후에 보상의 나열을 중단하는 것이 자연스러운 근사 방법일 것이다. 이 책이 견지하고 있는 n단계 이득의 개념은 이것을 하기 위한 자연스러운 방법을 제공한다. 이 방법을 통해 잃어버린 보상은 가치 추정값으로 대체된다.

일반적으로, 어떤 미래의 수평선horizon h까지만 데이터가 주어졌을 때 시각 t에서의 **중단된 λ 이득** truncated λ-return을 다음과 같이 정의한다.

$$G_{t:h}^{\lambda} \doteq (1-\lambda)\sum_{n=1}^{h-t-1}\lambda^{n-1}G_{t:t+n} + \lambda^{h-t-1}G_{t:h}, \qquad 0 \le t < h \le T \quad \text{(식 12.9)}$$

이 방정식을 λ 이득(식 12.3)과 비교하면, 수평선 h가 이전에 종단 시각 T가 했던 역할과 같은 역할을 한다는 사실이 분명해진다. λ 이득에서는 전통적인 이득 G_t에 잔차 가중치가 주어지는 반면, 여기서는 잔차 가중치가 가장 길게 이어질 수 있는 n단계 이득 $G_{t:h}$에 주어진다(그림 12.2).

중단된 λ 이득은 7장의 n단계 방법과 유사한 일군의 n단계 λ 이득 알고리즘을 즉각적으로 발생시킨다. 이 모든 알고리즘에서 갱신은 n단계 지연되고 오직 처음 n개의 보상만을 고려하지만, 이제는 $1 \le k \le n$에 해당하는 모든 k단계 이득이 사용된다(반면, 이전의 n단계 알고리즘은 오직 n단계 이득만 사용했다). 그리고 이 이득은 그림 12.2에 표현된 것처럼 기하학적으로 가중치를 부여받는다. 상태 가치의 경우에는, 이러한 종류의 알고리즘이 중단된 TD(λ) 또는 TTD(λ)로 알려져 있다. 그림 12.7에 제시된 복합적 보강 다이어그램은 요소 갱신이 에피소드가 끝날 때까지 계속되지 않고, 많아야 n단계까지만 이어진다는 점을 제외하면, TD(λ)의 보강 다이어그램(그림 12.1)과 유사하다. TTD(λ)는 다음과 같이 정의된다(식 9.15 참고).

$$\mathbf{w}_{t+n} \doteq \mathbf{w}_{t+n-1} + \alpha \left[G_{t:t+n}^{\lambda} - \hat{v}(S_t, \mathbf{w}_{t+n-1}) \right] \nabla \hat{v}(S_t, \mathbf{w}_{t+n-1}), \qquad 0 \le t < T$$

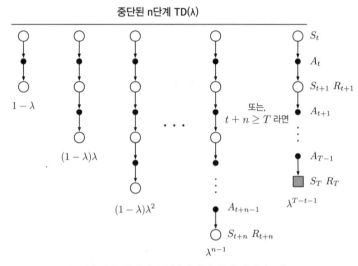

그림 12.7 중단된 TD(λ)에 대한 보강 다이어그램

이 알고리즘은 단계별 계산량이 n에 따라 증가하지 않도록(물론 메모리는 증가할 수밖에 없다) 효율적으로 구현될 수 있다. n단계 TD 방법과 많이 유사하게, 처음 $n-1$ 시간 단계에 대해서는 갱신이 이루어지지 않고 에피소드가 종료할 때 $n-1$번의 갱신이 한 번에 이루어진다. k단계 λ 이득이 다음과 같이 정확하게 표현될 수 있다는 사실이 효율적 구현을 가능하게 한다.

$$G_{t:t+k}^{\lambda} = \hat{v}(S_t, \mathbf{w}_{t-1}) + \sum_{i=t}^{t+k-1} (\gamma\lambda)^{i-t} \delta_i' \tag{식 12.10}$$

여기서

$$\delta_t' \doteq R_{t+1} + \gamma\hat{v}(S_{t+1}, \mathbf{w}_t) - \hat{v}(S_t, \mathbf{w}_{t-1})$$

연습 12.5 이 책에서(보통 연습문제에서) 가치 함수가 상수라면 이득이 TD 오차의 합으로 표현될 수 있음을 여러 번 보여주었다. 식 12.10도 이러한 경우에 해당되는데, 그 이유는 무엇인가? 식 12.10을 증명하라. □

12.4 다시 갱신하기: 온라인 λ 이득 알고리즘

중단된 TD(λ)에서 중단 파라미터 n을 선택하는 데 있어 상충관계를 고려해야 한다. 오프라인 λ 이득 알고리즘을 정밀하게 근사하기 위해서는 n이 충분히 큰 값을 가져야 하지만, 갱신이 신속히 수행되어 행동에 신속하게 영향을 줄 수 있으려면 n은 작은 값을 가져야 한다. 이 둘을 모두 만족시킬 수 있을까? 생각해 보면, 비록 계산의 복잡도는 증가하겠지만 원칙적으로는 가능하다.

방법은 이렇다. 매 시간 데이터가 새롭게 들어올 때마다 다시 이전으로 돌아가서 현재 에피소드가 시작한 곳에서부터 모든 갱신을 다시 수행하는 것이다. 새롭게 수행된 갱신은 이전의 갱신보다 더 좋을 것이다. 이번에는 새로 들어온 데이터를 고려할 수 있기 때문이다. 다시 말해, 갱신은 항상 중단된 λ 이득 목표를 향해서 이루어지지만 항상 최신의 데이터를 활용하게 된다. 에피소드에 걸친 매번의 갱신에서 좀 더 긴 수평선을 적용하여 좀 더 좋은 결과를 얻을 수 있다. 중단된 λ 이득이 다음과 같이 갱신된다는 사실을 상기하자.

$$G_{t:h}^{\lambda} \;\doteq\; (1-\lambda) \sum_{n=1}^{h-t-1} \lambda^{n-1} G_{t:t+n} \;+\; \lambda^{h-t-1} G_{t:h}$$

계산 복잡도가 문제가 되지 않는다면 이 목표가 어떻게 이상적으로 사용될 수 있을지 생각해 보자. 에피소드가 시간 단계 0에서 추정값과 함께 시작한다. 이 추정값은 이전 에피소드의 마지막에 얻은 가중치 $\mathbf{w}_0$를 이용하여 계산한 추정값이다. 데이터 수평선이 시간 단계 1로 확장되면 학습이 시작된다. 수평선 1까지의 데이터가 주어졌을 때 단계 0에서의 추정값에 대한 목표로 가능한 것은 단일 단계 이득 $G_{0:1}$이 유일하다. 이 이득은 추정값 $\hat{v}(S_1, \mathbf{w}_0)$로부터 부트스트랩된 것으로서 R_1을 포함한다. 위 방정식의 첫 번째 항에 있는 합계가 0으로 사라지기 때문에 이 이득은 정확히 $G_{0:1}^{\lambda}$와 같아진다. 이 갱신 목표를 이용하여, $\mathbf{w}_1$을 만들어 낸다. 그런 다음, 데이터 수평선을 단계 2로 확장한 후, 이젠 무엇을 해야 할까? 새로운 $\mathbf{w}_1$뿐만 아니라 R_2 및 S_2 형태의 새로운 데이터도 주어졌기 때문에 이제 상태 S_1로부터의 두 번째 갱신을 위한 더 좋은 갱신 목표 $G_{1:2}^{\lambda}$뿐만 아니라 상태 S_0으로부터의 첫 번째 갱신을 위한 더 좋은 갱신 목표 $G_{0:2}^{\lambda}$도 만들 수 있다. 이러한 향상된 목표를 이용하여, S_1과 S_2에서 갱신을 다시 수행하여 $\mathbf{w}_0$로부터 $\mathbf{w}_2$를 만들

수 있다. 이제 수평선을 단계 3으로 확장하고, 모든 과정을 되돌아가서 세 개의 새로운 목표를 만들고, 모든 갱신을 다시 수행하여 $\mathbf{w}_0$로부터 $\mathbf{w}_3$를 만드는 과정을 반복한다. 계속 이 과정을 반복한다. 수평선이 한 단계씩 확장될 때마다, 모든 갱신이 $\mathbf{w}_0$를 시작으로 이전 수평선에서의 가중치 벡터를 이용하여 다시 수행된다.

이 개념적인 알고리즘은 에피소드에 걸친 다수의 과정을 포함한다. 수평선마다 하나의 과정이 있고 이들은 각기 다른 가중치 벡터의 나열을 생성한다. 이것을 분명하게 설명하기 위해 서로 다른 수평선에서 계산된 가중치 벡터들을 구별해야 한다. 수평선 h까지 가는 과정에서 가치를 생성하기 위해 시각 t에 사용된 가중치를 $\mathbf{w}_t^h$로 표기하자. 각 과정의 첫 번째 가중치 벡터 $\mathbf{w}_0^h$는 이전 에피소드에서 유래한 값이고(따라서 이들은 모든 h에 대해 동일하다), 각 과정의 마지막 가중치 벡터 $\mathbf{w}_h^h$는 알고리즘이 궁극적으로 도출해야 하는 가중치 벡터의 나열을 나타낸다. 마지막 수평선 $h = T$에서의 마지막 가중치 $\mathbf{w}_T^T$는 다음 에피소드로 전달되어 다음 에피소드의 초기 가중치가 된다. 이러한 표기법을 기반으로, 이전 문단에서 설명한 처음 세 번의 과정을 다음과 같이 분명하게 표현할 수 있다.

$$h = 1: \quad \mathbf{w}_1^1 \doteq \mathbf{w}_0^1 + \alpha \left[G_{0:1}^\lambda - \hat{v}(S_0, \mathbf{w}_0^1) \right] \nabla \hat{v}(S_0, \mathbf{w}_0^1)$$

$$h = 2: \quad \mathbf{w}_1^2 \doteq \mathbf{w}_0^2 + \alpha \left[G_{0:2}^\lambda - \hat{v}(S_0, \mathbf{w}_0^2) \right] \nabla \hat{v}(S_0, \mathbf{w}_0^2)$$
$$\mathbf{w}_2^2 \doteq \mathbf{w}_1^2 + \alpha \left[G_{1:2}^\lambda - \hat{v}(S_1, \mathbf{w}_1^2) \right] \nabla \hat{v}(S_1, \mathbf{w}_1^2)$$

$$h = 3: \quad \mathbf{w}_1^3 \doteq \mathbf{w}_0^3 + \alpha \left[G_{0:3}^\lambda - \hat{v}(S_0, \mathbf{w}_0^3) \right] \nabla \hat{v}(S_0, \mathbf{w}_0^3)$$
$$\mathbf{w}_2^3 \doteq \mathbf{w}_1^3 + \alpha \left[G_{1:3}^\lambda - \hat{v}(S_1, \mathbf{w}_1^3) \right] \nabla \hat{v}(S_1, \mathbf{w}_1^3)$$
$$\mathbf{w}_3^3 \doteq \mathbf{w}_2^3 + \alpha \left[G_{2:3}^\lambda - \hat{v}(S_2, \mathbf{w}_2^3) \right] \nabla \hat{v}(S_2, \mathbf{w}_2^3)$$

갱신을 위한 일반적인 형태는 다음과 같다.

$$\mathbf{w}_{t+1}^h \doteq \mathbf{w}_t^h + \alpha \left[G_{t:h}^\lambda - \hat{v}(S_t, \mathbf{w}_t^h) \right] \nabla \hat{v}(S_t, \mathbf{w}_t^h), \quad 0 \le t < h \le T$$

이 갱신은 $\mathbf{w}_t \doteq \mathbf{w}_t^t$와 함께 **온라인 λ 이득 알고리즘**online λ-return algorithm을 정의한다.

온라인 λ 이득 알고리즘은 완전히 온라인으로 수행되면서 오로지 시각 t에서 얻을 수 있는 정보만을 이용하여 에피소드 기간 동안 각 단계 t에서 새로운 가중치 벡터 $\mathbf{w}_t$를 결정한다. 이 알고리즘의 주된 단점은 계산이 복잡하다는 것이다. 이것은 단계마다 그 단계까지 오는 동안 에피소드 내에서 경험했던 모든 것을 갱신하기 때문이다. 이 알고리즘은 에피소드가 종료될 때 모든 단계를 한 번에 갱신하지만 에피소드 기간 동안에는 어떠한 갱신도 하지 않는 오프라인 λ 이득 알고리즘보다 분명히 더 복잡하다. 복잡한 것에 대한 대가로, 온라인 알고리즘이 오프라인 알고리즘보다 더 좋은 성능을 낼 것으로 기대할 수 있다. 오프라인 알고리즘은 갱신을 수행하지 않고 온라인 알고리즘만 갱신을 수행하는 에피소드의 기간에 대해서도 그렇지만 에피소드가 종료될 때에도 온라인 알고리즘의 성능이 더 좋을 것으로 기대할 수 있다. 이것은 부트스트랩에서($G_{t:h}^{\lambda}$에서) 사용된 가중치 벡터가 더 많은 수의 유익한 갱신을 거쳐 만들어졌기 때문이다. 19개의 상태를 갖는 무작위 행보 문제에 대해 이 두 알고리즘을 비교하는 그림 12.8을 자세히 관찰하면 이러한 효과를 발견할 수 있다.

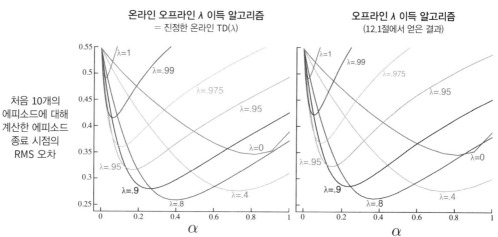

그림 12.8 19개의 상태를 갖는 무작위 행보 결과(예제 7.1): 온라인 및 오프라인 λ 이득 알고리즘의 성능. 여기서 성능 지표는 에피소드 종료 시점에서의 $\overline{\text{VE}}$인데, 에피소드의 종료 시점은 오프라인 알고리즘이 가장 좋은 성능을 낼 수 있는 시점이다. 그럼에도 불구하고, 온라인 알고리즘이 미묘하게 더 좋은 성능을 보여준다. 비교를 위해, λ = 0인 경우의 결과는 두 방법 모두에 대해 동일하다.

12.5 진정한 온라인 TD(λ)

방금 제시한 온라인 λ 이득 알고리즘은 현재로선 가장 성능이 좋은 시간차 알고리즘이다. 이 알고리즘은 온라인 TD(λ)가 유일하게 근사하고자 하는 이상향이다. 하지만 이미 제시했듯이 온라인 λ 이득 알고리즘은 매우 복잡하다. 적격 흔적을 이용하여 이 전방 관점 알고리즘을 뒤집어서 효율적인 후방 관점 알고리즘을 만드는 방법이 있을까? 선형 함수 근사의 경우에 대해 온라인 λ 이득 알고리즘을 계산적으로 적절하고도 정확하게 구현한 것이 정말로 존재한다. 이렇게 구현한 알고리즘은 진정한 온라인 TD(λ) 알고리즘으로 알려져 있는데, 이것은 이 알고리즘이 TD(λ) 알고리즘보다 '더 진정한' 온라인 λ 이득 알고리즘의 이상향이기 때문이다.

진정한 온라인 TD(λ)를 유도하는 과정은 다소 복잡해서 여기서는 제시하지 않았지만(다음 절과 반 세이젠 외(2016)의 논문에 있는 부록 참고), 전략은 간단하다. 온라인 λ 이득 알고리즘에 의해 만들어지는 가중치 벡터의 나열은 다음과 같이 삼각형 구조로 정리할 수 있다.

$$
\begin{array}{llllll}
\mathbf{w}_0^0 & & & & & \\
\mathbf{w}_0^1 & \mathbf{w}_1^1 & & & & \\
\mathbf{w}_0^2 & \mathbf{w}_1^2 & \mathbf{w}_2^2 & & & \\
\mathbf{w}_0^3 & \mathbf{w}_1^3 & \mathbf{w}_2^3 & \mathbf{w}_3^3 & & \\
\vdots & \vdots & \vdots & \vdots & \ddots & \\
\mathbf{w}_0^T & \mathbf{w}_1^T & \mathbf{w}_2^T & \mathbf{w}_3^T & \cdots & \mathbf{w}_T^T
\end{array}
$$

이 삼각형의 행 하나가 매 시간 단계마다 만들어진다. 대각선 방향에 있는 가중치 벡터 $\mathbf{w}_t^t$가 유일하게 진정으로 필요한 것이다. 대각선 방향의 첫 번째 항인 $\mathbf{w}_0^0$는 에피소드의 초기 가중치 벡터이고, 마지막 항인 $\mathbf{w}_T^T$는 마지막 가중치 벡터다. 그리고 대각선 방향에 놓인 각각의 가중치 벡터 $\mathbf{w}_t^t$는 갱신의 n단계 이득을 계산하기 위한 부트스트랩에서 일정 부분 역할을 수행한다. 최종 알고리즘에서는 대각선 방향에 있는 가중치 벡터의 이름에서 아래 첨자를 제외하고 $\mathbf{w}_t \doteq \mathbf{w}_t^t$로 표기한다. 이제 전략은 $\mathbf{w}_t^t$를 각각의 이전 값으로부터 계산하는 간단하고 효율적인 방법을 찾는 것이다. $\hat{v}(s, \mathbf{w}) = \mathbf{w}^\top \mathbf{x}(s)$를 만족하는 선형의 경우에 대해 이러한 계산이 완료되면, 다음과 같은 진정한 온라인 TD(λ) 알고리즘을 얻는다.

$$
\mathbf{w}_{t+1} \doteq \mathbf{w}_t + \alpha \delta_t \mathbf{z}_t + \alpha \left(\mathbf{w}_t^\top \mathbf{x}_t - \mathbf{w}_{t-1}^\top \mathbf{x}_t \right) \left(\mathbf{z}_t - \mathbf{x}_t \right)
$$

여기서 $\mathbf{x}_t \doteq \mathbf{x}(S_t)$로 줄여서 표현했고, δ_t는 TD(λ)(식 12.6)에서와 같이 정의되고, $\mathbf{z}_t$는 다음과 같이 정의된다.

$$
\mathbf{z}_t \doteq \gamma \lambda \mathbf{z}_{t-1} + \left(1 - \alpha \gamma \lambda \mathbf{z}_{t-1}^\top \mathbf{x}_t \right) \mathbf{x}_t \tag{식 12.11}
$$

이 알고리즘이 온라인 λ 이득 알고리즘이 만들어 내는 가중치 벡터의 나열 $\mathbf{w}_t$, $0 \leq t \leq T$와 정확히 동일한 나열을 만들어 낸다는 사실이 증명되었다(반 세이젠 외, 2016). 따라서 그림 12.8의 왼쪽에 제시된 무작위 행보 문제에 대한 결과는 진정한 온라인 TD(λ) 알고리즘의 결과이기도 하다. 하지만 진정한 온라인 TD(λ) 알고리즘이 훨씬 더 적은 계산량과 메모리를 사용한다. 진정한 온라인 TD(λ) 알고리즘이 필요로 하는 메모리는 전통적인 TD(λ) 알고리즘이 필요로 하는 것과 동일하다. 하지만 단계별 계산 능력은 50% 정도 증가한다(적격 흔적 갱신 과정에서 내적 계산이 하나 더 존재한다). 전반적으로, 단계별 계산 복잡도는 TD(λ)와 같이 $O(d)$의 수준으로 유지된다. 완전한 알고리즘의 의사코드가 다음 글상자에 제시되어 있다.

입력: 평가 대상인 정책 π
입력: $\mathbf{x}(\text{종단}, \cdot) = \mathbf{0}$을 만족하는 특징 벡터 $\mathbf{x} : \mathcal{S}^+ \to \mathbb{R}^d$
알고리즘 파라미터: 시간 간격 $\alpha > 0$, 흔적 감퇴 비율 $\lambda \in [0, 1]$
가치 함수 가중치 $\mathbf{w} \in \mathbb{R}^d$를 초기화(**예** $\mathbf{w} = \mathbf{0}$)

각 에피소드에 대한 루프:
    상태를 초기화하고 초기 특징 벡터 $\mathbf{x}$를 획득
    $\mathbf{z} \leftarrow \mathbf{0}$ (d차원 벡터)
    $V_{old} \leftarrow 0$ (임시적인 스칼라 변수)
    에피소드의 각 단계에 대한 루프:
       | $A \sim \pi$를 선택
       | 행동 A를 취하고 R, $\mathbf{x}'$(다음 상태의 특징 벡터)을 관측
       | $V \leftarrow \mathbf{w}^\top \mathbf{x}$
       | $V' \leftarrow \mathbf{w}^\top \mathbf{x}'$
       | $\delta \leftarrow R + \gamma V' - V$
       | $\mathbf{z} \leftarrow \gamma \lambda \mathbf{z} + (1 - \alpha \gamma \lambda \mathbf{z}^\top \mathbf{x})\mathbf{x}$
       | $\mathbf{w} \leftarrow \mathbf{w} + \alpha(\delta + V - V_{old})\mathbf{z} - \alpha(V - V_{old})\mathbf{x}$
       | $V_{old} \leftarrow V'$
       | $\mathbf{x} \leftarrow \mathbf{x}'$
    $\mathbf{x}' = \mathbf{0}$이면 종료(이 조건은 종단 상태에 도달했다는 것을 알려줌)

진정한 온라인 TD(λ)에 사용된 적격 흔적(식 12.11)은 **누적 흔적**accumulating trace이라고 불리는 TD(λ)에 사용된 흔적(식 12.5)과 구별하기 위해 **더치 흔적**dutch trace이라고 불린다. 초기의 연구에서는 보통 **대체 흔적**replacing trace이라고 불리는 세 번째 종류의 흔적을 사용했다. 이것은 오직 표기반의 경우에 대해서만 정의되거나 타일 부호화에 의해 만들어지는 것과 같은 이진 특징 벡터에 대해 정의된다. 대체 흔적은 특징 벡터의 성분이 1인지 0인지에 따라 다음과 같이 성분별로 정의된다.

$$z_{i,t} \doteq \begin{cases} 1 & x_{i,t} = 1\text{인 경우} \\ \gamma \lambda z_{i,t-1} & \text{그 외} \end{cases} \qquad \text{(식 12.12)}$$

오늘날 대체 흔적은 더치 흔적을 대략적으로 근사한 것으로서 인식된다. 더치 흔적은 대체 흔적을 폭넓게 대체할 수 있다. 더치 흔적은 보통 대체 흔적보다 성능이 더 좋고 이론적 기반이 더 명확하다. 누적 흔적은 더치 흔적을 적용할 수 없는 비선형 함수 근사에 적용할 수 있기 때문에 여전히 관심을 받고 있다.

12.6 *몬테카를로 학습에서의 더치 흔적

적격 흔적이 역사적으로 TD 학습과 밀접하게 연관되어 있지만, 사실 적격 흔적은 TD 학습과 아무런 관계가 없다. 이 절에서 살펴보겠지만, 사실 적격 흔적은 몬테카를로 학습에서도 나타난다. 선형 MC 알고리즘(9장)이 전방 관점을 취하면, 더치 흔적을 사용하여 선형 MC 알고리즘과 동일하지만 필요한 계산량은 더 적은 후방 관점 알고리즘을 유도할 수 있음을 보여줄 것이다. 이것이 이 책에서 유일하게 증명하는 전방 관점과 후방 관점 동등성이다. 이 증명은 진정한 TD(λ)와 온라인 λ 이득 알고리즘의 동등성에 대한 증명과 느낌이 비슷하지만, 그보다는 더 간단하다.

경사도 몬테카를로 예측 알고리즘의 선형 버전(243쪽)은 에피소드의 각 시간 단계마다 다음과 같은 갱신의 나열을 만들어 낸다.

$$\mathbf{w}_{t+1} \doteq \mathbf{w}_t + \alpha \left[G - \mathbf{w}_t^\top \mathbf{x}_t \right] \mathbf{x}_t, \quad 0 \le t < T \tag{식 12.13}$$

예제를 단순화하기 위해, 여기서는 이득 G를 에피소드가 종료될 때 받는 단일 보상이고(이러한 이유로 G의 아래 첨자로 시각을 표시하지 않았다), 할인이 없다고 가정하겠다. 이 경우에 갱신은 최소 평균 제곱LMS 규칙으로도 알려져 있다. 몬테카를로 알고리즘이기 때문에, 모든 갱신은 최종 보상/이득에 따라 이루어진다. 따라서 에피소드가 종료될 때까지 아무것도 수행될 수가 없다. MC 알고리즘은 오프라인 알고리즘인데, MC 알고리즘의 이러한 측면을 향상시키려고 하지는 않겠다. 그보다는 단지 이 알고리즘을 좀 더 적은 양의 계산으로 구현하고자 한다. 여전히 가중치 벡터는 오직 에피소드가 종료되는 시점에서만 갱신할 것이다. 하지만 에피소드의 각 단계를 거치는 동안에도 종료 시점에서만큼 많은 계산은 아니지만 조금의 계산을 할 것이다. 이 계산으로 인해 단계별 계산의 복잡도 $O(d)$는 좀 더 균일한 분포를 갖게 되고, 에피소드의 종료 시점에서 사용하기 위해 매 단계에서 특징 벡터를 저장할 필요도 사라진다. 대신, 현재 시점까지 관측한 모든 특징 벡터에 대한 요약 정보를 담고 있는 적격 흔적을 위해 추가적인 메모리가 필요하다. 이렇다 하더라도 MC 갱신의 나열(식 12.13)과 정확하게 일치하는 전체 갱신을 다음과 같이 에피소드 종료 시점에 효율적으로 재생산하는 데는 무리가 없을 것이다.

$$\begin{aligned}
\mathbf{w}_T &= \mathbf{w}_{T-1} + \alpha \left(G - \mathbf{w}_{T-1}^\top \mathbf{x}_{T-1} \right) \mathbf{x}_{T-1} \\
&= \mathbf{w}_{T-1} + \alpha \mathbf{x}_{T-1} \left(-\mathbf{x}_{T-1}^\top \mathbf{w}_{T-1} \right) + \alpha G \mathbf{x}_{T-1} \\
&= \left(\mathbf{I} - \alpha \mathbf{x}_{T-1} \mathbf{x}_{T-1}^\top \right) \mathbf{w}_{T-1} + \alpha G \mathbf{x}_{T-1} \\
&= \mathbf{F}_{T-1} \mathbf{w}_{T-1} + \alpha G \mathbf{x}_{T-1}
\end{aligned}$$

여기서 $\mathbf{F}_t \doteq \mathbf{I} - \alpha \mathbf{x}_t \mathbf{x}_t^\top$는 **망각**forgetting 행렬 또는 **감퇴**fading 행렬이다. 위 식은 다음과 같이 다시 이어진다.

$$= \mathbf{F}_{T-1}\left(\mathbf{F}_{T-2}\mathbf{w}_{T-2} + \alpha G \mathbf{x}_{T-2}\right) + \alpha G \mathbf{x}_{T-1}$$

$$= \mathbf{F}_{T-1}\mathbf{F}_{T-2}\mathbf{w}_{T-2} + \alpha G\left(\mathbf{F}_{T-1}\mathbf{x}_{T-2} + \mathbf{x}_{T-1}\right)$$

$$= \mathbf{F}_{T-1}\mathbf{F}_{T-2}\left(\mathbf{F}_{T-3}\mathbf{w}_{T-3} + \alpha G\mathbf{x}_{T-3}\right) + \alpha G\left(\mathbf{F}_{T-1}\mathbf{x}_{T-2} + \mathbf{x}_{T-1}\right)$$

$$= \mathbf{F}_{T-1}\mathbf{F}_{T-2}\mathbf{F}_{T-3}\mathbf{w}_{T-3} + \alpha G\left(\mathbf{F}_{T-1}\mathbf{F}_{T-2}\mathbf{x}_{T-3} + \mathbf{F}_{T-1}\mathbf{x}_{T-2} + \mathbf{x}_{T-1}\right)$$

$$\vdots$$

$$= \underbrace{\mathbf{F}_{T-1}\mathbf{F}_{T-2}\cdots\mathbf{F}_0\mathbf{w}_0}_{\mathbf{a}_{T-1}} + \alpha G \underbrace{\sum_{k=0}^{T-1}\mathbf{F}_{T-1}\mathbf{F}_{T-2}\cdots\mathbf{F}_{k+1}\mathbf{x}_k}_{\mathbf{z}_{T-1}}$$

$$= \mathbf{a}_{T-1} + \alpha G\mathbf{z}_{T-1} \tag{식 12.14}$$

여기서 $\mathbf{a}_{T-1}$과 $\mathbf{z}_{T-1}$은 G에 대한 정보 없이 $O(d)$의 단계별 복잡도로 점정적으로 갱신될 수 있는 두 개의 보조 메모리 벡터에 대한 $T-1$ 시점에서의 값이다. $\mathbf{z}_t$ 벡터는 사실 더치 스타일의 적격 흔적이다. 이것은 $\mathbf{z}_0 = \mathbf{x}_0$로 초기화되고 다음과 같이 갱신된다.

$$\mathbf{z}_t \doteq \sum_{k=0}^{t}\mathbf{F}_t\mathbf{F}_{t-1}\cdots\mathbf{F}_{k+1}\mathbf{x}_k, \qquad 1 \le t < T$$

$$= \sum_{k=0}^{t-1}\mathbf{F}_t\mathbf{F}_{t-1}\cdots\mathbf{F}_{k+1}\mathbf{x}_k + \mathbf{x}_t$$

$$= \mathbf{F}_t\sum_{k=0}^{t-1}\mathbf{F}_{t-1}\mathbf{F}_{t-2}\cdots\mathbf{F}_{k+1}\mathbf{x}_k + \mathbf{x}_t$$

$$= \mathbf{F}_t\mathbf{z}_{t-1} + \mathbf{x}_t$$

$$= \left(\mathbf{I} - \alpha\mathbf{x}_t\mathbf{x}_t^\top\right)\mathbf{z}_{t-1} + \mathbf{x}_t$$

$$= \mathbf{z}_{t-1} - \alpha\mathbf{x}_t\mathbf{x}_t^\top\mathbf{z}_{t-1} + \mathbf{x}_t$$

$$= \mathbf{z}_{t-1} - \alpha\left(\mathbf{z}_{t-1}^\top\mathbf{x}_t\right)\mathbf{x}_t + \mathbf{x}_t$$

$$= \mathbf{z}_{t-1} + \left(1 - \alpha\mathbf{z}_{t-1}^\top\mathbf{x}_t\right)\mathbf{x}_t$$

이 식은 $\gamma\lambda = 1$인 경우에 대한 더치 흔적이다(식 12.11 참고). 보조 벡터 $\mathbf{a}_t$는 $\mathbf{a}_0 = \mathbf{w}_0$로 초기화 되고 다음과 같이 갱신된다.

$$\mathbf{a}_t \doteq \mathbf{F}_t\mathbf{F}_{t-1}\cdots\mathbf{F}_0\mathbf{w}_0 = \mathbf{F}_t\mathbf{a}_{t-1} = \mathbf{a}_{t-1} - \alpha\mathbf{x}_t\mathbf{x}_t^\top\mathbf{a}_{t-1}, \quad 1 \le t < T$$

보조 벡터 $\mathbf{a}_t$와 $\mathbf{z}_t$는 $t < T$인 모든 시간 단계에서 갱신되고, G가 관측되는 시간 단계 T에서는 식 12.14를 통해 $\mathbf{w}_T$를 계산하는 데 활용된다. 이러한 방식으로 계산량이 많이 소요되는 MC/LMS 알고리즘(식 12.13)의 최종 결과와 정확하게 일치하는 결과를 얻게 되지만, 이렇게 도출된 점증적 알고리즘의 시간 및 메모리에 대한 단계별 복잡도는 $O(d)$이다. 이러한 결과는 놀랍기도 하고 흥미롭기도 하다. 적격 흔적(특히 더치 흔적)의 개념이 시간차TD 학습이 포함되지 않은 설정 속에서 발생했기 때문이다(이것은 반 세이젠과 서튼(2014)의 결과와는 상반되는 것이다). 적격 흔적이 TD 학

습에서만 발생하는 것은 전혀 아닌 것처럼 보인다. 적격 흔적은 좀 더 근본적인 것이다. 장기간의 예측을 효율적인 방법으로 학습하고자 할 때면 언제든지 적격 흔적이 필요한 것처럼 보인다.

12.7 살사(λ)

적격 흔적을 행동 가치 방법으로 확장하기 위해서는 이 장에서 이미 제시한 방법들을 아주 조금만 변경하면 된다. 근사적 상태 가치 $\hat{v}(s, \mathbf{w})$가 아닌 근사적 행동 가치 $\hat{q}(s, a, \mathbf{w})$를 학습하기 위해, 10장에 제시했던 다음과 같은 n단계 이득의 행동 가치 버전을 사용할 필요가 있다.

$$G_{t:t+n} \doteq R_{t+1} + \cdots + \gamma^{n-1} R_{t+n} + \gamma^n \hat{q}(S_{t+n}, A_{t+n}, \mathbf{w}_{t+n-1}), \qquad t+n < T$$

여기서 $t + n \geq T$일 경우 $G_{t:t+n} \doteq G_t$이다. 이 식을 사용하여 중단된 λ 이득의 행동 가치 형태를 만들 수 있다. 상태 가치의 경우에 이것은 상태 가치 형태(식 12.9)가 된다. 오프라인 λ 이득 알고리즘(식 12.4)의 행동 가치 형태는 단순히 $\hat{v}$를 $\hat{q}$로 변경함으로써 다음과 같이 표현된다.

$$\mathbf{w}_{t+1} \doteq \mathbf{w}_t + \alpha \Big[G_t^\lambda - \hat{q}(S_t, A_t, \mathbf{w}_t) \Big] \nabla \hat{q}(S_t, A_t, \mathbf{w}_t), \quad t = 0, \dots, T-1 \qquad \text{(식 12.15)}$$

여기서 $G_t^\lambda \doteq G_{t:\infty}^\lambda$이다. 이러한 전방 관점에 대한 복합적 보강 다이어그램은 그림 12.9에 표현되어 있다. 이 다이어그램은 TD(λ) 알고리즘에 대한 보강 다이어그램(그림 12.1)과 유사하다. 첫 번째 갱신은 하나의 완전한 단계를 내다보고 다음 상태-행동 쌍으로 나아간다. 두 번째 갱신은 두 단계를 내다보고 두 번째 상태-행동 쌍으로 나아간다. 이러한 과정이 반복된다. 최종 갱신은 완전한 이득을 기반으로 한다. λ 이득에서 각각의 n단계 갱신의 가중치는 TD(λ) 알고리즘 및 λ 이득 알고리즘(식 12.3)에서와 같다.

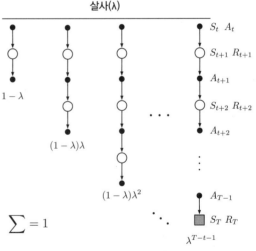

그림 12.9 살사(λ)의 보강 다이어그램. 그림 12.1과 비교해 보라.

살사(λ)로 알려진 행동 가치에 대한 시간차 방법은 이러한 전방 관점을 근사한다. 살사(λ)의 갱신 규칙은 앞서 제시한 TD(λ)의 갱신 규칙과 동일한 것으로서, 다음과 같이 주어진다.

$$\mathbf{w}_{t+1} \doteq \mathbf{w}_t + \alpha \delta_t \mathbf{z}_t$$

당연하겠지만, 이 식에서 한 가지 다른 점은 TD 오차의 행동 가치 형태를 사용한다는 것이다. 이것은 다음과 같이 표현된다.

$$\delta_t \doteq R_{t+1} + \gamma \hat{q}(S_{t+1}, A_{t+1}, \mathbf{w}_t) - \hat{q}(S_t, A_t, \mathbf{w}_t) \tag{식 12.16}$$

그리고 적격 흔적의 행동 가치 형태는 다음과 같이 표현된다.

$$\mathbf{z}_{-1} \doteq \mathbf{0},$$
$$\mathbf{z}_t \doteq \gamma \lambda \mathbf{z}_{t-1} + \nabla \hat{q}(S_t, A_t, \mathbf{w}_t), \quad 0 \le t \le T$$

선형 함수 근사, 이진 특징 및 누적 흔적 또는 대체 흔적을 적용한 살사(λ)의 완전한 의사코드 가 다음 글상자에 제시되어 있다. 이 의사코드는 이진 특징(특징은 활성(= 1) 또는 비활성(= 0)이다) 이라는 특별한 경우에 수행할 수 있는 몇 가지 최적화를 강조한다.

이진 특징을 적용한 살사(λ)와 $\mathbf{w}^\top \mathbf{x} \approx q_\pi$ 또는 q_*를 추정하기 위한 선형 함수 근사

입력: s, a에 대해 활성 특징의 (인덱스의) 집합을 도출하는 함수 $\mathcal{F}(s, a)$
입력: (q_π를 추정하는 경우) 정책 π
알고리즘 파라미터: 시간 간격 $\alpha > 0$, 흔적 감퇴 비율 $\lambda \in [0, 1]$
초기화: $\mathbf{w} = (\mathbf{w}_1, ..., \mathbf{w}_d)^\top \in \mathbb{R}^d$(**예** $\mathbf{w} = \mathbf{0}$), $\mathbf{z} = (z_1, ..., z_d)^\top \in \mathbb{R}^d$

각 에피소드에 대한 루프:
    S를 초기화
    $\pi(\cdot \mid S)$ 또는 입실론 탐욕적 정책을 따르는 행동 A를 $\hat{q}(S, \cdot, \mathbf{w})$에 따라 선택
    $\mathbf{z} \leftarrow \mathbf{0}$
    에피소드의 각 단계에 대한 루프:
        행동 A를 취하고, R, S'을 관측
        $\delta \leftarrow R$
        $\mathcal{F}(S, A)$ 내부의 i에 대한 루프:
            $\delta \leftarrow \delta - w_i$
            $z_i \leftarrow z_i + 1$ (누적 흔적)
            또는 $z_i \leftarrow 1$ (대체 흔적)
        S'이 종단이면:
            $\mathbf{w} \leftarrow \mathbf{w} + \alpha \delta \mathbf{z}$
            다음 에피소드로 이동
        $\pi(\cdot \mid S')$을 따르거나 또는 거의 탐욕적으로 $\hat{q}(S', \cdot, \mathbf{w})$를 따르는 행동 A'을 선택
        $\mathcal{F}(S', A')$ 내부의 i에 대한 루프: $\delta \leftarrow \delta + \gamma w_i$
        $\mathbf{w} \leftarrow \mathbf{w} + \alpha \delta \mathbf{z}$
        $\mathbf{z} \leftarrow \gamma \lambda \mathbf{z}$
        $S \leftarrow S'; A \leftarrow A'$

예제 12.1 **격자 공간에서의 흔적** 적격 흔적을 사용하면 단일 단계 방법보다 제어 알고리즘의 효율성을 상당히 증가시킬 수 있다. 심지어는 n단계 방법보다도 더 효율적이다. 이렇게 되는 이유는 아래 제시된 격자 공간 예제를 이용하여 설명할 수 있다.

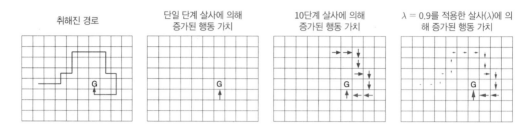

첫 번째 패널은 단일 에피소드에서 학습자가 취하는 행동의 경로를 나타낸다. 초기 추정값은 0으로 설정되었고, G라고 표시된 목표 위치에 도달하는 경우에 양의 보상을 받는 것을 제외하면 모든 보상은 0이다. 다른 패널에 있는 화살표는 다양한 알고리즘에 대해 목표 위치에 도달했을 때 어떤 행동 가치가 증가하는지, 그리고 얼마나 증가하는지를 보여준다. 단일 단계 방법은 오직 마지막 행동 가치만을 증가시킬 것이다. 반면에 n단계 방법은 마지막 n개 행동의 가치를 모두 동등하게 증가시킬 것이고, 적격 흔적 방법은 에피소드가 시작했을 때부터의 모든 행동 가치를 차등적으로 증가시킨다. 이때 갱신이 최신일수록 가치의 증가량은 감소한다. 이 중에서 갱신의 최신성에 따라 가치를 차등적으로 증가시키는 전략이 보통은 가장 좋은 성능을 보여준다. ∎

연습 12.6 진정한 온라인 알고리즘의 특징 벡터 없이 더치 흔적(식 12.11)을 이용하도록 살사(λ)의 의사코드를 수정하라. 선형 함수 근사 및 이진 특징을 가정하라. □

예제 12.2 **산악 자동차 문제에서의 살사(λ)** 그림 12.10(왼쪽)은 예제 10.1에 소개된 산악 자동차 문제에 살사(λ)를 적용한 결과를 보여준다. 함수 근사, 행동 선택, 환경에 대한 세부 사항들은 10장에서와 정확히 동일하기 때문에 이 결과를 10장에 제시된 n단계 살사에 대한 결과(그림의 오른쪽)와 수치적으로 비교하는 것이 적절하다. 이전의 결과에서는 갱신의 길이 n에 변화를 주었지만, 여기서 살사(λ)를 사용할 때는 유사한 역할을 하는 흔적 파라미터 λ에 변화를 주었다. 살사(λ)의 감퇴 흔적 부트스트랩 전략은 이 문제에 대해 더 효율적인 학습을 가능하게 하는 것처럼 보인다.

이상적인 TD 방법에 대한 행동 가치 버전인 온라인 λ 이득 알고리즘(12.4절)과 이 알고리즘을 효율적으로 구현한 진정한 온라인 TD(λ) 알고리즘(12.5절)도 있다. 12.4절의 모든 내용은 이 절을 시작할 때 제시한 n단계 이득의 행동 가치 버전을 사용하는 것 말고는 어떠한 변화도 가하지 않은 채로 적용할 수 있다. 12.5절 및 12.6절의 분석 역시 행동 가치에 대해 적용할 수 있다. 이 경우에는 상태 특징 벡터 $\mathbf{x}_t = \mathbf{x}(S_t)$ 대신 상태-행동 특징 벡터 $\mathbf{x}_t = \mathbf{x}(S_t, A_t)$를 사용하도록 변경하기만 하면 된다. 이렇게 도출된 진정한 온라인 살사(λ)라고 불리는 효율적인 알고리즘의 의사코드가 다음 페이지의 글상자에 제시되어 있다. 그림 12.11은 산악 자동차 예제에 적용한 살사(λ)의 다양한 버전의 성능을 비교한다. 마지막으로, **전방 살사(λ)**forward Sarsa(λ)(반 세이젠, 2016)라고 부르는 살사(λ)의 중단된 버전도 있다. 이 알고리즘은 다수 층위 인공 신경망과 함께 사용할 때 특별히 효과적으로 작동하는 모델 없는 제어 방법인 것처럼 보인다.

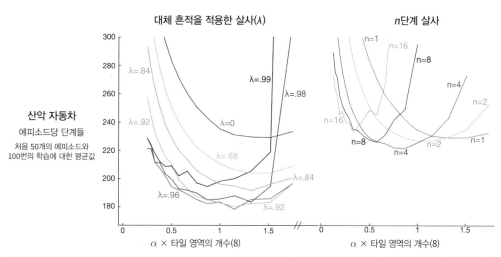

그림 12.10 산악 자동차 문제에서 대체 흔적을 적용한 살사(λ) 알고리즘의 초기 성능과 n단계 살사 알고리즘의 초기 성능(그림 10.4의 결과와 동일함)을 시간 간격 α에 따라 나타내었다.

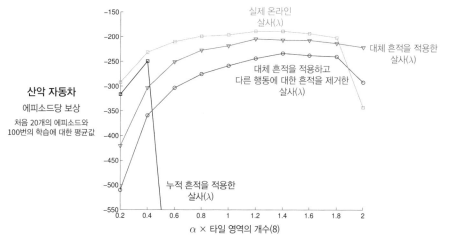

그림 12.11 산악 자동차 문제에 적용한 살사(λ) 알고리즘의 다양한 버전에 대한 비교 요약. 누적 흔적을 적용할 경우와 대체 흔적을 적용할 경우 모두에 대해 진정한 온라인 살사(λ)가 보통의 살사(λ)보다 좋은 성능을 보여준다. 또한, 매 시간 단계에서 상태에 대한 흔적과 선택되지 않은 행동에 대한 흔적을 모두 0으로 설정하는 대체 흔적을 적용한 또 다른 살사(λ)의 성능도 그림에 포함했다. ■

$\mathbf{w}^\top \mathbf{x} \approx q_\pi$ 또는 q_*를 추정하기 위한 진정한 온라인 살사(λ)

입력: $\mathbf{x}$(종단, $\cdot$) $= \mathbf{0}$을 만족하는 특징 벡터 $\mathbf{x} : \mathcal{S}^+ \times \mathcal{A} \to \mathbb{R}^d$

입력: (q_π를 추정하는 경우) 정책 π

알고리즘 파라미터: 시간 간격 $\alpha > 0$, 흔적 감퇴 비율 $\lambda \in [0, 1]$

초기화: $\mathbf{w} \in \mathbb{R}^d$(예 $\mathbf{w} = \mathbf{0}$)

각 에피소드에 대한 루프:

    S를 초기화

    $\mathbf{w}$를 사용하여 상태 S로부터 $\pi(\cdot \,|\, S)$ 또는 거의 탐욕적인 정책을 따르는 행동 A를 선택

    $\mathbf{x} \leftarrow \mathbf{x}(S, A)$

    $\mathbf{z} \leftarrow \mathbf{0}$

    $Q_{old} \leftarrow 0$

    에피소드의 각 단계에 대한 루프:

    | 행동 A를 취하고, R, S'을 관측

    | $\mathbf{w}$를 사용하여 상태 S'으로부터 $\pi(\cdot \,|\, S')$ 또는 거의 탐욕적인 정책을 따르는 행동 A'을 선택

    | $\mathbf{x}' \leftarrow \mathbf{x}(S', A')$

    | $Q \leftarrow \mathbf{w}^\top \mathbf{x}$

    | $Q' \leftarrow \mathbf{w}^\top \mathbf{x}'$

    | $\delta \leftarrow R + \gamma Q' - Q$

    | $\mathbf{z} \leftarrow \gamma\lambda\mathbf{z} + (1 - \alpha\gamma\lambda\mathbf{z}^\top\mathbf{x})\mathbf{x}$

    | $\mathbf{w} \leftarrow \mathbf{w} + \alpha(\delta + Q - Q_{old})\mathbf{z} - \alpha(Q - Q_{old})\mathbf{x}$

    | $Q_{old} \leftarrow Q'$

    | $\mathbf{x} \leftarrow \mathbf{x}'$

    | $A \leftarrow A'$

    S'이 종단이면 종료

12.8 가변 λ 및 γ

이제 근본적인 TD 학습 알고리즘을 개발하는 과정의 마지막 부분에 대한 논의를 시작하겠다. 마지막 알고리즘을 가장 일반적인 형태로 제시하려면, 부트스트랩과 할인의 정도를 고정된 파라미터로부터 상태 및 행동에 의존할 수도 있는 함수로 일반화하는 것이 도움이 된다. 다시 말해, 매 시간 단계에서 각각 λ_t와 γ_t로 표현되는 서로 다른 값의 λ와 γ를 갖게 될 것이다. 이제 $\lambda : \mathcal{S} \times \mathcal{A} \to [0, 1]$이라고 표기한 것은 단일 시간 간격에서의 상태 및 행동에 대한 함수가 되도록 $\lambda_t \doteq \lambda(S_t, A_t)$로 변경하고, 이와 비슷하게 $\gamma : \mathcal{S} \to [0, 1]$이라고 표기한 것은 단일 시간 간격에서의 상태에 대한 함수가 되도록 $\gamma_t \doteq \gamma(S_t)$로 변경할 것이다.

종단 함수termination function γ를 사용하는 것은 특별히 중요하다. 근본적인 확률 변수인 이득의 기 댓값을 찾는 것이 목표인데, 이 함수가 이득을 변화시키기 때문이다. 이제 이득은 다음과 같이 좀 더 일반적으로 정의된다.

$$
\begin{aligned}
G_t &\doteq R_{t+1} + \gamma_{t+1}G_{t+1} \\
&= R_{t+1} + \gamma_{t+1}R_{t+2} + \gamma_{t+1}\gamma_{t+2}R_{t+3} + \gamma_{t+1}\gamma_{t+2}\gamma_{t+3}R_{t+4} + \cdots \\
&= \sum_{k=t}^{\infty} R_{k+1} \prod_{i=t+1}^{k} \gamma_i
\end{aligned}
$$
(식 12.17)

여기서 합계가 유한함을 보장하기 위해 모든 t에 대해 $\prod_{k=t}^{\infty} \gamma_k = 0$을 100% 만족해야 한다. 이 렇게 정의했을 때 한 가지 편리한 점은 에피소딕 설정이 가능하다는 것과 특별한 종단 상태, 시 작 분포, 또는 종단 시각 없이도 경험이라는 한 가지 정보만으로 알고리즘이 표현될 수 있다는 것이다. 지금까지의 종단 상태는 이제 $\gamma(s) = 0$을 만족하고 시작 분포로 전이하는 상태가 된다. 이러한 방식으로(그리고 모든 다른 상태에서 $\gamma(\cdot)$를 상수로 선택함으로써) 전통적인 에피소딕 설정을 하나의 특별한 경우로서 복원할 수 있다. 상태에 의존하는 종단은 **의사 종단**pseudo termination 같은 경우의 예측도 포함한다. 이 경우에는 마르코프 과정의 흐름을 변경하지 않고 어떤 값을 예측하 는 것이 목표다. 할인된 이득이 그러한 값이라고 생각할 수 있다. 그리고 바로 이러한 경우에, 상 태에 의존하면서 종단이 에피소딕인 경우와 할인이 적용된 연속적인 경우가 통합된다(할인 없는 연속적인 경우는 여전히 어떤 특별한 조치를 필요로 한다).

가변 부트스트랩으로 일반화하는 것은 할인을 적용하는 것처럼 문제를 변화시키는 것이 아니 라, 해를 구하는 전략을 변화시키는 것이다. 일반화는 상태 및 행동에 대한 λ 이득에 영향을 미 친다. 상태에 기반한 새로운 λ 이득은 다음과 같이 재귀적으로 표현될 수 있다.

$$
G_t^{\lambda s} \doteq R_{t+1} + \gamma_{t+1}\left((1 - \lambda_{t+1})\hat{v}(S_{t+1}, \mathbf{w}_t) + \lambda_{t+1}G_{t+1}^{\lambda s}\right)
$$
(식 12.18)

여기서는 이것이 행동 가치가 아니라 상태 가치로부터 부트스트랩하는 이득임을 표시하기 위해 λ의 위 첨자로 's'를 추가했다. 행동 가치로부터 부트스트랩하는 이득은 위 첨자를 'a'로 하여 아 래에 제시했다. 이 방정식은 λ 이득이 부트스트랩에 의해 영향받지 않고 할인도 되지 않은 첫 번 째 보상이거나, 다음 상태에서 할인을 하지 않는다는(다시 말해, γ_{t+1}에 따라 할인하지 않는다는) 전 제하에 어쩌면 여기에 두 번째 보상을 더한 값이라는 것을 알려준다(다음 상태가 종단이면 γ_{t+1}이 0임을 기억하라). 다음 상태가 종단 상태가 아닐 경우에는 두 번째 항도 포함하게 된다. 이때 이 두 번째 항은 상태에서 수행되는 부트스트랩의 정도에 따라 두 가지 경우로 나뉜다. 부트스트랩 을 하는 한 이 항은 해당 상태에서의 가치 추정값이 되는 반면에, 부트스트랩을 하지 않으면 이 항은 다음 시간 단계에 대한 λ 이득이 된다. 행동 기반의 λ 이득은 다음과 같은 살사 형태일 수도 있고,

$$G_t^{\lambda a} \doteq R_{t+1} + \gamma_{t+1}\Big((1 - \lambda_{t+1})\hat{q}(S_{t+1}, A_{t+1}, \mathbf{w}_t) + \lambda_{t+1}G_{t+1}^{\lambda a}\Big) \qquad \text{(식 12.19)}$$

또는 다음과 같은 기댓값 살사의 형태일 수도 있다.

$$G_t^{\lambda a} \doteq R_{t+1} + \gamma_{t+1}\Big((1 - \lambda_{t+1})\bar{V}_t(S_{t+1}) + \lambda_{t+1}G_{t+1}^{\lambda a}\Big) \qquad \text{(식 12.20)}$$

여기서 식 7.8은 다음과 같이 함수 근사의 형태로 일반화되었다.

$$\bar{V}_t(s) \doteq \sum_a \pi(a|s)\hat{q}(s, a, \mathbf{w}_t) \qquad \text{(식 12.21)}$$

연습 12.7 위에 제시된 세 가지 재귀적인 방정식을 각각 해당하는 중단된 형태로 일반화하라. 이 과정에서 $G_{t:h}^{\lambda s}$와 $G_{t:h}^{\lambda a}$를 정의하라. □

12.9 제어 변수가 있는 비활성 정책 흔적

마지막 단계는 중요도추출법을 적용하는 것이다. n단계 방법의 경우와 다르게, 중단되지 않은 완전한 λ 이득은 실제 상황에서 목표 이득 밖에서 중요도추출법이 행해지게 하는 선택을 할 수 없다. 대신, 부트스트랩을 통해 제어 변수가 있는 결정 단계별 중요도추출법(7.4절)을 직접 일반화할 것이다. 상태 가치를 다루는 경우에, λ 이득의 최종적인 정의는 식 7.13의 모델을 따라 식 12.18을 다음과 같이 일반화한 것이다.

$$G_t^{\lambda s} \doteq \rho_t\Big(R_{t+1} + \gamma_{t+1}\big((1 - \lambda_{t+1})\hat{v}(S_{t+1}, \mathbf{w}_t) + \lambda_{t+1}G_{t+1}^{\lambda s}\big)\Big) + (1 - \rho_t)\hat{v}(S_t, \mathbf{w}_t) \qquad \text{(식 12.22)}$$

여기서 $\rho_t = \frac{\pi(A_t|S_t)}{b(A_t|S_t)}$는 보통의 단일 단계 중요도추출비율이다. 이 책에서 봐왔던 다른 이득과 상당히 유사하게, 이 이득의 중단된 버전은 다음과 같은 상태 기반 TD 오차의 합계

$$\delta_t^s \doteq R_{t+1} + \gamma_{t+1}\hat{v}(S_{t+1}, \mathbf{w}_t) - \hat{v}(S_t, \mathbf{w}_t) \qquad \text{(식 12.23)}$$

를 이용하여 다음과 같이 근사할 수 있다.

$$G_t^{\lambda s} \approx \hat{v}(S_t, \mathbf{w}_t) + \rho_t \sum_{k=t}^{\infty} \delta_k^s \prod_{i=t+1}^{k} \gamma_i \lambda_i \rho_i \qquad \text{(식 12.24)}$$

이때 근사적 가치 함수가 변하지 않는다면 근사는 정확해진다.

연습 12.8 근사적 가치 함수가 변하지 않는다면 식 12.24가 정확한 근사가 된다는 것을 증명하라. 증명을 간단하게 하기 위해, $t = 0$인 경우를 고려하고 $V_k = \hat{v}(S_k, \mathbf{w})$의 표기법을 사용하라. □

연습 12.9 일반적인 비활성 정책 이득의 중단된 버전은 $G_{t:h}^{\lambda s}$로 표현된다. 이에 대한 올바른 방정식을 식 12.24에 기반하여 추측해 보라. □

위와 같은 형태의 λ 이득(식 12.24)은 다음과 같은 전방 관점 갱신에서 사용하기에 편리하다.

$$\mathbf{w}_{t+1} = \mathbf{w}_t + \alpha \left(G_t^{\lambda s} - \hat{v}(S_t, \mathbf{w}_t) \right) \nabla \hat{v}(S_t, \mathbf{w}_t)$$

$$\approx \mathbf{w}_t + \alpha \rho_t \left(\sum_{k=t}^{\infty} \delta_k^s \prod_{i=t+1}^{k} \gamma_i \lambda_i \rho_i \right) \nabla \hat{v}(S_t, \mathbf{w}_t)$$

관련 내용을 좀 아는 사람에게는 이 식이 적격 기반 TD 갱신처럼 보일 것이다(항들의 곱은 적격 흔적과 유사하며 TD 오차와 곱해진다). 하지만 이것은 단지 전방 관점의 한 단계일 뿐이다. 최종적으로 찾고자 하는 것은 시간에 따라 더해진 전방 관점 갱신이 시간에 따라 더해진 후방 관점 갱신과 근사적으로 동일함을 나타내는 관계식이다(여기서도 가치 함수의 변화가 없다고 가정하기 때문에 이 관계식은 오직 근사적인 것이다). 시간에 따른 전방 관점 갱신의 합계는 다음과 같이 표현된다.

$$\sum_{t=1}^{\infty} (\mathbf{w}_{t+1} - \mathbf{w}_t) \approx \sum_{t=1}^{\infty} \sum_{k=t}^{\infty} \alpha \rho_t \delta_k^s \nabla \hat{v}(S_t, \mathbf{w}_t) \prod_{i=t+1}^{k} \gamma_i \lambda_i \rho_i$$

$$= \sum_{k=1}^{\infty} \sum_{t=1}^{k} \alpha \rho_t \nabla \hat{v}(S_t, \mathbf{w}_t) \delta_k^s \prod_{i=t+1}^{k} \gamma_i \lambda_i \rho_i$$

$$\left(\sum_{t=x}^{y} \sum_{k=t}^{y} = \sum_{k=x}^{y} \sum_{t=x}^{k} \text{의 합산 규칙을 이용하면} \right)$$

$$= \sum_{k=1}^{\infty} \alpha \delta_k^s \sum_{t=1}^{k} \rho_t \nabla \hat{v}(S_t, \mathbf{w}_t) \prod_{i=t+1}^{k} \gamma_i \lambda_i \rho_i$$

지금부터 가능하다는 것을 보이겠지만, 두 번째 합계의 대상이 되는 모든 표현이 적격 흔적으로서 점증적으로 표현되고 갱신될 수 있다면 이 식은 후방 관점 TD 갱신을 합한 형태가 될 것이다. 다시 말해, 두 번째 합계의 대상이 되는 표현이 시각 k에서의 흔적이라면 그 표현의 시각 $k-1$에서의 가치로부터 그 표현을 다음과 같이 갱신할 수 있다.

$$\mathbf{z}_k = \sum_{t=1}^{k} \rho_t \nabla \hat{v}(S_t, \mathbf{w}_t) \prod_{i=t+1}^{k} \gamma_i \lambda_i \rho_i$$

$$= \sum_{t=1}^{k-1} \rho_t \nabla \hat{v}(S_t, \mathbf{w}_t) \prod_{i=t+1}^{k} \gamma_i \lambda_i \rho_i \quad + \quad \rho_k \nabla \hat{v}(S_k, \mathbf{w}_k)$$

$$= \gamma_k \lambda_k \rho_k \underbrace{\sum_{t=1}^{k-1} \rho_t \nabla \hat{v}(S_t, \mathbf{w}_t) \prod_{i=t+1}^{k-1} \gamma_i \lambda_i \rho_i}_{\mathbf{z}_{k-1}} \quad + \quad \rho_k \nabla \hat{v}(S_k, \mathbf{w}_k)$$

$$= \rho_k \big(\gamma_k \lambda_k \mathbf{z}_{k-1} + \nabla \hat{v}(S_k, \mathbf{w}_k) \big)$$

이 식에서 인덱스 k를 t로 변경하면, 상태 가치에 대한 일반적인 누적 흔적 갱신이 된다. 이것은 다음과 같이 표현된다.

$$\mathbf{z}_t \doteq \rho_t \big(\gamma_t \lambda_t \mathbf{z}_{t-1} + \nabla \hat{v}(S_t, \mathbf{w}_t) \big) \tag{식 12.25}$$

이 적격 흔적은 TD(λ)(식 12.7)를 위한 보통의 준경사도 파라미터 갱신 규칙과 함께, 활성 정책 데이터 또는 비활성 정책 데이터에 적용할 수 있는 일반적인 TD(λ) 알고리즘을 형성한다. 활성 정책의 경우, ρ_t가 항상 1이고 식 12.25가 (변수 λ 및 γ로 확장된) 보통의 누적 흔적(식 12.5)이 되기 때문에 이 알고리즘은 정확히 TD(λ)가 된다. 비활성 정책의 경우 대개는 알고리즘이 잘 작동하지만, 준경사도 방법에서처럼 안정성이 보장되지는 않는다. 다음 몇 개의 절에서 이 알고리즘을 확장하여 안정성을 보장하는 방법을 생각해 볼 것이다.

이와 매우 유사한 일련의 단계들을 따르면 행동 가치 방법 및 그에 해당하는 일반적인 살사(λ) 알고리즘에 대한 비활성 정책 적격 흔적을 유도할 수 있다. 일반적인 행동 기반 λ 이득에 대한 재귀적 형태인 식 12.19 또는 식 12.20 중 어떤 것으로든 시작할 수 있지만, 후자(기댓값 살사 형태)를 이용하여 시작하는 편이 더 간단하다. 식 7.14의 모델을 따라 식 12.20을 비활성 정책의 경우로 다음과 같이 확장할 수 있다.

$$G_t^{\lambda a} \doteq R_{t+1} + \gamma_{t+1} \Big((1 - \lambda_{t+1}) \bar{V}_t(S_{t+1}) + \lambda_{t+1} \big[\rho_{t+1} G_{t+1}^{\lambda a} + \bar{V}_t(S_{t+1})$$
$$- \rho_{t+1} \hat{q}(S_{t+1}, A_{t+1}, \mathbf{w}_t) \big] \Big)$$
$$= R_{t+1} + \gamma_{t+1} \Big(\bar{V}_t(S_{t+1}) + \lambda_{t+1} \rho_{t+1} \big[G_{t+1}^{\lambda a} - \hat{q}(S_{t+1}, A_{t+1}, \mathbf{w}_t) \big] \Big) \tag{식 12.26}$$

여기서 $\bar{V}_t(S_{t+1})$은 식 12.21로 주어진다. 여기서도 λ 이득은 TD 오차의 합으로서 다음과 같이 근사적으로 표현할 수 있다.

$$G_t^{\lambda a} \approx \hat{q}(S_t, A_t, \mathbf{w}_t) + \sum_{k=t}^{\infty} \delta_k^a \prod_{i=t+1}^{k} \gamma_i \lambda_i \rho_i \tag{식 12.27}$$

이때 다음과 같은 행동 기반 TD 오차의 기댓값 형태가 사용된다.

$$\delta_t^a = R_{t+1} + \gamma_{t+1}\bar{V}_t(S_{t+1}) - \hat{q}(S_t, A_t, \mathbf{w}_t) \qquad \text{(식 12.28)}$$

전과 같이, 근사적 가치 함수가 변하지 않으면 근사는 정확해진다.

연습 12.10 가치 함수가 변하지 않으면 식 12.27이 정확해진다는 것을 증명하라. 증명을 간단하게 하기 위해, $t = 0$인 경우를 고려하고 $Q_k = \hat{q}(S_k, A_k, \mathbf{w})$의 표기법을 사용하라. 힌트: δ_0^a와 $G_0^{\lambda a}$를 먼저 표현하고, 그런 다음 $G_0^{\lambda a} - Q_0$를 표현하라. □

연습 12.11 일반적인 비활성 정책 이득의 중단된 버전은 $G_{t:h}^{\lambda a}$로 표현된다. 식 12.27에 기반하여 이에 대한 정확한 방정식을 추측하라. □

상태 가치를 다루는 경우에 대해 수행했던 절차와 전적으로 유사한 절차를 따라, 식 12.27에 기반하여 전방 관점을 표현하고, 합의 규칙을 이용하여 갱신의 합계를 변환하고, 마침내 행동 가치에 대한 적격 흔적을 다음과 같이 유도할 수 있다.

$$\mathbf{z}_t \doteq \gamma_t \lambda_t \rho_t \mathbf{z}_{t-1} + \nabla\hat{q}(S_t, A_t, \mathbf{w}_t) \qquad \text{(식 12.29)}$$

적격 흔적은 기댓값 기반 TD 오차(식 12.28) 및 보통의 준경사도 파라미터 갱신 규칙(식 12.7)과 함께, 활성 정책 데이터 또는 비활성 정책 데이터에 적용할 수 있는 명확하고 효율적인 기댓값 살사(λ) 알고리즘을 만들어 낸다. 이것은 아마도 현재로서는 동일한 유형의 알고리즘 중에서는 가장 좋은 알고리즘일 것이다(물론, 이어지는 절에서 제시할 방법들 중 하나와 어떤 방식으로든 결합되기 전까지는 안정성을 보장할 수 없지만). 고정된 λ 및 γ를 적용하고 보통의 상태-행동 TD 오차(식 12.16)를 이용하는 비활성 정책의 경우, 이 알고리즘은 12.7절에서 제시한 살사(λ) 알고리즘과 같아질 것이다.

연습 12.12 식 12.27로부터 식 12.29를 유도하는 절차가 위에 개략적으로 제시되어 있다. 이 절차를 자세히 제시하라. 식 12.15의 갱신으로부터 시작하여, 식 12.26의 $G_t^{\lambda a}$를 G_t^λ에 대입하고, 식 12.25를 도출했던 과정과 유사한 과정을 따라 유도하라. □

$\lambda = 1$일 때, 이 알고리즘은 그에 해당하는 몬테카를로 알고리즘과 밀접하게 연관된다. 문제가 에피소딕 문제이고 오프라인 갱신을 적용할 경우 두 알고리즘이 완전히 일치할 것이라고 기대할 수도 있지만, 사실 둘 사이의 관계는 그보다는 더 미묘하고 좀 더 약하다. 에피소딕 문제와 오프라인 갱신이라는 가장 좋은 조건하에서도, 에피소드별로 완전이 동일한 갱신은 존재하지 않고 오직 기댓값만 동일할 뿐이다. 상태-행동의 궤적이 이어질 때 이 알고리즘이 변경할 수 없는 갱신을 만드는 반면에, 몬테카를로 방법은 목표 정책하에서 궤적 안에 있는 어떤 행동이 발생할

확률이 0일 경우 해당 궤적에 대해 갱신을 수행하지 않을 것이기 때문에, 이것은 놀라운 사실이 아니다. 특히, 목표가 현재의 가치 추정값에 의존한다는 의미에서(단지 가치 기댓값에서 의존성이 사라진다는 의미에서), 이 모든 방법은 심지어 $\lambda = 1$일 때조차도 부트스트랩을 수행한다. 실제로 이것이 좋은 특성인지 나쁜 특성인지는 또 다른 문제다. 최근에, 두 알고리즘을 완전히 일치하게 만드는 방법이 제안되었다(서튼, 마흐무드, 프리컵, 반 하셀트, 2014). 이 방법은 이미 만들어졌지만 나중에 취해질 행동에 따라 취소되어야(또는 강조되어야) 할 수도 있는 갱신을 추적하는 '임시 가중치provisional weights'라고 불리는 추가적인 벡터를 필요로 한다. 이 방법의 상태 버전 및 상태-행동 버전은 각각 PTD(λ)와 PQ(λ)라고 불린다. 여기서 'P'는 '임시provisional'를 의미한다.

새롭게 제시된 이 모든 비활성 정책 방법들을 실제 문제에 적용했을 때 결과가 잘 나오는지는 아직 확인되지 않았다. 분명히, 중요도추출법을 사용하는 모든 비활성 정책 방법과 마찬가지로 분산이 커지는 문제가 발생할 것이다(11.9절).

$\lambda < 1$이면, 이 모든 비활성 정책 알고리즘은 부트스트랩을 포함하고 치명적인 삼위일체가 적용된다(11.3절). 이것은 오직 표 기반의 형태이거나, 상태 결집의 형태이거나, 어떤 제한된 함수 근사의 형태일 경우에만 알고리즘의 안정성을 보장받을 수 있음을 의미한다. 선형 형태 또는 더 일반적인 형태의 함수 근사에 대해 11장의 예제들에서처럼 파라미터 벡터는 무한대로 발산할지도 모른다. 그때 논의했듯이, 비활성 정책 학습의 어려움은 두 가지 부분으로 나뉜다. 비활성 정책 적격 흔적은 목표의 가치 기댓값을 보정하여 첫 번째 어려움을 효과적으로 처리한다. 하지만 갱신의 분포와 관련된 두 번째 어려움은 전혀 처리하지 못한다. 적격 흔적을 이용하여 비활성 정책 학습의 두 번째 어려움을 해결하기 위한 알고리즘 측면의 전략을 12.11절에서 요약할 것이다.

$\boxed{\text{연습 12.13}}$ 상태 가치 방법과 행동 가치 방법에 대한 비활성 정책 적격 흔적의 더치 흔적 버전과 대체 흔적 버전은 무엇인가?　　　　　　　　　　　　　　　　　　　　　　　　　　　　　□

12.10 왓킨스의 Q(λ)에서 트리 보강(λ)로

Q 학습을 적격 흔적으로 확장하기 위해 수년 동안 여러 가지 방법이 제안되었다. 탐욕적 행동이 선택되는 한 보통의 방식으로 적격 흔적을 감퇴시킨 다음, 첫 번째 비탐욕적 행동 이후에 흔적을 0으로 줄이는 **왓킨스의 Q(λ)**가 제일 처음 제안된 방법이다. 왓킨스의 Q(λ)를 위한 보강 다이어그램을 그림 12.12에 나타내었다. 6장에서는 Q 학습과 기댓값 살사를 기댓값 살사의 비활성 정책 버전으로 통합했다. 통합된 방법은 Q 학습을 특별한 경우로 보고 그것을 임의의 목표 정책

으로 일반화한다. 그리고 이 장의 이전 절에서 기댓값 살사를 비활성 정책 적격 흔적으로 일반화함으로써 기댓값 살사에 대한 논의를 마무리했다. 하지만 7장에서는 n단계 기댓값 살사를 n단계 트리 보강과 구별했다. 이때 트리 보강은 중요도추출법을 활용하지 않는 특성을 유지했다. 그러면 이제 남은 것은 이 책에서 **트리 보강(λ)**Tree-Backup(λ), 또는 줄여서 **TB(λ)**라고 부를 트리 보강의 적격 흔적 버전을 제시하는 것이다. 이 알고리즘은 거의 틀림없이 진정으로 Q 학습을 계승하는 알고리즘이 될 것이다. 이 알고리즘을 이용하면 비활성 정책 데이터에 적용될 수 있으면서도 중요도추출법을 사용하지 않는다는 장점을 갖기 때문이다.

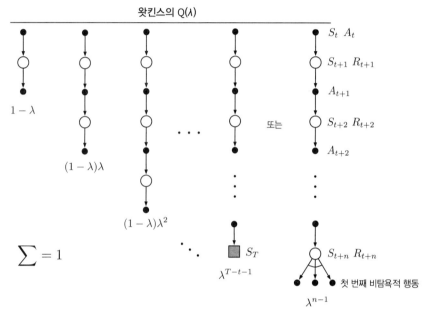

그림 12.12 왓킨스의 Q(λ)에 대한 보강 다이어그램. 요소 갱신의 나열은 에피소드의 종료 또는 첫 번째 비탐욕적 행동의 종료 중 먼저 발생하는 사건과 함께 종료된다.

TB(λ)의 개념은 이해하기 쉽다. 그림 12.13에 있는 TB(λ)의 보강 다이어그램에 표현되어 있듯이, 각각의 길이를 갖는 트리 보강 갱신은 (7.5절로부터) 부트스트랩 파라미터 λ에 의존하는 보통의 방식으로 가중치를 부여받는다. 일반적인 부트스트랩 파라미터와 할인 파라미터에 대해 인덱스가 정확하게 표시된 자세한 방정식을 얻기 위해서는, 행동 가치를 활용하여 λ 이득에 대한 재귀적 형태(식 12.20)로부터 시작하고, 그런 다음 식 7.16의 모델을 따라 다음과 같이 부트스트랩에 해당하는 목표를 전개하는 것이 최선이다.

$$G_t^{\lambda a} \doteq R_{t+1} + \gamma_{t+1}\bigg((1-\lambda_{t+1})\bar{V}_t(S_{t+1}) + \lambda_{t+1}\Big[\sum_{a \neq A_{t+1}} \pi(a|S_{t+1})\hat{q}(S_{t+1}, a, \mathbf{w}_t) + \pi(A_{t+1}|S_{t+1})G_{t+1}^{\lambda a}\Big]\bigg)$$

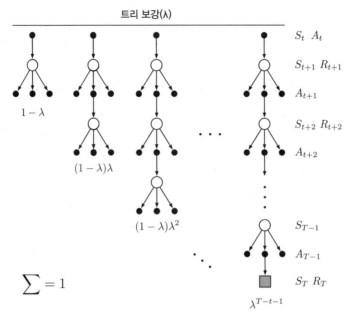

그림 12.13 트리 보강 알고리즘의 λ 버전에 대한 보강 다이어그램

이것은 보통의 파라미터 갱신 규칙(식 12.7)과 함께, TB(λ) 알고리즘을 정의한다. 모든 준경사도 알고리즘과 마찬가지로, 비활성 정책 데이터를 이용하거나 강력한 함수 근사를 이용할 때는 TB(λ)의 안정성은 보장되지 않는다. 안정성을 보장하기 위해, TB(λ)는 다음 절에서 제시할 방법들 중 하나와 결합되어야 할 것이다.

지금까지의 패턴을 따라, 이 식도 TD 오차의 합으로서 다음과 같이 근사적으로(근사적 가치 함수의 변화가 없다고 가정한 채로) 표현될 수 있다.

$$G_t^{\lambda a} \approx \hat{q}(S_t, A_t, \mathbf{w}_t) + \sum_{k=t}^{\infty} \delta_k^a \prod_{i=t+1}^{k} \gamma_i \lambda_i \pi(A_i|S_i)$$

이때 행동 기반 TD 오차(식 12.28)에 대한 기댓값 형태를 사용한다.

이전 절에서와 같은 절차를 따르면, 다음과 같이 목표 정책하에서 행동이 선택될 확률을 포함하는 특별한 적격 흔적 갱신 규칙을 얻게 된다.

$$\mathbf{z}_t \doteq \gamma_t \lambda_t \pi(A_t|S_t) \mathbf{z}_{t-1} + \nabla \hat{q}(S_t, A_t, \mathbf{w}_t)$$

*연습 12.14 이중 기댓값 살사는 어떻게 적격 흔적으로 확장될 수 있을까? □

12.11 흔적을 이용한 안정적인 비활성 정책 방법

그동안 적격 흔적을 이용한 여러 방법이 비활성 정책 훈련에 대해서 안정성이 보장되는 형태로 제안되었는데, 여기서는 이러한 방법들 중 가장 중요한 네 가지 방법을 이 책의 표준 표기법으로 제시할 것이다. 이 네 가지 방법에는 일반적인 부트스트랩과 할인 함수가 포함된다. 모든 방법은 11.7절과 11.8절에서 제시한 경사도 TD 방법 또는 강한 TD 방법을 기반으로 한다. 또한 모든 알고리즘은 선형 함수 근사를 전제로 하지만, 비선형 함수 근사로 확장한 알고리즘도 문헌에서 찾아볼 수 있다.

GTD(λ)는 TDC와 유사한 적격 흔적 알고리즘이다. 여기서 TDC는 11.7절에서 논의한 두 가지 상태 가치 경사도 TD 예측 알고리즘 중 성능이 더 좋은 것이다. GTD(λ)의 목표는 $\hat{v}(s, \mathbf{w}) = \mathbf{w}_t^\top \mathbf{x}(s) \approx v_\pi(s)$를 만족하는 파라미터 $\mathbf{w}_t$를 학습하는 것이다. 하지만 이때 사용하는 데이터는 또 다른 정책 b를 따르면서 생성한 데이터다. GTD(λ)의 갱신 규칙은 다음과 같다.

$$\mathbf{w}_{t+1} \doteq \mathbf{w}_t + \alpha \delta_t^s \mathbf{z}_t - \alpha \gamma_{t+1}(1 - \lambda_{t+1})\left(\mathbf{z}_t^\top \mathbf{v}_t\right)\mathbf{x}_{t+1}$$

여기서 δ_t^s, $\mathbf{z}_t$, ρ_t는 상태 가치에 대해 지금까지 정의되었던 것처럼 식 12.23, 식 12.25, 식 11.1과 같이 정의되고, $\mathbf{v}_t$는 다음과 같은 규칙으로 갱신된다.

$$\mathbf{v}_{t+1} \doteq \mathbf{v}_t + \beta \delta_t^s \mathbf{z}_t - \beta\left(\mathbf{v}_t^\top \mathbf{x}_t\right)\mathbf{x}_t \tag{식 12.30}$$

식 11.7에서와 같이, 위 식에서도 $\mathbf{v} \in \mathbb{R}^d$는 $\mathbf{w}$와 동일한 차원을 갖는 벡터로서 $\mathbf{v}_0 = \mathbf{0}$으로 초기화되고, $\beta > 0$는 두 번째 시간 간격 파라미터다.

GQ(λ)는 행동 가치에 대한 경사도 TD 알고리즘에 적격 흔적을 적용한 것이다. GQ(λ)의 목표는 $\hat{q}(s, a, \mathbf{w}_t) \doteq \mathbf{w}_t^\top \mathbf{x}(s, a) \approx q_\pi(s, a)$를 만족하는 $\mathbf{w}_t$를 비활성 정책 데이터로부터 학습하는 것이다. 목표 정책이 입실론 탐욕적이거나, 입실론 탐욕적은 아니더라도 $\hat{q}$에 대한 탐욕적 정책으로 편향되어 있다면 GQ(λ)는 제어 알고리즘으로 활용될 수 있다. GQ(λ)의 갱신 규칙은 다음과 같다.

$$\mathbf{w}_{t+1} \doteq \mathbf{w}_t + \alpha \delta_t^a \mathbf{z}_t - \alpha \gamma_{t+1}(1 - \lambda_{t+1})\left(\mathbf{z}_t^\top \mathbf{v}_t\right)\bar{\mathbf{x}}_{t+1}$$

여기서 $\bar{\mathbf{x}}_t$는 목표 정책하에서 S_t에 대한 평균 특징 벡터로서 다음과 같이 표현되고

$$\bar{\mathbf{x}}_t \doteq \sum_a \pi(a|S_t)\mathbf{x}(S_t, a)$$

δ_t^a는 TD 오차의 기댓값 형태로서 다음과 같이 표현할 수 있으며

$$\delta_t^a \doteq R_{t+1} + \gamma_{t+1}\mathbf{w}_t^\top \bar{\mathbf{x}}_{t+1} - \mathbf{w}_t^\top \mathbf{x}_t$$

$\mathbf{z}_t$는 행동 가치에 대해 지금까지 정의했던 것처럼 식 12.29와 같이 정의된다. $\mathbf{v}_t$에 대한 갱신(식 12.30)을 포함한 나머지는 GTD(λ)에서와 같이 정의된다.

HTD(λ)는 GTD(λ)와 TD(λ)의 특성을 결합하는 혼합$_{\text{hybrid}}$ 상태 가치 알고리즘이다. 이 알고리즘의 가장 매력적인 특징은 이것이 TD(λ)를 비활성 정책 학습으로 엄격하게 일반화한다는 것이다. 이것은 행동 정책이 목표 정책과 같아지면 HTD(λ)가 TD(λ)와 같아짐을 의미한다. GTD(λ)는 이러한 특징을 갖고 있지 않다. TD(λ)와 GTD(λ)가 모두 수렴한다면 TD(λ)가 GTD(λ)보다 더 빨리 수렴할 것이기 때문에 HTD(λ)의 이러한 특징은 매력적이다. 또한, TD(λ)에서는 오직 한 가지 시간 간격을 설정하기만 하면 된다. HTD(λ)는 다음과 같이 정의된다.

$$\mathbf{w}_{t+1} \doteq \mathbf{w}_t + \alpha\delta_t^s\mathbf{z}_t + \alpha\left((\mathbf{z}_t - \mathbf{z}_t^b)^\top\mathbf{v}_t\right)(\mathbf{x}_t - \gamma_{t+1}\mathbf{x}_{t+1})$$

$$\mathbf{v}_{t+1} \doteq \mathbf{v}_t + \beta\delta_t^s\mathbf{z}_t - \beta\left(\mathbf{z}_t^{b\top}\mathbf{v}_t\right)(\mathbf{x}_t - \gamma_{t+1}\mathbf{x}_{t+1}), \qquad \text{이때 } \mathbf{v}_0 \doteq \mathbf{0}$$

$$\mathbf{z}_t \doteq \rho_t\left(\gamma_t\lambda_t\mathbf{z}_{t-1} + \mathbf{x}_t\right), \qquad \text{이때 } \mathbf{z}_{-1} \doteq \mathbf{0}$$

$$\mathbf{z}_t^b \doteq \gamma_t\lambda_t\mathbf{z}_{t-1}^b + \mathbf{x}_t, \qquad \text{이때 } \mathbf{z}_{-1}^b \doteq \mathbf{0}$$

여기서 $\beta > 0$는 또다시 두 번째 시간 간격 파라미터가 된다. HTD(λ)는 두 번째 가중치 $\mathbf{v}_t$ 말고도 두 번째 적격 흔적 $\mathbf{z}_t^b$를 갖는다. 이것은 행동 정책에 대한 전통적인 누적 흔적이며, 모든 ρ_t가 1이 되면 $\mathbf{z}_t^b$는 $\mathbf{z}_t$와 같아진다. 이렇게 되면 $\mathbf{w}_t$ 갱신의 마지막 항은 0이 되고 전체적인 갱신 규칙은 TD(λ)의 갱신 규칙이 된다.

강한 TD(λ)는 단일 단계 강한 TD 알고리즘(9.11절과 11.8절)을 적격 흔적으로 확장한 것이다. 이렇게 확장한 알고리즘은 모든 수준의 부트스트랩을 가능하게 하면서도 비활성 정책에 대한 수렴성을 강하게 보장한다. 다만 그 대가로 분산이 증가하며 수렴 속도가 느려질 가능성이 있다. 강한 TD(λ)는 다음과 같이 정의된다.

$$\mathbf{w}_{t+1} \doteq \mathbf{w}_t + \alpha\delta_t\mathbf{z}_t$$

$$\delta_t \doteq R_{t+1} + \gamma_{t+1}\mathbf{w}_t^\top\mathbf{x}_{t+1} - \mathbf{w}_t^\top\mathbf{x}_t$$

$$\mathbf{z}_t \doteq \rho_t\left(\gamma_t\lambda_t\mathbf{z}_{t-1} + M_t\mathbf{x}_t\right), \qquad \text{이때 } \mathbf{z}_{-1} \doteq \mathbf{0}$$

$$M_t \doteq \lambda_t I_t + (1 - \lambda_t)F_t$$

$$F_t \doteq \rho_{t-1}\gamma_t F_{t-1} + I_t, \qquad \text{이때 } F_0 \doteq i(S_0)$$

여기서 $M_t \geq 0$는 **강조지표**$_{\text{emphasis}}$의 일반적인 형태이고, $F_t \geq 0$는 **후속 흔적**$_{\text{followon trace}}$이라고 불리며, $I_t \geq 0$는 11.8절에서 설명한 **관심지표**$_{\text{interest}}$다. δ_t와 같이 M_t도 진정한 추가적인 메모리 변수는 아니다. M_t를 정의한 수식을 적격 흔적 방정식에 대입함으로써 M_t는 알고리즘에서 사라질 수 있다. 강한 TD(λ)의 진정한 온라인$_{\text{true online}}$ 버전을 위한 의사코드 및 소프트웨어는 웹

사이트에서 찾아볼 수 있다(서튼, 2015b).

활성 정책의 경우(모든 t에 대해 $\rho_t = 1$) 강한 TD(λ)는 전통적인 TD(λ)와 유사하지만, 여전히 중요한 차이점을 갖는다. 사실, 강한 TD(λ)는 모든 상태 의존state-dependent λ 함수에 대해 수렴성이 보장되지만, TD(λ)는 그렇지 않다. TD(λ)는 λ가 모두 상수일 경우에만 수렴성이 보장된다. 유Yu의 반례를 참고하라(기아시안, 래피, 서튼Ghiassian, Rafiee, and Sutton, 2016).

12.12 구현 이슈

처음에는 적격 흔적을 적용한 표 기반의 방법이 단일 단계 방법보다 훨씬 더 복잡한 것처럼 보일지도 모른다. 미숙하게 구현하면 모든 상태(또는 상태-행동 쌍)에서 가치 추정값과 적격 흔적을 시간 단계마다 갱신하도록 구현할 것이다. 단일 명령 다수 데이터Single Instruction Multiple Data, SIMD 기반의 병렬 처리 컴퓨터에서 구현하거나 그럴듯한plausible 인공 신경망을 구현할 때는 이것이 문제가 되지 않지만, 전통적인 시리얼serial 컴퓨터에서는 문제가 된다. 다행히도, 일반적인 λ 및 γ 값에 대해서는 거의 모든 상태의 적격 흔적이 거의 항상 0에 가까운 값을 갖는다. 오직 최근에 마주친 상태에서만 0보다 유의미하게 큰 흔적을 가질 것이고, 이 몇 안 되는 상태들만 갱신해도 원래의 알고리즘을 정밀하게 모사할 수 있다.

그렇다면, 실제 문제를 풀기 위해 전통적인 컴퓨터에서 구현할 경우에는 0보다 유의미하게 큰 값을 갖는 몇 개의 흔적만을 추적하고 갱신할 수도 있다. 이러한 기법을 이용하면, 표 기반의 방법에서 흔적을 사용하는 데 필요한 계산 비용은 단일 단계 방법에서 필요한 계산 비용의 단지 몇 배 정도 되는 것이 일반적이다. 정확히 몇 배인지는 물론 λ와 γ, 그리고 그 밖의 계산 비용에 따라 달라진다. 적격 흔적을 계산하는 데 필요한 계산의 복잡도 측면에서 볼 때, 표 기반 방법을 사용하는 경우는 어떤 의미에서는 최악의 경우다. 함수 근사를 사용하면, 흔적을 사용하지 않는 데서 발생하는 계산 능력의 이점이 일반적으로 감소한다. 예를 들어, ANN과 역전파backpropagation를 사용하면 적격 흔적을 적용함으로써 증가하는 메모리와 단계별 계산 능력은 두 배 정도밖에 안 된다. 중단된 λ 이득 방법(12.3절)을 사용하면, 어느 정도의 추가적인 메모리가 항상 필요하겠지만 전통적인 컴퓨터에서도 효율적인 계산이 가능하다.

12.13 결론

적격 흔적을 TD 오차와 함께 사용하면 몬테카를로 방법과 TD 방법 사이에 존재하는 방법의 스펙트럼 속에서 특정 방법을 효율적이고 점증적인 방식으로 선택하여 적용할 수 있다. 7장의 n 단계 방법을 이용해도 이것이 가능하지만, 적격 흔적 방법이 더 일반적이고, 보통은 학습 속도가 더 빠르며, 계산의 복잡도를 조절할 수 있는 각기 다른 방법을 제공한다. 이 장에서는 활성 정책 학습과 비활성 정책 학습, 그리고 가변 부트스트랩과 할인에 적격 흔적을 적용하는 것에 대해 최근에 알려진 명확한 이론 및 방법을 소개했다. 이 명확한 이론의 한 측면에는 진정한 온라인 방법이 있는데, 이 방법은 전통적인 TD 방법에 소요되는 계산 능력만으로도 많은 계산량을 필요로 하는 이상적인 방법의 작동 방식을 정확하게 재현한다. 또 다른 측면은 직관적인 전방 관점 방법을 더욱 효율적인 점증적 후방 관점 알고리즘으로 자동 변환하는 유도 과정이 가능하다는 것이다. 전통적인 몬테카를로 알고리즘에서 시작하여 TD를 기반으로 하지 않는 방법을 구현하는 것으로 끝나는 유도 과정 속에서 이러한 일반적인 방법을 설명했다. 전통적인 몬테카를로 방법은 많은 계산량을 필요로 하지만, TD를 기반으로 하지 않는 방법은 진정한 온라인 TD 방법에서 사용하는 것과 같은 적격 흔적을 사용함으로써 많은 계산이 필요 없는 점증적 방법으로 구현할 수 있다.

5장에서 언급했듯이, 몬테카를로 방법은 부트스트랩을 하지 않기 때문에 마르코프 과정을 포함하지 않는 문제에서는 장점을 갖는다. 적격 흔적을 이용하면 TD 방법이 더욱 몬테카를로 방법처럼 되기 때문에 TD 방법도 마르코프 과정을 포함하지 않는 문제에 대해 장점을 갖는다. TD 방법의 다른 장점 때문에 TD 방법을 어떤 문제에 사용하고자 할 때, 그 문제가 최소한 부분적으로라도 마르코프 과정을 포함하지 않는다면 적격 흔적 방법을 사용할 필요가 있다. 적격 흔적은 보상이 오래 지연되는 경우와 마르코프 과정이 없는 문제에 대한 1차 저지선이다.

λ를 조정함으로써 몬테카를로에서부터 단일 단계 TD 방법에 이르는 연속 선상의 어느 지점에서도 적격 흔적을 적용할 수 있다. 그렇다면, 어느 지점에서 적용해야 할까? 아직 이 질문에 이론적으로 충분한 답변은 할 수 없지만, 경험적으로 확실한 답변이 최근에 나타나고 있는 것처럼 보인다. 에피소드마다 많은 단계를 포함하거나 할인의 반감기 안에 많은 단계를 포함하는 문제에서는, 적격 흔적을 사용하는 것이 사용하지 않는 것보다 상당히 더 좋은 결과를 내는 것처럼 보인다(예 그림 12.14 참고). 반면에, 순수한 몬테카를로 방법 또는 그에 가까운 방법이 되도록 흔적이 길어지면 성능은 급격하게 저하된다. 적격 흔적을 적당히 섞어서 사용하는 것이 가장 좋은 선택인 것처럼 보인다. 적격 흔적을 사용하면 몬테카를로 방법을 향해 갈 수 있지만 완전히 몬테카를로 방법에 도달하는 것은 아니다. 앞으로는 λ를 이용하여 TD 방법과 몬테카를로 방법 사

이에서 더욱 세밀하게 방법을 선택하는 것이 가능할 수도 있지만, 현재로서는 이를 위한 믿을 만하고 유용한 방법을 확실히 알지는 못한다.

적격 흔적을 사용하는 방법은 단일 단계 방법보다 더 많은 계산을 필요로 하지만, 그에 대한 대가로 학습 속도는 상당히 더 빠르다. 특히, 보상이 많은 단계에 걸쳐 지연될 때는 더욱 그렇다. 따라서 온라인으로 적용하는 경우에 보통 그렇듯이, 데이터가 부족하고 반복적으로 데이터를 처리할 수 없는 경우에는 적격 흔적을 사용하는 것이 대개는 타당하다. 반면에, 어쩌면 방대한 양의 시뮬레이션으로부터 데이터를 적은 비용으로 생성할 수 있는 오프라인 문제에서는 적격 흔적을 사용하는 것이 대개는 도움이 안 된다. 이 경우에는 제한된 양의 데이터로부터 더 많은 것을 얻어 내는 것이 목적이 아니라 단순히 가능한 한 많은 데이터를 가능한 한 빠르게 처리하는 것이 목적이다. 이 경우 적격 흔적을 이용하여 데이터당 처리 속도를 증가시키는 것은 일반적으로 그에 따르는 계산 비용을 지불할 만한 가치가 없기 때문에, 단일 단계 방법을 사용하는 것이 더욱 적합하다.

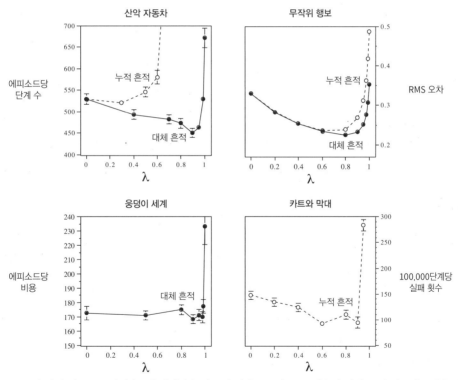

그림 12.14 네 가지 테스트 문제에서 λ가 강화학습 성능에 미치는 효과. 모든 경우에 대해, 중간 정도의 λ 값을 적용했을 때가 일반적으로 성능이 가장 좋다(그래프에서 더 낮은 숫자). 왼쪽 두 개의 패널은 간단한 연속 상태 제어 문제에 살사(λ) 알고리즘과 타일 부호화를 대체 흔적 또는 누적 흔적과 함께 적용한 결과다(서튼, 1996). 오른쪽 위 패널은 TD(λ)를 이용하여 무작위 행보 문제에 대한 정책 평가를 수행한 결과다(싱과 서튼, 1996). 오른쪽 아래 패널은 초기 연구(서튼, 1984)의 막대 균형 잡기 문제(예제 3.4)에 대한 결과 중 발표하지 않았던 결과다.

참고문헌 및 역사적 사실

클로프(Klopf, 1972)의 풍부한 아이디어를 통해 적격 흔적이 강화학습에 적용되었다. 이 책에서 사용한 적격 흔적은 클로프의 연구를 기반으로 한다(서튼, 1978a, 1978b, 1978c; 바르토와 서튼, 1981a, 1981b; 서튼과 바르토, 1981a; 바르토, 서튼, 앤더슨, 1983; 서튼 1984). 필자들이 처음으로 '적격 흔적'이라는 용어를 사용했을 수도 있다(서튼과 바르토, 1981a). 학습에 있어서 중요한 신경 시스템에서 자극제가 후유증을 만든다는 생각은 아주 오래된 것이다(14장 참고). 적격 흔적을 가장 처음으로 사용한 방법 중 하나는 13장에서 논의할 행동자-비평자 방법이다(바르토, 서튼, 앤더슨 1983; 서튼, 1984).

12.1 복합 갱신은 이 책의 1판에서는 '복합 보강'으로 불렸다.

λ 이득과 그것의 오차 감소 특성은 왓킨스(1989)에 의해 소개되었고 자콜라, 조던, 싱 (1994)에 의해 한층 더 발전했다. 이 절과 이어지는 절에 등장하는 무작위 행보 결과는 '전방 관점' 및 '후방 관점'이 그렇듯이 이 책에서 처음 제시하는 것이다. λ 이득 알고리즘의 개념은 이 책의 1판에서 소개되었다. 여기에 제시된 좀 더 세련된 논의는 함 반 세이젠Harm van Seijen(예 반 세이젠과 서튼, 2014)과 함께 개발했다.

12.2 누적 흔적을 적용한 TD(λ)는 서튼(1988, 1984)이 소개했다. 평균적인 수렴성은 다얀 (1992)이 증명했고, 100%의 수렴성은 펭(Peng, 1993), 다얀과 세즈노스키(Dayan and Sejnowski, 1994), 치치클리스(1994), 거비츠, 린, 핸슨(Gurvits, Lin, and Hanson, 1994)을 비롯한 많은 연구자들이 증명했다. 선형 TD(λ)의 점근적 수렴 상태에서 λ에 따라 다르게 도출되는 해에 대한 오차의 한계는 치치클리스와 밴 로이(1997)가 제시했다.

12.3 중단된 TD 방법은 시초즈(Cichosz, 1995)와 반 세이젠(2016)이 개발했다.

12.4 갱신을 재수행하는 방법은 원래 '최적합 학습best-match learning'이라는 이름으로 반 세이젠에 의해 방대하게 개발되었다(반 세이젠, 2011; 반 세이젠, 화이트슨, 반 하셀트, 위어링van Seijen, Whiteson, van Hasselt, and Weiring, 2011).

12.5 진정한 온라인 TD(λ)는 주로 함 반 세이젠이 개발한 것이다(반 세이젠과 서튼 2014; 반 세이젠 외, 2016). 하지만 몇 가지 주요 개념은 하도 반 하셀트Hado van Hasselt가 독립적으로 발견한 것이다(개인적 교류를 통해). '더치 흔적dutch traces'이라는 이름은 이 두 과학자의 기여를 인정하여 붙여진 것이다. 대체 흔적은 싱과 서튼(1996)이 제시했다.

12.6 이 절의 내용은 반 하셀트와 서튼(2015)의 내용을 기반으로 한다.

12.7 대체 흔적을 적용한 살사(λ)는 처음에는 루머리와 니란잔(1994; 루머리, 1995)에 의해 제어 방법으로서 연구되었다. 진정한 온라인 살사(λ)는 반 세이젠과 서튼(2014)이 소개했다. 372쪽에 있는 알고리즘은 반 세이젠 외(2016)의 알고리즘을 기반으로 한다. 반 세이젠과 서튼(2014)의 결과를 차용한 그림 12.11을 제외하면, 산악 자동차 문제에 대한 결과는 이 책을 위해 만들어졌다.

12.8 아마도 가변 λ에 대한 논의를 처음 발표한 것은 왓킨스(1989)였을 것이다. 그는 그가 제시한 Q(λ)에서 탐욕적이지 않은 행동이 선택되었을 때, λ를 일시적으로 0으로 설정함으로써 갱신의 나열을 중간에 끊을 수 있다는 점을 지적했다.

가변 λ는 이 책의 1판에서도 소개했다. 가변 λ는 옵션option에 대한 연구(서튼, 프리컵, 싱, 1999)와 옵션 이전에 나온 옵션과 유사한 것들에 대한 연구(서튼, 1995a)에서 처음 등장했고, GQ(λ)를 다룬 논문(마에이와 서튼, 2010)에서 명확하게 제시되었다. 또한, 마에이와 서튼(2010)의 논문에서는 λ 이득을 위한 가변 λ의 재귀적 형태도 소개했다.

유(Yu, 2012)는 가변 λ에 대한 또 다른 개념을 개발했다.

12.9 비활성 정책 적격 흔적은 프리컵 외(2000, 2001)에서 소개되었고, 그 후 베르트세카스와 유(2009), 마에이(2011; 마에이와 서튼, 2010), 유(2012), 그리고 서튼, 마흐무드, 프리컵, 반 하셀트(2014)에 의해 더욱 발전했다. 특히, 마지막에 인용한 논문은 일반적인 상태 의존state-dependent λ와 γ를 이용하여 비활성 정책 TD 방법에 대한 강력한 전방 관점을 제시한다. 비활성 정책 적격 흔적에 대해 이 책에서 제시한 내용은 새로운 내용인 것으로 보인다.

이 절은 명확한 기댓값 살사(λ) 알고리즘으로 끝난다. 이 알고리즘이 자연스러운 알고리즘이라 하더라도, 필자가 아는 바로는 이 알고리즘이 전에는 문헌에서 다루어지거나 테스트된 적이 없다.

12.10 왓킨스의 Q(λ)는 왓킨스(1989)가 제시한 것이다. 이 알고리즘의 표 기반 에피소딕 오프라인 버전에 대한 수렴성은 무노스, 스테플턴, 하루티우냔, 벨레마레(2016)가 증명했다. 펭과 윌리엄스(1994, 1996)와 서튼, 마흐무드, 프리컵, 반 하셀트(2014)가 또 다른 Q(λ) 알고리즘을 제안했다. 트리 보강(λ)는 프리컵, 서튼, 싱(2000)이 제시했다.

12.11 GTD(λ)는 마에이(2011)가 제시했다. GQ(λ)는 마에이와 서튼(2010)이 제시했다. HTD(λ)는 헤크먼(2012)이 소개한 단일 단계 HTD 알고리즘을 기반으로 하여 화이트와 화이트(2016)가 제시했다. 경사도 TD 방법에 대한 가장 최근의 이론은 유(2017)가 개발했다. 강한 TD(λ)는 서튼, 마흐무드, 화이트(2016)가 소개했고, 알고리즘의 안정성

도 증명했다. 유(2015, 2016)가 강한 TD(λ)의 수렴성을 증명했고, 할락 외(2015, 2016)가
이 알고리즘을 더욱 발전시켰다.

CHAPTER

13

정책 경사도 방법

이 장에서는 무언가 새로운 것을 생각해 볼 것이다. 지금까지 이 책에서 제시한 모든 방법은 **행동 가치 방법**action-value method이었다. 이 방법들은 행동의 가치를 학습하고 나서 행동 가치의 추정값을 기반으로 행동을 선택했다.[1] 행동 가치의 추정값이 없으면 정책이 존재하지도 않았을 것이다. 이 장에서는 가치 함수를 학습하는 대신, 가치 함수 없이도 행동을 선택할 수 있는 **파라미터 기반의 정책**parameterized policy을 학습하는 방법을 살펴볼 것이다. 정책 파라미터를 **학습**하기 위해 여전히 가치 함수를 사용할 수도 있지만, 행동 선택을 위해 가치 함수가 꼭 필요한 것은 아니다. 정책의 파라미터 벡터를 나타내는 표기법으로 $\boldsymbol{\theta} \in \mathbb{R}^{d'}$를 사용할 것이다. 따라서 시각 t에 환경이 상태 s에 있고 파라미터 $\boldsymbol{\theta}$가 주어지면, 시각 t에서 행동 a를 선택할 확률을 $\pi(a \mid s, \boldsymbol{\theta}) = \Pr\{A_t = a \mid S_t = s, \boldsymbol{\theta}_t = \boldsymbol{\theta}\}$로 나타낼 수 있다. 어떤 방법이 학습된 가치 함수도 사용한다면, 가치 함수의 가중치 벡터는 늘 그렇듯이 $\hat{v}(s, \mathbf{w})$에서처럼 $\mathbf{w} \in \mathbb{R}^d$로 표기된다.

이 장에서는 정책 파라미터에 대한 스칼라 성능 지표 $J(\boldsymbol{\theta})$의 경사도를 기반으로 하여 정책 파라미터를 학습하는 방법을 생각해 볼 것이다. 이 방법들은 성능 지표를 **최대화**하고자 하기 때문에 갱신 규칙은 J에 대한 경사도 **상승**ascent 규칙을 모사한 것으로서 다음과 같이 표현된다.

---

[1] 유일한 예외가 2.8절의 경사도 선택(gradient bandit) 알고리즘이다. 사실, 2.8절은 단일 상태 선택(single-state bandit)을 위해 거쳐야 하는 많은 단계를 제시하는데, 그것은 여기서 완전한 MDP를 위해 거치는 단계와 동일하다. 2.8절을 복습하면 이 장을 완전히 이해하는 데 도움이 될 것이다.

$$\boldsymbol{\theta}_{t+1} = \boldsymbol{\theta}_t + \alpha \widehat{\nabla J(\boldsymbol{\theta}_t)} \qquad \text{(식 13.1)}$$

여기서 $\widehat{\nabla J(\boldsymbol{\theta}_t)} \in \mathbb{R}^{d'}$는 확률론적 추정값이고, 이 값에 대한 기댓값은 $\boldsymbol{\theta}_t$에 대한 성능 지표의 경사도를 근사한다. 이러한 일반적인 구조를 따르는 모든 방법을 이 책에서는 **정책 경사도 방법**policy gradient method이라고 부른다. 이때 이 방법이 근사적 가치 함수도 학습하는지 여부는 중요하지 않다. 근사적 정책과 근사적 가치 함수를 모두 학습하는 방법은 보통 **행동자-비평자 방법**actor-critic method이라고 불린다. 여기서 '행동자'는 학습된 정책을 나타내고, '비평자'는 학습된 가치 함수를 나타내는데, 이 경우 가치 함수는 보통 상태 가치 함수를 나타낸다. 10.3절에서와 같이 성능이 평균 보상 비율로 정의되는 연속적인 경우를 다루기 전에, 성능이 파라미터 기반의 정책을 따르는 시작 상태의 가치로 정의되는 에피소딕 문제의 경우를 먼저 다룰 것이다. 결국에는 두 가지 경우 모두에 대해 매우 유사한 방식으로 알고리즘을 표현할 수 있게 될 것이다.

13.1 정책 근사 및 정책 근사의 장점

정책 경사도 방법에서, 정책은 어떤 방식으로든 파라미터화될 수 있다. 다만 $\pi(a \mid s, \boldsymbol{\theta})$가 그 파라미터에 대해 미분 가능해야 한다. 다시 말해, $\nabla \pi(a \mid s, \boldsymbol{\theta})$($\boldsymbol{\theta}$의 성분에 대한 $\pi(a \mid s, \boldsymbol{\theta})$의 편미분으로 계산되는 열 벡터)가 존재하고 모든 $s \in \mathcal{S}$, $a \in \mathcal{A}(s)$, $\theta \in \mathbb{R}^{d'}$에 대해 유한한 값을 가져야 한다. 실제로는, 탐험을 보장하기 위해 일반적으로 정책이 결코 결정론적 정책이 되지 못하도록(즉, 모든 s, a, $\boldsymbol{\theta}$에 대해 $\pi(a \mid s, \boldsymbol{\theta}) \in (0, 1)$이 되지 못하도록) 할 필요가 있다. 이 절에서는 이산적 행동 공간discrete action space에 대해 가장 흔하게 사용되는 파라미터화 방법을 소개하고 행동 가치 방법에 비해 이 방법이 갖는 장점을 분명하게 설명할 것이다. 정책 기반 방법은 또한 연속적인 행동 공간을 다루는 유용한 방법을 제공한다. 이에 대해서는 나중에 13.7절에서 다룰 것이다.

행동 공간이 이산적이고 너무 크지 않다면 자연스럽고 흔한 종류의 파라미터화 방법은 각각의 상태-행동 쌍에 대해 파라미터화된 수치적 선호도 $h(s, a, \boldsymbol{\theta}) \in \mathbb{R}$을 만드는 것이다. 각 상태에서 가장 높은 선호도를 갖는 행동에 가장 높은 선택 확률이 주어진다. 예를 들면, 다음과 같은 지수 함수 형태의 소프트맥스 분포로 확률이 주어진다.

$$\pi(a|s, \boldsymbol{\theta}) \doteq \frac{e^{h(s,a,\boldsymbol{\theta})}}{\sum_b e^{h(s,b,\boldsymbol{\theta})}} \qquad \text{(식 13.2)}$$

여기서 $e \approx 2.71828$은 자연 로그의 밑이다. 식 13.2의 분모는 각 상태에서의 행동 확률의 합이 1이 되도록 하기 위해 필요한 것이다. 이 책에서는 이러한 종류의 정책 파라미터화 방법을 **행동 선호도에서의 소프트맥스**soft-max in action preferences라고 부른다.

행동 선호도 자체는 임의의 형태로 파라미터화될 수 있다. 예를 들어, 행동 선호도는 심층 인공 신경망Artificial Neural Network, ANN에 의해 계산될 수도 있다. 이때 $\boldsymbol{\theta}$는 (16.6절에서 설명할 알파고 AlphaGo 시스템에서처럼) 네트워크의 모든 연결 가중치를 포함하는 벡터다. 또는 선호도가 단순히 특징에 대한 선형 함수의 형태로 다음과 같이 표현될 수도 있다.

$$h(s, a, \boldsymbol{\theta}) = \boldsymbol{\theta}^\top \mathbf{x}(s, a) \qquad (\text{식 13.3})$$

여기서 특징 벡터 $\mathbf{x}(s, a) \in \mathbb{R}^{d'}$은 9장에서 설명한 방법 중 어떤 것으로도 만들 수 있다.

행동 선호도에서의 소프트맥스에 따라 정책을 파라미터화할 때의 장점은 근사적 정책이 결정론적 정책에 가까워진다는 것이다. 반면에, 행동 가치에 대해 입실론 탐욕적으로 행동을 선택하면 무작위로 행동을 선택할 확률이 언제나 ε만큼은 존재한다. 물론, 행동 가치를 기반으로 하는 소프트맥스 분포를 따라 행동을 선택할 수도 있지만, 이렇게만 한다고 해서 정책이 결정론적 정책에 가까워지는 것은 아니다. 대신, 행동 가치 추정값은 유한한 차이를 갖는 실제 가치로 수렴할 텐데, 이렇게 될 확률은 0 또는 1이 아닌 그 사이의 값이 될 것이다. 소프트맥스 분포가 온도 파라미터를 포함한다면, 온도가 시간에 따라 감소하여 결정론적으로 정해진 값에 접근할 수 있지만, 실제로는 실제 행동 가치에 대해 가정하는 것보다 더 많은 사전 정보가 없이는 온도가 감소하는 시간표나 심지어는 초기 온도조차도 선택하기가 어렵다. 행동 선호도는 특정 가치로 접근하지 않기 때문에 이와는 다르다. 대신 행동 선호도는 최적의 확률론적 정책을 만들도록 힘을 받는다. 최적의 정책이 결정론적 정책이면 최적 행동의 선호도는 (파라미터화 방법이 허용할 경우) 최적이 아닌 모든 행동의 선호도보다 큰 값으로 무한히 뻗어 나갈 것이다.

행동 선호도에서의 소프트맥스를 따르는 파라미터 기반의 정책이 갖는 두 번째 장점은 임의의 확률로 행동을 선택하는 것을 가능하게 한다는 점이다. 중요한 함수 근사를 포함하는 문제에서 최고의 근사적 정책은 확률론적 정책일지도 모른다. 예를 들어, 완전한 정보가 주어지지 않은 카드 게임에서 보통 최고의 선택은 포커 게임에서 허세를 부리는 것과 같이 서로 다른 두 가지 행동을 각각 특정 확률로 수행하는 것이다. 행동 가치 방법으로는 최적의 확률론적 정책을 자연스럽게 찾는 것이 불가능하다. 반면에 예제 13.1에서 보여주는 것처럼 정책 근사 방법을 사용하면 가능하다.

예제 13.1 행동 교환을 포함하는 작은 복도

다음 그래프 안에 보이는 작은 복도 격자 공간을 생각해 보자. 언제나 그랬듯이, 단계별 보상은 −1이다. 세 개의 비종단 상태 각각에서는 오직 두 가지 행동 right와 left만이 가능하다. 첫 번째와 세 번째 상태에서는 이 행동들이 보통의 결과를 초래하지만(첫 번째 상태에서 행동 left는 아무런 움직임도 만들지 못한다), 두 번째 상태에서 행동 right는 왼쪽으로 이동하게 하고 행동 left는 오른쪽으로 이동하게 하는 식으로 행동이 뒤바뀐다. 함수 근사하에서는 모든 상태가 동일하게 보이기 때문에 이 문제가 어려워진다. 특히, 모든 s에 대해 $\mathbf{x}(s, \text{right}) = [1, 0]^\top$으로 정의하고 $\mathbf{x}(s, \text{left}) = [0, 1]^\top$로 정의하겠다. 입실론 탐욕적 행동 선택을 적용한 행동 가치 방법은 단지 두 정책 중 하나를 선택하도록 강요받는다. 그 두 정책이란 모든 단계에서 $1 - \varepsilon/2$의 높은 확률로 right를 선택하거나 또는 모든 단계에서 동일한 높은 확률로 left를 선택하는 것이다. 다음 그래프에 보이는 것처럼 $\varepsilon = 0.1$이면, 이 두 정책은 (시작 상태에서) 각각 −44와 −82보다 작은 가치를 만들어 낼 것이다. right를 선택할 특정 확률을 학습할 수 있는 방법이라면 상당히 더 좋은 성능을 낼 수 있을 것이다. 가장 좋은 확률은 약 0.59인데, 이 경우 달성하는 가치는 약 −11.6이다.

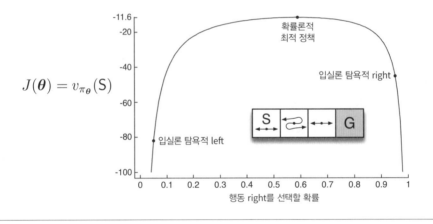

어쩌면 행동 가치를 파라미터화할 때에 비해 정책을 파라미터화할 때의 가장 간단한 장점은 정책이 행동 가치보다 더 간단한 함수여서 근사가 용이하다는 것일지도 모른다. 문제마다 정책과 행동 가치 함수의 복잡도는 다르다. 어떤 문제에서는 행동 가치 함수가 더 간단해서 근사하기가 더 쉽다. 또 어떤 문제에서는 정책이 더 간단하다. 후자의 경우 (테트리스Tetris에서와 같이) 정책 기반 방법이 일반적으로 더 빨리 학습하고 점근적 수렴 오차가 더 적은 정책을 도출할 것이다 (심섹, 알고르타, 코시얄(2016) 참고).

마지막으로, 정책 파라미터화 방법을 선택하는 것이 때로는 강화학습 시스템 내부에 바람직한 정책 형태에 대한 사전 정보를 주입하는 좋은 방법이 된다. 보통 이것이 정책 기반 학습 방법을 사용하는 가장 중요한 이유다.

연습 13.1 격자 공간에 대한 정보와 격자 공간의 동역학을 이용하여, 예제 13.1에서 행동 right를 선택할 확률의 최적값에 대한 '정확한' 상징적 표현을 결정하라. □

13.2 정책 경사도 정리

정책 파라미터화 방법은 입실론 탐욕적 행동 선택에 비해 실용적인 장점을 갖는다. 하지만 이러한 장점 말고도 중요한 이론적 장점이 있다. 연속적인 정책 파라미터화 방법을 이용하면 행동이 선택될 확률은 학습된 파라미터의 함수로서 부드럽게 변화한다. 반면에 입실론 탐욕적 행동 선택 방법을 이용하는 경우에는 행동 가치 추정값의 작은 변화로부터 최대의 가치를 갖는 행동이 달라지면 해당 행동이 선택될 확률은 급격하게 변화한다. 크게 보면 이러한 이유로 인해 정책 경사도 방법은 행동 가치 방법보다 더 강하게 수렴성을 보장할 수 있다. 특히, 파라미터에 대한 정책의 의존성이 연속적이기 때문에 정책 경사도 방법이 경사도 상승(식 13.1)을 모사할 수 있다.

에피소딕이면서 연속적인 문제의 경우 성능 지표 $J(\boldsymbol{\theta})$를 다르게 정의하기 때문에 어느 정도는 분리해서 다루어져야만 한다. 그럼에도 불구하고, 이 책에서는 두 경우 모두에 대해 균일한 방법을 제시하려고 노력할 것이다. 또한, 주요한 이론적 결과를 단일 묶음의 방정식으로 설명할 수 있게 해 주는 표기법을 사용할 것이다.

이 절에서는 에피소딕 문제를 다룬다. 이 경우 성능 지표는 에피소드의 시작 상태에서의 가치로 정의된다. 모든 에피소드가 어떤 특정한 (무작위가 아닌) 상태 s_0에서 시작한다고 가정함으로써 의미의 일반성을 잃지 않으면서도 표기법을 단순화할 수 있다. 에피소딕 문제에서 성능 지표는 다음과 같이 정의된다.

$$J(\boldsymbol{\theta}) \doteq v_{\pi_{\boldsymbol{\theta}}}(s_0) \tag{식 13.4}$$

여기서 $v_{\pi_{\boldsymbol{\theta}}}$는 $\boldsymbol{\theta}$에 따라 결정되는 정책인 $\pi_{\boldsymbol{\theta}}$에 대한 실제 가치 함수다. 이제부터 이 논의를 진행함에 있어 에피소딕 문제에서는 할인이 없다고($\gamma = 1$) 가정할 것이다. 하지만 완전함을 기하기 위해 글상자 안의 알고리즘에서는 할인이 가능하다고 했다.

정책 경사도 정리의 증명(에피소딕 문제의 경우)

간단한 계산 및 수식 정리를 통해, 기본 원칙으로부터 정책 경사도 정리를 증명할 수 있다. 표기법을 간단하게 하기 위해, π가 $\boldsymbol{\theta}$의 함수라는 것은 따로 표현하지 않을 것이다. 또한, 모든 경사도는 $\boldsymbol{\theta}$에 대해 계산된 경사도다. 먼저, 상태 가치 함수의 경사도는 행동 가치 함수를 이용하여 다음과 같이 표현할 수 있다.

모든 $s \in \mathcal{S}$에 대해

$$\nabla v_\pi(s) = \nabla \left[\sum_a \pi(a|s) q_\pi(s,a) \right] \hspace{2cm} \text{(연습문제 3.18)}$$

$$= \sum_a \left[\nabla\pi(a|s) q_\pi(s,a) + \pi(a|s) \nabla q_\pi(s,a) \right] \hspace{1cm} \text{(곱의 법칙)}$$

$$= \sum_a \left[\nabla\pi(a|s) q_\pi(s,a) + \pi(a|s) \nabla \sum_{s',r} p(s',r|s,a)\big(r + v_\pi(s')\big) \right]$$
$$\text{(연습문제 3.19와 식 3.2)}$$

$$= \sum_a \left[\nabla\pi(a|s) q_\pi(s,a) + \pi(a|s) \sum_{s'} p(s'|s,a) \nabla v_\pi(s') \right] \hspace{0.5cm} \text{(식 3.4)}$$

$$= \sum_a \Bigg[\nabla\pi(a|s) q_\pi(s,a) + \pi(a|s) \sum_{s'} p(s'|s,a) \hspace{1cm} \text{(아래와 연결됨)}$$
$$\sum_{a'} \left[\nabla\pi(a'|s') q_\pi(s',a') + \pi(a'|s') \sum_{s''} p(s''|s',a') \nabla v_\pi(s'') \right] \Bigg]$$

$$= \sum_{x \in \mathcal{S}} \sum_{k=0}^{\infty} \mathrm{Pr}(s \to x, k, \pi) \sum_a \nabla\pi(a|x) q_\pi(x,a)$$

위 식은 식의 결과를 다시 그 식에 대입하는 과정을 무한히 반복하여 얻어진 것이다. 이 때 $\mathrm{Pr}(s \to x, k, \pi)$는 정책 π하에서 상태 s에서 상태 x로 k단계만에 전이할 확률을 나타낸다. 이제 다음과 같은 관계가 명확해진다.

$$\nabla J(\boldsymbol{\theta}) = \nabla v_\pi(s_0)$$

$$= \sum_s \left(\sum_{k=0}^{\infty} \mathrm{Pr}(s_0 \to s, k, \pi) \right) \sum_a \nabla\pi(a|s) q_\pi(s,a)$$

$$= \sum_s \eta(s) \sum_a \nabla\pi(a|s) q_\pi(s,a) \hspace{1.5cm} \text{(240쪽의 글상자)}$$

$$= \sum_{s'} \eta(s') \sum_s \frac{\eta(s)}{\sum_{s'} \eta(s')} \sum_a \nabla\pi(a|s) q_\pi(s,a)$$

$$= \sum_{s'} \eta(s') \sum_s \mu(s) \sum_a \nabla\pi(a|s) q_\pi(s,a) \hspace{1.5cm} \text{(식 9.3)}$$

$$\propto \sum_s \mu(s) \sum_a \nabla\pi(a|s) q_\pi(s,a) \hspace{1.5cm} \text{(Q.E.D)}$$

함수 근사를 이용하면, 정책 향상을 보장하는 방식으로 정책 파라미터를 변경하는 것이 어려워 보일 수도 있다. 문제는 행동 선택과 그 행동 선택이 이루어지는 상태의 분포에 따라 성능이 달라진다는 것이고, 행동과 분포 모두 정책 파라미터에 영향을 받는다는 것이다. 상태가 주어지면, 정책 파라미터가 행동에 미치는 효과 및 그에 따라 보상에 미치는 효과는 파라미터화 방법에 대한 정보로부터 상대적으로 쉽게 계산될 수 있다. 하지만 정책이 상태 분포에 미치는 효과는 환경에 따라 변하는 함수이고, 이 함수는 일반적으로 알려져 있지 않다. 정책 변화가 상태 분포에 미치는 효과를 모르는 상황에서 경사도가 그 효과에 영향을 받는다면 정책 파라미터에 대한 성능 지표의 경사도를 어떻게 추정할 수 있을까?

다행히도, **정책 경사도 정리**policy gradient theorem의 형태로 이 어려움을 해결하는 아주 좋은 이론적 해결책이 있다. 이 해결책은 정책 파라미터에 대한 성능 지표의 경사도를 해석적으로 표현한 수식을 제공한다(이것이 바로 경사도 상승(식 13.1)을 근사하기 위해 필요한 것이다). 이 수식은 상태 분포의 미분은 포함하지 않는다. 에피소딕 문제에 대한 정책 경사도 정리는 다음의 관계를 성립시킨다.

$$\nabla J(\boldsymbol{\theta}) \propto \sum_s \mu(s) \sum_a q_\pi(s, a) \nabla \pi(a|s, \boldsymbol{\theta}) \qquad \text{(식 13.5)}$$

여기서 경사도는 $\boldsymbol{\theta}$의 성분에 대한 편미분을 열 벡터로 나타낸 것이고, π는 파라미터 벡터 $\boldsymbol{\theta}$에 해당하는 정책을 나타낸다. 여기서 기호 $\propto$는 '…에 비례하는'이라는 뜻을 갖는다. 에피소딕 문제의 경우에는 비례 상수가 에피소드의 평균 길이이고, 연속적 문제의 경우에는 비례 상수가 1이 됨으로써 관계식은 등식으로 바뀐다. 여기서 분포 μ는 (9장과 10장에서처럼) 정책 π하에서의 활성 정책 분포다(240쪽 참고). 에피소딕 문제에 대한 정책 경사도 정리는 394쪽의 글상자에서 증명했다.

13.3 REINFORCE: 몬테카를로 정책 경사도

이제 이 책에 등장하는 최초의 정책 경사도 학습 알고리즘을 유도할 준비가 되었다. 확률론적 경사도 상승(식 13.1)의 전반적인 전략을 상기해 보자. 이 전략은 표본 경사도의 기댓값이 파라미터에 대한 함수인 성능 지표의 실제 경사도에 비례하도록 표본을 획득하는 방법을 필요로 한다. 어떠한 비례 상수도 시간 간격 α로 흡수될 수 있기 때문에 표본 경사도는 오직 경사도에 비례하기만 하면 된다. 정책 경사도 정리는 경사도에 비례하는 정확한 표현을 제공한다. 따라서 표본 경사도의 기댓값이 이 표현과 동일하도록 하거나 이 표현을 근사하도록 하는 표본추출 방법만 있으면 된다. 정책 경사도 정리의 우변은 정책 π하에서 얼마나 자주 상태가 발생하는지에 따라 가중치를 적용한 합계다. 정책 π를 따른다면 이 가중치에 해당하는 비율로 상태를 마주칠 것이다. 따라서 다음과 같이 표현할 수 있다.

$$\nabla J(\boldsymbol{\theta}) \propto \sum_s \mu(s) \sum_a q_\pi(s, a) \nabla \pi(a|s, \boldsymbol{\theta})$$
$$= \mathbb{E}_\pi \left[\sum_a q_\pi(S_t, a) \nabla \pi(a|S_t, \boldsymbol{\theta}) \right] \qquad \text{(식 13.6)}$$

여기서 잠깐 멈추고 확률론적 경사도 상승 알고리즘(식 13.1)에 대한 예시를 다음과 같이 제시할 수 있을 것이다.

$$\boldsymbol{\theta}_{t+1} \doteq \boldsymbol{\theta}_t + \alpha \sum_a \hat{q}(S_t, a, \mathbf{w}) \nabla \pi(a|S_t, \boldsymbol{\theta}) \qquad \text{(식 13.7)}$$

여기서 $\hat{q}$는 q_π에 대한 학습된 근삿값이다. 갱신 과정에 모든 행동이 포함되기 때문에 **모든 행동** all-actions 방법으로 알려진 이 알고리즘은 유망한 알고리즘으로서 앞으로 연구할 만한 가치가 있지만, 지금의 관심사는 전통적인 REINFORCE 알고리즘(윌리엄스, 1992)이다. 이 알고리즘에서는 시각 t에서의 갱신이 그 시각에 실제로 취해지는 하나의 행동 A_t만을 포함한다. 식 13.6에서 S_t를 도입했던 것과 같은 방식으로 A_t를 도입함으로써(확률 변수의 가능한 가치에 대한 합계를 정책 π하에서의 기댓값으로 대체한 후 기댓값의 표본을 추출함으로써) REINFORCE에 대한 유도를 계속 하겠다. 식 13.6에 포함된 행동에 대한 합계는 적절하지만, 각각의 항은 정책 π하에서 계산된 기댓값의 경우에 필요했던 것과는 달리 $\pi(a \mid S_t, \boldsymbol{\theta})$에 따라 부여되는 가중치를 적용하지 않는다. 따라서 등식을 변형하지 않고 그러한 가중치를 도입하기 위해 항들의 합계를 곱한 후에 $\pi(a \mid S_t, \boldsymbol{\theta})$로 나눌 것이다. 식 13.6에 이어서 다음과 같은 등식을 얻을 수 있다.

$$\nabla J(\boldsymbol{\theta}) = \mathbb{E}_\pi \left[\sum_a \pi(a|S_t, \boldsymbol{\theta}) q_\pi(S_t, a) \frac{\nabla \pi(a|S_t, \boldsymbol{\theta})}{\pi(a|S_t, \boldsymbol{\theta})} \right] \qquad (a \text{를 표본 행동 } A_t \sim \pi \text{로 대체})$$
$$= \mathbb{E}_\pi \left[q_\pi(S_t, A_t) \frac{\nabla \pi(A_t|S_t, \boldsymbol{\theta})}{\pi(A_t|S_t, \boldsymbol{\theta})} \right] \qquad (\mathbb{E}_\pi[G_t \mid S_t, A_t] = q_\pi(S_t, A_t) \text{이기 때문에})$$
$$= \mathbb{E}_\pi \left[G_t \frac{\nabla \pi(A_t|S_t, \boldsymbol{\theta})}{\pi(A_t|S_t, \boldsymbol{\theta})} \right]$$

여기서 G_t는 보통의 이득이다. 괄호 안의 마지막 표현이 이 작업에서 정확히 필요로 하는 것으로서 매 시간 단계에서 표본으로 추출될 수 있는 값이며, 이 값들에 대한 기댓값은 경사도와 같아진다. 일반적인 확률론적 경사도 상승 알고리즘(식 13.1)의 예시를 제시하기 위해 이 표본을 이용하면 다음과 같은 REINFORCE 갱신 규칙을 얻게 된다.

$$\boldsymbol{\theta}_{t+1} \doteq \boldsymbol{\theta}_t + \alpha G_t \frac{\nabla \pi(A_t|S_t, \boldsymbol{\theta}_t)}{\pi(A_t|S_t, \boldsymbol{\theta}_t)} \tag{식 13.8}$$

이 갱신 규칙은 한눈에 보기에 매력적으로 보인다. 갱신마다 더해지는 값은 이득 G_t와 어떤 벡터의 곱에 비례하는데, 이 벡터는 실제로 취해진 행동을 취할 확률의 경사도를 그 행동을 취할 확률로 나눈 것이다. 파라미터 공간에서 이 벡터의 방향은, 미래에 상태 S_t를 마주쳤을 때 행동 A_t를 또다시 취할 확률을 가장 많이 증가시키는 방향이 된다. 갱신을 통해 파라미터 벡터는 이 방향으로 증가하는데, 이때 증가량은 이득에 비례하고 행동이 선택될 확률에 반비례한다. 전자의 경우 이득을 가장 많이 산출하는 행동을 선호하는 방향으로 파라미터가 가장 많이 이동할 것이기 때문에 일리가 있다. 후자의 경우도 일리가 있는데, 증가량이 행동이 선택될 확률에 반비례하도록 하지 않으면 자주 선택되는 행동이 유리할 것이고(이 행동을 선호하는 방향으로 갱신이 더 자주 일어날 것이고), 그러면 비록 최대의 이득을 내지 못하더라도 더 많이 선호될 수가 있기 때문이다.

REINFORCE는 시각 t부터 계산되는 완전한 이득을 사용한다. 여기에는 에피소드가 끝날 때까지의 모든 미래 보상이 포함된다. 이러한 의미에서 REINFORCE는 몬테카를로 알고리즘이고 에피소딕 문제에 대해서만 잘 정의할 수 있으며, (5장의 몬테카를로 알고리즘과 같이) 에피소드가 종료된 이후에 과거 상태에 대한 모든 갱신이 한 번에 수행되는 알고리즘이다. 이러한 내용은 다음 글상자의 알고리즘에 분명하게 제시되어 있다.

REINFORCE: π_*에 대한 몬테카를로 정책 경사도 제어(에피소딕)

입력: 미분 가능한 파라미터 기반의 정책 $\pi(a \mid s, \boldsymbol{\theta})$
알고리즘 파라미터: 시간 간격 $\alpha > 0$
정책 파라미터 $\boldsymbol{\theta} \in \mathbb{R}^{d'}$을 초기화(**예** 0으로 초기화)

(각 에피소드에 대한) 무한 루프:
    $\pi(\cdot \mid \cdot, \boldsymbol{\theta})$를 따르는 에피소드 $S_0, A_0, R_1, ..., S_{T-1}, A_{T-1}, R_T$를 생성
    에피소드의 각 단계 $t = 0, 1, ..., T - 1$에 대한 루프:
        $G \leftarrow \sum_{k=t+1}^{T} \gamma^{k-t-1} R_k$ (G_t)
        $\boldsymbol{\theta} \leftarrow \boldsymbol{\theta} + \alpha \gamma^t G \nabla \ln \pi(A_t \mid S_t, \boldsymbol{\theta})$

의사코드의 마지막 줄에 있는 갱신은 REINFORCE 갱신 규칙(식 13.8)과는 조금 다르게 보인다. 한 가지 차이점은 의사코드에서는 식 13.8의 부분적인 벡터 $\frac{\nabla \pi(A_t|S_t, \boldsymbol{\theta}_t)}{\pi(A_t|S_t, \boldsymbol{\theta}_t)}$에 대해 압축적인 표현 $\nabla \ln \pi(A_t \mid S_t, \boldsymbol{\theta}_t)$를 사용한다는 것이다. 이 두 가지 벡터 표현이 동일한 이유는 $\nabla \ln x = \frac{\nabla x}{x}$를

만족하기 때문이다. 이 벡터를 지칭하는 표현은 문헌에 여러 가지로 제시되어 있다. 이 책에서는 단순하게 **적격 벡터**eligibility vector라고 부를 것이다. 알고리즘에서 정책 파라미터화 방법이 유일하게 등장하는 곳이 바로 이 적격 벡터다.

의사코드의 갱신과 REINFORCE 갱신 방정식(식 13.8)의 두 번째 차이점은 전자가 γ^t라는 요소를 포함한다는 것이다. 앞서도 언급했지만, 이것은 본문에서는 할인이 없는 경우($\gamma = 1$)를 다루고 있는 반면, 글상자 안에서는 할인이 적용된 일반적인 경우에 대한 알고리즘을 제시하고 있기 때문이다. 이 모든 방법을 적절히 변경하면(240쪽의 글상자 내용을 포함하여) 할인된 경우에도 적용할 수 있지만, 이렇게 하면 추가적인 복잡도를 포함하게 되어 주된 방법으로부터 멀어지게 된다.

⁎연습 13.2 240쪽의 글상자 내용과 정책 경사도 정리(식 13.5), 정책 경사도 정리의 증명(394쪽), REINFORCE 갱신 방정식(식 13.8)이 만들어지는 과정을 일반화하여, 식 13.8에 γ^t의 요소가 적용되게 함으로써 의사코드로 주어지는 일반적인 알고리즘과 부합하게 하라. □

그림 13.1은 예제 13.1의 좁은 복도 격자 공간 문제에 대한 REINFORCE의 성능을 보여준다.

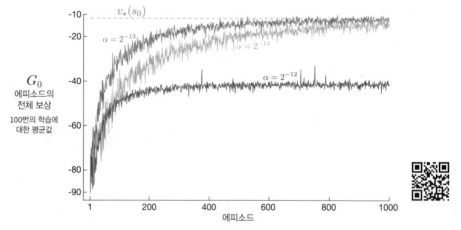

그림 13.1 좁은 복도 격자 공간(예제 13.1) 문제에서의 REINFORCE. 적절한 시간 간격을 설정하면 에피소드마다 전체 보상은 시작 상태의 최적 가치로 수렴한다.

확률론적 경사도 방법으로서, REINFORCE는 충분한 이론적 수렴 특성을 갖는다. 애당초 만들어질 때, 에피소드에 걸친 기댓값 갱신은 성능 지표의 경사도와 같은 방향으로 진행되도록 만들어진다. 이것은 충분히 작은 α에 대해 성능 지표의 기댓값이 향상됨을 보장하고, α가 감소할 경우 표준적인 확률론적 근사 조건하에서 지엽적 최적값으로 수렴함을 보장한다. 하지만 몬테 카를로 방법으로서 REINFORCE는 큰 분산을 가질 수 있고, 따라서 학습 속도가 느려질 수도 있다.

연습 13.3 13.1절에서는 선형 행동 선호도(식 13.3)와 행동 선호도에서의 소프트맥스(식 13.2)를 이용한 정책 파라미터화 방법을 생각해 봤다. 이 파라미터화 방법에 대해, 적격 벡터가 다음과 같이 표현된다는 사실을 여러 가지 정의와 기본적인 계산을 이용하여 증명하라.

$$\nabla \ln \pi(a|s, \boldsymbol{\theta}) = \mathbf{x}(s, a) - \sum_b \pi(b|s, \boldsymbol{\theta}) \mathbf{x}(s, b)$$ (식 13.9)

□

13.4 기준값이 있는 REINFORCE

정책 경사도 정리(식 13.5)는 행동 가치와 임의의 **기준값**baseline $b(s)$의 차이를 포함하도록 다음과 같이 일반화될 수 있다.

$$\nabla J(\boldsymbol{\theta}) \propto \sum_s \mu(s) \sum_a \Big(q_\pi(s, a) - b(s) \Big) \nabla \pi(a|s, \boldsymbol{\theta})$$ (식 13.10)

기준값은 임의의 함수일 수도 있고, 심지어 확률 변수일 수도 있다. 다만 a에 따라 변하지만 않으면 된다. 그러면 다음과 같이 뺄셈되는 값이 0이 되기 때문에 방정식에는 아무런 변화가 없게 된다.

$$\sum_a b(s) \nabla \pi(a|s, \boldsymbol{\theta}) = b(s) \nabla \sum_a \pi(a|s, \boldsymbol{\theta}) = b(s) \nabla 1 = 0$$

기준값(식 13.10)이 있는 정책 경사도 정리는 이전 절에서와 유사한 과정으로 갱신 규칙을 유도하기 위해 사용될 수 있다. 결국, 얻게 되는 갱신 규칙은 일반적인 기준값을 포함하는 새로운 형태의 REINFORCE로서 다음과 같이 표현된다.

$$\boldsymbol{\theta}_{t+1} \doteq \boldsymbol{\theta}_t + \alpha \Big(G_t - b(S_t) \Big) \frac{\nabla \pi(A_t|S_t, \boldsymbol{\theta}_t)}{\pi(A_t|S_t, \boldsymbol{\theta}_t)}$$ (식 13.11)

기준값이 균일하게 0이 될 수 있기 때문에, 이 갱신 규칙은 REINFORCE에 대한 엄격한 일반화다. 일반적으로 기준값은 갱신의 기댓값을 변화시키지는 않지만, 갱신의 기댓값이 갖는 분산에는 큰 영향을 미칠 수 있다. 예를 들어, 2.8절에서 이미 유사한 기준값이 경사도 선택 알고리즘gradient bandit algorithm의 분산을(그리고 그에 따라 학습 속도를) 크게 감소시킬 수 있음을 확인했다. 선택 알고리즘에서는 기준값이 단지 하나의 상수(지금까지 받은 보상의 평균)였지만, MDP에서는 기준값이 상태에 따라 변화한다. 어떤 상태에서는 모든 행동이 높은 가치를 갖기 때문에 가치가 더 높은 행동을 가치가 덜 높은 행동과 구별하기 위해서는 높은 기준값이 필요하다.

반대로, 어떤 상태에서는 모든 행동이 낮은 가치를 가질 것이고, 이 경우에는 낮은 기준값이 적절하다.

기준값을 선택하는 자연스러운 방법 중 하나는 상태 가치 $\hat{v}(S_t, \mathbf{w})$의 추정값을 기준값으로 선택하는 것이다. 이때 $\mathbf{w} \in \mathbb{R}^d$은 이전 장에서 설명한 방법들 중 하나의 방법으로 학습한 가중치 벡터다. REINFORCE는 정책 파라미터 θ를 학습하는 몬테카를로 방법이기 때문에, 상태 가치 가중치 $\mathbf{w}$를 학습하기 위해 몬테카를로 방법을 사용하는 것도 자연스럽게 보인다. 이렇게 학습한 상태 가치 함수를 기준값으로 사용하는 기준값이 있는 REINFORCE에 대한 완전한 의사코드 알고리즘이 다음 글상자에 제시되어 있다.

$\pi_\theta \approx \pi_*$를 추정하기 위한 기준값이 있는 REINFORCE(에피소딕)

입력: 미분 가능한 파라미터 기반의 정책 $\pi(a \mid s, \theta)$
입력: 미분 가능한 파라미터 기반의 상태 가치 함수 $\hat{v}(s, \mathbf{w})$
알고리즘 파라미터: 시간 간격 $\alpha^\theta > 0$, $\alpha^\mathbf{w} > 0$
정책 파라미터 $\theta \in \mathbb{R}^{d'}$과 상태 가치 가중치 $\mathbf{w} \in \mathbb{R}^d$를 초기화(예 $\mathbf{0}$으로 초기화)

(각 에피소드에 대한) 무한 루프:
    정책 $\pi(\cdot \mid \cdot, \theta)$를 따르는 에피소드 $S_0, A_0, R_1, ..., S_{T-1}, A_{T-1}, R_T$를 생성
    에피소드의 각 단계 $t = 0, 1, ..., T - 1$에 대한 루프:
        $G \leftarrow \sum_{k=t+1}^{T} \gamma^{k-t-1} R_k$ (G_t)
        $\delta \leftarrow G - \hat{v}(S_t, \mathbf{w})$
        $\mathbf{w} \leftarrow \mathbf{w} + \alpha^\mathbf{w} \delta \nabla \hat{v}(S_t, \mathbf{w})$
        $\theta \leftarrow \theta + \alpha^\theta \gamma^t \delta \nabla \ln \pi(A_t \mid S_t, \theta)$

이 알고리즘은 두 개의 시간 간격을 갖는다. 하나는 α^θ이고, 다른 하나는 $\alpha^\mathbf{w}$이다(여기서 α^θ는 식 13.11의 α이다). 가치 함수에 대한 시간 간격($\alpha^\mathbf{w}$)을 선택하는 방법은 상대적으로 쉽다. 선형인 경우에는 이 시간 간격을 $\alpha^\mathbf{w} = 0.1/\mathbb{E}[\|\nabla \hat{v}(S_t, \mathbf{w})\|_\mu^2]$과 같이 설정하는 경험 법칙이 있다(9.6절 참고). 정책 파라미터 α^θ에 대해 시간 간격을 설정하는 방법은 훨씬 더 모호하다. α^θ로서 가장 좋은 값은 보상의 범위와 정책 파라미터에 따라 결정되기 때문이다.

그림 13.2는 좁은 복도 격자 공간 문제(예제 13.1)에 대해 기준값이 있는 REINFORCE와 기준값이 없는 순수한 REINFORCE를 비교한다. 여기서 기준값으로 사용된 근사적 상태 가치 함수는 $\hat{v}(s, \mathbf{w}) = w$이다. 즉, $\mathbf{w}$는 하나의 성분 w와 같다.

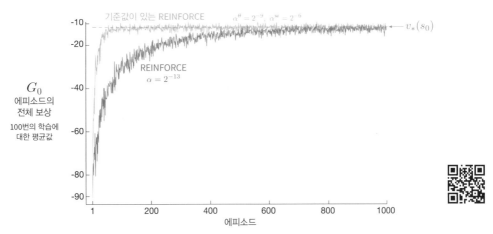

그림 13.2 이 그림에 제시된 좁은 복도 격자 공간 문제(예제 13.1)의 결과에서 볼 수 있듯이, REINFORCE에 기준 값을 추가하면 학습 속도를 훨씬 빠르게 할 수 있다. 여기서 순수한 REINFORCE를 위해 사용된 시간 간격은 가장 좋은 성능을 도출하는 시간 간격이다(시간 간격은 2의 거듭제곱 중 가장 좋은 성능을 도출하는 것으로 설정됨. 그림 13.1 참고).

13.5 행동자-비평자 방법

기준값이 있는 REINFORCE 방법이 정책 및 상태 가치 함수를 모두 학습하지만, 상태 가치 함수가 오직 기준값으로만 사용되고 비평자로 사용되지 않기 때문에 이 방법을 행동자-비평자 방법이라고 생각하지는 않는다. 다시 말해, 이 방법은 부트스트랩(어떤 상태의 가치 추정값을 그 상태 이후에 나올 상태들의 가치 추정값을 이용하여 갱신하는 것)을 위해 사용되는 것이 아니라 오직 가치 추정값이 갱신되고 있는 상태에 대한 기준값으로만 사용되기 때문에 행동자-비평자 방법이 아닌 것이다. 오직 부트스트랩을 통해서만 편차_{bias}를 고려할 수 있고, 더불어 함수 근사의 성능이 점근적 수렴성에 미치는 영향을 고려할 수 있기 때문에, 이러한 차이를 구별하는 것은 유용하다. 지금까지 확인했듯이, 부트스트랩 및 상태 표현에 대한 의존성으로부터 발생하는 편차가 분산을 줄이고 학습을 가속화하기 때문에 이러한 분산은 보통 장점이었다. 기준값이 있는 REINFORCE는 편차를 갖지 않으며 지역적 최솟값에 점근적으로 수렴할 테지만, 모든 몬테카를로 방법과 마찬가지로 이 방법도 학습 속도가 느리고(분산이 높은 추정값을 만들고) 온라인 문제나 연속적인 문제에 적용하기 불편한 측면이 있다. 이 책에서 이전에 확인했듯이, 시간차 방법을 이용하면 이러한 불편함을 없앨 수 있고, 다단계 방법을 통해 부트스트랩의 정도를 유연하게 선택할 수 있다. 정책 경사도 방법을 적용하는 경우에는 이러한 장점을 누리기 위해 부트스트랩 비평자를 적용한 행동자-비평자 방법을 사용한다.

먼저, 6장에서 소개한 TD(0), 살사(0), Q 학습 같은 TD 방법과 유사한 단일 단계 행동자-비평자 방법에 대해 생각해 보자. 단일 단계 방법의 주된 매력은 이것이 완전히 온라인으로 수행되는 방법이고 점증적 방법이면서도 적격 흔적이 갖는 복잡도를 피할 수 있다는 점이다. 이 방법은 적격 흔적 방법의 특별한 경우이고, 그렇게 일반적인 방법은 아니지만 이해하기는 쉽다. 단일 단계 행동자-비평자 방법은 REINFORCE(식 13.11)의 전체 이득을 다음과 같은 단일 단계 이득으로 대체한다(그리고 학습된 상태 가치 함수를 기준값으로 사용한다).

$$\boldsymbol{\theta}_{t+1} \doteq \boldsymbol{\theta}_t + \alpha \Big(G_{t:t+1} - \hat{v}(S_t, \mathbf{w}) \Big) \frac{\nabla \pi(A_t | S_t, \boldsymbol{\theta}_t)}{\pi(A_t | S_t, \boldsymbol{\theta}_t)} \tag{식 13.12}$$

$$= \boldsymbol{\theta}_t + \alpha \Big(R_{t+1} + \gamma \hat{v}(S_{t+1}, \mathbf{w}) - \hat{v}(S_t, \mathbf{w}) \Big) \frac{\nabla \pi(A_t | S_t, \boldsymbol{\theta}_t)}{\pi(A_t | S_t, \boldsymbol{\theta}_t)} \tag{식 13.13}$$

$$= \boldsymbol{\theta}_t + \alpha \delta_t \frac{\nabla \pi(A_t | S_t, \boldsymbol{\theta}_t)}{\pi(A_t | S_t, \boldsymbol{\theta}_t)} \tag{식 13.14}$$

이 방법과 짝을 이룰 만한 자연스러운 상태 가치 함수 학습 방법은 준경사도 TD(0)이다. 완전한 알고리즘에 대한 의사코드는 다음 글상자에 제시되어 있다. 이제 이 알고리즘은 완전한 온라인 알고리즘이면서 점증적 알고리즘이다. 따라서 상태, 행동, 보상은 발생하는 시점에 한 번만 처리되고 나중에 다시 처리되지 않는다.

$\pi_\theta \approx \pi_*$를 추정하기 위한 단일 단계 행동자-비평자(에피소딕)

입력: 미분 가능한 파라미터 기반의 정책 $\pi(a \mid s, \boldsymbol{\theta})$
입력: 미분 가능한 파라미터 기반의 상태 가치 함수 $\hat{v}(s, \mathbf{w})$
파라미터: 시간 간격 $\alpha^{\boldsymbol{\theta}} > 0$, $\alpha^{\mathbf{w}} > 0$
정책 파라미터 $\boldsymbol{\theta} \in \mathbb{R}^{d'}$와 상태 가치 가중치 $\mathbf{w} \in \mathbb{R}^d$를 초기화(**예** **0**으로 초기화)

(각 에피소드에 대한) 무한 루프:
    S를 초기화(에피소드의 첫 번째 상태)
    $I \leftarrow 1$
    S가 종단 상태가 되기 전까지 (각 시간 단계에 대한) 루프:
        $A \sim \pi(\cdot \mid S, \boldsymbol{\theta})$
        행동 A를 취하고, S', R을 관측
        $\delta \leftarrow R + \gamma \hat{v}(S', \mathbf{w}) - \hat{v}(S, \mathbf{w})$ (S'이 종단이면, $\hat{v}(S', \mathbf{w}) \doteq 0$이다.)
        $\mathbf{w} \leftarrow \mathbf{w} + \alpha^{\mathbf{w}} \delta \nabla \hat{v}(S, \mathbf{w})$
        $\boldsymbol{\theta} \leftarrow \boldsymbol{\theta} + \alpha^{\boldsymbol{\theta}} I \delta \nabla \ln \pi(A \mid S, \boldsymbol{\theta})$
        $I \leftarrow \gamma I$
        $S \leftarrow S'$

n단계 방법이 갖는 전방 관점으로의 일반화와 그 후에 이루어지는 λ 이득 알고리즘으로의 일반화는 쉽게 할 수 있다. 식 13.12의 단일 단계 이득이 각각 $G_{t:t+n}$과 G_t^λ로 대체되기만 하면 된다. λ 이득 알고리즘의 후방 관점으로의 일반화 또한 쉽게 이루어질 수 있다. 이 과정에서 행동자와 비평자 각각에 대한 적격 흔적이 이용되고, 이들 각각은 12장에서 제시한 패턴을 따른다. 완전한 알고리즘의 의사코드가 다음 글상자에 제시되어 있다.

$\pi_\theta \approx \pi_*$를 추정하기 위한, 적격 흔적을 적용한 행동자-비평자(에피소딕)

입력: 미분 가능한 파라미터 기반의 정책 $\pi(a \mid s, \boldsymbol{\theta})$
입력: 미분 가능한 파라미터 기반의 상태 가치 함수 $\hat{v}(s, \mathbf{w})$
파라미터: 흔적 감퇴 비율 $\lambda^\theta \in [0, 1]$, $\lambda^{\mathbf{w}} \in [0, 1]$, 시간 간격 $\alpha^\theta > 0$, $\alpha^{\mathbf{w}} > 0$
정책 파라미터 $\boldsymbol{\theta} \in \mathbb{R}^{d'}$와 상태 가치 가중치 $\mathbf{w} \in \mathbb{R}^d$를 초기화(예 **0**으로 초기화)

(각 에피소드에 대한) 무한 루프:
    S를 초기화(에피소드의 첫 번째 상태)
    $\mathbf{z}^\theta \leftarrow \mathbf{0}$($d'$개의 성분을 갖는 적격 흔적 벡터)
    $\mathbf{z}^{\mathbf{w}} \leftarrow \mathbf{0}$($d$개의 성분을 갖는 적격 흔적 벡터)
    $I \leftarrow 1$
    S가 종단 상태가 될 때까지 (각 시간 단계에 대한) 루프:
        $A \sim \pi(\cdot \mid S, \boldsymbol{\theta})$
        행동 A를 취하고, S', R을 관측
        $\delta \leftarrow R + \gamma \hat{v}(S', \mathbf{w}) - \hat{v}(S, \mathbf{w})$ (S'이 종단이면 $\hat{v}(S', \mathbf{w}) \doteq 0$이다.)
        $\mathbf{z}^{\mathbf{w}} \leftarrow \gamma \lambda^{\mathbf{w}} \mathbf{z}^{\mathbf{w}} + \nabla \hat{v}(S, \mathbf{w})$
        $\mathbf{z}^\theta \leftarrow \gamma \lambda^\theta \mathbf{z}^\theta + I \nabla \ln \pi(A \mid S, \boldsymbol{\theta})$
        $\mathbf{w} \leftarrow \mathbf{w} + \alpha^{\mathbf{w}} \delta \mathbf{z}^{\mathbf{w}}$
        $\boldsymbol{\theta} \leftarrow \boldsymbol{\theta} + \alpha^\theta \delta \mathbf{z}^\theta$
        $I \leftarrow \gamma I$
        $S \leftarrow S'$

13.6 연속적인 문제에 대한 정책 경사도

10.3절에서 논의했듯이, 에피소드의 경계가 없는 연속적인 문제에 대해서는 시간 단계별 보상의 평균 비율을 이용하여 다음과 같이 성능 지표를 정의할 필요가 있다.

$$\begin{aligned}
J(\boldsymbol{\theta}) \doteq r(\pi) &\doteq \lim_{h \to \infty} \frac{1}{h} \sum_{t=1}^{h} \mathbb{E}[R_t \mid S_0, A_{0:t-1} \sim \pi] \\
&= \lim_{t \to \infty} \mathbb{E}[R_t \mid S_0, A_{0:t-1} \sim \pi] \\
&= \sum_s \mu(s) \sum_a \pi(a|s) \sum_{s',r} p(s', r \mid s, a) r
\end{aligned} \qquad \text{(식 13.15)}$$

여기서 μ는 π하에서의 안정 상태 분포로서, $\mu(s) \doteq \lim_{t \to \infty} \Pr\{S_t = s \mid A_{0:t} \sim \pi\}$와 같이 표현된다. 이 절에서는 이 분포가 존재하며 S_0와는 관계가 없다고 가정하겠다(에르고드성을 가정). 이 분포하에서 정책 π에 따라 행동을 선택하면 이 분포와 동일한 분포에 그대로 머무르게 된다는 점에서 이 분포가 특별한 분포임을 기억하라. 이것은 다음과 같이 표현된다.

$$\text{모든 } s' \in \mathcal{S}\text{에 대해 } \sum_s \mu(s) \sum_a \pi(a|s, \boldsymbol{\theta}) p(s'|s, a) = \mu(s') \tag{식 13.16}$$

연속적인 문제(후방 관점)에서의 행동자-비평자 알고리즘에 대한 완전한 의사코드가 다음 글상자에 제시되어 있다.

$\pi_\theta \approx \pi_*$를 추정하기 위한, 적격 흔적을 적용한 행동자-비평자(연속적인)

입력: 미분 가능한 파라미터 기반의 정책 $\pi(a \mid s, \boldsymbol{\theta})$
입력: 미분 가능한 파라미터 기반의 상태 가치 함수 $\hat{v}(s, \mathbf{w})$
알고리즘 파라미터: $\lambda^{\mathbf{w}} \in [0, 1]$, $\lambda^\theta \in [0, 1]$, 시간 간격 $\alpha^{\mathbf{w}} > 0$, $\alpha^\theta > 0$, $\alpha^{\bar{R}} > 0$
$\bar{R} \in \mathbb{R}$을 초기화(예 0으로 초기화)
상태 가치 가중치 $\mathbf{w} \in \mathbb{R}^d$와 정책 파라미터 $\boldsymbol{\theta} \in \mathbb{R}^{d'}$를 초기화($\mathbf{0}$으로 초기화)
$S \in \mathcal{S}$를 초기화(예 s_0로 초기화)

$\mathbf{z}^{\mathbf{w}} \to \mathbf{0}$($d$개의 성분을 갖는 적격 흔적 벡터)
$\mathbf{z}^\theta \to \mathbf{0}$($d'$개의 성분을 갖는 적격 흔적 벡터)

(각 시간 단계에 대한) 무한 루프:
    $A \sim \pi(\cdot \mid S, \boldsymbol{\theta})$
    행동 A를 취하고, S', R을 관측
    $\delta \leftarrow R - \bar{R} + \hat{v}(S', \mathbf{w}) - \hat{v}(S, \mathbf{w})$
    $\bar{R} \leftarrow \bar{R} + \alpha^{\bar{R}} \delta$
    $\mathbf{z}^{\mathbf{w}} \leftarrow \lambda^{\mathbf{w}} \mathbf{z}^{\mathbf{w}} + \nabla \hat{v}(S, \mathbf{w})$
    $\mathbf{z}^\theta \leftarrow \lambda^\theta \mathbf{z}^\theta + \nabla \ln \pi(A \mid S, \boldsymbol{\theta})$
    $\mathbf{w} \leftarrow \mathbf{w} + \alpha^{\mathbf{w}} \delta \mathbf{z}^{\mathbf{w}}$
    $\boldsymbol{\theta} \leftarrow \boldsymbol{\theta} + \alpha^\theta \delta \mathbf{z}^\theta$
    $S \leftarrow S'$

자연스럽게, 연속적인 문제의 경우 다음과 같은 미분 가능 이득을 이용하여 가치 $v_\pi(s) \doteq \mathbb{E}_\pi[G_t \mid S_t = s]$와 $q_\pi(s, a) \doteq \mathbb{E}_\pi[G_t \mid S_t = s, A_t = a]$를 정의한다.

$$G_t \doteq R_{t+1} - r(\pi) + R_{t+2} - r(\pi) + R_{t+3} - r(\pi) + \cdots \tag{식 13.17}$$

이 대안적 정의를 이용하면, 에피소딕 문제에 대해 주어진 정책 경사도 정리(식 13.5)는 연속적인 문제에도 적용할 수 있다. 이에 대한 증명은 다음 글상자에 제시되어 있다. 전방 관점 및 후방 관점 방정식도 변경 없이 그대로 적용된다.

(연속적 문제의 경우) 정책 경사도 정리의 증명

연속적 문제에 대한 정책 경사도 정리의 증명 과정은 에피소딕 문제의 경우와 유사하게 시작한다. 여기서도 π가 $\boldsymbol{\theta}$의 함수이고 경사도가 $\boldsymbol{\theta}$에 대한 경사도임은 별도로 표시하지 않겠다. 연속적인 문제에서는 $J(\boldsymbol{\theta}) = r(\pi)$(식 13.15)이고, v_π와 q_π는 미분 가능 이득(식 13.17)에 대한 가치를 나타낸다. 상태 가치 함수에 대한 경사도는 모든 $s \in \mathcal{S}$에 대해 다음과 같이 표현할 수 있다.

모든 $s \in \mathcal{S}$에 대해

$$
\begin{aligned}
\nabla v_\pi(s) &= \nabla \left[\sum_a \pi(a|s) q_\pi(s,a) \right] \qquad\qquad \text{(연습문제 3.18)} \\
&= \sum_a \left[\nabla \pi(a|s) q_\pi(s,a) + \pi(a|s) \nabla q_\pi(s,a) \right] \qquad \text{(미적분학에서의 곱의 법칙)} \\
&= \sum_a \left[\nabla \pi(a|s) q_\pi(s,a) + \pi(a|s) \nabla \sum_{s',r} p(s',r|s,a) \big(r - r(\boldsymbol{\theta}) + v_\pi(s') \big) \right] \\
&= \sum_a \left[\nabla \pi(a|s) q_\pi(s,a) + \pi(a|s) \Big[-\nabla r(\boldsymbol{\theta}) + \sum_{s'} p(s'|s,a) \nabla v_\pi(s') \Big] \right]
\end{aligned}
$$

항들을 다시 정리하면 다음과 같은 식을 얻는다.

$$
\nabla r(\boldsymbol{\theta}) = \sum_a \left[\nabla \pi(a|s) q_\pi(s,a) + \pi(a|s) \sum_{s'} p(s'|s,a) \nabla v_\pi(s') \right] - \nabla v_\pi(s)
$$

이 식의 좌변은 $\nabla J(\boldsymbol{\theta})$로 표현될 수 있고, 이 값은 s에 의존하지 않는다. 따라서 우변도 s에 의존하지 않기 때문에, 다음과 같이 모든 $s \in \mathcal{S}$에 대해 가중치 $\mu(s)$를 적용하여 합산해도 ($\sum_s \mu(s) = 1$이기 때문에) 값이 변하지 않는다.

$$
\begin{aligned}
\nabla J(\boldsymbol{\theta}) &= \sum_s \mu(s) \left(\sum_a \left[\nabla \pi(a|s) q_\pi(s,a) + \pi(a|s) \sum_{s'} p(s'|s,a) \nabla v_\pi(s') \right] - \nabla v_\pi(s) \right) \\
&= \sum_s \mu(s) \sum_a \nabla \pi(a|s) q_\pi(s,a) \\
&\quad + \sum_s \mu(s) \sum_a \pi(a|s) \sum_{s'} p(s'|s,a) \nabla v_\pi(s') - \sum_s \mu(s) \nabla v_\pi(s)
\end{aligned}
$$

$$= \sum_s \mu(s) \sum_a \nabla\pi(a|s) q_\pi(s,a)$$
$$+ \sum_{s'} \underbrace{\sum_s \mu(s) \sum_a \pi(a|s) p(s'|s,a)}_{\mu(s') \text{ (식 13.16)}} \nabla v_\pi(s') - \sum_s \mu(s)\nabla v_\pi(s)$$
$$= \sum_s \mu(s) \sum_a \nabla\pi(a|s) q_\pi(s,a) + \sum_{s'} \mu(s')\nabla v_\pi(s') - \sum_s \mu(s)\nabla v_\pi(s)$$
$$= \sum_s \mu(s) \sum_a \nabla\pi(a|s) q_\pi(s,a). \qquad \text{Q.E.D.}$$

13.7 연속적 행동을 위한 정책 파라미터화

정책 기반 방법은 큰 행동 공간을 다루는 실용적인 방법을 제공한다. 그 공간이 무한개의 행동으로 채워진 연속적인 공간이라 하더라도 말이다. 이 방법에서는 많은 행동 각각에 대해 학습된 확률을 계산하는 대신, 확률 분포의 통계 지표를 학습한다. 예를 들어, 행동의 집합은 정규(가우시안) 분포로부터 선택된 실수의 집합일 수도 있다.

정규 분포에 대한 확률 밀도 함수는 전통적으로 다음과 같이 표현된다.

$$p(x) \doteq \frac{1}{\sigma\sqrt{2\pi}} \exp\left(-\frac{(x-\mu)^2}{2\sigma^2}\right) \qquad \text{(식 13.18)}$$

여기서 μ와 σ는 정규 분포의 평균과 표준 편차이고, 물론 여기서의 π는 정책을 나타내는 것이 아니라 $\pi \approx 3.14159$를 나타낸다. 여러 다양한 평균과 표준 편차에 대한 확률 밀도 함수가 오른쪽 그림에 표현되어 있다. $p(x)$ 값은 x에 대한 확률의 밀도 density이지 확률이 아니다. 확률의 **밀도**는 1보다 클 수 있다. 1이 되어야 하는 것은

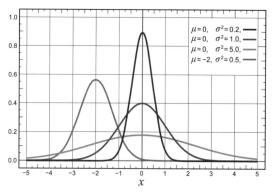

$p(x)$ 아랫부분의 전체 면적이다. 일반적으로, x가 임의의 범위에 속할 확률을 얻기 위해 그 범위의 x에 대해 $p(x)$의 아랫부분에 대한 적분을 취할 수 있다.

정책 파라미터화를 수행하기 위해, 정책은 실숫값을 갖는 스칼라 행동에 대한 정규 분포의

확률 밀도로 정의될 수 있다. 이때 평균과 표준 편차는 상태에 의존하는 파라미터 기반의 함수 근사에 의해 주어진다. 즉, 다음과 같이 정책이 정의된다.

$$\pi(a|s, \boldsymbol{\theta}) \doteq \frac{1}{\sigma(s, \boldsymbol{\theta})\sqrt{2\pi}} \exp\left(-\frac{(a - \mu(s, \boldsymbol{\theta}))^2}{2\sigma(s, \boldsymbol{\theta})^2}\right) \tag{식 13.19}$$

여기서 $\mu : \mathcal{S} \times \mathbb{R}^{d'} \to \mathbb{R}$과 $\sigma : \mathcal{S} \times \mathbb{R}^{d'} \to \mathbb{R}^+$는 각각 파라미터 기반의 함수 근사를 나타낸다. 이 정의를 완성하기 위해 유일하게 필요한 것은 바로 이 근사 함수의 형태를 제시하는 것이다. 이를 위해 정책의 파라미터 벡터를 두 부분 $\boldsymbol{\theta} = [\boldsymbol{\theta}_\mu, \boldsymbol{\theta}_\sigma]^\top$로 나누고, 한 부분은 평균의 근사를 위해 사용되고 다른 한 부분은 표준 편차의 근사를 위해 사용되도록 할 것이다. 평균은 선형 함수로 근사될 수 있다. 표준 편차는 항상 양의 값을 가져야만 하고, 선형 함수의 지수 형태로 근사할 때 더 잘 근사된다. 따라서 다음과 같이 표현할 수 있다.

$$\mu(s, \boldsymbol{\theta}) \doteq \boldsymbol{\theta}_\mu^\top \mathbf{x}_\mu(s) \quad \text{그리고} \quad \sigma(s, \boldsymbol{\theta}) \doteq \exp\left(\boldsymbol{\theta}_\sigma^\top \mathbf{x}_\sigma(s)\right) \tag{식 13.20}$$

여기서 $\mathbf{x}_\mu(s)$와 $\mathbf{x}_\sigma(s)$는 상태 특징 벡터로서, 아마도 9장에서 설명한 방법 중 한 가지 방법으로 만들어질 것이다. 이러한 정의를 이용하여, 이 장의 나머지 부분에서 설명할 모든 알고리즘을 적용하여 실숫값을 갖는 행동을 선택하기 위한 학습을 수행할 수 있다.

연습 13.4 가우시안 정책 파라미터화(식 13.19와 13.20)에 대해 적격 벡터가 다음과 같은 두 가지 부분을 포함한다는 것을 보여라.

$$\nabla \ln \pi(a|s, \boldsymbol{\theta}_\mu) = \frac{\nabla \pi(a|s, \boldsymbol{\theta}_\mu)}{\pi(a|s, \boldsymbol{\theta})} = \frac{1}{\sigma(s, \boldsymbol{\theta})^2}\big(a - \mu(s, \boldsymbol{\theta})\big)\mathbf{x}_\mu(s)$$

$$\nabla \ln \pi(a|s, \boldsymbol{\theta}_\sigma) = \frac{\nabla \pi(a|s, \boldsymbol{\theta}_\sigma)}{\pi(a|s, \boldsymbol{\theta})} = \left(\frac{\big(a - \mu(s, \boldsymbol{\theta})\big)^2}{\sigma(s, \boldsymbol{\theta})^2} - 1\right)\mathbf{x}_\sigma(s) \qquad \square$$

연습 13.5 베르누이-로지스틱 단위Bernoulli-logistic unit는 몇몇 ANN(9.7절)에서 사용되는 뉴런과 유사한neuron-like 확률론적 단위다. 시각 t에서 베르누이-로지스틱 단위의 입력은 특징 벡터 $\mathbf{x}(S_t)$이다. 이에 대한 출력 A_t는 $\Pr\{A_t = 1\} = P_t$와 $\Pr\{A_t = 0\} = 1 - P_t$(베르누이 분포)에 따라 0과 1의 두 가지 값을 갖는 확률 변수다. 정책 파라미터 $\boldsymbol{\theta}$가 주어졌을 때 베르누이-로지스틱 단위의 두 행동에 대한 상태 s에서의 선호도를 $h(s, 0, \boldsymbol{\theta})$와 $h(s, 1, \boldsymbol{\theta})$라고 하자. 그리고 이 두 행동 선호도 사이의 차이가 베르누이-로지스틱 단위의 입력 벡터에 대한 가중 합계로 주어진다고 가정하자. 다시 말해, 베르누이-로지스틱 단위의 가중치 벡터 $\boldsymbol{\theta}$에 대해 $h(s, 1, \boldsymbol{\theta}) - h(s, 0, \boldsymbol{\theta}) = \boldsymbol{\theta}^\top \mathbf{x}(s)$라고 가정하자.

(a) 행동 선호도를 정책으로 변환하기 위해 지수 함수 형태의 소프트맥스 분포(식 13.2)가 사용되면 $P_t = \pi(1 \mid S_t, \boldsymbol{\theta}_t) = 1/(1 + \exp(-\boldsymbol{\theta}_t^\top \mathbf{x}(S_t)))$(로지스틱 함수)를 만족한다는 것을 보여라.

(b) 이득 G_t를 받는 즉시 $\boldsymbol{\theta}_t$를 $\boldsymbol{\theta}_{t+1}$로 갱신하는 몬테카를로 REINFORCE 갱신은 무엇인가?

(c) 경사도 계산을 통해서 베르누이-로지스틱 단위에 대한 적격 벡터 $\nabla \ln \pi(a \mid s, \boldsymbol{\theta})$를 a, $\mathbf{x}(s)$, $\pi(a \mid s, \boldsymbol{\theta})$를 이용하여 표현하라.

힌트: 각 행동별로 먼저 로그 함수를 $P_t = \pi(a \mid s, \boldsymbol{\theta}_t)$에 대해 미분하고, 적격 벡터의 두 가지 결과를 a와 P_t에 의존하는 하나의 표현으로 합친 후에 연쇄 법칙chain rule을 이용하라. 이때 로지스틱 함수 $f(x)$의 미분은 $f(x)(1 - f(x))$이다. □

13.8 요약

이 장 이전에는 이 책의 초점이 행동 가치 방법에 맞춰졌다. 행동 가치 방법이란 행동 가치를 학습하고 그것을 이용해서 행동을 선택하는 방법을 의미한다. 반면에 이 장에서는 행동 가치 추정값에 기대지 않고 행동을 선택할 수 있게 해 주는 파라미터 기반의 정책에 대한 학습 방법을 다루었다. 특히 **정책 경사도 방법**을 다루었는데, 이 방법은 정책 파라미터에 대한 성능 지표의 경사도 추정값 방향으로 각 단계마다 정책 파라미터를 갱신하는 방법을 의미한다.

정책 파라미터를 학습하고 저장하는 방법에는 많은 장점이 있다. 이 방법을 이용하면 행동을 선택할 특정 확률을 학습할 수 있다. 또한, 탐험의 적절한 수준을 학습하여 결정론적 정책에 점근적으로 접근할 수 있다. 연속적인 행동 공간도 자연스럽게 다룰 수 있다. 이 모든 장점이 정책 기반 방법을 이용하면 쉽게 이루어지지만, 입실론 탐욕적 방법과 행동 가치 방법을 이용하면 일반적으로 이러한 장점을 누리기가 어렵거나 불가능하다. 게다가, 어떤 문제에서는 정책을 파라미터로 표현하는 것이 가치 함수를 파라미터로 표현하는 것보다 더 쉽기도 하다. 이러한 문제에는 파라미터 기반의 정책을 이용하는 방법이 더 적합하다.

파라미터 기반의 정책을 이용하는 방법은 또한 행동 가치 방법에 비해 중요한 이론적 장점을 갖는다. 이 장점은 **정책 경사도 정리**의 형태로 나타나는데, 이 정리로부터 상태 분포의 미분을 포함하지 않는 정책 파라미터에 의해 성능이 어떤 영향을 받는지를 나타내는 정확한 공식을 얻을 수 있다. 이 정리는 정책 경사도 방법의 이론적 기반을 제공한다.

REINFORCE 방법은 정책 경사도 정리로부터 직접적으로 유도된다. 상태 가치 함수를 기준값으로 추가하면 편차를 발생시키지 않고도 REINFORCE의 분산이 줄어든다. 부트스트랩을 위해 상태 가치 함수를 사용하는 것은 편차를 유발하지만 보통은 바람직하다. 그 이유는 부트스트랩 TD 방법이 보통 몬테카를로 방법보다 더 좋은 이유(분산이 상당히 감소함)와 동일하다. 상태 가치 함수는 정책에 따른 행동 선택을 장려하거나 비판한다. 따라서 전자는 **행동자**라고 불리고 후자는 **비평자**라고 불린다. 그리고 이러한 전반적인 방법을 **행동자-비평자** 방법이라고 부른다.

전반적으로, 정책 경사도 방법은 행동 가치 방법과는 상당히 다른 강점과 약점을 제공한다. 현재로선 행동자-비평자 방법에 대한 이해가 충분하지 않은 측면이 있지만, 이 흥미로운 방법에 대한 연구는 계속 진행되고 있다.

참고문헌 및 역사적 사실

이 장에서 정책 경사도와 관련된 것으로 제시된 방법들은 강화학습 분야(위튼, 1977; 바르토, 서튼, 앤더슨, 1983; 서튼, 1984; 윌리엄스, 1987, 1992) 및 강화학습 이전의 연구 분야(판살카르와 타타차르Phansalkar and Thathachar, 1995)에서 연구하고자 했던 가장 초기의 방법들 중 일부였다. 1990년대에 이 방법들은 대부분 이 책의 다른 장에서 다루었던 행동 가치 방법으로 대체되었다. 하지만 최근 몇 년 동안 일반적인 행동자-비평자 방법 및 정책 경사도 방법에 다시 관심이 모아지고 있다. 여기서 다루는 방법의 범위를 넘어서 더욱 많이 개발된 방법에는 자연적 경사도natural-gradient 방법(아마리Amari, 1998; 카카데Kakade, 2002; 피터스, 비자야쿠마르, 샬Peters, Vijayakumar, and Schaal, 2005; 피터스와 샬, 2008; 박, 김, 강, 2005; 바트나가르, 서튼, 가밤자데, 리Bhatnagar, Sutton, Ghavamzadeh, and Lee, 2009; 그론드만, 부소니우, 로페스, 바부스카Grondman, Busoniu, Lopes, and Babuska, 2012), 결정론적 정책 경사도 방법(실버 외, 2014), 비활성 정책 정책 경사도 방법(데그리스, 화이트, 서튼Degris, White, and Sutton, 2012; 마에이, 2018), 엔트로피 규칙화entropy regularization(슐만, 첸, 아빌Schulman, Chen, and Abbeel, 2017)가 있다. 이 방법들을 적용한 주요 사례 중에는 곡예 헬리콥터 자동 조종과 알파고(16.6절)가 있다.

이 장에서 제시한 것들은 '정책 경사도 방법'이라는 용어를 소개했던 서튼, 맥알레스터, 싱, 만수르(Sutton, McAllester, Singh, and Mansour, 2000)가 제시한 내용을 주된 기반으로 한다. 바트나가르 외(2009)는 유용한 개요를 제공했다. 관련된 연구 중 가장 초기의 것은 알렉산드로프, 시소예프, 셰메네바(Alexsandrov, Sysoyev, and Shemeneva, 1968)가 수행한 연구다. 토마스(2014)는 γ^t가 이 장의 글상자에 제시된 알고리즘에서 명시한 것처럼 할인된 에피소딕 문제에서 필요하다는 사실을 처음으로 알아냈다.

13.1 이 장에 제시된 예제 13.1과 그 결과는 에릭 그레이브스Eric Graves와 함께 만들고 개발한 것이다.

13.2 405쪽에 제시된 정책 경사도 정리는 마르바흐와 치치클리스(Marbach and Tsitsiklis, 1998, 2001)가 처음 제시한 이후에, 서튼 외(2000)가 독립적으로 제시했다. 카오와 첸 (Cao and Chen, 1997)이 비슷한 표현을 제시했다. 다른 초기의 결과들은 콘다와 치치클리스(Konda and Tsitsiklis, 2000, 2003), 백스터와 바틀릿(Baxter and Bartlett, 2001), 백스터, 바틀릿, 위버(Baxter, Bartlett, and Weaver, 2001)가 제시했다. 몇 가지 추가적인 결과는 서튼, 싱, 맥알레스터(2000)가 개발했다.

13.3 REINFORCE는 윌리엄스(1987, 1992)가 제시했다. 판살카르와 타타차르(1995)는 REINFORCE 알고리즘의 수정된 버전에 대한 지엽적 수렴성 정리와 전역 수렴성 정리를 증명했다. '모든 행동' 알고리즘은 출판되지는 않았지만 폭넓게 읽히는 논문(서튼, 싱, 맥알레스터, 2000)에서 처음 등장했고, 그 후에 이 알고리즘을 '평균 행동자 비평자' 알고리즘으로 지칭한 아사디, 알렌, 로데릭, 모하메드, 코니다리스, 리트만(Asadi, Allen, Roderick, Mohamed, Konidaris, and Littman, 2017)이 이 알고리즘을 해석적인 방식 및 경험적인 방식으로 연구했다. 시오섹과 화이트슨(Ciosek and Whiteson, 2018)은 연속적인 행동의 경우로 확장된 알고리즘을 개발하고 '정책 경사도 기댓값expected policy gradients'으로 지칭했다.

13.4 기준값baseline은 윌리엄스(1987, 1992)가 수행한 원래의 연구에서 소개했다. 그린스미스, 바틀릿, 백스터(2004)는 거의 틀림없이 더 좋은 기준값을 분석했다(딕Dick, 2015 참고). 토마스와 브룬스킬(Thomas and Brunskill, 2017)은 행동에 따라 변하는 기준값을 사용해도 편차가 생기지 않을 수 있다고 주장했다.

13.5-6 행동자-비평자 방법은 강화학습에서 연구되어야 할 방법들 중 초기의 방법에 속한다 (위튼 1977; 바르토, 서튼, 앤더슨, 1983; 서튼 1984). 이 장에 제시된 알고리즘은 비활성 정책 정책 경사도 방법을 소개한 데그리스, 화이트, 서튼(2012)의 연구를 기반으로 한다. 문헌에서 때로는 행동자-비평자 방법을 **장점**advantage 행동자-비평자 방법으로 부르기도 한다.

13.7 연속적 행동이 어떻게 이러한 방식으로 다루어질 수 있는지를 처음으로 보여준 논문은 윌리엄스(1987, 1992)였던 것으로 보인다. 406쪽의 그림은 위키피디아Wikipedia에서 가져왔다.

PART

III

더 깊이
들여다보기

이 책의 마지막인 3부에서는 앞서 1부와 2부에서 제시한 표준적인 강화학습 방법의 영역을 벗어난 관점에서 몇 가지 내용을 간략하게 조사할 것이다. 조사할 내용에는 강화학습 방법과 심리학/신경과학의 관계, 강화학습의 적용 사례, 미래 강화학습 연구를 위한 활동적인 개척자들에 대한 내용이 포함될 것이다.

14

심리학

이전 장에서는 계산적인 고려 사항만을 기반으로 하여 알고리즘을 위한 방법을 개발했다. 이 장에서는 이 알고리즘 중 일부를 또 다른 관점에서 바라볼 것이다. 바로 심리학 및 동물의 학습 방법에 대한 심리학적 연구의 관점이다. 이 장의 첫 번째 목적은 강화학습 방법 및 알고리즘이 심리학자들이 동물학습에서 발견한 것들과 어떤 방식으로 일치하는지를 논의하는 것이다. 두 번째 목적은 강화학습이 동물학습 연구에 미치는 영향을 설명하는 것이다. 강화학습이 제공하는 문제, 이득, 알고리즘에 대한 종합적이고 분명한 형식화는 실험 데이터를 이해하고, 새로운 종류의 실험을 제안하고, 조정하거나 측정해야 할 요소들 중 중요할 수도 있는 것을 명시하는 데 있어 대단히 유용하다. 강화학습의 핵심인 장기적인 이득을 최적화하는 방법은 이 방법이 없었다면 이해하기 힘들었을 동물의 학습 및 행동 특징을 이해하는 데 도움을 주었다.

강화학습과 심리학 이론 사이에 일치하는 부분들이 있다는 사실은 놀라운 일이 아니다. 강화학습 방법의 개발이 심리학적 학습 이론으로부터 영감을 얻어 이루어졌기 때문이다. 하지만 이 책에서 제안한 것처럼, 강화학습에서는 동물의 학습 방법에 대한 자세한 내용을 인용하거나 설명하고자 하는 목적이 아니라 효율적인 알고리즘으로 계산에 기반한 문제를 풀고자 하는 목적으로 인공지능 연구자나 공학자의 관점에서 이상적인 상황을 탐험한다. 그 결과, 이 책에서 설명하는 두 분야 사이의 몇 가지 일치성은 각 분야에서 독립적으로 생겨난 방법들을 서로 연결해 준다. 그것이 인공적 시스템에 의한 학습이든 자연적 시스템에 의한 학습이든 상관없이 학습에 있어서 중요한 계산 원리가 이러한 연결 지점을 통해 드러나기 때문에, 이 연결 지점은 특별한 의미를 갖는다고 확신할 수 있다.

쥐, 비둘기, 토끼가 통제된 실험실 환경에서 수행된 실험에서 어떻게 학습하는지를 설명하기 위해 개발된 학습 이론과 강화학습 사이의 일치성을 설명하는 데 이 장의 대부분을 할애했다. 이러한 실험은 20세기 내내 수천 번 수행되었고, 오늘날에도 많은 실험이 수행되고 있다. 때로는 좀 더 일반적인 심리학 이슈와는 상관없다는 이유로 묵살되기도 했지만, 보통은 정교한 이론적 질문의 답을 찾기 위해 행해지는 이러한 실험은 동물학습의 미묘한 특성을 규명한다. 심리학이 행동의 인지적 측면, 즉 생각 및 추론 같은 정신적 과정에 더 많은 관심을 갖게 되면서, 동물학습 실험이 심리학에서 차지하는 역할의 비중이 예전보다는 줄어들었다. 하지만 이러한 실험들은 동물의 왕국 전체에 퍼져 있는 강력한 학습 원리를 발견하도록 이끌었다. 인공학습 시스템을 설계하는 과정에서 이러한 원리를 무시해서는 안 된다. 게다가, 앞으로 살펴보겠지만 인지 과정의 몇몇 측면은 강화학습의 계산적 측면과 자연스럽게 연결된다.

이 장의 마지막 절에는 이 장에서 논의한 연결점뿐만 아니라 이 장에서 다루지 않은 연결점과 관련된 참고문헌이 제시되어 있다. 이 장에서 설명하는 내용이 독자 여러분으로 하여금 이 모든 연결 관계를 더욱 깊이 있게 조사하도록 만드는 자극제가 되기를 바란다. 이 장의 마지막 절에서는 강화학습에서 사용하는 용어를 심리학 용어와 연결하는 방법도 다룰 것이다. 강화학습에서 사용되는 많은 용어와 구절은 동물학습 이론에서 가져온 것이지만, 이 용어와 구절에 대한 계산적/공학적 측면에서의 의미가 언제나 심리학에서 말하는 의미와 일치하는 것은 아니다.

14.1 예측과 제어

이 책에서 설명하는 알고리즘은 크게 두 가지 범주에 속하는데, 바로 예측prediction 알고리즘과 **제어**control 알고리즘이다. 이러한 범주는 3장에서 제시한 강화학습 문제의 해법에서 자연스럽게 만들어진다. 많은 면에서 이 범주는 심리학에서 방대하게 연구되는 학습의 두 범주, **고전적 또는 조건반사적 조건화**classical or Pavlovian conditioning 및 **도구적 또는 자발적 조건화**instrumental or operant conditioning에 해당한다. 심리학이 강화학습에 영향을 미쳐왔기 때문에 이러한 일치성이 완전한 우연은 아니지만, 그럼에도 각기 다른 목적으로 만들어진 방법이 서로 연관된다는 점에서 이러한 일치성은 놀라운 것이다.

이 책에서 제시한 예측 알고리즘은 학습자가 처한 환경의 특징이 앞으로 어떻게 전개될 것인가에 따라 달라지는 어떤 값을 추정한다. 분명히 말하면, 한 학습자가 앞으로 환경과 상호작용하면서 받을 것이라고 기대할 수 있는 보상의 양을 추정하는 데 초점을 맞춘다. 이러한 역할에 비춰 보면, 예측 알고리즘은 **정책 평가 알고리즘**policy evaluation algorithm인데, 이 알고리즘은 정책을 향상시키기 위한 알고리즘의 핵심 요소다. 하지만 예측 알고리즘은 미래 보상을 예측하는 데 국한되지 않는다. 이 알고리즘은 미래 환경의 어떤 특징도 예측할 수 있다(예를 들어 모다일, 화이트, 서튼(Modayil, White, and Sutton, 2014)을 참고하라). 예측 알고리즘과 고전적 조건화의 일치성은 다가오는 자극을 예측한다는 공통된 특성에 기반을 두고 있다. 여기서 자극이 보상(또는 처벌)인지 여부는 중요하지 않다.

도구적 또는 자발적 조건화 실험에서의 상황은 다르다. 여기서는 동물이 자신의 행동에 따라 자신이 좋아하는 것(보상) 또는 싫어하는 것(처벌)을 받도록 하는 실험 도구가 설치된다. 동물은 보상을 받는 행동을 하는 경향성은 증가시키고 불이익을 받는 행동을 하는 경향성은 감소시키도록 학습한다. 흔히 강화 자극은 동물의 행동에 따라 달라진다고 한다. 반면에 고전적 조건화에서는 그렇지 않다(하지만 고전적 조건화 실험에서 행동에 따라 주어지는 모든 보상을 배제하기는 어렵다). 도구적 조건화 실험은 1장에서 간단히 논의한 손다이크의 효과의 법칙에 영감을 주었던 것들과 유사하다. **제어**[1]는 이러한 학습의 핵심에 있는데, 이것은 강화학습의 정책 향상 알고리즘이 작동하는 방식에 해당한다.

예측의 측면에서 고전적 조건화를 생각해 보고 제어의 측면에서 도구적 조건화를 생각해 보는 것은 강화학습의 계산을 기반으로 하는 관점을 동물학습과 연결 짓는 출발점이다. 하지만 현실적으로는 이보다 상황이 더 복잡하다. 고전적 조건화에는 예측 말고도 더 많은 것이 있다. 고전적 조건화는 행동도 포함하고, 따라서 때로는 **조건반사적 제어**Pavlovian control라고 불리는 제어 모드도 포함한다. 더욱이, 고전적 조건화와 도구적 조건화는 흥미로운 방식으로 상호작용한다. 이때 두 가지 학습 유형 모두 대부분의 실험 상황에 참여할 가능성이 높다. 이처럼 복잡함에도 불구하고 고전적/도구적이라는 구분과 예측/제어라는 구분의 짝을 맞추는 것은 강화학습을 동물학습에 연결하는 작업을 쉽게 만드는 첫 번째 근사approximation다.

심리학에서는 '강화'라는 용어를 사용하여 고전적 조건화에서의 학습과 도구적 조건화에서의 학습을 모두 설명한다. 원래는 행동의 패턴을 강화하는 것strengthening만을 가리키는 용어였지만, 보통은 행동의 패턴을 약화시키는 것을 가리키는 용어로도 사용된다. 행동의 변화를 유발하는 원인으로 생각되는 자극은, 그것이 동물의 이전 행동에 따라 달라지는지의 여부와 상관없이

---

[1] 여기서 제어의 의미는 동물학습 이론에서 제어가 일반적으로 의미하는 것과는 다르다. 동물학습 이론에서는 학습자가 환경을 제어하는 대신 환경이 학습자를 제어한다. 이 장의 마지막에서 용어에 대해 언급한 내용을 참고하라.

강화자reinforcer라고 불린다. 이 장의 마지막에서 이 용어를 좀 더 자세히 논의해 보고, 이 용어가 기계학습에서 사용되는 용어와 어떻게 연관되는지 알아볼 것이다.

14.2 고전적 조건화

소화 시스템의 작동을 연구하던 중에, 러시아의 유명 생리학자 이반 파블로프Ivan Pavlov는 특정 촉발triggering 자극에 대한 동물의 선천적인 반응이, 선천적인 촉발자trigger와는 전혀 상관없는 다른 자극에 의해 촉발될 수 있음을 발견했다. 그는 개를 실험 대상으로 했는데, 그 개는 침 분비 반사 작용의 강도를 정확하게 측정할 수 있도록 하는 간단한 수술을 받았다. 그가 묘사한 한 실험에서 개는 대부분의 상황에서는 침을 흘리지 않았지만, 개에게 음식을 내밀고 5초가 지난 후부터 다음 몇 초 동안에는 6 방울의 침을 떨어뜨렸다. 이번에는 음식을 주기 직전에 음식과 관련 없는 또 다른 자극인 메트로놈 소리를 들려주는 과정을 여러 번 반복한 후에 개에게 메트로놈 소리를 들려주었더니, 개는 음식을 주었을 때와 마찬가지로 메트로놈 소리에 반응하여 침을 흘렸다. "이러한 사실로부터 알 수 있는 것은 침샘의 활동이 음식과는 전혀 맞지 않는 소리라는 자극에 의해 활성화되었다는 점이다"(파블로프, 1927, p. 22). 이 발견의 중요성을 요약하면서, 파블로프는 다음과 같이 적었다.

> 자연적인 조건하에서 정상적인 동물이 즉각적인 이득이나 해를 가져오는 자극에만 반응하는 것이 아니라, 이러한 자극이 다가온다는 **신호**signal를 전달하기만 하는 다른 물리적 또는 화학적 대체물(음파, 빛 등)에도 반응한다는 사실은 매우 명백하다. 먹잇감이 되는 작은 동물에게 해로운 것은 포식자의 모습과 소리가 아니라 포식자의 이빨과 발톱이지만 이 작은 동물이 포식자의 모습과 소리에도 반응하는 것처럼 말이다. (파블로프, 1927, p. 14)

새로운 자극을 선천적인 반사 작용과 이러한 방식으로 연결하는 것을 지금은 고전적 조건화 또는 조건반사적 조건화라고 부른다. 파블로프(더 정확하게는, 그의 번역가)는 선천적인 반응(예 그가 위의 설명에서 보여준 침 분비)을 '무조건 반응Unconditioned Response, UR'이라고 부르고, 그 반응을 불러온 자연적인 촉발 자극(예 음식)을 '무조건 자극Unconditioned Stimulus, US'이라고 부르고, 자극을 예측함으로써 촉발된 새로운 반응(예 여기서도 침 분비)을 '조건 반응Conditioned Response, CR'이라고 불렀다. 처음에는 중립적이었던neutral 자극, 즉 보통은 강한 반응을 이끌어 내지 않는 자극(예 메트로놈 소리)은 '조건 자극Conditioned Stimulus, CS'이 된다. 동물이 US를 예측하고 CS에 반응하여 CR을 만들어 내는 것이다. 이러한 용어들은 고전적 조건화 실험을 설명할 때도 여전히 사용된다. US가 CS에 반응하여 CR을 만드는 것을 강화하기 때문에 US를 강화자라고 부른다.

두 가지 유형의 고전적 조건화 실험에서 사용하는 자극이 오른쪽에 정리되었다. **지연 조건화**delay conditioning에서 CS는 US 시작과 CS 시작 사이의 간격인 자극 간 간격InterStimulus Interval, ISI을 통해 확장한다(여기 보이는 흔한 형태의 경우 CS의 종료 시점과 US의 종료 시점은 같다). **흔적 조건화**trace conditioning에서는 CS가 끝난 후에 US가 시작한다. 그리고 CS 시작과 US 시작 사이의 시간 간격은 흔적 간격trace interval이라고 불린다.

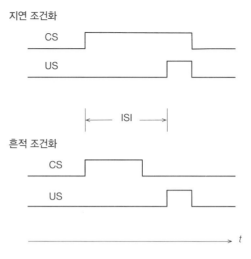

파블로프의 개가 메트로놈 소리에 반응하여 침을 분비한 것은 고전적 조건화의 한 예일 뿐이다. 다양한 종의 동물들이 갖는 많은 반응 시스템에 대해 고전적 조건화가 연구되었다. UR은 어떤 면에서는 파블로프의 개가 침을 분비한 것처럼 준비적 성격을 띨 수도 있고, 눈을 불편하게 하는 어떤 이물질에 반응하여 눈을 깜박이거나 포식자를 보고 온몸이 얼어붙는 것처럼 어떤 면에서는 보호적 성격을 띨 수도 있다. CS-US 예측 관계를 여러 번 경험하면서 동물은 CS가 US를 예측하는 신호라는 것을 학습하고 예측된 US에 대해 스스로를 준비시키거나 예측된 US로부터 스스로를 보호하기 위해 CR을 보임으로써 CS에 반응할 수 있다. 어떤 CR은 UR과 비슷하지만 UR보다 더 먼저 시작하고 UR과는 다른 방식으로 반응의 효과성을 증가시킨다. 예를 들면, 집중적으로 연구된 한 유형의 실험에서는 신호음이라는 CS가 토끼의 눈에 가해지는 공기의 압력(US)을 예측하고 순막nictitating membrane이라고 불리는 안쪽 눈꺼풀을 닫음으로써 눈을 보호하는 UR을 유발한다. 이러한 경험을 한 번 또는 여러 번 겪은 후에는, 공기의 압력이 눈에 가해지기도 전에 신호음이 순막을 닫는 CR을 유발하여 결과적으로 공기의 압력이 가해질 것 같은 바로 그 시점에 순막이 최대한으로 닫히게 된다. 공기의 압력을 예상하고 적절한 시점에 행해지는 이러한 CR은 단순히 눈을 불편하게 하는 US에 반응하여 순막을 닫는 것보다 눈을 더 잘 보호한다. 자극 사이의 예측 관계를 학습함으로써 중요한 사건을 예측하고, 그 예측에 따라 행동할 수 있는 능력은 매우 도움이 되는 것이어서 이러한 능력은 동물의 왕국 전반에 걸쳐 폭넓게 존재한다.

14.2.1 차단 및 고차 조건화

실험을 통해 고전적 조건화의 많은 흥미로운 특성이 확인되었다. 예측에 따라 발현된다는 특성 이외에 CR이 갖는 두 가지 특성이 있는데, 이 특성들은 고전적 조건화 모델을 개발하는 데 있어 상당히 중요한 것으로 많은 연구를 통해 확인되었다. 이 두 가지 특성이란 바로 **차단**blocking과

고차 조건화higher-order conditioning다. 과거에 동물에게 CR을 유발하기 위해 사용되었던 CS와 함께 새로운 잠재적 CS가 주어진 상황에서 동물이 CR을 학습하지 못할 경우 차단이 발생한다. 예를 들면 토끼의 순막 조건화 차단 실험의 첫 번째 단계에서 토끼는 먼저 심호음 CS와 공기 압력 US로 조건화되는데, 이때 공기 압력을 예상하여 순막을 닫는 CR이 유발된다. 실험의 두 번째 단계는 추가적인 경험으로 구성되는데, 이 경험에서는 두 번째 자극, 예를 들면 빛이라는 자극이 신호음에 더해져서 신호음/빛 복합 CS가 만들어지고 그 후에 동일한 공기 압력 US가 뒤따르게 된다. 실험의 세 번째 단계에서는 토끼에게 두 번째 자극(빛)만 가한 후에 토끼가 이 자극에 CR로 반응하도록 학습되었는지를 확인한다. 확인 결과, 토끼는 빛이라는 자극에는 매우 드문 CR을 보이거나 아무런 CR을 보이지 않는다는 사실이 드러났다. 빛이라는 자극을 학습하는 것이 신호음이라는 자극에 대한 과거의 학습에 의해 **차단**된 것이다.[2] 이와 같은 차단 결과는 조건화가 단순히 시간 근접성temporal contiguity에만 의존한다는 생각을 거스르는 것이었다. 다시 말해, CS가 발생할 때마다 바로 그 직후에 US가 발생하도록 하는 것이 조건화에 대한 필요충분조건이라는 생각을 거스르는 것이었다. 다음 절에서는 차단에 대해 널리 인정받는 설명을 제공한 **레스콜라-바그너 모델**Rescorla-Wagner model(레스콜라와 바그너, 1972)을 다룰 것이다.

고차 조건화는 처음에는 중립적이었던 또 다른 자극을 조건화하는 과정에서 사전에 조건화된 CS가 US의 역할을 할 때 발생한다. 위에 설명한 것처럼, 파블로프는 그의 조교가 수행한 실험을 설명한다. 이 실험에서는 음식 US를 예측하는 메트로놈 소리에 반응하여 개가 침을 흘리도록 1차적으로 조건화했다. 이러한 조건화 단계 이후에 여러 번의 조건화 시도가 수행되었는데, 이 조건화 시도에서는 개의 시선 방향에 검은색 사각형을 놓고 나서 메트로놈 소리를 들려주었고 메트로놈 소리 이후에 음식을 주지는 않았다. 처음에는 개가 이 검은색 사각형에 별다른 관심을 갖지 않았다. 하지만 10번의 시도 만에, 검은색 사각형을 보여준 이후에 음식이 제공되지 않았음에도 불구하고 단지 검은색 사각형을 보는 것만으로도 개는 침을 흘리기 시작했다. 메트로놈 소리 그 자체가 검은색 사각형이라는 CS에 반응하여 침을 흘리는 CR을 조건화하는 데 있어 US로 작용했다. 이것은 2차 조건화였다. 만약 검은색 사각형이 원래는 중립적이었던 또 다른 CS에 반응하여 침을 흘리는 CR을 유발하는 US로서 사용되었다면 이것은 3차 조건화가 될 것이고, 이와 같은 과정이 반복될 수 있다. 고차 조건화는 증명하기 어렵다. 특히, 3차 조건화부터는 더욱 그렇다. 이것은 부분적으로는 고차 강화자가 강화 가치를 잃어버리기 때문인데, 고차 조건화 시도 과정에서 원래의 US가 반복적으로 뒤따르지 않음으로써 발생하는 일이다. 하지만

---

2 신호음에 대한 과거의 학습이 빛에 대한 학습을 차단한 것임을 확인하기 위해서는 대조군에 대한 비교가 필요하다. 이를 위해, 신호음에 대해 사전 조건화 없이 신호음/빛 CS를 이용한 실험이 행해졌다. 이 실험에서 빛에 대한 학습은 정상적이었다. 무어와 슈마주크(Moore and Schmajuk, 2008)의 논문에 이 과정에 대한 전체 내용이 있다.

1차 조건화 시도와 고차 조건화 시도를 섞어서 수행하는 것과 같은 적절한 조건을 따르거나 일반적인 활력energizing 자극을 제공함으로써, 3차 이상의 고차 조건화를 증명할 수 있다. 아래에서 설명하겠지만, **고전적 조건화의 TD 모델**TD model of classical conditioning은 차단에 대한 레스콜라-바그너의 설명이 CR의 예측 특성과 고차 조건화를 포함하도록 확장하는 방법에 있어서 핵심이 되는 부트스트랩 방법을 사용한다.

도구적 조건화에서도 고차 조건화가 발생한다. 이 경우, 주요 강화를 지속적으로 예측하는 자극은 그 스스로 강화자가 된다. 여기서 주요 강화란 보상 또는 처벌을 하는 강화의 특징이 진화를 통해 동물에게 내재화된 상황에서의 강화를 의미한다. 예측 자극은 **2차 강화자**secondary reinforcer, 또는 좀 더 일반적으로 표현하면 **고차 강화자**higher-order reinforcer나 **조건 강화자**conditioned reinforcer가 된다. 예측된 강화 자극 스스로가 2차 강화자 또는 고차 강화자가 될 때는 조건 강화자라는 표현이 더 적절하다. 조건 강화자는 **조건 강화**conditioned reinforcement, 즉 조건 보상 또는 조건 처벌을 전달한다. 조건 강화는 조건 보상을 불러오는 행동에 대한 동물의 경향성은 증가시키고 조건 처벌을 불러오는 행동에 대한 동물의 경향성은 감소시키는 과정에서 주요 강화처럼 작용한다(여기서도 그렇지만, 이 책에서 사용하는 용어가 가끔은 심리학에서 사용하는 용어와 어떻게 다른지에 대해 이장의 마지막에 언급했으니 확인하기 바란다).

조건 강화는 예를 들면 사람들이 왜 돈이라는 조건 강화자를 위해 일하는지 설명하는 핵심 현상이다. 여기서 돈의 가치는 단순히 돈을 갖는다는 것에 따라 예상되는 것으로부터 나온다. 13.5절에 설명한(그리고 신경과학의 맥락에서 15.7절과 15.8절에서 설명할) 행동자-비평자 방법에서 비평자는 행동자의 정책을 평가하기 위해 TD 방법을 사용하고, 그 정책의 가치 추정값은 행동자에게 조건 강화를 제공함으로써 행동자가 정책을 향상시킬 수 있게 한다. 도구적 고차 조건화에서는 이와 유사한 것이 1.7절에서 언급했던 신뢰 할당 문제를 다루는 데 도움이 된다. 주요 보상이 지연될 때 비평자가 매 순간의 강화를 행동자에게 제공하기 때문이다. 이에 대해서는 14.4절에서 더 자세히 논의할 것이다.

14.2.2 레스콜라-바그너 모델

레스콜라와 바그너는 주로 차단을 설명하기 위해 그들의 모델을 사용했다. 레스콜라-바그너 모델의 핵심 개념은 사건이 기대를 저버릴 때만 동물이 학습을 한다는 것이다. 다시 말해 (이것이 반드시 어떤 의식적 기대나 감정을 의미하지는 않는다 하더라도) 동물이 놀라는 사건이 벌어질 때만 학습이 가능하다는 것이다. 먼저, 레스콜라와 바그너가 사용했던 용어와 표기법을 사용해서 그들의 모델을 제시한 후에, TD 모델을 설명하기 위해 이 책에서 사용하는 용어와 표기법으로 옮겨 가겠다.

여기서 레스콜라와 바그너가 어떻게 그들의 모델을 설명했는지를 제시하겠다. 모델은 복합 CS를 구성하는 각 요소 자극의 '연관 능력associative strength'을 조정한다. 여기서 연관 능력이란 복합 CS의 각 성분이 얼마나 강력하고 신뢰도 있게 US를 예측하는지를 나타내는 숫자다. 여러 개의 요소 자극으로 구성된 복합 CS가 고전적 조건화 시도에서 주어지면, 각 요소 자극의 연관 능력이 아니라 '종합 연관 능력aggregate associative strength'이라고 불리는 전체 자극의 복합체와 관련된 연관 능력에 따라 각 요소 자극의 연관 능력이 변화한다.

레스콜라와 바그너는 요소 자극 A와 X로 구성된 복합 CS AX를 생각했다. 이때 동물은 이미 자극 A를 경험한 상태에서 자극 X를 새롭게 받아들이는 것일 수도 있다. V_A, V_X, V_{AX}를 각각 자극 A, X 및 복합 자극 AX의 연관 능력이라고 하겠다. 한 번의 조건화 시도에서 복합 CS AX에 이어서 US가 뒤따른다고 가정하자. 이때의 US를 자극 Y라고 하겠다. 그러면 요소 자극의 연관 능력은 다음의 표현을 따라 변화한다.

$$\Delta V_A = \alpha_A \beta_Y (R_Y - V_{AX})$$
$$\Delta V_X = \alpha_X \beta_Y (R_Y - V_{AX})$$

여기서 $\alpha_A \beta_Y$와 $\alpha_X \beta_Y$는 요소 CS와 US가 무엇인지에 따라 정해지는 시간 간격 파라미터를 나타내고, R_Y는 US Y가 갖는 연관 능력의 점근적 수렴 수준이다(레스콜라와 바그너는 여기서 R 대신 λ라는 표기를 사용했지만 이 책에서 사용했던 λ와의 혼선을 피하기 위해 R을 사용한다. 그리고 R이라는 표기가 보통 보상 신호의 크기를 나타낸다고 생각할 수 있기 때문에 고전적 조건화에서 US가 반드시 보상이나 처벌은 아니라는 점을 말해 두겠다). 모델의 핵심 가정은 종합 연관 능력 V_{AX}가 $V_A + V_X$와 같다는 것이다. 위 수식으로 계산되는 Δ 값들만큼 연관 능력이 변한 값이 다음 조건화 시도가 시작할 때의 연관 능력이 된다.

모델을 완성하기 위해 반응-생성 메커니즘이 필요하다. 이 메커니즘은 V의 값을 CR과 연결 짓는 것이다. 이러한 연결 관계가 실험 상황의 세부 사항에 따라 달라질 것이기 때문에, 레스콜라와 바그너는 연결 관계를 지정하지는 않았지만 단순하게 V가 클수록 더 강하거나 더 발생 확률이 높은 CR을 만들어 낸다고 가정했다. 또한, V가 음의 값을 갖는다는 것은 CR이 없음을 의미한다.

레스콜라-바그너 모델은 차단을 설명하는 방식으로 CR의 획득을 설명한다. 자극 복합체의 종합 연관 능력 V_{AX}가 US Y가 갖는 연관 능력의 점근적 수준 R_Y보다 밑으로 떨어지기만 하면, 예측 오차 $R_Y - V_{AX}$는 양수다. 이것은 연속적인 조건화 시도에 걸쳐 요소 자극의 연관 능력 V_A와 V_X가 종합 연관 능력 V_{AX}가 R_Y와 같아질 때까지 증가한다는 뜻이다. V_{AX}와 R_Y가 같아지는 순간 (US가 변하지 않는다면) 연관 능력은 변화를 멈춘다. 동물이 이미 조건화를 마친 복합 CS에 새로운 성분이 추가될 때, 새 성분이 추가된 자극의 복합체를 이용한 조건화는 추가된 요소 CS의 연관 능력에 거의 또는 전혀 변화를 만들지 못한다. 오차가 이미 0 또는 작은 값으로 감소했기 때문이다. US의 발생은 이미 완벽하게 예측되었기 때문에 새로운 CS에 의해 거의 또는 전혀 오차(또는 놀라움)가 생기지 않는다. 이전의 학습이 새로운 성분에 대한 학습을 차단하는 것이다.

레스콜라와 바그너의 모델로부터 고전적 조건화의 TD 모델(여기서는 단순히 TD 모델로 부르겠다)로 넘어가기 위해, 먼저 이 책 전반에 걸쳐 사용하는 개념을 이용하여 그들의 모델을 재구성해 보겠다. 분명히 말하면, 선형 함수 근사를 이용한 학습(9.4절)에 대해 이 책에서 사용한 표기법을 사용할 것이고, 어떤 조건화 시도에 대해 제시된 복합 CS를 기반으로 그 조건화 시도에서의 'US의 크기'를 예측하게 하는 하나의 학습으로서 조건화 과정을 생각할 것이다. 여기서도 위에서 주어진 것과 같이 US Y의 크기는 레스콜라-바그너 모델의 R_Y이다. 상태도 도입할 것이다. 레스콜라-바그너 모델은 **시행 단계**trial-level 모델이다. 이것은 이 모델이 조건화 시도의 과정과 조건화 시도 사이에서 무엇이 일어나는지에 대한 세부 사항은 고려하지 않고 조건화 시도마다 연관 능력이 변화하는 방식을 다룬다는 것을 의미한다. 이렇기 때문에 다음 절에서 완전한 TD 모델을 제시하기 전까지는 조건화 시도 과정에서 상태가 어떻게 변하는지를 고려할 필요가 없다. 대신, 여기서는 상태를 조건화 시도에 존재하는 요소 CS의 집합으로서 단순히 조건화 시도에 이름표를 붙이는 방법으로 생각할 것이다.

따라서 시행 유형trial-type 또는 상태 s가 실숫값을 갖는 특징 벡터 $\mathbf{x}(s) = (x_1(s), x_2(s), \ldots, x_d(s))^\top$로 표현된다고 가정하겠다. 여기서 복합 CS의 i번째 성분인 CS_i가 조건화 시도에 존재하면 $x_i(s) = 1$이고, 그렇지 않으면 $x_i(s) = 0$이다. 이제 d차원의 연관 능력 벡터가 $\mathbf{w}$이면, 시행 유형 s에 대한 종합 연관 능력은 다음과 같이 표현된다.

$$\hat{v}(s, \mathbf{w}) = \mathbf{w}^\top \mathbf{x}(s) \tag{식 14.1}$$

이것은 강화학습에서의 **가치 추정값**value estimate에 해당하는 것이고, 여기서는 이것을 **US 예측**US prediction으로 생각하겠다.

이제 잠깐 동안만 t를 보통의 의미인 시간 간격이 아니라 완전히 수행된 조건화 시도의 횟수라고 하자(아래에서 TD 모델로 확장할 때 t가 갖는 보통의 의미로 되돌리겠다). 그리고 S_t가 조건화 시도 t에 해당하는 상태라고 가정하자. 조건화 시도 t는 연관 능력 벡터 $\mathbf{w}_t$를 $\mathbf{w}_{t+1}$로 다음과 같이 갱신한다.

$$\mathbf{w}_{t+1} = \mathbf{w}_t + \alpha \delta_t \mathbf{x}(S_t) \tag{식 14.2}$$

여기서 α는 시간 간격 파라미터이고, (여기서 레스콜라-바그너 모델을 설명하고 있기 때문에) δ_t는 다음과 같은 **예측 오차**prediction error다.

$$\delta_t = R_t - \hat{v}(S_t, \mathbf{w}_t) \tag{식 14.3}$$

R_t는 조건화 시도 t에서의 예측 목표다. 다시 말해 US의 크기, 또는 레스콜라와 바그너가 사용한 표현으로는 조건화 시도에 존재하는 US가 갖는 연관 능력이다. 식 14.2의 $\mathbf{x}(S_t)$ 요소 때문에 조건화 시도에 조재하는 CS 성분의 연관 능력만 조건화 시도의 결과로서 조정될 수 있다. 예측 오차를 놀라움의 지표로 생각할 수 있고, 종합 연관 능력을 동물의 기대치로 생각할 수 있다. 이 기대치가 US의 목표 크기와 일치하지 않을 때 기대에 미치지 못하게 되는 것이다.

기계학습의 관점에서 볼 때, 레스콜라-바그너 모델은 오차 보정 지도학습 규칙이다. 이것은 본질적으로 최소 평균 제곱Least Mean Square, LMS 또는 모든 오차의 제곱의 평균을 가능한 한 0에 가깝게 만드는 가중치(여기서는 연관 능력)를 찾는 위드로-호프Widrow-Hoff 학습 규칙(위드로와 호프, 1960)과 동일하다. 이것은 공학과 과학 분야에서 폭넓게 사용하는 '곡선 맞춤curve-fitting' 또는 회귀 알고리즘이다(9.4절 참고).[3]

레스콜라-바그너 모델은 동물학습의 역사에서 매우 영향력 있는 모델이었다. 복잡한 인지 이론, 예를 들면 또 다른 자극 성분이 추가되었다는 동물의 인식과 그 후 US를 포함하는 예측 관계를 다시 평가하기 위해 역방향으로 단기 메모리를 살펴보는 것을 모두 포함하는 인지 이론에 기대지 않고 '기계론적인mechanistic' 이론으로도 차단에 관한 주요 사실들을 설명할 수 있음을 이 이론이 보여주었기 때문이다. 레스콜라-바그너 모델은 자극의 시간적 연속성이 학습을 위한 필요충분조건이라고 말하는 조건화에 대한 전통적인 인지 이론을 간단하게 조정함으로써 차단을 설명할 수 있음을 보여주었다(무어와 슈마주크, 2008).

레스콜라-바그너 모델은 차단을 비롯하여 고전적 조건화의 몇 가지 특징을 간단히 설명하지만, 이 모델이 고전적 조건화의 완전하거나 완벽한 모델은 아니다. 다른 방법들은 관측된 그 밖의 효과들을 다양한 관점에서 설명하고 있다. 그리고 고전적 조건화의 많은 미묘한 부분들을 이해하는 방향으로 여전히 발전이 이루어지고 있다. 다음에 설명할 TD 모델 역시 고전적 조건화의 완전하거나 완성된 모델은 아니지만, 레스콜라-바그너 모델을 확장한 TD 모델을 통해 조건화 시도 동안이나 조건화 시도 중간에 자극들 사이의 시간 관계가 어떻게 학습에 영향을 미치는지, 그리고 고차 조건화는 어떻게 발생하는 것인지에 대한 이해를 넓힐 수 있다.

---

3 LMS 규칙과 레스콜라-바그너 모델 사이의 유일한 차이점은 LMS에서는 입력 벡터 $\mathbf{x}_t$가 어떤 실숫값이든 성분으로 가질 수 있고, (최소한 가장 간단한 형태의 LMS 규칙에서는) 시간 간격 파라미터 α가 입력 벡터나 예측 목표를 설정하는 자극이 무엇인지에 의존하지 않는다는 것이다.

14.2.3 TD 모델

레스콜라-바그너 모델 같은 시행 단계 모델과는 반대로, TD 모델은 **실시간**real-time 모델이다. 레스콜라-바그너 모델에서 단일 단계 t는 전체 조건화 시도를 나타낸다. TD 모델은 조건화 시도가 발생하는 시간 도중에 어떤 일이 일어나는지 또는 조건화 시도 사이에 무엇이 발생하는지에 관한 자세한 사항들에 신경 쓰지 않는다. 각각의 조건화 시도 과정 중에 동물은 특정한 시각에 특정한 기간 동안 발생하는 다양한 자극을 경험할 수도 있다. 이러한 시간 관계가 학습에 큰 영향을 미친다. 레스콜라-바그너 모델도 고차 조건화를 위한 메커니즘은 포함하지 않는다. 반면에, TD 모델의 경우에는 고차 조건화가 TD 알고리즘의 기반을 이루는 부트스트랩 방법의 자연스러운 결과다.

TD 모델을 설명하기 위해 위에서 설명한 레스콜라-바그너 모델의 형식화에서부터 시작하겠지만, 이제 t는 완전한 조건화 시도 대신 조건화 시도 동안 또는 조건화 시도 사이의 시간 단계를 나타낸다. t와 $t + 1$ 사이의 작은 시간 간격이, 예를 들면 0.01초라고 생각해 보자. 그리고 조건화 시도가 각 시간 단계에 연관된 상태의 나열이라고 생각해 보자. 여기서는 이제 시간 단계 t에서의 상태가 조건화 시도에 존재하는 CS 성분만을 표시하는 것이 아니라 시각 t에서 자극이 어떤 식으로 표현되는지에 대한 세부 사항도 나타낸다. 사실, 조건화 시도라는 개념을 완전히 포기할 수도 있다. 동물의 관점에서 볼 때, 조건화 시도는 단지 세상과 상호작용하면서 동물이 겪는 연속적인 경험의 한 부분일 뿐이다. 이 책에서 자주 언급했던 환경과 상호작용하는 학습자의 관점으로, 동물이 특징 벡터 $\mathbf{x}(s)$로 표현되는 상태 s의 끝없는 나열을 경험한다고 상상할 수 있다. 그렇긴 하지만, 조건화 시도를 실험 속에서 자극의 패턴이 반복되는 시간의 일부분으로 나타내는 것이 일반적으로는 여전히 편리하다.

상태의 특징은 동물이 경험하는 외부의 자극을 설명하는 것에만 국한되지 않는다. 상태의 특징으로 외부 자극이 동물의 뇌 안에 생성하는 신경 활동 패턴을 설명할 수 있고, 이 패턴은 그동안의 역사에 의존하는 것일 수도 있다. 이것은 이 패턴이 외부 자극의 나열에 의해 생성되는 영구적 패턴일 수 있음을 의미한다. 물론 이러한 신경 활동 패턴이 정확히 무엇인지를 알지는 못하지만, TD 모델 같은 실시간 모델을 이용하면 외부 자극의 내적 표현에 관한 다양한 가설을 학습한 결과를 탐구할 수 있다. 이러한 이유로, TD 모델은 어떤 특정한 상태 표현만을 고집하지는 않는다. 게다가, TD 모델이 자극 사이의 시간 간격에 걸친 할인과 적격 흔적을 포함하기 때문에, TD 모델은 고전적 조건화의 실험 결과에 대한 예측 과정에서 할인과 적격 흔적이 자극의 표현과 어떻게 상호작용하는지도 탐구할 수 있게 해 준다.

아래에서 TD 모델과 함께 사용된 몇 가지 상태 표현을 설명하고 그것들이 암시하는 몇 가지 사실을 설명하겠지만, 지금은 그러한 표현에 대해 알 수 없다고 하고 단지 각 상태 s가 특징 벡터 $\mathbf{x}(s) = (x_1(s), x_2(s), ..., x_d(s))^\top$로 표현되는 것으로 가정하겠다. 그러면 상태 s에 해당하는 종합 연관 능력은 레스콜라-바그너 모델에서와 동일하게 식 14.1로 주어지지만, TD 모델은 연관 능력 벡터 $\mathbf{w}$를 다른 방식으로 갱신한다. 지금은 t가 완전한 조건화 시도 대신 시간 단계를 나타내는 상황에서, TD 모델은 다음과 같은 갱신 규칙에 따라 학습을 관장한다.

$$\mathbf{w}_{t+1} = \mathbf{w}_t + \alpha \delta_t \mathbf{z}_t \qquad\qquad (\text{식 14.4})$$

이 식에서는 레스콜라-바그너 갱신(식 14.2)의 $\mathbf{x}_t(S_t)$가 적격 흔적 벡터인 $\mathbf{z}_t$로 대체되었고, 식 14.3의 δ_t 대신 이 식에서는 δ_t가 다음과 같은 TD 오차를 의미한다.

$$\delta_t = R_{t+1} + \gamma \hat{v}(S_{t+1}, \mathbf{w}_t) - \hat{v}(S_t, \mathbf{w}_t) \qquad\qquad (\text{식 14.5})$$

여기서 γ는 (0과 1 사이의) 할인율이고, R_t는 시각 t에서의 예측 목표이며, $\hat{v}(S_{t+1}, \mathbf{w}_t)$와 $\hat{v}(S_t, \mathbf{w}_t)$는 식 14.1에서 정의한 시각 $t+1$과 t에서의 종합 연관 능력이다.

적격 흔적 벡터 $\mathbf{z}_t$의 i 성분은 특징 벡터 $\mathbf{x}(S_t)$의 성분 $x_i(S_t)$에 따라 증가하거나 감소한다. 그리고 한편으로는 $\gamma\lambda$로 결정되는 비율에 따라 감퇴decay한다. 적격 흔적 벡터의 갱신은 다음과 같이 표현된다.

$$\mathbf{z}_{t+1} = \gamma\lambda \mathbf{z}_t + \mathbf{x}(S_t) \qquad\qquad (\text{식 14.6})$$

여기서 λ는 보통의 적격 흔적 감퇴 파라미터다.

$\gamma = 0$일 경우, t의 의미가 각 모델에서 다르게 쓰인다는 것과(레스콜라-바그너 모델에서는 조건화 시도 횟수이고, TD 모델에서는 시간 간격이다), TD 모델에서는 단일 시간 단계만큼 앞선 예측 목표 R이 존재한다는 점을 제외하면 TD 모델은 레스콜라-바그너 모델과 같아진다. TD 알고리즘이 정책 향상을 위한 가치 함수 학습에 사용될 때와는 다르게 TD 모델의 R_t가 보상 신호일 필요가 없다는 점을 제외하면, TD 모델은 선형 함수 근사를 적용한 준경사도 TD(λ) 알고리즘의 후방 관점과 동일하다(12장).

14.2.4 TD 모델 시뮬레이션

TD 모델 같은 실시간 조건화 모델은 흥미로운 모델이다. 이 모델이 흥미롭다고 말하는 주된 이유는 이 모델을 사용하면 시행 단계 모델로 표현할 수 없는 넓은 범위의 상황을 예측할 수 있기 때문이다. 이러한 상황에는 조건화가 가능한 자극이 주어지는 시각 및 지속 시간, US가 주어지는 시각과 관련하여 이 자극이 주어지는 시각, CR의 시각 및 모양이 포함된다. 예를 들어, 조건화가 발생하기 위해 US는 일반적으로 중립적인 자극이 있은 후에 시작되어야 한다. 이때 학습 속도와 학습의 효과성은 자극 사이의 간격인 ISI 및 CS와 US의 시작 시각 사이의 간격에 따라 달라진다. CR이 나타날 때, 그것인 일반적으로 US가 나타나기 전에 시작하고 CR의 시간적 특성은 학습이 진행되는 동안 변화한다. 복합 CS를 이용한 조건화에서는, 가끔은 요소 자극이 시간순으로 발생하는 **순차적 복합체**serial compound라고 불리는 것을 형성할 경우에는 복합 CS의 모든 요소 자극이 동시에 시작하고 동시에 끝나지 않을 수도 있다. 이와 같이 시간을 고려하다 보면 자극이 어떻게 표현되는지, 이 표현이 조건화 시도 동안 또는 조건화 시도 사이에서 시간에 따라 어떻게 나열되는지, 그리고 그들이 할인 및 적격 흔적과 어떻게 상호작용하는지에 대해 생각하는 것이 중요해진다.

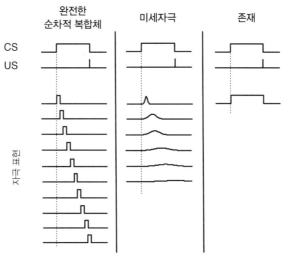

그림 14.1 (열 방향의) 세 개의 자극 표현이 때로는 TD 모델과 함께 사용된다. 각 행은 자극 표현의 한 부류를 나타낸다. 세 개의 표현은 시간적 일반화 경사도(temporal generalization gradient)에 따라 다르다. 완전한 순차적 복합체 (왼쪽 열)에서는 인접한 시점 사이에 일반화가 없고, 존재(presence) 표현(오른쪽 열)에서는 인접한 시점 사이에 완벽한 일반화가 이루어진다. 미세자극(microstimulus) 표현은 중간적 위치를 차지한다. 시간적 일반화의 정도가 US 예측을 학습하는 데 적용되는 시간의 입자성(temporal granularity)을 결정한다. 출처: 스프링거(Springer)의 허가하에 게재함. *Learning & Behavior*, Evaluating the TD Model of Classical Conditioning, volume 40, 2012, p. 311, E. A. Ludvig, R.S. Sutton, E. J. Kehoe

그림 14.1은 TD 모델의 행동을 탐구하는 데 사용되었던 세 개의 자극 표현인 **완전한 순차적 복합체**
Complete Serial Compound, CSC, **미세자극**MicroStimulus, MS, **존재**presence를 보여준다(루드비그, 서튼, 케호
Ludvig, Sutton, and Kehoe, 2012). 이 세 가지 표현은 자극이 존재하는 동안의 인접 시간 사이에서 일반화를 강제하는 정도의 차이에 따라 구분된다.

그림 14.1에 제시된 것 중 가장 간단한 표현은 그림의 오른쪽 열에 있는 존재 표현이다. 이 표현은 조건화 시도에 존재하는 각 요소 자극에 대해 단일 특징을 갖는데, 이때 특징은 요소 자극이 존재하기만 하면 언제나 1의 값을 갖고 그렇지 않으면 0의 값을 갖는다.[4] 존재 표현은 동물의 뇌에서 어떻게 자극이 표현되는가에 대한 현실적인 가설은 아니지만, 아래에서 논의되는 바와 같이 이 표현을 적용한 TD 모델은 고전적 조건화에서 볼 수 있는 시간에 관한 많은 현상을 만들어 낼 수 있다.

CSC 표현(그림 14.1의 왼쪽 열)에서는 외부 자극이 시작될 때마다 정확한 시각에 짧은 시간 동안 발생하는 내부 신호의 나열이 시작되어 외부 자극이 끝날 때까지 지속된다.[5] 이것은 마치 동물의 신경 시스템이 자극을 표현하는 동안 시간을 정밀하게 측정하는 시계를 갖고 있는 것과 같은데, 공학자들은 이것을 '단타 지연선tapped delay line'이라고 부른다. 존재 표현과 마찬가지로 CSC 표현은 뇌의 내부에서 자극을 어떻게 표현하는지에 대한 가설로는 비현실적이지만, 자극 표현에 의해 비교적 제한받지 않을 때 TD 모델이 어떻게 작동하는지에 대한 세부 사항들을 CSC 표현을 통해 드러낼 수 있기 때문에 루드비그 외(2012)는 CSC 표현을 '유용한 함수useful function'라고 불렀다. CSC 표현은 또한 뇌에서 도파민을 생성하는 신경 세포neuron의 TD 모델 대부분에서 사용되는데, 이와 관련된 주제를 15장에서 다룰 것이다. CSC 표현은 보통 TD 모델의 필수적인 부분으로 인식된다. 하지만 이러한 인식은 잘못된 것이다.

MS 표현(그림 14.1의 가운데 열)은 각각의 외부 자극이 내부 자극의 연쇄 작용cascade을 유발한다는 점에서는 CSC 표현과 유사하지만, 이 경우에는 내부 자극(미세자극)이 CSC 표현에서와 같이 제한되고 겹치지 않는 형태가 아니다. 미세자극은 시간 축으로 확장되고 겹쳐진다. 자극의 시작 시점으로부터 시간이 경과함에 따라, 서로 다른 부류의 미세자극이 정도의 차이는 있어도 모두 활성화되고 이어지는 각각의 미세자극은 시간 축 방향으로 그 폭을 점진적으로 넓혀가서 아래쪽에 있는 폭이 최대인 단계에 도달한다. 물론 미세자극의 특성에 따라 많은 MS 표현이 존재하고, MS 표현의 수많은 예제가 문헌에서 연구되었다. 어떤 연구 결과는 동물의 뇌가 MS 표현을 생성하는 방법을 제안하기도 했다(이 장의 마지막에 나오는 '참고문헌 및 역사적 사실' 참고). MS 표현은 존재 표현 또는 CSC 표현에 비해 자극의 신경 표상neural representation으로서 더 현실적이고,

---

4 이 책에서 사용한 형식화에 따르면, 조건화 시도 동안의 각 시간 단계 t에 대해, 그리고 조건화 시도 동안 각기 다른 시각에 발생하고 각기 다른 지속 시간을 갖는 n개의 요소 CS로 복합 CS가 구성되는 조건화 시도에 대해, 각 요소 CS_i, $i = 1, ..., n$마다 특징 x_i가 존재한다. 이때 CS_i가 존재하는 모든 시각 t에 대해서는 $x_i(S_t) = 1$이고, 그 밖의 경우에는 $x_i(S_t) = 0$이다.

5 이 책에서 사용한 형식화에 따르면, 조건화 시도에 존재하는 CS의 각 요소 CS_i에 대해, 그리고 조건화 시도 기간 중의 매 시간 단계 t에 대해 특징 벡터 x_t^i가 존재한다. 이때 CS_i가 존재하는 모든 t'에 대해 $t = t'$이면 $x_t^i(S_{t'}) = 1$이고, 그 밖의 경우에는 $x_t^i(S_{t'}) = 0$이다. 이것은 매 시간 단계에 대해 위와 동일한 특징이 분명하게 존재하지만 외부 자극에 대한 언급은 없는, 그래서 완전한 순차적 복합체라는 이름이 붙은 서튼과 바르토(1990)의 CSC 표현과는 다르다.

동물 실험에서 관찰된 좀 더 폭넓은 현상과 TD 모델의 행동을 연관시킬 수 있게 해 준다. 특히 미세자극의 연쇄 작용이 CS뿐만 아니라 US에 의해서도 시작된다고 가정함으로써, 그리고 미세자극, 적격 흔적, 할인 사이의 상호작용을 학습하는 데 TD 모델이 미치는 중요한 효과를 연구함으로써, TD 모델은 고전적 조건화의 많은 미묘한 현상을 설명하고 이 현상을 동물의 뇌가 어떻게 만들어 내는지를 밝혀줄 가설을 표현하는 데 도움을 주고 있다. 아래에서, 특히 강화학습과 신경과학에 대해 논의하는 15장에서 이에 대해 더 많은 내용을 다룰 것이다.

하지만 간단한 존재 표현만으로도 TD 모델은 레스콜라-바그너 모델이 설명한 고전적 조건화의 모든 기본적인 특성 및 시행 단계 모델의 범위를 뛰어넘는 조건화의 특징을 만들어 낸다. 예를 들어, 이미 언급했듯이 고전적 조건화의 뚜렷한 특징은 조건화가 발생하도록 하기 위해서는 일반적으로 US가 중립적인 자극이 있는 '후에' 시작해야 하고, 조건화가 완료된 후에는 US가 등장하기 '전에' CR이 시작한다는 것이다. 다시 말하면, 조건화는 일반적으로 양의 ISI를 필요로 하고 CR은 일반적으로 US를 예상한다. 조건화의 강도(**CI** CS에 의해 유발된 CR의 비율)가 ISI에 얼마나 의존하는지는 종species과 반응 체계에 따라 상당히 다를 수 있지만, 일반적으로는 다음과 같은 특성을 갖는다. 첫째, ISI가 0이거나 음의 값일 경우에는, 즉 US의 시작이 CS의 시작보다 먼저 또는 CS의 시작과 동시에 발생할 때는, (비록 연관 능력이 때로는 조금 증가한다거나, ISI가 음의 값일 경우 연관 능력도 음의 값이 된다는 사실이 연구를 통해 밝혀졌지만) 조건화의 강도는 무시할 만한 수준이다. 둘째, ISI가 양의 값을 갖게 되어 조건화가 가장 효과적으로 이루어지는 경우에 조건화의 강도는 최댓값으로 증가한다. 셋째, 반응 시스템에 따라 넓은 범위에서 다양하게 주어지는 시간 구간이 끝난 후에 조건화 강도는 0으로 감소한다. TD 모델에 대한 이러한 의존성의 정밀한 모양은 파라미터 값과 자극 표현의 세부 사항에 따라 다르지만, ISI에 의존하는 이러한 기본적인 특징은 TD 모델의 핵심 특성이다.

순차적 복합 조건화, 즉 복합 CS의 요소 CS가 순차적으로 발생하는 조건화와 함께 발생하는 이론적 이슈 중 하나는 분리된 연관remote association의 촉진과 관련되어 있다. 첫 번째 CS(CSA)와 US 사이의 비어 있는 흔적 구간이 두 번째 CS(CSB)로 채워져서 순차적 복합 자극을 형성하면 CSA에 대한 조건화가 촉진된다는 사실이 밝혀졌다. 오른쪽에 보이는 그림은 존재 표현이 적용된 TD 모델의 행동을 나타내는 시뮬레이션 결과다. 이때 시간에 대한

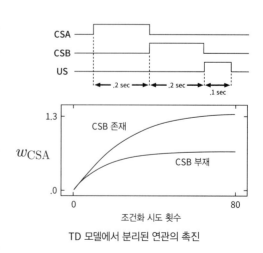

TD 모델에서 분리된 연관의 촉진

세부 사항이 427쪽 그래프에 표현되어 있다. 실험 결과(케호, 1982)와 일맥상통하게도, TD 모델이 두 번째 CS의 존재 덕분에 첫 번째 CS의 조건화 속도 및 조건화의 점근적 수준 모두를 촉진한 것을 보여준다.

조건화 시도에서 자극 사이의 시간적 관계가 조건화에 미치는 효과를 보여주는 잘 알려진 실험은 427쪽 그림에 보이는 것처럼 지연 구조 속에 두 개의 서로 겹쳐진 CS를 포함하는 에거와 밀러(Egger and Miller, 1962) 실험이다. 이 실험에서 CSB는 US와 더 좋은 시간 관계를 갖지만, CSA가 없는 조건화와 비교해 보면 CSA의 존재는 CSB에 대한 조건화를 상당히 감소시켰다. 존재 표현이 적용된 이 실험의 시뮬레이션에서 TD 모델로부터 생성된 동일한 결과가 바로 오른쪽 그림에 제시되어 있다.

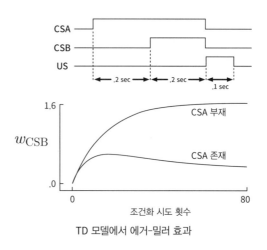

TD 모델에서 에거-밀러 효과

TD 모델이 레스콜라-바그너 모델 같은 오차 보정 학습 규칙이기 때문에 TD 모델로 차단을 설명할 수 있다. 하지만 기본적인 차단 결과를 설명하는 것을 넘어, 차단된blocked 자극이 좀 더 앞선 시간으로 이동하여 (그림 14.2의 다이어그램에서 CSA와 같이) 차단blocking 자극이 시작하기 전에 차단된 자극이 시작한다면 TD 모델은 (존재 표현 및 더 복잡한 다른 표현을 이용하여) 차단이 뒤바뀐다는 것을 예측한다. TD 모델이 처음 소개되었을 때는 TD 모델의 행동에 대한 이러한 특징이 확인되지 않았기 때문에 이것은 관심을 받을 만하다. 차단 과정에서 하나의 CS가 US를 예측한다는 것을 동물이 이미 학습했다면, 새롭게 추가된 두 번째 CS 또한 US를 예측한다는 것에 대한 학습은 현저히 줄어든다. 즉, 차단된다. 하지만 새롭게 추가된 두 번째 CS가 이미 학습한 CS보다 먼저 시작한다면, (TD 모델에 따라) 새롭게 추가된 CS에 대한 학습은 차단되지 않는다. 사실, 훈련이 계속되어 새롭게 추가된 CS가 연관 능력을 얻게 되면, 이미 학습한 CS는 연관 능력을 잃게 된다. 이러한 조건하에서의 TD 모델의 행동이 그림 14.2의 아랫부분에 보인다. 더 늦게 시작하지만 지속 시간은 더 짧은 CS가 훈련 전부터 US와 완전히 연관될 때까지 주어진다는 점에서 이 시뮬레이션 실험은 에거-밀러의 실험(위의 그림)과는 다르다. 이 놀라운 예측은 케호, 슈로이어스, 그레이엄(Kehoe, Schreurs, and Graham, 1987)이 충분히 연구된 토끼의 순막 준비 과정을 이용한 실험을 수행하는 계기가 되었다. 그들의 실험 결과는 모델의 예측을 확인해 주었고, TD 모델이 아닌 다른 모델로는 그들의 실험 결과를 설명하기가 상당히 어렵다는 점을 그들 스스로 확인했다.

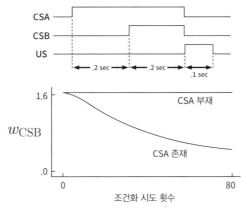

그림 14.2 TD 모델의 차단을 막는 시간적 우위

이 책에서 설명한 모든 예측 방법과 마찬가지로 TD 모델도 보강 또는 부트스트랩 방법을 기반으로 하기 때문에, TD 모델을 사용하면 먼저 발생한 예측 자극이 나중에 발생한 예측 자극보다 우선권을 얻는다. 즉, 연관 능력을 갱신하면 특정 상태의 연관 능력을 나중 상태의 연관 능력으로 이동시킨다. 부트스트랩의 또 다른 결과는 TD 모델이 레스콜라-바그너 모델 및 이와 유사한 모델의 범위를 벗어나는 고전적 조건화의 특징인 고차 조건화에 대한 설명을 제공한다는 것이다. 위에서 설명했듯이, 고차 조건화는 처음에는 중립적이었던 또 다른 자극을 조건화하는 과정에서 사전에 조건화된 CS가 US처럼 작용하는 현상이다. 그림 14.3은 고차 조건화(이 경우에는 2차 조건화) 실험에서 (존재 표현을 적용한) TD 모델의 행동을 보여준다. (그림에 표현되지 않은) 첫 번째 단계에서 CSB는 US를 예측하도록 훈련받아서 연관 능력이 1.65까지 증가한다. 두 번째 단계에서는 US가 없는 상황에서 CSA가 CSB와 짝을 이루는데, 이것은 그림 위쪽에 보이는 순차적 배치를 따라 이루어진다. CSA는 US와 결코 짝을 이루지 않음에도 연관 능력을 획득한다. 계속되는 훈련을 통해 CSA의 연관 능력은 최고치에 도달한 후 감소하는데, 이것은 2차 강화자인 CSB의 연관 능력이 감소하여 2차 강화를 제공할 능력을 상실했기 때문이다. 이 고차 조건화 시도에서는 US가 발생하지 않기 때문에 CSB의 연관 능력이 감소한다. CSB로부터 US를 예측하는 관계가 방해받아서 CSB가 갖는 강화자로서의 능력이 감소하기 때문에 CSB에게 이 조건화 시도는 **소멸 시도**extinction trials다. 이와 동일한 패턴이 동물 실험에서도 확인된다. 가끔씩 1차 조건화 시도를 주기적으로 삽입함으로써 원래의 예측 관계에 활력을 주지 않으면, 고차 조건화 시도에서 발생하는 이와 같은 조건 강화의 소멸은 고차 조건화를 증명하기 어렵게 만든다.

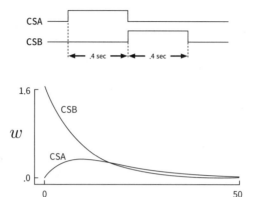

그림 14.3 TD 모델을 이용한 2차 조건화

$\gamma\hat{v}(S_{t+1}, \mathbf{w}_t) - \hat{v}(S_t, \mathbf{w}_t)$가 TD 오차 δ_t(식 14.5)에 나타나기 때문에 TD 모델은 2차 조건화 및 고차 조건화와 유사한 것을 만들어 낸다. 이것은 이전 학습의 결과로, δ_t가 0이 아닌 값(시간차)을 가짐으로써 $\gamma\hat{v}(S_{t+1}, \mathbf{w}_t)$가 $\hat{v}(S_t, \mathbf{w}_t)$로부터 달라질 수 있음을 의미한다. 이 차이는 식 14.5의 R_{t+1}과 동일한 지위를 갖는데, 이것은 학습에 관한 한 시간차와 US의 발생 사이에는 아무런 차이가 없음을 암시한다. 사실, TD 알고리즘의 이러한 특징은 이 알고리즘이 개발된 주요 원인 중 하나이기도 하다. 이에 대해서는 6장에서 설명한 동적 프로그래밍과의 연관성을 통해 이해한 바 있다. 부트스트랩 값은 2차 조건화 및 고차 조건화와 밀접하게 연관된다.

위에서 설명한 TD 모델의 행동에 대한 예제에서는 오직 CS 성분의 연관 능력 차이만을 알아보았다. 모델이 동물의 조건 반응CR의 특성에 관해 무엇을 예측하는지는 알아보지 않았다. CR의 발생 시각, 모양, 그리고 CR이 조건화 시도 과정에서 어떻게 변화하는지도 알아보지 않았다. 이러한 특성들은 실험 대상인 동물의 종species 및 반응 시스템, 조건화 시도의 파라미터에 따라 다르게 나타나지만, 다양한 동물과 다양한 반응 시스템에 대한 많은 실험에서, CR의 크기 또는 CR의 발생 확률은 US의 발생 시점이 다가옴에 따라 증가한다. 예를 들어 위에 언급한 토끼의 순막 반응에 대한 고전적 조건화에서는, 조건화 시도 과정 중에 CS의 시작 시점으로부터 순막이 눈을 지나 이동을 시작하는 시점까지의 지연 시간은 조건화 시도를 거듭함에 따라 감소하고, 예상되는 바 순막이 닫히는 크기는 US의 기대 시점에 순막이 최대한으로 닫힐 때까지 CS와 US 사이의 구간에서 점차 증가한다. CR의 발생 시점과 모양은 CR의 적응력에 있어서 중요한 요소다. 눈을 너무 빨리 감으면 (순막이 반투명이라 할지라도) 시야가 감소하고, 눈을 너무 늦게 감으면 눈을 보호하는 기능을 거의 활용하지 못하게 된다. 이와 같은 CR의 특징을 포착하는 것은 고전적 조건화의 모델에 있어서 어려운 부분이다.

TD 모델을 정의하는 과정에는 US 예측의 시간 과정 $\hat{v}(S_t, \mathbf{w}_t)$를 동물의 CR이 갖는 특성과 비교될 수 있는 시계열 특징profile으로 전환하는 메커니즘이 포함되지 않는다. 선택 가능한 가장 간단한 방법은 시뮬레이션된 CR의 시간 과정이 US 예측의 시간 과정과 같아지게 하는 것이다. 이 경우, 시뮬레이션된 CR의 특징과 조건화 시도마다 그 특징이 어떻게 변화하는지는 오직 어떤 자극 표현을 사용하고 모델 파라미터 α, γ, λ의 값을 얼마로 하는지에 따라 결정된다.

그림 14.4는 그림 14.1에 제시된 세 가지 표현에 대해 US 예측의 시간 과정을 학습 과정 동안의 각기 다른 시점에서 보여준다. 이 시뮬레이션에서 US는 CS가 시작한 이후 25개의 시간 단계에서 발생했다. 이때 $\alpha = 0.05$, $\lambda = 0.95$, $\gamma = 0.97$로 했다. CSC 표현(그림 14.4 왼쪽)을 이용하면, TD 모델로부터 생성된 US 예측 곡선은 정확히 US가 발생하는 시점에 최댓값에 도달할 때(25 시간 단계)까지 CS와 US 사이의 구간에서 기하급수적으로 증가한다. 존재 표현(그림 14.4 중간)을 이용하면, 자극이 존재하는 동안 US 예측은 거의 상수로 유지된다. 각 자극에 대해 학습해야 할 가중치 또는 연관 능력이 하나밖에 없기 때문이다. 결과적으로, 존재 표현을 적용한 TD 모델은 CR 발생 시점의 많은 특징을 재현할 수 없다. MS 표현(그림 14.4 오른쪽)을 이용하면, TD 모델의 US 예측은 더욱 복잡해진다. 200번의 조건화 시도 후에 얻어지는 예측의 시계열 특징은 CSC 표현을 적용하여 생성한 US 예측 곡선을 합리적으로 모사한다.

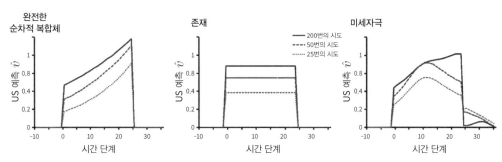

그림 14.4 세 가지 자극 표현을 적용하여 TD 모델을 획득하는 과정에서 만들어지는 US 예측의 시간 과정. 왼쪽: 완전한 순차적 복합체(CSC)를 이용하면, 해당 구간 동안 US 예측은 기하급수적으로 증가하고 US 발생 시점에서 최댓값에 도달한다. 점근선에서(200번의 시도) US 예측은 US 강도의 정점을 찍는다(이 시뮬레이션에서는 1). 중간: 존재 표현을 이용하면, US 예측은 거의 고정된 값으로 수렴한다. 이 고정된 값은 US 강도와 CS-US 사이의 구간 길이에 의해 결정된다. 오른쪽: 미세자극 표현을 이용하면, 서로 다른 미세자극의 선형 조합을 통해 TD 모델은 CSC를 이용한 경우에 나타나는 기하급수적으로 증가하는 시간 과정을 점근선에서 모사한다. 출처: 스프링거(Springer)의 허가하에 게재함. *Learning & Behavior*, Evaluating the TD Model of Classical Conditioning, volume 40, 2012, p. 311, E. A. Ludvig, R.S. Sutton, E. J. Kehoe

그림 14.4에 보이는 US 예측 곡선의 생성 목적은 특정 동물 실험에서 조건화 동안 전개되는 CR의 시계열 특징을 정밀하게 모사하기 위한 것이 아니었다. 하지만 US 예측 곡선을 통해 자극 표현이 TD 모델로부터 유도되는 예측에 큰 영향 미친다는 사실을 알 수 있다. 더욱이, 여기서

간단히 언급만 할 수 있겠지만, TD 모델로부터 생성되는 US 예측의 시계열 특징의 성질을 결정하는 데 있어서 자극 표현이 할인 및 적격 흔적과 상호작용하는 방식은 중요하다. 이 장에서 논의할 수 있는 범위를 벗어난 또 다른 차원의 문제는 US 예측을 CR의 시계열 특징으로 전환하는 서로 다른 반응–생성 메커니즘의 영향력이다. 그림 14.4에 보이는 시계열 특징은 US 예측이 갖는 '원래의raw' 시계열 특징이다. 하지만 동물의 뇌가 US 예측으로부터 명시적인 반응을 만드는 방법에 대한 어떤 특별한 가정을 하지 않고도 그림 14.4에 제시된 CSC와 MS 표현에 대한 시계열 특징은, 많은 동물 조건화 실험에서 확인되는 것처럼 US 발생 시점이 다가옴에 따라 증가하고 US 발생 시점에 최댓값에 도달한다.

TD 모델이 특별한 자극 표현 및 반응–생성 메커니즘과 결합되면, TD 모델은 동물의 고전적 조건화 실험에서 확인되는 놀라울 정도로 다양한 현상을 설명할 수 있지만, 이런 모델은 완벽한 모델과는 거리가 멀다. 고전적 조건화의 또 다른 세부 사항들을 생성하기 위해 TD 모델은 확장될 필요가 있다. 어쩌면 모델의 일부 파라미터를 상황에 따라 조정하기 위해 모델 기반 요소 및 메커니즘을 모델에 더하는 방식으로 TD 모델을 확장할 수도 있다. 고전적 조건화를 모델링하기 위한 그 밖의 접근법은 레스콜라–바그너 형태의 오차 보정 과정과는 상당히 동떨어져 있다. 예를 들면, 베이지안Bayesian 모델은 경험이 확률 추정값을 변경하는 확률론적 틀 안에서 작동한다. 이 모든 모델은 고전적 조건화에 대한 이해를 돕는 과정에서 유용하게 쓰인다.

TD 모델의 특징 중 가장 눈에 띄는 것은 그것이 이론(이 책에서 설명했던 이론)에 기반한다는 점이다. 이 이론은 조건화가 진행되는 동안 동물의 신경 시스템이 무엇을 '하려고 하는지'를 설명해 준다. 이론은 정확한 **장기적 예측**long-term prediction을 수행하려고 노력한다. 그리고 이 예측은 자극이 주어지는 방식과 신경 시스템이 작동하는 방식에 의해 부과되는 한계를 반영한 것이어야 한다. 다시 말해, 이론은 즉각적이기보다는 장기적인 예측을 핵심 특징으로 하는 고전적 조건화에 대한 **규범적 설명**normative account을 제시한다.

고전적 조건화의 TD 모델을 개발하는 것은 동물의 학습 행동에 대한 몇 가지 세부 사항의 모델링을 명시적인 목표로 하는 하나의 예제다. 그러면 TD 학습이 갖는 **알고리즘**으로서의 지위에 더해서, TD 학습 역시 생물학적 학습의 측면들에 대한 TD **모델**의 기반이 된다. 15장에서 논의하겠지만, 포유류의 뇌에서는 보상 과정에 깊이 관여하는 화학물질인 도파민을 생성하는데, 이 도파민을 생성하는 신경 세포의 활동에 대한 영향력 있는 모델을 만드는 데 TD 학습이 기초가 된다는 사실이 알려졌다. 이것은 강화학습 이론이 동물 행동 및 신경 데이터와 연결될 수 있음을 보여주는 사례다.

이제 동물학습 심리학자들이 수행하는 또 다른 주요 실험 유형인 도구적 조건화 실험을 통해서 강화학습과 동물 행동 사이의 관련성을 생각해 보겠다.

14.3 도구적 조건화

도구적 조건화instrumental conditioning 실험에서 학습은 행동의 결과에 의존하여 이루어진다. 강화 자극을 전달하는 것은 동물이 무엇을 하는지에 달려 있는 것처럼 말이다. 반대로, 고전적 조건화 실험에서는 강화 자극(US)이 동물의 행동과 상관없이 전달된다. 도구적 조건화는 보통 **자발적 조건화**operant conditioning로 생각된다. 스키너(B. F. Skinner, 1938, 1963)는 행동 의존적인 강화를 이용한 실험을 위해 자발적 조건화라는 용어를 소개했다. 하지만 이 두 가지 용어를 사용하여 연구자들이 제시한 실험과 이론은 많은 측면에서 서로 제각각이다. 이러한 실험 및 이론 중 몇 가지를 아래에서 다룰 것이다. 이 책에서는 강화가 행동에 의존하여 정해지는 실험에 대해 도구적 조건화라는 용어만을 사용할 것이다. 도구적 조건화의 근원은 미국인 심리학자 에드워드 손다이크 Edward Thorndike가 이 책의 1판이 나온 시점으로부터 100년 전에 수행한 실험에서 찾을 수 있다.

손다이크는 오른쪽에 보이는 것과 같은 '미로 상자'에 놓인 고양이의 행동을 관찰했다. 고양이가 적절한 행동만 하면 이 미로 상자를 탈출할 수 있다. 예를 들면, 고양이는 세 가지 행동을 연달아 수행함으로써 박스 하나의 문을 열 수 있다. 박스 뒷면을 누르고, 할퀴는 동작으로 줄을 잡아당기고, 막대를 위쪽 또는 아래쪽으로 미는 것이다. 상자 밖에 음식을 보이게 둔 상태로 고양이를 미로 상자에 처음 놓았을 때, 대부분의 고양이는 '명백한 불편함의 표시'를 보여주었고, '갇혀 있는 상태에서 탈출하려고 본능적으로 고군분투하는', 비정상적으로 활발한 활동을 보여주었다(손다이크, 1898).

출처: Thorndike, Animal Intelligence: An Experimental Study of the Associative Processes in Animals, *The Psychological Review, Series of Monograph Supplements* II(4), Macmillan, New York, 1898

손다이크의 미로 상자 중 하나

다른 고양이를 대상으로 탈출 메커니즘이 다른 상자를 이용하여 수행한 실험에서, 손다이크는 각각의 고양이가 각 상자에서 겪은 여러 번의 경험을 바탕으로 탈출에 성공하는 데 걸린 시간을 기록했다. 그는 연속된 경험이 쌓일수록 거의 예외 없이 탈출 시간이 줄어들었음을 확인했다. 예를 들면, 300초에서 6 또는 7초로 줄어든 것을 확인했다. 그는 미로 상자에서 고양이가 한 행동을 다음과 같이 묘사했다.

충동적인 몸부림 속에서 박스의 이곳저곳을 할퀴고 있는 고양이는 아미도 줄이나 고리 또는 버튼을 할퀴어서 문을 열게 될 것이다. 이 과정에서 성공하지 못한 모든 충동은 점점 사라질 것이고, 성공적 행동으로 이끌어 준 충동은 그 충동이 가져다준 기쁨의 도장이 찍힌 채로 남아 있을 것이다. 이러한 과정은 고양이가 상자에 놓이는 즉시 명확한 방법으로 버튼이나 고리를 할퀴어 탈출할 수 있을 때까지 여러 번 반복될 것이다. (손다이크 1898, p. 13)

이 실험과 (개, 병아리, 원숭이, 심지어는 물고기를 이용한) 다른 실험들을 통해 손다이크는 수많은 학습 '법칙'을 만들었다. 그중 가장 영향력 있는 법칙은 1장에서 인용했던 개념인 **효과의 법칙**Law of Effect이다. 이 법칙은 일반적으로 시행착오에 의한 학습이라고 알려진 것에 관해 설명한다. 1장에서 언급했듯이, 효과 법칙의 많은 측면은 논란을 불러일으켰고, 그 세부적인 내용이 수년 동안 수정되어 왔다. 여전히 이 법칙은 (어떤 형태로든) 학습의 인내 원리enduring principle를 표현한다.

강화학습 알고리즘의 본질적인 특징은 효과의 법칙으로 묘사되는 동물학습의 특징과 일치한다. 첫째, 강화학습 알고리즘은 **선택적**selectional이다. 이것은 강화학습이 다른 대안들을 시도해 보고 그 결과를 비교함으로써 그 대안 중 하나를 선택한다는 뜻이다. 둘째, 강화학습 알고리즘은 **연관되어**associated 있다. 이것은 선택 과정을 통해 발견한 대안들이 특별한 상황이나 상태와 연관되어 학습자의 정책을 형성한다는 뜻이다. 효과의 법칙으로 묘사된 학습과 같이, 강화학습은 단지 보상이 많은 행동을 **찾는**finding 과정일 뿐만 아니라, 이 행동들을 상황이나 상태에 **연결하는**connecting 과정이다. 손다이크는 '선택과 연결'에 의한 학습이라는 구문을 사용했다(힐가드Hilgard, 1956). 진화 과정에서의 자연 선택은 선택적 과정의 대표적 예제이지만, 진화 과정은 (최소한 일반적으로 이해되는 바에 따르면) 연관되어 있지 않다. 지도학습은 연관되어 있지만, 선택적 과정은 아니다. 지도학습에서는 학습자에게 행동을 어떻게 변화시킬지를 직접적으로 알려주기 때문이다.

계산적 측면에서, 효과의 법칙은 **탐색**search과 **메모리**memory를 결합하는 초보적인 방법을 설명한다. 여기서 탐색은 각 상황에서 많은 행동을 시도하고 그중 하나의 행동을 선택하는 형태의 탐색이고, 메모리는 각 상황에서 (지금까지는) 가장 좋은 것으로 선택된 행동과 해당 상황을 연결하는 연관성의 형태를 갖는다. 탐색과 메모리는 모든 강화학습 알고리즘의 필수적인 구성 요소다. 메모리가 학습자의 정책이라는 형태를 취하든, 가치 함수의 형태를 취하든, 또는 환경 모델의 형태를 취하든 상관없다.

강화학습 알고리즘이 탐색을 필요로 한다는 것은 어떤 식으로든 탐험을 해야 한다는 것을 의미한다. 동물도 분명하게 탐험을 한다. 그리고 초기의 동물학습 연구자들은 동물이 손다이크의 퍼즐 상자와 같은 상황에 처했을 때 행동을 선택하기 위해 사용하는 지침의 정도degree of guidance에 대해 동의하지 않았다. 행동이란 '완전히 무작위로 눈감고 더듬은' 결과인가(우드워스Woodworth,

1938, p. 777), 아니면 이전 학습이나 합리적 추론 또는 다른 수단으로부터 받는 지침의 정도가 조금은 존재하는 것인가? 손다이크를 포함한 일부 사상가들은 전자의 입장을 취하는 것처럼 보이지만, 행동이 의도적 탐험의 결과라는 것을 더 선호하는 사상가들도 존재한다. 강화학습 알고리즘은 학습자가 행동을 선택하는 과정에서 얼마나 많은 지침을 이용할 수 있는지에 대해 폭넓은 자유를 허용한다. 이 책에서 제시한 입실론 탐욕적 행동 선택 및 신뢰 상한 행동 선택 같은 알고리즘에서 사용된 탐험의 형태는 그저 가장 간단한 것들 중 하나일 뿐이었다. 알고리즘이 효과적으로 작동하기 위해 어떤 형태의 탐험이 있어야 한다는 조건만 만족하면 더 복잡한 방법이 가능하다.

어떤 시점에 이용 가능한 행동이 환경의 현재 상태에 의존하도록 허용하는, 이 책에 제시된 강화학습 방법의 특징은 손다이크가 수행한 고양이의 미로 상자 행동 실험에서 그가 관찰했던 무언가를 떠올리게 한다. 고양이는 자신이 현재 상황에서 본능적으로 수행하는 행동들 중 하나를 선택했다. 이러한 행동을 손다이크는 '본능적 충동instinctual impulse'이라고 불렀다. 처음 미로 상자에 놓였을 때, 고양이는 엄청난 힘으로 본능적으로 긁고, 발톱을 할퀴고, 물어뜯는다. 이것이 바로 스스로가 갇혀 있다는 사실을 깨달은 고양이의 본능적 반응이다. 성공적인 행동은 이런 본능적 행동들로부터 선택되는 것이지 모든 행동이나 활동으로부터 선택되는 것이 아니다. 이것은 상태 s에서 선택한 행동은 선택 가능한 행동의 집합 $A(s)$에 속한다는 행동 선택 형식의 특징을 이 책에서 견지하고 있는 것과 유사하다. 이와 같은 선택 가능한 행동의 집합을 지정하는 것은 강화학습의 중요한 측면이다. 이렇게 함으로써 학습을 극적으로 단순화할 수 있기 때문이다. 이러한 행동 집합은 동물의 본능적 충동과 유사하다. 반면에, 손다이크의 고양이는 단지 본능적 충동의 집합에서 행동을 선택하는 것이 아니라 상황에 맞게 본능적으로 조정된 행동 **순서**에 따라 행동을 선택함으로써 탐험을 수행했을 수도 있다. 이것은 강화학습을 더 쉽게 만드는 또 다른 방법이다.

효과의 법칙에 영향을 가장 많이 받은 저명한 동물학습 연구자 중에는 클라크 헐Clark Hull(예 헐, 1943)과 스키너(예 스키너, 1938)가 있다. 그들이 수행한 연구의 중심에는 행동의 결과에 기반하여 행동을 선택하는 개념이 자리하고 있다. 강화학습은 헐의 이론과 공유하는 특징을 갖고 있다. 여기에는 행동과 행동의 결과로 나타나는 강화 자극 사이에 상당한 시간 간격이 존재할 때의 학습 능력을 설명하기 위한 유사 적격eligibility-like 메커니즘과 2차 강화가 포함된다(14.4절 참고). 탐험적 행동을 소개하기 위해 헐이 '행동의 진동behavioral oscillation'이라고 불렀던 것을 통해 무작위성 또한 그의 이론에서 빠질 수 없는 요소가 되었다.

스키너는 효과의 법칙을 구성하는 메모리 측면에 대해서는 전적으로 동의하지 않았다. 연관 결합associative linkage의 개념에 반대하면서, 그는 대신 자발적으로 나오는 행동으로부터 선택하는 것을 강조했다. 그는 동물이 처한 환경에 대한 행동의 효과가 갖는 핵심 역할을 강조하기 위해 '자발적operant'이라는 용어를 소개했다. 분리된 조건화 시도의 나열로 구성된 손다이크 및 다른 연구자들의 실험과는 다르게, 스키너의 자발적 조건화 실험은 대상 동물이 연장된 기간 동안 방해받지 않고 행동할 수 있게 해 주었다. 그는 자발적 조건화 실험 도구chamber를 개발했는데, 지금은 이것을 '스키너 박스'라고 부른다. 이 실험 도구는 동물이 음식이나 물 같은 보상을 받기 위해 누를 수 있는 레버나 열쇠를 포함하는 가장 기본적인 형태의 도구다. 이때 음식이나 물 같은 보상은 강화 계획표라고 부르는 잘 정의된 규칙에 따라 전달된다. 레버를 누르는 누적 횟수를 시간의 함수로 기록함으로써, 스키너와 그의 추종자들은 서로 다른 강화 계획표가 동물이 레버를 누르는 비율에 미치는 효과를 조사할 수 있었다. 이와 같은 실험을 통해 얻은 데이터와 이 책에서 제시한 강화학습 원리를 이용하여 수행한 모델링 결과는 충분히 개발되지 못했지만, 이 장의 마지막에 나오는 '참고문헌 및 역사적 사실'을 통해 몇 가지 예외를 언급했다.

스키너의 또 다른 기여는 목표 행동에 대한 연속적 근사를 강화하는, 그가 **성형**shaping이라고 부르는 과정을 통해 동물을 훈련시키는 것이 효과적이라는 인식으로부터 만들어진다. 스키너 자신을 비롯하여 다른 사람들도 전부터 이러한 기법을 사용해 왔지만, 그와 동료들이 비둘기가 나무 공을 부리로 쳐서 볼링을 하도록 훈련시키려고 했을 때 이 기법의 중요성이 그에게 인상적으로 다가왔다. 오랜 시간을 기다렸지만 그들이 강화할 수 있는, 나무 공을 치는 어떤 행동도 볼 수 없게 되자 그들은

> … 나무 공을 치는 행동과 조금이라도 유사한 모든 반응(어쩌면, 처음에 단지 나무 공을 바라보는 행동만이라도)을 강화한 후에 완전한 행동 형태를 더욱 가깝게 모사하는 반응들을 선택하기로 결정했다. 그 결과는 놀라운 것이었다. 단 몇 분 만에, 비둘기가 스쿼시 챔피언이라도 된 것처럼 공이 상자 벽에 부딪쳐 튀어나오고 있었다. (스키너, 1958, p. 94)

비둘기는 자신에게 부자연스러운 행동을 학습했을 뿐만 아니라 자신의 행동과 강화 연관성 reinforcement contingency이 서로에게 반응하여 변화하는 상호작용 과정을 통해 그것을 빠르게 학습했다. 스키너는 강화 연관성을 변경하는 과정을 점토를 깎아 원하는 모양을 만드는 조각가의 작업에 비교했다. 성형은 계산적 강화학습 시스템에서도 강력한 기법이다. 학습자가 보상을 받을 수 있는 상황 자체가 드물기 때문이든 아니면 초기 행동으로부터 보상에 접근하는 것이 불가능하기 때문이든, 학습자가 0이 아닌 보상 신호를 조금이라도 받기가 어려울 때는 더 쉬운 문제에서 시작해서 학습자가 학습을 진행함에 따라 점진적으로 난이도를 늘려가는 편이 효과적일 수

있고, 때로는 필수적인 전략이 될 수도 있다.

도구적 조건화의 맥락에서 특별히 관련이 있는 심리학 분야의 개념은 **동기**motivation다. 동기는 행동의 방향과 힘 또는 활력을 나타낸다. 예를 들면, 손다이크의 고양이는 미로 상자 바로 밖에 놓여 있는 음식을 원하기 때문에 미로 상자로부터 탈출하려는 동기를 갖는다. 이 목적을 달성함으로써 고양이에게는 보상이 주어졌고 탈출을 가능하게 했던 행동은 강화되었다. 많은 차원을 갖는 동기라는 개념을 강화학습의 계산적 관점과 정밀하게 연관 짓는 것은 어려운 일이지만, 몇 가지 차원에 대해서는 확실한 연결 고리가 존재한다.

어떤 의미에서는 강화학습의 학습자가 받는 보상 신호는 학습자가 갖는 동기의 기반이 된다. 학습자는 자신이 장기적으로 받는 보상의 총합을 최대화하려는 동기를 갖는다. 그렇다면 동기의 핵심적 측면은 학습자가 경험하는 것이 보상을 주도록 하는 것이다. 강화학습에서 보상 신호는 강화학습 학습자가 처한 환경의 상태와 학습자의 행동에 따라 결정된다. 더욱이, 1장(19쪽)에서 지적했듯이 학습자가 처한 환경의 상태는 학습자가 거하는 유기체나 로봇 같은 기계 밖에 무엇이 있는지뿐만 아니라 이 기계 내부에 무엇이 있는지에 대한 정보를 포함한다. 내부 상태의 어떤 요소들은 심리학자들이 동물의 **자극 상태**motivational state라고 부르는 것과 일치한다. 자극 상태는 동물에게 보상을 주는 것이 무엇인지에 영향을 미친다. 예를 들어 방금 만족스러운 식사를 마쳤을 때보다는 배가 고플 때, 동물은 먹는 행동으로부터 더 많은 보상을 받을 것이다. 상태 의존성이라는 개념은 충분히 폭넓은 개념이어서 많은 유형의 변형된 영향력이 보상 신호의 생성에 가해질 수 있다.

가치 함수는 심리학자들의 동기 개념과 연관 지을 수 있는 더 많은 연결 고리를 제공한다. 행동을 선택하는 가장 기본적인 동기가 가능한 한 많은 보상을 얻는 것이라면, 가치 함수를 이용하여 행동을 선택하는 강화학습 학습자에게 있어서 더 가깝게 느껴지는 동기는 **가치 함수의 경사도를 상승**시키는 것이다. 다시 말해, 가장 가치가 높은 다음 상태로 이끌어 줄 것으로 기대되는 행동을 선택하는 것이다(또는 본질적으로는 같은 말이지만, 최대의 행동 가치를 갖는 행동을 선택하는 것이다). 이 학습자에게 가치 함수는 자신의 행동 방향을 결정하는 주된 원동력이다.

동기의 또 다른 차원은 동물의 자극 상태가 학습에 영향을 미칠 뿐만 아니라 학습 이후에 나타나는 동물 행동의 힘 또는 활력에도 영향을 미친다는 것이다. 예를 들어, 미로의 한쪽에 놓인 음식을 찾기 위해 학습한 후, 배고픈 쥐는 배가 고프지 않은 쥐보다 더 빠른 속도로 음식이 놓인 곳을 향해 달릴 것이다. 동기의 이러한 측면이 이 책에서 제시하는 강화학습의 구조와 아주 깔끔하게 연관되는 것은 아니지만, 이 장의 마지막에 나오는 '참고문헌 및 역사적 사실'에서 강화학습을 기반으로 행동 활력 이론을 제안하는 여러 논문을 인용할 것이다.

이제 강화하고자 하는 사건이 일어나고 나서 훨씬 후에 강화 자극이 발생하는 학습 문제를 알아볼 것이다. 지연된 강화를 이용한 학습을 가능하게 하기 위해 강화학습 알고리즘에서 사용하는 메커니즘(적격 흔적과 TD 학습)은 이러한 조건에서 동물이 학습하는 방법에 대해 심리학자들이 제시하는 가설과 거의 일치한다.

14.4 지연된 강화

효과의 법칙은 연결 관계에서의 후방 효과를 필요로 하는데, 이 효과에 대해 비평하는 일부 비평가들은 어떻게 현재의 것이 과거의 무언가에 영향을 미칠 수 있는지를 이해하지 못했다. 행동과 그에 따른 보상 또는 처벌의 결과 사이에 상당한 지연이 존재할 때도 학습이 가능하다는 사실은 이러한 우려를 더욱 증폭시켰다. 이와 비슷하게, 고전적 조건화에서도 CS 발생 이후에 무시할 수 없을 정도의 시간 간격을 두고 US가 발생하더라도 학습이 가능하다. 이 책에서는 이러한 문제를 지연된 강화의 문제라고 부르겠다. 이것은 민스키(1961)가 '학습 시스템을 위한 신뢰 할당 문제'라고 불렀던 것과 연관되어 있다. 이는 성공적인 결과를 만드는 데 관여한 많은 결정에 어떻게 신뢰를 할당하는가에 대한 문제다. 이 책에 제시된 강화학습 알고리즘은 이 문제를 다루기 위한 두 가지 기본적인 메커니즘을 포함한다. 첫 번째는 적격 흔적을 사용하는 것이고, 두 번째는 거의 즉각적으로 (도구적 조건화 실험 같은 문제의 경우) 행동에 대한 평가를 제공하거나 (고전적 조건화 실험 같은 문제의 경우) 예측 목표를 제공하는 가치 함수를 학습하기 위해 TD 방법을 사용하는 것이다. 이 두 방법 모두 동물학습에 관한 이론에서 제안하는 유사한 메커니즘과 대응된다.

파블로프(1927)는 그의 논문에서 모든 자극은 신경 시스템 내부에 흔적을 남길 수밖에 없으며 이 흔적은 자극이 사라진 후에도 얼마 동안 지속된다고 주장했다. 그리고 CS 발생 시점과 US 발생 시점 사이에 시간 차이가 존재할 때도 이 자극의 흔적을 이용하면 학습이 가능하다고 제안했다. 지금까지도, 이러한 조건하에서 조건화하는 것을 **흔적 조건화**trace conditioning(417쪽)라고 부른다. US가 발생할 때 CS의 흔적이 남아 있다고 가정하면, 학습은 흔적과 US가 동시에 존재하는 상황에서 이루어진다. 15장에서 신경 시스템의 흔적 메커니즘에 관한 제안들을 논의할 것이다.

자극의 흔적은 도구적 조건화에서 행동과 그에 따른 보상이나 처벌 사이의 시간 간격이 있을 때 그 둘 사이를 연결해 주는 수단으로 제안되기도 했다. 예를 들면, 헐의 영향력 있는 학습 이론에서는 '어금니 자극 흔적'을 이용하여 그가 동물의 **목표 경사도**goal gradient라고 부르는 것을 설명했다. 이는 강화의 지연이 증가할수록 도구적으로 조건화된 반응의 최대 세기가 어떻게 감소하는지에 대한 설명이다(헐, 1932, 1943). 헐은 동물의 행동이 내적 자극을 남기고 이 내적 자극은 행동이 취해진 순간부터 시간에 따라 기하급수적으로 감소한다는 가설을 세웠다. 그는 그 당시 이용할 수 있었던 동물학습 데이터를 분석하고 나서 자극의 흔적이 30~40초 후에 사실상 0에 도달한다는 가설을 세웠다.

이 책에서 설명한 알고리즘에 사용된 적격 흔적은 헐의 흔적과 비슷하다. 적격 흔적은 과거에 마주친 상태 또는 상태-행동 쌍의 흔적으로서 시간에 따라 감퇴한다. 적격 흔적은 클로프(1972)가 그의 신경 단위에 대한 이론에서 소개한 것이다. 그의 이론에서 적격 흔적은 신경 세포를 연결하는 시냅스synapse에서 발생한 과거 활동의 흔적으로서 확장된 시간 동안 존재한다. 클로프의 흔적은 이 책에서 사용하는 기하급수적으로 감퇴하는 흔적보다 더 복잡하다. 이 내용은 15.9절에서 그의 이론을 다룰 때 더 자세히 논의하겠다.

자극의 흔적이 존재하는 기간보다 더 오랜 기간 동안 지속되는 목표 경사도를 설명하기 위해, 헐(1943)은 더 오래 지속되는 경사도는 목표로부터 역행하는 조건 강화가 초래한 결과라고 제안했다. 이때 목표로부터 역행하는 조건 강화의 과정은 그가 사용한 어금니 자극 흔적과 함께 진행된다. 동물 실험 결과는 지연된 기간 동안 조건 강화가 발달하기에 유리한 조건이 주어진다면 지연 기간이 증가한다고 해서 2차 강화를 방해하는 조건하에서 학습이 저하되는 것만큼 학습이 저하되지는 않는다는 것을 보여주었다. 지연 기간 동안 규칙적으로 발생하는 자극이 존재한다면 조건 강화가 촉진된다. 그렇게 되면 더 많은 즉각적인 조건 강화가 존재하기 때문에 마치 보상이 실제로 지연되지 않은 것처럼 된다. 이러한 이유로 헐은 자극의 흔적으로부터 발생한 주요 강화의 지연을 기반으로 하는 주요 경사도가 존재하고, 이것이 조건 강화에 의해 계속해서 수정되고 늘어난다고 생각했다.

이 책에서 제시한 알고리즘 중에 지연된 강화를 이용한 학습을 가능하게 하기 위해 적격 흔적과 가치 함수를 모두 사용하는 알고리즘은, 지연된 강화가 존재하는 경우에 동물이 어떻게 학습할 수 있는지에 대한 헐의 가설에 해당한다. 13.5절, 15.7절, 15.8절에서 논의한 행동자-비평자 구조는 이러한 연관성을 가장 명확하게 설명한다. 비평자는 시스템의 현재 행동과 관련된 가치 함수를 학습하기 위해, 즉 현재 정책의 이득을 예측하기 위해 TD 알고리즘을 사용한다. 행동자는 비평자의 예측을 기반으로 하여, 더 정확하게는 비평자 예측의 변화를 기반으로 하여 현재 정책을 갱신한다. 비평자가 생성한 TD 오차는 주요 보상 신호 자체가 상당히 지연되었을 때도 즉각적인 성능 평가를 제공함으로써 행동자에게 조건 강화 신호로 작용한다. 이와 유사하게 Q 학습 및 살사 같은 행동 가치 함수를 추정하는 알고리즘도 조건 강화를 통해 지연된 강화를 이용한 학습이 가능하도록 TD 학습 원리를 사용한다. 15장에서 논의할 도파민 생성 신경 세포의 활동과 TD 학습 사이의 밀접한 연관성은 강화학습 알고리즘과 헐의 학습 이론 사이의 연결 고리에 대한 신빙성을 더해 준다.

14.5 인지 지도

모델 기반 강화학습 알고리즘은 심리학자들이 **인지 지도**cognitive map라고 부르는 것과 공통적인 요소를 갖고 있는 환경 모델을 사용한다. 8장에서 제시한 계획과 학습에 관한 논의를 상기해 보면, 학습자의 행동에 대해 상태 전이와 보상의 측면에서 환경이 어떻게 반응할 것인지를 예측하기 위해 학습자가 사용할 수 있는 모든 것을 환경 모델이라고 했고, 환경 모델로부터 정책을 계산하는 모든 과정을 계획이라고 했다. 환경 모델은 두 부분으로 구성된다. 상태 전이 부분은 행동 상태의 변화에 미치는 효과에 관한 정보를 부호화하고, 보상 모델 부분은 각 상태 또는 상태-행동 쌍에 대한 보상 신호의 기댓값 정보를 부호화한다. 모델 기반 알고리즘은 미래 상태와 그 상태로부터 발생할 것으로 기대되는 미래 보상 신호의 측면에서 일련의 가능한 행동들이 가져올 결과를 모델로부터 예측함으로써 행동을 선택한다. 가장 간단한 종류의 계획은 '상상되는' 결정들의 나열을 모아놓고 그것으로부터 예측된 결과를 비교하는 것이다.

동물도 환경 모델을 사용하는지, 만약 사용한다면 그 모델은 어떤 모습이고 어떻게 모델을 학습하는지에 대한 질문은 동물학습 연구의 역사에서 중요한 역할을 했다. 어떤 연구자들은 **잠재적 학습**latent learning이 존재한다는 사실을 증명함으로써, 당시에는 만연했던 자극-반응(S-R)의 관점으로 학습과 행동을 바라보는 것에 동의하지 않았다. 자극-반응 관점은 모델 없이 정책을 학습하는 가장 간단한 방법에 해당한다. 잠재적 학습에 대한 가장 초기의 실험에서는 실험군과 대조군으로 나뉜 두 그룹의 쥐들이 미로를 달리게 했다. 실험군의 경우 실험의 첫 단계 동안에는 아무런 보상을 주지 않았지만, 두 번째 단계의 실험이 시작될 때 미로의 목표 지점에 갑자기 음식이 놓였다. 대조군의 경우에는 실험의 두 단계 동안 줄곧 목표 지점에 음식이 놓여 있었다. 음식이라는 보상이 없는 첫 번째 단계의 실험에서 실험군에 속한 쥐들이 무언가를 학습했는가가 질문이었다. 보상이 주어지지 않는 첫 번째 단계에서는 실험군에 속한 쥐들이 많은 것을 학습하는 것처럼 보이지 않았지만, 두 번째 단계에서 들여온 음식을 발견하자마자 그들은 대조군에 있는 쥐들을 금방 따라잡았다. '보상이 없는 기간 동안, [실험군에 속한] 쥐들은 미로에 대한 잠재적 학습을 수행하고 있었고, 보상이 주어지자마자 그들은 잠재적 학습의 결과를 활용했다'는 결론이 내려졌다(블로젯Blodgett, 1929).

잠재적 학습은 심리학자 에드워드 톨만Edward Tolman과 가장 밀접하게 연관되어 있다. 그는 동물이 보상이나 처벌 없이 환경의 인지 지도를 학습할 수 있고, 나중에 그들이 목표에 도달하려는 동기를 갖게 될 때 그 인지 지도를 사용할 수 있다는 사실이 이 결과 및 이와 유사한 다른 결과들을 통해 드러났다고 해석했다(톨만, 1948). 인지 지도는 또한 쥐가 처음에 탐험했던 경로와는 다른 경로를 따라 목표에 도달하도록 계획할 수 있게 해 준다. 결과에 대한 이와 같은 설명은 행동주의 심리학과 인지주의 심리학이 대립하는 핵심적인 부분에서 오랫동안 지속되는 논란을 야기했다. 현대적인 용어로 표현하자면, 인지 지도는 공간적 배치 모델에만 국한되지 않고 좀 더 일반적인 환경 모델이나 동물의 '작업 공간task space'에 대한 모델이 될 수 있다(예 윌슨, 다카하시, 슈엔바움, 니브Wilson, Takahashi, Schoenbaum, and Niv, 2014). 잠재적 학습에 대한 실험을 인지 지도로 설명하는 것은, 동물이 모델 기반 알고리즘을 사용하고 뚜렷한 보상이나 처벌 없이도 환경 모델이 학습될 수 있다는 주장과 유사하다. 이 경우, 보상이나 처벌이 나타남으로써 동물이 동기를 갖게 될 때 모델은 계획을 위해 사용된다.

동물이 어떻게 인지 지도를 학습하는지에 대한 톨만의 설명에 따르면 동물은 환경을 탐험하면서 연속된 자극을 경험함으로써 자극-자극, 즉 S-S 연관 관계를 학습한다. 심리학에서는 이것을 **기대 이론**expectancy theory이라고 부른다. S-S 연관 관계가 주어지면, 어떤 자극이 발생했을 때 다음에 어떤 자극이 발생할지를 기대할 수 있다는 것이다. 이것은 제어 공학자들이 **시스템 식별**system identification이라고 부르는 것과 상당히 유사하다. 시스템 식별이란 지침이 있는labeled 훈련 예제로부터 역학 관계가 알려지지 않은 시스템의 모델을 학습하는 것이다. 가장 간단한 이산 시간 형태의 시스템 식별에서는 훈련 예제가 S-S′이 되는데, 여기서 S는 상태이고, 그다음 상태인 S′은 지침label이 된다. S가 관측될 때, 모델은 다음에는 S′이 관측될 것이라는 '기대'를 생성한다. 계획을 위해 좀 더 유용한 모델은 행동도 포함하기 때문에 예제는 SA-S′의 형태를 띠게 된다. 여기서 S′은 상태 S에서 행동 A가 수행될 때 기대되는 상태. 환경이 보상을 어떻게 생성하는지를 학습하는 것도 도움이 된다. 이 경우 예제는 S-R 또는 SA-R의 형태가 되는데, 여기서 R은 S 또는 SA 쌍에 관련된 보상 신호다. 이것이 학습자가 유사 인지cognitive-like 지도를 얻기 위해 사용할 수 있는 모든 형태의 지도학습이고, 이때 학습자가 환경을 탐험하는 동안 0이 아닌 보상을 받는지 여부는 아무런 상관이 없다.

14.6 습관적 행동과 목표 지향적 행동

모델 없는 강화학습 알고리즘과 모델 기반 강화학습 알고리즘의 구별은 심리학자들이 학습된 행동 패턴에 대한 **습관적**habitual 제어와 **목표 지향적**goal-directed 제어를 구별하는 것에 대응된다. 습관은 적절한 자극에 의해 촉발되는 행동 패턴이고, 한 번 만들어진 후에는 거의 자동적으로 수행된다. 목표의 가치 및 행동과 그 결과 사이의 관계에 대한 정보에 의해 제어된다는 점에서 목표 지향적 행동은 (심리학자들이 이 용어를 사용하는 방식에 따르면) 목표 의식을 갖는다. 습관이 이전에 발생한 자극에 의해 제어된다고 하는 반면, 목표 지향적 행동은 그 행동의 결과에 의해 제어된다고 한다(디킨슨Dickinson, 1980, 1985). 목표 지향적 제어는 환경이 동물의 행동에 반응하는 방식이 변했을 때 동물의 행동을 신속하게 변화시킬 수 있다는 장점을 갖는다. 습관적 행동은 익숙한 환경에서 오는 입력에 신속하게 반응하지만 환경의 변화에는 신속하게 적응하지 못한다. 목표 지향적 행동 제어는 동물 지능의 진화에서 중요한 진전인 것 같았다.

그림 14.5는 쥐가 미로 찾기를 수행하는 가상의 문제에서 모델 없는 결정 전략과 모델 기반 결정 전략의 차이점을 보여준다. 미로에는 목표 상자들이 놓여 있고 상자와 관련된 보상의 크기가 표시되어 있다(그림 14.5 위쪽). S_1을 출발한 쥐는 먼저 왼쪽(L) 또는 오른쪽(R)을 선택한 후 목표 박스 중 하나에 도달하기 위해 S_2 또는 S_3에서 다시 L 또는 R을 선택해야 한다. 목표 박스는 쥐가 해결하려고 하는 에피소딕 문제에서 각 에피소드의 종단 상태다. 모델 없는 전략(그림 14.5 좌하단)은 상태-행동 쌍에 대해 저장된 가치에 의존한다. 이 행동 가치는 각 (비종단) 상태에서 취해지는 각 행동에 대해 쥐가 기대할 수 있는 가장 큰 이득의 추정값이다. 이것은 처음부터 끝까지 미로를 달리는 시도를 많이 수행함으로써 얻어진다. 행동 가치가 최적 이득을 충분히 잘 추정하는 값이 되면, 쥐는 최적 결정을 내리기 위해 각 상태에서 행동 가치가 가장 큰 행동을 선택하기만 하면 된다. 이 경우, 행동 가치 추정값이 충분히 정확해지면 최대 이득 4를 얻기 위해 쥐는 상태 S_1에서 L을 선택하고 상태 S_2에서 R을 선택한다. 또 다른 모델 없는 전략은 행동 가치 대신 단순히 숨겨진cached 정책에 의존하여 S_1에서 L을 선택하고 S_2에서 R을 선택하는 직접적인 연결 관계를 만들 수도 있다. 이 두 전략 중 어떤 전략을 사용하더라도 환경 모델에 의존하여 결정이 내려지지는 않는다. 상태 전이 모델을 참고할 필요도 없고, 목표 박스의 특징과 목표 박스가 주는 보상 사이의 연관성도 필요 없다.

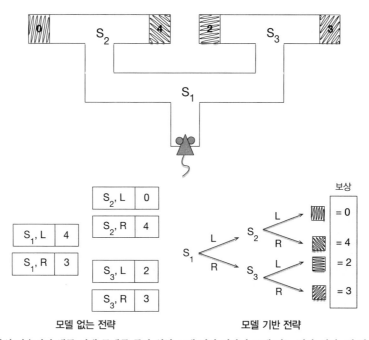

그림 14.5 가상의 연속적인 행동 선택 문제를 풀기 위한 모델 기반 전략과 모델 없는 전략. 상단: 쥐 한 마리가 뚜렷한 목표 박스가 있는 미로에서 미로 찾기를 한다. 각각의 목표 박스는 박스에 표시된 보상값과 연관되어 있다. 좌하단: 모델 없는 전략은 모든 상태-행동 쌍에 대해 저장된 행동 가치에 의존한다. 이 행동 가치는 많은 학습 시도로부터 얻어진 것이다. 결정을 하기 위해 쥐는 단지 각 상태에서 해당 상태에 대해 가장 큰 행동 가치를 갖는 행동을 선택하기만 하면 된다. 우하단: 모델 기반 전략에서는 쥐가 환경 모델과 보상 모델을 학습한다. 환경 모델은 상태-행동-다음 상태로 이어지는 전이에 대한 정보로 구성되고, 보상 모델은 각각의 독특한 목표 박스에 연관되어 있는 보상에 대한 정보로 구성된다. 쥐는 가장 큰 이득을 주는 경로를 찾기 위해 행동 선택의 궤적을 시뮬레이션하는 모델을 이용하여 각 상태에서 어느 방향으로 회전해야 할지를 결정한다. 출처: 엘세비어(Elsevier)의 허가하에 게재함. *Trends in Cognitive Science*, volume 10, number 8, Y. Niv, D. Joel, and P. Dayan, A Normative Perspective on Motivation, p. 376, 2006

그림 14.5(우하단)는 모델 기반 전략을 보여준다. 이 전략은 상태 전이 모델과 보상 모델로 이루어진 환경 모델을 사용한다. 상태 전이 모델은 결정 트리decision tree로 표현되어 있고, 보상 모델은 목표 박스의 뚜렷한 특징을 각 목표 박스에서 받을 수 있는 보상과 연관 짓는다(상태 S_1, S_2, S_3와 연관된 보상도 보상 모델의 일부이지만, 여기서 이 값들은 0이기 때문에 표시하지 않았다). 모델 기반 학습자는 가장 큰 이득을 주는 경로를 찾기 위해 행동 선택의 궤적을 시뮬레이션하는 모델을 이용하여 각 상태에서 어느 방향으로 회전해야 할지를 결정한다. 이 경우, 이득은 경로의 끝에서 얻게 되는 보상이다. 여기서 충분히 정확한 모델을 사용하면, 쥐는 4의 보상을 얻기 위해 L을 선택한 후 R을 선택할 것이다. 시뮬레이션된 경로에서 예측되는 이득을 비교하는 것은 간단한 형태의 계획이고, 이것은 8장에서 논의한 다양한 방식으로 수행될 수 있다.

모델 없는 학습자가 처한 환경이 학습자의 행동에 반응하는 방식이 변경되면 학습자는 변경된 환경으로부터 새로운 경험을 얻어야 하고, 그 경험을 통해 정책이나 가치 함수 또는 둘 다를 갱신할 수 있어야 한다. 예를 들어, 그림 14.5(좌하단)에 표현된 모델 없는 전략에서, 목표 박스 중 하나가 어떻게든 위치를 이동하게 되어 원래 보상과는 다른 보상을 준다면 쥐는 해당 목표 박스에 도달하여 새로운 보상을 경험하기 위해 아마도 여러 번 미로를 가로질러 이동해야 할 것이다. 그리고 그러는 와중에 이 새로운 경험을 기반으로 정책이나 행동 가치 함수(또는 둘 다)를 갱신할 것이다. 중요한 점은 모델 없는 학습자가 어떤 상태에 대해 정책이 지정하는 행동을 변경하거나 어떤 상태와 관련된 행동 가치를 변경하려면, 그 상태로 이동해서 그 상태로부터 아마도 여러 번 행동을 수행하고 그 행동의 결과를 경험해야 한다는 것이다.

모델 기반 학습자는 변화로부터 영향받은 상태와 행동에 관한 이러한 종류의 '개인적 경험'을 하지 않고도 환경의 변화를 수용할 수 있다. 모델에 생긴 변화는 자동적으로 (계획을 통해) 정책을 변화시킨다. 계획은 학습자 스스로의 경험 속에서 한 번도 서로 연결되지 않았던 환경의 변화가 가져오는 결과를 결정할 수 있다. 예를 들어, 다시 그림 14.5의 미로 문제로 돌아가서 사전에 학습된 전이 모델과 보상 모델을 갖고 있는 쥐가 곧바로 S_2 오른쪽에 있는 목표 박스 위치에 놓이고 나서 그곳에서 받을 수 있는 보상이 4가 아니라 1이라는 사실을 알았다고 가정해 보자. 미로 속에서 목표 박스를 찾기 위해 필요한 어떤 행동을 선택하지 않았지만 쥐의 보상 모델은 변경될 것이다. 계획의 과정은 미로 찾기 과정에서 알고 있어야 할 새로운 보상에 대한 정보를 가져온다. 이 과정에서 미로에 대한 추가적인 경험을 할 필요는 없다. 이러한 계획을 통해 정책이 변경되는데, 이 경우에는 3의 이득을 얻기 위해 S_1과 S_3에서 오른쪽으로 회전하는 것으로 정책이 변경된다.

틀림없이 이러한 논리는 동물을 대상으로 하는 **결과 평가절하 실험**outcome-devaluation experiments의 기본이 된다. 이 실험의 결과는 동물이 습관을 학습한 것인지 아니면 동물의 행동이 목표 지향적 제어 속에서 이루어지는 것인지에 대한 통찰을 제공한다. 결과 평가절하 실험은 한 단계에서 다음 단계로 넘어갈 때 보상이 변한다는 점에서 잠재적 학습에 대한 실험과 비슷하다. 초기 보상을 이용하는 학습 단계가 끝난 후에, 그 결과로 나타나는 보상의 값이 변하는 것이다. 이러한 변화에는 보상이 0이 되거나 심지어 음의 값이 되는 것도 포함된다.

이러한 유형의 실험으로서 초기에 수행된 중요한 실험은 애덤스와 디킨슨(Adams and Dickinson, 1981)이 수행한 실험이다. 그들은 실험 도구 안에 있는 쥐가 사탕을 얻기 위해 효과적으로 레버를 누르게 될 때까지 도구적 조건화를 통해 쥐를 훈련시켰다. 그런 다음 레버를 제거한 상자에 그 쥐를 넣고 조건 없이 음식을 제공했다. 이제 쥐는 그들이 하는 행동에 상관없이 사탕을 얻을 수 있게 된 것이다. 쥐들이 음식을 조건 없이 얻을 수 있게 된 시점으로부터 15분 후에 한 그룹의 쥐에게 메스꺼움을 일으키는 독성 염화 리튬을 주입했다. 이러한 실험을 세 번 반복했는데, 마지막 실험에서는 염화 리튬을 주입한 쥐들 중 조건 없이 주어지는 사탕을 섭취하는 쥐는 없었다. 이것은 사탕의 보상값이 감소했음을 나타낸다(사탕이 평가절하된 것이다). 하루가 지나서 수행된 실험에서, 쥐들을 또다시 실험 도구에 넣고 소멸 훈련extinction training을 수행했다. 이 실험에서는 실험 도구에 다시 레버가 장착되었지만 레버를 눌러도 사탕 분출기에서 사탕이 나오지 않게 했다. 여기서 확인하려고 했던 것은 사탕의 보상 가치가 감소한 쥐가 레버를 누르는 행동의 결과로 보상이 감소하는 것을 경험하지 못했더라도, 사탕의 가치가 감소하지 않은 쥐보다 레버를 누르는 횟수가 감소하는지 여부였다. 실험 결과, 염화 리튬을 주입한 쥐들이 그렇지 않은 쥐들보다 '소멸 시도extinction trial가 시작된 직후부터' 반응하는 횟수가 줄어들었다.

애덤스와 디킨슨은 염화 리튬을 주입한 쥐들이 레버를 누르는 행동을 사탕과 연결하고, 사탕을 메스꺼움과 연결하는 인지 지도를 통해 레버를 누르는 행동을 메스꺼움과 연관 지었다고 결론 내렸다. 결국, 소멸 시도에서 쥐들은 레버를 누르는 행동의 결과가 그들이 원하지 않은 결과였음을 '알았기' 때문에 소멸 시도가 시작된 직후부터 레버를 누르는 행동의 횟수를 줄였던 것이다. 중요한 점은 쥐들이 레버를 누른 행동으로부터 곧바로 메스꺼움을 경험하지 않았음에도 레버를 누르는 횟수를 줄였다는 것이다. 그들이 메스꺼움을 느꼈을 때는 레버가 없었기 때문이다. 쥐들은 자신이 선택한 행동의 결과에 대한 정보(레버를 누른 후에 사탕이 나오지 않는다는 것)를 그 결과의 보상 가치(사탕을 피해야 한다는 것)와 결합하여 그에 따라 스스로의 행동을 변경할 수 있었던 것처럼 보인다. 모든 심리학자가 이 실험에 대한 이러한 '인지적' 설명에 동의하는 것은 아니다. 그리고 이것이 결과를 설명하는 유일한 방법도 아니다. 하지만 모델 기반 계획으로 설명하는 것은 폭넓게 받아들여진다.

학습자가 모델 없는 알고리즘과 모델 기반 알고리즘을 둘 다 사용하는 것을 막는 것은 아무것도 없다. 오히려 이 둘을 모두 사용해야 하는 충분한 근거가 있다. 충분히 많이 반복하면 목표 지향적 행동은 습관적 행동이 되는 경향이 있다는 사실은 경험으로부터 알고 있다. 이것이 쥐에게도 일어나는 일이란 사실을 실험을 통해 알 수 있다. 애덤스(1982)는 더 많이 훈련시키면 목표 지향적 행동을 습관적 행동으로 바꿀 수 있는지 알아보기 위한 실험을 수행했다. 그는 서로 다른 양의 훈련을 경험한 쥐들에 대해 결과가 평가절하되는 효과를 비교하는 실험을 수행했다. 훈련을 더 많이 받은 쥐들이 상대적으로 훈련을 덜 받은 쥐들에 비해 덜 민감해졌다면, 이것은 더 많은 훈련이 행동을 습관적으로 만든다는 증거가 될 것이다. 애덤스의 실험은 앞서 설명한 애덤스와 디킨슨(1981)의 실험에 바로 이어서 수행되었다. 다소 단순화해서, 한 그룹의 쥐들은 보상을 받는 레버 누르기를 100번 할 때까지 훈련을 받았고, 과하게 훈련받은 다른 그룹의 쥐들은 레버를 누르고 보상을 받는 시행을 500번 수행했다. 이 훈련이 끝난 후, (염화 칼륨 주입을 통해) 사탕의 보상 가치는 두 그룹 모두에서 감소했다. 그 후 두 그룹의 쥐들은 소멸 훈련을 받았다. 애덤스는 평가절하의 효과가 과하게 훈련받지 않은 그룹의 쥐들에 비해 과하게 훈련받은 그룹의 쥐들에게서 더 적게 나타나는지 확인하고 싶었다. 이것이 확인된다면 더 많은 훈련이 결과의 평가절하에 덜 민감하게 만든다는 증거가 될 것이었다. 실험 결과, 평가절하가 과하게 훈련받지 않은 쥐들이 레버를 누르는 횟수를 많이 감소시킨다는 사실이 드러났다. 반대로, 과하게 훈련받은 쥐들의 경우 평가절하는 레버를 누르는 행동에 거의 영향을 주지 않았다. 사실, 영향을 주었다 하더라도 그것은 레버를 더욱 활발하게 누르도록 했다(전체 실험에는 서로 다른 훈련 양이 그 자체만으로는 레버를 누르는 횟수에 영향을 미치지 않는다는 것을 보여주는 대조군이 포함되어 있었다). 이러한 결과는 과하게 훈련받지 않은 쥐들이 그들의 행동 결과에 대한 정보에 민감하게 반응하여 목표 지향적인 방식으로 행동하는 반면, 과하게 훈련받은 쥐들은 레버를 누르는 습관을 길렀음을 나타낸다.

이러한 실험 결과 및 이와 유사한 결과들을 수치 계산적인 관점에서 보면, 어떤 상황에서는 동물이 습관적으로 행동할 것이라고 기대하고 또 다른 상황에서는 목표 지향적으로 행동할 것이라고 기대하는 이유에 대한 통찰을 얻을 수 있다. 그리고 학습이 진행됨에 따라 행동의 방식을 변경하는 이유에 대한 통찰도 얻을 수 있다. 동물들이 이 책에 제시된 알고리즘과 정확히 일치하는 알고리즘을 사용하지 않는다는 것은 의심의 여지가 없지만, 다양한 강화학습 알고리즘이 암시하는 상충 관계tradeoff를 고려함으로써 동물 행동에 대한 통찰을 얻을 수 있다. 계산신경과학자 다우, 니브, 다얀(Daw, Niv, and Dayan, 2005)이 발전시킨 개념은 동물이 모델 없는 과정과 모델 기반 과정을 모두 사용한다는 것이다. 각 과정은 행동을 제안하는데, 그중 실행하기로 선택한 행동은 학습 과정에서 계산되는 신뢰 지표에 따라 둘 중 더 믿을 만한 가치가 있다고 결정된 과정이 제안하는 행동이라는 것이다. 학습 초기에는 모델 기반 시스템의 계획 과정이 더 믿을 만하다. 왜냐하면 이것은 모델 없는 과정의 장기 예측보다 더 적은 경험으로도 정확하게 수행할 수 있는 단기 예측들을 함께 연결하기 때문이다. 하지만 계속된 경험이 쌓이면, 모델 없는 과정이 더 믿을 만한 것이 된다. 모델의 부정확성과 다양한 형태의 '트리 가지치기tree-pruning'처럼 계획을 실현 가능하게 만드는 데 있어서 필요한 지름길로 인해 계획에 실수가 발생하기 쉽기 때문이다. 여기서 트리 가지치기란 유망하지 않은 탐색 트리 가지를 제거하는 것을 의미한다. 이러한 개념에 따르면 경험이 쌓일수록 목표 지향적 행동으로부터 습관적 행동으로 이동하리라는 기대를 하게 될 것이다. 동물이 목표 지향적 행동과 습관적 행동 사이에서 균형을 잡는 방법에 대한 그 밖의 개념들도 제안되어 왔다. 그리고 이 문제 및 이와 관련된 문제에 대한 행동주의 연구와 신경과학 연구가 계속해서 진행되고 있다.

모델 없는 알고리즘과 모델 기반 알고리즘을 구별하는 것은 이러한 연구에 있어 도움이 된다는 사실이 증명되었다. 이 두 가지 유형의 알고리즘에 대한 기본적인 장점과 단점을 드러내는 관념적인 설정 속에서 이 두 유형의 알고리즘이 수치 계산 측면에서 암시하는 점들을 알아볼 수도 있다. 이것은 습관적 행동 제어와 목표 지향적 행동 제어에 대한 심리학자들의 이해를 증진하는 데 필요한 실험 설계를 유도하는 질문들을 제기하고 이러한 질문을 예리하게 만드는 데 도움이 된다.

14.7 요약

이 장의 목표는 강화학습과 심리학에서의 동물학습에 대한 실험적 연구 사이의 연관성을 논의하는 것이었다. 이 책에서 설명하는 강화학습이 동물 행동의 세부 사항들을 모델링하려는 목적으로 의도된 것이 아님을 이 장의 처음부터 강조했다. 강화학습은 이상적인 환경을 인공지능 및 공학의 관점에서 탐구하는 관념적인 구조. 하지만 많은 기본적인 강화학습 알고리즘은 심리학이론에 영감을 받았고, 어떤 경우에는 이러한 강화학습 알고리즘이 새로운 동물학습 모델을 만드는 데 기여하기도 했다. 이 장은 이러한 연관성을 가장 뚜렷하게 설명했다.

예측 알고리즘과 제어 알고리즘으로 강화학습을 구별하는 것은 동물학습 이론에서 고전적 조건화 또는 파블로프의 조건화와 도구적 조건화를 구별하는 것에 대응된다. 도구적 조건화 실험과 고전적 조건화 실험의 핵심적인 차이는 전자에서는 강화 자극이 동물 행동에 따라 정해지는 반면, 후자에서는 그렇지 않다는 점이다. TD 알고리즘을 통해 예측을 학습하는 것은 고전적 조건화에 해당하기 때문에 **고전적 조건화의 TD 모델**을 강화학습 원리가 동물학습 행동의 몇 가지 세부 사항을 설명하는 하나의 예로서 설명했다. 이 모델은 개별적인 조건화 시도 안에서 발생하는 사건이 학습에 영향을 미치는 시간 차원을 포함시킴으로써 영향력 있는 레스콜라-바그너 모델을 일반화한다. 이 모델은 강화 자극의 예측자가 강화 그 자체가 되는 2차 조건화에 관해 설명하기도 한다. 또한, 이 모델은 뇌 속의 도파민 뉴런 활동에 대한 영향력 있는 관점의 근간이 되기도 한다. 뇌 속 도파민 뉴런의 활동에 대해서는 15장에서 다룰 것이다.

시행착오에 의한 학습은 강화학습이 갖는 제어 측면의 근간을 이루는 것이다. 손다이크가 고양이 및 다른 동물들을 이용하여 수행한 실험을 통해 **효과의 법칙**을 도출한 것에 관한 몇 가지 세부 사항들을 이 장에서 제시했다. 이 효과의 법칙은 1장(19쪽)에서도 설명한 적이 있다. 강화학습에서 탐험이 '맹목적 분류blind grouping'에만 국한될 필요는 없다는 점을 지적했었다. 탐험을 조금이라도 수행한다면 원래부터 주어져 있거나 사전에 학습된 정보를 이용한 정교한 방법으로 탐험을 시도할 수 있다. 스키너B. F. Skinner가 **성형**이라고 불렀던 훈련 방법을 논의했는데, 이 방법에서는 동물이 성공적으로 목표 행동을 근사하도록 훈련시키기 위해 보상의 연관성이 계속해서 변경되었다. 성형이 동물 훈련에서만 필수적인 것은 아니다. 성형은 강화학습 학습자를 훈련시키기 위한 효과적인 도구이기도 하다. 성형은 동물이 무엇에 접근하고 무엇을 피하며 어떤 사건이 보상을 주는 사건이고 어떤 사건이 벌을 내리는 사건인지에 영향을 주는 동물의 동기적 상태 motivational state라는 개념과도 연결되어 있다.

이 책에서 제시하는 강화학습 알고리즘은 지연된 강화라는 문제를 다루기 위한 두 가지 기본적인 메커니즘을 포함한다. 하나는 적격 흔적이고, 다른 하나는 TD 알고리즘을 통해 학습되는 가치 함수다. 두 메커니즘 모두 동물학습에 대한 이론에서 먼저 등장했다. 적격 흔적은 초기 이론에 나오는 자극 흔적과 유사하고, 가치 함수는 거의 즉각적인 평가 피드백을 제공한다는 점에서 2차 강화의 역할에 해당한다.

이 장에서 다음으로 다룬 연관성은 강화학습의 환경 모델과 심리학자들이 **인지 지도**라고 부르는 것 사이의 연관성이다. 20세기 중반에 수행된 실험들은 동물이 상태-행동 연관성에 대한 대안으로 또는 상태-행동 연관성을 보완하는 것으로서 인지 지도를 학습하고 나중에 이 인지 지도를 이용하여, 특히 환경이 예상치 못하게 바뀌었을 때 행동을 유도하는 능력을 증명했다고 주장했다. 강화학습의 환경 모델은 보상 신호에 의존하지 않고 지도학습 방법으로 학습할 수 있고, 나중에 행동을 계획하는 데 활용될 수 있다는 점에서 인지 지도와 유사하다.

강화학습에서 **모델 없는** 알고리즘과 **모델 기반** 알고리즘을 구분하는 것은 심리학에서 **습관적** 행동과 **목표 지향적** 행동을 구분하는 것에 상응한다. 모델 없는 알고리즘은 정책에 저장되어 있던 정보나 행동 가치 함수를 평가함으로써 결정을 내린다. 반면에, 모델 기반 방법은 학습자의 환경 모델을 이용하여 사전에 계획의 결과로서 행동을 선택한다. 결과 평가절하 실험은 동물의 행동이 습관적인지 아니면 목표 지향적 통제하에 있는지의 여부에 대한 정보를 제공한다. 강화학습 이론은 이러한 이슈를 좀 더 명확하게 판단할 수 있도록 도와준다.

동물학습은 확실히 강화학습에 영향을 주지만, 기계학습의 한 종류로서 강화학습은 단순히 동물 행동의 세부 사항들을 따라 하거나 설명하는 것이 아니라 효과적인 학습 알고리즘을 설계하고 이해하는 방향을 지향한다. 이 책에서는 예측 문제와 제어 문제를 풀기 위한 방법과 동물학습의 여러 측면들을 연관 짓는 확실한 방식에 초점을 두었다. 그 과정에서 동물학습 연구자들의 관심을 지배했던 동물 행동의 많은 세부 사항과 논란거리들을 깊이 있게 다루지 않고도 강화학습과 심리학 사이를 양방향으로 오가는 풍부한 생각의 흐름을 강조했다. 강화학습 이론과 알고리즘의 앞으로의 발전 방향은 동물학습의 다양한 특징에 대한 수치 계산적 효용성을 더 잘 이해하게 됨에 따라 이러한 특징과 강화학습 사이의 연관성을 더욱 잘 활용하는 방향이 될 것이다. 강화학습과 심리학 사이에 오가는 생각의 흐름들이 계속 발전하여 서로의 장점을 누릴 수 있게 되기를 기대한다.

강화학습과 심리학 및 행동 과학 분야 사이의 많은 연결 고리는 이 장에서 다루는 내용의 범위를 벗어난다. 결정을 내리는 과정에 작용하는 심리학과의 연관성에 대해서는 많은 논의를 생략했다. 이러한 논의는 학습이 이루어진 '후에' 어떻게 행동이 선택되고 결정이 내려지는지에 초점을 맞춘다. 생태학자 및 행동주의 생태학자들이 연구하는 행동의 생태학적이고 진화적인 측면과의 연관성에 대한 논의도 하지 않았다. 이것은 동물이 어떻게 서로 간에 그리고 주변의 물리적 환경과 영향을 주고받는지에 대한 논의이고, 동물의 행동이 어떻게 진화적 적합성에 기여하는지에 대한 논의다. 최적화, MDP, 동적 프로그래밍이 이러한 분야에서 상당히 중요하고, 동적 환경과 학습자의 상호작용을 강조하는 것은 복잡한 '생태계'에서 학습자의 행동에 대한 연구와 연관된다. 이 책에서 다루지 않는 다수 학습자 강화학습은 행동의 사회적 측면과 연관된다. 여기서 다루지는 않았지만, 강화학습이 결코 진화적 관점을 등한시하는 것으로 해석되어서는 안된다. 강화학습과 관련된 어떤 것도 학습과 행동에 관하여 백지 상태의 tabula rasa 관점을 나타내지는 않는다. 진정으로, 공학적 적용 사례를 통한 경험이 강화학습 시스템에 대한 지식을 구축하는 것의 중요성을 강조하는 역할을 해왔다. 강화학습 시스템에 대한 지식은 진화를 통해 동물들이 얻게 되는 무언가와 유사한 것이다.

참고문헌 및 역사적 사실

루드비그, 벨레마레, 피어슨(Ludwig, Bellemare, and Pearson, 2011)과 샤(Shah, 2012)는 심리학과 신경과학의 문맥으로 강화학습을 설명한다. 이 논문들은 이 장과 더불어 이후의 강화학습 및 신경과학 관련 장들과 함께 읽기에 좋다.

14.1 다얀, 니브, 시모어, 다우(Dayan, Niv, Seymour, and Daw, 2006)는 고전적 조건화와 도구적 조건화 사이의 상호작용에 초점을 맞추었다. 특히, 고전적 조건화를 통해 조건화된 반응과 도구적 반응이 충돌하는 경우에 초점을 맞추었다. 그들은 이러한 상호작용의 측면들을 모델링하기 위한 Q 학습의 구조를 제안했다. 모다일과 서튼(Modayil and Sutton, 2014)은 이동 로봇을 이용하여 고정된 반응을 온라인 예측 학습과 결합하는 제어 방법의 효과성을 증명했다. 이것을 **파블로프 제어** Pavlovian control라고 부르면서, 그들은 이것이 보상의 최대화에 기반을 두는 것이 아니라 고정된 반응을 예측해서 실행하는 것에 기반을 두고 있기 때문에 보통의 강화학습 제어 방법과는 다르다는 점을 강조했다.

로스(Ross, 1933)의 전기기계 장치와 특히 월터의 거북이Walter's turtle(월터, 1951)에 대한 학습 버전은 파블로프 제어를 다룬 매우 초기의 연구들이다.

14.2.1 카민(Kamin, 1968)은 처음으로 차단에 대해 발표했는데, 지금 이것은 고전적 조건화에서의 카민 차단으로 알려져 있다. 무어와 슈마주크(Moore and Schmajuk, 2008)는 차단 현상 및 차단 현상이 촉발한 연구, 그리고 차단 현상이 동물학습 이론에 미치는 지속적인 영향을 훌륭하게 설명했다. 기브스, 쿨, 랜드, 케호, 고르메자노(Gibbs, Cool, Land, Kehoe, and Gormezano, 1991)는 토끼의 순막 반응에 대한 2차 조건화 및 그것이 순차적 복합 자극을 이용한 조건화와 갖는 관계를 설명했다. 핀치와 쿨러(Finch and Culler, 1934)는 '동물의 동기가 다양한 명령을 통해 유지되는 상황에서' 개가 앞다리를 감아올리는 행동에 대해 5차 조건화를 획득한 것을 발표했다.

14.2.2 레스콜라-바그너 모델에 내재된 개념으로서 동물이 놀랄 때 학습이 이루어진다는 개념은 카민(1969)에서 유래된 것이다. 레스콜라와 바그너 이외의 고전적 조건화 모델에는 클로프(1988), 그로스버그(Grossberg, 1975), 매킨토시(Mackintosh, 1975), 무어와 스티크니(Moore and Stickney, 1980), 피어스와 홀(Pearce and Hall, 1980), 쿠르빌, 다우, 투레츠키(Courville, Daw, and Touretzky, 2006)의 모델이 포함된다. 슈마주크(2008)는 고전적 조건화에 대한 모델을 정리했다. 바그너(2008)는 레스콜라-바그너 모델 및 이와 유사한 기본적 학습 이론에 대한 현대의 심리학적 관점을 제공한다.

14.2.3 고전적 조건화에 대한 TD 모델의 초기 버전은 서튼과 바르토(1981a)에 등장한다. 이 논문에는 시간적 우선순위가 차단보다 더 중요하다는 초기 모델의 예측이 포함되어 있다. 나중에 케호, 슈로이어스, 그레이엄(1987)은 이러한 사실이 토끼 순막 준비에서 발생한다는 사실을 보여주었다. 서튼과 바르토(1981a)는 레스콜라-바그너 모델과 최소 평균 제곱LMS 또는 위드로-호프 학습 규칙(위드로와 호프, 1960)이 거의 일치한다는 사실을 최초로 밝혔다. 이러한 초기 모델은 서튼이 개발한 TD 알고리즘(서튼, 1984, 1988)이 나온 이후에 변경되었고, TD 모델로서는 서튼과 바르토(1987)에서 처음으로 제시되었으며, 이 절에 제시한 내용의 많은 부분을 제공한 서튼과 바르토(1990)에서 더욱 완벽해졌다. TD 모델에 대한 추가적인 연구 및 TD 모델을 신경과학 분야에서 적용하는 것의 가능성에 대한 연구는 무어와 그의 동료들에 의해 수행되었다(무어, 데스몬드, 베르시에, 블라지스, 서튼, 바르토Moore, Desmond, Berthier, Blazis, Sutton, and Barto, 1986; 무어와 블라지스, 1989; 무어, 최, 브룬젤Moore, Choi, and Brunzell, 1998; 무어, 마크스, 카스타그나, 폴완Moore, Marks, Castagna, and Polewan, 2001). 고전적 조건화에 대한 클로프(1988)의 충동 강화drive-reinforcement 이론은 TD 모델을 확장하여 획득 곡선acquisition curves의 S 모양 같은

실험적 세부 사항들을 추가로 다룬다. 이 논문들 중 일부에서는 TD가 시간차Temporal Difference가 아닌 시간에 대한 미분Time Derivative을 의미하는 것으로 사용되었다.

14.2.4 루드비그, 서튼, 케호(2012)는 이전에 연구된 고전적 조건화를 포함하는 문제에서 TD 모델의 성능을 평가하고 그들이 이미 소개했던 미세자극 표현(루드비그, 서튼, 케호, 2008)을 포함하여 다양한 자극 표현이 미치는 영향을 연구했다. 다양한 자극 표현과 그것들의 다양한 신경과학적 적용 가능성이 반응 시각 및 TD 모델 맥락에서의 지형topography에 미치는 영향에 대한 초기 연구는 위에 인용한 무어와 동료들이 수행했다. TD 모델의 맥락으로는 아니지만, 루드비그 외(2012)의 미세자극 표현 같은 표현들이 그로스버그와 슈마주크(1989), 브라운, 불럭, 그로스버그(Brown, Bullock, and Grossberg, 1999), 부후시와 슈마주크(Buhusi and Shumajuk, 1999), 마차도(Machado, 1997)에 의해 제안되었다. 427~430쪽의 그림들은 서튼과 바르토(1990)에서 차용했다.

14.3 1.7절에서는 시행착오 학습과 효과의 법칙에 대한 역사를 언급했다. 손다이크의 고양이가 본능적 충동에 따라 순서 없이 행동을 선택하지 않고 맥락이 분명한 본능적인 행동 순서에 따라 탐험을 할 수도 있다는 생각은 피터 다얀Peter Dayan이 (개인적 교류를 통해) 제안했다. 셀프리지, 서튼, 바르토(Selfridge, Sutton, and Barto, 1985)는 막대 균형 잡기 강화학습 문제에 있어서 성형의 효과성을 설명했다. 강화학습에서의 성형에 대한 다른 예제는 굴라팔리와 바르토(Gullapalli and Barto, 1992), 마하데반과 코넬(Mahadevan and Connell, 1992), 마타릭(Mataric, 1994), 도리고와 콜롬베테(Dorigo and Colombette, 1994), 사크시다, 레이먼드, 투레츠키(Saksida, Raymond, and Touretzky 1997), 랜돌프와 알스트롬(Randløv and Alstrøm, 1998)이 제시했다. 응(Ng, 2003)과 응, 하라다, 러셀(Ng, Harada, and Russell, 1999)은 성형이라는 용어를 스키너가 사용한 것과는 조금 다른 의미로 사용했다. 그들은 최적 정책의 집합을 변화시키지 않고 보상 신호를 변경할 수 있는 방법을 찾는 문제에 초점을 맞추었다.

디킨슨과 발레인(Dickinson and Balleine, 2002)은 학습과 동기 간 상호작용의 복잡성을 논의했다. 와이즈(Wise, 2004)는 강화학습 및 강화학습과 동기 사이의 관계에 대한 전반적인 내용을 다루었다. 다우와 쇼하미(Daw and Shohamy, 2008)는 동기와 학습을 강화학습 이론의 측면들과 연관 지었다. 이와 관련하여 맥클루어, 다우, 몬터규(McClure, Daw, and Montague, 2003), 니브, 조엘, 다얀(Niv, Joel, and Dayan, 2006), 랭걸, 캐머러, 몬터규(Rangel, Camerer, and Montague, 2008), 다얀과 베리지(Dayan and Berridge, 2014)도 참고하라. 맥클루어 외(2003), 니브, 다우, 다얀(2006), 니브, 다우, 조엘, 다얀(2007)은 강화학습 구조와 관련된 행동의 활력에 대한 이론을 제시했다.

14.4 예일 대학교에 있는 헐의 학생이자 공동 연구자였던 스펜스Spence는 지연된 강화의 문제를 다루는 데 있어 고차 강화의 역할을 상세히 설명했다(스펜스, 1947). 몇 시간가량 지연된 강화를 이용한 미각 혐오taste-aversion 조건화에서처럼 아주 오랫동안 지연된 강화를 이용한 학습은 감퇴 흔적 이론의 대안으로서 간섭 이론을 초래했다(예 리부스키와 가르시아Revusky and Garcia, 1970; 보크스와 코스타Boakes and Costa, 2014). 지연된 강화가 존재할 경우의 학습에 대한 다른 관점은 의식과 작업 메모리를 위한 역할에 대해 언급했다(예 클라크와 스콰이어Clark and Squire, 1998; 서, 바라클라우프, 리Seo, Barraclough, and Lee, 2007).

14.5 디스틀레스웨이트(Thistlethwaite, 1951)는 잠재적 학습 실험이 처음 발표된 시점부터 수행된 잠재적 학습 실험에 대한 방대한 연구 내용을 조사했다. 융(Ljung, 1998)은 모델학습 또는 시스템 식별 및 공학에서의 기법에 대한 전반적인 관점을 제공했다. 고프니크, 글리모어, 소벨, 슐츠, 쿠쉬니르, 당크스(Gopnik, Glymour, Sobel, Schulz, Kushnir, and Danks, 2004)는 아이들이 모델을 학습하는 방법에 대한 베이지안 이론을 제시했다.

14.6 습관적 행동과 목표 지향적 행동 사이의 연결 고리 및 모델 없는 강화학습과 모델 기반 강화학습 사이의 연결 고리는 다우, 니브, 다얀(2005)이 처음으로 제안했다. 습관적 행동 제어와 목표 지향적 행동 제어를 설명하기 위해 사용한 가상의 미로 문제는 니브, 조엘, 다얀(2006)이 설명한 내용에 기반을 두고 있다. 돌란과 다얀(Dolan and Dayan, 2013)은 이 이슈와 관련하여 4세대에 걸쳐 수행된 실험적 연구를 조사하고, 강화학습에서 모델 없는/모델 기반으로 구분하는 것을 기초로 하여 이것을 어떻게 발전시킬 수 있는지를 논의했다. 디킨슨(1980, 1985) 및 디킨슨과 발레인(2002)은 이러한 구분과 관련된 실험적 증거에 대해 논의했다. 도나호에와 부르고스(Donahoe and Burgos, 2000)는 모델 없는 과정으로 결과 평가절하 실험의 결과를 설명할 수 있다는 색다른 주장을 펼쳤다. 다얀과 베리지(2014)는 고전적 조건화가 모델 기반 과정을 포함한다고 주장했다. 랭걸, 캐머러, 몬터규(2008)는 습관적 행동 제어, 목표 지향적 행동 제어, 파블로프 행동 제어를 포함하는 많은 주요 이슈를 조사했다.

용어 설명 — 심리학에서 **강화**reinforcement라는 용어의 전통적 의미는 다른 자극이나 반응과의 적절한 시간 관계 속에서 동물이 자극을 받은(또는 자극의 생략을 경험한) 결과로서 (행동의 강도 또는 빈도를 증가시킴으로써) 행동의 패턴을 강화strengthening하는 것이다. 강화 과정은 미래 행동에 남아 있게 될 변화를 만들어 낸다. 심리학에서는 강화라는 용어가 가끔은 지속되는 행동의 변화를 지속적으로 만드는 과정을 나타내기도 한다(매킨토시, 1983). 이때 강화가 행동의 패턴을 강화할 수도 있고 약화시킬 수도 있다. 강화라는 용어를 강화 작용뿐만 아니라 약화시키는 작용을 나타내는 것으로도 사용한다면, 일상에서 사용하는 강화라는 의미나 심리학에서 사용하는 전통적 의미와는 잘 맞지 않을 것이다. 하지만 이처럼 강화라는 용어의 의미를 확장해서 사용하면 유용하고, 이 책에서도 확장적 의미로 강화라는 용어를 사용했다. 어떤 경우든지, 행동 변화를 유발하는 원인으로 생각되는 자극을 **강화자**reinforcer라고 부른다.

심리학자들은 일반적으로 이 책에서 사용하는 것처럼 **강화학습**이라는 분명한 구문을 사용하지 않는다. 동물학습의 선구자들은 아마도 강화와 학습을 동의어로 간주했기 때문에 두 용어를 혼용하여 사용했을 것이다. 강화학습이라는 구문을 사용하게 된 것은 컴퓨터와 공학 분야에서 이 구문을 사용한 이후부터인데, 여기에는 민스키(1961)가 지대한 영향을 미쳤다. 하지만 이 구문은 최근에 심리학과 신경과학에서 많이 사용되고 있다. 이것은 아마도 표면적으로 강화학습 알고리즘과 동물학습이 많이 유사하기 때문일 것이다. 이러한 유사성은 이 장에서 설명했고 다음 장에서도 설명할 것이다.

일반적인 용례에 따르면, **보상**reward은 동물이 도달하거나 얻고자 하는 대상이나 사건을 나타낸다. 동물에게 주어지는 보상은 동물이 '좋은' 행동을 했을 때 주어지거나, 동물이 '더 좋은' 행동을 하도록 만들기 위해 주어진다. 이와 비슷하게, **처벌**penalty은 동물이 보통 피하려고 하는 대상이나 사건으로 보통은 동물의 행동을 교정하기 위해 동물이 행한 '나쁜' 행동의 결과로서 주어진다. **주요 보상**primary reward은 동물의 생존 및 번식 확률을 향상시키기 위한 진화의 산물로서 동물의 신경 시스템에 구축되는 자동 장치machinery에 따른 보상이다. 다시 말해, 영양가 높은 음식의 맛, 성적 접촉, 성공적 탈출, 동물의 번식 역사 속에서 성공적인 번식을 예측했던 다른 많은 자극과 사건들에 의해 만들어지는 보상이다. 14.2.1절에서 설명했듯이, **고차 보상**higher-order reward은 주요 보상을 예측하는 자극에 의해 직접적으로 전달되거나, 주요 보상을 예측하는 다른 자극을 예측함으로써 간접적으로 전달되는 보상이다. 보상의 수준이 주요 보상을 직접 예측한 결과와 같다면 이 보상은 **2차 보상**이다.

이 책에서는 R_t를 '시각 t에서의 보상 신호'로 부르거나 때로는 단지 '시각 t에서의 보상'으로 부르지만, R_t를 학습자의 환경에 속하는 대상이나 사건으로 생각하지는 않는다. R_t가 대상이나 사건이 아니라 숫자이기 때문에 이것은 신경과학에서의 보상 신호와 더 유사하다. 신경과학에서 보상 신호는 어떤 결정을 내리고 무언가를 학습하는 데 영향을 주는 신경 세포의 활동과 같은 뇌 안의 신호다. 이 신호는 동물이 어떤 매력적인(또는 혐오스러운) 대상을 인식했을 때 촉발되는 신호일 수도 있지만, 동물의 외적 환경에 물리적으로 존재하지 않는 기억, 생각, 환각 같은 것으로부터 촉발되는 신호일 수도 있다. 이 책에서 사용하는 R_t는 양수, 음수, 또는 0이기 때문에, 음의 R_t를 처벌이라고 부르고, 0의 R_t를 중립적 신호라고 부르는 편이 더 좋을 수도 있지만, 단순함을 위해 일반적으로 이러한 용어는 사용하지 않겠다.

강화학습에서는 모든 R_t를 생성하는 과정이 학습자가 풀려고 하는 문제를 정의한다. 학습자의 목적은 R_t의 크기를 전 기간에 걸쳐 가능한 한 크게 유지하는 것이다. 이러한 측면에서, 동물이 당면한 문제를 동물의 일생 동안 가능한 한 많은 주요 보상을 얻는(그리하여, 다가오는 진화의 '지혜'를 통해 미래 세대에게 자신의 유전자를 전달하는 실제적인 문제를 해결할 확률을 높이는) 문제로 생각한다면 동물에게 있어서 R_t는 주요 보상과 유사하다. 하지만 (15장에서 논의하겠지만) 동물의 뇌 안에는 R_t 같은 단일 '마스터master' 보상 신호가 있을 것 같지는 않다.

모든 강화자가 보상이나 처벌은 아니다. 가끔은 강화라는 것이 동물의 행동에 좋거나 나쁘다는 표시를 함으로써 행동을 평가하는 자극이 동물에게 가해진 결과가 아닐 수도 있다. 행동 패턴은 동물이 어떻게 행동하는지에 상관없이 동물에게 도달하는 자극에 의해 강화될 수가 있다. 14.1절에서 설명했듯이, 강화자가 전달되는 것이 이전 행동에 영향을 받는지 여부에 따라 도구적 또는 자발적 조건화 실험과 고전적 또는 파블로프 조건화 실험의 차이가 정의된다. 강화는 두 가지 조건화 실험 모두에 작용하지만, 오직 도구적 또는 자발적 조건화 실험에서만 이전 행동을 평가하는 피드백이 강화에 영향을 준다(하지만 고전적 조건화 실험에서 강화 US가 대상의 이전 행동에 영향을 받지 않더라도, 그것의 강화 가치는 이전 행동에 영향을 받을 수 있다는 점이 일반적으로 지적되었다. 눈을 감고 있으면 눈에 가해지는 공기의 압력이 덜 불쾌한 것이 한 예다).

보상 신호와 강화 신호를 구별하는 것은 다음 장에서 이 신호와 신경과의 연관성을 논의할 때 중요한 지점이 된다. 보상 신호와 마찬가지로, 특정 시각에서의 강화 신호는 양의 값 또는 음의 값, 또는 0의 값을 갖는다. 강화 신호는 학습자의 정책, 가치 추정값, 또는 환경 모델 측면에서 학습 알고리즘이 만들어 내는 변화의 방향을 바꿀 수 있는 주요 요소다. 어떤 시각에서의 강화 신호를 어떤 학습 알고리즘에서 파라미터 갱신을 결정하는 벡터에 (어쩌면 몇 가지 상수와 함께) 곱해지는 숫자라고 정의하는 것이 가장 합당하게 받아들여지는 정의다.

몇 가지 알고리즘의 경우에는 보상 신호가 파라미터 갱신 방정식에서 유일하게 중요한 배수 multiplier가 된다. 이러한 알고리즘에 대해 강화 신호는 보상 신호와 같다. 하지만 이 책에서 논의한 대부분의 알고리즘의 경우에, 강화 신호는 보상 신호 이외에도 추가적인 항들을 포함한다. 예를 들면, TD 오차 $\delta_t = R_{t+1} + \gamma V(S_{t+1}) - V(S_t)$는 TD 상태 가치 학습을 위한 강화 신호다(행동 가치 학습을 위한 TD 오차도 이와 유사하다). 이러한 강화 신호에서 R_{t+1}은 **주요 강화**primary reinforcement에 기여하고, 예측 가치의 시간차 $\gamma V(S_{t+1}) - V(S_t)$(또는 행동 가치에 대한 이와 유사한 시간차)는 **조건 강화**conditioned reinforcement에 기여한다. 따라서 $\gamma V(S_{t+1}) - V(S_t) = 0$일 때마다 δ_t는 '순수한' 주요 강화를 나타내고, $R_{t+1} = 0$일 때마다 δ_t는 '순수한' 조건 강화를 나타낸다. 하지만 보통 δ_t는 이 둘을 혼합한 것을 나타낸다. 6.1절에서 언급했듯이, 이 δ_t는 $t + 1$ 시각이 될 때까지 이용할 수 없다. 따라서 δ_t를 $t + 1$ 시각에서의 강화 신호로 생각할 것이다. δ_t가 한 단계 이른 시간 단계 t에서 수행되는 예측과 행동을 강화하기 때문에 이렇게 생각하는 것은 적합하다.

한 가지 혼란을 가져올 수 있는 것은 유명한 심리학자 스키너B. F. Skinner와 그의 동료들이 사용한 용어다. 스키너에게, 양의 강화는 동물 행동의 결과가 그 행동의 빈도수를 증가시킬 때 발생하는 것이었다. 처벌은 행동의 결과가 그 행동의 빈도수를 감소시킬 때 발생한다. 양의 강화는 행동이 불쾌한 자극(즉, 동물이 싫어하는 자극)의 제거로 이어져서 그 행동의 빈도수가 증가할 때 발생한다. 반면에 음의 강화는 행동이 욕구를 충족시키는 자극(즉, 동물이 좋아하는 자극)의 제거로 이어져서 그 행동의 빈도수가 감소할 때 발생한다. 이 책에서의 접근법이 이보다 더 추상적이기 때문에 이와 같은 구별이 반드시 필요한 것은 아니다. 이 책에서는 보상 신호와 강화 신호가 모두 양의 값과 음의 값을 가질 수 있다(하지만 강화 신호가 음수일 경우 그것은 스키너가 말하는 음의 보상과 같은 것이 아니란 사실을 특히 알아두어야 한다).

반면에, 단일 숫자를 그 값의 부호에 따라 보상 또는 처벌 신호로 사용하는 것은 동물의 욕구 및 혐오 시스템이 정성적으로 서로 다른 특성을 갖고 있으며 뇌의 서로 다른 메커니즘을 포함한다는 사실과 부합하지 않는다. 이것은 강화학습 구조가 앞으로는 욕구 시스템과 혐오 시스템 각각에 대해 계산상의 이점을 활용하도록 개발될 수도 있다는 방향성을 제시해 주는 것이지만, 지금으로서는 이러한 가능성은 다루지 않을 것이다.

용어에 있어서 또 다른 불일치는 **행동**action이라는 단어를 사용하는 경우에 발생한다. 행동이란 행동과 그 행동이 초래한 결과 사이의 관계에 대해 동물이 갖고 있는 정보가 만들어 낸 결과라는 의미에서 많은 인지 과학자에게 행동은 목적의식에 따라 이루어지는 것이다. 반사 작용 또는 습관의 결과이자 자극에 의해 촉발되는 반응과는 반대로, 행동은 목표 지향적이고 결정을 내린 것에 대한 결과다. 이 책에서는 다른 사람들이 행동, 결정, 반응이라고 부르는 것과 구별하지 않은 채로 행동이라는 단어를 사용하고 있다. 이들을 구별하는 것은 중요하지만, 이 모두는 모델 없는 강화학습 알고리즘과 모델 기반 강화학습 알고리즘의 차이에 의해 구별되고 있다. 이에 대해서는 14.6절에서 습관적 행동 및 목표 지향적 행동과 관련하여 논의한 바 있다. 디킨슨(1985)은 반응과 행동의 구별에 대해 논의했다.

이 책에서 많이 사용되는 용어는 **제어**라는 용어다. 이 책에서 제어라는 용어가 의미하는 바는 동물학습 심리학에서의 의미와 완전히 다르다. 이 책에서 제어는 학습자가 환경에 영향을 미쳐서 학습자가 선호하는 상태 또는 사건을 발생시키는 것을 의미한다. 즉, 학습자가 자신의 환경에 제어를 가한다. 이것은 제어 공학자들이 사용하는 제어의 의미다. 반면에, 심리학에서 제어는 일반적으로 동물의 행동이 동물이 받는 자극(자극 제어)이나 동물이 경험하는 강화 계획에 의해 영향을 받는다는(제어된다는) 의미다. 여기서는 환경이 학습자를 제어한다. 이러한 의미에서 제어는 행동 치료 요법의 근간을 이룬다. 물론, 이 두 가지 제어 방향 모두 학습자가 환경과 상호작용할 때 작용하는 과정이지만, 이 책에서는 환경이 제어자controller가 되는 것이 아니라 학습자가 제어자가 된다. 이 책에서의 제어 관점과 동일한, 어쩌면 좀 더 분명한 관점은 학습자가 실제로 환경으로부터 받은 입력을 제어하고 있다고 보는 것이다(파워스Powers, 1973). 이것은 심리학자들이 말하는 자극 제어가 의미하는 것은 아니다.

때로는 강화학습이 가치 함수 또는 환경 모델을 고려하지 않고 보상(그리고 처벌)으로부터 직접적으로 정책을 학습하는 것만을 나타낸다고 이해되기도 한다. 이것은 심리학자들이 자극-반응, 또는 S-R 학습이라고 부르는 것이다. 하지만 필자를 비롯한 오늘날의 심리학자들에게 강화학습은 S-R 학습 이외에도 가치 함수, 환경 모델, 계획을 포함하는 방법 및 정신 기능의 좀 더 인지적 측면에 속한다고 일반적으로 생각되는 다른 과정을 모두 포함하는 방법들을 포괄하는 훨씬 넓은 범위를 차지한다.

신경과학은 신경 시스템에 대한 종합적인 학문 분야다. 신경과학에서는 신경 시스템이 몸의 기능을 통제하고 행동을 제어하는 방법, 개발, 학습, 노화의 결과로 생기는 시간에 따른 변화, 세포 및 분자의 메커니즘이 이러한 기능을 가능하게 만드는 방법 등을 다룬다. 강화학습의 가장 흥미로운 측면 중 하나는 인간과 그 밖의 많은 동물들의 신경 시스템이 강화학습 알고리즘과 놀랍도록 유사한 알고리즘을 적용하고 있다는 증거가 신경과학 분야에서 계속 늘어나고 있다는 점이다. 이러한 유사성과 이것이 보상과 관련된 동물학습의 신경과학적 기초에 관해 무엇을 제시하는지를 설명하는 것이 이 장의 주요 목적이다.

강화학습과 신경과학이 접하고 있는 가장 뚜렷한 지점에는 포유류의 뇌 안에서 일어나는 보상 과정에 깊게 관여하는 화학물질인 도파민이 있다. 도파민은 학습 및 의사결정을 수행하는 뇌의 구조에 시간차Temporal-Difference, TD 오차를 전달하는 것처럼 보인다. 이러한 유사성은 도파민 신경 세포 활동의 **보상 예측 오차 가설**reward prediction error hypothesis of dopamine neuron activity이라는 이름으로 불린다. 이 가설은 수치 계산적 강화학습의 수렴성과 신경과학 실험의 결과로부터 만들어진 가설이다. 이 장에서는 이 가설 및 이 가설에 이르게 된 신경과학적 발견에 대해 논의하고, 이것이 뇌의 보상 시스템을 이해하는 데 중요한 기여를 하는 이유를 설명할 것이다. 이 도파민/TD 오차의 유사성만큼 놀랍지는 않지만 동물의 보상 기반 학습에 대해 생각하는 데 있어 유용한 개념적 도구를 제공하는 강화학습과 신경과학 사이의 유사성에 대해서도 논의할 것이다. 다른 강화학습의 요소들도 신경 시스템 연구에 영향을 줄 수 있는 잠재력이 있지만, 이것들이 신경과학에 연결되는 관계는 여전히 상대적으로 덜 밝혀졌다. 시간이 지남에 따라 그 중요성이 점차 증가할 것으로 생각되는 이러한 진화하고 있는 연결 관계 중 몇 가지에 대해 논의할 것이다.

1.7절 '강화학습의 초기 역사'에서 요약했듯이, 강화학습의 많은 측면이 신경과학으로부터 영향을 받았다. 이 장의 두 번째 목적은 독자들이 이 책에서 강화학습을 개발하는 데 사용되었던 접근법에 기여한 뇌의 기능을 숙지할 수 있게 하는 것이다. 강화학습의 몇 가지 요소들은 뇌의 기능에 대한 이론에 비추어 봤을 때 이해하기가 더 쉽다. 신경 접합부의 특성에 대한 추측으로부터 유래한 강화학습의 기본적인 메커니즘 중 하나인 적격 흔적 개념의 경우 특히 더 그런데, 신경 접합부는 신경 세포(뉴런)가 서로 의사소통하는 구조다.

이 장에서는 동물의 보상 기반 학습의 기초가 되는 신경 시스템의 방대한 복잡성을 매우 깊이 있게 파헤치지는 않을 것이다. 이 장은 너무 짧고, 이 책은 신경과학 분야의 책이 아니기 때문이다. 이 책에서는 이 과정에 관여하고 있다고 믿어지는 매우 많은 뇌 구조 및 전달 경로, 또는 어떠한 분자 메커니즘에 대해서도 설명하지 않을 것이고, 심지어 이름을 붙이지도 않을 것이다. 또한, 강화학습과 매우 잘 들어맞는 가설과 모델의 대안적 요소들을 설명하기 위해 충분한 노력을 기울이지도 않을 것이다. 이 분야를 대하는 전문가들의 관점이 각기 다르다는 사실은 놀라운 일이 아니다. 이 책에서는 이 매력적이고 계속 발전하고 있는 이야기를 짧게 맛볼 수 있을 뿐이다. 하지만 바라건대, 이 장이 독자들에게 강화학습 및 강화학습을 뒷받침하는 이론적 근거들을 동물의 보상 기반 학습에 대한 신경과학적 요소와 연결 짓는 매우 다채로운 연결 고리가 생겨나고 있다는 확신을 주었으면 한다.

강화학습과 신경과학 사이의 연결 관계를 다루는 훌륭한 연구 논문이 아주 많다. 이 중 일부는 이 장의 마지막 절에서 인용할 것이다. 이 장에서 다루는 내용은 이러한 연구 논문에 나오는 대부분의 내용과는 차이가 있다. 여기서는 신경과학의 지식을 고려하지 않고 이 책의 앞선 장들에서 제시한 강화학습을 기준으로 유사성을 추정하기 때문이다. 앞으로 이어질 내용에 대한 기본적인 이해를 위해 신경과학의 개념부터 간략히 소개하겠다.

15.1 신경과학 기본

신경 시스템에 대한 기본적인 정보는 이 장에서 앞으로 다룰 내용을 이해하는 데 도움이 될 것이다. 나중에 언급하게 될 용어들은 고딕체로 표시하겠다. 신경과학에 대해 이미 기본 지식을 갖추고 있다면 이 절을 건너뛰어도 문제가 되지 않는다.

신경 시스템의 주요 개념인 **뉴런**neuron은 전기 화학 신호를 이용하여 정보를 처리하고 전달하는 데 특화된 세포다. 뉴런은 많은 형태를 취하지만, 일반적으로는 하나의 세포체cell body, 여러 개의 **수상 돌기**dendrite, 하나의 **축색 돌기**axon로 구성된다. 수상 돌기는 다른 뉴런으로부터 입력을 받기 위해(또는 감각 뉴런의 경우에는 외부 신호도 받기 위해) 세포체로부터 뻗어 있는 가지 형태의 구조를 갖는다. 뉴런의 축색 돌기는 뉴런의 출력을 다른 뉴런으로(또는 근육이나 분비선glands으로) 전달하는 섬유다. 뉴런의 출력은 축색 돌기를 따라 이동하는 **행동 포텐셜**action potential이라고 불리는 전기적 펄스의 나열로 구성된다. 행동 포텐셜은 **스파이크**spike라고도 불리며, 뉴런이 스파이크를 생성할 때 뉴런이 **발사된다**fire고 말한다. 인공 신경망의 모델에서는 단위 시간 동안 발생한 스파이크의 평균 횟수를 나타내는 뉴런의 **발사 비율**firing rate을 표현하기 위해 실수real number를 사용하는 경우가 일반적이다.

뉴런의 축색 돌기는 넓게 뻗어 나갈 수 있어서 뉴런의 행동 포텐셜은 많은 목표 지점에 도달할 수 있다. 뉴런의 축색 돌기가 갖는 가지 구조branching structure를 뉴런의 **축색 돌기 나무**axonal arbor라고 부른다. 행동 포텐셜의 행동은 퓨즈가 타는 것과 같은 활동적인 과정이기 때문에, 행동 포텐셜이 축색 돌기의 가지 구조에 도달하는 것을 밖으로 뻗어 있는 모든 가지에 대한 '점화lights up'라고 한다(하지만 가지 구조에 도달하는 것이 실패할 때도 있다). 그 결과, 거대한 축색 돌기 나무를 갖는 뉴런의 활동은 많은 목표 지점에 영향을 미칠 수 있다.

시냅스synapse는 일반적으로 축색 돌기 가지의 끝에 있는 구조로서 뉴런 사이의 의사소통을 중개한다. 시냅스는 **시냅스 앞의**presynaptic 뉴런이 갖는 축색 돌기로부터 **시냅스 뒤의**postsynaptic 뉴런이 갖는 수상 돌기나 세포체로 정보를 전달한다. 몇 가지 예외를 제외하면 시냅스는 시냅스 앞의 뉴런으로부터 행동 포텐셜이 도착하면 화학물질인 **신경 전달 물질**neurotransmitter을 방출한다(몇 가지 예외에 해당하는 경우는 뉴런 사이에 직접적인 전기적 결합이 생기는 경우이지만, 여기서 이 문제를 다루지는 않겠다). 시냅스 앞쪽에서 분비되는 신경 전달 물질 분자는 시냅스 앞쪽의 끝단과 시냅스 뒤의 뉴런 사이에 존재하는 작은 공간인 **시냅스 틈새**synaptic cleft를 가로질러 확산된 후, 시냅스 뒤의 뉴런 표면에 있는 수용기receptor에 달라붙어서 뉴런이 스파이크를 생성하는 활동을 촉진하거나 막는다. 또는 뉴런의 활동을 다른 방식으로 조절한다. 특별한 신경 전달 물질은 서로 다른 유형의 수용기에 달라붙어서 시냅스 뒤의 뉴런에 서로 다른 효과를 만들어 낼 수도 있다. 예를 들어 최소한 다섯 가지 유형의 수용기가 존재하고, 이를 통해 신경 전달 물질인 도파민이 시냅스 뒤의 뉴런에 영향을 줄 수 있다. 많은 다양한 화학물질이 동물의 신경 시스템에 존재하는 신경 전달 물질로 확인되었다.

뉴런의 **배경**background 활동은 뉴런이 갖는 행동의 수준이고, 실험자가 처한 문제와 관련 있는 시냅스의 입력으로부터 뉴런이 원동력을 얻지 못하는 것처럼 보일 때, 예를 들면 실험의 일환으로서 뉴런의 활동이 대상에 전달되는 자극과 서로 연관되어 있지 않을 때, 뉴런의 배경 활동은 보통 뉴런의 발사 비율이 된다. 배경 활동은 넓은 범위의 네트워크로부터 오는 입력이나 뉴런 또는 시냅스 내부의 잡음noise 때문에 불규칙적일 수 있다. 때로는 배경 활동이 뉴런에 내재한 동적 과정의 결과이기도 하다. 배경 활동과는 다르게, 뉴런의 **단계적**phasic 활동은 보통은 시냅스의 입력으로부터 발생하는 스파이크 유발 활동이 분출되어 형성된다. 배경 활동이든 아니든, 천천히 변하면서 보통은 단계적으로 변하는 활동을 뉴런의 **성조**tonic 활동이라고 한다.

시냅스에서 분비된 신경 전달 물질이 시냅스 뒤의 뉴런에 미치는 영향의 강도나 효과성이 시냅스의 **능률**efficacy이다. 신경 시스템이 경험을 통해 변화하는 한 가지 방식은 시냅스 앞뒤에 있는 뉴런의 활동들이 조합된 결과로서 나타나는 시냅스 능률의 변화를 통해서다. 때로는 시냅스 능률의 변화가 직접적이고 신속한 자극이나 억제 대신, 또는 그러한 자극이나 억제와 함께 신경 전달 물질인 **신경 조절 물질**neuromodulator에 의해 발생하기도 한다.

뇌에는 넓게 가지를 뻗치는 축색 돌기 나무를 갖는 뉴런의 무리로 구성된 여러 가지 신경 조절 시스템이 있다. 이 시스템 각각은 서로 다른 신경 전달 물질을 사용한다. 신경 조절은 신경 회로의 기능을 변경하고, 동기, 각성, 주의, 기억, 분위기, 감정, 수면, 체온을 조절한다. 여기서 중요한 건, 신경 조절 시스템이 강화 신호 같은 스칼라 신호와 유사한 무언가를 퍼뜨림으로써 학습을 위해 중요한 넓은 영역에서 시냅스의 작용을 변경한다는 것이다.

시냅스의 능률이 변화를 만드는 능력을 **시냅스의 가소성**synaptic plasticity이라고 부른다. 이것은 학습을 책임지는 주요 메커니즘 중 하나다. 학습 알고리즘에 의해 조정되는 파라미터 또는 가중치가 시냅스의 능률에 해당한다. 아래에서 자세히 설명하겠지만, 신경 조절 물질 도파민을 통해 시냅스의 가소성을 조절하는 것은 이 책에서 설명한 것과 같은 많은 학습 알고리즘을 뇌가 구현하는 방법을 설명하는 그럴듯한 메커니즘이다.

15.2 보상 신호, 강화 신호, 가치, 예측 오차

신경과학과 수치 계산적 강화학습 사이의 연관성은 뇌 안에 존재하는 신호와 강화학습 이론 및 알고리즘에서 중요한 역할을 하는 신호 사이의 연관성에서 시작된다. 3장에서 목표 지향적 행동을 학습하는 어떤 문제도 행동, 상태, 보상을 나타내는 세 가지 신호로 귀결된다고 설명했다. 하지만 신경과학과 강화학습 사이에 만들어진 연관성을 설명하기 위해 이보다는 덜 추상적이면서 특정 방식으로 뇌의 신호에 대응되는 또 다른 강화학습 신호를 생각해야 한다. 이러한 신호에는 보상 신호 말고도 (필자가 보상 신호와는 다르다고 주장하는) 강화 신호, 가치 신호, 예측 오차를 전달하는 신호가 있다. 이러한 방식으로 그 신호의 기능에 따라 신호에 이름을 붙일 때, 그것은 강화학습 이론의 맥락에서 이루어지고 있는 것이다. 강화학습 이론에서 이러한 신호들은 방정식이나 알고리즘의 용어에 대응된다. 반면에, 뇌의 신호를 언급할 때는 행동 포텐셜의 분출이나 신경 전달 물질의 분출 같은 심리학적 사건을 의미하는 것이다. 예를 들어 도파민 뉴런의 단계적 활동을 강화 신호로 부르는 것처럼 신경 신호에도 기능에 따라 이름을 붙이는 것은 신경 신호가 그에 해당하는 이론적 신호처럼 작용한다는 것을 의미하기도 하고, 이론적 신호와 같은 기능을 할 것이라고 추측된다는 것을 의미하기도 한다.

이러한 대응 관계의 증거를 찾는 일은 쉽지 않다. 보상 과정과 관련된 신경 활동은 뇌의 거의 모든 부분에서 발견될 수 있고, 각기 다른 보상 관련 신호의 표현이 서로 밀접하게 연관되는 경향이 있기 때문에 결과를 모호하지 않게 해석하기란 어려운 일이다. 한 유형의 보상 관련 신호가 다른 신호 또는 보상 신호와 관련 없는 수많은 다른 신호와 어느 정도 확실하게 구분되기 위해서는 실험을 신중하게 설계할 필요가 있다. 이러한 어려움에도 불구하고 강화학습 이론 및 알고리즘의 측면들을 신경 신호와 조화시키려는 목적으로 많은 실험이 수행되었고, 매우 흥미로운 연결 고리들이 발견되었다. 이러한 연결 고리를 알아보기 위한 준비 과정으로, 이 절의 나머지 부분에서는 다양한 보상 관련 신호가 강화학습 이론에서 무엇을 의미하는지 다시 생각해 볼 것이다.

이전 장의 마지막에 나오는 '용어 설명'에서, R_t가 동물이 처한 환경에 속한 대상이나 사건이 아니라 동물의 뇌에서 발생하는 보상 신호와 같은 것이라고 설명했다. 강화학습에서 보상 신호는 (학습자의 환경과 함께) 강화학습 학습자가 풀려고 하는 문제를 정의한다. 이런 면에서 R_t는 주요 보상을 동물의 뇌 전체 영역으로 전파하는 동물 뇌의 신호와 유사하다. 하지만 R_t 같은 하나의 통합된 마스터 보상 신호가 동물의 뇌 안에 존재할 것 같지는 않다. 뇌 안에서는 느낌과 상태가 갖는 보상 또는 처벌의 특성을 평가하는 많은 시스템이 신경 신호를 생성한다. R_t를 이러한 신경 신호의 크기가 미치는 전반적인 효과를 요약하는 추상화로 생각하는 것이 가장 좋다.

강화학습에서 **강화 신호**Reinforcement signal는 보상 신호와는 다르다. 강화 신호의 기능은 학습 알고리즘이 학습자의 정책, 가치 함수, 환경 모델을 변화시키는 방향을 정하는 것이다. 예를 들면, TD 방법의 경우 시각 t에서의 강화 신호는 TD 오차 $\delta_{t-1} = R_t + \gamma V(S_t) - V(S_{t-1})$이다.[1] 어떤 알고리즘

---

1   6.1절에서 언급했듯이, 이 책의 표기법상 δ_t는 $R_{t+1} + \gamma V(S_{t+1}) - V(S_t)$로 정의된다. 따라서 δ_t는 $t + 1$ 시각이 될 때까지 이용할 수 없는 정보다. 시각 t에서 이용 가능한 TD 오차는 실제로 $\delta_{t-1} = R_t + \gamma V(S_t) - V(S_{t-1})$이다. 여기서 가정하는 시간 간격은 매우 작거나 심지어는 극소(infinitesimal) 시간 간격이기 때문에 이러한 단일 단계 시간 이동을 지나칠 정도로 중요하게 생각하면 안 된다.

에서는 강화 신호가 단지 보상 신호일 수도 있지만, 이 책에서 다루는 대부분의 알고리즘에서 강화 신호는 TD 오차에 사용되는 가치 추정값 같은 정보를 이용하여 보상 신호를 조정한 것이다.

상태 가치 또는 행동 가치의 추정, 즉 V 또는 Q는 장기적으로 학습자에게 무엇이 좋고 무엇이 나쁜지를 분명하게 알려준다. 이 정보들은 학습자가 앞으로의 시간 동안 축적할 것으로 기대할 수 있는 전체 보상에 대한 예측값이다. 학습자는 상태 가치의 추정값이 가장 큰 상태로 이끄는 행동을 선택하거나 행동 가치의 추정값이 가장 큰 행동을 선택함으로써 좋은 결정을 할 수 있다.

예측 오차는 신호 또는 느낌의 실제 값과 기댓값 사이의 차이를 나타내는 지표다. 보상 예측 오차Reward Prediction Error, RPE는 보상 신호의 기댓값과 실제로 받은 보상 신호의 차이를 분명하게 측정한다. 실제 받은 보상 신호가 기댓값보다 크면 이 차이는 양수이고, 반대의 경우에는 음수다. 식 6.5와 같은 TD 오차는 RPE의 특별한 종류로서 장기 보상에 대한 현재의 기댓값과 과거의 기댓값 사이의 차이를 나타내는 신호다. 신경과학자들이 RPE를 언급할 때 그들은 일반적으로 (항상은 아니지만) TD RPE를 의미한다. 이 장에서는 TD RPE를 단순히 TD 오차라고 부르겠다. 또한, 살사 및 Q 학습 같은 알고리즘을 이용하여 행동 가치를 학습하는 데 사용되는 TD 오차와는 반대로 이 장에서의 TD 오차는 일반적으로 행동에 의존하지 않는 값이다. 이것은 대부분의 잘 알려진 신경과학과의 연관성이 행동에 의존하지 않는 TD 오차의 측면에서 설명되기 때문이다. 하지만 그렇다고 행동에 의존하는 TD 오차가 포함된 이와 유사한 연관성이 존재할 수 있다는 가능성을 배제한다는 의미는 아니다(보상이 아닌 다른 신호를 예측하기 위한 TD 오차도 유용하지만, 이러한 경우는 여기서 다루지 않을 것이다. 이와 관련해서는 예를 들어 모다일, 화이트, 서튼(2014)을 참고하라).

신경과학 데이터와 이론적으로 정의된 이러한 신호 사이의 연관성에 대한 많은 질문이 있을 수 있다. 관측된 신호가 보상 신호, 가치 신호, 예측 오차, 강화 신호, 또는 전혀 다른 어떤 신호 중 어떤 것과 더 비슷할까? 그리고 그것이 만약 오차 신호라면, RPE, TD 오차, 또는 레스콜라-바그너 오차(식 14.3) 같은 더 간단한 오차 중 어떤 것인가? 만약 TD 오차라면, 그 오차는 Q 학습 또는 살사의 TD 오차처럼 행동에 의존하는 오차인가? 위에서 언급했듯이, 이와 같은 질문에 답하기 위해 뇌를 조사하는 것은 극도로 어려운 일이다. 하지만 실험적 증거들은 하나의 신경 전달 물질, 분명히 말해서 신경 전달 물질 도파민이 RPE 신호를 만들어 내고 더 나아가서 도파민 생성 뉴런의 단계적 활동이 사실상 TD 오차를 전달한다는 것을 암시한다(단계적 활동의 정의를 확인하려면 15.1절을 참고하라). 이러한 증거는 **도파민 뉴런 활동의 보상 예측 오차 가설**reward prediction error hypothesis of dopamine neuron activity로 이어졌다. 이에 대해서는 다음 절에서 설명하겠다.

15.3 보상 예측 오차 가설

도파민 뉴런 활동의 보상 예측 오차 가설은 포유류에 있는 도파민 생성 뉴런의 단계적 활동이 갖는 기능 중 하나가 뇌 전체 영역 중 목표 영역에 주어지는 미래 보상에 대한 과거의 기댓값과 새로운 기댓값 사이의 오차를 전달하는 것이라고 제안한다. 이러한 가설에 대해서는(이렇게 정확하게 표현되지는 않았지만) 몬터규, 다얀, 세즈노스키(Montague, Dayan, and Sejnowski, 1996)가 처음으로 분명하게 언급했다. 그들은 강화학습으로부터 생겨난 TD 오차 개념이 어떻게 포유류에 존재하는 도파민 뉴런의 단계적 활동이 갖는 많은 특징을 설명하는지 보여주었다. 이 가설을 낳은 실험은 1980년대와 1990년대 초에 울프람 슐츠Wolfram Schultz라는 신경과학자의 실험실에서 수행되었다. 15.5절에서는 이 영향력 있는 실험에 관해 설명할 것이고, 15.6절에서는 이 실험의 결과가 어떻게 TD 오차와 양립할 수 있는지 설명할 것이다. 그리고 이 장의 마지막에 나오는 '참고문헌 및 역사적 사실'에서는 이 영향력 있는 가설의 발전에 기여한 문헌들을 소개할 것이다.

몬터규 외(1996)는 고전적 조건화 실험을 통해 고전적 조건화의 TD 모델이 갖는 TD 오차와 도파민 생성 뉴런의 단계적 활동을 비교했다. 14.2절에서 고전적 조건화의 TD 모델이 기본적으로는 선형 함수 근사를 적용한 준경사도 강하 TD(λ) 알고리즘이라고 했던 것을 상기해 보자. 몬터규는 이 비교를 가능하게 하기 위해 많은 가정을 했다. 첫 번째는, TD 오차가 음의 값이 될 수 있지만 뉴런은 음의 발사 비율을 가질 수 없기 때문에 그들은 도파민 뉴런 활동에 해당하는 양이 $\delta_{t-1} + b_t$라고 가정했다. 여기서 b_t는 뉴런의 배경 발사 비율을 나타낸다. 음의 TD 오차는 도파민 뉴런의 발사 비율이 이 배경 비율 밑으로 떨어졌음을 의미한다.[2]

두 번째 가정은 각각의 정통적인 조건화 시도에서 마주치는 상태 및 그 상태를 학습 알고리즘의 입력으로 어떻게 표현할 것인가와 관련하여 필요한 것이었다. 이것은 14.2.4절에서 TD 모델에 대해 논의했던 것과 동일한 이슈다. 몬터규는 그림 14.1의 왼쪽 열에 보이는 것과 같은 완전한 순차적 복합체CSC 표현을 선택했다. 하지만 여기서는 단기short-duration 내부 신호의 나열이 US가 시작하는 시점까지 계속되었는데, 바로 이 시점에 0이 아닌 보상 신호가 도달한다. 이러한 표현은 도파민 뉴런 활동이 미래 보상만을 예측하는 것이 아니라 예측 신호 이후에 언제 보상이 도달할 것으로 기대되는지에도 민감하게 반응한다는 사실을 TD 오차가 모사할 수 있게 해 준다. 감각 신호의 발생과 보상의 도착 사이의 시간차를 계속 추적할 수 있는 모종의 방법이 있어야만 한다. 어떤 자극이 내부 신호의 나열을 촉발해서 그 자극이 사라진 후에도 내부 신호가 계속된다면, 그리고 자극 이후의 시간 단계마다 서로 다른 신호가 존재한다면, 자극 이후의 각 시간 단

---

2 TD 오차를 도파민 뉴런의 활동과 연관 짓는 문헌에 나오는 δ_t는 이 책에 나오는 $\delta_{t-1} = R_t + \gamma V(S_t) - V(S_{t-1})$과 같다.

계에서 상태는 분명하게 표현된다. 따라서 상태 의존적인 TD 오차는 조건화 시도 내에서 사건이 발생하는 시각에 따라 민감하게 변할 수 있다.

배경 발사 비율과 입력 표현에 대해 이와 같이 가정하고 수행한 시뮬레이션된 조건화 시도에서, TD 모델의 TD 오차는 도파민 뉴런의 단계적 활동과 눈에 띄게 유사하다. 15.5절에서 설명할 이러한 유사성에 관한 자세한 내용들을 미리 살펴보면, TD 오차는 다음과 같은 도파민 뉴런 활동의 특징과 유사성을 갖고 있다. 1) 도파민 뉴런의 단계적 활동은 오직 보상 사건이 예상되지 않을 경우에만 발생한다. 2) 학습 초기에, 보상에 앞서 발생하는 중립적 신호는 단계적 도파민 반응을 크게 유발하지는 않지만, 계속되는 학습을 통해 얻어지는 이러한 신호의 예측값은 단계적 도파민 반응을 이끌어 내게 된다. 3) 이미 예측된 신호보다도 더 먼저 발생하는 신호가 확실하게 존재한다면, 단계적 도파민 반응은 더 먼저 발생한 신호에 대해 나타난다. 4) 학습 이후에, 예측된 보상 사건이 발생하지 않는다면, 도파민 뉴런의 반응은 보상 사건이 발생할 것으로 기대되었던 시각이 지나면 곧바로 기본적인 수준 밑으로 감소한다.

슐츠와 그의 동료들이 수행한 실험에서 조사한 모든 도파민 뉴런이 이러한 방식으로 행동한 것은 아니지만, 조사된 대부분의 뉴런이 보여준 활동과 TD 오차 사이의 놀랄 만한 유사성은 보상 예측 오차 가설을 강력하게 뒷받침하는 것이다. 하지만 가설에 근거한 예측이 실험에서 관찰된 것과 일치하지 않는 상황도 있다. TD 오차가 도파민 뉴런의 활동에 관한 세부 사항들, 특히 도파민 뉴런 반응의 발생 시각과 얼마나 잘 대응되는지에 있어서, 입력 표현을 무엇으로 선택하는지가 중요하다. 주된 유사성은 몬터규가 사용했던 CSC 표현을 사용했을 때 나타나지만, TD 오차를 실험 데이터와 더 잘 일치시키기 위해 입력 표현 및 TD 학습의 다른 특징들에 관한 다양한 방법들이 제안되었다. 이러한 방법 중 일부를 아래에서 논의할 것이다. 전반적으로, 보상 예측 오차 가설은 보상 기반 학습을 연구하는 신경과학자들에게 폭넓게 받아들여졌고, 계속해서 나오고 있는 신경과학 실험의 결과와도 매우 잘 부합한다는 사실이 입증되었다.

보상 예측 오차 가설을 뒷받침하는 신경과학 실험을 설명하기 위해, 그리고 이 가설의 중요성을 충분히 이해하는 데 도움이 되는 몇 가지 맥락을 제공하기 위해, 다음 절에서는 도파민에 관해 알려진 사실과 도파민이 영향을 주는 뇌의 구조, 그리고 도파민이 보상 기반 학습에 관여하는 방식을 설명하겠다.

15.4 도파민

도파민은 뉴런에서 만들어지는 신경 전달 물질로서, 도파민의 세포체는 주로 포유류의 중뇌 midbrain에 있는 두 가지 뉴런의 무리 속에 존재한다. 그중 하나가 뇌흑질 치밀부Substantia Nigra pars compacta, SNpc이고, 다른 하나가 복측 피개부Ventral Tegmental Area, VTA다. 도파민은 포유류의 뇌에서 일어나는 많은 과정에서 필수적인 역할을 한다. 그러한 과정 중에서도 동기부여, 학습, 행동 선택, 거의 모든 형태의 중독, 조현병 장애, 파킨슨병이 중요하다. 도파민이 목표 뉴런을 직접적으로 신속하게 자극하거나 억제하는 것 말고도 많은 기능을 수행하기 때문에 도파민은 신경 전달 물질이라고 불린다. 도파민의 기능과 도파민 세포의 효과에 대한 세부 사항들이 아직 많이 알려지지는 않았지만, 도파민이 포유류의 뇌 속에서 일어나는 보상 과정에 핵심적인 역할을 한다는 사실은 확실하다. 도파민이 보상 과정에 관여하는 유일한 신경 조절 물질은 아니며, 불쾌한 상황(처벌)에서 도파민이 수행하는 역할에 대해서는 논란의 여지가 있다. 도파민은 또한 포유류가 아닌 다른 동물에서는 다른 기능을 수행할 수도 있다. 하지만 도파민이 인간을 비롯한 포유류에서 일어나는 보상과 관련된 과정에서 필수적이란 사실은 아무도 의심하지 않는다.

초기의 전통적인 관점은 도파민 뉴런이 학습과 동기 부여에 관련된 뇌의 다양한 영역에 보상 신호를 전파하는 것으로 보았다. 이러한 관점은 쥐의 뇌 안에 있는 특정 영역에 작용하는 전기 자극의 효과를 설명한 제임스 올즈James Olds와 피터 밀너Peter Milner의 유명한 1954년 논문에서 비롯되었다. 그들은 특별한 영역에 전기 자극을 가하면 쥐의 행동을 통제하는 데 있어 매우 강력한 보상 신호가 된다는 사실을 알아냈다. "… 이러한 보상 신호를 통해 동물의 행동에 가해진 통제는 극도로 강한 것이어서 아마도 이전의 동물 실험에서 사용된 다른 보상 신호에 의해 가해지는 통제를 능가할 것이다"(올즈와 밀너, 1954). 이후의 연구 결과는 이러한 보상 효과를 만드는 데 있어 자극이 가장 효과적으로 작용했던 영역이 직접적으로든 간접적으로든 도파민 전달 경로를 활성화했다는 것을 밝혀냈다. 원래 이 도파민 전달 경로는 자연적인 보상 자극에 의해 활성화된다. 이와 유사한 효과가 인간을 대상으로 하는 실험에서도 확인되었다. 이러한 관찰 결과들은 도파민 뉴런의 활동이 보상 신호를 만든다는 사실을 강하게 드러낸다.

하지만 보상 예측 오차 가설이 맞다면, (그것이 도파민 뉴런의 활동 특징에 대한 오직 일부만을 설명해 준다 하더라도) 도파민 뉴런의 활동에 관한 이러한 전통적인 관점이 전적으로 맞는 것은 아니다. 도파민 뉴런의 단계적 반응은 보상 예측 오차에 대한 신호를 주는 것이지, 보상 그 자체에 대한 신호를 주는 것은 아니다. 강화학습에서 사용하는 용어로 말하면, 시각 t에서 도파민 뉴런의 단계적 반응은 R_t가 아니라 $\delta_{t-1} = R_t + \gamma V(S_t) - V(S_{t-1})$에 해당한다.

강화학습의 이론 및 알고리즘은, 보상-예측-오차의 관점과 도파민이 보상 신호를 만든다는 전통적인 생각을 조화시키는 데 도움이 된다. 이 책에서 논의한 많은 알고리즘에서 δ는 강화 신호의 기능을 수행했다. 이것은 δ가 학습의 주된 동력임을 의미한다. 예를 들어 δ는 고전적 조건화의 TD 모델에서 중요한 요소이며, 행동자-비평자의 구도(13.5절 및 15.7절) 속에서 가치 함수와 정책을 학습하기 위한 강화 신호다. 행동에 의존하는 형태의 δ는 Q 학습과 살사를 위한 강화 신호다. 보상 신호 R_t는 δ_{t-1}의 중요한 요소이지만, 그것이 이들 알고리즘에서 δ_{t-1}이 갖는 강화 효과를 결정하는 완전한 요소는 아니다. 더해지는 항 $\gamma V(S_t) - V(S_{t-1})$은 δ_{t-1}의 고차 강화를 나타내는 부분이고, 보상이 발생한다 하더라도($R_t \neq 0$), 보상이 완전히 예측된 것이라면 TD 오차는 거의 변하지 않을 수 있다(이것은 15.6절에 충분히 설명되어 있다).

사실 올즈와 밀너의 1954년 논문을 자세히 보면, 그것이 주로 도구적 조건화 문제에서 전기적 자극이 갖는 강화 효과에 관한 내용임을 알 수 있다. 전기적 자극이 (도파민의 동기 부여 효과를 통해) 쥐의 행동에 활력을 주었을 뿐만 아니라, 쥐들이 레버를 누름으로써 자극 그 자체를 빠르게 학습할 수 있게 했다. 이때 쥐들은 오랜 기간 동안 자주 레버를 눌렀다. 전기 자극에 의해 촉발된 도파민 뉴런의 활동이 쥐들이 레버를 누르는 행동을 강화한 것이다.

광유전학optogenetic 방법을 사용한 더욱 최근의 실험에서는 도파민 뉴런의 단계적 반응이 강화 신호의 역할을 하도록 하는 데 성공했다. 신경과학자들은 이 방법을 이용하여 깨어서 움직이는 동물들을 대상으로 특정 유형의 뉴런이 수행하는 활동을 천 분의 1초 단위로 정확하게 제어할 수 있다. 광유전학 방법을 이용하면 빛에 민감한 단백질을 특정 유형의 뉴런에 주입하고 레이저 빛의 번쩍임을 이용하여 뉴런을 활성화하거나 잠재울 수 있다. 도파민 뉴런을 연구하기 위해 광유전학 방법을 이용하여 수행한 최초의 실험을 통해, 쥐의 뇌에서 도파민 뉴런의 단계적 활동을 만들어 내는 광유전학적 자극이 쥐들로 하여금 그들이 자극을 받은 실험 도구의 한쪽 면을 자극을 받지 않거나 더 적은 빈도수로 자극을 받은 다른 쪽 면보다 더 선호하도록 만들기에 충분하다는 사실을 확인했다(차이 외Tsai et al., 2009). 또 다른 예제에서 스타인버그 외(Steinberg et al., 2013)는 도파민 뉴런의 광유전학적 활성화를 이용하여 보상 자극을 기대했지만 누락된 시점(도파민 뉴런의 활동이 정상적으로 잠시 멈추는 시점)에 쥐의 도파민 뉴런 활동이 인공적으로 분출되도록 만들었다. 도파민 뉴런의 활동이 멈추는 시점에 인공적으로 그 활동을 분출시킴으로써, 원래는 (소멸 시도에서) 강화가 부족해서 반응이 감소해야 할 때 반응이 유지되었고, 원래는 이미 예상된 보상 때문에 차단이 발생했을 시점에 학습이 가능하게 되었다(차단 패러다임, 14.2.1절).

도파민의 강화 기능에 대한 추가적인 증거는 초파리를 이용한 광유전학 실험에서 발견된다. 다만 여기서 초파리의 도파민이 갖는 효과는 포유류의 도파민이 갖는 효과와 반대다. 광학적으로 축발된 도파민 뉴런 활동의 분출은 최소한 활성화된 도파민 뉴런에 대해서는 회피 행동을 강화하는 전기적 자극처럼 작용한다(클라리지-장 외Claridge-Chang et al., 2009). 비록 이러한 광유전학 실험 중 어떤 것도 도파민 뉴런의 단계적 활동이 분명히 TD 오차와 유사함을 보여주지는 못했지만, 도파민 뉴런의 단계적 활동이 예측(고전적 조건화) 및 제어(도구적 조건화)를 위한 알고리즘에서 δ가(또는 초파리의 경우 어쩌면 **음의** δ가) 강화 신호로 작용하는 것과 같이 작용한다는 사실을 확실히 입증했다.

도파민 뉴런은 강화 신호를 뇌의 많은 영역에 전파하는 데 있어 특히 적합하다. 뉴런은 거대한 축색 돌기 나무를 갖고 있는데, 이것은 일반적인 뉴런의 축색 돌기가 도달할 수 있는 시냅스 영역의 100~1000배에 달하는 영역에 도파민을 분비한다. 오른쪽에 보이는 것이 단일 도파민 뉴런의 축색 돌기 나무다. 이때 도파민 뉴런의 세포체는 쥐의 뇌 속에 있는 SNpc에 존재한다. SNpc 또는 VTA에 있는 도파민 뉴런의 각 축색 돌기는 뇌의 목표 영역에 있는 뉴런의 수상 돌기에 대략 500,000개의 시냅스 접점을 만든다.

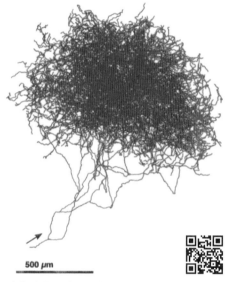

신경 전달 물질인 도파민을 생성하는 단일 뉴런의 축색 돌기 나무. 뇌의 목표 영역에서 이 축색 돌기들이 뉴런에 있는 엄청난 수의 수상 돌기와 시냅스 접점을 만든다. 출처: *The Journal of Neuroscience*, Matsuda, Furuta, Nakamura, Hioki, Fujiyama, Arai, and Kaneko, volume 29, 2009, page 451

도파민 뉴런이 강화학습의 δ 같은 강화 신호를 전파하면 이 신호가 스칼라 신호, 즉 하나의 숫자이기 때문에, SNpc와 VTA에 있는 모든 도파민 뉴런이 거의 동일하게 활성화되어 모든 뉴런이 거의 동시에 동일한 신호를 자신들의 축색 돌기가 목표로 하는 모든 지점에 보낼 것으로 기대된다. 도파민 뉴런이 이와 같이 함께 작용한다는 것이 공통된 믿음이었지만, 현대적 증거는 좀 더 복잡한 현상을 가리킨다. 도파민 뉴런이 신호를 보내는 곳의 구조에 따라, 그리고 이 신호가 목표 구조에 작용하는 각기 다른 방식에 따라 도파민 뉴런의 서로 다른 부분들이 서로 다른 방식으로 입력에 반응한다는 것이다. 도파민은 RPE 신호를 전달하는 기능 외의 기능을 갖고 있으며, RPE 신호를 전달하는 도파민 뉴런에 대해서도, 뉴런이 RPE를 전달하려는 곳의 구조가 강화된 행동을 만드는 과정에서 수행하는 역할에 따라 서로 다른 RPE를 서로 다른 구조에 전달하는 것이 가능할 수도 있다. 이것은 이 책에서 자세하게 다룰 내용은 아니지만, 결정이 하위 결정들로 분리될 수 있을 때의 강화학습 관점에서 보면 벡터로 된 RPE 신호는 타당하다. 또는 좀 더 일반적으로, 벡터 RPE는 신뢰 할당 문제의 **구조적** 형태를 다루는 방법으로서 타당하다. 신뢰를 만드는 데 관여할 수 있었던 많은 요소 구조들 중 하나의 구조를 선택하는 결정에 대해, 그 결정의 성공에 대한 신뢰(또는 실패에 대한 비난)를 어떻게 분포시킬 것인가? 이에 관해서는 뒤에 나오는 15.10절에서 더 다룰 것이다.

대부분의 도파민 뉴런에 있는 축색 돌기는 전두엽frontal cortex과 기저핵basal ganglia에 있는 뉴런과의 시냅스 접점을 만든다. 전두엽과 기저핵은 자발적 움직임, 의사결정, 학습, 계획 같은 인지 기능에 관련된 뇌의 영역이다. 도파민을 강화학습에 연관시키는 대부분의 방법이 전두엽에 초점을 맞추고 있고, 도파민 뉴런에서 나오는 연결 고리들이 특히 전두엽에서 밀도가 높기 때문에, 여기서는 전두엽에 초점을 맞출 것이다. 전두엽은 뉴런 묶음의 집합 또는 전뇌forebrain의 기저에 위치하는 핵이다. 전두엽에 들어오는 주요 입력 구조를 선조체striatum라고 부른다. 다른 구조 중에서도, 본질적으로 모든 대뇌 피질cerebral cortex이 선조체로 들어가는 입력을 제공한다. 대뇌 피질 뉴런의 활동은 센서 입력, 내적 상태, 작업 능력에 대한 풍부한 정보를 전달한다. 대뇌 피질 뉴런의 축색 돌기는 중간 가시 뉴런medium spiny neuron이라고 불리는 선조체 주요 입/출력 뉴런의 수상 돌기에 시냅스 접점을 만든다. 선조체의 출력은 다른 기저핵과 시상을 통해 피질의 앞쪽 부분과 대뇌 피질의 운동령motor areas으로 되돌아간다. 이 과정에서 선조체가 움직임, 추상적 결정 과정, 보상 과정에 영향을 미칠 수 있게 된다. 선조체의 두 가지 주요한 하위 구조가 강화학습을 위해 중요하다. 하나는 주로 행동 선택에 영향을 주는 것과 관련 있는 배후 선조체dorsal striatum이고, 다른 하나는 보상 과정의 다양한 측면들에 있어 중요한 것으로 생각되는 복부 선조체ventral striatum다. 이때 보상 과정에는 감각에 정서적 가치affective value를 할당하는 것이 포함된다.

중간 가시 뉴런의 수상 돌기는 가시로 덮여 있는데, 피질에 있는 뉴런의 축색 돌기가 그 가시의 끝부분에 시냅스 접점을 만든다. 도파민 뉴런의 축색 돌기도 이 가시에(이번에는 가시 줄기에) 시냅스 접점을 만든다(그림 15.1). 이러한 방식은 대뇌 피질 뉴런의 시냅스 앞에서의 활동과 중간 가시 뉴런의 시냅스 뒤에서의 활동, 그리고 도파민 뉴런으로부터의 유입을 불러일으킨다. 이 가시에서 실제로 일어나는 일은 복잡하며, 이에 대해서는 완전히 이해하지 못하고 있다. 그림 15.1에는 도파민의 두 가지 수용기, 대뇌 피질로 들어오는 입력에 대한 신경 전달 물질인 글루타민산염glutamate의 수용기, 그리고 다양한 방식으로 상호작용하는 여러 신호가 묘사되어 있는데, 이 그림만 보더라도 가시에서 실제로 일어나는 일이 얼마나 복잡한지 짐작할 수 있을 것이다. 하지만 대뇌 피질에서 선조체로 가는 전달 경로에는 신경과학자들이 **피질선조체 시냅스**corticostriatal synapse라고 부르는 시냅스가 있는데, 이 시냅스의 능률은 적절한 시점에 발생하는 도파민 신호에 크게 의존하며 변화한다.

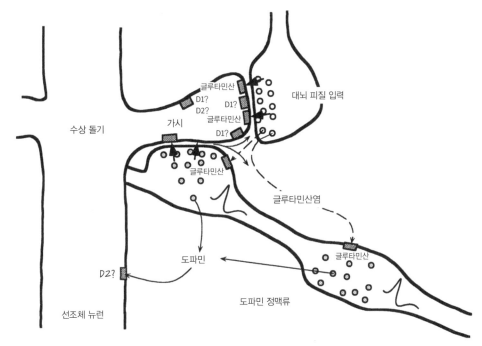

그림 15.1 대뇌 피질 뉴런과 도파민 뉴런으로부터 들어오는 입력을 보여주는 선조체 뉴런의 가시. 대뇌 피질 뉴런의 축색 돌기는 선조체 뉴런의 수상돌기를 덮고 있는 가시의 끝에서 글루타민산염이라는 신경 전달 물질을 분비하는 피질선조체 시냅스를 통해 선조체 뉴런에 영향을 준다. VTA 또는 SNpc에 있는 도파민 뉴런의 축색 돌기가 (우하단에서부터) 가시 옆으로 지나가는 것이 표현되어 있다. 이 축색 돌기에 있는 '도파민 정맥류 종창(dopamine varicosities)'은 피질로부터 시냅스 앞으로 전달되는 입력과, 선조체 뉴런의 시냅스 뒤에서의 활동을 도파민과 함께 발생시키는 방식으로 가시 줄기에 또는 그 근처에 도파민을 분비함으로써 여러 유형의 학습 규칙이 피질선조체 시냅스의 가소성을 통제하도록 만든다. 도파민 뉴런에 있는 각각의 축색 돌기는 대략 500,000개의 가시 줄기를 이용하여 시냅스 접점을 만든다. 본문의 논의에서 제외된 몇 가지 복잡한 것들이 다른 신경 전달 물질의 전달 경로와 D1 및 D2 도파민 수용기 같은 다양한 유형의 수용기를 통해 이 그림에 표현되었다. 도파민은 D1 및 D2 수용기를 통해 가시와 시냅스 뒤에 있는 다른 영역에 미치는 다양한 효과를 만들 수 있다. 출처: *Journal of Neurophysiology*, W. Schultz, vol. 80, 1998, page 10

15.5 보상 예측 오차 가설에 대한 실험적 근거

도파민 뉴런은 눈과 몸의 움직임을 촉발하는 강렬하고, 새롭고, 또는 예기치 못한 시각 및 청각 자극에 반응하여 활동을 분출시킨다. 하지만 도파민의 활동은 움직임 그 자체와는 거의 관련이 없다. 도파민 뉴런의 퇴보가 운동 장애, 특히 자기 주도적 운동의 결함 증상을 갖는 파킨슨병의 원인이기 때문에 이것은 놀라운 사실이다. 도파민 뉴런의 활동과 자극으로 촉발된 눈과 몸의 움직임 사이의 약한 연관성에 대한 의문으로부터, 로모와 슐츠(Romo and Schultz, 1990) 및 슐츠와 로모(1990)는 도파민 뉴런의 활동과 원숭이가 팔을 움직이는 동안의 근육 활동을 기록함으로써 보상 예측 오차 가설을 향한 첫발을 떼었다.

그들은 원숭이 두 마리를 훈련시켜서 원숭이가 팔을 늘어뜨린 상태에서 사과, 쿠키, 건포도가 들어 있는 통의 문이 열리는 것을 보고 들을 때마다 통을 향해 팔을 뻗도록 했다. 그런 다음 원숭이는 음식을 쥐고 입으로 가져갈 수 있었다. 원숭이가 이러한 행동을 잘 수행할 수 있게 되었을 때, 원숭가 두 가지 작업을 추가로 수행하도록 훈련시켰다. 첫 번째 작업의 목적은 움직임이 자기 주도적일 경우 도파민 뉴런이 무엇을 하는지 보기 위한 것이었다. 음식 통의 문은 열어 두었지만 원숭이가 음식을 보지 못하도록 위에서부터 무언가를 덮고 아래로 손을 뻗어 음식을 가져갈 수 있게 했다. 어떠한 촉발 자극도 가하지 않았고, 원숭이가 팔을 뻗어 음식을 조금 먹고 나면, 실험자가 대개는(항상은 아니지만) 격자 철망에 음식을 붙여서 원숭이가 보지 못하게 조용히 통 안에 있는 음식을 가져갔다. 이 실험에서도 로모와 슐츠가 관찰한 도파민 뉴런의 활동이 원숭이의 움직임에 연관되지는 않았지만, 원숭이가 조금의 음식을 처음 만질 때마다 도파민 뉴런의 많은 부분이 단계적 반응을 만들어냈다. 원숭이가 단지 철망을 만지거나 음식이 사라진 후 통 안을 뒤질 때는 도파민 뉴런이 반응하지 않았다. 이것은 뉴런이 음식에는 반응하지만 이 작업의 다른 측면들에는 반응하지 않는다는 것을 증명하는 충분한 증거였다.

로모와 슐츠가 준비한 두 번째 작업의 목적은 움직임이 자극에 의해 촉발될 때 어떤 일이 일어나는지를 보기 위한 것이었다. 이 작업에서는 움직이는 덮개가 있는 다른 통을 사용했다. 통의 문이 열리는 것을 보고 듣는 것은 통에 손을 뻗는 행동을 촉발했다. 이 실험에서 로모와 슐츠는 훈련이 어느 정도 진행된 후에 도파민 뉴런이 더 이상 음식을 만지는 것에 반응하지 않고 대신 음식 통의 문이 열리는 것을 보고 듣는 것에 반응한다는 사실을 알아냈다. 도파민 뉴런의 단계적 활동이 보상 그 자체로부터 보상의 가능성을 예측하는 자극으로 옮겨간 것이다. 후속 연구를 통해, 로모와 슐츠는 원숭이를 훈련시키지 않은 경우에는 그들이 관찰한 대부분의 도파민 뉴런이 통의 문이 열리는 것을 보고 듣는 것에 반응하지 않는다는 사실을 알아냈다. 이러한 발견은 도파민 뉴런이 움직임의 시작이나 자극의 감각적 특성에 반응하는 것이 아니라 보상이 기대된다는 것을 알려주는 신호에 반응한다는 사실을 알려준다.

슐츠의 연구 팀은 SNpc 및 VTA의 도파민 뉴런에 관한 많은 연구를 추가로 수행했다. 특별한 일련의 실험들이 영향력이 있었는데, 그 실험들의 결과는 도파민 뉴런의 단계적 반응이 레스콜라-바그너 모델(식 14.3)의 오차와 같은 간단한 오차가 아니라 TD 오차에 반응한다는 사실을 보여주었다. 이 실험들 중 첫 번째 실험(융베리, 아피셀라, 슐츠Ljungberg, Apicella, and Schultz, 1992)에서, 원숭이들은 '촉발 신호trigger cue'로서 빛이 비추어진 후에 레버를 눌러서 한 방울의 사과 주스를 얻도록 훈련받았다. 로모와 슐츠가 일찍이 발견한 것처럼, 많은 도파민 뉴런이 처음에는 보상(한 방울의 주스(그림 15.2, 위쪽 패널))에 반응했다. 하지만 훈련이 진행됨에 따라 이들 중 대부분의 뉴런이 보상에는 반응하지 않고 그 대신 보상을 예측하게 하는 빛에 점차 반응하게 되었다(그림 15.2, 중간 패널). 훈련이 계속 진행되면서, 촉발 신호에 반응하는 도파민 뉴런의 수는 감소한 반면 레버를 누르는 행동은 더욱 빨라졌다.

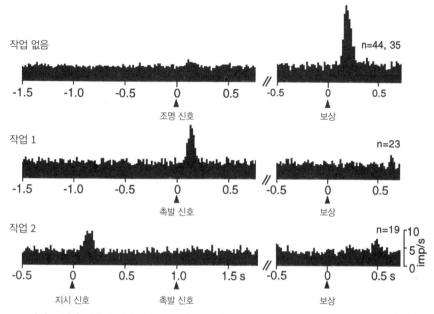

그림 15.2 도파민 뉴런의 반응이 처음에 주요 보상에 반응했던 것으로부터 더 이전의 예측 자극에 반응하는 것으로 이동했다. 이 그래프는 관측된 도파민 뉴런에 의해 생성된 행동 포텐셜의 수를 짧은 시간 구간 동안 보여준다. 이 때 행동 포텐셜의 수는 모든 관측된 도파민 뉴런에 대해 평균 낸 값이다(이 데이터의 경우 23~44개에 이르는 뉴런을 이용했다). 위쪽: 도파민 뉴런이 예기치 못한 사과 주스 방울에 의해 활성화되었다. 중간: 학습을 통해, 도파민 뉴런은 보상 예측 촉발 신호에 반응하게 되었고 보상 자체에 대한 반응은 사라졌다. 아래: 촉발 신호보다 1초 먼저 발생하는 지시 신호가 추가되면서, 도파민 뉴런의 반응은 촉발 신호로부터 더 먼저 발생한 지시 신호로 이동했다. 출처: Schultz et al. (1995), MIT Press

이 연구의 후속 연구에서는, 동일한 원숭이들이 새로운 작업을 하도록 훈련을 받았다(슐츠, 아피셀라, 융베리, 1993). 이 실험에서 원숭이들에게는 위에 조명이 달린 두 개의 레버가 주어졌다. 이 조명 중 하나를 켜는 것은 두 레버 중 어떤 레버에서 한 방울의 사과 주스가 나오는지를 알려주는 '지시 신호instruction cue'였다. 이 작업에서 지시 신호는 이전 작업의 촉발 신호보다 1초 더 먼저 발생했다. 전에는 원숭이들이 촉발 신호를 보고 도파민 뉴런의 활동이 증가한 후에 팔을 뻗도록 훈련받았지만, 지금은 관측된 도파민 뉴런이 촉발 신호에 반응하지 않고 더 이전에 발생한 지시 신호에 거의 전적으로 반응했다(그림 15.2, 아래쪽 패널). 여기서 또 다시 작업에 대한 훈련이 충분히 진행된 후에는 지시 신호에 반응하는 도파민 뉴런의 수가 많이 감소했다. 이러한 작업들을 학습하는 동안, 도파민 뉴런의 활동이 처음에는 보상에 반응했지만 그 후에는 촉발 신호에 반응했고, 나중에는 더 이전에 발생한 예측 자극에 반응했다. 도파민 뉴런의 반응이 더 이른 시각으로 이동하면서 나중 시각에 발생한 자극에 대한 반응은 사라졌다. 이처럼 반응이 더 이른 시각의 보상 예측 신호로 이동하면서 나중 시각의 예측에 대한 반응이 사라지는 현상은 TD 학습의 특징이다(예를 들어, 그림 14.2를 참고하라).

조금 전에 설명한 작업은 도파민 뉴런의 활동이 TD 학습과 공유하고 있는 또 다른 특성을 드러낸다. 원숭이들은 때때로 잘못된 레버, 즉 지시된 것이 아닌 다른 레버를 눌렀고 그 결과 아무런 보상도 받지 못했다. 이러한 시도에서, 많은 도파민 뉴런의 발사 비율firing rate은 예정된 보상 전달 시각이 지난 직후에 기본값 밑으로 급격히 감소했다. 그리고 이것은 예정된 보상 전달 시각을 알려주는 외부 신호를 사용할 수 없는 상황에서 발생한 것이다(그림 15.3). 어느 정도는 원숭이가 보상이 발생할 시각을 마음속으로 추적하고 있었다는 것이다(도파민 뉴런의 반응 시각에 대한 몇 가지 세부 사항을 설명하기 위해서는, 반응 시각을 설명하는 TD 학습의 가장 간단한 형태를 수정해야 한다. 이 이슈는 다음 절에서 다룰 것이다).

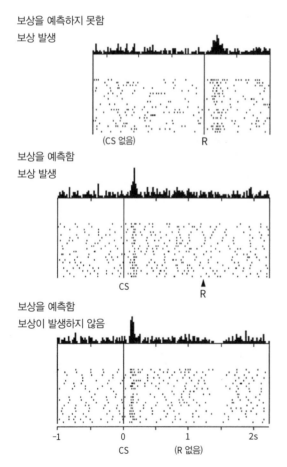

그림 15.3 기대되었던 보상이 주어지지 않은 직후에 도파민 뉴런의 반응이 기본값 밑으로 감소한다. 위쪽: 예상하지 못한 사과 주스 방울이 주어지고 나서 도파민 뉴런이 활성화되었다. 중간: 도파민 뉴런은 보상을 예측하는 조건 자극(CS)에 반응하고 보상 그 자체에는 반응하지 않는다. 아래: CS가 예측한 보상이 실제로 주어지지 않을 경우, 보상이 주어질 것으로 기대되었던 시각 직후에 도파민 뉴런의 활동이 기본값 밑으로 감소한다. 각 패널의 위쪽에, 표시된 시각을 포함하는 짧은 시간 동안 관측된 도파민 뉴런이 생성하는 행동 포텐셜의 평균 개수를 표시했다. 아래에 점으로 표시한 것은 관측된 도파민 뉴런 각각의 활동 패턴을 보여준다. 각 점이 행동 포텐셜을 나타낸다. 출처: AAAS의 허가하에 게재함. Schultz, Dayan, and Montague, A Neural Substrate of Prediction and Reward, *Science*, vol. 275, issue 5306, pages 1593-1598, March 14, 1997

앞에 설명한 연구에서 알아낸 것으로부터 슐츠와 그의 연구팀은 도파민 뉴런이 예기치 못한 보상과 보상에 대한 가장 빠른 예측에 반응하며, 보상 또는 보상의 예측 신호가 예상된 시각에 발생하지 않으면 도파민 뉴런의 활동은 기본값 밑으로 감소한다고 결론 내렸다. 강화학습을 잘 알고 있는 연구자들은 이 결과가 TD 알고리즘에서 TD 오차가 강화 신호로서 행동하는 방식과 놀랍도록 유사하다는 사실을 알아차렸다. 다음 절에서는 특정 예제를 자세하게 살펴봄으로써 이러한 유사성에 대해 알아보겠다.

15.6 TD 오차/도파민 유사성

이 절에서는 TD 오차 δ와 조금 전에 설명한 실험에서 관측된 도파민 뉴런의 단계적 반응 사이의 유사성을 설명할 것이다. 위에서 설명한 작업, 즉 원숭이가 먼저 지시 신호를 보고 나서 고정된 시간이 지난 후에 촉발 신호에 정확히 반응하여 보상을 얻는 작업과 유사한 어떤 작업에서 수행되는 학습 과정 동안 δ가 어떻게 변하는지 알아볼 것이다. 이상적인 상황을 가정하여 작업을 단순화한 형태로 사용할 것이다. 하지만 TD 오차와 도파민 뉴런의 활동 사이의 유사성에 대한 이론적 기반을 강조할 것이기 때문에 지금까지 했던 것보다는 훨씬 더 자세하게 다룰 것이다.

작업을 단순화하기 위한 첫 번째 가정은 학습자가 이미 보상을 얻기 위해 필요한 행동을 학습했다는 것이다. 이렇게 가정하면 학습자가 수행해야 할 작업은 앞으로 경험하게 될 일련의 상태에 대해 미래 보상을 정확하게 예측하도록 학습하는 것이 된다. 그러면 이것은 예측 문제 또는 좀 더 기술적으로는 고정된 정책에 대해 가치 함수를 학습하는(4.1절과 6.1절) 정책 평가 문제가 된다. 이 경우, 학습해야 할 가치 함수는 각 상태에서 학습자가 주어진 정책을 따라 행동을 선택했을 때 그 상태 이후에 발생할 것으로 예측되는 이득을 각 상태에 할당하는 함수다. 이때 이득은 (아마도 할인이 적용된) 모든 미래 보상의 합계다. 이것은 원숭이가 처한 상황에 대한 모델로서는 비현실적이다. (행동자-비평자 알고리즘 같은 강화학습 알고리즘이 가치 함수뿐만 아니라 정책도 학습하듯이) 원숭이들이 정확하게 행동하기 위한 학습을 하는 중에 이러한 예측을 학습할 것이기 때문이다. 하지만 이러한 시나리오를 설명하는 것이 정책과 가치 함수를 동시에 학습하는 시나리오를 설명하는 것보다 더 간단하다.

이제 학습자의 경험이 다수의 조건화 시도로 나누어진다고 상상해 보자. 이때 각 조건화 시도에서는 동일한 상태의 나열이 반복되고, 조건화 시도 동안의 매 시간 단계마다 하나의 분명한 상태가 발생한다. 더 나아가, 예측되는 이득이 한 번의 조건화 시도 동안의 이득으로 제한된다고 상상해 보자. 이렇게 하면 조건화 시도는 이 책에서 정의한 강화학습의 에피소드와 유사한 것이 된다. 물론 실제로는 예측되는 이득이 한 번의 조건화 시도에 한정되지도 않고, 조건화 시도 사이의 시간 간격은 동물이 무엇을 학습하는지 결정하는 데 있어서도 중요한 요소가 된다. 이것은 TD 학습의 경우에도 마찬가지다. 하지만 여기서는 이득이 다수의 조건화 시도에 걸쳐 누적되지 않는다고 가정하겠다. 이렇게 가정하고 나면, 슐츠와 동료들이 수행한 것과 같은 실험에서 조건화 시도는 강화학습의 에피소드와 동일하다(하지만 이와 관련된 논의에서는, 실험과 더 잘 연관되도록 하기 위해 에피소드 대신 조건화 시도라는 용어를 사용할 것이다).

지금까지 그랬듯이, 학습 알고리즘의 입력으로서 상태를 어떻게 표현할 것인지에 대한 가정도 필요하다. 이 가정은 TD 오차가 도파민 뉴런의 활동과 얼마나 가깝게 대응되는지에 영향을 미친다. 이 이슈는 나중에 논의하겠지만, 현재로서는 몬터규 외(1996)가 사용한 것과 동일한 CSC 표현을 가정할 텐데, CSC 표현에는 조건화 시도의 각 시간 단계에서 마주치는 각 상태에 대한 내적 자극이 존재한다. 이렇게 하면 학습 과정은 이 책의 1부에서 다루었던 표 기반의 학습이 된다. 마지막으로, 모든 상태에 대해 0으로 초기화되는 열람표에 저장된 가치 함수 V를 학습하기 위해 학습자가 TD(0)를 사용한다고 가정하겠다. 또한, 이 문제가 결정론적인 문제이고 할인율 γ는 1에 매우 가까워서 무시할 수 있다고 가정하겠다.

그림 15.4는 이러한 정책 평가 문제에서 학습의 여러 단계별로 R, V, δ의 시간에 따른 변화를 표현한 것이다. 시간 축은 조건화 시도에서 상태를 마주치는 시간 구간을 나타낸다(명확한 표현을 위해 여기서는 개개의 상태를 표현하지 않았다). 학습자가 보상을 받는 상태에 도달하는 순간을 제외하면 조건화 시도의 나머지 구간에서는 보상 신호가 0이다. 보상 신호는 시간 축상의 오른쪽 끝 근처에서 보상 신호가 어떤 양숫값, 말하자면 $R^\star$가 될 때 보인다. TD 학습의 목표는 조건화 시도에서 마주치는 각 상태에 대해 이득을 예측하는 것이다. 이 절에서 가정한 것처럼 할인이 없고 이득의 예측이 개별적인 조건화 시도에 한정될 경우 이득은 단순히 각 상태에 대한 $R^\star$가 된다.

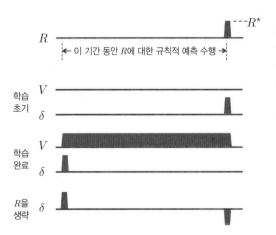

그림 15.4 TD 학습 동안 TD 오차 δ의 변화는 도파민 뉴런의 단계적 활동이 갖는 특징과 일치한다(여기서 δ는 시각 t에서 이용 가능한 TD 오차, 즉 δ_{t-1}이다). 위쪽: 규칙적 예측의 간격으로 표현된 상태의 나열에 이어 0이 아닌 보상 $R^\star$가 나타난다. **학습 초기**: 초기 가치 함수 V와 처음에는 $R^\star$와 동일한 초기 δ. **학습 완료**: 가치 함수가 미래 보상을 정확하게 예측하고, δ는 가장 처음의 예측 상태에서 양의 값을 갖고, 0이 아닌 보상이 나타나는 시점에서 $\delta = 0$이 된다. **$R^\star$를 생략**: 예측된 보상이 누락되는 시점에 δ는 음의 값이 된다. 이러한 일이 일어나는 이유에 대한 완전한 설명은 본문을 참고하라.

보상을 받는 상태 이전에 보상을 예측하는 상태의 나열이 존재하며, 시간 축의 왼쪽 끝부분에 **최초 보상 예측 상태**earliest reward-predicting state가 표현되어 있다. 이것은 조건화 시도가 시작하는 시점 근처에 존재하는 상태와 유사하다. 예를 들면, 위에서 설명했던 슐츠 외(1993)가 수행한 원숭이 실험의 조건화 시도에서 지시 신호로 표시된 상태와 유사하다. 이 상태는 조건화 시도의 상태들 중에 조건화 시도의 보상에 대한 신뢰할 만한 예측을 하는 최초의 상태다(물론 실제로는 이전 조건화 시도에서 마주친 상태가 더 먼저 발생한 보상 예측 상태이지만, 여기서는 예측을 개별적인 조건화 시도로 한정하기 때문에 이전 조건화 시도에서 마주친 상태는 '이번' 조건화 시도의 보상에 대한 예측 상태가 될 수 없다. 아래에서 최초의 보상 예측 상태에 대해 좀 더 만족스러운, 하지만 좀 더 추상적인 설명을 제시할 것이다). 조건화 시도에서 **최신 보상 예측 상태**latest reward-predicting state는 조건화 시도의 보상 상태 바로 직전에 발생하는 상태다. 이 상태는 그림 15.4에서 시간 축의 오른쪽 끝부분에 발생하는 상태다. 어떤 조건화 시도의 보상 상태는 해당 조건화 시도에 대한 이득을 예측하지는 않는다. 이 상태의 가치는 앞으로 '수행될' 모든 조건화 시도에 대한 이득을 예측하게 된다. 여기서는 에피소딕 문제를 다루기 때문에 이 이득을 0으로 가정한다.

그림 15.4는 최초 시도에서 V와 δ의 시간에 따른 변화를 '학습 초기'라고 표시된 그래프를 통해 보여준다. 보상 상태에 도달하는 시점을 제외하면 조건화 시도 전체에 걸쳐 보상 신호가 0이고, 모든 V 값이 0이기 때문에, TD 오차도 보상 상태에서 R^*가 되기 전까지는 0으로 유지된다. 이것은 $\delta_{t-1} = R_t + V_t - V_{t-1} = R_t + 0 - 0 = R_t$이기 때문인데, 보상이 발생하여 R_t가 R^*와 같아지기 전까지 $R_t = 0$이다. 여기서 V_t와 V_{t-1}은 각각 조건화 시도에서 시각 t와 시각 $t - 1$에 마주치는 상태에 대한 가치 추정값이다. 이러한 학습 단계에서 TD 오차는 예기치 못한 보상, 예를 들면 훈련 시작 시점에 사과 주스 방울이 떨어지는 것과 같은 보상에 반응하는 도파민 뉴런과 유사하다.

이 첫 번째 조건화 시도 전반에 걸쳐, 6장에서 설명한 것처럼 TD(0) 갱신이 모든 상태 전이에서 발생한다. 이것은 연속적으로 보상 예측 상태의 가치를 증가시키고, 이러한 증가 현상은 보상 상태로부터 역방향으로 진행되어 이득의 올바른 예측값으로 수렴할 때까지 계속된다. 이 경우 (할인이 없다고 가정했기 때문에) 모든 보상 예측 상태에 대해 보상의 올바른 예측값은 R^*와 같아진다. 이것은 그림 15.4에서 '학습 완료'라고 표시된 V의 그래프를 통해 확인할 수 있다. 이 그래프에서 처음부터 마지막까지 모든 보상 예측 상태의 가치는 R^*와 동일하다. 최초의 보상 예측 상태 이전에 발생한 상태들의 가치는 (그림 15.4에서 0으로 표현되는) 낮은 값으로 유지된다. 이것은 그 상태들이 예측하는 보상이 믿을 만하지 않기 때문이다.

학습이 완료되면, 즉 V가 올바른 가치를 획득하면, 이제는 예측이 정확하기 때문에 모든 보상 예측 상태로부터의 전이와 관련된 TD 오차는 0이다. 이것은 어떤 보상 예측 상태에서 다른 보상 예측 상태로의 전이에 대해 $\delta_{t-1} = R_t + V_t - V_{t-1} = 0 + R^* - R^* = 0$이고, 마지막 보상 예측 상태로부터 보상 상태로의 전이에 대해 $\delta_{t-1} = R_t + V_t - V_{t-1} = R^* + 0 - R^* = 0$이기 때문이다. 반면에, 모든 상태로부터 최초의 보상 예측 상태로의 전이에 대한 TD 오차는 양의 값을 갖는다. 이것은 최초의 보상 예측 상태가 갖는 낮은 가치와 이후에 나오는 보상 예측 상태의 큰 가치 사이의 불일치 때문이다. 정말로 최초의 보상 예측 상태 이전에 발생한 상태의 가치가 0이라면, 최초의 보상 예측 상태로 향하는 전이 이후에 $\delta_{t-1} = R_t + V_t - V_{t-1} = 0 + R^* - 0 = R^*$가 될 것이다. 그림 15.4의 '학습 완료' 그래프에 나타나는 δ는 최초의 보상 예측 상태에서는 양의 값을 갖고, 그 밖의 상태에서는 0의 값을 갖는다.

최초의 보상 예측 상태로 향하는 전이에서 TD 오차가 양의 값을 갖는 것은 보상을 예측하는 최초의 자극에 대한 도파민의 반응이 지속되는 것과 유사하다. 같은 이유로, 학습이 완료되었을 때, 마지막 보상 예측 상태로부터 보상 상태로 향하는 전이는 TD 오차를 0으로 만든다. 마지막 보상 예측 상태의 가치가 정확해서 실제 보상과 상쇄되기 때문이다. 이것은 예기치 못한 보상보다는 충분히 예측된 보상에 대해 도파민 뉴런이 더 적은 단계적 반응을 생성한다는 사실과 일맥상통한다.

학습이 완료된 후에 보상이 갑자기 누락된다면, 마지막 보상 예측 상태의 가치가 너무 크기 때문에 보상이 주어지기로 되어 있는 시점에 TD 오차는 음의 값이 된다. 즉, 그림 15.4에서 δ의 변화를 나타내는 'R을 생략'이라고 표시된 그래프의 오른쪽 끝에서 확인할 수 있듯이 $\delta_{t-1} = R_t + V_t - V_{t-1} = 0 + 0 - R^* = -R^*$이다. 이것은 위에서 설명한 슐츠 외(1993)의 실험에서 확인되었고 그림 15.3에도 표현되었듯이, 기대했던 보상이 누락된 시점에 도파민 뉴런의 활동이 기본값 밑으로 감소하는 것과 유사하다.

최초 보상 예측 상태earliest reward-predicting state라는 개념에 더 많은 관심을 가질 필요가 있다. 위에 설명한 시나리오에서는 경험이 여러 개의 조건화 시도로 나누어지고 예측을 개별 조건화 시도에 한정했기 때문에, 최초 보상 예측 상태는 항상 조건화 시도의 최초 상태가 된다. 이것은 확실히 인위적이다. 최초 보상 예측 상태를 바라보는 좀 더 일반적인 방식은 그것이 보상에 대한 **예기치 못한 예측자**unpredicted predictor이고, 그러한 상태가 많이 있을 수 있다는 것이다. 동물의 삶에서는 많은 다양한 상태가 최초 보상 예측 상태에 앞서 존재할 수도 있다. 하지만 이러한 상태들 이후에는 보상을 예측하지 않는 다른 상태들이 자주 뒤따르기 때문에, 이 상태들이 갖는 보상 예측 능력, 즉 이 상태들의 가치는 낮게 유지된다. TD 알고리즘이 동물의 삶 속에서 적용된다면, 이러한 상태의 가치도 갱신할 것이다. 하지만 가정에 의해 이러한 상태들 중 어떤 것도 확실하게 최초 보상 예측 상태 이전에 발생할 수 없기 때문에 그러한 갱신은 지속적으로 축적되지 못한다. 만약 이 상태들 중 어떤 상태에 대한 갱신이 지속적으로 축적된다면 그 상태 또한 보상 예측 상태일 것이다. 훈련이 과할 경우에는 조건화 시도에서 최초 보상 예측 상태에 대해서조차 도파민의 반응이 감소하는데, 그 원인은 이러한 사실로부터 설명될 수도 있다. 훈련이 과할 경우 전에는 예기치 못한 예측자였던 상태조차 이전 상태와 관련된 자극에 의해 예측될 것으로 기대할 수 있다. 동물이 실험에 참여하여 작업을 수행하든 하지 않든 동물과 환경 사이의 상호작용은 흔한 일이 될 것이다. 하지만 새로운 실험에 참여하게 됨으로써 이러한 반복 작업이 멈추게 되면, 실제로 도파민 뉴런의 활동에서 확인되는 것처럼 TD 오차가 다시 등장하는 것을 보게 될 것이다.

이 절에서 사용한 이상적인 예제의 작업과 유사한 작업에서 동물이 학습하는 동안 진행되는 도파민 뉴런의 단계적 활동과 TD 오차가 왜 핵심적인 특징을 공유하는지는 위에 설명한 예제를 통해 확인할 수 있다. 하지만 도파민 뉴런의 단계적 활동이 갖는 모든 특성이 δ의 특성과 아주 깔끔하게 일치하는 것은 아니다. 가장 문제가 되는 불일치 중 하나는 보상이 기대한 것보다 '더 일찍' 발생했을 때 어떤 일이 일어나는지에 대한 것이다. 기대했던 보상이 누락되면 보상이 발생할 것으로 예상했던 시점에 음의 예측 오차가 만들어지는 것을 이미 확인했다. 이것은 동일한 상황이 발생했을 때 도파민 뉴런의 활동이 기본값 밑으로 감소하는 것에 해당한다. 만약 보상이 예상했던 시점보다 나중에 발생한다면, 그것은 예기치 못한 보상이 되어 양의 예측 오차를 생성한다. 이러한 현상은 TD 오차와 도파민 뉴런의 반응에서 모두 나타나는 현상이다. 하지만 보상이 예상한 시점보다 먼저 발생하면 최소한 몬터규 외(1996)와 이 책의 예제에서 사용한 CSC 표현을 사용했을 경우 도파민 뉴런은 TD 오차가 하는 대로 하지 않는다. 도파민 뉴런은 먼저 발생한 보상에 반응한다. 그 시점에는 보상이 발생할 것으로 예측되지 않았기 때문에 이것은 양의 TD 오차에 해당한다. 하지만 보상이 발생할 것으로 기대했지만 실제로는 보상이 누락된 나중 시점에서는 TD 오차가 음의 값을 갖는 반면, 도파민 뉴런의 활동은 예상과는 다르게 TD 모델이 예측하는 방식을 따라 기본값 밑으로 감소하지는 않는다(홀러만과 슐츠_{Hollerman and Schultz}, 1998). CSC 표현을 이용하는 단순한 TD 학습보다 복잡한 무언가가 동물의 뇌 안에서 진행되고 있다.

TD 오차와 도파민 뉴런의 활동 사이에 존재하는 몇 가지 불일치는 TD 알고리즘에서 적절한 파라미터 값을 선택하고 CSC 표현을 제외한 다른 자극 표현을 사용함으로써 다룰 수 있다. 예를 들어, 조금 전에 설명한 이른_{early} 보상 불일치를 다루기 위해, 수리와 슐츠(Suri and Schultz, 1999)는 더 먼저 발생한 자극에 의해 시작된 내적 신호의 나열이 보상이 발생함에 따라 상쇄되는 CSC 표현을 제안했다. 다우, 쿠르빌, 투레츠키(2006)의 또 다른 제안은 뇌의 TD 시스템이 있는 그대로의 감각 입력을 기반으로 하는 더 간단한 표현이 아니라 감각 피질에서 수행된 통계적 모델링에 의해 만들어진 표현을 사용한다는 것이다. 루드비그, 서튼, 케호(2008)는 미세자극MS 표현(그림 14.1)을 이용한 TD 학습이 CSC 표현을 사용했을 때보다 이른 보상 및 다른 상황에서의 도파민 뉴런의 활동과 더 잘 일치한다는 사실을 발견했다. 팬, 슈미트, 위켄스, 하이랜드(Pan, Schmidt, Wickens, and Hyland, 2005)는 CSC 표현을 사용하는 경우에도, 오래 지속되는 적격 흔적이 TD 오차와 도파민 뉴런 활동의 일부 측면 사이의 일치성을 향상시킨다는 사실을 알아냈다. 일반적으로, TD 오차의 행동에 대한 많은 자세한 세부 사항들은 적격 흔적, 할인, 자극의 표현 사이에서 일어나는 미묘한 상호작용에 의존한다. 이와 같은 발견들은 보상 예측 오차 가설을 자세히 설명하고 정제한다. 또한, 도파민 뉴런의 단계적 활동을 TD 오차라는 신호가 발생하는 것으로 간주할 수 있다는 주장에도 위배되지 않는다.

반면에, TD 이론과 실험 데이터 사이에는 파라미터 값과 자극의 표현을 선택하는 것만으로는 쉽게 맞춰지지 않는 불일치가 존재한다(이러한 불일치 중 몇 가지를 이 장의 마지막에 나오는 '참고문헌 및 역사적 사실'에서 언급할 것이다). 그리고 신경과학자들이 계속해서 정제된 실험을 수행함에 따라 더 많은 불일치가 발견될 것 같다. 하지만 보상 예측 오차 가설은 뇌의 보상 시스템이 어떻게 작동하는지에 대한 이해를 높이는 촉매제로서 매우 효과적인 기능을 수행해 왔다. 이 가설로부터 나온 예측을 검증하거나 반박하기 위해 복잡한 실험들이 설계되었고, 실험 결과는 다시 TD 오차/도파민 가설을 정제하고 더 자세히 설명하는 데 기여했다.

이러한 발전 과정에 있어서 한 가지 놀라운 측면은 도파민 시스템의 특성과 잘 연결되는 강화학습 알고리즘 및 이론이 도파민 뉴런의 특성과 관련된 어떠한 정보도 없이 계산적 관점에서 개발되었다는 것이다(도파민 뉴런의 활동에서 나타나는 TD와 유사한 특성을 밝혀 줄 실험이 수행되기 훨씬 전에 TD 학습 및 TD 학습이 최적 제어와 동적 프로그래밍에 연결되는 부분이 개발되었다는 사실을 기억하라). 이러한 계획되지 않은 연관성은, 그 연관성이 완벽하지 않음에도 불구하고, TD 오차와 도파민의 유사성을 통해 뇌의 보상 과정에 대한 무언가 중요한 것을 포착할 수 있음을 암시한다.

도파민 뉴런의 단계적 활동에 대한 많은 특징을 설명해 주는 것 이외에도, 보상 예측 오차 가설은 신경과학을 강화학습의 다른 측면, 특히 TD 오차를 강화 신호로 사용하는 학습 알고리즘과 연결해 준다. 회로circuit, 분자 메커니즘, 도파민 뉴런이 수행하는 단계적 활동의 기능 등을 완벽하게 이해하는 수준에 도달하기까지 신경과학은 여전히 한참 뒤처져 있다. 하지만 도파민의 단계적 반응이 학습을 위한 강화 신호라는 증거와 함께, 보상 예측 오차 가설을 뒷받침하는 증거는 TD 오차가 중요한 역할을 하는 행동자-비평자 알고리즘 같은 무언가를 뇌가 구현하고 있을 수도 있음을 암시한다. 그 밖의 강화학습 알고리즘도 그럴듯한 후보이지만, 행동자-비평자 알고리즘이 포유류의 뇌에 관한 해부학 및 생리학과 특히 잘 맞는다. 이에 관해서는 이어지는 두 절에서 설명하겠다.

15.7 신경 행동자-비평자

행동자-비평자 알고리즘은 정책과 가치 함수를 모두 학습한다. '행동자'는 정책을 학습하는 요소이고, '비평자'는 행동자의 행동 선택을 '비평'하기 위해 행동자가 현재 따르고 있는 정책이 무엇이든 그 정책에 대해 학습하는 요소다. 비평자는 TD 알고리즘을 이용하여 행동자의 현재 정책에 대한 상태 가치 함수를 학습한다. 가치 함수는 비평자가 행동자에게 TD 오차 δ를 보냄으로써 행동자의 행동 선택을 비평할 수 있게 해 준다. 양의 δ 값은 행동이 '좋다'는 것을 의미한다. 행동을 통해 기대했던 가치보다 더 좋은 가치를 갖는 상태에 도달했기 때문이다. 음의 δ 값은 행동이 '나쁘다'는 것을 의미한다. 이 경우에는 행동을 통해 기대했던 가치보다 더 안 좋은 가치를 갖는 상태에 도달했기 때문이다. 이러한 비평을 기반으로 하여 행동자는 계속해서 자신의 정책을 갱신한다.

행동자-비평자 알고리즘의 두 가지 뚜렷한 특징은 뇌에서도 행동자-비평자 알고리즘과 같은 알고리즘이 작동할 수 있겠다는 생각을 하게 만든다. 첫째, 행동자-비평자 알고리즘의 두 구성 요소인 행동자와 비평자는 보상 기반 학습을 위해 중요한 선조체의 두 부분인 배후 선조체와 복부 선조체(15.4절)가 각각 행동자와 비평자 같은 어떤 기능을 수행할 수도 있음을 시사한다. 행동자-비평자 알고리즘이 뇌에서도 작동할 수 있음을 암시하는 두 번째 특징은 TD 오차가 행동자와 비평자 각각이 진행하는 학습에는 서로 다른 영향을 주겠지만, 행동자와 비평자 모두에게 이중으로 강화 신호의 역할을 할 수 있다는 것이다. 이것은 신경 회로의 여러 가지 특징과 잘 부합한다. 예를 들면 도파민 뉴런의 축색 돌기는 배후 선조체와 복부 선조체 모두를 목표로 하고, 도파민은 배후 선조체와 복부 선조체 모두의 시냅스 가소성을 조절하는 데 있어 핵심적인 것처럼 보인다. 그리고 도파민 같은 신경 조절 물질이 목표 구조체에 작용하는 방식은 신경 조절 물질의 특성이 아니라 목표 구조체의 특성에 의존한다.

13.5절에서는 행동자-비평자 알고리즘이 정책 경사도 방법의 하나로 제시되었지만, 바르토, 서튼, 앤더슨(1983)의 행동자-비평자 알고리즘은 더 간단한 인공 신경망ANN으로서 제시되었다. 여기서는 바르토 등이 제시한 것과 같은 ANN을 적용하는 방법을 설명하고, 이 ANN이 뇌 안의 진짜 신경망에 의해 구현되는 방법에 대해서는 다카하시, 쇼엔바움, 니브(2008)가 제시한 방법을

이용하여 체계적으로 설명할 것이다. 15.8절에서는 행동자와 비평자의 학습 규칙을 정책 경사도로 형식화하는 특별한 경우로서 제시하고, 도파민이 시냅스의 가소성을 어떻게 조절할 수 있는지에 대해 행동자와 비평자의 학습 규칙이 암시하는 바를 논의할 것이다. 그때까지 행동자와 비평자의 학습 규칙에 대한 논의는 잠시 미뤄 두겠다.

그림 15.5(a)는 ANN의 요소 네트워크가 행동자와 비평자를 구현하는 방식으로 행동자-비평자 알고리즘을 구현한 것을 보여준다. 비평자는 뉴런과 유사한 하나의 단위인 V와 TD라고 표시된 다이아몬드 형태의 성분으로 구성된다. 이때 V의 출력은 상태의 가치를 나타내고, TD 다이아몬드는 V의 출력을 보상 신호 및 (TD 다이아몬드로부터 나와서 그 자신으로 들어가는 고리로 표현된) 이전 상태의 가치와 결합함으로써 TD 오차를 계산한다. 행동자 네트워크는 $A_i, i = 1, ..., k$로 표시된 k개의 행동자 단위를 포함하는 단일 층위를 갖는다. 각 행동자 단위의 출력은 k차원 행동 벡터의 성분이다. 각 행동 단위로부터 명령을 받는 k개의 개별적인 행동이 있어서 이 행동들이 실행되기 위해 서로 경쟁하는 것으로 보는 대안적인 관점이 있지만, 여기서는 전체 A 벡터를 하나의 행동으로 생각할 것이다.

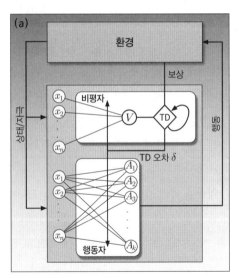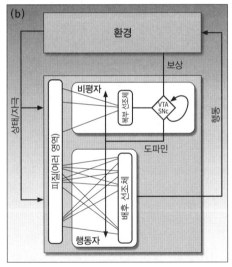

그림 15.5 행동자-비평자 ANN과 그것을 가상의 신경 구조에 적용한 것. (a) ANN 형태의 행동자-비평자 알고리즘. 행동자는 비평자로부터 받는 TD 오차 δ를 기반으로 하여 정책을 조정한다. 비평자는 동일한 δ를 이용하여 상태 가치 파라미터를 조정한다. 비평자는 보상 신호 R과 상태 가치 추정값의 변화로부터 TD 오차를 생성한다. 행동자는 보상 신호를 직접 받을 수 없고, 비평자는 행동에 직접 접근할 수 없다. (b) 행동자-비평자 알고리즘을 가상의 신경 구조에 적용한 것. 행동자 전체와 비평자의 가치 학습 부분이 각각 배후 선조체와 복부 선조체에 적용된다. VTA와 SNpc에 위치한 도파민 뉴런에 의해 TD 오차가 전달되어, 피질 영역의 입력이 두 가지 선조체에 전달되는 과정에서 시냅스의 능률을 조절한다. 출처: Frontiers in Neuroscience, vol. 2(1), 2008, Y. Takahashi, G. Schoenbaum, and Y. Niv, Silencing the critics: Understanding the effects of cocaine sensitization on dorsolateral and ventral striatum in the context of an Actor/Critic model

비평자 네트워크와 행동자 네트워크 둘 다 학습자의 환경 상태를 나타내는 다수의 특징으로 구성된 입력을 받는다(1장에서 강화학습 학습자의 환경이 학습자를 포함하는 '유기체'의 내부와 외부에 있는 성분들을 포함한다고 했음을 기억하라). 그림에서는 이러한 특징이 x_1, x_2, ..., x_n으로 표시된 원으로 표현되는데, 그림을 단순화하기 위해 같은 특징을 위아래로 두 번 표현했다. 시냅스의 능률을 나타내는 가중치는 각각의 특징 x_i가 비평자 단위 V와 각각의 행동 단위 A_i에 연결되는 것과 관련이 있다. 비평자 네트워크의 가중치는 가치 함수에 대한 파라미터이고, 행동자 네트워크의 가중치는 정책에 대한 파라미터다. 이 가중치들이 비평자와 행동자의 학습 규칙에 따라 변화하면서 네트워크의 학습이 진행된다. 비평자와 행동자의 학습 규칙에 대해서는 다음 절에서 설명할 것이다.

비평자 내부의 회로에서 만들어지는 TD 오차는 비평자와 행동자 네트워크에서 가중치를 변화시키는 강화 신호다. 이것은 그림 15.5(a)에서 비평자와 행동자 네트워크 안의 모든 연결에 걸쳐 확장하는 'TD 오차 δ'라고 표시된 선으로 표현되어 있다. 비평자와 행동자 네트워크의 이러한 측면들과 보상 예측 오차 가설, 그리고 도파민 뉴런의 활동이 뉴런에 있는 축색 돌기 나무에 의해 아주 넓게 퍼진다는 사실을 종합해 보면, 행동자-비평자 네트워크가 보상과 관련된 학습이 뇌에서 어떻게 일어나는지에 대한 터무니없는 가설은 아닐 수도 있다는 것을 알 수 있다.

그림 15.5(b)는 (매우 도식적으로) 그림의 왼쪽에 있는 ANN이 다카하시 외(2008)의 가설에 따라 뇌의 구조와 어떻게 연결될 수 있는지를 나타낸다. 이 가설에 따르면 비평자의 가치 학습 부분과 행동자는 기저핵basal ganglia의 입력 구조인 복부 선조체와 배후 선조체에 각각 대응된다. 15.4절에서 이미 밝혔듯이, 배후 선조체는 주로 행동 선택에 영향을 미치는 과정과 관련되어 있고, 복부 선조체는 감각에 정서적 가치를 할당하는 것을 포함하는 보상 과정의 다양한 측면과 관련해서 중요한 역할을 하는 것으로 생각된다. 뇌의 다른 구조와 함께, 대뇌 피질은 선조체에 입력을 보내서 자극, 내적 상태, 작업 능력에 관한 정보를 전달한다.

행동자-비평자를 뇌에 적용하는 이러한 가설에서 복부 선조체는 가치에 대한 정보를 VTA와 SNpc에 보내는데, 이 핵 안에 있는 도파민 뉴런은 해당 정보를 보상에 관한 정보와 결합하여 TD 오차에 따른 행동을 생성한다(하지만 도파민에 반응하는 뉴런이 정확히 어떻게 이러한 오차를 계산하는지는 아직 밝혀지지 않았다). 그림 15.5(a)에서 'TD 오차 δ'라고 표시된 선은 그림 15.5(b)에서는 '도파민'이라고 표시된 선에 해당하는데, 이 선은 넓은 영역에 가지를 뻗치는 도파민 뉴런의 축색 돌기를 나타낸다. 이때 도파민 뉴런의 세포체는 VTA와 SNpc에 존재한다. 그림 15.1을 다시 보면, 이 축색 돌기는 배후 선조체와 복부 선조체의 주요 입/출력 뉴런인 중간 가시 뉴런의 수상 돌기에 있는 가시와 연결되는 시냅스 접점을 만든다. 선조체에 입력을 보내는 피질 뉴런의 축색 돌기는 이 가시의 끝부분에 시냅스 접점을 만든다. 가설에 따르면, 피질 영역에서 선조체로 향하는 시냅스의 능률은 이 가시에서 변화하고, 도파민으로부터 나오는 강화 신호에 전적으로 의존하는 학습 규칙이 이 변화를 통제한다.

그림 15.5(b)에 표현된 가설이 암시하는 한 가지 중요한 사실은 도파민 신호가 강화학습의 스칼라 R_t 같은 '마스터' 보상 신호가 아니라는 것이다. 사실, 이 가설은 누군가가 뇌를 조사했을 때 단일 뉴런의 활동에서 R_t 같은 신호를 반드시 기록할 수 있어야 하는 것은 아니라는 사실을 나타낸다. 서로 연결된 많은 신경 시스템은 보상과 관련된 정보를 생성한다. 이때 서로 다른 보상의 유형에 따라 서로 다른 구조의 정보가 생성된다. 도파민 뉴런은 뇌의 다양한 영역으로부터 정보를 받기 때문에, 그림 15.5(b)에서 SNpc와 VTA로 들어가는 '보상'이라고 표시된 입력은 다수의 입력 경로를 따라 핵 내부의 뉴런으로 들어가는 보상과 관련된 정보를 담고 있는 벡터로 간주되어야 한다. 그러면, 이론적인 스칼라 보상 신호 R_t에 대응되는 것은 보상과 관련된 모든 정보가 도파민 뉴런의 활동에 기여하는 총량이라고 할 수 있다. 이것은 뇌의 다양한 영역에 있는 많은 뉴런이 보여주는 행동 패턴의 결과다.

그림 15.5(b)에 표현된 행동자-비평자 신경 시스템이 어느 정도는 맞다 할지라도, 도파민 뉴런의 단계적 활동이 수행하는 기능에 대한 완전한 모델로서 자격을 갖추기 위해서는 확실히 더 정제되고, 확장되고, 수정될 필요가 있다. 이 장의 마지막에 나오는 '참고문헌 및 역사적 사실'에서는 이 가설을 경험적으로 뒷받침하는 사실들과 이 가설로는 미처 설명하지 못하는 사실들을 자세히 다루는 논문을 인용할 것이다. 지금부터는 피질선조체 시냅스의 시냅스 능률 변화를 통제하는 규칙들과 관련하여 행동자와 비평자 알고리즘이 알려주는 것들을 자세히 알아볼 것이다.

15.8 행동자와 비평자 학습 규칙

행동자-비평자 알고리즘 같은 것이 뇌에서 구현된다면, 그리고 그림 15.5(b)에 표현된 것처럼 모든 도파민 뉴런이 배후 선조체 및 복부 선조체의 대뇌 피질 시냅스에 동일한 강화 신호를 전파한다고 가정하면(이것은 앞에서 언급했듯이 어쩌면 과하게 단순화한 것일 수도 있다), 이 강화 신호는 이 두 구조체의 시냅스에 서로 다른 방식으로 영향을 주게 된다. 비평자와 행동자의 학습 규칙은 동일한 강화 신호인 TD 오차 δ를 사용하지만, 그것이 학습에 미치는 효과는 비평자와 행동자에게 서로 다르게 나타난다. (적격 흔적과 결합된) TD 오차는 행동자에게 상태의 가치를 더 높이기 위해 행동의 발생 확률을 어떻게 갱신해야 하는지 알려준다. 행동자에 의한 학습은 효과의 법칙 유형의 학습 규칙(1.7절)을 사용한 도구적 조건화와 유사하다. 즉, 행동자는 δ를 가능하면 양의 값으로 유지하려고 한다. 반면에, TD 오차는 (적격 흔적과 결합되었을 때) 비평자의 예측 정밀도를 향상시키기 위해 가치 함수 파라미터의 크기와 방향을 어떻게 변화시켜야 하는지를 비평자에게 알려준다. 비평자는 고전적 조건화의 TD 모델(14.2절) 같은 학습 규칙을 이용하여 δ의 크기를 0에 가깝게 감소시키려고 한다. 비평자의 학습 규칙과 행동자의 학습 규칙 사이의 차이는 비교적 간단하지만, 이러한 차이가 학습에 미치는 효과는 엄청나며, 행동자-비평자 알고리즘의 작동 방식에 있어서 이러한 차이는 중요한 의미를 갖는다. 이 차이는 오직 각 유형의 학습 규칙이 사용하는 적격 흔적에만 존재하는 차이다.

그림 15.5(b)에 표현된 것과 같은 행동자-학습자 신경망에 한 가지 이상의 학습 규칙을 사용할 수 있지만, 확실한 설명을 위해 여기서는 13.6절에서 제시했던 적격 흔적이 적용된 연속적 문제에 행동자-비평자 알고리즘을 적용하는 것에 초점을 맞출 것이다. S_t로부터 S_{t+1}로 향하는 모든 전이에 대해, 행동 A_t를 취하고 보상 R_{t+1}을 받으면서 행동자-비평자 알고리즘은 TD 오차(δ)를 계산하고, 적격 흔적 벡터($\mathbf{z}_t^{\mathbf{w}}$와 $\mathbf{z}_t^{\boldsymbol{\theta}}$) 및 비평자와 행동자에 대한 파라미터($\mathbf{w}$와 $\boldsymbol{\theta}$)를 다음과 같이 갱신한다.

$$\delta_t = R_{t+1} + \gamma \hat{v}(S_{t+1}, \mathbf{w}) - \hat{v}(S_t, \mathbf{w})$$
$$\mathbf{z}_t^{\mathbf{w}} = \lambda^{\mathbf{w}} \mathbf{z}_{t-1}^{\mathbf{w}} + \nabla \hat{v}(S_t, \mathbf{w})$$
$$\mathbf{z}_t^{\boldsymbol{\theta}} = \lambda^{\boldsymbol{\theta}} \mathbf{z}_{t-1}^{\boldsymbol{\theta}} + \nabla \ln \pi(A_t | S_t, \boldsymbol{\theta})$$
$$\mathbf{w} \leftarrow \mathbf{w} + \alpha^{\mathbf{w}} \delta_t \mathbf{z}_t^{\mathbf{w}}$$
$$\boldsymbol{\theta} \leftarrow \boldsymbol{\theta} + \alpha^{\boldsymbol{\theta}} \delta \mathbf{z}_t^{\boldsymbol{\theta}}$$

여기서 $\gamma \in [0, 1)$는 할인율 파라미터이고, $\lambda^w c \in [0, 1]$와 $\lambda^w a \in [0, 1]$는 각각 비평자와 행동자에 대한 부트스트랩 파라미터이며, $\alpha^{\mathbf{w}} > 0$와 $\alpha^{\boldsymbol{\theta}} > 0$는 시간 간격과 유사한 파라미터다.

근사적 가치 함수 $\hat{v}$를 뉴런과 유사한 하나의 단위에서 나오는 출력으로 생각하자. 여기서 이 단위는 **비평자 단위**critic unit라고 불리고, 그림 15.5(a)에서 V로 표시된다. 그러면 가치 함수는 상태 s의 특징 벡터 표현 $\mathbf{x}(s) = (x_1(s), ..., x_n(s))^{\top}$에 대한 선형 함수로서 다음과 같이 가중치 벡터 $\mathbf{w} = (w_1, ..., w_n)^{\top}$를 파라미터로 갖는다.

$$\hat{v}(s, \mathbf{w}) = \mathbf{w}^{\top} \mathbf{x}(s) \tag{식 15.1}$$

각각의 $x_i(s)$는 시냅스 앞에서 능률이 w_i인 뉴런의 시냅스에 전달되는 신호와 유사하다. 비평자의 가중치는 위의 규칙에 따라 $\alpha^{\mathbf{w}} \delta_t \mathbf{z}_t^{\mathbf{w}}$만큼씩 점진적으로 증가한다. 여기서 강화 신호 δ_t는 모든 비평자 단위의 시냅스에 전파되는 도파민 신호에 해당한다. 비평자 단위에 대한 적격 흔적 벡터 $\mathbf{z}_t^{\mathbf{w}}$는 $\nabla \hat{v}(S_t, \mathbf{w})$의 흔적(최근 가치의 평균)이다. $\hat{v}(s, \mathbf{w})$가 가중치에 대해 선형이기 때문에,

$\nabla \hat{v}(S_t, \mathbf{w}) = \mathbf{x}(S_t)$이다.

신경과학 용어로 말하면, 이것은 각 시냅스가 벡터 $\mathbf{z}_t^\mathbf{w}$의 한 성분을 자신만의 적격 흔적으로 갖는다는 뜻이다. 어떤 시냅스의 적격 흔적은 그 시냅스에 도달하는 활동의 수준, 즉 시냅스 앞에서 일어나는 활동의 수준에 따라 축적된다. 여기서 시냅스 앞에서 일어나는 활동의 수준은 그 시냅스에 도달하는 특징 벡터 $\mathbf{x}(S_t)$의 성분으로 표현된다. 축적되지 못한 흔적은 $\lambda^\mathbf{w}$에 따라 정해지는 속도로 0으로 감퇴한다. 적격 흔적이 0이 아니기만 하면 시냅스는 **수정될 자격이 있는** eligible for modification 시냅스가 된다. 시냅스의 능률이 실제로 어떻게 수정되는지는 시냅스가 수정될 자격이 있는 동안 도달하는 강화 신호에 따라 달라진다. 비평자 단위 시냅스의 이와 같은 적격 흔적을 **무관한 적격 흔적**non-contingent eligibility traces이라고 부른다. 이 적격 흔적이 시냅스 뒤에서의 활동과는 전혀 상관없이 시냅스 앞에서의 활동에만 의존하기 때문이다.

비평자 단위 시냅스의 무관한 적격 흔적은 비평자 단위의 학습 규칙이 본질적으로는 14.2절에서 설명한 고전적 조건화의 TD 모델임을 의미한다. 비평자 단위에 대해 위에 제시한 정의와 비평자 단위의 학습 규칙을 적용하면 그림 15.5(a)의 비평자는 바르토 외(1983)가 제시한 ANN 행동자-비평자에서의 비평자와 같아진다. 확실히, 뉴런과 유사한 선형 단위 하나로만 구성된 이와 같은 비평자는 논의를 시작하기 위한 가장 간단한 신경망이다. 이 비평자 단위는 더 복잡한 가치 함수를 학습할 수 있는 더 복잡한 신경망을 설명하기 위한 대용물이다.

그림 15.5(a)에 있는 행동자는 뉴런과 유사한 k개의 행동 단위로 구성된 단일 층위 네트워크다. 이 행동자 단위는 시각 t에 비평자 단위가 받은 것과 동일한 특징 벡터 $\mathbf{x}(S_t)$를 받는다. 각각의 행동자 단위 $j, j = 1, ..., k$는 자신만의 가중치 벡터 $\boldsymbol{\theta}_j$를 갖지만, 모든 행동자 단위가 동일하기 때문에 이 단위들 중 하나에 대해서만 설명하겠다. 그리고 아래 첨자도 생략하겠다. 행동자 단위가 위의 방정식으로 주어진 행동자-비평자 알고리즘에 적용될 수 있게 하는 한 가지 방법은 행동자 단위가 **베르누이-로지스틱 단위**Bernoulli-logistic unit가 되게 하는 것이다. 이것은 행동자 단위의 출력이 매 시각 0 또는 1의 값을 취하는 확률 변수 A_t가 된다는 뜻이다. 확률 변수 A_t의 값이 1이 되는 것을 뉴런 발사firing, 즉 행동 포텐셜의 분출로 생각하겠다. 행동자 단위의 입력 벡터에 대한 가중 합계 $\boldsymbol{\theta}^\top\mathbf{x}(S_t)$는 지수 형태의 소프트맥스 분포(식 13.2)를 통해 행동자 단위의 행동 발생 확률을 결정한다. 두 개의 행동에 대한 소프트맥스 분포는 다음과 같은 로지스틱 함수logistic function가 된다.

$$\pi(1|s, \boldsymbol{\theta}) = 1 - \pi(0|s, \boldsymbol{\theta}) = \frac{1}{1 + \exp(-\boldsymbol{\theta}^\top\mathbf{x}(s))} \qquad \text{(식 15.2)}$$

각 행동자 단위의 가중치는 (앞에서 설명했듯이) 갱신 규칙 $\theta \leftarrow \theta + \alpha^{\theta} \delta_t \mathbf{z}_t^{\theta}$에 따라 증가한다. 여기서도 δ는 도파민 신호에 해당한다. 이 도파민 신호는 모든 비평자 단위의 시냅스에 도달하는 것과 동일한 강화 신호다. 그림 15.5(a)는 δ_t가 모든 행동자 단위의 시냅스에 전달되는 것을 보여 준다(이것은 이 행동자 네트워크를 여러 강화학습 학습자로 구성된 하나의 팀으로 만든다. 이에 대해서는 15.10절에서 논의할 것이다). 행동자 적격 흔적 벡터 $\mathbf{z}_t^{\theta}$는 $\nabla \ln \pi(A_t \mid S_t, \theta)$의 흔적(최근 값의 평균)이다. 이 적격 흔적을 이해하기 위해 연습문제 13.5를 참고해 보자. 이 연습문제에서는 이러한 종류의 행동자 단위를 정의하고 그에 대한 학습 규칙을 제시하라고 요구한다. 다시 말해, 이 연습문제는 경사도를 계산함으로써 (임의의 상태 s와 행동 a에 대해) a, $x(s)$, $\pi(a \mid s, \theta)$를 이용하여 $\nabla \ln \pi(a \mid s, \theta)$를 표현하라고 요구한다. 시각 t에서 실제로 발생하는 행동과 상태에 대해, 이 연습문제의 정답은 다음과 같다.

$$\nabla \ln \pi(A_t | S_t, \theta) = \big(A_t - \pi(1 | S_t, \theta)\big) \mathbf{x}(S_t) \qquad \text{(식 15.3)}$$

시냅스 앞에서의 활동 $\mathbf{x}(S_t)$만을 축적하는 비평자 시냅스의 무관한 적격 흔적과는 다르게, 행동자 단위 시냅스의 적격 흔적은 시냅스 앞에서의 활동뿐만 아니라 행동자 단위 자체의 활동에도 의존한다. 이 적격 흔적이 이러한 시냅스 뒤에서의 활동에 의존하기 때문에 이 적격 흔적을 **연관된 적격 흔적**contingent eligibility trace이라고 부르겠다. 각 시냅스에서의 적격 흔적은 지속적으로 감퇴하지만, 시냅스 앞에서의 뉴런 활동 및 시냅스 뒤에서 뉴런 발사가 발생하는지의 여부에 따라 순간적으로는 증가하거나 감소한다. 식 15.3에서 $A_t - \pi(1 \mid S_t, \theta)$는 $A_t = 1$일 때 양의 값을 갖고, 그 밖의 경우에는 음의 값을 갖는다. 행동자 단위의 적격 흔적과 시냅스 뒤에서의 활동 사이의 연관성이 비평자 학습 규칙과 행동자 학습 규칙 사이의 유일한 차이점이다. 어떤 상태에서 어떤 행동이 취해졌는지에 대한 정보를 유지함으로써, 연관된 적격 흔적은 보상에 대한 가점(양의 δ 값), 또는 처벌에 대한 벌점(음의 δ 값)을 정책 파라미터(행동자 단위 시냅스의 능률)들에 할당할 수 있게 해 준다. 이때 가점 또는 벌점의 할당은 δ 값에 영향을 주었을 수도 있는 행동자 단위의 출력을 만드는 과정에서 정책 파라미터가 기여한 정도에 따라 이루어진다. 연관된 적격 흔적은 양의 δ 값을 촉진하기 위한 방향으로 행동자 단위의 미래 반응을 변경하기 위해 시냅스가 어떻게 수정되어야 하는지와 관련된 정보를 시냅스에 표시한다(흔적을 남긴다 옮긴이).

비평자와 행동자 학습 규칙은 대뇌 피질 시냅스의 능률이 어떻게 변하는지에 대해 무엇을 알려줄까? 두 학습 규칙 모두 이제는 고전이 된 도널드 헵Donald Hebb이 제안한 명제와 연관되어 있다. 그의 명제에 따르면 시냅스 앞에서의 신호가 시냅스 뒤의 뉴런을 활성화할 때마다 시냅스의 능률은 증가한다(헵, 1949). 여러 요소들 사이의 상호작용에 따라 시냅스의 능률이 달라진다는 개념은 비평자와 행동자의 학습 규칙과 헵이 제안한 방법에 공통으로 포함되어 있는 개념이다.

비평자의 학습 규칙에서는 강화 신호 δ가 시냅스 앞에서의 신호에만 의존하는 적격 흔적과 상호작용한다. 신경과학자들은 이러한 상호작용을 **두 요소 학습 규칙**two-factor learning rule이라고 부른다. 상호작용이 두 개의 신호 또는 두 개의 값 사이에서 일어나기 때문이다. 반면에 행동자 학습 규칙은 **세 요소 학습 규칙**three-factor learning rule이다. 행동자 학습 규칙의 적격 흔적은 δ뿐만 아니라 시냅스 앞에서의 활동과 시냅스 뒤에서의 활동에 모두 의존하기 때문이다. 하지만 헵이 제안한 개념과는 다르게, 요소들 간의 상대적인 발생 시각은 시냅스 능률이 어떻게 변하는지에 있어서 중요하게 작용한다. 이때 시냅스의 능률이 변하는 과정에서 강화 신호가 최근에 활성화되었던 시냅스에 영향을 줄 수 있도록 적격 흔적이 개입한다.

행동자와 비평자 학습 규칙에서 신호 발생 시각에 관한 미묘한 부분들을 더 자세히 들여다볼 필요가 있다. 뉴런과 유사한 행동자와 비평자 단위를 정의하는 과정에서, 시냅스의 입력이 실제 뉴런의 발사firing를 유발하는 데 걸리는 짧은 시간을 무시했다. 행동 포텐셜이 시냅스 앞에 있는 뉴런으로부터 시냅스에 도달할 때, 신경 전달 물질 분자가 분비되어 시냅스 틈새를 가로질러 시냅스 뒤에 있는 뉴런에까지 확산되고, 시냅스 뒤에 있는 뉴런의 표면에서 수용기와 결합한다. 이러한 과정이 시냅스 뒤에 있는 뉴런의 발사를 유발하는(또는 억제적 시냅스 입력의 경우에는 발사를 억제하는) 분자 조직을 활성화한다. 이 과정에는 $0.01 \sim 0.1$초 정도의 시간이 걸린다. 하지만 식 15.1과 식 15.2에 따르면, 비평자와 행동자 단위로 들어오는 입력은 순간적으로 출력을 만들어 낸다. 이와 같이 활성화 시간을 고려하지 않는 것은 시냅스 앞뒤에서 동시에 일어나는 활동을 단순히 곱한 값에 따라 시냅스 능률이 변화하는 헵 스타일Hebbian-style 가소성에 대한 추상적 모델에서 흔한 일이다. 좀 더 현실적인 모델이 되려면 활성화 시간을 고려해야 한다.

강화에 대한 가점credit을 적합한 시냅스에 적절히 할당하기 위해 연관된 적격 흔적이 어떻게 작용해야 하는지가 활성화 시간에 영향을 받기 때문에 활성화 시간은 좀 더 현실적인 행동자 단위에 특히 중요하다. 위에 주어진 행동자 단위의 학습 규칙에 대해 연관된 적격 흔적을 정의하는 표현 $(A_t - \pi(1 \mid S_t, \boldsymbol{\theta}))\mathbf{x}(S_t)$는 시냅스 뒤의 요소 $(A_t - \pi(1 \mid S_t, \boldsymbol{\theta}))$와 시냅스 앞의 요소 $\mathbf{x}(S_t)$를 포함한다. 활성화 시간을 고려하지 않음으로써 시냅스 앞에서의 활동 $\mathbf{x}(S_t)$가 $(A_t - \pi(1 \mid S_t, \theta))$에 나타나는 시냅스 뒤에서의 활동을 유발하는 데 관여하게 되기 때문에 이렇게 하는 것이 맞다. 강화에 대한 가점을 정확하게 할당하기 위해, 적격 흔적을 정의하는 시냅스 앞의 요소가 적격 흔적을 정의하는 시냅스 뒤의 요소를 유발해야만 한다. 좀 더 현실적인 행동자 단위에 대한 연관된 적격 흔적이라면 활성화 시간을 고려해야 할 것이다(뉴런이 스스로의 활동에 영향을 받아 발생하는 강화 신호를 받는 데 필요한 시간을 활성화 시간과 혼동해서는 안 된다. 적격 흔적의 기능은 일반적으로 활성화 시간보다 훨씬 더 긴 이 시간 간격 동안 작용하게 된다. 이에 관해서는 다음 절에서 더 논의할 것이다).

뇌에서 이 과정이 어떻게 일어나는지에 대한 힌트를 신경과학으로부터 얻을 수 있다. 신경과학자들은 **스파이크-시각-의존 가소성**Spike-Timing-Dependent Plasticity, STDP이라고 불리는 헵 가소성의 한 가지 형태를 발견했는데, 이것은 뇌에 행동자와 유사한 시냅스 가소성이 존재한다는 사실을 뒷받침한다. STDP는 헵 스타일 가소성이지만, 시냅스 능률의 변화는 시냅스 앞과 시냅스 뒤에서 행동 포텐셜이 발생하는 상대적인 시각에 의존한다. 이러한 의존성은 서로 다른 형태를 취할 수 있지만, 가장 많이 연구된 한 가지 형태의 의존성은 시냅스를 통해 들어오는 스파이크가 시냅스 뒤에서 뉴런이 발사되기 직전에 도달하면 시냅스의 세기가 증가한다는 것이다. 이 시간 관계가 시냅스 앞의 스파이크가 시냅스 뒤에서 뉴런이 발사된 직후에 도달하는 것으로 뒤바뀌면, 시냅스의 세기는 감소한다. STDP는 뉴런의 활성화 시간을 고려하는 헵 가소성의 한 형태인데, 이것은 행동자와 유사한 학습을 위해 필요한 요소 중 하나다.

STDP의 발견에 힘입어 신경과학자들은 STDP의 세 요소 형태에 대한 가능성을 연구하게 되었는데, STDP의 세 요소 형태에서는 적절한 시각에 발생하는 시냅스 앞과 뒤의 스파이크에 뒤이어 신경 조절 입력이 도달해야 한다. **보상 변조 STDP**reward-modulated STDP라고 불리는 이러한 형태의 시냅스 가소성은 여기서 논의되고 있는 행동자 학습 규칙과 많이 유사하다. 주기적인 STDP에 의해 만들어지는 시냅스의 변화는 시냅스 앞의 스파이크에 연이어 시냅스 뒤의 스파이크가 발생한 후 일정 시간 안에 신경 조절 입력이 도달할 때만 발생한다. 도파민이 신경 조절 요소를 제공하는 보상 변조 STDP가 배후 선조체의 중간 가시 뉴런에 있는 가시에서 발생한다는 증거는 계속 쌓여 가고 있다(이곳은 그림 15.5(b)에 표현된 행동자-비평자 알고리즘을 적용한 가상의 신경 구조에서 행동자 학습이 일어나는 곳이다). 시냅스 앞의 스파이크에 연이어 시냅스 뒤의 스파이크가 발생한 후 10초 이내에 신경 조절 펄스가 도달하는 경우에만 대뇌 피질 시냅스 능률의 지속적 변화가 발생한다는 보상 변조 STDP가 실험을 통해 입증되었다(야기시타 외Yagishita et al., 2014). 직접적인 증거는 아니지만, 이 실험은 더 연장된 시간 동안 작용하는 연관된 적격 흔적의 존재를 암시한다. STDP의 기반이 되는 것 같은 훨씬 더 짧은 흔적과 더불어 이렇게 긴 흔적을 만드는 분자 메커니즘이 아직 밝혀지지는 않았지만, 시간과 신경 조절 물질에 의존적인 시냅스 가소성에 대한 연구는 계속 진행되고 있다.

여기서 논의한 뉴런과 유사한 행동자 단위는 바르토 외(1983)의 행동자-비평자 네트워크에서 효과의 법칙 스타일의 학습 규칙을 취하게 되면서 조금은 더 간단한 형태를 띠게 된다. 이 네트워크는 생리학자 A. H. 클로프(1972, 1982)가 제안한 '쾌락주의 뉴런hedonistic neuron'에 영감을 받아 만들어졌다. 클로포가 제안한 가설의 모든 세부 사항이 시냅스 가소성에 대해 알려진 것과 일치하진 않지만, STDP의 발견과 STDP의 보상 변조 형태에 대한 늘어나는 증거들은 클로프의 생각이 초점에서 많이 벗어나지는 않았을 수도 있음을 나타낸다. 클로프의 쾌락주의 뉴런 가설에 대해서는 다음 절에서 다루겠다.

15.9 쾌락주의 뉴런

클로프의 쾌락주의 뉴런 가설에서 클로프(1972, 1982)는 개개의 뉴런이 자신의 행동 포텐셜의 결과로 나타나는 보상 또는 처벌을 기반으로 시냅스 능률을 조절함으로써 보상으로 인식되는 시냅스 입력과 처벌로 인식되는 시냅스 입력 사이의 차이를 최대화하려 한다고 추측했다. 다시 말해, 동물이 도구적 조건화 작업을 통해 훈련될 수 있듯이 개개의 뉴런도 반응과 관련된 강화를 이용하여 훈련될 수 있다는 것이다. 그의 가설은 뉴런의 스파이크 생성 활동을 자극하거나 억제하는 동일한 시냅스 입력을 통해 보상과 처벌이 뉴런으로 전달된다는 생각을 포함한다(신경 조절 시스템에 관해 오늘날 알려진 사실들을 클로프가 알았더라면 신경 조절 입력에 강화 역할을 부여했을 수도 있지만, 그는 훈련 정보가 발생하는 모든 중앙 집중적인 원천을 배제하고 싶어 했다). 시냅스에 존재하는 시냅스 앞과 뒤에서의 활동 흔적은 클로프의 가설에서 시냅스를 나중의 보상 또는 처벌에 의해 수정되기에 **적격인**eligible(그가 만든 용어) 시냅스로 만드는 데 있어 핵심적인 기능을 수행했다. 그는 이러한 흔적이 각 시냅스에 국한된 분자 메커니즘에 의해 구현되기 때문에 시냅스 앞과 뒤에 있는 뉴런의 전기적 활동과는 다르다고 추측했다. 이 장의 마지막에 나오는 '참고문헌 및 역사적 사실'에서 이와 유사한 다른 연구자들의 제안을 살펴볼 것이다.

클로프는 특히 시냅스 능률이 다음과 같은 방식으로 변화한다고 추측했다. 뉴런이 행동 포텐셜을 발사할 때, 그 행동 포텐셜에 기여한 뉴런의 모든 활성 시냅스는 시냅스의 능률을 변화시키기에 적격인 시냅스가 된다. 행동 포텐셜이 발사된 후 적절한 시간 이내에 보상이 증가하면, 모든 적격 시냅스의 능률은 증가한다. 대칭적으로, 행동 포텐셜이 발사된 후 적절한 시간 이내에 처벌이 증가하면 적격 시냅스의 능률은 감소한다. 이것은 시냅스 앞과 뒤에서 활동이 동시에 발생할 때(또는 더 정확하게는, 시냅스 뒤의 활동을 유발하는 과정에 참여한 시냅스 앞의 활동이 시냅스 뒤의 활동과 짝지어질 때) 시냅스에 있는 적격 흔적을 촉발함으로써 이루어진다. 이때 촉발되는 적격 흔적이 바로 연관된 적격 흔적이라고 부르는 것이다. 이것은 본질적으로 이전 절에서 설명한 행동자 단위의 세 요소 학습 규칙이다.

클로프의 이론에 등장하는 적격 흔적의 형태와 시간에 따른 변화 양상은 많은 뉴런이 포함된 되먹임 고리feedback loop의 지속 시간을 반영하는데, 이때 되먹임 고리의 일부는 유기체의 뇌와 몸 내부에 완전히 놓여 있고, 나머지는 운동 기관 및 감각 기관을 매개로 하여 유기체의 외부 환경으로 뻗어 나와 있다. 그의 생각은 시냅스의 적격 흔적이 뉴런이 포함된 되먹임 고리의 지속 시간에 대한 히스토그램과 같은 형태를 갖는다는 것이다. 이때 적격 흔적의 최고치는 뉴런이 관여하는 되먹임 고리 중 가장 널리 퍼져 있는 되먹임 고리의 지속 시간 동안 발생하게 될 것이다. 이 책에서 설명한 알고리즘에 사용되는 적격 흔적은 클로프가 제시했던 원래의 개념을 단순화한 형태로서, 파라미터 λ와 γ에 의해 제어되는 감소 함수다. 이때 함수의 감소는 지수 함수의 속도로(또는 기하급수적으로) 진행된다. 이렇게 하면 이론뿐만 아니라 시뮬레이션도 간단해지지만, 이 간단한 적격 흔적을 클로프가 제안했던 원래의 개념과 더 유사한 흔적을 위한 임시적 성격의 것으로 간주할 것이다. 클로프가 제안했던 흔적은 신뢰 할당 과정을 정제하기 때문에 복잡한 강화학습 시스템에서는 수치 계산적 측면에서 유리하다.

클로프의 쾌락주의 뉴런 가설은 그것이 처음 등장했을 때만큼 믿기 어렵지는 않다. 어떤 자극은 받아들이면서 다른 자극은 피하는 어떤 단세포의 예제가 충분히 연구되었는데, 그 단세포가 바로 **대장균**Escherichia coli 박테리아다. 이 단세포 유기체의 움직임은 그 주변 환경의 화학적 작용으로부터 영향을 받는데, 이러한 움직임은 주화성chemotaxis이라고 알려져 있다. 이 단세포는 표면에 붙어 있는 편모조류flagella라고 불리는 머리카락 같은 구조물을 회전시키면서 액체 환경 속에서 헤엄친다(그렇다, 편모조류가 이 단세포를 회전시킨다!). 박테리아 주변 환경에 있는 분자는 박테리아 표면의 수용기와 결합한다. 이러한 결합을 통해 단위 시간 동안 박테리아가 편모조류의 회전 방향을 바꾸는 횟수가 조절된다. 회전 방향이 바뀔 때마다 박테리아는 제자리에서 요동치게 되고 그러다가 임의의 새로운 방향을 향하게 된다. 약간의 화학적 메모리와 계산 때문에 편모조류가 단위 시간 동안 회전 방향을 바꾸는 횟수가 변하는데, 박테리아가 생존에 필요한 분자(유인 물질)의 밀도가 높은 곳으로 헤엄쳐 갈 때는 횟수가 감소하고 해로운 분자(반발 물질)의 밀도가 높은 곳으로 헤엄쳐 갈 때는 횟수가 증가한다. 그 결과 박테리아는 유인 물질의 경사도가 증가하는 방향으로 헤엄치는 것은 지속하려고 하고 반발 물질의 경사도가 증가하는 방향으로 헤엄치는 것은 피하려고 하는 경향성을 갖게 된다.

방금 설명한 주화성에 따른 움직임을 클리노키네시스klinokinesis라고 한다. 비록 여기에 학습이 관여하지는 않지만 이것은 일종의 시행 착오 행동이다. 박테리아는 분자 밀도의 경사도를 감지하기 위해 조금의 단기 메모리를 필요로 하지만, 아마도 장기 메모리를 갖고 있지는 않을 것이다. 인공지능의 선구자 올리버 셀프리지Oliver Selfridge는 기본적인 적응 전략으로서 이러한 전략의 유용성을 지적하면서 이 전략을 '달리고 맴돌기run and twiddle'라고 불렀다. "상황이 좋아질 때에는 같은 길로 계속 가다가, 상황이 나빠지면 여기저기 서성거린다."(셀프리지, 1978, 1984) 이와 유사하게, 뉴런이 한 유형의 입력 신호는 받고 다른 유형의 입력 신호는 피하기 위해 행동하면서 뉴런이 포함된 되먹임 고리의 복잡한 집합으로 구성된 매체 속에서 '헤엄친다'고(물론 문자 그대로는 아니지만) 생각할 수도 있다. 하지만 박테리아와는 다르게, 뉴런의 시냅스가 갖고 있는 힘은 과거의 시행 착오 행동에 관한 정보를 계속 유지하기에 충분하다. 한 뉴런(또는 단지 한 유형의 뉴런)의 행동을 이러한 관점으로 바라보는 것이 그럴듯하다면, 뉴런이 주변의 환경과 상호작용하는 방식에 내재된 닫힌 고리closed-loop 특성은 뉴런의 행동을 이해하는 데 있어 중요하다. 여기서 뉴런의 주변 환경은 뉴런을 제외한 동물의 나머지 부분과 하나의 개체로서의 동물이 상호작용하는 환경을 모두 포함한다.

클로프의 쾌락주의 뉴런 가설은 개개의 뉴런이 강화학습 학습자라는 개념을 넘어 확장되었다. 그는 지능적인 행동의 많은 측면이 동물의 신경 시스템을 구성하는 거대한 사회 또는 경제적 시스템 속에서 서로 상호작용하는 이기적인 쾌락주의 뉴런 전체가 집단적으로 행동한 결과로서 이해될 수 있다고 주장했다. 신경 시스템에 대한 이러한 관점의 유용성 여부를 떠나서, 강화학습 학습자의 집단적 행동은 신경과학에 대해 시사하는 바가 있다. 다음으로는 이 주제를 살펴볼 것이다.

15.10 집단적 강화학습

강화학습 학습자 전체의 행동은 사회 경제적 시스템에 대한 연구와 깊게 연관되어 있다. 그리고 클로프의 쾌락주의 뉴런 가설과 유사한 어떤 가설이 맞다면, 그것은 신경과학에 대해서도 맞다. 행동자-비평자 알고리즘이 어떻게 뇌에서 구현될 수 있는지에 대해 위에서 설명한 가설에 따르면, 행동자와 비평자는 각각 배후 선조체와 복부 선조체에 위치한다. 중간 가시 뉴런의 시냅스에 일어나는 변화는 도파민 뉴런 활동의 단계적 분출에 의해 조절되는데, 배후 선조체와 복부 선조체는 중간 가시 뉴런을 각각 수백만 개씩 포함한다. 앞서 설명한 가설은 이러한 사실이 암시하는 것을 제한적으로만 다룬다.

그림 15.5(a)의 행동자는 k개의 행동자 단위를 갖는 단일 층위 네트워크다. 이 네트워크가 만드는 행동은 동물 행동의 원동력으로 여겨지는 벡터 $(A_1, A_2, ..., A_k)^\top$이다. 이 모든 행동자 단위에 있는 시냅스의 능률은 강화 신호 δ에 따라 변화한다. 행동자 단위는 가능하면 δ를 크게 만들려고 하기 때문에, δ는 행동자 단위를 위한 보상 신호로서 효과적으로 작용한다(그래서 이 경우에는 강화가 보상과 같다). 따라서 각 행동자 단위는 그 자체로 강화학습 학습자이며, 원한다면 쾌락주의 뉴런이라고 부를 수도 있다. 이제 상황을 가능하면 간단하게 만들기 위해, 이 각각의 행동자 단위가 동시에 같은 보상 신호를 받는다고 가정하자(하지만 위에 언급했듯이, 도파민이 모든 대뇌 피질 시냅스에서 동일한 조건으로 동시에 분비된다고 가정하는 것은 문제를 과하게 단순화할 것 같

다). 모든 강화학습 학습자 집단의 모든 구성원이 동일한 보상 신호에 따라 학습할 때 어떤 일이 일어나는지에 관해 강화학습 이론은 무엇을 알려줄 수 있을까? **다수 학습자 강화학습**multi-agent reinforcement learning이라는 분야에서는 강화학습 학습자 집단에 의해 수행되는 학습의 많은 측면을 고려한다. 이 분야는 이 책에서 다루는 범위를 벗어나지만, 이 분야의 몇 가지 기본 개념과 결과들이 뇌에 퍼져 있는 신경 조절 시스템에 관한 생각과 관련이 있다는 사실은 믿을 만하다. 다수 학습자 강화학습에서(그리고 게임 이론에서), 모든 학습자가 그들이 동시에 수신하는 공통의 보상 신호를 최대화하고자 하는 시나리오는 **협력 게임**cooperative game 또는 **팀 문제**team problem라는 이름으로 알려져 있다.

팀 문제를 흥미롭고 도전할 만한 문제로 만드는 것은 전체 학습자에 의해 만들어지는 활동의 **패턴**pattern이 각 학습자가 수신하는 공통의 보상 신호에 따라 평가된다는 사실이다. 다시 말해, 팀 구성원들의 **집단 행동**collective action이 공통의 보상 신호에 의해 평가된다. 이것은 하나의 학습자가 공통의 신호에 따라 평가되는 집단 행동의 한 성분에만 기여하기 때문에 어떤 단일 학습자가 보상 신호에 영향을 미치는 능력이 제한될 수밖에 없음을 의미한다. 이러한 시나리오에서 효과적인 학습이 수행되게 하려면 **구조적 신뢰 할당 문제**structural credit assignment problem를 다룰 필요가 있다. 이 문제는 어떤 팀의 구성원들이 유리한 보상 신호에 대해 신뢰를 얻거나 불리한 보상 신호에 대해 비난을 받는가에 관한 문제다. 동일한 보상 신호를 증가시키려고 하는 과정에서 학습자들이 서로 연합하기 때문에, 이 문제는 '협력' 게임 또는 팀 문제가 된다. 서로 다른 학습자가 서로 다른 보상 신호를 받고, 그 보상 신호에 따라 학습자 집단의 집단적 행동이 평가되고, 각 학습자의 목적이 자기 자신의 보상 신호를 증가시키는 것이라면 시나리오는 **경쟁 게임**competitive game이 될 것이다. 이 경우에는 학습자 사이에 이해 충돌conflicts of interest이 생겨날 텐데, 이것은 어떤 학습자에게 좋은 행동이 다른 학습자에게는 나쁜 행동이라는 것을 의미한다. 게임 이론에서는 최선의 집단적 행동이 무엇이어야 하는지를 결정하는 것도 쉽지 않다. 이러한 경쟁적 구도가 신경과학과도 연관될 수 있지만(예를 들면, 도파민 뉴런 활동의 이질성을 설명하는 것), 여기서는 협력 문제 또는 팀 문제의 경우에만 초점을 맞출 것이다.

팀을 이루는 개개의 강화학습 학습자가 어떻게 '올바른 일을 하는 것'을 배워서 팀의 집단적 행동이 높은 보상을 받을 수 있을까? 한 가지 흥미로운 결과는 보상 신호에 많은 잡음noise이 섞여 있어서 완전한 상태 정보를 충분히 얻을 수 없음에도 불구하고 각 학습자가 효과적으로 학습할 수 있다면, 학습자들이 서로 간에 의사소통을 할 수 없을 때조차도 전체 학습자 집단은 공통의 보상 신호 측면에서 향상된 집단적 행동을 하도록 학습된다는 것이다. 사실, 어떤 학습자에게 있어 다른 모든 학습자는 환경의 일부다. 학습자가 받는 입력에는 상태 정보를 전달하는 부분과 보상 신호를 전달하는 부분이 있는데, 이들 모두가 다른 모든 학습자가 어떻게 행동하는지에 따라 달라지기 때문이다. 더욱이 다른 학습자의 행동에 대한 정보, 확실하게는 다른 학습자의 정책 파라미터에 대한 정보가 부족하기 때문에 각 학습자는 오직 부분적으로만 환경의 상태를 확인할 수 있다. 이러한 사실이 팀 구성원의 학습을 매우 어렵게 만들지만, 구성원 각각이 이러한 어려운 조건에서도 강화 신호를 증가시킬 수 있는 강화학습 알고리즘을 사용한다면, 팀을 구성하는 강화학습 학습자들은 팀의 공통된 보상 신호라는 측면에서 시간에 따라 향상되는 집단적 행동을 만들도록 학습될 수 있다.

팀의 구성원이 뉴런과 유사한 행동자 단위라면, 15.8절에서 설명한 행동자 단위가 그러했던 것처럼 각 행동자 단위는 시간에 따라 받는 보상의 양을 증가시키고자 하는 목표를 가져야 한다. 각 행동자 단위의 학습 알고리즘은 두 가지 본질적인 특징을 가져야만 한다. 첫째, 이 알고리즘은 연관된 적격 흔적을 사용해야 한다. 신경과학 용어로 표현하면, 시냅스 앞에서의 입력이 시냅스 뒤에서의 뉴런 발사를 유발할 때 연관된 적격 흔적이 시냅스에서 시작(또는 증가)한다는 것을 기억하라. 반대로, 무관한 적격 흔적은 시냅스 뒤에서의 뉴런이 무엇을 하든 상관없이 시냅스 앞에서의 입력에 의해 시작하거나 증가한다. 15.8절에 설명했듯이, 어떤 상태에서 어떤 행동이 취해지는지에 대한 정보를 유지함으로써, 연관된 적격 흔적은 보상에 대한 가점 또는 처벌에 대한 감점을 학습자의 정책 파라미터에 배분할 수 있게 해 준다. 이때 배분은 이 파라미터의 값이 학습자의 행동을 결정하는 데 얼마나 기여했는지에 따라 이루어진다. 비슷한 추론에 의해, 팀의 구성원은 자신의 최신 행동을 기억해서 그 이후 수신한 보상 신호에 따라 추후에 그 행동이 취해질 가능성likelihood을 증가시키거나 감소시킬 수 있어야만 한다. 연관된 적격 흔적의 행동 성분은 이러한 행동의 메모리를 이용한다. 하지만 학습 작업의 복잡성 때문에 연관된 적격성은 신뢰 할당 과정에서 단지 하나의 예비적 단계일 뿐이다. 하나의 팀 구성원이 취하는 행동과 팀의 보상 신호 변화 사이의 관계는 수많은 조건화 시도를 통해 추정되어야 하는 통계적 상관 관계인 것이다. 연관된 적격 흔적은 이 과정에서 꼭 필요하지만 예비적 단계로서 필요할 뿐이다.

무관한 적격 흔적을 이용한 학습은 행동과 그 행동의 결과로 나타나는 보상 신호 변화 사이의 상관 관계를 정의하는 방법을 제공하지 않기 때문에 팀을 기반으로 하는 설정에서는 전혀 작동하지 않는다. 무관한 적격 흔적은 행동자-비평자 알고리즘에서 비평자 부분이 수행하는 것과 같은 예측을 위한 학습에는 적합하지만, 행동자 부분이 수행해야만 하는 제어를 위한 학습에는 적합하지 않다. 비평자와 유사한 학습자 집단의 구성원들은 여전히 공통의 강화 신호를 받을 수도 있지만, 그들은 모두 동일한 값(행동자-비평자 방법의 경우 이것은 현재 정책에 대한 이득의 기댓값일 것이다)을 예측하기 위한 학습을 할 것이다. 학습자 집단의 각 구성원들이 이득의 기댓값을 예측하기 위한 학습을 얼마나 성공적으로 수행하는지는 그들이 받는 정보에 달려 있다. 이 정보는 학습자 집단의 구성원마다 서로 매우 다를 수 있다. 학습자 집단이 차별화된 활동 패턴을 만들어 낼 필요는 없을 것이다. 여기에서 정의하는 것처럼 이것은 팀 문제가 아니다.

팀 문제에서 집단적 학습을 위한 두 번째 요구사항은 팀이 집단적 행동을 탐구하기 위해서는 팀 구성원의 행동이 다양해야 한다는 것이다. 강화학습 학습자로 구성된 팀이 이렇게 되기 위한 가장 간단한 방법은 각 구성원이 스스로가 만드는 결과물의 지속적인 다양성을 통해 독립적으로 자기 자신의 행동을 탐구하는 것이다. 이것은 팀 전체의 집단적 행동을 변화시킬 것이다. 예를 들어 15.8절에 설명한 행동자 단위로 구성된 하나의 팀은 집단적 행동을 탐험하는데, 이것은 각 행동자 단위의 출력이 베르누이-로지스틱 단위여서 행동자 단위로 들어오는 입력 벡터의 성분에 대한 가중 합계에 확률적으로 의존하기 때문이다. 가중 합계는 발사 확률에 존재하는 편차를 증가시키거나 감소시키지만, 항상 다양성은 존재한다. 각 행동자 단위가 REINFORCE 정책 경사도 알고리즘(13장)을 사용하기 때문에, 각 행동자 단위는 자신의 행동을 확률론적으로 탐험하는 과정에서 경험하게 되는 평균 보상 비율을 최대화하는 것을 목표로 자신의 가중치를 조정한다. 누구든, 윌리엄스(1992)가 했던 것처럼 베르누이-로지스틱 REINFORCE 단위로 구성된 팀이 팀의 공통 보상 신호의 평균 비율에 대한 정책 경사도 알고리즘을 '통째로' 적용한다는 것을 보일 수 있다. 이때 행동은 팀의 집단적 행동이다.

더 나아가, 윌리엄스(1992)는 REINFORCE를 이용하는 베르누이-로지스틱 단위로 구성된 팀의 구성원들이 다수 층위multilayer ANN을 형성하기 위해 서로 연결될 때 팀 전체가 평균 보상 경사도를 따라 상승한다는 것을 보여주었다. 이 경우 보상은 네트워크 출력 단위의 집단적 행동에만 의존하는 반면, 보상 신호는 네트워크의 모든 구성원에게 전파된다. 이것은 베르누이-로지스틱 REINFORCE 단위로 구성된 다수 층위의 팀이 널리 사용되는 오차 역전파 방법에 의해 훈련되는 다수 층위 네트워크처럼 학습한다는 것을 의미한다. 하지만 이 경우 역전파 과정은 널리 퍼진broadcast 보상 신호로 대체된다. 실제로는 오차 역전파 방법이 훨씬 더 빠르지만, 강화학습 팀을 사용하는 방법이 신경 메커니즘으로서는 좀 더 그럴듯하다. 특히, 15.8절에서 논의한 보상 변조 STDP에 대해 알려지고 있는 것들을 고려하면 더욱 그렇다.

하나의 팀으로서 탐험을 하기 위한 가장 간단한 방법으로는 팀 구성원 각자가 독립적으로 탐험을 하도록 하는 것이 유일한 방법이다. 팀 구성원들이 서로 의사소통을 하거나 공통의 입력에 반응함으로써 집단적 행동 집합의 특별한 부분에 초점을 맞추도록 그들의 행동을 조직한다면 더 복잡한 방법이 가능하다. 구조적 신뢰 할당 문제를 다루기 위한 것으로서 연관된 적격 흔적보다 더 복잡한 메커니즘도 존재한다. 구조적 신뢰 할당 문제는 가능한 집단적 행동의 집합이 어떤 식으로든 제한되는 팀 문제에서 더 쉽게 다루어진다. 오직 하나 또는 몇 개의 구성원만 기여하는 행동으로 집단적 행동을 제한하는 승자 독식winner-take-all 방식(예를 들면, 뇌의 측면 억제lateral inhibition 결과)이 극단적인 경우다. 이 경우에는 결과로 나타나는 보상 또는 처벌에 대한 신뢰 또는 비난을 승자가 가져간다.

협력 게임(또는 팀 문제)에서의 학습 관련 세부 사항들과 비협력non-cooperative 게임 문제는 이 책의 범위를 벗어난다. 이 장의 마지막에 나오는 '참고문헌 및 역사적 사실'에서 이와 관련된 논문을 인용할 것이다. 여기에는 집단적 강화학습이 신경과학에 미친 영향에 대한 방대한 연구 논문이 포함된다.

15.11 뇌에서의 모델 기반 방법

강화학습을 모델 없는 알고리즘과 모델 기반 알고리즘으로 구분하는 것이 동물학습과 의사결정 과정에 관해 생각하는 데 도움이 된다는 사실이 입증되고 있다. 14.6절에서는 이러한 구분이 동물의 행동을 습관적 행동과 목표 지향적 행동으로 구분하는 것과 얼마나 유사한지 논의했다. 앞서 논의했던 뇌가 행동자-비평자 알고리즘을 구현하는 방법에 대한 가설은 오직 동물의 습관적 행동하고만 연관되어 있다. 이것은 기본적인 행동자-비평자 방법이 모델 없는 방법이기 때문이다. 어떤 중립적 메커니즘이 목표 지향적 행동을 만들어 내는 것일까? 그리고 그 메커니즘이 습관적 행동을 만드는 메커니즘과 상호작용하는 방식은 무엇일까?

이러한 두 가지 유형의 행동에 관여하는 뇌의 구조에 대한 궁금증을 파헤치는 한 가지 방법은 쥐의 뇌 안에 한 영역에서 일어나는 활동을 중지시킨 후 결과 평가절하 실험(14.6절)에서 쥐가 어떤 행동을 하는지 관찰하는 것이다. 이와 같은 실험의 결과는 위에 설명한 행동자-비평자 가설이 배후 선조체에 행동자를 위치시키는 논리가 너무 단순하다는 것을 나타낸다. 배후 선조체의 한 부분의 활동을 중지시키면, 배외측 선조체Dorsolateral Striatum, DLS가 습관을 학습하는 과정에 악영향을 미쳐서 동물이 점점 더 목표 지향적 과정에 의존하게 된다. 반면에, 배내측 선조체DorsoMedial Striatum, DMS는 목표 지향적 과정에 손상을 입혀서 동물이 습관적 학습에 더욱 의존하게 만든다. 이와 같은 결과는 설치류에 있는 DLS가 모델 없는 과정에 더 많이 관여하는 반면, DMS는 모델 기반 과정에 더 많이 관여한다는 관점을 뒷받침해 준다. 기능적 신경영상법functional neuroimaging을 이용하여 사람과 사람이 아닌 영장류를 대상으로 수행된 이와 유사한 실험의 연구 결과는 영장류의 뇌 안에 있는 유사한 구조가 습관적 행동과 목표 지향적 행동에 서로 다르게 관여하고 있다는 생각을 뒷받침한다.

다른 연구에서는 모델 기반 과정에 관련된 활동이 사람 뇌의 전두엽 피질prefrontal cortex에서 발생하는 것을 확인했다. 여기서 전두엽 피질의 제일 앞부분은 계획 및 의사결정을 포함하는 실행 기능executive function과 연관되어 있다. 특히 안와 전두 피질OrbitoFrontal Cortex, OFC이 연관되어 있는데, 이 부분은 전두엽 피질의 한 부분으로 눈 바로 위에 위치한다. 기능적 신경영상법을 사람에게 적용하고 원숭이의 단일 뉴런 활동을 기록한 결과는 OFC에서의 강한 활동이 행동의 결과로서 기대되는 보상과 관련된 활동뿐만 아니라 생물학적으로 중요한 자극에 대한 주관적 보상 가치와도 연관되어 있다는 사실을 알려주었다. 이에 대해 논란이 없는 것은 아니지만, 이러한 결과는 목표 지향적 선택에 OFC가 중요하게 관여하고 있음을 암시한다. 이것은 동물에 대한 환경 모델의 일부인 보상 부분에서 중요한 것일 수도 있다.

모델 기반 행동에 포함된 또 다른 구조는 해마hippocampus다. 해마는 기억과 공간 탐색에 있어서 중요하다. 쥐의 해마는 쥐가 목표 지향적 방식으로 미로 찾기를 할 수 있게 하는 데 중요한 역할을 수행한다. 쥐의 이러한 능력을 보고 톨만Tolman은 동물이 행동을 선택할 때 모델 또는 인지 지도를 사용한다고 생각했다(14.5절). 해마는 새로운 경험을 상상하는 사람의 능력에서 중요한 요소일 수도 있다(하사비스와 맥과이어Hassabis and Maguire, 2007; 올라프스도티르, 바리, 살림, 하사비스, 스피어스Ólafsdóttir, Barry, Saleem, Hassabis, and Spiers, 2015).

해마의 활동이 매 순간 공간상의 어떤 부분을 표현하고 있는지를 결정하기 위해 해마에 있는 뉴런의 활동을 해독하는 실험이 행해졌는데, 이 실험을 통해 해마가 계획 과정(의사결정 과정에 환경 모델을 적용하기 위한 과정)에 연관되었음을 가장 직접적으로 시사하는 발견이 이루어졌다. 미로 속의 쥐가 갈림길에서 잠시 멈추었을 때, 해마는 동물이 현재 위치로부터 취할 수 있는 가능한 경로를 따라 (후방이) 전방 탐색을 통해 공간을 표현한다(존슨과 레디시Johnson and Redish, 2007). 더욱이, 이러한 전방 탐색에 의해 표현되는 공간상의 궤적은 쥐가 이후에 취할 탐색 행동과 매우 유사하다(페이퍼와 포스터Pfeiffer and Foster, 2013). 이러한 결과는 두 가지 시사점을 던져준다. 하나는 해마가 동물의 환경 모델을 구성하는 한 부분인 상태 전이를 위해 중요하다는 것이고, 다른 하나는 해마가 가능한 일련의 행동들이 가져올 결과를 평가하기 위해 일어날 법한 미래 상태에 대한 시뮬레이션 모델을 사용하는 시스템의 한 부분, 즉 계획의 한 형태라는 것이다.

위에 설명한 결과는 목표 지향적 또는 모델 기반 학습 및 의사결정의 바탕에 있는 신경 메커니즘에 대한 방대한 문헌 내용을 보충하는 것이지만, 여전히 많은 의문점이 해결되지 않은 채로 남아 있다. 예를 들면, 구조적으로 DLS 및 DMS와 유사한 영역이 어떻게 모델 없는 알고리즘과 모델 기반 알고리즘의 차이만큼이나 큰 차이를 갖는 학습 및 행동의 유형을 구성하는 본질적인 요소가 될 수 있을까? 환경 모델을 구성하는 전이 및 보상(이라고 이 책에서 말하는 것)은 서로 분리된 구조를 갖고 있는 것인가? 해마의 전방 탐색 활동이 제안하는 것처럼 가능한 미래 행동의 과정에 대한 시뮬레이션을 통해 의사결정 시점에 모든 계획이 수행되는 것인가? 다시 말해, 모든 계획이 주사위 던지기 알고리즘(8.10절) 같은 것인가? 아니면 다이나Dyna 구조(8.2절)를 이용하여 설명했던 것처럼 모델이 때로는 가치 정보를 정제하고 재계산하는 일에 암암리에 관여하는 것인가? 뇌는 습관 시스템을 사용하는 것과 목표 지향적 시스템을 사용하는 것 사이를 어떻게 중재하는가? 사실상, 이 두 시스템의 신경학적 기질을 완전히 분리할 수 있기는 한 것인가?

현재 확인된 증거로는 이 마지막 질문에 긍정적인 답변을 하기는 힘들 것 같다. 이러한 상황을 정리하면서 돌, 시몬, 다우(Doll, Simon, and Daw, 2012)는 "모델이 미치는 영향력은 뇌가 보상 정보를 처리하는 모든 곳에서 거의 언제나 존재하고", 이것은 모델 없는 학습에서 중요하다고 생각되는 영역에서조차 사실이라고 적시했다. 이것은 모델 없는 과정의 기본으로 생각되는 보상 예측 오차뿐만 아니라 모델 기반 정보의 영향력을 드러낼 수 있는 도파민 신호 자체를 포함한다.

강화학습에서 모델 없는 방법과 모델 기반 방법을 구분하는 것에 영향을 받아 진행되는 신경과학 연구는 뇌에서 일어나는 습관적 과정과 목표 지향적 과정을 좀 더 분명하게 밝혀 줄 잠재력을 지니고 있다. 이러한 신경 메커니즘을 더 잘 이해하게 되면, 수치 계산적 강화학습에서 지금까지는 시도되지 않았던 방식으로 모델 없는 방법과 모델 기반 방법을 결합하는 알고리즘이 탄생할 수도 있다.

15.12 중독

약물 중독의 신경학적 기반을 이해하는 것은 이 심각한 공공 보건 문제를 해결하는 새로운 치료법을 개발할 잠재력을 제공하기 때문에 신경과학의 최우선 목표다. 약물에 대한 갈망을 바라보는 한 가지 관점은 그것이 사람의 생물학적 필요를 충족시키는 자연스러운 보상 경험을 추구하도록 만드는 동기 부여 및 학습의 과정과 동일한 과정의 결과라고 보는 것이다. 중독 물질은 강력한 강화 효과 덕분에 학습과 의사결정의 자연스러운 메커니즘을 효과적으로 활용한다. 남용되는 많은 약물(모든 약물은 아닐지라도)은 보통의 보상 기반 학습(15.7절)에 굳건하게 연관되어 있는 뇌의 구조인 선조체에 있는 도파민 뉴런의 축색 돌기 끝부분에서 직간접적으로 도파민 수치를 증가시킨다. 하지만 약물 중독과 연관된 자기 파괴적인 행동은 정상적인 학습의 특징은 아니다. 보상이 중독성 약물의 결과라고 할 때 도파민이 중재하는 학습에 있어서 무엇이 달라지는가? 중독이 인류 진화 역사의 대부분의 기간 동안 이용할 수 없었던 물질에 반응하는 과정에서 발생한 정상적인 학습의 결과이기 때문에 진화 과정에서 중독의 해로운 효과가 배제되지 않을 수 있었던 것인가? 아니면 중독 물질이 어떻게든 도파민이 중재하는 정상적인 학습을 방해하는 것인가?

도파민 뉴런의 활동에 대한 보상 예측 오차 가설과 그 가설이 TD 학습과 연관되어 있다는 사실은 중독의 몇 가지 특징(분명히 모든 특징은 아니다)에 대해 레디시(2004)가 제안한 모델의 근간이 된다. 이 모델은 코카인 같은 중독성 약물을 투여하면 순간적으로 도파민이 증가하는 현상을 기반으로 한다. 이 모델에서는 이러한 도파민의 급상승이 TD 오차, δ를 증가시킨다고 가정하고, 또한 가치 함수를 변경해도 이러한 증가를 막을 수 없다고 가정한다. 다시 말해 앞선 사건으로부터 정상적인 보상이 예측되는 정도에 따라 δ가 감소하는 반면에(15.6절), 중독성 자극이 δ에 기여하는 정도는 보상 신호가 예측되어도 감소하지 않는다고 가정한다. 약물 보상은 '예측될' 수 없다는 것이다. 이 모델은 보상 신호가 중독성 약물 때문에 발생할 때는 δ가 음의 값이 될 수 없도록 해서 약물 투여와 관련된 상태에 대한 TD 학습의 오차 보정 특징을 제거함으로써 이러한 가정이 성립하게 한다. 그 결과 이 상태들의 가치가 무한히 증가해서 이 상태에 도달하게 하는 행동이 다른 모든 행동보다 더 선호된다.

중독성 행동은 레디시의 모델로부터 나오는 이러한 결과에 비해 훨씬 더 복잡하지만, 모델의 주된 개념을 통해 퍼즐의 한 조각을 맞출 수도 있다. 아니면 모델이 잘못되었을 수도 있다. 모든 형태의 중독에서 도파민이 중요한 역할을 하는 것 같지는 않다. 그리고 중독성 행동이 발전하는 정도가 모든 형태의 중독에서 동일하지는 않다. 더욱이, 이 모델은 많은 신경 회로 및 뇌의 영역에서 발생하는 변화로서 만성 약물 복용을 동반하는 변화, 예를 들면 약물의 반복 복용에 따라 약효가 감소하는 변화를 포함하지 않는다. 또한 중독은 모델 기반 과정을 포함하는 것 같다. 그럼에도, 레디시의 모델은 강화학습 이론이 주요한 보건 문제를 이해하려는 노력에 어떻게 활용될 수 있는지를 설명한다. 이와 비슷하게, 강화학습 이론은 수학 및 계산적 방법을 통해 정신 장애에 대한 이해를 향상시키고자 하는 수치 계산적 정신 의학이라는 새로운 분야의 발전 과정에도 영향을 미쳐 왔다.

15.13 요약

뇌의 보상 시스템에 포함된 신경 전달 경로는 복잡하고 이에 대한 이해는 불완전하지만, 이러한 신경 전달 경로 및 그것이 행동의 과정에서 수행하는 역할을 이해하기 위한 신경과학 분야의 연구는 빠르게 발전하고 있다. 이러한 연구를 통해 뇌의 보상 시스템과 이 책에 제시된 강화학습 이론 사이의 놀라운 유사성이 드러나고 있다.

포유류의 보상 관련 학습과 행동에 필수적인 신경 전달 물질인 도파민을 생성하는 뉴런의 활동과 TD 오차의 행동 사이에 놀라운 유사성이 있다는 사실이 과학자들에 의해 발견되면서 **도파민 뉴런의 활동에 대한 보상 예측 오차 가설**이 제안되었다. 신경과학자 울프람 슐츠의 실험실에서 1980년대 및 1990년대에 수행된 실험들은 동물이 보상 사건을 기대하지 않는 경우에만 도파민 뉴런이 보상 사건에 반응하면서 단계적 반응이라고 불리는 활동이 상당히 많이 분출된다는 사실을 보여주었다. 이것은 도파민 뉴런이 보상 그 자체 대신에 보상 예측 오차에 대한 신호를 보낸다는 것을 나타내는 결과다. 더욱이, 동물이 이전 감각 신호를 기반으로 하여 보상 사건을 예측하는 학습을 수행하기 때문에 도파민 뉴런의 단계적 활동이 더 나중의 예측 신호로 감소하면서 더 이전의 예측 신호로 이동한다는 것을 이 실험들은 보여주었다. 이것은 강화학습 학습자가 보상을 예측하는 학습을 수행할 때 발생하는 TD 오차의 보강 효과와 유사하다.

도파민 뉴런의 단계적 활동이 도파민을 생성하는 뉴런의 축색 돌기가 뇌의 여러 영역으로 왕성하게 가지를 뻗침으로써 수행되는 학습을 위한 강화 신호라는 사실이 다른 실험 결과들을 통해 분명해졌다. 이러한 결과는 이 책에서 보상 신호 R_t와 강화 신호를 구분했던 것과 일맥상통하는 결과다. 이때 강화 신호는 이 책에서 제시한 대부분의 알고리즘에서는 TD 오차 δ_t이다. 도파민 뉴런의 단계적 반응은 강화 신호이지 보상 신호가 아니다.

하나의 중요한 가설은 뇌가 행동자-비평자와 유사한 알고리즘을 이용한다는 것이다. 보상 기반 학습에서 중요한 역할을 하는 뇌 안의 두 가지 구조(배후 선조체와 복부 선조체)는 각각 행동자 및 비평자와 유사한 기능을 수행할 수도 있다. TD 오차가 행동자와 비평자 모두에게 강화 신호라는 사실은 도파민 뉴런의 축색 돌기가 배후 선조체와 복부 선조체를 목표로 한다는 사실뿐만 아니라 이 두 구조체의 시냅스 가소성을 조절하는 과정에서 도파민이 중요한 역할을 하는 것처럼 보인다는 사실과도 잘 들어맞는다. 또한 도파민 같은 신경 조절 물질이 목표 구조체에 미치는 효과가 단지 신경 조절 물질의 특성뿐만 아니라 목표 구조체의 특성에도 의존한다는 사실과도 잘 맞는다.

행동자와 비평자는 뉴런과 유사한 단위로 구성되는 ANN으로 구현될 수 있는데, 이때 이 ANN은 13.5절에서 설명한 정책 경사도 행동자-비평자 방법을 기반으로 하는 학습 규칙을 갖는다. 이 네트워크의 각 연결 관계는 뇌 안의 뉴런 사이에 존재하는 시냅스와 유사하고, 학습 규칙도 시냅스 능률이 어떻게 변하는지를 통제하는 규칙에 해당한다. 시냅스 능률은 시냅스 앞뒤에서의 뉴런과 신경 조절 물질의 입력에 대한 함수이고, 이때 신경 조절 물질의 입력은 도파민 뉴런으로부터 나오는 입력에 해당한다. 이러한 설정에서 각 시냅스는 시냅스가 포함된 과거의 활동을 기록하는 자신만의 적격 흔적을 갖는다. 행동자와 비평자 학습 규칙의 유일한 차이점은 사용되는 적격 흔적의 종류가 다르다는 것이다. 비평자 단위의 흔적은 비평자 단위의 출력을 포함하지 않기 때문에 **무관한** 흔적이다. 반면에, 행동자 단위의 흔적은 행동자 단위의 입력뿐만 아니라 출력에도 의존하기 때문에 이 흔적은 **연관된** 흔적이다. 뇌 안의 행동자-비평자 시스템을 가상으로 구현한 시스템에서, 행동자와 비평자 학습 규칙은 각각 피질에서 배후 선조체와 복부 선조체의 주요 뉴런으로 신호를 전달하는 대뇌 피질 시냅스의 가소성을 통제하는 규칙에 해당한다. 이때 선조체도 도파민 뉴런으로부터 입력을 받는 시냅스다.

행동자-비평자 네트워크에 있는 행동자 단위의 학습 규칙은 **보상 변조 스파이크-시각-의존 가소성**과 매우 유사하다. 스파이크-시각-의존 가소성STDP에서는 시냅스 앞뒤에서의 활동에 대한 상대적 시각이 시냅스 변화의 방향을 결정한다. 보상 변조 STDP에서는 STDP의 조건을 만족한 후 10초 이내에 도달하는 도파민 같은 신경 조절 물질에도 시냅스의 변화가 영향을 받는다. 행동자-비평자 시스템을 구현한 가상의 신경 시스템에서 행동자의 학습이 발생하는 장소는 대뇌 피질 시냅스다. 바로 이곳에서 보상 변조 STDP가 발생한다는 사실은 행동자-비평자 시스템 같은 무언가가 어떤 동물의 뇌 안에 존재한다는 가설의 신빙성을 높여준다.

시냅스의 적격성에 대한 개념과 행동자 학습 규칙의 기본적인 특징은 '쾌락주의 뉴런'에 대한 클로프의 가설로부터 나온다(클로프, 1972, 1981). 그는 개개의 뉴런이 그들의 행동 포텐셜이 초래하는 보상 또는 처벌의 결과를 기반으로 시냅스 능률을 조정함으로써 보상은 얻고 처벌은 피하려고 한다고 추정했다. 뉴런이 많은 되먹임 고리에 포함되어 있기 때문에 뉴런의 활동은 나중에 뉴런으로 들어오는 입력에 영향을 줄 수 있다. 되먹임 고리는 동물의 신경 시스템과 몸 안에 존재하기도 하고 동물의 외부 환경에서 작동하기도 한다. 적격성에 대한 클로프의 생각은 시냅스가 뉴런 발사에 참여하면 그 시냅스는 일시적으로 수정될 자격이 있는(적격인) 것으로 표시된다는 것이다(이때 이것은 연관된 적격 흔적이 된다). 시냅스가 적격인 동안 강화 신호가 도달하면 시냅스의 능률은 수정된다. 어떤 분자는 획득하고 다른 분자는 피하기 위해 스스로의 행동 방향을 정하는 단세포의 예로 이 장에서는 박테리아의 주화성 행동을 언급했다.

도파민 시스템의 뚜렷한 특징은 도파민을 분비하는 섬유가 뇌의 여러 부분에 폭넓게 투사된다는 것이다. 오직 일부의 도파민 뉴런만이 동일한 강화 신호를 전파하는 것 같지만, 이 신호가 행동자 유형의 학습에 포함된 많은 뉴런의 시냅스에 도달하면 이 상황은 **팀 문제**로 모델링될 수 있다. 이러한 유형의 문제에서 강화학습 학습자의 집단을 구성하는 각 학습자는 동일한 강화 신호를 받는다. 이때 이 신호는 집단 또는 팀에 속하는 모든 구성원의 활동에 의존한다. 팀의 구성원이 충분히 성능이 좋은 학습 알고리즘을 사용한다면, 팀의 구성원들이 서로 직접적인 의사소통을 하지 않더라도 이 팀 자체는 전역적으로 전파되는 강화 신호로 평가되는 팀 전체의 성능을 향상시키기 위해 집단적으로 학습을 수행할 수 있다. 이것은 뇌에서 도파민 신호가 넓게 퍼지는 현상과 맥을 같이하는 것으로서, 다수 층위 네트워크의 훈련을 위해 폭넓게 사용되는 오차 역전파 방법에 대해 신경학적으로 그럴듯한 대안을 제공한다.

모델 없는 강화학습과 모델 기반 강화학습의 구분은 신경과학자들이 습관적 학습과 목표 지향적 학습, 그리고 의사결정의 신경학적 근간을 조사하는 데 도움이 된다. 지금까지의 연구 결과는 뇌의 특정 영역이 다른 유형의 과정들보다 어떤 한 유형의 과정에 더 관여되어 있음을 지적하지만, 모델 없는 과정과 모델 기반 과정이 뇌에서 깔끔하게 분리되는 것처럼 보이지 않기 때문에 전체적인 구도는 여전히 불확실한 상태로 남아 있다. 많은 궁금증이 해결되지 않은 채로 남아 있다. 어쩌면 가장 흥미로운 것은 전통적으로 공간 탐색과 기억력에 연관되었던 구조인 해마가 동물의 의사결정 과정의 일환으로 가능한 미래 행동의 과정을 시뮬레이션하는 데 관여하는 것처럼 보인다는 점이다. 이것은 해마가 계획을 위해 환경 모델을 사용하는 시스템의 일부임을 나타낸다.

강화학습 이론은 또한 약물 남용의 바탕에 있는 신경학적 과정에 대한 생각에 영향을 준다. 약물 중독의 몇 가지 특징에 대한 모델은 보상 예측 오차 가설에 기반을 두고 있다. 이 모델은 코카인 같은 중독성 자극이 TD 학습을 불안정하게 만들어서 약물 복용과 관련된 행동의 가치가 무한히 증가하게 만든다고 제안한다. 이 모델은 중독에 대한 완벽한 모델과는 거리가 멀지만, 수치 계산적 관점이 더 많은 연구를 통해 어떻게 검증될 수 있는지를 설명한다. 수치 계산적 정신의학이라는 새로운 분야도 정신 장애를 좀 더 잘 이해하기 위해 이와 유사하게 수치 계산적 모델을 활용하는 데 초점을 맞추고 있다. 이러한 모델 중 일부는 강화학습에서 비롯된 모델이다.

이 장에서는 강화학습에 대한 신경과학과 컴퓨터 과학에서의 강화학습이 서로 어떻게 영향을 주고 받았는지를 피상적으로만 다루었다. 강화학습 알고리즘의 대부분의 특징은 순전히 알고리즘이 수치 계산적 관점에서 설계되었기 때문에 비롯된 것이지만, 강화학습의 몇 가지 특징은 신경학적 학습 메커니즘에 관한 가설에 영향을 받아 만들어진 것이다. 놀랍게도 뇌의 보상 과정에 관한 실험 결과가 축적됨에 따라, 순수하게 수치 계산적 측면에서 비롯된 강화학습 알고리즘의 많은 특징이 신경과학 분야에서의 실험 결과와 일치한다는 사실이 밝혀지고 있다. 신경과학자들이 보상 기반 동물학습 및 행동의 신경학적 기반에 대한 궁금증을 계속해서 해결함에 따라 수치 계산적 강화학습의 다른 특징들 또한 실험 결과와 일치한다는 사실이 밝혀질 수도 있다. 예를 들면, 강화학습 학습자로 구성된 팀이 전역적으로 전파되는 강화 신호의 영향을 받아 행동을 집단적으로 학습하는 능력이나 적격 흔적 같은 특징들이 앞으로의 실험 결과에서 발견될 수도 있다.

참고문헌 및 역사적 사실

학습 및 의사결정에 대한 신경과학과 이 책에서 제시한 강화학습 방법 사이의 유사성을 다루는 논문은 상당히 많다. 여기서는 오직 일부만을 선택하여 인용할 수 있을 뿐이다. 그중에서도 니브(2009), 다얀과 니브(2008), 글림처(Glimcher, 2011), 루드비그, 벨레마레, 피어슨(2011), 샤(2012)의 논문들이 좋은 출발점이다.

경제학, 진화 생물학, 수리 심리학을 비롯하여 강화학습 이론은 사람과 사람을 제외한 영장류에서 발생하는 신경학적 선택 메커니즘의 정량적 모델을 만드는 데 도움이 되고 있다. 이 장에서는 학습에 초점을 맞추어 의사결정과 관련된 신경과학을 간략하게만 다루었다. 글림처(2003)는 '신경경제학neuroeconomics'이라는 분야를 창시했는데, 이 분야에서는 경제학의 관점에서 강화학습이 의사결정의 신경학적 기반에 대한 연구에 기여한다. 이와 관련하여 글림처와 페어(Glimcher and Fehr, 2013)의 논문 역시 참고할 만하다. 다얀과 애벗(Dayan and Abbott, 2001)은 신경과학에서의 수치 계산적이고 수학적인 모델링을 다루는 교재를 집필했는데, 이 교재에도 이러한 접근 방식에서 강화학습이 갖는 역할에 대한 내용이 포함되어 있다. 스털링과 로플린(Sterling and Laughlin, 2015)은 효율적인 적응 행동을 가능하게 하는 일반적인 설계 원리의 측면에서 학습의 신경학적 기반을 조사했다.

15.1   기본적인 신경과학은 많은 문헌에 잘 제시되어 있다. 캔들, 슈워츠, 제셀, 시겔바움, 허즈페스의 논문(Kandel, Schwartz, Jessell, Siegelbaum, and Hudspeth, 2013)은 매우 포괄적인 내용을 다루는 권위 있는 참고문헌이다.

15.2   베리지와 크린겔바흐(Berridge and Kringelbach, 2008)는 보상과 기쁨의 신경학적 기반을 조사하여 보상 과정이 많은 차원을 갖고 있으며 많은 신경 시스템을 포함한다는 사실을 알아냈다. 베리지와 로빈슨(Berridge and Robinson, 1998)은 그들이 '좋아함liking'이라고 부르는 자극의 쾌락주의적 효과와, '원함wanting'이라고 부르는 자극의 동기 유발 효과를 구별했는데, 지면이 제한되어 있는 관계로 그들의 영향력 있는 연구를 여기서 논의하기는 힘들다. 헤어, 오도허티, 캐머러, 슐츠, 랭걸(Hare, O'Doherty, Camerer, Schultz, and Rangel, 2008)은 가치와 연관된 신호의 신경학적 기반을 경제학의 관점에서 조사했다. 이 과정에서 그들은 목표 가치, 결정 가치, 예측 가치를 구분했다. 결정 가치는 목표 가치에서 행동의 비용을 뺀 것이다. 이와 관련하여 랭걸, 캐머러, 몬터규(2008), 랭걸과 헤어(2010), 피터스와 부첼(Peters and Büchel, 2010)의 논문도 참고하라.

15.3 도파민 뉴런 활동의 보상 예측 오차 가설에 대한 논의 중에는 슐츠, 다얀, 몬터규(1997)가 논의했던 내용이 가장 중요하다. 이 가설은 몬터규, 다얀, 세즈노스키(1996)가 최초로 분명하게 제안했다. 그들이 이 가설을 언급했을 때, 그것은 명확하게 TD 오차와 관련된 것이 아니라 보상 예측 오차RPE와 관련된 것이었다. 하지만 그들이 이 가설을 발전시키는 과정에서 그들이 말하고 있었던 것이 TD 오차였다는 사실이 명확해졌다. 슐츠의 연구 팀이 얻은 도파민 신호에 대한 연구 결과에 힘입어 TD 오차 조절 헵 학습Hebbian learning 규칙을 제안했던 몬터규, 다얀, 나우란, 푸제, 세즈노스키(Montague, Dayan, Nowlan, Pouget, and Sejnowski, 1993)는 현재까지 알려진 TD 오차와 도파민 사이의 연관성을 처음으로 인식했다. 이러한 연관성은 쿼츠, 다얀, 몬터규, 세즈노스키(Quartz, Dayan, Montague, and Sejnowski, 1992)의 초록에서도 지적하고 있는 것이었다. 몬터규와 세즈노스키(1994)는 뇌 안에서 수행되는 예측의 중요성을 강조하면서 TD 오차에 의해 조절된, 예측을 위한 헵 학습이 도파민 시스템 같은 신경 조절 시스템의 확산을 통해 어떻게 구현될 수 있는지에 대해 요약했다. 프리스턴, 토노니, 리케, 스폰스, 에델만(Friston, Tononi, Reeke, Sporns, and Edelman, 1994)은 뇌 안에서 수행되는 가치 의존value-dependent 학습에 대한 모델을 제시했는데, 뇌 안에서는 (그들이 도파민을 지목하지는 않았지만) 전역적 신경 조절 신호가 제공하는 TD와 유사한 오차가 시냅스의 변화를 중재하게 된다. 몬터규, 다얀, 퍼슨, 세즈노스키(Montague, Dayan, Person, and Sejnowski, 1995)는 TD 오차를 이용한 꿀벌의 수렵 채집 모델을 제시했다. 이 모델은 신경 조절 물질인 옥토파민octopamine이 꿀벌 안에서 강화 신호로 작용한다는 것을 보여주는 해머Hammer와 멘젤Menzel 및 다른 동료들의 연구(해머와 멘젤, 1995; 해머, 1997)를 기반으로 한다. 몬터규 외(1995)는 척추 동물의 뇌에서는 도파민이 이와 유사한 역할을 수행하는 것 같다고 지적했다. 바르토(1995a)는 행동자–비평자의 구조를 기저핵basal ganglion의 회로와 연관 지었고, TD 학습과 슐츠의 연구 팀이 얻은 주요 연구 결과 사이의 관계에 대해 논의했다. 호크, 애덤스, 바르토(Houk, Adams, and Barto, 1995)는 TD 학습과 행동자–비평자 구조를 해부학, 생물학, 그리고 기저핵의 분자 메커니즘과 연관시킬 수 있는 방법을 제안했다. 도야와 세즈노스키(Doya and Sejnowski, 1998)는 기억되어야 할 청각 신호의 선택을 강화하기 위해 도파민과 동일시되는, TD와 유사한 오차를 포함시킴으로써 새소리 학습에 관한 초기 논문(도야와 세즈노스키, 1995)을 확장했다. 오라일리와 프랭크(O'Reilly and Frank, 2006), 오라일리, 프랭크, 헤이지, 와츠(O'Reilly, Frank, Hazy, and Watz, 2007)는 단계적 도파민 신호는 TD 오차가 아니라 RPE라고 주장했다. 그들이 자신들이 만든 이론을 바탕으로 가변 자극 간 간격variable interstimulus interval을 적용한 결과를 인용했는데, 이 결과는 간단한 TD 모델의 예측에

부합하지 않는 것이었다. 그들은 또한 2차 조건화를 넘어서는 고차 조건화는 거의 확인되지 않는 반면에 TD 학습은 그 정도로 제한되어 있지 않다는 관찰 결과도 인용했다. 다얀과 니브(2008)는 강화학습 이론과 보상 예측 오차 가설이 실험 결과와 어떻게 부합하는지에 대한 '좋은 것, 나쁜 것, 추한 것'을 논의했다. 글림처(2011)는 보상 예측 오차 가설을 뒷받침하는 경험적 발견을 조사하고 현대의 신경과학을 위한 가설의 중요성을 강조했다.

15.4 그레이비엘(Graybiel, 2000)은 기저핵에 대한 간략한 입문서다. 도파민 뉴런의 광유전학적 활성화를 비롯하여 여기에 언급된 실험은 차이, 장, 아다만티디스, 스투버, 본치, 드레시아, 데이세로스(Tsai, Zhang, Adamantidis, Stuber, Bonci, de Lecea, and Deisseroth, 2009), 스타인버그, 케이플린, 보이빈, 위튼, 데이세로스, 자낙(Steinberg, Keiflin, Boivin, Witten, Deisseroth, and Janak, 2013), 클라리지-장, 루르다, 브론토, 스줄손, 리, 히르시, 미에센보크(Claridge-Chang, Roorda, Vrontou, Sjulson, Li, Hirsh, and Miesenböck, 2009)가 수행했다. 피오릴로, 윤, 송(Fiorillo, Yun, and Song, 2013), 라멜, 림, 말렌카(Lammel, Lim, and Malenka, 2014), 새도리스, 카치아파글리아, 와이트만, 카렐리(Saddoris, Cacciapaglia, Wightmman, and Carelli, 2015)의 연구는 도파민 뉴런의 신호 특성이 서로 다른 목표 영역에 특화되어 있음을 보여주는 연구 중 하나다. RPE 신호를 만드는 뉴런은 서로 다른 목표를 갖고 서로 다른 기능을 촉진하는 다수의 도파민 집단 중 하나에 속할지도 모른다. 에셀, 티안, 부키치, 우치다(Eshel, Tian, Bukwich, and Uchida, 2016)는 쥐에 대한 고전적 조건화 과정 동안 측면 VTA에 있는 도파민 뉴런이 보여주는 보상 예측 오차 반응의 동질성을 발견했다. 하지만 그들의 결과는 더 넓은 영역에 걸친 반응의 다양성을 배제하지는 않았다. 게르쉬만, 페사란, 다우(Gershman, Pesaran, and Daw, 2009)는 개별적인 보상 신호를 갖는 독립적인 요소들로 나누어질 수 있는 강화학습 문제를 연구하여 뇌가 이러한 종류의 구조를 활용한다는 사실을 암시하는 증거를 사람의 신경 영상neuroimaging 데이터로부터 발견했다.

15.5 도파민 뉴런의 보상 예측 신호를 다룬 아주 방대한 문헌을 연구하려면 슐츠가 1998년에 발표한 조사 논문부터 보는 것이 좋다. 베른스, 맥클루어, 파그노니, 몬터규(Berns, McClure, Pagnoni, and Montague, 2001), 브라이터, 아하론, 카네만, 데일, 쉬즈겔(Breiter, Aharon, Kahneman, Dale, and Shizgal, 2001), 파그노니, 징크, 몬터규, 베른스(Pagnoni, Zink, Montague, and Berns, 2002), 오도허티, 다얀, 프리스턴, 크리칠리, 돌란(O'Doherty, Dayan, Friston, Critchley, and Dolan, 2003)은 사람 뇌 안에 TD 오차와 유사한 신호가 존재한다는 사실을 뒷받침하기 위해 기능적 뇌 영상에 대한 연구를 설명했다.

15.6 이 절에서는 도파민 뉴런의 단계적 활동에 대한 슐츠 연구 팀의 주요 결과를 TD 오차가 어떻게 모사하는지를 설명하는 과정에서 바르토(1995a)의 연구 내용과 대략적으로 일치하는 내용을 설명했다.

15.7 이 절의 내용은 대부분 다카하시, 쇼엔바움, 니브(2008)와 니브(2009)의 연구 내용을 기반으로 한다. 필자가 아는 바로는, 바르토(1995a)와 호크, 애덤스, 바르토(1995)가 처음으로 기저핵에서 행동자-비평자 알고리즘을 구현할 수 있다고 진지하게 생각했다. 도구적 조건화 과정에 참여하고 있는 사람의 기능적 자기 공명 영상을 기반으로, 오도허티, 다얀, 슐츠, 다이크만, 프리스턴, 돌란(O'Doherty, Dayan, Schultz, Deichmann, Friston, and Dolan, 2004)은 행동자와 비평자가 각각 배후 선조체와 복부 선조체에 위치하고 있을 가능성이 가장 높다고 제안했다. 게르쉬만, 모스타파, 루드비그(Gershman, Moustafa, and Ludvig, 2014)는 기저핵의 강화학습 모델에서 시간이 어떻게 표현되는지에 초점을 맞추면서, 시간 표현에 대한 다양한 수치 계산적 접근법의 증거 및 이러한 수치 계산적 접근이 암시하는 것들에 대해 논의했다.

이 절에서 설명한 행동자-비평자 구조가 적용된 가상의 신경 시스템은 기저핵에 대해 알려진 해부학 및 생리학적 지식에 대한 세부 사항은 거의 반영하지 못한 것이다. 호크, 애덤스, 바르토(1995)가 제시한 더 자세한 가설 이외에도, 해부학 및 생리학과의 더욱 분명한 연관성을 포함하고 있는 수많은 가설들이 새로운 데이터를 설명하기 위해 제안되었다. 이러한 가설들 중에는 수리와 슐츠(1998, 1999), 브라운, 불록, 그로스버그(Brown, Bullock, and Grossberg, 1999), 콘트레라스-비달과 슐츠(Contreras-Vidal and Schultz, 1999), 수리, 바르가스, 아르비브(Suri, Bargas, and Arbib, 2001), 오라일리와 프랭크(2006), 오라일리, 프랭크, 헤이지, 와츠(2007)가 제안한 가설들도 포함된다. 조엘, 니브, 루핀(Joel, Niv, and Ruppin, 2002)은 이러한 여러 모델의 해부학적 타당성을 비판적으로 평가했고, 기저핵 회로의 특징 중 관심을 받지 못한 몇 가지 특징을 포함시킬 의도로 다른 대안을 제시했다.

15.8 이 절에서 논의한 행동자 학습 규칙은 바르토 외(1983)가 제시했던 초기의 행동자-비평자 네트워크의 학습 규칙보다 더 복잡하다. 바르토가 제시했던 네트워크 내부의 행동자 단위 적격 흔적은 완전한 $(A_t - \pi(1 \mid S_t, \boldsymbol{\theta}))\mathbf{x}(S_t)$의 흔적이 아니라 단지 $A_t \times \mathbf{x}(S_t)$의 흔적이었다. 바르토의 연구는 13장에 제시한 정책 경사도 정리나 베르누이-로지스틱 단위의 ANN이 어떻게 정책 경사도 방법을 구현할 수 있는지를 보여주었던 윌리엄스(1986, 1992)의 연구 성과로부터 도움을 받지 못했다.

레이놀즈와 위켄스(Reynolds and Wickens, 2002)는 도파민이 대뇌 피질 시냅스 능률의 변화를 조절하는 장소인 대뇌 피질 신경 전달 경로에서의 시냅스 가소성에 대한 세 요소 규칙을 제안했다. 그들은 이러한 종류의 학습 규칙과 이 학습 규칙에 대해 있을 수 있는 분자 기반molecular basis을 뒷받침하는 실험 결과를 논의했다. 마크람, 룹케, 프롯처, 자크만(Markram, Lübke, Frotscher, and Sakmann, 1997)의 연구와 레비와 스튜어드(Levy and Steward, 1983)가 수행했던 초기의 실험으로부터 얻은 증거, 그리고 시냅스 앞과 뒤에서 발생하는 스파이크가 시냅스 능률의 변화를 유도하는 데 있어 중요하다는 다른 증거들은 모두 스파이크-시각-의존 가소성STDP을 명백하게 입증하는 데 기여했다. 라오와 세즈노스키(Rao and Sejnowski, 2001)는 STDP가 어떻게 약 0.01초 동안 지속되는 무관한 적격 흔적을 갖는 시냅스에서 일어나는, TD와 유사한 메커니즘의 결과일 수 있는지에 대해 언급했다. 다얀(2002)은 이렇게 되기 위해서는 진정한 TD 오차가 아니라 고전적 조건화에 대한 서튼과 바르토(1981a)의 초기 모델에서 발생하는 것과 같은 오차가 필요하다고 언급했다. 보상 변조 STDP를 다룬 방대한 문헌 중 대표적인 것은 위켄스(1990), 레이놀즈와 위켄스(2002), 칼라브레시, 피코니, 토찌, 디 필리포(Calabresi, Picconi, Tozzi, and Di Filippo, 2007)의 논문이다. 파울락과 커(Pawlak and Kerr, 2008)는 중간 가시 뉴런의 대뇌 피질 시냅스에서 STDP를 유도하기 위해서는 도파민이 필요하다는 것을 보여주었다. 이와 관련해서는 파울락, 위켄스, 커크우드, 커(Pawlak, Wickens, Kirkwood, and Kerr, 2010)의 논문도 참고하라. 야기시타, 하야시-다카기, 엘리스-데이비스, 유라쿠보, 이시이, 카사이(Yagishita, Hayashi-Takagi, Ellis-Davies, Urakubo, Ishii, and Kasai, 2014)는 도파민이 쥐의 중간 가시 뉴런의 가시 확장을 촉진하는 현상이 STDP 자극이 있은 후 0.3~2초 사이의 시간 동안에만 발생한다는 사실을 발견했다. 이치케비치(Izhikevich, 2007)는 STDP의 발생 시각에 대한 조건을 이용하여 연관된 적격 흔적을 촉발하는 방법을 제안하고 이에 대해 탐구했다. 프레마욱스, 스프레켈러, 거스트너(Frémaux, Sprekeler, and Gerstner, 2010)는 보상 변조 STDP에 기반한 규칙에 따라 학습이 성공적으로 이루어지는 이론적 조건을 제안했다.

15.9 클로프의 쾌락주의 뉴런 가설(클로프, 1972, 1982)은 효과의 법칙과 유사한 학습 규칙을 적용하면서, ANN으로 구현된 행동자-비평자 알고리즘에 영감을 주었다(바르토, 서튼, 앤더슨, 1983). 이때 ANN은 행동자 단위라고 불리는 뉴런과 유사한 하나의 단위를 갖는다. 클로프가 제시한 시냅스에 국한된 적격성synaptically-local eligibility과 관련 있는 방법들이 다른 연구자들에 의해 제안되어 왔다. 크로우(Crow, 1968)는 피질 뉴런 시냅스의 변화가 뉴런 활동의 결과에 민감하게 반응한다고 제안했다. 뉴런의 활동과 보상 변조

형태의 시냅스 가소성에서 나타나는 활동의 결과 사이에 존재하는 시간 지연을 다루어야 할 필요성을 강조하면서, 개별적인 시냅스가 아니라 전체 뉴런과 관련 있는 연관된 형태의 적격성을 제안했다. 그의 가설에 따르면, 뉴런 활동의 급증은 뉴런 활동의 급증에 관여하고 있는 세포 안에서의 단기 변화를 초래하고, 그 결과 이 세포들은 그다지 활성화되어 있지 않은 배경 세포들 가운데서 선택되어 나온다.

> ⋯ 변화가 감퇴하는 시간이 끝나기 전에 이러한 신호가 발생할 경우 세포들 사이의 시냅스 연결이 더욱 효과적으로 이루어지는 방식으로 ⋯ 이러한 세포들은 보상 신호에 가해지는 단기 변화에 의해 민감한 세포가 된다. (크로우, 1968)

크로우는 뉴런 회로에 대한 보상 신호의 효과가 "⋯ 사람들에게 반향을 불러일으킨 시냅스 연결을 완성한 것이지, 적응 운동의 산출물adaptive motor output로 이끌었던 경로에 대한 보상 신호가 이러한 시냅스 연결을 완성한 것은 아니다."라고 지적함으로써 사람들에게 반향을 불러일으킨, 뉴런 회로가 이 역할을 수행한다는 이전의 제안에 반하는 주장을 했다. 크로우는 나중에 시냅스 연결을 '단기 형태에서 장기 형태로' 변환하는 '별도의 뉴런 섬유 시스템neural fiber system'을 통해 보상 신호가 전달된다고 가정했다. 이 뉴런 섬유 시스템은 아마도 올즈와 밀너(1954)가 사용했던 것일 것이다.

선견지명이 있는 또 다른 가설에서, 밀러는 효과의 법칙과 유사한 학습 규칙을 다음과 같이 제안했는데, 이 학습 규칙은 시냅스에 국한되어 있는 연관된 적격 흔적을 포함한다.

> ⋯ 특별한 감각을 느낄 수 있는 상황에서 B라는 뉴런이 우연히 '의미 있는 분출meaningful burst'을 발사하면, 그 후 그것이 운동 행위motor acts를 유발하고, 그다음에는 상황을 변화시킬 것이라고 예상된다. 의미 있는 분출이 뉴런 수준에서 그 당시 활성화되어 있는 자신의 모든 시냅스에 영향을 미친다고 가정해야만 한다. ⋯ 그렇게 함으로써 아직 실제로 시냅스를 강화strengthening하지는 않더라도 강화되어야 할 시냅스를 사전에 선택하게 된다. ⋯ 강화 신호는 ⋯ 최종 선택을 하고 ⋯ 적절한 시냅스에서 최종적인 변화를 이루어낸다. (밀러, 1981, p. 81)

밀러의 가설은 또한 비평자와 유사한 메커니즘을 포함하는데, 그는 이 메커니즘을 '감각 분석자 단위sensory analyzer unit'라고 불렀다. 감각 분석자 단위는 뉴런에 강화 신호를 제공함으로써 뉴런이 낮은 가치의 상태에서 높은 가치의 상태로 이동하도록 하기 위해 고전적 조건화의 원리에 따라 작동했고, 그렇게 함으로써 행동자-비평자 구조에서 TD 오차가 강화 신호로 사용되는 것을 예상할 수 있게 했다. 밀러의 생각은 (뚜렷한 강화 신호를 분명하게 작동시키는 것을 제외하면) 클로프의 생각과 유사할 뿐만 아니라, 보상 변조 STDP의 일반적인 특징도 예견한 것이었다.

조금 다르긴 하지만 관련된 개념으로서, 효과의 법칙과 같은 방식으로 시냅스가 개별적으로 신경 전달 물질의 분출 확률을 조절한다는 개념을 성(Seung, 2003)은 '쾌락주의적 시냅스'라고 불렀다. 이 개념에 따르면, 신경 전달 물질이 분출된 후 보상을 받게 되면 신경 전달 물질의 분출 확률이 증가하고, 신경 전달 물질이 분출되지 못한 후에 보상을 받게 되면 신경 전달 물질의 분출 확률은 감소한다. 이것은 민스키가 1954년 발표한 프린스턴 박사학위 논문에서 사용한 학습 체계와 본질적으로는 동일하다. 이 논문에서 그는 시냅스와 유사한 학습 요소를 SNARCStochastic Neural-Analog Reinforcement Calculator(뉴런과 유사한 확률론적 강화 계산기)라고 불렀다. 연관된 적격성도 이러한 개념에 포함되어 있다. 다만 여기서는 적격성이 시냅스 뒤의 뉴런이 아니라 개별적인 시냅스의 활동에 연관되어 있다. 하스와 차나코우(Harth and Tzanakou, 1974)의 방법을 이용하여 ANN의 가중치를 조정한다는 유니크리슈난과 베누고팔(Unnikrishnan and Venugopal, 1994)의 제안도 이러한 논의와 연관되어 있다.

프레이와 모리스(Frey and Morris, 1997)는 시냅스 능률의 강화 효과가 오랜 시간 지속되도록 유도하기 위한 '시냅스 태그synaptic tag'라는 개념을 소개했다. 클로프의 적격성과 다르지는 않지만, 프레이와 모리스는 시냅스 태그가 시냅스의 일시적인 강화 효과로 구성되었고, 일시적인 강화 효과는 추후에 이어지는 뉴런의 활성화에 의해 오래 지속되는 강화 효과로 전환될 수 있다고 가정했다. 오라일리와 프랭크(2006) 그리고 오라일리, 프랭크, 헤이지, 와츠(2007)의 모델은 작업 메모리working memory를 이용하여 적격 흔적 대신 시간 간격 사이의 간극을 메운다. 위켄스와 코터(Wickens and Kotter, 1995)는 시냅스 적격성에 대한 메커니즘의 가능성을 논의했다. 헤, 우에르타스, 홍, 타이, 헬, 쇼발, 커크우드(He, Huertas, Hong, Tie, Hell, Shouval, and Kirkwood, 2015)는 피질 뉴런의 시냅스에 있는 연관된 적격 흔적의 존재를 뒷받침하는 증거를 제공했다. 이 과정에서 클로프가 가정한 적격 흔적의 시계열 흐름 같은 시계열 정보도 함께 제공했다.

바르토(1989)는 세균의 주화성bacterial chemotaxis과 관련된 학습 규칙을 이용하여 뉴런을 비유하는 것에 대해 논의했다. 세균의 주화성에 대한 코쉬랜드Koshland의 방대한 연구는 부분적으로는 박테리아의 특징과 뉴런의 특징이 유사하다는 사실로부터 자극을 받아 시작되었다(코쉬랜드, 1980). 이에 대해서는 버그(Berg, 1975)의 논문도 보라. 시만스키(Shimansky, 2009)는 위에 언급했던 성Seung의 학습 규칙과 다소 유사한 시냅스 학습 규칙을 제안했다. 이 학습 규칙에서는 각각의 시냅스가 주화성이 있는 하나의 박테리아처럼 행동한다. 이 경우 시냅스의 집단은 시냅스 가중치의 고차원적 공간에서 유인 물질을 향해 '헤엄친다'. 몬터규, 다얀, 퍼슨, 세즈노스키(1995)는 신경 조절 물질인 옥타파민이 연관되어 있는 벌의 수렵 채집 활동에 대해 주화성과 유사한 모델을 제안했다.

15.10 팀 문제 및 게임 문제에서 강화학습 학습자가 수행하는 행동에 대한 연구는 대략 세 단계에 걸친 오랜 역사를 갖는다. 필자가 알기로, 첫 번째 단계는 러시아의 수학자이자 물리학자인 체틀린M. L. Tsetlin이 수행한 조사에서부터 시작되었다. 1966년에 그가 사망한 이후 그가 수행했던 연구 내용을 모아 놓은 논문 체틀린(1973)이 출판되었다. 이 책의 1.7절과 4.8절에서는 학습 로봇learning automata에 대한 그의 연구를 선택 문제bandit problem와 연관 지어 언급했다. 체틀린이 수행했던 연구 중에는 팀 문제 및 게임 문제에서의 학습 로봇에 대한 연구도 포함되는데, 확률론적 학습 로봇을 이용한 이 분야의 후기 연구는 이 연구로부터 시작된 것이다. 확률론적 학습 로봇에 대한 설명은 나렌드라와 타타카르(Narendra and Thathachar, 1974, 1989), 비스와나탄과 나렌드라(Viswanathan and Narendra, 1974), 라크쉬미바라한과 나렌드라(Lakshmivarahan and Narendra, 1982), 나렌드라와 휠러(Narendra and Wheeler, 1983), 타타카르와 사스트리(Thathachar and Sastry, 2002)의 논문에서 확인할 수 있다. 타타카르와 사스트리(2011)가 제시한 종합적인 설명이 더 최근의 것이다. 이러한 연구들은 대부분 무관한non-associative 학습 로봇에 국한되어 있었는데, 이것은 이 연구들이 연관된 선택 문제 또는 맥락적 선택 문제(2.9절)를 다루지 않았음을 의미한다.

두 번째 단계는 학습 로봇을 연관된 문제 또는 맥락적 문제를 다루는 경우로 확장하는 것으로부터 시작되었다. 바르토, 서튼, 브라우어(1981), 바르토와 서튼(1981b)은 전역적 강화 신호가 전파되는 단일 층위 ANN에, 연관된 확률론적 학습 로봇을 적용하는 실험을 수행했다. 학습 알고리즘은 하스와 차나코우(1974)의 알로펙스Alopex 알고리즘을 연관된 문제에 적용할 수 있도록 확장한 것을 사용했다. 바르토 등은 이와 같은 종류의 학습을 구현하는 뉴런과 유사한 요소를 **연관된 탐색 요소**Associative Search Element, ASE라고 불렀다. 바르토와 아난단(1985)은 **연관된 보상 처벌**associative reward-penalty(A_{R-P}) 알고리즘으로 불리는 연관된 강화학습 알고리즘을 소개했다. 그들은 확률론적 학습 로봇 이론과 패턴 인식 이론을 결합하여 수렴성을 증명했다. 바르토(1985, 1986) 그리고 바르토와 조던(1987)은 다수 층위 ANN과 연결되어 있는 A_{R-P} 단위로 구성된 팀을 이용한 결과를 설명하면서 전역적으로 전파되는 강화 신호를 이용하여 XOR 등과 같은 비선형 함수를 학습할 수 있음을 보여주었다. 바르토(1985)는 ANN에 대한 이러한 접근법을 광범위하게 논의하면서 이러한 유형의 학습 규칙이 그 당시의 문헌에 제시된 다른 학습 규칙과 어떻게 연관되는지를 설명했다. 윌리엄스(1992)는 이러한 종류의 학습 규칙을 수학적으로 분석하고 확장했으며, 이러한 학습 규칙을 사용하는 것을 다수 층위 ANN을 훈련시키기 위한 역전파 방법과 연관시켰다. 윌리엄스(1988)는 ANN을 훈련시키기 위해 역전파와 강화학습을 결합할 수 있는 여러 방법을 설명했다. 윌리엄스(1992)는 A_{R-P} 알고리즘의 특별한 경우가 REINFORCE 알고리즘이라는 사실을 증명했는데, 그렇다 하더라도 A_{R-P} 알고리즘이 REINFORCE 알고리즘보다 더 좋은 결과를 도출했다(바르토, 1985).

강화학습 학습자로 구성된 팀에 대한 연구의 세 번째 단계는 넓은 영역으로 전파되는 신경 조절 물질로서 도파민의 역할을 더 많이 이해하고 보상 변조 STDP의 존재를 추정할 수 있게 된 상황에 의해 영향을 받았다. 세 번째 단계에서의 연구는 초기의 연구에 비해 시냅스 가소성의 세부 사항 및 신경과학에서 비롯되는 다른 제한 조건을 훨씬 더 많이 고려했다. 세 번째 단계의 연구에 해당하는 논문에는 다음과 같은 것들이 있다(시간 및 알파벳 순서로). 바틀릿과 백스터(Bartlett and Baxter, 1999, 2000), 시와 성(Xie and Seung, 2004), 바라스와 메이어(Baras and Meir, 2007), 패리스와 페어홀(Farries and Fairhall, 2007), 플로리안(Florian, 2007), 이치케비치(Izhikevich, 2007), 페체프스키, 마스, 레겐스타인(Pecevski, Maass, and Legenstein, 2008), 레겐스타인, 페체프스키, 마스(2008), 콜로드찌에즈스키, 포르, 외르괴테르(Kolodziejski, Porr, and Wörgötter, 2009), 어반치크와 센(Urbanczik and Senn, 2009), 바실라키, 프레마욱스, 유르반치크, 센, 거스트너(Vasilaki, Frémaux, Urbanczik, Senn, and Gerstner, 2009). 노베, 브랑크스, 드 하우어(Nowé, Vrancx, and De Hauwere, 2012)는 다수 학습자 강화학습이라는 더 폭넓은 분야에서 진행된 더 최근의 발전을 조사했다.

15.11 인과 놀턴(Yin and Knowlton, 2006)은 설치류에 대한 결과 평가절하 실험에서 밝혀진 사실들을 조사했는데, 이러한 사실들은 (심리학자들의 표현을 빌리자면) 습관적 행동과 목표 지향적 행동이 각각 배외측 선조체DLS와 배내측 선조체DMS에서 일어나는 과정과 가장 많이 연관되어 있다는 관점을 뒷받침한다. 결과 평가절하 설정하에서 발렌틴, 디킨슨, 오도허티(Valentin, Dickinson, and O'Doherty, 2007)가 사람을 대상으로 수행한 기능적 영상 실험의 결과는 안와 전두 피질OrbitoFrontal Cortex, OFC이 목표 지향적 선택을 하는 과정에서 중요한 요소라는 것을 암시한다. 원숭이에게 단일 단위 기록single unit recording을 적용한 파도아-스키오파와 아사드(Padoa-Schioppa and Assad, 2006)의 연구 결과는 선택 행동choice behavior을 유도하는 가치를 부호화하는 과정에서 OFC가 나름의 역할을 수행한다는 사실을 뒷받침한다. 랭걸, 캐머러, 몬터규(2008) 그리고 랭걸과 헤어(2010)는 뇌가 목표 지향적 결정을 내리는 방법에 대해 밝혀진 사실들을 신경 경제학의 관점에서 조사했다. 페줄로, 반 데르 미어, 랜싱크, 페나르츠(Pezzulo, van der Meer, Lansink, and Pennartz, 2014)는 내부적으로 발생하는 일련의 사건들에 대한 신경과학 연구를 조사했고 이러한 메커니즘이 어떻게 모델 기반 계획의 구성 요소가 될 수

있는지를 설명하는 모델을 제시했다. 다우와 쇼하미(Daw and Shohamy, 2008)는 도파민 신호가 생겨나는 과정이 습관적 행동이나 모델 없는 행동과 잘 연결되는 반면에, 다른 과정들은 목표 지향적 행동이나 모델 기반 행동과 연관되어 있다고 제안했다. 브롬버그-마틴, 마추모토, 홍, 히고사카(Bromberg-Martin, Matsumoto, Hong, Hikosaka, 2010)가 수행한 실험에서 얻은 데이터로부터 알 수 있는 것은 도파민 신호가 습관적 행동과 목표 지향적 행동 모두에게 적합한 정보를 담고 있다는 점이다. 돌, 시몬, 다우(Doll, Simon, and Daw, 2012)는 뇌에서 습관적 학습 및 선택과 목표 지향적 학습 및 선택을 촉진하는 각각의 메커니즘 사이에 뚜렷한 경계가 존재하지 않을 수도 있다고 주장했다.

15.12 케이플린과 자낙(Keiflin and Janak, 2015)은 TD 오차와 중독 사이의 연관성을 조사했다. 너트, 링포드-휴스, 에릿조에, 스토크스(Nutt, Lingford-Hughes, Erritzoe, and Stokes, 2015)는 중독이 도파민 시스템의 장애 때문에 생겨난다는 가설을 비판적으로 평가했다. 몬터규, 돌란, 프리스턴, 다얀(2012)은 수치 계산적 정신 의학 분야의 목표와 이 분야에서 수행된 초기의 연구들을 요약했고, 애덤스, 후이스, 로이저(Adams, Huys, and Roiser, 2015)는 더 최근의 발전된 연구 결과를 조사했다.

16

적용 및 사례 연구

이 장에서는 강화학습의 사례 연구를 제시할 텐데, 여기에는 상당한 잠재적인 경제적 중요성을 가진 적용 사례도 여럿 있다. 그중 하나로, 사무엘의 체커 선수는 주로 역사적인 관심을 끄는 사례다. 여기에 제시되는 사례들을 통해, 실제 적용 사례에서 발생하는 이슈 및 서로 대립되는 요소들 간의 균형 잡기에 관한 일부 내용을 설명하려고 한다. 예를 들면, 도파민에 대한 지식이 문제를 형성하고 해결하는 과정에 어떻게 결합되는지를 강조할 것이다. 또한, 성공적인 적용에 있어서 매번 중요한 요소가 되는 표현representation에 대한 이슈도 강조할 것이다. 이러한 몇 가지 사례 연구에서 사용되는 알고리즘은 이 책의 나머지 부분에서 제시했던 알고리즘보다 훨씬 더 복잡하다. 강화학습을 적용하는 일은 여전히 일상적으로 할 수 있는 일과는 거리가 멀고, 일반적으로 과학을 필요로 하는 만큼 기술도 필요로 한다. 강화학습을 더 쉽고 더 간단하게 적용할 수 있도록 만드는 것이 강화학습 분야에서 현재 주목하고 있는 연구의 목표 중 하나다.

16.1 TD-가몬

지금까지의 강화학습 적용 사례를 통틀어 가장 인상적인 적용 사례 중 하나는 제럴드 테사우로Gerald Tesauro가 백개먼 게임에 강화학습을 적용한 사례다(테사우로, 1992, 1994, 1995, 2002). 테사우로가 만든 프로그램인 **TD-가몬**TD-Gammon은 백개먼 게임에 대한 사전 지식을 거의 필요로 하지 않으면서도 학습을 통해 거의 세계 최고의 그랜드 마스터 수준에 이를 정도로 게임을 매우 잘하게 되었다. TD-가몬의 학습 알고리즘은 TD 오차의 역전파를 통해 훈련된 다수 층위 인공 신경망ANN을 이용한 비선형 함수 근사와 TD(λ) 알고리즘의 간단한 조합이었다.

백게먼은 전 세계적으로 행해지고 있다는 점에서 주요한 게임이고, 수많은 토너먼트와 정기적인 세계 선수권 대회도 치러지고 있다. 이 게임은 어느 정도는 확률 게임이고, 상당한 금액의 돈을 걸고 내기를 하기 위한 인기 있는 수단이다. 아마도 프로 체스 선수보다 프로 백게먼 선수가 더 많을 것이다. 이 게임은 **점**point이라고 불리는 위치가 24개 표시된 게임판 위에 15개의 흰색 돌과 15개의 검은색 돌을 놓고 진행하는 게임이다. 다음 페이지의 오른쪽 그림에는 게임 초기에 나타나는 일반적인 돌의 위치가 흰색 돌을 움직이는 선수의 관점에서 표현되어 있다. 이 그림에서 흰색 돌 선수는 방금 전에 주사위를 던져서 5와 2를 얻었다. 이것은 이 선수가 자신의 흰색 돌 중 하나를 5칸 이동시키고 또 다른 돌 하나(같은 돌일 수도 있다)를 2칸 이동시킬 수 있음을 의미한다. 예를 들어, 그는 12번 점에서 두 개의 돌을 하나는 17번 점으로 다른 하나는 14번 점으로 움직일 수 있다. 흰색 돌 선수의 목적은 모든 흰색 돌을 마지막 사분면에 속하는 점들(19~24번 점)로 이동시킨 후 게임 판 밖으로 내보내는 것이다. 자신이 갖고 있는 모든 돌을 게임 판 밖으로 먼저 내보내는 선수가 이긴다. 한 가지 문제는 돌들이 서로 다른 방향으로 이동하면서 서로를 밀어내는 방식으로 상호작용한다는 점이다. 예를 들어 검은 돌 선수가 돌을 이동시킬 때, 주사위 눈의 수가 2가 되면 자신의 검은 돌을 24번 점에서 22번 점으로 이동시킴으로써 그곳에 있던 흰색 돌을 '쳐낼hitting' 수 있다. 원래의 위치에서 밀려난 돌은 게임 판 중앙에 있는 '바bar'로 보내진다(이전에 밀려난 검은 돌 하나가 이미 바에 있는 것을 볼 수 있다). 그곳에서 그 돌들은 다시 처음 단계부터 게임에 참여하게 된다. 하지만 한 점에 두 개의 돌이 있다면, 상대방 선수는 그 점으로 자신의 돌을 이동시킬 수 없다. 그 점에 있던

돌들은 밀려날 위험으로부터 보호받게 되는 셈이다. 따라서 흰색 돌 선수가 주사위를 던져 눈의 수가 5와 2가 되면 1번 점에 있는 자신의 돌들은 이동시킬 수 없게 된다. 1번 점에 있는 돌들이 갈 수 있는 점에는 이미 두 개 이상의 검은 돌이 존재하기 때문이다. 상대방 선수의 돌을 막기 위해 한 점에 연속으로 돌을 위치시키는 것은 이 게임의 기본적인 전략이다.

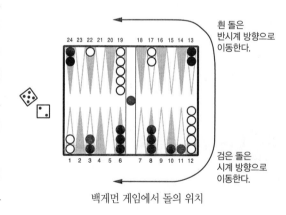

백게먼 게임에서 돌의 위치

백게먼 게임에는 여러 가지 문제가 더 있지만, 앞서 설명한 내용을 통해 기본적인 게임 방법을 알 수 있다. 30개의 돌과 이 돌들이 위치할 수 있는 24개(바와 게임 판 밖의 영역을 추가하면 26개)의 영역을 고려했을 때, 백게먼 게임에서 발생할 수 있는 돌 위치의 개수는 분명히 엄청나게 많을 것이다. 물리적으로 실현 가능한 임의의 컴퓨터가 갖고 있는 메모리 원소의 개수보다 훨씬 더 많을 것이다. 각각의 위치로부터 이동할 수 있는 방법의 수도 역시 많을 것이다. 일반적인 주사위 던지기를 생각해 보면 20가지의 게임 방법이 있을 수도 있다. 상대방 선수의 반응 같은 앞으로 발생할 돌의 이동까지 고려한다면, 주사위 던지기 결과에 대한 가능성도 고려해야 한다. 그 결과 게임 트리game tree의 분기 계수branching factor는 사실상 약 400 정도가 된다. 분기 계수 400은 너무 과하게 큰 값이어서 체스나 체커 같은 게임에서 아주 효과적인 것으로 판명된 전통적인 경험적 탐색 방법을 효과적으로 백게먼에 적용하기는 어렵다.

반면에, TD 학습 방법의 능력은 이 게임에 적용하기에 충분하다. 이 게임은 상당히 확률론적이지만, 게임의 상태에 대한 완벽한 정보를 항상 얻을 수 있다. 이 게임은 둘 중 하나가 이겨서 게임이 끝날 때까지 돌의 이동과 위치에 따라 진화한다. 게임의 결과는 예측되어야 할 최종적인 보상으로 해석될 수 있다. 반면에, 지금까지 이 책에서 설명한 이론적인 결과를 이 문제에 효과적으로 적용할 수는 없다. 상태의 개수가 너무 많아서 열람표lookup table는 사용할 수 없고, 게임의 상대방으로 인해 불확실성과 시간에 따른 변동성이 생겨난다.

TD-가몬은 비선형 형태의 TD(λ)를 사용했다. 임의의 상태(게임 판에서의 위치) s의 가치 추정값 $\hat{v}(s, \mathbf{w})$는 상태 s에서 시작했을 때 게임에서 이길 확률에 대한 추정값으로서의 의미를 갖는다. 이 추정값을 얻기 위해, 게임에서 이기는 단계를 제외한 모든 단계에서 보상을 0으로 정의했다. 가치 함수를 구현하기 위해, TD-가몬은 그림 16.1에 보이는 것과 매우 유사한 표준적인 다수 층위 ANN을 사용했다(실제 네

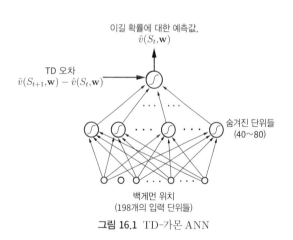

그림 16.1 TD-가몬 ANN

트워크에서는 '가몬gammon' 또는 '백게먼backgammon'이라고 불리는 특별한 방식으로 게임에 참여한 각 선수의 승리 확률을 추정하기 위해 네트워크의 마지막 층위에 두 개의 단위가 추가된다). 네트워크는 입력 단위들의 층위 하나와, 숨겨진 단위들의 층위 하나, 그리고 최종 출력 단위로 구성된다. 네트워크의 입력은 백게먼 위치를 표현한 것이고, 출력은 그 위치의 가치에 대한 추정값이다.

TD-가몬의 최초 버전인 TD-가몬 0.0에서는 백개먼 위치가 백개먼 게임에 대한 정보를 거의 사용하지 않는 비교적 직접적인 방식으로 표현되어 네트워크의 입력으로 들어갔다. 하지만 ANN이 작동하는 방식 및 네트워크에 정보가 가장 잘 전달되는 방법에 대한 중요한 정보는 백개먼 위치를 표현하는 과정에서 사용되었다. 테사우로가 선택했던 정확한 표현을 알아두면 도움이 될 것이다. 테사우로의 네트워크에는 총 198개의 입력 단위가 존재한다. 백개먼 게임 판의 각 점에 대해, 점에 있는 흰색 돌의 개수를 네 개의 단위로 나타내었다. 흰색 돌이 없으면, 네 개의 단위 모두 0의 값을 갖는다. 흰색 돌이 하나 있다면, 첫 번째 단위가 1의 값을 갖는다. 이것은 '약점 blot', 즉 상대방 돌에 의해 밀려날 수 있는 돌에 대한 기본적인 개념을 부호화한다. 흰색 돌이 두 개 이상 있다면, 두 번째 단위가 1의 값을 갖도록 설정된다. 이것은 상대방 돌이 들어올 수 없는 '완성된 점made point'에 대한 기본적인 개념을 부호화한다. 흰색 돌이 정확히 세 개 있으면, 세 번째 단위가 1로 설정된다. 이것은 '하나의 여분single spare', 즉 점을 완성한 두 개의 돌 이외에 추가된 돌에 대한 기본적인 개념을 부호화한다. 마지막으로 흰색 돌이 네 개 이상 있으면, 세 개 이외에 추가된 돌의 개수에 비례하는 값이 네 번째 단위에 설정된다. 어떤 점에 있는 돌의 총 개수를 n이라고 할 때, $n > 3$이면 네 번째 단위는 $(n - 3)/2$의 값을 갖는다. 이것은 주어진 점에서 '다수의 여분multiple spares'에 대한 선형 표현을 부호화한다.

24개의 각 점에서 흰색 돌을 위한 네 개의 단위와 검은색 돌을 위한 네 개의 단위를 사용하면, 총 192개의 단위가 만들어진다. 여기에 바에 있는 흰색 돌과 검은색 돌의 개수를 부호화하는 두 개의 단위(각 단위는 $n/2$의 값을 갖는다. 여기서 n은 바에 있는 돌의 개수다)와, 게임 판에서 이미 성공적으로 제거된 흰색 돌과 검은색 돌의 개수를 부호화하는 두 개의 단위(이 단위들은 $n/15$의 값을 갖는다. 여기서 n은 이미 게임 판 밖으로 밀려난 돌의 개수다)가 추가된다. 마지막으로, 흰색 돌이 움직일 차례인지 검은색 돌이 움직일 차례인지를 이진 형식binary fashion으로 나타내기 위해 두 개의 단위가 추가로 사용된다. 네트워크의 단위를 이렇게 선택하도록 만드는 일반적인 논리 구조는 명확하다. 기본적으로, 테사우로는 네트워크를 구성하는 단위의 개수는 적게 유지하면서 백개먼 위치를 간단한 방식으로 표현하기 위해 노력했다. 서로 관련이 있어 보이는 개념적으로 구별되는 가능성 각각에 대해 하나의 단위를 제공했고, 각 단위가 갖는 값의 범위가 대략적으로 동일하도록, 이 경우에는 0과 1 사이가 되도록 조정했다.

백개먼 위치에 대한 표현이 주어지면, 네트워크는 그 위치의 가치 추정값을 표준적인 방식으로 계산한다. 입력 단위로부터 숨겨진 단위로 이어지는 각각의 연결에 해당하는 가중치가 실숫값으로 주어진다. 각각의 입력 단위로부터 나오는 신호에는 그에 해당하는 가중치가 곱해지고, 가중치가 곱해진 신호는 숨겨진 단위에 도달해서 모두 더해진다. 숨겨진 단위 j의 출력 $h(j)$는 가중 합계에 대한 비선형 시그모이드 함수로서, 다음과 같이 표현된다.

$$h(j) = \sigma\left(\sum_i w_{ij} x_i\right) = \frac{1}{1 + e^{-\sum_i w_{ij} x_i}}$$

여기서 x_i는 i번째 입력 단위의 가치이고, w_{ij}는 i번째 입력의 단위로부터 j번째 숨겨진 단위로 이어지는 연결에 대한 가중치다(네트워크의 모든 가중치가 함께 파라미터 벡터 **w**를 구성한다). 이 시그모이드 함수는 항상 0과 1 사이의 값을 갖는데, 이 함숫값을 흔적의 합계summation of evidence(문맥상 입력 단위로부터 나오는 신호의 가중 합계를 뜻하는 것으로 보인다. 옮긴이)를 기반으로 하는 확률로 해석하는 것은 자연스럽다. 숨겨진 단위로부터 출력 단위에 이르는 과정에서 수행되는 계산은 전체적으로 유사하다. 숨겨진 단위로부터 출력 단위에 이르는 각각의 연결마다 가중치가 주어진다. 출력 단위는 가중 합계를 계산하고 그 값을 동일한 비선형 시그모이드 함수의 입력으로 넣는다.

TD-가몬은 12.2절에서 설명한 준경사도 형태의 TD(λ) 알고리즘을 사용한다. 이때 경사도는 오차 역전파 알고리즘으로부터 계산된다(루멜하트, 힌튼, 윌리엄스Rumelhart, Hinton, and Williams, 1986). 이 경우에 대한 일반적인 갱신 규칙이 다음과 같이 주어진다는 것을 다시 떠올려 보자.

$$\mathbf{w}_{t+1} \doteq \mathbf{w}_t + \alpha\left[R_{t+1} + \gamma\hat{v}(S_{t+1}, \mathbf{w}_t) - \hat{v}(S_t, \mathbf{w}_t)\right]\mathbf{z}_t \tag{식 16.1}$$

여기서 $\mathbf{w}_t$는 수정 가능한 모든 파라미터를 포함하는 벡터(이 경우에는 네트워크의 가중치)이고, $\mathbf{z}_t$는 $\mathbf{w}_t$의 각 성분에 대해 하나씩 주어지는 적격 흔적 벡터로서, 다음과 같이 갱신된다.

$$\mathbf{z}_t \doteq \gamma\lambda\mathbf{z}_{t-1} + \nabla\hat{v}(S_t, \mathbf{w}_t)$$

여기서 $\mathbf{z}_0 \doteq \mathbf{0}$이다. 이 방정식에 포함된 경사도는 역전파 과정을 이용하여 효율적으로 계산될 수 있다. 이기는 단계를 제외한 나머지 단계에서는 보상이 0으로 주어지고, $\gamma = 1$로 주어지는 백게먼 문제에 대해서는 그림 16.1에 제시된 것처럼 학습 규칙의 TD 오차 부분이 보통은 $\hat{v}(S_{t+1}, \mathbf{w}) - \hat{v}(S_t, \mathbf{w})$로만 표현된다.

학습 규칙을 적용하기 위해서는 백게먼 게임으로부터 나오는 정보가 필요하다. 테사우로는 그가 학습시킨 백게먼 선수가 스스로와 백게먼 게임을 하게 함으로써 끊임없이 게임으로부터 정보를 획득했다. 돌을 어디로 이동시킬지를 선택하기 위해, TD-가몬은 주사위를 던져서 나올 수 있는 대략 20개의 이동 경로와 각각의 경로가 도달하는 위치를 고려했다. 여기서 각 경로가 도달하는 위치는 6.8절에서 설명했던 **이후상태**afterstate다. 네트워크로부터 나오는 정보를 이용하여 이후상태의 가치를 추정하고 나면, 가치 추정값이 가장 큰 위치에 도달하게 하는 이동 경로를 선택한다. 이러한 방식으로 양쪽에 있는 백게먼 선수가 모두 TD-가몬을 이용하여 돌의 이동을 계속해서 선택하게 함으로써 수많은 백게먼 게임을 쉽게 생성할 수 있다. 각각의 게임은 하나의 에피소드로 다루어졌고, 위치의 나열은 상태의 나열 S_0, S_1, S_2, ...처럼 작용했다. 테사우로는 비선형 TD 규칙(식 16.1)을 완전히 점증적으로, 즉 하나의 돌이 위치를 이동할 때마다 적용했다.

네트워크의 가중치는 처음에는 작은 무작위 값으로 설정했었다. 따라서 초기의 가치 평가는 전체적으로 임의의 값으로 되어 있었다. 이러한 가치 평가를 기반으로 위치 이동을 선택했기 때문에, 초기의 위치 이동은 좋지 않은 선택일 수밖에 없었고, 초기의 게임들에서는 양쪽의 선수들 중 한 선수가 거의 운으로 이길 때까지 위치를 수백 또는 수천 번 이동했다. 하지만 게임이 수십 번 진행된 후에는 성능이 급격하게 향상되었다.

학습된 백게먼 선수가 스스로와의 게임을 약 300,000번 수행한 후에, 위에 설명했던 TD-가몬 0.0은 그 당시에 있었던 최고의 백게먼 컴퓨터 프로그램과 거의 같은 수준의 실력을 갖추도록 학습되었다. 그 전까지의 모든 고성능 컴퓨터 프로그램이 백게먼에 대한 방대한 정보를 사용했었기 때문에 이 결과는 놀라운 것이었다. 예를 들면, 테사우로가 TD 학습이 아닌 ANN을 이용하여 작성한 또 다른 프로그램인 **뉴로게먼**Neurogammon이 그 당시의 디펜딩 챔피언이라고 할 만한 프로그램이라는 것은 거의 확실하다. 뉴로게먼의 네트워크는 백게먼 전문가에 의해 제공된 방대한 위치 이동 예제를 기반으로 훈련되었다. 게다가 뉴로게먼 네트워크는 백게먼을 위해 특별히 만들어진 특징 집합을 갖고 시작했다. 뉴로게먼은 1989년에 열린 세계 백게먼 올림피아드에서 무난하게 우승을 차지할 정도로 매우 잘 조율된, 매우 효과적인 백게먼 프로그램이다. 반면에, TD-가몬 0.0은 본질적으로 백게먼 게임에 대한 아무런 정보 없이 만들어졌다. TD-가몬 0.0이 뉴로게먼을 비롯한 다른 모든 방법만큼 잘 작동할 수 있다는 사실은 자가 수행self-play 학습 방법의 잠재력을 보여주는 놀라운 증거다.

백게먼 전문가가 제공하는 정보 없이도 TD-가몬 0.0이 성공적으로 토너먼트를 수행했다는 것은 분명한 변화가 있었음을 암시한다. 그 변화란 특별한 백게먼 특징을 추가하고도 자가 수행 TD 학습 방법을 유지한 것이다. 이를 통해 TD-가몬 1.0이 만들어졌다. TD-가몬 1.0은 이전의 모든 백게먼 프로그램보다 분명히 게임을 훨씬 더 잘 수행했고 오직 백게먼 전문가들(사람) 사이에서만 진지한 경쟁 상대를 찾을 수 있었다. 이 프로그램의 나중 버전인 TD-가몬 2.0(40개의 숨겨진 단위)과 TD-가몬 2.1(80개의 숨겨진 단위)에는 선택적 이중two-ply 탐색 과정이 접목되었다. 이동을 선택하기 위해, 이 프로그램들은 곧 드러날 위치 결과뿐만 아니라 상대방 선수의 주사위 던지기 결과 및 위치 이동 가능성도 내다봤다. 상대방이 항상 자신에게 즉각적으로 최선의 결과를 줄 것 같은 이동을 선택한다는 가정을 바탕으로 위치 이동 후보군에 속하는 각 이동의 가치 기댓값을 계산하여 가장 큰 값을 갖는 이동을 선택한 것이다. 계산 시간을 절약하기 위해, 이중 탐색 중 첫 번째 경로를 따라 먼저 탐색을 수행한 후에 위치 이동 후보군 중 우선순위가 높은 이동에 대해서만 두 번째 경로를 따라 수행하는 탐색을 수행했다. 두 번째 탐색의 대상이 되는 이동의 개수는 평균적으로 4~5개였다. 이중 탐색은 위치 이동을 선택하는 과정에만 영향을 주었고, 학습 과정 자체는 이전과 정확히 동일하게 진행되었다. 이 프로그램의 최종 버전인 TD-가몬 3.0과 3.1은 160개의 숨겨진 단위와 선택적 삼중three-ply 탐색을 사용했다. TD-가몬은 경험적 탐색과 MCTS 방법의 조합을 설명하는 것처럼 학습된 가치 함수와 결정 시각 탐색의 조합을 설명한다. 후속 연구에서 테사우로와 갈페린(1997)은 전역full-width 탐색의 대안으로 궤적 표본추출 방법을 적용해 봤고, 그 결과 한 번의 이동을 결정하는 데 소요되는 시간을 대략 5~10초 정도의 합리적인 수준으로 유지하면서도 실제 게임에서의 오차 비율을 상당히 많이(1/4~1/6배까지) 줄일 수 있었다.

1990년대를 지나면서, 테사우로는 그의 프로그램으로 세계적 수준의 백게먼 선수(사람)와 상당히 많은 게임을 할 수 있었다. 이 게임의 결과가 표 16.1에 정리되어 있다.

표 16.1 TD-가몬 결과의 요약

프로그램	숨겨진 단위	훈련 게임 수	게임 상대방	결과
TD-가몬 0.0	40	300,000	다른 프로그램	끝까지 무승부
TD-가몬 1.0	80	300,000	로버티, 마그리엘, ...	13점 실점 / 51번의 게임
TD-가몬 2.0	40	800,000	여러 그랜드 마스터들	7점 실점 / 38번의 게임
TD-가몬 2.1	80	1,500,000	로버티	1점 실점 / 40번의 게임
TD-가몬 3.0	80	1,500,000	카자로스	6점 득점 / 20번의 게임

이 결과와 백게먼 그랜드 마스터의 분석(로버티Robertie, 1992; 테사우로, 1995)에 따르면, TD-가몬 3.0은 세계 최고의 백게먼 선수(사람)의 게임 실력에 가깝거나 더 뛰어난 실력을 보여주는 것으로 나타났다. 테사우로는 이후 발표한 논문(테사우로, 2002)에서 수많은 주사위 던지기 결과를 이용하여 TD-가몬이 내리는 위치 이동 결정 및 점수를 두 배로 하는 결정doubling decision(백게먼 게임에서는 게임을 하기 전에 게임을 이겼을 때 얻는 점수(보통 1점)를 두 배로 하겠다는 제안을 할 수 있다. 이러한 제안을 받은 선수는 이 제안을 받아들이거나 상대방 선수에게 1점을 주어야 한다. 예를 들어, 3점을 얻어야 하는 매치에서 2 대 1의 상황이 되었을 때, 1점을 얻은 선수는 다음 게임에서 자신의 점수를 두 배로 하겠다고 제안할 수 있다. 2점을 얻은 선수가 이 제안을 받아들이면 이번 게임에서 매치의 승자가 결정된다. 반대로 거절할 경우에는 다음 게임에서 매치의 승자가 결정된다. 옮긴이)을 세계 최고의 선수(사람)가 내리

는 결정과 비교하여 분석한 결과를 발표했다. TD-가몬 3.1이 세계 최고의 선수(사람)에 비해 돌의 위치 이동을 결정하는 데 있어서는 '일방적인 장점lopsided advantage'을 갖고, 점수를 두 배로 하는 결정에 있어서는 약간 더 유리하다는 것이 그가 내린 결론이었다.

TD-가몬은 세계 최고의 선수(사람)가 게임을 하는 방식에 중요한 영향을 미쳤다. 예를 들면, TD-가몬은 특정 위치가 비어 있는 상황에서 최고의 선수들(사람)이 일반적으로 하는 것과는 다르게 게임을 수행하는 것을 학습했다. TD-가몬의 성공과 더 많은 분석 결과에 영향을 받아, 최고의 선수들(사람)은 이제 특정 위치가 비어 있는 상황에서 TD-가몬이 하는 것처럼 게임을 수행한다(테사우로, 1995). TD-가몬으로부터 영감을 얻은 젤리피시Jellyfish, 스노위Snowie, GNU 백게먼GNUBackgammon 같은 여러 가지 자가 학습 ANN 백게먼 프로그램을 광범위하게 이용할 수 있게 되었을 때, TD-가몬이 백게먼 선수(사람)에게 미치는 영향력은 크게 증가했다. 이러한 프로그램들은 ANN을 사용함으로써 알게 된 새로운 정보가 널리 퍼질 수 있게 했고, 백게먼 토너먼트에서 사람의 게임 실력을 전반적으로 크게 향상시켰다(테사우로, 2002).

16.2 사무엘의 체커 선수

테사우로의 TD-가몬이 탄생하는 데 있어 중요한 선구자 역할을 했던 것은 체커를 학습하는 프로그램을 만드는 과정에서 아서 사무엘(Arthur Samuel, 1959, 1967)이 이루어낸 중대한 업적이다. 사무엘은 경험적 탐색 방법과 지금 이 책에서 시간차 학습이라고 부르는 것을 효과적으로 사용했던 최초의 연구자들 중 한 사람이다. 그가 개발한 체커 프로그램은 역사적으로 관심을 가질 만한 주제일 뿐만 아니라 사례 연구의 유익한 대상이기도 하다. 여기서는 사무엘의 방법과 현대의 강화학습 방법 사이의 관계를 강조하여 설명하고, 사무엘이 자신의 방법을 사용하게 된 동기를 설명하고자 한다.

1952년에 사무엘은 처음으로 IBM 701 컴퓨터에 구현할 체커 게임 프로그램을 작성했다. 그의 첫 번째 학습 프로그램은 1955년에 완성되었고 1956년에는 텔레비전에서 그 프로그램의 작동 방식을 보여주기도 했다. 프로그램의 후기 버전은 전문가 수준은 아니지만 충분한 게임 실력을 갖추게 되었다. 사무엘은 기계학습을 연구하기 위한 분야로서 게임에 매료되었는데, 그것은 게임이 '삶에서 발생하는' 문제들에 비해 덜 복잡하면서도 경험적 과정과 학습이 어떻게 함께 사용될 수 있는지에 대한 다양한 연구를 가능하게 해주기 때문이다. 그가 체스 대신 체커를 선택한 이유는 체커가 체스보다 더 간단해서 학습에 좀 더 많은 초점을 맞출 수 있게 해 주기 때문이다.

사무엘의 프로그램은 현재 위치에서부터 앞을 내다보는 탐색을 수행함으로써 게임을 수행한다. 이 프로그램은 오늘날 경험적 탐색이라고 불리는 것을 이용하여 탐색 트리를 어떻게 확장하고 언제 탐색을 멈출지를 결정한다. 각 탐색의 결과로 얻게 되는 체커 말들의 최종적인 위치는 가치 함수 또는 '채점 다항식scoring polynomial'에 의해 평가되거나 '채점'되는데, 이때 선형 함수 근사가 사용된다. 이러한 측면뿐만 아니라 다른 측면에서 볼 때도, 사무엘의 연구 성과는 섀넌(Shannon, 1950)의 제안에 영감을 받은 것처럼 보인다. 특히, 사무엘의 프로그램은 현재 위치로부터 최선의 이동을 선택하기 위한 섀넌의 미니맥스minimax 과정을 기반으로 한다. 채점이 완료된 최종 위치로부터 역방향으로 탐색 트리를 거치면서, 각 위치는 최선의 이동을 통해 도달하게 될 위치에 대한 점수를 받게 된다. 이때 게임 프로그램은 항상 점수를 최대화하려고 노력하는 반면에, 상대방은 항상 점수를 최소화하기 위해 노력한다고 가정한다. 사무엘은 이것을 위치에 대한 '보강 점수back-up score'라고 불렀다. 미니맥스 과정이 탐색 트리의 출발점(현재 위치)에 도달하면, 상대방도 자신의 관점하에서 동일한 평가 기준을 갖는다는 가정하에 최선의 이동 경로가 도출된다. 사무엘이 만든 프로그램의 몇 가지 버전은 '알파-베타alpha-beta' 절단선cutoffs이라고 부르는 것과 유사한, 복잡한 탐색 제어 방법을 사용한다(**예** 펄(Pearl, 1984)을 참고하라).

사무엘은 두 개의 주요한 학습 방법을 사용했다. 그중 가장 간단한 것은 그가 **암기 학습**rote learning이라고 불렀던 것이다. 이 방법은 게임 도중에 나타나는 각 체커 말들의 위치 정보를 미니맥스 과정에 의해 결정되는 보강 가치와 함께 저장하는 간단한 과정으로 이루어진다. 이 방법을 사용하면 이미 발생했던 위치가 탐색 트리의 최종 위치로서 다시 발생했을 때, 탐색의 깊이가 효과적으로 증폭되는 결과를 낳는다. 그것은 이 위치의 저장된 가치가 이전에 수행되었던 한 번 또는 그 이상의 탐색 결과를 담고 있기 때문이다. 초기에 발생했던 하나의 문제점은 프로그램이 승리로 이끄는 가장 직접적인 경로를 따라 체커 말을 이동시키려고 하지 않는다는 것이었다. 사무엘은 미니맥스 분석 과정 동안 프로그램이 (한 가닥ply이라고 불리는) 한 단계level씩 보강될 때마다 조금씩 위치의 가치를 감소시킴으로써 프로그램에 '방향 감각'을 주었다. "프로그램이 이제 가닥의 수에 의해서만 점수 차이가 나는 체커 판의 위치들 중 하나를 선택할 시점이 되면, 게임을 이기고 있을 경우에는 가닥 수가 적은 위치를 선택하고 게임에 지고 있을 경우에는 가닥 수가 많은 위치를 선택함으로써 프로그램은 자동적으로 가장 이득이 되는 선택을 할 것이다"(사무엘, 1959, p. 80). 사무엘은 할인과 유사한 이 기법이 성공적인 학습을 위해 필수적이라는 사실을 알아냈다. 암기 학습의 성능은 더디지만 꾸준히 향상되었는데, 게임 초반부와 종반부에서 가장 효과적으로 성능이 향상되었다. 사무엘의 프로그램은 자기 자신과도 많은 게임을 했고, 다양한 사람들을 상대로도 많은 게임을 했다. 이러한 많은 게임으로부터, 그리고 지도학습 모드에서는 책으로 된 게임으로부터 학습한 이후에 사무엘의 프로그램은 '평균보다 잘하는 초보자better-than-average novice'가 되었다.

암기 학습을 비롯하여 사무엘이 수행했던 연구의 다른 측면들은 시간차 학습의 기본적인 개념 (어떤 상태의 가치는 그 후에 이어질 가능성이 있는 상태들의 가치와 같아야 한다)을 강하게 암시한다. 사무엘은 그의 두 번째 학습 방법을 통해 이러한 개념에 가장 가깝게 접근했다. 이 두 번째 방법은 바로 가치 함수의 파라미터를 수정하기 위한 '일반화에 의한 학습learning by generalization' 과정이다. 사무엘의 방법은 테사우로가 훨씬 나중에 TD-가몬에 사용했던 방법과 개념적으로 동일한 방법이었다. 그는 자신이 만든 프로그램이 그 프로그램의 또 다른 버전을 상대로 많은 게임을 수행했고, 매번의 위치 이동 후에 학습 규칙을 갱신했다. 사무엘이 사용했던 갱신 방법은 그림 16.2에 있는 보강 다이어그램으로 나타낼 수 있다. 비어 있는 원은 프로그램이 다음에 이동할 위치인 **이동간**on-move 위치를 나타내고, 검게 채워진 원은 상대방 프로그램이 이동할 위치를 나타낸다. 양쪽 프로그램이 모두 위치를 이동한 후에 이동간 위치의 가치에 대한 갱신이 이루어지고, 그 결과 두 번째 이동간 위치가 도출된다. 갱신은 두 번째 이동간 위치에서부터 시작되는 탐색의 미니맥스 값을 향해 이루어진다. 따라서 전체적으로는 그림 16.2에 표현된 것처럼 실제로 발생할 한 번의 전체적인 이동에 대해 보강하고 발생 가능한 이동을 탐색하는 효과를 갖는다. 사무엘의 실제 알고리즘은 수치 계산적 이유로 인해 이보다 훨씬 더 복잡했지만, 이것이 알고리즘의 기본적인 개념이다.

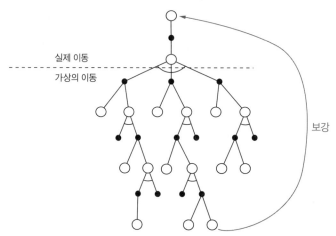

그림 16.2 사무엘의 체커 프로그램에 대한 보강 다이어그램

사무엘은 분명하게 드러나는 보상값을 사용하지 않았다. 대신, 프로그램이 보유한 체커 말의 개수를 상대방 프로그램이 갖고 있는 체커 말의 개수와 비교하여 측정하는 지표로서 가장 중요한

특징이 되는 **체커 말 이득**piece advantage 특징에 대한 가중치를 변경하여 왕 체커 말에게 더 큰 가중치를 부여하고 지고 있을 때보다 이기고 있을 때 체커 말을 거래하는 것이 더 유리하도록 조정했다. 따라서 사무엘이 개발한 프로그램의 목표는 체커 말 이득을 향상시키는 것이었다. 체커 게임에서 체커 말 이득은 승리와 밀접하게 연관되어 있다.

하지만 사무엘의 학습 방법에는 정상적인 시간차 알고리즘의 필수적인 부분이 포함되지 않았을 수도 있다. 시간차 학습은 자기 자신에게 부합하는 가치 함수를 만드는 방법으로 여겨질 수 있으며, 이러한 시각은 사무엘의 방법에서 분명히 확인할 수 있다. 하지만 가치 함수를 상태의 실제 가치와 결부시키는 방법도 필요하다. 이 책에서는 보상을 통해서, 그리고 할인을 하거나 종단 상태에 고정된 가치를 부여함으로써 이것을 수행했다. 하지만 사무엘의 방법은 보상도 사용하지 않고 체커 말들의 마지막 위치에 대해 특별한 조치를 취하지도 않는다. 사무엘 자신이 지적했듯이, 그의 가치 함수는 모든 체커 말의 위치에 고정된 가치를 부여하는 것을 통해서만 일관되게 유지될 수 있었을 것이다. 그는 그가 고안한 체커 말 이득 항에 수정할 수 없는 큰 가중치를 부여함으로써 그러한 해결책이 사용되지 않도록 하기를 원했다. 그러나 이렇게 함으로써 쓸모없는 평가 함수를 보게 될 가능성이 줄어들기는 했지만, 그 가능성을 완전히 제거하지는 못했다. 예를 들면, 수정할 수 없는 가중치의 효과를 상쇄하기 위해 수정할 수 있는 가중치를 설정함으로써 여전히 상수 함수를 얻을 수 있다.

사무엘의 학습 과정에 유용한 평가 함수를 적용되어야만 하는 것은 아니기 때문에, 경험이 쌓일수록 학습 성능이 더 안 좋아질 가능성도 있었을 것이다. 사실, 사무엘은 방대한 자가 게임 훈련 과정 중에 이러한 성능 저하를 확인한 사실을 발표했다. 프로그램을 다시 개선하기 위해, 사무엘은 프로그램에 개입해서 가장 큰 절댓값을 갖는 가중치를 다시 0으로 돌려놓았다. 그는 이러한 과감한 개입이 프로그램에 충격을 주어 프로그램이 지엽적 최적 상태local optima에서 벗어나게 했다고 해석했지만, 프로그램에 가해진 충격으로 인해 일관된 함숫값을 갖지만 이기거나 지는 것과는 거의 상관이 없는 평가 함수로부터 프로그램이 벗어나게 되었다는 해석도 가능하다.

이러한 잠재적 문제점에도 불구하고, 일반화 학습 방법을 이용한 사무엘의 체커 프로그램은 '평균보다 잘하는' 상태에 도달했다. 사무엘의 프로그램과 상대했던 꽤 잘하는 아마추어 선수는 프로그램의 수준을 '상대하기 어렵지만 이길 수 있는' 정도라고 설명했다(사무엘, 1959). 암기 학습과는 반대로 이 두 번째 학습 방법은 게임 중반전에서 좋은 성능을 낼 수 있었지만 게임 초반부와 종반부에서는 약한 모습을 보여주었다. 이 프로그램은 가치 함수를 형성하는 데 있어 가장 유용한 특징을 찾기 위해 특징 집합을 탐색할 수도 있었다. 선형 함수 근사를 적용하는 대신 가치 함수를 표현하기 위해 이 프로그램의 후기 버전(사무엘, 1967)에는 알파-베타 가지치기pruning

같은 탐색 과정의 개선, '책 학습book learning'이라고 불리는 지도학습 모드의 방대한 활용, 특징표 signature table(그리피스Griffith, 1966)라고 불리는 계층적 열람표가 포함되었다. 이 후기 버전 프로그램은 1959년에 나왔던 프로그램보다 게임을 훨씬 더 잘하도록 학습되었다. 하지만 여전히 마스터 수준은 아니었다. 사무엘의 체커 게임 프로그램은 인공지능 및 기계학습 분야에서 괄목할 만한 성과로 폭넓게 인식되었다.

16.3 왓슨의 이중 내기

IBM WATSON(아이비엠 왓슨)[1]은 인기 있는 TV 퀴즈 쇼 *Jeopardy!*(제퍼디)[2]에 참가시키기 위해 IBM 연구 팀이 개발한 시스템이다. 이 시스템은 2011년에 인간 챔피언과의 시범 경기에서 우승하면서 명성을 얻게 되었다. 왓슨이 보여준 주된 기술적 성과는 인간의 언어로 된 폭넓은 일반 상식 분야의 질문에 빠르고 정확하게 답변할 수 있는 능력이었지만, 왓슨이 제퍼디 게임에서 우승할 정도의 실력을 보여줬던 것은 게임의 핵심적인 부분에 적용된 복잡한 의사결정 전략 덕분이기도 하다. 테사우로, 곤덱, 레흐너, 팬, 프레거(Tesauro, Gondek, Lechner, Fan, and Prager, 2012, 2013)는 앞서 설명한 테사우로의 TD-가몬 시스템을 이용하여 왓슨이 인간 챔피언을 상대로 한 그 유명한 게임에서 우승을 했을 때 사용했던 '이중Daily-Double, DD' 내기에 포함된 전략을 만들었다. 이들은 논문에서 이 내기 전략의 효과성은 인간이 생방송 게임에서 발휘할 수 있는 능력치를 능가하고, 다른 고급 전략과 더불어 이 내기 전략은 왓슨이 보여준 인상적인 우승 실력에 중요한 기여를 했다고 발표한다. DD 내기 전략이 왓슨의 구성 요소 중 강화학습의 요소를 가장 많이 갖고 있기 때문에 이 절에서는 오직 DD 내기 전략만을 설명할 것이다.

제퍼디는 세 명의 참가자가 30개의 사각형을 보여주는 게시판을 마주한 채로 진행하는 게임이다. 각각의 사각형은 단서를 숨기고 있으며, 사각형마다 몇 달러의 돈이 걸려 있다. 사각형들은 여섯 개의 열로 정렬되어 있는데, 각 열은 서로 다른 분류에 해당한다. 참가자가 사각형 하나를 선택하고, 사회자가 사각형의 단서를 읽으면, 참가자는 버저buzzer 소리를 냄으로써 그 단서에 대해 답변하겠다는 선택을 할 수 있다. 제일 먼저 버저 소리를 내는 참가자가 단서에 답변할 기회를 얻게 된다. 답변이 맞으면 사각형에 걸려 있는 돈의 액수만큼 이 참가자의 점수가 증가한다. 만약 틀린 답변을 하거나, 또는 5초 안에 답변을 못 하면 이 참가자의 점수는 그 금액만큼 감소

---

1   IBM 회사의 등록 상표

2   Jeopardy Productions Inc.의 등록 상표

하고, 다른 참가자가 버저 소리를 내어 동일한 단서에 답변할 기회를 얻게 된다. (게임의 현재 단계에 따라) 하나 또는 두 개의 사각형이 특별한 DD 사각형으로 주어진다. 이 DD 사각형 중 하나를 선택한 참가자는 사각형의 단서에 답변할 배타적 기회를 갖게 되고 단서가 공개되기 전에 얼마나 내기를 할지, 즉 돈을 얼마나 걸지 결정해야 한다. 내기 금액은 5달러보다는 많아야 하고 참가자의 현재 점수보다 크면 안 된다. 참가자가 DD 단서에 정확히 답변하면 내기 금액만큼 점수가 증가하고, 틀린 답변을 하면 내기 금액만큼 점수가 감소한다. 각 게임의 마지막에는 '최종 제퍼디Final Jeopardy, FJ' 라운드가 있는데, 이때에는 각 참가자가 봉인된 내기 금액을 작성하고 단서가 공개된 후 답변을 작성한다. 세 번의 라운드(한 라운드는 30개의 모든 단서를 공개하는 것으로 구성된다)가 끝난 후에 가장 높은 점수를 얻은 참가자가 승자가 된다. 이 게임에는 다른 많은 세부 사항들이 있지만, 이정도만으로도 DD 내기의 중요성을 이해하기에는 충분하다. 승패는 보통 참가자의 DD 내기 전략에 따라 갈리게 된다.

왓슨은 DD 사각형을 선택할 때마다 행동 가치 $\hat{q}(s, bet)$를 비교하여 내기 금액을 선택했다. 여기서 행동 가치는 달러가 걸려 있는 매번의 합법적 내기에서 현재 게임 상태 s로부터 승리할 확률의 추정값을 의미한다. 아래에서 설명할 몇 가지 위험risk 완화 조치를 제외하면, 왓슨은 행동 가치를 최대화하는 내기를 선택했다. 행동 가치는 생방송 게임이 시작되기 전에 학습된 두 가지 유형의 추정값을 사용하여 내기 결정이 필요할 때마다 계산되었다. 첫 번째 유형의 추정값은 합법적 내기에 대한 선택으로부터 도출되는 이후상태afterstate(6.8절)의 가치 추정값이다. 이 추정값은 파라미터 $\mathbf{w}$로 정의되는 상태 가치 함수 $\hat{v}(\cdot, \mathbf{w})$로부터 얻어지는데, 상태 가치 함수를 통해 임의의 상태로부터 왓슨이 이길 확률에 대한 추정값을 알 수 있다. 행동 가치를 계산하는 데 사용되는 두 번째 유형의 추정값은 '범주 내 DD 신뢰도in-category DD confidence' p_{DD}를 제공하는데, 이것은 아직 공개되지 않은 DD 단서에 대해 왓슨이 정확하게 답변할 가능성의 추정값이다.

테사우로 등은 위에 설명한 TD-가몬에 사용되는 강화학습 방법을 사용하여 $\hat{v}(\cdot, \mathbf{w})$를 학습한다. 이 학습 방법은 다수 층위 ANN을 이용한 비선형 TD(λ)와 수많은 게임 시뮬레이션에서 TD 오차를 역전파시킴으로써 훈련된 가중치 $\mathbf{w}$를 간단하게 결합한 것이다. 상태는 제퍼디를 위해 분명하게 설계된 특징 벡터로 네트워크에 표현된다. 특징에는 세 참가자의 현재 점수, 남은 DD 사각형의 개수, 남아 있는 단서에 대한 총 달러 금액, 남아 있는 선택 및 답변의 양에 관한 기타 정보가 포함된다. 스스로와 게임하면서 학습했던 TD-가몬과는 다르게, 왓슨의 $\hat{v}$는 신중하게 만들어진 인간 참가자 모델을 상대로 한 수백만 번의 게임 시뮬레이션을 통해 학습되었다. 범주 내 신뢰도 추정값은 현재 범주 안에서 이전에 주어졌던 단서에 대해 왓슨이 옳게 답변한 횟수 r과 잘못 답변한 횟수 w를 알고 있다는 조건하에서의 추정값이다. (r, w)에 의존적인 추정값은 그동안 있었던 수천 개의 범주에 대한 왓슨의 답변 정확도로부터 계산된다.

이전에 학습된 가치 함수 $\hat{v}$와 범주 내 DD 신뢰도 p_{DD}를 이용하여, 왓슨은 매번의 합법적 달러 내기에 대해 $\hat{q}(s, bet)$를 다음과 같이 계산한다.

$$\hat{q}(s, bet) = p_{DD} \times \hat{v}(S_W + bet, \dots) + (1 - p_{DD}) \times \hat{v}(S_W - bet, \dots) \qquad \text{(식 16.2)}$$

여기서 S_W는 왓슨의 현재 점수이고, $\hat{v}$는 왓슨이 DD 단서에 맞게 또는 틀리게 답변한 이후의 게임 상태에 대한 가치 추정값이다. 이러한 방식으로 행동 가치를 계산하는 것은 예제 3.19에서 얻었던 통찰에 해당한다. 그 통찰이란 행동 가치는 행동이 주어졌을 때 기대되는 다음 상태의 가치라는 것이다(전체 게임의 모든 다음 상태가 다음에 선택되는 사각형에 따라 달라지기 때문에 여기서 는 다음 상태가 아니라 다음 **이후상태**의 가치라는 점이 다르다).

테사우로 등은 행동 가치를 최대화하는 내기를 선택하는 것이 '놀랄 만큼의 위험'을 초래했다는 사실을 발견했다. 이것은 단서에 대한 왓슨의 답변이 틀릴 경우, 승리할 기회에 비해 손실이 재 앙적 수준으로 클 수 있음을 의미한다. 잘못된 답변을 했을 때의 손실 위험을 줄이기 위해, 테사 우로 등은 왓슨의 정답/오답에 따른 이후상태 평가에 대한 표준 편차의 작은 부분을 **빼냄**으로 써 식 16.2를 조정했다. 테사우로는 잘못된 답변에 따른 이후상태의 가치가 특정 한곗값 밑으로 감소하게 하는 내기를 금지함으로써 위험을 한층 더 줄였다. 이러한 조치를 통해 왓슨의 승리에 대한 기댓값이 조금 줄어들었지만, 손실 위험은 DD 내기당 평균 위험도 측면에서 줄어들었을 뿐만 아니라 위험 중립적 왓슨이 자신이 갖고 있는 대부분의 금액 또는 모든 금액을 내기로 거 는 극도로 위험한 시나리오에서도 오히려 더 많이 줄어들었다.

스스로와 게임하는 TD-가몬 방법이 중요한 가치 함수 $\hat{v}$를 학습하기 위해 왜 사용되지 않았을 까? 왓슨이 사람 참가자와는 매우 달랐기 때문에 스스로와 게임하면서 학습하는 것은 제퍼디 에서는 아주 잘되지는 않았을 것이다. 스스로와 게임을 했다면 사람 참가자, 특히 챔피언과의 게 임에서는 일반적이지 않은 상태 공간 영역을 탐험하게 되었을 것이다. 게다가, 백게먼과는 다르 게 제퍼디에서는 참가자가 상대방의 게임에 영향을 미칠 수 있는 모든 정보를 갖고 있지 않기 때 문에 이 게임은 불완전한 정보를 바탕으로 하는 게임이다. 특히, 제퍼디 참가자들은 다양한 범 주의 단서에 대해 상대방이 얼마나 자신 있게 답변할 수 있을지 알지 못한다. 스스로와의 게임 은 나와 같은 카드를 갖고 있는 상대방과 포커 게임을 하는 것과 유사한 무언가였을 것이다.

이러한 복잡성의 결과로, 왓슨의 DD 내기 전략을 발전시키는 과정에서의 많은 노력은 사람 참 가자에 대한 좋은 모델을 만드는 데 집중되었다. 이 모델은 게임이 갖고 있는 사람의 언어라는 측면을 다루지는 못했지만, 대신 게임 도중에 발생할 수 있는 사건에 대한 확률론적 프로세스 모델process model로 만들어졌다. TV 쇼가 시작했을 때부터 지금까지 팬들이 만든 게임 정보에 대한 방대한 기록으로부터 통계치들이 추출되었다. 기록에는 단서의 순서, 참가자의 정답 및 오답, DD 사각형의 위치 등, 거의 300,000개의 단서에 대한 DD 내기 및 FJ 내기 같은 정보가 담겨 있다. 세 개의 모델이 만들어졌는데, (모든 데이터를 기반으로 하는) 평균 참가자Average Contestant 모델, (100명의 가장 잘하는 참가자의 게임으로부터 추출한 통계치를 기반으로 하는) 챔피언Champion 모델, (10명의 가장 잘하는 참가자의 게임으로부터 추출한 통계치를 기반으로 하는) 그랜드 챔피언Grand Champion 모델이 바로 그 세 개의 모델이다. 학습 도중에 상대방의 역할을 하는 것 말고도, 모델은 학습된 DD 내기 전략이 만드는 이득을 평가하는 데 사용되었다. 기본적인 경험적 DD 내기 전략을 사용한 시뮬레이션에서 왓슨의 승률은 61%였다. 학습된 가치와 기본 신뢰도 값을 사용했을 때는 승률이 64%로 증가했다. 그리고 현재 상황에 대한 범주 내 신뢰도를 이용했을 때는 승률이 67%가 되었다. 테사우로 등은 DD 전략을 사용하는 데 게임당 오직 1.5~2배의 시간밖에 안 걸린 것을 감안하면 이 정도는 상당한 성능 향상이라고 보았다.

사각형을 선택하고 버저를 울릴지 말지를 결정하는 것뿐만 아니라 내기를 선택하는 데 있어 왓슨에게 주어진 시간은 불과 몇 초밖에 안 되기 때문에, 이러한 결정을 내리는 데 걸리는 시간은 중요한 요소다. $\hat{v}$를 ANN으로 구현하면 생방송 게임에서의 시간 제약조건을 만족시킬 정도로 충분히 빠르게 DD 내기를 선택할 수 있다. 하지만 시뮬레이션 소프트웨어의 발전으로 게임을 충분히 빠르게 시뮬레이션할 수 있게 된 다음부터는, 게임 막바지에 이르렀을 때 수많은 몬테카를로 시도에 대한 평균으로 내기의 가치를 추정하는 것이 가능해졌다. 한 번의 몬테카를로 시도에서는 게임이 끝날 때까지의 과정에 대한 시뮬레이션을 통해 각 내기의 결과가 결정된다. 생방송 게임에서 ANN 대신 몬테카를로 시도를 기반으로 게임 종반부의 DD 내기를 선택함으로써 왓슨의 성능은 크게 향상되었다. 이것은 가치 추정값의 오차가 게임 종반부에서는 승리 확률에 심각한 영향을 미칠 수 있기 때문이다. 몬테카를로 시도를 이용하여 모든 결정을 내렸다면 더 좋은 내기 결정이 될 수도 있었겠지만, 게임의 복잡도와 생방송 게임의 시간 제약조건을 고려했을 때 이것은 간단히 생각해 봐도 불가능한 것이었다.

사람의 언어로 하는 질문에 빠르고 정확하게 답변할 수 있는 능력이 분명 왓슨의 주요 성과이지만, 왓슨이 사람 챔피언을 이기는 인상적인 결과를 얻을 수 있었던 이유는 왓슨의 복잡한 의사결정 전략에 대한 모든 것이 그 과정에 기여했기 때문이다. 테사우로 외(2012)는 다음과 같이 말했다.

… 우리의 전략 알고리즘이 사람의 능력을 능가하는 수준의 정량적 정밀도와 실시간 성능을 이루어 냈다는 것은 분명히 명백한 사실이다.

이것은 DD 내기 및 게임 종반부에 버저를 울리는 경우에 있어서는 특히 맞는 말이다. 바로 이 지점에서 정확한 금액과 신뢰도의 추정 및 복잡한 결정을 위한 계산을 연결하는 왓슨의 능력을 인간은 쉽게 따라 할 수 없는 것이다.

16.4 메모리 제어 최적화

대부분의 컴퓨터는 저비용과 고성능을 이유로 다이내믹 램Dynamic Random Access Memory, DRAM을 주된 메모리로 사용한다. DRAM 메모리 제어기의 역할은 빠른 속도로 프로그램을 실행하는 데 필요한 고대역폭 저지연 데이터 전송을 위해 프로세서 칩과 칩 밖의 DRAM 시스템 사이의 인터페이스를 효율적으로 사용하는 것이다. 메모리 제어기는 하드웨어가 요구하는 많은 수의 시간 및 자원 제약조건을 충실히 지키면서 동적으로 변화하는 읽기/쓰기 요청의 패턴을 다룰 필요가 있다. 이것은 어마어마한 양의 작업 관리scheduling 문제다. 특히 동일한 DRAM을 공유하는 여러 개의 코어를 장착한 현대의 프로세서의 경우에는 더욱 그렇다.

이펙, 무툴루, 마르티네스, 카루아나(İpek, Mutlu, Martínez, and Caruana, 2008; 또한 마르티네스와 이펙, 2009)는 강화학습 메모리 제어기를 설계했고, 이 제어기를 통해 그들이 연구할 당시의 전통적인 제어기로 가능했던 프로그램 실행 속도보다 훨씬 빠른 속도를 낼 수 있음을 보여주었다. 그들은 이전 작업 계획 경험의 이점을 취하지 않고 작업 계획 결정의 장기적 결과를 고려하지 않는 정책을 사용하여 만들어진 최첨단 제어기의 한계점을 극복하고자 하는 동기를 갖게 되었다. 이펙 등의 프로젝트는 시뮬레이션을 이용하여 수행되었지만, 그들은 제어기(학습 알고리즘을 포함하여)를 프로세서 칩에 직접 구현하기 위해 필요한 하드웨어의 자세한 사항들까지 고려하여 제어기를 설계했다.

DRAM에 접속하는 과정은 엄격한 시간 제약조건을 따라 행해져야 하는 수많은 단계로 이루어져 있다. DRAM 시스템은 행과 열로 정렬된 저장소로 이루어진 직사각형 배열을 다수 포함하고 있는 DRAM 칩 여러 개로 구성된다. 각각의 저장소에서는 비트bit가 전하의 형태로 축전기에 저장된다. 시간이 지나면 전하량이 감소하기 때문에, 각각의 DRAM 저장소는 메모리에 저장된 정보가 손실되는 것을 예방하기 위해 천 분의 몇 초마다 재충전(재생refresh)될 필요가 있다. 이처럼 저장소를 재생할 필요가 있기 때문에 DRAM은 '동적dynamic'이라고 불린다.

각각의 저장소 배열에는 행 방향으로 완충 저장 공간buffer이 있는데, 이 공간에는 배열을 구성하는 하나의 행으로 들어가거나 행으로부터 나올 수 있는 비트 행이 저장된다. **활성화**activate 명령을 실행하면 '하나의 행이 열린다'. 이것은 명령이 가리키는 주소의 행에 들어 있는 정보를 완충 저장 공간으로 이동시킨다는 뜻이다. 하나의 행이 열리면, 제어기는 저장소 배열에 **읽기**와 **쓰기** 명령을 내릴 수 있다. 읽기 명령이 내려지면 행 방향의 완충 저장 공간에 있는 하나의 단어(연속된 비트의 짧은 나열)가 외부 데이터 버스bus에 전달되고, 쓰기 명령이 내려지면 외부 데이터 버스에 있는 하나의 단어는 행 방향의 완충 저장 공간으로 전달된다. 또 다른 하나의 행이 열릴 수 있게 되기 전에, 행 방향의 완충 저장 공간에 있는 (아마도 갱신되었을) 데이터를 명령이 가리키는 주소의 저장소 배열 행으로 이동시키는 **선충전**precharge 명령이 내려져야 한다. 이렇게 한 후에야, 또 다른 활성화 명령이 새로운 행을 열어서 접속 가능한 상태가 되도록 할 수 있다. 읽기와 쓰기 명령을 통해 행 방향 완충 저장 공간으로 구성된 열 안으로 비트를 집어넣거나 열에서 비트를 빼내는 과정이 순차적으로 이루어지기 때문에 읽기와 쓰기 명령은 **열 명령**column command이다. 열 명령을 이용하면 행을 다시 열지 않고도 다수의 비트를 전송할 수 있다. 현재 열려 있는 행에 대해 읽기와 쓰기 명령을 실행하면 추가적인 **행 명령**row command인 선충전과 활성화가 필요한 다른 행에 접속할 때보다 명령이 더 빠르게 수행될 수 있다. 이러한 현상을 때로는 '행 집약성row locality'이라고 부른다. 메모리 제어기는 메모리 시스템을 공유하는 프로세서들로부터 오는 메모리 접근 요청을 저장하는 **메모리 처리 대기열**memory transaction queue을 갖고 있다. 제어기는 많은 수의 시간 제약조건을 충실히 지키면서 메모리 시스템에 명령을 내림으로써 메모리 접근 요청을 처리해야 한다.

접근 요청에 대해 제어기가 작업 계획을 수립할 때 사용하는 정책은 요청이 만족될 수 있는 평균 지연 시간 및 시스템이 확보할 수 있는 처리량 같은 메모리 시스템의 성능에 큰 영향을 미칠 수 있다. 가장 간단한 작업 계획 전략은 다음 요청에 대한 대응이 시작되기 전에 현재 요청을 처리하기 위한 모든 명령을 내림으로써 요청이 들어오는 순서대로 접근 요청을 다루는 것이다. 하지만 시스템이 이러한 명령들 중 하나를 내릴 준비가 안 되어 있거나 명령을 실행했을 때 자원이 충분히 활용되지 못한다면(**에** 하나의 명령을 실행하는 것으로부터 발생하는 시간 제약조건 때문에), 이전 요청에 대한 처리를 끝내기 전에 새로운 요청을 처리하기 시작하는 것이 타당하다. 예를 들면 쓰기 요청보다 읽기 요청에 더 높은 우선순위를 부여하거나, 이미 열려 있는 행에 대한 읽기/쓰기 명령에 우선순위를 부여하는 방식으로 요청을 재배열함으로써 정책의 효율성을 증대시킬 수 있다. FR-FCFSFirst-Ready, First-Come-First-Serve라고 불리는 정책은 행 명령(활성화 및 선충전)보다는 열 명령(읽기와 쓰기)에 우선순위를 부여하고, 우선순위가 동일할 경우에는 더 오래된 요청에 대한 명령에 우선순위를 부여한다. FR-FCFS는 흔하게 마주치는 조건하에서 측정된 평균 메모리 접근 지연 시간의 측면에서 다른 작업 계획 정책보다 성능이 우수한 것으로 입증되었다(릭스너Rixner, 2004).

그림 16.3은 이펙 등의 강화학습 메모리 제어기를 거시적인 관점에서 표현한 것이다. DRAM 접속 과정을 MDP로 모델링했는데, 이 MDP 모델에서 상태는 처리 대기열을 구성하는 메모리 접근 요청이고 행동은 DRAM 시스템에 전달되는 **선충전**precharge, **활성화**activate, **읽기**read, **쓰기**write, **NoOp** 같은 명령이다. 행동이 읽기 또는 쓰기이면 보상 신호는 1이고, 그 외의 경우에는 보상 신호가 0이다. 상태 전이는 확률론적으로 발생한다고 생각되었는데 그것은 시스템의 다음 상태가 작업 계획 명령scheduler's command에만 의존하는 것이 아니라 작업 계획으로 제어할 수 없는 시스템 행동의 측면들, 예를 들면 DRAM 시스템에 접속하는 프로세서 코어의 작업량 등에도 의존하기 때문이다.

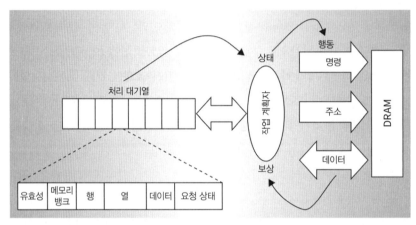

그림 16.3 거시적 관점으로 표현한 강화학습 DRAM 제어기. 작업 계획자(scheduler)가 강화학습 학습자다. 학습자의 환경은 처리 대기열의 특징으로 표현되고, 학습자의 행동은 DRAM 시스템에 전달되는 명령이다. © 2009 IEEE. 출처: J. F. Martinez and E. İpek, Dynamic multicore resource management: A machine learning approach, *Micro, IEEE, 29*(5), p. 12.

이 MDP에 있어서 중요한 것은 각 상태에서 취할 수 있는 행동에 가해진 제약조건이다. 3장에서 가능한 행동의 집합은 상태에 따라 달라질 수 있다고, 즉 $A_t \in A(S_t)$라고 언급했음을 상기해 보자. 여기서 A_t는 시간 단계 t에서의 행동이고, $A(S_t)$는 상태 S_t에서 취할 수 있는 행동의 집합이었다. 이 적용 사례에서 DRAM 시스템의 완결성은 시간이나 재원에 대한 제약조건을 위배하는 행동을 허용하지 않음으로써 보장된다. 이펙 등이 분명하게 언급하지는 않았지만, 모든 가능한 상태 S_t에 대해 행동 집합 $A(S_t)$를 사전에 정의함으로써 DRAM 시스템의 완결성을 효과적으로 확보했다.

이러한 제약조건을 생각하면 MDP가 **NoOp** 행동을 갖는 이유와 **읽기** 및 **쓰기** 명령이 내려질 때 말고는 보상 신호가 0이 되는 이유를 알 수 있다. **NoOp** 행동 명령은 이 행동이 어떤 상태에서 취할 수 있는 유일한 합법적 행동일 경우에 내려진다. 메모리 시스템을 최대한 활용하기 위해서는, 제어기가 메모리 시스템을 잘 관리하여 **읽기** 또는 **쓰기** 행동이 선택될 수 있는 상태로 만들어야 한다. 오직 이 행동들을 통해서만 데이터를 외부 데이터 버스로 보낼 수 있기 때문에 시스템의 처리량에 기여하는 행동은 오직 이 두 행동뿐이다. **선충전**과 **활성화**가 즉각적인 보상을 만들지는 않지만, 나중에 학습자가 보상을 주는 **읽기**와 **쓰기** 행동을 선택할 수 있으려면 이 두 행동을 먼저 선택할 필요가 있다.

작업 계획자는 행동 가치 함수를 학습하기 위해 살사(6.4절)를 사용했다. 상태는 6개의 정숫값을 갖는 특징으로 표현되었다. 행동 가치 함수를 근사하기 위해, 알고리즘은 해싱hashing을 적용한 타일 부호화(9.5.4절)에 의해 구현되는 선형 함수 근사를 사용했다. 타일 부호화에는 32개의 타일 영역이 사용되었고, 각 타일 영역은 256개의 행동 가치를 16비트 고정 소수점 숫자로 저장했다. 탐험은 $\varepsilon = 0.05$의 입실론 탐욕적 정책에 따라 이루어졌다.

상태의 특징에는 처리 대기열에 있는 읽기 요청의 수, 처리 대기열에 있는 쓰기 요청의 수, 처리 대기열에서 행이 열리기를 기다리고 있는 쓰기 요청의 수, 그리고 처리 대기열에 있는 요청 중 요청 프로세서에 의해 가장 먼저 생성된 것으로서 행이 열리기를 기다리고 있는 읽기 요청의 수가 포함된다(그 밖의 특징들은 DRAM이 캐시 메모리와 상호작용하는 방식에 따라 정해지는 것으로서, 여기서 자세한 내용을 다루지는 않을 것이다). DRAM의 성능에 영향을 미치는 요소에 대해 이펙 등이 이해한 내용을 기반으로 상태의 특징이 선택되었다. 예를 들면, 처리 대기열에 있는 읽기 요청과 쓰기 요청의 개수를 기반으로 각 요청에 대한 처리 비율의 균형을 맞추는 것은 DRAM 시스템과 캐시 메모리 사이의 상호작용이 지연되지 않게 하는 데 도움이 될 수 있다. 사실 이펙은 가능한 특징들을 적은 비교적 긴 목록을 먼저 만들고, 단계적인 특징 선택을 적용한 시뮬레이션을 이용하여 목록에서 몇 개의 특징만을 뽑아냈다.

이처럼 작업 계획 문제를 MDP로 형식화하는 과정의 흥미로운 측면은 행동 가치 함수를 정의하기 위해 타일 부호화로 입력된 특징이 행동 제약조건 집합 $A(S_t)$를 특정하는 데 사용된 특징과 달랐다는 것이다. 타일 부호화의 입력은 처리 대기열에 있는 요청들로부터 얻어진 것이었지만, 행동 제약조건 집합은 전체 시스템의 하드웨어 구현을 통해 만족되어야만 하는 시간 및 재원의 제약조건과 연관된 다른 많은 특징에 따라 달리 구성된다. 이러한 방식으로 행동 제약조건은 학습 알고리즘의 탐험이 물리적 시스템의 완결성을 결코 해치지 못하도록 만들었다. 이 과정에서 학습 영역이 효과적으로 제한되어서 학습은 하드웨어 구현이라는 훨씬 더 큰 상태 공간의 '안전한' 영역에서만 수행되었다.

이 작업의 목적이 학습 제어기를 칩에 구현하여 컴퓨터가 작동하는 동안 학습이 수행될 수 있게 하는 것이었기 때문에, 하드웨어 구현에 관한 세부 사항들은 중요한 고려 사항이었다. 프로세서의 클록 주기clock cycle마다 두 행동 가치를 계산하고 비교하기 위해, 그리고 적절한 행동 가치를 갱신하기 위해 하드웨어 설계 과정에 두 개의 5단계 파이프라인이 포함되었다. 여기에는 정적 램RAM의 칩에 저장된 타일 부호화에 접속하는 것도 포함되었다. 이펙 등은 시뮬레이션에 4 GHz 4코어 칩을 적용했는데, 이 칩은 이펙 등이 연구했을 당시에 고급 워크스테이션 컴퓨터에 일반적으로 사용되었던 칩으로서 DRAM 주기마다 10번의 프로세서 주기를 갖는다. 파이프를 채우기 위해 필요한 주기 수를 고려하면, 한 번의 DRAM 주기 동안 행동이 12개까지 평가될 수 있다. 이펙 등은 임의의 상태에 대한 합법적 명령의 수가 좀처럼 12개를 넘어가지 않는다는 사실을 발견했고, 따라서 모든 합법적 명령을 평가할 수 있을 정도로 시간이 충분하지 않더라도 성능의 저하는 거의 없을 것이라는 사실을 알아냈다. 이러한 것들을 비롯하여 이펙 등이 영리하게 도출한 설계의 또 다른 세부 사항들 덕분에 완전한 제어기와 학습 알고리즘을 멀티프로세서 칩에 구현하는 것이 가능해졌다.

이펙 등은 시뮬레이션을 통해 그들의 학습 제어기를 다른 세 개의 제어기와 비교함으로써 그들의 제어기를 평가했다. 다른 세 개의 제어기는 다음과 같다. 1) 위에 언급했던 것으로 최상의 평균 성능을 만들어 내는 FR-FCFS 제어기, 2) 각 요청을 순서대로 처리하는 전통적인 제어기, 3) 옵티미스틱Optimistic 제어기라고 불리는 실현 불가능한 이상적인 제어기로서, 충분한 수요가 있다면 모든 시간 및 재원 제약조건을 무시함으로써, 그리고 수요가 충분하지 않다면 (행 방향 완충 저장 공간이 채워질 때 발생하는) DRAM 지연 시간 및 DRAM 대역폭을 모델링함으로써 100%의 DRAM 처리량을 견딜 수 있는 제어기다. 이펙 등은 과학과 데이터 마이닝에 관련된 작업에 메모리를 집중적으로 사용하는 9개의 병렬 작업량을 시뮬레이션했다. 그림 16.4는 9개의 작업에 대한 각 제어기의 성능(FR-FCFS의 성능으로 정규화된 실행 시간의 역수)을 전체 작업에 대해 계산한 성능의 기하 평균과 함께 보여준다. 그림에 RL로 표시된 학습 제어기는 9개의 작업에 대해 FR-FCFS로 표시된 학습 제어기보다 7~33% 정도 성능이 향상되었고 기하 평균으로 계산한 성능도 19% 향상되었다. 물론, 실현 가능한 어떤 제어기도 시간 및 재원에 대한 모든 제약조건을 무시하는 옵티미스틱의 성능을 따라가진 못하지만, 학습 제어기의 성능과 옵티미스틱의 상한선 사이의 차이가 27% 좁혀졌다. 이것은 인상적인 수치다.

학습 알고리즘을 칩에 구현하는 이유가 작업 계획 정책이 변화하는 작업량에 온라인으로 적응하도록 하는 것이었기 때문에, 이펙 등은 온라인 학습의 영향력을 이전에 학습된 고정 정책과 비교하여 분석했다. 제어기를 9개의 모든 작업으로부터 생성된 데이터를 이용하여 훈련시킨 후, 그 결과 도출된 행동 가치를 각 작업에 대한 시뮬레이션 실행 과정에서 고정된 값으로 유지했다. 온라인으로 학습한 제어기의 평균 성능이 고정된 정책을 이용한 제어기의 평균 성능보다 8% 더 좋다는 사실을 확인했고, 이를 바탕으로 그들의 방법에서 온라인 학습이 중요한 특징이라는 결론을 내리게 되었다.

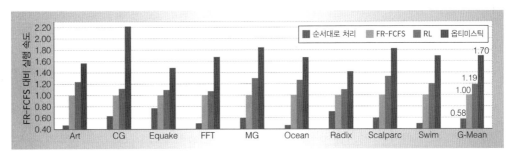

그림 16.4 9개 작업의 시뮬레이션에 대한 네 가지 제어기의 성능. 네 가지 제어기는 가장 간단한 '순서대로 처리하는in-order' 제어기와, FR-FCFS, 학습 제어기 RL, 성능의 상한선을 도출하기 위해 시간 및 재원에 대한 모든 제약 조건을 무시하는 실현 불가능한 옵티미스틱 제어기다. FR-FCFS의 성능으로 정규화된 성능은 실행 시간의 역수다. 9개의 작업에 대해 계산한 각 제어기 성능의 기하 평균을 가장 오른쪽에 표시했다. 제어기 RL이 이상적인 성능에 가장 가까운 성능을 보여준다. © 2009 IEEE. 출처: J. F. Martínez and E. İpek, *Dynamic multicore resource management: A machine learning approach*, *Micro, IEEE, 29*(5), p. 13.

많은 제작 비용 때문에 이러한 학습 메모리 제어기가 물리적인 하드웨어에 적용되지는 않았다. 그럼에도 불구하고, 이펙 등은 그들의 시뮬레이션 결과를 바탕으로 강화학습을 통해 온라인으로 학습한 메모리 제어기가 더 복잡하고 더 비싼 메모리 시스템을 사용해야만 도달할 수 있는 수준으로 성능을 향상시킬 잠재력이 있다고 설득력 있게 주장할 수 있었다. 더욱이 그 과정에서 효율적인 작업 계획 정책을 사람이 직접 설계하는 데 따르는 부담도 사라질 수 있다. 무쿤단과 마르티네스(Mukundan and Martínez, 2012)는 행동을 추가하고, 다른 성능 지표를 사용하여 유전자 알고리즘으로 얻어지는 더 복잡한 보상 함수를 적용한 학습 제어기에 대한 연구를 통해 이 프로젝트를 더욱 발전시켰다. 그들은 에너지 효율과 연관된 또 다른 성능 지표를 고려했다. 이러한 연구 결과는 위에 설명한 초기의 결과를 능가했고 그들이 생각했던 모든 성능 지표에 대해 2012년 당시의 최첨단 기술을 크게 뛰어넘었다. 이 방법은 특히 전력을 인지하는 복잡한 DRAM 인터페이스의 개발을 위한 방법으로서 전망이 밝다.

16.5 인간 수준의 비디오 게임 실력

강화학습을 실제 문제에 적용하는 과정에서 발생하는 큰 어려움 중 하나는 가치 함수와 정책을 표현하고 저장하는 방법을 결정하는 것이다. 상태 집합이 이 책에서 이해를 돕기 위해 제시한 많은 예제에서와 같이 열람표를 이용하여 완벽하게 표현될 정도로 충분히 작은 유한 집합이 아니라면 파라미터 기반의 함수 근사 방법을 사용해야 한다. 선형이든 비선형이든 상관없이, 함수 근사는 학습 시스템에 쉽게 접근할 수 있고 학습 시스템이 좋은 성능을 내는 데 필요한 정보를 전달할 수 있는 특징을 갖추고 있는지에 따라 평가된다. 강화학습이 대부분의 적용 사례에서 성공적으로 적용될 수 있었던 것은 해결해야 할 특정 문제에 대한 지식과 직관에 따라 사람이 직접 신중하게 가다듬은 특징 집합을 사용했던 것에 기인한다.

구글 딥마인드Google DeepMind의 연구 팀은 깊은 다수 층위 ANNdeep multi-layer ANN이 특징 설계 과정을 자동화할 수 있음을 보여주는 인상적인 연구 결과를 발표했다(므니 외Mnih et al., 2013, 2015). 다수 층위 ANN은 내적 표현internal representation을 학습하는 방법으로서 역전파 알고리즘이 인기를 얻은 1986년부터 강화학습에서 함수 근사를 위해 사용되어 왔다(루멜하르트, 힌튼, 윌리엄스, 1986; 9.7절 참고). 강화학습에 역전파를 적용하면서 놀라운 결과들이 도출되었다. 테사우로와 그의 동료들이 TD-가몬과 왓슨을 이용하여 얻은 앞서 논의했던 결과는 주목할 만한 결과였다. 다수 층위 ANN이 문제와 관련된 특징을 학습하는 능력은 이 적용 사례를 비롯한 여러 적용 사례에서 강화학습에 큰 도움을 주었다. 하지만 지금까지 알려진 모든 예제 중 가장 인상적인 결과가 나왔던 예제에서는 그 예제에 맞게 사람이 직접 만든 특징들로 네트워크의 입력을 표현할 필요가 있었다. 이러한 점은 TD-가몬 결과에서 분명하게 드러난다. TD-가몬 0.0의 네트워크 입력은 본질적으로는 백게먼 게임 판의 상황을 '있는 그대로' 표현한 것인데, 이것은 TD-가몬이 백게먼 게임의 정보를 거의 활용하지 못했음을 의미한다. 이런 상황에서 TD-가몬은 그 당시 최고의 백게먼 게임 프로그램과 거의 비등한 실력으로 게임을 할 수 있도록 학습되었다. 특화된 백게먼 특징을 추가함으로써 TD-가몬 1.0이 만들어졌는데, 이 프로그램은 이전의 모든 백게먼 프로그램보다 더 게임을 잘했고 백게먼 전문가인 사람을 상대로도 경쟁력을 갖추었다.

므니 등은 Q 학습과 **심층 중첩**deep convolutional ANN을 결합하여 **심층 Q 네트워크**Deep Q-Network, DQN라고 불리는 강화학습 학습자를 개발했다. 여기서 심층 중첩 ANN이란 다수 층위를 갖는, 또는 심층 ANN으로서 이미지와 같은 데이터의 공간 배열을 처리하는 데 특화된 ANN을 의미한다. 이 책에서는 9.7절에서 심층 중첩 ANN을 설명했다. 므니 등이 DQN에 대한 연구를 수행하던 시기에, 심층 중첩 ANN을 포함한 심층 ANN은 많은 적용 사례에서 인상적인 결과를 보여주었지만, 강화학습에서 널리 사용되지는 못했다.

므니 등은 강화학습이 어떻게 특정 문제에 특화된 서로 다른 특징 집합을 사용할 필요도 없이 다양한 문제에 높은 수준의 성능을 발휘할 수 있는지를 보여주기 위해 DQN을 사용했다. 이러한 사실을 보여주고자, DQN이 게임 에뮬레이터emulator와 상호작용하며 49가지의 아타리Atari 2600 비디오 게임을 학습하게 했다. DQN은 49가지 게임 각각에 대해 (ANN의 가중치가 각 게임에 대한 학습이 시작되기 전에 초기화되었기 때문에) 서로 다른 정책을 학습했지만, 모든 게임에 대해 네트워크 입력, 네트워크 구성, 파라미터 값(예 시간 간격, 할인율, 탐험 파라미터, 구현과 더 관련이 있는 많은 것들)을 동일하게 적용했다. 이 게임들 중 많은 게임에서 DQN은 사람의 실력과 유사하거나 그보다 더 좋은 실력을 보여주었다. 이 게임들이 비디오 영상을 시청함으로써 진행된다는 점에서는 모두 같았지만, 그 밖의 측면들에서는 게임들마다 천차만별이었다. 게임마다 행동이 미치는 효과가 달랐고, 저마다 서로 다른 상태 전이 동역학을 가졌으며, 높은 점수를 얻는 법을 학습하기 위해 서로 다른 정책이 필요했다. 심층 중첩 ANN은 모든 게임에 동일하게 주어진 가공되지 않은 입력을 행동 가치를 표현하는 데 특화된 특징으로 변환하는 것을 학습했다. 이러한 특징은 DQN이 대부분의 게임에서 달성했던 높은 수준의 게임 실력을 얻기 위해 필요한 것이었다.

아타리 2600은 1977년부터 1992년까지 아타리$_{\text{Atari Inc.}}$가 다양한 버전으로 판매했던 가정용 비디오 게임 콘솔이다. 아타리는 지금은 고전이 돼버린 퐁$_{\text{Pong}}$, 브레이크아웃$_{\text{Breakout}}$, 스페이스 인베이더스$_{\text{Space Invaders}}$, 에스터로이즈$_{\text{Asteroids}}$ 같은 많은 아케이드$_{\text{arcade}}$ 비디오 게임을 소개하고 유행시켰다. 현대의 비디오 게임보다 훨씬 단순하지만, 아타리 2600 게임은 여전히 사람들에게 즐거움을 주고 승부욕을 불러일으키는 게임이다. 그리고 이 게임은 강화학습 방법을 개발하고 평가하기 위한 실험 대상으로서도 매력적인 존재였다(디우크, 코헨, 리트만$_{\text{Diuk, Cohen, and Littman}}$, 2008; 나다프$_{\text{Naddaf}}$, 2010; 코보, 장, 이스벨, 토마즈$_{\text{Cobo, Zang, Isbell, and Thomaz}}$, 2011; 벨레마레, 베네스, 볼링$_{\text{Bellemare,}}$ $_{\text{Veness, and Bowling}}$, 2013). 벨레마레, 나다프, 베네스, 볼링(2012)은 학습 및 계획 알고리즘을 연구하기 위해 아타리 2600 게임 이용을 장려하고 이용 방법을 단순화하기 위해 무료로 이용할 수 있는 아케이드 학습 환경$_{\text{Arcade Learning Environment, ALE}}$을 개발했다.

이러한 사전 연구와 ALE의 유용성 덕분에 아타리 2600 게임은 므니 등의 방법을 입증하는 실험 대상으로서 좋은 선택이었다. 아타리 2600을 선택하게 된 데에는 TD-가몬이 백게먼 게임에서 사람과 같은 수준의 인상적인 실력을 보여준 것도 영향을 미쳤다. 경사도가 역전파 알고리즘에 의해 계산되는 TD 알고리즘의 준경사도 형태를 위한 함수 근사 방법으로 다수 층위 ANN을 사용한다는 점에서 DQN은 TD-가몬과 유사하다. 하지만 TD-가몬처럼 TD(λ)를 사용하는 대신에, DQN은 준경사도 형태의 Q 학습을 사용했다. TD-가몬은 이후상태의 가치를 추정했는데, 이것은 백게먼의 돌을 이동시키는 규칙으로부터 쉽게 얻을 수 있는 것이었다. 아타리 게임에 동일한 알고리즘을 사용하려면 가능한 모든 행동에 대해 (이 경우에는 이후상태가 아닌) 다음 상태를 생성할 필요가 있었는데, 이러한 필요성은 게임 에뮬레이터를 이용하여 (ALE 덕분에 가능해진) 단일 단계 시뮬레이션을 모든 가능한 행동에 대해 수행함으로써 충족될 수 있었다. 또는 각 게임의 상태 전이 함수에 대한 모델을 학습시켜서 다음 상태를 예측하는 데 사용할 수도 있었다(오, 궈, 리, 루이스, 싱Oh, Guo, Lee, Lewis, and Singh, 2015). 이러한 방법들이 DQN과 견줄 만한 결과를 만들어 내기는 했지만, 구현하는 과정이 더 복잡했고 학습에 소요되는 시간도 상당히 증가시켰다. Q 학습을 사용하고 싶도록 만드는 또 다른 요인은 DQN이 **경험 재현**experience replay 방법을 사용했다는 것이다. 아래에 설명하겠지만, 이 방법은 비활성 정책 알고리즘을 필요로 한다. 모델이 없고 비활성 정책을 사용할 경우에는 Q 학습을 선택하는 것이 자연스럽다.

DQN의 세부 사항과 실험 방법을 설명하기 전에, DQN이 달성할 수 있는 게임 실력의 수준에 대해 살펴보자. 므니 등은 문헌을 통해 그 당시 최고의 성능을 가진 것으로 알려진 학습 시스템이 얻은 점수, 게임을 테스트하는 전문 게임 선수(사람)가 얻은 점수, 행동을 무작위로 선택한 학습자가 얻은 점수를 DQN이 얻은 점수와 비교했다. 문헌으로 확인된 최고의 시스템은 아타리 2600 게임에 대한 몇 가지 정보를 이용하여 설계한 특징과 함께 선형 함수 근사를 사용했다(벨레마레, 나다프, 베네스, 볼링, 2103). 매번의 게임에서 DQN은 5천만 개의 프레임frame에 대해 게임 에뮬레이터와 상호작용하며 학습했는데, 이것은 38일 동안 게임을 경험하는 것에 해당한다. 각 게임에 대한 학습이 시작될 때, DQN 네트워크의 가중치는 무작위 값으로 초기화된다. 학습이 끝나고 나서 DQN의 게임 실력을 평가하기 위해, DQN이 얻은 점수를 각 게임을 구성하는 30개의 구간에 대해 평균 내었다. 각 게임에 소요된 시간은 5분이었고 새 게임이 시작될 때 게임의 초기 상태는 무작위로 결정되었다. 게임을 테스트하는 전문 게임 선수(사람)는 동일한 에뮬레이터를 이용하여 게임을 했다(소리 정보를 처리할 수 없는 DQN과 조건을 동일하게 하기 위해 게임 소리를 끄고 테스트했다). 2시간 동안의 연습 이후에, 게임 선수(사람)는 각 게임당 5분 이내에 20개의 에피소드에 대해 게임을 했고 이 시간 동안 휴식 시간은 없었다. DQN은 6 게임을 제외한 나머지 모든 게임에 대해 그 당시 최고의 강화학습 시스템보다 게임을 잘했고, 22 게임에서 게임 선수(사람)보다 게임을 더 잘했다. 게임 선수(사람)가 얻은 점수의 75% 또는 그 이상의 점수를 얻는 실력을 사람의 게임 실력에 견줄 만한 또는 그보다 더 뛰어난 실력으로 판단함으로써, 므니 등은 DQN에 학습된 게임 실력이 46 게임 중 29 게임에서 사람 수준에 도달했거나 그보다 더 뛰어났던 것으로 결론을 내렸다. 이 결과에 대한 더 자세한 설명은 므니 외(2015)에서 확인할 수 있다.

인공 학습 시스템이 이러한 수준의 게임 실력을 달성한 것은 충분히 인상적이지만, 이 결과를 놀랄 만한 일로 만든 것(그리고 그 당시 많은 사람이 인공지능에 있어서 획기적인 결과라고 생각했던 것)은 아주 똑같은 학습 시스템이 폭넓게 다양한 게임에 동일하게 적용되었을 때 이와 유사한 게임 실력을 일관적으로 보여주었다는 점이다.

이 49개의 아타리 게임 중 하나의 게임을 하는 사람은 128개의 색을 갖는 210 × 160개의 픽셀 영상 프레임을 60 Hz로 보게 된다. 원칙적으로는, 정확히 이 영상들이 DQN에 들어가는 가공되지 않은 입력을 형성했을 것이다. 하지만 메모리와 처리 속도에 대한 요구조건을 낮추기 위해, 므니 등은 각 프레임에 대한 전처리preprocess를 수행하여 84×84 배열의 밝기값을 만들었다. 많은 아타리 게임의 전체 상태를 영상 프레임으로부터 완벽하게 측정할 수 없기 때문에, 므니 등은 가장 최근의 네 개의 프레임을 '쌓아서' 네트워크에 들어가는 입력의 차원이 $84 \times 84 \times 4$가 되도록 했다. 이렇게 하는 것이 부분적으로만 가관측성observability이 확보되는 불완전한 상황을 모든 게임에 대해 해소하지는 못했지만, 많은 게임을 마르코프 과정으로 만드는 데는 도움이 되었다.

여기서 매우 중요한 점은 이러한 전처리 단계가 46개의 모든 게임에 대해 동일했다는 것이다. 줄어든 차원의 데이터를 이용하더라도 여전히 좋은 정책을 학습할 수 있고 인접한 프레임을 쌓는 것이 일부 게임에서 부분적 가관측성을 없애는 데 도움이 된다는 일반적인 이해를 넘어서는 특정 게임에 대한 사전 정보는 사용하지 않았다. 이 최소한의 정보 이외의 특정 게임에 대한 사전 정보를 영상 프레임의 전처리 과정에 사용하지 않았기 때문에, $84 \times 84 \times 4$ 입력 벡터를 DQN으로 들어가는 '있는 그대로의raw' 입력으로 생각할 수 있다.

DQN의 기본적인 구조는 그림 9.15에 묘사된 심층 중첩 ANN과 유사하다(하지만 이 ANN과는 다르게, DQN에 포함된 이단 추출법subsampling은 각 중첩 층위의 부분으로 다루어지고, 특징 지도는 가능한 수용 영역 중 하나만을 보유한 단위들로 구성된다). DQN은 세 개의 숨겨진 중첩 층위를 갖는데, 이 층위에 바로 이어서 완전히 연결된 숨겨진 층위가 존재하고, 그다음에는 출력 층위가 이어진다. DQN이 갖는 세 개의 연속적인 숨겨진 중첩 층위는 32개의 20×20 특징 지도, 64개의 9×9 특징 지도, 64개의 7×7 특징 지도를 만든다. 각 특징 지도에 있는 단위의 활성화 함수는 정류 비선형성rectifier nonlinearity($\max(0, x)$)이다. 이 세 번째 중첩 층위에 있는 3,136($= 64 \times 7 \times 7$)개의 단위들은 완전히 연결된 숨겨진 층위에서 모두 512개의 단위와 각각 연결된다. 그런 다음 각 단위는 출력 층위에 있는 18개의 모든 단위에 연결된다. 이러한 과정은 아타리 게임에서 발생 가능한 행동 하나에 대해 이루어진다.

DQN 출력 단위의 활성화 수준은 네트워크의 입력에 속하는 상태에 대해 상태-행동 쌍의 최적 행동 가치를 추정한 값이었다. 게임의 행동에 네트워크의 출력을 할당하는 방법은 게임마다 달랐고, 유효한 행동의 개수가 게임에 따라 4~18개였기 때문에 출력 단위가 무조건 모든 게임에서 기능적 역할을 하는 것은 아니다. 하나의 네트워크가 18개의 네트워크로 분리된 것처럼 생각하면 도움이 된다. 이때 하나의 네트워크는 각각의 가능한 행동에 대해 최적 행동 가치를 추정하기 위한 것이다. 실제로는 이 네트워크들이 시작 층위initial layer를 공유하지만, 출력 단위는 이 층위들에 의해 추출된 특징을 서로 다른 방식으로 사용하는 방법을 학습한다.

DQN의 보상 신호는 게임의 점수가 시간 단계에 따라 어떻게 변화하는지를 나타내었다. 점수가 증가하면 +1의 보상이 주어졌고, 점수가 감소하면 −1의 보상이 주어졌고, 점수가 변하지 않으면 0의 보상이 주어졌다. 이것은 모든 게임에 대해 보상 신호를 표준화했고, 게임의 점수가 제각각 이었음에도 불구하고 단일 시간 간격 파라미터가 모든 게임에서 잘 작동하도록 만들었다. DQN 은 입실론 탐욕적 정책을 사용했는데, 이때 ε은 처음 백만 개의 프레임에 대해서는 선형으로 감 소했고 나머지 학습 기간에는 작은 값으로 유지되었다. 학습 시간 간격, 할인율, 그 밖에 구현에 관련된 파라미터와 같은 다양한 파라미터의 값들이 내적 탐색을 통해 선택되었다. 여기서 내적 탐색의 목적은 임의로 선택된 몇 안 되는 게임에 대해 가장 좋은 성능을 보여주는 파라미터 값 을 찾는 것이었다. 이렇게 찾은 값들은 모든 게임에 고정적으로 적용되었다.

DQN이 행동을 선택한 이후에 게임 에뮬레이터에 의해 게임이 실행되었고, 그 결과 보상 및 다 음 비디오 프레임이 도출되었다. 이 프레임은 전처리 과정을 거쳐서 네트워크의 다음 입력이 되 는 네 개의 프레임 더미stack에 추가되었다. 여기서 므니 등이 기본적인 Q 학습 과정을 변경했던 것을 잠깐 동안만 무시하고 얘기를 이어 나가면, DQN은 네트워크의 가중치를 갱신하기 위해 다음과 같은 준경사도 형태의 Q 학습을 사용했다.

$$\mathbf{w}_{t+1} = \mathbf{w}_t + \alpha \left[R_{t+1} + \gamma \max_a \hat{q}(S_{t+1}, a, \mathbf{w}_t) - \hat{q}(S_t, A_t, \mathbf{w}_t) \right] \nabla \hat{q}(S_t, A_t, \mathbf{w}_t) \text{ (식 16.3)}$$

여기서 $\mathbf{w}_t$는 네트워크의 가중치 벡터이고, A_t는 시간 단계 t에서 선택된 행동이고, S_t와 S_{t+1}은 각각 시간 단계 t와 $t+1$에서 네트워크에 입력으로 들어간 전처리된 영상 더미다.

식 16.3의 경사도는 역전파 방법으로 계산되었다. 행동마다 별도의 분리된 네트워크가 존재한 다고 다시 한번 가정하면, 시간 단계 t에서의 갱신을 위해 역전파는 A_t에 해당하는 네트워크에 만 적용되었다. 므니 등은 규모가 큰 네트워크에서 기본적인 역전파 알고리즘의 성능을 향상시 키는 것으로 입증된 기법을 이용했다. 그들은 영상의 작은 집합(여기서는 32개의 영상)에 대해 경 사도 정보를 축적한 이후에만 가중치를 갱신하는 **소형 묶음 방법**mini-batch method을 사용했다. 각 행동 이후에 가중치를 갱신하는 보통의 과정과 비교했을 때 이 방법은 더 부드러운 표본 경사도 를 산출했다. 그들은 또한 RMSProp(틸레만과 힌튼, 2012)이라고 불리는 경사도 상승 알고리즘을 이용했다. 이 알고리즘은 각 가중치에 대해 계산된 최신 경사도의 크기에 대한 이동 평균running average을 기반으로 해당 가중치의 시간 간격 파라미터를 조정함으로써 학습을 가속화한다.

므니 등은 기본적인 Q 학습 과정을 세 가지 방법을 이용하여 수정했다. 첫째, 그들은 린(Lin, 1992)이 최초로 연구했던 **경험 재현**experience replay이라고 불리는 방법을 이용했다. 이 방법은 각 시간 단계마다 학습자의 경험을 재현 메모리에 저장하는데, 재현 메모리는 가중치를 갱신하기 위해 접속하는 메모리다. DQN에서는 다음과 같이 작동했다. 영상 더미 S_t, 받은 보상 R_{t+1}, 영상 더미 S_{t+1}로 표현되는 상태에서 게임 에뮬레이터가 행동 A_t를 실행한 이후에, 게임 에뮬레이터는 재현 메모리에 튜플tuple $(S_t, A_t, R_{t+1}, S_{t+1})$을 추가했다. 이 메모리는 동일한 게임을 여러 번 하는 과정에서 발생하는 경험을 축적했다. 모든 시간 단계마다 다수의 Q 학습 갱신(소형 묶음)이 재현 메모리로부터 무작위로 균일하게 추출된 표본을 기반으로 수행되었다. 일반적인 형태의 Q 학습에서처럼 S_{t+1}이 다음 갱신을 위한 새로운 S_t가 되는 대신에, 다음 갱신을 위한 데이터를 공급하기 위해 연결되지 않은 새로운 경험이 재현 메모리로부터 추출되었다. Q 학습은 비활성 정책 학습이기 때문에 연결된 궤적을 따라 적용될 필요가 없다.

경험 재현을 이용한 Q 학습은 일반적인 형태의 Q 학습이 제공하지 못하는 여러 장점을 제공했다. 많은 갱신을 위해 각각의 저장된 경험을 사용하는 능력은 DQN이 경험으로부터 좀 더 효율적으로 학습할 수 있도록 해주었다. 표준적인 Q 학습과는 달리 연속된 갱신이 서로 연관되지 않기 때문에 경험 재현은 갱신의 분산을 감소시켰다. 그리고 연속된 경험이 현재 가중치에 의존하지 않게 함으로써, 경험 재현은 불안정의 한 요소를 제거했다.

므니 등은 두 번째 방법을 이용하여 표준적인 Q 학습의 안정성이 향상되도록 수정했다. 부트스트랩을 하는 다른 방법과 마찬가지로, Q 학습의 갱신 목표는 현재의 행동 가치 함수에 대한 추정값에 따라 달라진다. 행동 가치를 표현하기 위해 파라미터 기반의 함수 근사 방법이 사용될 때, 그 목표는 갱신되고 있는 동일한 파라미터를 갖는 함수다. 예를 들면, 식 16.3에 주어지는 갱신의 목표는 $\gamma \max_a \hat{q}(S_{t+1}, a, \mathbf{w}_t)$이다. 이 목표가 $\mathbf{w}_t$에 의존하기 때문에 목표가 갱신되는 파라미터에 의존하지 않는 더 간단한 지도학습의 경우에 비해 과정이 더 복잡해진다. 11장에서 논의했듯이 이것은 학습에 진동을 유발하거나 학습이 발산하도록 만들 수 있다.

이 문제를 다루기 위해 므니 등은 여전히 부트스트랩할 수 있게 해주면서도 Q 학습이 더 간단한 지도학습의 경우와 더 가까워지도록 하는 기법을 사용했다. 언제든 특정 숫자 C만큼의 갱신이 행동 가치 네트워크의 가중치 $\mathbf{w}$에 대해 수행될 때마다, 네트워크의 현재 가중치를 또 다른 네트워크에 삽입했고 이 복사된 가중치를 $\mathbf{w}$에 대한 다음 C회의 갱신 동안 고정값으로 유지했다. $\mathbf{w}$에 대한 다음 C회의 갱신 동안 이 복사된 네트워크가 만드는 출력은 Q 학습의 목표로 사용되었다. $\tilde{q}$를 이 복사된 네트워크의 출력이라고 하면, 식 16.3 대신에 다음과 같은 갱신 규칙이 만들어졌다.

$$\mathbf{w}_{t+1} = \mathbf{w}_t + \alpha \left[R_{t+1} + \gamma \max_a \tilde{q}(S_{t+1}, a, \mathbf{w}_t) - \hat{q}(S_t, A_t, \mathbf{w}_t) \right] \nabla \hat{q}(S_t, A_t, \mathbf{w}_t)$$

표준적인 Q 학습에 대한 마지막 수정도 학습 시스템의 안정성을 향상시키는 것으로 확인되었다. 그들은 오차 항 $R_{t+1} + \gamma \max_a \tilde{q}(S_{t+1}, a, \mathbf{w}_t) - \hat{q}(S, A_t, \mathbf{w}_t)$를 잘라내어 오차가 $[-1, 1]$ 범위 안에 유지되도록 했다.

므니 등은 다양한 DQN의 설계 특징이 성능에 미치는 영향에 대한 통찰을 얻기 위해 5개의 게임에 대해 수많은 학습을 수행했다. 그들은 경험 재현과 복사된 목표 네트워크가 포함되거나 포함되지 않는 네 가지 조합으로 DQN을 실행했다. 게임마다 결과는 다양했지만, 이러한 특징들 중 하나만을 적용하면 성능이 상당히 향상되었고, 이 특징들을 모두 적용했을 때는 매우 극적으로 성능이 향상되었다. 므니 등은 또한 심층 중첩 형태의 DQN과 선형 층위를 하나만 갖는 네트워크를 적용한 DQN에 전처리된 비디오 프레임을 동일하게 적용하여 이 둘을 비교함으로써 심층 중첩 ANN이 DQN의 학습 능력에 기여하는 역할을 연구했다. 이 연구에서 중첩 형태의 DQN이 선형 층위를 갖는 DQN에 비해 5개의 모든 테스트 게임에 대해 성능이 더 좋다는 사실이 확인되었는데, 이것은 특히 놀라운 일이었다.

해결하기 어려운 다양한 문제를 잘 해결하는 인공적인 학습자를 만드는 것은 인공지능 분야의 오랜 목표였다. 이러한 목표를 이루기 위한 수단으로서 기계학습에 기대를 걸었는데, 기계학습에서는 문제마다 그 문제에 맞는 표현법을 만들어야 했기 때문에 기계학습을 통해 목표를 이루는 것은 좌절되었다. 딥마인드DeepMind의 DQN은 단일 학습자가 특정 문제에 관련된 특징을 학습하여 다양한 문제에 대해 사람과 경쟁할 만한 수준의 실력을 얻을 수 있다는 사실을 보여줌으로써 중요한 진전을 이루어 낸 방법으로 자리매김했다. DQN을 적용한 테스트에서는 (각 문제에 대해 학습이 별도로 수행되었기 때문에) 모든 문제를 동시에 잘 해결하는 학습자를 만들지는 못했지만, 심층학습deep learning이 특정 문제에 국한된 설계와 파라미터 조정tuning의 필요성을 줄이고, 더나아가 어쩌면 없앨 수도 있다는 것을 보여주었다. 하지만 므니 등은 DQN이 문제에 의존적인 학습의 문제점을 완벽하게 해결하는 것은 아니라고 지적한다. 아타리 게임을 잘하기 위해 필요한 능력은 분명히 다양하지만, 모든 게임은 비디오 영상을 시청함으로써 진행되고 이것은 이 문제의 해결책으로 심층 중첩 ANN을 자연스럽게 선택하도록 만든다. 게다가, 일부 아타리 2600 게임에 대한 DQN의 성능은 인간의 게임 실력에 상당히 못 미치는 수준으로 떨어졌다. DQN이 학습하기 가장 어려운 게임들(특히 DQN의 학습 성능이 무작위로 게임을 하는 정도의 수준밖에 미치지 못했던 〈몬테주마의 복수Montezuma's Revenge〉)은 DQN의 설계된 능력을 넘어서는 심층 계획deep planning을 필요로 했다. 더욱이, DQN이 아타리 게임을 하는 방법을 학습했던 것처럼, 방대한 연습을 통해 제어 기술을 학습하는 것은 사람이 일상적으로 이루어 내는 것들을 학습하는 하나의 유형에 불과하다. 이러한 한계에도 불구하고, DQN은 강화학습과 현대적인 심층학습 방법의 결합 가능성을 인상적으로 보여줌으로써 기계학습 분야에서 첨단 기술의 발전을 앞당겼다.

16.6 바둑 게임에 통달하다

바둑이라는 고대 중국의 게임이 수십 년 동안 인공지능 연구자들을 괴롭혀 왔다. 다른 게임에 적용했을 때 사람과 비슷한 수준 또는 사람을 뛰어넘는 수준의 실력을 보여주었던 방법들도 실력이 출중한 바둑 프로그램을 만드는 데는 성공하지 못했던 것이다. 활발히 활동하는 바둑 프로그래머들과 국제 대회 덕분에 바둑 프로그램의 수준은 수년간 상당히 많이 향상되었다. 하지만 최근까지도 바둑 프로그램이 보여준 실력은 바둑 마스터(사람)의 수준 근처에도 도달하지 못했다.

딥마인드의 한 연구 팀(실버 외Silver et al., 2016)은 심층 ANN(9.7절), 지도학습, 몬테카를로 트리 탐색(MCTS, 8.11절), 강화학습을 결합하여 **알파고**AlphaGo라는 프로그램을 개발했다. 실버 등의 2016 논문이 출판되었을 즈음에는 알파고가 기존의 바둑 프로그램보다 결정적으로 더 강력하다는 사실이 입증되었고, 알파고는 유럽 바둑 챔피언 판 후이Fan Hui를 5 대 0으로 이겼다. 이것은 바둑 프로그램이 바둑 선수(사람)와 동등한 조건하에서 바둑 선수(사람)를 상대로 거둔 최초의 승리였다. 얼마 지나지 않아, 이와 유사한 버전의 알파고가 18번이나 세계 챔피언에 등극했던 이세돌을 상대로 놀라운 승리를 거두었다. 알파고는 자신이 도전한 이 시합에서 5 게임 중 4 게임을 이겼고, 이 결과는 전 세계적으로 신문의 일면 기사가 되었다. 인공지능 연구자들은 바둑 프로그램이 이 정도 수준에 도달하려면 수년, 어쩌면 수십 년의 시간이 필요할 것이라고 생각했었다.

여기서 알파고와 그 후속 프로그램인 **알파고 제로**AlphaGo Zero(실버 외, 2017a)에 대해 설명하겠다. 알파고는 강화학습 이외에도 인간 전문가의 바둑 돌 이동을 기록한 방대한 데이터베이스로부터 학습하는 지도학습에 의존했지만, 알파고 제로는 게임의 기본적인 규칙 말고는 사람에게서 나오는 어떠한 데이터나 지침도 이용하지 않고 오로지 강화학습만을 이용했다(그래서 이름에 'Zero'가 붙었다). 여기서는 더 성능이 좋고 순수한 강화학습 프로그램에 더 가까운 알파고 제로의 상대적인 단순함을 강조하기 위해 먼저 알파고에 대해 자세하게 설명하겠다.

여러 가지 측면에서 알파고와 알파고 제로는 테사우로의 TD-가몬(16.1절)에서 파생된 것이고, TD-가몬 자체는 사무엘의 체커 프로그램(16.2절)에서 파생된 것이다. 이 모든 프로그램은 스스로와 하는 게임 시뮬레이션에 강화학습을 적용했다. 알파고와 알파고 제로 역시 최적 가치 함수를 근사하기 위해 심층 중첩 ANN을 적용한 DQN 프로그램(16.5절)을 이용하여 딥마인드가 아타리 게임 수행 능력을 발전시킨 토대 위에 만들어졌다.

바둑은 두 선수가 바둑판 위에 아직 점유되지 않은 교차점에 차례로 검은 돌과 흰 돌을 놓는 게임이다. 바둑판 위에는 19개의 수평선과 19개의 수직선이 교차하며 다음 페이지에 보이는 것과 같은 위치가 만들어진다. 게임의 목표는 상대방이 점유한 바둑판의 영역보다 더 넓은 영역을 점유하는 것이다. 바둑 돌은 간단한 규칙에 따라 포획된다. 어떤 선수의 돌이 다른 선수의 돌에 의해 완전히 둘러싸이면 그 선수의 돌이 포획된다. 여기서 어떤 돌이 둘러싸인다는 것은 그 돌이 놓인 점과 연결된 점 중에 점유되지 않은 점이 없다는 것을 의미한다. 예를 들어, 그림 16.5의 왼쪽에는 흰 돌 세 개가 점유되지 않은 (X라고 표시된) 점과 연결되어 있다. 검은 돌 선수가 X 위치에 돌을 놓는다면, 세 개의 흰 돌은 포획되어 바둑판에서 사라지게 된다(그림 16.5 중간). 하지만 흰 돌 선수가 먼저 X 위치에 돌을 놓는다면, 이러한 포획의 가능성을 막을 수 있다(그림 16.5 오른쪽). 포획/재포획이 무한정 반복되는 것을 예방하기 위해 다른 규칙도 필요하다. 이 게임은 두 선수 중 한 선수가 더 이상 돌을 놓지 않겠다고 하면 종료된다. 게임의 규칙은 간단하다. 하지만 이 규칙이 수천 년 동안 많은 사람에게 재미와 즐거움을 제공해 온 복잡한 게임을 만들어 냈다.

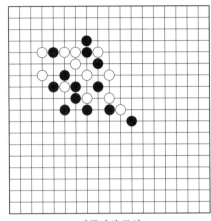

바둑판의 구성

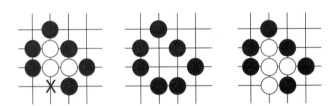

그림 16.5 바둑의 포획 규칙. **왼쪽:** X 위치가 점유되지 않았기 때문에 세 개의 흰 돌은 포획되지 않는다. 가운데: 검은 돌이 X 위치에 놓이면, 세 개의 흰 돌은 포획되어 바둑판에서 제거된다. **오른쪽:** 흰 돌이 X 위치에 놓이면, 포획이 차단된다.

체스 같은 게임에서 게임을 매우 잘하도록 만들었던 방법들이 바둑 게임에는 통하지 않았다. 바둑은 한 위치에서 선택할 수 있는 합법적 이동의 수가 체스보다 많고(≈250 대 ≈35) 체스보다 더 많은 이동(≈150 대 ≈80)을 포함하려는 경향이 있기 때문에 바둑의 탐색 공간은 체스의 탐색 공간보다 상당히 넓다. 하지만 탐색 공간의 크기가 바둑을 어렵게 만드는 주요한 요소는 아니다. 철저한 탐색은 체스와 바둑에서 모두 불가능하고, 더 작은 크기의 바둑판(**예** 9 × 9)에서 벌어지는 바둑도 대단히 어렵다는 사실이 입증되었다. 전문가들이 동의하는 바에 따르면 아마추어보다 더 잘하는 바둑 프로그램을 만드는 데 있어 주요한 장애물은 적절한 위치 평가 함수를 정의하는 데 따르는 어려움이다. 좋은 평가 함수는 더 깊은 탐색이 가져올 것 같은 결과에 대해 비교적 계산하기 쉬운 예측을 제공함으로써 실현 가능한 깊이에서 탐색을 중단하게 할 수 있다. 뮐러(Müller, 2002)에 따르면, "바둑에 대해서는 간단하고도 합리적인 평가 함수를 결코 찾을 수 없을 것이다." 주요한 진전은 MCTS를 바둑 프로그램에 적용하면서 시작되었다. 알파고가 개발되고 있을 당시에 가장 좋은 프로그램들은 모두 MCTS를 적용하고 있었지만, 그럼에도 마스터 수준의 실력을 갖추지는 못했다.

8.11절에서 MCTS가 전역 평가 함수를 학습하고 저장하려는 시도를 하지 않는 결정 시각 계획 과정이라고 했던 것을 상기해보자. 주사위 던지기 알고리즘(8.10절)과 같이, MCTS는 전체 에피소드(여기서는 전체 바둑 게임)에 대해 많은 수의 몬테카를로 시뮬레이션을 실행하여 행동(여기서는 바둑 돌의 이동: 어느 위치에 돌을 놓아야 하는지 또는 게임을 기권할지)을 선택한다. 하지만 간단한 주사위 던지기 알고리즘과는 다르게 MCTS는 현재 환경의 상태를 루트 노드로 갖는 탐색 트리를 점증적으로 확장하는 반복 과정이다. 그림 8.10에 표현되어 있듯이, 각각의 반복 과정은 트리 구조의 모서리와 연관된 통계치를 지침으로 삼아 행동을 시뮬레이션함으로써 트리 구조를 가로지른다. 기본적인 MCTS 형태의 경우, 시뮬레이션이 탐색 트리의 리프 노드에 도달할 때 MCTS는 리프 노드의 자식 노드들을 일부 또는 모두 트리 구조에 추가함으로써 탐색 트리를 확장한다. 리프 노드 또는 새로 더해진 자식 노드들 중 하나로부터 주사위 던지기가 실행된다. 여기서 주사위 던지기란 주사위 던지기 정책에 의해 선택된 행동을 적용한 시뮬레이션을 의미하는 것으로, 일반적으로는 종단 상태까지 진행된다. 주사위 던지기가 종료되면, 주사위 던지기에 의해 만들어진 이득을 보강함으로써 이 반복 과정에서 거쳐간 탐색 트리의 모서리와 연관된 통계치들이 갱신된다. MCTS는 매번 현재 상태에서 탐색 트리의 루트 노드로부터 시작하는 이 과정을 시간 제약조건이 허용하는 한 가능하면 많이 반복한다. 그런 다음, 마지막으로 (여전히 현재 환경의 상태를 나타내는) 루트 노드에서 밖으로 뻗어 있는 모서리에 축적된 통계치에 따라 루트 노드로부터 하나의 행동을 선택한다. 이것이 학습자가 취하게 되는 행동이다. 환경이 다음 상태로 전이한 후에는, 루트 노드가 새로운 상태를 나타내도록 설정하고 MCTS를 다시 실행한다. 이 새로운 실행이 시작될 때의 탐색 트리는 단지 이 새로운 루트 노드로만 구성될 수도 있고, 이전 MCTS 실행에서 남겨진 루트 노드의 자식 노드들까지 포함하여 구성될 수도 있다. 탐색 트리에 남아 있는 그 밖의 것들은 폐기된다.

16.6.1 알파고

알파고를 그토록 강력한 바둑 선수로 만든 주요 혁신은 알파고가 새로운 버전의 MCTS를 이용하여 돌의 이동을 선택했다는 사실에서 찾을 수 있다. 이 새로운 버전의 MCTS는 강화학습을 이용하여 학습된 정책과 가치 함수를 따라 작동했는데, 이 강화학습에는 심층 중첩 ANN이 제공하는 함수 근사가 적용되었다. 또 다른 핵심적 특징은 강화학습이 무작위로 정해진 네트워크

가중치로부터 시작하지 않고, 지도학습 결과로 얻어진 가중치로부터 시작한다는 것이다. 이때 지도학습은 전문가(사람)의 바둑 돌 이동을 기록한 방대한 양의 데이터를 이용하여 수행된다.

딥마인드 연구 팀은 알파고에 적용된 수정된 형태의 MCTS를 '비동기 정책과 가치 MCTS asynchronous policy and value MCTS', 즉 APV-MCTS라고 불렀다. APV-MCTS는 기본적인 형태의 MCTS를 이용하여 위에 설명한 것처럼 행동을 선택했지만, 탐색 트리를 확장하는 방법과 행동 모서리를 평가하는 방법에 있어서 조금 다른 방법을 사용했다. 리프 노드로부터 탐험되지 않은 모서리를 선택하기 위해 저장된 행동 가치를 이용하여 현재의 탐색 트리를 확장하는 기본적인 형태의 MCTS와는 반대로, 알파고에 구현된 APV-MCTS는 **SL 정책 네트워크**SL-policy network라고 불리는 13 층위의 심층 중첩 ANN이 제공하는 확률에 따라 모서리를 선택함으로써 탐색 트리를 확장했다. 이때 SL 정책 네트워크는 전문가(사람)가 수행한 거의 3천만 개에 달하는 바둑 돌 이동을 기록한 데이터베이스에서 바둑 돌의 이동을 예측하기 위해 지도학습을 통해 훈련되었다.

이제 평가 방법 측면에서 살펴보면, 새롭게 추가된 상태 노드를 그 상태로부터 시작되는 주사위 던지기의 이득에 따라서만 평가하는 기본적인 MCTS와는 반대로, APV-MCTS는 노드를 두 가지 방법으로 평가했다. 하나는 기본적인 MCTS와 마찬가지로 주사위 던지기의 이득에 따라 평가하는 것이고, 다른 하나는 강화학습 방법에 의해 사전에 학습된 가치 함수 v_θ에 따라 평가하는 것이다. 상태 s가 새롭게 추가된 노드라면, 이 상태의 가치는 다음과 같이 계산되었다.

$$v(s) = (1 - \eta)v_\theta(s) + \eta G \qquad\qquad (식 16.4)$$

여기서 G는 주사위 던지기의 이득이고, η는 이 두 평가 방법으로 도출된 가치가 적절히 혼합될 수 있도록 제어한다. 알파고에서는 이 가치들이 또 다른 13 층위 심층 중첩 ANN인 **가치 네트워크** value network에 의해 제공되는데, 이 가치 네트워크는 바둑판 위치의 가치에 대한 추정값을 도출하기 위해 훈련된다. 훈련 방법에 대해서는 아래에서 설명할 것이다. 알파고에서 APV-MCTS의 주사위 던지기는 시뮬레이션된 게임이었는데, 이 게임에서 두 선수는 모두 게임 전에 지도학습으로 훈련시킨 간단한 선형 네트워크가 제공하는 빠른 **주사위 던지기 정책**rollout policy을 이용했다. 실행되고 있는 시간 동안 APV-MCTS는 줄곧 탐색 트리의 각 모서리를 얼마나 많은 시뮬레이션이 통과했는지를 계속 추적했다. 그리고 실행이 종료되면, 루트 노드로부터 가장 많이 통과된 모서리가 취해야 할 행동으로 선택된다. 실제 게임에서는 바로 이 순간에 알파고가 바둑 돌의 위치를 이동한다.

SL 정책 네트워크의 출력 단위가 합법적 행동에 대한 확률 분포를 도출하는 반면에 가치 네트워크는 게임 위치의 가치 추정값을 도출하는 하나의 출력 단위를 갖는다는 점만 제외하면 가치 네트워크는 심층 중첩 SL 정책 네트워크와 동일한 구조를 갖고 있다. 이상적으로는, 가치 네트워크가 최적의 상태 가치를 도출할 것이다. 그리고 최적의 가치 함수를 위에 설명한 TD-가몬의 위치 이동을 따라 근사하는 것이 가능할 수도 있다. 즉, 심층 중첩 ANN이 결합된 TD(λ)를 이용하여 스스로와 게임하는 것이다. 하지만 딥마인드 연구 팀은 바둑처럼 복잡한 게임에 있어서 더 좋은 결과를 가져올 것으로 생각되는 다른 접근법을 취했다. 그들은 가치 네트워크를 훈련시키는 과정을 두 단계로 구분했다. 첫 번째 단계에서는 강화학습을 이용하여 **RL 정책 네트워크**RL policy network를 훈련시킴으로써 그들이 만들 수 있는 최선의 정책을 만들었다. RL 정책 네트워크는 SL 정책 네트워크와 동일한 구조를 갖는 심층 중첩 ANN이다. RL 정책 네트워크는 지도학습을 통해 사전에 학습된 SL 정책 네트워크의 최종 가중치를 이용하여 초기화되었고, 그 후 정책 경사도 강화학습을 통해 훈련되어 SL 정책 네트워크보다 향상된 성능을 얻게 되었다. 가치 네트워크를 훈련시키는 두 번째 단계에서, 연구 팀은 RL 정책 네트워크에 의해 바둑 돌의 이동이 선택되는 스스로와의 게임을 시뮬레이션함으로써 얻어진 수많은 데이터에 대해 몬테카를로 정책 평가를 수행했다.

그림 16.6은 알파고에 의해 사용된 네트워크와 딥마인드 연구 팀이 '알파고 파이프라인AlphaGo pipeline'이라고 부르는 과정 속에서 그 네트워크를 훈련시키기 위한 단계들을 보여준다. 이 모든 네트워크는 생방송 게임이 시작되기 전에 훈련되었고, 네트워크의 가중치는 생방송 게임 중에 고정된 값으로 유지되었다.

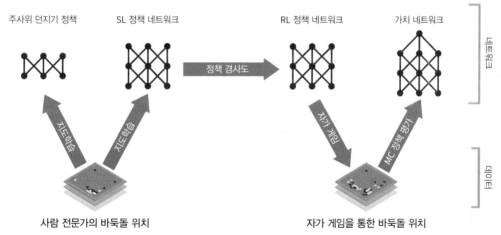

그림 16.6 알파고 파이프라인. 출처: Macmillan Publishers Ltd: *Nature*, vol. 529(7587), p. 485. © 2016

여기서 알파고의 ANN과 그 훈련 방법에 대해 좀 더 자세히 설명하겠다. 동일한 구조를 갖는 SL 및 RL 정책 네트워크가 13개의 중첩 층위를 갖고 있고, 이 중 마지막 층위는 19 × 19 바둑판 위의 각 점에 대한 소프트맥스 단위로 구성된다는 점을 제외하면, SL 및 RL 네트워크는 16.5절에서 설명한 아타리 게임을 하는 DQN의 심층 중첩 네트워크와 유사하다. 네트워크의 입력은 19 × 19 × 48차원의 이미지 더미이고, 바둑판의 각 위치는 48개의 특징에 대한 이진수 또는 정숫값으로 표현된다. 예를 들면, 바둑판의 각 점에 대해 하나의 특징은 그 점을 알파고의 돌이 점유했는지, 상대방의 돌이 점유했는지, 또는 점유되지 않았는지를 나타냄으로써 바둑판 구성에 대한 '있는 그대로의' 표현을 제공했다. 다른 특징들은 비어 있는 인접한 점의 개수, 바둑돌을 그 점으로 이동시킴으로써 포획할 수 있는 상대방 돌의 개수, 그 점에 바둑 돌이 놓인 이후로 진행된 차례의 횟수와 같은 바둑의 규칙을 기반으로 하여 정했고, 연구 팀이 중요하다고 생각했던 특징들도 포함되었다.

확률론적 경사도 상승 방법을 50개의 프로세서에 분산해서 적용했을 때, SL 정책 네트워크를 훈련시키는 과정은 대략 3주가 걸렸다. 네트워크는 57%의 정밀도를 달성했는데, 이 결과를 발표할 당시 다른 연구 그룹이 달성한 최상의 정밀도가 44.4%였다. RL 정책 네트워크의 훈련은 RL 정책 네트워크의 현재 정책과 학습 알고리즘의 이전 과정에 의해 생성된 정책들 중 무작위로 선택된 정책을 사용하는 상대방과의 시뮬레이션된 게임에 경사도 강화학습을 적용함으로써 수행되었다. 무작위로 선택된 상대방과 게임을 하는 것은 현재 정책에 대한 과적합overfitting 문제를 예방해 주었다. 현재 정책이 이기면 +1의 보상이 주어졌고, 지면 −1, 그 밖의 경우에는 0의 보상이 주어졌다. 이 게임들은 MCTS를 포함시키지 않고 두 정책이 서로를 직접 상대하게 했다. 50개의 프로세서에서 많은 게임을 동시에 시뮬레이션함으로써, 딥마인드 연구 팀은 하루 동안 백만 개의 게임에 대해 RL 정책 네트워크를 훈련시켰다. 최종적으로 도출된 RL 정책에 대한 테스트를 통해 RL 정책이 SL 정책을 상대로는 80% 이상의 게임에서 이겼고, 위치 이동당 100,000번의 게임을 시뮬레이션한 MCTS가 적용된 바둑 프로그램을 상대로는 85%의 게임에서 RL 정책이 이겼다는 사실이 확인되었다.

단일 출력 단위를 제외하고는 SL 및 RL 정책 네트워크와 유사한 구조를 갖는 가치 네트워크는 현재 놓여야 할 바둑 돌의 색깔을 알려주는 이진수 특징이 추가되었다는 점만 제외하면 SL 및 RL 정책 네트워크에 들어가는 입력과 동일한 입력을 받는다. RL 정책을 이용하여 수행된 수많은 스스로와의 게임들로부터 얻은 데이터를 이용하여 가치 네트워크를 훈련시키기 위해 몬테카를로 정책 평가가 사용되었다. 스스로와의 게임에서 마주친 위치들 사이의 강한 상관 관계로 인한 과적합 문제와 불안정성을 피하기 위해, 딥마인드 연구 팀은 별도로 수행된 스스로와의 게임으로부터 무작위로 추출된 3천만 개의 위치를 포함하는 데이터 집합을 만들었다. 그런 다음, 이 집합에서 추출한 32개의 위치를 한 묶음으로 하는 소형 묶음 5천만 개를 이용하여 훈련을 수행했다. 훈련은 50개의 GPU에서 1주일 만에 완료되었다.

사람이 선택한 8백만 개의 이동 정보를 이용하여 지도학습으로 훈련시킨 간단한 선형 네트워크를 통해 게임 전에 주사위 던지기 정책을 학습시켰다. 주사위 던지기 정책 네트워크는 합리적 수준에서 정확하면서도 신속하게 행동을 도출해야 했다. 원칙적으로는 SL 또는 RL 정책 네트워크가 주사위 던지기 네트워크로 사용되었을 수도 있지만, 전방 전파forward propagation가 이처럼 심층 네트워크를 통과하려면 너무 많은 시간이 걸리기 때문에 생방송 게임에서 각 이동 결정에 대해 아주 많이 수행되어야 하는 주사위 던지기 시뮬레이션에는 SL 또는 RL 정책 네트워크를 활용할 수 없었다. 이러한 이유로 주사위 던지기 네트워크는 다른 정책 네트워크보다 덜 복잡했고, 따라서 네트워크의 입력 특징도 정책 네트워크에서 사용되는 특징보다 더 빠르게 계산될 수 있었다. 알파고가 사용하는 처리 스레드processing thread에서 실행되기 위해 주사위 던지기 네트워크는 1초 동안 대략 1,000개의 완전한 게임을 시뮬레이션할 수 있었다.

APV-MCTS의 확장 단계에서 더 좋은 RL 정책 대신 SL 정책을 사용하여 행동을 선택한 이유가 궁금할 수도 있을 것이다. 이 정책들은 네트워크 구성이 동일하기 때문에 계산에 소요되는 시간도 동일하다. 연구 팀은 사실 사람을 상대로 한 게임에서 APV-MCTS가 RL 네트워크 대신 SL 네트워크를 사용할 때 알파고가 더 좋은 성능을 보여준다는 사실을 확인했다. 그들은 이러한 현상의 원인으로 RL 정책이 사람의 더욱 다양한 게임 특성보다는 최적의 위치 이동에 대응하도록 맞추어졌기 때문이라고 추정했다. 흥미롭게도, APV-MCTS가 사용하는 가치 함수에 대해서는 상황이 정반대가 되었다. 그들은 APV-MCTS가 SL 정책으로부터 얻어진 가치 함수를 사용할 때보다 RL 정책으로부터 얻어진 가치 함수를 사용할 때 알파고의 성능이 더 좋다는 것을 확인했다.

알파고의 인상적인 게임 실력을 만들기 위해 여러 가지 방법이 함께 사용되었다. 딥마인드 연구 팀은 이러한 방법들이 알파고의 성능에 기여하는 정도를 알아보기 위해 서로 다른 버전의 알파고를 평가했다. 식 16.4의 파라미터 η는 가치 네트워크와 주사위 던지기 각각에 의해 도출되는 게임 상태에 대한 평가가 적절히 혼합될 수 있도록 제어한다. $\eta = 0$이면 알파고는 주사위 던지기 없이 가치 네트워크만을 이용했고, $\eta = 1$이면 평가는 오직 주사위 던지기에만 의존해서 이루어졌다. 연구 팀은 가치 네트워크만을 사용하는 알파고가 주사위 던지기만을 사용하는 알파고보다 게임을 더 잘한다는 사실을 알아냈다. 사실 그 당시 존재했던 모든 바둑 프로그램 중 가장 강력한 프로그램보다도 더 잘했다. 최고의 바둑 실력은 $\eta = 0.5$로 설정했을 때 도출되었다. 이것은 가치 네트워크와 주사위 던지기를 결합하는 것이 알파고의 성공에 있어 특별히 중요하다는 것을 나타낸다. 이러한 평가 방법들은 서로를 보완했다. 가치 네트워크는 생방송 게임에 사용할 수 없을 정도로 너무 속도가 느린 높은 성능의 RL 정책을 평가했고, 더 약하지만 훨씬 더 빠른 주사위 던지기 정책을 이용한 주사위 던지기는 가치 네트워크가 게임 도중에 발생한 특정 상태에 대해 수행한 평가 결과의 정확도를 높여주었다.

전반적으로, 알파고가 이룬 대단한 성공은 인공지능의 밝은 미래에 대한 열정에 새롭게 불을 지폈다. 특히 다른 분야의 난제를 다루기 위해 강화학습과 심층 ANN을 결합하는 시스템에 대한 열정을 불러일으켰다.

16.6.2 알파고 제로

딥마인드 연구 팀은 알파고를 통해 얻은 경험을 바탕으로 알파고 제로를 개발했다(실버 외, 2017a). 알파고와는 다르게, 이 프로그램은 사람과 관련된 데이터 또는 게임의 규칙 이외에 행동의 방향을 정해 주는 지침을 사용하지 않았다(그래서 이름에 'Zero'가 붙었다). 이 프로그램은 바둑판 위에 놓인 돌의 위치에 대한 '있는 그대로의' 정보를 입력으로 받아 강화학습을 통해 스스로와 게임을 함으로써 외부의 도움 없이 바둑 게임을 학습했다. 알파고 제로는 정책 평가와 정책 향상을 차례로 적용하는 정책 반복(4.3절)의 한 형태를 구현했다. 그림 16.7은 알파고 제로 알고리즘의 개략적인 묘사다. 알파고 제로와 알파고의 중요한 차이점은 알파고 제로가 강화학습을 이용한 스스로와의 게임에서 돌의 위치를 선택하기 위해 MCTS를 이용하는 반면에, 알파고는 (학습 도중이 아니라) 학습이 끝난 이후에 생방송 게임에서 MCTS를 사용한다는 것이다. 사람과 관련된 데이터 또는 사람이 만든 특징을 사용하지 않는다는 차이점 말고도 알파고 제로는 오직 하나의 심층 중첩 ANN을 이용하고 더 간단한 형태의 MCTS를 이용한다는 차이점이 있다.

완전한 게임에 대한 주사위 던지기를 포함하지 않기 때문에 주사위 던지기 정책이 필요하지 않다는 점에서 알파고 제로의 MCTS는 알파고에 사용되는 것보다 더 간단하다. 알파고 제로의 MCTS에 대한 매번의 반복 과정에서는 완전한 게임 시뮬레이션에서의 마지막 위치 대신 현재 탐색 트리의 리프 노드에서 종료되는 시뮬레이션을 실행했다. 하지만 알파고에서처럼, 알파고 제로에서도 MCTS에 대한 매번의 반복 과정은 그림 16.7에서 f_θ로 표시된 심층 중첩 네트워크의 출력에 의존하여 수행되었다. 여기서 θ는 네트워크의 가중치 벡터를 나타낸다. 네트워크의 구성에 대해서는 아래에서 설명하겠지만, 이 네트워크로 들어가는 입력은 바둑판 위에 놓인 돌들의 위치에 대한 있는 그대로의 표현으로 구성되고, 출력은 두 개의 부분으로 구성된다. 하나는 스칼라 값 v로서 현재의 바둑 선수가 현재의 바둑판 위치 구성으로부터 이길 확률에 대한 추정값이고, 다른 하나는 현재 바둑판 구성에서 가능한 돌의 위치마다 하나씩 계산되는 이동 확률 및 차례를 건너뛸 확률 또는 기권할 확률을 나타내는 벡터 **p**이다.

하지만 스스로와 게임을 하면서 확률 **p**에 따라 행동을 선택하는 대신, 알파고 제로는 이 확률과 네트워크의 출력값을 함께 이용하여 MCTS의 실행 방향을 정한다. 그러고 나면 MCTS는 그림 16.7에 π_i로 표현된 새로운 이동 확률을 도출한다. 이 정책들은 MCTS가 실행될 때마다 수행된 많은 시뮬레이션으로부터 개선된다. 그 결과 알파고 제로가 실제로 따르게 되는 정책은 네트워크의 출력 **p**에 의해 주어진 정책보다 향상된다. 실버 외(2017a)는 "따라서 MCTS는 강력한 정책 향상 작용자$_{operator}$로 생각될 수도 있다."라고 표현했다.

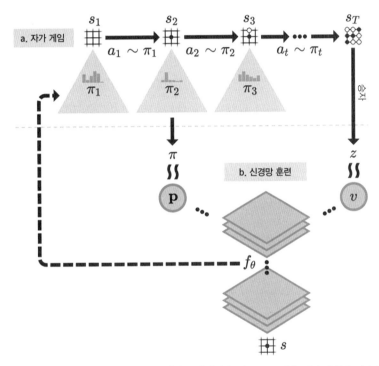

그림 16.7 알파고 제로가 스스로와 게임을 할 때 수행되는 강화학습. a) 프로그램은 자기 자신과 다수의 게임을 수행했고, 여기에 그중 하나가 바둑판 위치의 나열 s_i, $i = 1, 2, ..., T$ 및 돌의 이동 a_i, $i = 1, 2, ..., T$, 그리고 승자 z와 함께 표현되어 있다. 돌의 이동 a_i는 루트 노드 s_i에서부터 실행되고 심층 중첩 네트워크에 따라 작동하는 MCTS가 도출한 행동 확률 π_i에 의해 결정된다. 심층 중첩 네트워크는 이 그림에서 f_θ로 표시되었고, θ는 최근의 가중치를 나타낸다. 이 그림에는 단지 하나의 위치 s에 대해서만 표현되었지만 실제로는 모든 s_i에 대해 반복된다. 네트워크의 입력은 (여기에는 표현되지 않았지만, 여러 개의 이전 위치들과 함께) 바둑판 위치 s_i에 대한 있는 그대로의 표현이고, 네트워크의 출력은 MCTS의 전방 탐색에 지침을 주는 이동 확률 벡터 **p**와, 현재 위치 s_i에서 현재 선수가 이길 확률에 대한 추정값을 나타내는 스칼라 값 v이다. b) 심층 중첩 네트워크 훈련. 훈련 예제들은 최근에 수행한 스스로와의 게임에서 무작위로 표본추출한 단계들이다. 정책 벡터 **p**를 MCTS로부터 얻어지는 확률 π 방향으로 이동시키고 추정된 승리 확률 v에 승자 z를 포함시키기 위해 가중치 θ가 갱신되었다. 실버 외(2017a)의 초안 논문에서 저자와 딥마인드의 허락을 받고 가져온 그림이다.

여기서 알파고 제로의 ANN과 그 훈련 방법을 더 자세히 설명하겠다. 알파고 제로의 네트워크는 17개의 이진수 특징 평면으로 구성된 $19 \times 19 \times 17$차원의 영상 더미를 입력으로 받는다. 처음 8개의 특징 평면은 현재 및 지난 7개의 바둑판 구성에서 현재 선수의 바둑 돌 위치에 대한 있는 그대로의 표현이다. 바둑 돌이 해당 점에 있으면 특징값은 1이고, 그렇지 않으면 0이다. 마지막 입력 특징 평면은 현재 선수의 바둑 돌 색깔을 알려주는 고정된 값을 갖는다. 검은 돌이면 1이고 흰 돌이면 0이다. 바둑에서는 돌을 다시 두는 것이 없고, 한 선수가 선수를 두지 못하는 것에 대해 몇 개의 '보상으로 주어지는 점compensation point'을 얻기 때문에 현재의 바둑판 위치는 바둑에 대한 마르코프 상태는 아니다. 이러한 이유로 과거 바둑판 위치를 설명해주는 특징과 돌의 색깔을 알려주는 특징이 필요하다.

알파고 제로의 네트워크는 '두 개의 헤드head'를 갖는다. 이것은 다수의 초기 층위를 지나고 나면 네트워크가 추가된 층위를 갖는 두 개의 '헤드'로 분리된다는 것을 의미한다. 추가된 층위는 두 집합으로 분리된 출력 단위로 신호를 전달한다. 이 경우, 하나의 헤드는 362개의 출력 단위에 신호를 전달하면서 가능한 바둑 돌의 위치마다 하나씩 그리고 차례를 건너뛰는 것까지 포함하여 총 $19^2 + 1$개의 이동 확률 **p**를 만들어낸다. 다른 하나의 헤드는 단지 하나의 출력 단위에만 신호를 전달하며, 현재 바둑판 위치에서 현재 선수가 이길 확률에 대한 추정값인 스칼라 값 v를 만들어낸다. 둘로 갈라지기 전의 네트워크는 41개의 중첩 층위로 구성되었고, 각각의 층위는 일괄 정규화batch normalization로 이어졌으며, 층위들의 쌍을 이용하여 잔차학습을 구현하기 위해(9.7절 참조) 건너뛰는 연결 고리skip connection가 추가되었다. 전체적으로, 이동 확률과 스칼라 값은 각각 43번째 층위와 44번째 층위에서 계산되었다.

초기 가중치를 무작위 값으로 설정한 네트워크는 확률론적 경사도 강하에 의해 훈련되었다(이때 모멘트momentum, 균일화regularization, 시간 간격 파라미터는 훈련이 진행됨에 따라 감소했다). 이때 훈련에 사용된 예제들은 현재 시점에서 최상의 정책을 이용하여 수행한 스스로와의 게임 중 가장 최근의 게임 500,000개로부터 모든 단계에 대해 무작위로 균일하게 추출한 것이었다. 모든 가능한 이동에 대해 탐험하도록 하기 위해 네트워크의 출력 **p**에 추가로 잡음이 더해졌다. 실버 외 (2017a)가 1,000개의 훈련 단계마다 한 번이 되도록 설정한 주기적 확인 시점에서, ANN이 가장 최신의 가중치를 이용하여 도출하는 정책 출력이 현재 최고의 정책을 상대로 (이동을 선택하기 위해 1,600번의 반복 과정을 수행하는 MCTS를 이용하여) 400개의 게임을 시뮬레이션함으로써 평가되었다. 새로운 정책이 (결과에 섞인 잡음을 줄이기 위해 설정한 너비만큼의 차이로) 이긴다면, 이 정책이 다음에 이어지는 스스로와의 게임에 활용될 최고의 정책이 된다. 네트워크의 정책 출력 **p**가 MCTS가 도출하는 정책에 더 근접하도록 하기 위해, 그리고 네트워크의 스칼라 값 출력 v가 현재 최고의 정책이 네트워크의 입력에 의해 표현되는 바둑판 위치에서 이길 확률에 더 근접하도록 하기 위해 네트워크의 가중치가 갱신되었다.

딥마인드 연구 팀은 알파고 제로가 스스로를 상대로 수행한 490만 개의 게임에 대해 훈련시켰는데, 이 훈련에는 대략 3일이 걸렸다. 모든 게임에서 바둑 돌 각각의 위치는 MCTS를 1,600번 반복하여 실행함으로써 선택되었는데, 바둑 돌 하나의 이동을 선택하는 데 약 0.4초가 걸렸다. 네트워크의 가중치는 묶음당 2,048개의 바둑판 구성을 포함하는 700,000개의 묶음을 이용하여 갱신했다. 그런 다음 그들은 훈련된 알파고 제로를 판 후 이를 5 대 0으로 이겼던 버전의 알파고 및 이세돌을 4 대 1로 이겼던 버전의 알파고와 대결시키는 토너먼트를 실행했다. 그들은 프로그램의 상대적인 성능을 평가하기 위해 엘로 평점 시스템Elo rating system을 이용했다. 두 개의 엘로 평점 사이의 차이는 프로그램들 사이의 게임 결과를 예측할 수 있게 해 준다. 알파고 제로, 판 후이와 상대했던 알파고, 이세돌과 상대했던 알파고의 엘로 평점은 각각 4,308, 3,144, 3,739였다. 이 엘로 평점 사이의 간격을 해석하면 알파고 제로가 다른 두 프로그램을 1에 매우 가까운 확률로 이길 것이라는 예측을 할 수 있었다. 앞서 설명한 대로 훈련시킨 알파고 제로와 이세돌을 이겼던 바로 그 알파고가 이세돌과의 대국에 사용되었던 조건과 동일한 조건하에서 치른 100번의 대국에서 알파고 제로가 알파고를 100번 모두 이겼다.

딥마인드 연구 팀은 또한 알파고 제로를 동일한 구성의 ANN을 사용하지만 사람의 바둑 실력을 모사하는 지도학습을 이용하여 훈련된 프로그램과 비교했다. 이때 지도학습은 160,000번의 게임에서 얻은 거의 3천만 개의 위치를 포함하는 데이터 집합을 이용하여 수행되었다. 그들이 확인한 바에 따르면, 초반에는 지도학습 프로그램이 알파고 제로보다 게임을 더 잘했고 사람 전문가의 생각도 잘 예측했지만, 알파고 제로가 하루 동안 훈련받고 난 후에는 지도학습 프로그램이 알파고 제로의 게임 실력을 따라가지 못했다. 이것은 알파고 제로가 사람이 바둑을 두는 방법과는 다른 바둑 전략을 찾아냈다는 암시였다. 사실, 알파고 제로는 전통적인 위치 이동 순서를 새롭게 변형한 무언가를 발견했고 그것을 더 선호하게 되었다.

알파고 제로 알고리즘에 대한 마지막 테스트는 알파고 제로보다 더 큰 ANN을 가지면서 스스로와 수행한 2,900만 개의 게임에 대해 훈련된 또 다른 버전의 알파고 제로에 대해 실시되었다. 이 버전의 알파고 제로를 초기의 무작위 가중치로부터 훈련시키는 데는 약 40일이 소요되었다. 이 버전의 알파고 제로는 엘로 평점이 5,185였다. 연구 팀은 이 버전의 알파고 제로를 그 당시에 가장 강력했던 알파고 마스터AlphaGo Master라고 불리는 프로그램과 경쟁시켰다. 알파고 마스터는 알파고 제로와 동일했지만, 알파고처럼 사람과 관련된 데이터와 특징을 사용했다. 알파고 마스터는 엘로 평점이 4,858이었고, 온라인 게임에서 가장 강력한 전문가 선수(사람)를 60 대 0으로 이겼다. 100

번의 대국에서, 더 큰 네트워크와 더 방대한 학습을 적용한 알파고 제로가 알파고 마스터를 89 대 11로 이겼다. 이것은 알파고 제로 알고리즘의 문제 해결 능력에 확신을 갖게 해 주는 결과였다.

알파고 제로는 순수한 강화학습에 간단한 형태의 MCTS와 심층 ANN을 결합함으로써 문제에 대한 최소한의 배경지식만 있어도 사람과 관련된 데이터나 사람의 지도에 의존하지 않고 사람을 초월하는 능력을 달성할 수 있다는 사실을 충분히 보여주었다. 사람들은 딥마인드가 알파고와 알파고 제로를 통해 이루어낸 성과에 자극을 받아 새롭게 개발된 시스템이 다른 영역의 난제를 해결하는 데 적용되는 모습을 확실히 보게 될 것이다.

최근에 또다시 나온 더 좋은 프로그램인 알파제로AlphaZero는 실버 외(2017b)가 설명하는 바에 따르면 바둑에 관한 지식을 사용하지도 않는다. 알파제로는 바둑, 체스, 쇼기shogi 같은 다양한 게임에서 그때까지는 세계 최고였던 프로그램들보다 더 좋은 성능을 보여주는 일반적인 강화학습 알고리즘이다.

16.7 개인화된 웹 서비스

신문 배달이나 광고 같은 웹 서비스를 개인화하는 것은 웹사이트에 대한 사용자의 만족을 증대시키거나 마케팅 전략의 수익을 증가시키기 위한 하나의 방법이다. 어떤 정책은 사용자의 온라인 활동 기록으로부터 추론할 수 있는 사용자의 관심도와 선호도에 관한 자세한 내용에 기반하여 특정 사용자에게 가장 좋을 것이라고 생각되는 내용을 권유할 수 있다. 이것은 기계학습, 특히 강화학습이 자연스럽게 활용될 수 있는 영역이다. 강화학습 시스템은 사용자의 피드백에 반응하여 정책을 조정함으로써 추천 정책을 향상시킬 수 있다. 사용자의 피드백을 얻는 한 가지 방법은 웹사이트의 만족도 조사를 활용하는 것이지만, 실시간으로 피드백을 얻기 위해서는 링크에 대한 사용자의 관심을 나타내는 지표로서 사용자의 클릭을 확인하는 것이 흔한 방법이다.

마케팅에서 오랫동안 사용되어 온 방법으로 **A/B 테스트**A/B testing라고 불리는 방법은 두 가지 형태의 웹사이트 A와 B 중 어떤 것을 사용자가 더 선호할 것인지를 결정하기 위해 사용되는 간단한 형태의 강화학습 방법이다. 이 방법은 이중 선택 문제two-armed bandit problem와 같이 비연합적인non-associative 방법이기 때문에, 이 방법으로는 내용의 전달을 개인화하지 못한다. 하지만 개별 사용자를 묘사하는 특징과 전달되어야 할 내용으로 구성된 맥락을 추가함으로써 서비스를 개인화하는 것이 가능하다. 이 방법은 사용자 클릭의 총 횟수를 최대화하기 위한 목적을 갖는 맥락적 다중 선택 문제(또는 연관 강화학습 문제, 2.9절)로 형식화되어 왔다. 리, 추, 랭포드, 샤피어(Li, Chu, Langford, and Schapire, 2010)는 특징에 맞는 뉴스 기사를 선택함으로써 야후! 프론트 페이지 투데이Yahoo! Front Page Today라는 웹 페이지(그들이 연구할 당시에 방문자가 가장 많은 인터넷 페이지 중 하나였다)를 개인화하는 문제에 맥락적 선택 알고리즘을 적용했다. 그들의 목적은 인터넷 페이지에 대한 총 방문자 수 대비 총 클릭 수의 비율을 의미하는 **클릭률**Click-Through Rate, CTR을 최대화하는 것이었다. 그들의 맥락적 선택 알고리즘은 표준적인 비연합적 선택 알고리즘보다 12.5%만큼 성능이 더 좋았다.

테오카로우스, 토마스, 가밤자데(Theocharous, Thomas, and Ghavamzadeh, 2015)는 웹사이트에 대한 재방문 횟수 대비 클릭 수의 비율을 최대화하는 것을 목적으로, 개인에 맞춘 추천을 마르코프 결정 과정MDP으로 형식화함으로써 더 좋은 결과가 가능하다고 주장했다. 맥락적 선택 문제로의 형식화 과정에서 도출된 정책들은 행동의 장기적 효과를 고려하지 않는다는 측면에서 탐욕적이다. 이러한 정책들은 사실상 웹사이트에 대한 방문이 마치 웹사이트 방문자 집단 중에서 매번 균일하게 추출한 새로운 방문자에 의해 이루어지는 것처럼 웹사이트 방문을 처리한다. 많은 사용자가 동일한 웹사이트를 반복적으로 방문한다는 사실을 무시함으로써, 탐욕적 정책들은 개별 사용자와의 장기적인 상호작용이 제공하는 가능성의 이점을 누리지 못한다.

마케팅 전략이 사용자와의 장기적인 상호작용의 이점을 어떻게 누리는지를 보여주는 예제로서, 테오카로우스 등은 물건을, 예를 들면 자동차 판매 광고를 전시하기 위한 장기적인 정책을 탐욕적 정책과 대비시켜 설명했다. 탐욕적 정책에 따라 전시되는 광고는 사용자가 즉각적으로 차를 구입하면 할인을 제공할 수도 있었다. 사용자는 그 제안을 받아들이거나 웹사이트를 떠난다. 그리고 사용자가 해당 사이트로 다시 돌아오면 동일한 광고를 보게 될 가능성이 높다. 반면에, 장기적인 정책은 최종적인 제안을 하기 전에 사용자를 '판매 깔때기sales funnel 아래로' 전이시킬 수 있다. 장기적인 정책은 호의적인 자금 조달 가능성을 설명하는 것부터 시작하고, 훌륭한 서비스 부서를 칭찬한 후, 다음번에 사용자가 방문했을 때 최종적인 할인을 제공할 수도 있다. 이러한 유형의 정책은 사이트에 대한 재방문 횟수 대비 클릭 수를 더 증가시킬 수 있고, 정책이 적절하게 설계된다면 최종적인 판매도 증가할 것이다.

어도비 시스템즈Adobe Systems Incorporated에서 일하면서, 테오카로우스 등은 장기적인 클릭 수를 최대화하기 위해 설계된 정책이 실제로 단기적인 탐욕적 정책보다 더 좋은 성능을 낼 수 있는지를 확인하기 위한 실험을 수행했다. 많은 회사에서 디지털 마케팅 전략을 실행하기 위해 사용하는 도구 모음인 어도비 마케팅 클라우드Adobe Marketing Cloud는 사용자에 특화된 광고와 기금 모금 활동을 자동화하는 기본적인 도구를 제공한다. 실제로 이 도구를 이용하여 새로운 정책을 전개할 경우, 새로운 정책의 성능이 결국에는 형편없을 수도 있기 때문에 이 도구를 이용하여 새로운 정책을 효율적으로 만들어 내는 것은 상당한 위험을 수반한다. 이러한 이유로 연구 팀은 정책이 실제로 적용될 경우 정책의 성능이 어떠할지를 평가할 필요가 있었고, 그것도 다른 정책이 실행되고 있을 때 수집된 데이터를 기반으로 평가할 필요가 있었다. 따라서 이 연구의 중요한 측면은 바로 비활성 정책 평가다. 더욱이, 연구 팀은 새로운 정책을 시행하는 데 따르는 위험이 줄어든다는 사실을 확신할 수 있게 되기를 원했다. 신뢰도가 높은 비활성 정책 평가는 이 연구의 핵심적인 요소였다(토마스, 2015; 토마스, 테오카로우스, 가밤자데, 2015). 여기서는 오직 알고리즘과 결과에만 초점을 맞추어 설명하겠다.

테오카로우스 등은 광고 추천 정책을 학습하기 위한 두 알고리즘의 결과를 비교했다. 그들이 **탐욕적 최적화**greedy optimization라고 불렀던 첫 번째 알고리즘은 즉각적인 클릭의 확률만을 최대화하는 것이 목표였다. 표준적인 맥락적 선택 문제에서와 같이, 이 알고리즘은 추천의 장기적 효과를 고려하지 않았다. MDP 형식을 기반으로 하는 강화학습 알고리즘인 또 다른 알고리즘은 웹사이트에 여러 번 방문하는 동안 사용자가 수행하는 클릭의 횟수를 최대화하는 것을 목표로 했다. 그들은 이 두 번째 알고리즘을 **평생 가치**Life-Time Value, LTV 최적화라고 불렀다. 사용자가 보통은 광고를 클릭하지 않기 때문에 이 영역에서는 보상 신호가 매우 드물게 발생한다. 그리고 사용자의 클릭이 매우 무작위로 발생하기 때문에 이득의 분산이 높아진다. 이러한 이유로 이 두 알고리즘은 어려운 문제에 봉착하게 되었다.

은행 산업에서 나오는 여러 개의 데이터 집합을 이용하여 이 두 알고리즘을 훈련시키고 테스트했다. 데이터 집합은 가능한 여러 제안 중 하나를 사용자에게 보여주었던 은행의 웹사이트와 사용자가 서로 상호작용하는 과정을 완벽하게 기록한 많은 데이터로 구성되었다. 사용자가 클릭을 하면 보상은 1이고, 그렇지 않을 경우 보상은 0이다. 어떤 데이터 집합에는 7가지 제안 중 하나를 무작위로 제안했던 은행의 캠페인이 진행된 달부터 기록된 대략 200,000개의 상호작용 정보가 담겨 있었다. 다른 은행의 캠페인으로부터 얻어진 다른 데이터 집합에는 12개의 가능한 제안을 포함해서 4,000,000개의 상호작용이 기록되어 있었다. 모든 상호작용은 사용자의 마지막 방문으로부터 경과한 시간, 지금까지 방문한 횟수, 마지막으로 클릭을 한 시각, 지리적 위치, 사용자의 관심사 중 하나, 인구학적 정보를 제공하는 특징 등을 포함했다.

탐욕적 최적화는 클릭 확률에 대한 추정값을 사용자 특징에 대한 함수로 만들어서 클릭 확률과 사용자 특징을 연관시키는 것을 기반으로 한다. 이러한 함수는 무작위 숲Random Forest, RF 알고리즘(브레이먼Breiman, 2001)을 적용한 지도학습을 통해 하나의 데이터 집합으로부터 학습되었다. RF 알고리즘은 과적합하는 경향이 없고 예외적인 데이터outliers와 잡음noise에 상대적으로 덜 민감하기 때문에 산업에서 발생하는 큰 규모의 문제에 폭넓게 사용되어 왔다. 테오카로우스 등은 이 함수를 이용하여 입실론 탐욕적 정책을 정의했다. 이 정책은 RF 알고리즘을 통해 클릭 발생 확률이 가장 높을 것으로 예측된 제안을 $1 - \varepsilon$의 확률로 선택했고, 다른 제안들을 선택할 경우에는 동일한 확률로 무작위로 선택했다.

LTV 최적화는 **근사 Q 반복**Fitted Q Iteration, FQI이라고 불리는 일괄처리 모드의 강화학습 알고리즘을 사용했다. 이 알고리즘은 **근사 가치 반복**fitted value iteration(고든, 1999)을 Q 학습에 맞게 변형한 것이다. 일괄처리 모드라는 것은 학습을 위한 전체 데이터 집합을 처음부터 이용할 수 있다는 뜻으로, 이 책에서 주로 다루는 온라인 모드의 알고리즘과는 반대되는 개념이다. 온라인 모드에서는 학습 알고리즘이 실행되는 동안 데이터가 순차적으로 얻어진다. 가끔 온라인 학습을 적용하지 못할 때는 일괄처리 모드의 강화학습 알고리즘이 필요하다. 이 알고리즘은 고차원 공간에 적합한 것으로 알려진 알고리즘을 포함하여 모든 일괄처리 모드 지도학습 회귀 알고리즘을 사용할 수 있다. FQI의 수렴성은 함수 근사 알고리즘의 특성에 따라 달라진다(고든, 1999). LTV 최적화에 적용하기 위해, 테오카로우스 등은 탐욕적 최적화 방법에 사용했던 것과 동일한 RF 알고리즘을 사용했다. 이 경우에는 FQI의 수렴성이 단조롭지monotonic 않기 때문에, 테오카로우스 등은 검증용 훈련 데이터를 이용한 비활성 정책 평가를 수행함으로써 최선의 FQI 정책을 계속 추적했다. LTV 방법을 테스트하기 위한 마지막 정책은 FQI가 만들어 낸 최선의 정책을 기반으로 하는 입실론 탐욕적 정책이었다. 이때 FQI의 초기 행동 가치 함수는 탐욕적 최적화 방법을 위한 RF에 의해 만들어진 함수로 설정했다.

탐욕적 방법과 LTV 방법으로 만들어진 정책의 성능을 측정하기 위해, 테오카로우스 등은 CTR 지표와 그들이 LTV 지표라고 불렀던 지표를 이용했다. LTV 지표가 개별적인 웹사이트 방문자들을 까다롭게 구별한다는 점을 제외하면 이 두 지표는 다음과 같이 유사하게 표현된다.

$$\mathrm{CTR} = \frac{\text{총 클릭 횟수}}{\text{총 방문 횟수}}$$

$$\mathrm{LTV} = \frac{\text{총 클릭 횟수}}{\text{총 방문자 횟수}}$$

그림 16.8은 이 두 지표가 얼마나 다른지를 보여준다. 원 하나가 사이트에 방문하는 사용자를 나타낸다. 검은색 원은 방문한 사용자가 클릭을 한 경우를 나타낸다. 각각의 행은 특별한 사용자에 의한 방문을 나타낸다. 방문자를 구별하지 않기 때문에 이러한 방문 기록에 대한 CTR은 0.35이다. 반면에 LTV는 1.5이다. 사용자가 사이트를 재방문할 경우에만 LTV가 CTR보다 커지기 때문에, LTV는 사용자가 사이트와의 상호작용을 확장하도록 독려하는 측면에서 정책이 얼마나 성공적인지를 나타내는 지표다.

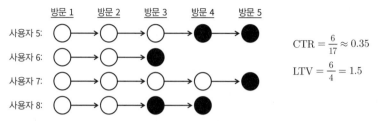

$$\text{CTR} = \frac{6}{17} \approx 0.35$$

$$\text{LTV} = \frac{6}{4} = 1.5$$

그림 16.8 클릭률(CTR) 대 평생 가치(LTV). 하나의 원은 사용자 방문을 나타낸다. 검은색 원은 방문한 사용자가 클릭을 한 경우를 나타낸다. 출처: Theocharous et al. (2015)

신뢰도가 높은 비활성 정책 평가 방법을 이용하여, 무작위 정책으로 서비스가 제공되는 은행 웹사이트와의 실제 상호작용으로부터 얻어진 테스트 데이터 집합에 대해 탐욕적 방법과 LTV 방법으로 만들어진 정책을 테스트했다. 기대했던 대로, 결과는 탐욕적 최적화가 CTR 지표로 봤을 때는 가장 성능이 좋았지만, LTV 지표로 보면 LTV 최적화가 가장 좋은 성능을 보여주었다. 더욱이 (여기서는 자세한 사항을 생략했지만) 신뢰도가 높은 비활성 정책 평가 방법은 LTV 최적화 방법이 현재 적용되고 있는 정책보다 향상된 정책을 만들 확률이 높다는 사실을 확률론적으로 보장한다. 이러한 확률론적 보장에 의해 확신을 갖게 된 어도비는 2016년에 새로운 LTV 알고리즘이 어도비 마케팅 클라우드의 표준 요소가 될 것이고, 따라서 웹사이트 운영자들은 장기적 결과에 둔감한 정책 대신에 더 많은 이득을 가져다줄 것으로 예상되는 정책을 따라 사용자에게 제안할 수 있을 것이라고 발표했다.

16.8 열 상승

새와 글라이더는 에너지를 거의 혹은 전혀 사용하지 않고 비행을 유지할 수 있는 고도를 얻기 위해 상승 기류(열)의 도움을 받는다. 이러한 행동을 일컫는 표현인 열 상승thermal soaring은 상승하는 공기 기둥을 가능한 한 오랫동안 활용하여 고도를 증가시키는 방법으로, 환경에서 오는 미묘한 신호에 반응해야 하는 복잡한 기술이다. 레디, 셀라니, 세즈노스키, 베르가솔라(Reddy, Celani, Sejnowski, and Vergassola, 2016)는 보통은 상승 기류를 동반하는 강한 대기 요동 속에서 효과적으로 작동하는 열 상승 정책을 연구하기 위해 강화학습을 이용했다. 주요 목표는 새들이 감지하는 신호에 대한 통찰과 그 신호를 새들이 어떻게 이용하여 인상적인 열 상승 능력을 갖게 되었는지에 대한 통찰을 제공하는 것이었지만, 연구 결과는 자율 글라이더와 관련된 기술을 밝혀내는 데도 기여했다. 열 상승 기류가 발생한 지점 근처로 가는 길을 효율적으로 안내하는 문제에 강화학습이 적용되었던 적이 있지만(우드베리, 던, 발라색Woodbury, Dunn, and Valasek, 2014), 상승 기류의 요동 속에서 상승해야 하는 더 어려운 문제에 적용되었던 적은 없다.

레디 등은 상승 문제를 할인을 적용한 연속적인 MDP로 모델링했다. 학습자는 요동치는 대기 속에서 비행하는 글라이더에 대한 자세한 모델과 상호작용했다. 그들은 모델이 현실적인 열 상 승 조건을 만들어 내도록 하는 데 상당한 노력을 기울였다. 그 노력의 일환으로 대기 모델에 대한 여러 가지 방법을 조사했다. 학습 실험을 위해, 모서리의 길이가 1 km이고 한 모서리가 바닥에 놓인 3차원 박스 안에서의 공기 속도, 온도, 압력을 포함하는 공기 흐름이 물리학 기반의 복잡한 편미분 방정식을 통해 모델링되었다. 수치 시뮬레이션에 작은 무작위 섭동을 가하면 모델은 열 상승 기류와 비슷한 것을 만들었고 그와 함께 공기의 요동도 만들었다(그림 16.9 왼쪽). 글라이더 비행은 속도, 양력lift, 공기 저항 및 고정된 날개를 갖는 비행체의 무동력 비행에 영향을 미치는 그 밖의 요소들을 포함하는 대기 역학 방정식에 의해 모델링되었다. 글라이더를 조종하려면 공격각angle of attack(글라이더의 날개와 공기 흐름 방향 사이의 각도)과 경사각bank angle을 조정해야 한다(그림 16.9 오른쪽).

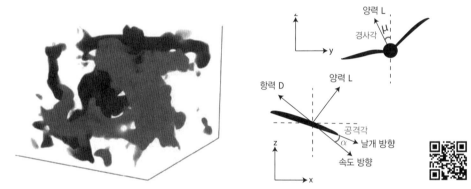

그림 16.9 열 상승 모델. 왼쪽: 시뮬레이션된 공기 육면체의 수직 속도 영역에 대한 스냅샷. 붉은(파란)색 영역이 거대한 상승(하강) 기류가 있는 영역이다. 오른쪽: 경사각 μ와 공격각 α를 보여주는 무동력 비행의 다이어그램. 출처: PNAS vol. 113(22), p. E4879, 2016, Reddy, Celani, Sejnowski, and Vergassola, Learning to Soar in Turbulent Environments

학습자와 환경 사이의 인터페이스는 학습자의 행동, 학습자가 환경으로부터 받는 상태 정보, 보상 신호에 대한 정의를 필요로 했다. 다양한 가능성에 대한 실험을 통해, 레디 등은 공격각과 경사각이 각각 세 개의 행동을 갖는다면 충분히 각자의 목표를 이룰 수 있다고 결정했다. 이 세 개의 행동은 현재의 경사각과 공격각을 각각 5°와 2.5°씩 증가시키거나 감소시키거나 또는 그대로 두는 것이다. 이렇게 하면 3^2개의 행동이 가능하다. 경사각은 −15°에서 15° 사이에 존재하도록 제한된다.

그들의 연구 목표가 효과적으로 상승하는 데 필요한 최소한의 감각 신호 집합을 결정하는 것이었기 때문에, 다시 말하면 새들이 상승하기 위해 사용하는 신호가 무엇인지 밝히는 것과 자율 글라이더 상승에 필요한 감각의 복잡도를 최소화하는 것이었기 때문에, 레디 등은 다양한 집합 신호를 강화학습 학습자의 입력으로 적용했다. 그들은 수직 방향 바람의 속도, 수직 방향 바람의 가속도, 왼쪽과 오른쪽 날개 끝에서 수직 방향 바람 속도의 차이에 따라 달라지는 회전력 torque, 그리고 온도로 구성되는 4차원 상태 공간에 대한 상태 결집(9.3절)을 이용하는 것에서 시작했다. 각각의 차원은 절댓값이 큰 양수, 절댓값이 큰 음수, 그리고 크기가 작은 수의 세 가지로 나뉘었다. 아래에 설명하겠지만, 연구 결과는 이 차원들 중 오직 두 개의 차원만이 효과적인 상승 행동에 중요한 역할을 한다는 사실을 보여주었다.

열 상승의 전체적인 목적은 상승하는 공기 기둥이 있을 때 가능하면 높은 곳까지 열 상승을 하는 것이다. 레디 등은 에피소드 기간 동안 성취한 고도를 기반으로 하여 에피소드가 끝날 때 학습자에게 주어지는 간단한 보상 신호를 적용해 봤다. 글라이더가 땅에 떨어지면 절댓값이 큰 음의 보상이 주어지고 그 밖의 경우에는 0의 보상이 주어지게 했다. 그들은 현실적인 지속 시간을 갖는 에피소드에 대해 이러한 보상 신호로는 성공적인 학습이 될 수 없으며 적격 흔적도 도움이 되지 않는다는 사실을 확인했다. 다양한 보상 신호를 적용한 실험을 통해, 이전 시간 단계에 측정된 수직 바람 속도와 수직 바람 가속도에 대한 선형 조합을 현재 시간 단계의 보상 신호로 사용했을 때 학습 성능이 가장 좋아지는 것을 확인했다.

사용된 학습 방법은 정규화된 행동 가치를 기반으로 하는 소프트맥스 분포에 따라 행동을 선택하는 단일 단계 살사였다. 특히, 행동의 확률은 다음과 같은 행동 선호도를 적용하여 식 13.2에 따라 계산되었다.

$$h(s, a, \boldsymbol{\theta}) = \frac{\hat{q}(s, a, \boldsymbol{\theta}) - \min_b \hat{q}(s, b, \boldsymbol{\theta})}{\tau \big(\max_b \hat{q}(s, b, \boldsymbol{\theta}) - \min_b \hat{q}(s, b, \boldsymbol{\theta})\big)}$$

여기서 $\boldsymbol{\theta}$는 성분 하나가 하나의 행동 또는 결집된 상태 집합에 대응되는 파라미터 벡터이고, $\hat{q}(s, a, \boldsymbol{\theta})$는 상태 결집 방법에서 일반적으로 수행되는 방식을 이용하여 단순히 s, a에 해당하는 성분을 도출한다. 위의 방정식은 근사적 행동 가치를 [0, 1]의 구간으로 정규화하고 양의 '온도 파라미터temperature parameter' τ로 나눔으로써 행동 선호도를 형성한다.[3] τ가 증가하면, 행동을 선택할 확률은 행동 선호도에 덜 의존하게 된다. τ가 0을 향해 감소하면, 가장 선호되는 행동을 선택할 확률은 1에 가까워지고 그에 따라 정책은 탐욕적 정책에 가까워진다. 온도 파라미터 τ는 2.0으로 초기화되었고 학습 도중에 점증적으로 감소하여 0.2가 되었다. 행동 선호도는 행동 가치에 대한 현재의 추정값으로부터 계산되었다. 행동 가치의 추정값이 최대인 행동은 $1/\tau$의 행동

---

3 레디 등은 이것을 조금 다르게 설명했지만, 이 책의 설명과 그들의 설명은 같은 것이다.

선호도를 받았고, 행동 가치의 추정값이 최소인 행동은 0의 행동 선호도를 받았다. 그리고 다른 행동에 대한 선호도는 이 두 극단 사이에서 조정되었다. 시간 간격 및 할인율 파라미터는 각각 0.1과 0.98로 고정되었다.

시뮬레이션된 대기 흐름의 요동이 발생하는 시간 구간은 독립적으로 생성되었고, 이 시간 구간 속에서 각 학습자가 비행 시뮬레이션을 제어하는 학습 에피소드가 진행되었다. 각 에피소드는 1초의 시간 간격으로 시뮬레이션되었고 2.5분 동안 지속되었다. 학습이 효과적으로 수행될 경우 수백 번의 에피소드 이후에 알고리즘이 수렴했다. 그림 16.10의 왼쪽 패널은 학습 이전에 학습자가 행동을 무작위로 선택할 때의 표본 궤적을 보여준다. 그림에 보이는 공간의 제일 위에서 출발한 글라이더의 궤적은 화살표 방향으로 진행되는데, 글라이더의 고도가 빠르게 감소한다. 그림 16.10의 오른쪽 패널은 학습 이후의 궤적이다. 글라이더는 같은 위치(여기서는 공간의 아래쪽에 보인다)에서 출발하고 상승하는 공기 기둥 속에서 같이 상승함으로써 글라이더의 고도는 증가한다. 레디 등은 시뮬레이션된 공기의 흐름이 발생하는 시간 구간에 따라 성능이 크게 달라지는 것을 확인했지만, 글라이더가 땅에 떨어지는 횟수는 학습이 진행됨에 따라 지속적으로 감소해서 거의 0에 가까이 감소했다.

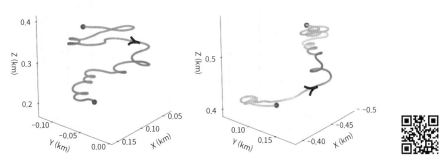

그림 16.10 표본 열 상승 궤적, 화살표는 동일한 시작점에서 출발한 글라이더의 비행 방향을 보여준다(두 그래프에서 고도를 나타내는 눈금의 위치가 다른 것에 주의하라). 왼쪽(학습 전): 학습자가 행동을 무작위로 선택한 결과 글라이더가 하강한다. 오른쪽(학습 후): 나선형 궤적을 따라 글라이더의 고도가 상승한다. PNAS 113권(22호), p. E4879, 2016, 레디, 셀라니, 세즈노스키, 베르가솔라(Reddy, Celani, Sejnowski, Vergassola), '난기류 환경에서 날아오르기 위한 학습 방법'에서 허락을 받고 차용함

학습자가 이용할 수 있는 특징 집합을 달리하며 실험해 본 후에 밝혀진 사실은 수직 바람 가속도와 회전력만을 조합했을 때가 가장 성능이 좋았다는 것이다. 레디 등은 이 특징들이 수직 바람 속도의 경사도에 대한 정보를 서로 다른 두 개의 방향에서 제공하기 때문에 제어기가 경사각을 조정함으로써 회전하는 것과 경사각을 그대로 둠으로써 동일한 경로를 계속 따라가는 것 사이에서 선택할 수 있게 되었다고 추측했다. 수직 바람 속도는 열 상승의 강도를 나타내 주는 값

이지만 글라이더가 공기 흐름 속에 머물러 있도록 하는 데는 도움이 되지 않는다. 그들은 온도에 민감하게 반응하는 것은 거의 도움이 되지 않는다는 사실을 확인했다. 그들은 또한 공격각을 제어하는 것이 특정 열 상승 기류 안에 머물러 있도록 하는 데는 도움이 되지 않고, 대신 들판을 횡단하는 글라이딩이나 새의 이동처럼 넓은 지역을 대상으로 하는 경우에 열 상승 기류들 사이를 이동하는 목적으로 유용하게 쓰일 수 있음을 확인했다.

서로 다른 수준의 공기 요동 속에서 상승하기 위해서는 각 상황에 맞는 서로 다른 정책이 필요하기 때문에, 약한 요동에서부터 강한 요동에 이르기까지 다양한 조건하에서 훈련이 수행되었다. 강한 요동 속에서는 빠르게 변화하는 바람과 글라이더 속도로 인해 제어기가 반응할 시간이 더 부족하다. 따라서 글라이더를 조종하기 위해 사용할 수 있는 제어의 양이 요동이 약할 때보다 더 줄어들었다. 레디 등은 이러한 다양한 조건하에서 살사가 학습한 정책에 대해 연구했다. 다양한 조건하에서 학습된 정책들의 공통적인 특징은 감지된 바람의 가속도가 음의 방향일 경우에는 글라이더가 더 큰 양력을 받는 날개 방향으로 급격하게 기울어지고, 바람의 가속도가 큰 양의 값을 갖고 회전력이 없는 것으로 감지될 경우에는 글라이더가 아무것도 하지 않는다는 것이다. 하지만 서로 다른 수준의 공기 요동으로 인해 그에 따른 정책도 달라지게 되었다. 강한 요동 속에서 학습된 정책은 더 작은 경사각을 더 선호하는 식으로 더 보수적이었던 반면에, 약한 요동 속에서는 글라이더를 급격하게 기울임으로써 가능한 한 많이 회전하는 것이 최선의 행동이었다. 서로 다른 조건하에서 학습된 정책이 선호하는 경사각이 무엇인지에 대한 체계적인 연구를 통해 레디 등은 수직 바람 가속도가 특정한 기준값을 지나치게 되는 시점을 감지하고 제어기를 통해 정책을 변화시킴으로써 다양한 요동 조건에 대응할 수 있다고 제안했다.

레디 등은 또한 할인율 파라미터 γ가 학습된 정책의 성능에 미치는 영향을 알아보기 위한 실험을 수행했다. 그들은 γ가 감소함에 따라 에피소드에서 얻어진 고도가 증가하여 $\gamma = 0.99$가 되었을 때 최댓값에 도달했음을 확인했는데, 이것은 효과적인 열 상승이 이루어지려면 제어 결정의 장기적 효과를 고려해야 한다는 사실을 알려준다.

열 상승에 대한 이러한 수치 계산적 연구는 강화학습이 다양한 종류의 목적을 위해 어떻게 발전할 수 있는지를 보여준다. 환경으로부터 오는 다양한 종류의 신호와 제어 행동을 이용하여 정책을 학습시키는 것은 자율 비행 글라이더를 설계하고자 하는 공학적 목적과 새의 상승 기술에 대해 더 많이 이해하고자 하는 과학적 목적 모두를 위해 도움이 된다. 이 두 가지 목적을 위해, 들판에서 실제 글라이더를 날려보고 새들의 상승 행동에 대해 관측한 것을 예측과 비교함으로써 학습 실험에서 도출된 가설을 테스트해 볼 수 있다.

CHAPTER

17

프론티어

마지막 장인 이 장에서는 책에서 다루는 내용의 범위를 벗어나지만 강화학습의 미래를 위해 특별히 중요하다고 생각되는 주제들을 다룰 것이다. 이러한 주제들 중 대부분은 확실하게 알려진 지식들에 포함되지 않은 내용을 다루고 있으며, 일부 주제는 MDP 구조를 넘어서는 방법을 다룬다.

17.1 일반적인 가치 함수 및 보조 작업

이 책 전반에 걸쳐, 가치 함수의 개념은 매우 일반적인 것이었다. 비활성 정책 학습을 통해 가치 함수가 임의의 목표 정책하에서 정의될 수 있게 했고, 12.8절에서는 **종단 함수**termination function $\gamma : S \to [0, 1]$에 대한 할인을 일반화하여 식 12.17의 이득을 결정하기 위한 매 시간 단계에서 서로 다른 할인율이 적용될 수 있게 했다. 이렇게 함으로써 임의의 **상태 의존 수평선**state-dependent horizon에 대해 보상을 얼마나 받을 수 있는지 예측할 수 있었다. 다음 단계이자 어쩌면 마지막 단계일 수도 있는 것은 보상 이외의 임의의 신호에 대한 예측이 가능하도록 일반화하는 것이다. 미래 보상의 총합을 예측하는 대신, 소리나 색에 대한 감각의 미래 값, 또는 또 다른 예측값처럼 내부적으로 많이 처리되는 신호의 미래 값에 대한 총합을 예측할 수도 있을 것이다. 가치 함수를 이용한 예측과 유사한 예측 과정에서 이러한 방식으로 더해지는 신호가 무엇이든 간에, 이 책에서는 이러한 신호를 해당 예측의 **누적값**cumulant이라고 부르겠다. 그리고 그 신호를 **누적 신호**

cumulant signal $C_t \in \mathbb{R}$라고 형식화하겠다. 이 누적 신호를 이용하면 **일반적인 가치 함수**general value function, 즉 GVF는 다음과 같이 표현된다.

$$v_{\pi,\gamma,C}(s) = \mathbb{E}\left[\sum_{k=t}^{\infty}\left(\prod_{i=t+1}^{k}\gamma(S_i)\right)C_{k+1} \;\middle|\; S_t = s, A_{t:\infty} \sim \pi\right] \qquad \text{(식 17.1)}$$

일반적인 가치 함수(v_π 또는 q_* 같은)처럼 이 함수도 파라미터 기반의 근사 함수를 통해 모사하고 자 하는 이상적인 함수다. 이 함수를 전과 같이 $\hat{v}(s, \mathbf{w})$로 표현할 수도 있다. 물론 매번 예측할 때마다, 즉 π, γ, C_t를 선택할 때마다 서로 다른 $\mathbf{w}$를 사용해야 하겠지만 말이다. GVF는 보상과 연결될 필요가 없기 때문에, 이 함수를 **가치** 함수라고 부르는 것은 잘못된 표현일 수도 있다. 단 순하게 예상prediction이라고 부르거나, 또는 좀 더 분명하게 하기 위해 **예측**forcast이라고 부를 수도 있다(링Ring, 출판 중). 어떻게 불리든지 간에, 이 함수는 가치 함수의 형태를 갖는다. 따라서 이 책 에서 근사적 가치 함수를 학습하기 위해 개발한 방법을 이용하여 이 함수를 일반적인 방식으로 학습시킬 수 있다. 학습된 예측과 함께, 일반적인 정책 반복(4.6절) 또는 행동자-비평자 방법을 이용하는 보통의 방식으로 정책을 학습시킴으로써 예측의 정확도를 최대화할 수도 있다. 이러 한 방식으로 학습자는 장기적 보상뿐만 아니라 엄청나게 많은 수의 신호도 예측하고 제어할 수 있도록 학습 가능하다.

장기적인 보상 이외의 신호를 예측하고 제어하는 것이 유용한 이유가 무엇일까? 이 신호들이 보 상을 최대화하는 주된 작업에 더하여 추가되는 것이라는 점에서 이것은 **보조**auxiliary 작업이다. 하나의 답변은 다양한 신호를 예측하고 제어하는 능력을 이용하여 강력한 종류의 환경 모델을 구성할 수 있다는 것이다. 8장에서 봤듯이, 좋은 모델은 학습자가 더 많은 보상을 효율적으로 얻게 해 줄 수 있다. 이 답변을 더 진전시키려면 수많은 추가적인 개념이 필요하기 때문에, 그것 은 다음 절로 미루겠다. 먼저 강화학습 학습자에게 수많은 다양한 예측을 통해 도움을 줄 수 있 는 더 간단한 두 가지 방법을 생각해 보자.

보조 작업이 주된 작업에 도움을 줄 수 있는 한 가지 간단한 방법은 주된 작업에서 필요로 하는 몇 가지 표현과 동일한 표현이 보조 작업에서도 필요할 수 있다는 사실을 이용하는 것이다. 어떤 보조 작업은 지연도 더 적고 행동 및 결과와 더욱 밀접하게 연결되어 있어서 쉽게 수행될 수 있 다. 쉽게 수행되는 보조 작업을 통해 좋은 특징을 이른 시기에 발견할 수 있다면, 그러한 특징들 로 주요 작업에 대한 학습 속도를 크게 증가시킬 수 있다. 이것이 반드시 사실일 필요는 없지만, 많은 경우에 있어서 이러한 생각은 그럴듯해 보인다. 예를 들면 몇 초 같은 짧은 시간 동안 어떤 센서를 예측하고 제어하는 것을 학습한다면, 대상에 대한 일부 개념을 그럴듯하게 생각해 내게 될 것이고, 이것은 장기적인 보상을 예측하고 제어하는 데 큰 도움이 될 것이다.

마지막 층위가 여러 부분, 또는 **헤드**head로 나누어져서 각각이 서로 다른 작업을 수행하는 인공 신경망ANN을 상상해 볼 수도 있다. 하나의 헤드가 (누적값이 보상이 되는) 주된 작업에 대한 근사적 가치 함수를 만들어 내고, 다른 헤드들은 다양한 보조 작업에 대한 해법을 만들어 낼 수도 있다. 모든 헤드는 확률론적 경사도 강하 방법을 이용하여 오차를 동일한 몸통(모든 헤드가 공유하는 네트워크의 이전 부분)으로 전파할 수 있을 것이다. 그러면 네트워크는 다음 층위부터 마지막까지의 층위에서 표현을 형성하여 모든 헤드를 지원하려고 할 것이다. 연구자들은 픽셀 값의 변화에 대한 예측, 다음 단계의 보상에 대한 예측, 이득의 분포에 대한 예측 같은 보조 작업을 이용하여 실험을 해 왔다. 많은 경우에 있어서 이러한 접근법은 주된 작업에 대한 학습을 크게 가속화하는 것으로 확인되었다(자데르버그 외Jaderberg et al., 2017). 이와 유사하게 상태 추정값을 만들어 내는 과정을 제어하기 위한 방법으로서 많은 예측들이 반복적으로 제안되었다(17.3절 참고).

보조 작업에 대한 학습이 네트워크의 성능을 향상시키는 또 다른 간단한 방법은 고전적 조건화 과정에서 나타나는 심리학적 현상과의 유사성으로 가장 잘 설명될 수 있다(14.2절 참고). 고전적 조건화를 이해하는 한 가지 방법은 진화가 특별한 신호에 대한 예측으로부터 발생하는 특정한 행동과의 반사적(학습되지 않은) 연관성 속에서 진전되었음을 인식하는 것이다. 예를 들어, 사람을 비롯한 다른 많은 동물은 눈이 찔릴 것 같다는 예측이 특정 기준값을 넘어갈 때마다 눈을 깜박이게끔 만드는 내재된 반사 작용을 갖고 있는 것처럼 보인다. 예측은 학습되지만, 예측으로부터 눈 감기로 이어지는 연관성은 내재되어 있기 때문에, 동물은 예기치 못한 눈 찔림으로부터 보호받게 된다. 이와 유사하게, 공포에 의한 심박동 수의 증가, 또는 몸의 경직으로 이어지는 연관성도 내재되어 있을 수 있다. 이와 유사하게 학습자의 설계자도 (학습 없는) 설계를 통해 특정 사건에 대한 예측을 미리 정해 놓은 행동과 연결하여 부여할 수 있다. 예를 들어, 앞으로 가면 충돌이 발생할지를 예측하는 것을 학습하는 자율 주행 자동차는 예측이 어떤 기준값을 넘을 때마다 멈추거나 회전하게 하는 내재된 반사 작용을 부여받을 수 있다. 또는 충전기로 돌아가기 전에 자신의 배터리 충전량이 소진될지를 예측하도록 학습되어서 예측이 0이 아닌 값이 될 때마다 반사적으로 충전기 쪽으로 방향을 돌리는 로봇 청소기를 생각해 보자. 정확한 예측은 집의 크기, 로봇이 있는 방, 배터리의 사용 시간에 대한 정보를 기반으로 이루어질 텐데, 이 모든 정보를 로봇 설계자가 알기는 어렵다. 측정값을 기반으로 충전기로 돌아가야 하는지의 여부를 알려주는 믿을 만한 알고리즘을 로봇 설계자가 로봇에 심어주는 것은 어려운 일이지만, 학습된 예측을 통해 결정을 하면 문제를 쉽게 해결할 수도 있다. 이와 같이 학습된 예측을 내재된 알고리즘과 결합하여 행동을 제어하는 많은 방법이 개발될 수 있을 것이라고 생각한다.

마지막으로, 어쩌면 보조 작업의 가장 중요한 역할은 이 책에서 줄곧 견지했던 가정, 즉 상태 표현이 고정된 채로 학습자에게 주어진다는 가정으로부터 벗어나게끔 하는 것이다. 이 역할을 설명하기 위해서는, 먼저 이 가정의 중요성과 이 가정을 제거한다는 것의 의미를 이해하기 위해 몇 단계 전으로 돌아가야 한다. 이 내용은 17.3절에서 다룰 것이다.

17.2 옵션을 통한 시간적 추상화

MDP 형식의 매력적인 측면은 그것이 다양한 시간 범위에서 이루어지는 작업에 유용하게 적용될 수 있다는 것이다. MDP를 이용하면 어떤 물체를 집기 위해 어떤 근육을 움직일지, 멀리 있는 도시에 가기 위해 어떤 항공편을 이용해야 할지, 만족스러운 삶을 영위하기 위해 어떤 직업을 가져야 할지와 같은 문제를 결정하는 작업을 형식화할 수 있다. 이러한 문제들은 시간 범위에 있어서 큰 차이를 갖지만, 모든 문제가 효과적으로 MDP로 형식화될 수 있고, 이 책에서 설명한 계획 또는 학습 과정을 이용하여 MDP 문제로 풀 수 있다. 모든 문제에는 이 세상과의 상호작용, 연속적인 의사결정과의 상호작용, 그리고 시간이 지남에 따라 축적되는 보상으로서 인식되는 목표와의 상호작용이 포함된다. 따라서 모든 문제가 MDP로 형식화될 수 있다.

이 모든 문제가 MDP로 형식화될 수 있지만, 그들이 모두 '하나의' MDP로 형식화되지는 못할 것이라고 생각할 수 있다. 그 문제들은 시간 범위가 그렇게나 다양하며, 선택과 행동에 대해 그렇게나 다양한 개념을 갖고 있지 않은가! 예를 들면, 근육의 움직임을 계획하는 수준으로 대륙을 횡단하는 항공편을 계획하는 것은 좋지 않다. 그러나 다른 문제들을 예로 들면, 물건 집기, 다트 던지기, 농구공 맞추기, 낮은 수준의 근육 움직임은 모두 비슷한 수준일 수도 있다. 사람들은 이 모든 일을 완벽하게 수행하는데, 그 과정에서 문제의 수준에 맞춰 다르게 행동하는 것 같지는 않다. MDP 구조가 이 모든 수준의 문제들을 동시에 다룰 수 있도록 확장될 수 있을까?

어쩌면 그럴 수도 있다. 한 가지 인기 있는 방법은 MDP를 짧은 시간 간격의 세부적인 수준에 맞추어 형식화하면서도 기본 수준의 시간 단계에 해당하는 많은 행동의 과정을 확장함으로써 높은 수준의 계획을 가능하게 하는 것이다. 이렇게 하기 위해서는 많은 시간 단계로 확장해 나가는 행동의 과정에 대한 개념과 종단에 대한 개념이 필요하다. 이 두 가지 방법을 형식화하는 일반적인 방법은 GVF에 있는 정책 π와 상태 의존 종단 함수 γ를 이용하는 것이다. 이들의 한 쌍을 **옵션**option이라는 이름의 일반화된 행동 개념으로 정의하겠다. 옵션 $\omega = \langle \pi_\omega, \gamma_\omega \rangle$를 시각 t에서 실행하는 것은 $\pi_\omega(\cdot \mid S_t)$로부터 행동 A_t를 취하고 나서 $1 - \gamma_\omega(S_{t+1})$의 확률로 시각 $t + 1$에서 종단하는 것이다. 옵션이 시각 $t + 1$에서 종단하지 않으면, A_{t+1}이 $\pi_\omega(\cdot \mid S_{t+1})$로부터 선택되고, 옵션은 시각 $t + 2$에서 $1 - \gamma_\omega(S_{t+2})$의 확률로 종단한다. 그리고 이와 같은 과정이 최종적인 종단 때까지 반복된다. 낮은 수준의 행동을 옵션의 특별한 경우로 생각하는 것이 편리하다(각 행동 a는 옵션 $\langle \pi_\omega, \gamma_\omega \rangle$에 해당하는데, 이 옵션의 정책은 행동 a를 선택하고(모든 $s \in S$에 대해 $\pi_\omega(s) = a$) 이 옵션의 종단 함수는 0이다(모든 $s \in S^+$에 대해 $\gamma_\omega(s) = 0$)). 옵션은 효과적으로 행동 공간action space을 확장한다. 학습자는 한 번의 시간 단계 이후에 종단하는 낮은 수준의 행동/옵션을 선택할 수도 있고, 종단하기 전에 많은 시간 단계에 걸쳐 실행될 수도 있는 확장된 옵션을 선택할 수도 있다.

옵션은 낮은 수준의 행동과 상호 교환될 수 있도록 설계된다. 예를 들면, 행동 가치 함수 q_π의 개념은 옵션 가치 함수로 자연스럽게 일반화된다. 옵션 가치 함수는 상태와 옵션을 입력으로 받아 옵션을 종단 상태까지 실행함으로써 그 상태를 시작으로 발생하는 이득의 기댓값을 도출하고, 그 후에는 정책 π를 따른다. 또한 정책의 개념을 **계층적 정책**hierarchical policy으로 일반화할 수 있다. 계층적 정책은 행동이 아닌 옵션을 선택하는데, 이때 선택된 옵션은 종단까지 실행된다. 이러한 방법으로, 이 책에서 제시한 많은 알고리즘이 근사적 옵션 가치 함수와 계층적 정책을 학습하도록 일반화될 수 있다. 가장 간단한 경우에서는 학습 과정이 옵션 시작option initiation에서 옵션 종단option termination으로 한 번에 '건너뛰면서jump' 갱신은 오직 옵션이 종단될 때만 수행된다. 좀 더 복잡하게 만들면, '옵션 내부의intra-option' 학습 알고리즘을 이용하여 갱신을 매 시간 단계마다 수행할 수 있는데, 이 과정에는 비활성 정책 학습이 필요하다.

어쩌면 옵션의 개념을 이용하여 수행할 수 있는 가장 중요한 일반화는 3장, 4장, 8장에서 개발한 환경 모델에 대한 일반화다. 행동에 대한 전통적인 모델은 상태 전이 확률 및 각 상태에서 그 행동을 선택함으로써 얻게 되는 즉각적인 보상의 기댓값이다. 전통적인 행동 모델을 어떻게 옵션 모델로 일반화할 수 있을까? 옵션의 경우에는 적절한 모델이 다시 두 부분으로 구성된다. 하나는 옵션을 실행함에 따라 도출되는 상태 전이에 해당하고, 다른 하나는 그 과정에서 발생하는 누적 보상의 기댓값에 해당한다. 옵션 모델의 보상 부분은 상태-행동 쌍에 대한 보상의 기댓값(식 3.5)과 유사하게 모든 옵션 ω와 모든 상태 $s \in S$에 대해 다음과 같이 표현된다.

$$r(s, \omega) \doteq \mathbb{E}\left[R_1 + \gamma R_2 + \gamma^2 R_3 + \cdots + \gamma^{\tau-1} R_\tau \mid S_0 = s, A_{0:\tau-1} \sim \pi_\omega, \tau \sim \gamma_\omega\right] \qquad \text{(식 17.2)}$$

여기서 τ는 옵션이 γ_ω에 따라 종단되는 시간 단계로서 무작위 값을 갖는다. 이 방정식에서 전체적인 할인 파라미터 γ의 역할에 주목하라(할인은 γ에 따라 결정되지만 옵션의 종단은 γ_ω에 따라 결정된다). 옵션 모델의 상태 전이 부분은 좀 더 복잡하다. 모델의 이 부분은 도출될 수 있는 모든 상태의 확률에 대한 특징을 결정하지만(식 3.4에서처럼), 지금은 이 상태들이 도출되는 시간 단계가 제각각이기 때문에 각 상태는 서로 다르게 할인되어야만 한다. 옵션 ω에 대한 모델은 ω가 실행을 시작할 수 있는 모든 상태 s와 ω가 종단될 수 있는 모든 상태 s'에 대해 다음과 같이 표현된다.

$$p(s'|s,\omega) \doteq \sum_{k=1}^{\infty} \gamma^k \Pr\{S_k = s', \tau = k \mid S_0 = s, A_{0:k-1} \sim \pi_\omega, \tau \sim \gamma_\omega\} \qquad \text{(식 17.3)}$$

γ^k라는 요소 때문에 식 17.3의 확률 $p(s' \mid s, \omega)$는 더 이상 전이 확률이 아니고, 더 이상 모든 s'에 대한 총합이 1이 되지 않는다는 사실에 주목하라(그럼에도 불구하고, p를 표현할 때 '$|$'라는 표기를 계속 사용하겠다).

옵션 모델의 전이 부분을 위와 같이 정의하면, 특별한 경우로서 낮은 수준 행동을 포함하는 모든 옵션에 적용되는 벨만 방정식과 동적 프로그래밍 알고리즘을 형식화할 수 있다. 예를 들면, 계층적 정책 π의 상태 가치에 대한 일반적인 벨만 방정식은 다음과 같이 표현된다.

$$v_\pi(s) = \sum_{\omega \in \Omega(s)} \pi(\omega|s) \left[r(s,\omega) + \sum_{s'} p(s'|s,\omega) v_\pi(s') \right] \qquad \text{(식 17.4)}$$

여기서 $\Omega(s)$는 상태 s에서 취할 수 있는 옵션의 집합을 나타낸다. $\Omega(s)$가 오직 낮은 수준 행동만을 포함할 경우, γ가 새로운 p(식 17.3)에 포함되었기 때문에 γ가 포함되지 않는다는 것을 제외하면, 이 방정식은 일반적인 벨만 방정식의 형태(식 3.14)가 된다. 이와 유사하게, 그에 해당하는 계획 알고리즘에도 γ가 포함되지 않는다. 예를 들면, 옵션을 이용한 가치 반복 알고리즘은 식 4.10과 유사한 형태로서 다음과 같이 표현된다.

$$\text{모든 } s \in \mathcal{S}\text{에 대해} \quad v_{k+1}(s) \doteq \max_{\omega \in \Omega(s)} \left[r(s,\omega) + \sum_{s'} p(s'|s,\omega) v_k(s') \right] \qquad \text{(식 17.5)}$$

$\Omega(s)$가 상태 s에서 취할 수 있는 모든 낮은 수준 행동을 포함한다면 이 알고리즘은 전통적인 v_*로 수렴하고, v_*로부터 최적 정책이 계산될 수 있다. 하지만 가능한 모든 옵션의 일부($\Omega(s)$에 포함된)만을 각 상태에서 고려할 경우에는 옵션을 이용하여 계획을 수행하는 것이 특히 유용하다. 이제 가치 반복은 한정된 옵션 집합에만 적용할 수 있는 최선의 계층적 정책으로 수렴할 것이다. 이 정책이 준최적sub-optimal일 수도 있지만, 더 적은 수의 옵션을 이용하면서도 각 옵션이 많은 단계를 뛰어넘을 수 있기 때문에 수렴 속도는 훨씬 더 빨라진다.

옵션을 이용하여 계획을 수행하기 위해서는 반드시 옵션 모델이 주어져야 하며, 그렇지 않을 경우 옵션 모델을 학습해야 한다. 옵션 모델을 학습하는 자연스러운 방법 중 하나는 그것을 (이전 절에서 정의한) GVF의 집합으로 형식화하고 이 책에서 제시한 방법들을 이용하여 GVF를 학습시키는 것이다. 옵션 모델의 보상 부분에 대해서는 이것이 어떻게 수행될 수 있는지를 어렵지 않게 확인할 수 있다. GVF의 누적값을 선택하여 보상이 되도록 하고($C_t = R_t$), GVF의 정책을 선택하여 옵션의 정책이 되도록($\pi = \pi_\omega$) 하고, GVF의 종단 함수를 선택하여 할인율과 옵션의 종단 함수의 곱이 되도록($\gamma(s) = \gamma \cdot \gamma_\omega(s)$) 하면 된다. 그러면 실제 GVF는 옵션 모델의 보상 부분과 같아지고($v_{\pi, \gamma, C}(s) = r(s, \omega)$), 이 책에서 제시한 학습 방법을 이용하여 GVF를 근사할 수 있다. 옵션 모델의 상태 전이 부분은 이보다 조금만 더 복잡해지면 된다. 먼저 옵션이 종단할 수도 있는 모든 상태마다 GVF를 하나씩 할당할 필요가 있다. 이 GVF는 옵션이 종단될 때를 제외하고는 그 무엇도 축적해서는 안 되고, 오직 옵션이 적절한 상태에서 종단될 때만 무언가를 축적할 수 있어야 한다. 상태 s'으로의 전이를 예측하는 GVF의 축적값을 $C_t = (1 - \gamma_\omega(S_t)) \mathbb{1}_{S_t = s'}$로 선택함으로써 이러한 상황을 만들 수 있다. GVF의 정책 및 종단 함수는 옵션 모델의 보상 부분에서와 동일하게 선택된다. 그러면 실제 GVF는 옵션의 상태 전이 모델의 s' 부분과 같아지고 ($v_{\pi, \gamma, C}(s) = p(s' \mid s, \omega)$), 다시 이 책에서 제시한 방법을 이용하여 GVF를 학습할 수 있다. 이 모든 단계가 쉬워 보이지만, 이 모든 단계를 한데 모아 놓고 보면(함수 근사 및 다른 필수적인 요소들을 포함하여), 문제가 상당히 어려워져서 현재의 최첨단 기술로도 해결할 수 없게 된다.

$\boxed{\text{연습 17.1}}$ 이 절에서는 할인을 적용하는 문제에 대한 옵션을 제시했다. 하지만 할인이 함수 근사를 이용하는 제어 문제에 적합하지 않다는 건 거의 틀림없는 사실이다(10.4절). 계층적 정책에 대한 벨만 방정식으로서, 식 17.4와 유사하지만 평균 보상 설정(10.3절)에 적합하게 정의된 방정식은 무엇인가? 식 17.2 및 식 17.3과 유사한 것으로서 평균 보상 설정에 적합한 옵션 모델의 두 부분은 무엇인가? □

17.3 관측과 상태

이 책에서는 학습된 근사적 가치 함수를(그리고 13장에서 설명한 정책들을) 환경의 상태에 대한 함수로 표현했다. 이것은 학습된 가치 함수가 표 형태로 구현되어서 어떠한 가치 함수도 정확하게 근사할 수 있었던 이 책의 1부에서 제시한 방법들이 지닌 중요한 한계점이다. 이것은 마치 학습자가 환경의 상태를 완벽하게 관측할 수 있다고 가정하는 것과 마찬가지다. 하지만 주목할 만한 많은 경우에 있어서, 그리고 지능이 있는 모든 생명체의 삶에 있어, 감각을 통해 들어오는 입력은 세상의 상태에 대한 부분적인 정보만을 제공한다. 어떤 대상은 다른 대상에 의해 가려질 수도 있고, 학습자의 뒤에 있을 수도 있고, 아니면 멀리 떨어진 곳에 있을 수도 있다. 이러한 경우에, 어쩌면 환경의 상태에 대한 중요한 측면들은 직접적으로 관측할 수 없을 수도 있다. 그리고 학습된 가치 함수가 환경의 상태 공간에 대해 표 형태로 구현된다고 가정하는 것은 강력하고, 비현실적이며, 제한적인 가정이다.

이 책의 2부에서 개발한 파라미터 기반 함수 근사의 구조는 훨씬 덜 제한적이고 틀림없이 아무런 한계도 없을 것이다. 2부에서는 학습된 가치 함수가(그리고 정책이) 환경의 상태에 대한 함수라고 줄곧 가정했지만, 이 함수들이 파라미터로 표현되는 과정에서 임의의 형태로 제한될 수 있다고 보았다. 함수 근사가 부분적 가관측성의 중요한 측면을 포함하고 있다는 사실은 다소 놀랍기도 하고 널리 알려지지도 않았다. 예를 들어 관측할 수 없는 상태가 있다고 한다면, 근사적 가치가 그 상태 변수에 의존하지 않도록 파라미터 기반의 표현법을 선택할 수 있다. 선택의 효과는 마치 그 상태 변수가 원래 없어서 관측할 수 없는 것처럼 보이게 하는 것이다. 이렇기 때문에, 파라미터 기반의 표현법을 이용하는 문제에 대해 얻어진 모든 결과는 변함 없이 부분적 가관측성의 한계를 갖고 있다. 이러한 의미에서, 파라미터 기반의 함수 근사를 적용하는 경우는 부분적 가관측성이 존재하는 경우를 포함한다.

그럼에도 불구하고, 부분적 가관측성을 더 분명하게 다루지 않고서는 해결할 수 없는 많은 문제가 존재한다. 여기서 그 문제들에 대한 완전한 해결책을 제시할 수는 없지만, 문제를 해결하기 위해 필요한 변화를 요약해 볼 수는 있다. 이를 위한 네 단계를 제시한다.

첫째는, 문제를 바꿀 것이다. 이제 환경은 자신의 상태는 내보내지 않고 오로지 **관측값** observation(상태에 의존하는 신호이지만, 로봇의 센서와 같이 상태에 대한 부분적인 정보만을 제공한다)만을 내보낸다. 편의상, 일반성을 잃지 않는 선에서, 보상이 관측값에 대한 직접적인 함수로서 주어진다고 가정하겠다(어쩌면 관측값은 벡터이고 보상은 그 벡터의 한 성분이 될 수도 있다). 이제 환경과의 상호작용에는 분명한 상태나 보상이 포함되지 않고, 다음과 같이 단순히 서로 교차하는 행동 $A_t \in \mathcal{A}$와 관측값 $O_t \in \mathcal{O}$의 나열이 포함될 것이다.

$$A_0, O_1, A_1, O_2, A_2, O_3, A_3, O_4, \ldots$$

이러한 나열은 무한히 이어지거나(식 3.1 참고), 아니면 특정한 종단 관측값에서 멈추는 에피소드들을 형성할 것이다.

두 번째 단계에서는, 관측값과 행동의 나열로부터 이 책에서 사용해 왔던 상태라는 개념을 복원할 수 있다. 임의의 관측값까지의 궤적의 일부분인 $H_t = A_0, O_1, \ldots, A_{t-1}, O_t$를 나타내기 위해 **이력**history이라는 단어와 H_t라는 표기법을 사용하자. (이력이 과거의 데이터 흐름 전체를 나타내기 때문에) 이력은 데이터 흐름으로부터 알 수 있는 과거에 대한 대부분의 정보를 나타낸다. 물론, 이력은 시간 t에 따라 늘어나서 방대해지고 다루기 불편해질 수도 있다. 상태라는 것은 미래를 예측하는 데 있어 실제 이력만큼 유용하게 쓸 수 있는 이력에 대한 압축된 요약이라고 개념화된다. 이것이 정확히 무엇을 의미하는지 분명하게 짚고 넘어가자. 이력의 요약이 되려면 상태는 이력의 함수 $S_t = f(H_t)$여야만 하고, 미래를 예측하는 데 있어 전체 이력만큼이나 유용하게 쓸 수 있으려면 상태는 **마르코프 특성**Markov property이라고 알려진 특성을 가져야만 한다. 형식적으로, 이것은 함수 f의 특성이다. 함수 f에 의해 동일한 상태로 대응되는($f(h) = f(h')$) 임의의 두 이력 h와 h'이 각자의 다음 관측값에 대해서도 동일한 확률을 가질 때만, 즉 모든 $o \in \mathcal{O}$와 $a \in \mathcal{A}$에 대해 다음과 같은 조건을 만족할 때만 함수 f는 마르코프 특성을 갖는다.

$$f(h) = f(h') \quad \Rightarrow \quad \Pr\{O_{t+1} = o | H_t = h, A_t = a\} = \Pr\{O_{t+1} = o | H_t = h', A_t = a\} \qquad \text{(식 17.6)}$$

f가 마르코프이면, $S_t = f(H_t)$는 이 책에서 사용해 왔던 용어로서의 의미를 갖는 상태다. 그러므로 이력의 요약이기는 하지만 마르코프 특성을 갖지 못하는 상태(곧 이 상태에 대해 간략히 다룰 것이다)로부터 구별하기 위해 이러한 상태를 **마르코프 상태**Markov state라고 부르자.

마르코프 상태는 다음 시간 단계의 관측값을 예측하기 위한(식 17.6) 좋은 기반이 되지만, 더 중요한 것은 마르코프 상태가 **모든 것**anything에 대한 예측이나 제어를 위해서도 좋은 기반이 된다는 사실이다. 예를 들어, **테스트이력**test을 미래에 발생할 수도 있는 어떤 특정한 행동과 관측값이 서로 교차하는 나열이라고 하자. 예를 들면, 세 단계 테스트이력은 $\tau = a_1 o_1 a_2 o_2 a_3 o_3$이다. 특정한 이력 h가 주어졌을 때 이 테스트이력의 확률은 다음과 같이 정의된다.

$$p(\tau | h) \doteq \Pr\{O_{t+1} = o_1, O_{t+2} = o_2, O_{t+3} = o_3 \mid H_t = h, A_t = a_1, A_{t+1} = a_2, A_{t+2} = a_3\} \text{(식 17.7)}$$

함수 f가 마르코프이고, h와 h'이 함수 f에 의해 동일한 상태로 대응되는 임의의 두 이력이라고 하면, 그 길이에 상관없이 모든 테스트이력 τ에 대해, h가 주어졌을 때의 τ의 확률과 h'이 주어졌을 때의 τ의 확률은 다음과 같이 동일해야 한다.

$$f(h) = f(h') \quad \Rightarrow \quad p(\tau | h) = p(\tau | h') \qquad \text{(식 17.8)}$$

다시 말하면, 마르코프 상태는 이력에 있는 정보 중 임의의 테스트이력에 대한 확률을 결정하는 데 필요한 모든 정보를 요약한다. 사실, 마르코프 상태는 모든 GVF를 포함하는 모든 예측을 수행하고 행동을 최적화(함수 f가 마르코프이면, 행동 $A_t = \pi(f(H_t))$를 최적 행동으로 만드는 결정론적 함수 π가 항상 존재한다)하기 위한 모든 것을 요약한다.

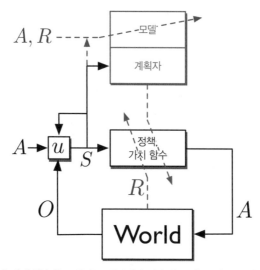

그림 17.1 모델, 계획자, 상태 갱신 함수를 포함하는 개념적인 학습자 구성도. 이 그림에서 World는 행동 A를 입력으로 받고 관측값 O를 내보낸다. 상태 갱신 함수 u가 관측값과 복제된 행동을 이용하여 새로운 상태를 만들어 낸다. 이 새로운 상태는 정책과 가치 함수에 입력으로 들어가서 다음 행동을 만들어 내고, 계획자(그리고 u)의 입력으로도 들어간다. 학습에 필요한 정보의 흐름은 학습의 대상을 나타내는 상자를 대각선으로 가로지르는 점선으로 표시했다. 보상 R은 직접적으로 정책과 가치 함수를 변화시킨다. 행동, 보상, 상태는 정책과 가치 함수를 변화시키기 위해 계획자와 밀접하게 상호작용하는 모델을 변화시킨다. 계획자의 활동은 학습자-환경 상호작용으로부터 분리될 수 있지만, 다른 과정들은 새로운 데이터의 유입을 놓치면 안 되기 때문에 엄격하게 이 상호작용과 함께 작동해야 한다. 또한 모델과 계획자는 관측값을 직접적으로 다루지 않고, 오직 u가 만들어 내는 상태만을 다룬다. 이 상태는 모델학습을 위한 목표로서의 역할을 할 수 있다.

부분적 가관측성의 문제를 다루기 위해 강화학습을 확장하는 세 번째 단계는 특정한 수치 계산적 고려사항들을 다루는 것이다. 특히, 상태는 이력에 대한 압축적인compact 요약이 될 필요가 있다. 예를 들어 항등 함수는 마르코프 함수 f가 되는 조건을 완벽하게 충족시키지만, 그럼에도 불구하고 앞서 언급한 것처럼 마르코프 상태 $S_t = H_t$가 시간에 따라 증가하고 다루기 불편하게 되기 때문에 항등 함수는 거의 사용하지 않는다. 하지만 좀 더 근본적인 이유는 마르코프 상태가 결코 반복되지 않는다는 데 있다. 즉, 학습자는 (연속적인 문제에서) 결코 동일한 상태를 두 번 마주치지 않고, 따라서 결코 표 기반의 학습 방법의 이점을 누리지 못한다는 것이다. 상태가 어떻게 얻어지고 갱신되는지에 관해서도 이와 유사한 이슈가 있다. 사실 함수 f가 모든 이력을 입력으로 받을 필요는 없다. 대신, 수치 계산적 효율성을 위해 다음 단계의 데이터 A_t와 O_{t+1}을 이용하여 다음과 같이 S_t로부터 S_{t+1}을 계산하는 점증적이고 재귀적인 계산을 통해 함수 f와 동일한 효과를 얻는 것이 더 바람직하다.

모든 $t \geq 0$에 대해 $S_{t+1} = u(S_t, A_t, O_{t+1})$ (식 17.9)

여기서 상태의 초깃값 S_0는 주어진다. 함수 u는 **상태 갱신** 함수라고 불린다. 예를 들어, 함수 f가 항등 함수라면($S_t = H_t$), u는 단순히 S_t에 A_t와 O_{t+1}을 덧붙여서 S_t를 확장하려고 할 것이다. 함수 f가 주어지면 그에 해당하는 u를 항상 만들어 낼 수 있지만, 이 과정은 수치 계산적으로 불편할 수 있고 항등 함수 예제에서처럼 압축적인 상태가 만들어지지 않을 수도 있다. 상태 갱신 함수는 부분적 가관측성을 다루는 모든 학습자를 구성하는 데 있어 핵심적인 부분이다. 상태를 이용할 수 있게 될 때까지 어떠한 행동이나 예측도 할 수 없기 때문에 상태 갱신은 효율적으로 계산될 수 있어야 한다. 이러한 학습자 구성을 전체적으로 설명하는 다이어그램을 그림 17.1에서 확인할 수 있다.

상태 갱신 함수를 통해 마르코프 상태를 얻는 과정에 대한 예제는 **부분적으로 관측 가능한 MDP** Partially Observable MDP, 즉 **POMDP**라고 알려진 유명한 베이지안Bayesian 방법을 이용하는 예제로서 주어진다. 이 방법에서는 환경이 잘 정의된 **잠재적 상태**latent state X_t를 갖는다고 가정한다. 이 잠재적 상태는 환경이 내보내는 관측값의 원천으로서 이 관측값을 만들어 내지만 학습자는 결코 이 잠재적 상태를 이용할 수 없다(학습자가 예측을 하고 결정을 내리기 위해 사용하는 상태 S_t와 잠재적 상태를 혼동해서는 안 된다). POMDP에 적합한 마르코프 상태 S_t는 이력이 주어졌을 때의 잠재적 상태에 대한 **분포**로서 **믿음 상태**belief state라고 불린다. 구체적으로는, 유한한 개수의 숨겨진 상태 $X_t \in \{1, 2, ..., d\}$가 존재하는 보통의 경우를 가정해 보자. 그러면 믿음 상태는 다음과 같은 성분을 갖는 벡터 $S_t \doteq \mathbf{s}_t \in \mathbb{R}^d$이다.

$$\text{모든 가능한 잠재적 상태 } i \in \{1, 2, ..., d\} \text{에 대해 } \mathbf{s}_t[i] \doteq \Pr\{X_t = i \mid H_t\}$$

믿음 상태는 t가 증가하더라도 그 크기(성분의 개수)를 유지한다. 믿음 상태는 또한 환경의 내적 작용을 완벽하게 알고 있다는 가정하에서 베이즈 법칙Bayes' rule에 의해 점증적으로 갱신될 수 있다. 분명하게 표현하면, 믿음 상태 갱신 함수의 i번째 성분은 모든 $a \in A$, $o \in O$에 대해 다음과 같이 표현된다.

$$u(\mathbf{s}, a, o)[i] = \frac{\sum_{x=1}^{d} \mathbf{s}[x]\, p(i, o | x, a)}{\sum_{x=1}^{d} \sum_{x'=1}^{d} \mathbf{s}[x]\, p(x', o | x, a)} \tag{식 17.10}$$

여기서 $\mathbf{s}[x]$는 믿음 상태 $\mathbf{s} \in \mathbb{R}^d$의 성분이고, 네 개의 변수를 갖는 함수 p는 (3장에서 설명한) MDP에 대한 일반적인 함수가 아니라 그와 유사한 함수로서, **잠재적** 상태를 이용하여 표현되는 POMDP에 대한 함수다. 즉, $p(x', o \mid x, a) \doteq \Pr\{X_t = x', O_t = o \mid X_{t-1} = x, A_{t-1} = a\}$이다. 이러한 방법은 이론적인 연구에서 많이 활용되고 있으며, 이 방법을 적용한 중요한 사례 연구도 많다. 하지만 이 방법이 전제로 하는 가정과 계산의 복잡도 때문에 이 방법은 그다지 유용하지 않다. 이러한 이유로 인공지능 분야에 이 방법을 적용하는 것을 추천하지는 않겠다.

마르코프 상태의 또 다른 예제는 **자동 예측 상태 표현**Predictive State Representation, 즉 **PSR**이 제공한다. POMDP 방법에서는 학습자 상태 S_t의 의미semantics가 환경 상태 X_t를 기반으로 하는데, X_t는 결코 관측되지 않기 때문에 X_t를 학습하는 것은 쉽지 않다. PSR은 POMDP 방법이 갖고 있는 이러한 약점을 다룬다. PSR 및 그와 관련된 방법들에서는 학습자 상태의 의미가 쉽게 관측 가능한 미래의 관측값 및 행동에 대한 예측을 기반으로 한다. PSR에서는, 마르코프 상태가 특별히 선택된 d개의 '핵심' 테스트이력(식 17.7에 정의됨)에 대한 확률을 나타내는 d차원의 벡터로 정의된다. 이 벡터는 베이즈 법칙과 유사한 상태 갱신 함수 u에 의해 갱신되는데, 이때 관측 가능한 데이터를 기반으로 하는 의미semantics가 상태 갱신 함수에 적용됨으로써 학습은 십중팔구 전보다 더 쉬워졌다. 이 방법은 다양한 방식으로 확장되었고, 그 결과 마지막 테스트이력end-tests, 구성적 테스트이력compositional tests, 강력한 '스펙트럴spectral' 방법, TD 방법을 이용하여 학습되는 닫힌 고리 테스트이력closed-loop tests, TD 방법을 이용하여 학습되는 시간적으로 추상적인 테스트이력temporally abstract tests과 같은 방법들이 개발되었다. **관측 가능한 작용자 모델**Observable Operator Model, OOM 및 순차적 시스템Sequential Systems으로 알려진 시스템에 대해 가장 뛰어난 이론적 발전이 이루어졌다(톤Thon, 2017).

강화학습에서 부분적 가관측성을 다루는 방법에 대한 간략한 요약으로서 네 번째이자 마지막 단계는 근사를 다시 도입하는 것이다. 이 책의 2부를 시작할 때 논의했듯이, 인공지능 분야에 야심차게 도전하기 위해서는 근사를 받아들여야만 한다. 이러한 관점이 가치 함수에 적용되는 것처럼 동일한 관점이 상태에도 적용된다. 근사적 상태는 이 책에서 제시한 알고리즘에서 전과 같이 동일한 역할을 할 것이기 때문에, 마르코프 상태가 아닐 수도 있지만 학습자가 사용하는 상태를 계속해서 S_t로 표기할 것이다.

어쩌면 근사적 상태의 가장 간단한 예제는 가장 최신의 관측값일 수도 있다($S_t \doteq O_t$). 물론 이 방법으로는 숨겨진 상태 정보를 다룰 수가 없다. 새로운 데이터는 들여오고 오래된 데이터는 내보내는 상태 갱신 함수로부터 얻을 수 있는 마지막 $k \geq 1$개의 관측값과 행동의 나열을 이용하는 편이 더 좋을 것이다($S_t \doteq O_t, A_{t-1}, O_{t-1}, \ldots, A_{t-k}$). 이러한 **k차 이력**kth-order history 방법은 여전히 매우 간단하지만, 즉각적으로 발생하는 하나의 관측값을 바로 상태로 활용하려고 하는 것에 비하면 학습자의 능력을 크게 증가시킬 수 있다.

마르코프 특성(식 17.6)이 오직 근사적으로만 만족된다면 어떤 일이 벌어질까? 불행히도, 마르코프 특성을 정의하는 단일 단계 예측이 조금만 부정확해도 장기적 예측의 성능은 극적으로 저하될 수 있다. 장기적 테스트이력, GVF, 상태 갱신 함수 모두에 대한 근사 성능이 떨어질지도 모른다. 단기적 근사와 장기적 근사의 목적은 다르다. 그리고 현재로서는 확답을 줄 수 있는 적합한 이론이 없다.

그럼에도 불구하고, 이 절에서 요약한 일반적인 개념들이 근사적 문제에 적용된다고 생각할 근거는 여전히 있다. 어떤 예측을 위해 좋은 상태는 다른 예측을 위해서도 좋다는 것이 일반적인 개념이다(특히, 단일 단계 예측을 위해 충분한sufficient 마르코프 상태는 다른 모든 예측을 위해서도 충분하다). 마르코프 특성을 갖는 경우에 대한 특정 결과로부터 한 발 물러서서 보면, 일반적인 개념은 17.1절에서 다수 헤드 학습과 보조 작업에 대해 논의했던 것과 유사하다. 기억을 떠올려 보면, 보조 작업에 적합했던 특징 표현이 어떻게 주된 작업에도 일반적으로 적합할 수 있었는지에 대해 논의했었다. 한데 모아 보면, 이러한 논의들은 부분적 가관측성과 다수의 예측을 사용하여 상태의 특징 구성을 제어하는 표현 학습에 대해 하나의 방법을 제안한다. 완벽하지만 실용적이지 않은 마르코프 특성이 제공하는 확실성은 어떤 예측을 위해 좋았던 것이 다른 예측을 위해서도 좋을 것이라는 경험으로 대체된다. 이러한 방법은 수치 계산적 자원을 효율적으로 활용한다. 큰 기계를 사용하면 많은 수의 예측을 실험할 수 있다. 어쩌면 이 실험들은 궁극적 관심사와 가장 유사한 것을 알게 해 주거나, 신뢰도 높은 학습을 가장 쉽게 할 수 있도록 해 준다는 측면에서, 혹은 그 밖의 기준에 따라 유리한 점을 제공할 수도 있다. 여기서 중요한 것은 사람이 직접 예측을 선택하는 수준을 뛰어넘는 것이다. 그것은 학습자가 해야 되는 일이다. 이렇게 하려면 학습자가 가능한 예측이 존재하는 큰 공간을 여기저기 다니며 체계적으로 탐험할 수 있게 해주는 예측에 대한 일반적인 언어가 필요하다.

특히, POMDP 방법과 PSR 방법은 근사적 상태와 함께 적용될 수 있다. 상태의 의미semantics는 이 두 방법과 k차 방법에서 사용되었던 것처럼 상태 갱신 함수를 형성하는 과정에 유용하게 쓰인다. 상태 안에 있는 유용한 정보를 얻기 위해 반드시 의미가 정확해야 할 필요는 없다. 에코Echo 상태 네트워크(예거Jaeger, 2002)와 같은 상태 결합state augmentation을 위한 몇 가지 방법은 이력에 대한 거의 모든 임의의 정보를 유지하면서도 좋은 성능을 낼 수 있다. 아직 많은 가능성이 남아 있기 때문에 이 분야에서 더 많은 연구가 수행되고 더 많은 방법이 도출되기를 희망해 본다. 근사적 상태를 위해 상태 갱신 함수를 학습하는 것은 강화학습에서 발생하고 있는 표현 학습 문제의 주요한 부분이다.

17.4 보상 신호의 설계

지도학습과 비교했을 때 강화학습의 주된 장점은 자세한 지침이 있는 정보에 의존하지 않는다는 것이다. 예를 들면, 보상 신호의 생성 과정은 학습자의 올바른 행동이 무엇이어야 하는지에 대한 지식에 의존하지 않는다. 하지만 강화학습이 성공적으로 적용될 수 있는지의 여부는 보상 신호가 문제의 설계자가 의도한 목표를 얼마나 잘 표현하는지, 그리고 그 목표에 도달하는 과정을 보상 신호가 얼마나 잘 평가하는지에 따라 크게 좌우된다. 이러한 이유로, 보상 신호를 설계하는 것은 모든 강화학습 적용 사례에서 핵심적인 부분이다.

보상 신호를 설계한다는 것은 스칼라 보상 신호 R_t를 계산하고 매 시간 단계 t에 학습자에게 보상 신호를 보내는 역할을 수행하는, 학습자를 둘러싼 환경의 일부를 설계하는 것을 의미한다. 14장의 마지막에 나왔던 용어 논의에서, R_t는 동물의 외부 환경에 속하는 물체나 사건이라기보다는 동물 뇌 안에서 생성되는 신호에 더 가깝다고 말했다. 사람의 뇌에서 사람을 위한 보상 신호를 생성하는 부분은 수백만 년 동안의 진화를 통해 인류의 조상들이 자신의 유전자를 미래의 세대에게 전파하려고 노력하는 과정에서 직면해야 했던 어려움에 잘 적응했다. 따라서 좋은 보상 신호를 설계하는 것이 항상 쉬운 것이라고 생각해서는 안 된다!

한 가지 예로 학습자가 자신의 행동 방식을 학습하고 이상적인 상황에서 궁극적으로는 문제의 설계자가 실제 원했던 것을 이루어 내도록 하는 보상 신호를 설계하는 것에 대한 어려움이 있다. 설계자의 목표가 간단하고 알아보기 쉽다면 이것은 쉬운 일이 될 수 있다. 예를 들면, 잘 정의된 문제의 해법을 찾는 것이나 잘 정의된 게임에서 높은 점수를 얻는 것이 그러한 경우다. 이와 같은 경우에는 학습자가 문제를 풀거나 점수를 높이는 과정에서 거둔 성공에 따라 학습자에게 보상을 주는 것이 일반적이다. 그러나 어떤 문제들은 보상 신호로 전환하기 어려운 목표를 갖기도 한다. 문제가 학습자로 하여금 일 잘하는 로봇 집사에게 요구되는 것과 같은 복잡한 작업을 수행하게 하거나 여러 작업을 기술적으로 수행하도록 요구할 때는 특히 그렇다. 더욱이, 강화학습 학습자는 환경으로 하여금 보상 신호를 내보내도록 하기 위한 예기치 못한 방법을 발견할 수 있는데, 이때 환경이 보내는 신호 중 일부는 바람직하지 못하거나 심지어 위험한 신호일 수도 있다. 이것은 최적화를 기반으로 하는 강화학습 같은 모든 방법에서 오래되고도 중요한 어려움이다. 이 이슈는 이 책의 마지막 절인 17.6절에서 더 다루겠다.

목표가 간단하고 알아보기 쉬울 때도 **드문 보상**sparce reward 문제가 종종 발생한다. 다양한 초기 조건으로부터 효율적으로 학습하여 목표를 달성하는 것은 차치하더라도, 학습자가 목표를 한 번에 달성할 수 있도록 0이 아닌 보상을 충분히 자주 전달하는 것조차 벅찬 도전이 될 수 있다.

아마 확실하게 보상을 받을 만한 상태-행동 쌍은 거의 없을 것이고, 목표를 향한 진척이 있었음을 확인해 주는 보상은 진척을 감지하기가 매우 어렵거나 불가능하기 때문에 자주 발생하지 않을 수 있다. 학습자는 하릴없이 오랫동안 정체될 수도 있다(민스키(1961)가 '정체 문제plateau problem'라고 불렀던 것).

실제로, 보통의 보상 신호를 설계하는 과정은 만족할 만한 결과를 만드는 신호를 찾기 위한 비형식적인 시행착오 탐색 과정이다. 학습자가 학습에 실패하거나, 너무 느리게 학습하거나, 잘못된 것을 학습하면, 설계자는 보상 신호를 수정한 후 다시 학습을 시도한다. 이렇게 하기 위해서 설계자는 학습자의 성능을 평가 기준에 따라 평가한다. 이때 설계자는 이 평가 기준을 보상 신호로 변환하는 과정을 이용하여 학습자의 목표와 설계자의 목표가 일치하도록 만드는 평가 기준을 찾아야 한다. 그리고 만약 학습이 너무 느리면, 설계자는 학습자와 환경 사이의 상호작용을 통한 학습을 효과적으로 제어하기 위해 드물지 않은non-sparse 보상 신호를 설계하려고 노력할 것이다.

설계자가 생각하기에 전체 목표에 도달하기 위한 중요한 거점이라고 생각되는 세부 목표를 설정하고, 그 세부 목표를 달성하는 것에 대해 학습자에게 보상함으로써 드문 보상의 문제를 다루는 것은 꽤 좋은 방법이다. 하지만 의도가 좋다고 하더라도 원래의 보상에 추가적인 보상을 더하면 학습자는 원래의 의도와는 매우 다르게 행동할 수도 있다. 예를 들어, 학습자가 전체적인 목표를 전혀 이루지 못한 채로 끝날 수도 있다. 목표에 도달하게끔 안내하는 더 좋은 방법은 보상 신호는 그대로 두고 대신 가치 함수 근삿값에 가치 함수가 궁극적으로 가져야 하는 값의 초기 추정값을 결합하거나, 가치 함수의 특정 부분이 어떤 값을 가져야 하는지에 대한 초기 추정값을 결합하는 것이다. 예를 들어, 실제 최적 가치 함수 v_*에 대한 초기 추정값으로 $v_0 : S \rightarrow \mathbb{R}$가 설정되었고, 특징 $\mathbf{x} : S \rightarrow \mathbb{R}^d$를 갖는 선형 함수 근사가 적용되었다고 가정하자. 이제 초기 가치 함수 근삿값은 다음과 같이 표현될 것이고, 평소와 마찬가지로 가중치 $\mathbf{w}$는 갱신될 것이다.

$$\hat{v}(s,\mathbf{w}) \doteq \mathbf{w}^\top \mathbf{x}(s) + v_0(s) \qquad \text{(식 17.11)}$$

초기 가중치 벡터가 $\mathbf{0}$이면 초기 가치 함수는 v_0가 될 테지만, 점근적으로 수렴한 해의 품질은 평소처럼 특징 벡터에 의해 결정될 것이다. 항상 학습이 가속화된다고 보장할 수는 없지만, 이러한 초기화는 임의의 비선형 근사 함수와 임의의 형태를 갖는 v_0에 대해 이루어질 수 있다.

드문 보상 문제에 특별히 효과적인 방법은 심리학자 스키너B. F. Skinner가 소개했고 14.3절에서도 설명한 **성형**shaping 기법이다. 이 방법의 효과는 드문 보상 문제가 단지 보상 신호만의 문제가 아니고 학습자가 보상이 발생하는 상태를 자주 마주치지 않도록 하는 상황 속에서 학습자가 어떤 정책을 따라야 하는지의 문제이기도 하다는 사실로부터 발휘된다. 성형의 과정에는 학습이 진행되는 동안 보상 신호를 변경하는 과정이 포함되는데, 학습자의 초기 행동이 주어지면 드물지 않은 보상과 함께 학습이 시작되고, 학습이 진행되면서 문제의 원래 목적에 맞는 보상이 되도록 점진적으로 보상을 수정한다. 모든 수정은 학습자의 현재 행동에 대해 학습자가 자주 보상을 받을 수 있도록 하는 방향으로 이루어진다. 학습자는 점점 더 어려워지는 강화학습 문제를 계속해서 연달아 마주친다. 매 단계에서 학습한 것은 다음 단계의 더 어려운 문제를 비교적 쉽게 만들어준다. 이것은 더 쉬운 문제를 통해 얻은 이전의 경험이 없었을 경우 얻게 되었을 보상의 빈도수보다 더 많은 빈도수의 보상을 학습자가 얻고 있기 때문에 가능하다. 이러한 종류의 성형은 동물을 훈련시키는 과정에서 필수적인 기법이며, 수치 계산적 강화학습에도 효과적으로 작동했다.

어떤 학습자가 보상이 얼마가 되어야 하는지를 모르는 상황에서, 해당 문제에 이미 전문가이면서 행동이 외부로 노출되는 또 다른 학습자, 어쩌면 사람이 있다고 가정하면 어떨까? 이러한 경우에는 '모방 학습imitation learning', '입증을 통한 학습learning from demonstration', '도제 학습apprenticeship learning'으로 다양하게 불리는 방법들을 사용할 수 있다. 이러한 방법들에 내재된 원리는 전문가 학습자로부터 이득을 얻으면서도 결국에는 전문가 학습자보다도 학습을 더 잘 수행할 가능성을 열어두는 것이다. 전문가의 행동으로부터 학습하는 것은 지도학습을 이용하여 직접 학습하는 방법을 이용하거나 '역inverse 강화학습'으로 알려진 방법을 통해 보상 신호를 추출하고 그 보상 신호를 적용한 강화학습을 이용하여 정책을 학습하는 방법을 통해 수행될 수 있다. 응과 러셀(Ng and Russell, 2000)이 연구한 역 강화학습 문제는 전문가의 행동만을 이용하여 전문가의 보상 신호를 복원하고자 하는 것이다. 정책이 다양한 보상 신호(예를 들어, 모든 상태와 행동에 대해 동일한 보상을 주는 모든 보상 신호)에 최적화되어 있기 때문에 역 강화학습을 정확히 수행할 수는 없었지만, 그럴듯한 보상 신호의 후보는 찾을 수 있었다. 불행히도 여기에는 강력한 가정이 필요한데, 이러한 가정에는 환경의 동역학 및 보상 신호와 선형 관계를 갖는 특징 벡터에 대한 가정이 포함된다. 또한 이 방법을 적용하기 위해서는 (예를 들면, 동적 프로그래밍 방법을 이용하여) 문제를 완벽하게 푸는 과정을 여러 번 수행할 필요가 있다. 이러한 어려움에도 불구하고, 아빌과 응(Abbeel and Ng, 2004)은 전문가의 행동을 학습에 활용하기 위한 방법으로서 역 강화학습 방법이 때로는 지도학습보다 더 효과적일 수 있다고 주장한다.

좋은 보상 신호를 찾는 또 다른 방법은 좋은 신호를 찾기 위한 방법으로 위에서 언급한 시행착오 탐색을 자동화하는 것이다. 실제 문제에 적용하는 관점에서 보면, 보상 신호는 학습 알고리즘의 파라미터다. 다른 알고리즘 파라미터에 대한 탐색과 마찬가지로, 좋은 보상 신호에 대한 탐색은 가능한 후보군을 정의하고 그에 대해 최적화 알고리즘을 적용함으로써 자동화할 수 있다. 최적화 알고리즘은 학습자의 한계를 무시한 채로 후보군에 있는 보상 신호를 적용한 강화학습 시스템을 몇 단계 동안 실행하고 설계자의 실제 목표를 부호화할 의도로 만들어진 '높은 수준'의 목적 함수를 이용하여 전체적인 결과에 대한 점수를 산출함으로써 해당 보상 신호를 평가한다. 보상 신호는 온라인 경사도 상승을 통해서도 향상될 수 있다. 여기서의 경사도는 높은 수준의 목적 함수에 대한 경사도다(소르그, 루이스, 싱Sorg, Lewis, Singh, 2010). 이 방법을 실제 세계와 연관지어 설명하면, 높은 수준의 목적 함수를 최적화하기 위한 알고리즘은 진화와 유사한데, 이때 높은 수준의 목적 함수는 생식 가능 연령까지 살아남은 자손들의 수에 따라 결정되는 동물의 진화적 적합도가 된다.

이러한 2단계bilevel 최적화 방법을 적용한 수치 계산적 실험(한 단계는 진화와 유사하고, 다른 단계는 개별적인 학습자가 수행하는 강화학습에 의한 최적화다)을 통해 직관만을 이용하여 보상 신호를 만드는 것이 좋은 보상 신호를 만드는 방법으로서 항상 적합한 것은 아니라는 사실이 확인되었다(싱, 루이스, 바르토, 2009). 높은 수준의 목적 함수를 이용하여 평가한 강화학습 학습자의 성능은 학습자가 갖는 한계 및 학습자가 행동하고 학습하는 환경에 의해 복잡한 방식으로 결정되는 학습자의 보상 신호에 대한 세부 사항에 따라 매우 민감하게 변할 수 있다. 이러한 실험들은 또한 학습자의 목표가 자신을 설계한 설계자의 목표와 항상 같아서는 안 된다는 것을 보여주었다.

처음에는 이러한 것들이 직관에 어긋나는 것처럼 보이지만, 보상 신호가 어떻든 간에 학습자가 설계자의 목표를 달성하는 것이 애당초 불가능한 것일 수도 있다. 학습자는 계산 능력의 한계, 환경 정보에 대한 제한된 접근성, 또는 제한된 학습 시간 같은 다양한 종류의 제약조건하에서 학습해야 한다. 이와 같은 제약조건이 있을 때, 설계자의 목표와는 다른 목표를 이루기 위해 수행하는 학습이 가끔은 설계자의 목표를 설정했을 때보다 오히려 설계자의 목표에 더 가까운 결과를 만들어 낼 수도 있다(소르그, 싱, 루이스, 2010; 소르그, 2011). 이와 비슷한 경우를 실제 세계에서 찾는 것은 어렵지 않다. 대부분의 음식이 갖는 영양적 가치를 사람이 직접 평가할 수는 없기 때문에, 진화(사람에게 주어지는 보상 신호의 설계자)는 인류에게 특정 맛을 선호하게 하는 보상 신호를 주었다. 물론 이 보상 신호가 항상 맞는 것은 아니지만(정말로, 어쩌면 인류의 조상들이 처했던 환경과는 특정 측면에서 차이가 있는 환경에서는 위험할 수도 있지만), 이 보상 신호는 인류가 갖고 있는 많은 한계, 예를 들면 제한된 감각 능력, 학습을 지속할 수 있는 시간의 한계, 개인적인 실험을 통해 건강한 식단을 찾는 과정에 수반되는 위험을 극복하게 해 주었다. 이와 유사하게, 동물은 자기 자신의 진화적 적합도를 확인할 수 없기 때문에 그 목적 함수가 학습을 위한 보상 신호로서의 역할을 하지 못한다. 그 대신 진화는 진화적 적합도에 대한 관측 가능한 예측자에 민감하게 반응하는 보상 신호를 제공한다.

마지막으로, 강화학습 학습자가 반드시 완벽한 유기체나 로봇 같은 것일 필요는 없다는 사실을 기억하라. 이보다 더 큰 행동 시스템을 구성하는 하나의 요소라도 강화학습 학습자가 될 수 있다. 이것은 보상 신호가 동기적 상태motivational state, 메모리memory, 생각idea, 또는 환각hallucination처럼 더 큰 규모로 행동하는 학습자의 내부에 있는 것들에 의해 영향을 받을 수도 있음을 의미한다. 또한 보상 신호는 학습이 어느 정도 진행되고 있는지를 알려주는 지표와 같이 학습 과정 그 자체의 특성에 따라 달라질 수도 있다. 보상 신호가 이와 같은 내적 요소의 정보에 따라 민감하게 변하면, 학습자는 외부에서 일어나는 사건에만 의존하는 보상 신호로는 학습하기 어려운 지식과 기술을 획득하는 방법뿐만 아니라 자신이 속한 '인지 구조cognitive architecture'를 제어하는 방법까지도 학습할 수 있게 된다. 이와 같은 가능성으로부터 다음 절의 마지막 부분에서 간략히 논의할 '내부적 동기를 갖는intrinsically-motivated 강화학습'이라는 개념이 나오게 되었다.

17.5 남아 있는 이슈들

이 책에서는 인공지능을 구현하기 위한 강화학습 방법의 근간이 되는 내용을 제시했다. 대략적으로 말하자면, 그러한 방법은 기본적으로 8장의 다이나 구조에서처럼 모델 없는 방법과 모델 기반 방법, 그리고 이 책의 2부에서 개발한 함수 근사를 함께 적용한다. 관심의 초점은 모델 기반 방법에서도 핵심적인 것으로 생각되는 점증적 온라인 알고리즘과 이 알고리즘을 비활성 정책하에서 훈련하는 상황에 적용하는 방법에 맞추어졌다. 후자에 대한 충분한 근거는 오직 이 마지막 장에서만 제시되었다. 다시 말해, 탐험/활용 딜레마를 다루기 위한 매력적인 방법으로서 줄곧 비활성 정책을 설명했지만, 이 장에 들어와서야 다양한 보조 작업과 GVF를 동시에 학습하는 것을 비롯하여 시간적으로 추상적인temporally-abstract 옵션 모델을 이용하여 세계를 계층적으로 학습하는 것과 같은 비활성 정책 기반의 학습에 대해 논의할 수 있었다. 이 책 전반에 걸쳐 언급했듯이, 그리고 이 장에서 논의한 후속 연구의 방향으로부터 알 수 있듯이 많은 부분이 앞으로 해야 할 과제로 남겨져 있다. 그러나 이 책에서 제시한 모든 것의 전반적인 개요, 그리고 이 장에서 지금까지 요약한 모든 내용에 대해서는 관대한 마음으로 그 가치를 인정해 주어도 될 것 같다. 이후에는 무엇이 남아 있을까? 물론 앞으로 필요한 것이 무엇일지 확실히 알 수는 없지만, 몇 가지 추측은 해 볼 수 있다. 이 절에서는 여전히 앞으로의 연구를 통해 다루어야 할 것처럼 보이는 이슈 여섯 가지를 강조할 것이다.

첫 번째 이슈는 완전히 점증적이면서 온라인으로 수행되는 강력한 파라미터 기반의 함수 근사 방법이 여전히 필요하다는 것이다. 심층학습 및 ANN을 기반으로 하는 방법들은 이러한 필요성을 충족시키기 위한 주요 과정이지만, 여전히 많은 데이터 집합을 활용하는 일괄처리batch 훈련 방법이나, 방대한 오프라인 자가 게임self-play을 이용한 훈련 방법, 또는 동일한 작업에 대한 다수 학습자의 경험을 교차시키는 학습 방법을 적용할 경우에만 잘 작동한다. 이러한 설정 및 그 밖의 설정들은 이 책의 화두인 강화학습에 가장 적합한 점증적인 온라인 학습을 이용하여 빠르게 학습하는 능력에 특화된 현재의 심층학습이 지닌 기본적인 한계를 해결하기 위한 방법들이다. 이 책에 등장하는 문제들 중에는 '재앙적 간섭catastrophic interference' 또는 '상관 관계가 있는 데이터correlated data'로 묘사되는 것들도 있다. 무언가가 새롭게 학습되면 그것은 이전에 학습된 것에 추가되지 않고 이전의 것을 대체함으로써 이전 학습의 장점을 잃어버리는 경향이 있다. '재현 완충 공간replay buffer' 같은 기법은 일반적으로 이전 데이터를 유지하고 재현함으로써 이전 데이터의 장점이 영구히 손실되지 않도록 하기 위해 사용된다. 현재의 심층학습 방법이 온라인 학습에는 적합하지 않다는 것이 솔직한 평가일 것이다. 이러한 한계를 극복하지 못할 이유를 찾지는 못했지만, 심층학습의 장점을 유지하면서 이 문제를 다룰 수 있는 알고리즘이 아직 개발되지는 않았다. 현재 진행되고 있는 심층학습 연구의 대부분은 이러한 한계를 제거하기보다는 극복하는 방향으로 이루어지고 있다.

(아마도 밀접하게 연관된 것이겠지만) 두 번째 이슈는 특징 이후의 학습이 충분히 일반화할 수 있는 특징을 학습하는 방법이 필요하다는 것이다. 이 이슈는 '표현 학습representation learning', '구축적 귀납constructive induction', '메타학습meta-learning'으로 다양하게 불리는 일반적인 문제의 한 예다 (단지 주어진 목표 함수를 학습하는 것에서 그치지 않고, 미래의 학습이 더 잘 일반화함으로써 학습 속도가 더 빨라지는 것과 같은 현상을 가리키는 귀납적 편향inductive bias도 학습하기 위해 경험을 어떻게 활용할 수 있을까?) 이것은 인공지능 및 패턴 인식이 처음 등장했던 1950년대와 1960년대로 거슬러 올라가는 오래된 문제다.[1] 그렇게 오래되었다는 사실을 생각하면 잠시 할 말을 잃게 된다. 어쩌면 해법이 없을 수도 있다. 하지만 해법을 발견하고 그 효과성을 입증할 시점이 아직 도래하지 않았을 가능성도 똑같이 존재한다. 오늘날 기계학습은 과거보다 훨씬 더 큰 규모로 실행된다. 그리고 잘 설계된 표현 학습 방법이 지닌 잠재적 가치는 더욱 분명해졌다. 매년 개최되는 새로운 학회(표현 학습 국제 학회International Conference on Learning Representations)에서는 이 문제 및 그와 관련된 주제를 2013년부터 매년 다루고 있다. 표현 학습을 강화학습의 맥락에서 다루는 것도 그렇게 흔하지 않다. 강화학습은 이 오래된 이슈에 대해 17.1절에서 논의했던 보조 작업 같은 새로운 가능성을 제공한다. 강화학습에서는 표현 학습의 문제가 17.3절에서 논의한 상태 갱신 함수에 대한 학습

---

1   어떤 이들은 심층학습이 이 문제를 해결할 수 있다고, 예를 들면 16.5절의 DQN이 해법이 될 수 있다고 주장하지만, 필자들은 이에 대해 확신이 없다. 현재로서는 심층학습만으로 표현 학습 문제를 일반적이고도 효율적인 방식으로 해결할 수 있다는 증거는 거의 없다.

문제와 동일시될 수 있다.

세 번째 이슈는, 학습된 환경 모델을 이용한 계획을 위해 계량화된scalable 방법이 여전히 필요하다는 것이다. 계획 방법은 게임의 규칙이나 게임의 설계자(사람)로부터 환경 모델이 주어지는 알파고 제로 및 컴퓨터 체스 같은 문제에서 대단히 효과적인 것으로 입증되었다. 하지만 데이터로부터 모델이 학습된 후 계획을 위해 활용되는 완전한 모델 기반 강화학습의 경우는 거의 없다. 8장에서 설명한 다이나 시스템이 하나의 예제이지만, 8장에서 그리고 이어지는 대부분의 문제에서 설명했듯이 다이나는 함수 근사 없이 표 기반의 모델을 이용하는데, 그로 인해 다이나의 적용 가능성은 상당한 제약을 받는다. 오직 몇 편의 논문에서만 학습된 선형 모델을 포함시켰고, 그보다 더 적은 수의 논문에서도 17.2절에서 논의한 옵션을 이용하여 시간적으로 추상적인 모델을 포함하는 연구를 수행했다.

학습된 모델을 이용한 계획이 효과적으로 실행될 수 있으려면 더 많은 연구가 필요하다. 예를 들어, 모델의 범위가 계획의 효율성에 큰 영향을 미치기 때문에 모델에 대한 학습은 선택적일 필요가 있다. 모델이 가장 중요한 옵션의 핵심적 결과에 초점을 맞춘다면, 계획은 효율적으로 빠르게 수행될 수 있지만, 모델이 선택될 것 같지 않은 옵션의 중요하지 않은 결과의 세부 사항들을 포함한다면 계획은 거의 쓸모없어질 수도 있다. 환경 모델은 계획의 과정을 최적화하는 것을 목표로 상태 및 동역학을 고려하여 신중하게 구축되어야 한다. 모델의 다양한 부분이 계획의 효율성에 기여하거나 해를 입히는 정도는 지속적으로 감시되어야 한다. 계획을 연구하는 분야에서는 아직 이 정도로 복잡한 이슈를 다루지 않았고, 계획이 암시하는 것을 고려하도록 설계된 모델 기반 학습도 다루지 않았다.

앞으로의 연구에서 다룰 필요가 있는 네 번째 이슈는 학습자가 수행하는 작업과 학습자가 자신의 발전하는 경쟁력을 조직화하기 위해 사용하는 작업에 대한 선택을 자동화하는 것이다. 이것은 학습자가 마스터할 것으로 기대되는 작업을 설계자(사람)가 설정하는 기계학습 문제에서 유용하게 쓸 수 있다. 이러한 작업은 사전에 주어지고 고정된 채로 유지되기 때문에, 학습 알고리즘의 코드로 만들어질 수 있다. 하지만 여기서 한 단계 더 나아가면, 학습자가 자신이 마스터해야 하는 작업이 무엇인지를 스스로 선택하도록 하는 것이 바람직할 것이다. 그러한 작업은 이미 알려진 특정한 작업 전체에 속하는 세부 작업일 수도 있고, 아니면 학습자에게 현재 알려지진 않았지만 학습자가 미래에 마주칠 것 같은 다양한 문제에 대해 더욱 효율적인 학습이 가능하게 해 주는 구성 요소를 만들고자 의도된 것일 수도 있다.

이러한 작업들은 17.1절에서 논의한 보조 작업이나 GVF, 또는 17.2절에서 논의한 옵션에 의해 해결되는 작업과 유사할 수도 있다. 예를 들면, GVF를 형성하는 과정에서 누적값, 정책, 종단 함수는 무엇이어야 하는가? 현재로서 사용 가능한 가장 좋은 방법은 사람이 직접 이러한 것들을 선택하는 것이지만, 이러한 작업 선택을 자동화하면 훨씬 강력한 힘과 일반성이 생길 것이다. 특히 이러한 작업들이 표현 학습의 결과로서 학습자가 사전에 만들었던 것이나 과거의 세부 문제에서 경험했던 것으로부터 나올 때에는 더욱 그렇다. GVF의 설계가 자동화되면, 설계 자체에 대한 선택도 분명하게 표현되어야 할 것이다. 작업 선택이 설계자의 마음속에 있고 그것이 코드로 만들어지기보다는, 작업이 기계 내부에 존재해서 자동으로 설정되고, 변경되고, 감시되고, 걸러지고, 탐색될 수 있도록 해야 할 것이다. 그러면 작업은 ANN에서 특징이 그러는 것처럼 다른 작업 위에 계층적으로 형성될 수 있을 것이다. 작업은 질문이고, ANN의 내용물은 그 질문에 대한 답변이다. 질문의 전체적인 계층 구조와 현대의 심층학습 방법이 제공하는 답변의 계층 구조가 일치되는 것이 필요할 것으로 기대된다.

미래의 연구를 위해 강조하고자 하는 다섯 번째 이슈는 **호기심**curiosity과 유사한 몇 가지 수치 계산적 개념을 통한 행동과 학습 사이의 상호작용에 관련된 것이다. 이 장에서는 비활성 정책 학습을 이용하여 동일한 경험의 흐름으로부터 많은 작업이 동시에 학습되는 상황을 상상해 왔다. 취해진 행동은 물론 이러한 경험의 흐름에 영향을 미칠 것이고, 그것은 그다음으로 얼마나 많은 학습이 발생하고 어떤 작업이 학습되어야 하는지를 결정할 것이다. 보상을 이용할 수 없거나 보상이 행동으로부터 강한 영향을 받지 않을 때는, 학습자가 어떤 의미에서는 작업에 대한 학습을 최대화하는 행동을 선택할 수 있게 된다. 다시 말해, 학습자는 호기심의 수치 계산적 형태를 적용하여 학습 과정에 대한 몇 가지 지표를 내부internal 또는 '고유intrinsic' 보상으로 사용할 수 있게 된다. 고유 보상은 학습 과정을 측정하는 것 이외에도 여러 가지를 할 수 있지만, 그중에서도 예기치 못한, 새롭거나 흥미로운 입력의 수신을 알리는 신호를 보내거나, 또는 환경을 변화시킬 수 있는 학습자의 능력을 평가할 수 있다. 이러한 방식으로 생성된 고유 보상 신호는 학습자가 위에 언급한 보조 작업, GVF, 또는 옵션을 정의함으로써 스스로에게 작업을 제기하는 과정에서 사용될 수 있고, 이를 통해 이 과정에서 학습된 기술은 미래의 작업을 마스터하는 학습자의 능력에 기여할 수 있다. 그 결과, 놀이play와 같은 무언가와 유사한 수치 계산적 개념이 생겨난다. 고유 보상 신호를 이런 식으로 사용하는 것에 대한 예비적 수준의 연구가 많이 수행되어 왔으며, 이 일반적인 영역의 미래 연구를 위한 흥미로운 주제들이 아직 남아 있다.

미래 연구 주제로서 관심을 끄는 마지막 이슈는 강화학습 학습자를 물리적 환경에 적용하는 과정이 허용할 수 있을 정도로 안전하게 이루어지도록 만드는 방법을 개발하는 것이다. 이것은 미래 연구로서 가장 긴급하게 요구되는 분야 중 하나다. 이에 대해서는 다음 절에서 다루겠다.

17.6 인공지능의 미래

1990년대 중반에 이 책의 1판을 저술하고 있었을 때, 인공지능은 의미 있는 발전을 이루어 내고 있었으며, 비록 대부분은 인공지능의 장밋빛 미래를 제시하면서 개발을 독려하는 것이었지만 사회적으로도 영향력을 갖게 되었다. 기계학습도 그러한 전망의 일부분이었지만, 그때까지만 해도 인공지능에 필수적인 요소는 아니었다. 오늘날에는 그러한 전망이 현실이 되어 수백만 명에 달하는 사람들의 삶을 변화시키고 있으며, 기계학습은 인공지능의 핵심 기술로서 인정받게 되었다. 이 책의 2판을 준비하는 동안 인공지능 분야에서 가장 눈에 띄는 성장을 이루어 낸 것들 중 하나가 바로 강화학습인데, 그중에서도 가장 주축이 되는 것이 '심층 강화학습'(심층 인공 신경망에 의한 함수 근사를 이용하는 강화학습)이다. 이제 인공지능을 실제 생활에 적용하는 사례가 급격하게 증가하기 시작했다. 그러한 사례들 중 대부분은 예측하기 힘든 방식으로 사람들의 삶에 영향을 미치게 될, 심층 또는 그 밖의 강화학습을 포함하게 될 것이다.

하지만 실제 생활에 성공적으로 적용되는 사례가 많다고 해서 진정한 인공지능 시대가 도래했다고 말할 수는 없다. 수년 동안 많은 발전을 이루어 냈음에도 불구하고, 인공지능과 사람의 지능 사이의 격차, 심지어는 인공지능과 동물의 지능 사이의 격차도 여전히 크다. 어떤 분야에서는, 바둑처럼 만만치 않은 분야에서조차도 초인적인 능력을 성취할 수 있지만, 사람처럼 일반적인 융통성, 문제해결 능력, 미묘한 감정, 창의성, 경험으로부터 빠르게 학습하는 능력을 고루 갖춘 완전하고 소통 가능한 학습자 시스템을 만들기 위해서는 상당히 어려운 문제들을 해결해야 한다. 역동적인 환경과의 상호작용을 통한 학습에 초점을 맞추어 강화학습을 개발해 나간다면 앞으로 강화학습은 방금 언급한 능력들을 갖춘 학습자의 중요한 구성 요소가 될 것이다.

강화학습이 갖고 있는 심리학 및 신경과학(14장 및 15장)과의 연결 고리는 인공지능의 또 다른 오랜 목표와의 연관성을 부각시킨다. 그것은 바로 마음이란 것이 무엇인지, 그리고 마음이 뇌 안에서 어떻게 생겨나는지에 대한 근본적인 질문에 답하는 것이다. 강화학습 이론은 이미 뇌 안에서 발생하는 보상, 동기, 의사결정 과정을 이해하는 데 큰 기여를 했다. 그리고 강화학습이 수치계산적 정신 의학과 결합하면 약물 남용과 약물 중독을 비롯한 정신 장애의 치료법을 찾아내는 데 기여할 수 있으리라고 믿을 만한 충분한 근거가 있다.

강화학습이 인류의 미래에 기여할 수 있는 또 다른 방법은 사람의 의사결정을 도와주는 것이다. 시뮬레이션된 환경 속에서 강화학습이 만들어 내는 정책은 교육, 보건, 교통, 에너지, 공공부문 재원 할당 같은 분야에서 사람들의 의사결정을 도와줄 수 있다. 특히 의사결정이 가져올 장기적 결과를 고려하여 의사결정을 할 수 있다는 강화학습의 핵심적인 특징은 이러한 역할에 도움이 될 수 있다. 이러한 특징은 강화학습이 가장 인상적인 결과를 보여준 백게먼이나 바둑 게임에서 매우 분명하게 드러나지만, 그것은 인류의 삶과 지구의 미래에 영향을 미치는 많은 중요한 의사결정 과정에서 요구되는 특징이기도 하다. 강화학습은 사람들의 의사결정에 도움을 주기 위해 많은 분야의 의사결정 분석가들이 과거에 개발했던 비슷한 종류의 방법들을 따른다. 향상된 함수 근사 방법과 엄청난 계산 능력을 활용하기 때문에, 강화학습은 의사결정을 도와주는 전통적인 방법들을 더 규모가 크고 더 복잡한 문제에 확대 적용하는 어려움을 극복할 수 있는 잠재력을 갖고 있다.

인공지능이 빠르게 발전함에 따라 인공지능이 우리 사회에, 심지어는 인류 자체에 심각한 위협을 제기하고 있다는 경고가 나오고 있다. 저명한 과학자이자 인공지능의 선구자인 허버트 시몬Herbert Simon은 2000년에 카네기 멜런 대학교Carnegie Mellon University, CMU에서 열린 어스웨어 심포지엄Earthware Symposium에서 있었던 한 발표(시몬, 2000)에서 오늘날 사람들이 듣고 있는 경고에 대해 예언했었다. 그는 인류의 이익을 위해 신으로부터 불을 훔쳤던 현대 과학의 영웅인 프로메테우스와 사소하고 순진한 행동으로 온갖 재앙과 재악이 담긴 상자를 열어서 세상에 엄청난 해악이 퍼지게 만든 판도라에 대한 그리스 신화를 언급하면서 새로운 기술이 가져올 가능성과 해악 사이의 영원한 갈등에 대해 이야기했다. 이러한 갈등이 불가피하다는 사실을 인정하면서, 시몬은 단순한 관망자가 아닌 미래에 대한 설계자로서 우리의 결정이 프로메테우스에게 유리한 방향으로 상황이 기울어지게 할 수 있음을 인식해야 한다고 충고했다. 이러한 사실은 틀림없이 강화학습에도 적용된다. 강화학습은 우리 사회에 도움이 될 수도 있지만, 부주의하게 사용된다면 원하지 않는 결과를 초래할 수도 있다. 따라서 강화학습을 포함하는 인공지능을 실제로 적용하는 것의 **안전성**safety은 소홀히 다룰 수 없는 주제다.

강화학습 학습자는 실제 세계 또는 실제 세계의 일부분에 대한 시뮬레이션, 아니면 이 두 경험의 원천을 혼합해 놓은 것과 상호작용함으로써 학습할 수 있다. 시뮬레이터는 학습자가 자기 자신이나 환경에 실제로 해를 입힐 위험을 감수하지 않고서도 탐험하고 학습할 수 있는 안전한 환경을 제공한다. 현재 강화학습을 적용하는 대부분의 사례에서는 실제 세계와의 직접적인 상호작용 대신 시뮬레이션된 경험으로부터 정책이 학습된다. 원하지 않는 실제 세계 결과를 피할 수 있다는 것 말고도, 시뮬레이션된 경험으로부터 학습할 경우에는 실제 경험을 획득하는 데 들어가는 비용보다 더 적은 비용으로 사실상 무제한의 데이터를 학습을 위해 사용할 수 있다. 그리고 일반적으로 시뮬레이션이 실제 시간의 흐름보다 더 빠르게 실행되기 때문에, 실제 경험을 활용할 때보다 학습이 더 빠르게 진행된다.

그럼에도 불구하고, 강화학습의 모든 잠재력을 활용하기 위해서는 강화학습 학습자가 실제 세계 경험의 흐름 속에 놓일 필요가 있다. 이렇게 하면 강화학습 학습자는 '그들의' 세계가 아닌 '우리의' 세계에서 행동하고, 탐험하고, 학습하게 된다. 어쨌든, 강화학습 알고리즘(적어도 이 책에서 다루고 있는 강화학습 알고리즘)은 온라인 학습을 하도록 설계된다. 그리고 이 알고리즘은 동물들이 비정상적nonstationary이고 혹독한 환경에서 살아남을 수 있는 방법의 많은 측면을 모방한다. 강화학습 학습자를 실제 세계에서 행동하고 학습할 수 있도록 만드는 일은 사람의 능력을 증대시키고 확장하기 위해 인공지능의 잠재된 가능성을 실현하는 과정에서 중대한 변화를 만들어 낼 수 있다.

강화학습 학습자가 실제 세계에서 행동하고 학습할 수 있기를 바라는 주된 이유는 시뮬레이션된 경험을 이용하여 강화학습이나 다른 방법에 의해 학습된 정책이 실제의 행동을 잘(그리고 안전하게) 제어할 수 있게 될 정도로 실제 세계 경험을 충분히 정확하게 시뮬레이션하는 것이 일반적으로 어렵고, 때로는 불가능하기 때문이다. 특히 교육, 보건, 교통, 공공 정책 및 향상된 의사결정의 도움을 확실히 받을 수 있는 영역에서와 같이 환경의 동역학이 사람의 행동에 따라 변하는 경우에는 더욱 그렇다. 하지만 실제 세계가 사람의 영향을 받는다 하더라도 인공지능의 잠재된 위험에 대한 경고에 주의를 기울여야 하는 것은 결국 실제 세계에서 행동하고 학습하는 학습자다.

이러한 경고 중 몇 가지는 특별히 강화학습과 관련되어 있다. 강화학습이 최적화를 기반으로 하기 때문에, 강화학습은 모든 최적화 방법의 장단점을 이어받는다. 단점은 최적화 과정이 원하지 않는 결과는 피하면서 원하는 결과를 만들어 내도록 하기 위한 목적 함수를, 강화학습의 경우에는 보상 신호를, 고안해 내야 한다는 것이다. 17.4절에서 강화학습 학습자가 환경으로 하여금 보상 신호를 내보내도록 하기 위한 예기치 못한 방법을 발견할 수도 있는데, 이때 환경이 보내는 신호 중 일부는 바람직하지 못하거나 심지어 위험한 신호일 수도 있다고 언급했다. 강화학습 시스템의 보상 신호를 설계할 때 하는 것처럼 시스템에게 학습시키고자 하는 것을 간접적으로만 명시할 경우에는, 학습자에게 기대하는 행동을 학습자가 얼마나 근접하게 수행하는지는 학습이 다 끝난 후에야 알 수 있다. 이것은 결코 강화학습과 관련된 새로운 문제가 아니다. 이 문제는 문학과 공학 분야에서 오랫동안 인식되어 온 문제다. 예를 들면, 괴테Goethe의 시 '마법사의 제자The Sorcerer's Apprentice'(괴테, 1878)에서 제자는 물을 길어 나르는 자신의 일을 대신시키기 위해 빗자루에게 마법을 걸지만 마법에 관한 지식이 부족했던 이유로 의도하지 않은 홍수를 초래했다. 공학 분야를 예로 들면, 인공 두뇌학cybernetics의 창시자인 노버트 위너Norbert Wiener는 '원숭이의 손The Monkey's Paw'(위너, 1964)이라는 초자연적인 이야기를 통해 반세기보다도 더 전에 이 문제를 경고했었다. "… 그것은 당신이 요청해야만 했거나 또는 당신이 의도한 것이 아닌 당신이 요청한 것을 허락한다.”(p. 59) 이 문제는 닉 보스트롬(Nick Bostrom, 2014)에 의해 현대적인 맥락에서 상세히 논의되기도 했다. 강화학습에 대한 경험이 있는 사람이라면 누구든지 자신의 시스템이 수많은 보상을 얻기 위한 예기치 않은 방법을 찾아내는 것을 확인했을 것이다. 예기치 않은 행동이 때로는 좋을 수도 있는데, 이러한 경우에 예기치 않은 행동은 문제를 새로운 방법으로 멋지게 해결한다. 또 다른 예를 들면, 학습자가 학습한 것이 시스템 설계자가 결코 생각해 보지 못했을 고려 사항들을 위반할 수도 있다. 사람이 행동을 조사할 기회를 갖지 못하거나 학습자의 행동을 쉽게 멈출 수 있는 수단이 없는 상태로 학습자가 실제 세계에서 행동하게 하려면 반드시 보상 신호를 세심하게 설계해야 한다.

예기치 못한 부정적 결과가 발생할 수 있음에도 불구하고, 최적화는 수백 년 동안 공학자와 건축가를 비롯하여 세상에 긍정적 영향을 주었던 모든 설계자에 의해 사용되어 오고 있다. 우리의 생활 속에 있는 많은 좋은 것들은 최적화 방법을 적용했기에 가능한 것들이다. 최적화가 지닌 위험을 완화하기 위해 많은 방법이 개발되어 왔는데, 예를 들면 강하고 약한 제약조건을 추가하거나, 강인하고robust 위험에 민감한 정책에 대해서만 최적화를 적용하거나, 다수의 목적 함수에 대해 최적화를 하는 방법들이 있다. 이러한 방법들 중 일부는 강화학습에 잘 적용되어 왔고, 앞으로도 이러한 문제를 다루기 위해 더 많은 연구가 필요하다. 강화학습 학습자의 목표가 설계자의 목표에 반드시 부합하도록 하는 문제는 앞으로의 과제로 남아 있다.

강화학습 학습자가 실제 세계에서 행동하고 학습하려고 할 때 해결되어야 하는 또 다른 어려움은 학습자가 ‘궁극적으로’ 무엇을 학습하게 될 것인가에 관한 어려움뿐만 아니라 학습 도중에 학습자가 어떻게 행동할 것인가에 대한 어려움이다. 학습자가 자신의 환경과 다른 학습자 또는 자기 자신에게 해를 입히지 않으면서(또는 좀 더 현실적으로는, 해를 입힐 확률을 받아들일 수 있을 정도로 낮게 유지한 채로) 높은 성능의 정책을 학습하기 위한 충분한 경험이 있다는 것을 어떻게 확신할 수 있을까? 이것은 새로운 문제도 아니고 강화학습에만 국한되는 문제도 아니다. 내장형embedded 강화학습을 위한 위험 관리 및 완화는 제어 공학자들이 비행기나 정교한 화학 반응을 제어할 때처럼 제어기의 행동이 받아들일 수 없는, 어쩌면 재앙적인 결과를 초래할 수 있는 상황에서 자동 제어를 사용하기 시작할 때부터 직면해야만 했던 문제다. 제어 시스템을 적용하기 위해서는 시스템에 대한 세심한 모델링과 모델의 검증, 그리고 방대한 테스트가 필요하다. 그리고 제어 시스템의 동역학을 완벽하게 알지 못하는 상황에서 이용하기 위해 설계된 적응 제어기adaptive controller의 수렴성과 안정성을 보장하는 것을 목표로 하는 수준 높은 이론이 많이 존재한다. 이론적인 보장은 수학의 바탕을 이루는 가정의 유효성을 기반으로 하기 때문에 결코 완벽하게 지켜지는 것이 아니다. 하지만 이러한 이론이 위험 관리 및 완화가 수행되는 실제 상황에 결합되지 않으면, 자동 제어(적응 제어이든 아니든 상관없이)는 우리가 의지하게 된 과정process들의 품질, 효율성, 비용 효율성을 향상시키는 데 있어 오늘날처럼 유용하게 쓰이지 못했을 것이다. 미래의 강화학습 연구 분야로서 가장 시급한 것 중 하나는 강화학습 학습자를 물리적 환경에 완전히 적용하는 것이 수용할 만한 안전성을 갖추도록 하기 위해 제어 공학에서 개발된 방법들을 변형하고 확장하는 것이다.

마지막으로, 우리가 단순한 방관자가 아니라 우리 미래의 설계자라는 사실을 인식해야 한다는 시몬의 충고로 돌아가 보자. 우리가 개인으로서 내리는 결정의 힘을 이용하고, 우리 사회가 통치되는 방식에 우리가 미칠 수 있는 영향력을 활용하면, 새로운 기술에 의해 가능해진 혜택들이 새로운 기술로 인해 발생하는 피해보다 반드시 더 커지도록 만들 수 있다. 강화학습의 경우에는 이것을 이루기 위한 충분한 기회가 있다. 그 기회는 품질, 공정성, 그리고 지구에서 살아가는 생명체의 지속 가능성을 향상시키는 데 도움이 될 수도 있지만, 새로운 위험을 초래할 수도 있다. 인공지능의 활용으로 인해 일자리를 잃은 사람들이 생겨나는 것은 이미 존재하는 위험이다. 안전에 관해서는, 강화학습이 불러올 수 있는 위험이 최적화 및 제어 방법을 적용하는 관련된 문제에서 성공적으로 관리되어 왔던 위험들과 완전히 다른 것은 아니다. 미래의 강화학습이 실제 세계의 문제에 적용될 것으로 예상됨에 따라, 개발자들에게는 강화학습과 유사한 기술을 위해 발전해 온 최고의 방법들을 활용할 의무가 있으며, 그와 동시에 그 방법들을 확장함으로써 프로메테우스에게 확실한 승리를 안겨줄 책무가 있다.

참고문헌 및 역사적 사실

17.1   일반적인 가치 함수는 서튼과 그의 동료들에 의해 처음으로 분명하게 확인되었다(서튼, 1995a; 서튼 외, 2011; 모다일, 화이트, 서튼, 2013). 링(Ring, 출판 중)은 GVF('예측forcast')를 이용하는 방대한 사고 실험을 개발했는데, 아직 출판되지 않았음에도 이 연구 결과는 큰 반향을 불러일으키고 있다.

자데르버그 외(2017)는 강화학습에서는 최초로 다수 헤드 학습의 성능을 입증했다. 벨레마레, 다브니, 무노스(Bellemare, Dabney, and Munos, 2017)는 보조 작업의 한 예로서, 보상의 분포에 대해 더 많은 것을 예측함으로써 보상의 기댓값을 최적화하기 위한 학습의 속도를 상당히 향상시킬 수 있음을 보여주었다. 그 이후로 많은 연구자가 이러한 연구를 계속 수행했다.

예측에 대한 내재된 반사 반응 및 학습된 예측으로서의 고전적 조건화에 대한 일반적인 이론은 필자가 알기로는 아직 심리학 문헌에서 명확하게 설명되지 않았다. 모다일과 서튼(2014)은 그것을 로봇과 다른 학습자에 대한 공학적 문제에 적용되는 방법으로서 설명했고, 고전적 조건화로부터 나온 방법임을 암시하기 위해 '파블로프 제어Pavlovian control'라고 불렀다.

17.2 시간적으로 추상적인 행동 과정을 옵션으로 형식화하는 방법은 서튼, 프리컵, 싱(1999)이 처음으로 소개했다. 이들의 연구는 파르(1998)와 서튼(1995a), 그리고 준 MDPSemi-MDP에 대한 고전적 연구(예 푸터맨, 1994)를 기반으로 하여 수행되었다. 프리컵(2000)은 그의 박사학위 논문에서 옵션의 개념을 전체적으로 개발했다. 이러한 초기 연구의 중요한 한계점은 함수 근사를 적용한 비활성 정책의 경우를 다루지 않았다는 것이다. 옵션 내부의 학습은 일반적으로 비활성 정책 학습을 필요로 하는데, 그 당시에는 함수 근사를 적용한 비활성 정책 학습을 안정적으로 수행할 수 없었다. 지금은 함수 근사를 이용한 안정적인 비활성 정책 학습 방법들이 다양하게 존재하지만, 이 방법들을 옵션 개념과 결합하는 것에 대한 의미 있는 연구가 이 책이 출판될 시점에는 수행되지 않았다. 바르토와 마하데반(2003) 및 헹스트(Hengst, 2012)는 시간적 추상화에 대한 다른 방법들과 옵션의 형식화를 조사했다.

옵션 모델을 적용하기 위해 GVF를 사용하는 방법은 지금까지 설명된 적이 없었다. 이 책에서 처음 제시한 이 방법은 정책이 종료될 때의 신호를 예측하기 위해 모다일, 화이트, 서튼(2014)이 소개한 기법을 사용한다.

함수 근사가 적용된 옵션 모델을 학습하는 몇 안 되는 연구 중에는 소르그와 싱(2010) 그리고 베이컨, 하브, 프리컵(Bacon, Harb, and Precup, 2017)의 연구가 있다.

옵션과 옵션 모델을 평균 보상 설정으로 확장하는 방법에 대한 연구는 아직 문헌에서 찾아볼 수 없다.

17.3 모나한(Monahan, 1982)은 POMDP 방법을 잘 설명했다. PSR과 테스트이력은 리트만, 서튼, 싱(2002)에 의해 소개되었다. OOM은 예거(1997, 1998, 2000)에 의해 소개되었다. PSR과 OOM, 그리고 그 밖의 다양한 연구 결과를 통합하는 순차적 시스템은 마이클 톤(Michael Thon, 2017; 톤과 예거, 2015)의 박사학위 논문에서 소개되었다. 시간적 관계의 네트워크로 확장하는 방법은 태너(Tanner, 2006; 서튼과 태너, 2005)에 의해 개발되었고, 그 이후에 옵션으로 확장되었다(서튼, 라폴스, 쿱Sutton, Rafols, and Koop, 2006).

비 마르코프non-Markov 상태 표현을 이용한 강화학습 이론은 싱, 자콜라, 조던(1994; 자콜라, 싱, 조던, 1995)에 의해 이해하기 쉬운 형식으로 개발되었다. 부분적 가관측성에 대한 초기의 강화학습 방법은 크리스만(Chrisman, 1992), 맥칼룸(McCallum, 1993, 1995), 파르와 러셀(Parr and Russell, 1995), 리트만, 카산드라, 카엘블링(Littman, Cassandra, and Kaelbling, 1995), 린과 미첼(Lin and Mitchell, 1992)에 의해 개발되었다.

17.4 강화학습에 조언과 가르침을 포함시키기 위한 초기의 연구는 린(1992), 맥클린과 샤블릭(Maclin and Shavlik, 1994), 클라우스(Clouse, 1996), 클라우스와 우트고프(Clouse and Utgoff, 1992)에 의해 수행되었다.

스키너의 성형shaping을 응, 하라다, 러셀(Ng, Harada, and Russell, 1999)이 소개한 '포텐셜 기반 성형potential-based shaping' 기법과 혼동하면 안 된다. 위유이오라(Wiewiora, 2003)는 이들의 방법이 가치 함수에 대한 초기 근삿값을 제공하는 더 간단한 방법(식 17.11)과 동일하다는 사실을 증명했다.

17.5 현재의 심층학습 기법에 대한 논의를 위해 굿펠로우, 벤지오, 쿠르빌(Goodfellow, Bengio, and Courville, 2016)의 책을 추천한다. ANN에 대한 재앙적 수준의 간섭 문제는 맥클로스키와 코헨(McCloskey and Cohen, 1989), 랫클리프(Ratcliff, 1990), 프렌치(French, 1999)에 의해 개발되었다. 재현 완충 공간replay buffer의 개념은 린(1992)이 소개했으며, 아타리 게임 시스템의 심층학습에 많이 사용되었다(16.5절; 므니 외, 2013, 2015).

민스키(1961)는 표현 학습의 문제를 처음으로 인식한 사람들 중 한 명이었다.

학습된, 근사적 모델과 함께 계획을 고려하는 몇 안 되는 연구 중에는 쿠바예프와 서튼(Kuvayev and Sutton, 1996), 서튼, 세페스바리, 게라미파르드, 볼링(Sutton, Szepesvari, Geramifard, and Bowling, 2008), 나우리와 리트만(Nouri and Littman, 2009), 헤스터와 스톤(Hester and Stone, 2012)의 연구가 포함된다.

계획이 더디게 진행되는 것을 피하기 위해 선택적으로 모델을 구축할 필요가 있다는 것은 인공지능 분야에서 잘 알려진 내용이다. 이와 관련하여 몇 가지 고전적 연구가 민튼(1990)과 탬베, 뉴웰, 로젠블룸(Tambe, Newell, and Rosenbloom, 1990)에 의해 수행되었다. 하우스크레흐트, 모일로우, 카엘블링, 딘, 보우틸리어(Hauskrecht, Meuleau, Kaelbling, Dean, and Boutilier, 1998)는 결정론적 옵션이 적용된 MDP에서 이것의 효과를 보여주었다.

슈미드후버(Schmidhuber, 1991a, b)는 보상 신호가 환경 모델의 향상 속도에 의존하는 함수일 경우에 호기심 같은 것들이 어떻게 발생할 수 있는지를 설명했다. 클리우빈,

폴라니, 네하니브(Klyubin, Polani, and Nehaniv, 2005)가 제안한 권한empowerment 함수는 고유 보상 신호로서 기능할 수 있는 환경에 대한 학습자의 제어 능력을 나타내는 정보 이론적information-theoretic 지표다. 발다사레와 미롤리(Baldassarre and Mirolli, 2013)는 싱, 바르토, 첸테네즈(Singh, Barto, and Chentenez, 2004)가 소개한 용어로 표현하자면, '내부적 동기를 갖는intrinsically-motivated 강화학습'에 대한 관점을 비롯하여 생물학적 관점 및 수치 계산적 관점에서 고유 보상과 동기를 연구하는 연구자들이 기여한 바를 정리했다. 이와 관련하여 오우데이어와 캐플런(Oudeyer and Kaplan, 2007), 오우데이어, 캐플런, 하프너(Oudeyer, Kaplan, and Hafner, 2007), 바르토(2013)의 논문을 참고하라.

참고문헌

Abbeel, P., Ng, A. Y. (2004). Apprenticeship learning via inverse reinforcement learning. In *Proceedings of the 21st International Conference on Machine Learning*. ACM, New York.

Abramson, B. (1990). Expected-outcome: A general model of static evaluation. *IEEE Transactions on Pattern Analysis and Machine Intelligence, 12*(2):182-193.

Adams, C. D. (1982). Variations in the sensitivity of instrumental responding to reinforcer devaluation. *The Quarterly Journal of Experimental Psychology, 34*(2):77-98.

Adams, C. D., Dickinson, A. (1981). Instrumental responding following reinforcer devaluation. *The Quarterly Journal of Experimental Psychology, 33*(2):109-121.

Adams, R. A., Huys, Q. J. M., Roiser, J. P. (2015). Computational Psychiatry: towards a mathematically informed understanding of mental illness. *Journal of Neurology, Neurosurgery & Psychiatry*. doi:10.1136/jnnp-2015-310737

Agrawal, R. (1995). Sample mean based index policies with $O(\log n)$ regret for the multi-armed bandit problem. *Advances in Applied Probability, 27*(4):1054-1078.

Agre, P. E. (1988). *The Dynamic Structure of Everyday Life*. Ph.D. thesis, Massachusetts Institute of Technology, Cambridge MA. AI-TR 1085, MIT Artificial Intelligence Laboratory.

Agre, P. E., Chapman, D. (1990). What are plans for? *Robotics and Autonomous Systems, 6*(1-2):17-34.

Aizerman, M. A., Braverman, E. Í., Rozonoer, L. I. (1964). Probability problem of pattern recognition learning and potential functions method. *Avtomat. i Telemekh, 25*(9):1307-1323.

Albus, J. S. (1971). A theory of cerebellar function. *Mathematical Biosciences, 10*(1-2):25-61.

Albus, J. S. (1981). *Brain, Behavior, and Robotics*. Byte Books, Peterborough, NH.

Aleksandrov, V. M., Sysoev, V. I., Shemeneva, V. V. (1968). Stochastic optimization of systems. *Izv. Akad. Nauk SSSR, Tekh. Kibernetika*:14-19.

Amari, S. I. (1998). Natural gradient works efficiently in learning. *Neural Computation, 10*(2):251-276.

An, P. C. E. (1991). *An Improved Multi-dimensional CMAC Neural network: Receptive Field Function and Placement*. Ph.D. thesis, University of New Hampshire, Durham.

An, P. C. E., Miller, W. T., Parks, P. C. (1991). Design improvements in associative memories for cerebellar model articulation controllers (CMAC). *Artificial Neural Networks*, pp. 1207-1210, Elsevier North-Holland. http://www.incompleteideas.net/papers/AnMillerParks1991.pdf

Anderson, C. W. (1986). *Learning and Problem Solving with Multilayer Connectionist Systems*. Ph.D. thesis, University of Massachusetts, Amherst.

Anderson, C. W. (1987). Strategy learning with multilayer connectionist representations. In *Proceedings of the 4th International Workshop on Machine Learning*, pp. 103-114. Morgan Kaufmann.

Anderson, C. W. (1989). Learning to control an inverted pendulum using neural networks. *IEEE Control Systems Magazine, 9*(3):31-37.

Anderson, J. A., Silverstein, J. W., Ritz, S. A., Jones, R. S. (1977). Distinctive features, categorical perception, and probability learning: Some applications of a neural model. *Psychological Review, 84*(5):413-451.

Andreae, J. H. (1963). STELLA, A scheme for a learning machine. In *Proceedings of the 2nd IFAC Congress, Basle*, pp. 497-502. Butterworths, London.

Andreae, J. H. (1969a). A learning machine with monologue. *International Journal of Man-Machine Studies, 1*(1):1-20.

Andreae, J. H. (1969b). Learning machines—a unified view. In A. R. Meetham and R. A. Hudson (Eds.), *Encyclopedia of Information, Linguistics, and Control*, pp. 261-270. Pergamon, Oxford.

Andreae, J. H. (1977). *Thinking with the Teachable Machine.* Academic Press, London.

Andreae, J. H. (2017a). A model of how the brain learns: A short introduction to multiple context associative learning (MCAL) and the PP system. Unpublished report.

Andreae, J. H. (2017b). Working memory for the associative learning of language. Unpublished report.

Arthur, W. B. (1991). Designing economic agents that act like human agents: A behavioral approach to bounded rationality. *The American Economic Review, 81*(2):353-359.

Asadi, K., Allen, C., Roderick, M., Mohamed, A. R., Konidaris, G., Littman, M. (2017). Mean actor critic. ArXiv:1709.00503.

Atkeson, C. G. (1992). Memory-based approaches to approximating continuous functions. In *Sante Fe Institute Studies in the Sciences of Complexity*, Proceedings Vol. 12, pp. 521-521. Addison-Wesley.

Atkeson, C. G., Moore, A. W., Schaal, S. (1997). Locally weighted learning. *Artificial Intelligence Review, 11*:11-73.

Auer, P., Cesa-Bianchi, N., Fischer, P. (2002). Finite-time analysis of the multiarmed bandit problem. *Machine learning, 47*(2-3):235-256.

Bacon, P. L., Harb, J., Precup, D. (2017). The Option-Critic Architecture. In *Proceedings of the Association for the Advancement of Artificial Intelligence*, pp. 1726-1734.

Baird, L. C. (1995). Residual algorithms: Reinforcement learning with function approximation. In *Proceedings of the 12th International Conference on Machine Learning (ICML 1995)*, pp. 30-37. Morgan Kaufmann.

Baird, L. C. (1999). *Reinforcement Learning through Gradient Descent.* Ph.D. thesis, Carnegie Mellon University, Pittsburgh PA.

Baird, L. C., Klopf, A. H. (1993). Reinforcement learning with high-dimensional, continuou sactions. Wright Laboratory, Wright-Patterson Air Force Base, Tech. Rep. WL-TR-93-1147.

Baird, L., Moore, A. W. (1999). Gradient descent for general reinforcement learning. In *Advances in Neural Information Processing Systems 11 (NIPS 1998)*, pp. 968-974. MIT Press, Cambridge MA.

Baldassarre, G., Mirolli, M. (Eds.) (2013). *Intrinsically Motivated Learning in Natural and Artificial Systems.* Springer-Verlag, Berlin Heidelberg.

Balke, A., Pearl, J. (1994). Counterfactual probabilities: Computational methods, bounds and applications. In *Proceedings of the Tenth International Conference on Uncertainty in Artificial Intelligence (UAI-1994)*, pp. 46-54. Morgan Kaufmann.

Baras, D., Meir, R. (2007). Reinforcement learning, spike-time-dependent plasticity, and the BCM rule. *Neural Computation, 19*(8):2245-2279.

Barnard, E. (1993). Temporal-difference methods and Markov models. *IEEE Transactions on Systems, Man, and Cybernetics, 23*(2):357-365.

Barreto, A. S., Precup, D., Pineau, J. (2011). Reinforcement learning using kernel-based stochastic factorization. In *Advances in Neural Information Processing Systems 24 (NIPS 2011)*, pp. 720-728. Curran Associates, Inc.

Bartlett, P. L., Baxter, J. (1999). Hebbian synaptic modifications in spiking neurons that learn. Technical report, Research School of Information Sciences and Engineering, Australian National University.

Bartlett, P. L., Baxter, J. (2000). A biologically plausible and locally optimal learning algorithm for spiking neurons. Rapport technique, Australian National University.

Barto, A. G. (1985). Learning by statistical cooperation of self-interested neuron-like computing elements. *Human Neurobiology, 4*(4):229-256.

Barto, A. G. (1986). Game-theoretic cooperativity in networks of self-interested units. In J. S. Denker (Ed.), *Neural Networks for Computing*, pp. 41-46. American Institute of Physics, New York.

Barto, A. G. (1989). From chemotaxis to cooperativity: Abstract exercises in neuronal learning strategies. In R. Durbin, R. Maill and G. Mitchison (Eds.), *The Computing Neuron*, pp. 73-98. Addison-Wesley, Reading, MA.

Barto, A. G. (1990). Connectionist learning for control: An overview. In T. Miller, R. S. Sutton, and P. J. Werbos (Eds.), *Neural Networks for Control*, pp. 5-58. MIT Press, Cambridge, MA.

Barto, A. G. (1991). Some learning tasks from a control perspective. In L. Nadel and D. L. Stein (Eds.), *1990 Lectures in Complex Systems*, pp. 195-223. Addison-Wesley, Redwood City, CA.

Barto, A. G. (1992). Reinforcement learning and adaptive critic methods. In D. A. White and D. A. Sofge (Eds.), *Handbook of Intelligent Control: Neural, Fuzzy, and Adaptive Approaches*, pp. 469-491. Van Nostrand Reinhold, New York.

Barto, A. G. (1995a). Adaptive critics and the basal ganglia. In J. C. Houk, J. L. Davis, and D. G. Beiser (Eds.), *Models of Information Processing in the Basal Ganglia*, pp. 215-232. MIT Press, Cambridge, MA.

Barto, A. G. (1995b). Reinforcement learning. In M. A. Arbib (Ed.), *Handbook of Brain Theory and Neural Networks*, pp. 804-809. MIT Press, Cambridge, MA.

Barto, A. G. (2011). Adaptive real-time dynamic programming. In C. Sammut and G. I Webb (Eds.), *Encyclopedia of Machine Learning*, pp. 19-22. Springer Science and Business Media.

Barto, A. G. (2013). Intrinsic motivation and reinforcement learning. In G. Baldassarre and M. Mirolli (Eds.), *Intrinsically Motivated Learning in Natural and Artificial Systems*, pp. 17-47. Springer-Verlag, Berlin Heidelberg.

Barto, A. G., Anandan, P. (1985). Pattern recognizing stochastic learning automata. *IEEE Transactions on Systems, Man, and Cybernetics, 15*(3):360-375.

Barto, A. G., Anderson, C. W. (1985). Structural learning in connectionist systems. In *Program of the Seventh Annual Conference of the Cognitive Science Society*, pp. 43-54.

Barto, A. G., Anderson, C. W., Sutton, R. S. (1982). Synthesis of nonlinear control surfaces by a layered associative search network. *Biological Cybernetics, 43*(3):175-185.

Barto, A. G., Bradtke, S. J., Singh, S. P. (1991). Real-time learning and control using asynchronous dynamic programming. Technical Report 91-57. Department of Computer and Information Science, University of Massachusetts, Amherst.

Barto, A. G., Bradtke, S. J., Singh, S. P. (1995). Learning to act using real-time dynamic programming. *Artificial Intelligence, 72*(1-2):81-138.

Barto, A. G., Duff, M. (1994). Monte Carlo matrix inversion and reinforcement learning. In *Advances in Neural Information Processing Systems 6 (NIPS 1993)*, pp. 687-694. Morgan Kaufmann, San Francisco.

Barto, A. G., Jordan, M. I. (1987). Gradient following without back-propagation in layered networks. In M. Caudill and C. Butler (Eds.), *Proceedings of the IEEE First Annual Conference on Neural Networks*, pp. II629-II636. SOS Printing, San Diego.

Barto, A. G., Mahadevan, S. (2003). Recent advances in hierarchical reinforcement learning. *Discrete Event Dynamic Systems, 13*(4):341-379.

Barto, A. G., Singh, S. P. (1990). On the computational economics of reinforcement learning. In *Connectionist Models: Proceedings of the 1990 Summer School*. Morgan Kaufmann.

Barto, A. G., Sutton, R. S. (1981a). Goal seeking components for adaptive intelligence: An initial assessment. Technical Report AFWAL-TR-81-1070. Air Force Wright Aeronautical Laboratories/ Avionics Laboratory, Wright-Patterson AFB, OH.

Barto, A. G., Sutton, R. S. (1981b). Landmark learning: An illustration of associative search. *Biological Cybernetics, 42*(1):1-8.

Barto, A. G., Sutton, R. S. (1982). Simulation of anticipatory responses in classical conditioning by a neuron-like adaptive element. *Behavioural Brain Research, 4*(3):221-235.

Barto, A. G., Sutton, R. S., Anderson, C. W. (1983). Neuronlike elements that can solve difficult learning control problems. *IEEE Transactions on Systems, Man, and Cybernetics, 13*(5):835-846. Reprinted in J. A. Anderson and E. Rosenfeld (Eds.), *Neurocomputing: Foundations of Research*, pp. 535-549. MIT Press, Cambridge, MA, 1988.

Barto, A. G., Sutton, R. S., Brouwer, P. S. (1981). Associative search network: A reinforcement learning associative memory. *Biological Cybernetics, 40*(3):201-211.

Barto, A. G., Sutton, R. S., Watkins, C. J. C. H. (1990). Learning and sequential decision making. In M. Gabriel and J. Moore (Eds.), *Learning and Computational Neuroscience: Foundations of Adaptive Networks*, pp. 539-602. MIT Press, Cambridge, MA.

Baxter, J., Bartlett, P. L. (2001). Infinite-horizon policy-gradient estimation. *Journal of Artificial Intelligence Research, 15*:319-350.

Baxter, J., Bartlett, P. L., Weaver, L. (2001). Experiments with infinite-horizon, policy-gradient estimation. *Journal of Artificial Intelligence Research, 15*:351-381.

Bellemare, M. G., Dabney, W., Munos, R. (2017). A distributional perspective on reinforcement learning. ArXiv preprint arXiv:1707.06887.

Bellemare, M. G., Naddaf, Y., Veness, J., Bowling, M. (2013). The arcade learning environment: An evaluation platform for general agents. *Journal of Artificial Intelligence Research, 47*:253-279.

Bellemare, M. G., Veness, J., Bowling, M. (2012). Investigating contingency awareness using Atari 2600 games. In *Proceedings of the Twenty-Sixth AAAI Conference on Artificial Intelligence (AAAI-12)*, pp. 864-871. AAAI Press, Menlo Park, CA.

Bellman, R. E. (1956). A problem in the sequential design of experiments. *Sankhya, 16*:221-229.

Bellman, R. E. (1957a). *Dynamic Programming*. Princeton University Press, Princeton.

Bellman, R. E. (1957b). A Markov decision process. *Journal of Mathematics and Mechanics, 6*(5):679-684.

Bellman, R. E., Dreyfus, S. E. (1959). Functional approximations and dynamic programming. *Mathematical Tables and Other Aids to Computation, 13*:247-251.

Bellman, R. E., Kalaba, R., Kotkin, B. (1973). Polynomial approximation—A new computational technique in dynamic programming: Allocation processes. *Mathematical Computation, 17*:155-161.

Bengio, Y. (2009). Learning deep architectures for AI. *Foundations and Trends in Machine Learning, 2*(1):1-27.

Bengio, Y., Courville, A. C., Vincent, P. (2012). Unsupervised feature learning and deep learning: A review and new perspectives. *CoRR 1*, arXiv:1206.5538.

Bentley, J. L. (1975). Multidimensional binary search trees used for associative searching. *Communications of the ACM, 18*(9):509-517.

Berg, H. C. (1975). Chemotaxis in bacteria. *Annual review of biophysics and bioengineering, 4*(1):119-136.

Berns, G. S., McClure, S. M., Pagnoni, G., Montague, P. R. (2001). Predictability modulates human brain response to reward. *The journal of neuroscience, 21*(8):2793-2798.

Berridge, K. C., Kringelbach, M. L. (2008). Affective neuroscience of pleasure: reward in humans and animals. *Psychopharmacology, 199*(3):457-480.

Berridge, K. C., Robinson, T. E. (1998). What is the role of dopamine in reward: hedonic impact, reward learning, or incentive salience? *Brain Research Reviews, 28*(3):309-369.

Berry, D. A., Fristedt, B. (1985). *Bandit Problems*. Chapman and Hall, London.

Bertsekas, D. P. (1982). Distributed dynamic programming. *IEEE Transactions on Automatic Control, 27*(3):610-616.

Bertsekas, D. P. (1983). Distributed asynchronous computation of fixed points. *Mathematical Programming, 27*(1):107-120.

Bertsekas, D. P. (1987). *Dynamic Programming: Deterministic and Stochastic Models*. Prentice-Hall, Englewood Cliffs, NJ.

Bertsekas, D. P. (2005). *Dynamic Programming and Optimal Control, Volume 1*, third edition. Athena Scientific, Belmont, MA.

Bertsekas, D. P. (2012). *Dynamic Programming and Optimal Control, Volume 2: Approximate Dynamic Programming*, fourth edition. Athena Scientific, Belmont, MA.

Bertsekas, D. P. (2013). Rollout algorithms for discrete optimization: A survey. In *Handbook of Combinatorial Optimization*, pp. 2989-3013. Springer, New York.

Bertsekas, D. P., Tsitsiklis, J. N. (1989). *Parallel and Distributed Computation: Numerical Methods*. Prentice-Hall, Englewood Cliffs, NJ.

Bertsekas, D. P., Tsitsiklis, J. N. (1996). *Neuro-Dynamic Programming*. Athena Scientific, Belmont, MA.

Bertsekas, D. P., Tsitsiklis, J. N., Wu, C. (1997). Rollout algorithms for combinatorial optimization. *Journal of Heuristics*, 3(3):245-262.

Bertsekas, D. P., Yu, H. (2009). Projected equation methods for approximate solution of large linear systems. *Journal of Computational and Applied Mathematics, 227*(1):27-50.

Bhat, N., Farias, V., Moallemi, C. C. (2012). Non-parametric approximate dynamic programming via the kernel method. In *Advances in Neural Information Processing Systems 25 (NIPS 2012)*, pp. 386-394. Curran Associates, Inc.

Bhatnagar, S., Sutton, R., Ghavamzadeh, M., Lee, M. (2009). Natural actor-critic algorithms. *Automatica, 45*(11).

Biermann, A. W., Fairfield, J. R. C., Beres, T. R. (1982). Signature table systems and learning. *IEEE Transactions on Systems, Man, and Cybernetics, 12*(5):635-648.

Bishop, C. M. (1995). *Neural Networks for Pattern Recognition*. Clarendon, Oxford.

Bishop, C. M. (2006). *Pattern Recognition and Machine Learning*. Springer Science + Business Media New York LLC.

Blodgett, H. C. (1929). The effect of the introduction of reward upon the maze performance of rats. *University of California Publications in Psychology, 4*:113-134.

Boakes, R. A., Costa, D. S. J. (2014). Temporal contiguity in associative learning: Iinterference and decay from an historical perspective. *Journal of Experimental Psychology: Animal Learning and Cognition, 40*(4):381-400.

Booker, L. B. (1982). *Intelligent Behavior as an Adaptation to the Task Environment.* Ph.D. thesis, University of Michigan, Ann Arbor.

Bostrom, N. (2014). *Superintelligence: Paths, Dangers, Strategies.* Oxford University Press, Oxford.

Bottou, L., Vapnik, V. (1992). Local learning algorithms. *Neural Computation, 4*(6):888-900.

Boyan, J. A. (1999). Least-squares temporal difference learning. In *Proceedings of the 16th International Conference on Machine Learning (ICML 1999)*, pp. 49-56.

Boyan, J. A. (2002). Technical update: Least-squares temporal difference learning. *Machine Learning, 49*(2):233-246.

Boyan, J. A., Moore, A. W. (1995). Generalization in reinforcement learning: Safely approximating the value function. In *Advances in Neural Information Processing Systems 7 (NIPS 1994)*, pp. 369-376. MIT Press, Cambridge, MA.

Bradtke, S. J. (1993). Reinforcement learning applied to linear quadratic regulation. In *Advancesin Neural Information Processing Systems 5 (NIPS 1992)*, pp. 295-302. Morgan Kaufmann.

Bradtke, S. J. (1994). *Incremental Dynamic Programming for On-Line Adaptive Optimal Control.* Ph.D. thesis, University of Massachusetts, Amherst. Appeared as CMPSCI Technical Report 94-62.

Bradtke, S. J., Barto, A. G. (1996). Linear least-squares algorithms for temporal difference learning. *Machine Learning, 22*:33-57.

Bradtke, S. J., Ydstie, B. E., Barto, A. G. (1994). Adaptive linear quadratic control using policy iteration. In *Proceedings of the American Control Conference*, pp. 3475-3479. American Automatic Control Council, Evanston, IL.

Brafman, R. I., Tennenholtz, M. (2003). R-max - a general polynomial time algorithm for near-optimal reinforcement learning. *Journal of Machine Learning Research, 3*:213-231.

Breiman, L. (2001). Random forests. *Machine Learning, 45*(1):5-32.

Breiter, H. C., Aharon, I., Kahneman, D., Dale, A., Shizgal, P. (2001). Functional imaging of neural responses to expectancy and experience of monetary gains and losses. *Neuron, 30*(2):619-639.

Breland, K., Breland, M. (1961). The misbehavior of organisms. *American Psychologist, 16*(11):681-684.

Bridle, J. S. (1990). Training stochastic model recognition algorithms as networks can lead to maximum mutual information estimates of parameters. In *Advances in Neural Information Processing Systems 2 (NIPS 1989)*, pp. 211-217. Morgan Kaufmann, San Mateo, CA.

Broomhead, D. S., Lowe, D. (1988). Multivariable functional interpolation and adaptive networks. *Complex Systems, 2*:321-355.

Bromberg-Martin, E. S., Matsumoto, M., Hong, S., Hikosaka, O. (2010). A pallidus-habenula-dopamine pathway signals inferred stimulus values. *Journal of Neurophysiology, 104*(2):1068-1076.

Browne, C.B., Powley, E., Whitehouse, D., Lucas, S.M., Cowling, P.I., Rohlfshagen, P., Tavener, S., Perez, D., Samothrakis, S., Colton, S. (2012). A survey of monte carlo tree search methods. *IEEE Transactions on Computational Intelligence and AI in Games, 4*(1):1-43.

Brown, J., Bullock, D., Grossberg, S. (1999). How the basal ganglia use parallel excitatory and inhibitory learning pathways to selectively respond to unexpected rewarding cues. *The Journal of Neuroscience, 19*(23):10502-10511.

Bryson, A. E., Jr. (1996). Optimal control—1950 to 1985. *IEEE Control Systems, 13*(3):26-33.

Buchanan, B. G., Mitchell, T., Smith, R. G., Johnson, C. R., Jr. (1978). Models of learning systems. *Encyclopedia of Computer Science and technology, 11.*

Buhusi, C. V., Schmajuk, N. A. (1999). Timing in simple conditioning and occasion setting: A neural network approach. *Behavioural Processes, 45*(1):33-57.

Buşoniu, L., Lazaric, A., Ghavamzadeh, M., Munos, R., Babuška, R., De Schutter, B. (2012). Least-squares methods for policy iteration. In M. Wiering and M. van Otterlo (Eds.), *Reinforcement Learning: State-of-the-Art*, pp. 75-109. Springer-Verlag Berlin Heidelberg.

Bush, R. R., Mosteller, F. (1955). *Stochastic Models for Learning*. Wiley, New York.

Byrne, J. H., Gingrich, K. J., Baxter, D. A. (1990). Computational capabilities of single neurons: Relationship to simple forms of associative and nonassociative learning in *aplysia*. In R. D. Hawkins and G. H. Bower (Eds.), *Computational Models of Learning*, pp. 31-63. Academic Press, New York.

Calabresi, P., Picconi, B., Tozzi, A., Filippo, M. D. (2007). Dopamine-mediated regulation of corticostriatal synaptic plasticity. *Trends in Neuroscience, 30*(5):211-219.

Camerer, C. (2011). *Behavioral Game Theory: Experiments in Strategic Interaction*. Princeton University Press.

Campbell, D. T. (1960). Blind variation and selective survival as a general strategy in knowledge-processes. In M. C. Yovits and S. Cameron (Eds.), *Self-Organizing Systems*, pp. 205-231. Pergamon, New York.

Cao, X. R. (2009). Stochastic learning and optimization—A sensitivity-based approach. *Annual Reviews in Control, 33*(1):11-24.

Cao, X. R., Chen, H. F. (1997). Perturbation realization, potentials, and sensitivity analysis of Markov processes. *IEEE Transactions on Automatic Control, 42*(10):1382-1393.

Carlström, J., Nordström, E. (1997). Control of self-similar ATM call traffic by reinforcement learning. In *Proceedings of the International Workshop on Applications of Neural Networks to Telecommunications 3*, pp. 54-62. Erlbaum, Hillsdale, NJ.

Chapman, D., Kaelbling, L. P. (1991). Input generalization in delayed reinforcement learning: An algorithm and performance comparisons. In *Proceedings of the Twelfth International Conference on Artificial Intelligence (IJCAI-91)*, pp. 726-731. Morgan Kaufmann, San Mateo, CA.

Chaslot, G., Bakkes, S., Szita, I., Spronck, P. (2008). Monte-Carlo tree search: A new framework for game AI. In *Proceedings of the Fourth AAAI Conference on Artificial Intelligence and Interactive Digital Entertainment (AIDE-08)*, pp. 216-217. AAAI Press, Menlo Park, CA.

Chow, C.-S., Tsitsiklis, J. N. (1991). An optimal one-way multigrid algorithm for discrete-time stochastic control. *IEEE Transactions on Automatic Control, 36*(8):898-914.

Chrisman, L. (1992). Reinforcement learning with perceptual aliasing: The perceptual distinctions approach. In *Proceedings of the Tenth National Conference on Artificial Intelligence (AAAI-92)*, pp. 183-188. AAAI/MIT Press, Menlo Park, CA.

Christensen, J., Korf, R. E. (1986). A unified theory of heuristic evaluation functions and its application to learning. In *Proceedings of the Fifth National Conference on Artificial Intelligence*, pp. 148-152. Morgan Kaufmann.

Cichosz, P. (1995). Truncating temporal differences: On the efficient implementation of TD(λ) for reinforcement learning. *Journal of Artificial Intelligence Research, 2*:287-318.

Ciosek, K., Whiteson, S. (2018). Expected policy gradients for reinforcement learning. ArXiv: 1801.03326.

Claridge-Chang, A., Roorda, R. D., Vrontou, E., Sjulson, L., Li, H., Hirsh, J., Miesenböck, G. (2009). Writing memories with light-addressable reinforcement circuitry. *Cell, 139*(2):405-415.

Clark, R. E., Squire, L. R. (1998). Classical conditioning and brain systems: the role of awareness. *Science, 280*(5360):77-81.

Clark, W. A., Farley, B. G. (1955). Generalization of pattern recognition in a self-organizing system. In *Proceedings of the 1955 Western Joint Computer Conference*, pp. 86-91.

Clouse, J. (1996). *On Integrating Apprentice Learning and Reinforcement Learning TITLE2*. Ph.D. thesis, University of Massachusetts, Amherst. Appeared as CMPSCI Technical Report 96-026.

Clouse, J., Utgoff, P. (1992). A teaching method for reinforcement learning systems. In *Proceedings of the 9th International Workshop on Machine Learning*, pp. 92-101. Morgan Kaufmann.

Cobo, L. C., Zang, P., Isbell, C. L., Thomaz, A. L. (2011). Automatic state abstraction from demonstration. In *Proceedings of the Twenty-Second International Joint Conference on Artificial Intelligence (IJCAI-11)*, pp. 1243-1248. AAAI Press.

Connell, J. (1989). A colony architecture for an artificial creature. Technical Report AI-TR-1151. MIT Artificial Intelligence Laboratory, Cambridge, MA.

Connell, M. E., Utgoff, P. E. (1987). Learning to control a dynamic physical system. *Computational intelligence, 3*(1):330-337.

Contreras-Vidal, J. L., Schultz, W. (1999). A predictive reinforcement model of dopamine neurons for learning approach behavior. *Journal of Computational Neuroscience, 6*(3):191-214.

Coulom, R. (2006). Efficient selectivity and backup operators in Monte-Carlo tree search. In *Proceedings of the 5th International Conference on Computers and Games (CG'06)*, pp. 72-83. Springer-Verlag Berlin, Heidelberg.

Courville, A. C., Daw, N. D., Touretzky, D. S. (2006). Bayesian theories of conditioning in a changing world. *Trends in Cognitive Science, 10*(7):294-300.

Craik, K. J. W. (1943). *The Nature of Explanation*. Cambridge University Press, Cambridge.

Cross, J. G. (1973). A stochastic learning model of economic behavior. *The Quarterly Journal of Economics, 87*(2):239-266.

Crow, T. J. (1968). Cortical synapses and reinforcement: a hypothesis. *Nature, 219*(5155):736-737.

Curtiss, J. H. (1954). A theoretical comparison of the efficiencies of two classical methods and a Monte Carlo method for computing one component of the solution of a set of linear algebraic equations. In H. A. Meyer (Ed.), *Symposium on Monte Carlo Methods*, pp. 191-233. Wiley, New York.

Cybenko, G. (1989). Approximation by superpositions of a sigmoidal function. *Mathematics of control, signals and systems, 2*(4):303-314.

Cziko, G. (1995). *Without Miracles: Universal Selection Theory and the Second Darwinian Revolution*. MIT Press, Cambridge, MA.

Dabney, W. (2014). *Adaptive step-sizes for reinforcement learning*. PhD thesis, University of Massachusetts, Amherst.

Dabney, W., Barto, A. G. (2012). Adaptive step-size for online temporal difference learning. In *Proceedings of the Annual Conference of the Association for the Advancement of Artificial Intelligence (AAAI)*.

Daniel, J. W. (1976). Splines and efficiency in dynamic programming. *Journal of Mathematical Analysis and Applications, 54*:402-407.

Dann, C., Neumann, G., Peters, J. (2014). Policy evaluation with temporal differences: A survey and comparison. *Journal of Machine Learning Research, 15*:809-883.

Daw, N. D., Courville, A. C., Touretzky, D. S. (2003). Timing and partial observability in the dopamine system. In *Advances in Neural Information Processing Systems 15 (NIPS 2002)*, pp. 99-106. MIT Press, Cambridge, MA.

Daw, N. D., Courville, A. C., Touretzky, D. S. (2006). Representation and timing in theories of the dopamine system. *Neural Computation, 18*(7):1637-1677.

Daw, N. D., Niv, Y., Dayan, P. (2005). Uncertainty based competition between prefrontal and dorsolateral striatal systems for behavioral control. *Nature Neuroscience, 8*(12):1704-1711.

Daw, N. D., Shohamy, D. (2008). The cognitive neuroscience of motivation and learning. *Social Cognition,*

$26(5)$:593-620.

Dayan, P. (1991). Reinforcement comparison. In D. S. Touretzky, J. L. Elman, T. J. Sejnowski, and G. E. Hinton (Eds.), *Connectionist Models: Proceedings of the 1990 Summer School*, pp. 45-51. Morgan Kaufmann.

Dayan, P. (1992). The convergence of TD(λ) for general λ. *Machine Learning, 8*(3):341-362.

Dayan, P. (2002). Matters temporal. *Trends in Cognitive Sciences, 6*(3):105-106.

Dayan, P., Abbott, L. F. (2001). *Theoretical Neuroscience: Computational and Mathematical Modeling of Neural Systems*. MIT Press, Cambridge, MA.

Dayan, P., Berridge, K. C. (2014). Model-based and model-free Pavlovian reward learning: Revaluation, revision, and revaluation. *Cognitive, Affective, & Behavioral Neuroscience, 14*(2):473-492.

Dayan, P., Niv, Y. (2008). Reinforcement learning: the good, the bad and the ugly. *Current Opinion in Neurobiology, 18*(2):185-196.

Dayan, P., Niv, Y., Seymour, B., Daw, N. D. (2006). The misbehavior of value and the discipline of the will. *Neural Networks, 19*(8):1153-1160.

Dayan, P., Sejnowski, T. (1994). TD(λ) converges with probability 1. *Machine Learning, 14*(3):295-301.

De Asis, K., Hernandez-Garcia, J. F., Holland, G. Z., Sutton, R. S. (2017). Multi-step Reinforcement Learning: A Unifying Algorithm. ArXiv preprint arXiv:1703.01327.

Dean, T., Lin, S.-H. (1995). Decomposition techniques for planning in stochastic domains. In *Proceedings of the Fourteenth International Joint Conference on Artificial Intelligence (IJCAI-95)*, pp. 1121-1127. Morgan Kaufmann. See also Technical Report CS-95-10, Brown University, Department of Computer Science, 1995.

de Farias, D. P. (2002). The Linear Programming Approach to Approximate Dynamic Programming: Theory and Application. Stanford University PhD thesis.

de Farias, D. P., Van Roy, B. (2003). The linear programming approach to approximate dynamic programming. *Operations Research 51*(6):850-865.

Degris, T., White, M., Sutton, R. S. (2012). Off-policy actor-critic. In *Proceedings of the 29th International Conference on Machine Learning (ICML 2012)*. ArXiv preprint arXiv:1205.4839, 2012.

Denardo, E. V. (1967). Contraction mappings in the theory underlying dynamic programming. *SIAM Review, 9*(2):165-177.

Dennett, D. C. (1978). Why the Law of Effect Will Not Go Away. *Brainstorms*, pp. 71-89. Bradford/MIT Press, Cambridge, MA.

Derthick, M. (1984). Variations on the Boltzmann machine learning algorithm. Carnegie-Mellon University Department of Computer Science Technical Report No. CMU-CS-84-120.

Deutsch, J. A. (1953). A new type of behaviour theory. *British Journal of Psychology. General Section, 44*(4):304-317.

Deutsch, J. A. (1954). A machine with insight. *Quarterly Journal of Experimental Psychology, 6*(1):6-11.

Dick, T. (2015). *Policy Gradient Reinforcement Learning Without Regret*. M.Sc. thesis, University of Alberta.

Dickinson, A. (1980). *Contemporary Animal Learning Theory*. Cambridge University Press.

Dickinson, A. (1985). Actions and habits: the development of behavioral autonomy. *Phil. Trans. R. Soc. Lond. B, 308*(1135):67-78.

Dickinson, A., Balleine, B. W. (2002). The role of learning in motivation. In C. R. Gallistel (Ed.), *Stevens Handbook of Experimental Psychology*, volume 3, pp. 497-533. Wiley, NY.

Dietterich, T. G., Buchanan, B. G. (1984). The role of the critic in learning systems. In O. G. Selfridge, E. L. Rissland, and M. A. Arbib (Eds.), *Adaptive Control of Ill-Defined Systems*, pp. 127-147. Plenum

Press, NY. Proceedings of the NATO Advanced Research Institute on Adaptive Control of Ill-defined Systems, NATO Conference Series II, Systems Science, Vol. 16.

Dietterich, T. G., Flann, N. S. (1995). Explanation-based learning and reinforcement learning: A unified view. In A. Prieditis and S. Russell (Eds.), *Proceedings of the 12th International Conference on Machine Learning (ICML 1995)*, pp. 176-184. Morgan Kaufmann.

Dietterich, T. G., Wang, X. (2002). Batch value function approximation via support vectors. In *Advances in Neural Information Processing Systems 14 (NIPS 2001)*, pp. 1491-1498. MIT Press, Cambridge, MA.

Diuk, C., Cohen, A., Littman, M. L. (2008). An object-oriented representation for efficient reinforcement learning. In *Proceedings of the 25th International Conference on Machine Learning (ICML 2008)*, pp. 240-247. ACM, New York.

Dolan, R. J., Dayan, P. (2013). Goals and habits in the brain. *Neuron, 80*(2):312-325.

Doll, B. B., Simon, D. A., Daw, N. D. (2012). The ubiquity of model-based reinforcement learning. *Current Opinion in Neurobiology, 22*(6):1-7.

Donahoe, J. W., Burgos, J. E. (2000). Behavior analysis and revaluation. *Journal of the Experimental Analysis of Behavior, 74*(3):331-346.

Dorigo, M., Colombetti, M. (1994). Robot shaping: Developing autonomous agents through learning. *Artificial Intelligence, 71*(2):321-370.

Doya, K. (1996). Temporal difference learning in continuous time and space. In *Advances in Neural Information Processing Systems 8 (NIPS 1995)*, pp. 1073-1079. MIT Press, Cambridge, MA.

Doya, K., Sejnowski, T. J. (1995). A novel reinforcement model of birdsong vocalization learning. In *Advances in Neural Information Processing Systems 7 (NIPS 1994)*, pp. 101-108. MIT Press, Cambridge, MA.

Doya, K., Sejnowski, T. J. (1998). A computational model of birdsong learning by auditory experience and auditory feedback. In P. W. F. Poon and J. F. Brugge (Eds.), *Central Auditory Processing and Neural Modeling*, pp. 77-88. Springer, Boston, MA.

Doyle, P. G., Snell, J. L. (1984). *Random Walks and Electric Networks*. The Mathematical Association of America. Carus Mathematical Monograph 22.

Dreyfus, S. E., Law, A. M. (1977). *The Art and Theory of Dynamic Programming*. Academic Press, New York.

Du, S. S., Chen, J., Li, L., Xiao, L., Zhou, D. (2017). Stochastic variance reduction methods for policy evaluation. *Proceedings of the 34th International Conference on Machine Learning*, pp. 1049-1058. ArXiv:1702.07944.

Duda, R. O., Hart, P. E. (1973). *Pattern Classification and Scene Analysis*. Wiley, New York.

Duff, M. O. (1995). Q-learning for bandit problems. In *Proceedings of the 12th International Conference on Machine Learning (ICML 1995)*, pp. 209-217. Morgan Kaufmann.

Egger, D. M., Miller, N. E. (1962). Secondary reinforcement in rats as a function of information value and reliability of the stimulus. *Journal of Experimental Psychology, 64*:97-104.

Eshel, N., Tian, J., Bukwich, M., Uchida, N. (2016). Dopamine neurons share common response function for reward prediction error. *Nature Neuroscience, 19*(3):479-486.

Estes, W. K. (1943). Discriminative conditioning. I. A discriminative property of conditioned anticipation. *Journal of Experimental Psychology, 32*(2):150-155.

Estes, W. K. (1948). Discriminative conditioning. II. Effects of a Pavlovian conditioned stimulus upon a subsequently established operant response. *Journal of Experimental Psychology, 38*(2):173-177.

Estes, W. K. (1950). Toward a statistical theory of learning. *Psycholological Review, 57*(2):94-107.

Farley, B. G., Clark, W. A. (1954). Simulation of self-organizing systems by digital computer. *IRE Transactions on Information Theory, 4*(4):76-84.

Farries, M. A., Fairhall, A. L. (2007). Reinforcement learning with modulated spike timingdependent synaptic plasticity. *Journal of Neurophysiology, 98*(6):3648-3665.

Feldbaum, A. A. (1965). *Optimal Control Systems*. Academic Press, New York.

Finch, G., Culler, E. (1934). Higher order conditioning with constant motivation. *The American Journal of Psychology*:596-602.

Finnsson, H., Björnsson, Y. (2008). Simulation-based approach to general game playing. In *Proceedings of the Association for the Advancement of Artificial Intelligence*, pp. 259-264.

Fiorillo, C. D., Yun, S. R., Song, M. R. (2013). Diversity and homogeneity in responses of midbrain dopamine neurons. *The Journal of Neuroscience, 33*(11):4693-4709.

Florian, R. V. (2007). Reinforcement learning through modulation of spike-timing-dependent synaptic plasticity. *Neural Computation, 19*(6):1468-1502.

Fogel, L. J., Owens, A. J., Walsh, M. J. (1966). *Artificial Intelligence through Simulated Evolution*. John Wiley and Sons.

French, R. M. (1999). Catastrophic forgetting in connectionist networks. *Trends in cognitive sciences, 3*(4):128-135.

Frey, U., Morris, R. G. M. (1997). Synaptic tagging and long-term potentiation. *Nature, 385*(6616):533-536.

Frémaux, N., Sprekeler, H., Gerstner, W. (2010). Functional requirements for reward-modulated spike-timing-dependent plasticity. *The Journal of Neuroscience, 30*(40): 13326-13337.

Friedman, J. H., Bentley, J. L., Finkel, R. A. (1977). An algorithm for finding best matches in logarithmic expected time. *ACM Transactions on Mathematical Software, 3*(3):209-226.

Friston, K. J., Tononi, G., Reeke, G. N., Sporns, O., Edelman, G. M. (1994). Value-dependent selection in the brain: Simulation in a synthetic neural model. *Neuroscience, 59*(2):229-243.

Fu, K. S. (1970). Learning control systems—Review and outlook. *IEEE Transactions on Automatic Control, 15*(2):210-221.

Galanter, E., Gerstenhaber, M. (1956). On thought: The extrinsic theory. *Psychological Review, 63*(4):218-227.

Gallistel, C. R. (2005). Deconstructing the law of effect. *Games and Economic Behavior, 52*(2):410-423.

Gardner, M. (1973). Mathematical games. *Scientific American, 228*(1):108-115.

Geist, M., Scherrer, B. (2014). Off-policy learning with eligibility traces: A survey. *Journal of Machine Learning Research, 15*(1):289-333.

Gelly, S., Silver, D. (2007). Combining online and offline knowledge in UCT. *Proceedings of the 24th International Conference on Machine Learning (ICML 2007)*, pp. 273-280.

Gelperin, A., Hopfield, J. J., Tank, D. W. (1985). The logic of *limax* learning. In A. Selverston (Ed.), *Model Neural Networks and Behavior*, pp. 247-261. Plenum Press, New York.

Genesereth, M., Thielscher, M. (2014). General game playing. *Synthesis Lectures on Artificial Intelligence and Machine Learning, 8*(2):1-229.

Gershman, S. J., Moustafa, A. A., Ludvig, E. A. (2014). Time representation in reinforcement learning models of the basal ganglia. *Frontiers in Computational Neuroscience, 7*:194.

Gershman, S. J., Pesaran, B., Daw, N. D. (2009). Human reinforcement learning subdivides structured action spaces by learning effector-specific values. *The Journal of Neuroscience, 29*(43):13524-13531.

Ghiassian, S., Rafiee, B., Sutton, R. S. (2016). A first empirical study of emphatic temporal difference learning. Workshop on Continual Learning and Deep Learning at the Conference on Neural Information Processing Systems (NIPS 2016). ArXiv:1705.04185.

Gibbs, C. M., Cool, V., Land, T., Kehoe, E. J., Gormezano, I. (1991). Second-order conditioning of the rabbits nictitating membrane response. *Integrative Physiological and Behavioral Science, 26*(4):282-295.

Gittins, J. C., Jones, D. M. (1974). A dynamic allocation index for the sequential design of experiments. In J. Gani, K. Sarkadi, and I. Vincze (Eds.), *Progress in Statistics*, pp. 241-266. North-Holland, Amsterdam-London.

Glimcher, P. W. (2011). Understanding dopamine and reinforcement learning: The dopamine reward prediction error hypothesis. *Proceedings of the National Academy of Sciences, 108*(Supplement 3): 15647-15654.

Glimcher, P. W. (2003). *Decisions, Uncertainty, and the Brain: The science of Neuroeconomics*. MIT Press, Cambridge, MA.

Glimcher, P. W., Fehr, E. (Eds.) (2013). *Neuroeconomics: Decision Making and the Brain, Second Edition*. Academic Press.

Goethe, J. W. V. (1878). The Sorcerers Apprentice. In *The Permanent Goethe*, p. 349. The Dial Press, Inc., New York.

Goldstein, H. (1957). *Classical Mechanics*. Addison-Wesley, Reading, MA.

Goodfellow, I., Bengio, Y., Courville, A. (2016). *Deep Learning*. MIT Press, Cambridge, MA.

Goodwin, G. C., Sin, K. S. (1984). *Adaptive Filtering Prediction and Control*. Prentice-Hall, Englewood Cliffs, NJ.

Gopnik, A., Glymour, C., Sobel, D., Schulz, L. E., Kushnir, T., Danks, D. (2004). A theory of causal learning in children: Causal maps and Bayes nets. *Psychological Review, 111*(1):3-32.

Gordon, G. J. (1995). Stable function approximation in dynamic programming. In A. Prieditis and S. Russell (Eds.), *Proceedings of the 12th International Conference on Machine Learning (ICML 1995)*, pp. 261-268. Morgan Kaufmann. An expanded version was published as Technical Report CMU-CS-95-103. Carnegie Mellon University, Pittsburgh, PA, 1995.

Gordon, G. J. (1996a). Chattering in SARSA(λ). CMU learning lab internal report.

Gordon, G. J. (1996b). Stable fitted reinforcement learning. In *Advances in Neural Information Processing Systems 8 (NIPS 1995)*, pp. 1052-1058. MIT Press, Cambridge, MA.

Gordon, G. J. (1999). *Approximate Solutions to Markov Decision Processes*. Ph.D. thesis, Carnegie Mellon University, Pittsburgh PA. Pittsburgh, PA.

Gordon, G. J. (2001). Reinforcement learning with function approximation converges to a region. In *Advances in Neural Information Processing Systems 13 (NIPS 2000)*, pp. 1040-1046. MIT Press, Cambridge, MA.

Graybiel, A. M. (2000). The basal ganglia. *Current Biology, 10*(14):R509-R511.

Greensmith, E., Bartlett, P. L., Baxter, J. (2002). Variance reduction techniques for gradient estimates in reinforcement learning. In *Advances in Neural Information Processing Systems 14 (NIPS 2001)*, pp. 1507-1514. MIT Press, Cambridge, MA.

Greensmith, E., Bartlett, P. L., Baxter, J. (2004). Variance reduction techniques for gradient estimates in reinforcement learning. *Journal of Machine Learning Research, 5*(Nov):1471-1530.

Griffith, A. K. (1966). A new machine learning technique applied to the game of checkers. Technical Report Project MAC, Artificial Intelligence Memo 94. Massachusetts Institute of Technology, Cambridge, MA.

Griffith, A. K. (1974). A comparison and evaluation of three machine learning procedures as applied to the game of checkers. *Artificial Intelligence, 5*(2):137-148.

Grondman, I., Busoniu, L., Lopes, G. A., Babuska, R. (2012). A survey of actor-critic reinforcement learning: Standard and natural policy gradients. *IEEE Transactions on Systems, Man, and Cybernetics, Part C (Applications and Reviews), 42*(6):1291-1307.

Grossberg, S. (1975). A neural model of attention, reinforcement, and discrimination learning. *International Review of Neurobiology, 18*:263-327.

Grossberg, S., Schmajuk, N. A. (1989). Neural dynamics of adaptive timing and temporal discrimination during associative learning. *Neural Networks, 2*(2):79-102.

Gullapalli, V. (1990). A stochastic reinforcement algorithm for learning real-valued functions. *Neural Networks, 3*(6): 671-692.

Gullapalli, V., Barto, A. G. (1992). Shaping as a method for accelerating reinforcement learning. In *Proceedings of the 1992 IEEE International Symposium on Intelligent Control*, pp. 554-559. IEEE.

Gurvits, L., Lin, L.-J., Hanson, S. J. (1994). Incremental learning of evaluation functions for absorbing Markov chains: New methods and theorems. Siemans Corporate Research, Princeton, NJ.

Hackman, L. (2012). *Faster Gradient-TD Algorithms*. M.Sc. thesis, University of Alberta, Edmonton.

Hallak, A., Tamar, A., Mannor, S. (2015). Emphatic TD Bellman operator is a contraction. ArXiv:1508.03411.

Hallak, A., Tamar, A., Munos, R., Mannor, S. (2016). Generalized emphatic temporal difference learning: Bias-variance analysis. In *Proceedings of the Thirtieth AAAI Conference on Artificial Intelligence (AAAI-16)*, pp. 1631-1637. AAAI Press, Menlo Park, CA.

Hammer, M. (1997). The neural basis of associative reward learning in honeybees. *Trends in Neuroscience, 20*(6):245-252.

Hammer, M., Menzel, R. (1995). Learning and memory in the honeybee. *The Journal of Neuroscience, 15*(3):1617-1630.

Hampson, S. E. (1983). *A Neural Model of Adaptive Behavior*. Ph.D. thesis, University of California, Irvine.

Hampson, S. E. (1989). *Connectionist Problem Solving: Computational Aspects of Biological Learning*. Birkhauser, Boston.

Hare, T. A., O'Doherty, J., Camerer, C. F., Schultz, W., Rangel, A. (2008). Dissociating the role of the orbitofrontal cortex and the striatum in the computation of goal values and prediction errors. *The Journal of Neuroscience, 28*(22):5623-5630.

Harth, E., Tzanakou, E. (1974). Alopex: A stochastic method for determining visual receptive fields. *Vision Research, 14*(12):1475-1482.

Hassabis, D., Maguire, E. A. (2007). Deconstructing episodic memory with construction. *Trends in Cognitive Sciences, 11*(7):299-306.

Hauskrecht, M., Meuleau, N., Kaelbling, L. P., Dean, T., Boutilier, C. (1998). Hierarchical solution of Markov decision processes using macro-actions. In *Proceedings of the Fourteenth Conference on Uncertainty in Artificial Intelligence*, pp. 220-229. Morgan Kaufmann.

Hawkins, R. D., Kandel, E. R. (1984). Is there a cell-biological alphabet for simple forms of learning? *Psychological Review, 91*(3):375-391.

Haykin, S. (1994). *Neural networks: A Comprehensive Foundation*, Macmillan, New York.

He, K., Huertas, M., Hong, S. Z., Tie, X., Hell, J. W., Shouval, H., Kirkwood, A. (2015). Distinct eligibility traces for LTP and LTD in cortical synapses. *Neuron, 88*(3):528-538.

He, K., Zhang, X., Ren, S., Sun, J. (2016). Deep residual learning for image recognition. In *Proceedings of the 1992 IEEE Conference on Computer Vision and Pattern Recognition*, pp. 770-778.

Hebb, D. O. (1949). *The Organization of Behavior: A Neuropsychological Theory*. John Wiley and Sons Inc., New York. Reissued by Lawrence Erlbaum Associates Inc., Mahwah NJ, 2002.

Hengst, B. (2012). Hierarchical approaches. In M. Wiering and M. van Otterlo (Eds.), *Reinforcement Learning: State-of-the-Art*, pp. 293-323. Springer-Verlag Berlin Heidelberg.

Herrnstein, R. J. (1970). On the Law of Effect. *Journal of the Experimental Analysis of Behavior, 13*(2):243-266.

Hersh, R., Griego, R. J. (1969). Brownian motion and potential theory. *Scientific American, 220*(3):66-74.

Hester, T., Stone, P. (2012). Learning and using models. In M. Wiering and M. van Otterlo (Eds.), *Reinforcement Learning: State-of-the-Art*, pp. 111-141. Springer-Verlag Berlin Heidelberg.

Hesterberg, T. C. (1988), *Advances in Importance Sampling*, Ph.D. thesis, Statistics Department, Stanford University.

Hilgard, E. R. (1956). *Theories of Learning, Second Edition*. Appleton-Century-Cofts, Inc., New York.

Hilgard, E. R., Bower, G. H. (1975). *Theories of Learning*. Prentice-Hall, Englewood Cliffs, NJ.

Hinton, G. E. (1984). Distributed representations. Technical Report CMU-CS-84-157. Department of Computer Science, Carnegie-Mellon University, Pittsburgh, PA.

Hinton, G. E., Osindero, S., Teh, Y. (2006). A fast learning algorithm for deep belief nets. *Neural Computation, 18*(7):1527-1554.

Hochreiter, S., Schmidhuber, J. (1997). LTSM can solve hard time lag problems. In *Advances in Neural Information Processing Systems 9 (NIPS 1996)*, pp. 473-479. MIT Press, Cambridge, MA.

Holland, J. H. (1975). *Adaptation in Natural and Artificial Systems*. University of Michigan Press, Ann Arbor.

Holland, J. H. (1976). Adaptation. In R. Rosen and F. M. Snell (Eds.), *Progress in Theoretical Biology*, vol. 4, pp. 263-293. Academic Press, New York.

Holland, J. H. (1986). Escaping brittleness: The possibility of general-purpose learning algorithms applied to rule-based systems. In R. S. Michalski, J. G. Carbonell, and T. M. Mitchell (Eds.), *Machine Learning: An Artificial Intelligence Approach*, vol. 2, pp. 593-623. Morgan Kaufmann.

Hollerman, J. R., Schultz, W. (1998). Dopmine neurons report an error in the temporal prediction of reward during learning. *Nature Neuroscience, 1*(4):304-309.

Houk, J. C., Adams, J. L., Barto, A. G. (1995). A model of how the basal ganglia generates and uses neural signals that predict reinforcement. In J. C. Houk, J. L. Davis, and D. G. Beiser (Eds.), *Models of Information Processing in the Basal Ganglia*, pp. 249-270. MIT Press, Cambridge, MA.

Howard, R. (1960). *Dynamic Programming and Markov Processes*. MIT Press, Cambridge, MA.

Hull, C. L. (1932). The goal-gradient hypothesis and maze learning. *Psychological Review, 39*(1):25-43.

Hull, C. L. (1943). *Principles of Behavior*. Appleton-Century, New York.

Hull, C. L. (1952). *A Behavior System*. Wiley, New York.

Ioffe, S., Szegedy, C. (2015). Batch normalization: Accelerating deep network training by reducing internal covariate shift. ArXiv:1502.03167.

İpek, E., Mutlu, O., Martínez, J. F., Caruana, R. (2008). Self-optimizing memory controllers: A reinforcement learning approach. In *ISCA'08:Proceedings of the 35th Annual International Symposium on Computer Architecture*, pp. 39-50. IEEE Computer Society Washington, DC.

Izhikevich, E. M. (2007). Solving the distal reward problem through linkage of STDP and dopamine signaling. *Cerebral Cortex, 17*(10):2443-2452.

Jaakkola, T., Jordan, M. I., Singh, S. P. (1994). On the convergence of stochastic iterative dynamic programming algorithms. *Neural Computation, 6*:1185-1201.

Jaakkola, T., Singh, S. P., Jordan, M. I. (1995). Reinforcement learning algorithm for partially observable Markov decision problems. In *Advances in Neural Information Processing Systems 7 (NIPS 1994)*, pp. 345-352. MIT Press, Cambridge, MA.

Jacobs, R. A. (1988). Increased rates of convergence through learning rate adaptation. *Neural Networks, 1*(4):295-307.

Jaderberg, M., Mnih, V., Czarnecki, W. M., Schaul, T., Leibo, J. Z., Silver, D., Kavukcuoglu, K. (2016). Reinforcement learning with unsupervised auxiliary tasks. ArXiv preprint arXiv:1611.05397.

Jaeger, H. (1997). Observable operator models and conditioned continuation representations. Arbeitspapiere der GMD 1043, GMD Forschungszentrum Informationstechnik, Sankt Augustin, Germany.

Jaeger, H. (1998). *Discrete Time, Discrete Valued Observable Operator Models: A Tutorial*. GMD-Forschungszentrum Informationstechnik.

Jaeger, H. (2000). Observable operator models for discrete stochastic time series. *Neural Computation, 12*(6):1371-1398.

Jaeger, H. (2002). Tutorial on training recurrent neural networks, covering BPPT, RTRL, EKF and the 'echo state network' approach. German National Research Center for Information Technology, Technical Report GMD report 159, 2002.

Joel, D., Niv, Y., Ruppin, E. (2002). Actor-critic models of the basal ganglia: New anatomical and computational perspectives. *Neural Networks, 15*(4):535-547.

Johnson, A., Redish, A. D. (2007). Neural ensembles in CA3 transiently encode paths forward of the animal at a decision point. *The Journal of Neuroscience, 27*(45):12176-12189.

Kaelbling, L. P. (1993a). Hierarchical learning in stochastic domains: Preliminary results. In *Proceedings of the 10th International Conference on Machine Learning (ICML 1993)*, pp. 167-173. Morgan Kaufmann.

Kaelbling, L. P. (1993b). *Learning in Embedded Systems*. MIT Press, Cambridge, MA.

Kaelbling, L. P. (Ed.) (1996). Special triple issue on reinforcement learning, *Machine Learning, 22*(1/2/3).

Kaelbling, L. P., Littman, M. L., Moore, A. W. (1996). Reinforcement learning: A survey. *Journal of Artificial Intelligence Research, 4*:237-285.

Kakade, S. M. (2002). A natural policy gradient. In *Advances in Neural Information Processing Systems 14 (NIPS 2001)*, pp. 1531-1538. MIT Press, Cambridge, MA.

Kakade, S. M. (2003). *On the Sample Complexity of Reinforcement Learning*. Ph.D. thesis, University of London.

Kakutani, S. (1945). Markov processes and the Dirichlet problem. *Proceedings of the Japan Academy, 21*(3-10):227-233.

Kalos, M. H., Whitlock, P. A. (1986). *Monte Carlo Methods*. Wiley, New York.

Kamin, L. J. (1968). "Attention-like" processes in classical conditioning. In M. R. Jones (Ed.), *Miami Symposium on the Prediction of Behavior, 1967: Aversive Stimulation*, pp. 9-31. University of Miami Press, Coral Gables, Florida.

Kamin, L. J. (1969). Predictability, surprise, attention, and conditioning. In B. A. Campbell and R. M. Church (Eds.), *Punishment and Aversive Behavior*, pp. 279-296. Appleton-Century-Crofts, New York.

Kandel, E. R., Schwartz, J. H., Jessell, T. M., Siegelbaum, S. A., Hudspeth, A. J. (Eds.) (2013). *Principles of Neural Science, Fifth Edition*. McGraw-Hill Companies, Inc.

Karampatziakis, N., Langford, J. (2010). Online importance weight aware updates. ArXiv:1011.1576.

Kashyap, R. L., Blaydon, C. C., Fu, K. S. (1970). Stochastic approximation. In J. M. Mendel and K. S. Fu (Eds.), *Adaptive, Learning, and Pattern Recognition Systems: Theory and Applications*, pp. 329-355. Academic Press, New York.

Kearney, A., Veeriah, V, Travnik, J, Sutton, R. S., Pilarski, P. M. (in preparation). TIDBD: Adapting Temporal-difference Step-sizes Through Stochastic Meta-descent.

Kearns, M., Singh, S. (2002). Near-optimal reinforcement learning in polynomial time. *Machine Learning, 49*(2-3):209-232.

Keerthi, S. S., Ravindran, B. (1997). Reinforcement learning. In E. Fieslerm and R. Beale (Eds.), *Handbook of Neural Computation*, C3. Oxford University Press, New York.

Kehoe, E. J. (1982). Conditioning with serial compound stimuli: Theoretical and empirical issues. *Experimental Animal Behavior, 1*:30-65.

Kehoe, E. J., Schreurs, B. G., Graham, P. (1987). Temporal primacy overrides prior training in serial compound conditioning of the rabbits nictitating membrane response. *Animal Learning & Behavior, 15*(4):455-464.

Keiflin, R., Janak, P. H. (2015). Dopamine prediction errors in reward learning and addiction: Ffrom theory to neural circuitry. *Neuron, 88*(2):247- 263.

Kimble, G. A. (1961). *Hilgard and Marquis' Conditioning and Learning.* Appleton-Century-Crofts, New York.

Kimble, G. A. (1967). *Foundations of Conditioning and Learning.* Appleton-Century-Crofts, New York.

Kingma, D., Ba, J. (2014). Adam: A method for stochastic optimization. ArXiv:1412.6980.

Klopf, A. H. (1972). Brain function and adaptive systems—A heterostatic theory. Technical Report AFCRL-72-0164, Air Force Cambridge Research Laboratories, Bedford, MA. A summary appears in *Proceedings of the International Conference on Systems, Man, and Cybernetics (1974).* IEEE Systems, Man, and Cybernetics Society, Dallas, TX.

Klopf, A. H. (1975). A comparison of natural and artificial intelligence. SIGART *Newsletter, 53*:11-13.

Klopf, A. H. (1982). *The Hedonistic Neuron: A Theory of Memory, Learning, and Intelligence.* Hemisphere, Washington, DC.

Klopf, A. H. (1988). A neuronal model of classical conditioning. *Psychobiology, 16*(2):85-125.

Klyubin, A. S., Polani, D., Nehaniv, C. L. (2005). Empowerment: A universal agent-centric measure of control. In *Proceedings of the 2005 IEEE Congress on Evolutionary Computation* (Vol. 1, pp. 128-135). IEEE.

Kober, J., Peters, J. (2012). Reinforcement learning in robotics: A survey. In M. Wiering, M. van Otterlo (Eds.), *Reinforcement Learning: State-of-the-Art*, pp. 579-610. Springer-Verlag.

Kocsis, L., Szepesvári, Cs. (2006). Bandit based Monte-Carlo planning. In *Proceedings of the European Conference on Machine Learning*, pp. 282-293. Springer-Verlag Berlin Heidelberg.

Kohonen, T. (1977). *Associative Memory: A System Theoretic Approach.* Springer-Verlag, Berlin.

Koller, D., Friedman, N. (2009). *Probabilistic Graphical Models: Principles and Techniques.* MIT Press.

Kolodziejski, C., Porr, B., Wörgötter, F. (2009). On the asymptotic equivalence between differential Hebbian and temporal difference learning. *Neural Computation, 21*(4):1173-1202.

Kolter, J. Z. (2011). The fixed points of off-policy TD. In *Advances in Neural Information Processing Systems 24 (NIPS 2011)*, pp. 2169-2177. Curran Associates, Inc.

Konda, V. R., Tsitsiklis, J. N. (2000). Actor-critic algorithms. In *Advances in Neural Information Processing Systems 12 (NIPS 1999)*, pp. 1008-1014. MIT Press, Cambridge, MA.

Konda, V. R., Tsitsiklis, J. N. (2003). On actor-critic algorithms. *SIAM Journal on Control and Optimization, 42*(4):1143-1166.

Konidaris, G. D., Osentoski, S., Thomas, P. S. (2011). Value function approximation in reinforcement learning using the Fourier basis . In *Proceedings of the Twenty-Fifth Conference of the Association for the Advancement of Artificial Intelligence*, pp. 380-385.

Korf, R. E. (1988). Optimal path finding algorithms. In L. N. Kanal and V. Kumar (Eds.), *Search in Artificial Intelligence*, pp. 223-267. Springer-Verlag, Berlin.

Korf, R. E. (1990). Real-time heuristic search. *Artificial Intelligence, 42*(2-3), 189-211.

Koshland, D. E. (1980). *Bacterial Chemotaxis as a Model Behavioral System.* Raven Press, New York.

Koza, J. R. (1992). *Genetic Programming: On the Programming of Computers by Means of Natural Selection* (Vol. 1). MIT Press., Cambridge, MA.

Kraft, L. G., Campagna, D. P. (1990). A summary comparison of CMAC neural network and traditional adaptive control systems. In T. Miller, R. S. Sutton, and P. J. Werbos (Eds.), *Neural Networks for Control*, pp. 143-169. MIT Press, Cambridge, MA.

Kraft, L. G., Miller, W. T., Dietz, D. (1992). Development and application of CMAC neural network-based control. In D. A. White and D. A. Sofge (Eds.), *Handbook of Intelligent Control: Neural, Fuzzy, and Adaptive Approaches*, pp. 215-232. Van Nostrand Reinhold, New York.

Kumar, P. R., Varaiya, P. (1986). *Stochastic Systems: Estimation, Identification, and Adaptive Control.* Prentice-Hall, Englewood Cliffs, NJ.

Kumar, P. R. (1985). A survey of some results in stochastic adaptive control. *SIAM Journal of Control and Optimization, 23*(3):329-380.

Kumar, V., Kanal, L. N. (1988). The CDP, A unifying formulation for heuristic search, dynamic programming, and branch-and-bound. In L. N. Kanal and V. Kumar (Eds.), *Search in Artificial Intelligence*, pp. 1-37. Springer-Verlag, Berlin.

Kushner, H. J., Dupuis, P. (1992). *Numerical Methods for Stochastic Control Problems in Continuous Time.* Springer-Verlag, New York.

Kuvayev, L., Sutton, R.S. (1996). Model-based reinforcement learning with an approximate, learned model. *Proceedings of the Ninth Yale Workshop on Adaptive and Learning Systems*, pp. 101-105, Yale University, New Haven, CT.

Lagoudakis, M., Parr, R. (2003). Least squares policy iteration. *Journal of Machine Learning Research, 4*(Dec):1107-1149.

Lai, T. L., Robbins, H. (1985). Asymptotically efficient adaptive allocation rules. *Advances in Applied Mathematics, 6*(1):4-22.

Lakshmivarahan, S., Narendra, K. S. (1982). Learning algorithms for two-person zero-sum stochastic games with incomplete information: A unified approach. *SIAM Journal of Control and Optimization, 20*(4):541-552.

Lammel, S., Lim, B. K., Malenka, R. C. (2014). Reward and aversion in a heterogeneous midbrain dopamine system. *Neuropharmacology, 76*:353-359.

Lane, S. H., Handelman, D. A., Gelfand, J. J. (1992). Theory and development of higher-order CMAC neural networks. *IEEE Control Systems, 12*(2):23-30.

LeCun, Y. (1985). Une procdure d'apprentissage pour rseau a seuil asymmetrique (a learning scheme for asymmetric threshold networks). In *Proceedings of Cognitiva 85*, Paris, France.

LeCun, Y., Bottou, L., Bengio, Y., Haffner, P. (1998). Gradient-based learning applied to document recognition. *Proceedings of the IEEE, 86*(11):2278-2324.

Legenstein, R. W., Maass, D. P. (2008). A learning theory for reward-modulated spike-timing-dependent plasticity with application to biofeedback. *PLoS Computational Biology, 4*(10).

Levy, W. B., Steward, D. (1983). Temporal contiguity requirements for long-term associative potentiation/depression in the hippocampus. *Neuroscience, 8*(4):791-797.

Lewis, F. L., Liu, D. (Eds.) (2012). *Reinforcement Learning and Approximate Dynamic Programming for Feedback Control.* John Wiley and Sons.

Lewis, R. L., Howes, A., Singh, S. (2014). Computational rationality: Linking mechanism and behavior through utility maximization. *Topics in Cognitive Science, 6*(2):279-311.

Li, L. (2012). Sample complexity bounds of exploration. In M. Wiering and M. van Otterlo (Eds.), *Reinforcement Learning: State-of-the-Art*, pp. 175-204. Springer-Verlag Berlin Heidelberg.

Li, L., Chu, W., Langford, J., Schapire, R. E. (2010). A contextual-bandit approach to personalized news article recommendation. In *Proceedings of the 19th International Conference on World Wide Web*, pp. 661-670. ACM, New York.

Lin, C.-S., Kim, H. (1991). CMAC-based adaptive critic self-learning control. *IEEE Transactions on Neural Networks, 2*(5):530-533.

Lin, L.-J. (1992). Self-improving reactive agents based on reinforcement learning, planning and teaching. *Machine Learning, 8*(3-4):293-321.

Lin, L.-J., Mitchell, T. (1992). Reinforcement learning with hidden states. In *Proceedings of the Second International Conference on Simulation of Adaptive Behavior: From Animals to Animats*, pp. 271-280. MIT Press, Cambridge, MA.

Littman, M. L., Cassandra, A. R., Kaelbling, L. P. (1995). Learning policies for partially observable environments: Scaling up. In *Proceedings of the 12th International Conference on Machine Learning (ICML 1995)*, pp. 362-370. Morgan Kaufmann.

Littman, M. L., Dean, T. L., Kaelbling, L. P. (1995). On the complexity of solving Markov decision problems. In *Proceedings of the Eleventh Annual Conference on Uncertainty in Artificial Intelligence*, pp. 394-402.

Littman, M. L., Sutton, R. S., Singh, S. (2002). Predictive representations of state. In A*dvances in Neural Information Processing Systems 14 (NIPS 2001)*, pp. 1555-1561. MIT Press, Cambridge, MA.

Liu, J. S. (2001). *Monte Carlo Strategies in Scientific Computing*. Springer-Verlag, Berlin.

Ljung, L. (1998). System identification. In A. Procházka, J. Uhlíř, P. W. J. Rayner, and N. G. Kingsbury (Eds.), *Signal Analysis and Prediction*, pp. 163-173. Springer Science + Business Media New York, LLC.

Ljung, L., Söderstrom, T. (1983). *Theory and Practice of Recursive Identification*. MIT Press, Cambridge, MA.

Ljungberg, T., Apicella, P., Schultz, W. (1992). Responses of monkey dopamine neurons during learning of behavioral reactions. *Journal of Neurophysiology, 67*(1):145-163.

Lovejoy, W. S. (1991). A survey of algorithmic methods for partially observed Markov decision processes. *Annals of Operations Research, 28*(1):47-66.

Luce, D. (1959). *Individual Choice Behavior*. Wiley, New York.

Ludvig, E. A., Bellemare, M. G., Pearson, K. G. (2011). A primer on reinforcement learning in the brain: Psychological, computational, and neural perspectives. In E. Alonso and E. Mondragón (Eds.), *Computational Neuroscience for Advancing Artificial Intelligence: Models, Methods and Applications*, pp. 111-44. Medical Information Science Reference, Hershey PA.

Ludvig, E. A., Sutton, R. S., Kehoe, E. J. (2008). Stimulus representation and the timing of reward-prediction errors in models of the dopamine system. *Neural Computation, 20*(12):3034-3054.

Ludvig, E. A., Sutton, R. S., Kehoe, E. J. (2012). Evaluating the TD model of classical conditioning. *Learning & behavior, 40*(3):305-319.

Machado, A. (1997). Learning the temporal dynamics of behavior. *Psychological Review, 104*(2):241-265.

Mackintosh, N. J. (1975). A theory of attention: Variations in the associability of stimuli with reinforcement. *Psychological Review, 82*(4):276-298.

Mackintosh, N. J. (1983). *Conditioning and Associative Learning*. Clarendon Press, Oxford.

Maclin, R., Shavlik, J. W. (1994). Incorporating advice into agents that learn from reinforcements. In *Proceedings of the Twelfth National Conference on Artificial Intelligence (AAAI-94)*, pp. 694-699. AAAI Press, Menlo Park, CA.

Maei, H. R. (2011). *Gradient Temporal-Difference Learning Algorithms*. Ph.D. thesis, University of Alberta, Edmonton.

Maei, H. R. (2018). Convergent actor-critic algorithms under off-policy training and function approximation. ArXiv:1802.07842.

Maei, H. R., Sutton, R. S. (2010). GQ(λ): A general gradient algorithm for temporal-difference prediction learning with eligibility traces. In *Proceedings of the Third Conference on Artificial General Intelligence*, pp. 91-96.

Maei, H. R., Szepesvári, Cs., Bhatnagar, S., Precup, D., Silver, D., Sutton, R. S. (2009). Convergent temporal-difference learning with arbitrary smooth function approximation. In *Advances in Neural Information Processing Systems 22 (NIPS 2009)*, pp. 1204-1212. Curran Associates, Inc.

Maei, H. R., Szepesvári, Cs., Bhatnagar, S., Sutton, R. S. (2010). Toward off-policy learning control with function approximation. In *Proceedings of the 27th International Conference on Machine Learning (ICML 2010)*, pp. 719-726).

Mahadevan, S. (1996). Average reward reinforcement learning: Foundations, algorithms, and empirical results. *Machine Learning, 22*(1):159-196.

Mahadevan, S., Liu, B., Thomas, P., Dabney, W., Giguere, S., Jacek, N., Gemp, I., Liu, J. (2014). Proximal reinforcement learning: A new theory of sequential decision making in primal-dual spaces. ArXiv preprint arXiv:1405.6757.

Mahadevan, S., Connell, J. (1992). Automatic programming of behavior-based robots using reinforcement learning. *Artificial Intelligence, 55*(2-3):311-365.

Mahmood, A. R. (2017). *Incremental Off-Policy Reinforcement Learning Algorithms*. Ph.D. thesis, University of Alberta, Edmonton.

Mahmood, A. R., Sutton, R. S. (2015). Off-policy learning based on weighted importance sampling with linear computational complexity. In *Proceedings of the 31st Conference on Uncertainty in Artificial Intelligence (UAI-2015)*, pp. 552-561. AUAI Press Corvallis, Oregon.

Mahmood, A. R., Sutton, R. S., Degris, T., Pilarski, P. M. (2012). Tuning-free step-size adaptation. In *2012 IEEE International Conference on Acoustics, Speech and Signal Processing (ICASSP), Proceedings*, pp. 2121-2124. IEEE.

Mahmood, A. R., Yu, H, Sutton, R. S. (2017). Multi-step off-policy learning without importance sampling ratios. ArXiv:1702.03006.

Mahmood, A. R., van Hasselt, H., Sutton, R. S. (2014). Weighted importance sampling for off-policy learning with linear function approx.. *Advances in Neural Information Processing Systems 27 (NIPS 2014)*, pp. 3014-3022. Curran Associates, Inc.

Marbach, P., Tsitsiklis, J. N. (1998). Simulation-based optimization of Markov reward processes. MIT Technical Report LIDS-P-2411.

Marbach, P., Tsitsiklis, J. N. (2001). Simulation-based optimization of Markov reward processes. *IEEE Transactions on Automatic Control, 46*(2):191-209.

Markram, H., Lübke, J., Frotscher, M., Sakmann, B. (1997). Regulation of synaptic efficacy by coincidence of postsynaptic APs and EPSPs. *Science, 275*(5297):213-215.

Martínez, J. F., İpek, E. (2009). Dynamic multicore resource management: A machine learning approach. *Micro, IEEE, 29*(5):8-17.

Mataric, M. J. (1994). Reward functions for accelerated learning. In *Proceedings of the 11th International Conference on Machine Learning (ICML 1994)*, pp. 181-189. Morgan Kaufmann.

Matsuda, W., Furuta, T., Nakamura, K. C., Hioki, H., Fujiyama, F., Arai, R., Kaneko, T. (2009). Single nigrostriatal dopaminergic neurons form widely spread and highly dense axonal arborizations in the neostriatum. *The Journal of Neuroscience, 29*(2):444-453.

Mazur, J. E. (1994). *Learning and Behavior*, 3rd ed. Prentice-Hall, Englewood Cliffs, NJ.

McCallum, A. K. (1993). Overcoming incomplete perception with utile distinction memory. In *Proceedings of the 10th International Conference on Machine Learning (ICML 1993)*, pp. 190-196. Morgan Kaufmann.

McCallum, A. K. (1995). *Reinforcement Learning with Selective Perception and Hidden State*. Ph.D. thesis, University of Rochester, Rochester NY.

McCloskey, M., Cohen, N. J. (1989). Catastrophic interference in connectionist networks: The sequential learning problem. *Psychology of Learning and Motivation, 24*:109-165.

McClure, S. M., Daw, N. D., Montague, P. R. (2003). A computational substrate for incentive salience. *Trends in Neurosciences, 26*(8):423-428.

McCulloch, W. S., Pitts, W. (1943). A logical calculus of the ideas immanent in nervous activity. *Bulletin of Mathematical Biophysics, 5*(4):115-133.

McMahan, H. B., Gordon, G. J. (2005). Fast Exact Planning in Markov Decision Processes. In *Proceedings of the International Conference on Automated Planning and Scheduling*, pp. 151-160.

Melo, F. S., Meyn, S. P., Ribeiro, M. I. (2008). An analysis of reinforcement learning with function approximation. In *Proceedings of the 25th International Conference on Machine Learning (ICML 2008)*, pp. 664-671.

Mendel, J. M. (1966). A survey of learning control systems. *ISA Transactions, 5*:297-303.

Mendel, J. M., McLaren, R. W. (1970). Reinforcement learning control and pattern recognition systems. In J. M. Mendel and K. S. Fu (Eds.), *Adaptive, Learning and Pattern Recognition Systems: Theory and Applications*, pp. 287-318. Academic Press, New York.

Michie, D. (1961). Trial and error. In S. A. Barnett and A. McLaren (Eds.), *Science Survey, Part 2*, pp. 129-145. Penguin, Harmondsworth.

Michie, D. (1963). Experiments on the mechanisation of game learning. 1. characterization of the model and its parameters. *The Computer Journal, 6*(3):232-263.

Michie, D. (1974). *On Machine Intelligence*. Edinburgh University Press, Edinburgh.

Michie, D., Chambers, R. A. (1968). BOXES, An experiment in adaptive control. In E. Dale and D. Michie (Eds.), *Machine Intelligence 2*, pp. 137-152. Oliver and Boyd, Edinburgh.

Miller, R. (1981). *Meaning and Purpose in the Intact Brain: A Philosophical, Psychological, and Biological Account of Conscious Process*. Clarendon Press, Oxford.

Miller, W. T., An, E., Glanz, F., Carter, M. (1990). The design of CMAC neural networks for control. *Adaptive and Learning Systems, 1*:140-145.

Miller, W. T., Glanz, F. H. (1996). *UNH_CMAC verison 2.1: The University of New Hampshire Implementation of the Cerebellar Model Arithmetic Computer - CMAC*. Robotics Laboratory Technical Report, University of New Hampshire, Durham.

Miller, S., Williams, R. J. (1992). Learning to control a bioreactor using a neural net Dyna-Q system. In *Proceedings of the Seventh Yale Workshop on Adaptive and Learning Systems*, pp. 167-172. Center for Systems Science, Dunham Laboratory, Yale University, New Haven.

Miller, W. T., Scalera, S. M., Kim, A. (1994). Neural network control of dynamic balance for a biped walking robot. In *Proceedings of the Eighth Yale Workshop on Adaptive and Learning Systems*, pp. 156-161. Center for Systems Science, Dunham Laboratory, Yale University, New Haven.

Minton, S. (1990). Quantitative results concerning the utility of explanation-based learning. *Artificial Intelligence, 42*(2-3):363-391.

Minsky, M. L. (1954). *Theory of Neural-Analog Reinforcement Systems and Its Application to the Brain-Model Problem*. Ph.D. thesis, Princeton University.

Minsky, M. L. (1961). Steps toward artificial intelligence. *Proceedings of the Institute of Radio Engineers*, 49:8-30. Reprinted in E. A. Feigenbaum and J. Feldman (Eds.), *Computers and Thought*, pp. 406-450. McGraw-Hill, New York, 1963.

Minsky, M. L. (1967). *Computation: Finite and Infinite Machines*. Prentice-Hall, Englewood Cliffs, NJ.

Mnih, V., Kavukcuoglu, K., Silver, D., Graves, A., Antonoglou, I., Wierstra, D., Riedmiller, M. (2013). Playing atari with deep reinforcement learning. ArXiv preprint arXiv:1312.5602.

Mnih, V., Kavukcuoglu, K., Silver, D., Rusu, A. A., Veness, J., Bellemare, M. G., Graves, A., Riedmiller, M., Fidjeland, A. K., Ostrovski, G., Petersen, S., Beattie, C., Sadik, A., Antonoglou, I., King, H., Kumaran, D., Wierstra, D., Legg, S., Hassabis, D. (2015). Human-level control through deep reinforcement learning. *Nature, 518*(7540):529-533.

Modayil, J., Sutton, R. S. (2014). Prediction driven behavior: Learning predictions that drive fixed responses. In *AAAI-14 Workshop on Artificial Intelligence and Robotics*, Quebec City, Canada.

Modayil, J., White, A., Sutton, R. S. (2014). Multi-timescale nexting in a reinforcement learning robot. *Adaptive Behavior, 22*(2):146-160.

Monahan, G. E. (1982). State of the art—a survey of partially observable Markov decision processes: theory, models, and algorithms. *Management Science, 28*(1):1-16.

Montague, P. R., Dayan, P., Nowlan, S. J., Pouget, A., Sejnowski, T. J. (1993). Using aperiodic reinforcement for directed self-organization during development. In *Advances in Neural Information Processing Systems 5 (NIPS 1992)*, pp. 969-976. Morgan Kaufmann.

Montague, P. R., Dayan, P., Person, C., Sejnowski, T. J. (1995). Bee foraging in uncertain environments using predictive hebbian learning. *Nature, 377*(6551):725-728.

Montague, P. R., Dayan, P., Sejnowski, T. J. (1996). A framework for mesencephalic dopamine systems based on predictive Hebbian learning. *The Journal of Neuroscience, 16*(5):1936-1947.

Montague, P. R., Dolan, R. J., Friston, K. J., Dayan, P. (2012). Computational psychiatry. *Trends in Cognitive Sciences, 16*(1):72-80.

Montague, P. R., Sejnowski, T. J. (1994). The predictive brain: Temporal coincidence and temporal order in synaptic learningmechanisms. *Learning & Memory, 1*(1):1-33.

Moore, A. W. (1990). *Efficient Memory-Based Learning for Robot Control*. Ph.D. thesis, University of Cambridge.

Moore, A. W., Atkeson, C. G. (1993). Prioritized sweeping: Reinforcement learning with less data and less real time. *Machine Learning, 13*(1):103-130.

Moore, A. W., Schneider, J., Deng, K. (1997). Efficient locally weighted polynomial regression predictions. In *Proceedings of the 14th International Conference on Machine Learning (ICML 1997)*. Morgan Kaufmann.

Moore, J. W., Blazis, D. E. J. (1989). Simulation of a classically conditioned response: A cerebellar implementation of the sutton-barto-desmond model. In J. H. Byrne and W. O. Berry (Eds.), *Neural Models of Plasticity*, pp. 187-207. Academic Press, San Diego, CA.

Moore, J. W., Choi, J.-S., Brunzell, D. H. (1998). Predictive timing under temporal uncertainty: The time derivative model of the conditioned response. In D. A. Rosenbaum and C. E. Collyer (Eds.), *Timing of Behavior*, pp. 3-34. MIT Press, Cambridge, MA.

Moore, J. W., Desmond, J. E., Berthier, N. E., Blazis, E. J., Sutton, R. S., Barto, A. G. (1986). Simulation of the classically conditioned nictitating membrane response by a neuron-like adaptive element: I. Response topography, neuronal firing, and interstimulus intervals. *Behavioural Brain Research, 21*(2):143-154.

Moore, J. W., Marks, J. S., Castagna, V. E., Polewan, R. J. (2001). Parameter stability in the TD model of complex CR topographies. In *Society for Neuroscience Abstracts, 27*:642.

Moore, J. W., Schmajuk, N. A. (2008). Kamin blocking. *Scholarpedia*, 3(5):3542.

Moore, J. W., Stickney, K. J. (1980). Formation of attentional-associative networks in real time: Role of the hippocampus and implications for conditioning. *Physiological Psychology, 8*(2):207-217.

Mukundan, J., Martínez, J. F. (2012). MORSE, Multi-objective reconfigurable self-optimizing memory scheduler. In *IEEE 18th International Symposium on High Performance Computer Architecture (HPCA)*, pp. 1-12.

Müller, M. (2002). Computer Go. *Artificial Intelligence, 134*(1):145-179.

Munos, R., Stepleton, T., Harutyunyan, A., Bellemare, M. (2016). Safe and efficient off-policy reinforcement learning. In *Advances in Neural Information Processing Systems 29 (NIPS 2016)*, pp. 1046-1054. Curran Associates, Inc.

Naddaf, Y. (2010). *Game-Independent AI Agents for Playing Atari 2600 Console Games.* Ph.D. thesis, University of Alberta, Edmonton.

Narendra, K. S., Thathachar, M. A. L. (1974). Learning automata—A survey. *IEEE Transactions on Systems, Man, and Cybernetics, 4*:323-334.

Narendra, K. S., Thathachar, M. A. L. (1989). *Learning Automata: An Introduction.* Prentice-Hall, Englewood Cliffs, NJ.

Narendra, K. S., Wheeler, R. M. (1983). An N-player sequential stochastic game with identical payoffs. *IEEE Transactions on Systems, Man, and Cybernetics, 6*:1154-1158.

Narendra, K. S., Wheeler, R. M. (1986). Decentralized learning in finite Markov chains. *IEEE Transactions on Automatic Control, 31*(6):519-526.

Nedić, A., Bertsekas, D. P. (2003). Least squares policy evaluation algorithms with linear function approx. *Discrete Event Dynamic Systems, 13*(1-2):79-110.

Ng, A. Y. (2003). *Shaping and Policy Search in Reinforcement Learning.* Ph.D. thesis, University of California, Berkeley.

Ng, A. Y., Harada, D., Russell, S. (1999). Policy invariance under reward transformations: Theory and application to reward shaping. In I. Bratko and S. Dzeroski (Eds.), *Proceedings of the 16th International Conference on Machine Learning (ICML 1999)*, pp. 278-287.

Ng, A. Y., Russell, S. J. (2000). Algorithms for inverse reinforcement learning. In *Proceedings of the 17th International Conference on Machine Learning (ICML 2000)*, pp. 663-670.

Niv, Y. (2009). Reinforcement learning in the brain. *Journal of Mathematical Psychology, 53*(3):139-154.

Niv, Y., Daw, N. D., Dayan, P. (2006). How fast to work: Response vigor, motivation and tonic dopamine. In *Advances in Neural Information Processing Systems 18 (NIPS 2005)*, pp. 1019-1026. MIT Press, Cambridge, MA.

Niv, Y., Daw, N. D., Joel, D., Dayan, P. (2007). Tonic dopamine: opportunity costs and the control of response vigor. *Psychopharmacology, 191*(3):507-520.

Niv, Y., Joel, D., Dayan, P. (2006). A normative perspective on motivation. *Trends in Cognitive Sciences, 10*(8):375-381.

Nouri, A., Littman, M. L. (2009). Multi-resolution exploration in continuous spaces. In *Advances in Neural Information Processing Systems 21 (NIPS 2008)*, pp. 1209-1216. Curran Associates, Inc.

Nowé, A., Vrancx, P., Hauwere, Y.-M. D. (2012). Game theory and multi-agent reinforcement learning. In M. Wiering and M. van Otterlo (Eds.), *Reinforcement Learning: State-of-the-Art*, pp. 441-467. Springer-Verlag Berlin Heidelberg.

Nutt, D. J., Lingford-Hughes, A., Erritzoe, D., Stokes, P. R. A. (2015). The dopamine theory of addiction: 40 years of highs and lows. *Nature Reviews Neuroscience, 16*(5):305-312.

O'Doherty, J. P., Dayan, P., Friston, K., Critchley, H., Dolan, R. J. (2003). Temporal difference models and reward-related learning in the human brain. *Neuron, 38*(2):329-337.

O'Doherty, J. P., Dayan, P., Schultz, J., Deichmann, R., Friston, K., Dolan, R. J. (2004). Dissociable roles of ventral and dorsal striatum in instrumental conditioning. *Science, 304*(5669):452-454.

Ólafsdóttir, H. F., Barry, C., Saleem, A. B., Hassabis, D., Spiers, H. J. (2015). Hippocampal place cells construct reward related sequences through unexplored space. *Elife, 4*:e06063.

Oh, J., Guo, X., Lee, H., Lewis, R. L., Singh, S. (2015). Action-conditional video prediction using deep networks in Atari games. In *Advances in Neural Information Processing Systems 28 (NIPS 2015)*, pp. 2845-2853. Curran Associates, Inc.

Olds, J., Milner, P. (1954). Positive reinforcement produced by electrical stimulation of the septal area and other regions of rat brain. *Journal of Comparative and Physiological Psychology, 47*(6):419-427.

O'Reilly, R. C., Frank, M. J. (2006). Making working memory work: A computational model of learning in the prefrontal cortex and basal ganglia. *Neural Computation, 18*(2):283-328.

O'Reilly, R. C., Frank, M. J., Hazy, T. E., Watz, B. (2007). PVLV, the primary value and learned value Pavlovian learning algorithm. *Behavioral Neuroscience, 121*(1):31-49.

Omohundro, S. M. (1987). Efficient algorithms with neural network behavior. Technical Report, Department of Computer Science, University of Illinois at Urbana-Champaign.

Ormoneit, D., Sen, Ś. (2002). Kernel-based reinforcement learning. *Machine Learning, 49*(2-3):161-178.

Oudeyer, P.-Y., Kaplan, F. (2007). What is intrinsic motivation? A typology of computational approaches. *Frontiers in Neurorobotics, 1*:6.

Oudeyer, P.-Y., Kaplan, F., Hafner, V. V. (2007). Intrinsic motivation systems for autonomous mental development. *IEEE Transactions on Evolutionary Computation, 11*(2):265-286.

Padoa-Schioppa, C., Assad, J. A. (2006). Neurons in the orbitofrontal cortex encode economic value. *Nature, 441*(7090):223-226.

Page, C. V. (1977). Heuristics for signature table analysis as a pattern recognition technique. *IEEE Transactions on Systems, Man, and Cybernetics, 7*(2):77-86.

Pagnoni, G., Zink, C. F., Montague, P. R., Berns, G. S. (2002). Activity in human ventral striatum locked to errors of reward prediction. *Nature Neuroscience, 5*(2):97-98.

Pan, W.-X., Schmidt, R., Wickens, J. R., Hyland, B. I. (2005). Dopamine cells respond to predicted events during classical conditioning: Evidence for eligibility traces in the reward-learning network. *The Journal of Neuroscience, 25*(26):6235-6242.

Park, J., Kim, J., Kang, D. (2005). An RLS-based natural actor-critic algorithm for locomotion of a two-linked robot arm. *Computational Intelligence and Security*:65-72.

Parks, P. C., Militzer, J. (1991). Improved allocation of weights for associative memory storage in learning control systems. In *IFAC Design Methods of Control Systems*, Zurich, Switzerland, pp. 507-512.

Parr, R. (1988). *Hierarchical Control and Learning for Markov Decision Processes*. Ph.D. thesis, University of California, Berkeley.

Parr, R., Li, L., Taylor, G., Painter-Wakefield, C., Littman, M. L. (2008). An analysis of linear models, linear value-function approximation, and feature selection for reinforcement learning. In *Proceedings of the 25th international conference on Machine learning*, pp. 752-759.

Parr, R., Russell, S. (1995). Approximating optimal policies for partially observable stochastic domains. In *Proceedings of the Fourteenth International Joint Conference on Artificial Intelligence*, pp. 1088-1094. Morgan Kaufmann.

Pavlov, P. I. (1927). *Conditioned Reflexes*. Oxford University Press, London.

Pawlak, V., Kerr, J. N. D. (2008). Dopamine receptor activation is required for corticostriatal spike-timing-dependent plasticity. *The Journal of Neuroscience, 28*(10):2435-2446.

Pawlak, V., Wickens, J. R., Kirkwood, A., Kerr, J. N. D. (2010). Timing is not everything: neuromodulation opens the STDP gate. *Frontiers in Synaptic Neuroscience, 2*:146. doi:10.3389/fnsyn.2010.00146.

Pearce, J. M., Hall, G. (1980). A model for Pavlovian learning: Variation in the effectiveness of conditioning but not unconditioned stimuli. *Psychological Review, 87*(6):532-552.

Pearl, J. (1984). *Heuristics: Intelligent Search Strategies for Computer Problem Solving.* Addison-Wesley, Reading, MA.

Pearl, J. (1995). Causal diagrams for empirical research. *Biometrika, 82*(4):669-688.

Pecevski, D., Maass, W., Legenstein, R. A. (2008). Theoretical analysis of learning with reward-modulated spike-timing-dependent plasticity. In *Advances in Neural Information Processing Systems 20 (NIPS 2007)*, pp. 881-888. Curran Associates, Inc.

Peng, J. (1993). *Efficient Dynamic Programming-Based Learning for Control.* Ph.D. thesis, Northeastern University, Boston MA.

Peng, J. (1995). Efficient memory-based dynamic programming. In *Proceedings of the 12th International Conference on Machine Learning (ICML 1995)*, pp. 438-446.

Peng, J., Williams, R. J. (1993). Efficient learning and planning within the Dyna framework. *Adaptive Behavior, 1*(4):437-454.

Peng, J., Williams, R. J. (1994). Incremental multi-step Q-learning. In *Proceedings of the 11th International Conference on Machine Learning (ICML 1994)*, pp. 226-232. Morgan Kaufmann, San Francisco.

Peng, J., Williams, R. J. (1996). Incremental multi-step Q-learning. *Machine Learning, 22*(1):283-290.

Perkins, T. J., Pendrith, M. D. (2002). On the existence of fixed points for Q-learning and Sarsa in partially observable domains. In *Proceedings of the 19th International Conference on Machine Learning (ICML 2002)*, pp. 490-497.

Perkins, T. J., Precup, D. (2003). A convergent form of approximate policy iteration. In *Advances in Neural Information Processing Systems 15 (NIPS 2002)*, pp. 1627-1634. MIT Press, Cambridge, MA.

Peters, J., Büchel, C. (2010). Neural representations of subjective reward value. *Behavioral Brain Research, 213*(2):135-141.

Peters, J., Schaal, S. (2008). Natural actor-critic. *Neurocomputing, 71*(7):1180-1190.

Peters, J., Vijayakumar, S., Schaal, S. (2005). Natural actor-critic. In *European Conference on Machine Learning*, pp. 280-291. Springer Berlin Heidelberg.

Pezzulo, G., van der Meer, M. A. A., Lansink, C. S., Pennartz, C. M. A. (2014). Internally generated sequences in learning and executing goal-directed behavior. *Trends in Cognitive Science, 18*(12):647-657.

Pfeiffer, B. E., Foster, D. J. (2013). Hippocampal place-cell sequences depict future paths to remembered goals. *Nature, 497*(7447):74-79.

Phansalkar, V. V., Thathachar, M. A. L. (1995). Local and global optimization algorithms for generalized learning automata. *Neural Computation, 7*(5):950-973.

Poggio, T., Girosi, F. (1989). A theory of networks for approximation and learning. A.I. Memo 1140. Artificial Intelligence Laboratory, Massachusetts Institute of Technology, Cambridge, MA.

Poggio, T., Girosi, F. (1990). Regularization algorithms for learning that are equivalent to multilayer networks. *Science, 247*(4945):978-982.

Polyak, B. T. (1990). New stochastic approximation type procedures. *Automat. i Telemekh, 7*(98-107):2 (in Russian).

Polyak, B. T., Juditsky, A. B. (1992). Acceleration of stochastic approximation by averaging. *SIAM Journal on Control and Optimization, 30*(4):838-855.

Powell, M. J. D. (1987). Radial basis functions for multivariate interpolation: A review. In J. C. Mason and M. G. Cox (Eds.), *Algorithms for Approximation*, pp. 143-167. Clarendon Press, Oxford.

Powell, W. B. (2011). *Approximate Dynamic Programming: Solving the Curses of Dimensionality*, Second edition. John Wiley and Sons.

Powers, W. T. (1973). *Behavior: The Control of Perception*. Aldine de Gruyter, Chicago. 2nd expanded edition 2005.

Precup, D. (2000). *Temporal Abstraction in Reinforcement Learning*. Ph.D. thesis, University of Massachusetts, Amherst.

Precup, D., Sutton, R. S., Dasgupta, S. (2001). Off-policy temporal-difference learning with function approximation. In *Proceedings of the 18th International Conference on Machine Learning (ICML 2001)*, pp. 417-424.

Precup, D., Sutton, R. S., Paduraru, C., Koop, A., Singh, S. (2006). Off-policy learning with options and recognizers. In *Advances in Neural Information Processing Systems 18 (NIPS 2005)*, pp. 1097-1104. MIT Press, Cambridge, MA.

Precup, D., Sutton, R. S., Singh, S. (2000). Eligibility traces for off-policy policy evaluation. In *Proceedings of the 17th International Conference on Machine Learning (ICML 2000)*, pp. 759-766. Morgan Kaufmann.

Puterman, M. L. (1994). *Markov Decision Problems*. Wiley, New York.

Puterman, M. L., Shin, M. C. (1978). Modified policy iteration algorithms for discounted Markov decision problems. *Management Science, 24*(11):1127-1137.

Quartz, S., Dayan, P., Montague, P. R., Sejnowski, T. J. (1992). Expectation learning in the brain using diffuse ascending connections. In *Society for Neuroscience Abstracts, 18*:1210.

Randløv, J., Alstrøm, P. (1998). Learning to drive a bicycle using reinforcement learning and shaping. In *Proceedings of the 15th International Conference on Machine Learning (ICML 1998)*, pp. 463-471.

Rangel, A., Camerer, C., Montague, P. R. (2008). A framework for studying the neurobiology of value-based decision making. *Nature Reviews Neuroscience, 9*(7):545-556.

Rangel, A., Hare, T. (2010). Neural computations associated with goal-directed choice. *Current Opinion in Neurobiology, 20*(2):262-270.

Rao, R. P., Sejnowski, T. J. (2001). Spike-timing-dependent Hebbian plasticity as temporal difference learning. *Neural Computation, 13*(10):2221-2237.

Ratcliff, R. (1990). Connectionist models of recognition memory: Constraints imposed by learning and forgetting functions. *Psychological Review, 97*(2):285-308.

Reddy, G., Celani, A., Sejnowski, T. J., Vergassola, M. (2016). Learning to soar in turbulent environments. *Proceedings of the National Academy of Sciences, 113*(33):E4877-E4884.

Redish, D. A. (2004). Addiction as a computational process gone awry. *Science, 306*(5703):1944-1947.

Reetz, D. (1977). Approximate solutions of a discounted Markovian decision process. *Bonner Mathematische Schriften, 98*:77-92.

Rescorla, R. A., Wagner, A. R. (1972). A theory of Pavlovian conditioning: Variations in the effectiveness of reinforcement and nonreinforcement. In A. H. Black and W. F. Prokasy (Eds.), *Classical Conditioning II*, pp. 64-99. Appleton-Century-Crofts, New York.

Revusky, S., Garcia, J. (1970). Learned associations over long delays. In G. Bower (Ed.), *The Psychology of Learning and Motivation*, v. 4, pp. 1-84. Academic Press, Inc., New York.

Reynolds, J. N. J., Wickens, J. R. (2002). Dopamine-dependent plasticity of corticostriatal synapses. *Neural Networks, 15*(4):507-521.

Ring, M. B. (in preparation). Representing knowledge as forecasts (and state as knowledge).

Ripley, B. D. (2007). *Pattern Recognition and Neural Networks*. Cambridge University Press.

Rixner, S. (2004). Memory controller optimizations for web servers. In *Proceedings of the 37th annual IEEE/ACM International Symposium on Microarchitecture*, p. 355–366. IEEE Computer Society.

Robbins, H. (1952). Some aspects of the sequential design of experiments. *Bulletin of the American Mathematical Society, 58*:527–535.

Robertie, B. (1992). Carbon versus silicon: Matching wits with TD-Gammon. *Inside Backgammon, 2*(2):14–22.

Romo, R., Schultz, W. (1990). Dopamine neurons of the monkey midbrain: Contingencies of responses to active touch during self-initiated arm movements. *Journal of Neurophysiology, 63*(3):592–624.

Rosenblatt, F. (1962). *Principles of Neurodynamics: Perceptrons and the Theory of Brain Mechanisms*. Spartan Books, Washington, DC.

Ross, S. (1983). *Introduction to Stochastic Dynamic Programming*. Academic Press, New York.

Ross, T. (1933). Machines that think. *Scientific American, 148*(4):206–208.

Rubinstein, R. Y. (1981). *Simulation and the Monte Carlo Method*. Wiley, New York.

Rumelhart, D. E., Hinton, G. E., Williams, R. J. (1986). Learning internal representations by error propagation. In D. E. Rumelhart and J. L. McClelland (Eds.), *Parallel Distributed Processing: Explorations in the Microstructure of Cognition*, vol. I, Foundations. Bradford/MIT Press, Cambridge, MA.

Rummery, G. A. (1995). *Problem Solving with Reinforcement Learning*. Ph.D. thesis, University of Cambridge.

Rummery, G. A., Niranjan, M. (1994). On-line Q-learning using connectionist systems. Technical Report CUED/F-INFENG/TR 166. Engineering Department, Cambridge University.

Ruppert, D. (1988). Efficient estimations from a slowly convergent Robbins-Monro process. Cornell University Operations Research and Industrial Engineering Technical Report No. 781.

Russell, S., Norvig, P. (2009). *Artificial Intelligence: A Modern Approach*, 3rd edition. Prentice-Hall, Englewood Cliffs, NJ.

Russo, D. J., Van Roy, B., Kazerouni, A., Osband, I., Wen, Z. (2018). A tutorial on Thompson sampling, *Foundations and Trends in Machine Learning*. ArXiv:1707.02038.

Rust, J. (1996). Numerical dynamic programming in economics. In H. Amman, D. Kendrick, and J. Rust (Eds.), *Handbook of Computational Economics*, pp. 614–722. Elsevier, Amsterdam.

Saddoris, M. P., Cacciapaglia, F., Wightmman, R. M., Carelli, R. M. (2015). Differential dopamine release dynamics in the nucleus accumbens core and shell reveal complementary signals for error prediction and incentive motivation. *The Journal of Neuroscience, 35*(33):11572–11582.

Saksida, L. M., Raymond, S. M., Touretzky, D. S. (1997). Shaping robot behavior using principles from instrumental conditioning. *Robotics and Autonomous Systems, 22*(3):231–249.

Samuel, A. L. (1959). Some studies in machine learning using the game of checkers. *IBM Journal on Research and Development, 3*(3), 210–229.

Samuel, A. L. (1967). Some studies in machine learning using the game of checkers. II—Recent progress. *IBM Journal on Research and Development, 11*(6):601–617.

Schaal, S., Atkeson, C. G. (1994). Robot juggling: Implementation of memory-based learning. *IEEE Control Systems, 14*(1):57–71.

Schmajuk, N. A. (2008). Computational models of classical conditioning. *Scholarpedia, 3*(3):1664.

Schmidhuber, J. (1991a). Curious model-building control systems. In *Proceedings of the IEEE International Joint Conference on Neural Networks*, pp. 1458–1463. IEEE.

Schmidhuber, J. (1991b). A possibility for implementing curiosity and boredom in model-building neural controllers. In *From Animals to Animats: Proceedings of the First International Conference on Simulation of Adaptive Behavior*, pp. 222-227. MIT Press, Cambridge, MA.

Schmidhuber, J. (2015). Deep learning in neural networks: An overview. *Neural Networks, 6*:85-117.

Schmidhuber, J., Storck, J., Hochreiter, S. (1994). Reinforcement driven information acquisition in nondeterministic environments. Technical report, Fakultät für Informatik, Technische Universität München, München, Germany.

Schraudolph, N. N. (1999). Local gain adaptation in stochastic gradient descent. In *Proceedings of the International Conference on Artificial Neural Networks*, pp. 569-574. IEEE, London.

Schraudolph, N. N. (2002). Fast curvature matrix-vector products for second-order gradient descent. *Neural Computation, 14*(7):1723-1738.

Schraudolph, N. N., Yu, J., Aberdeen, D. (2006). Fast online policy gradient learning with SMD gain vector adaptation. In *Advances in Neural Information Processing Systems*, pp. 1185-1192.

Schulman, J., Chen, X., Abbeel, P. (2017). Equivalence between policy gradients and soft Q-Learning. ArXiv:1704.06440.

Schultz, D. G., Melsa, J. L. (1967). *State Functions and Linear Control Systems*. McGraw-Hill, New York.

Schultz, W. (1998). Predictive reward signal of dopamine neurons. *Journal of Neurophysiology, 80*(1):1-27.

Schultz, W., Apicella, P., Ljungberg, T. (1993). Responses of monkey dopamine neurons to reward and conditioned stimuli during successive steps of learning a delayed response task. *The Journal of Neuroscience, 13*(3):900-913.

Schultz, W., Dayan, P., Montague, P. R. (1997). A neural substrate of prediction and reward. *Science, 275*(5306):1593-1598.

Schultz, W., Romo, R. (1990). Dopamine neurons of the monkey midbrain: contingencies of responses to stimuli eliciting immediate behavioral reactions. *Journal of Neurophysiology, 63*(3):607-624.

Schultz, W., Romo, R., Ljungberg, T., Mirenowicz, J., Hollerman, J. R., Dickinson, A. (1995). Reward-related signals carried by dopamine neurons. In J. C. Houk, J. L. Davis, and D. G. Beiser (Eds.), *Models of Information Processing in the Basal Ganglia*, pp. 233-248. MIT Press, Cambridge, MA.

Schwartz, A. (1993). A reinforcement learning method for maximizing undiscounted rewards. In *Proceedings of the 10th International Conference on Machine Learning (ICML 1993)*, pp. 298-305. Morgan Kaufmann.

Schweitzer, P. J., Seidmann, A. (1985). Generalized polynomial approximations in Markovian decision processes. *Journal of Mathematical Analysis and Applications, 110*(2):568-582.

Selfridge, O. G. (1978). Tracking and trailing: Adaptation in movement strategies. Technical report, Bolt Beranek and Newman, Inc. Unpublished report.

Selfridge, O. G. (1984). Some themes and primitives in ill-defined systems. In O. G. Selfridge, E. L. Rissland, and M. A. Arbib (Eds.), *Adaptive Control of Ill-Defined Systems*, pp. 21-26. Plenum Press, NY. Proceedings of the NATO Advanced Research Institute on Adaptive Control of Ill-defined Systems, NATO Conference Series II, Systems Science, Vol. 16.

Selfridge, O. J., Sutton, R. S., Barto, A. G. (1985). Training and tracking in robotics. In A. Joshi (Ed.), *Proceedings of the Ninth International Joint Conference on Artificial Intelligence*, pp. 670-672. Morgan Kaufmann.

Seo, H., Barraclough, D., Lee, D. (2007). Dynamic signals related to choices and outcomes in the dorsolateral prefrontal cortex. *Cerebral Cortex, 17*(suppl 1):110-117.

Seung, H. S. (2003). Learning in spiking neural networks by reinforcement of stochastic synaptic transmission. *Neuron, 40*(6):1063-1073.

Shah, A. (2012). Psychological and neuroscientific connections with reinforcement learning. In M. Wiering and M. van Otterlo (Eds.), *Reinforcement Learning: State-of-the-Art*, pp. 507-537. Springer-Verlag Berlin Heidelberg.

Shannon, C. E. (1950). Programming a computer for playing chess. *Philosophical Magazine and Journal of Science, 41*(314):256-275.

Shannon, C. E. (1951). Presentation of a maze-solving machine. In H. V. Forester (Ed.), *Cybernetics. Transactions of the Eighth Conference*, pp. 173-180. Josiah Macy Jr. Foundation.

Shannon, C. E. (1952). "Theseus" maze-solving mouse. http://cyberneticzoo.com/mazesolvers/1952--theseus-maze-solving-mouse--claude-shannon-american/.

Shelton, C. R. (2001). *Importance Sampling for Reinforcement Learning with Multiple Objectives*. Ph.D. thesis, Massachusetts Institute of Technology, Cambridge MA.

Shepard, D. (1968). A two-dimensional interpolation function for irregularly-spaced data. In *Proceedings of the 23rd ACM National Conference*, pp. 517-524. ACM, New York.

Sherman, J., Morrison, W. J. (1949). Adjustment of an inverse matrix corresponding to changes in the elements of a given column or a given row of the original matrix (abstract). *Annals of Mathematical Statistics, 20*(4):621.

Shewchuk, J., Dean, T. (1990). Towards learning time-varying functions with high input dimensionality. In *Proceedings of the Fifth IEEE International Symposium on Intelligent Control*, pp. 383-388. IEEE Computer Society Press, Los Alamitos, CA.

Shimansky, Y. P. (2009). Biologically plausible learning in neural networks: a lesson from bacterial chemotaxis. *Biological Cybernetics, 101*(5-6):379-385.

Si, J., Barto, A., Powell, W., Wunsch, D. (Eds.) (2004). *Handbook of Learning and Approximate Dynamic Programming*. John Wiley and Sons.

Silver, D. (2009). *Reinforcement Learning and Simulation Based Search in the Game of Go*. Ph.D. thesis, University of Alberta, Edmonton.

Silver, D., Huang, A., Maddison, C. J., Guez, A., Sifre, L., van den Driessche, G., Schrittwieser, J., Antonoglou, I., Panneershelvam, V., Lanctot, M., Dieleman, S., Grewe, D., Nham, J., Kalchbrenner, N., Sutskever, I., Lillicrap, T., Leach, M., Kavukcuoglu, K., Graepel, T., Hassabis, D. (2016). Mastering the game of Go with deep neural networks and tree search. *Nature, 529*(7587):484-489.

Silver, D., Lever, G., Heess, N., Degris, T., Wierstra, D., Riedmiller, M. (2014). Deterministic policy gradient algorithms. In *Proceedings of the 31st International Conference on Machine Learning (ICML 2014)*, pp. 387-395.

Silver, D., Schrittwieser, J., Simonyan, K., Antonoglou, I., Huang, A., Guez, A., Hubert, T., Baker, L., Lai, M., Bolton, A., Chen, Y., Lillicrap, L., Hui, F., Sifre, L., van den Driessche, G., Graepel, T., Hassibis, D. (2017a). Mastering the game of Go without human knowledge. *Nature, 550*(7676):354-359.

Silver, D., Hubert, T., Schrittwieser, J., Antonoglou, I., Lai, M., Guez, A., Lanctot, M., Sifre, L., Kumaran, D., Graepel, T., Lillicrap, T., Simoyan, K., Hassibis, D. (2017b). Mastering chess and shogi by self-play with a general reinforcement learning algorithm. ArXiv:1712.01815.

Şimşek, Ö., Algórta, S., Kothiyal, A. (2016). Why most decisions are easy in tetris—And perhaps in other sequential decision problems, as well. In *Proceedings of the 33rd International Conference on Machine Learning (ICML 2016)*, pp. 1757-1765.

Simon, H. (2000). Lecture at the Earthware Symposium, Carnegie Mellon University. https ://www. youtube.com/watch?v=EZhyi-8DBjc.

Singh, S. P. (1992a). Reinforcement learning with a hierarchy of abstract models. In *Proceedings of the Tenth National Conference on Artificial Intelligence (AAAI-92)*, pp. 202-207. AAAI/MIT Press, Menlo Park, CA.

Singh, S. P. (1992b). Scaling reinforcement learning algorithms by learning variable temporal resolution models. In *Proceedings of the 9th International Workshop on Machine Learning*, pp. 406-415. Morgan Kaufmann.

Singh, S. P. (1993). *Learning to Solve Markovian Decision Processes*. Ph.D. thesis, University of Massachusetts, Amherst.

Singh, S. P. (Ed.) (2002). Special double issue on reinforcement learning, *Machine Learning, 49*(2-3).

Singh, S., Barto, A. G., Chentanez, N. (2005). Intrinsically motivated reinforcement learning. In *Advances in Neural Information Processing Systems 17 (NIPS 2004)*, pp. 1281-1288. MIT Press, Cambridge, MA.

Singh, S. P., Bertsekas, D. (1997). Reinforcement learning for dynamic channel allocation in cellular telephone systems. In *Advances in Neural Information Processing Systems 9 (NIPS 1996)*, pp. 974-980. MIT Press, Cambridge, MA.

Singh, S. P., Jaakkola, T., Jordan, M. I. (1994). Learning without state-estimation in partially observable Markovian decision problems. In *Proceedings of the 11th International Conference on Machine Learning (ICML 1994)*, pp. 284-292. Morgan Kaufmann.

Singh, S., Jaakkola, T., Littman, M. L., Szepesvri, C. (2000). Convergence results for single-step on-policy reinforcement-learning algorithms. *Machine Learning, 38*(3):287-308.

Singh, S. P., Jaakkola, T., Jordan, M. I. (1995). Reinforcement learning with soft state aggregation. In *Advances in Neural Information Processing Systems 7 (NIPS 1994)*, pp. 359-368. MIT Press, Cambridge, MA.

Singh, S., Lewis, R. L., Barto, A. G. (2009). Where do rewards come from? In N. Taatgen and H. van Rijn (Eds.), *Proceedings of the 31st Annual Conference of the Cognitive Science Society*, pp. 2601-2606. Cognitive Science Society.

Singh, S., Lewis, R. L., Barto, A. G., Sorg, J. (2010). Intrinsically motivated reinforcement learning: An evolutionary perspective. *IEEE Transactions on Autonomous Mental Development, 2*(2):70-82. Special issue on Active Learning and Intrinsically Motivated Exploration in Robots: Advances and Challenges.

Singh, S. P., Sutton, R. S. (1996). Reinforcement learning with replacing eligibility traces. *Machine Learning, 22*(1-3):123-158.

Skinner, B. F. (1938). *The Behavior of Organisms: An Experimental Analysis*. Appleton-Century, New York.

Skinner, B. F. (1958). Reinforcement today. *American Psychologist, 13*(3):94-99.

Skinner, B. F. (1963). Operant behavior. *American Psychologist, 18*(8):503-515.

Sofge, D. A., White, D. A. (1992). Applied learning: Optimal control for manufacturing. In D. A. White and D. A. Sofge (Eds.), *Handbook of Intelligent Control: Neural, Fuzzy, and Adaptive Approaches*, pp. 259-281. Van Nostrand Reinhold, New York.

Sorg, J. D. (2011). *The Optimal Reward Problem:Designing Effective Reward for Bounded Agents*. Ph.D. thesis, University of Michigan, Ann Arbor.

Sorg, J., Lewis, R. L., Singh, S. P. (2010). Reward design via online gradient ascent. In *Advances in Neural Information Processing Systems 23 (NIPS 2010)*, pp. 2190-2198. Curran Associates, Inc.

Sorg, J., Singh, S. (2010). Linear options. In *Proceedings of the 9th International Conference on Autonomous Agents and Multiagent Systems*, pp. 31-38.

Sorg, J., Singh, S., Lewis, R. (2010). Internal rewards mitigate agent boundedness. In *Proceedings of the 27th International Conference on Machine Learning (ICML 2010)*, pp. 1007-1014.

Spence, K. W. (1947). The role of secondary reinforcement in delayed reward learning. *Psychological Review, 54*(1):1-8.

Srivastava, N., Hinton, G., Krizhevsky, A., Sutskever, I., Salakhutdinov, R. (2014). Dropout: A simple way to prevent neural networks from overfitting. *Journal of Machine Learning Research, 15*(1):1929-1958.

Staddon, J. E. R. (1983). *Adaptive Behavior and Learning*. Cambridge University Press.

Stanfill, C., Waltz, D. (1986). Toward memory-based reasoning. *Communications of the ACM, 29*(12): 1213-1228.

Steinberg, E. E., Keiflin, R., Boivin, J. R., Witten, I. B., Deisseroth, K., Janak, P. H. (2013). A causal link between prediction errors, dopamine neurons and learning. *Nature Neuroscience, 16*(7):966-973.

Sterling, P., Laughlin, S. (2015). *Principles of Neural Design*. MIT Press, Cambridge, MA.

Sternberg, S. (1963). Stochastic learning theory. In: Handbook of Mathematical Psychology, Volume II, R. D. Luce, R. R. Bush, and E. Galanter (Eds.). John Wiley & Sons.

Sugiyama, M., Hachiya, H., Morimura, T. (2013). *Statistical Reinforcement Learning: Modern Machine Learning Approaches*. Chapman & Hall/CRC.

Suri, R. E., Bargas, J., Arbib, M. A. (2001). Modeling functions of striatal dopamine modulation in learning and planning. *Neuroscience, 103*(1):65-85.

Suri, R. E., Schultz, W. (1998). Learning of sequential movements by neural network model with dopamine-like reinforcement signal. *Experimental Brain Research, 121*(3):350-354.

Suri, R. E., Schultz, W. (1999). A neural network model with dopamine-like reinforcement signal that learns a spatial delayed response task. *Neuroscience, 91*(3):871-890.

Sutton, R. S. (1978a). Learning theory support for a single channel theory of the brain. Unpublished report.

Sutton, R. S. (1978b). Single channel theory: A neuronal theory of learning. *Brain Theory Newsletter, 4*:72-75. Center for Systems Neuroscience, University of Massachusetts, Amherst, MA.

Sutton, R. S. (1978c). *A unified theory of expectation in classical and instrumental conditioning*. Bachelors thesis, Stanford University.

Sutton, R. S. (1984). *Temporal Credit Assignment in Reinforcement Learning*. Ph.D. thesis, University of Massachusetts, Amherst.

Sutton, R. S. (1988). Learning to predict by the method of temporal differences. *Machine Learning, 3*(1):9-44 (important erratum p. 377).

Sutton, R. S. (1990). Integrated architectures for learning, planning, and reacting based on approximating dynamic programming. In *Proceedings of the 7th International Workshop on Machine Learning*, pp. 216-224. Morgan Kaufmann.

Sutton, R. S. (1991a). Dyna, an integrated architecture for learning, planning, and reacting. *SIGART Bulletin, 2*(4):160-163. ACM, New York.

Sutton, R. S. (1991b). Planning by incremental dynamic programming. In *Proceedings of the 8th International Workshop on Machine Learning*, pp. 353-357. Morgan Kaufmann.

Sutton, R. S. (Ed.) (1992a). *Reinforcement Learning*. Kluwer Academic Press. Reprinting of a special double issue on reinforcement learning, *Machine Learning, 8*(3-4).

Sutton, R. S. (1992b). Adapting bias by gradient descent: An incremental version of delta-bar-delta. *Proceedings of the Tenth National Conference on Artificial Intelligence*, pp. 171-176, MIT Press.

Sutton, R. S. (1992c). Gain adaptation beats least squares? *Proceedings of the Seventh Yale Workshop on Adaptive and Learning Systems*, pp. 161-166, Yale University, New Haven, CT.

Sutton, R. S. (1995a). TD models: Modeling the world at a mixture of time scales. In *Proceedings of the 12th International Conference on Machine Learning (ICML 1995)*, pp. 531-539. Morgan Kaufmann.

Sutton, R. S. (1995b). On the virtues of linear learning and trajectory distributions. In *Proceedings of the Workshop on Value Function Approximation at The 12th International Conference on Machine Learning (ICML 1995)*.

Sutton, R. S. (1996). Generalization in reinforcement learning: Successful examples using sparse coarse coding. In *Advances in Neural Information Processing Systems 8 (NIPS 1995)*, pp. 1038-1044. MIT Press, Cambridge, MA.

Sutton, R. S. (2009). The grand challenge of predictive empirical abstract knowledge. *Working Notes of the IJCAI-09 Workshop on Grand Challenges for Reasoning from Experiences.*

Sutton, R. S. (2015a) Introduction to reinforcement learning with function approximation. Tutorial at the Conference on Neural Information Processing Systems (NIPS), Montreal, December 7, 2015.

Sutton, R. S. (2015b) True online Emphatic TD(λ): Quick reference and implementation guide. ArXiv:1507.07147. Code is available in Python and C++ by downloading the source files of this arXiv paper as a zip archive.

Sutton, R. S., Barto, A. G. (1981a). Toward a modern theory of adaptive networks: Expectation and prediction. *Psychological Review, 88*(2):135-170.

Sutton, R. S., Barto, A. G. (1981b). An adaptive network that constructs and uses an internal model of its world. *Cognition and Brain Theory, 3*:217-246.

Sutton, R. S., Barto, A. G. (1987). A temporal-difference model of classical conditioning. In *Proceedings of the Ninth Annual Conference of the Cognitive Science Society*, pp. 355-378. Erlbaum, Hillsdale, NJ.

Sutton, R. S., Barto, A. G. (1990). Time-derivative models of Pavlovian reinforcement. In M. Gabriel and J. Moore (Eds.), *Learning and Computational Neuroscience: Foundations of Adaptive Networks*, pp. 497-537. MIT Press, Cambridge, MA.

Sutton, R. S., Maei, H. R., Precup, D., Bhatnagar, S., Silver, D., Szepesvári, Cs., Wiewiora, E. (2009a). Fast gradient-descent methods for temporal-difference learning with linear function approx. In *Proceedings of the 26th International Conference on Machine Learning (ICML 2009)*, pp. 993-1000. ACM, New York.

Sutton, R. S., Szepesvári, Cs., Maei, H. R. (2009b). A convergent O(d^2) temporal-difference algorithm for off-policy learning with linear function approx.. In *Advances in Neural Information Processing Systems 21 (NIPS 2008)*, pp. 1609-1616. Curran Associates, Inc.

Sutton, R. S., Mahmood, A. R., Precup, D., van Hasselt, H. (2014). A new Q(λ) with interim forward view and Monte Carlo equivalence. In *Proceedings of the International Conference on Machine Learning, 31. JMLR W&CP 32(2).*

Sutton, R. S., Mahmood, A. R., White, M. (2016). An emphatic approach to the problem of off-policy temporal-difference learning. *Journal of Machine Learning Research, 17*(73):1-29.

Sutton, R. S., McAllester, D. A., Singh, S. P., Mansour, Y. (2000). Policy gradient methods for reinforcement learning with function approximation. In *Advances in Neural Information Processing Systems 12 (NIPS 1999)*, pp. 1057-1063. MIT Press, Cambridge, MA.

Sutton, R. S., Modayil, J., Delp, M., Degris, T., Pilarski, P. M., White, A., Precup, D. (2011). Horde: A scalable real-time architecture for learning knowledge from unsupervised sensorimotor interaction. In *Proceedings of the Tenth International Conference on Autonomous Agents and Multiagent Systems*, pp. 761-768, Taipei, Taiwan.

Sutton, R. S., Pinette, B. (1985). The learning of world models by connectionist networks. In *Proceedings of the Seventh Annual Conference of the Cognitive Science Society*, pp. 54-64.

Sutton, R. S., Precup, D., Singh, S. (1999). Between MDPs and semi-MDPs: A framework for temporal abstraction in reinforcement learning. *Artificial Intelligence, 112*(1-2):181-211.

Sutton, R. S., Rafols, E., Koop, A. (2006). Temporal abstraction in temporal-difference networks. In *Advances in neural information processing systems*, pp. 1313-1320.

Sutton, R. S., Singh, S. P., McAllester, D. A. (2000). Comparing policy-gradient algorithms. Unpublished manuscript.

Sutton, R. S., Szepesvári, Cs., Geramifard, A., Bowling, M., (2008). Dyna-style planning with linear function approx. and prioritized sweeping. In *Proceedings of the 24th Conference on Uncertainty in Artificial Intelligence*, pp. 528-536.

Sutton, R. S., Tanner, B. (2005). Temporal-difference networks. In *Advances in Neural Information Processing Systems 17*, p. 1377-1384.

Szepesvári, Cs. (2010). Algorithms for reinforcement learning. In *Synthesis Lectures on Artificial Intelligence and Machine Learning, 4*(1):1-103. Morgan and Claypool.

Szita, I. (2012). Reinforcement learning in games. In M. Wiering and M. van Otterlo (Eds.), *Reinforcement Learning: State-of-the-Art*, pp. 539-577. Springer-Verlag Berlin Heidelberg.

Tadepalli, P., Ok, D. (1994). H-learning: A reinforcement learning method to optimize undiscounted average reward. Technical Report 94-30-01. Oregon State University, Computer Science Department, Corvallis.

Tadepalli, P., Ok, D. (1996). Scaling up average reward reinforcement learning by approximating the domain models and the value function. In *Proceedings of the 13th International Conference on Machine Learning (ICML 1996)*, pp. 471-479.

Takahashi, Y., Schoenbaum, G., and Niv, Y. (2008). Silencing the critics: Understanding the effects of cocaine sensitization on dorsolateral and ventral striatum in the context of an actor/critic model. *Frontiers in Neuroscience, 2*(1):86-99.

Tambe, M., Newell, A., Rosenbloom, P. S. (1990). The problem of expensive chunks and its solution by restricting expressiveness. *Machine Learning, 5*(3):299-348.

Tan, M. (1991). Learning a cost-sensitive internal representation for reinforcement learning. In L. A. Birnbaum and G. C. Collins (Eds.), *Proceedings of the 8th International Workshop on Machine Learning*, pp. 358-362. Morgan Kaufmann.

Tanner, B. (2006). Temporal-Difference Networks. MSc thesis, University of Alberta.

Taylor, G., Parr, R. (2009). Kernelized value function approximation for reinforcement learning. In *Proceedings of the 26th International Conference on Machine Learning (ICML 2009)*, pp. 1017-1024. ACM, New York.

Taylor, M. E., Stone, P. (2009). Transfer learning for reinforcement learning domains: A survey. *Journal of Machine Learning Research, 10*:1633-1685.

Tesauro, G. (1986). Simple neural models of classical conditioning. *Biological Cybernetics, 55*(2-3):187-200.

Tesauro, G. (1992). Practical issues in temporal difference learning. *Machine Learning, 8*(3-4):257-277.

Tesauro, G. (1994). TD-Gammon, a self-teaching backgammon program, achieves master-level play. *Neural Computation, 6*(2):215-219.

Tesauro, G. (1995). Temporal difference learning and TD-Gammon. *Communications of the ACM, 38*(3):58-68.

Tesauro, G. (2002). Programming backgammon using self-teaching neural nets. *Artificial Intelligence, 134*(1-2):181-199.

Tesauro, G., Galperin, G. R. (1997). On-line policy improvement using Monte-Carlo search. In *Advances in Neural Information Processing Systems 9 (NIPS 1996)*, pp. 1068-1074. MIT Press, Cambridge, MA.

Tesauro, G., Gondek, D. C., Lechner, J., Fan, J., Prager, J. M. (2012). Simulation, learning, and optimization techniques in Watson's game strategies. *IBM Journal of Research and Development, 56*(3-4):16-1-16-11.

Tesauro, G., Gondek, D. C., Lenchner, J., Fan, J., Prager, J. M. (2013). Analysis of Watson's strategies for playing Jeopardy! *Journal of Artificial Intelligence Research, 47*:205-251.

Tham, C. K. (1994). *Modular On-Line Function Approximation for Scaling up Reinforcement Learning.* Ph.D. thesis, University of Cambridge.

Thathachar, M. A. L., Sastry, P. S. (1985). A new approach to the design of reinforcement schemes for learning automata. *IEEE Transactions on Systems, Man, and Cybernetics, 15*(1):168-175.

Thathachar, M., Sastry, P. S. (2002). Varieties of learning automata: an overview. *IEEE Transactions on Systems, Man, and Cybernetics, Part B: Cybernetics, 36*(6):711-722.

Thathachar, M., Sastry, P. S. (2011). *Networks of Learning Automata: Techniques for Online Stochastic Optimization.* Springer Science & Business Media.

Theocharous, G., Thomas, P. S., Ghavamzadeh, M. (2015). Personalized ad recommendation for life-time value optimization guarantees. In *Proceedings of the Twenty-Fourth International Joint Conference on Artificial Intelligence (IJCAI-15).* AAAI Press, Palo Alto, CA.

Thistlethwaite, D. (1951). A critical review of latent learning and related experiments. *Psychological Bulletin, 48*(2):97-129.

Thomas, P. S. (2014). Bias in natural actor-critic algorithms. In *Proceedings of the 31st International Conference on Machine Learning (ICML 2014), JMLR W&CP 32*(1), pp. 441-448.

Thomas, P. S. (2015). *Safe Reinforcement Learning.* Ph.D. thesis, University of Massachusetts, Amherst.

Thomas, P. S., Brunskill, E. (2017). Policy gradient methods for reinforcement learning with function approximation and action-dependent baselines. ArXiv:1706.06643.

Thomas, P. S., Theocharous, G., Ghavamzadeh, M. (2015). High-confidence off-policy evaluation. In *Proceedings of the Twenty-Ninth AAAI Conference on Artificial Intelligence (AAAI-15)*, pp. 3000-3006. AAAI Press, Menlo Park, CA.

Thompson, W. R. (1933). On the likelihood that one unknown probability exceeds another in view of the evidence of two samples. *Biometrika, 25*(3-4):285-294.

Thompson, W. R. (1934). On the theory of apportionment. *American Journal of Mathematics, 57*:450-457.

Thon, M. (2017). *Spectral Learning of Sequential Systems.* Ph.D. thesis, Jacobs University Bremen.

Thon, M., Jaeger, H. (2015). Links between multiplicity automata, observable operator models and predictive state representations: a unified learning framework. *The Journal of Machine Learning Research, 16*(1):103-147.

Thorndike, E. L. (1898). Animal intelligence: An experimental study of the associative processes in animals. *The Psychological Review, Series of Monograph Supplements*, II(4).

Thorndike, E. L. (1911). *Animal Intelligence.* Hafner, Darien, CT.

Thorp, E. O. (1966). *Beat the Dealer: A Winning Strategy for the Game of Twenty-One.* Random House, New York.

Tian, T. (in preparation) *An Empirical Study of Sliding-Step Methods in Temporal Difference Learning.* M.Sc thesis, University of Alberta, Edmonton.

Tieleman, T., Hinton, G. (2012). Lecture 6.5-RMSProp. COURSERA: Neural networks for machine learning 4.2:26-31.

Tolman, E. C. (1932). *Purposive Behavior in Animals and Men.* Century, New York.

Tolman, E. C. (1948). Cognitive maps in rats and men. *Psychological Review, 55*(4):189-208.

Tsai, H.-S., Zhang, F., Adamantidis, A., Stuber, G. D., Bonci, A., de Lecea, L., Deisseroth, K. (2009). Phasic firing in dopaminergic neurons is sufficient for behavioral conditioning. *Science, 324*(5930):1080-1084.

Tsetlin, M. L. (1973). *Automaton Theory and Modeling of Biological Systems.* Academic Press, New York.

Tsitsiklis, J. N. (1994). Asynchronous stochastic approximation and Q-learning. *Machine Learning, 16*(3):185-202.

Tsitsiklis, J. N. (2002). On the convergence of optimistic policy iteration. *Journal of Machine Learning Research, 3*:59-72.

Tsitsiklis, J. N., Van Roy, B. (1996). Feature-based methods for large scale dynamic programming. *Machine Learning, 22*(1-3):59-94.

Tsitsiklis, J. N., Van Roy, B. (1997). An analysis of temporal-difference learning with function approximation. *IEEE Transactions on Automatic Control, 42*(5):674-690.

Tsitsiklis, J. N., Van Roy, B. (1999). Average cost temporal-difference learning. *Automatica, 35*(11):1799-1808.

Turing, A. M. (1948). Intelligent machinery. In B. Jack Copeland (Ed.) (2004), *The Essential Turing*, pp. 410-432. Oxford University Press, Oxford.

Ungar, L. H. (1990). A bioreactor benchmark for adaptive network-based process control. In W. T. Miller, R. S. Sutton, and P. J. Werbos (Eds.), *Neural Networks for Control*, pp. 387-402. MIT Press, Cambridge, MA.

Unnikrishnan, K. P., Venugopal, K. P. (1994). Alopex: A correlation-based learning algorithm for feedforward and recurrent neural networks. *Neural Computation, 6*(3): 469-490.

Urbanczik, R., Senn, W. (2009). Reinforcement learning in populations of spiking neurons. *Nature neuroscience, 12*(3):250-252.

Urbanowicz, R. J., Moore, J. H. (2009). Learning classifier systems: A complete introduction, review, and roadmap. *Journal of Artificial Evolution and Applications.* 10.1155/2009/736398.

Valentin, V. V., Dickinson, A., O'Doherty, J. P. (2007). Determining the neural substrates of goal-directed learning in the human brain. *The Journal of Neuroscience, 27*(15):4019-4026.

van Hasselt, H. (2010). Double Q-learning. In *Advances in Neural Information Processing Systems 23 (NIPS 2010)*, pp. 2613-2621. Curran Associates, Inc.

van Hasselt, H. (2011). *Insights in Reinforcement Learning: Formal Analysis and Empirical Evaluation of Temporal-difference Learning.* SIKS dissertation series number 2011-04.

van Hasselt, H. (2012). Reinforcement learning in continuous state and action spaces. In M. Wiering and M. van Otterlo (Eds.), *Reinforcement Learning: State-of-the-Art*, pp. 207-251. Springer-Verlag Berlin Heidelberg.

van Hasselt, H., Sutton, R. S. (2015). Learning to predict independent of span. ArXiv:1508.04582.

Van Roy, B., Bertsekas, D. P., Lee, Y., Tsitsiklis, J. N. (1997). A neuro-dynamic programming approach to retailer inventory management. In *Proceedings of the 36th IEEE Conference on Decision and Control*, Vol. 4, pp. 4052-4057.

van Seijen, H. (2011). Reinforcement Learning under Space and Time Constraints. University of Amsterdam PhD thesis. Hague: TNO.

van Seijen, H. (2016). Effective multi-step temporal-difference learning for non-linear function approximation. ArXiv preprint arXiv:1608.05151.

van Seijen, H., Sutton, R. S. (2013). Efficient planning in MDPs by small backups. In *Proceedings of the 30th International Conference on Machine Learning (ICML 2013)*, pp. 361-369.

van Seijen, H., Sutton, R. S. (2014). True online TD(λ). In *Proceedings of the 31st International Conference on Machine Learning (ICML 2014)*, pp. 692-700. JMLR W&CP 32(1),

van Seijen, H., Mahmood, A. R., Pilarski, P. M., Machado, M. C., Sutton, R. S. (2016). True online temporal-difference learning. *Journal of Machine Learning Research, 17*(145):1-40.

van Seijen, H., Van Hasselt, H., Whiteson, S., Wiering, M. (2009). A theoretical and empirical analysis of Expected Sarsa. In *IEEE Symposium on Adaptive Dynamic Programming and Reinforcement Learning*, pp. 177-184.

van Seijen, H., Whiteson, S., van Hasselt, H., Wiering, M. (2011). Exploiting best-match equations for efficient reinforcement learning. *Journal of Machine Learning Research 12*:2045-2094.

Varga, R. S. (1962). *Matrix Iterative Analysis.* Englewood Cliffs, NJ: Prentice-Hall.

Vasilaki, E., Frémaux, N., Urbanczik, R., Senn, W., Gerstner, W. (2009). Spike-based reinforcement learning in continuous state and action space: when policy gradient methods fail. *PLoS Computational Biology, 5*(12).

Viswanathan, R., Narendra, K. S. (1974). Games of stochastic automata. *IEEE Transactions on Systems, Man, and Cybernetics, 4*(1):131-135.

Wagner, A. R. (2008). Evolution of an elemental theory of Pavlovian conditioning. *Learning & Behavior, 36*(3):253-265.

Walter, W. G. (1950). An imitation of life. *Scientific American, 182*(5):42-45.

Walter, W. G. (1951). A machine that learns. *Scientific American, 185*(2):60-63.

Waltz, M. D., Fu, K. S. (1965). A heuristic approach to reinforcement learning control systems. *IEEE Transactions on Automatic Control, 10*(4):390-398.

Watkins, C. J. C. H. (1989). *Learning from Delayed Rewards.* Ph.D. thesis, University of Cambridge.

Watkins, C. J. C. H., Dayan, P. (1992). Q-learning. *Machine Learning, 8*(3-4):279-292.

Werbos, P. J. (1977). Advanced forecasting methods for global crisis warning and models of intelligence. *General Systems Yearbook, 22*(12):25-38.

Werbos, P. J. (1982). Applications of advances in nonlinear sensitivity analysis. In R. F. Drenick and F. Kozin (Eds.), *System Modeling and Optimization*, pp. 762-770. Springer-Verlag.

Werbos, P. J. (1987). Building and understanding adaptive systems: A statistical/numerical approach to factory automation and brain research. *IEEE Transactions on Systems, Man, and Cybernetics, 17*(1):7-20.

Werbos, P. J. (1988). Generalization of back propagation with applications to a recurrent gas market model. *Neural Networks, 1*(4):339-356.

Werbos, P. J. (1989). Neural networks for control and system identification. In *Proceedings of the 28th Conference on Decision and Control*, pp. 260-265. IEEE Control Systems Society.

Werbos, P. J. (1992). Approximate dynamic programming for real-time control and neural modeling. In D. A. White and D. A. Sofge (Eds.), *Handbook of Intelligent Control: Neural, Fuzzy, and Adaptive Approaches*, pp. 493-525. Van Nostrand Reinhold, New York.

Werbos, P. J. (1994). *The Roots of Backpropagation: From Ordered Derivatives to Neural Networks and Political Forecasting* (Vol. 1). John Wiley and Sons.

Wiering, M., Van Otterlo, M. (2012). *Reinforcement Learning: State-of-the-Art.* Springer-Verlag Berlin Heidelberg.

White, A. (2015). *Developing a Predictive Approach to Knowledge.* Ph.D. thesis, University of Alberta, Edmonton.

White, D. J. (1969). *Dynamic Programming.* Holden-Day, San Francisco.

White, D. J. (1985). Real applications of Markov decision processes. *Interfaces, 15*(6):73-83.

White, D. J. (1988). Further real applications of Markov decision processes. *Interfaces, 18*(5):55-61.

White, D. J. (1993). A survey of applications of Markov decision processes. *Journal of the Operational Research Society, 44*(11):1073-1096.

White, A., White, M. (2016). Investigating practical linear temporal difference learning. In *Proceedings of the 2016 International Conference on Autonomous Agents and Multiagent Systems*, pp. 494-502.

Whitehead, S. D., Ballard, D. H. (1991). Learning to perceive and act by trial and error. *Machine Learning, 7*(1):45-83.

Whitt, W. (1978). Approximations of dynamic programs I. *Mathematics of Operations Research, 3*(3):231-243.

Whittle, P. (1982). *Optimization over Time*, vol. 1. Wiley, New York.

Whittle, P. (1983). *Optimization over Time*, vol. 2. Wiley, New York.

Wickens, J., Kötter, R. (1995). Cellular models of reinforcement. In J. C. Houk, J. L. Davis and D. G. Beiser (Eds.), *Models of Information Processing in the Basal Ganglia*, pp. 187-214. MIT Press, Cambridge, MA.

Widrow, B., Gupta, N. K., Maitra, S. (1973). Punish/reward: Learning with a critic in adaptive threshold systems. *IEEE Transactions on Systems, Man, and Cybernetics, 3*(5):455-465.

Widrow, B., Hoff, M. E. (1960). Adaptive switching circuits. In *1960 WESCON Convention Record Part IV*, pp. 96-104. Institute of Radio Engineers, New York. Reprinted in J. A. Anderson and E. Rosenfeld, *Neurocomputing: Foundations of Research*, pp. 126-134. MIT Press, Cambridge, MA, 1988.

Widrow, B., Smith, F. W. (1964). Pattern-recognizing control systems. In J. T. Tou and R. H. Wilcox (Eds.), *Computer and Information Sciences*, pp. 288-317. Spartan, Washington, DC.

Widrow, B., Stearns, S. D. (1985). *Adaptive Signal Processing*. Prentice-Hall, Englewood Cliffs, NJ.

Wiener, N. (1964). *God and Golem, Inc: A Comment on Certain Points where Cybernetics Impinges on Religion*. MIT Press, Cambridge, MA.

Wiewiora, E. (2003). Potential-based shaping and Q-value initialization are equivalent. *Journal of Artificial Intelligence Research, 19*:205-208.

Williams, R. J. (1986). Reinforcement learning in connectionist networks: A mathematical analysis. Technical Report ICS 8605. Institute for Cognitive Science, University of California at San Diego, La Jolla.

Williams, R. J. (1987). Reinforcement-learning connectionist systems. Technical Report NU-CCS-87-3. College of Computer Science, Northeastern University, Boston.

Williams, R. J. (1988). On the use of backpropagation in associative reinforcement learning. In *Proceedings of the IEEE International Conference on Neural Networks*, pp. I263-I270. IEEE San Diego section and IEEE TAB Neural Network Committee.

Williams, R. J. (1992). Simple statistical gradient-following algorithms for connectionist reinforcement learning. *Machine Learning, 8*(3-4):229-256.

Williams, R. J., Baird, L. C. (1990). A mathematical analysis of actor-critic architectures for learning optimal controls through incremental dynamic programming. In *Proceedings of the Sixth Yale Workshop on Adaptive and Learning Systems*, pp. 96-101. Center for Systems Science, Dunham Laboratory, Yale University, New Haven.

Wilson, R. C., Takahashi, Y. K., Schoenbaum, G., Niv, Y. (2014). Orbitofrontal cortex as a cognitive map of task space. *Neuron, 81*(2):267-279.

Wilson, S. W. (1994). ZCS, A zeroth order classifier system. *Evolutionary Computation, 2*(1):1-18.

Wise, R. A. (2004). Dopamine, learning, and motivation. *Nature Reviews Neuroscience, 5*(6):1-12.

Witten, I. H. (1976a). Learning to Control. University of Essex PhD thesis.

Witten, I. H. (1976b). The apparent conflict between estimation and control—A survey of the two-armed problem. *Journal of the Franklin Institute, 301*(1-2):161-189.

Witten, I. H. (1977). An adaptive optimal controller for discrete-time Markov environments. *Information and Control, 34*(4):286-295.

Witten, I. H., Corbin, M. J. (1973). Human operators and automatic adaptive controllers: A comparative study on a particular control task. *International Journal of Man-Machine Studies, 5*(1):75-104.

Woodbury, T., Dunn, C., and Valasek, J. (2014). Autonomous soaring using reinforcement learning for trajectory generation. In *52nd Aerospace Sciences Meeting*, p. 0990.

Woodworth, R. S. (1938). *Experimental Psychology*. New York: Henry Holt and Company.

Xie, X., Seung, H. S. (2004). Learning in neural networks by reinforcement of irregular spiking. *Physical Review E, 69*(4):041909.

Xu, X., Xie, T., Hu, D., Lu, X. (2005). Kernel least-squares temporal difference learning. *International Journal of Information Technology, 11*(9):54-63.

Yagishita, S., Hayashi-Takagi, A., Ellis-Davies, G. C. R., Urakubo, H., Ishii, S., Kasai, H. (2014). A critical time window for dopamine actions on the structural plasticity of dendritic spines. *Science, 345*(6204):1616-1619.

Yee, R. C., Saxena, S., Utgoff, P. E., Barto, A. G. (1990). Explaining temporal differences to create useful concepts for evaluating states. In *Proceedings of the Eighth National Conference on Artificial Intelligence (AAAI-90)*, pp. 882-888. AAAI Press, Menlo Park, CA.

Yin, H. H., Knowlton, B. J. (2006). The role of the basal ganglia in habit formation. *Nature Reviews Neuroscience, 7*(6):464-476.

Young, P. (1984). *Recursive Estimation and Time-Series Analysis*. Springer-Verlag, Berlin.

Yu, H. (2010). Convergence of least squares temporal difference methods under general conditions. *International Conference on Machine Learning 27*, pp. 1207-1214.

Yu, H. (2012). Least squares temporal difference methods: An analysis under general conditions. *SIAM Journal on Control and Optimization, 50*(6):3310-3343.

Yu, H. (2015). On convergence of emphatic temporal-difference learning. In *Proceedings of the 28th Annual Conference on Learning Theory, JMLR W&CP 40*. Also ArXiv:1506.02582.

Yu, H. (2016). Weak convergence properties of constrained emphatic temporal-difference learning with constant and slowly diminishing stepsize. *Journal of Machine Learning Research, 17*(220):1-58.

Yu, H. (2017). On convergence of some gradient-based temporal-differences algorithms for off-policy learning. ArXiv:1712.09652.

Yu, H., Mahmood, A. R., Sutton, R. S. (2017). On generalized bellman equations and temporal-difference learning. ArXiv:17041.04463. A summary appeared in *Proceedings of the Canadian Conference on Artificial Intelligence*, pp. 3-14. Springer.

찾아보기

※ 쪽 번호가 이탤릭체로 되어 있는 곳의 내용을 우선적으로 참고하는 것이 좋다. 알고리즘을 글상자 안에 설명한 경우에는 쪽 번호를 볼드체로 표시하였다.